U1020255

“十三五”国家重点出版物出版规划项目

经济科学译丛

# 统计学

## 在经济和管理中的应用（第10版）

上册

杰拉德·凯勒 （Gerald Keller） 著

夏利宇 韩松涛 李 君 张 伟 等 译

# Statistics for Management and Economics

（Tenth Edition）

中国人民大学出版社

·北京·

# 《经济科学译丛》

## 编辑委员会


**学术顾问**

高鸿业　王传纶　胡代光　范家骧　朱绍文　吴易风

**主　编**

陈岱孙

**副主编**

梁　晶　海　闻

**编　委**（按姓氏笔画排序）

| | | | | | |
|---|---|---|---|---|---|
| 王一江 | 王利民 | 王逸舟 | 贝多广 | 平新乔 | 白重恩 |
| 朱　玲 | 刘　伟 | 许成钢 | 李　扬 | 李晓西 | 李稻葵 |
| 杨小凯 | 汪丁丁 | 张宇燕 | 张维迎 | 林毅夫 | 易　纲 |
| 金　碚 | 姚开建 | 钱颖一 | 徐　宽 | 高培勇 | 盛　洪 |
| 梁小民 | 樊　纲 | | | | |

# 《经济科学译丛》总序

中国是一个文明古国，有着几千年的辉煌历史。近百年来，中国由盛而衰，一度成为世界上最贫穷、落后的国家之一。1949 年中国共产党领导的革命，把中国从饥饿、贫困、被欺侮、被奴役的境地中解放出来。1978 年以来的改革开放，使中国真正走上了通向繁荣富强的道路。

中国改革开放的目标是建立一个有效的社会主义市场经济体制，加速发展经济，提高人民生活水平。但是，要完成这一历史使命绝非易事，我们不仅需要从自己的实践中总结教训，也要从别人的实践中获取经验，还要用理论来指导我们的改革。市场经济虽然对我们这个共和国来说是全新的，但市场经济的运行在发达国家已有几百年的历史，市场经济的理论亦在不断发展完善，并形成了一个现代经济学理论体系。虽然许多经济学名著出自西方学者之手，研究的是西方国家的经济问题，但他们归纳出来的许多经济学理论反映的是人类社会的普遍行为，这些理论是全人类的共同财富。要想迅速稳定地改革和发展我国的经济，我们必须学习和借鉴世界各国包括西方国家在内的先进经济学的理论与知识。

本着这一目的，我们组织翻译了这套经济学教科书系列。这套译丛的特点是：第一，全面系统。除了经济学、宏观经济学、微观经济学等基本原理之外，这套译丛还包括了产业组织理论、国际经济学、发展经济学、货币金融学、公共财政学、劳动经济学、计量经济学等重要领域。第二，简明通俗。与经济学的经典名著不同，这套丛书都是国外大学通用的经济学教科书，大部分都已发行了几版或十几版。作者尽可能地用简明通俗的语言来阐述深奥的经济学原理，并附有案例与习题，对于初学者来说，更容易理解与掌握。

经济学是一门社会科学，许多基本原理的应用受各种不同的社会、政治或经济体制的影响，许多经济学理论是建立在一定的假设条件上的，假设条件不同，结论也就不一定成立。因此，正确理解并掌握经济分析的方法而不是生搬硬套某些不同条件下产生的结论，才是我们学习当代经济学的正确方法。

本套译丛于 1995 年春由中国人民大学出版社发起筹备并成立了由许多经济学专家学者组织的编辑委员会。中国留美经济学会的许多学者参与了原著的推荐工作。中国人民大学出版社向所有原著的出版社购买了翻译版权。北京大学、中国人民大学、复旦大学以及中国社会科学院的许多专家教授参与了翻译工作。前任策划编辑梁晶女士为本套译丛的出版做出了重要贡献，在此表示衷心的感谢。在中国经济体制转轨的历史时期，我们把这套译丛献给读者，希望为中国经济的深入改革与发展做出贡献。

**《经济科学译丛》编辑委员会**

# 序　言

越来越多的企业使用统计方法从数据中提取信息。对于准备进入商业领域的学生来说，仅仅掌握统计和计算方法是远远不够的。统计课程和教科书必须能够全面介绍统计概念以及统计方法在实际生活中的应用。《统计学：在经济和管理中的应用》一书的写作目的就是证明，对于今天的管理者和经济学家来说，统计方法是非常有效的工具。

为了完成这个目标，本书具有如下特征：首先，使用了大量包含数据的例子、习题和案例来说明统计方法能够被市场部经理、金融分析师、会计师、经济学家、运营经理和其他工作人员使用，很多例子和习题中使用的数据都是来自现实世界的较大数据集；其次，加强了本书的应用特色，即教会学生如何选择正确的统计方法；最后，介绍了一些统计概念以更好地解释统计结果。

**本书的目的**

商业世界非常复杂，因此只有有效的管理才能取得成功。管理复杂的事务需要很多技巧。竞争者越来越多，销售产品的渠道越来越多，招聘员工的公司也越来越多，总之，竞争变得越来越激烈。因此，有效的决策比以前更加重要。另外，经理们更容易获得规模较大和详细的数据，这些数据都是可能的信息来源。然而，要获得这些可能的信息就要求经理们能够从数据中提取信息。仅仅知道如何计算统计量是不够的。但是，这恰恰是大多数统计学教科书的内容——使用手工计算来说明一堆不相关的统计方法。这种模式已经延续了很多年。我们需要的是对应用统计方法的全面介绍。

1971 年，作者开始讲授统计学时，教学中重点强调如何计算统计量，有时还包括如何推导公式。当时的观念认为，只有通过手工计算才能让学生理解各种方法和概念。

1988 年作者初次出版本书的一个重要目标就是指导学生识别恰当的方法。接下来的八版又做了改进，同时强调解释与决策。作者用自己的方法把各种统计问题的解决都分成三步走，并在所有举例中都这样做：(1) 识别方法，(2) 计算统计量，(3) 解释结果。计算过程可以通过手工（使用计算器辅助）、Excel、Minitab 三种方式中的任何一种或全部三种来完成。对于那些强调计算机使用的课程，手工计算可以简化乃至完全剔除。而对于强调手工计算的课程，亦可把计算机的使用当作选讲内容或完全忽略。具体情况可由教师根据需要做出选择。

作者认为，其思路有以下几项优点：

● 对识别和解释的强调使学生能够掌握可运用于其所面对的问题的可行技术，无论其所学课程偏重手工计算还是计算机的运用。

● 使学生深入体会到统计学是将数据转化为信息的一种工具。967 个数据文件以及相应的需要学生解释统计结果的习题，为学生运用数据进行分析与决策提供了广泛的机会。

● 计算机的选用使得学生可以面对规模更大以及现实性更强的习题和案例。

给出问题的计算过程使得教师能够关注决策问题更加重要的方面，例如，如何解释统计结果。为了恰当地解释统计结果，我们需要了解统计方法背后的概率论和统计概念以及问题的背景。本书将指导学生创建 Excel 工作簿供其进行假设分析，借此向他们介绍这些概念。学生可以很直观地看出改变统计方法的一部分所带来的影响，如增加样本量的影响。

统计学在教学方案中的位置使得教授统计课程变得非常困难。在大多数本科教学计划中，统计学都出现在第一年或者第二年。在研究生教学计划中，统计学也往往在三学期项目的第一学期或者两年项目的第一年开设。但是，会计学、经济学、金融学、人力资源管理、营销学和运营管理等课程则往往在统计学之后开设。因此，很多学生不能全面地理解统计方法的应用。本书通过加入专门介绍统计应用的章节和应用专栏来解决这个问题。对于那些学生不熟悉的应用，在介绍统计应用之前，本书会给出相关的背景知识。

● 例如，在介绍图示方法时，作者使用了一个例子来比较两种投资收益率的直方图。为了解释金融分析师想从直方图中得出什么信息，需要让学生知道收益率的方差可以用来度量风险。因此，在介绍这个例子之前，作者先给出了“在金融中的应用”应用专栏，并介绍了如何计算和使用投资收益率。

● 再如，在讲解正态分布时，作者加入了另一个“在金融中的应用”应用专栏来介绍为什么收益的标准差可以用来衡量风险。

● 本书共有 36 个应用专栏。

某些应用的规模太大，因此作者使用整个一节或者一小节来介绍这个主题。例如，在介绍总体比例的置信区间估计量的那一章中，作者用专门的一节介绍了市场细分的知识。在那一节，作者讲解了由总体比例的置信区间估计量如何得到细分市场规模的估计量。在其他章中，作者通过展示市场部经理如何应用统计方法来判断各细分市场的差别介绍了大量的统计方法。本书共有多个诸如此类的章节。那些名为“在……中的应用”的章节会向学生详细介绍“如何应用相应的统计方法”。

**本书的创新之处**

8 个大型数据集为我们提供了 369 道新习题，学生将会有更多机会分析真实数据，教师能够利用这些数据集寻找额外的例子和习题。

作者更新了第 9 版中很多真实数据的例子、习题和案例，包括棒球、篮球、足球和曲棍球球员的获胜次数、工资和上座率数据，纽约证券交易所、纳斯达克、多伦多证券交易所的股票收益率数据，以及全球变暖数据。

本书编写了很多新的例子和习题。第 10 版中共有 145 个附答案的例子、2 148 道习题、27 个案例、967 个数据集和 35 个附录（包含 37 个附有答案的例子、98 道习题、25 个数据集），即本书中共包含 182 个附有答案的例子、2 246 道习题、27 个案例和 992 个数据集。

# 目　录

# 第 1 章

# 什么是统计

## 引　言

统计是从数据中获取信息的一种方法，这就是统计的定义。本书的大部分内容讲述了管理者和统计工作者如何、何时以及为什么要引导和控制统计过程。读者可能会问："如果那就是统计的全部，为什么这本书（包括大部分其他统计学教材）的内容如此之多呢?"这是因为应用统计学的学生需要面对形形色色的信息和数据。后面我们将会用一个案例和两个实例来说明这个问题。



**例 3.3　商务统计学课程成绩（见第 3 章）**

一名报名学习商学的学生正在上统计学的第一堂课。他有一点担心，因为他认为这门课程非常难。为了消除自己的紧张感，他向教授询问了去年的课程成绩。与其他统计学教授一样，这位教授非常友好且乐于助人，因此，他向这个学生提供了去年期末成绩表，其中包含平时成绩和期末考试成绩。这个学生可以从这些数据中得到什么信息呢?

这是一个典型的统计问题。这名学生拥有数据（成绩）且需要应用统计方法来获取他想要的信息。这就是描述统计学的功能。

### □ 描述统计学

**描述统计学**（descriptive statistics）是以便利化和信息化的方式对数据进行整理、汇总、显示的一种方法。描述统计学的一种形式是图示方法，这种方法可使统计工作者以读者比较容易获取有用信息的方式呈现数据。在第 2 章和第 3 章中我们将会介绍多种作图方法。

描述统计学的另一种形式是利用数值方法对数据进行汇总。我们常用的平均数或均值就是这样一种方法。与计算一个公司员工平均年龄的方法相同，我们可以算出去年的统计学课程的平均成绩。第 4 章为大家介绍了几种描述数据不同特征的数值统计测度。

实际应用什么统计方法取决于我们想要得到什么信息。在上述例子中，我们可以看到至少 3 种重要信息。首先是“典型”成绩。我们称之为对中心位置的度量。平均值就是一种度量中心位置的方法。在第 4 章中，我们将会介绍另一个用来度量中心位置的量——中位数。如果这名学生被告知去年的平均成绩至少为 67 分，这条信息是否足够消除他的忧虑？他很可能做出否定的回答。因为，他想要知道，大多数人的成绩是都接近 67 分，还是很零散地分布在低于或高于均值的位置。也就是说，他需要对离散程度的度量。度量离散程度的最简单的量是全距，即最大值减去最小值。假设最高成绩为 96 分，最低成绩为 24 分。但是，仅仅依靠两个值，全距提供的信息还是太少了。在第 4 章中，我们将介绍其他度量离散程度的量。此外，该学生还想了解关于成绩的更多信息，尤其需要知道成绩在 24 分至 96 分之间是如何分布的。实现这一目的的最好方法是图示法，即在第 3 章中要介绍的直方图。

**案例 12.1**

## 百事可乐公司和某大学的专营协议

数据：C12 - 01

在过去的几年中，不少大学和各种各样的公司签订了专营协议，协议约定该学校在校园里只能销售该公司的产品。许多食品公司和饮料公司都纷纷和各所大学签订了协议。

一所共有 50 000 名学生的大学向百事可乐公司提出了签订专营协议的要约，该协议将授予百事可乐公司下一年对这所大学的所有校园便利店的专营权，以及以后各年优先签订协议的选择权。作为回报，校方将收取百事可乐公司 35%的校园销售收入，此外，每年还一次性收取 200 000 美元的费用。百事可乐公司方面有两周的考虑时间。

百事可乐公司的管理层迅速回顾了他们所掌握的信息。软饮料市场是用 12 盎司的罐为单位来测量的。百事可乐公司目前平均每周的销售量为 22 000 罐饮料（每年可以在校园内销售 40 个星期），每罐饮料平均卖 1 美元，成本中包括每罐 0.30 美元的劳动力成本。百事可乐公司并不确定它的市场占有率，但是它估计大大低于 50%。一份市场分析显示，假如百事可乐公司现有的市场占有率达到了 25%，这项专营权就能使百事可乐公司每周售出 88 000 罐饮料，这样，每年的销售量将达到 3 520 000 罐（用每周销售量 88 000 乘以 40 周）。收入总额可以用以下方法计算[①]：

收入总额＝3 520 000 罐×1.00 美元/罐＝3 520 000 美元

由于学校要抽取总收入的 35%，所以这个数字必须乘以 65%：

65%×3 520 000 美元＝2 288 000 美元

① 我们已经构造了对案例中的有关数据进行了计算的 Excel 工作表。参见凯勒网站的附录 1，了解如何下载该工作表以及成百上千的数据集。

扣除每罐的劳动力成本 0.30 美元（即 1 056 000 美元）和一次性支付给学校的 200 000 美元，百事可乐公司得到的净利润为

2 288 000 美元－1 056 000 美元－200 000 美元＝1 032 000 美元

百事可乐公司目前的年利润为

40 周×22 000 罐/周×0.70 美元/罐＝616 000 美元

如果目前百事可乐公司的市场占有率为 25%，那么该项协议的潜在收益为

1 032 000 美元－616 000 美元＝416 000 美元

上述分析存在的唯一问题是，百事可乐公司不知道软饮料每周在学校里的销量。而且，可口可乐公司也不可能告知百事可乐公司它的销售情况。百事可乐公司和可口可乐公司的产品加起来几乎占据了整个软饮料市场。

于是百事可乐公司安排了一个刚毕业的大学生来为它调查未知信息。这个学生在校园里随机选取了 500 名学生，让他们记录下在未来的七天中一共在学校里买了多少罐软饮料。

该调查得到的信息储存在凯勒网站附录的文件 C12－01 里，读者可到该网站下载。

## □ 推断统计学

在案例 12.1 中，我们想要估计由独家经营协议带来的年利润。数据就是样本中的 500 名学生接下来的 7 天内软饮料的购买数量。我们可以使用描述统计方法来分析这些数据。

当然，在案例 12.1 中，我们对这 500 名学生的回答并不是十分感兴趣，因为我们想要了解的是学校全部 50 000 名学生的平均软饮料消费量。为了实现这一目标，我们需要用到统计学的另一个分支——推断统计学。

推断统计学是利用样本数据信息对总体特征做出推断的一系列方法。在案例 12.1 中，总体是指该大学的 50 000 名学生，我们感兴趣的特征是这一总体的软饮料消费量，而对每一位学生进行调查是极其费时费力的。统计方法的存在使得我们不必逐人调查。相反，我们可以从中抽取相对来说很少的部分学生作为样本（该样本容量为 500），利用样本信息，就可以推知所有 50 000 名学生软饮料的消费量了。据此就可对百事可乐公司的年利润做出估计。

**例 12.5　票站调查（见第 12 章）**

在政府选举期间，电视台通常会取消常规电视节目而代之以有关选举的新闻报道。计票完毕，结果才公布于众。但是，对一些很重要的职位，比如进行总统或大州参议员的选举时，各电视台就会积极竞争看谁能首先预测出获胜者，而这正是通过票站调查完成的。所谓**票站调查**（exit polls），就是从投完票离开票站的选民中随机抽取一部分，询问他们选的是谁。根据调查数据可以计算出支持某个候选人的选民的比例。应用统计方法就可以判断暂时领先的候选人是否能获得足够多的选票从而赢得选举。假设在 2000

年美国大选中佛罗里达州的票站调查结果被记录下来。虽然在大选中有若干候选人角逐总统，但是民意测验专家只记录了两个有希望赢得大选的人的得票情况，那就是民主党候选人艾伯特·戈尔（代码=1）和共和党候选人乔治·W. 布什（代码=2）。投票结果（共有 765 人投了布什或者戈尔的票）储存在文件 Xm12-05 中。这样，电视台的分析家就可以判断出乔治·W. 布什是否将在佛罗里达州大选中胜出。

例 12.5 介绍了推断统计学的一个简单应用。电视台要做出推断的总体是投票给布什或戈尔的约 500 万位佛罗里达选民，样本由投票调查公司随机选择的投票给两位主要候选人的 765 位选民组成。我们感兴趣的总体特征是投票给布什的选民比例，尤其想了解是否有超过 50%的选民选择了布什（只计投票给共和党和民主党候选人的选民）。必须清楚的一点是，由于我们不能确切得知 500 万位选民每个人的投票情况，因此预测的结果不会 100%地准确。这是统计工作者甚至学过统计学的学生都应该知道的常识。样本作为总体的一小部分只能以一定的概率对总体做出正确推断。统计工作者可以控制样本容量，而且一般设置正确率为 90%~99%。

出乎意料的是，2000 年 11 月的美国大选之夜，电视台犯了一个大错。利用票站调查和前期选举的结果，晚上 8 点，四大电视台得出结论：戈尔将在佛罗里达州胜出。刚过晚上 10 点，大部分计票工作已经完成，电视台又调过头来宣称乔治·W. 布什将会在该选举中胜出。到凌晨 2 点，又一个预测结果宣布出来：得票数很相近以至于难以判断谁将获胜。自那以后，统计学教师在讲授过程中很可能把它作为怎样使用统计的一个例子。

与你之前认为的不同的是，数据可能并不一定是数值型的。当然，例 3.3 中的成绩和案例 12.1 中每个学生每周购买的软饮料数量都是数值型的；但是，例 12.5 中的选票却不是数值型的。在第 2 章中，我们将会详细讨论你在统计应用中可能会遇到的数据类型以及相应的处理方法。

## 1.1 主要统计概念

统计推断问题有三个主要概念：总体、样本和统计推断。下面我们将分别予以详细讨论。

### □ 1-1a 总 体

所谓**总体**（population），就是统计工作者研究对象的全体。一般而言，总体容量是很大的，而且可能无限大。在统计范畴中，总体并不一定指的是一组人，也可以是事物。比如，某大工厂生产的全部滚珠轴承就是一个总体。在案例 12.1 中，总体是该学校的 50 000 名学生。而在例 12.5 中，投票给布什或戈尔的佛罗里达州选民则构成了总体。

对总体的描述性测度称为**参数**（parameter）。在案例 12.1 中，我们感兴趣的参数是该大学所有学生软饮料的平均消费量。在例 12.5 中，参数则是 500 万位佛罗里达州选民中投票给布什的选民所占的比例。在大多数推断统计学的实际应用中，参数代表我们感兴趣的信息。

### □ 1-1b 样　本

**样本**（sample）是从所研究的总体中抽取的若干数据的集合。对样本的描述性测度是**统计量**（statistic），我们就是用统计量对参数进行推断的。在案例 12.1 中，计算的统计量是样本中的 500 名学生一周内软饮料的平均消费量。然后，我们利用样本均值对总体均值进行估计；而总体均值正是该问题中我们想要了解的参数。在例 12.5 中，样本由 765 位佛罗里达州选民组成，我们计算两名主要候选人中每一个的得票比例，然后用样本统计量对 500 万位选民所构成的总体比例进行推断。这样，在计票结果出来之前，我们就可以对大选结果进行预测。

### □ 1-1c 统计推断

**统计推断**（statistical inference）是运用样本数据对总体进行估计、预测和决策的过程。由于总体一般相对较大，因此，对总体中的每一个体进行调查是不切实际的，并且花费很高。而从总体中抽取一个样本就很简单，花费也低得多，并且运用样本信息很容易对总体进行估计并做出判断。当然，这些估计和结论并不一定都正确，故我们在统计推断中加入可靠性测度。可靠性测度共有两种：**置信水平**（confidence level）和**显著性水平**（significance level）。置信水平是一个估计过程正确的概率。比如在案例 12.1 中，对 50 000 名学生软饮料的平均消费量就可建立一个置信水平为 95%的区间估计，这意味着，以这种统计推断形式为基础进行的估计有 95%的概率是正确的。当统计推断的目的是对总体做出判断时，显著性水平测度了错误结论发生的频率。例如，考虑对例 12.5 的结果进行分析，我们确定超过 50%的选民将票投给了乔治·W. 布什，这样，他将在佛罗里达州大选中获胜。5%的显著性水平意味着由该样本推断布什将在大选中获胜的结论的错误率是 5%。

## 1.2 商业中的统计应用

商业和经济学项目中统计学课程的一个重要功能是，证明统计分析实际上在商业和经济学的各个方面都起着重要作用。我们希望通过例子、习题和案例来说明这一功能。我们假设第一次接触统计学课程的这些学生还没有学过管理学项目中的其他课程，然而，为了更好地理解统计学在商业、经济学以及其他课程中的应用，对这些课程有一些基本了解是非常有必要的。为了给统计学的应用提供充分的背景知识，我们会介绍统计学在会计学、经济学、金融学、人力资源管理、市场营销和运营管理方面的应用。我们将会通过以下两种方式向读者介绍这些应用的背景知识。

### □ 1-2a 应用章节和分节

我们通过五个章节来描述统计学在商业领域职能部门的应用。例如，在 7.3 节，我们介绍了统计学在金融学中的应用，描述了一个金融分析人员如何应用概率论和数理统计的知识构造能够降低风险的投资组合。

我们用一整节和一个小节的篇幅来说明概率论和数理统计在某些行业的应用。4.5

节介绍了统计学在职业棒球中的应用。6.4 节中的一个小节介绍了统计学在医学测试（医学测试在医药行业是非常重要的）中的应用。

### □ 1-2b 应用专栏

对于其他不需要很详细描述的问题，我们以应用专栏的方式给出一个相对简短的背景知识描述，然后介绍例子或者练习。这些应用专栏将会贯穿整本书。例如，在第 3 章中，我们将会讨论一个营销经理为了确定产品的合理价格所需做的工作。为了更好地理解这个例子，我们需要对营销经理这个角色做一个简单的描述，然后介绍统计学的应用。

## 1.3 大型的真实数据集

我们认为，学生可以在亲自解决统计问题的过程中学习统计。当学生离开学校后，我们希望他们具备整合大量真实数据、获取制定决策所需信息的能力。为了提供练习这项重要技能的数据，我们创建了 8 个大型的真实数据集，读者可以到凯勒网站下载。这些数据集来自综合社会调查（GSS）和美国国家选举调查（ANES）。

### □ 1-3a 综合社会调查

自 1972 年起，GSS 已经跟踪调查了美国民众对诸多问题的态度。除了美国人口普查外，GSS 是最常被用到的美国社会信息来源。当前，该调查每两年进行一次，涉及数百个变量和数千个观测样本。我们引用最近 6 次（2002 年、2004 年、2006 年、2008 年、2010 年和 2012 年）的调查数据，保存文件分别为 GSS2002，GSS2004，GSS2006，GSS2008，GSS2010 和 GSS2012，样本容量分别为 2 765，2 812，4 510，2 023，2 044 和 1 974。我们将变量的数量减少到 60 个左右，删除了含有缺失数据（不知道、拒绝回答等）的样本。

数据集中包括一些人口学变量，例如年龄、性别、种族、收入和受教育程度。其他变量是关于公众的政治态度、对政府活动和工作的支持率。每次调查的全部变量列表保存在配套网站的附录 GSS2002，GSS2004，GSS2006，GSS2008，GSS2010 和 GSS2012 中。

本书中的很多例子和习题源于这些数据集。

### □ 1-3b 美国国家选举调查

美国国家选举调查在总统选举时期进行，目的是提供分析美国公民选举行为的数据。我们引用了 2004 年和 2008 年的调查数据。像 GSS 一样，ANES 包括一些人口学变量。同时，它还包括总统候选人的支持意向、政治主张和政治背景变量。配套网站的附录 ANES2004 和 ANES2008 中有这些变量的名称和定义。

2008 年的调查数据中重复抽选了非洲裔和西班牙裔选民，我们通过在这两个种族群体中随机删除样本来“调整”数据。

就像处理 GSS 数据集一样，我们删除了缺失数据。

## 1.4 统计与计算机

实际上，在所有统计应用中，统计工作者都要处理大量数据。例如，案例 12.1（百事可乐）中包含了 500 个观测值。要估计年利润，统计工作者必须对数据进行计算，虽然计算过程不需要太多数学技巧，但是纯粹的大量计算使统计方法变得费时而乏味。

幸运的是，很多商用计算机程序可用于数据计算。我们选择了 Microsoft Excel 电子表格程序和 Minitab 统计软件包。我们选用的软件版本是 Office 2013 和 Minitab 16。选择 Excel 是因为我们相信它现在和将来都将是最流行的电子表格程序，它的不足之处在于仅给出了本书所介绍的一小部分统计方法。因此，我们创建了附加功能，读者可以把它们加载到自己的电脑上，这样就可以使用 Excel 来应用本书介绍的所有统计方法了。附加功能可以从配套网络资源处下载，安装时将出现 Excel 附加数据分析工具菜单。在本书配套网络资源中还包含对 Excel 和 Minitab 的介绍，以及这两个软件的安装说明。

本章附录介绍了本书配套的网络资源，并提供了各种获取方法。

几乎所有含有大量数据集的实例、习题和案例都保存在配套的网络资源中。文件名编号紧接着习题编号。我们将以三种方式解决统计实例：手工操作、使用 Excel、使用 Minitab。而且，我们给出了所有方法的详细说明。

文件中包含了解题所需要的数据。然而，在统计学的实际应用中，一些额外的数据也会被收集。例如，在例 12.5 中，民意测验专家通常会记录投票者的性别，并询问投票者的一些其他信息，包括种族、宗教、受教育程度和收入。许多其他数据集也是这样被构造出来的。在后面的章节中，我们将会再次使用这些数据集，应用其他统计方法来获取所需要的信息。（包含额外数据的文件的文件名中有星号。）

我们希望所使用的方法能使手工计算时间最短，而把精力主要集中于选择合适的方法来处理问题，以及在计算机执行必要计算后对结果进行解释。采用这种方法，我们希望统计学能像读者所学课程中的其他任何一门学科那样有趣而且实用。

### □ 1-4a Excel 电子表格

数学课上用的统计教材或统计专业的学生用的教材相对而言与本书是不同的。可以想见，那些课程注重定理的数学证明和大多数统计程序的来历。当用这种方式处理资料时，支撑统计推断的基础性概念就显而易见了。但本书是为商务统计和经济统计的应用课程而写，因此我们不会直接给出统计的数学原理。当然，正如我们前面所指出的，统计工作者的一个重要职能就是合理解释统计分析结果，不管结果是由手工还是计算机计算而来。当然，要想正确解释统计结果，学生们必须理解统计原理。

为了帮助学生理解基本原理，我们向读者说明如何创建进行“what if”分析的 Excel 电子表格。通过改变输入资料，学生就可看到统计分析是怎样进行的。（名字源于“假如改变了这个变量，统计将会发生什么变化？”）这些电子表格也可以用于计算其他章节所涉及的统计量。

**重要术语**

| | | | |
|---|---|---|---|
| 描述统计学 | 推断统计学 | 票站调查 | 总体 |
| 参数 | 样本 | 统计量 | 统计推断 |
| 置信水平 | 显著性水平 | | |

## 习　题

**1.1**　请用自己的语言定义下列统计术语并举例说明。

a. 总体　b. 样本　c. 参数　d. 统计量　e. 统计推断

**1.2**　简单说明描述统计学与推断统计学之间的区别。

**1.3**　某城市有注册选民 25 000 人，一竞选该市市长的政客委托他人进行了一项调查。在调查中，受访的 200 名选民中有 48%说准备投票给她。

a. 感兴趣的总体是什么？

b. 样本是什么？

c. 48%这个值是参数还是统计量？解释原因。

**1.4**　某计算机芯片制造商宣称它的产品不合格率低于 10%。从一批产品中抽取 1 000 个芯片，发现其中有 7.5%是不合格的。

a. 感兴趣的总体是什么？

b. 样本是什么？

c. 参数是什么？

d. 统计量是什么？

e. 10%这个值是参数还是统计量？

f. 7.5%这个值是参数还是统计量？

g. 简单解释如何使用统计量对参数进行推断，以验证制造商的说法是否正确。

**1.5**　假定你相信你所学专业的毕业生将比其他专业的学生得到更高的薪水。构造一个统计试验来验证你的想法。

**1.6**　某人投掷一枚硬币，并称在投掷硬币许多次以后，硬币正反两面出现的次数是相同的。

a. 构造一个统计试验来对此说法进行检验。

b. 在试验中，总体是什么？

c. 样本是什么？

d. 参数是什么？

e. 统计量是什么？

f. 简单说明如何使用统计推断对此人的说法进行检验。

**1.7**　假设在习题 1.6 中你决定投掷硬币 100 次。

a. 如果观察到硬币正面出现 95 次，你将会得出什么结论？

b. 出现 55 次正面又将得出什么结论？

c. 将一枚均匀的硬币投掷 100 次以后，正面是否正好出现 50 次？如果你回答否，那么你觉得正面可能会出现多少次？如果你回答是，那么将一枚硬币投掷两次，正面会出现几次？重复 10 组抛掷一枚硬币两次的试验，然后说出你的结论。

**1.8　Xr01 - 08**　一支出租车队的所有者想对他明年的运营成本进行估算，成本中很重要的一部分就是燃料采购成本。为了估计燃料采购成本，必须知道明年他所有出租车的行程数、1 加仑燃料的价格和出租车的燃料英里数。现在该所有者已经得到前两项数据（估计的行程数和 1 加仑燃料的价格）。但是，由于汽油价格太高，他想转而使用丙烷。他测定了 50 辆出租车的丙烷英里数（每加仑行程数）。

a. 感兴趣的总体是什么？

b. 所有者需要的参数是什么？

c. 样本是什么？

d. 统计量是什么？

e. 简单说明如何使用统计量得到所有者需要的信息。

# 附录　凯勒网站的应用说明

本书所附的凯勒网站包含以下内容：

VBA 附加数据分析工具 9.0，适用于 Excel 的各种版本（Office 1997，2000，XP，2003，2007 和 2010，Office for Mac 2004）；

VBA 附加数据分析工具 9.0 的帮助文件；

以下格式的数据文件：ASCⅡ，Excel，JMP，Minitab，SAS 和 SPSS；

Excel 工作簿；

附录（40 个本书中未涉及的主题）；

公式卡列出了本书中的所有公式。

## □ 凯勒网站说明

在凯勒网站上可以找到“VBA 附加数据分析工具 9.0”，它将被安装到计算机上最新版本 Excel 的“XLSTART”文件夹中。如果附加数据分析工具被正确安装了，就会出现在 Excel 的菜单项中。附加数据分析工具的帮助文件将会直接保存到计算机的“我的文档”文件夹中。当单击“帮助”按钮或者在应用附加数据分析工具时出错，帮助文件就会被打开。

在凯勒网站上也可以找到各类数据集。

Excel 工作簿和附录同样可以通过凯勒网站获取。或者，你可以把 Excel 工作簿和附录保存到硬盘上。

学生读者可以访问 www.cengagebrain.com，搜索 ISBN 9781285425450，点击“Access Now”标签，获取《统计学：在经济和管理中的应用》（第 10 版）的配套网站和学生在线资源。

教师读者可以访问 www.cengage.com/login，输入教师账号的用户名和密码，搜索 ISBN 9781285425450，获取《统计学：在经济和管理中的应用》（第 10 版）的配套网站和教师在线资源。

如果需要技术支持，请访问 www.cengage.com/support，点击“联系我们”。

# 第 2 章

# 图表描述方法 I

**美国男性和女性选民有党派差异吗**

数据：ANES2008*

在第 1 章中，我们介绍了美国国家选举调查（ANES），该调查每隔 4 年进行一次，目的是获得美国公民选举行为的信息。2008 年调查中的一个问题是“你认为自己是民主党人、共和党人、独立党人还是其他?”

选项是 1. 民主党，2. 共和党，3. 独立党，4. 其他党派，5. 无党派。

调查对象的性别被编码为：1=男性，2=女性。该问题的数据保存在凯勒网站的 ANES2008* 文件里，“*”代表该文件中有部分变量在本例中并不需要，但在本书后面章节将被用到。对于 Excel 用户，性别和党派变量分别位于第 B 列和第 BD 列；对于 Minitab 用户，这两个变量分别位于第 2 列和第 56 列。部分数据如下所示。

| 编号 | 性别 | 党派 |
|---|---|---|
| 1 | 1 | 3 |
| 2 | 2 | 1 |
| 3 | 2 | 2 |
| ⋮ | ⋮ | ⋮ |
| 1795 | 1 | 1 |
| 1796 | 1 | 2 |
| 1797 | 1 | 1 |

请判断美国男性和女性选民是否有党派差异。我们将会在2－3b 小节给出答案。

## 引　言

在第 1 章中，我们曾经讲过统计学有两个分支：描述统计学和推断统计学。本章和下一章旨在提出描述统计学中的几种基本方法。本章我们将介绍几种统计图表方法，从而有利于管理者形象地归纳数据，提供有用信息，并且经常用于决策制定。另一类描述统计方法——数值方法——将在第 4 章中介绍。

管理者经常获得一大堆可能有用的数据。但是，要想用来支持某一决定，我们必须先对这些数据进行组织、归纳。举个例子，管理者面临的问题是，他可以获得因借记卡快速增加的应用而产生的数据库。数据库是由顾客应用借记卡时提供的个人信息构成的，这些信息包括持卡人的年龄、性别、地址及收入情况。此外，卡每被使用一次，数据库中就会增加一条历史信息，包括时间、价格及持卡人这一次购买的每一件商品的名称。恰当地运用统计方法，管理者就可以确定是哪一部分消费者正在购买他们公司的商品，从而可以开展专门的营销活动以及电子商务。描述统计学和推断统计学在分析中都可能用到。

描述统计学要求整理、汇总并提供一套可以说明、解释数据本质的数据资料。描述统计学利用统计图表方法和数值描述方法（例如平均数）来归纳、处理数据，为管理者制定决策提供信息依据。尽管描述统计方法非常简单，但它们的重要性不容低估。大多数管理部门、商业部门及经济学专业的学生在工作中准备报告或演讲时，经常会遇到运用统计图表或数值描述方法的情形。据沃顿商学院的研究，当一份报告用统计图表进行说明时，高层管理人员达成共识的速度会提高 25%。

在第 1 章中，我们介绍了总体和样本的区别。回忆一下，总体是指所有研究对象的总和，而样本是总体的一个子集。在第 3 章及第 4 章中讲到的描述统计方法既可应用于构成总体的一组数据，也可应用于构成样本的一组数据。在序言和第 1 章中我们曾指出，对于从事统计工作的人来说，学习的一个关键方面是不仅要知道如何画统计图，如何对统计数据进行计算（手工或用计算机），而且要明白何时运用我们学到的哪种方法。决定运用哪种方法的两个重要因素是：(1) 数据类型；(2) 需要的信息。这两个因素都将在下面讨论到。

## 2.1　数据和信息的类型

统计的目的是从数据中提取信息。数据和信息有不同的类型。为了帮助解释这个重要原理，我们需要先定义一些术语。

**变量**（variable）是总体或样本的某一特征。例如，统计学考试分数当然是本书读者感兴趣的统计学考试的一个特征。并不是所有学生都会得到一样的分数，它会根据学生的不同而有所变化，故命名为变量。股票的价格是另一个变量，大多数股票的价格每天都在变。我们经常用大写英文字母，如 $X$、$Y$ 和 $Z$ 来代表变量。

**变量值**（values of the variable）是指变量的可能观测值。统计学考试分数的值是0～100之间的整数（假设考试是百分制）。股票价格的值通常是以美元和美分测度的实数（有时是美分的几分之一），变量值从0到几百美元。

**数据**（data）是变量的观测值。例如，假设我们观察了10个学生的成绩，分别是

67　74　71　83　93　55　48　82　68　62

我们要从这些数据中提取所要寻求的信息。一个学生的成绩是一个数据。

大多数人想到数据术语时就会想到一组数字。然而，数据有三种类型：定距数据、定类数据和定序数据。[①]

**定距数据**（interval data）也就是实数，比如身高、体重、收入和距离。我们也称这种类型的数据为**定量数据**（quantitative data）或**数值数据**（numerical data）。

**定类数据**（nominal data）的取值是类别。比如，回答婚姻状况问题就产生了定类数据。这个变量的取值是单身、已婚、离婚和丧偶。注意，这些取值不是数字，而是描述性的文字。我们经常给每一个类别指定一个数字来表示定类数据。例如，我们可以用下列规则来记录婚姻状况：

单身＝1　　已婚＝2
离婚＝3　　丧偶＝4

给每一个类别指定一个数字的其他编码方法也是可以的。下面是另一种编码方式，和上面的编码方式一样有效：

单身＝7　　已婚＝4
离婚＝13　　丧偶＝1

定类数据又称为**定性数据**（qualitative data）或**类别数据**（categorical data）。

数据的第三种类型是**定序数据**（ordinal data）。定序数据也表现为定性的，但不同之处在于它们取值的顺序是有意义的。例如，大多数学院和大学在学期结束时，都会让学生评价一下课程情况。这个变量表示某一课程各个方面的等级，包括教师的等级。假设在某一学院里这一变量的取值是

不好　一般　好　很好　优秀

定类数据和定序数据的区别在于后者取值的顺序越大代表等级越高。因此，当给这种取值编码时，我们应该保持取值的顺序。例如，我们可以将学生的评价记为

不好＝1　　一般＝2
好＝3　　很好＝4
优秀＝5

因为选择编码的唯一限制是保持顺序，所以我们可以选择其他任何一组有顺序的编码。比如，可以选定下面的编码：

---

① 事实上，数据共有四种类型，第四类是定比数据。但在统计学中，定比数据与定距数据没有区别，故我们未对它们加以区分。

不好＝6　　　　　　　　　　一般＝18
好＝23　　　　　　　　　　很好＝45
优秀＝88

我们将在第 19 章中指出，运用任何一组保持数据顺序的编码都会产生完全相同的结果。因此，重要的是它们的顺序，而不是它们取值的量级。

学生经常在区分定序数据和定距数据上存在一定的困难。它们的区别关键在于定距数据的取值之间的间隔或距离是始终如一且有意义的。（这就是称这种数据为定距数据的原因。）例如，85 分和 80 分之间的差距与 73 分和 68 分之间的差距一样，都是 5 分。也就是说，我们可以计算出这个距离并解释这些结果。

因为代表定序数据的编码除顺序外，是任意指定的，所以我们不能计算和解释差距。例如，用 1、2、3、4、5 的编码方式来代表不好、一般、好、很好、优秀时，我们注意到优秀和很好之间的差距与好和一般之间的差距是完全相同的；采用 6、18、23、45、88 的编码方式时，优秀和很好之间的差距是 43，好和一般之间的差距是 5。因为两种编码方式都是合理的，所以我们不能用任何一种方式来计算和解释这种差距。

下面是另一个例子。假设给定了纳斯达克市场上交易最活跃的股票列表，按规模降序排列如下：

| 序号 | 现行股票 |
|---|---|
| 1 | 微软 |
| 2 | 卡西欧 |
| 3 | 戴尔电脑 |
| 4 | 太阳计算机系统公司 |
| 5 | 捷迪讯光电 |

难道根据上述信息，你可以得出微软和卡西欧股票交易量的差距与戴尔电脑和太阳计算机系统公司股票交易量的差距相同的结论吗？答案是否定的，因为我们得到的信息仅是关于交易量顺序的，即是定序数据，而不是它们本身的交易量，交易量是定距数据。也就是说，1 和 2 之间的差距没有必要与 3 和 4 之间的差距相同。

### □ 2-1a　各种类型数据的计算

**定距数据**　所有计算方法都适用于定距数据。我们经常通过计算平均数来描述一组定距数据。例如，2.1 节介绍的 10 个分数的平均数是 70.3。我们还将介绍其他几个重要的统计量。

**定类数据**　因为定类数据的编码是完全任意的，所以我们不能对这些编码进行任何计算。为了了解其中的原因，我们来看关于人们婚姻状况的一项调查。假设接受调查的前 10 个人的回答如下：

单身、已婚、已婚、已婚、丧偶、单身、已婚、已婚、单身、离婚

采用编码

单身=1　　　　　　　　　　已婚=2
离婚=3　　　　　　　　　　丧偶=4

我们可以将这些回答记为

1　2　2　2　4　1　2　2　1　3

这些用数字表示的编码的平均数是 2.0。这就意味着人们平均说来是已婚的？现在假设又调查了 4 人，其中 3 人丧偶，1 人离婚。数据如下：

1　2　2　2　4　1　2　2　1　3　4　4　4　3

这 14 个编码的平均数是 2.5。这就意味着人们平均说来是已婚的但未彻底离婚？这个答案对于两个问题来说显然都是不正确的。这个例子证明了关于定类数据的一个基本真理：基于用来存储这种数据的编码的计算是毫无意义的。对定类数据，我们能做的就是计算每一类的发生数或发生比例。因此，我们计算这 14 个观测值中每一婚姻状况类型的发生数并给出频数，列入下表中。

| 类型 | 编码 | 频数 |
|---|---|---|
| 单身 | 1 | 3 |
| 已婚 | 2 | 5 |
| 离婚 | 3 | 2 |
| 丧偶 | 4 | 4 |

本章的其余部分将仅处理定类数据。在第 3 章，我们将介绍描述定距数据的图表方法。

**定序数据**　定序数据最重要的方面就是取值的顺序。因此，唯一允许的计算是一个分等级的处理过程。例如，我们可以对这些数据进行排序，选出位于中间的一个号码。这将在第 4 章中讲到，这种描述性的测度称为中位数。

### □ 2-1b　数据的层次

数据的类型能够根据可对它们进行的计算来排序。我们将定距数据置于最高层，是因为实际上可对它进行所有计算。定类数据位于最底层，是因为除了确定频数外，不能对定类数据进行其他计算。（我们可以对定类数据编码的频数进行计算，然而，这不同于对编码本身进行计算。）位于定距数据和定类数据之间的是定序数据，对该类型的数据可做的计算是对数据划分等级。

高层次的数据类型可以被当作低层次的数据类型来对待。比如，在大学里，我们将课程的定距的数字分数变成定序的字母分数。对一些毕业课程的考核只有及格和不及格两种。这样，定距数据就转换成了定序数据。值得注意的是，当我们把高层次的数据转化为低层次的数据时，我们会丢失一部分信息。例如，某名学生会计学考试的成绩为 89，按照某种规则，成绩在 80～90 分之间的评级为 B，那么，对于该学生在会计学课程中的表现，89 分所提供的信息要远远多于字母 B 所能提供的信息。因此，除非十分有必要，我们不会把高层次的数据转化为低层次的数据。后面我们将会继续讨论这个问题。然而，我们不能将低层次的数据类型当作高层次的数据类型来对待。我们对上述定义和层次划分进行了总结，如下所示。

**数据类型**

- 定距数据

  取值为实数。

  所有计算都可行。

  可以看作定序和定类数据。
- 定序数据

  取值是分了等级的有序数据。

  可以对数据进行排序处理。

  可以看作定类数据，但不能看作定距数据。
- 定类数据

  取值是代表类型的任意数字。

  唯一可行的是对发生的频数或比例进行计算。

  不能当作定序数据和定距数据对待。

### □ 2-1c 定距、定序和定类变量

其观测值构成我们的数据的变量被赋予与数据相同的类型。因此，举例来说，定距数据是定距变量的观测值。

### □ 2-1d 问题的目标/信息

在给出数据的不同类型时，我们介绍了决定用何种统计方法的一个关键因素。第二个因素就是数据所产生的信息的类型。我们会在 11.4 节中讲问题的目标时更为详细地介绍信息的不同类型。然而，在本书的这一部分（第 2、3、4、5 章）中，我们将用统计方法来描述一组数据，并描述两个变量之间的关系。在 2.2 节中，我们将介绍描述定类数据的图表方法，在 2.3 节中，我们将提出描述两定类变量的关系并比较两组或两组以上定类数据的方法。

## 习 题

**2.1** 举出含有定类、定序和定距数据的两个例子。

**2.2** 对下面给定的每一个例子，指出数据的类型。

a. 慢跑者每周跑过的英里数。

b. MBA 毕业生的初始工资。

c. 某一公司职员选择的假期所在的月份。

d. 用字母表示的学生统计课程的期末成绩。

**2.3** 对下面给定的每一个例子，指出数据的类型。

a. 亚马逊每周的收盘价。

b. 某汽车旅馆的月空置率。

c. 麦当劳的顾客组成的一个样本购买软饮料的规模（小、中和大）。

d. 美国过去五年进口的丰田汽车的数量。

e. 以百分制计算的学生统计学课程的期末成绩。

**2.4** 某一大学的人事部门对毕业一年的学生定期进行调查，并询问以下内容。对每一个问题，确定数据的类型。

a. 你的职业是什么？

b. 你的收入是多少？

c. 你获得的学位是什么？

d. 你的学生贷款的数量是多少？

e. 你如何评价教育质量？（很好、比较好、好、一般、差）

**2.5** 最近调查了某居民楼的居民，并询问了一系列问题。判断每一个问题的数据类型。

a. 你的年龄是多少？

b. 住在居民楼哪一层？

c. 是你自己的房子还是租的？

d. 有多少平方英尺？

e. 你的院子里有池塘吗？

**2.6** 在一个商业街选取了一些顾客，并询问了以下问题。判断每一个问题的数据类型。

a. 你的年龄是多少？

b. 你花了多少钱？

c. 你的婚姻状况是什么？

d. 评价一下停车场的等级：优秀、好、一般和不好。

e. 你进了几家商店？

**2.7** 对杂志的出版和广告都感兴趣的读者的有关信息。对读者进行调查，并回答以下问题：

a. 年龄。

b. 性别。

c. 婚姻状况。

d. 订购的杂志数量。

e. 年收入。

f. 给我们的杂志评级：优秀、好、一般和不好。

给出每一项结果的数据类型。

**2.8** 定期对棒球球迷进行调查，要求对棒球运动的各个方面提出意见。一项调查询问了以下几个问题。判断数据类型。

a. 每年观看多少场比赛？

b. 你如何评价这一娱乐项目？（优秀、很好、好、一般、不好）

c. 你买季票了吗?

d. 你如何评价用餐的质量?(适合食用、勉强食用或很糟)

**2.9** 调查打高尔夫球的人并询问了下面的问题。判断每一个问题的答案的数据类型。

a. 每年打多少回合的高尔夫球?

b. 你是某一私人俱乐部的成员吗?

c. 你加入了什么品牌的俱乐部?

**2.10** 期末时大学经常会发放有关课程的问卷。假设在一所大学里,对学生问了以下问题。

a. 给课程评一个等级。(很好、好、不好)

b. 给教师打分。(高效、有效率、不太有效率、效率很低)

c. 你的期中成绩是什么?(A、B、C、D、F)

确定每一个问题的答案的数据类型。

## 2.2 对一组定类数据的描述

我们在 2.1 节中曾经说过,定类数据唯一允许的计算就是计算变量的每一个取值的频数或频率。我们可以用被称为**频数分布**(frequency distribution)的表格来概括事件的类别以及每一类事件发生的次数。**相对频数分布**(relative frequency distribution)列出了事件类别以及每一类别事件发生次数所占的比例。我们可以使用两种图示法来展示数据:条形图和饼图。

**例 2.1 2012 年 GSS 工作情况调查**

数据:GSS2012*

在第 1 章,我们简要地介绍了综合社会调查。在 2012 年的调查中,调查对象被问到如下问题。

"上周你是从事全职工作,兼职工作,上学,做家务,还是其他?"调查对象的回答有:

1. 全职工作
2. 兼职工作
3. 暂时没有工作
4. 失业,下岗
5. 退休
6. 上学
7. 做家务
8. 其他

对以上 8 个选项的回答分别用 1,2,3,4,5,6,7 和 8 编码。变量名称是 WRK-STAT,保存在数据表的第 25 列(对应 Excel 的第 Y 列,Minitab 的第 25 列),前 150

个观测值如下所示。

| | | | | | | | | | | | | | | |
|---|---|---|---|---|---|---|---|---|---|---|---|---|---|---|
| 2 | 8 | 4 | 5 | 1 | 1 | 5 | 1 | 5 | 8 | 5 | 1 | 5 | 4 | 2 |
| 2 | 2 | 1 | 1 | 5 | 1 | 5 | 5 | 1 | 1 | 5 | 1 | 1 | 1 | 2 |
| 1 | 7 | 1 | 5 | 1 | 7 | 1 | 1 | 1 | 2 | 7 | 1 | 1 | 5 | 5 |
| 8 | 8 | 1 | 1 | 1 | 1 | 1 | 1 | 1 | 4 | 1 | 2 | 1 | 1 | 2 |
| 5 | 2 | 5 | 1 | 1 | 1 | 7 | 1 | 1 | 7 | 4 | 1 | 4 | 1 | 5 |
| 8 | 1 | 1 | 1 | 7 | 6 | 6 | 5 | 1 | 2 | 1 | 1 | 1 | 1 | 5 |
| 7 | 1 | 1 | 1 | 7 | 1 | 1 | 1 | 7 | 1 | 2 | 7 | 1 | 4 | 7 |
| 7 | 1 | 7 | 1 | 1 | 5 | 1 | 7 | 1 | 6 | 4 | 1 | 1 | 5 | 1 |
| 7 | 1 | 5 | 2 | 5 | 5 | 1 | 1 | 5 | 1 | 4 | 5 | 1 | 1 | 1 |
| 1 | 6 | 2 | 1 | 5 | 2 | 1 | 2 | 1 | 2 | 1 | 5 | 2 | 1 | 1 |

**解**

浏览全部数据。你对这 150 个调查对象的工作情况有一定了解了吗？除非你有特异功能，否则你从这些数字中基本得不出太多信息。即使列出所有 1 973 个观测值，我们也不太可能从数据中发掘更多有用信息。想要提取有用信息，我们需要采用统计学或者图示方法。选择合适的方法的第一步是识别数据类型。在本例中，这些数字代表类别，因此数据为定类数据。定类数据涉及的唯一计算就是对每一类事件的发生计数。因此，我们计算 1，2，3，4，5，6，7 和 8 出现的次数。类别和相应的次数的列表就构成了频数分布。要得到相对频数分布，我们只需要把频次转换为比例。频数分布和相对频数分布见表 2—1。

**表 2—1　　例 2.1 中的频数分布和相对频数分布**

| 工作情况 | 编码 | 频数 | 相对频数（%） |
|---|---|---|---|
| 全职工作 | 1 | 912 | 46.2 |
| 兼职工作 | 2 | 226 | 11.5 |
| 暂时没有工作 | 3 | 40 | 2.0 |
| 失业，下岗 | 4 | 104 | 5.3 |
| 退休 | 5 | 357 | 18.1 |
| 上学 | 6 | 70 | 3.5 |
| 做家务 | 7 | 210 | 10.6 |
| 其他 | 8 | 54 | 2.7 |
| 总计 | | 1 973 | 100 |

有一个调查对象没有回答这个问题，因此，观测值的样本容量为 1 974 减 1，等于 1 973。

正如我们在序言和第 1 章中所指出的那样，对于本书中的所有例子，我们都采用三种方法来求解：手工计算、使用 Excel 和使用 Minitab。另外，我们不仅给出了 Excel 和 Minitab 的输出结果，同时还会介绍相应的计算机命令。

**Excel**

**计算机命令**

1. 键入或者导入数据（打开文件 GSS2012）。

2. 激活一个空单元格，键入

=COUNTIF（[输入区域]，[标准]）

输入区域指包含数据的单元格。在本例中，这个区域为 Y1：Y1975。标准是你想要计数的编码 1，2，3，4，5，6，7 和 8。例如，想要计算 1（全职工作）的个数则键入

=COUNTIF（Y1：Y1975，1）

对话框中就会出现频数。改变标准可以得到其他类别的频数。

**Minitab**

| WRKSTAT | 计数 | 百分比 |
| --- | --- | --- |
| 1 | 912 | 46.22 |
| 2 | 226 | 11.45 |
| 3 | 40 | 2.03 |
| 4 | 104 | 5.27 |
| 5 | 357 | 18.09 |
| 6 | 70 | 3.55 |
| 7 | 210 | 10.64 |
| 8 | 54 | 2.74 |
| | N=1973 | |
| | *=1 | |

**计算机命令**

1. 键入或者导入数据（打开文件 GSS2012）。

2. 点击“Stat”（统计）—“Tables”（表格）—“Tally Individual Variables…”（单变量计数…）。

3. 输入或者使用“Select”（选择）按钮指定数据在文件中存储的变量名（WRKSTAT）。在“Display”（显示）选项下选择“Counts”（计数）和“Percents”（百分比）。

**解　释**

调查对象中从事全职工作的有 46.2%，退休的有 18.1%，做家务的有 10.6%，从事兼职工作的有 11.5%，其余 13.6%的调查对象在其他四类情况中的比例大致相同。

## □ 条形图和饼图

表格已经很好地概括了数据中的信息。然而，图示法通常比表格中的数字能够更快地吸引读者的注意力。我们可以使用两种图示法来展示表格中的信息。**条形图**（bar chart）通常用来表示频数，而**饼图**（pie chart）则常用于表示相对频数。

条形图通常用矩形来代表每一个类别。矩形的高度代表频数，基准的设定比较随意。图 2—1 是手动绘制的例 2.1 的条形图。

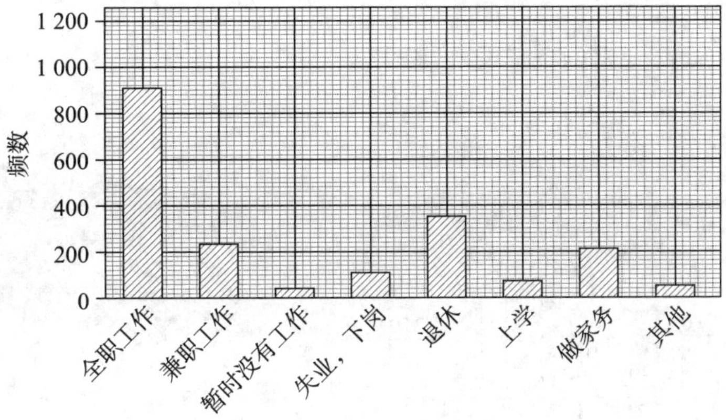


**图 2—1　例 2.1 的条形图**

如果我们关注的重点在于相对频数而不是频数，就应该使用饼图。饼图是指将一个圆分成几个部分，每个部分代表一个类别，每部分的大小与该类别所占的百分比成比例。例如，整个圆有 360°，某个包含了 25%的观测值的类别就可用 360°的 25%（也就是 90°）的一块饼来表示。例 2.1 中，每一类对应的度数见表 2—2，饼图见图 2—2。

**表 2—2　　例 2.1 中每一类的比例**

| 工作情况 | 相对频数（%） | 对应饼图中部分（°） |
|---|---|---|
| 全职工作 | 46.2 | 166.4 |
| 兼职工作 | 11.5 | 41.2 |
| 暂时没有工作 | 2.0 | 7.3 |
| 失业，下岗 | 5.3 | 19.0 |
| 退休 | 18.1 | 65.1 |
| 上学 | 3.5 | 12.8 |
| 做家务 | 10.6 | 38.3 |
| 其他 | 2.7 | 9.9 |
| 总计 | 100.0 | 360 |

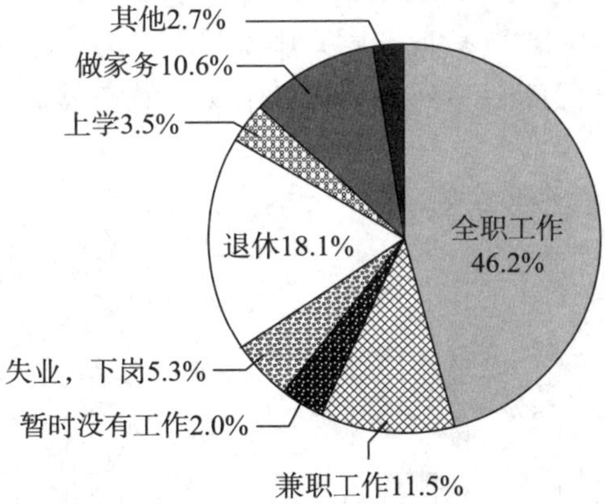


**图 2—2　例 2.1 的饼图**

**Excel**

下面是用 Excel 画出的条形图和饼图。

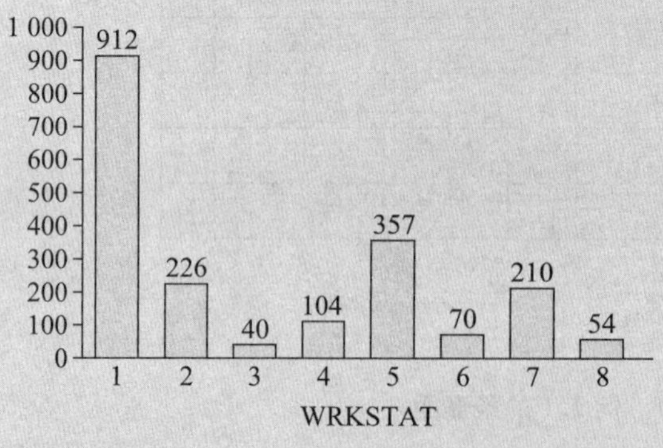


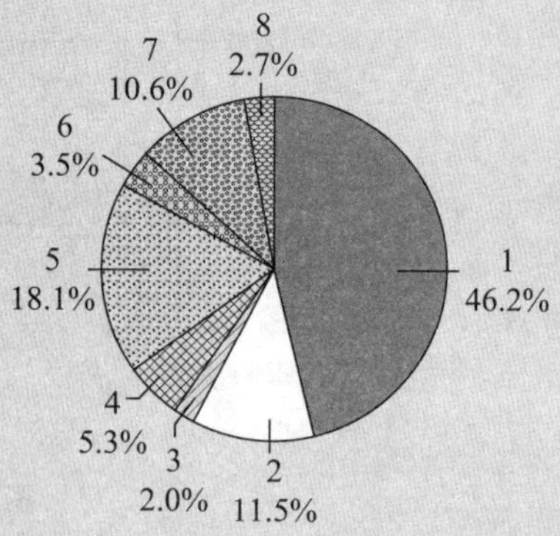


**计算机命令**

1. 产生频数分布表后，选中频数所在的列。

2. 通过单击“插入”—“柱形图”—“二维柱形图”，绘制条形图。

3. 单击“图表工具”（如果当前没有出现“图表工具”，单击条形图所在的方框），选择“布局”。在“布局”菜单项下，你可以对图表做各种调整。我们删除“网格线”和“图例”，然后单击“数据标签”，为条形图添加数据标签。

4. 如果想要绘制饼图，在选择插入图表类型时，选择“饼图”，并使用“图表工具”对图形进行编辑。

**Minitab**

**计算机命令**

1. 在一列中输入或者导入数据（打开文件 GSS2012）。

如果绘制条形图：

2. 单击“Graph”（图形）—“Bar Chart…”（条形图…）。

3. 在“Bar represent”（条形表示）框中，选择“Counts of unique values”（唯一值计数），图标类型选择“Simple”（简单）。

4. 输入或者使用“Select”（选择）按钮指定变量。单击“Labels…”（标签…），输入标题，在“Data Labels”（数据标签）中选择“Use y-value labels”（使用 $y$ 值作标签），这样就可以在条形图每一列的顶端显示该组的频数了。

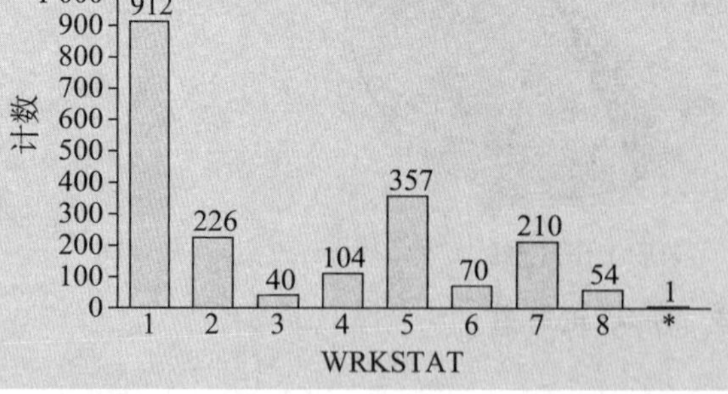


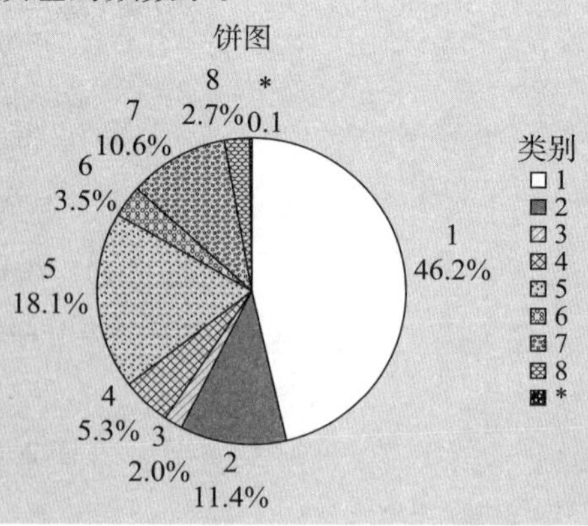

如果绘制饼图：

2. 单击“Graph”（图形）—“Pie Chart…”（饼图…）。

3. 选择“Chart，Counts of unique values”（用原始记录画图），在“Categorical variables”（类别变量）中使用“Select”（选择）按钮指定变量（WRKSTAT）。单击“Labels…”（标签…），为饼图加上标题，在“Slice Labels”（扇形区标签）中选择“Category name”（类别名称）和“Percent”（百分比）。

**解　释**

条形图的重点在于表示频数，饼图的重点在于表示比例。

### □ 2-2a　饼图和条形图的其他用途

饼图和条形图被广泛用于报纸、杂志以及商业和政府的报告中。它们之所以这么有魅力是因为它们是引人注目的，并且能够引起读者的兴趣，而一张数表可能就不会有这种魅力。也许《今日美国》是最理解这一点的，它的首页往往用彩色的图表，而正文用其他方法表述。饼图和条形图经常用于表示与类别有联系的数字，在这种情况下，运用饼图和条形图的唯一原因可能就是它们可以提高读者抓住数据实质的能力。例如，它们可以让读者更快地区分各类事件的相对规模，像在预算方面的细目分类一样。同样，财务人员可能用饼图来表示公司各部门的收益分类情况，大学生可能用饼图来表示花费在各种日常活动上的时间（比如，吃饭，10%；睡觉，30%；学习统计学，60%）。

**在经济学中的应用：宏观经济学**

宏观经济学是经济学的一个重要分支，主要研究经济体的整体运行情况。宏观经济学家使用数学模型来预测国内生产总值、失业率和通货膨胀率的情况。政府部门和企业根据这些预测值来制定相应的策略。例如，中央银行通过减息或加息来调整通货膨胀。这就要求经济学家们计算一系列变量的取值对经济体的影响，例如能源的供需情况。

**在经济学中的应用：能源经济学**

实质上，对每个国家的经济都会产生重要影响的变量之一是能源。1973 年石油危机中，在很短的时间内，石油价格翻了两番。这场石油危机被认为是对我们的经济体造成最大影响的冲击之一。事实上，经济学家们经常会把 1973 年石油危机前和石油危机后的经济状况分开来考虑。

遗憾的是，这个世界的经济将会面临来自能源方面的更多冲击。这主要是由以下两方面原因造成的：第一个原因是不可再生能源的消耗和因此导致的能源价格的上涨；第二个原因是燃烧化石燃料产生的二氧化碳很可能造成全球变暖。有位经济学家曾经预测，全球变暖将会造成数以兆计美元的损失。地球的温度是否上升了？如果地球确实正在变暖，其罪魁祸首是不是二氧化碳呢？在解决这两个问题方面，统计学家发挥着重要作用（参见案例 3.1）。

本章中，你还会看到其他涉及能源问题的例子和习题。

## 例 2.2　2012 年美国的能源消耗

数据：Xm02 - 02

表 2—3 列出了 2012 年（最新发布的数据）美国所有能源的消耗情况。为了便于读者理解，表中的能源以百万之四次方英制热单位（BTUs）度量。使用恰当的图来描述这些数据。

表 2—3　　2012 年美国的能源消耗

| 能源来源 | 百万之四次方英制热单位 |
|---|---|
| **不可再生能源** | |
| 石油 | 34.688 |
| 天然气 | 25.954 |
| 煤和煤制品 | 17.434 |
| 核能源 | 8.050 |
| **可再生能源** | |
| 水电能源 | 2.687 |
| 木材衍生能源 | 1.985 |
| 生物能源 | 1.909 |
| 废物能源 | 0.471 |
| 地热能源 | 0.227 |
| 风能源 | 1.361 |
| 太阳能光伏 | 0.212 |
| 总计 | 94.978 |

资料来源：国际能源署。

**解**

本例中，我们感兴趣的信息是每种能源的消耗占总能源消耗的比例。因此，比较恰当的选择是饼图。接下来应该根据绘制的饼图判断饼图切块的比例和大小。图 2—3 是采用 Excel 绘制的饼图，采用 Minitab 绘制的饼图与此类似。

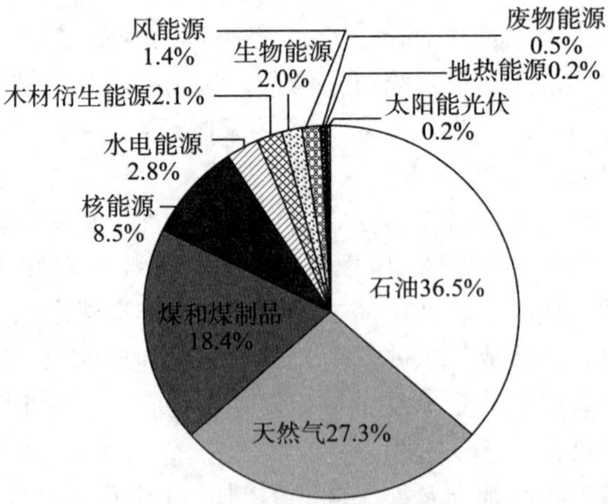


图 2—3　例 2.2 的饼图

**解　释**

美国的能源消耗主要依赖于石油、煤和天然气，超过 80%的国家能源消耗来自这些能源。可再生能源的占比小于 9%，其中水电能源所占比例大约为三分之一，且不大可能进一步扩大。风能和太阳能所占比例微乎其微。关于这道题目的更多信息，参见习题 2.11 至习题 2.15。

## 例 2.3　人均啤酒消费（部分国家）

数据：Xm02 - 03

表 2—4 列出了世界上 20 个国家的人均啤酒消费量，用图形来展示这些数据。

**表 2—4　　2012 年人均啤酒消费量**

| 国家 | 人均啤酒消费量（升/年） |
|---|---|
| 澳大利亚 | 83.4 |
| 奥地利 | 105.8 |
| 比利时 | 78.0 |
| 保加利亚 | 72.8 |
| 克罗地亚 | 77.8 |
| 捷克 | 131.7 |
| 爱沙尼亚 | 90.6 |
| 芬兰 | 82.7 |
| 德国 | 106.8 |
| 爱尔兰 | 103.7 |
| 立陶宛 | 85.7 |
| 荷兰 | 73.9 |
| 新西兰 | 70.5 |
| 巴拿马 | 75.0 |
| 波兰 | 83.6 |
| 罗马尼亚 | 77.4 |
| 斯洛文尼亚 | 82.7 |
| 英国 | 73.7 |
| 美国 | 78.2 |
| 委内瑞拉 | 83.0 |

资料来源：www. beerinfo. com.

**解**

本例中，我们感兴趣的信息是人均啤酒消费的绝对量，因此没有必要展示各个国家人均啤酒消费量占总量的比例。以下是采用 Excel 绘制的条形图。

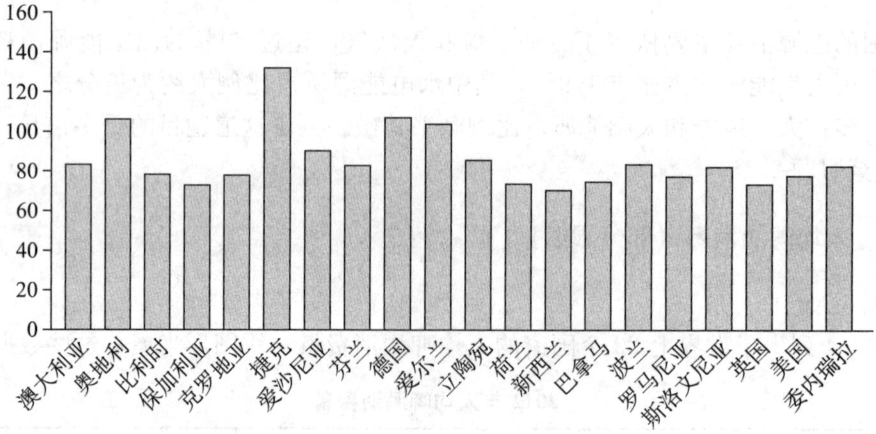


**图 2—4　Excel 绘制的例 2.3 的条形图**

**解　　释**

德国、捷克、爱尔兰、澳大利亚和奥地利的人均啤酒消费量领先，英国和美国的人均啤酒消费量相对较低。你是否觉得很奇怪呢?

### □ 2－2b　定序数据的描述

描述定序数据没有专门的图表方法。因此，当我们要描述一组定序数据时，可以直接把它视为定类数据，然后运用本节使用的描述方法。唯一的原则是条形图中的条形应该依据定序数据取值的顺序升序（或降序）排列，饼图中的楔形通常依据定序数据取值的顺序顺时针（或逆时针）排列。

我们通过描述具体在什么时候用条形图和饼图归纳和陈述数据来结束这一部分的论述。

**确定什么时候用条形图和饼图的因素**

1. 目标：描述一组数据。
2. 数据类型：定类数据或定序数据。

## 习　　题

**2.11　Xr02－11**　世界上的石油什么时候会被消耗完？解答这个问题的一个方法是计算全球各个国家的石油储备量。下表列出了全球石油储备量最高的 15 个国家的储备情况。请用图形来描述这组数据。

| 国家 | 石油储备量（桶） |
|---|---|
| 巴西 | 12 860 000 000 |
| 加拿大 | 175 200 000 000 |
| 中国 | 14 800 000 000 |
| 伊朗 | 137 000 000 000 |
| 伊拉克 | 115 000 000 000 |
| 哈萨克斯坦 | 30 000 000 000 |
| 科威特 | 104 000 000 000 |
| 利比亚 | 46 420 000 000 |
| 尼日利亚 | 37 200 000 000 |
| 卡塔尔 | 25 380 000 000 |
| 俄罗斯 | 60 000 000 000 |
| 沙特阿拉伯 | 262 600 000 000 |
| 阿拉伯联合酋长国 | 97 800 000 000 |
| 美国 | 20 680 000 000 |
| 委内瑞拉 | 211 200 000 000 |

资料来源：《CIA 世界统计年鉴》，2012 年。

**2.12** 根据习题 2.11，世界石油总储备量是 1 481 526 000 000 桶。石油储备量最高的 15 个国家的总储备量是 1 350 140 000 000 桶。利用图示法描述这 15 个主要国家和其他国家的石油储备量占全球总储备量的比例。

**2.13** **Xr02－13** 下表列出了平均每天的石油消耗量最高的 15 个国家的消耗情况。请用图形来描述这组数据。

| 国家 | 消耗量（桶/天） |
|---|---|
| 巴西 | 2 029 000 |
| 加拿大 | 2 209 000 |
| 中国 | 9 400 000 |
| 法国 | 1 861 000 |
| 德国 | 2 495 000 |
| 印度 | 3 182 000 |
| 伊朗 | 1 845 000 |
| 意大利 | 1 528 000 |
| 日本 | 4 452 000 |
| 墨西哥 | 2 073 000 |
| 俄罗斯 | 2 199 000 |
| 沙特阿拉伯 | 2 643 000 |

续前表

| 国家 | 消耗量（桶/天） |
| --- | --- |
| 韩国 | 2 195 000 |
| 英国 | 1 622 000 |
| 美国 | 19 150 000 |

资料来源：《CIA 世界统计年鉴》，2012 年。

**2.14 Xr02－14** 一桶石油合 42 加仑。下表列出了一桶石油制造的产品及各种产品占总量的比例。请用图形描述这些数据。

| 产品 | 比例（%） |
| --- | --- |
| 汽油 | 51.4 |
| 馏分燃油 | 15.3 |
| 喷射机燃油 | 12.6 |
| 石油 | 5.4 |
| 石油焦 | 5.0 |
| 残余燃油 | 3.3 |
| 液化炼油气 | 2.8 |
| 沥青和道路用油 | 1.9 |
| 润滑剂 | 0.9 |
| 其他 | 1.5 |

资料来源：加利福尼亚州能源委员会，2004 年数据。

**2.15 Xr02－15*** 下表列出了澳大利亚的能源消耗模式。热含量的单位是 1 吨（1 000 千克）石油等价物。请用图形来描述这组数据。

| 能源来源 | 热含量 |
| --- | --- |
| **不可再生能源** | |
| 煤和煤制品 | 55 385 |
| 石油 | 33 185 |
| 天然气 | 20 350 |
| 核能源 | 0 |
| **可再生能源** | |
| 水电能源 | 1 388 |
| 固体生物质 | 4 741 |
| 其他（生物质液体，地热，太阳能，风能，以及潮汐、波浪、海洋能） | 347 |
| 总计 | 115 396 |

资料来源：国际能源署。

**2.16　Xr02-16**　由于燃烧化石燃料（石油、天然气和煤）能够产生二氧化碳，地球有可能受到全球变暖的威胁。下表列出了地球上二氧化碳的 15 个主要排放国每年由于燃烧化石燃料产生的二氧化碳的量（单位：百万吨）。请用图形描述这组数据。

| 国家 | $CO_2$ |
|---|---|
| 澳大利亚 | 417.7 |
| 加拿大 | 541.0 |
| 中国 | 7 706.8 |
| 德国 | 765.6 |
| 印度 | 1 591.1 |
| 伊朗 | 528.6 |
| 意大利 | 407.9 |
| 日本 | 1 098.0 |
| 韩国 | 528.1 |
| 墨西哥 | 443.6 |
| 俄罗斯 | 1 556.7 |
| 沙特阿拉伯 | 438.2 |
| 南非 | 451.2 |
| 英国 | 519.9 |
| 美国 | 5 424.5 |

资料来源：《美国统计摘要》，2012 年，表 1389。

**2.17　Xr02-17**　钢产量经常被作为衡量一个国家经济实力的指标。下表列出了 2011 年全球 25 个最大的钢产量国家或地区的钢材产量（单位是百万吨）。请用图形展示这组数据。

| 国家或地区 | 钢产量 | 国家或地区 | 钢产量 |
|---|---|---|---|
| 澳大利亚 | 6.4 | 印度 | 72.2 |
| 奥地利 | 7.5 | 伊朗 | 13 |
| 比利时 | 8.1 | 意大利 | 28.7 |
| 巴西 | 35.2 | 日本 | 107.6 |
| 加拿大 | 13.1 | 墨西哥 | 18.1 |
| 中国 | 683.3 | 荷兰 | 6.9 |
| 埃及 | 6.5 | 波兰 | 8.8 |
| 法国 | 15.8 | 俄罗斯 | 68.7 |
| 德国 | 44.3 | 南非 | 6.7 |

续前表

| 国家或地区 | 钢产量 | 国家或地区 | 钢产量 |
|---|---|---|---|
| 韩国 | 68.5 | 乌克兰 | 35.3 |
| 西班牙 | 15.6 | 英国 | 9.5 |
| 中国台湾 | 22.7 | 美国 | 86.2 |
| 土耳其 | 34.1 | | |

资料来源：世界钢铁协会，2011 年。

**2.18 Xr02-18** 2009 年，美国产生了 243.0 百万吨垃圾。下表按照来源列出了垃圾的数量。使用一个或多个图形来描述这组数据。

| 来源 | 数量（百万吨） |
|---|---|
| 纸制品 | 68.4 |
| 玻璃 | 11.8 |
| 金属 | 20.9 |
| 塑料 | 29.8 |
| 食品垃圾 | 34.3 |
| 庭院内垃圾 | 33.2 |
| 其他 | 44.6 |

资料来源：《美国统计摘要》，2012 年，表 378。

**2.19 Xr02-19** 在过去的 5 年，多伦多不断加大力度减少送往垃圾填埋场的垃圾。目前，大多伦多地区（GTA）在密歇根的一个垃圾处理厂处理垃圾。一项分析表明，GTA 收集的垃圾中有 36%来自住宅，另外 64%来自商业和公共部门（医院，学校等），详细信息如下表所示。

| 住宅 | | | |
|---|---|---|---|
| 回收的 | 百分比 | 处理的 | 百分比 |
| 塑料回收 | 1% | 塑料 | 7% |
| 玻璃回收 | 3% | 纸 | 12% |
| 纸回收 | 14% | 金属 | 2% |
| 金属回收 | 1% | 有机物 | 23% |
| | | 其他 | 17% |
| 有机物回收（来自食品） | 7% | | |
| 有机物回收（来自庭院） | 10% | | |
| 其他回收 | 4% | | |

| 非住宅 | | | |
|---|---|---|---|
| 回收的 | 百分比 | 处理的 | 百分比 |
| 玻璃回收 | 1% | 塑料 | 10% |
| 纸回收 | 11% | 玻璃 | 3% |
| 金属回收 | 3% | 纸 | 31% |
| 有机物回收 | 1% | 金属 | 8% |
| 建筑垃圾回收 | 1% | 有机物 | 18% |
| 其他回收 | 1% | 建筑垃圾 | 7% |
| | | 其他 | 6% |

资料来源：多伦多城市峰会联盟。

a. 画出（回收的和处理的）住宅垃圾的饼图。

b. 画出（回收的和处理的）非住宅垃圾的饼图。

**2.20　Xr02-20**　下表列示了 2010 年美国石油进口的 10 个主要国家和石油进口量（百万桶/年）。

| 国家 | 石油进口量（百万桶/年） |
|---|---|
| 阿尔及利亚 | 119 |
| 安哥拉 | 139 |
| 加拿大 | 720 |
| 哥伦比亚 | 124 |
| 伊拉克 | 151 |
| 科威特 | 71 |
| 墨西哥 | 416 |
| 尼日利亚 | 360 |
| 沙特阿拉伯 | 394 |
| 委内瑞拉 | 333 |

资料来源：《美国统计摘要》，2012 年，表 937。

a. 画出条形图。

b. 画出饼图。

c. 每幅图都传递了什么信息？

**2.21**　下表以 5 个年龄分组列示了美国 2008 年 9 月前没有健康保险的男性和女性的百分比。画一幅图来描述这些数据。

| 年龄分组 | 男性 | 女性 |
|---|---|---|
| 18 岁以下 | 8.5 | 8.5 |
| 18～24 | 32.3 | 24.9 |
| 25～34 | 30.4 | 21.4 |
| 35～44 | 21.3 | 17.1 |
| 45～64 | 13.5 | 13.0 |

资料来源：美国国家健康访问调查。

**2.22** 下表列示了一家四口人到美国橄榄球联盟（NFL）体育场和加拿大橄榄球联盟（CFL）体育场观看一场比赛的平均花费。用图表法比较总花费中的各个部分。

| | NFL | CFL |
|---|---|---|
| 4 张门票 | 274.12 | 171.16 |
| 停车费 | 19.75 | 10.85 |
| 2 个球帽 | 31.12 | 44.26 |
| 2 杯啤酒 | 11.9 | 11.24 |
| 2 杯饮料 | 7.04 | 7.28 |
| 4 个热狗 | 15 | 16.12 |

资料来源：Matthew Coutts 球队市场报告。

**2.23 Xr02－23** 生产力增长对于国家和企业的经济福利至关重要。下表列示了经济合作与发展组织（OECD）国家的生产力年增长率（%）。用图表法描述这些数据。

| 国家 | 生产力年增长率 | 国家 | 生产力年增长率 |
|---|---|---|---|
| 澳大利亚 | 1.6 | 日本 | 2.775 |
| 奥地利 | 1.5 | 韩国 | 5.55 |
| 比利时 | 1.975 | 卢森堡 | 2.6 |
| 加拿大 | 1.25 | 墨西哥 | 1.2 |
| 捷克 | 3.3 | 荷兰 | 2 |
| 丹麦 | 2.175 | 新西兰 | 1.5 |
| 芬兰 | 2.775 | 挪威 | 2.575 |
| 法国 | 2.35 | 葡萄牙 | 2.8 |
| 德国 | 2.3 | 斯洛伐克 | 4.8 |
| 希腊 | 1.6 | 西班牙 | 2 |
| 匈牙利 | 3.6 | 瑞典 | 1.775 |
| 冰岛 | 0.775 | 瑞士 | 1.033 |

续前表

| 国家 | 生产力年增长率 | 国家 | 生产力年增长率 |
|---|---|---|---|
| 爱尔兰 | 3.775 | 英国 | 2.2 |
| 意大利 | 1.525 | 美国 | 1.525 |

资料来源：OECD 劳动生产率数据库，2007 年 7 月。

下面的习题要求使用计算机。

**2.24　Xr02 - 24**　2008 年，美国政府发行了总计 1 070 亿美元的退税支票来刺激经济。一项美国零售联合会（NRF）的调查询问了公民打算如何使用退税支票。回答项为

1. 购物
2. 还债
3. 投资
4. 医疗
5. 储蓄
6. 其他

用图表方法来归纳和描述这组数据。

**2.25　Xr02 - 25**　根据习题 2.24，那些选择购物的调查对象被问及打算购买什么产品。回答项为

1. 居室装潢
2. 购买电器
3. 购买汽车
4. 购买服装
5. 购买电子产品
6. 购买家具
7. 购买汽油
8. 休闲健身
9. 购买食品杂货
10. 度假
11. 冲动消费
12. 房屋预付定金

用图表方法来描述这组数据。

**2.26　Xr02 - 26**　大学最重要的特征是什么？抽取大学旁边的高中高年级的学生组成了一个样本，并询问了上述问题。回答项为

1. 位置
2. 专业
3. 学术威望
4. 就业方向
5. 社团
6. 学生人数

结果用编码储存。用图表方法来归纳和描述这组数据。

**2.27　Xr02-27**　消费者获取有关小汽车的信息的渠道是什么？抽取最近购买汽车的消费者构成一个样本，并要求他们说出买车最有用的信息渠道。回答项为

1. 消费者向导
2. 商品经销特许权
3. 他人介绍
4. 网络

结果用编码储存，画图来描述这些回答项。（资料来源：*Automotive Retailing Today*，The Gallup Organization.）

**2.28　Xr02-28**　某项调查询问392名业主最想修复房屋中的哪个区域。回答项及其对应的频数如下表所示。用图形来表示下面的结果，并概括你从中得到了什么信息。

| 区域 | 编码 |
| --- | --- |
| 地下室 | 1 |
| 浴室 | 2 |
| 卧室 | 3 |
| 厨房 | 4 |
| 客厅/餐厅 | 5 |

**2.29　Xr02-29**　乘地铁的人经常读报纸来打发时间。纽约有1条地铁、4份报纸。现抽取了经常有规律阅读某一份报纸的360位地铁乘客，要求他们识别出自己经常阅读的那份报纸。回答项如下：

1. 《纽约每日新闻》
2. 《纽约邮报》
3. 《纽约时报》
4. 《华尔街日报》

根据相应的数字记录回答。

a. 计算频数分布和相对频数分布。

b. 画一幅合适的图来描述这些数据。从这幅图中，我们可以看出什么？

**2.30　Xr02-30**　谁申请了MBA课程？为了有助于确定申请者的背景，抽取了申报商学院的200人的一个样本，并询问了他们的学位。用编码记录的学位如下：

1. 文学学士
2. 工商管理学学士
3. 工学学士
4. 理学学士
5. 其他

a. 确定频数分布。

b. 画出条形图。

c. 画出饼图。

d. 从 MBA 申请者样本的图形中，我们得出了什么结论？

**2.31 Xr02-31** 越来越多的商务和经济课程要求使用计算机，所以许多同学都购买了电脑。一项调查询问了学生已买电脑的品牌。回答项如下：

1. IBM
2. 康柏
3. 戴尔
4. 其他

a. 使用图形描述频数。

b. 使用图形描述比例。

c. 学生用的电脑品牌的图形告诉了我们什么？

**2.32 Xr02-32** 统计学课程越来越要求运用计算机和软件来代替手工计算。对统计学教师进行了一项调查，询问了他或她的课程用的软件是什么。回答项如下：

1. Excel
2. Minitab
3. SAS
4. SPSS
5. 其他

a. 计算频数分布。

b. 用图示法描述每一项的比例。

c. 有关软件选项的图形告诉了你什么？

**2.33 Xr02-33*** 全美淡啤酒的年销量将近 300 万加仑。面对如此大的市场需求，啤酒厂商除了要了解谁购买了他们的产品，还要掌握更多信息。一家大型啤酒厂的销售经理想要分析淡啤酒在大学生中的销售情况，随机抽取了 285 名在校大学生，并询问他们最喜欢以下哪种淡啤酒：

1. Bud
2. Busch
3. Coors
4. Michelob
5. Miller
6. Natural
7. 其他品牌

以上七个选项分别用 1，2，3，4，5，6 和 7 编码。用图表方法来描述这组数据，你能从图表中得到什么结论？

**社会综合调查习题**

第 1 章的 1.3 节介绍了美国社会综合调查。习题 2.34 到习题 2.37 的数据来自 2012 年社会综合调查。

**2.34 GSS2012*** 你认为自己是什么人种（RACE）？

1. 白人

2. 黑人

3. 其他

运用合适的图表方法来描述这组数据并阐述你的发现。

**2.35 GSS2012***　你的最高学位（DEGREE）是什么？

0. 低于高中学历

1. 高中学历

2. 学士学位

3. 硕士学位

4. 博士学位

用一幅图来描述这些数据，并阐述这幅图告诉了你什么信息。

**2.36 GSS2012***　你的婚姻状况（MARITAL）是什么？

1. 已婚

2. 丧偶

3. 离婚

4. 分居

5. 未婚

a. 计算频数分布。

b. 画一幅图来描述这些数据，并简要解释其传递的信息。

**2.37 GSS2012***　你属于哪一个阶级（CLASS）？

1. 下层阶级

2. 工人阶级

3. 中产阶级

4. 上层阶级

画一幅图来描述这组数据并阐述你的发现。

习题 2.38 和习题 2.39 的数据来自 2010 年社会综合调查。

**2.38 GSS2010***　你认为自己是什么人种（RACE）？

1. 白人

2. 黑人

3. 其他

运用合适的图表方法来描述这组数据并阐述你的发现。

**2.39 GSS2010***　你的最高学位（DEGREE）是？

0. 低于高中学历

1. 高中学历

2. 学士学位

3. 硕士学位

4. 博士学位

用一幅图来描述这些数据，并阐述这幅图告诉了你什么信息。

## 2.3 对两定类变量间关系的描述及两组或两组以上定类数据间的比较

在 2.2 节中，我们主要讲述了如何运用图表方法来描述定类数据。适用于单组数据的方法称为**单变量法**（univariate）。很多时候，我们希望用图表来描述变量间的关系。此时，我们需要运用**双变量法**（bivariate）。**交叉分组表**（cross-tabulation table）［也被称为**交叉分类表**（cross-classification table）］可以用来描述两个定类变量之间的关系。在 2.2 节中介绍的条形图可以用来描述两个定类变量之间的关系。我们也可以采用同样的方法来比较两组或两组以上的定类数据。

### □ 2-3a 两个定类变量相关关系的图表描述

为了用图表来描述两个定类变量之间的关系，我们必须清楚，我们只能决定变量的频数。第一步，需要生成一个交叉分组表，表中列示了两变量的每种组合的频数。

**例 2.4**

数据：Xm02-04

在南美一个核心城市，有四家相互竞争的报纸，分别是 *The Globe and Mail*（*G & M*），*Post*，*Star* 和 *Sun*。为了帮助设计广告活动，报纸的广告经理需要知道它们的市场占有率。为此，进行了一次关于阅读报纸和阅读者职业之间关系的调查。被调查的阅读者需要回答他们阅读的是什么报纸：*G&M*（1），*Post*（2），*Star*（3），*Sun*（4），并且说明他们是蓝领（1）、白领（2），还是专家（3）。下面列出了部分数据。

| 读者 | 职业 | 报纸 |
|---|---|---|
| 1 | 2 | 2 |
| 2 | 1 | 4 |
| 3 | 2 | 1 |
| ⋮ | ⋮ | ⋮ |
| 352 | 3 | 2 |
| 353 | 1 | 3 |
| 354 | 2 | 3 |

判断职业和所阅读的报纸这两个变量之间是否相关。

**解**

通过计算以下这 12 种组合发生的次数，我们得到了表 2—5。

**表 2—5　例 2.4 中频数的交叉分组表**

| 职业 | 报纸 | | | | |
|---|---|---|---|---|---|
| | ***G&M*** | ***POST*** | ***STAR*** | ***SUN*** | **合计** |
| 蓝领 | 27 | 18 | 38 | 37 | 120 |
| 白领 | 29 | 43 | 21 | 15 | 108 |
| 专家 | 33 | 51 | 22 | 20 | 126 |
| 合计 | 89 | 112 | 81 | 72 | 354 |

如果职业和阅读的报纸是相关的，那么不同职业的人阅读的报纸会有差别，观察这一点的一个比较简单的方法是把每一行（列）中的频数转换为在该行（列）的相对频数。也就是说，计算行（或列）的合计，然后用每个频数除以该行（列）的合计，计算结果见表 2—6。由于四舍五入，总计可能不等于 1。

**表 2—6　　例 2.4 的行相对频数**

| 职业 | 报纸 | | | | |
|---|---|---|---|---|---|
| | ***G&M*** | ***POST*** | ***STAR*** | ***SUN*** | **合计** |
| 蓝领 | 0.23 | 0.15 | 0.32 | 0.31 | 1.00 |
| 白领 | 0.27 | 0.40 | 0.19 | 0.14 | 1.00 |
| 专家 | 0.26 | 0.40 | 0.17 | 0.16 | 1.00 |
| 合计 | 0.25 | 0.32 | 0.23 | 0.20 | 1.00 |

**Excel**

使用 Excel 产生交叉分类表的方法有很多种。这里我们使用数据透视表，并采用以下两种方式来介绍：(1) 创建包含频数的列联表；(2) 创建行相对频数表。

| 读者 | 报纸 | | | | |
|---|---|---|---|---|---|
| 职业 | G&M | Post | Star | Sun | 合计 |
| 蓝领 | 27 | 18 | 38 | 37 | 120 |
| 白领 | 29 | 43 | 21 | 15 | 108 |
| 专家 | 33 | 51 | 22 | 20 | 126 |
| 合计 | 89 | 112 | 81 | 72 | 354 |

| 读者 | 报纸 | | | | |
|---|---|---|---|---|---|
| 职业 | G&M | Post | Star | Sun | 合计 |
| 蓝领 | 0.23 | 0.15 | 0.32 | 0.31 | 1.00 |
| 白领 | 0.27 | 0.40 | 0.19 | 0.14 | 1.00 |
| 专家 | 0.26 | 0.40 | 0.17 | 0.16 | 1.00 |
| 合计 | 0.25 | 0.32 | 0.23 | 0.20 | 1.00 |

**计算机命令**

首先我们必须像在文件 Xm02－04 中那样，把数据储存在（至少）三列中，把光标移动到数据区域。

1. 单击“插入”—“数据透视表”。

2. 确保数据区域正确。

3. 拖拽“职业”至行标签，“报纸”至列标签，“读者”至数据区域。右击表格中的任一数字，单击“数据汇总依据”，选择“计数”。如果要把频数表转换成相对频数表，只需右击任一数字，单击“数据汇总依据”，并选择“其他选项”，在“值显示方式”中选择“占同行数据总和的百分比”（然后，我们在“数字格式”中选择“数值”形式）。为了便于分析表格，我们将编码替换成了职业和报纸的名称。

**Minitab**

Tabulated statistics：Occupation，Newspaper

**Rows：Occupation　　Columns：Newspaper**

| | 1 | 2 | 3 | 4 | All |
|---|---|---|---|---|---|
| 1 | 27 | 18 | 38 | 37 | 120 |
| | 22.50 | 15.00 | 31.67 | 30.83 | 100.00 |
| 2 | 29 | 43 | 21 | 15 | 108 |
| | 26.85 | 39.81 | 19.44 | 13.89 | 100.00 |
| 3 | 33 | 51 | 22 | 20 | 126 |
| | 26.19 | 40.48 | 17.46 | 15.87 | 100.00 |
| All | 89 | 112 | 81 | 72 | 354 |
| | 25.14 | 31.64 | 22.88 | 20.34 | 100.00 |

Cell Contents：　Count

% of Row

**计算机命令**

1. 在两列中输入或者导入数据（打开文件 Xm02－04）。

2. 单击“Stat”（统计）—“Tables”（表格）—“Cross Tabulation and Chi-square…”（交叉分组表和卡方…）。

3. 输入或者使用“Select”（选择）按钮来指定分类变量：“For rows”（对于行）是“Occupation”，“For columns”（对于列）是“Newspaper”。

4. 在“Display”（显示）下，选择“Counts”（计数）和“Row percents”（行百分比）（或者其他你想要的形式）。



**解　释**

注意第 2 行和第 3 行的相对频数比较相似，而第 1 行和第 2 行、第 3 行之间的差别则比较大。这就说明蓝领工人阅读的报纸与白领工人和专家不同，而白领工人和专家拥有大致相似的选择。

### 绘图描述两个定类变量的关系

我们选择为每个职业绘制 1 幅条形图来描述 4 种报纸的选择，下面是使用 Excel 和 Minitab 实现绘图的过程，手工绘制的图形与之相同。

**Excel**

使用图形描述两个定类变量之间关系的方法有很多种，这里我们选择为每个职业绘制 1 幅二维条形图。这幅图可以通过数据透视表的结果（频数或者行比例）得到。

**计算机命令**

根据交叉分组表，选择“插入”—“条形图”。对于任何形式的交叉分组表都可以创建该图形。

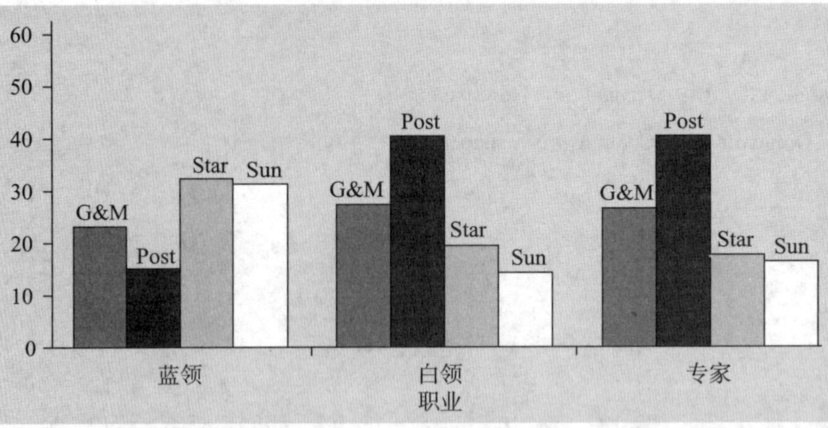


**Minitab**

Minitab 可以根据原始数据直接绘制条形图。

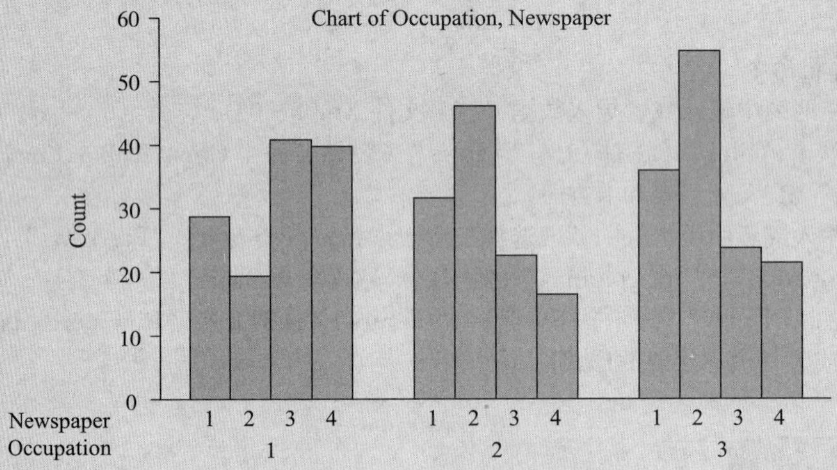


**计算机命令**

1. 单击“Graph”（图形）—“Bar Chart…”（条形图…）。

2. 在“Bar represent”（条形表示）中选择“Counts of unique values”（唯一值计数），选择“Cluster”（聚类）。

3. 在“Categorical variables”（类别变量）框中输入或者选择这两个变量（报纸，职业）。

如果已经创建了交叉分组表，那么 Minitab 可以根据这个表直接绘制条形图。

**计算机命令**

1. 从一个类似表 2—5 的已经完成的交叉分组表开始。

2. 单击“Graph”（图形）—“Bar Chart…”（条形图…）。

3. 在“Bar represent”（条形表示）中选择“Values from a table”（来自表格的值），点击“Two-way table Cluster”（双向表聚类）。

4. 在“Graph variables”（图形变量）中选择表中的列，在“Row labels”（行标签）中选择分类列。

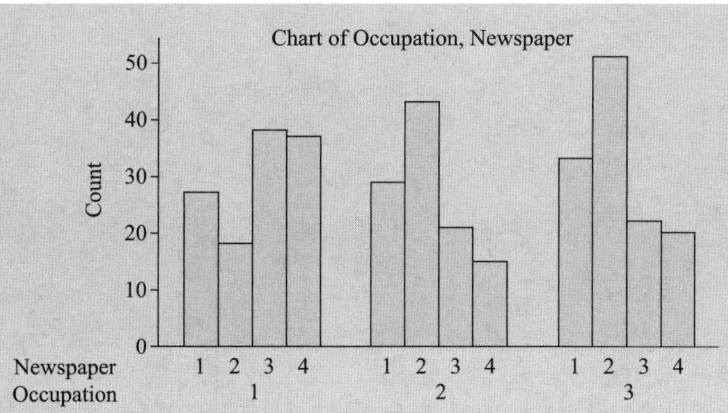


**解　　释**

如果两个变量之间不相关，那么不同类别的条形图的模式应该大致相同；如果存在某种相关性，某一组的条形图就会和其他组的条形图不同。

图形显示的结果和表格相同。职业类别 2 和 3（白领和专家）的条形图形状相同，都与类别 1（蓝领）的条形图形状不同。

### □ 2-3b　比较两组或两组以上定类变量

我们也可以用另一种方式来解释条形图的交叉分组表的结果。在例 2.4 中，我们可以把 3 种职业定义为 3 个不同的总体，如果频数分布表的列（条形图）之间确实存在着不同，我们就可以认为这 3 个总体确实不同。同样地，我们可以认为 4 类报纸的读者群是 4 个不同的总体，如果频数分布表或者条形图之间确有不同，就可以说明这 4 个总体是不同的。

**美国男性和女性选民有党派差异吗**

数据：ANES2008*

运用上面介绍的方法，我们能画出如下条形图。

**Excel**

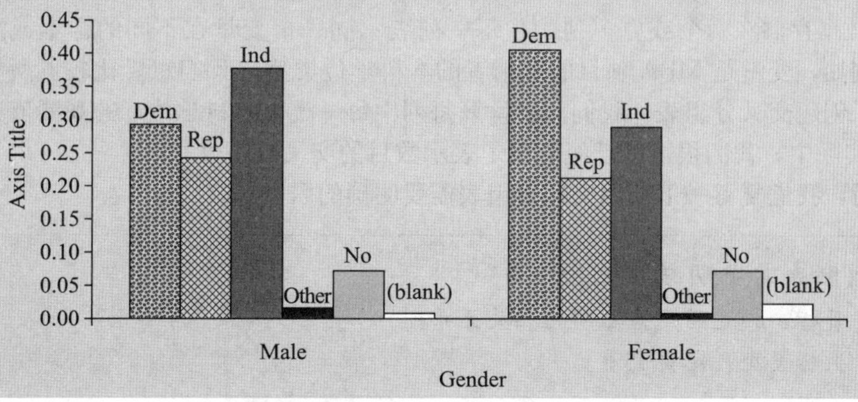

**Minitab**

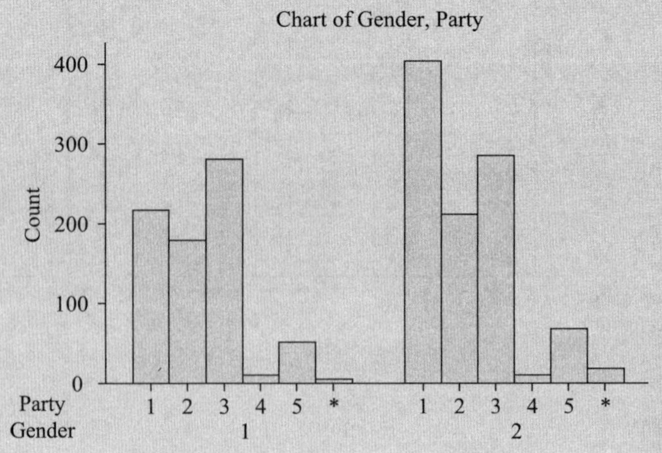


**解 释**

如你所见，男性（Male）和女性（Female）的条形图存在显著差异。我们可以得出性别（Gender）与党派（Party）具有相关性的结论。进一步，我们可以认为美国男性和女性选民存在党派差异：男性更倾向于支持独立党（Ind），女性更倾向于支持民主党（Dem）。

历史信息显示，女性倾向于参加民主党，男性倾向于参加共和党（Rep）。然而，在这次调查中男性和女性对民主党的支持率都超过共和党，这正解释了 2008 年的选举结果。

### □ 2-3c 数据格式

为了创建本节中提到的数据表、条形图或饼图，储存数据时我们可以使用下面几种方法。

1. 使用两列来储存数据，这两列分别储存这两个名义变量的类别，每一行代表这两个变量的一个观测值。每列中观测值的数目必须相同。Excel 和 Minitab 都可以根据这些数据来创建交叉分组表（如果想使用 Excel 中的数据透视表，就必须使用第三个变量来储存观测到的数值）。例 2.4 中的数据就是采用了这种存储方式。

2. 数据存储在两个或更多列中，每一列表示同一个变量在不同的样本或总体中的取值。例如，变量是 MBA 项目的申请者的本科学位类型，我们想要比较五所学校的情况。为了创建交叉分组表，我们需要计算每列中每一类（本科学位）的观测值数目。

3. 实际中，我们很可能已经创建了表示数目的交叉分组表。

最后，我们复习一下使用交叉分组表需要明确的因素。

**使用列联表需要明确的因素**

1. 目标：描述两变量之间的相关关系。
2. 数据类型：定类变量。

## 习　题

**2.40　Xr02-40**　在过去的 20 年中，成年人的受教育水平是否发生了变化？为了回答这个问题，美国劳工统计局汇编了下面的表格。该表列出了不同受教育程度的 25 岁及以上的成年人的被雇佣情况（单位：千）。请使用图表法来描述这些数据，简要描述图表表达的内容。

| 受教育程度 | 1995 | 2000 | 2005 | 2010 |
|---|---|---|---|---|
| 高中以下 | 12 021 | 12 483 | 12 679 | 11 880 |
| 高中毕业 | 36 746 | 37 750 | 38 196 | 38 236 |
| 本科在读 | 30 908 | 33 198 | 34 974 | 36 840 |
| 本科毕业 | 31 176 | 36 630 | 41 180 | 45 998 |

资料来源：《美国统计摘要》，2012 年，表 593。

**2.41　Xr02-41**　政府是如何利用税款的？利用税款的情况在过去的 10 年中是否发生过变化？下表列出了 1995 年、2000 年、2005 年和 2008 年（最新发布的数据）州政府和地方政府在公共事业上的消费支出（单位：百万美元）。使用图表法来表示这些数据。州政府和地方政府的支出方式在过去的 10 年中发生变化了吗？

| | 1995 | 2000 | 2005 | 2008 |
|---|---|---|---|---|
| 公路 | 77 109 | 101 336 | 124 602 | 153 515 |
| 航空 | 8 397 | 13 160 | 17 962 | 21 264 |
| 港口设施 | 2 309 | 3 141 | 3 896 | 4 940 |
| 污水处理 | 23 583 | 28 052 | 36 599 | 46 679 |
| 垃圾处理 | 14 990 | 17 208 | 21 469 | 23 757 |
| 供水 | 28 041 | 35 789 | 45 799 | 55 215 |
| 公共交通 | 25 719 | 31 883 | 44 310 | 50 944 |

资料来源：《美国统计摘要》，2012 年，表 438。

**2.42　Xr02-15***　下表列出了澳大利亚和新西兰的能源消耗模式。表格中的数字代表热含量，单位是吨（1 000 千克）石油等价物。使用图表法来描述这两个国家能源消耗方面的差别。

| 能源来源 | 澳大利亚 | 新西兰 |
|---|---|---|
| 不可再生能源 | | |
| 煤和煤制品 | 55 385 | 1 281 |
| 石油 | 33 185 | 6 275 |
| 天然气 | 20 350 | 5 324 |
| 核能源 | 0 | 0 |
| 可再生能源 | | |
| 水电能源 | 1 388 | 1 848 |
| 固体生物质 | 4 741 | 805 |
| 其他 | 347 | 2 761 |
| 合计 | 115 396 | 18 294 |

资料来源：国际能源署。

下面的习题需要使用计算机和统计软件。

**2.43　Xr02-43**　美国 2009 年由于抢劫造成的平均损失是 1 246 美元（资料来源：美国联邦调查局）。假如政府机构想知道 1995 年、2000 年、2005 年和 2009 年的抢劫类型是否有所不同，从每年的抢劫记录中随机抽取样本，抢劫类型采用编码记录。判断这 16 年间抢劫类型是否不同。

1. 街道或公路
2. 商行
3. 加油站
4. 便利店
5. 住所
6. 银行
7. 其他

（资料来源：摘自《美国统计摘要》，2012 年，表 321。）

**2.44　Xr02-44**　某商学院的副院长正在想办法改善其 MBA 项目申请者的质量。她尤其想知道该学校申请者的本科学位是否与附近其他三所有 MBA 项目的学校申请者的本科学位有所不同。她随机抽取了本学院 100 名申请者，并分别从其他三所学校抽取了相同数目的样本。本科学位和学校都被编码记录：本科学位 1＝文学学士，2＝工学学士，3＝工商管理学学士，4＝其他；学校编码为 1，2，3 和 4。使用表格方法判断申请者的申请学校和本科学位之间是否相关。

**2.45　Xr02-45**　车主在购买汽油时，是否存在对某品牌的偏好？为了回答这一问题，询问车主最近两次购买汽油的品牌（1＝Exxon，2＝Amoco，3＝Texaco，4＝其他）。运用表格方法来表述你的结论。

**2.46　Xr02-46**　对个人、公司以及社会而言，吸烟的花费通常要几十亿美元。为了减少吸烟，各种政府与非政府组织已经收集了很多有关吸烟有害的信息，其中大多数内容对年轻人有指导作用。调查的问题是："如果你的父母吸烟，你是否也很有可能吸烟?"调查的结果按照如下方式储存：

第 1 列：1=不吸烟，2=吸烟

第 2 列：1=父母都不吸烟，2=父亲吸烟，3=母亲吸烟，4=父母都吸烟

运用表格将你所需要的信息描述出来。

**2.47　Xr02－47**　2009 年有 8 626 000 名男性和 6 199 000 名女性在当年失业（资料来源：美国劳工统计局）。一个统计工作者想调查失业的原因并判断失业的原因是否因性别不同而不同。失业的原因有：

1. 失业
2. 离职
3. 重回劳动市场
4. 新加入者

判断男性和女性的失业原因是否不同。（资料来源：摘自《美国统计摘要》，2012 年，表 624。）

**2.48　Xr02－48**　2010 年美国售出的处方药总数为 3 676 000。（资料来源：美国全国连锁药店协会。）某药店连锁店的销售经理想知道处方药被售出的地点是否有所改变。1995 年、2000 年、2005 年和 2010 年分别开展了处方药调查。每个处方的年度和类型使用编码记录。判断这些年度之间售出处方药的地点是否有所不同。（资料来源：摘自《美国统计摘要》，2012 年，表 159。）

1. 传统连锁商店
2. 独立药店
3. 大型零售店
4. 超市
5. 邮购

**2.49　Xr02－33***　参考习题 2.33。调查中，我们也记录了回答者的性别（1=男性，2=女性）。使用图表法判断淡啤的选择在不同性别之间是否有差异。

## 小　结

描述性统计方法可以用来描述数据，为此我们在这里概括一下有关内容。在本章中我们介绍了定类数据的图表法。

条形图和饼图可用来描述一组定类变量。鉴于此种类型数据的限制，我们只能表示出每组的频数和比例。

为了描述两个定类变量之间的关系，我们可以创建交叉分组表和绘制条形图。

**重要术语**

变量　　变量值　　数据　　定距数据

| | | | |
|---|---|---|---|
| 定量数据 | 数值数据 | 定类数据 | 定性数据 |
| 类别数据 | 定序数据 | 频数分布 | 相对频数分布 |
| 条形图 | 饼图 | 单变量法 | 双变量法 |
| 交叉分组表 | | | |

## 习　题

以下习题需要借助于计算机和统计软件。

**2.50　Xr02-50**　请200名在某食品店购买过食品的顾客为食品评级。回答项是：

1. 差
2. 一般
3. 好
4. 较好
5. 非常好

使用图形描述数据，从中可以得到什么信息？

**2.51　Xr02-51**　统计学有很多教学方法，其中最常用的方法有：

1. 强调手工计算；
2. 利用附有手工计算的计算机；
3. 利用没有手工计算的计算机。

现对100名统计教育者的教学方法进行调查。运用图表法提取关于教学方法的最有用的信息。

**2.52　Xr02-52**　哪一个搜索引擎最受欢迎？《金融邮报》做了一项调查，询问了随机抽取的美国人和加拿大人。回答项为：

1. Google
2. 微软（MSN）
3. 雅虎
4. 其他

使用图表法比较美国和加拿大使用各个搜索引擎的比例的不同。

**2.53　Xr02-53**　加拿大劳里埃大学书店正在进行每年一次的顾客调查，其中一个问题是请受访者为图书的价格评级，说法是“书店中图书的价格是合理的”，回答项是：

1. 强烈不同意
2. 不同意
3. 无所谓
4. 同意
5. 强烈同意

所给数据记录了115名学生的回答情况。使用图形概括这些数据，并说说你的发现。

**2.54　Xr02-54**　红龙虾连锁酒店通过对其顾客进行常规的调查来监测其每个酒店

的情况。其中一个问题是请顾客为他们上次光顾时的情形评级。回答项是差（1）、一般（2）、好（3）、较好（4）、非常好（5）。调查还询问了受访者他们的孩子是否一起去了酒店（1＝是，2＝否）。请用图形描述这些数据并概括你的发现。

**2.55　Xr02－55**　为了吸引投资，许多国家都在降低企业税费。下表列示了经济合作与发展组织（OECD）国家的边际有效企业税率。画一幅图来描述这些数据，并简要解释其传递的信息。

| 国家 | 工业 | 服务业 | 农业 |
|---|---|---|---|
| 澳大利亚 | 27.7 | 26.6 | 26.7 |
| 奥地利 | 21.6 | 19.5 | 19.9 |
| 比利时 | −6.0 | −4.1 | −0.5 |
| 加拿大 | 20.0 | 29.2 | 25.2 |
| 捷克 | 1.0 | 7.8 | 8.4 |
| 丹麦 | 16.5 | 12.7 | 13.4 |
| 芬兰 | 22.4 | 22.9 | 22.8 |
| 法国 | 33.0 | 31.7 | 31.9 |
| 德国 | 30.8 | 29.4 | 29.7 |
| 希腊 | 18.0 | 13.2 | 13.8 |
| 匈牙利 | 12.9 | 12.0 | 12.2 |
| 冰岛 | 19.5 | 17.6 | 17.9 |
| 爱尔兰 | 12.7 | 11.7 | 12.0 |
| 意大利 | 24.6 | 28.6 | 27.8 |
| 日本 | 35.2 | 30.4 | 31.3 |
| 韩国 | 32.8 | 31.0 | 31.5 |
| 卢森堡 | 24.1 | 20.3 | 20.6 |
| 墨西哥 | 17.1 | 12.1 | 13.1 |
| 荷兰 | 18.3 | 15.0 | 15.5 |
| 新西兰 | 27.1 | 25.4 | 25.7 |
| 挪威 | 25.8 | 23.2 | 23.5 |
| 波兰 | 14.4 | 15.0 | 14.9 |
| 葡萄牙 | 14.8 | 16.1 | 15.9 |
| 斯洛伐克 | 13.3 | 11.7 | 12.0 |
| 西班牙 | 27.2 | 25.2 | 25.5 |

续前表

| 国家 | 工业 | 服务业 | 农业 |
| --- | --- | --- | --- |
| 瑞典 | 19.3 | 17.5 | 17.8 |
| 瑞士 | 14.8 | 15.0 | 14.9 |
| 土耳其 | 22.7 | 20.2 | 20.8 |
| 英国 | 22.7 | 27.8 | 26.9 |
| 美国 | 32.7 | 39.9 | 36.9 |

**2.56 Xr02－56** 2012 财年末（2012 年 9 月 30 日），美国政府的债务额达到 16.2 万亿美元。债务的债权人有哪些？下表列示了截至 2012 年 9 月 30 日美国政府对各债权人的债务额。用图表法来描述这些数据。

| 债权人 | 债务额 |
| --- | --- |
| 美国的个人和公共机构 | 4 872 208 000 000 |
| 美国社会保障信托基金 | 2 676 509 000 000 |
| 美国联邦储备系统 | 1 730 916 000 000 |
| 美国公务员退休基金 | 897 512 000 000 |
| 美国军队退休基金 | 384 648 000 000 |
| 中国（包括中国香港） | 1 298 187 000 000 |
| 日本 | 1 121 890 000 000 |
| 石油出口国 | 272 459 000 000 |
| 巴西 | 256 432 000 000 |
| 英国 | 144 243 000 000 |
| 其他国家（或地区） | 2 404 050 000 000 |

**2.57 Xr02－57*** 大学就业指导中心对商学院的毕业生进行了一项调查，其中有一个问题是受访者的就业领域。回答项为：

1. 财务
2. 金融
3. 管理
4. 市场营销/销售
5. 其他

其他问题的回答项以下列方式来记录：

| 列 | 变量 |
| --- | --- |
| 1 | 身份证号 |
| 2 | 就业领域 |
| 3 | 性别（1＝女性，2＝男性） |
| 4 | 就业满意度（4＝非常满意，3＝比较满意，2＝有点满意，1＝不满意） |

就业指导中心想知道以下信息：

a. 男性和女性毕业生的就业领域是否不同？如果不同，说出不同点。

b. 就业领域和就业满意度是否相关？

# 第 3 章

# 图表描述方法Ⅱ

**2000—2012 年石油公司在欺诈消费者吗**

数据：Xm03－00

石油价格的上涨是由很多原因造成的。首先，石油是有限资源，世界上的石油总有一天会被耗尽。2012 年，全世界每天消耗的石油超过 1 亿桶，每年消耗的石油超过 360 亿桶。已被证实的全球石油储备是 14 815 亿桶。按照今天的消耗水平，这些石油储备将会在 37 年后被耗尽。（值得注意的是，2009 年已被证实的石油储备达到 13 494 亿桶，这表明新的石油发现正在补偿不断增长的石油消费。）其次，中国和印度的工业迅速发展加快了石油消耗的不断增长。最后，在过去的十年中，飓风已经损坏了墨西哥湾的石油钻机。

石油价格上涨的结果反映在了汽油价格上。2000 年 1 月，美国汽油的平均零售价格是 1.301 美元/加仑（1 加仑等于 3.79 升），石油（西得克萨斯中质原油）的价格是 27.18 美元/桶（1 桶等于 42 加仑）。在过去的十年中，这两种商品的价格都出现了大幅上涨。许多司机抱怨石油公司有价格欺诈的嫌疑。他们认为，当石油价格上涨时，汽油的价格也上涨了，但是，当石油价格下降时，汽油价格的下降却要滞后很多。为了判定这种说法是否准确，我们计算了这两种商品每个月的指数。石油和汽油的价格具有相关性吗？我们将会在 3－3d 小节给出答案。

资料来源：美国能源部。

## 引　言

第 2 章讲解了归纳和呈现定类数据的图表方法。在这一章，我们将讨论处理定距数据的图表方法。3.1 节介绍描述一组定距数据的方法，3.2 节介绍时间序列数据及其图表方法，3.3 节介绍描述两个定距变量间关系的方法。作为本章的结尾，我们在 3.4 节中讨论如何恰当地应用图表技术。

## 3.1　对一组定距数据的描述

在这一节里，我们将介绍用于定距数据的几种统计图表方法，其中最重要的就是直方图。你会发现，直方图不仅是归纳数据的有效方法，而且可用来帮助解释概率的一个重要性质（见第 8 章）。

**在市场营销中的应用：定价**

传统意义上的市场营销是指 4P：产品（product）、价格（price）、促销（promotion）和区域（place）。市场营销管理是商业中的职能环节，主要关注产品、价格、促销和销售区域分布的发展。这四个方面的决策要同时考虑到消费者的需求和公司的目标。

不仅新的产品需要做定价决策，而且随着时间的推移，对已经存在的产品也要考虑定价。所有购买产品（如个人电脑）的消费者都遇到过各种各样的价格和产品特性。从供应商的角度来看，为一种产品确定合适的价格以及相应的产品属性是非常复杂的，必须根据产品的全面营销计划做出决定。

**例 3.1　长途电话费用的分析**

数据：Xm03 - 01

随着政府对电话服务放松管制，几家新的公司参与了提供长途电话服务的竞争。几乎所有这些公司都是在价格上进行竞争，因为所有公司提供的服务都是相似的。在第 1 章介绍营销管理时我们曾经提到，面临激烈竞争时给服务或产品定价是非常困难的。服务供应商需要考虑的因素包括供给、需求、价格弹性以及消费者行为。整个长途通话可能按分钟计费，也可能使用统一的月租费，或者可能是以上两种方式的某种结合。掌握有关消费者行为，特别是每月长途话费的信息有助于确定合适的价格结构。

作为一项更大研究的一部分，某一公司想知道新客户在与其签约后的第一个月的账单情况（单位：美元）。这家公司的销售经理做了一项调查，记录了 200 个固定电话新客户第一个月的账单。这些数据列示如下。总经理打算将他的发现提交给上级领导。从这些数据中可以提取出什么信息呢？

**长途电话费账单**

| | | | | | | | | | |
|---|---|---|---|---|---|---|---|---|---|
| 42.19 | 39.21 | 75.71 | 8.37 | 1.62 | 28.77 | 35.32 | 13.90 | 114.67 | 15.30 |
| 38.45 | 48.54 | 88.62 | 7.18 | 91.10 | 9.12 | 117.69 | 9.22 | 27.57 | 75.49 |
| 29.23 | 93.31 | 99.50 | 11.07 | 10.88 | 118.75 | 106.84 | 109.94 | 64.78 | 68.69 |
| 89.35 | 104.88 | 85.00 | 1.47 | 30.62 | 0.00 | 8.40 | 10.70 | 45.81 | 35.00 |
| 118.04 | 30.61 | 0.00 | 26.40 | 100.05 | 13.95 | 90.04 | 0.00 | 56.04 | 9.12 |
| 110.46 | 22.57 | 8.41 | 13.26 | 26.97 | 14.34 | 3.85 | 11.27 | 20.39 | 18.49 |
| 0.00 | 63.70 | 70.48 | 21.13 | 15.43 | 79.52 | 91.56 | 72.02 | 31.77 | 84.12 |
| 72.88 | 104.84 | 92.88 | 95.03 | 29.25 | 2.72 | 10.13 | 7.74 | 94.67 | 13.68 |
| 83.05 | 6.45 | 3.20 | 29.04 | 1.88 | 9.63 | 5.72 | 5.04 | 44.32 | 20.84 |
| 95.73 | 16.47 | 115.50 | 5.42 | 16.44 | 21.34 | 33.69 | 33.40 | 3.69 | 100.04 |
| 103.15 | 89.50 | 2.42 | 77.21 | 109.08 | 104.40 | 115.78 | 6.95 | 19.34 | 112.94 |
| 94.52 | 13.36 | 1.08 | 72.47 | 2.45 | 2.88 | 0.98 | 6.48 | 13.54 | 20.12 |
| 26.84 | 44.16 | 76.69 | 0.00 | 21.97 | 65.90 | 19.45 | 11.64 | 18.89 | 53.21 |
| 93.93 | 92.97 | 13.62 | 5.64 | 17.12 | 20.55 | 0.00 | 83.26 | 1.57 | 15.30 |
| 90.26 | 99.56 | 88.51 | 6.48 | 19.70 | 3.43 | 27.21 | 15.42 | 0.00 | 49.24 |
| 72.78 | 92.62 | 55.99 | 6.95 | 6.93 | 10.44 | 89.27 | 24.49 | 5.20 | 9.44 |
| 101.36 | 78.89 | 12.24 | 19.60 | 10.05 | 21.36 | 14.49 | 89.13 | 2.80 | 2.67 |
| 104.80 | 87.71 | 119.63 | 8.11 | 99.03 | 24.42 | 92.17 | 111.14 | 5.10 | 4.69 |
| 74.01 | 93.57 | 23.31 | 9.01 | 29.24 | 95.52 | 21.00 | 92.64 | 3.03 | 41.38 |
| 56.01 | 0.00 | 11.05 | 84.77 | 15.21 | 6.72 | 106.59 | 53.90 | 9.16 | 45.77 |

**解**

简单地看一下这 200 个观测值，可以得到的信息很少。经理也可能在浏览数据时发现大多数费用都在 100 美元以下，但浏览数据时获取信息的程度可能就是如此。如果他再仔细地观察一下这些数据，就可能发现最小的账单是 0 美元，最大的账单是 119.63 美元。他现在已经揭示了一些信息。然而，如果没有提取出其他信息，提交给领导的报告不会给人留下深刻的印象。例如，有人可能会问，这些数字在 0～119.63 之间是怎么分布的？多数是小账单，少数是大账单吗？“典型的”账单是什么？这些账单有几分相似，还是明显不同？

为了有助于回答这些问题和其他类似问题，销售经理可以求账单的频数分布，并据此画出直方图。在前面的章节中，我们通过计算定类变量每一类发生的次数构造频数分布。定距数据的频数分布列举了落入一系列区间中的每一个区间——称为**组别**（class）——的观测值的数目，这些区间包括了观测值的所有取值范围。我们首先讨论如何确定组的数量，之后讨论如何确定组的上限和下限。按照每一个观测值落入一个组，并且仅能落入一个组的定义，我们选了八个组。这些组定义如下：

**组别**

数量小于等于 15

数量大于 15 但小于等于 30

数量大于 30 但小于等于 45
数量大于 45 但小于等于 60
数量大于 60 但小于等于 75
数量大于 75 但小于等于 90
数量大于 90 但小于等于 105
数量大于 105 但小于等于 120

注意，区间不能重叠，这样才不会出现不确定一个观测值属于哪一组的情况。此外，因为最小的数是 0，最大的数是 119.63，所以每个观测值将会被分配到一个区间。这些区间长度是相等的。尽管没有必要令区间长度相等，但这会使作图和解释图形变得更容易。

为了手工绘出频数分布图，我们要数一下落入每个区间内的观测值的数目。我们称这些数为频数。表 3—1 给出了频数分布。

**表 3—1　　例 3.1 长途电话费账单的频数分布**

| 组限 | 频数 |
|---|---|
| 0～15* | 71 |
| 15～30 | 37 |
| 30～45 | 13 |
| 45～60 | 9 |
| 60～75 | 10 |
| 75～90 | 18 |
| 90～105 | 28 |
| 105～120 | 14 |
| 合计 | 200 |

* 每组观测值大于下组限（第一组除外）并且小于等于上组限。

尽管频数分布提供了有关数字是如何分布的信息，但如果画一个图形或者图表，会更易理解和接受。这个图形就是**直方图**（histogram）。直方图是这样画的：画一个长方形，它的底是那些区间，高是频数。图 3—1 展示了手工绘制的直方图。

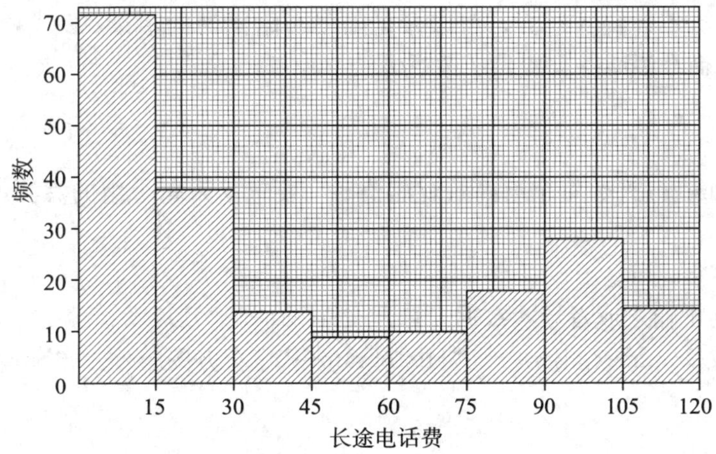


**图 3—1　例 3.1 的直方图**

**Excel**

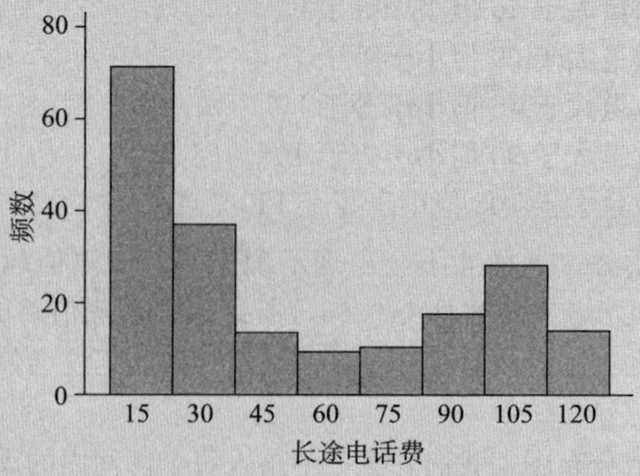


**计算机命令**

1. 在一列中输入或者导入数据（打开文件 Xm03 - 01）。在另一列中输入每一组的上限，在 Excel 中通常被称为窗宽（Bins）。（你可以在第一行中输入任何名字，这里我们输入“长途电话费”。）

2. 单击“数据”—“数据分析”—“直方图”。如果数据分析没有出现在菜单栏中，参见凯勒网站的附录 A1。

3. 指定输入区域（A1：A201）和输出区域（B1：B9）。单击“图表输出”，如果第一行包含变量名，选中“标志”。

4. 如果想删除矩形之间的间隙，将光标移动到矩形上面，右击鼠标，选择“设置数据系列格式…”，将“分类间距”由 150 设置为 0。

除了第一类之外，Excel 在计数时，要求落入每一类的点要大于最小值，等于或者小于最大值。

注意，横坐标轴上面的数字位于每个矩形的中心，但是它们代表每一类的上限。如果需要，可以通过改变 A1：B14 中的频数分布表来把上限改为组中值（把 15 改为 7.5，把 20 改为 22.5，…，把 120 改为 112.5）。

用户也可以把直方图中的频数转化为相对频数。只需要用每一组的频数除以 200 即可，即用 0.355 代替 71，用 0.185 代替 37，…，用 0.07 代替 14。

如果你还有不理解的地方，可以参见随书所附网站的附录 A2 或者 A3，其中有详细的计算机命令说明并且提供了改进方法。

**Minitab**

注意，Minitab 计数每个组内的观测值时，要求落入每个组的观测值要严格小于组上限。

**计算机命令**

1. 在一列中输入或者导入数据（打开文件 Xm03 - 01）。

2. 单击“Graph”（图形）—“Histogram…”（直方图…）—“Simple”（简单）。

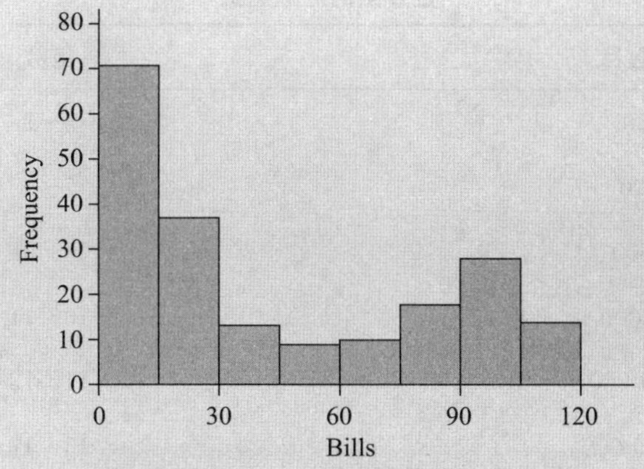


3. 输入或者通过“Select”（选择）按钮来选择“Graph Variables”（图形变量）（“Bills”）。单击“Data View…”（数据视图…）。

4. 单击“Data Display”（数据显示）一项选择“Bars”（条形）。Minitab 将会自动选择组距来绘制直方图。

5. 如果想要自己设定组，双击直方图的横坐标，单击“Binning”（区间）。

6. 在“Interval Type”（区间类型）项下选择“Cutpoint”（割点），在“Interval Definition”（区间定义）项下选择“Midpoint/Cutpoint positions”（中点/割点位置），输入你自己的分组（0，15，30，45，60，75，90，105，120）。这样就可以产生上面显示的直方图了。

**解　释**

直方图清晰地给出了账单分布情况。大约有一半的月度账单金额较小（0～30 美元），一部分处于中间范围（30～75 美元），也有相当大的一部分长途电话费处于账单金额较大的一端。从这一个月的长途电话费账单中可以看出，该公司的客户在小客户和大客户之间的分布是不均匀的。如果这个公司认为这种情形将要持续下去，那么公司主管有必要确定几个定价策略。例如，每月电话费较高的客户可能是竞争对手争取的主要目标，这些竞争者向客户提供了 15 分钟或 30 分钟的统一费率。公司还需要了解有关客户的更多信息。有了其他信息，销售经理可能会建议对定价方案进行修改。

### □ 3-1a　确定分组的个数

我们选择的组的个数完全取决于数据集中观测值的数目。观测值越多，我们就需要用越多的组来画直方图。表 3—2 提供了选择组数的原则。在例 3.1 中，我们有 200 个观测值，表 3—2 告诉我们可选择 7、8、9 或 10 个组。

另一种确定组数的方法是运用斯特格斯（Sturges）公式，确定组数的公式如下：

$$组数=1+3.3\lg(n)$$

例如，如果 $n=50$，则斯特格斯公式变为

$$组数=1+3.3\lg(n)=1+3.3\lg(50)=1+3.3\times1.7=6.6$$

我们近似取组数为 7。

**表 3—2　直方图的近似组数**

| 观测值数目 | 组数 |
|---|---|
| 小于 50 | 5～7 |
| 50～200 | 7～9 |
| 200～500 | 9～10 |
| 500～1 000 | 10～11 |
| 1 000～5 000 | 11～13 |
| 5 000～50 000 | 13～17 |
| 大于 50 000 | 17～20 |

**组距**　我们用最大观测值减最小观测值的差除以组数来确定近似组距。因此，

$$组距=\frac{最大观测值-最小观测值}{组数}$$

在例 3.1 中，有

$$组距=\frac{119.63-0}{8}=14.95$$

我们经常为了方便而将结果取近似值。接下来，我们定义组限。通过为每一组选择一个上限值，其他组限也就随之确定了。我们应用时的唯一条件就是，第一组必须包括最小观测值。在例 3.1 中，我们将组距近似定为 15，并将第一组的下限设定为零。这样，第一组就定义为“大于零但小于或等于 15 的值”。（使用 Minitab 的读者应该记得，每一组观测值要严格小于该类别的上限值。）

表 3—2 和斯特格斯公式确定的组数仅仅是一个参考。确定类别的一个更重要的标准是要便于解释。例如，假设我们记录了某门课程考试的成绩，已知选修本课程的学生数为 100，成绩最高分为 94 分，最低分为 48 分。根据表 3—2 的说法，我们应该将观测值分为 7，8 或 9 组，利用斯特格斯公式计算的近似组数为

$$组数=1+3.3\lg(100)=1+3.3\times 2=7.6$$

我们近似取组数为 8 组。则

$$组距=\frac{94-48}{8}=5.75$$

组距四舍五入的结果为 6。这样，我们绘制的直方图的上限是 50，56，62，…，98。由于四舍五入和我们定义组限的原因，组数为 9。然而，使用组距为 5 的直方图更易于理解和解释。也就是说，上限应该为 50，55，60，…，95，组数应该为 10。

### □ 3-1b　直方图的形态

像其他统计方法一样，画直方图是为了获取信息。一旦有了信息，我们就经常需要

向别人描述我们已经掌握的东西。通常，我们基于下列特征描述直方图的形态。

**对称** 过直方图的中心，画一条垂线，如果垂线两边在形状和大小上都相同，那么我们称这个直方图是**对称的**（symmetric）。图 3—2 描绘了三个对称的直方图。

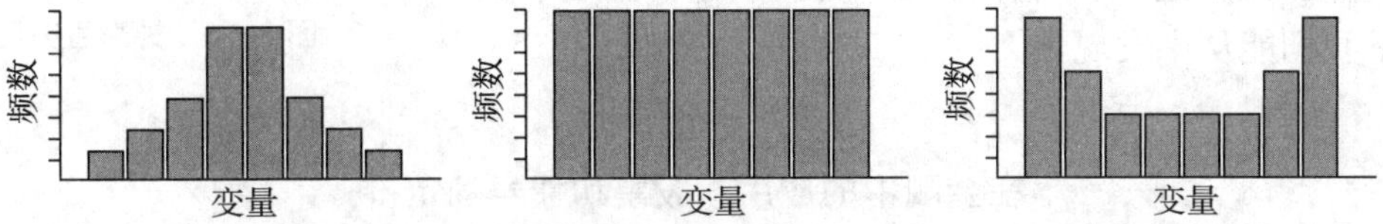


**图 3—2 三个对称的直方图**

**偏态** 偏态的直方图有一个长的尾巴拖在右边或左边。前者称为**正偏**（positively skewed），后者称为**负偏**（negatively skewed）。图 3—3 描绘了两个这样的例子。大公司职员的收入趋于正偏，因为公司大多数职员的工资相对较低，而只有少数高薪阶层。学生答试卷的时间经常是负偏的，因为只有少数学生交试卷较早，而大多数学生喜欢检查一下他们的试卷，从而在考试将要结束时才交卷。

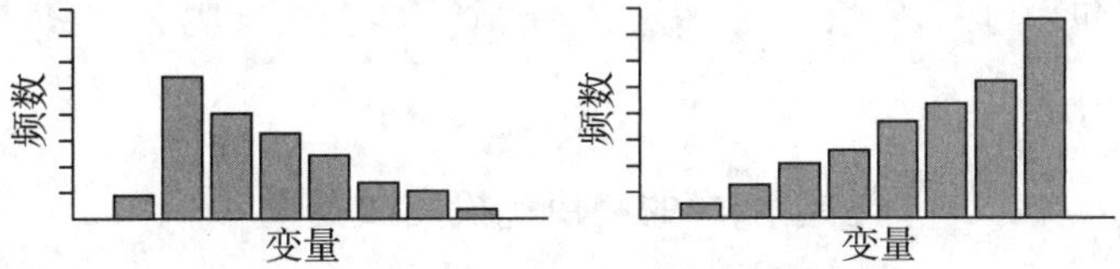


**图 3—3 偏态的直方图**

**众数组的个数** 在第 4 章中我们将会讨论到，众数是指频数最高的观测值。**众数组**（modal class）就是观测值最多的组。**单峰直方图**（unimodal histogram）就是只有一个峰的直方图。图 3—4 中的直方图就是单峰的。**双峰直方图**（bimodal histogram）就是有两个峰的直方图，这两个峰没有必要具有相同的高度（见例 3.4）。图 3—5 描绘了双峰直方图的情形。

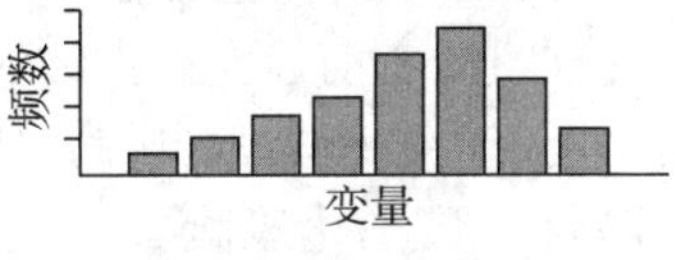


**图 3—4 单峰直方图**

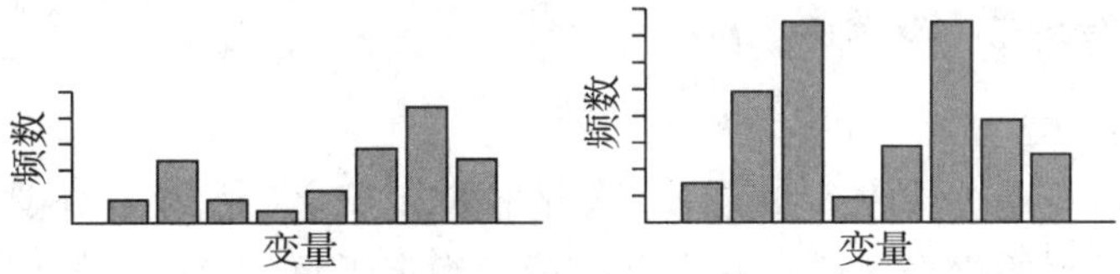


**图 3—5 双峰直方图**

**钟形** 一种特殊的对称单峰直方图是形状像钟的直方图。在第8章中，我们将会介绍为什么这种形态的直方图是非常重要的。图3—6展示了一个钟形直方图。

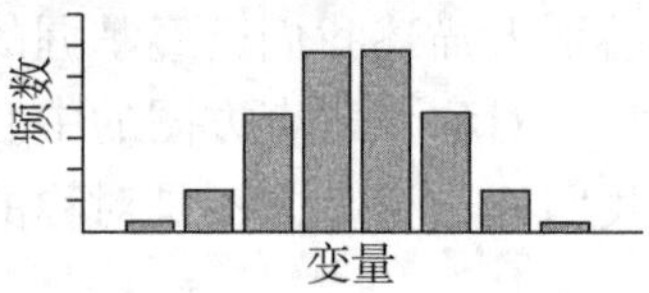


**图3—6 钟形直方图**

既然已经知道了要寻找什么，我们就来看几个例子，看一下我们能从中发现什么。

**在金融中的应用：股票和债券的定价**

了解诸如股票和债券等金融资产的定价对于更好地进行财务管理是非常重要的。理解定价的基础对于资本预算和资产结构决策也是非常有必要的。另外，关于股票和债券等资产定价的知识也是目前发展中的学科——投资管理——的核心。

财务经理必须熟悉资本市场的特性。所谓资本市场是指诸如股票和债券等长期金融资产交易市场。一个运行较好的资本市场能够为管理者提供关于合适的定价和收益率等方面的有用信息，而这些信息对于许多拥有不同等级风险的金融机构来说是很有必要的。我们可以使用统计方法来分析资本市场，概括资本市场的特性，比如股票或者债券收益的分布情况。

**在金融中的应用：投资收益率**

投资收益率是通过收益（或损失）除以投资额来计算的。例如，如果一项100美元的投资在一年以后价值106美元，那么这项投资就有一个6%的收益率。如果一项100美元的投资损失了20美元，那么收益率就是－20%。对许多投资来说，包括单只股票和股票组合（几只股票的组合），收益率是一个变量。也就是说，投资者不能预先知道收益率是多少。如果投资收益率为正，则投资者会赚钱，反之，投资者会赔钱。

投资者在两种目标中抉择：第一种目标是使投资的收益率最大，第二种目标就是减少风险。如果我们为一只特定的股票画一个直方图，它的中心位置能告诉我们一些关于投资的期望收益的信息。直方图的变动程度提供给我们有关风险的信息。如果变动程度很小，投资者将会对预测投资收益率非常自信。如果变动程度很大，收益就变得更不可预测，也就是更具风险性。最小化风险成为投资者和金融分析人员的重要目标。

**例3.2 比较两种资产的收益率**

数据：Xm03－02

假设你要决定夏季工作收入扣除下一年的预期消费之后的小部分财产如何投资。一个朋友给出两种类型的投资建议，并且已经帮助确定了每一种投资的部分年收益率。你想知道通过投资收益以及其他类型的信息你能期望得到什么，比如收益率是分散在很大范围内（使投资风险很大）还是紧紧地聚集在一起（表明有相对较低的风险）。这些数据能否表明你遭受较大损失的可能性很小，因而获得较大收益的概率很高？你可能会赔钱（负的收益率）吗？我们将两种投资的收益率列在下面。给每一组收益率画一个直方图，并说明你的发现。你将选择哪一种投资？为什么？

| 投资 A 的收益率（%） | | | | 投资 B 的收益率（%） | | | |
|---|---|---|---|---|---|---|---|
| 30.00 | 6.93 | 13.77 | −8.55 | 30.33 | −34.75 | 30.31 | 24.30 |
| −2.13 | −13.24 | 22.42 | −5.29 | −30.37 | 54.19 | 6.06 | −10.01 |
| 4.30 | −18.95 | 34.40 | −7.04 | −5.61 | 44.00 | 14.73 | 35.24 |
| 25.00 | 9.43 | 49.87 | −12.11 | 29.00 | −20.23 | 36.13 | 40.70 |
| 12.89 | 1.21 | 22.92 | 12.89 | −26.01 | 4.16 | 1.53 | 22.18 |
| −20.24 | 31.76 | 20.95 | 63.00 | 0.46 | 10.03 | 17.61 | 3.24 |
| 1.20 | 11.07 | 43.71 | −19.27 | 2.07 | 10.51 | 1.20 | 25.10 |
| −2.59 | 8.47 | −12.83 | −9.22 | 29.44 | 39.04 | 9.94 | −24.24 |
| 33.00 | 36.08 | 0.52 | −17.00 | 11.00 | 24.76 | −33.39 | −38.47 |
| 14.26 | −21.95 | 61.00 | 17.30 | −25.93 | 15.28 | 58.67 | 13.44 |
| −15.83 | 10.33 | −11.96 | 52.00 | 8.29 | 34.21 | 0.25 | 68.00 |
| 0.63 | 12.68 | 1.94 | | 61.00 | 52.00 | 5.23 | |
| 38.00 | 13.09 | 28.45 | | −20.44 | −32.17 | 66.00 | |

**解**

我们画两种投资的直方图，分别用 Excel 和 Minitab 两种方法来做。

**Excel**

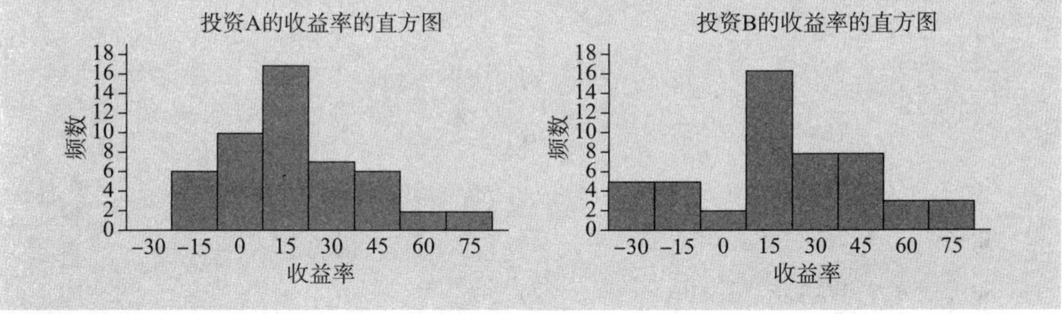


**Minitab**

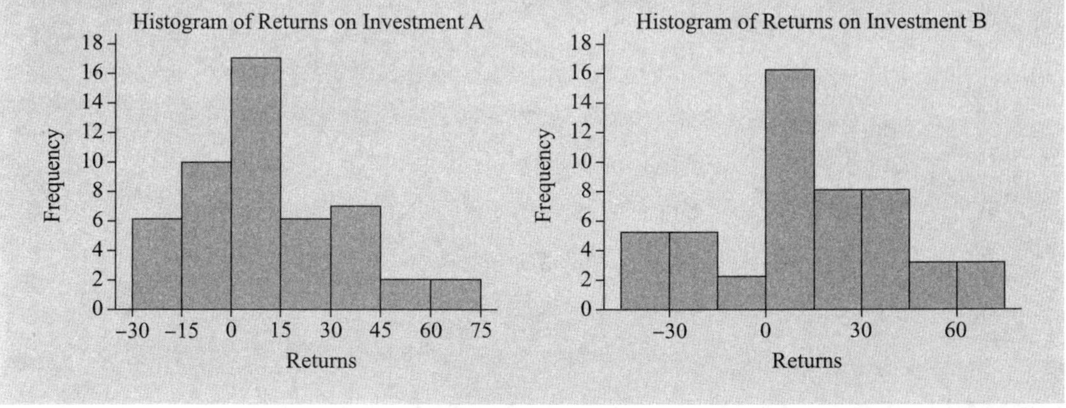

## 解释

比较两个直方图，我们可以得出如下结论：

1. 投资 A 的收益率的直方图的中心较投资 B 的略小。

2. 投资 A 的收益率的分散程度较投资 B 的小得多。

3. 两个直方图都略微正偏。

结论表明，投资 A 更好。虽然 A 的收益率稍低于 B，但较大的分散程度使得 B 不受投资者青睐。这两种投资都有可能获得相对较大的收益。

直方图的这些分析有点主观，其他的观察者的结论可能和我的不太一致。在这种情况下，数值方法提供了大多数图表难以提供的更为详细、准确的信息。我们将在第 4 章中重做这些例子，以说明数值方法与图表方法相比较的情况。

### 例 3.3　商务统计学课程成绩

数据：Xm03－03*

一个报名学习商学的学生正在上统计学的第一堂课。他有一点担心，因为他认为这门课程非常难。为了消除自己的紧张感，他向教授询问了去年的课程成绩。与其他统计学教授一样，这位教授非常友好且乐于助人，因此，他向这个学生提供了去年期末成绩，其中包含平时成绩和期末考试成绩。根据下面的考试成绩绘制直方图来描述这组数据。

| | | | |
|---|---|---|---|
| 65 | 81 | 72 | 59 |
| 71 | 53 | 85 | 66 |
| 66 | 70 | 72 | 71 |
| 79 | 76 | 77 | 68 |
| 65 | 73 | 64 | 72 |
| 82 | 73 | 77 | 75 |
| 80 | 85 | 89 | 74 |
| 86 | 83 | 87 | 77 |
| 67 | 80 | 78 | 69 |
| 64 | 67 | 79 | 60 |
| 62 | 78 | 59 | 92 |
| 74 | 68 | 63 | 69 |
| 67 | 67 | 84 | 69 |
| 72 | 62 | 74 | 73 |
| 68 | 83 | 74 | 65 |

解

Excel

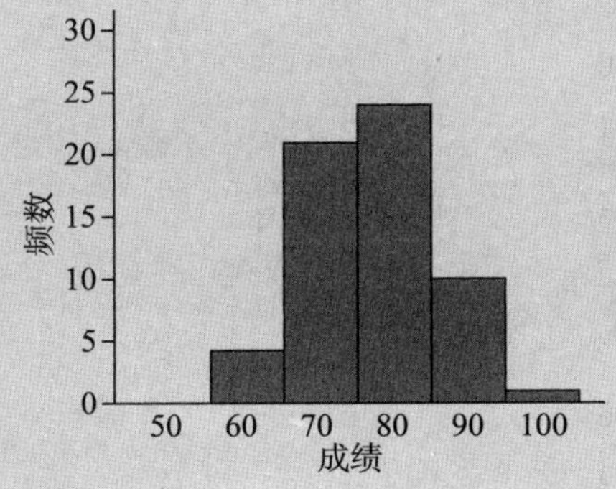


Minitab

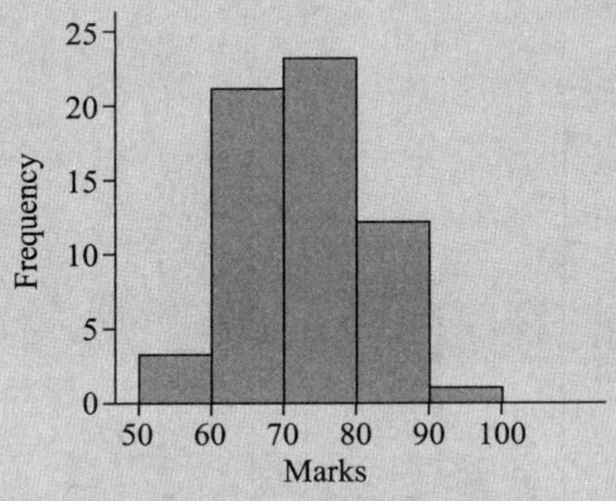


**解　释**

本例的直方图是单峰的，且近似对称。没有低于 50 分的成绩，大部分成绩都在 60～90 分之间，众数组是 70～80 分那一组，分布的中心近似为 75。

## 例 3.4　数理统计学课程的成绩

数据：Xm03 - 04*

假设例 3.3 中的学生得到了去年数理统计学课程的成绩单。这门课程强调推导和定理证明。使用下面的数据绘制直方图，并与例 3.3 中的直方图做比较。通过这个直方图，你可以得到什么信息？

| | | | |
|---|---|---|---|
| 77 | 67 | 53 | 54 |
| 74 | 82 | 75 | 44 |
| 75 | 55 | 76 | 54 |
| 75 | 73 | 59 | 60 |
| 67 | 92 | 82 | 50 |

| | | | |
|---|---|---|---|
| 72 | 75 | 82 | 52 |
| 81 | 75 | 70 | 47 |
| 76 | 52 | 71 | 46 |
| 79 | 72 | 75 | 50 |
| 73 | 78 | 74 | 51 |
| 59 | 83 | 53 | 44 |
| 83 | 81 | 49 | 52 |
| 77 | 73 | 56 | 53 |
| 74 | 72 | 61 | 56 |
| 78 | 71 | 61 | 53 |

**解**

**Excel**

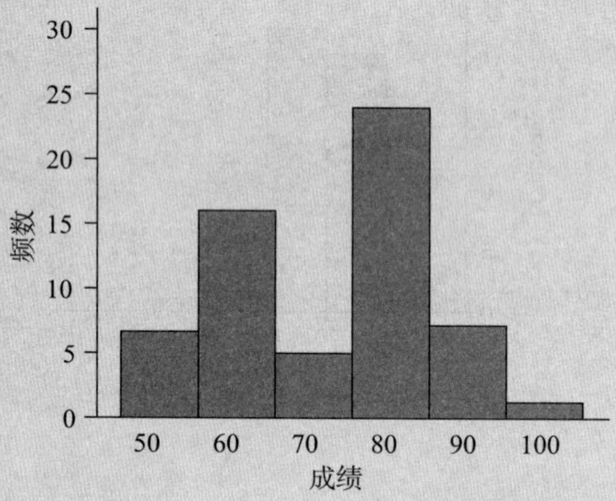


**Minitab**

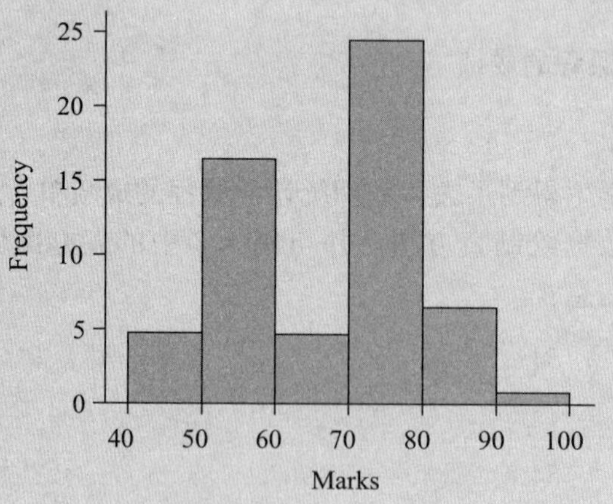

## 解　释

本例中的直方图是双峰的。较大的众数组由 70～80 分的成绩构成，较小的众数组由50～60 分的成绩组成。考试成绩为 60～70 分的学生较少。这个直方图把学生分为两类。因为数理统计学课程较重视数学，因此本课程表现差的学生的数理能力要比本课程表现好的学生弱。本例和例 3.3 中的直方图显示，不同课程具有完全不同的性质，成绩的分布也完全不同。

### □ 3－1c　茎叶图

直方图的一个缺点是，我们在对观测值进行分组时丢失了一部分可能有用的信息。在例 3.1 中，我们知道有 71 个观测值处于 0～15 之间。通过分组，我们确实获得了有用的信息。然而，直方图使我们的注意力集中在每一组的频数上，这样就损失了包含在实际观测值中的一些信息。统计学家约翰·图基（John Tukey）提出了**茎叶图**（stem-and-leaf display）。这是一种在某种程度上克服了这种信息损失的方法。

绘制茎叶图的第一步就是将每一个观测值分为两部分——一个茎和几个叶。完成这一步有几种不同的方法。例如，数字 12.3 可以分成茎是 12，叶是 3。按照这种定义，茎包括小数点左边的数字，叶包括小数点右边的数字。另一种方法是将茎定义为 1，将叶定义为 2（忽略 3）。按照这种定义方式，茎是十位数，叶是个位数。我们将根据这种定义对例 3.1 绘制茎叶图。

第一个观测值是 42.19，因此，茎是 4，叶是 2。第二个观测值是 38.45，因此，茎是 3，叶是 8。按照这种方法，将数据进行转化。本例的茎叶图的茎为 0，1，2，…，11。在每个茎的后面，我们列出其对应的叶子，通常要把叶子升序排列。图 3—7 是手工绘制的茎叶图。

| 茎 | 叶 |
|---|---|
| 0 | 0000000001111122222223333345555556666666778888999999 |
| 1 | 00000111233333334455555566788999 |
| 2 | 00001111123446667789999 |
| 3 | 001335589 |
| 4 | 12445589 |
| 5 | 33566 |
| 6 | 3458 |
| 7 | 022224556789 |
| 8 | 334457889999 |
| 9 | 00112222233344555999 |
| 10 | 001344446699 |
| 11 | 0124557889 |

**图 3—7　例 3.1 的茎叶图**

可以看出，茎叶图与旋转后的直方图相似。每一行的长度代表以茎定义的组的频数。茎叶图相对于直方图的优点就是我们可以看到实际的观测值。

**Excel**

| | A | B | C | D | E | F | G |
|---|---|---|---|---|---|---|---|
| 1 | Stem & Leaf Display | | | | | | |
| 2 | | | | | | | |
| 3 | Stems | Leaves | | | | | |
| 4 | 0 | —>000000000111112222223333345555556666666778888999999 | | | | | |
| 5 | 1 | —>000001111233333334455555667889999 | | | | | |
| 6 | 2 | —>0000111112344666778999 | | | | | |
| 7 | 3 | —>001335589 | | | | | |
| 8 | 4 | —>124445589 | | | | | |
| 9 | 5 | —>33566 | | | | | |
| 10 | 6 | —>3458 | | | | | |
| 11 | 7 | —>022224556789 | | | | | |
| 12 | 8 | —>334457889999 | | | | | |
| 13 | 9 | —>00112222233344555999 | | | | | |
| 14 | 10 | —>001344446699 | | | | | |
| 15 | 11 | —>0124557889 | | | | | |
| 16 | | | | | | | |
| 17 | | | | | | | |

**计算机命令**

1. 在任一列中输入数据（打开文件 Xm03 - 01）。

2. 点击“Add-ins”（加载项）—“Data Analysis Plus”（数据分析加载项）—“Stem and Leaf Display”（茎叶图展示）。

3. 选定“Input Range”（输入范围）（A1：A201）。指定增量（这个增量就是茎之间的差额）的值 10。

**Minitab**

```
Stem-and-Leaf Display: Bills
Stem-and-Leaf of Bills   N=200
Leaf Unit=1.0
52     0     000000000111112222223333345555556666666778888999999
85     1     000001111233333334455555667889999
(23)   2     0000111112344666778999
92     3     001335589
83     4     124445589
75     5     33566
70     6     3458
66     7     022224556789
54     8     334457889999
42     9     00112222233344555999
22     10    001344446699
10     11    0124557889
```

左边一列数字叫作**深度**（depth）。每个深度表示本行或多行观测值的数目。例如，第二个深度是 85，这说明有 85 个观测值小于 20。第三个深度在括号内，这说明第三组包含了处于所有观测值中间的那个观测值，我们称这个统计量为中位数（median）。对这个组来说，深度告诉我们的是这个组的频数。也就是说，有 23 个观测值大于或等于 20 但小于 30。第四个深度是 92，说明有 92 个观测值大于或等于 30。注意，对小于中位数的数所在的组来说，深度说明了小于该组上限的观测值的数目；对大于中位数的数所在的组来说，深度说明了大于或等于该组下限的观测值的数目。

**计算机命令**

1. 在任一列中输入数据（打开文件 Xm03-01）。

2. 点击“Graph”（图形）—“Stem-and-Leaf…”（茎叶图…）。

3. 键入变量名或用“Select”（选择）按钮指定变量（Bills），并键入“Increment”（增量）的值 10（这个增量就是茎之间的差额）。

### □ 3-1d 肩形线

频数分布列举了落入每一组的观测值的个数。我们用频数除以观测值的个数就可以生成一个**相对频数分布**（relative frequency distribution）。表 3—3 列出了例 3.1 的相对频数分布。

**表 3—3** 例 3.1 的相对频数分布

| 组限 | 相对频数 |
|---|---|
| 0～15 | 71/200＝0.355 |
| 15～30 | 37/200＝0.185 |
| 30～45 | 13/200＝0.065 |
| 45～60 | 9/200＝0.045 |
| 60～75 | 10/200＝0.050 |
| 75～90 | 18/200＝0.090 |
| 90～105 | 28/200＝0.140 |
| 105～120 | 14/200＝0.070 |
| 合计 | 200/200＝1.0 |

你可以看出，相对频数分布突出了落入每一组的观测值的比例。在某些情况下，我们希望突出位于每个组限之下的观测值的比例。这样，我们就生成了**累积相对频数分布**（cumulative relative frequency distribution）。表 3—4 列示了例 3.1 的这种类型的分布。

**表 3—4** 例 3.1 的累积相对频数分布

| 组限 | 相对频数 | 累积相对频数 |
|---|---|---|
| 0～15 | 71/200＝0.355 | 71/200＝0.355 |
| 15～30 | 37/200＝0.185 | 108/200＝0.540 |
| 30～45 | 13/200＝0.065 | 121/200＝0.605 |

续前表

| 组限 | 相对频数 | 累积相对频数 |
|---|---|---|
| 45～60 | 9/200＝0.045 | 130/200＝0.650 |
| 60～75 | 10/200＝0.050 | 140/200＝0.700 |
| 75～90 | 18/200＝0.090 | 158/200＝0.790 |
| 90～105 | 28/200＝0.140 | 186/200＝0.930 |
| 105～120 | 14/200＝0.070 | 200/200＝1.00 |

从表 3—4 中可以看出，比如，54％的长途电话费都小于或等于 30 美元，79％的长途电话费都小于或等于 90 美元。

传达这种信息的是**肩形线**（ogive），这是累积相对频数的一种图形表示。图 3—8 是例 3.1 的手工绘制的肩形线。

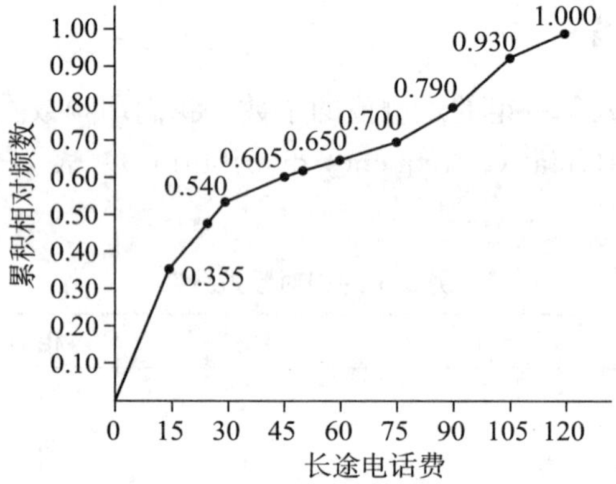


**图 3—8　例 3.1 的肩形线**

**Excel**

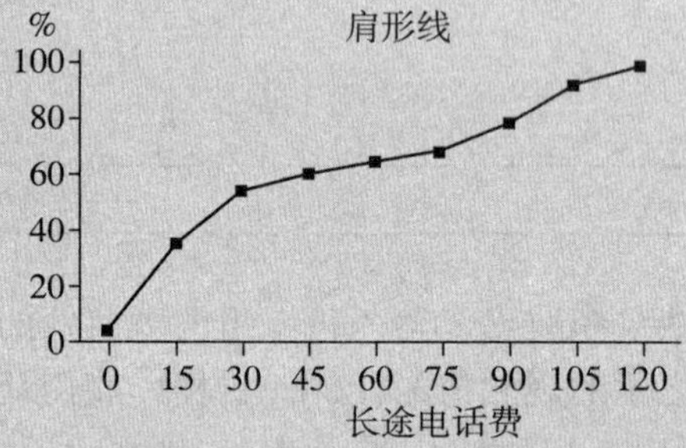


**计算机命令**

遵循绘制直方图的计算机命令，并使第一组的上限略小于数据集中的最小值。移动光标至“图表输出”，单击选中。选择“累积百分率”和“图表输出”。删除“其他”这一类，如果有必要，修改图形的刻度（右击横轴或纵轴，选择“坐标轴格式…”，将 Y 的最大值设置为 1）。

**Minitab**

Minitab 不能绘制肩形线。

我们可以用肩形线来估计其他值的累积相对频数。例如，我们估计大约有 62%的长途电话费在 50 美元以下，大约 48%的长途电话费在 25 美元以下，见图 3—9。

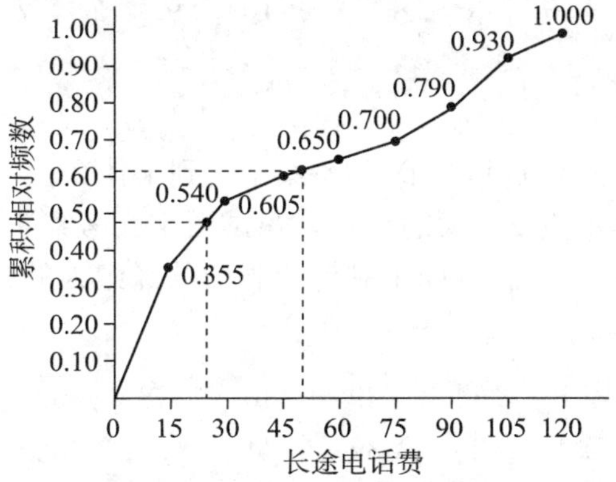


**图 3—9　例 3.1 的带有估计的相对频数的肩形线**

现在来总结一下本节涉及的技巧。

**识别应用直方图、肩形线和茎叶图时的因素**

1. 目标：描述一个数据集
2. 数据类型：定距数据

## 习　题

**3.1**　如果观测值的个数是 250，直方图应包含多少组?

**3.2**　有 700 个观测值，确定直方图的组数。

**3.3**　一个数据集包括从 37～188 的 125 个观测值。

a. 在直方图中，合适的组数是多少?

b. 你认为组距应为多大?

**3.4**　一个统计工作者想要画出 5.2～6.1 的 62 个观测值的直方图。

a. 合适的组数是多少?

b. 定义你用的组的上限。

**3.5**　**Xr03－05**　过去 30 天中，每天因为不合格而被厂方退回的产品数如下所示。

| | | | | | | | | | | |
|---|---|---|---|---|---|---|---|---|---|---|
| 4 | 9 | 13 | 7 | 5 | 8 | 12 | 15 | 5 | 7 | 3 |
| 8 | 15 | 17 | 19 | 6 | 4 | 10 | 8 | 22 | 16 | 9 |
| 5 | 3 | 9 | 19 | 14 | 13 | 18 | 7 | | | |

a. 画出直方图。

b. 画出肩形线。

c. 描述一下直方图的形状。

**3.6 Xr03-06** 在第三学期组织行为学的期末考试中，要求学生写出文章体裁的种类。抽样调查了25张试卷的页数。这些数据如下所示。

| | | | | | | | | | | | | |
|---|---|---|---|---|---|---|---|---|---|---|---|---|
| 5 | 8 | 9 | 3 | 12 | 8 | 5 | 7 | 3 | 8 | 9 | 5 | 2 |
| 7 | 12 | 9 | 6 | 3 | 8 | 7 | 10 | 9 | 12 | 7 | 3 | |

a. 画出直方图。

b. 画出肩形线。

c. 描述一下你从问题（a）和（b）的答案中学到了什么。

**3.7 Xr03-07** 华尔街一个大的投资公司试图重新考察它的证券经纪人的年龄分布情况。该公司相信，这一信息有助于制订招聘新的经纪人的方案。抽样调查了40个经纪人，年龄如下所示。

| | | | | | | | | | |
|---|---|---|---|---|---|---|---|---|---|
| 46 | 28 | 51 | 34 | 29 | 40 | 38 | 33 | 41 | 52 |
| 53 | 40 | 50 | 33 | 36 | 41 | 25 | 38 | 37 | 41 |
| 36 | 50 | 46 | 33 | 61 | 48 | 32 | 28 | 30 | 49 |
| 41 | 37 | 26 | 39 | 35 | 39 | 46 | 26 | 31 | 35 |

a. 画出茎叶图。

b. 画出直方图。

c. 画出肩形线。

d. 描述一下你从中学到了什么。

**3.8 Xr03-08** 抽选了30个电话销售商，其每周销售量列举如下。据这些数据画出直方图，然后描述该直方图。

| | | | | | | | | | |
|---|---|---|---|---|---|---|---|---|---|
| 14 | 8 | 6 | 12 | 21 | 4 | 9 | 3 | 25 | 17 |
| 9 | 5 | 8 | 18 | 16 | 3 | 17 | 19 | 10 | 15 |
| 5 | 20 | 17 | 14 | 19 | 7 | 10 | 15 | 10 | 8 |

**3.9 Xr03-09** 抽样调查了50条生产线，测量了完成一项关键任务的时间（单位：秒），并列示如下。

| | | | | |
|---|---|---|---|---|
| 30.3 | 34.5 | 31.1 | 30.9 | 33.7 |
| 31.9 | 33.1 | 31.1 | 30.0 | 32.7 |
| 34.4 | 30.1 | 34.6 | 31.6 | 32.4 |
| 32.8 | 31.0 | 30.2 | 30.2 | 32.8 |
| 31.1 | 30.7 | 33.1 | 34.4 | 31.0 |
| 32.2 | 30.9 | 32.1 | 34.2 | 30.7 |
| 30.7 | 30.7 | 30.6 | 30.2 | 33.4 |
| 36.8 | 30.2 | 31.5 | 30.1 | 35.7 |
| 30.5 | 30.6 | 30.2 | 31.4 | 30.7 |
| 30.6 | 37.9 | 30.3 | 34.1 | 30.4 |

a. 画出茎叶图。

b. 画出直方图。

c. 描述一下这个直方图。

**3.10　Xr03－10**　在一条商业街上调查了60个人，询问他们这次打算进多少家商店。答案列示如下。

| | | | | | |
|---|---|---|---|---|---|
| 3 | 2 | 4 | 3 | 3 | 9 |
| 2 | 4 | 3 | 6 | 2 | 2 |
| 8 | 7 | 6 | 4 | 5 | 1 |
| 5 | 2 | 3 | 1 | 1 | 7 |
| 3 | 4 | 1 | 1 | 4 | 8 |
| 0 | 2 | 5 | 4 | 4 | 4 |
| 6 | 2 | 2 | 5 | 3 | 8 |
| 4 | 3 | 1 | 6 | 9 | 1 |
| 4 | 4 | 1 | 0 | 4 | 6 |
| 5 | 5 | 5 | 1 | 4 | 3 |

a. 画出直方图。

b. 画出肩形线。

c. 描述一下你的调查结果。

**3.11　Xr03－11**　调查了50个棒球球迷，询问了他们每个人去年观看的比赛的场数。结果列示如下。用适当的图表方法介绍这些数据，并说明你从中了解到了什么。

| | | | | |
|---|---|---|---|---|
| 5 | 15 | 14 | 7 | 8 |
| 16 | 26 | 6 | 15 | 23 |
| 11 | 15 | 6 | 4 | 7 |
| 8 | 19 | 16 | 9 | 9 |
| 8 | 7 | 10 | 5 | 8 |
| 8 | 6 | 6 | 21 | 10 |
| 5 | 24 | 5 | 28 | 9 |
| 11 | 20 | 24 | 5 | 13 |
| 14 | 9 | 25 | 10 | 24 |
| 10 | 18 | 22 | 12 | 17 |

**3.12　Xr03－12**　为了确定对高尔夫球企业的需求，相关人员进行了一项调查。抽样调查了75个自称的打高尔夫球的人，并询问了他们去年打了多少个回合。这些数据列示如下。

| | | | | |
|---|---|---|---|---|
| 18 | 26 | 16 | 35 | 30 |
| 15 | 18 | 15 | 18 | 29 |
| 25 | 30 | 35 | 14 | 20 |
| 18 | 24 | 21 | 25 | 18 |
| 29 | 23 | 15 | 19 | 27 |
| 28 | 9 | 17 | 28 | 25 |
| 23 | 20 | 24 | 28 | 36 |
| 20 | 30 | 26 | 12 | 31 |
| 13 | 26 | 22 | 30 | 29 |

| | | | | |
|---|---|---|---|---|
| 26 | 17 | 32 | 36 | 24 |
| 29 | 18 | 38 | 31 | 36 |
| 24 | 30 | 20 | 13 | 23 |
| 3 | 28 | 5 | 14 | 24 |
| 13 | 18 | 10 | 14 | 16 |
| 28 | 19 | 10 | 42 | 22 |

a. 画出直方图。

b. 画出茎叶图。

c. 画出肩形线。

d. 描述一下你从中学到了什么。

以下习题需要用计算机和统计软件。

**3.13 Xr03-13** 所附数据记录了200名会计第一年的年收入。用一种图表方法归纳这些数据。描述一下你的结论。

**3.14 Xr03-14** 洛杉矶一个郊区的房地产部门想要调查去年房子的销售价格（单位：千美元）的分布情况。

a. 画出直方图。

b. 画出肩形线。

c. 画出茎叶图（如果软件允许）。

d. 描述一下你从中学到了什么。

**3.15 Xr03-15** 所附数据记录了过去200天里每一天银行营业的第一个小时内进入银行的顾客人数。用一种统计图表方法来提取信息。描述一下你的调查结果。

**3.16 Xr03-16** 所附数据记录了当地一家餐馆为420位顾客服务的时间（单位：分钟）。

a. 这些数据的直方图有多少组？

b. 用问题（a）中确定的组数画出直方图。

c. 该直方图是对称的还是有偏的？

d. 该直方图是钟形的吗？

**3.17 Xr03-17** 所附数据记录了320名学生经济学期中考试的成绩。用一种统计图表方法来描述这些数据。这一图形说明了什么？

**3.18 Xr03-18** 所附数据记录了150个新生婴儿的身高（单位：英寸），判断哪一种统计图表方法比较适合用来描述这些数据。从这一图表中，你可以得出什么结论？

**3.19 Xr03-19** 所附数据记录了过去75天中一个办公室复印员每天复印的数量。描述一下这一图形告诉了我们什么。

**3.20 Xr03-20** 抽选了使用新肥料种植的240个番茄，并称了每个番茄的重量（单位：盎司）。画出直方图，并说明你的调查结果。

**3.21 Xr03-21** 抽样调查了350个家庭，测量了每个家庭用水量（单位：加仑）。用合适的统计图表方法描述这些数据。该图表说明了什么？

**3.22 Xr03-22** 所附数据记录了100天内通过亚马逊在线卖出的书的数量。画出直方图，并说明你的结论。

**2012 年社会综合调查习题**

**3.23 GSS2012*** GSS 的调查对象精确地汇报了他们受教育的最高年限（EDUC）。

a. 这个变量的数据类型是定类的、定序的，还是定距的？

b. 用图表方法来描述这些数据。

c. 简要地说说你的结论。

**3.24 GSS2012*** 2012 年 GSS 调查的一个问题是：你平均每天花费多长时间看电视（TVHOURS）？用图表来呈现该问题的结果，并简要描述你的发现。

**3.25 GSS2012*** 用图表方法来描述 2012 年 GSS 调查对象的年龄（AGE）。说说你的发现。

**3.26 GSS2012*** 如果处于就业状态（全职或兼职），上周你有多少个小时用于工作（HRS1）？用图表方法描述这些数据。

**2010 年社会综合调查习题**

**3.27 GSS2010*** 2010 年 GSS 调查的一个问题是：你平均每天花费多长时间看电视（TVHOURS）？用一幅图来呈现该问题的结果，并简要描述你的发现。

**3.28 GSS2010*** 用图表方法描述 2010 年 GSS 调查对象的年龄（AGE）。说说你的发现。

## 3.2 对时间序列数据的描述

除了对数据按其类型进行分类之外，我们还可以按照观测值是否可以同时度量或者以时间为序连续度量进行分类。前者称为**截面数据**（cross-sectional data），后者称为**时间序列数据**（time-series data）。

3.1 节中描述的方法主要应用于截面数据。例 3.1 至例 3.4 中数据的获取需要 2～3 天。

另外，假设一名资产咨询专家认为房屋的价格是房屋面积、使用年限以及批量的函数。为了估计函数确切的形式，她选取了最近刚出售的 100 套房屋作为样本，并记录下各自的价格、面积、使用年限和批量，这些数据为截面数据，因为它们是同一时点上的观测值。这位资产咨询专家同时也通过另外一个项目来预测明年美国东北部的月度房屋开工数（housing starts），为此，她搜集了此地区过去五年内的月度房屋开工数数据。这 60 个数值组成了时间序列数据，因为它们是以时间为序的观测值。

需要注意的是，原始数据的类型可能是定类或者定距数据。上面的描述主要用于处理定距数据。但是，时间序列也可以列出定类变量一段时期中的频数和相对频数。例如，一个品牌偏好调查询问消费者最喜爱的品牌。这些数据就是定类数据。如果我们在若干年内每个月调查一次，则每个月偏好某个公司的品牌的消费者所占的比例可以构成一个时间序列。

### □ 3-2a 线 图

时间序列数据通常以线图的形式来表示，**线图**（line chart）即变量以时间为序的图表。绘图时，以变量值为纵轴，以时间为横轴。

本章开头的例子针对的是汽油价格和石油价格之间的关系。在 3.3 节中，我们将会介绍回答这一问题的方法。还有一个问题就是，现在的石油价格是不是比过去高？

**例 3.5　汽油价格**

数据：Xm03-05

我们记录了 1976 年 1 月以来每个月汽油的平均零售价格（美分/加仑），下面是前 12 个月和后 12 个月的数据。绘制线图来简单描绘这组数据，并概括图表信息。

| 年度 | 月份 | 价格（美分/加仑） |
|---|---|---|
| 1976 | 1 | 60.5 |
| 1976 | 2 | 60.0 |
| 1976 | 3 | 59.4 |
| 1976 | 4 | 59.2 |
| 1976 | 5 | 60.0 |
| 1976 | 6 | 61.6 |
| 1976 | 7 | 62.3 |
| 1976 | 8 | 62.8 |
| 1976 | 9 | 63.0 |
| 1976 | 10 | 62.9 |
| 1976 | 11 | 62.9 |
| 1976 | 12 | 62.6 |
| 2012 | 1 | 339.9 |
| 2012 | 2 | 357.2 |
| 2012 | 3 | 386.8 |
| 2012 | 4 | 392.7 |
| 2012 | 5 | 379.2 |
| 2012 | 6 | 355.2 |
| 2012 | 7 | 345.1 |
| 2012 | 8 | 370.7 |
| 2012 | 9 | 385.6 |
| 2012 | 10 | 378.6 |
| 2012 | 11 | 348.8 |
| 2012 | 12 | 350.0 |

**解**

下面是用 Excel 和 Minitab 绘制的线图。

**Excel**

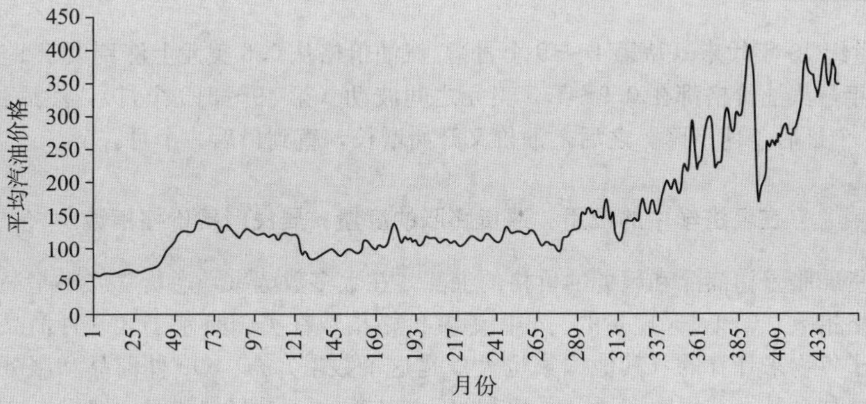


**计算机命令**

1. 在某一列中输入或者导入数据（打开文件 Xm03－05）。

2. 选中数据所在的列，单击“插入”—“折线图”，选择“二维折线图”。单击“图标工具”，选择“布局”来调整图表。

如果你想（为两个或两个以上的变量）绘制两个或两个以上的线图，只需选中你想要使用的变量所在的列即可。

**Minitab**

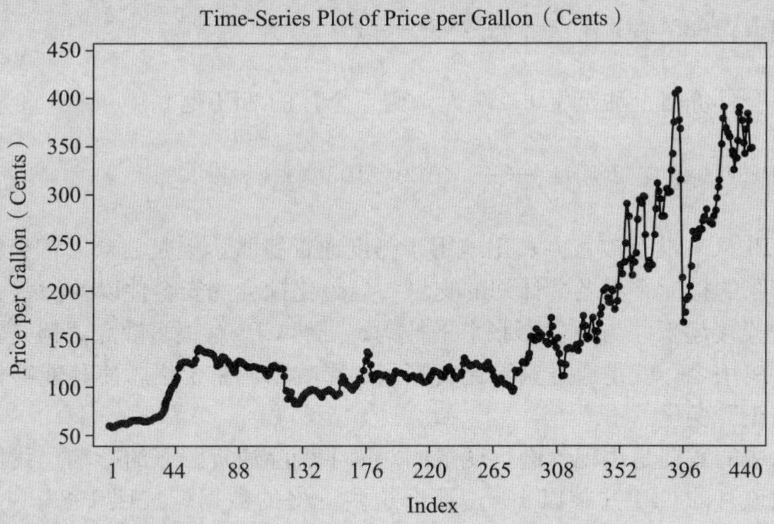


**计算机命令**

1. 在一列中输入或者导入数据（打开文件 Xm03－05）。

2. 单击“Graph”（图形）—“Time-Series Plot…”（时间序列图…），选择“Simple”（简单）。

3. 在序列框中输入或者使用“Select”（选择）按钮指定变量（价格）。单击“Time/Scale…”（时间/尺度…）。

4. 单击“Time”（时间）标签，“Time Scale”在（时间尺度）项下选择“Index”（索引）。

**解　释**

20 世纪 70 年代末（从第 1～49 个月），汽油价格从 0.6 美元上涨到大于 1 美元，直到 2000 年，汽油价格都在 0.9～1.5 美元之间波动（第 49～313 个月），然后快速增长到第 396 个月后急速下降。之后，油价又开始增长，直到最后一个月。

**在经济学中的应用：通货膨胀的度量：居民消费价格指数**

通货膨胀是指商品和服务的价格的上涨。在大多数国家，通货膨胀都是通过居民消费价格指数（CPI）来度量的。居民消费价格指数在美国是基于 300 种商品和服务的一篮子货物来计算的（其他国家也大概是这个数量），这 300 种商品和服务包括各种项目，如食品、住房、交通、医疗和娱乐。“货物篮子”是针对“典型”或者“平均”的中等收入家庭定义的，并且项目集和各个项目的定义会定期进行调整（美国是每 10 年调整一次，加拿大是每 7 年调整一次）。

“货物篮子”中每个项目的价格是按月度进行计算的，而 CPI 则是根据这些月度价格得到的。下面介绍它的具体计算方法。首先，我们要设定一个时期作为基期。美国的基期是 1982—1984 年。假设在那个时期，商品和服务的“货物篮子”要花费 1 000 美元。因此，基准就定为 1 000 美元，相应的 CPI 定为 100。如果下个月（1985 年 1 月）价格上升至 1 010 美元，则 1985 年 1 月的 CPI 就是

$$\text{CPI（1985 年 1 月）}=\frac{1\,010}{1\,000}\times 100=101$$

如果下个月价格上涨至 1 050 美元，则下个月的 CPI 是

$$\text{CPI（1985 年 2 月）}=\frac{1\,050}{1\,000}\times 100=105$$

尽管 CPI 从来没有被官方真正地用于测度通货膨胀，但是公众通常会将其解释为衡量通货膨胀的指标。养老金计划的支付、老龄化社会的安全性以及一些劳动合同都自动与 CPI 连接起来并与通货膨胀水平挂钩。虽然 CPI 有很多缺点，但是它的应用仍然很广泛。应用之一就是通过剔除通货膨胀的影响来调整价格，使其能够捕捉到价格序列的“真正”变化。

例 3.5 中的数据是用现价进行度量的。为了剔除通货膨胀的影响，我们把每个月的价格除以该月的 CPI 并乘以 100，那么这些价格的数据就按照 1982—1984 年的不变价美元进行计价了。这样做可以更便于分析商品和服务的价格发生的变化。

我们创造了两个数据集来帮助你按照 1982—1984 年的不变价美元来计价。文件 Ch03：\\ CPI-Annual 和 Ch03：\\ CPI-Monthly 分别列出了当 1982—1984 年的 CPI 为 100 时，相应的年度和月度 CPI 值。

**例 3.6　以 1982—1984 年不变价美元计价的汽油价格**

数据：Xm03 - 06

剔除通货膨胀对例 3.5 中数据的影响，然后判断一下现在的汽油价格是否高于过去

的汽油价格。

**解**

下面是 1976—2012 年汽油的月均价格、CPI 和调整后的价格。

我们使用 Excel 对调整后的价格绘制线图。Minitab 绘制的线图与之类似。

| 年度 | 月份 | 价格（美分/加仑） | CPI | 调整的价格 |
|---|---|---|---|---|
| 1976 | 1 | 60.5 | 55.8 | 108.4 |
| 1976 | 2 | 60.0 | 55.9 | 107.3 |
| 1976 | 3 | 59.4 | 56.0 | 106.1 |
| 1976 | 4 | 59.2 | 56.1 | 105.5 |
| 1976 | 5 | 60.0 | 56.4 | 106.4 |
| 1976 | 6 | 61.6 | 56.7 | 108.6 |
| 1976 | 7 | 62.3 | 57.0 | 109.3 |
| 1976 | 8 | 62.8 | 57.3 | 109.6 |
| 1976 | 9 | 63.0 | 57.6 | 109.4 |
| 1976 | 10 | 62.9 | 57.9 | 108.6 |
| 1976 | 11 | 62.9 | 58.1 | 108.3 |
| 1976 | 12 | 62.6 | 58.4 | 107.2 |
| 2012 | 1 | 339.9 | 227.6 | 149.3 |
| 2012 | 2 | 357.2 | 228.3 | 156.5 |
| 2012 | 3 | 386.8 | 229.0 | 168.9 |
| 2012 | 4 | 392.7 | 229.0 | 171.5 |
| 2012 | 5 | 379.2 | 228.7 | 165.8 |
| 2012 | 6 | 355.2 | 228.9 | 155.2 |
| 2012 | 7 | 345.1 | 228.8 | 150.8 |
| 2012 | 8 | 370.7 | 230.0 | 161.2 |
| 2012 | 9 | 385.6 | 231.2 | 166.8 |
| 2012 | 10 | 378.6 | 231.6 | 163.5 |
| 2012 | 11 | 348.8 | 231.1 | 150.9 |
| 2012 | 12 | 350.0 | 231.1 | 151.4 |

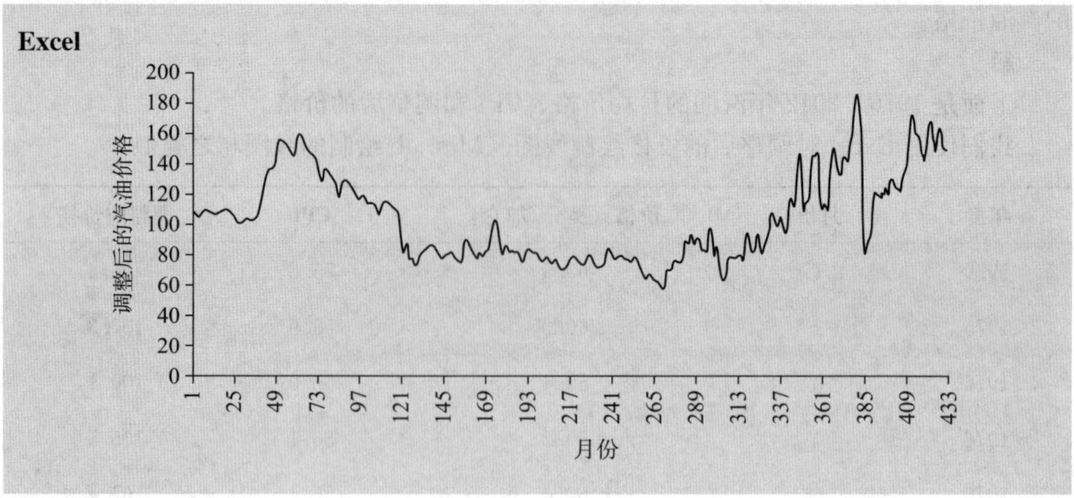


## 解释

使用 1982—1984 年的不变价美元计价，我们可以看出 2008 年中期（第 385 个月）每加仑汽油的价格达到最高峰。之后，汽油的价格快速下降，然后较为稳定地增长到 2012 年年末。此时调整后的价格与 1978 年（第 49 个月）调整后的价格大致相等。

在判断汽油的价格是否上升时，还有另外两个因素需要考虑：行驶距离和燃油消耗。习题 3.41 中解决了这个问题。

## 习　题

**3.29　Xr03-29**　收取夏季奥运会的电视转播费已经成为主办国的最大收入来源。下表列示了历届奥运会的年份、城市和电视转播收入（百万美元）。画一幅图来描述收入数据。

| 年份 | 城市 | 电视转播收入 |
|---|---|---|
| 1960 | 罗马 | 1.2 |
| 1964 | 东京 | 1.6 |
| 1968 | 墨西哥城 | 9.8 |
| 1972 | 慕尼黑 | 17.8 |
| 1976 | 蒙特利尔 | 34.9 |
| 1980 | 莫斯科 | 88.0 |
| 1984 | 洛杉矶 | 266.9 |
| 1988 | 首尔 | 402.6 |
| 1992 | 巴塞罗那 | 636.1 |

续前表

| 年份 | 城市 | 电视转播收入 |
|---|---|---|
| 1996 | 亚特兰大 | 898.3 |
| 2000 | 悉尼 | 1 331.6 |
| 2004 | 雅典 | 1 494.0 |
| 2008 | 北京 | 1 737.0 |
| 2012 | 伦敦 | 2 642.7 |

**3.30 Xr03-30** 下表列示了 1971—2010 年美国女性的参军人数（千人）。画一幅线图，描述图形传递的信息。

| 年份 | 女性参军人数 | 年份 | 女性参军人数 |
|---|---|---|---|
| 1971 | 11.8 | 1991 | 67.8 |
| 1972 | 12.3 | 1992 | 61.7 |
| 1973 | 16.5 | 1993 | 60.2 |
| 1974 | 26.3 | 1994 | 59.0 |
| 1975 | 37.7 | 1995 | 57.3 |
| 1976 | 43.8 | 1996 | 59.0 |
| 1977 | 46.1 | 1997 | 62.4 |
| 1978 | 50.5 | 1998 | 61.4 |
| 1979 | 55.2 | 1999 | 61.5 |
| 1980 | 61.7 | 2000 | 62.9 |
| 1981 | 65.3 | 2001 | 63.4 |
| 1982 | 64.1 | 2002 | 63.2 |
| 1983 | 66.5 | 2003 | 63.5 |
| 1984 | 67.1 | 2004 | 61.0 |
| 1985 | 68.4 | 2005 | 57.9 |
| 1986 | 69.7 | 2006 | 58.5 |
| 1987 | 71.6 | 2007 | 58.8 |
| 1988 | 72.0 | 2008 | 59.7 |
| 1989 | 74.3 | 2009 | 59.4 |
| 1990 | 71.2 | 2010 | 60.3 |

**3.31 Xr03-31** 美国在卫生保健上的支出要远远高于其他国家。为了估计支出增

长的速度，下表列出了美国1981—2009年每年的卫生保健总支出（单位：十亿美元）。

a. 使用图形描述这组数据。

b. 使用每年的CPI数据剔除通货膨胀的影响。用图形描述结果，并概括你从图中得到的信息。

| 年份 | 卫生保健支出 | 年份 | 卫生保健支出 |
|---|---|---|---|
| 1981 | 294 | 1996 | 1 069 |
| 1982 | 331 | 1997 | 1 125 |
| 1983 | 365 | 1998 | 1 191 |
| 1984 | 402 | 1999 | 1 265 |
| 1985 | 440 | 2000 | 1 353 |
| 1986 | 472 | 2001 | 1 470 |
| 1987 | 513 | 2002 | 1 603 |
| 1988 | 574 | 2003 | 1 732 |
| 1989 | 639 | 2004 | 1 895 |
| 1990 | 714 | 2005 | 2 021 |
| 1991 | 782 | 2006 | 2 152 |
| 1992 | 849 | 2007 | 2 284 |
| 1993 | 913 | 2008 | 2 391 |
| 1994 | 962 | 2009 | 2 486 |
| 1995 | 1 017 | | |

资料来源：《美国统计摘要》，2012年，表135。

**3.32　Xr03－32**　下表列出了1987—2009年每年获得学位的男性与女性人数（单位：千人）。分别绘出男性人数和女性人数的图形。你可以从图形中得出什么信息？

| 年份 | 女性人数 | 男性人数 |
|---|---|---|
| 1987 | 941 | 882 |
| 1988 | 954 | 881 |
| 1989 | 986 | 887 |
| 1990 | 1 035 | 905 |
| 1991 | 1 097 | 928 |
| 1992 | 1 147 | 961 |
| 1993 | 1 182 | 985 |
| 1994 | 1 211 | 995 |

续前表

| 年份 | 女性人数 | 男性人数 |
|---|---|---|
| 1995 | 1 223 | 995 |
| 1996 | 1 255 | 993 |
| 1997 | 1 290 | 998 |
| 1998 | 1 304 | 994 |
| 1999 | 1 330 | 993 |
| 2000 | 1 369 | 1 016 |
| 2001 | 1 391 | 1 025 |
| 2002 | 1 441 | 1 053 |
| 2003 | 1 517 | 1 104 |
| 2004 | 1 603 | 1 152 |
| 2005 | 1 666 | 1 185 |
| 2006 | 1 725 | 1 211 |
| 2007 | 1 769 | 1 238 |
| 2008 | 1 819 | 1 274 |
| 2009 | 1 882 | 1 323 |

资料来源：美国国家教育统计中心，《美国统计摘要》，2012 年，表 299。



**3.33 Xr03-33** 下表列出了 1992—2009 年财产犯罪（入室盗窃、盗窃、偷窃、偷车）的数量（单位：千件）。绘制线图并解释结果。

| 年份 | 财产犯罪数量 | 年份 | 财产犯罪数量 |
|---|---|---|---|
| 1992 | 12 506 | 2001 | 10 437 |
| 1993 | 12 219 | 2002 | 10 455 |
| 1994 | 12 132 | 2003 | 10 443 |
| 1995 | 12 064 | 2004 | 10 319 |
| 1996 | 11 805 | 2005 | 10 175 |
| 1997 | 11 558 | 2006 | 10 031 |
| 1998 | 10 952 | 2007 | 9 873 |
| 1999 | 10 208 | 2008 | 9 775 |
| 2000 | 10 183 | 2009 | 9 321 |

资料来源：美国联邦调查局，《美国统计摘要》，2012 年，表 306。

**3.34 Xr03－34** 参看习题 3.33。度量财产犯罪的另一种方法是计算每 100 000 人中财产犯罪的数量，这样我们就可以剔除人口规模增长的影响。绘图表示这些数据并解释你的发现。

| 年份 | 财产犯罪/10 万人 | 年份 | 财产犯罪/10 万人 |
|---|---|---|---|
| 1992 | 4 868 | 2001 | 3 658 |
| 1993 | 4 740 | 2002 | 3 631 |
| 1994 | 4 660 | 2003 | 3 591 |
| 1995 | 4 591 | 2004 | 3 514 |
| 1996 | 4 451 | 2005 | 3 432 |
| 1997 | 4 316 | 2006 | 3 358 |
| 1998 | 4 053 | 2007 | 3 277 |
| 1999 | 3 744 | 2008 | 3 212 |
| 2000 | 3 618 | 2009 | 3 036 |

资料来源：美国联邦调查局，《美国统计摘要》，2012 年，表 306。

**3.35 Xr03－35** 国民生产总值（GNP）是指一个国家公民的经济产出总量，它是衡量一个国家财富水平的重要指标。下表列出了美国每年的现价 GNP（单位：十亿美元）。

a. 绘出 GNP 的图形，并描述你得到的信息。

b. 使用每年的 CPI 数据计算用 1982—1984 年不变价美元表示的人均 GNP。使用图形描述结果并概括你得到的信息。

| 年份 | GNP | 年份 | GNP |
|---|---|---|---|
| 1980 | 2 822 | 1991 | 6 022 |
| 1981 | 3 160 | 1992 | 6 371 |
| 1982 | 3 290 | 1993 | 6 699 |
| 1983 | 3 572 | 1994 | 7 109 |
| 1984 | 3 967 | 1995 | 7 444 |
| 1985 | 4 244 | 1996 | 7 870 |
| 1986 | 4 478 | 1997 | 8 356 |
| 1987 | 4 754 | 1998 | 8 811 |
| 1988 | 5 124 | 1999 | 9 381 |
| 1989 | 5 508 | 2000 | 9 989 |
| 1990 | 5 835 | 2001 | 10 338 |

续前表

| 年份 | GNP | 年份 | GNP |
|---|---|---|---|
| 2002 | 10 691 | 2007 | 14 193 |
| 2003 | 11 211 | 2008 | 14 583 |
| 2004 | 11 959 | 2009 | 14 117 |
| 2005 | 12 736 | 2010 | 14 708 |
| 2006 | 13 471 | 2011 | 15 328 |

资料来源：美国经济活动局。

**3.36　Xr03－36**　下表列出了1973—2011年间美国平均每天的石油消耗量和产出量（单位：千桶）。使用图形描述这些数据。从图形中你可以得出什么信息？

| 年份 | 1973 | 1974 | 1975 | 1976 | 1977 | 1978 | 1979 | 1980 | 1981 | 1982 |
|---|---|---|---|---|---|---|---|---|---|---|
| 消耗量 | 17 318 | 16 655 | 16 323 | 17 460 | 18 443 | 18 857 | 18 527 | 17 060 | 16 061 | 15 301 |
| 产量 | 9 209 | 8 776 | 8 376 | 8 132 | 8 245 | 8 706 | 8 551 | 8 597 | 8 572 | 8 649 |

| 年份 | 1983 | 1984 | 1985 | 1986 | 1987 | 1988 | 1989 | 1990 | 1991 | 1992 |
|---|---|---|---|---|---|---|---|---|---|---|
| 消耗量 | 15 228 | 15 722 | 15 726 | 16 277 | 16 666 | 17 284 | 17 327 | 16 988 | 16 710 | 17 031 |
| 产量 | 8 689 | 8 879 | 8 972 | 8 683 | 8 349 | 8 140 | 7 615 | 7 356 | 7 418 | 7 172 |

| 年份 | 1993 | 1994 | 1995 | 1996 | 1997 | 1998 | 1999 | 2000 | 2001 | 2002 |
|---|---|---|---|---|---|---|---|---|---|---|
| 消耗量 | 17 328 | 17 721 | 17 730 | 18 308 | 18 618 | 18 913 | 19 515 | 19 699 | 19 647 | 19 758 |
| 产量 | 6 847 | 6 662 | 6 561 | 6 465 | 6 452 | 6 253 | 5 882 | 5 822 | 5 801 | 5 746 |

| 年份 | 2003 | 2004 | 2005 | 2006 | 2007 | 2008 | 2009 | 2010 | 2011 |
|---|---|---|---|---|---|---|---|---|---|
| 消耗量 | 20 034 | 20 731 | 20 799 | 20 686 | 20 684 | 19 496 | 18 771 | 19 178 | 18 949 |
| 产量 | 5 645 | 5 435 | 5 147 | 5 088 | 5 077 | 4 999 | 5 352 | 5 479 | 5 656 |

资料来源：美国能源部：月度能源信息。

**3.37　Xr03－37**　下表列示了1981—2010年美国新住宅建设的价值（单位：百万美元）。绘图呈现这些数据并说明你的结论。

| 年份 | 新住宅建设价值 |
|---|---|
| 1981 | 99 241 |
| 1982 | 84 676 |
| 1983 | 125 833 |
| 1984 | 155 015 |
| 1985 | 160 520 |

续前表

| 年份 | 新住宅建设价值 |
|---|---|
| 1986 | 190 677 |
| 1987 | 199 652 |
| 1988 | 204 496 |
| 1989 | 204 255 |
| 1990 | 191 103 |
| 1991 | 166 251 |
| 1992 | 199 393 |
| 1993 | 225 067 |
| 1994 | 258 561 |
| 1995 | 247 351 |
| 1996 | 281 115 |
| 1997 | 289 014 |
| 1998 | 314 607 |
| 1999 | 350 562 |
| 2000 | 374 457 |
| 2001 | 388 324 |
| 2002 | 396 696 |
| 2003 | 446 035 |
| 2004 | 532 900 |
| 2005 | 611 899 |
| 2006 | 613 731 |
| 2007 | 493 246 |
| 2008 | 350 257 |
| 2009 | 245 621 |
| 2010 | 241 690 |

资料来源：《美国统计摘要》，2012 年，表 963。

**3.38 Xr03-38** 政府的规模发生了怎样的变化？为了回答这个问题，我们记录了 1980—2011 年美国的联邦预算收入和支出（单位：十亿美元）。

a. 使用图示方法描述 1980—2011 年每年美国联邦政府预算的收入和支出。

b. 计算收入和支出的差值，差值是正数代表盈余，负数代表赤字。画出盈余（或赤字）变量的图形并描述你从中得到的信息。

| 年份 | 1980 | 1981 | 1982 | 1983 | 1984 | 1985 | 1986 | 1987 | 1988 | 1989 | 1990 |
|---|---|---|---|---|---|---|---|---|---|---|---|
| 收入 | 517.1 | 599.3 | 617.8 | 600.6 | 666.5 | 734.1 | 769.2 | 854.4 | 909.3 | 991.2 | 1 032.0 |
| 支出 | 590.9 | 678.2 | 745.7 | 808.4 | 851.9 | 946.4 | 990.4 | 1 004.1 | 1 064.5 | 1 143.6 | 1 253.2 |

| 年份 | 1991 | 1992 | 1993 | 1994 | 1995 | 1996 | 1997 | 1998 | 1999 | 2000 | 2001 |
|---|---|---|---|---|---|---|---|---|---|---|---|
| 收入 | 1 055.0 | 1 091.3 | 1 154.4 | 1 258.6 | 1 351.8 | 1 453.1 | 1 579.3 | 1 721.8 | 1 827.5 | 2 052.2 | 1 991.2 |
| 支出 | 1 324.4 | 1 381.7 | 1 409.5 | 1 461.9 | 1 515.8 | 1 560.5 | 1 601.3 | 1 652.6 | 1 701.9 | 1 789.1 | 1 863.9 |

| 年份 | 2002 | 2003 | 2004 | 2005 | 2006 | 2007 | 2008 | 2009 | 2010 | 2011 |
|---|---|---|---|---|---|---|---|---|---|---|
| 收入 | 1 853.2 | 1 782.3 | 1 880.1 | 2 153.6 | 2 406.9 | 2 568.0 | 2 524.0 | 2 105.0 | 2 162.7 | 2 173.7 |
| 支出 | 2 011.0 | 2 159.9 | 2 292.8 | 2 472.0 | 2 655.0 | 2 728.7 | 2 982.5 | 3 517.7 | 3 456.2 | 3 818.8 |

资料来源：《美国统计摘要》，2012 年，表 469。

**3.39** 参看习题 3.38。判断预算盈余/赤字规模的另一个方法是计算财政赤字占 GNP 的百分比。根据习题 3.35 和习题 3.38 中的数据计算这个百分比，并用图形展示结果。

**3.40** 使用年度 CPI 数据把所有数值都转换成 1982—1984 年不变价美元，重新计算习题 3.39。绘制线图来描述计算结果。

**3.41** **Xr03-41** 参看例 3.5。下表列出了 1980—2009 年每年汽车的平均汽油消耗（单位：MPG）和平均行驶距离（单位：千英里）。[文件中包含每年的汽油平均价格、每年的 CPI（保存在 CPI-Annual. xlsx）、燃料消耗和距离（单位：千英里）。] 计算每年经过通货膨胀调整后的汽油费用支出，并绘制图形描述计算结果。

| 年份 | 1980 | 1981 | 1982 | 1983 | 1984 | 1985 | 1986 | 1987 | 1988 | 1989 |
|---|---|---|---|---|---|---|---|---|---|---|
| MPG | 13.3 | 13.6 | 14.1 | 14.2 | 14.5 | 14.6 | 14.7 | 15.1 | 15.6 | 15.9 |
| 距离 | 9.5 | 9.5 | 9.6 | 9.8 | 10.0 | 10.0 | 10.1 | 10.5 | 10.7 | 10.9 |

| 年份 | 1990 | 1991 | 1992 | 1993 | 1994 | 1995 | 1996 | 1997 | 1998 | 1999 |
|---|---|---|---|---|---|---|---|---|---|---|
| MPG | 16.4 | 16.9 | 16.9 | 16.7 | 16.7 | 16.8 | 16.9 | 17.0 | 16.9 | 17.7 |
| 距离 | 11.1 | 11.3 | 11.6 | 11.6 | 11.7 | 11.8 | 11.8 | 12.1 | 12.2 | 12.2 |

| 年份 | 2000 | 2001 | 2002 | 2003 | 2004 | 2005 | 2006 | 2007 | 2008 | 2009 |
|---|---|---|---|---|---|---|---|---|---|---|
| MPG | 16.9 | 17.1 | 16.9 | 17.0 | 17.1 | 17.2 | 17.2 | 17.2 | 17.4 | 17.7 |
| 距离 | 12.2 | 11.9 | 12.2 | 12.2 | 12.2 | 12.1 | 12.0 | 11.9 | 11.6 | 11.6 |

资料来源：《美国统计摘要》，2012 年，表 1101 和表 1102。

下面的习题需要使用计算机和软件。

**3.42** **Xr03-42** 该数据记录了 1985—2012 年每月美国向加拿大的出口值和进口值（单位：百万美元；资料来源：联邦储备局的经济数据）。

a. 绘制美国向加拿大出口值的线图。

b. 绘制美国从加拿大进口值的线图。

c. 计算贸易逆差，并绘制线图。

d. 从这些图表中，你可以得出什么信息？

**3.43 Xr03-43** 该数据记录了 1974—2012 年每个月美国向日本的出口值和进口值（单位：百万美元；资料来源：联邦储备局的经济数据）。

a. 绘制美国向日本出口值的线图。

b. 绘制美国从日本进口值的线图。

c. 计算贸易逆差，并绘制线图。

d. 从这些图表中，你可以得出什么信息？

**3.44 Xr03-44** 该数据记录了 1971—2012 年加拿大元的美元价格的月度数据。用图表描述这组数据，并解释你从中得到的信息。

**3.45 Xr03-45** 该数据记录了 1971—2012 年日元的美元价格的月度数据。用图表描述这组数据，并解释你从中得到的信息。

**3.46 Xr03-46** 该数据记录了 1950—2012 年道琼斯工业平均指数的月度数据。绘图表示这些数据（资料来源：《华尔街日报》）。

**3.47** 参见习题 3.46。使用月度 CPI 数据把道琼斯工业平均指数调整成以 1982—1984 年不变价美元计价的指数，你可以得出什么结论？

## 3.3 两个定距变量间关系的描述

统计工作者经常需要知道两组变量间的关系如何。例如，金融分析师需要明确每种股票的收益与整个市场收益的关系；销售经理需要知道销售量与广告之间的关系；经济学家运用统计方法来描述失业率与通货膨胀之间的关系。这种方法被称为**散点图**（scatter diagram）。

为了画出散点图，需要有两个变量的相关数据。在实际运用时，如果某个变量与另一变量有一定程度的依赖关系，我们就称该变量为因变量 $Y$，称另一变量为自变量 $X$。例如，个人的收入在一定程度上依赖于他的受教育年限。因此，我们称收入为因变量，并记为 $Y$，称受教育年限为自变量，并记为 $X$。在其他情况下，若变量间没有明显的依赖关系，我们就称变量是独立的。

**例 3.7 分析房屋价格与其面积之间的关系**

数据：Xm03-07

某房地产代理商想知道房屋的销售价格与其面积之间的相关程度。为了得到这一信息，他以刚售出的 12 栋房屋为样本，以千美元为单位记录价格，以平方英尺为单位记录房屋的面积。这些数据列示在表格中。运用一种图表方法来描述房屋面积与其价格之间的关系。

| 面积（平方英尺） | 价格（千美元） |
| --- | --- |
| 2 354 | 315 |
| 1 807 | 229 |
| 2 637 | 355 |
| 2 024 | 261 |
| 2 241 | 234 |
| 1 489 | 216 |
| 3 377 | 308 |
| 2 825 | 306 |
| 2 302 | 289 |
| 2 068 | 204 |
| 2 715 | 265 |
| 1 833 | 195 |

**解**

运用前述方法，我们定义房屋的价格为 $Y$（因变量），定义房屋面积为 $X$（自变量）。图 3—10 展示了该散点图。

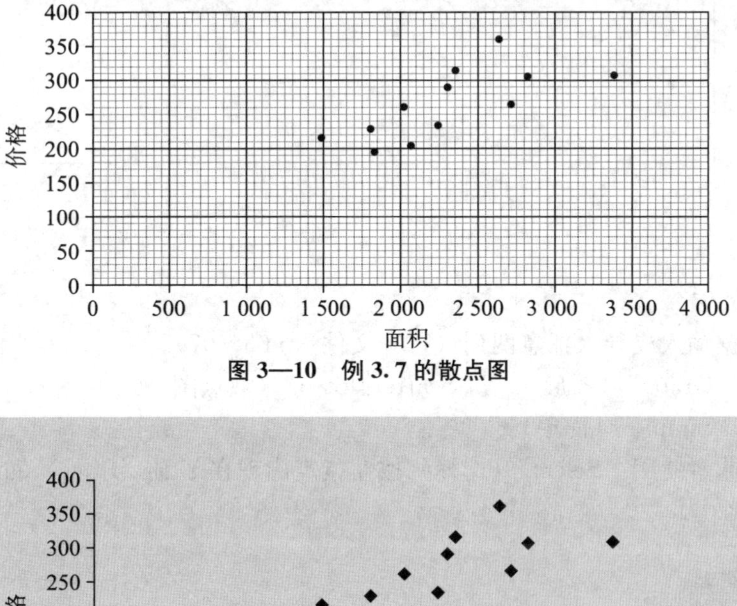


**图 3—10　例 3.7 的散点图**

**Excel**

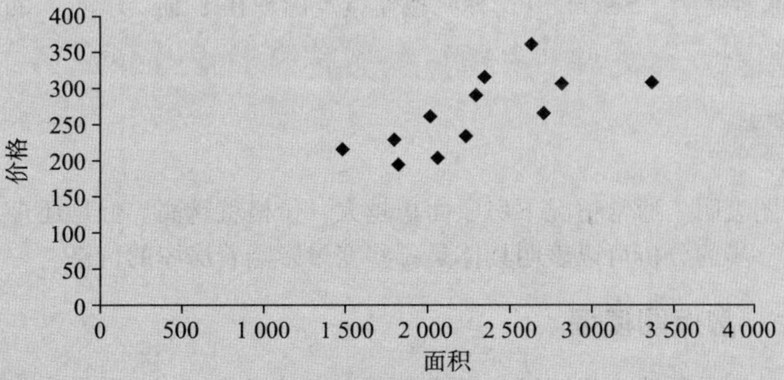

**计算机命令**

1. 将数据输入或导入相邻的两列中。将变量 $X$ 存入第一列，将变量 $Y$ 存入第二列（打开文件 Xm03－07）。

2. 单击“插入”—“散点图”。

3. 如果想要改变图形的外观，单击“图标工具”和“布局”。（我们选择添加标题，删除网格线。）如果你想改变刻度，请单击“坐标轴”—“主要横坐标轴”或“主要纵坐标轴”—“更多主要横坐标轴”或“纵坐标轴选项”……然后可以按照你的偏好进行修改。

**Minitab**

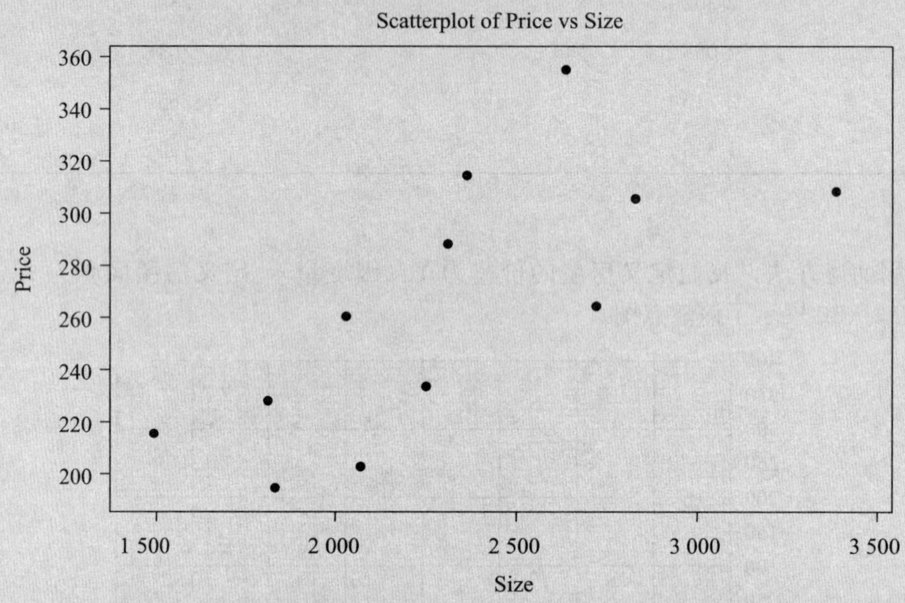


**计算机命令**

1. 将数据输入或导入任意两列（打开文件 Xm03－07）。

2. 单击“Graph”（图形）—“Scatterplot…”（散点图…）。

3. 单击“Simple”（简单）。

4. 输入或者使用“Select”（选择）按钮指定出现在 $Y$ 轴（Price）和 $X$ 轴（Size）上的变量的名称。

**解　释**

上述散点图表明，通常情况下房屋面积越大，价格就越高。但是还存在其他决定价格的变量。进一步的分析可以表明具体是哪些变量影响着房屋的价格。

### □ 3－3a　散点图模型

正如前面的例子所述，我们经常需要对两个变量间的相关关系做出描述。其中，两个重要性质就是线性关系的密切程度和方向。

### □ 3-3b 线性

为了确定两个变量间线性关系的密切程度，我们画出一条经过所有点的直线来表示变量间的关系。若大多数点都落在这条直线附近，则称两个变量有**线性关系**（linear relationship）。若大多数点呈现出随机分布，仅有一点儿直线的样子，则称两变量没有线性关系或称其有弱线性关系。图 3—11 描述了几种不同程度的线性关系。

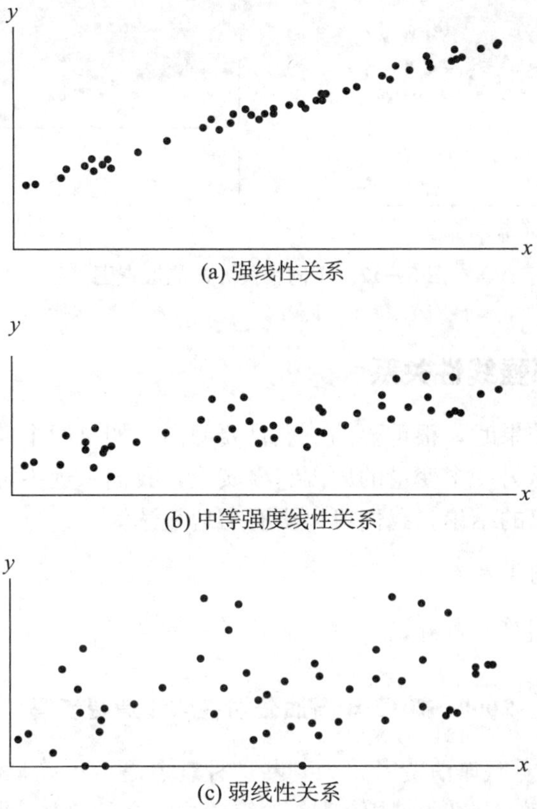


**图 3—11 不同线性程度的散点图**

在手工绘制直线时，我们往往希望它能通过数据的中间。但是对于同一组数据，不同的人绘制出的直线多少会有不同。值得庆幸的是，统计学家已经研究出一种客观绘制直线的方法，这种方法称为最小二乘法，我们将在第 4 章、第 16 章、第 17 章和第 18 章讲述相关内容。

需要注意的是，也可能存在其他类型的相关关系，例如二次方程式或指数关系等。

### □ 3-3c 相关方向

一般而言，若一个变量增大，另一个变量也随之增大，则我们称两者**正线性相关**（positive linear relationship）。当两个变量呈现相反方向的变动时，我们称两者存在**负线性相关**（negative linear relationship）。（正线性相关和负线性相关的概念将在第 4 章讲述。）例如，图 3—12 就描述了两变量间的正线性相关、负线性相关、无关系和非线性相关的情况。

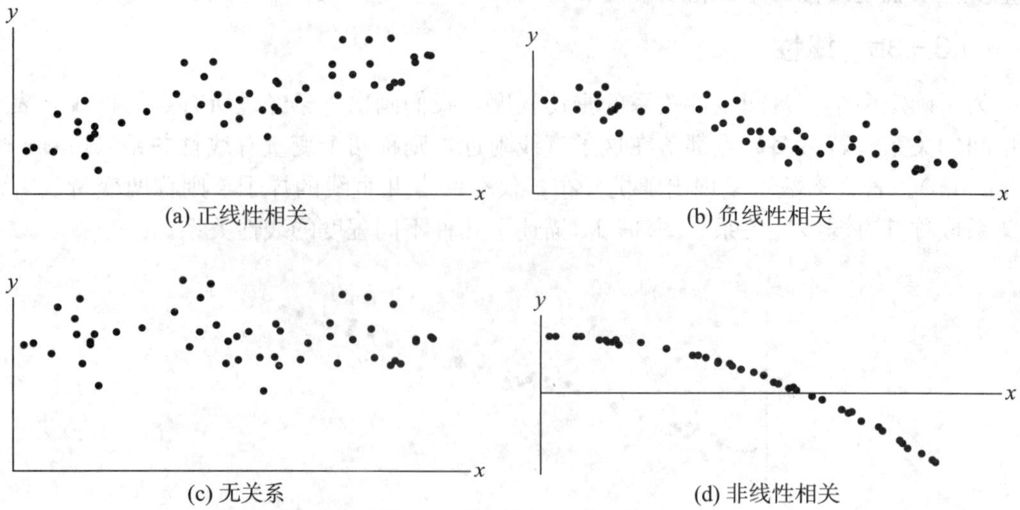


**图 3—12　不同相关方向的散点图**

### □ 3－3d　解释强线性关系

在解释散点图的结果时，很重要的一点是要明白，如果两个变量是线性相关的，这并不意味着一个变量是另一个变量的原因。事实上，我们永远不可能得出“一个变量会是另一个变量的原因”的结论。我们可以更有力地表达为

相关性不是因果关系

现在，我们知道回答本章开篇的例子需要哪些信息了。

**2000—2012 年石油公司在欺诈消费者吗**

司机认为石油公司欺诈消费者，为判断这种观点是否正确，就需要判断两个变量是否相关以及相关强度。此时，比较适合的统计方法是绘制散点图。

我们定义汽油价格为 $Y$，石油价格为 $X$。

**Excel**

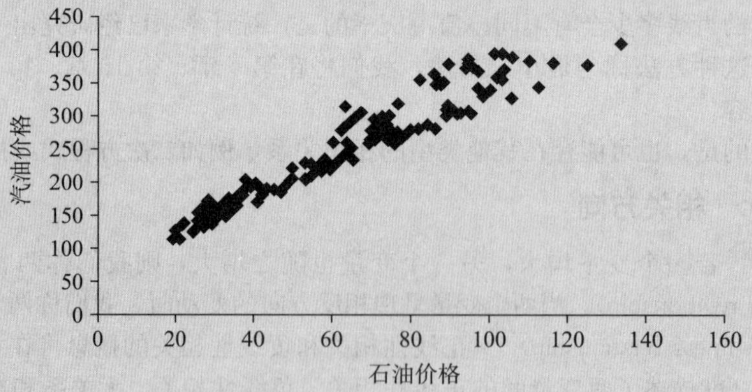

**Minitab**

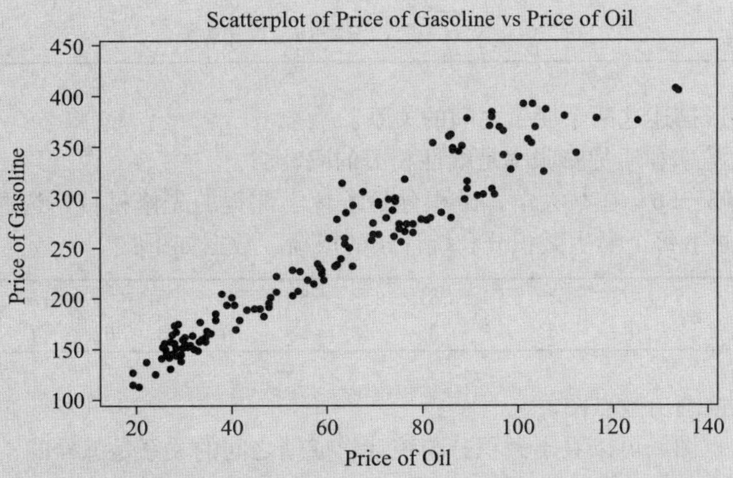


## 解　　释

从散点图中可以看出，这两种商品的价格之间存在较强的线性关系。当石油价格低于 60 美元时，两者之间的线性关系要强于石油价格高于 60 美元时的情况。

最后我们回顾一下使用散点图需要明确的因素。

> **使用散点图需要明确的因素**
> 1. 目标：描述两个变量之间的关系
> 2. 数据类型：定距变量

## 习　　题

**3.48　Xr03 - 48**　在美国，感恩节的第二天是黑色星期五。许多零售商提供特价商品来吸引顾客光顾。特价商品的价格十分低廉且数量有限，因此想要购买特价商品的顾客经常在商店外排队等待商店开门。一项对黑色星期五顾客的随机调查询问了他们等候开门的时间（单位：小时）和期望通过购买特价商品节省的支出。用图形展示数据并描述图形传达的信息。

| | | | | | | | | | | |
|---|---|---|---|---|---|---|---|---|---|---|
| 时间 | 3.0 | 2.5 | 1.5 | 5.0 | 3.0 | 4.5 | 7.0 | 0.5 | 6.5 | 6.0 |
| 支出节省 | 325 | 250 | 275 | 150 | 225 | 350 | 375 | 100 | 400 | 350 |

**3.49　Xr03 - 49**　因为通货膨胀削弱了美元的购买力，所以当通货膨胀率较高时，投资者就会寻求能够提供较高收益率的投资机会。普通股票经常被认为能够抵御通货膨胀。下表列出了最近 10 年普通股票的年收益率和通货膨胀率。

| 年 | 1 | 2 | 3 | 4 | 5 | 6 | 7 | 8 | 9 | 10 |
|---|---|---|---|---|---|---|---|---|---|---|
| 年收益率 | 25 | 8 | 6 | 11 | 21 | −15 | 12 | −1 | 33 | 0 |
| 通货膨胀率 | 4.4 | 4.2 | 4.1 | 4.0 | 5.2 | 5.0 | 3.8 | 2.1 | 1.7 | 0.2 |

a. 利用图形描述这两个变量之间的关系。

b. 股票收益率和通货膨胀率是线性相关的吗?

**3.50 Xr03-50** 在某大学，微积分是统计学课程的先修科目，选取15名学生作为样本，并记录下每个学生微积分和统计学的成绩，数据如下：

| | | | | | | | | | | | | | | | |
|---|---|---|---|---|---|---|---|---|---|---|---|---|---|---|---|
| 微积分 | 65 | 58 | 93 | 68 | 74 | 81 | 58 | 85 | 88 | 75 | 63 | 79 | 80 | 54 | 72 |
| 统计学 | 74 | 72 | 84 | 71 | 68 | 85 | 63 | 73 | 79 | 65 | 62 | 71 | 74 | 68 | 73 |

a. 根据数据画出散点图。

b. 通过散点图，可以看出微积分与统计学成绩之间的关系是怎样的?

**3.51 Xr03-51** 交通事故后的维修费用是汽车保险费用如此之高的原因之一。在一次试验中，有10辆汽车碰撞到墙上，其速度为2千米/小时～20千米/小时不等，估计的维修费用列示如下。绘制适当的图表以分析两个变量之间的关系，并说明通过图表可以说明什么。

| | | | | | | | | | | |
|---|---|---|---|---|---|---|---|---|---|---|
| 速度（千米/小时） | 2 | 4 | 6 | 8 | 10 | 12 | 14 | 16 | 18 | 20 |
| 维修费用（美元） | 88 | 124 | 358 | 519 | 699 | 816 | 905 | 1 521 | 1 888 | 2 201 |

**3.52 Xr02-52** 公众对互联网日增的兴趣促使各个公司开始考虑在网上销售自己的产品。因此，这些公司想要了解使用网络的人群。一个统计工作者承担了一项研究，判断受教育程度与网络使用之间的关系。她随机抽取了15名成年人（20岁以上），并询问每个人的受教育年限以及上周使用网络的小时数，调查数据如下。

| | | | | | | | | | | | | | | | |
|---|---|---|---|---|---|---|---|---|---|---|---|---|---|---|---|
| 受教育年限（年） | 11 | 11 | 8 | 13 | 17 | 11 | 11 | 11 | 19 | 13 | 15 | 9 | 15 | 15 | 11 |
| 网络使用时间（小时） | 10 | 5 | 0 | 14 | 24 | 0 | 15 | 12 | 20 | 10 | 5 | 8 | 12 | 15 | 0 |

a. 请用合适的图形来描述这组数据。

b. 这两个变量之间存在线性关系吗？如果存在，请描述这种关系。

**3.53 Xr03-53** 某统计学教授认为较早完成测验和考试的学生要比晚完成的学生表现好。为了通过数据验证她的说法是否正确，她记录了随机抽取的12名学生提交期中测验（时间限制在90分钟之内）的时间（单位：分钟）和最终成绩。

| | | | | | | | | | | | | |
|---|---|---|---|---|---|---|---|---|---|---|---|---|
| 时间 | 90 | 73 | 86 | 85 | 80 | 87 | 90 | 78 | 84 | 71 | 72 | 88 |
| 成绩 | 68 | 65 | 58 | 94 | 76 | 91 | 62 | 81 | 75 | 83 | 85 | 74 |

下面的习题需要使用计算机和软件。

**3.54 Xr03-54** 为了确定影响能源消耗的因素，调查了200家住户的成员数和用电量。

a. 绘制这些数据的图形。

b. 从图中可以得出什么信息?

**3.55 Xr03－55** 很多滑雪者都盼望着冬季和降雪的到来，然而，冬季也意味着寒冷。温度是如何影响滑雪者对冬季和降雪的盼望的呢？一个滑雪圣地随机抽取了 50 天，记录了当天的温度和它售出的缆车票的数量。使用图形描述这组数据并解释你的发现。

**3.56 Xr03－56** 世界商业观察员普遍持有的一个观点是高个子比矮个子挣钱多。在匹兹堡大学的一项研究中，250 名 30 岁左右的 MBA 毕业生被询问了他们的身高（单位：英寸）和年收入（单位：千美元）。

a. 画出这组数据的散点图。

b. 从散点图中可以得出什么信息？

**3.57 Xr03－57** 上市公司的首席执行官（CEO）是否拿到了应得的薪酬？每年《全国邮报》的商业版都会记录加拿大前 50 强公司的 CEO 年薪（单位：千美元）、利润（损失）（单位：千美元）和三年的每股收益（%）。用图示方法描述这组数据。

**3.58 Xr03－58** 年轻的工人不太可能在一个职位待很长时间吗？为了回答这个问题，抽取一部分工人，询问他们的年龄和受雇于现在的雇主的月份数。用图形概括这组数据。（资料来源：摘自《美国统计摘要》，2012 年，表 612。）

**3.59 Xr03－59** 影院比较大的收入来源是销售爆米花、软饮料和糖果。某影院经理认为两场电影之间休息的时间越长，这些项目的销售收入越多。为了获得更多信息，该经理做了一个实验。在一个月的时间内，他不断改变电影之间休息的时间长度，并计算销售收入。请用图示方法帮助这位经理判断是否时间间隔越长，销售收入越多。

**3.60 Xr03－60** 一位就职于商品交易公司的分析师想要研究粮食价格与牲畜价格的关系。理论上，牲畜价格上涨将会使牲畜饲养量增加，进而增大对牲畜饲养所需粮食的需求，这两个价格应该同向变动。分析师记录了 1971—2008 年粮食和牲畜的月度价格指数（价格指数基于若干种相似商品的价格。例如，牲畜价格指数代表牛和猪的价格）。运用图示方法描述两类价格指数的关系并说一说你的发现。（资料来源：Bridge 商品研究局。）

**3.61 Xr03－61** 由于公司将更不愿意借钱来扩张业务，人们普遍认为高利率将导致失业。为了判断银行优惠利率与失业是否相关，一位经济学家收集了 1950—2012 年银行优惠利率和失业率的月度数据。用图表方法给出你的答案。（资料来源：联邦储备经济数据库：圣路易斯联储。）

**美国国家选举调查习题**

**3.62 ANES2004*** 年轻人比老年人（AGE）接受了更多教育（EDUC）吗？根据 2004 年美国国家选举调查数据，用图表方法来回答这个问题。

在 2008 年的调查中，成年调查对象被询问了平均每天通过四类媒体获取新闻花费的时间（单位：分钟）。四类媒体是：

网络（TIME1）

电视（TIME2）

报纸（TIME3）

广播（TIME4）

**3.63 ANES2008*** 运用图形描述方法判断花费更多时间在网上阅读新闻的人是否也会花费更多时间观看电视新闻。

**3.64 ANES2008*** 分析调查对象网上阅读新闻的时间和阅读报纸的时间的相关

性。它们之间呈现线性相关吗?

**3.65 ANES2008*** 参考习题 3.64。分析这个散点图，判断数据是否存在问题。如果存在问题，怎样修正这个问题来研究数据是否呈现线性关系?

**3.66 ANES2008*** 运用图形方法描述观看电视新闻的时间和收听广播新闻的时间的关系。它们之间呈现线性相关吗?

**3.67 ANES2008*** 年轻人比老年人花费更多时间在网上阅读新闻吗?用图形方法来帮助回答这个问题。

**社会综合调查习题**

**3.68 GSS2012*** 受教育程度高的人越倾向于和受教育程度高的人结婚吗?画出变量 EDUC 和变量 SPEDUC 的散点图来回答这个问题。

**3.69 GSS2012*** 父亲的受教育程度（PAEDUC）越高，孩子的受教育程度（EDUC）就越高吗?画一幅图来回答这个问题。

**3.70 GSS2012*** 母亲的受教育程度（MAEDUC）与孩子的受教育程度（EDUC）呈现正线性相关关系吗?画一幅散点图来回答这个问题。

**3.71 GSS2012*** 如果夫妻中一人的工作时间（HRS）较长，那么其配偶的工作时间（SPHRS）就越短吗?画一幅图来获得你所需的信息。

## 3.4 图表描述的艺术与科学

在本章和第 2 章我们介绍了一些制图技术，重点是如何手工制图和用计算机制图。在本节中我们讨论如何有效地应用制图技术。这里给出一个概念——**图表的优点**（graphical excellence），这个术语用于形容那些富含信息、简洁并且能向读者清晰表达这些信息的技术。另外，我们将给出同样重要的概念——图表的可靠性（graphical integrity）及其宿敌——**图表的欺骗性**（graphical deception）。

### □ 3-4a 图表的优点

只有满足以下特征的图表才具备图表的优点：

1. 图表简明而一致地描述大数据集。制图的目的就是要概括和描述大数据集，小数据集则可以很容易地用一张表格加以概括，而一两个数字最好是用一句话来叙述。

2. 统计人员想要表达的观点和概念可以让读者明确地加以理解。设计图表就是为了描述那些本来用文字描述的内容，一张好的图表可以取代千言万语，并且依然能够明白无误地被读者理解。

3. 图表能激发读者对两个或者更多变量进行比较。仅仅显示一个变量的图表只能提供很少的信息。图表通常最好能用来描述两个或者更多变量之间的关系，并且能解释观测结果是如何发生的以及为什么发生。

4. 图表应使读者关注数据主旨而不是图表的形式。图表的形式是为了帮助显示内涵，如果形式取代了内涵，图表也就无法发挥它的作用了。

5. 数据揭示的信息不会被歪曲。我们不可能用统计技术来说明任何想要说明的事，一位知识渊博的读者可以很容易地看穿其中的歪曲和欺骗性。通过本小节后面对图表欺骗性的说明，我们将努力让你成为一个明智的图表读者。

耶鲁大学的统计学教授爱德华·塔夫特（Edward Tufte）将图表的优点概括如下：

1. 图表的优点在于对感兴趣的数据进行细致入微的描述，是主旨、统计学和形式设计的统一体；

2. 图表的优点在于用最少的时间、最少的笔墨提供给读者最多的观点；

3. 图表的优点在于可以对多变量信息加以概括；

4. 图表的优点要求反映数据的真实含义。

现在我们来看一下被誉为有史以来最好的图表。

图 3—13 描绘了米纳德的图表。细长的带子代表地图上不同地点的军队数量的时间序列，地图上的军队数量也是图表的一部分。

当 1812 年 6 月 21 日拿破仑跨过尼曼河入侵俄国时，法军有 42.2 万名士兵。当法军到达莫斯科时，军队士兵数量已经减少到 10 万名。这时，法军开始撤退。黑色的带子代表撤退中的法军。在图的底部，我们看到撤退开始于 1813 年 10 月。就在这些日期上面，米纳德绘出另一个时间序列，用来显示气温。秋天是非常寒冷的，许多士兵死于严寒。正如我们所看到的，12 月 6 日气温降到零下 30 摄氏度。这幅图是有效的，因为它清楚而简洁地描述了五个变量。

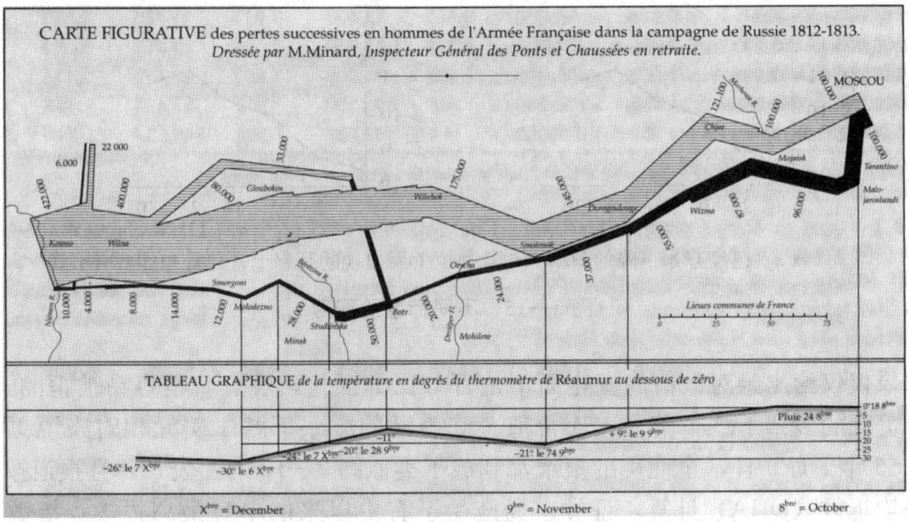


**图 3—13　1812 年拿破仑入侵俄国与败退的图形描述**

资料来源：Edward Tufte，*The Visual Display of Quantitative Information*（Cheshire，CT：Graphics Press，1983），p. 41.

## □ 3-4b　图表的欺骗性

图表已经被广泛应用于报纸、杂志、商业和经济报告、学术研究，这在很大程度上是由于计算机和应用软件的使用提高了储存、恢复、处理和精简大量原始数据的有效性。因此，客观地评价通过图表传递的信息就比过去更为重要。在最终的分析中，图表只是产生一个视觉印象，其含义很容易被歪曲。实际上，由于非常容易被曲解，1992 年，加拿大注册会计师协会在研究了上百个主要公司的年度报告后，发现其中有 8%存在至少一张令人误解、掩盖了不良结果的图表，因此该协会认为有必要对金融图表的应用进行规范。虽然本节的标题在讲欺骗性，但是一个毫无经验的人很有可能无意中就对图表产生歪曲的印象。无论如何，你首先应该了解图表的欺骗性表现在哪些方面。这一节举例说明其中的一些方面。

第一个需要注意的是坐标轴上没有刻度的图表。图 3—14 是一个公司营业额的时序图，该图既可以代表描述的五年中 100%的增长率，也可以代表 1%的增长率，这要看纵坐标的刻度。因此，最好干脆不理会这种图表。

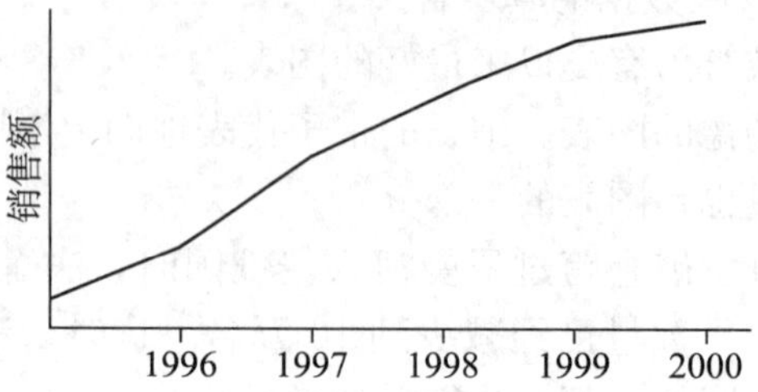


**图 3—14　没有刻度的图形**

第二个需要避免的陷阱是受图表标题的影响。你对利率趋势的印象有可能会因你看到的报纸采用图 3—15 中的标题（a）或者标题（b）而有所不同。

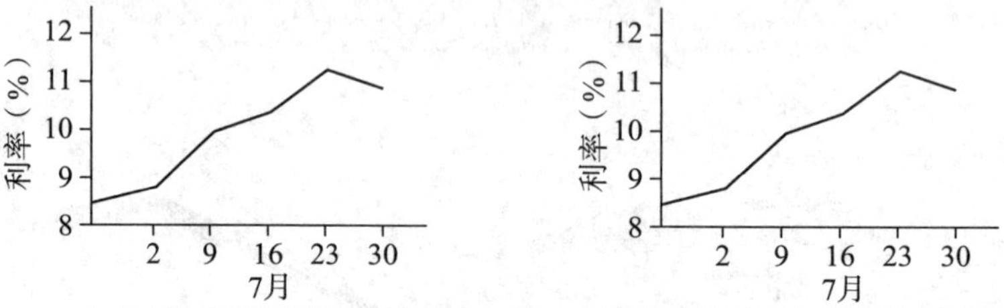


（a）已经开始下降的利率　　（b）上周出现的利率上升趋势中的暂时下降

**图 3—15　不同标题的图形**

如果仅仅给出绝对数值的变化而不是百分比的变化，观点就很容易被歪曲。例如，价值 2 美元的股票下跌 1 美元，比价值 100 美元的股票下跌 1 美元相对来说更令人苦恼。1986 年 1 月 9 日，全北美的报纸都刊载了类似图 3—16 的图表，并且报道按道琼斯工业平均指数（DJIA）计算，证券市场遭受了有史以来的单日最高损失。指数下跌了 39 点，甚至超过了“黑色星期二”（1929 年 10 月 28 日）的损失。损失确实很大，但是很多新闻报道没有提到 1986 年道琼斯工业平均指数的水平远远高于 1929 年的水平。如果我们注意到 1986 年 1 月 8 日的损失仅代表 2.5%的跌幅，而 1929 年的跌幅是 12.8%，我们就对当时的情况有了一个正确的了解。值得一提的是，在这个历史性的下跌之后的两个月内，证券市场上扬了 12%，而一年后上扬了 40%。道琼斯工业平均指数一天的最大降幅是 24.4%（1914 年 12 月 12 日）。

现在，我们来看一些使用图表造成歪曲印象的相当狡猾的手段。观察图 3—17 中的图表，它描述了一个公司去年各季度的销售额，从 1 亿美元增长到 1.1 亿美元。通过拉伸纵坐标，季度销售额 10%的增长显得更具戏剧性。通过改变纵坐标的刻度，使一个给定的货

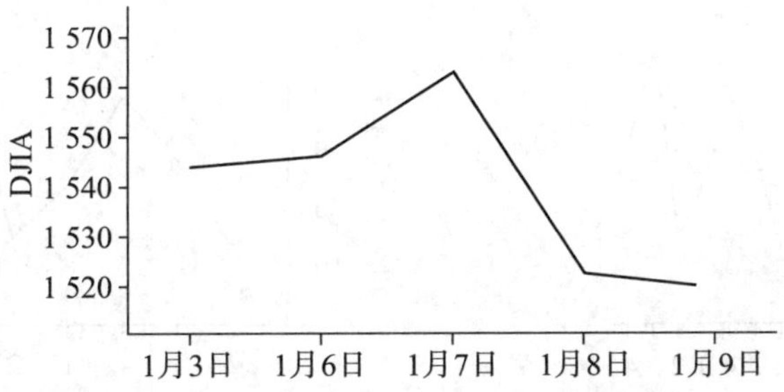


**图 3—16　道琼斯工业平均指数下降的图形展示**

币数量用比原来更大的高度来代表。结果，因为图形的斜率在视觉上更陡峭了，所以销售额的增长看起来更多。拉伸后的刻度通常伴随着纵坐标的截断，如图 3—18（a）所示，或者切去纵坐标的端点，如图 3—18（b）所示，纵坐标开始于一个大于 0 的点。使斜率更陡峭的效果也可以通过压缩横坐标来实现，在这种情况下，横轴上的点变得更紧密。

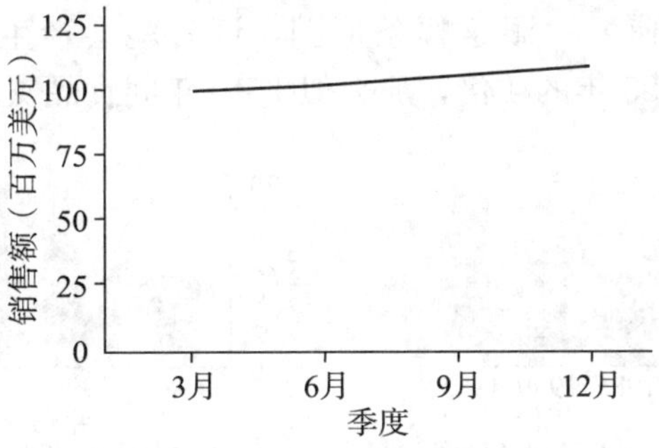


**图 3—17　季度销售增长的图形展示 1**

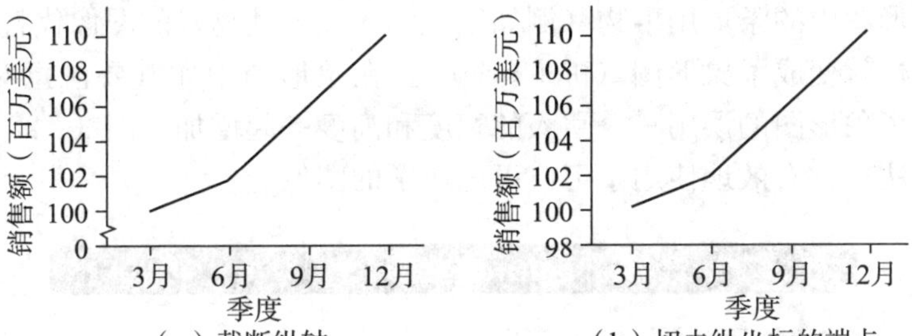


**图 3—18　季度销售增长的图形展示 2**

通过拉伸横坐标可以获得相反的效果，也就是说，展开横坐标上的点，增大它们之间的距离，斜率和趋势将显得不那么陡峭。在图 3—19（a）中，从一个季度到另一个季度，公司利润上下波动很大。然而，如图 3—19（b）所示，公司可以通过拉伸横坐标，使季度间的利润波动看起来处于比较合理的稳定状态。

条形图也可以通过拉伸或者压缩纵坐标或横坐标给人造成相似的错觉。使用条形图产生歪曲印象的另一个通常手段是，改变条形的宽度和高度的比例。在图 3—20（a）

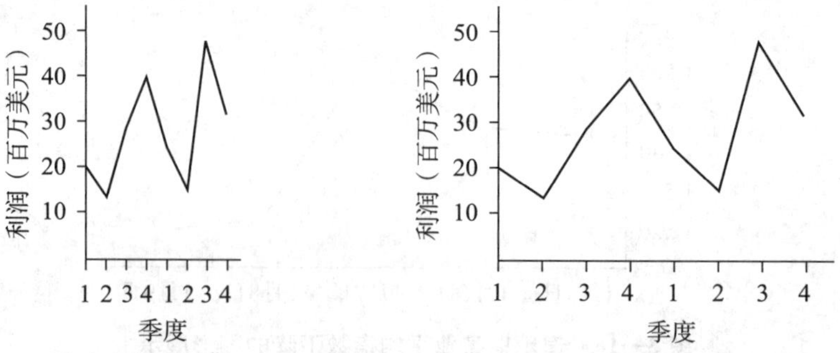


（a）压缩横轴　　（b）拉伸横轴

**图 3—19　较大波动与相对平稳的图形展示**

中，条形图正确地描述了加拿大家庭在三个特定年份中平均每星期的食品支出。该图正确地使用了相同宽度的柱，因此，无论高度还是每个条形的面积都和它们代表的支出成比例。在图 3—20（b）中，由于条形的宽度随着高度一起增大，因而食品支出的增长被夸大了。如果只是快速瞥一眼这幅条形图，读者就会产生一个错误的印象，既然 1995 年条形的宽度是 1985 年的 4 倍，那么似乎 10 年间食品支出也增加了 4 倍。

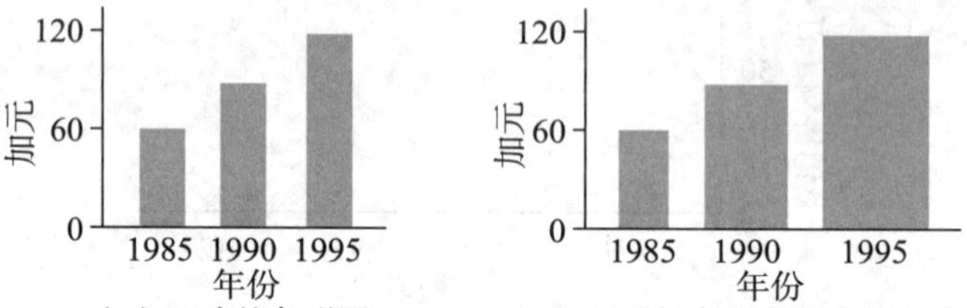


（a）正确的条形图　　（b）增加条形宽度产生歪曲

**图 3—20　正确和歪曲的条形图**

如果把条形图中的条形用事物（例如钱包、人或者动物）的图像代替，就可以增强视觉效果，这样就变成了象形图（pictogram）。在象形图中尤其要注意对尺寸的歪曲。图 3—21 展示了象形图的误用——雪人的宽度和高度一起增加。图 3—22 给出了象形图的正确使用方法，它有效地使用了可口可乐瓶子的图像。

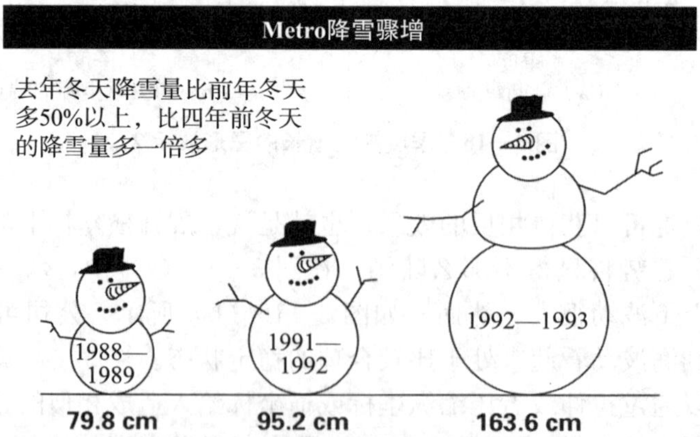


**图 3—21　不正确的象形图**

**图 3—22　正确的象形图**

前面提到的使用图表产生扭曲印象的例子并不完全，但是它们囊括了一些比较常见的方面。通过这些例子我们了解到，图表是用来产生视觉效果的，但是如果你不细心检查，可能会得到一个扭曲的印象。当然，如果你把注意力放在图表显示的数值上，就不太可能被误导。仔细留意两个坐标轴的刻度，对坐标轴未加标注的图表可以不加理会。

## 习　题

**3.72　Xr03－72**　某计算机公司实行多样化经营，包括金融服务、建筑、制造以及酒店。其最新一份年度报告提供了下面的资料。

| 地区 | 各地区销售额（百万美元） | |
|---|---|---|
| | 去年 | 今年 |
| 美国 | 67.3 | 40.4 |
| 加拿大 | 20.9 | 18.9 |
| 欧洲 | 37.9 | 35.5 |
| 大洋洲 | 26.2 | 10.3 |
| 总计 | 152.2 | 105.1 |

| 部门 | 各行业的销售额（百万美元） | |
|---|---|---|
| | 去年 | 前年 |
| 服务 | 54.6 | 43.8 |
| 图书 | 49.3 | 30.5 |
| 建筑/资产管理 | 17.5 | 7.7 |
| 制造和物流 | 15.4 | 8.9 |
| 金融 | 9.4 | 10.9 |
| 家居 | 5.9 | 3.4 |

绘制图表描述这些数据，从而使去年和前年的差距明显化（注意：可能需要手工绘图）。

**3.73 Xr03-73** 下表列出了1985—2006年每年暴力犯罪和财产犯罪的案件数（单位：千件）。

a. 绘制图形描述这两个数据集。

b. 图形是否说明犯罪率正在下降？解释之。

c. 是否应该引入其他变量来说明犯罪率的变化趋势？

| 年份 | 暴力犯罪数 | 财产犯罪数 |
|---|---|---|
| 1985 | 1 328 | 11 103 |
| 1986 | 1 489 | 11 723 |
| 1987 | 1 484 | 12 025 |
| 1988 | 1 566 | 12 357 |
| 1989 | 1 646 | 12 605 |
| 1990 | 1 820 | 12 655 |
| 1991 | 1 912 | 12 961 |
| 1992 | 1 932 | 12 506 |
| 1993 | 1 926 | 12 219 |
| 1994 | 1 858 | 12 132 |
| 1995 | 1 799 | 12 064 |
| 1996 | 1 689 | 11 805 |
| 1997 | 1 636 | 11 558 |
| 1998 | 1 534 | 10 952 |
| 1999 | 1 426 | 10 208 |
| 2000 | 1 425 | 10 183 |
| 2001 | 1 439 | 10 437 |
| 2002 | 1 424 | 10 455 |
| 2003 | 1 384 | 10 443 |
| 2004 | 1 360 | 10 319 |
| 2005 | 1 391 | 10 175 |
| 2006 | 1 418 | 9 984 |

资料来源：《美国统计摘要》，2006年，表293；2009年，表293。

**3.74 Xr03-74** 参见习题3.73。我们引入美国人口数这个变量。

a. 把这个变量加入你的图形来说明犯罪率的变化趋势。

b. 概括你的发现。

c. 你能举出另外一个能够解释犯罪率变化趋势的人口变量吗？

**3.75 Xr03－75** 参见习题3.73和习题3.74。我们加入美国15～24岁年龄段的人数这个变量。

a. 引入这个变量的意义是什么？

b. 把这个变量的信息加入你的分析，你可以得到什么结果？

**3.76 Xr03－76** 为了确定汽车保险的保费，保险公司必须了解影响司机是否出险的变量。司机的年龄可能是这些变量中最重要的一个。下表列出了2002年美国各个年龄组的司机数、致命事故数和总事故数。

a. 计算每个年龄组的事故发生率（每个司机）和致命事故发生率（每1 000个司机）。

b. 绘图描述司机的年龄、事故发生率和致命事故发生率（每1 000个司机）之间的关系。

c. 简要概括你得到的信息。

| 年龄组 | 司机数（1 000人） | 事故数（1 000次） | 致命事故数 |
|---|---|---|---|
| 20岁以下 | 9 508 | 3 543 | 6 118 |
| 20～24岁 | 16 768 | 2 901 | 5 907 |
| 25～34岁 | 33 734 | 7 061 | 10 288 |
| 35～44岁 | 41 040 | 6 665 | 10 309 |
| 45～54岁 | 38 711 | 5 136 | 8 274 |
| 55～64岁 | 25 609 | 2 775 | 5 322 |
| 65～74岁 | 15 812 | 1 498 | 2 793 |
| 74岁以上 | 12 118 | 1 121 | 3 689 |
| 合计 | 193 300 | 30 700 | 52 700 |

资料来源：国家安全委员会。

**3.77 Xr03－77** 2002年，佛罗里达州共有365 474名司机发生了汽车意外事故。将这些数据按照司机的年龄以及司机是受伤还是死亡进行分组，得到下表。（实际上总共有371 877次事故，但是其中有6 413次事故没有记录司机的年龄。）

a. 计算各个年龄组的损伤率（每100次事故）和死亡率（每次事故）。

b. 用图形描述司机的年龄、损伤率（每100次事故）和死亡率之间的关系。

c. 简要描述你从这些图中得到的信息。

d. 你从本题中得到的信息与习题3.76有何不同？

| 年龄组 | 事故数 | 司机受伤的事故数 | 司机死亡的事故数 |
|---|---|---|---|
| 20岁及以下 | 52 313 | 21 762 | 217 |
| 21～24岁 | 38 449 | 16 016 | 185 |
| 25～34岁 | 78 703 | 31 503 | 324 |
| 35～44岁 | 76 152 | 30 542 | 389 |
| 45～54岁 | 54 699 | 22 638 | 260 |

续前表

| 年龄组 | 事故数 | 司机受伤的事故数 | 司机死亡的事故数 |
|---|---|---|---|
| 55～64 岁 | 31 985 | 13 210 | 167 |
| 65～74 岁 | 18 896 | 7 892 | 133 |
| 75～84 岁 | 11 526 | 5 106 | 138 |
| 85 岁及以上 | 2 751 | 1 223 | 65 |
| 合计 | 365 474 | 149 892 | 1 878 |

资料来源：佛罗里达州公路安全和机动车辆部。

**3.78 Xr03-78** 下表是 1967 年、1970 年、1975 年、1980 年、1985 年、1990 年、1995 年、1997—2009 年美国学术能力评估考试（SAT）平均成绩。

| 年份 | 语言运用（总） | 语言运用（男） | 语言运用（女） | 数学（总） | 数学（男） | 数学（女） |
|---|---|---|---|---|---|---|
| 1967 | 543 | 540 | 545 | 516 | 535 | 595 |
| 1970 | 537 | 536 | 538 | 512 | 531 | 493 |
| 1975 | 512 | 515 | 509 | 498 | 518 | 479 |
| 1980 | 502 | 506 | 498 | 492 | 515 | 473 |
| 1985 | 509 | 514 | 503 | 500 | 522 | 480 |
| 1990 | 500 | 505 | 496 | 501 | 521 | 483 |
| 1995 | 504 | 505 | 502 | 506 | 525 | 490 |
| 1997 | 505 | 507 | 503 | 511 | 530 | 494 |
| 1998 | 505 | 509 | 502 | 512 | 531 | 496 |
| 1999 | 505 | 509 | 502 | 511 | 531 | 495 |
| 2000 | 505 | 507 | 504 | 514 | 533 | 498 |
| 2001 | 506 | 509 | 502 | 514 | 533 | 498 |
| 2002 | 504 | 507 | 502 | 516 | 534 | 500 |
| 2003 | 507 | 512 | 503 | 519 | 537 | 503 |
| 2004 | 508 | 512 | 504 | 518 | 537 | 501 |
| 2005 | 508 | 513 | 505 | 520 | 538 | 504 |
| 2006 | 503 | 505 | 502 | 518 | 536 | 502 |
| 2007 | 502 | 504 | 502 | 515 | 533 | 499 |
| 2008 | 502 | 504 | 500 | 515 | 533 | 500 |
| 2009 | 501 | 503 | 498 | 515 | 534 | 499 |

资料来源：《美国统计摘要》，2012 年，表 267。

分别按照下列要求绘图：

a. 说明这些年来所有学生的语言运用成绩和数学成绩没有发生太大变化。

b. 说明与（a）恰好相反的结论。

c. 你想要说明不同性别之间的成绩没有差别。

d. 你想要证明不同性别的人的成绩是有差别的。

**3.79　Xr03－79**　下面是某州过去12个月的月度失业率数据。

| 月份 | 1 | 2 | 3 | 4 | 5 | 6 | 7 | 8 | 9 | 10 | 11 | 12 |
|---|---|---|---|---|---|---|---|---|---|---|---|---|
| 失业率 | 7.5 | 7.6 | 7.5 | 7.3 | 7.2 | 7.1 | 7 | 6.7 | 6.4 | 6.5 | 6.3 | 6 |

a. 绘制这组数据的条形图，纵轴的最小值为6%。

b. 绘制这组数据的条形图，纵轴的最小值为0。

c. 讨论这两幅图给人的印象。

d. 你选择使用哪幅图？解释原因。

## 小　结

直方图可以描述一组定距数据。统计工作者总结了直方图的几种形态，分别是对称、偏态、峰形和钟形。

我们说明了时间序列数据与截面数据的区别。其中，时间序列数据的描述方法是线图。

我们可以通过绘制散点图来分析两组定距数据的关系，探究线性相关关系的方向和强度。



**重要术语**

| | | | |
|---|---|---|---|
| 组别 | 直方图 | 对称的 | 正偏 |
| 负偏 | 众数组 | 单峰直方图 | 双峰直方图 |
| 茎叶图 | 深度 | 相对频数分布 | 累积相对频数分布 |
| 肩形线 | 截面数据 | 时间序列数据 | 线图 |
| 散点图 | 线性相关 | 正线性相关 | 负线性相关 |
| 图表的优点 | 图表的欺骗性 | | |

### 习　题

以下习题需要使用计算机和统计软件。

**3.80　Xr03－80**　以前黄金和其他稀有金属被认为可以抵御通货膨胀。如果这种想法是正确的，那么由稀有金属（金、银等）组成的基金和通货膨胀率之间应该存在较强的正线性关系。为了判断这种说法是否正确，某统计工作者收集了1975—2008年CPI和稀有金属分类指数（基于黄金、银、白金等的价格）的月度数据。这些数据用于计算通货膨胀和稀有金属分类指数收益率的月度数据。用图形方法判断这种关系的性质。从图中可以得出什么信息？（资料来源：美国财政部和Bridge商品研究局。）

**3.81 Xr03-81** 数据记录了1971年以来每个月澳大利亚元的美元价格。用图形描述38年间汇率的变化情况。（数据来源：联邦储备经济数据。）

**3.82 Xr03-82** 关于双胞胎的研究可能会有助于分析关于“先天还是后天”的辩论。人们存在争议的是先天和环境因素哪个对诸如智力等个人特性的影响更大。某调查抽取某些双胞胎作为样本，测量了他们的IQ。用合适的图形来描述这些数据并说明同一对双胞胎的IQ之间存在的关系。

**3.83 Xr03-83** 一位经济学家想要研究利率与货币流通（单位：美元）是否相关。他记录了1982—2008年利率和货币流通指数的月度数据。画图呈现数据并描述结论。（资料来源：Bridge商品研究局。）

**3.84 Xr03-84** 某调查询问了100名认为自己每周上网至少20小时的学生在12周的时间里他们的电脑破损的次数。使用恰当的统计方法概括这组数据。描述你的发现。

**3.85 Xr03-85** 在第16、17和18章我们将会介绍回归分析，这种方法主要用于分析变量间的关系。回归分析的应用例子之一是分析父亲的身高和儿子的身高的关系。假设随机抽取了80对父子，测量他们的身高。

a. 绘制这组数据的散点图，并画出描述这种关系的直线。

b. 这条线的方向是什么？

c. 这两个变量之间存在线性关系吗？

**3.86 Xr03-86** 当道琼斯工业平均指数增长时，通常表明经济在增长，进而表明失业率在下降。一位统计学专家指出，在很多时期（包括写这一版书的时期）证券市场繁荣而其他经济部门表现糟糕。为了搞清楚这个问题，他记录了1950—2012年收盘时的道琼斯工业平均指数和失业率的月度数据。画一幅图描述这组数据并说说你的结论。（资料来源：联邦储备经济数据和《华尔街日报》。）

**3.87 Xr03-87** 我们记录了1987年以来英镑的美元价格的月度数据。用图形分析在过去的23年里汇率的变化（资料来源：联邦储备经济数据）。

**3.88 Xr03-88** 出色的高尔夫球员要比差劲的球员打得快吗？为了判断这个关系是否存在，随机抽取125场四人比赛，记录他们的总得分和完成18洞花费的时间。请用图形表示数据，并描述从图中可以得到的信息。

**3.89 Xr03-89** 数据记录了1985年以来美国对墨西哥的出口额和进口额（单位：百万美元）。

a. 绘制图形描述出口额。

b. 绘制图形描述进口额。

c. 计算贸易差额，并绘图表述结果。

d. 这些图形说明了什么信息？

（资料来源：联邦储备经济数据。）

**3.90 Xr03-90** 越来越多的消费者偏好使用借记卡，而不是现金或者信用卡。

为了分析使用信用卡和使用借记卡的支付额之间的关系，询问了240名受访者上个月使用信用卡的支付额和使用借记卡的支付额。用图形描述数据，并概括你的发现。

**3.91 Xr03-91** 大多数公开上市的公司设有董事会，其对管理者支付的工资存在相当大的差异。《环球邮报》(2001年2月19日）对100家公司进行了调查，要求每家公司回答每年支付给管理者的报酬。用图表将这些数据表示出来。

**3.92 Xr03-92** 参见习题3.91。除了记录每位管理者的年薪以外，调查还记录了前一年召开的会议数。用图表对数据进行分析。

**3.93 Xr03-93** 现在的航空旅行越来越安全了吗？为了回答这个问题，某学生记录了1986—2008年发生的事故数以及造成的死亡人数。用图形方法回答这个问题。（资料来源：《美国统计摘要》，2009年，表1036。)

**3.94 Xr03-94** 大多数租车公司一般只保存它们的车一年，然后卖给曾经的租车者。假设某公司决定卖掉它的车。大多数使用过这些车的购买者决定是否购买和出价多少取决于车的行驶里程数，这对于租车公司来说是一个很重要的方面。为了了解该公司出租的车的行驶里程数的信息，经理随机抽取了658名顾客，记录了每天行驶的平均里程数。用图形描述这些数据。

**3.95 Xr03-95** 几年前，巴恩斯展览在世界各地的主要城市进行了巡回展出，吸引了成千上万的人们去观看。考虑到这些收藏品的规模和价值，在每一个城市都会有很多人去参观。因为空间有限，所以几乎所有美术馆都必须同一时间售票（就像一场戏剧)。这样就可以控制任何一次参观的人数。为了判断任何时候可以容纳的人数，有必要了解人们愿意花费在观看展览上的时间。时间越长，说明可容纳的观众越少；时间越短，将允许售出越多门票。主办这次展览的美术馆经理意识到，她的场馆可以一次安全地容纳约250人。尽管有参观需求的人数在一天里会有所变动，并且在工作日和周末也可能有所不同，但是她认为任何时候这个需求量都不会低于500人。为了有助于决定售票的数量，她在另一个城市抽取了一个样本容量为400的样本，并获得了这400人观看展览所用的时间。这个展馆会采取什么售票方案？

下面的习题基于前面的习题和例子中包含额外数据的数据集。

**3.96 Xm03-03* Xm03-04*** 例3.3和例3.4分别列出了商业统计课程和数理统计课程的期末成绩。除此之外，教授还列出了第一学年微积分课程的成绩。用图形描述微积分和统计学成绩之间的关系。你可以得出什么结论？

**3.97 Xm03-03* Xm03-04*** 除了在例3.3和例3.4中讨论的数据，教授还列出了期中考试的成绩。分析每门课程期中考试和期末考试成绩之间的关系。从这个分析中你可以得出什么结果？

**3.98 Xr02-57*** 在习题2.57中还包括其他两个问题：

找工作的周数？

工资（单位：千美元)？

就业指导中心想要：

a. 用图表方法描述工资。

b. 判断工资与找工作的时间是否相关。

**案例 3.1**

## 全球变暖问题

数据：C03－01a，C03－01b

20 世纪后半期，科学家们有一种理论认为全球正在变暖，而主要原因就是二氧化碳排放量的增加。二氧化碳是石油、天然气和煤（化石燃料）燃烧的产物。虽然许多气候学家相信所谓的温室效应，但是也有许多气候学家并不认同这一理论。为了解决这一问题，我们需要回答三个问题。

1. 地球确实在变暖吗？为了回答这一问题，我们需要精确测量比较长的时间内地球的温度。但是，如何得到温度计发明之前的精确温度呢？此外，即使有了精确的温度计，我们又如何测量地球的温度呢？

2. 如果地球确实在变暖，那是人为的原因还是自然的波动呢？在历史上，地球的温度就曾经出现过上升和下降。我们曾经历过比现在更高或更低的温度。事实上，小冰川期结束于 19 世纪中后期。之后温度开始上升直至 1940 年，然后温度开始下降一直到 1975 年。事实上，1975 年 4 月 28 日，《新闻周刊》（*Newsweek*）曾有文章讨论过全球变冷的问题，并且似乎在科学家内部形成了一致意见。

3. 如果地球变暖，罪魁祸首是二氧化碳吗？大气层中存在着温室气体，否则地球会冷很多。这些气体包括甲烷、水蒸气和碳的氧化物。这些都是自然中本身存在的。碳的氧化物对于我们的生活至关重要，因为它是植物生长的必备条件。化石燃料产生的二氧化碳只是大气中二氧化碳的一小部分。

普遍认同的一种程序是记录每个月温度的反常情况。我们计算了许多年里每个月温度的平均值，然后计算最近该月的温度和该平均值的偏差。正的偏差就代表温度高于平均值，负的偏差说明温度低于平均值。一个关键问题是我们如何测量温度。

虽然有很多不同的数据来源，但我们仅向你提供美国国家气候数据中心（NCDC）的数据，NCDC 隶属于美国国家海洋和大气管理局（NOAA）。（其他来源的数据与 NCDC 的数据趋于一致。）C03－01a 保存了 1880—2012 年异常温度的月度数据。

大气中二氧化碳水平的最准确的测量值来自夏威夷的冒纳罗亚（Mauna Loa）天文台。该测量工作开始于 1958 年 12 月，一直持续到现在。然而，测量 1958 年以前二氧化碳水平的方法和测量温度的方法一样存在争议。常用的方法有从北极提取冰核样本，测量其中的碳氧化物的量，并进而估计大气中二氧化碳的量。为了避免争议性，我们只使用冒纳罗亚天文台的数据。这些数据储存在文件 C03－01b 中（注意，原始数据中的缺失值被插补值替代了）。

a. 使用自己选择的方法来判断全球是否在变暖。

b. 使用图形方法来判断温度异常值和二氧化碳水平之间是否存在关系。

**案例 3.2**

## 经济自由和繁荣

数据：C03－02

亚当·斯密在1776年发表了《国富论》。在书中，他认为当制度保护个人的自由时，将会带来各方面的繁荣。自1995年以来，《华尔街日报》和遗产基金会（一个华盛顿哥伦比亚特区的智囊团）创建了世界各国的经济自由指数。这一指数基于10个自由相关项目的主观评分，分别是商业自由、交易自由、财政自由、政府规模、货币自由、投资自由、金融自由、产权、腐败程度和劳动力自由。我们下载了2013年的评分。根据中情局世界概况，我们使用人均国内生产总值（GDP）代表经济水平，通过购买力平价（PPP）指数进行调整，使得各国的GDP能够进行对比。我们采用2012年人均GDP和PPP数据，这两个数据储存在文件C03－02中。用图表方法来看看自由和繁荣是怎么相关的。

# 第 4 章

# 数字描述方法

**再一次胜利的代价**

数据：Xm04－00

在自由转会的时代，职业运动队必须为争夺优秀运动员而竞争。近些年来，只有工资排名前四的队伍才有机会成为冠军。人们试图通过制定工资限额或者某种形式的均等化来实现均衡。为了收集关于这个问题的信息，统计人员收集了 2012 年棒球赛季的数据。对全美棒球联合会的每支球队，统计人员记录了其获胜次数和球队的工资表（百万美元）。

为了做出合理的判断，我们需要知道获胜次数和球队工资数额之间有何联系，特别是要估计再赢得一场比赛需要的费用。在介绍了统计方法后，我们将转而解决这个问题。

## 引　言

在第 2 章和第 3 章中，我们介绍了几种可用来描述数据的图表方法。在本章中我们介绍数字描述方法，它能使统计人员更加精确地描述样本或总体的各种特征。数字描述方法对于统计推断的发展也是非常重要的。

正如第 2 章所指出的，算术运算只能应用于定距数据。因此，这里介绍的大多数方法只能用来描述定距数据，但是其中一些方法也可以用于定性数据。

在介绍直方图时，我们说过图中有一些我们所期望的信息。首先是数据的中心位置，我们在 4.1 节中将介绍**中心位置的测度**（measures of central location）。从直方图中得到的另一个重要特征是数据的分散程度，通过对变异性的测度，分散程度可以被更精确地加以衡量，因而我们在 4.2 节中将介绍这部分内容，在 4.3 节中将介绍相对位置的测度和另一种图表方法——箱线图。

3.3 节中我们介绍了散点图，这是一种用来分析两个定距变量之间关系的图表方法。散点图的数字描述方法也被称为对线性关系的度量，我们将在 4.4 节中进行介绍。

我们将在 4.5 节和 4.6 节中分别介绍统计在棒球和金融中的应用，并将在 4.7 节中对图表技术和数字技术提供的信息进行比较。最后，我们将对如何检查数据和恢复信息提出一些建议，并以此作为本章的结束。

### □ 样本统计量或总体参数

回忆一下第 1 章中介绍过的术语：总体、样本、参数和统计量。参数是对总体的描述性测度，而统计量是对样本的描述性测度。本章中将要介绍 12 种描述性测度，对于每种测度我们都会介绍如何计算总体参数和样本统计量。然而在大多数实际应用中，总体是非常大的——事实上是无限大的，因此计算参数的公式并不实用，很少被用到。我们介绍它们主要是为了讲授概念和符号。第 7 章中我们介绍的概率分布是用来描述总体的，届时我们将介绍如何计算概率分布的参数。一般来说，本章中用到的小数据集都是样本。

## 4.1 中心位置的测度



### □ 4-1a 算术平均数

有三种不同的方法适用于描述数据集的中心。第一个是我们最熟知的，即算术平均数（arithmetic mean），简称**均值**（mean）。学生们可能对它的另一个名字更熟悉——平均数（average）。均值是将观测值求和再除以观测值个数得到的。我们把样本观测值记为 $x_1$，$x_2$，…，$x_n$，其中 $x_1$ 是第一个观测值，$x_2$ 是第二个观测值，依此类推直到 $x_n$，其中 $n$ 是样本容量。样本均值可表示为 $\bar{x}$。总体观测值的数量记为 $N$，总体均值表示为 $\mu$。

**均值**

总体均值：$\mu = \dfrac{\sum_{i=1}^{N} x_i}{N}$

样本均值：$\bar{x} = \dfrac{\sum_{i=1}^{n} x_i}{n}$

**例 4.1　上网的平均时间**

对于一个由 10 个成年人构成的样本，记录他们上一个月的上网时间，结果如下所示。手工计算其样本均值。

0　7　12　5　33　14　8　0　9　22

**解**

应用上述符号，令 $x_1=0$，$x_2=7$，…，$x_{10}=22$，$n=10$。则样本均值为

$$\bar{x}=\frac{\sum_{i=1}^{n}x_i}{n}=\frac{0+7+12+5+33+14+8+0+9+22}{10}=\frac{110}{10}=11.0$$

**例 4.2　长途电话费的均值**

数据：Xm03 - 01

参见例 3.1，计算长途电话费的均值。

**解**

要计算均值，我们需要对观测值求和，然后用和除以样本容量。因此，

$$\bar{x}=\frac{\sum_{i=1}^{n}x_i}{n}=\frac{42.19+38.45+\cdots+45.77}{200}=\frac{8\,717.52}{200}=43.59$$

**使用计算机**

用 Excel 和 Minitab 来计算均值有几种方法。如果只想计算均值而不考虑其他统计量，则操作如下。

**Excel**

**计算机命令**

输入或者导入数据（打开文件 Xm03 - 01）。在任一空单元格中输入“=AVERAGE（[输入区域]）”。

对于例 4.2，我们应该在任一空单元格中输入“=AVERAGE（A1：A201）”，活动单元格将存储均值 43.587 6。

**Minitab**

**计算机命令**

1. 把数据录入或导入一列中（打开文件 Xm03 - 01）。

2. 点击“Calc”（计算）—“Column Statistics”（列统计量）。在“Statistic”（统计量）中选定“Mean”（均值）。写入或选择“Input variable”（输入变量），然后点击“OK”（确定）。

“Session”（会话）窗口将输出样本均值 43.587 6。

### □ 4 - 1b　中位数

中心位置的第二个最常用的测度是**中位数**（median）。

**中位数**

中位数是通过把观测值按顺序排列（升序或者降序）而计算得到的。处于中间位置的观测值即为中位数。样本和总体的中位数计算方法是相同的。

当有偶数个观测值时，中位数为中间位置的两个观测值的平均数。

**例 4.3　上网时间的中位数**

找出例 4.1 中数据的中位数。

**解**

当升序排列时，数据显示如下：

0　0　5　7　8　9　12　14　22　33

中位数是第五个和第六个观测值（中间两个，分别是 8 和 9）的平均数，因此中位数是 8.5。

**例 4.4　长途电话费的中位数**

数据：Xm03－01

找出例 3.1 中 200 个观测值的中位数。

**解**

将所有观测值按顺序排列。我们观察到第 100 个和第 101 个观测值分别是 26.84 和 26.97。因此，中位数是这两个数字的平均数：

$$\text{中位数}=\frac{26.84+26.97}{2}=26.905$$

**Excel**

**计算机命令**

为了计算中位数，用 MEDIAN（中位数）代替 AVERAGE（平均数）。也就是说，在任一单元格中输入“＝MEDIAN（[Input Range]）”，中位数输出为 26.905。

**Minitab**

**计算机命令**

除了在例 4.2 的计算机操作的步骤 2 中点击“Median”（中位数）而非“Mean”（均值）外，其余均按照前面计算均值的步骤。在“Session”（会话）窗口中，中位数输出为 26.905。

**解　释**

中位数为 26.905 意味着一半观测值低于 26.905，而一半观测值高于 26.905。

## □ 4-1c　众　数

我们在这里介绍对中心位置的第三种并且也是最后一种测度，即**众数**（mode）。

**众数**

众数为出现频率最高的一个或者几个观测值。统计量和参数都用同样的方法计算。

对总体和大样本，最好计算其**众数组**（mode class），我们在第 2 章对其进行过定义。

用众数作为中心位置的测度存在几个问题：第一，对于小样本，它可能不是一个很好的测度；第二，它可能不唯一。

**例 4.5　上网时间的众数**

找出例 4.1 中数据的众数。

**解**

除 0 外所有观测值都出现了一次。0 出现过两次。因此，众数是 0。正如你所看到的，这是对中心位置的一个拙劣测度，它完全没有接近数据中心。把它同均值（11.0）和中位数（8.5）进行对比，不难看出，在这个例子中均值和中位数是更好的测度。

**例 4.6　长途电话费的众数**

数据：Xm03 - 01

判定例 3.1 的众数。

**解**

检查 200 个观测值我们发现，除 0 外，每个数字都是唯一的。然而，0 出现了 8 次，因此众数是 0。

**Excel**

**计算机命令**

为计算众数，在前面的说明中用"MODE"（众数）代替"AVERAGE"（平均数）。注意，在有不止一个众数的情况下，Excel 只显示最小的，而不显示是否有其他众数。在这个例子中，Excel 显示众数为 0。

**Minitab**

除了在例 4.2 的计算机操作的步骤 2 中点击"Mode"（众数）而非"Mean"（均值）外，其余均按照前面计算均值的步骤。在"Session"（会话）窗口中，众数输出为 0。

### □ Excel 和 Minitab：所有中心位置测度以及其他统计量的显示

Excel 和 Minitab 都可以显示中心位置的测度以及将在以后各节中介绍的其他各种统计量。

**Excel**

例 4.2、例 4.4 和例 4.6 的 Excel 输出结果如下：

| | A | B |
|---|---|---|
| 1 | Bills | |
| 2 | | |
| 3 | 平均 | 43.59 |
| 4 | 标准误差 | 2.76 |
| 5 | 中位数 | 26.91 |
| 6 | 众数 | 0 |
| 7 | 标准差 | 38.97 |
| 8 | 方差 | 1 518.64 |
| 9 | 峰度 | −1.29 |
| 10 | 偏度 | 0.54 |
| 11 | 区域 | 119.63 |
| 12 | 最小值 | 0 |
| 13 | 最大值 | 119.63 |
| 14 | 求和 | 8 717.52 |
| 15 | 观测数 | 200 |

Excel 输出的均值、中位数和众数与我们之前计算的结果相同，其他统计量我们将在后面进行介绍。

**计算机命令**

1. 录入或导入数据（打开 Xm03-01）。

2. 点击"数据"—"数据分析"—"描述统计"。

3. 指定"输入区域"（A1：A201）。点击"汇总统计"，然后点击"确定"。

**Minitab**

例 4.2、例 4.4 和例 4.6 的 Minitab 输出结果如下：

Descriptive Statistics: Bills

| Variable | Mean | Median | Mode | N for Mode |
|---|---|---|---|---|
| Bills | 43.59 | 26.91 | 0 | 8 |

**计算机命令**

1. 录入或导入数据（打开文件 Xm03-01）。

2. 点击"Stat"（统计）—"Basic Statistics"（基本统计量）和"Display Descriptive Statistics…"（显示描述统计量…）。

3. 选择想要描述的变量（Bills），单击"Statistics"（统计量）来添加或删除统计量并点击"OK"（确定）。

## □ 4-1d　均值、中位数、众数：哪一个好

从三个测度中进行选择，我们应该用哪一个？在选择中心位置的测度时，需要考虑几个因素。均值通常是我们的首选；然而在一些情况下，中位数更好；众数则很少是中心位置的最好测度。中位数的一个优点是，它不像均值对异常值那么敏感。举例来说，观察例 4.1 的数据，均值是 11.0，而中位数是 8.5。现在假设回答 33 小时的受访者实际上回答的是 133 小时（显然这是一个沉溺于网络的人）。均值就变为

$$\bar{x}=\frac{\sum_{i=1}^{n}x_i}{n}=\frac{0+7+12+5+133+14+8+0+9+22}{10}=\frac{210}{10}=21.0$$

由于计算结果只小于 10 个样本观测值中的 2 个，因而均值就变成对中心位置的一次很差的测度；然而中位数可以保持不变。当异常观测值（或者很小或者很大，但是不能同时出现）的数量相对较少时，中位数通常是对数据中心的一个更好的测度。

为了说明中位数优于均值的另一个方面，假定你和你的同学进行了一次统计学考试，老师发回了考试结果。什么信息对你最重要？答案当然是你的分数。什么信息是次重要的？答案是你在全班中的相对位置。多数学生问老师全班的平均成绩，但这是一个不恰当的统计量；你需要知道的应该是中位数，因为它把全班分为两半，这个信息可以让你判断你位于哪一部分中。中位数提供了这一信息，而均值却不能。不过在以下情况下，均值还是有用的：如果某一课程同时在几个班讲授，比较各班的均值可以判断哪个班的成绩最好（或最差）。

## □ 4-1e　定序数据和定类数据中心位置的测度

对于定距数据，我们可以使用中心位置的三种测度方法中的任何一种。但是，对于定序数据和定类数据，计算均值是不恰当的。中位数对于定序数据来说是适当的，因为计算中位数需要先将数据排序。众数需要记录每个观测值出现的次数，因此更适用于定类数据。但是，定类数据没有“中心”，因此我们不能用“中心位置”来解释定类数据的众数。计算定类数据的众数是没有意义的。

### 在金融中的应用：几何平均数

算术平均数是中心位置的最通用和有用的唯一测度；在另外几种特定情况下，中位数是中心位置的一个更好的测度。然而，在一种情况下，均值和中位数都不是最好的测度：当变量是增长率或者变化率时，比如某个时期的投资收益率，我们就需要另一种测度。下面的问题是显而易见的。

假定以 1 000 美元进行一次两年期投资，第一年投资以 100%的速度增长到 2 000 美元。但是，第二年遭受了 50%的损失，从 2 000 美元减少到 1 000 美元。第一年和第二年的投资收益率分别是 $R_1=100\%$ 和 $R_2=-50\%$。投资收益率的算术平均数（同时是中位数）计算如下：

$$\bar{R}=\frac{R_1+R_2}{2}=\frac{100+(-50)}{2}=25\%$$

但是这样的描述令人产生了误解，因为开始时和第二年结束时的资金额没有变化，复合“平均”收益率是0。正如你所看到的，这就是几何平均数的值。

用$R_i$表示第$i$期（$i=1, 2, \cdots, n$）的收益率（以小数形式）。收益率$R_1$，$R_2$，…，$R_n$的**几何平均数**（geometric mean）$R_g$定义为

$$(1+R_g)^n=(1+R_1)(1+R_2)\cdots(1+R_n)$$

为求解$R_g$，我们推导出下面的公式：

$$R_g=\sqrt[n]{(1+R_1)(1+R_2)\cdots(1+R_n)}-1$$

在投资的例子中，几何平均数为

$$\begin{aligned}R_g&=\sqrt[n]{(1+R_1)(1+R_2)\cdots(1+R_n)}-1\\&=\sqrt[2]{(1+1)(1+[-0.50])}-1=1-1=0\end{aligned}$$

因此，几何平均数为0。几何平均数能计算投资期末与期初的资金额比率，是唯一的“平均”收益率。也就是说，使用复合利息为0的公式，我们发现投资期末的价值为

$$V=1\,000(1+R_g)^2=1\,000(1+0)^2=1\,000$$

当希望知道一个时间变量的平均增长率或者平均变化率时，我们使用几何平均数。然而需要强调的是，如果你打算估计将来任何特定时期的收益率（或增长率）的均值，正确的做法还是计算$n$个收益率（或增长率）的算术平均数。也就是说，在上面的示例中，如果想估计第三年的收益率，我们应该使用两个年收益率的算术平均数，也就是25%。

**Excel**

Excel计算几何平均数的步骤如下。

**计算机命令**

1. 把$1+R_i$录入或导入一列中。
2. 按照计算均值的方法计算几何平均数，只需把“AVERAGE”换成“GEOMEAN”。
3. 从得到的结果中减去1得到$R_g$。

**Minitab**

Minitab不支持计算几何平均数。

下面是对本节中介绍的数字方法及其使用场合的总结。

**判断使用均值的要点**

1. 目标：描述一组数据
2. 数据类型：定距
3. 描述测度：中心位置

**判断使用中位数的要点**

1. 目标：描述一组数据
2. 数据类型：定序或定距（存在异常值）
3. 描述测度：中心位置

**判断使用众数的要点**

1. 目标：描述一组数据
2. 数据类型：定距、定序或定类

**判断使用几何平均数的要点**

1. 目标：描述一组数据
2. 数据类型：定距；增长率

## 习　题

**4.1**　对于一个由 12 人构成的样本，询问他们口袋和钱包里有多少零钱。他们的回答如下（美分）：

52　25　15　0　104　44　60　30　33　81　40　5

确定这些数据的均值、中位数和众数。

**4.2**　对于一个由 15 个成年人构成的样本，记录他们去年由于感冒和流感而造成不适的天数。数据如下：

5　7　0　3　15　6　5　9　3　8　10　5　2　0　12

计算均值、中位数和众数。

**4.3**　对于一个由 12 名慢跑者构成的随机样本，让他们回忆并报告上星期跑步的英里数。回答如下

5.5　7.2　1.6　22.0　8.7　2.8　5.3　3.4　12.5　18.6　8.3　6.6

a. 计算测度中心位置的三个统计量。

b. 简要地描述每个统计量所提供的信息。

**4.4**　统计学课程期中考试规定的考试时间为 1 小时。然而，就像多数统计学考试一样，期中考试非常简单。为了评估简单程度，教授记录了 9 名学生交上考试试卷的时间。时间（四舍五入到最接近的分钟数）如下：

33　29　45　60　42　19　52　38　36

a. 计算均值、中位数和众数。

b. 你从问题（a）计算的三个统计量中可以知道什么？

**4.5**　劳里埃大学要求教授在学期结束前的 10 天内向教务办公室递交他们的期末考试试卷。考试协调人员选取了 20 位教授并记录了他们递交考试试卷的时间相比于学期

结束提前的天数。结果如下：

14　8　3　2　6　4　9　13　10　12　7　4　9　13　15　8　11　12　4　0

a. 计算均值、中位数和众数。

b. 简要描述每个统计量所提供的信息。

**4.6** 计算下面收益率的几何平均数：

0.25　−0.10　0.50

**4.7** 下列收益率的几何平均数是多少？

0.50　0.30　−0.50　−0.25

**4.8** 下面是一个五年期投资的收益率：

| 年份 | 1 | 2 | 3 | 4 | 5 |
|---|---|---|---|---|---|
| 收益率 | 0.10 | 0.22 | 0.06 | −0.05 | 0.20 |

a. 计算收益率的均值和中位数。

b. 计算几何平均数。

c. 上面计算的三个统计量中，哪一个可以最好地描述该投资的收益率？请做出解释。

**4.9** 五年前你做出的一项投资显示出如下收益率：

| 年份 | 1 | 2 | 3 | 4 | 5 |
|---|---|---|---|---|---|
| 收益率 | −0.15 | −0.20 | 0.15 | −0.08 | 0.50 |

a. 计算收益率的均值和中位数。

b. 计算几何平均数。

c. 上面计算的三个统计量中哪一个可以最好地描述五年期的收益率？请做出解释。

**4.10** 四年前进行了一项 1 000 美元的投资，第一年后价值 1 200 美元，第二年后价值 1 200 美元，第三年后价值 1 500 美元，今天价值 2 000 美元。

a. 计算年收益率。

b. 计算收益率的均值和中位数。

c. 计算几何平均数。

d. 讨论均值、中位数和几何平均数中哪一个是投资业绩的最好测度。

**4.11** 假设六年前以 12 美元的价格买入了一只股票。每年年底的股票价格如下所示：

| 年份 | 1 | 2 | 3 | 4 | 5 | 6 |
|---|---|---|---|---|---|---|
| 价格 | 10 | 14 | 15 | 22 | 30 | 25 |

a. 计算年收益率。

b. 计算收益率的均值和中位数。

c. 计算收益率的几何平均数。

d. 解释为什么说对这六年间股票价格进行描述的最好的统计量是几何平均数。

下面的习题需要使用计算机和统计软件。

**4.12** **Xr04-12** 有一个由 125 名最近毕业的 MBA 毕业生构成的样本，记录了他们的起薪。

a. 确定这些数据的均值和中位数。

b. 关于 MBA 毕业生的起薪，这两个统计量能告诉你什么？

**4.13 Xr04－13** 为了确定发票颜色的变化是否能提高付款速度，随机选择了 200 位顾客并把他们的发票变为蓝色。记录这些票据开始使用的日期。计算这些数据的均值和中位数。说明你发现了什么。

**4.14 Xr04－14** 美国劳工统计局进行了一项调查——年度消费支出（Annual Consumer Expenditure），要求美国成年人说明 2009 年在阅读方面的花费。（摘自《美国统计摘要》，2012 年，表 684。）

a. 计算样本的均值和中位数。

b. 关于阅读支出，问题（a）中计算的统计量告诉了你什么？

**4.15 Xr04－15** 某项调查分别询问了加利福尼亚的 350 名员工和纽约的 300 名员工，要求他们回答上下班所用的平均时间。（摘自《美国统计摘要》，2012 年，表 1100。）

a. 计算加利福尼亚的员工上下班时间的均值和中位数。

b. 计算纽约的员工上下班时间的均值和中位数。

c. 概括你得到的信息。

**4.16 Xr04－16** 在美国，银行和金融机构经常要求购房者缴纳费用以获得房屋抵押贷款。在一项美国联邦住房融资委员会开展的调查中，400 个从银行申请到房屋抵押贷款的新房购买者参与了调查，汇报了他们缴纳的总费用（费用包括佣金、折扣和积分）占全部房屋抵押贷款的比例。

a. 计算均值和中位数。

b. 解释你计算的统计量。

**4.17 Xr04－17** 在一项使驾驶员减速行驶的试验中，在距离路边 3 英尺的地方，交通工程师画了一条超过道路的长度的实线，并在间隔中画斜线。这些线使道路看起来更窄了。画了这些线后，对车辆行驶速度进行抽样。

a. 计算这些数据的均值、中位数和众数。

b. 简要描述你从问题（a）计算的统计量中获得的信息。

**4.18 Xr04－18** 美国人在各类食品上花费多少？一项对 300 个美国家庭进行的调查记录了人们每年在水果和蔬菜上的花费。计算这些数据的均值和中位数并对结果进行解释。（摘自《美国统计摘要》，2012 年，表 684。）

## 4.2 变异性的测度

4.1 节中介绍的统计量可用于提供有关数据中心位置的信息。但是，正如我们已经在第 2 章中提到过的，统计人员还对数据的其他特征感兴趣，其中一个就是数据的分散程度或变异性。本节将以最简单的方式开始介绍四种**变异性的测度**（measures of variability）。

### □ 4-2a 极 差

**极差**

极差＝最大的观测值－最小的观测值

**极差**（range）的优点是简单，缺点同样是简单。因为极差仅仅计算两个观测值的差，没有告诉我们任何关于其他观测值的信息。观察下面的两组数据。

组 1：4 4 4 4 50

组 2：4 8 15 24 39 50

两组数据的极差都是 46。这两组数据完全不同，然而它们的极差是相同的。为了测度变异性，我们需要包含所有数据而不只是包含两个观测值的信息的其他统计量。

### □ 4-2b 方 差

**方差**（variance）和与它相联系的测度——**标准差**（standard deviation），是最重要的统计量。它们可用于衡量变异性，但是正如你将发现的那样，它们在几乎所有统计推断过程中都扮演着至关重要的角色。

**方差**

总体方差：$$\sigma^2=\frac{\sum_{i=1}^{N}(x_i-\mu)^2}{N}$$

样本方差：$$s^2=\frac{\sum_{i=1}^{n}(x_i-\bar{x})^2}{n-1}$$ ①

总体方差（population variance）用 $\sigma^2$ 表示。

观察样本方差 $s^2$ 的公式，你可能会觉得不太合理，因为计算样本方差时，我们用离差平方和除以 $n-1$ 而不是 $n$。然而，我们这样做的原因在于：在实际运用中总体参数很少是已知的。统计推断的一个目标就是运用统计量来估计参数。例如，我们通过样本均值估计总体均值 $\mu$。虽然不合逻辑，但是用 $\sum(x_i-\bar{x})^2$ 除以 $n-1$ 得到的统计量确实比除以 $n$ 得到的统计量更好。我们将在 10.2 节中更详细地讨论这个问题。

为计算样本方差（sample variance）$s^2$，先要计算样本均值，然后计算每个观测值与均值的差［也叫作**离差**（deviation）］，把这些离差取平方后求和，最后再把离差平方和除以 $n-1$。

① 从技术上看，样本方差由离差平方和除以 $n$ 得到。离差平方和除以 $n-1$ 得到的统计量叫作均值修正样本方差（sample variance corrected for the mean）。因为这个统计量被广泛应用，所以我们把它简称为样本方差。

我们用一个简单的例子来加以说明。假设有下面的观测值，它们是五个学生上星期用于学习统计学的小时数：

8　4　9　11　3

均值是

$$\bar{x}=\frac{8+4+9+11+3}{5}=\frac{35}{5}=7$$

对于每一个观测值，确定它与均值的离差，表 4—1 计算了离差平方和。

**表 4—1　　样本方差的计算**

| $x_i$ | $(x_i-\bar{x})$ | $(x_i-\bar{x})^2$ |
|---|---|---|
| 8 | (8−7)＝1 | $1^2=1$ |
| 4 | (4−7)＝−3 | $(-3)^2=9$ |
| 9 | (9−7)＝2 | $2^2=4$ |
| 11 | (11−7)＝4 | $4^2=16$ |
| 3 | (3−7)＝−4 | $(-4)^2=16$ |
| | $\sum_{i=1}^{5}(x_i-\bar{x})=0$ | $\sum_{i=1}^{5}(x_i-\bar{x})^2=46$ |

样本方差是

$$s^2=\frac{\sum_{i=1}^{n}(x_i-\bar{x})^2}{n-1}=\frac{46}{5-1}=11.5$$

这个统计量的计算有几个问题。为什么我们把离差取平方？如果观察离差，你会发现一些离差是正值而另一些是负值，对它们求和，结果为零。这种情况是不可避免的，因为正离差的和总是等于负离差的和。因此，我们把离差取平方，从而避免零和效应。

有可能不通过平方而避免零和效应吗？我们可以对离差的绝对值进行平均。事实上，这样的统计量已经被构造了，它叫作**平均绝对离差**（mean absolute deviation，MAD）。但是，这个统计量作用有限，很少使用。

方差测度的单位是什么？因为我们把离差取平方，所以我们也把单位平方了。在这个例子中，单位是小时（h），因而样本方差是 11.5 $h^2$。

### 例 4.7　暑期工作

下面是六个学生申请的暑期工作数量（件）。计算这些数据的均值和方差。

17　15　23　7　9　13

**解**

6 个观测值的均值为

$$\bar{x}=\frac{17+15+23+7+9+13}{6}=\frac{84}{6}=14(件)$$

样本方差是

$$s^2=\frac{\sum_{i=1}^{n}(x_i-\bar{x})^2}{n-1}$$
$$=\frac{(17-14)^2+(15-14)^2+(23-14)^2+(7-14)^2+(9-14)^2+(13-14)^2}{6-1}$$
$$=\frac{9+1+81+49+25+1}{5}=\frac{166}{5}=33.2(件^2)$$

**计算方差的简便方法（可选）** 对大数据集的计算是很费时间的，下面介绍的计算样本方差的简便方法也许会有助于减轻负担。

**计算样本方差的简便方法**

$$s^2=\frac{1}{n-1}\left[\sum_{i=1}^{n}x_i^2-\frac{\left(\sum_{i=1}^{n}x_i\right)^2}{n}\right]$$

为了说明简便方法，我们重新计算例 4.7：

$$\sum_{i=1}^{n}x_i^2=17^2+15^2+23^2+7^2+9^2+13^2=1\ 342$$

$$\sum_{i=1}^{n}x_i=17+15+23+7+9+13=84$$

$$\left(\sum_{i=1}^{n}x_i\right)^2=84^2=7\ 056$$

$$s^2=\frac{1}{n-1}\left[\sum_{i=1}^{n}x_i^2-\frac{\left(\sum_{i=1}^{n}x_i\right)^2}{n}\right]$$
$$=\frac{1}{6-1}\left[1\ 342-\frac{7\ 056}{6}\right]$$
$$=33.2(件^2)$$

注意，我们得到了相同的效果。

**Excel**

**计算机命令**

按照计算均值的步骤，除了选择“VAR”而不是“MEAN”外。

**Minitab**

1. 把数据录入或导入一列中。

2. 点击“Stat”(统计)—“Basic Statistics”(基本统计量)—“Display Descriptive Statistics…”(显示描述性统计量…),选择变量。

3. 点击“Statistics…”(统计量…)—“Variance”(方差)。

### □ 4-2c 解释方差

例 4.7 中的方差为 33.2(件$^2$)。这个统计量能告诉我们什么?遗憾的是方差只提供给我们一个关于数据变化量的大致印象。但是,在比较两组或者更多组数据时,这个统计量还是有用的。如果一组数据的方差大于另一组数据的方差,则可以解释说,第一组观测值比第二组观测值显示出更大的差异。

解释方差的问题源于方差的计算方法。因为我们把离差取平方,所以方差的单位是原始观测值单位的平方。也就是说,例 4.7 中数据的单位是“件”;方差的单位是“件的平方”,这就产生了解释的问题。我们通过计算变异性的另一个与方差相关联的测度来解决这个问题。

### □ 4-2d 标准差

**标准差(standard deviation)**

总体标准差(population standard deviation):$\sigma=\sqrt{\sigma^2}$

样本标准差(sample standard deviation):$s=\sqrt{s^2}$

标准差是方差的平方根。因此在例 4.7 中,样本标准差为

$$s=\sqrt{s^2}=\sqrt{33.2}=5.76(\text{件})$$

注意,标准差的单位就是原始数据集的单位。

**例 4.8 比较两个高尔夫球棒的稳定性**

数据:Xm04-08

稳定性是优秀高尔夫选手的特点。高尔夫装备制造商一直在坚持不懈地寻找提高产品质量的方法。假定最近一次产品改造就是为了提高使用者的稳定性。作为试验,一个高尔夫选手被要求用 7 号(7-icon)球棒击球 150 次,其中用目前的球棒击球 75 次,用改进过的球棒击球 75 次。测量并记录击球距离。使用哪一个球棒时球手更具有稳定性?

**解**

为了测量稳定性,我们需要确定标准差。(当然也可以计算方差,但是正如前文所指出的,标准差更易于解释。)可以使用 Excel 或 Minitab 输出样本标准差,但我们希望大家最好计算出所有描述性统计量,因为经常需要用到其他一些统计量。两支 7 号球棒的击打结果显示如下。

**Excel**

| | A | B | C | D | E |
|---|---|---|---|---|---|
| 1 | Current | | | Innovation | |
| 2 | | | | | |
| 3 | 平均 | 150.55 | | 平均 | 150.15 |
| 4 | 标准误差 | 0.67 | | 标准误差 | 0.36 |
| 5 | 中位数 | 151 | | 中位数 | 150 |
| 6 | 众数 | 150 | | 众数 | 149 |
| 7 | 标准差 | 5.79 | | 标准差 | 3.09 |
| 8 | 方差 | 33.55 | | 方差 | 9.56 |
| 9 | 峰度 | 0.13 | | 峰度 | −0.89 |
| 10 | 偏度 | −0.43 | | 偏度 | 0.18 |
| 11 | 区域 | 28 | | 区域 | 12 |
| 12 | 最小值 | 134 | | 最小值 | 144 |
| 13 | 最大值 | 162 | | 最大值 | 156 |
| 14 | 求和 | 11 291 | | 求和 | 11 261 |
| 15 | 观测数 | 75 | | 观测数 | 75 |

**Minitab**

Descriptive Statistics: Current, Innovation

| Variable | N | N* | Mean | StDev | Variance | Minimum | Q1 | Median | Q3 |
|---|---|---|---|---|---|---|---|---|---|
| Current | 75 | 0 | 150.55 | 5.79 | 33.55 | 134.00 | 148.00 | 151.00 | 155.00 |
| Innovation | 75 | 0 | 150.15 | 3.09 | 9.56 | 144.00 | 148.00 | 150.00 | 152.00 |

| Variable | Maximum |
|---|---|
| Current | 162.00 |
| Innovation | 156.00 |

## 解　释

目前的 7 号球棒击打距离的标准差是 5.79 码，但是改进的 7 号球棒击打距离的标准差是 3.09 码。基于这个样本，可以说改进的球棒更利于球手稳定发挥。由于平均距离接近，看起来新球棒确实更好。

**解释标准差**　知道了均值和标准差，统计人员可以获取一点有用的信息。这些信息依赖于直方图的形状，如果直方图是钟形的，我们就可以使用**经验法则**（empirical rule）。

**经验法则**

1. 大约 68%的观测值落入均值的 1 倍标准差之间。
2. 大约 95%的观测值落入均值的 2 倍标准差之间。
3. 大约 99.7%的观测值落入均值的 3 倍标准差之间。

**例 4.9　使用经验法则解释标准差**

对一个投资收益率数据集进行分析后，统计人员发现直方图是钟形的，并且知道均值和标准差分别是 10%和 8%。对于收益率的分布情况，你有何看法？

**解**

因为直方图是钟形的，我们可以应用经验法则：

1. 大约 68%的收益率位于 2%（均值减 1 倍标准差＝10%－8%）和 18%（均值加 1 倍标准差＝10%＋8%）之间。

2. 大约 95%的收益率位于－6%（均值减 2 倍标准差＝10%－2×8%）和 26%（均值加 2 倍标准差＝10%＋2×8%）之间。

3. 大约 99.7%的收益率位于－14%（均值减 3 倍标准差＝10%－3×8%）和 34%（均值加 3 倍标准差＝10%＋3×8%）之间。

标准差的一个更通用的解释来自**切比雪夫定理**（Chebysheff's theorem），该法则适用于所有形状的直方图。

**切比雪夫定理**

在任何样本中，位于均值的 $k$ 倍标准差之间的观测值的比例至少为

$$1-\frac{1}{k^2}，k>1$$

对 $k=2$，切比雪夫定理说明至少 3/4（75%）的观测值位于均值的 2 倍标准差之间。对 $k=3$，切比雪夫定理说明至少 8/9（88.9%）的观测值位于均值的 3 倍标准差之间。

注意，经验法则提供了近似比例，而切比雪夫定理提供了区间比例的最低限度。

**例 4.10　利用切比雪夫定理解释标准差**

一系列计算机商店雇员的年薪表现为明显**偏斜的**（skewed）直方图，均值和标准差分别是28 000 美元和 3 000 美元。对于这些工资数据，你可以看出什么？

**解**

因为直方图不是钟形的，故不能使用经验法则而必须改用切比雪夫定理。

把均值加减 2 倍和 3 倍标准差，得到的结论如下：

1. 至少 75%的工资位于 22 000 美元（均值减 2 倍标准差＝28 000－2×3 000）和 34 000 美元（均值加 2 倍标准差＝28 000＋2×3 000）之间。

2. 至少 88.9%的工资位于 19 000 美元（均值减 3 倍标准差＝28 000－3×3 000）和 37 000 美元（均值加 3 倍标准差＝28 000＋3×3 000）之间。

### □ 4-2e　变异系数

标准差为 10 意味着变异性较大，还是较小？答案在一定程度上依赖于数据集中观测值的大小。如果观测值的大小是以百万计的，标准差为 10 可能被认为是很小的数字。相反，如果观测值小于 50，标准差为 10 就会被看作很大的数字。这个逻辑背后存在着变异性的另一种测度——**变异系数**（coefficient of variation）。

> **变异系数**
>
> 一组观测值的变异系数是观测值的标准差除以均值。
>
> 总体变异系数（population coefficient of variation）：$CV=\frac{\sigma}{\mu}$
>
> 样本变异系数（sample coefficient of variation）：$cv=\frac{s}{\bar{x}}$

### □ 4-2f　定序数据和定类数据变异性的测度

本节中介绍的变异性测度只能用于定距数据。下一节将介绍一个可以用于描述定序数据变异性的测度，但是没有针对定类数据变异性的测度方法。

### □ 4-2g　分组数据均值和方差的近似计算

本章中介绍的统计方法通常用于计算数据的描述性统计量。然而，在大多数情况下，统计工作者得到的数据并不是原始数据，而是频数分布。尤其当数据来自政府组织时，更容易出现这种情况。在随书所附凯勒网站的附录——分组数据的近似均值和方差中，我们给出了用于计算分组数据近似均值和方差的公式。

我们回顾一下变异性测度的使用要点，以此作为本节的结束。

> **确定计算极差、方差、标准差和变异系数的要点**
>
> 1. 目标：描述一组数据
> 2. 数据类型：定距
> 3. 描述测度：变异性

## 习　题

**4.19**　计算下列样本的方差：

9　3　7　4　1　7　5　4

**4.20**　计算下列样本的方差：

4　5　3　6　5　6　5　6

**4.21**　计算下列样本的方差和标准差：

12　6　22　31　23　13　15　17　21

**4.22** 计算下列样本的方差和标准差：

0 −5 −3 6 4 −4 1 −5 0 3

**4.23** 检查下面三个样本。不通过计算，指出哪个样本的方差最大，哪个样本的方差最小。解释你是如何得到答案的。

a. 17 29 12 16 11

b. 22 18 23 20 17

c. 24 37 6 39 29

**4.24** 对于习题 4.23，计算每部分的方差，你原来给出的答案是正确的吗？

**4.25** 你的朋友计算出来的一个方差是−25.0。你如何知道他犯了一个非常严重的计算错误？

**4.26** 构造一个由 5 个数字组成、均值为 6、标准差为 0 的样本。

**4.27** 一组数据的直方图是钟形的，数据集的一个样本的均值和标准差分别是 50 和 4。大约有多大比例的观测值位于

a. 46～54 之间？

b. 42～58 之间？

c. 38～62 之间？

**4.28** 见习题 4.27，大约有多大比例的观测值

a. 小于 46？

b. 小于 58？

c. 大于 54？

**4.29** 一组数据的直方图非常偏斜，数据集的一个样本的均值和标准差分别是 70 和 12。至少有多大比例的观测值位于

a. 46～94 之间？

b. 34～106 之间？

**4.30** 一个样本容量为 500 的样本的均值和标准差分别是 120 和 30。说出多大比例的观测值位于

a. 90～150 之间？

b. 60～180 之间？

c. 30～210 之间？

下面的习题需要使用计算机和统计软件。

**4.31 Xr04-31** 美国媒体对医用药物的高成本非常关注，其中一个关注焦点就是药店之间成本的巨大差异。为了对之进行调查研究，一个消费者权益组织在全国范围内取得了一个包含 100 家药店的随机样本，并记录了每家药店中 Prozac 的价格。计算价格的极差、方差和标准差。讨论这些统计量说明了什么。

**4.32 Xr04-32** 许多交通问题专家认为，交通事故最重要的起因不是车辆的平均速度，而是速度的差异程度。假定有一段高速公路发生过很多交通事故，我们收集了 200 辆车的速度作样本。计算速度的方差和标准差，对结果进行解释。

**4.33 Xr04-33** 有三个人希望在橄榄球队中担任罚球手，教练要求他们每个人踢 50 个凌空球，并记录各自的距离。

a. 计算每个罚球手的方差和标准差。

b. 这两个统计量能告诉你什么？

**4.34 Xr04－34** 方差经常用于测量生产线上产品的质量。假设有一个关于钢筋的样本，要求钢筋的长度为100cm才符合要求。测量并记录每根钢筋的长度。计算方差和标准差，简要描述这两个统计量告诉了你什么。

**4.35 Xr04－35** 为更多地了解一台银行柜员机的提款数额，经营者抽取了75次提款交易的数据。确定数据的均值和标准差。对于提款数额，这两个统计量告诉了你哪些信息？

**4.36 Xr04－36** 大家都很熟悉排队。例如，在超市中，人们排队通过收款台。有两个因素决定队伍的长度：一是服务速度；二是到来者的数量。到来者的平均数量是一个重要的数字，但是标准差也非常重要。假定超市的顾问随机抽取150小时，记录每小时到来者的数量。

a. 计算到来者数量的标准差。

b. 假设直方图是钟形的，解释标准差。

**美国国家选举调查习题**

**4.37 ANES2008*** 2012年的ANES调查询问了调查对象的年龄（AGE）。

a. 计算均值、方差和标准差。

b. 画一幅直方图。

c. 如果适用，使用经验法则或切比雪夫定理来解释均值和标准差。

**4.38 ANES2008*** 调查对象被问及每天观看电视新闻的分钟数（TIME2）。

a. 计算均值和标准差。

b. 画一幅直方图。

c. 如果适用，使用经验法则或切比雪夫定理来解释均值和标准差。

**社会综合调查习题**

**4.39 GSS2008*** 2008年社会综合调查的一个问题是：如果你没有生于美国，那么你打算从什么年龄开始永久地居住在美国（AGECMEUS）？

a. 计算均值、方差和标准差。

b. 画一幅直方图。

c. 如果适用，使用经验法则或切比雪夫定理来解释均值和标准差。

## 4.3 相对位置的测度和箱线图

相对位置的测度是为了提供特定数值相对于整个数据集的位置的信息。我们已经介绍了相对位置的一种测度——中位数，中位数也是对中心位置的测度。回忆一下，中位数把数据集分成两半，从而统计人员可以确定每个观测值位于哪一部分。下面将要介绍的统计量可以告诉你更为详细的信息。

> **百分位数（percentile）**
>
> 第 $P$ 百分位数表示这样的数：有 $P\%$ 的数小于该值，有 $(100-P)\%$ 的数大于该值。

SAT（Scholastic Achievement Test）、GMAT（Graduate Management Admission Test）以及其他各种入学考试的分数和百分位数都会被告知参加考试的学生。假设你的SAT成绩是第60百分位数，这意味着60%的分数低于你的分数，40%的分数高于你的分数，从而可以知道你的分数在所有SAT分数中所处的相对位置。

对于第25、50和75百分位数有专门的名称。由于这三个统计量把数据集分成四等份，这些相对位置的测度也就叫作**四分位数**（quartile）。第一或下四分位数记为 $Q_1$，它相当于第25百分位数；第二四分位数 $Q_2$ 相当于第50百分位数，也就是中位数；第三或上四分位数 $Q_3$ 相当于第75百分位数。顺便说一句，许多人容易混淆术语四分位数和四分之一（quarter）。常犯的一个错误是，比如说某人位于群体的下四分位数，其实正确的说法应该是这个人位于群体的下四分之一。

除了四分位数，还可以把百分位数转变为五分位数（quintile）和十分位数（decile），五分位数把数据集分为五等份，十分位数把数据集分为十等份。

### □ 4-3a 百分位数的定位

通过下面的公式可以得到任何百分位数的近似位置。

**百分位数的位置**

$$L_P = (n+1)\ \frac{P}{100}$$

式中 $L_P$ 是第 $P$ 百分位数的位置。

**例 4.11 上网时间的分位数**

计算例4.1中数据的第25、50和75百分位数（即第一、二、三四分位数）。

**解**

把10个观测值升序排列，得到

0 0 5 7 8 9 12 14 22 33

第25百分位数的位置是

$$L_{25} = (10+1)\times\frac{25}{100} = 11\times 0.25 = 2.75$$

第25百分位数位于第二个观测值（0）和第三个观测值（5）之间，与第二个观测值的距离为上述两个观测值间距的3/4，即

$$0.75\times(5-0) = 3.75$$

由于第二个观测值是0，故第25百分位数即为 $0+3.75=3.75$。

为了确定第50百分位数的位置，我们把 $P=50$ 代入公式，得到

$$L_{50} = (10+1)\times\frac{50}{100} = 11\times 0.5 = 5.5$$

这意味着第50百分位数与第五个观测值和第六个观测值的距离相等。第五个观测值和第六个观测值分别是8和9，第50百分位数即为8.5，这其实是例4.3中计算的中

位数。

第 75 百分位数的位置是

$$L_{75}=(10+1)\times\frac{75}{100}=11\times0.75=8.25$$

因此，它位于第八个观测值（14）和第九个观测值（22）之间，与第八个观测值的距离为二者间距的 1/4，即

$$0.25\times(22-14)=2$$

于是第 75 百分位数是 14+2=16。

**例 4.12　长途电话费的分位数**

数据：Xm03 - 01

确定例 3.1 中的四分位数。

**解**

**Excel**

| | A | B |
|---|---|---|
| 1 | Bills | |
| 2 | | |
| 3 | 平均 | 43.59 |
| 4 | 标准误差 | 2.76 |
| 5 | 中位数 | 26.91 |
| 6 | 众数 | 0.00 |
| 7 | 标准差 | 38.97 |
| 8 | 方差 | 1 518.64 |
| 9 | 峰度 | −1.29 |
| 10 | 偏度 | 0.54 |
| 11 | 区域 | 119.63 |
| 12 | 最小值 | 0.00 |
| 13 | 最大值 | 119.63 |
| 14 | 求和 | 8 717.52 |
| 15 | 观测数 | 200 |
| 16 | 最大（50） | 85 |
| 17 | 最小（50） | 9.22 |

**计算机命令**

遵循描述统计的步骤。在对话框中点选“第 K 大值”，输入最接近 $n/4$ 的整数。同样点选“第 K 小值”，输入最接近 $n/4$ 的整数。

Excel 近似得到以下第一、三四分位数。最大（50）是 85，即有 150 个数字小于 85，有 49 个数字大于 85。最小（50）是 9.22，即有 49 个数字小于 9.22，有 150 个数字大于 9.22。中位数是 26.91，我们曾在例 4.4 中计算过。

**Minitab**

Descriptive Statistics: Bills

| Variable | Mean | StDev | Variance | Minimum | Q1 | Median | Q3 | Maximum |
| --- | --- | --- | --- | --- | --- | --- | --- | --- |
| Bills | 43.59 | 38.97 | 1 518.64 | 0.00 | 9.28 | 26.91 | 84.94 | 119.63 |

Minitab 输出的第一、三四分位数分别是 Q1（9.28）和 Q3（84.94），中位数是 26.91。

我们通常可以通过四分位数得到直方图形状的大致印象。例如，如果第一、二四分位数比第二、三四分位数更接近，那么直方图肯定是正偏或右偏的（长尾巴在右边）。如果第一、二四分位数比第二、三四分位数更远，那么直方图肯定是负偏或左偏的（长尾巴在左边）。如果第一、二四分位数之间的差近似等于第二、三四分位数之间的差，那么直方图是近似对称的。接下来介绍的箱线图在这个问题上尤其有用。

### □ 4-3b　内　距

四分位数可以生成一种变异性的新测度——**内距**（interquartile range，IQR），其定义如下。

**内距**

$$IQR = Q_3 - Q_1$$

内距用来测度中间 50%的观测值的离散情况。如果这个统计量较大，则说明第一、三四分位数距离较远，也就是存在很大的变异性。

**例 4.13　长途电话费的内距**

数据：Xm03-01

确定例 3.1 的内距。

**解**

使用 Excel 对第一、三四分位数取近似值，则有

$$IQR = Q_3 - Q_1 = 85 - 9.22 = 75.78$$

### □ 4-3c　箱线图

在介绍了四分位数之后，我们引入另一种图表方法——**箱线图**（box plot）。这一方法显示了五个统计量：最小和最大观测值，第一、二、三四分位数。箱线图还可以描述一组数据的其他特征。图 4—1 展示了例 4.1 中数据的箱线图。

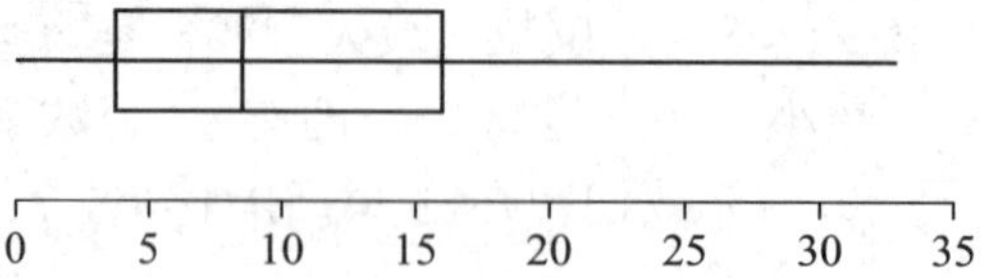


图 4—1　例 4.1 的箱线图

三条竖线分别表示第一、二、三四分位数，向左右延伸的线称为触须（whisker）。落在触须以外的点称为离群点（outlier）。触须最长延伸到内距的 1.5 倍处，或者延伸到非离群点的极值点处。

**离群点** 离群点是异常大或异常小的观测值。由于离群点被认为是从数据集主体部分分离出去的，它的准确性值得怀疑，因此应当检查离群点以确定它们不存在记录错误。例如，如果某销售员的业绩对于分布的高端值来说是异常值，那么公司可以通过分析该销售员与其他人的不同来赢利。

**例 4.14 长途电话费的箱线图**

数据：Xm03 - 01

利用例 3.1 的数据绘制箱线图。

**解**

**Excel**

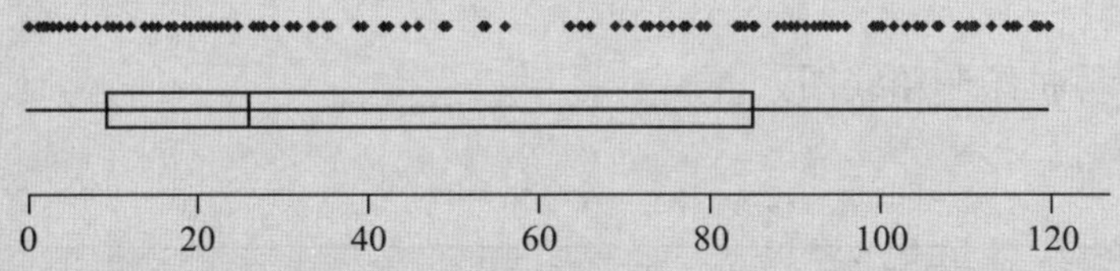


**计算机命令**

1. 把数据录入或导入一列中（打开文件 Xm03 - 01）。

2. 点击“Add-Ins”（加载项）—“Data Analysis Plus”（数据分析加载项）和“Box Plot”（箱线图）。

3. 指定“Input Range”（输入范围）（A1 : A201）。

注意，箱线图中计算的四分位数和描述统计中计算的四分位数不完全一致。计算这些统计量的方法使结果有细微的差别。

**Minitab**

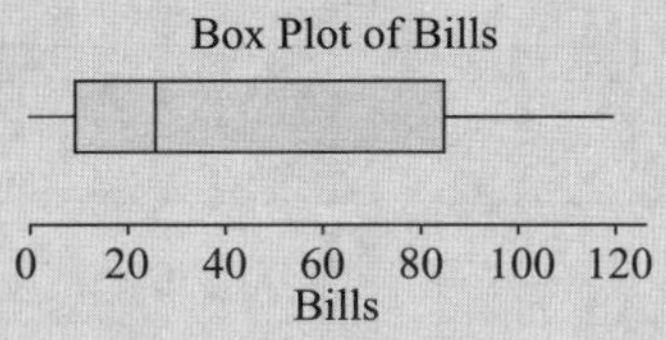


**计算机命令**

1. 把数据录入或导入一列中（打开文件 Xm03 - 01）。

2. 点击“Graph”（图）—“Box Plot…”（箱线图…）。

3. 如果只有一列数据，选择“Simple”（简单），如果有两列以上数据，则选择“Multiple Y's”（多个 Y）。

4. 在 Y 下输入或使用“Select”（选择）变量的名称（Bills）。

5. 这样绘制的箱线图中，变量出现在 Y 轴上。如果想调换箱线图的方向，单击“Scale…”（尺度…）—“Axes and Ticks”（轴与刻度），选择“Transpose value and category scales”（转置值和类别尺度）。

## 解　释

最小值是 0，最大值是 119.63。第一、二、三四分位数分别是 9.275、26.905、84.942 5。内距是 75.667 5。内距的 1.5 倍是 1.5×75.667 5=113.501 3。离群点定义为任何小于 9.275−113.501 3=−104.226 或者大于 84.942 5+113.501 3=198.443 8 的观测值。向左的触须延伸到 0，即非离群点的最小观测值；向右的触须延伸到 119.63，即非离群点的最大观测值。这个数据集不存在离群点。

当比较两个或更多数据集时，箱线图尤其有用。

### 例 4.15　比较快餐店汽车窗口的服务时间

数据：Xm04 - 15

许多快餐店开设汽车窗口，为司机和乘客提供快捷服务。为了测量这种服务的便利性，一个叫作 QSR 的组织进行了一项研究，对五个快餐店分别抽取驾车顾客组成样本，并记录顾客花费的时间。用箱线图来比较这五个数据集，并做出解释。

**解**

我们使用计算机绘制箱线图。

**Excel**

**Popeye's**
Smallest=112
Q1=156.75
Median=175
Q3=192.75
Largest=238
IQR=36
Outliers:

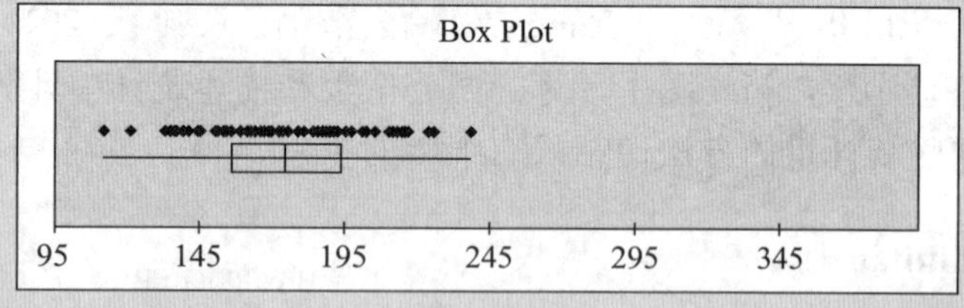


**Wendy's**
Smallest=95
Q1=133
Median=143.5
Q3=155
Largest=201
IQR=201
Outliers:201,199,190,97,95,

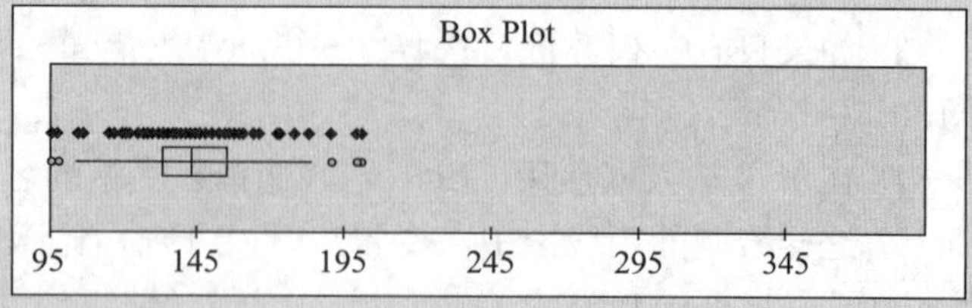

续前表

| | A | B | C | D | E | F | G | H | I |
|---|---|---|---|---|---|---|---|---|---|
| 24 | | | | | | | | | |
| 25 | | | | | | | | | |
| 26 | | | | | | | | | |
| 27 | | | | | | | | | |
| 28 | **McDonald's** | | | | | | | | |
| 29 | Smallest=121 | | | | | | | | |
| 30 | Q1=136 | | | | | | | | |
| 31 | Median=153 | | | | | | | | |
| 32 | Q3=177.5 | | | | | | | | |
| 33 | Largest=223 | | | | | | | | |
| 34 | IQR=41.5 | | | | | | | | |
| 35 | Outliers: | | | | | | | | |
| 36 | | | | | | | | | |
| 37 | | | | | | | | | |
| 38 | | | | | | | | | |
| 39 | | | | | | | | | |
| 40 | | | | | | | | | |
| 41 | **Hardee's** | | | | | | | | |
| 42 | Smallest=121 | | | | | | | | |
| 43 | Q1=141.25 | | | | | | | | |
| 44 | Median=163 | | | | | | | | |
| 45 | Q3=207.25 | | | | | | | | |
| 46 | Largest=338 | | | | | | | | |
| 47 | IQR=66 | | | | | | | | |
| 48 | Outliers: 338 | | | | | | | | |
| 49 | | | | | | | | | |
| 50 | | | | | | | | | |
| 51 | | | | | | | | | |
| 52 | | | | | | | | | |
| 53 | | | | | | | | | |
| 54 | **Jack in Box** | | | | | | | | |
| 55 | Smallest=190 | | | | | | | | |
| 56 | Q1=253.25 | | | | | | | | |
| 57 | Median=276.5 | | | | | | | | |
| 58 | Q3=297.5 | | | | | | | | |
| 59 | Largest=355 | | | | | | | | |
| 60 | IQR=44.25 | | | | | | | | |
| 61 | Outliers: | | | | | | | | |
| 62 | | | | | | | | | |

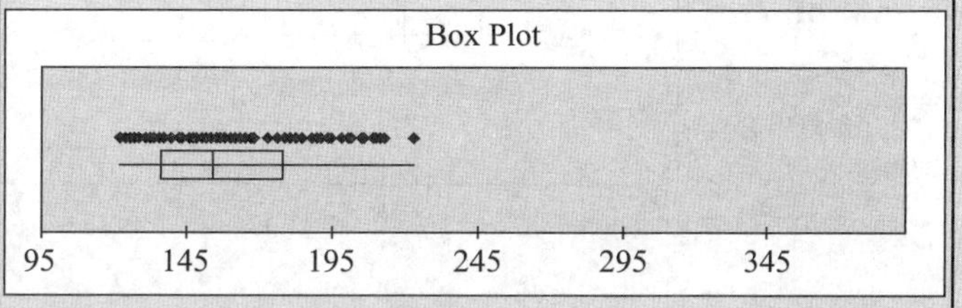


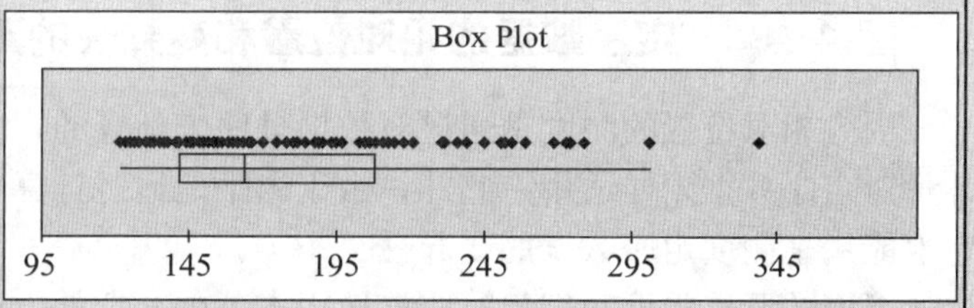


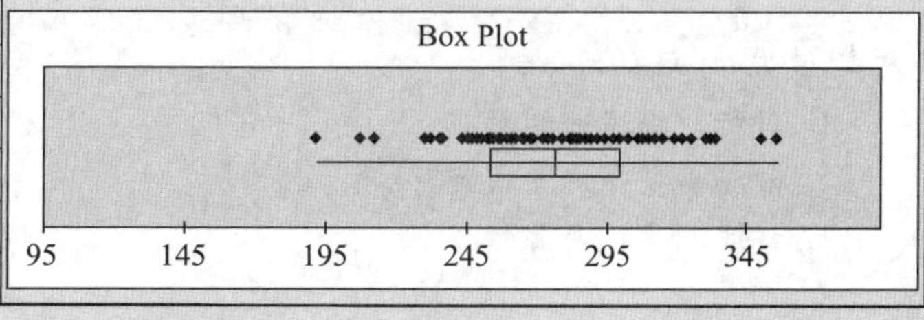

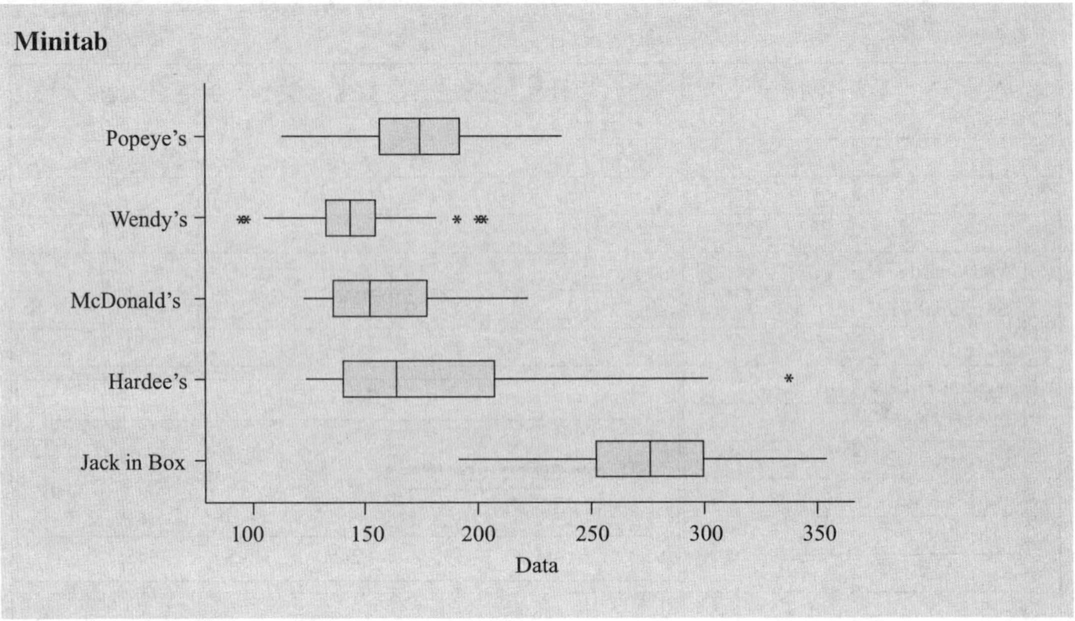


**解　　释**

Wendy's 的时间看起来最短而且最稳定，Hardee's 的服务时间很显然更具有变异性，Jack in Box 的服务最慢；Popeye's、Wendy's 和 Jack in Box 的服务时间看起来对称性较强，而 McDonald's 和 Hardee's 的时间是正偏的。

### □ 4-3d　定序数据的相对位置和变异性的测度

因为相对位置的测度是通过对数据排序来计算的，所以和对定距数据一样，这些统计量对定序数据同样适用。此外，由于内距是通过计算上下四分位数之差得到的，因而它也能用来测度定序数据的变异性。

下面的要点告诉我们何时应该使用本节中介绍的方法。

**判断使用百分位数和四分位数的要点**

1. 目标：描述一组数据
2. 数据类型：定距或定序
3. 描述测度：相对位置

**判断使用内距的要点**

1. 目标：描述一组数据
2. 数据类型：定距或定序
3. 描述测度：变异性

## 习　题

**4.40**　计算下面样本的第一、二、三四分位数。

5　8　2　9　5　3　7　4　2　7　4　10　4　3　5

**4.41**　计算下面数据集的第三、八十分位数（即第 30、80 百分位数）。

26　23　29　31　24　22　15　31　30　20

**4.42**　计算下面数据的第一、二五分位数（即第 20、40 百分位数）。

52　61　88　43　64　71　39　73　51　60

**4.43**　确定下面数据的第一、二、三四分位数。

10.5　14.7　15.3　17.7　15.9　12.2　10.0

14.1　13.9　18.5　13.9　15.1　14.7

**4.44**　计算下面数据的第三、六十分位数。

7　18　12　17　29　18　4　27　30　2　4　10　21　5　8

**4.45**　根据习题 4.43，确定内距。

**4.46**　根据习题 4.40，确定内距。

**4.47**　计算下面数据的内距。

5　8　14　6　21　11　9　10　18　2

**4.48**　绘制下面一组数据的箱线图。

9　28　15　21　12　22　29　20　23　31　11　19　24　16　13

**4.49**　很多汽车专家认为车速限制太低了。一位专家阐述了自己的观点，认为绝大多数司机都以他们自己认为安全的速度开车。他建议"正确的"车速限制应该设定在第 85 分位数。假定有 400 个最高限制在 60 英里/小时的车速随机样本，计算"正确的"速度限制。

以下习题需要使用计算机和统计软件。

**4.50　Xr04－50**　Accountemps 是一家提供临时雇员的公司，它进行了一项针对 100 位公司经理的调查，请每位经理回答他们浏览所收到的每一份工作简历时花费的时间（分钟）。

a. 计算四分位数。

b. 你通过四分位数得到什么信息？这对你写你的工作简历有何启示？

**4.51　Xr04－51**　宠物花费多少钱？构建一个猫狗主人的随机样本，请他们计算在宠物上的花费（宠物的食物不计算在内）。绘制每个数据集的箱线图，并描述一下你的发现。

**4.52　Xr04－52**　美国旅游业协会进行了一项民意调查，询问被访者准备用于旅游的花费。确定四分位数，并描述一下它们说明了什么。

**4.53　Xr04－53**　一所大学的就业辅导中心想更多地了解该校大学毕业生的起薪，因而进行了一项调查，要求每位毕业生说出自已获得的最高起薪，同时说明他们的学位、起薪（第 1 列＝文学学士，第 2 列＝理学学士，第 3 列＝工商管理学士，第 4 列＝其他）。绘制箱线图，并比较四组起薪，说明你发现了什么。

**4.54　Xr04－54**　对于一个由波士顿马拉松选手构成的随机样本，所给数据集记录了他们跑完全程的时间。

a. 绘制箱线图。

b. 计算四分位数。

c. 确定离群点。

d. 箱线图传达了什么信息？

**4.55　Xr04－55**　私人球场的高尔夫选手比公共球场的高尔夫选手打球更快吗？所给数据集构建了一个私人球场和公共球场的高尔夫选手的样本，分别记录了他们的时间（分钟）。

a. 绘制每个样本的箱线图。

b. 箱线图告诉了你什么？

**4.56　Xr04－56**　对于很多餐厅而言，顾客用于餐后咖啡和甜点的时间影响了餐厅利润。为了更多地了解这个变量，我们观测了某餐厅由 200 个顾客组成的一个样本，记录了顾客在餐厅的用餐时间（分钟）。

a. 计算这些数据的四分位数。

b. 关于用餐时间，这些统计量告诉了你什么？

**4.57　Xr04－57**　在计算需要缴纳的所得税之前，美国的纳税人可以从他们的收入中扣除抵押利息。2008 年，美国国内收入署抽选了 500 个扣除抵押利息的纳税申报单。计算四分位数，描述一下你的结论。（数据来源：《美国统计摘要》，2012 年，表 489。）

**美国国家选举调查习题**

**4.58　ANES2008***　2008 年的调查对象被问及他们每天用于浏览网上选举新闻花费的时间（TIME1）和观看电视选举新闻花费的时间（TIME2）。通过箱线图（刻度一致）比较这两个时间花费，描述你从中得到的结论。（Excel 用户：这两列数据必须相邻。）

**4.59　ANES2008***　绘制 2008 年调查对象年龄（AGE）的箱线图。

**4.60　ANES2008***　绘制夫妻受教育程度（EDUC 和 SPEDUC）的箱线图，说说你的发现。

**社会综合调查习题**

**4.61　GSS2012***　绘制 2012 年调查对象年龄（AGE）的箱线图。简要描述这个箱线图。

**4.62　GSS2012***　绘制调查对象观看电视时间（TVHOURS）的箱线图。说说这个箱线图传递的信息。

## 4.4　线性相关性的测度

在第 3 章中，我们介绍了散点图，它是一种用于描述两个定距变量间关系的图表方法。当时曾指出，我们对线性相关性的方向和强度尤其感兴趣。本节介绍的线性相关性的两种数字测度可以提供这些信息，它们是协方差、相关系数和判定系数。本节稍后的部分将给出另一种相关的数字方法——最小二乘直线。

### □ 4-4a 协方差

如同第 3 章所提到的，令一个变量为 $X$，另一个变量为 $Y$。

**协方差（covariance）**

总体协方差（population covariance）：$\sigma_{xy}=\dfrac{\sum_{i=1}^{N}(x_i-\mu_x)(y_i-\mu_y)}{N}$

样本协方差（sample covariance）：$s_{xy}=\dfrac{\sum_{i=1}^{n}(x_i-\bar{x})(y_i-\bar{y})}{n-1}$

样本协方差计算式中的分母是 $n-1$，而不是更符合逻辑的 $n$，这和计算样本方差时除以 $n-1$ 是相同的道理。如果要手工计算样本协方差，这里还有一个简便的计算方法。

**样本协方差的简便算法**

$$s_{xy}=\frac{1}{n-1}\left[\sum_{i=1}^{n}x_iy_i-\frac{\sum_{i=1}^{n}x_i\sum_{i=1}^{n}y_i}{n}\right]$$

为了说明如何用协方差测度线性关系，观察下面的三组数据。

**组 1**

| $x_i$ | $y_i$ | $(x_i-\bar{x})$ | $(y_i-\bar{y})$ | $(x_i-\bar{x})(y_i-\bar{y})$ |
|---|---|---|---|---|
| 2 | 13 | −3 | −7 | 21 |
| 6 | 20 | 1 | 0 | 0 |
| 7 | 27 | 2 | 7 | 14 |
| $\bar{x}=5$ | $\bar{y}=20$ | | | $s_{xy}=35/2=17.5$ |

**组 2**

| $x_i$ | $y_i$ | $(x_i-\bar{x})$ | $(y_i-\bar{y})$ | $(x_i-\bar{x})(y_i-\bar{y})$ |
|---|---|---|---|---|
| 2 | 27 | −3 | 7 | −21 |
| 6 | 20 | 1 | 0 | 0 |
| 7 | 13 | 2 | −7 | −14 |
| $\bar{x}=5$ | $\bar{y}=20$ | | | $s_{xy}=-35/2=-17.5$ |

组 3

| $x_i$ | $y_i$ | $(x_i-\bar{x})$ | $(y_i-\bar{y})$ | $(x_i-\bar{x})(y_i-\bar{y})$ |
|---|---|---|---|---|
| 2 | 20 | −3 | 0 | 0 |
| 6 | 27 | 1 | 7 | 7 |
| 7 | 13 | 2 | −7 | −14 |
| $\bar{x}=5$ | $\bar{y}=20$ | | | $s_{xy}=-7/2=-3.5$ |

注意，在三组数据中，$x$ 的值是相同的，$y$ 的值也是相同的。唯一的区别在于 $y$ 值的顺序。

在第一组数据中，当 $x$ 增加时 $y$ 也增加。当 $x$ 比它的均值大时，$y$ 至少和它的均值一样大，因此（$x_i-\bar{x}$）和（$y_i-\bar{y}$）有同样的符号或者同时为零，它们的乘积也为正或者为零。因此，协方差是一个正数。一般来说，当两个变量以相同方向变化时（增加或者减小），协方差是一个较大的正数。

观察第二组数据，你会发现随着 $x$ 增加 $y$ 在下降。当 $x$ 大于它的均值时，$y$ 小于或等于它的均值。结果当（$x_i-\bar{x}$）为正数时，（$y_i-\bar{y}$）为负数或零。它们的乘积为负或者为零。因此协方差是一个负数。一般来说，当两个变量以相反方向变化时，协方差是一个较大的负数。

在第三组数据中，随着 $x$ 增加，$y$ 没有表现出特定变化方向。乘积（$x_i-\bar{x}$)($y_i-\bar{y}$）中一个是零，一个是正的，一个是负的，协方差的计算结果是一个较小的数字。一般来说，当不存在特定模式时，协方差是一个较小的数字。

我们想要获取两条有用的信息：首先是协方差的符号，它告诉我们线性相关性的方向；其次是协方差的大小，它描述线性相关性的强度。然而，一般协方差的大小很难判断。例如，如果告诉你两个变量间的协方差是 500，这是否意味着存在一个强的线性相关关系？答案是没有另外的统计量，从而不能进行判断。但是，我们可以通过另一个统计量来改进由这个统计量得到的信息。

### □ 4-4b 相关系数

**相关系数**（coefficient of correlation）定义为协方差除以变量的标准差。

**相关系数**

总体相关系数（population coefficient of correlation）：$\rho=\frac{\sigma_{xy}}{\sigma_x\sigma_y}$

样本相关系数（sample coefficient of correlation）：$r=\frac{s_{xy}}{s_x s_y}$

总体参数用 $\rho$ 来表示。

相关系数优于协方差的方面在于前者有一组上下限，其界限分别是−1 和+1，即

$$-1\leqslant r\leqslant +1 \text{ 和 } -1\leqslant \rho\leqslant +1$$

当相关系数等于−1 时，存在负向的线性关系并且散点图呈现为一条直线。当相关系数等于+1 时，存在完全正向的线性关系。当相关系数等于零时，不存在线性关系。

对相关系数取其他值的判断依照它们与这三个值的关系而定。相关系数的缺点是除了 $-1$，0 和 1 这三个数字以外，我们不能解释其他数字代表的相关性。例如，假设我们计算的相关系数是 0.4。这个数字能告诉我们什么信息呢？主要是两方面的信息：负号告诉我们这种关系是负向的；0.4 与 0 之间的距离比它与 1 之间的距离近，因此我们判断线性关系比较弱。在很多实际应用中，我们需要得到比"线性关系比较弱"更好的解释。幸运的是，还有另外一种测量线性关系强弱的指标，这个指标能够提供更多信息，它就是判定系数，我们将在本节的后半部分给予介绍。

**例 4.16　相关系数的计算**

计算 4－4a 小节的三个数据集的相关系数。

**解**

我们已经计算了协方差，只需要再计算 $X$ 和 $Y$ 的标准差。

$$\bar{x}=\frac{2+6+7}{3}=5.0$$

$$\bar{y}=\frac{13+20+27}{3}=20.0$$

$$s_x^2=\frac{(2-5)^2+(6-5)^2+(7-5)^2}{3-1}=\frac{9+1+4}{2}=7.0$$

$$s_y^2=\frac{(13-20)^2+(20-20)^2+(27-20)^2}{3-1}$$

$$=\frac{49+0+49}{2}=49.0$$

标准差是

$$s_x=\sqrt{7.0}=2.65$$

$$s_y=\sqrt{49.0}=7$$

相关系数为

数据集 1：$r=\dfrac{s_{xy}}{s_x s_y}=\dfrac{17.5}{2.65\times 7.0}=0.943$

数据集 2：$r=\dfrac{s_{xy}}{s_x s_y}=\dfrac{-17.5}{2.65\times 7.0}=-0.943$

数据集 3：$r=\dfrac{s_{xy}}{s_x s_y}=\dfrac{-3.5}{2.65\times 7.0}=-0.189$

现在就可以很容易看出 $X$ 和 $Y$ 之间线性关系的强弱了。

### □ 4－4c　比较散点图、协方差和相关系数

散点图用图形来描绘变量间的关系；协方差和相关系数用数字来描述线性关系。图 4—2、图 4—3 和图 4—4 显示了三幅散点图。为了比较图表方法和数字方法，我们计算每幅图的协方差和相关系数。（数据存储在文件 Fig04－02、Fig04－03 和 Fig04－04

中。）正如你所看到的，图 4—2 显示了两个变量的一个强的正线性关系，样本协方差是 36.87，相关系数是 0.964 1；图 4—3 的变量存在一个相对强的负线性关系，样本协方差和相关系数分别是−34.18 和−0.879 1；图 4—4 中数据的样本协方差和相关系数分别是 2.07 和 0.120 6，该图中的变量不存在显著的线性关系。

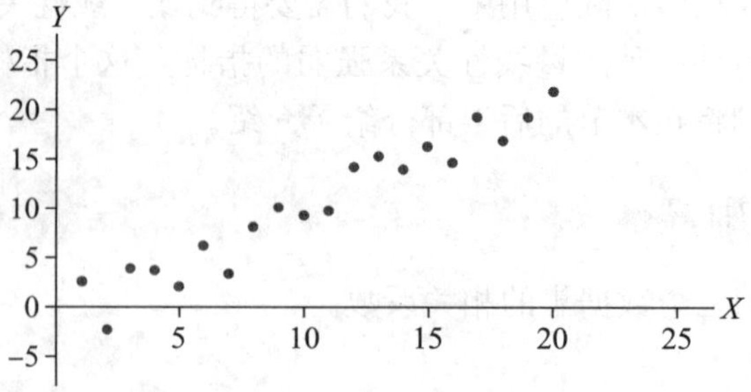


**图 4—2　强正线性相关**

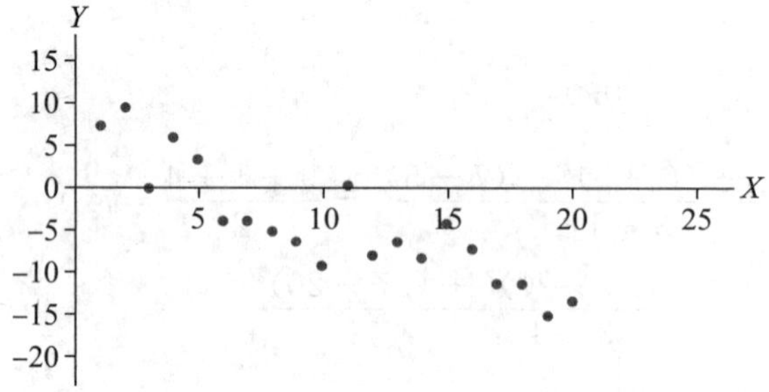


**图 4—3　强负线性相关**

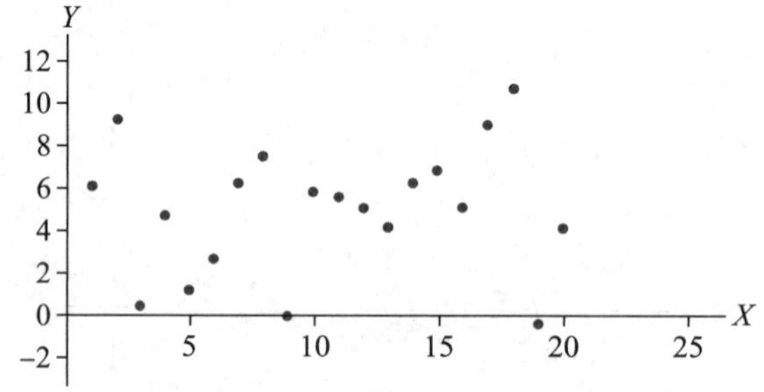


**图 4—4　非线性相关**

## □ 4-4d　最小二乘法

在 3.3 节中我们介绍了散点图，并指出对度量线性关系的强度和方向更感兴趣。通过画一条穿过数据点的直线，我们可以更容易地判断线性关系的强度和方向。但是，即便过相同的数据点，不同的人画出的直线也很可能各不相同，而且我们通常需要知道直线的方程式。因此，需要一种客观的方法来画出一条直线，即我们所说的**最小二乘法**(least squares method)。

利用最小二乘法，我们可以绘制一条穿过数据点的直线，且点和直线之间的离差平方和最小。该直线用下面的公式表示：

$$\hat{y}=b_0+b_1x$$

式中 $b_0$ 是 $y$ 轴截距（直线与 $y$ 轴的交点），$b_1$ 是斜率，$\hat{y}$ 是由直线方程确定的 $y$ 值。系数 $b_0$ 和 $b_1$ 由使如下离差平方和最小的求导运算得到：

$$\sum_{i=1}^{n}(y_i-\hat{y}_i)^2$$

**最小二乘直线方程的系数**

$$b_1=\frac{s_{xy}}{s_x^2}$$

$$b_0=\bar{y}-b_1\bar{x}$$

### 在会计中的应用：盈亏分析

盈亏分析是一个非常重要的商业工具，在学习中你会经常接触这个概念。盈亏分析可以用来判断在什么销售规模下，你的业务会开始赢利。

在 3.1 节中，我们简要介绍了市场营销的 4P 概念，并用例 3.1 介绍了定价问题。当经理想确定公司的产品和服务的合适的价格时，盈亏分析就显得尤为重要了。

一个公司的利润可以这样计算：

利润＝(单位价格－单位可变成本)×销量－固定成本

盈亏平衡点就是使利润为 0 的售出产品数量。因此，盈亏平衡点的计算方法是

销量＝固定成本/(单位价格－单位可变成本)

经理可以使用这个公式来确定能够赢利的价格。然而，这要求知道固定成本和可变成本。例如，假设某面包店只卖面包。面包的单位价格是 1.2 美元，单位可变成本是 0.4 美元，固定成本是 10 000 美元，则盈亏平衡点是

销量＝10 000/(1.2－0.4)＝12 500

该面包店每年必须卖出 12 500 个以上的面包才能赢利。

在下面的应用专栏中，我们将讨论固定成本和可变成本。

### 在会计中的应用：固定成本和可变成本

固定成本是必须支付的成本，不管是否有产品售出。这个成本在一个时间段或者一系列产品中是固定的。而可变成本是直接随产品销量的变化而变化的。就前面面包店的例子而言，固定成本包括面包店的租金和维持费用、支付给员工的工资、广告费、

电话费和其他所有与销量无关的支出。可变成本主要是原料的费用，与面包的销量有关。

有一些费用是混合的。对于面包店来说，电费就是混合费用。电灯需要电，这被认为是固定成本，而烤箱和其他设备造成的电费则被认为是可变成本。

把混合费用分成固定部分和可变部分的方法有很多种。一种方法就是最小二乘法，即我们把总的混合费用表示为

$$y=b_0+b_1x$$

其中 $y$＝总混合费用，$b_0$＝固定成本，$b_1$＝单位可变成本，$x$＝销量。

**例 4.17　估计固定成本和可变成本**

数据：Xm04－17

一个工具和模具制造商主要制造定制工具。他正在考虑扩大规模，因此需要了解他的成本信息。成本之一是电费，因为他需要使用机器和电灯（有时候他需要使用很强的灯光以完成工作）。他记录了每天的电费和当天制作的工具数。数据在下面列出。判断电费的固定部分和可变部分。

| 天 | 1 | 2 | 3 | 4 | 5 | 6 | 7 | 8 | 9 | 10 |
|---|---|---|---|---|---|---|---|---|---|---|
| 工具数 | 7 | 3 | 2 | 5 | 8 | 11 | 5 | 15 | 3 | 6 |
| 电费 | 23.8 | 11.89 | 15.98 | 26.11 | 31.79 | 39.93 | 12.27 | 40.06 | 21.38 | 18.65 |

**解**

因变量是每天的电费，自变量是生产的工具数。为了计算最小二乘直线的系数和其他统计量，我们需要 $X$，$Y$，$XY$，$X^2$ 和 $Y^2$ 的值。

| 天 | $X$ | $Y$ | $XY$ | $X^2$ | $Y^2$ |
|---|---|---|---|---|---|
| 1 | 7 | 23.80 | 166.6 | 49 | 566.44 |
| 2 | 3 | 11.89 | 35.67 | 9 | 141.37 |
| 3 | 2 | 15.98 | 31.96 | 4 | 255.36 |
| 4 | 5 | 26.11 | 130.55 | 25 | 681.73 |
| 5 | 8 | 31.79 | 254.32 | 64 | 1 010.60 |
| 6 | 11 | 39.93 | 439.23 | 121 | 1 594.40 |
| 7 | 5 | 12.27 | 61.35 | 25 | 150.55 |
| 8 | 15 | 40.06 | 600.9 | 225 | 1 604.80 |
| 9 | 3 | 21.38 | 64.14 | 9 | 457.10 |
| 10 | 6 | 18.65 | 111.9 | 36 | 347.82 |
| 合计 | 65 | 241.86 | 1 896.62 | 567.00 | 6 810.20 |

协方差

$$s_{xy}=\frac{1}{n-1}\left[\sum_{i=1}^{n}x_iy_i-\frac{\sum_{i=1}^{n}x_i\sum_{i=1}^{n}y_i}{n}\right]$$

$$=\frac{1}{10-1}\left[1\ 896.62-\frac{65\times 241.86}{10}\right]=36.06$$

$X$ 的方差

$$s_x^2=\frac{1}{n-1}\left[\sum_{i=1}^{n}x_i^2-\frac{\left(\sum_{i=1}^{n}x_i\right)^2}{n}\right]=\frac{1}{10-1}\left[567-\frac{65^2}{10}\right]=16.06$$

样本均值

$$\bar{x}=\frac{\sum_{i=1}^{n}x_i}{n}=\frac{65}{10}=6.5$$

$$\bar{y}=\frac{\sum_{i=1}^{n}y_i}{n}=\frac{241.86}{10}=24.19$$

最小二乘直线的系数为

斜率 $b_1=\frac{s_{xy}}{s_x^2}=\frac{36.06}{16.06}=2.25$

$y$ 轴的截距 $b_0=\bar{y}-b_1\bar{x}=24.19-2.25\times 6.5=9.57$

最小二乘直线为

$\hat{y}=9.57+2.25x$

**Excel**

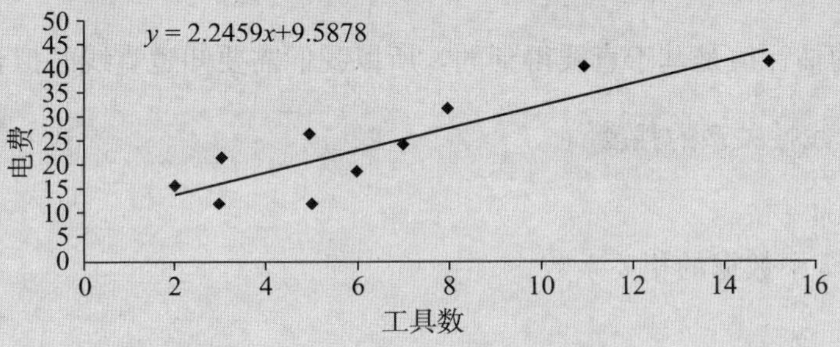


**计算机命令**

1. 在两列中输入或导入数据，第一列为 $X$，第二列为 $Y$（打开文件 Xm04－17)。选中包含变量的列。按照之前介绍的方法绘制散点图。

2. 在绘图工具的“布局”菜单项中，单击“趋势线”，选择“线性趋势线”。

3. 单击“趋势线”，选择“其他趋势线选项”，单击“显示公式”。

**Minitab**

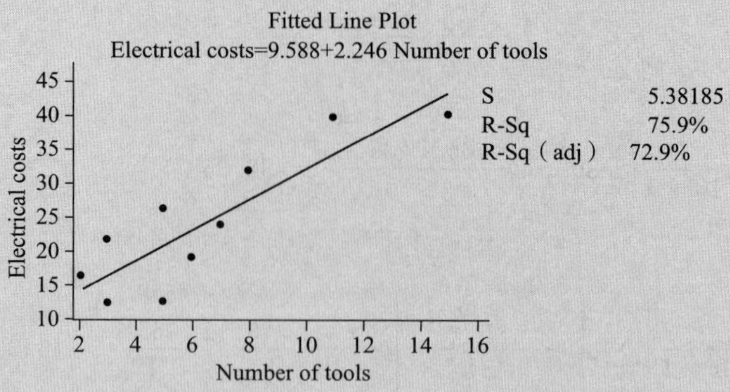


**计算机命令**

1. 在两列中输入或者导入数据（打开文件 Xm04－17）。

2. 单击“Stat”（统计）—“Regression”（回归）—“Fitted Line Plot…”（拟合线图…）。

3. 指定“Response [Y]”（响应变量 $Y$）（电费）和“Predictor [X]”（预测变量 $X$）（工具数），选择“Linear”（线性）。

## 解　　释

斜率定义为高/底，它的意思是 $x$（底）每增加一单位，$y$（高）的变化。用数学语言来说就是，斜率测度因变量的边际变化率。边际变化率表示自变量每增加一个单位给因变量带来的影响。本例中，斜率是 2.25，也就是说，在这个样本中，工具数每增加一个单位，电费的边际增长是 2.25 美元。因此，可变成本的估计值是每件工具 2.25 美元。

$Y$ 轴的截距是 9.57，即该条直线与 $y$ 轴交点的纵坐标是 9.57。这就是当 $x=0$ 时 $y$ 的值。然而，当 $x=0$ 时，我们没有生产工具，因此固定成本的估计值是每天 9.57 美元。

因为成本的估计值是基于直线得到的，所以我们需要知道直线的拟合效果如何。

### 例 4.18　测量线性关系的强度

数据：Xm04－17

计算例 4.17 中数据的相关系数。

**解**

为了计算相关系数，我们需要知道两个变量的协方差和各自的标准差。例 4.17 中我们已经计算了 $X$ 的方差和这两个变量的协方差。协方差是

$$s_{xy}=36.06$$

$X$ 的方差是

$$s_x^2=16.06$$

$X$ 的标准差是

$$s_x = \sqrt{s_x^2} = \sqrt{16.06} = 4.01$$

我们只需要计算 $Y$ 的标准差。

$$s_y^2 = \frac{1}{n-1}\left[\sum_{i=1}^{n} y_i^2 - \frac{\left(\sum_{i=1}^{n} y_i\right)^2}{n}\right] = \frac{1}{10-1}\left[6\ 810.20 - \frac{241.86^2}{10}\right] = 106.73$$

$$s_y = \sqrt{s_y^2} = \sqrt{106.73} = 10.33$$

相关系数为

$$r = \frac{s_{xy}}{s_x s_y} = \frac{36.06}{4.01 \times 10.33} = 0.870\ 5$$

**Excel**

与本章中的其他统计量一样，计算相关系数和协方差的方法也有很多。下面是具体的说明。

**计算机命令**

1. 在两列中输入或者导入数据（打开文件 Xm04－17）。在任一空单元格中输入

=CORREL（［其中一个变量的输入区域］，［另一个变量的输入区域］）

针对本例，我们输入

=CORREL（B1：B11，C1：C11）

如果要计算协方差，只需要用 COVAR 来代替 CORREL 即可。

如果你需要分析的变量多于 2 个，那么你肯定想要计算每对变量之间的相关系数或协方差，即计算相关系数矩阵和方差－协方差矩阵。我们先来计算相关系数矩阵。

| | A | B | C |
|---|---|---|---|
| 1 | | 工具数 | 电费 |
| 2 | 工具数 | 1 | |
| 3 | 电费 | 0.871 1 | 1 |

**计算机命令**

1. 在相邻的列中输入或者导入数据（打开文件 Xm04－17）。

2. 单击“数据”、“数据分析”和“相关性分析”。

3. 指定输入区域（B1：C11）。

工具数和电费之间的相关系数是 0.871 1（与手工计算结果有细微差别）。矩阵对角线上的两个 1 是工具数和工具数、电费和电费之间的相关系数。

一个偶然的现象是，计算总体参数 $\rho$ 和计算样本统计量 $r$ 的公式得到了相同的结果。

下面是方差－协方差矩阵。

| | A | B | C |
|---|---|---|---|
| 1 | | 工具数 | 电费 |
| 2 | 工具数 | 14.45 | |
| 3 | 电费 | 32.45 | 96.06 |

**计算机命令**

1. 在相邻的列中输入或导入数据（打开文件 Xm04－17）。
2. 单击“数据”—“数据分析”—“协方差”。
3. 指定输入区域（B1：C11）。

遗憾的是，Excel 计算的是总体参数结果，即工具数的方差是 $\sigma_x^2=14.45$，电费的方差是 $\sigma_y^2=96.06$，协方差是 $\sigma_{xy}=32.45$，你可以通过乘以 $n/(n-1)$ 把这些值转化为样本统计量，如下表所示。

| | A | B | C |
|---|---|---|---|
| 1 | | 工具数 | 电费 |
| 2 | 工具数 | 16.06 | |
| 3 | 电费 | 36.06 | 106.73 |

**Minitab**

Correlations：Number of tools，Electrical costs
Pearson Correlation of Number of tools and Electrical costs=0.871

**计算机命令**

1. 在两列中输入或者导入数据（打开文件 Xm04－17）。
2. 单击“Stat”（统计）—“Basic Statistics”（基本统计量）—“Correlation…”（相关…）。
3. 在“Variables”（变量）框中，选择变量（Number of tools，Electrical costs）。

Covariances：Number of tools，Electrical costs

| | Number of tools | Electrical costs |
|---|---|---|
| Number of tools | 16.055 6 | |
| Electrical costs | 36.058 9 | 106.730 1 |

**计算机命令**

在上面的第 2 步中，用“Covariance…”（协方差…）替代“Correlation…”（相关…）。

**解　释**

相关系数是 0.871 1，说明工具数和电费之间呈正的线性关系。通过相关系数，我们可以知道线性关系较强，因此固定成本和可变成本的估计值应该比较准确。

### □ 4－4e　判定系数

在介绍相关系数时，我们曾经指出除了－1，0 和＋1 之外，我们很难精确地解释相关系数的意义。我们只能通过相关系数与－1，0 和＋1 的远近来判断相关性。幸运的是，我们还有另外一种测度方式，能够得到精确的解释。这就是判定系数，通过将相关系数平方来得到。因此，我们将其记为 $R^2$。

判定系数度量的是因变量的变化中可以被自变量的变化解释的比例。例如，如果相关系数是−1 或+1，那么散点图中的点在一条直线上，判定系数为 1，我们可以解释为因变量 $Y$ 的变化的 100%都可以由自变量 $X$ 的变化来解释。如果相关系数为 0，则这两个变量之间没有线性关系，$R^2=0$，$Y$ 的变化不能由 $X$ 的变化来解释。在例 4.18 中，相关系数 $r=0.8711$，因此，判定系数为

$$r^2=0.8711^2=0.7588$$

这说明电费变化的 75.88%可以由工具数来解释，剩下的 24.12%是不能被工具数解释的。

**使用计算机**

**Excel**

你可以使用 Excel 来计算相关系数，然后将结果平方。或者，你可以使用 Excel 绘制最小二乘直线，之后单击“趋势线”—“更多趋势线选项”—“在图中显示 R²”。

**Minitab**

Minitab 能够自动给出判定系数的值。

可解释的变化这一概念在统计中非常重要。在第 13、14、16、17 和 18 章中，我们将会反复提到。在第 16 章中，我们将会说明为什么这样解释判定系数。

**再一次胜利的代价：问题的解**

为了确定再一次胜利的代价，我们必须描述这两个变量之间的关系。用最小二乘法绘制一条穿过数据的直线。由于认为一支棒球队赢得的比赛数量在某种程度上依赖于球队的工资，我们把获胜次数（Wins）作为因变量，把工资数额（Payroll）作为自变量。由于存在四舍五入问题，设定工资数额的量纲为百万美元。

**Excel**

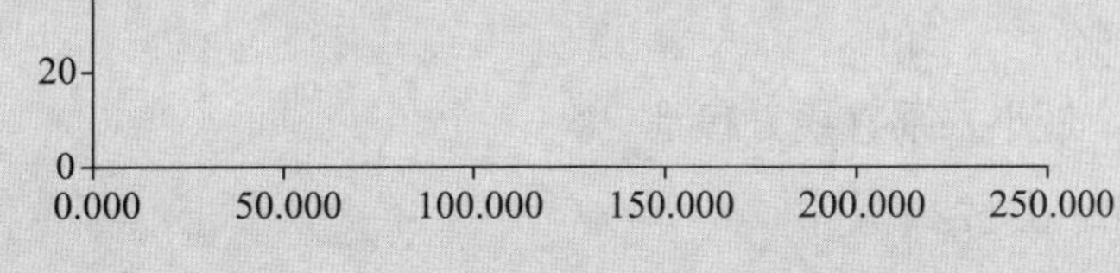

**Minitab**

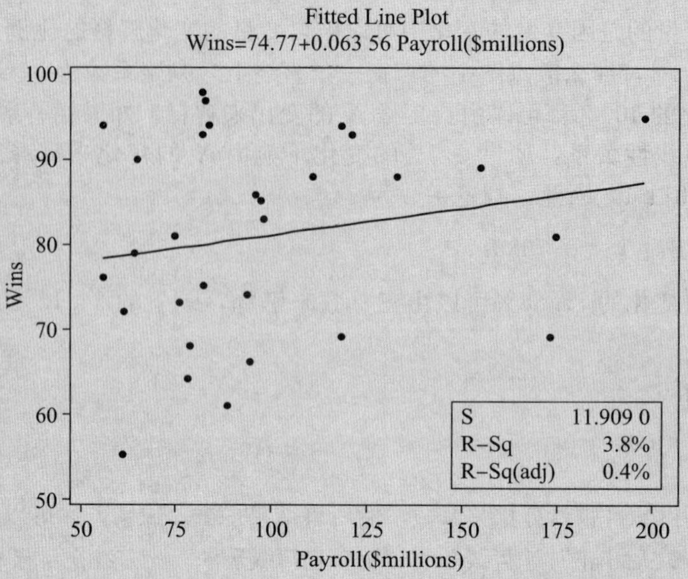


**解　释**

最小二乘直线方程是

$$\hat{y}=74.77+0.0636x$$

斜率等于 0.063 6，这是工资每增加一单位时获胜次数的边际变化率。因为工资数以百万美元为单位，所以我们估计，工资每增加 100 万美元，获胜次数平均增加 0.063 6 次。因此，再取得一次胜利所需要的额外支出是难以置信的 15 723 270 美元（1 000 000/0.063 6）。

除了分析最小二乘直线以外，我们还要确定线性关系的强度。判定系数是 0.038 5，也就是说，工资的变化能够解释获胜次数变化的 3.85%。这表明在 2012 赛季工资数额和获胜次数实际上没有线性关系。这就说明，某些球队获胜次数很少，工资却很高（例如，波士顿红袜队的工资数额为 17 300 万美元，获胜 69 次），而有些球队虽然获胜次数很多，工资却很低（例如，华盛顿国家球队，工资数额为 8 300 万美元，获胜 98 次）。下一节中，我们将会继续讨论这个问题，看看为什么有些球队的表现比最小二乘直线预测的情况好。

在 2006 赛季，最小二乘直线方程是

$$\hat{y}=68.31+0.163x$$

判定系数是 28.27%。

在 2009 赛季，最小二乘直线方程是

$$\hat{y}=65.76+0.1725x$$

判定系数是25.12%。

### □ 4-4f 解释相关性

正如在第3章中讨论的那样，正确地解释两个定距变量之间的关系是非常重要的。也就是说，两个变量是线性相关的并不意味着 $X$ 会引起 $Y$。这可能说明存在另一个变量会同时引起 $X$ 和 $Y$ 的变化或者 $Y$ 会引起 $X$。记住

相关关系不等价于因果关系

我们回顾一下何时使用本节介绍的统计方法，以此结束本节。

> **确定何时计算协方差、相关系数和最小二乘直线的要点**
> 1. 目标：描述两个变量之间的关系
> 2. 数据类型：定距数据

## 习　题

**4.63**　经计算，两个变量的协方差是−150，从这个统计量你能得到关于这两个变量关系的什么信息？

**4.64**　接习题4.63。现在你又知道了两个变量的样本标准差为16和12。

a. 计算相关系数。你可以得到关于两变量关系的什么信息？

b. 计算判定系数，并说明两变量之间的关系。

**4.65**　**Xr04-65**　一位零售商想估计一下每月固定的和可变的销售开支，她收集了过去八个月的数据。下表列出了销售支出总额（单位：千美元）和销售总额（单位：千美元）数据。

| 销售总额 | 销售支出总额 |
|---|---|
| 20 | 14 |
| 40 | 16 |
| 60 | 18 |
| 50 | 17 |
| 50 | 18 |
| 55 | 18 |
| 60 | 18 |
| 70 | 20 |

a. 计算协方差、相关系数和判定系数。这些统计量说明了什么？

b. 确定最小二乘直线，用它计算零售商需要的估计值。

**4.66 Xr04-66** 一个人某门课程的成绩与他花在该门课程上的时间是否相关？为了分析这个问题，一个学生从上学期选修会计课的学生中随机抽取了10位，并询问了他们这门课程的成绩和花在这门课程上的时间。下面是具体数据。

| 学习时间 | 40 | 42 | 37 | 47 | 25 | 44 | 41 | 48 | 35 | 28 |
|---|---|---|---|---|---|---|---|---|---|---|
| 成绩 | 77 | 63 | 79 | 86 | 51 | 78 | 83 | 90 | 65 | 47 |

a. 计算协方差。

b. 计算相关系数。

c. 计算判定系数。

d. 确定最小二乘直线。

e. 关于成绩和学习时间之间的关系，上面计算的统计量能告诉我们什么？

**4.67 Xr04-67** 申请MBA项目的学生必须参加经企管理研究生入学考试（GMAT）。大学管理委员会把GMAT成绩作为评价该学生可能在MBA项目中的表现的重要指标。然而，GMAT可能并非对所有MBA项目都有指示功能。假设三年前推出了一项专门为中层管理人员设计的MBA项目，参与人希望通过这个项目提升自身能力。为了评价GMAT成绩预测MBA表现的能力，随机抽取了12名毕业生作为样本。下表列出了他们在MBA项目中的GPA（取值为0～12）和GMAT成绩（取值为200～800）。计算协方差、相关系数和判定系数，并解释你的发现。

**12名MBA学生的GMAT和GPA分数**

| | | | | | | |
|---|---|---|---|---|---|---|
| GMAT | 599 | 689 | 584 | 631 | 594 | 643 |
| GPA | 9.6 | 8.8 | 7.4 | 10.0 | 7.8 | 9.2 |
| GMAT | 656 | 594 | 710 | 611 | 593 | 683 |
| GPA | 9.6 | 8.4 | 11.2 | 7.6 | 8.8 | 8.0 |

下面的习题需要使用计算机和统计软件。

**4.68 Xr04-68** 失业率是评价一个国家经济健康水平的重要指标。失业率计算的是正在找工作和没有工作的人的比例。测度这个经济变量的另外一个方法是计算就业率，即有工作的成年人的比例。下面是19个国家的就业率和失业率。

| 国家 | 失业率 | 就业率 |
|---|---|---|
| 澳大利亚 | 6.7 | 70.7 |
| 奥地利 | 3.6 | 74.8 |
| 比利时 | 6.6 | 59.9 |
| 加拿大 | 7.2 | 72.0 |
| 丹麦 | 4.3 | 77.0 |
| 芬兰 | 9.1 | 68.1 |
| 法国 | 8.6 | 63.2 |
| 德国 | 7.9 | 69.0 |

续前表

| 国家 | 失业率 | 就业率 |
|---|---|---|
| 匈牙利 | 5.8 | 55.4 |
| 爱尔兰 | 3.8 | 67.3 |
| 日本 | 5.0 | 74.3 |
| 荷兰 | 2.4 | 65.4 |
| 新西兰 | 5.3 | 62.3 |
| 波兰 | 18.2 | 53.5 |
| 葡萄牙 | 4.1 | 72.2 |
| 西班牙 | 13.0 | 57.5 |
| 瑞典 | 5.1 | 73.0 |
| 英国 | 5.0 | 72.2 |
| 美国 | 4.8 | 73.1 |

资料来源：*National Post Business*.

计算判定系数，并概括你得到的信息。

**4.69　Xr04－69**　所有的加拿大人都有政府资助的健康保险，可以用来支付他们需要支付的医疗费用。然而，如果在国外旅行，加拿大人通常需要补充健康保险来支付紧急治疗的费用与政府报销的费用之间的差额。在美国，这项费用差额比较高。直到最近，商业保险公司（如蓝十字、蓝盾）才对每个人收取相同的周费率，而不考虑年龄。然而，由于成本上升以及年事较高的人经常发生高额的医疗费用，保险人不得不改变他们的保费计划。他们决定根据被保险人的年龄调整费率。为了确定新费率，一家保险公司收集了 1 348 名加拿大人在过去的 12 个月中有关年龄和日医疗费用额的数据。

a. 计算判定系数。

b. 问题（a）中计算的统计量能够向你提供什么信息？

c. 确定最小二乘直线。

d. 解释最小二乘直线的系数。

e. 你认为应该采用什么样的费率计划？

**4.70　Xr04－70**　某单户住宅开发商正在制定接下来几年的开发计划。该公司的分析员认为利率很有可能上升但仍将维持在较低的水平。为了确定将要建造的房屋数目，该开发商记录了 1963—2012 年每个月的银行基准利率和每月售出的单户住宅的数目。（资料来源：美国联邦储备统计和美国人口普查局。）

计算判定系数，并解释关于银行基准利率和单户住宅销量之间的关系，该统计量能告诉你什么信息？

**4.71　Xr04－71**　原油价格上涨时，石油公司会开采更多油井吗？为了确定这个关系的强度和特点，某经济学家记录了 1973—2010 年每个月一桶国内原油（西得克萨斯中质原油）的价格和开采的油井数量。分析这些数据并解释你的发现。（资料来源：美国能源署。）

**4.72 Xr04-72** 度量失业规模的一种方法是招工指数。该指数计算的是全国报纸上的招工广告的数量。该指数越高，对工人的需求就越大。另一种度量方法是被保险的工人的失业率。某位经济学家想要了解是否这两个变量之间存在相关性以及相关性的具体内容。他收集了 1951—2006 年（最新公开年份）每个月度的招工指数和失业率。请确定相关性的强度和方向。（资料来源：美国劳工统计局。）

**4.73 Xr04-73** 一家制造公司使用复杂的机器设备成批生产产品。总经理想调查直接劳动成本和每批生产的产品数。他记录了最近 30 批的数据。确定固定和可变的劳动成本。

**4.74 Xr04-74** 一家厂商记录了它过去 52 个星期中每星期的电费和机器运转时间总和。估计固定和可变的电费。

**4.75 Xr04-75** 本章开篇的例子中提到棒球队工资和获胜次数之间存在非常微弱的线性关系。这就提出了一个问题：球场上的成功次数和上座率之间是否有关？如果答案是否定的，那么那些利益驱动型球队所有者就不会愿意出资改善球队待遇。某统计工作者记录了 2012 赛季各球队的获胜次数和平均售出的球票数量。

a. 计算相关参数以便帮助球队所有者做决策。

b. 估计获胜次数每增加一次售出票数的增加数量。

**4.76 Xr04-76** 根据习题 4.75 的要求，计算 2009 赛季棒球比赛的数据。

**4.77 Xr04-77** 参见习题 4.75。工作人员同时记录了 2012 赛季客队上座率。因为客队会分享门票收入，所以球队对这项分析很感兴趣。

a. 客队上座率与获胜次数相关吗？

b. 估计球队每多赢得一场比赛售出门票的增加数量。

**4.78 Xr04-78** 根据习题 4.77 的要求，计算 2009 赛季的数据。

**4.79 Xr04-79** 所给数据集记录了 2012—2013 赛季全国足球联赛（NFL）每支球队的获胜次数和工资。

a. 计算获胜次数每增加一次的边际费用。

b. 计算判定系数，描述你从中得到的信息。

**4.80 Xr04-80** 根据习题 4.79 的要求，计算 2008—2009 赛季全国足球联赛的数据。

**4.81 Xr04-81** 所给数据集记录了 2012—2013 赛季全国足球联赛主队和客队的上座率。

a. 分析获胜次数与主队上座率的相关性。

b. 分析获胜次数与客队上座率的相关性。

c. 简要说明你的结论。

**4.82 Xr04-82** 根据习题 4.81 的要求，计算 2008—2009 赛季全国足球联赛的数据。

**4.83 Xr04-83** 所给数据集记录了 2012—2013 赛季全国篮球联赛（NBA）每支球队的获胜次数和工资。

a. 计算获胜次数每增加一次的边际费用。

b. 计算判定系数，描述你从中得到的信息。

**4.84 Xr04-84** 根据习题 4.83 的要求，计算 2008—2009 赛季全国篮球联赛的数据。

**4.85　Xr04－85**　我们记录了 2012—2013 赛季全国篮球联赛主队和客队的上座率。

a. 分析获胜次数与主队上座率的相关性。

b. 分析获胜次数与客队上座率的相关性。

c. 你从篮球队的表现与主客队上座率的关系中得到了什么信息？

**4.86　Xr04－86**　根据习题 4.81 的要求，计算 2008—2009 赛季全国篮球联赛的数据。

**4.87　Xr04－87**　所给数据集记录了 2013 缩水赛季全国曲棍球联赛（NHL）每支球队的获胜次数和工资。

a. 计算获胜次数每增加一次的边际费用。

b. 计算判定系数，描述你从中得到的信息。

**4.88　Xr04－88**　根据习题 4.87 的要求，计算 2008—2009 赛季的数据。

**4.89　Xr04－89**　我们记录了 2013 赛季全国曲棍球联赛主队和客队的上座率。

a. 分析获胜次数与主队上座率的相关性。

b. 分析获胜次数与客队上座率的相关性。

c. 简要说明你的结论。

**4.90　Xr04－90**　根据习题 4.89 的要求，计算 2008—2009 赛季的数据。

**社会综合调查习题**

（Excel 用户：计算时你必须使用相邻的两列。我们建议你新建一个数据表，复制两列数据到该数据表的相邻两列。）

**4.91　GSS2012***　受教育程度高的人更少看电视吗？

a. 回答这一问题，使用最小二乘法来判断受教育程度（EDUC）对观看电视时间（TVHOURS）的影响。

b. 使用合适的统计量来计算这一线性关系的强度，解释这一统计量传达的信息。

**4.92　GSS2012***　判断调查对象的受教育年限（EDUC）是否与其父亲的受教育年限（PAEDUC）线性相关。

**美国国家选举调查习题**

**4.93　ANES2008***　判断调查对象的年龄（AGE）是否与其每天观看电视新闻的时间（TIME2）线性相关。

## 4.5　在职业运动中的应用：棒球（可选）

在本章开篇的例子中，我们介绍了 2012 赛季球队获胜次数和球队工资这两个变量。我们发现这两个变量之间存在弱正线性关系。线性关系的强度告诉我们，一些工资很高的球队在球场上并不十分成功，而一些工资较低的球队获胜的次数却很多。这可能说明花费在球队上的成本仅仅是一个因素，另一个因素是如何支出这些费用。在本节，我们将分析 2002—2009 年的八个赛季中，工资较低的球队的获胜情况。

在北美，职业运动这个行业涉及的资金高达数十亿美元。获取一项关于棒球、足球、篮球或曲棍球的专营权经常要支付近亿美元。虽然有一些球队在获胜次数较少的赛季也是赢利的，但经济上的成功与赛场上的成功通常是具有相关性的。（习题 4.75 和习题 4.76 说明对于球队而言，增加获胜次数是有经济动力的。）

很明显，获胜的球队拥有更好的球员。但是球队如何才能得到更好的球员呢？主要有三种途径：

1. 他们可以从高中或者大学中招募球员。
2. 他们可以从他们自己的球队或者其他球队中签约自由球员。
3. 他们可以与其他球队进行交易。

### □ 4－5a　招募球员

每年美国职业棒球大联盟的球队都会从高中或大学里招募队员。各球队招募队员的顺序与上赛季获胜的排名相反。在积分榜上排名靠后的球队在招募队员时排名靠前。如果一个球队签下了一名队员，就拥有了这名队员在小联盟中前七年和大联盟中前六年的使用权。总经理和球探们到高中和大学里观看球赛，然后决定招募哪名队员以及招募的顺序。年轻的队员通常被邀请到营地中，球队会记录他们的奔跑速度、本垒打的力量以及投手的速度等。一般情况下，判断的标准就是这个人看起来是否像一名队员。也就是说，看起来高大健壮的男人要比矮小肥胖的男人更容易中选。

### □ 4－5b　签约自由球员

在大联盟的前三年，球队可以支付球员最低工资，2012 年最低工资是每年 48 万美元。三年以后，球员就可以申请仲裁。通常，一名比较成功的球员可以通过仲裁使他的薪水增加到 200 万美元～300 万美元。六年以后，他就可以成为一名自由球员，从而可与任何大联盟的球队签约。比较出色的自由球员可以在合同中要求每年 1 000 万美元以上的报酬。

### □ 4－5c　交　易

球队之间经常交易球员，他们希望换回的球员对整个球队的作用能够大于换走的球员。但是，很多交易对于双方的作用都不大。然而，在棒球的历史上，曾经有一些交易极大地改善了其中一支球队的表现，而削弱了另一支球队的表现。

正如本章开篇中的例子“再一次胜利的代价”中描述的那样，不同球队工资的差异性是非常大的。2012 年，纽约扬基队的工资是 19 800 万美元，而圣迭戈教士队的工资则是 5 500 万美元（这里的工资是指赛季开始时的工资）。一支球队的财务能力在很大程度上受球队所在城市的影响。例如，纽约、拉斯维加斯、亚特兰大、阿灵顿和得克萨斯都是市场较大的城市。而坦帕湾、奥克兰和明尼苏达的市场则相对较小。位于市场较大的城市的球队往往支付的工资较高，因为这里门票价和电视台的收费较高。这就意味着位于市场较小的城市的球队不能获得比较好的自由球员，因此较难成功。

问题是：市场需求小的球队在球场上是否成功？如果答案是肯定的，成功的秘诀是什么呢？答案就在于招募和交易球员时如何评估球员的表现。一般而言，由总经理在球探和助理的帮助下来决定选择招募谁以及交易时买入和卖出哪位球员。因为球探通常以前都是大联盟和小联盟的球员，他们是由其他球员训练的，因此，他们往往能够在关于球员价值的问题上达成一致。同样地，交易队员时，交易的往往是价值相同的队员。结果，大多数球队评估球员表现的方式都相同。这就提出了另一个问题：一支球队如何能够领先于其他球队？答案就在于统计。

显然，决定获胜次数的两个重要变量是球队赢得的得分和输掉的得分。球队输掉的得分是投手球技或者说是防守力量的函数。很多大联盟球队评估投手的指标是投手投快球的速度。投快球的速度达到每小时 90～100 英里的投手会引起球探的注意。如果高中或者大学中的投手的速度为每小时 80 英里，则他很难被选中，即使他在后面的比赛中表现很好。

高中或者大学里击打率较高和能够击出全垒打的球员也容易被球探选中。

预算较少的球队成功的唯一途径就在于它们能够更精确地评估球员。这就意味着他们必须采取与其他球队不同的方法来选择球员。在下面的分析中，我们主要关注球队的得分和与该变量相关的统计量。

如果球探评估年轻球员的方法是正确的，那么与球队得分相关性最强的变量应该是击打率（BA）和本垒打的数量（HR）。（BA 等于一名球员的安打数除以打数与四环球数之差。）2002—2009 赛季变量之间的相关系数如下表所示。

| 相关系数 | 年份 | | | | | | | |
|---|---|---|---|---|---|---|---|---|
| | 2002 | 2003 | 2004 | 2005 | 2006 | 2007 | 2008 | 2009 |
| 得分与击打率 | 0.828 | 0.889 | 0.803 | 0.780 | 0.672 | 0.762 | 0.680 | 0.748 |
| 得分与本垒打 | 0.682 | 0.747 | 0.765 | 0.713 | 0.559 | 0.536 | 0.617 | 0.744 |

是否还有更好的统计量呢？也就是说，是否有其他变量与得分之间的相关性比这两个变量强？可选的变量有两个：上垒率（OBA）和多垒安打率（SLG）。OBA 等于安打数、四环球数与触身球数之和除以打数。SLG 等于垒打数（一垒＝1，二垒＝2，三垒＝3，全垒＝4）除以打数与四环球数和触身球数之和的差。变量之间的相关系数如下表所示。

| 相关系数 | 年份 | | | | | | | |
|---|---|---|---|---|---|---|---|---|
| | 2002 | 2003 | 2004 | 2005 | 2006 | 2007 | 2008 | 2009 |
| 得分与上垒率 | 0.835 | 0.916 | 0.875 | 0.783 | 0.800 | 0.875 | 0.834 | 0.851 |
| 得分与多垒安打率 | 0.913 | 0.951 | 0.929 | 0.790 | 0.854 | 0.885 | 0.903 | 0.911 |

你可以看出，对于上述八个赛季来说，OBA 与得分的相关性比 BA 与得分的相关性要强。

比较 HR 与 SLG 和得分的相关系数，我们可以发现 SLG 与得分的相关性比 HR 与得分的相关性强。

我们之前曾经指出过，根据这些统计量我们不能得出关于因果关系的结论。然而，很多选择球员的决策都是基于 BA 和 HR 做出的，所以这些变量可以提醒经理在选择球员时不能仅仅依靠击打率，而应该赋予更大的权重给击球手的攻垒能力。

### □ 4-5d 奥克兰运动家队（和一个统计数字）的成功故事①

奥克兰运动家队工资少，而获胜的次数却很多，从 2002 年到 2006 年，恐怕没有一支球队像它这么成功了。2002 年奥克兰运动家队的工资是 4 000 万美元，共赢得了 103 场比赛。在同一赛季，纽约扬基队赢得了同样多的比赛，工资为 12 600 万美元。2003 年奥克兰运动家队赢了 96 场比赛，仅次于纽约扬基队的 101 场。奥克兰运动家队的工资是 5 000 万美元，而纽约扬基队的工资则是 15 300 万美元。2004 年，奥克兰运动家队的工资为 5 900 万美元，获胜 91 次，而纽约扬基队获胜 101 次，工资为 18 400 万美元。2005 年，奥克兰运动家队获胜 88 次，工资为 5 500 万美元，纽约扬基队获胜 95 次，工资为 20 800 万美元。2006 年奥克兰运动家队和纽约扬基队的获胜次数分别为 93 次和 97 次，而工资水平则分别是 6 200 万美元和 19 900 万美元。

奥克兰运动家队把自己的成功归因于总经理们愿意重新思考球队获胜的方式。第一个愿意这样做的经理是 Sandy Alderson，他从 1993 年开始在该队任职。他是一个完全没有棒球经验的门外汉。对于这支球队来说这是一次很不寻常的雇佣经历，因为球队的其他经理和总经理要么以前是运动员，要么曾在球队的其他岗位上服务过很多年。那时，奥克兰运动家队的工资高，球场上的表现也很好。1988 年、1989 年和 1990 年它的表现都是世界级的，1991 年的工资更是达到了业内的最高水平。球队的所有者是 Walter A. Haas，Jr.，他愿意为对球队获胜有帮助的一切东西付费。1995 年他去世以后，新的所有者认为工资太高了，决定进行削减。这就迫使 Alderson 不得不重新考虑经营策略。

Sandy Alderson 是一名律师，之前是一名海军。因为就棒球来说，他是外行，所以他开展工作的方式也完全不同。他调查了比赛的每一个方面，认为在第三次出局以前，一切都是有可能的，但是三次出局以后，一切都是不可能的了。因此，他得出结论认为得分的方法就是将每位球员出局的概率降到最低。所以，他在评估球员时，并不像其他经理那样根据球员的击打率，而是通过球员的平均上垒率来进行考核。上垒率（前面已经解释过）是不出局的概率。这种评估方法在棒球中是非常少见的。

Alderson 的下一任是 Billy Beane，他沿用了 Alderson 的思想，并且聘请了一个哈佛大学的毕业生来管理这些统计数据。

在本书的上一版本中，我们问了一个问题：其他球队为什么不效仿呢？答案是在 2010 年其他球队已经效仿了。在前三年，奥克兰运动家队已经不如前五年那样成功（每年大约赢 75 场）。很明显，奥克兰运动家队评估球员的方法已经影响了其他球队。然而，球队成功与球员工资之间的线性关系仍然很微弱。这意味着，除了球员工资外，还有其他一些变量影响着球队的获胜次数。也许一些聪明的球队经理能够找到那些变量。如果他们成功找到变量，那么将这一发现发布在我们的书中是再好不过的了。

## 4.6 在金融中的应用：市场模型（可选）

在前面的应用框中，我们曾经提到过投资收益率和风险的概念，并介绍了投资的两

① 该故事在迈克尔·刘易斯的《魔球：逆境中致胜的智慧》一书中有所描述。

个目标：最大化期望收益和最小化风险。金融分析师们通常使用各种各样的统计方法来实现这两个目标。大多数投资者都是风险规避型的，这也就意味着对于他们来说，最小化风险更重要。在 4.2 节中，我们曾经指出方差和标准差经常被用来度量投资风险。

**在金融中的应用：股市指数**

纽约证券交易所（NYSE）、NASDAQ、多伦多证券交易所（TSE）等全球许多其他证券市场会计算股票指数来提供股票交易的价格信息。股票指数是能够代表证券市场的大量股票价格的综合。例如，道琼斯工业平均指数（DJIA）是 30 个 NYSE 大型公开交易公司股票价格的平均值。标准普尔 500 指数（S&P）是 500 个 NYSE 股票价格的平均值。这些指数代表相应的证券交易，能够快速地向读者提供证券交易情况和国家经济状况的整体信息。NASDAQ 100 指数是 NASDAQ 100 个最大的非金融公司股票价格的平均值。S&P/TSX 复合指数是 TSE 60 个大型公司的综合。

本节中，我们将介绍最小二乘直线的一个重要应用，那就是众所周知的“市场模型”。该模型假定股票的收益率与股票市场指数（简称股指）的收益率线性相关。股票市场指数收益率的计算方法与单只股票收益率的计算方法相同。例如，如果去年年末股指为 10 000，今年年末为 11 000，那么股指的年收益率就是 10%。股票的收益率是因变量 $Y$，自变量 $X$ 是股指收益率。

我们使用最小二乘直线来代表 $X$ 和 $Y$ 之间的线性关系。系数 $b_1$ 被称为股票的 $\beta$ 系数，度量的是股票收益率对于整个市场变化的敏感程度。例如，如果 $b_1$ 大于 1，那么该只股票的收益率对于整个市场的变化就比平均值敏感。假设 $b_1=2$，那么股指增长 1%就会导致股票收益率平均增长 2%，股指下降 1%就会导致股票收益率平均下降 2%。因此，$\beta$ 系数大于 2 的股票的波动性要比整个市场大。



**例 4.19　通用电气公司的市场模型**

数据：Xm04 - 19

所提供的数据集记录了 2008 年 1 月至 2012 年 12 月通用电气公司（GE）的月收益率和标准普尔指数（衡量整个 NYSE 证券市场）。下面列出了部分数据。估计市场模型，并分析结果。

| 年份 | 月份 | 标普 500 指数 | GE |
|---|---|---|---|
| 2008 | 1 月 | −0.034 76 | −0.054 46 |
| | 2 月 | −0.005 96 | 0.117 03 |
| | 3 月 | 0.047 55 | −0.116 51 |
| | 4 月 | 0.010 67 | −0.060 58 |
| | 5 月 | −0.085 96 | −0.121 51 |
| | 6 月 | −0.009 86 | 0.059 98 |
| | 7 月 | 0.012 19 | −0.006 76 |

续前表

| 年份 | 月份 | 标普 500 指数 | GE |
|---|---|---|---|
| | 8 月 | −0.090 79 | −0.080 36 |
| | 9 月 | −0.169 42 | −0.234 86 |
| | 10 月 | −0.074 85 | −0.120 24 |
| | 11 月 | 0.007 82 | −0.037 77 |
| | 12 月 | −0.085 66 | −0.251 25 |
| 2012 | 1 月 | 0.040 59 | 0.027 65 |
| | 2 月 | 0.031 33 | 0.053 28 |
| | 3 月 | −0.007 50 | −0.024 53 |
| | 4 月 | −0.062 65 | −0.024 62 |
| | 5 月 | 0.039 55 | 0.100 97 |
| | 6 月 | 0.012 60 | −0.004 39 |
| | 7 月 | 0.019 76 | −0.001 96 |
| | 8 月 | 0.024 24 | 0.104 57 |
| | 9 月 | −0.019 79 | −0.072 44 |
| | 10 月 | 0.002 85 | 0.003 35 |
| | 11 月 | 0.007 07 | 0.002 39 |
| | 12 月 | 0.021 71 | −0.004 29 |

**解**

使用 Excel 绘制散点图和最小二乘直线（Minitab 的结果大致相同）。我们在图中添加了直线方程和判定系数。

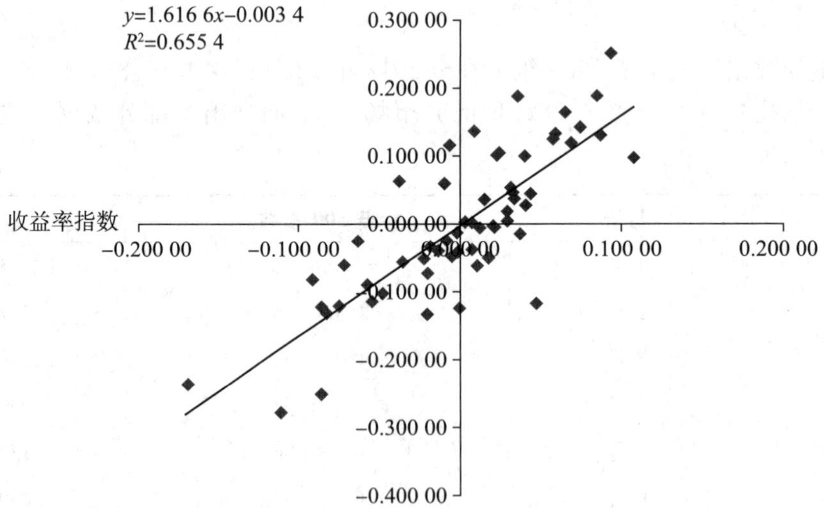


从图中可以看出，通用电气公司的 $\beta$ 系数为 1.616 6，也就是说，从样本数据中我

们可以看出，标准普尔指数每增加 1%，通用电气的收益率增加 1.616 6%。因为 $b_1$ 大于 1，所以我们可以认为通用电气公司的收益率波动性较大，比标准普尔指数的风险大。

### □ 4-6a　系统性风险和企业特定风险

斜率 $b_1$ 衡量的是股票与市场相关的风险，因为它衡量的是股票的波动性当中与市场的波动有关的部分。斜率只能告诉我们这两个收益率之间关系的类型，并不能说明线性关系的强度。

判定系数衡量的是在总风险中与市场相关的风险所占的比例。在上面的例子中，通用电气公司的总风险中有 65.54%与市场相关。也就是说，通用电气公司收益率变动的 65.54%可以由标准普尔指数收益率的变动来解释。剩下的 34.46%与市场无关，是由通用电气公司发生的特定事件决定的。金融分析员把这部分风险叫作企业特定风险（又叫作非系统性风险）。企业特定风险包含的变量并没有出现在市场模型中，比如通用电气销售人员和经理的效率。在 7.3 节中，我们将会讨论到，这部分风险可以通过创造不同股票构成的投资组合来进行分散。然而，与市场相关的风险却是不能分散的。

投资组合的 $\beta$ 系数就是组合中各个股票的 $\beta$ 系数的平均值。如果投资者认为整个市场会看涨，就应该持有那些 $\beta$ 系数大于 1 的投资组合。风险规避型和看跌市场的投资者往往会持有 $\beta$ 系数小于 1 的投资组合。

## 习　题

下面的习题要求使用计算机和统计软件。

**Xr04-S&P500**　我们记录了 2008 年 1 月至 2012 年 12 月 S&P 500 指数和纽约证券交易所道琼斯工业平均指数的 30 只股票的月收益率：

3M 公司（MMM）
美铝公司（AA）
美国运通公司（AXP）
美国电话电报公司（T）
美国银行（BAC）
波音公司（BA）
卡特彼勒公司（CAT）
雪佛龙公司（CVX）
思科系统公司（CSCO）
可口可乐公司（KO）
迪士尼公司（DIS）
杜邦公司（DD）
埃克森石油公司（XOM）
通用电气公司（GE）

惠普公司（HPQ）
家得宝公司（HD）
英特尔公司（INTC）
国际商业机器公司（IBM）
强生公司（JNJ）
摩根大通银行（JPM）
麦当劳公司（MCD）
默克公司（MRK）
微软公司（MSFT）
辉瑞公司（PFE）
宝洁公司（PG）
旅行家公司（TRV）
联合技术公司（UTX）
联合健康集团（UNH）
威瑞森电信公司（VZ）
沃尔玛公司（WMT）

对于以下习题，计算每只股票的 $\beta$ 系数和判定系数，并进行解释。

（Excel 使用者应注意，利用散点图计算 $\beta$ 系数时，数据必须存储在相邻的两列中。第一列是指数收益率，第二列是你要计算的股票的收益率。）

**4.94** 美国运通公司（AXP）。

**4.95** 通用电气公司（GE）。

**4.96** 家得宝公司（HD）。

**4.97** 微软公司（MSFT）。

对于以下习题，计算投资组合的平均 $\beta$ 系数。

**4.98** 3M 公司（MMM）、美国银行（BAC）和迪士尼公司（DIS）。

**4.99** 波音公司（BA）、卡特彼勒公司（CAT）和埃克森石油公司（XOM）。

**4.100** 惠普公司（HPQ）、英特尔公司（INTC）和麦当劳公司（MCD）。

**4.101** 默克公司（MRK）、辉瑞公司（PFE）和联合健康集团（UNH）。

**Xr04 - TSE** 我们记录了 2008—2012 年多伦多股票交易指数和以下股票收益率的月度数据：

巴里克黄金公司（ABX）
庞巴迪公司（BBD. B）
加拿大贝尔集团（BCE）
蒙特利尔银行（BMO）
新斯科舍银行（BNS）
加拿大帝国商业银行（CM）
加拿大国家铁路公司（CNR）
加拿大油砂公司（COS）
加拿大轮胎公司（CTC. A）
加拿大能源公司（ECA）

加拿大管道公司（ENB）
加拿大宏利金融集团（MFG）
麦格纳国际集团（MG）
加拿大钾肥公司（POT）
加拿大鲍尔集团（POW）
黑莓公司（RIM）
罗杰斯通信公司（RCI. B）
加拿大皇家银行（RY）
萧氏通信公司（SJR. B）
森科能源公司（SU）
研科公司（T）
蒂姆霍顿公司（THI）

对于以下习题，计算每只股票的 $\beta$ 系数和判定系数，并进行解释。

**4.102** 巴里克黄金公司（ABX）。

**4.103** 蒂姆霍顿公司（THI）。

**4.104** 加拿大轮胎公司（CTC. A）。

对于以下习题，计算投资组合的平均 $\beta$ 系数。

**4.105** 蒙特利尔银行（BMO）、新斯科舍银行（BNS）和加拿大皇家银行（RY）。

**4.106** 加拿大能源公司（ECA）、加拿大管道公司（ENB）和森科能源公司（SU）。

**4.107** 加拿大贝尔集团（BCE）、罗杰斯通信公司（RCI. B）和研科公司（T）。

**Xr04 - NASDAQ** 计算 2008 年 1 月至 2012 年 12 月 NASDAQ 指数和以下股票的收益率：

奥多比系统公司（ADBE）
亚马逊公司（AMZN）
安进公司（AMGN）
苹果公司（AAPL）
寝浴百货公司（BBBY）
思科系统公司（CSCO）
康卡斯特公司（CMCSA）
好市多公司（COST）
戴尔公司（DELL）
美元树公司（DLTR）
艾派迪公司（EXPE）
台湾国际航电公司（GRMN）
谷歌公司（GOOG）
英特尔公司（INTC）
美泰公司（MAT）
微软公司（MSFT）
网飞公司（NFLX）
甲骨文公司（ORCL）

黑莓公司（RIMM）
闪迪公司（SNDK）
天狼星卫星广播公司（SIRI）
斯台普斯公司（SPLS）
星巴克公司（SBUX）
全食食品超市（WFM）
永利度假村公司（WYNN）
雅虎公司（YHOO）

对于以下习题，计算每只股票的 $\beta$ 系数和判定系数，并进行解释。

**4.108** 亚马逊公司（AMZN）。

**4.109** 艾派迪公司（EXPE）。

**4.110** 网飞公司（NFLX）。

对于以下习题，计算投资组合的平均 $\beta$ 系数。

**4.111** 苹果公司（AAPL）、戴尔公司（DELL）和谷歌公司（GOOG）。

**4.112** 好市多公司（COST）和美元树公司（DLTR）。

**4.113** 思科系统公司（CSCO）、英特尔公司（INTC）和甲骨文公司（ORCL）。

## 4.7 图表方法和数字方法的比较

前面提到，图表方法对于快速地产生对数据的大致印象非常有用。例如，当看到直方图时，就可以了解一组定距数据的位置、分散程度和形状。数字方法同样也可以提供相似的信息，相应地有中心位置的测度、变异性的测度和相对位置的测度。散点图以图表形式描述两个定距变量的关系，但是协方差、相关系数和最小二乘直线等数字测度也有同样的作用。那么为什么我们还要把这两类技术都掌握呢？因为它们提供的信息有所区别。在第 3 章中，我们曾用三个例子来说明图表方法，现在再次用这三个例子来说明图表方法和数字方法的区别。

### 例 3.2 比较两项投资的收益

在例 3.2 中，我们想要判断哪项投资更好。正如专栏“在金融中的应用：投资收益率”所提到的，我们根据对投资收益和风险的预测来决定是否进行投资。我们可以通过绘制直方图来尝试对它们加以解释。直方图的中心提供了关于预期收益的信息，离散程度则反映了风险的大小。但是直方图传递的信息并不够清晰。幸运的是，我们可以使用数字测度方法，均值和中位数提供了预期收益的信息，方差或标准差则能告诉我们与每项投资相关的风险。

下表是 Excel 输出的描述性统计量的值，Minitab 的描述性统计量是相似的（我们把结果汇总在了一张工作表中）。

**例 3.2　应用 Excel 输出的结果**

| | A | B | C | D | E |
|---|---|---|---|---|---|
| 1 | 投资 A | | | 投资 B | |
| 2 | | | | | |
| 3 | 平均 | 10.95 | | 平均 | 12.76 |
| 4 | 标准误差 | 3.10 | | 标准误差 | 3.97 |
| 5 | 中位数 | 9.88 | | 中位数 | 10.76 |
| 6 | 众数 | 12.89 | | 众数 | #N/A |
| 7 | 标准差 | 21.89 | | 标准差 | 28.05 |
| 8 | 方差 | 479.35 | | 方差 | 786.62 |
| 9 | 峰度 | −0.32 | | 峰度 | −0.62 |
| 10 | 偏度 | 0.54 | | 偏度 | 0.01 |
| 11 | 区域 | 84.95 | | 区域 | 106.47 |
| 12 | 最小值 | −21.95 | | 最小值 | −38.47 |
| 13 | 最大值 | 63 | | 最大值 | 68 |
| 14 | 求和 | 547.27 | | 求和 | 638.01 |
| 15 | 观测数 | 50 | | 观测数 | 50 |

可以看出投资 B 有更大的均值和中位数，但是投资 A 的方差和标准差更小。如果投资人对低风险投资感兴趣，他（她）最好选择投资 A；如果再检查一下例 3.2 的直方图，你会发现由于数字方法（均值、中位数和标准差）的精度比较高，它提供的信息比直方图给出的更有用。

## 例 3.3 和例 3.4　商务统计学课程、数理统计学课程

在这两个例子中，我们想要知道两种统计课程的分数存在什么区别。下面给出了各描述性统计量的值（我们把这两个结果汇总在了一张工作表中）。

**例 3.3 和例 3.4　应用 Excel 输出的结果**

| | A | B | C | D | E |
|---|---|---|---|---|---|
| 1 | 分数（例 3.3） | | | 分数（例 3.4） | |
| 2 | | | | | |
| 3 | 平均 | 72.67 | | 平均 | 66.40 |
| 4 | 标准误差 | 1.07 | | 标准误差 | 1.61 |
| 5 | 中位数 | 72 | | 中位数 | 71.50 |
| 6 | 众数 | 67 | | 众数 | 75 |
| 7 | 标准差 | 8.29 | | 标准差 | 12.47 |
| 8 | 方差 | 68.77 | | 方差 | 155.498 |
| 9 | 峰度 | −0.36 | | 峰度 | −1.241 |

续前表

| | A | B | C | D | E |
|---|---|---|---|---|---|
| 10 | 偏度 | 0.16 | | 偏度 | −0.217 |
| 11 | 区域 | 39 | | 区域 | 48 |
| 12 | 最小值 | 53 | | 最小值 | 44 |
| 13 | 最大值 | 92 | | 最大值 | 92 |
| 14 | 求和 | 4 360 | | 求和 | 3 984 |
| 15 | 观测数 | 60 | | 观测数 | 60 |
| 16 | 最大（15） | 79 | | 最大（15） | 76 |
| 17 | 最小（15） | 67 | | 最小（15） | 53 |

这些统计量告诉我们，商务统计学课程分数（例 3.3）的均值和中位数要高于数理统计学课程（例 3.4）。直方图也提供了重要信息，不难发现数理统计学课程分数的直方图是双峰的，当时的解释为数理统计学课程使学生产生了差别；商务统计学课程分数的单峰直方图则表明该课程消除了学生的差别。

## □ 第 3 章开篇的例子

这个例子想要研究石油的价格和汽油的价格是否相关。从散点图中可以看出，两者之间存在较强的线性关系。通过计算相关系数（见下表）和绘制最小二乘直线，我们可以得出更多信息。

**第 3 章开篇的例子的 Excel 输出结果：相关系数**

| | A | B | C |
|---|---|---|---|
| 1 | | 原油 | 汽油 |
| 2 | 原油 | 1 | |
| 3 | 汽油 | 0.966 4 | 1 |

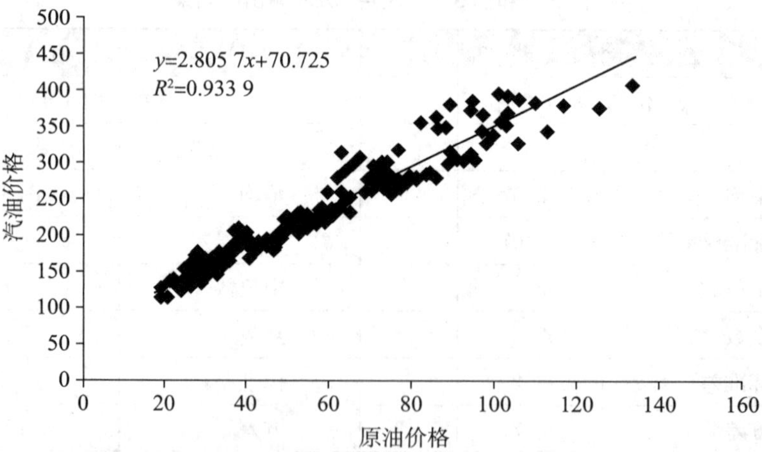


**第 3 章开篇例子的 Excel 输出结果：最小二乘直线**

相关系数证实了我们从散点图中得到的信息，这两个变量之间确实存在着比较强的正线性关系。

最小二乘直线的斜率告诉我们，每桶石油的价格增加1美元，每加仑汽油的价格平均增加2.8美分。然而，因为1桶石油可生产约42加仑汽油，所以每桶石油的价格增加1美元，每加仑汽油的价格增加2.4美分（1.00/42美元）。可以看出，石油公司通过给每加仑汽油加价0.5美分来获利。判定系数为0.933 9，说明汽油价格变动的93.39%可以由石油价格的变化来解释。

## 习　题

下面的习题要求使用计算机和统计软件。

**4.114　Xr03-50**　计算习题3.50的判定系数，它是否比散点图包含更多信息？

**4.115　Xr03-51**　见习题3.51。计算最小二乘直线的系数，并与散点图得到的结果进行比较。

**4.116　Xr03-56**　计算习题3.56的判定系数和最小二乘直线，并与散点图单独给出的信息进行比较。

**4.117　Xr03-59**　见习题3.59。计算判定系数和最小二乘直线，它们是否比散点图包含更多信息？

**4.118　Xm03-07**　见例3.7。

a. 计算最小二乘直线的系数。

b. 解释系数的意义。

c. 这些系数的信息是否比散点图的信息更有用？

**4.119　Xr04-53**　在习题4.53中，你已经绘制了箱线图，请绘制直方图并比较结果。

**4.120　Xr04-55**　见习题4.55。绘制这组数据的直方图，你可以得出什么信息？

# 4.8　对数据描述的总结

使用图表方法和数字方法是为了描述和概括数据。统计人员通常把图表方法作为第一步，这是因为首先需要知道数据分布的形状。数据分布的形状有助于回答以下问题：

1. 数据分布的近似中心位置在何处？

2. 观测值是彼此接近还是相离甚远？

3. 分布是单峰的、双峰的还是多峰的？如果存在不止一个众数，波峰在哪里，波谷在哪里？

4. 分布是否对称？如果不对称，它是倾斜的吗？如果对称，它是钟形的吗？

直方图和箱线图能提供大多数答案，我们通常可以从图表的形状上对数据的本质做出推断。例如，我们可以通过观察分散程度来评估投资的相对风险，可以通过检查期末成绩的分布是双峰的还是倾斜的来改善课程教学。

图表的形状还可以对数字方法的使用提供一些建议。正如本章所讲到的，高度倾斜数据的中心位置也许用中位数来测度更为合适，还可以选择使用内距而不是标准差来衡量倾斜数据的分散程度。

当我们知道了数据的结构后，还可以做进一步的分析。例如，我们经常想判断一个变量或者几个变量是如何影响其他变量的。散点图、协方差和相关系数是判断变量间关系的非常有用的指标。本书稍后介绍的一些方法将有助于揭开这些关系的本质。

## 小　结

本章扩展了对描述性方法的讨论，涉及了总结和揭示一组数据所包含的重要信息的一些方法。建立频率分布并得到数据集分布的大致印象后，可以使用数字方法来测度定距数据的中心位置和变异性。中心位置常用的三种测度是均值、中位数和众数。仅仅依靠这些统计量对数据进行描述还是不充分的，因为它们不能说明数据的变化程度。极差、方差和标准差等数字测度则传达了反映定距数据变异性的信息。

对于被测样本为钟形分布的特殊情况，经验法则提供了对落在均值的一、二、三倍标准差之间的观测值比例的很好的近似。切比雪夫定理可应用于各种数据，并且不受直方图形状的影响。

本章介绍的相对位置的测度是百分位数和四分位数；箱线图以图表形式描述这些测度以及其他几个测度；两个定距变量的线性关系由协方差、相关系数和最小二乘直线来度量。

### 重要术语

| | | | |
|---|---|---|---|
| 中心位置的测度 | 均值 | 中位数 | 众数 |
| 众数组 | 几何平均数 | 变异性的测度 | 极差 |
| 方差 | 标准差 | 离差 | 平均绝对离差 |
| 经验法则 | 切比雪夫定理 | 偏斜的 | 变异系数 |
| 百分位数 | 四分位数 | 内距 | 箱线图 |
| 离群点 | 协方差 | 相关系数 | 最小二乘法 |

### 符号

| 符号 | 意义 |
|---|---|
| $\mu$ | 总体均值 |
| $\sigma^2$ | 总体方差 |
| $\sigma$ | 总体标准差 |
| $\rho$ | 总体相关系数 |
| $\sum$ | 求和 |

续前表

| 符号 | 意义 |
|---|---|
| $\sum_{i=1}^{n} x_i$ | $n$ 个变量的和 |
| $\hat{y}$ | $y$ 的拟合值或计算值 |
| $b_0$ | $y$ 轴截距 |
| $b_1$ | 斜率 |

## 公式

总体均值

$$\mu = \frac{\sum_{i=1}^{N} x_i}{N}$$

样本均值

$$\bar{x} = \frac{\sum_{i=1}^{n} x_i}{n}$$

极差

极差＝最大观测值－最小观测值

总体方差

$$\sigma^2 = \frac{\sum_{i=1}^{N} (x_i - \mu)^2}{N}$$

样本方差

$$s^2 = \frac{\sum_{i=1}^{n} (x_i - \bar{x})^2}{n-1}$$

总体标准差

$$\sigma = \sqrt{\sigma^2}$$

样本标准差

$$s = \sqrt{s^2}$$

总体协方差

$$\sigma_{xy} = \frac{\sum_{i=1}^{N} (x_i - \mu_x)(y_i - \mu_y)}{N}$$

样本协方差

$$s_{xy} = \frac{\sum_{i=1}^{n} (x_i - \bar{x})(y_i - \bar{y})}{n-1}$$

总体相关系数

$$\rho=\frac{\sigma_{xy}}{\sigma_x\sigma_y}$$

样本相关系数

$$r=\frac{s_{xy}}{s_x s_y}$$

判定系数

$$R^2=r^2$$

斜率

$$b_1=\frac{s_{xy}}{s_x^2}$$

$y$ 轴截距

$$b_0=\bar{y}-b_1\bar{x}$$

## 习　题

**4.121　Xr04-121*** 　骨质疏松是骨密度下降的结果，会导致骨折。骨密度通常在30岁时最高，随后逐渐下降。为了更多地了解这种状况，随机调查50岁以上的女性，记录了每位女性的骨密度损失。

a. 计算数据的均值和中位数。

b. 计算骨密度损失的标准差。

c. 描述一下你从这些统计量中知道了什么。

**4.122　Xr04-122*** 　纽约州布法罗市12月的温度通常低于40华氏温度（等于4摄氏度）。很自然地，当美国职业橄榄球大联盟布法罗比尔队在主场比赛时，咖啡在特许看台上最受欢迎。特许经理人需要知道更多信息，从而可以更有效地管理咖啡的库存。在布法罗市12月举行的50场比赛中，记录了卖出的咖啡的杯数。

a. 确定均值和中位数。

b. 确定方差和标准差。

c. 绘制箱线图。

d. 简要地描述一下你从统计分析中知道了什么。

**4.123**　见习题4.121。除了骨密度损失，女性的年龄也被记录下来。计算相关系数并描述一下这个统计量告诉了你什么。

**4.124**　见习题4.122。假设除了记录了咖啡销售量外，经理人还记录了比赛中的平均温度（单位：华氏温度）。数据与卖出的咖啡的杯数一起存储在文件中。

a. 计算判定系数。

b. 确定最小二乘直线的系数。

c. 在上面计算的统计量中，对于卖出的咖啡的杯数和温度的关系，你知道了什么？

d. 比较一下这里得到的信息与习题4.122得到的信息，哪一个对经理人更有用？

**4.125 Xr04-125*** 克里斯·高尔夫纳特喜欢高尔夫运动和统计学。将这两个爱好相结合，克里斯记录了100个比分。

a. 克里斯应该计算哪些统计量来描述比分？

b. 计算比分的均值和标准差。

c. 简要地描述问题（b）中计算的统计量说明了什么。

**4.126 Xr04-126*** 互联网随着普通用户数量的增加而迅速发展。但是，在50岁以上的人群中，互联网的使用水平相对较低。为了更多地了解这个说法，随机选择250名50岁以上的男性和女性，他们至少使用过一次互联网。记录上个月上网的小时数。

a. 计算均值和中位数。

b. 计算方差和标准差。

c. 绘制箱线图。

d. 简要地描述一下你从计算的统计量中知道了什么。

**4.127** 见习题4.125。对每个分数，克里斯记录了击球数。对两组数据做出分析。你从这些统计量中得出了什么结论？

**4.128** 见习题4.126。除了互联网的使用时间，假设我们还记录了受教育年限。

a. 计算判定系数。

b. 确定最小二乘直线的系数。

c. 关于互联网使用和教育的关系，这些统计量告诉了你什么？

d. 比较一下本题和习题4.126得到的信息。

**4.129 Xr04-129*** 抽取一些面积为1英亩的小块玉米田。记录了玉米产量。计算你认为有用的描述性统计量并对它们做一下解释。

**4.130** 见习题4.129。我们同时记录了每块田的降雨量。

a. 计算判定系数。

b. 确定最小二乘直线的系数。

c. 关于玉米产量和降雨量的关系，这些统计量告诉了你什么？

d. 比较一下本题和习题4.129中得到的信息。

**4.131** 见习题4.129。我们记录了每块田地的施肥量。

a. 计算判定系数。

b. 确定最小二乘直线的系数。

c. 关于玉米产量和施肥量的关系，这些统计量告诉了你什么？

d. 比较一下本题和习题4.129中得到的信息。

**4.132 Xr04-132** 不断增加的学费已经使一些学生在毕业时背负上了沉重的债务。为了证实这个说法，随机抽取最近的毕业生，要求他们回答是否有学生贷款，如果有，毕业时的债务是多少。

a. 计算中心位置的所有三个测度。

b. 关于学生毕业时的贷款债务，这些统计量说明了什么？

案例 4.1

## 回顾全球变暖问题

到现在为止，我们已经介绍了一些统计分析方法，回到案例 3.1，我们有两个问题需要解决：地球是否在变暖？如果地球在变暖，是由二氧化碳造成的吗？在第 3 章末尾的时候，我们只能使用图示工具，包括线图和散点图。现在，请使用本章中介绍的更加精确的分析方法来回答这两个问题。

下面是你需要使用的数据集。

C04-01a　第 1 列：月份编码（1～1597）
　　　　　第 2 列：国家气候中心测量的温度异常值
C04-01b　第 1 列：年份
　　　　　第 2 列：月份
　　　　　第 3 列：冒纳罗亚山天文台测量的月度二氧化碳水平
　　　　　第 4 列：国家气候中心测量的温度异常值

a. 使用最小二乘方法估计上述数据集中的温度异常值平均月度变化。分别估计每个数据集中的温度异常值的总变化。

b. 计算二氧化碳和温度之间的最小二乘直线和相关系数，并描述你的发现。

案例 4.2

## 另一个全球变暖问题

数据：C04-02a，C04-02b，C04-02c，C04-02d

根据案例 4.1，你能得出自从 1880 年起全球气候开始变暖，二氧化碳与温度异常有线性关系的结论吗？如果得出以上结论，那么可以换一个角度看待这组数据。C04-02a 包含 1880—1940 年的温度异常数据，C04-02b 包含 1941—1975 年的温度异常数据，C04-02c 包含 1976—1997 年的温度异常数据，C04-02d 包含 1998—2013 年的温度异常数据。对于每一组数据，画一幅线图并说说你的结论。

案例 4.3

## 2004—2005 赛季运动员罢工对曲棍球赛季的影响

数据：C04-03a，C04-03b

由于运动员罢工，2004—2005 赛季的曲棍球比赛被迫取消。这次劳工争议的关键问题是“工资上限”。球队的所有者想通过设置工资上限来削减开支。市场较小的球队的所有者期望通过工资上限来使他们的球队更有竞争力。当然，工资上限也会使大多数球员的工资减少，因此，球员联合会非常抵制。最终，球队所有者取得了胜利，并在集体谈判合约中规定 2005—2006 赛季的工资上限为 3 900 万美元，下限为 2 150 万美元。

分析 2003—2004 赛季（C04-03a）和 2005—2006 赛季（C04-03b）的数据。对于

每个赛季：

a. 为了再获胜一次，每支球队平均需要额外支出多少？

b. 衡量线性关系的强度。

c. 讨论这两个赛季的不同点。

**案例 4.4**

## 魁北克全民公决投票：是否存在选举舞弊？

数据：C04－04

20 世纪 60 年代以来，魁北克就一直在讨论是否要从加拿大独立出来，成立独立的国家。1995 年 10 月 30 日举行了全民公决，结果显示魁北克的人民不希望独立。事实上，反对的一方仅仅赢了 52 448 票。大部分投反对票的人都是不会讲法语的人，这些人占了总人口的 20%，他们非常希望保留加拿大国籍。剩下的 80%的人会讲法语，大部分支持独立。

选票结果计算出来以后，支持方和反对方的票数相差很少，持反对票的人指控说监票者（大多数是由支持独立的省政府指定的）废弃的选票数量不合理。因为他们废弃的票中投同意票的人很少，并且选民中有很大一部分人母语既不是英语也不是法语，或者母语是英语（选举法中允许拒绝承认那些明显不合理的选票）。在加拿大这样民主的国家，选举竟然被人为操纵，他们对此感到非常愤怒。

如果选择同意的人比例很低，而反对的人比例很高，就可以说明确实存在着选举舞弊。此外，如果母语不是法语的人比例很高，被废弃的选票比例也很高，同样可以说明监票人或者政府存在舞弊现象。

为了证实这种指控的真实性，记录了每轮选举中以下变量的值：选举中被废弃的票数比例、持“同意”票的比例、母语不是英语或法语的人的比例、讲英语的人的比例。对这些数据进行统计分析，以判断是否存在选举舞弊。

# 附录　描述性方法的回顾

下面是第 2 章、第 3 章和第 4 章介绍过的统计方法的列表。我们设计了一幅流程图来帮助你选择合适的方法。

为了帮助大家辨别正确的描述性方法，我们编写了一些复习题，它们存储在随书所附的凯勒网站的附录——描述方法复习题中。

## □ 图表方法

直方图
茎叶图
肩形线
条形图
饼图
散点图
线图（时间序列）
箱线图

## □ 数字方法

**中心位置的测度**

均值
中位数
众数
几何平均数（增长率）

**变异性的测度**

极差
方差
标准差
变异系数
内距

**相对位置的测度**

百分位数
四分位数

**线性关系的测度**

协方差
相关系数
判定系数
最小二乘直线

**图表方法和数字方法流程图**

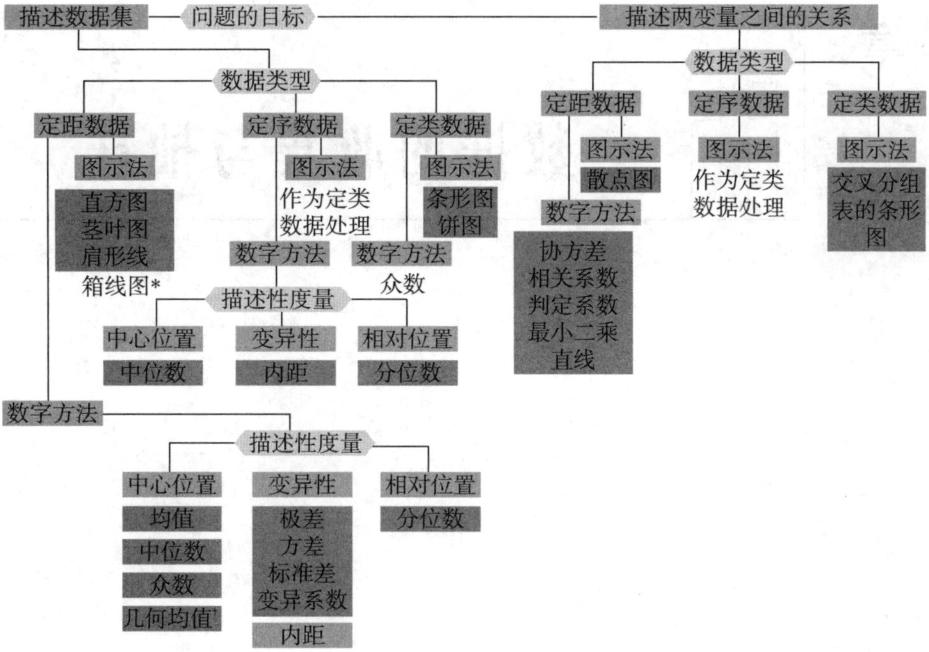


*时间序列数据
†增长率

# 第 5 章 数据的收集与抽样

**抽样与人口普查**

每 10 年进行一次的人口普查在美国发挥着重要作用。它是决定每个州的选举团拥有多少国会代表席位和多少选票的基础，企业也经常利用从人口普查得来的信息辅助进行有关生产、广告宣传和工厂选址的决策。

如果普查中有些人没有被包括进来，就会发生记录遗漏的问题。例如，1990 年的人口普查报告 12.05％的成年人是非洲裔美国人，而真正的数字其实是 12.41％。为了说明记录遗漏问题，人口普查局根据另外一项调查，利用准确性和覆盖率评估机制对普查中得到的数据进行了调整。使用本章所描述的抽样方法，人口普查局可对美国人口子群体的数据加以调整。例如，人口普查局可能发现西班牙裔人口的数目存在记录遗漏或者生活在加利福尼亚州的人口数没有被准确记录。

在本章接下来的部分里，我们将讨论怎样进行抽样和调整。参见 5－3d 小节。

## 引　言

在第 1 章里，我们简单介绍了统计推断的概念，即由样本来推断总体信息的过程。有关总体的信息往往是用一些参数来加以描述的，所以通常采用的统计方法就是要解决如何从样本统计量中推断有关总体参数信息这一问题。（可以回想一下，参数是对总体的测度，而统计量则是对样本的测度。）

在统计学教科书的范畴里，我们可以假设总体参数是已知的；但在现实生活中，总体趋向于无穷大，要计算参数实际上是不可能的。因此，大多数总体参数不仅目前未知，而且在以后也是无法知道的。由于我们经常需要利用参数值的有关信息来做出决策，这就推动了统计推断理论的发展。例如，为决定是否要扩张服装生产线，可能需要知道北美的成年人平均每年在服装方面的花费。由于总体的规模接近两亿，确定人均年花费额的成本十分高昂，这实际上是无法实现的；不过，如果我们允许准确率低于100%，就可以利用统计推断得到一个估计值。不用调查整个总体，而仅仅是选择一个人口样本，考虑这一群体每年在服装方面的消费额并计算出样本均值。尽管样本均值等于总体均值的可能性微乎其微，但仍可期望它们是非常近似的。在许多决策的制定中，我们都需要知道样本均值与总体均值的近似程度，这将在第 10 章和第 11 章中进行讨论，本章我们仅讨论抽样本身的基本概念和方法。首先，让我们对各种收集数据的方法有一个大致的了解。

## 5.1 收集数据的方法

本书的大部分内容都在关注将数据转化为信息的问题。问题是数据从哪里来呢？有很多生成数据的方法可以解答这个疑问。在继续下文之前，让我们回想一下 2.1 节中介绍的关于数据的定义：数据是变量的观测值。因此，我们要对感兴趣的一个或者多个变量加以界定，并对这些变量观测值的收集方法进行讨论。

### □ 5-1a 直接观测法

获取数据的最简单的方法是进行直接观测，通过这种方式收集的数据被称为**观测数据**（observational data）。假定一家制药公司的研究员想确定阿司匹林是否有助于降低心脏病的发病率，他可以通过选择一个有男有女的样本来收集观测数据，对样本中的每个人，询问他（她）在过去的两年里是否一直在定时服用阿司匹林，心脏病是否发作过。通过对比发作过心脏病的人的比例，运用将要在第 13 章介绍的统计方法，可以判断阿司匹林在降低心脏病发作的可能性方面是否真的有效。但是这种方法有很多缺陷，其中最为严重的一点是，通过这种方式难以产生有用的信息。例如，如果统计人员得出结论，说服用阿司匹林的人患心脏病的概率低，是否我们就能据此推断阿司匹林是有效的？这也许是因为服用阿司匹林的那些人更有健康意识，而有健康意识的人可能更少患心脏病。直接观测法的一个优点是成本相对来说比较低。

### □ 5-1b 试验法

通过试验来获取数据是一种成本较高但效果更好的方法，由这种方法产生的数据称为**试验数据**（experimental data）。在上述阿司匹林的例子中，统计人员可以随机地选择男人和女人来组成样本，并将样本分成两个组，其中一组定时服用阿司匹林，而另一组则不服用。两年以后，统计人员就可以根据每一组人中患心脏病的比例，并利用统计方法来确定阿司匹林是否起了作用。如果发现服用阿司匹林的那个组的成员更少患心脏病，我们就可以更有把握地得出这样的结论：定时服用阿司匹林是有利于健康的。

### □ 5-1c 调查法

我们最熟悉的一种数据收集方法是**调查法**（survey），通过调查可了解关于受访者的诸如收入、家庭人口数的信息以及他们对各种问题的观点。例如，我们都非常熟悉每次政治选举过程中的民意测验，盖洛普民意测验（Gallup Poll）和哈瑞斯调查（Harris Survey）就是其中两种知名的了解公众意见的调查活动，其结果经常见诸媒体报道。不过大多数调查都是在民间应用领域开展的，民间调查被市场研究人员广泛应用于确定顾客和投票人的偏好和态度，其结果可以服务于各种各样的目的——从为广告活动确定目标市场到布置选举活动中的候选人讲坛。以一家电视广播网为例，该广播网委托市场研究公司为其提供购买豪华汽车者的有关情况，如他们收看的电视节目以及看电视的时间段。广播网可以利用这些信息向通用汽车公司推荐一系列适合播放凯迪拉克商业广告的时间段并提供相应的成本等方面的信息。读本书的许多学生将来很有可能成为销售主管，那时他们就要以这些市场研究数据为生了。

调查法的一个重要方面是**回答率**（response rate）的问题。回答率是指在所有被选择的人中，最终完成调查的人所占的比率。正如我们在下节将要讨论的，过低的回答率会破坏由统计分析所得到的任何结论的有效性，因此统计人员必须确保数据是可靠的。

**面访** 许多研究人员认为最好的调查方法是进行面访，也就是访问者事先准备好一些问题，通过提问，从受访者那里获取信息。面访的优点在于它比其他数据收集方法的期望回答率更高。另外，访问者在提问的同时还可以澄清被访者的一些误解，因此由于误解某些问题而造成的错误回答可能会更少。但是访问者也必须注意不能有太多的个人评论，以免误导访问者而产生偏差。为了防止造成偏差并获得面访的潜在成果，访问者必须接受良好的访谈技巧培训并对研究的目的有较好的了解。面访的主要缺点是成本高，当涉及异地访问时尤其如此。

**电话访问** 电话访问通常来说成本不高，但是它不够人性化，并且期望回答率更低。除非是感兴趣的话题，否则许多人都会拒绝电话调查。这个问题由于电话销售的存在而更加严重了。

**自填式调查** 第三种常用的数据调查方法是自填式问卷，一般将问卷寄给受访者让其自行完成。这种调查的成本很低，因此在受访者人数众多时极具吸引力。但是由于受访者容易对一些问题产生误解，因而自填式问卷通常的回答率都较低，错误回答的比例也相对较大。

**问卷设计** 一份问卷不论是自填式的还是由访问者完成的，都必须经过精心设计。恰当的问卷设计需要融入相当多的知识和经验，并耗用一定的时间和费用。问卷设计时最基本的考虑因素有：

（1）问卷应该设计得尽量短以确保受访者能够完成。大多数人都不愿意在填写问卷上花费太多时间。

（2）问题本身也应该简短，措辞清楚，以便受访者能够快速、准确、清楚地予以回答。即使是对诸如“失业”“家庭”这样熟悉的问题也必须仔细定义，因为可能存在多种解释方法。

（3）问卷通常从简单的人口统计学问题开始，以帮助受访者迅速进入状态并且感觉愉悦。

(4) 二分问题（这类问题只有两个可能的答案，如“是”或者“否”）和多选问题由于简单而非常有用且流行，但是它们也存在局限性。例如，受访者对一个问题给出“是”或者“否”的回答很可能是依赖于在问卷中没有给予说明的特定假设；而在多选问题中，受访者也许会觉得所提供的选项中没有一个是合适的。

(5) 开放式问题给受访者提供了一个更能充分表达自己观点的机会，但是会比较耗时并且制表和分析都更加困难。

(6) 避免使用诸如“难道你不认为统计学考试太难了吗?”这样的诱导性问题。这类问题很容易把受访者引向一个特定的回答。

(7) 如果时间允许，在小范围内进行试调查从而对问卷进行测试，以发现问卷中诸如措辞模糊等潜在的问题，这对问卷的合理设计是很有帮助的。

(8) 最后，在设计问题时应该考虑一下如何制表和分析调查结果。首先要明确是否为定距变量、定序变量或定类变量设定了取值（即回答选项）；其次要考虑打算使用哪类统计方法（是描述性的还是推断性的）对收集到的数据进行分析，必须注意所用方法的特殊要求。对这些问题加以考虑有助于保证设计的问卷可以收集到所需要的数据。

不管用哪种方法来收集原始数据，都必须对抽样知识有所了解，这正是下一节将要讨论的主题。

### 习　题

**5.1**　简要说明观测数据与试验数据之间的差异。

**5.2**　某饮料生产厂家一直在给杂货店提供瓶装可乐，同时给小的便利店提供罐装可乐。该厂家通过分析可乐的销售量来判断顾客更喜欢哪种类型的包装。

a. 这种研究是观测性的还是试验性的？对你的答案做出解释。

b. 给出一种更好的方法来确定应该给商店提供哪种包装类型的饮料，以使得未来的销售数据更有助于判断顾客对饮料包装的偏好。

**5.3**　a. 简单地设计一个调查方案来研究抽烟与肺癌之间的关系。

b. 你的研究方案是观测性的还是试验性的？为什么？

**5.4**　a. 列出对人群进行调查的三种方法。

b. 对列出的每种方法都说明其主要优缺点。

**5.5**　列出设计问卷时需要考虑的五个要点。

## 5.2　抽　样

对样本而非总体进行检视主要是源于对成本因素的考虑。统计推断理论使得通过对一个比总体规模小得多的样本进行检视得到关于总体参数的结论成为可能。例如，电视制作部门负责人想知道网络节目的观众所占的比例。由于某一特定的晚上，美国可能有1亿人在看电视，要确定观看某一节目的观众所占的确切比例是不切实际的，成本也是异常高昂的。尼尔森收视率（Nielsen ratings）通过观察由 1 000 位电视观众组成的样本，给出了对目标信息的一个近似估计。观看特定节目的家庭所占的比例可以通过尼尔森样本中的家庭数计算，样本比例可以作为所有家庭中观看特定节目的比例（总体比例）的**估计值**（estimate）。

另一个关于抽样的例子来自质量管理领域。为了确保生产过程正常进行，运营经理需要知道所生产产品的缺陷率。如果质量技术人员为了检测产品是否存在缺陷而必须破坏该产品，那么除了抽样就别无其他选择；因为对产品总体进行检测将会破坏生产的所有产品。

我们知道，电视观众或缺陷产品的样本比例都不可能精确等同于我们想要估计的总体比例，不过只要**目标总体**（target population，我们想要对其进行推断的总体）和**抽样总体**（sampled population，实际从中抽取样本的总体）是一致的，样本统计量就可以非常接近于所要估计的参数。在实际生活中，这两个总体可能是不同的，统计学上的一个著名案例也证明了这一点。

《文学摘要》（*Literary Digest*）是 20 世纪二三十年代的一本畅销杂志，该杂志曾经准确预测了几次总统大选的结果。1936 年，该刊预测共和党候选人阿尔弗雷德·兰顿（Alfred Landon）将以 3：2 的优势击败民主党时任总统富兰克林·罗斯福（Franklin D. Roosevelt）；但是在那次选举中，罗斯福却以一边倒的优势击败了兰顿，赢得了 62%的选票。如此大错的根源在于抽样过程中存在两处明显的失误。① 首先，《文学摘要》给预期的选民寄发了 1 000 万份样本选票，但大多数人的名字来自该杂志的订阅者名单或者电话簿；而订阅该杂志的人或者拥有电话的人都比普通人更为富有，和今天一样，这些人更倾向于投共和党的票。其次，只有 230 万份样本选票被寄回杂志社，因而导致了自选样本。

**自选样本**（self-selected samples）总是有偏见的，因为愿意配合调查的人总是比总体中的其他人对所研究的问题更感兴趣。今天，我们仍然经常能看到类似调查，如广播和电视台邀请人们打电话来表达对感兴趣问题的观点，只有关心这个问题并且有足够耐心与电台联系的听众才会被包括在样本中。抽样总体完全由关注该问题的人员组成，而目标总体却是由广播电台所有听众组成，因此，从这样的调查中得到的结论通常都是错误的。

一个经典的例子是 1984 年的“ABC 之夜”节目。该节目公布了一个 900 电话号码（成本 50 美分），请观众给电视台打电话，回答联合国是否应该继续留在美国这个问题，在超过 186 000 个致电者中，67%的人回答“不”；但同时，一份更为科学的针对 500 人的市场研究民意测验却发现 72%的人希望联合国留在美国。总体看来，由于要估计的参数的真值是未知的，从而这些调查就给人们留下了能够提供有用信息的印象；但实际上，这些调查的结果可能比 1936 年《文学摘要》的民意测验或“ABC 之夜”的电话调查的结果更为不准确。统计学家创造了两个术语来描述这些调查：SLOP（self-selected opinion poll，自我选择观点民意测验）和 oy vey（来自犹太人的挽诗），这两个

① 许多统计学家把《文学摘要》的统计失误错误地归咎于其他一些因素。为了理解实际发生的情况，参见 Maurice C. Bryson, “The Literary Digest Poll: Making of a Statistical Myth,” *American Statistician*, 1976, 30 (4): 184－185。

术语表达了统计学家对这些数据收集过程的蔑视。

### 习　题

**5.6** 对下列抽样方案，简要地说明为什么目标总体和抽样总体是不一致的。

a. 为了判断经常在商业街购物的顾客的观点和态度，调查人员站在商业街大型百货公司门口随机地选择行人参加调查。

b. 图书馆要估计其藏书的受损率。图书管理员决定从每个书架上选取一本书作为样本，具体做法是从每个书架的左边起 12 英寸处取书。

c. 政治调查员一个下午拜访了 200 户居民，询问那时恰好在家的合格选民其想选举谁。

**5.7** a. 说明为什么《文学摘要》1936 年的民意测验会变得那么声名狼藉。

b. 是什么原因导致了这次调查的失败？

**5.8** a. 自选样本意味着什么？

b. 给出最近的一个涉及自选样本的民意调查的例子。

c. 为什么自选样本是不可取的？

**5.9** 报纸的一个固定专栏请读者通过电子邮件参与一项只需回答“是”与“否”的调查，第二天的报纸将对“是”与“否”的比例予以报道。试分析为什么我们应该忽略这些统计结果。

**5.10** 假设你的统计学教授发了一份有关课程的问卷。其中有一个问题是这样的：“你乐意把这门课推荐给你的朋友吗？”那么该教授是否可以利用这一调查结果对统计学课程的相关情况进行推断？为什么？

## 5.3 抽样方案

本节旨在介绍三种不同的抽样方案：简单随机抽样、分层随机抽样和整群抽样。我们从最基本的设计开始介绍。

### □ 5-3a 简单随机抽样

**简单随机样本**

**简单随机样本**（simple random sample）是通过如下方式选取样本的：在抽样过程中，任何拥有相同数量观测值的样本被抽中的概率都相同。

进行简单随机抽样的一种方式是为总体中的每一个元素分配一个号码，分别把这些号码写在纸片上，再投掷到一个帽子里，然后从帽子中抽取出需要的纸片数（即样本容量 $n$）。这是彩票抽奖中所采用的办法，将所有彩票存根放入大的转鼓，中奖者即从中产生。

有时，总体中的元素已经被标记了号码。例如，事实上，在美国所有成年人都有社会保障号码（而在加拿大则是社会保险号码）；大公司的雇员有雇员号码；许多人还有驾驶执照号码、医疗就诊号以及学生证号等。在这些情况下，选用哪种抽样流程仅仅是决定如何从这些号码中进行选择而已。

在有些情况下，已有的编号方式具有内在的缺陷，使得其不适宜作为样本的来源。例如，并不是每个人都有电话号码，因而电话簿中无法列出给定区域内的所有人；许多家庭中有两个（或更多）成年人，但是只有一个在列的电话号码；几乎每个人都有手机，但很多人没有固定电话，这些人将不会出现在电话簿里；有些人没有电话，有些人的电话没有列入，还有的人有多部电话。这些差异意味着总体中每一个元素被抽中的概率并不相同。

当给所选总体中的每个元素都分配了唯一的编号以后，就可以随机选择样本号码了。随机数表可以用来选择这些样本号码。[参见 W. H. Beyer（ed.），*CRC Standard Management Tables*，Boca Raton FL：CRC Press。] 另外，还可以用计算机来实现这一功能。

### 例 5.1　税收数据的随机抽样

某政府所得税审计员负责 1 000 项税收收入的审计稽核，他可以使用计算机来完成工作。然而，为了确定所有税收收入是否被完全真实地记录，审计员必须对每一笔录入进行核对并确保其准确性。完整地核实一项税收收入平均来说需要一个小时，而她只有一周时间来完成这项任务，所以该审计员决定随机地抽取 40 项税收收入进行稽核。所有税收收入被唯一分配了 1～1 000 之间的编号，使用计算机随机数生成器为其抽取样本。

**解**

尽管只需要 40 个数字，但她仍从 1～1 000 之间选择了 50 个数字，因为其中可能会有一些重复。使用前 40 个不同的随机数来构成样本。下列数字是用 Excel 生成的，Excel 和 Minitab 的用法在下面给出。注意，第 24 个和第 36 个（沿列计数）数字是相同的，都是 467。

**计算机生成的随机数**

| | | | | |
|---|---|---|---|---|
| 383 | 246 | 372 | 952 | 75 |
| 101 | 46 | 356 | 54 | 199 |
| 597 | 33 | 911 | 706 | 65 |
| 900 | 165 | 467 | 817 | 359 |
| 885 | 220 | 427 | 973 | 488 |
| 959 | 18 | 304 | 467 | 512 |
| 15 | 286 | 976 | 301 | 374 |
| 408 | 344 | 807 | 751 | 986 |
| 864 | 554 | 992 | 352 | 41 |
| 139 | 358 | 257 | 776 | 231 |

**Excel**

**计算机命令**

1. 点击“数据”—“数据分析”—“随机数发生器”。
2. 设定“变量个数”(1)，设定“随机数个数”(50)。
3. 选择“均匀分布”。
4. 在“参数”中设定均匀分布的取值范围。
5. 点击“确定”，A 列将填充 50 个 0～1 之间的数字。
6. 把 A 列的数字全部乘以 1 000，然后存到 B 列。
7. 激活单元格 C1，点击“$f_x$”—“数学和三角函数”—“ROUNDUP”(向上舍入数字)，最后点“确定”。
8. 确定向上舍入的第一个数字。
9. 给出“Num _ digits”(小数位数)，点击“确定”。
10. 完成 C 列。

前五步要求 Excel 生成 50 个服从均匀分布的、0～1 之间的随机数，保存到 A 列；第 6 步到第 10 步把这些随机数转换成 1～1 000 之间的整数。每个数字被抽中的概率相同（1/1 000=0.001），因此总体中的每个观测值都有相同的机会被选入样本。

**Minitab**

**计算机命令**

1. 点击“Calc”(计算)—“Random Data”(随机数据)—“Integer…”(整数均匀…)。
2. 给定想要生成的随机数个数（50)。
3. 指定随机数的保存位置（C1)。
4. 设定“Minimum Value”(最小值)(1)。
5. 设定“Maximum Value”(最大值)(100)，点击“OK”(确定)。

**解　释**

审计员将对由计算机选择的税收收入项进行稽核，通过对每一项收入进行检查来确定这些税收项目是否存在欺诈行为。如果目标是检查这 40 项收入，就不需要使用其他统计方法。然而，如果目标是要对 1 000 项收入中的欺诈比例进行估计，就要用到本书后面章节所介绍的推断方法。

### □ 5-3b　分层随机抽样

在对一个总体做出推断时，我们往往想从样本中获取尽可能多的信息。最基本的抽样方案——简单随机抽样——通常可以以较低的成本实现这一目标。然而，其他方法可以用来提高总体信息的获取量，其中的一种方法就是分层随机抽样。

**分层随机样本**

**分层随机样本**（stratified random sample）是通过将总体划分为互斥的子集或层，并在每个层中抽取简单随机样本得到的。

有关总体分层标准的示例如下：

1. 性别
   男
   女
2. 年龄
   20岁以下
   20～30岁
   31～40岁
   41～50岁
   51～60岁
   60岁以上
3. 职业
   专业人员
   办公室职员
   蓝领工人
   其他
4. 家庭收入
   25 000美元以下
   25 000～39 999美元
   40 000～60 000美元
   60 000美元以上

举例来说，假设要通过一项公众意见调查来确定有多少人赞同增税。通过从上述四类收入群的每一类中抽取一个随机样本就可以得到分层随机样本。通常的分层方式应该能够使我们获取特定类型的信息。在这个例子中，我们想知道不同收入层次的人对于增税提议是否持有不同观点，因为增税对不同收入层次的影响是不同的。在调查与层次之间没有什么关系时，我们避免使用分层技术。例如，很少有调查应用于这样的目的：确定不同宗教信仰的人关于增税的观点是否存在分歧。

分层的一个优点是，除了能获取关于整个总体的信息外，我们还可以推断每层的有关信息，并就各层次进行比较。例如，我们可以估计最低收入层中有多大比例的人支持增税提议，或者对最高收入层和最低收入层进行比较，以确定在支持增税方面是否存在差异。

任何分层都必须确保各层之间是互斥的，总体中的每一个观测值都必须被唯一地分配到特定的层中。总体经过这样的分层以后，我们就可以使用简单随机抽样生成完整的样本了。实现方式有多种，例如对于每个收入层，我们可以根据其在总体中所占比例来抽取随机样本。因此，如果这四个收入层在总体中的相对比例如下表所示，样本也将按照同样的比例分层。例如，如果要抽取总容量为 1 000 的样本，就从第一层中随机选择 250 个，从第二层中随机选择 400 个，从第三层中随机选择 300 个，从第四层中随机选择 50 个。

| 层 | 收入分组 | 总体比例 |
|---|---|---|
| 1 | 25 000 美元以下 | 25% |
| 2 | 25 000～39 999 美元 | 40% |
| 3 | 40 000～60 000 美元 | 30% |
| 4 | 60 000 美元以上 | 5% |

然而，该方法的问题是，如果我们想推断关于最后一层的信息，容量为 50 的样本也许就太小了，这样将无法产生有用的信息。此时通常要扩大最小层的样本规模以确保样本数据能够提供足够多的目标信息。因此，在对总体做出推断之前必须进行一些调整。关于所需的调整过程超出了本书的讨论范围，建议每个计划进行抽样调查的人首先咨询统计专家或参考相关书籍；当然，更好的办法是通过学习更多的统计学课程使自己成为统计专家。

### □ 5-3c 整群抽样

**整群样本**

**整群样本**（cluster sample）是总体元素的群或族的简单随机样本。

当编制完整的总体成员名单存在困难或者成本过高（这就使得生成简单随机样本非常困难并且很耗费成本）时，或者当总体元素在地理位置上广泛分布时，整群抽样技术是非常有用的。例如，假设我们想对一大城市中家庭平均年收入进行估计。若使用简单随机抽样方案，则需要列出该城市所有家庭的名单再从中抽样；若使用分层随机抽样方案，则既需要列出家庭名单，又要根据其他变量（如户主的年龄）对家庭进行分类以便生成层。一种相对节约成本的可选方法是将该城市的每一个街区作为一个群，随机抽取群来构成样本，对这些样本群中每个家庭的收入进行调查。通过缩短调查人员收集数据所要涉足的距离，整群抽样降低了成本。

但由于同一群中的家庭在许多方面（包括家庭收入）都是类似的，因而整群抽样也就使抽样误差有所增加（见 5.4 节）。将节约的经费用于扩大样本规模，可以在一定程度上弥补这个缺陷。

### □ 5-3d 样本规模

不论选择哪种类型的抽样方案，都必须确定抽取的样本规模。有关适当样本规模的确定方法将在第 10 章和第 12 章中详细介绍，在此之前，我们可以依靠直觉来加以判断。直觉告诉我们，样本规模越大，就越可以期望样本估计更加准确。

### 抽样与人口普查

为了对记录遗漏问题加以调整，人口普查局引入了整群抽样，其中的群是指地理上的区域。如在2000年的人口普查中，人口普查局随机地抽取了11 800个区（包括314 000个家庭）作为样本。对每个家庭集中进行2次访问以确保所有居民都不曾遗漏。运用这次调查结果，人口普查局对各个子群体在第一次调查中的人口记录遗漏数目进行了估计，这些子群体是通过性别、种族以及年龄等变量进行界定的。鉴于确定州人口数量的重要性，调整是以州为总体的。例如，通过对抽样和人口普查的结果进行比较，人口普查局认为得克萨斯州的记录遗漏率是1.708 7%；官方人口普查得出的州人口总数是20 851 820，由1.708 7%可得到一个调整值356 295，从而使用这种方法就可以将得克萨斯州的人口总数变为21 208 115。

应该注意的是这个过程是有争议的，争论集中于子群体的界定方式。由于改变界定方式就会改变记录遗漏率，这种统计方法容易屈从于政治活动。

## 习　题

**5.11**　要调查某小区居民对在小区内建造新的购物中心这一提议的看法。根据最近一次人口普查的结果，这个小区总共有500个家庭。统计人员已经为这500个家庭进行了编号（1～500），并准备从中随机选择25个进行研究。使用Excel或Minitab来生成样本。

**5.12**　安全专家想确定其所在州中轮胎面有磨损的汽车的比例。该州的汽车牌照是六位数，使用Excel或Minitab来生成20辆受检车的样本。

**5.13**　一所大型高校有6万名学生，学生会主席想就提高学生活动经费的问题调查学生们的意见。既要获得所有学生的有关信息，也要在商学院、文理学院以及研究所之间进行比较。试设计一个抽样方案来实现这些目标。

**5.14**　一家电话销售公司对购买了该公司一件或多件产品的每个家庭都进行了记录，这些数据以百万计。该公司想做一项调查，以判断购买者认为何时打电话比较适当。公司经理不仅想知道所有购买者的观点，还想对东、西、南、北四个区域人们的观点进行比较。试设计一套适合的抽样方案。

**5.15**　一家拥有四个部门的大型工厂的业务经理想对每月由于意外事故而造成的工时损失进行估计。设计一套抽样方案，使之既能对全厂的损失进行估计，又能对各部门的损失进行比较。

**5.16**　统计人员想对其所在城市中儿童的平均年龄进行估计，遗憾的是没有一份完整的家庭名单。针对这一情况设计一套适合的抽样方案。

## 5.4 抽样与非抽样误差

从总体中抽取观测样本时会产生两大类误差：抽样误差和非抽样误差。进行调查并使用统计方法的统计人员以及任何评论抽样调查和研究的结果的人都应该对这些误差的来源有所了解。

### □ 5-4a 抽样误差

**抽样误差**（sampling error）是指样本和总体之间的差异，这个差异是由恰好被选入样本的观测值引起的。当仅仅是基于从总体抽取的样本中的观测值得出关于总体的结论时，可以预料必然会产生抽样误差。

为对此加以说明，假设我们想确定北美蓝领工人的平均年收入。为了确定这个参数，我们不得不对北美的每一个蓝领工人进行调查，询问其收入是多少，然后对所有的回答进行平均。由于总体的规模高逾百万，这项任务不仅成本高昂而且显得不切实际。如果我们能够接受低于100%的准确率，那么就可以使用统计推断技术对总体的平均收入 $\mu$ 进行估计。对样本中工人的收入进行记录，然后计算出样本的收入均值，它是对我们想要得到的总体均值的一个估计。但是样本均值取决于恰好被选入样本的工人的收入，仅仅是由于偶然性，样本均值也会偏离总体均值。总体均值的真实值（未知）与其估计值（样本均值）之间的差异就是抽样误差。运气不好的话，如果恰巧选择了一个特别不具有代表性的样本，偏离的程度可能就会很大。唯一可以减少抽样误差预期值的办法就是抽取更大的样本。

当给定样本规模时，最好能说明抽样误差小于某一特定值的概率（见第10章中的讨论）。目前，在公布民意测验结果的同时附带这样的说明是很普遍的做法。如果民意测验声称，根据样本结果，市长的现任候选人在即将举行的选举中将赢得54%的合格投票人的支持，该声明同时还附有以下注释：平均每20次中就有19次，这一百分比与真实值的偏差都不会超过3%。这个声明意味着，估计对此候选人的真实的支持率在51%～57%之间，并且最终，这个估计过程在整个选举过程中有95%的时间是正确的。

### □ 5-4b 非抽样误差

**非抽样误差**（nonsampling error）比抽样误差更为严重，因为即使抽取更大的样本也不能减小误差的值或者发生概率。即便是普查也会（或可能会）包含非抽样误差。非抽样误差是由于在数据获取过程中所犯的错误或者样本观测对象选择不当而引起的。

1. 数据获取过程中的误差。这类误差来源于对错误回答的记录。错误回答可能是由于设备不完善而导致的测量失误、计算机录入时所犯的错误、对问题的解释不当而导致的数据错误记录，也可能是对如可能的逃税行为等敏感性问题的不准确回答。

2. 无回答误差。**无回答误差**（nonresponse error）是指由于没有从样本中的某些个体处得到回答而引起的误差［或**偏差**（bias）］。当存在无回答情况时，收集到的样本观测值就可能对目标总体不具有代表性，因此导致有偏的结果（如5.2节所讨论的）。无回答可以因如下原因而产生：访问人员无法接触到入样名单中的某些人，或者入样人员出于某些原因而拒绝回答。在任何一种情况下，从入样人员那里没有得到回答，就会产生偏差。在采用自填式问卷而不是派访问员调查时，无回答问题就更为严重，因为访问员还可以通过回访来尽量降低无回答率。如前所示，《文学摘要》的失误部分是由于较高的无回答率导致了有偏的自选样本。

3. 选择偏差。当设计的抽样方案使目标总体中的一些对象不可能被纳入样本时，就产生了**选择偏差**（selection bias)。与无回答误差一样，选择偏差在《文学摘要》民意测验的失误中起了重要作用，因为没有电话或者没有订阅《文学摘要》的投票者被排除在样本可能包括的范围之外了。

### 习　题

**5.17**　a. 解释抽样误差和非抽样误差之间的区别。

b. 在问题（a）中，哪种类型的误差更为严重？为什么？

**5.18**　简单描述三类非抽样误差。

**5.19**　样本是否有可能比普查产生更好的结果？为什么？

## 小　结

因为许多总体都非常大，对总体中的每一个单位都进行调查以确定参数的值不仅成本很高而且不切实际。一种实际的做法是从总体中抽取一个样本，用样本统计量去推断参数的有关信息。必须注意的是，抽样总体要和目标总体一致。

我们可以从不同的抽样方案（包括简单随机抽样、分层随机抽样和整群抽样）中选择。无论采用哪种抽样方案，认识到可能会产生抽样误差和非抽样误差并对误差来源有所了解是非常重要的。

**重要术语**

| | | | |
|---|---|---|---|
| 观测数据 | 试验数据 | 调查法 | 回答率 |
| 估计值 | 目标总体 | 抽样总体 | 自选样本 |
| 简单随机抽样 | 分层随机抽样 | 整群抽样 | 抽样误差 |
| 非抽样误差 | 无回答误差（偏差） | 选择偏差 | |

# 第 6 章　概　率

**税收稽核**

政府审计人员经常对税收进行检查以防出现计算上的错误，同时也尽力检查是否存在逃税行为。不诚实的纳税人可以使用多种方法逃避交纳所得税，其中一种是隐匿其他收入来源，对此审计员有多种检测方法，包括对消费模式的检测；另一种税务欺诈行为是杜撰一些虚假扣除项目，审计员正在不断寻找检测这种欺诈的方法。通过对上千名个体纳税者的收入进行分析，某审计员发现 45%的欺诈收入中包含两种可疑的费用扣减，28%的欺诈收入中包含一种可疑的费用扣减，余下的欺诈收入中不包含可疑的费用扣减；而诚实收入中只有 11%包含这两种费用扣减，18%包含一种费用扣减，71%没有费用扣减。该审计员认为 5%的自我雇用人员存在明显的严重欺诈行为。该审计员目前恰好收到一笔包含费用抵扣的自我雇用人员的纳税申报单，那么这笔纳税申报单包含严重欺诈的概率又是多少呢？本例答案请见 6-4a 小节。

## 引　言

在第 2 章、第 3 章和第 4 章中我们介绍了图表和数值描述方法，这些方法本身很有用，不过我们最感兴趣的还是进行统计推断。正如第 1 章所讲，统计推断是一个从样本中获取有关总体信息的过程。推断的一个关键因素是概率，通过概率可以将总体和样本联系起来。

本章以及接下来两章的主要内容是介绍以概率为基础的方法体系，它们是统计推断的基础。当然，概率在决策过程中也发挥着重要作用，这是第 22 章将要讨论的主题。

## 6.1 事件概率的分配

为了引入概率，我们首先需要对随机试验进行定义。

> **随机试验**
>
> **随机试验**（random experiment）是从多种可能的结果中产生一种结果的活动或过程。

这里列出随机试验及其结果的六个示例。

示例 1　试验：投掷硬币
　　　　结果：正面朝上和反面朝上
示例 2　试验：记录统计学测验的得分（总分为 100）
　　　　结果：0～100 之间的所有数
示例 3　试验：记录统计学测验的等级
　　　　结果：A、B、C、D 和 F
示例 4　试验：记录学生对课程的评价
　　　　结果：差、一般、好、很好和极好
示例 5　试验：测试装配一台计算机所用的时间
　　　　结果：最小可能值是 0 秒，没有事先定义上限的一系列数字
示例 6　试验：记录在即将开始的大选中投票者会支持的竞选方
　　　　结果：A 方、B 方……

分配概率的第一步是给出一系列可能的结果。这些结果必须是**穷举的**（exhaustive），即意味着所有可能的结果都要被包括进来。另外，这些结果也必须**互不相容（互斥）**（mutually exclusive），也就是说不会有两个结果同时发生的情况。

为了说明穷举结果的概念，考虑掷骰子的一系列结果：

1　2　3　4　5

这一系列结果不是穷举的，因为我们忽略了 6 这一结果。

互不相容的概念可以从示例 2 的下列结果中看出。

0～50，50～60，60～70，70～80 和 80～100

这些结果不是互不相容的，因为对一些学生来说，可能会同时发生两种结果。例如，如果一个学生得了 70 分，那么第三个和第四个结果都会发生。

应该注意的是，我们可以生成多个穷举且互不相容的结果系列。例如，下面是上述示例 3 的另一个结果系列：

“通过”和“不及格”

穷举且互不相容的一个结果系列称为样本空间，表示为 $S$；结果则表示为 $O_1$，$O_2$，…，$O_k$。

> **样本空间**
>
> 随机试验的**样本空间**（sample space）是指试验中所有可能结果的集合。这些结果必须是穷举的和互不相容的。

使用集合符号，我们把样本空间及其结果表示为

$$S=\{O_1, O_2, \cdots, O_k\}$$

一旦确定了样本空间，就可以为其结果分配概率。分配概率的方法有三种，不论采用哪种方法，都必须遵循下述两条规则。

> **对概率的要求**
>
> 给定样本空间 $S=\{O_1, O_2, \cdots, O_k\}$，分配给每个结果的概率必须满足以下两点要求：
>
> 1. 任何一个结果的概率都必须介于 0 和 1 之间，即对每个结果 $O_i$ 都有
>
> $$0\leqslant P(O_i)\leqslant 1$$
>
> [注：$P(O_i)$ 表示第 $i$ 个结果的概率。]
>
> 2. 样本空间中所有结果的概率之和必须为 1，即
>
> $$\sum_{i=1}^{k}P(O_i)=1$$

### □ 6-1a 分配概率的三种方法

**古典方法**（classical approach）被数学家们用来帮助确定机会游戏中的概率。例如，古典方法指定一枚均匀的硬币在投掷中正面朝上和反面朝上的概率是相等的。因为概率之和必须是 1，所以正面朝上和反面朝上的概率都是 50%。同样，一枚均匀的骰子投掷时六种可能的结果也具有相同的概率，每种结果发生的概率为 1/6。在有些试验中，有必要使用数学方法计算试验结果的个数。例如，为了确定赢得彩票的概率，就需要确定可能的组合数。关于确定事件数的详细介绍，请参见随书所附的凯勒网站的附录——计数公式。

**相对频数方法**（relative frequency approach）将概率定义为结果发生的长期相对频数。例如，假定我们知道最近有 1 000 名学生参加了你正在参加的统计课程考试，其中 200 名学生得了 A，那么得 A 的相对频数就是 200/1 000 或 20%，这个数字是对该门课程所得成绩为 A 的概率的估计值。因为相对频数方法将概率定义为长期相对频数，所以这仅仅是一种估计。即便是1 000 名学生也不足以构成长期趋势，我们知道其成绩的学生的人数越多，估计值也就越准确。理论上，必须知道无数名学生的成绩才能确定一个准确的概率。

当使用古典方法不合理，又没有关于结果的历史信息时，我们别无选择，只能采用主观方法。**主观方法**（subjective approach）将概率定义为我们对事件将会发生的确信程度。一个经典的例子来自投资领域，投资者想要知道某只股票的价格将要上涨的概

率。使用主观方法，投资者将对与股票及股市相关的多种因素从整体上进行分析，并且根据自己的判断给感兴趣的结果赋予概率值。

### □ 6-1b 定义事件

样本空间中的单个结果称为简单事件。

> **事件**
>
> **事件**（event）是样本空间中一个或多个简单事件的集合。

在示例 2 中，成绩为 A 的事件可以定义为成绩得分在 80～100 之间的集合。使用集合符号可以表示为

$$A=\{80, 81, 82, \cdots, 99, 100\}$$

同样，成绩为 $F$ 的事件可以定义为

$$F=\{0, 1, 2, \cdots, 48, 49\}$$

### □ 6-1c 事件的概率

现在我们可以对任何事件的概率进行定义了。

> **事件的概率**
>
> 事件的概率是组成该事件的所有简单事件的概率之和。

例如，假定在示例 3 中，我们使用相对频数方法为各简单事件分配概率如下：

$$P(A)=0.20$$
$$P(B)=0.30$$
$$P(C)=0.25$$
$$P(D)=0.15$$
$$P(F)=0.10$$

则事件“课程通过”的概率是

$$\begin{aligned}P(\text{课程通过}) &= P(A)+P(B)+P(C)+P(D)\\ &= 0.20+0.30+0.25+0.15=0.90\end{aligned}$$

### □ 6-1d 解释概率

不论采用哪种方法确定概率，我们都可以将其解释为在无穷次试验中采用了相对频数方法。例如，投资者通过采用主观方法已经确定某只股票的价格在下个月上涨的概率是 65%，我们还可以将 65%解释为假如有无穷多只与上述投资者将要买的那只具有相同的经济和市场特征的股票，那么其中有 65%在下个月将会上涨。同样，我们可以确定投掷一枚均匀的骰子时结果为 5 的概率是 1/6，也可以采用古典方法来确定这一概率。无论采用哪种方法，我们都可以将该数字解释为无限次地投掷一枚均匀的骰子时出现 5 的次数的比例。

相对频数方法对解释来自天气预报者或科学家的概率表述是非常有用的。此外，你会发现这也是将统计推断中的总体和样本联系起来的方法。

## 习　题

**6.1**　天气预报说明天下雨的概率是10%。

a. 这是使用哪种方法来计算这一概率的？

b. 如何解释这一概率？

**6.2**　比赛实况转播的广播员认为，纽约扬基队赢得今年世界职业棒球大赛的概率是25%。

a. 他是使用哪种方法来计算这一概率的？

b. 如何解释这一概率？

**6.3**　一项测验包括有五个选项的多选题，其中只有一项是正确的。一个学生准备随便猜答案，因为他对这门课一无所知。

a. 找出该试验的样本空间。

b. 为样本空间中的所有简单事件分配概率。

c. 你将使用哪种方法来回答问题（b)？

d. 解释你在问题（b）中给简单事件所分配的概率。

**6.4**　一位投资者告诉你，据她估计，道琼斯工业平均指数在接下来的一天内上涨的概率为60%。

a. 他是使用哪种方法得出这一概率的？

b. 对概率60%进行解释。

**6.5**　投掷均匀骰子的样本空间是

$$S=\{1,\ 2,\ 3,\ 4,\ 5,\ 6\}$$

如果骰子是均匀的，则每一简单事件具有相同的概率。确定下列事件的概率：

a. 偶数；

b. 小于或者等于4；

c. 大于或者等于5。

**6.6**　四个候选人竞选市长。这四个候选人分别是亚当斯（Adams)、布朗（Brown)、柯林斯（Collins）和道尔顿（Dalton)。试确定选举结果的样本空间。

**6.7**　在习题6.6中，政治学者使用主观方法分配了如下概率：

$P$（亚当斯当选）$=0.42$

$P$（布朗当选）$=0.09$

$P$（柯林斯当选）$=0.27$

$P$（道尔顿当选）$=0.22$

确定下列事件的概率：

a. 亚当斯落选；

b. 布朗或者道尔顿当选；

c. 亚当斯、布朗或者柯林斯当选。

**6.8** 计算机商店经理对计算机的日销售量进行了跟踪。根据获取的信息，该经理列出了下面的日销售量清单。

| 计算机销售量 | 概率 | 计算机销售量 | 概率 |
|---|---|---|---|
| 0 | 0.08 | 3 | 0.21 |
| 1 | 0.17 | 4 | 0.18 |
| 2 | 0.26 | 5 | 0.10 |

a. 如果我们将试验界定为观察第二天计算机的销售量，试确定样本空间。

b. 使用集合符号对销售 3 台以上计算机这一事件进行定义。

c. 销售 5 台计算机的概率是多少？

d. 销售 2、3 或 4 台计算机的概率是多少？

e. 销售 6 台计算机的概率是多少？

**6.9** 三个承包商（可称之为承包商 1、承包商 2 和承包商 3）对建造新桥梁的项目进行投标。试确定样本空间。

**6.10** 在习题 6.9 中，假定你认为承包商 1 中标的概率是承包商 3 的 2 倍，而承包商 2 中标的概率是承包商 3 的 3 倍，那么每个承包商中标的概率分别是多少？

**6.11** 购物者可以使用现金、信用卡或者借记卡等多种支付方式。假定一家商店的经营者认为顾客中有 60%使用信用卡支付，有 30%使用现金支付，剩下的 10%使用借记卡支付。那么：

a. 确定该试验的样本空间。

b. 为各简单事件分配概率。

c. 你在问题（b）中采用的是哪种方法？

**6.12** 在习题 6.11 中：

a. 顾客不使用信用卡支付的概率是多少？

b. 顾客使用现金或者信用卡支付的概率是多少？

**6.13** 在对成年人婚姻状况的调查中，样本空间是 $S=${单身，已婚，离婚，丧偶独居}。使用集合符号来表示成年人未婚这一事件。

**6.14** 在习题 6.13 中，假定在被调查的城市中，有 50%的成年人已婚，有 15%单身，有 25%离婚，剩下的 10%是丧偶独居者。

a. 为样本空间中的每个简单事件分配概率。

b. 你在问题（a）中采用的是哪种方法？

**6.15** 参照习题 6.13 和习题 6.14，确定下列事件的概率：

a. 单身成年人；

b. 没有离婚的成年人；

c. 丧偶独居或者离婚的成年人。

## 6.2 联合概率、边缘概率和条件概率

在上一节中，我们学习了如何确定样本空间以及如何为样本空间中的简单事件分配概率。尽管这种决定概率的方法是有用的，但是我们仍需要学习一些更为复杂的方法。在本节中，我们将讨论如何由相关事件的概率计算复杂事件的概率。下面的例子说明了这一过程。

投掷骰子的样本空间是

$$S=\{1, 2, 3, 4, 5, 6\}$$

如果骰子是均匀的，每一简单事件的概率都是 1/6。在大多数室内游戏和娱乐场所，玩者掷两枚骰子。为了确定游戏玩法和赌注计算规则，玩者需要对两枚骰子的各种组合的概率进行计算。例如，投掷两枚骰子的结果之和为 3 的概率是 2/36。这个概率源自简单事件的联合，在多种联合方式中，最重要的一种是两个事件的交集。

### □ 6-2a 交　集

**事件 *A* 和 *B* 的交集**

事件 $A$ 和 $B$ 的**交集**（intersection）是指事件 $A$ 和事件 $B$ 同时发生。可以表示为

$$A \cap B$$

交集的概率称为**联合概率**（joint probability）。

例如，两枚骰子投掷结果之和为 3 的一种方式是指第一枚骰子结果是 1，第二枚骰子结果是 2 这两个事件的交集。同时，为了计算两枚骰子结果之和为 3 的概率，我们还需要把这个交集跟另一个交集联合起来，另一个交集是指第一枚骰子结果是 2，第二枚骰子结果是 1 的交集。这种类型的联合称为两个事件的并集，本节稍后再作讨论。下面是另一个例子。

**在金融中的应用：共同基金**

共同基金是由具有相同目标的人投资组成的一种联营方式。在大多数情况下，由受过金融和统计方面教育的专业管理人员对基金进行管理，他们遵循特定的投资理念来制定买卖股票和债券的决策。例如，有一些基金关注进行公共交易的共同基金公司，另外一些共同基金专门研究因特网（即所谓的 .com 公司）股票，而有些共同基金专门购买生物技术公司的股票。奇怪的是，大部分共同基金的收益并未高于市场平均收益，也就是说共同基金的净资产值（NAV）的增长幅度经常低于代表证券市场的股票指数的增长幅度。其中的一个原因是管理费用率（MER），它是对管理人员从基金中提取的用于弥补支出的成本的计量，包括了管理人员的薪水和奖金。大多数基金的管理费用率从 0.5%到 4%以上不等。基金最终的成功依赖于基金管理者的技能和知识。这就产生了一个新的问题：哪些管理者做得最好呢？

**例 6.1　共同基金管理者的成功要素 I** ①

为什么一些共同基金管理者比其他共同基金管理者更容易成功呢？一个可能的因素就是管理者是从哪所学校获得的 MBA 学位。假定一名潜在的基金投资者对基金运作的情况和基金管理者获得 MBA 学位的学校之间的关系进行了调查。通过分析，表 6—1 给出了联合概率，分析这些概率并对结果进行解释。

**表 6—1　　共同基金管理者的成功要素 I**

| | 共同基金收益高于市场平均收益 | 共同基金收益低于市场平均收益 |
|---|---|---|
| 排名前 20 位的 MBA 院校 | 0.11 | 0.29 |
| 排名非前 20 位的 MBA 院校 | 0.06 | 0.54 |

表 6—1 表明共同基金收益高于市场平均收益并且管理者毕业于排名前 20 位的 MBA 院校的联合概率是 0.11。也就是说，11%的共同基金的收益高于市场平均收益并且其管理者毕业于排名前 20 位的 MBA 院校。其他三个联合概率也可以同样定义，即

共同基金收益高于市场平均收益且其管理者不是毕业于排名前 20 位的 MBA 院校的概率是 0.06；

共同基金收益低于市场平均收益且其管理者毕业于排名前 20 位的 MBA 院校的概率是 0.29；

共同基金收益低于市场平均收益且其管理者不是毕业于排名前 20 位的 MBA 院校的概率是 0.54。

为了简化，我们使用符号来表示事件。令

$A_1$＝基金管理者毕业于排名前 20 位的 MBA 院校

$A_2$＝基金管理者不是毕业于排名前 20 位的 MBA 院校

$B_1$＝共同基金收益高于市场平均收益

$B_2$＝共同基金收益低于市场平均收益

因此有

$$P(A_1 \cap B_1)=0.11$$
$$P(A_2 \cap B_1)=0.06$$
$$P(A_1 \cap B_2)=0.29$$
$$P(A_2 \cap B_2)=0.54$$

### □ 6-2b　边缘概率

可以利用表 6—1 中的联合概率来计算各种概率。**边缘概率**（marginal probabilities）是通过沿行横向求和或沿列纵向求和来计算的，之所以叫作边缘概率是因为它们是在表格边缘计算的。

沿第 1 行横向相加得到

① Judith Chevalier and Glenn Ellison，"Are Some Mutual Fund Managers Better than Others? Cross-Sectional Patterns in Behavior and Performance"，National Bureau of Economic Research，Working Paper 5852.

$$P(A_1)=P(A_1 \cap B_1)+P(A_1 \cap B_2)=0.11+0.29=0.40$$

注意，这两项交集都表明基金管理者毕业于排名前 20 位的 MBA 院校（用 $A_1$ 表示）。因此，对于随机选择的共同基金，其管理者毕业于排名前 20 位的 MBA 院校的概率是 0.40。用相对频数可表示为，共同基金管理者中有 40%毕业于排名前 20 位的 MBA 院校。

沿第 2 行横向相加得到

$$P(A_2)=P(A_2 \cap B_1)+P(A_2 \cap B_2)=0.06+0.54=0.60$$

这个概率表明，60%的共同基金管理者不是毕业于排名前 20 位的 MBA 院校（用 $A_2$ 表示）。注意，共同基金管理者毕业于排名前 20 位的 MBA 院校的概率和不是毕业于排名前 20 位的 MBA 院校的概率相加等于 1。

沿列纵向相加得到如下边缘概率。

第 1 列：

$$P(B_1)=P(A_1 \cap B_1)+P(A_2 \cap B_1)=0.11+0.06=0.17$$

第 2 列：

$$P(B_2)=P(A_1 \cap B_2)+P(A_2 \cap B_2)=0.29+0.54=0.83$$

这些边缘概率表明 17%的共同基金收益高于市场平均收益，83%的共同基金收益低于市场平均收益。

表 6—2 列出了所有联合概率与边缘概率。

**表 6—2　　联合概率与边缘概率**

| | 共同基金收益高于市场平均收益 | 共同基金收益低于市场平均收益 | 总计 |
|---|---|---|---|
| 排名前 20 位的 MBA 院校 | $P(A_1 \cap B_1)=0.11$ | $P(A_1 \cap B_2)=0.29$ | $P(A_1)=0.40$ |
| 排名前 20 位的 MBA 院校 | $P(A_2 \cap B_1)=0.06$ | $P(A_2 \cap B_2)=0.54$ | $P(A_2)=0.60$ |
| 总计 | $P(B_1)=0.17$ | $P(B_2)=0.83$ | 1.00 |

## □ 6-2c　条件概率

我们经常需要知道两个事件是如何相关联的，尤其是在相关事件的发生概率确定的情况下某一事件的概率。例如，我们想知道毕业于排名前 20 位的 MBA 院校的基金管理人员有多大概率使其共同基金收益高于市场平均收益。这一概率可以让我们对将资金投向何处做出一个精明的决策。由于我们是想知道在管理者毕业于排名前 20 位的 MBA 院校这一给定条件下，基金收益高于市场平均收益的概率，因而这一概率被称为**条件概率**（conditional probability）。要求的条件概率可以表示为

$$P(B_1 \mid A_1)$$

式中“|”就表示给定条件。下面我们对条件概率的计算方法加以介绍。

管理者毕业于排名前 20 位的 MBA 院校的边缘概率是 0.40，它是两个联合概率的和。这两个概率是：(1) 共同基金收益高于市场平均收益且基金管理者毕业于排名前 20 位的 MBA 院校的概率 $[P(A_1 \cap B_1)]$，(2) 共同基金收益低于市场平均收益且基金

管理者毕业于排名前 20 位的 MBA 院校的概率 $[P(A_1 \cap B_2)]$。我们可以通过以下方式来解释这些概率数字：平均来说，在每 100 只共同基金中，有 40 只的管理者毕业于排名前 20 位的 MBA 院校；在这 40 个管理者中，平均有 11 人管理的共同基金的收益高于市场平均收益。因此，条件概率就是 11/40＝0.275。注意，这个比率就等于联合概率 $P(A_1 \cap B_1)$ 与边缘概率 $P(A_1)$ 之比。所有条件概率都可以通过这种方式计算。

**条件概率**

在给定事件 $B$ 的条件下事件 $A$ 发生的概率是

$$P(A \mid B)=\frac{P(A \cap B)}{P(B)}$$

在给定事件 $A$ 的条件下事件 $B$ 发生的概率是

$$P(B \mid A)=\frac{P(A \cap B)}{P(A)}$$

**例 6.2　共同基金管理者的成功要素 Ⅱ**

假定在例 6.1 中，我们随机地选择一只共同基金，结果发现其收益低于市场平均收益。那么该基金的管理者毕业于排名前 20 位的 MBA 院校的概率是多少？

**解**

我们需要计算一个条件概率，其条件是基金收益低于市场平均收益（事件 $B_2$），要计算概率的事件是该基金的管理者毕业于排名前 20 位的 MBA 院校（事件 $A_1$）。因此，我们要计算的概率为

$$P(A_1 \mid B_2)$$

使用条件概率公式，得到

$$P(A_1 \mid B_2)=P(A_1 \cap B_2)/P(B_2)=0.29/0.83=0.349$$

因此，收益低于市场平均收益的共同基金中有 34.9%的管理者毕业于排名前 20 位的 MBA 院校。

条件概率引出了接下来我们将要讨论的问题，即事件“基金收益高于市场平均收益”与事件“管理者毕业于排名前 20 位的 MBA 院校”是否相关。

### □ 6－2d　独　立

计算条件概率的一个目的是要确定两个事件是否相关。特别地，我们还想知道它们是否是**独立事件**（independent events）。

**独立事件**

如果

$$P(A \mid B)=P(A) \text{ 或 } P(B \mid A)=P(B)$$

则两个事件 $A$ 与 $B$ 被认为是独立的。

用另一种方式表达就是，如果一个事件发生的概率不受另一事件发生与否的影响，那么这两个事件就是相互独立的。

**例 6.3　共同基金管理者的成功要素Ⅲ**

判断基金收益高于市场平均收益与管理者毕业于排名前 20 位的 MBA 院校是否是独立事件。

**解**

为了判断事件 $A_1$ 和 $B_1$ 是否独立，首先需要计算在给定事件 $B_1$ 的前提下，事件 $A_1$ 发生的概率。

$$P(A_1 \mid B_1)=\frac{P(A_1B_1)}{P(B_1)}=\frac{0.11}{0.17}=0.647$$

基金经理毕业于排名前 20 的 MBA 院校的边缘概率为

$$P(A_1)=0.40$$

因为这两个概率不相等，所以我们认为这两个事件不独立。

同样地，我们也可以发现 $P(B_1|A_1)=0.275$ 和 $P(B_1)=0.17$ 不相等，这也可以说明这两个事件不独立。

值得注意的是，在这个问题中还有其他 3 种事件组合方式。它们是（$A_1$ 和 $B_2$）、（$A_2$ 和 $B_1$）、（$A_2$ 和 $B_2$）。[这里忽略互斥的事件组合（$A_1$ 和 $A_2$）和（$B_1$ 和 $B_2$），它们是不独立的。] 以上每个组合中的事件都是不独立的。对于这种只有 4 种组合的问题来说，只要有一种组合是不独立的，其他 3 种组合就是不独立的，同样，只要有 1 种组合是独立的，其他 3 种组合就是独立的。当然，这个规则对于其他类型的问题不一定适用。

### □ 6-2e　并　集

若某一事件是其他诸多事件的组合，则称该事件为并集。

**事件 $A$ 与事件 $B$ 的并集**

事件 $A$ 与事件 $B$ 的**并集**（union）是指这样一类事件：在事件 $A$ 发生或者事件 $B$ 发生或者二者都发生时，该事件都会发生。可以表示为

$$A \cup B$$

**例 6.4　共同基金管理者的成功要素Ⅳ**

确定随机选取的基金的收益高于市场平均收益或者其管理者毕业于排名前 20 位的 MBA 院校的概率。

**解**

需要计算两个事件并集的概率

$$P(A_1 \cup B_1)$$

并集（$A_1 \cup B_1$）包括了三类事件，即当下列任何一种联合事件发生时，就可以认为该并集发生：

1. 基金收益高于市场平均收益且管理者毕业于排名前 20 位的 MBA 院校；
2. 基金收益高于市场平均收益且管理者不是毕业于排名前 20 位的 MBA 院校；
3. 基金收益低于市场平均收益且管理者毕业于排名前 20 位的 MBA 院校。

它们的概率分别是

$$P(A_1 \cap B_1) = 0.11$$
$$P(A_2 \cap B_1) = 0.06$$
$$P(A_1 \cap B_2) = 0.29$$

因此，基金收益高于市场平均收益与管理者毕业于排名前 20 位的 MBA 院校的并集的概率就是上述三种概率之和，即

$$\begin{aligned} P(A_1 \cup B_1) &= P(A_1 \cap B_1) + P(A_2 \cap B_1) + P(A_1 \cap B_2) \\ &= 0.11 + 0.06 + 0.29 = 0.46 \end{aligned}$$

注意，计算这一概率还有一种方法。在表 6—1 所示的四个概率中，唯一不属于并集的事件就是基金收益低于市场平均收益且管理者不是毕业于排名前 20 位的 MBA 院校。其概率是

$$P(A_2 \cap B_2) = 0.54$$

这是并集不发生的概率。因此，并集发生的概率就为

$$P(A_1 \cup B_1) = 1 - P(A_2 \cap B_2) = 1 - 0.54 = 0.46$$

因此，我们认为选取的共同基金的收益高于市场平均收益，或者基金管理者毕业于排名前 20 位的 MBA 院校，或者两者同时发生的概率为 46%。

## 习　题

**6.16**　根据以下联合概率表计算边缘概率。

| | $A_1$ | $A_2$ | $A_3$ |
|---|---|---|---|
| $B_1$ | 0.1 | 0.3 | 0.2 |
| $B_2$ | 0.2 | 0.1 | 0.1 |

**6.17**　根据下表中的联合概率计算边缘概率。

| | $A_1$ | $A_2$ |
|---|---|---|
| $B_1$ | 0.4 | 0.3 |
| $B_2$ | 0.2 | 0.1 |

**6.18**　对于习题 6.17：

a. 计算 $P(A_1 \mid B_1)$。

b. 计算 $P(A_2 \mid B_1)$。

c. 经计算，问题（a）与（b）的答案加起来是否等于 1？这是巧合吗？解释原因。

**6.19** 对于习题 6.17，计算下列概率：

a. $P(A_1 \mid B_2)$。

b. $P(B_2 \mid A_1)$。

c. 你是否认为问题（a）与（b）的答案互为倒数，即 $P(A_1|B_2)=1/P(B_2|A_1)$？为什么这是不可能的（除非二者概率皆为 1）？

**6.20** 习题 6.17 中的事件是否相互独立？解释原因。

**6.21** 对于习题 6.17，计算下列概率：

a. $P(A_1 \cup B_1)$。

b. $P(A_1 \cup B_2)$。

c. $P(A_1 \cup A_2)$。

**6.22** 假如给定以下联合概率，这些事件是否独立？解释原因。

| | $A_1$ | $A_2$ |
|---|---|---|
| $B_1$ | 0.20 | 0.60 |
| $B_2$ | 0.05 | 0.15 |

**6.23** 根据以下联合概率确定事件是否独立。

| | $A_1$ | $A_2$ |
|---|---|---|
| $B_1$ | 0.20 | 0.15 |
| $B_2$ | 0.60 | 0.05 |

**6.24** 假定有以下联合概率：

| | $A_1$ | $A_2$ | $A_3$ |
|---|---|---|---|
| $B_1$ | 0.15 | 0.20 | 0.10 |
| $B_2$ | 0.25 | 0.25 | 0.05 |

计算其边缘概率。

**6.25** 对于习题 6.24：

a. 计算 $P(A_2 \mid B_2)$。

b. 计算 $P(B_2 \mid A_2)$。

c. 计算 $P(B_1 \mid A_2)$。

**6.26** 对于习题 6.24：

a. 计算 $P(A_1 \cup A_2)$。

b. 计算 $P(A_2 \cup B_2)$。

c. 计算 $P(A_3 \cup B_1)$。

**6.27** 一所大学的女教师对最近一轮从助理教授到副教授的晋升过程提出了不满意见。利用下表中的联合概率对性别与晋升之间的关系进行分析。

| | 晋升 | 没有晋升 |
|---|---|---|
| 女 | 0.03 | 0.12 |
| 男 | 0.17 | 0.68 |

a. 女助理教授晋升的比例是多少?

b. 男助理教授晋升的比例是多少?

c. 对该大学存在性别歧视的指责是否合理?

**6.28** 一家百货公司对其最近的销售量进行了分析，并确定了顾客支付方式与商品价格分类之间的关系。联合概率已经算出，如下表所示：

| | 现金 | 信用卡 | 借记卡 |
|---|---|---|---|
| 价格低于 20 美元 | 0.09 | 0.03 | 0.04 |
| 20～100 美元 | 0.05 | 0.21 | 0.18 |
| 价格高于 100 美元 | 0.03 | 0.23 | 0.14 |

a. 使用借记卡支付的商品比例是多少?

b. 求使用信用卡购买的商品的价格高于 100 美元的概率。

c. 求使用信用卡或借记卡支付的商品比例。

**6.29** 下表列出了不同受教育程度的男性和女性的失业率。

| | 女性 | 男性 |
|---|---|---|
| 高中以下 | 0.057 | 0.104 |
| 高中毕业 | 0.136 | 0.224 |
| 大学——没有学位 | 0.132 | 0.150 |
| 大学毕业 | 0.095 | 0.103 |

资料来源：《美国统计摘要》，2012 年，表 627。

a. 随机抽选一名失业者，其受教育程度为高中以下的概率是多少?

b. 随机抽选一名女性失业者，其受教育程度为大学毕业的概率是多少?

c. 随机抽选一名高中毕业的失业者，他是男性的概率是多少?

**6.30** 下表列出了 60～65 岁的男性抽烟与患肺病之间的联合概率。

| | 抽烟 | 不抽烟 |
|---|---|---|
| 患过肺病 | 0.12 | 0.03 |
| 没有患肺病 | 0.19 | 0.66 |

从 60～65 岁这一年龄段的男性中随机选取一名，那么下列事件的概率是多少?

a. 他抽烟。

b. 他没有患肺病。

c. 已知他抽烟的情况下患过肺病。

d. 已知他不抽烟的情况下患过肺病。

**6.31** 对于习题6.30，60～65岁这一年龄段的男性抽烟与患肺病是否相关？

**6.32** 在大学中，应用统计学课程的教学方法是不断变化的。在以前，大多数课程注重手工计算，而一种替代方法是使用计算机和软件包来执行运算。对应用统计学课程的分析调查了教师的教育背景主要是偏重于数学（或统计学）还是其他领域，分析结果见下表中的联合概率：

| | 统计学课程注重手工计算 | 统计学课程使用计算机和软件 |
|---|---|---|
| 数学或统计学教育背景 | 0.23 | 0.36 |
| 其他教育背景 | 0.11 | 0.30 |

a. 对于随机选择的应用统计学课程的教师，其教育背景是统计学并注重手工计算的概率是多少？

b. 应用统计学课程中使用计算机和软件的概率是多少？

c. 教师的教育背景与其授课所注重的方式是否独立？

**6.33** 一家连锁饭店经常对顾客进行调查。在众多问题中，有一个是询问每位顾客是否会再次光顾并请其评价饭菜的质量等级。通过对几十万份问卷进行总结，得到下表所示的联合概率：

| 等级 | 顾客再次光顾 | 顾客不再光顾 |
|---|---|---|
| 很差 | 0.02 | 0.10 |
| 一般 | 0.08 | 0.09 |
| 较好 | 0.35 | 0.14 |
| 很好 | 0.20 | 0.02 |

a. 回答会再次光顾并且将该饭店的饭菜质量评价为较好的顾客比例是多少？

b. 回答会再次光顾的顾客将该饭店的饭菜质量评价为较好的比例是多少？

c. 将该饭店的饭菜质量评价为较好的顾客回答会再次光顾的比例是多少？

d. 讨论问题（a）、（b）、（c）的答案之间的区别。

**6.34** 为了确定饮用酒精饮料是否会对引起溃疡的细菌产生影响，研究人员计算出了下表所示的联合概率：

| 每天饮用的酒精饮料数 | 患溃疡 | 没有患溃疡 |
|---|---|---|
| 无 | 0.01 | 0.22 |
| 1 | 0.03 | 0.19 |
| 2 | 0.03 | 0.32 |
| 多于2 | 0.04 | 0.16 |

a. 患溃疡的人所占比例是多少？

b. 禁酒主义者（不喝酒精饮料）患溃疡的概率是多少？

c. 溃疡患者不饮用酒精饮料的概率是多少？

d. 患溃疡与饮用酒精饮料是否独立？解释原因。

**6.35** 一份关于被解雇的员工的年龄以及离职原因的分析计算出了下表所示的联合概率：

| 离职原因 | 年龄段（岁） | | | |
|---|---|---|---|---|
| | 20～24 | 25～54 | 55～64 | 65 及以上 |
| 工厂/公司关闭或搬家 | 0.015 | 0.320 | 0.089 | 0.029 |
| 工作不足 | 0.014 | 0.180 | 0.034 | 0.011 |
| 职位被取消 | 0.006 | 0.214 | 0.071 | 0.016 |

资料来源：《美国统计摘要》，2009 年，表 593。

a. 某 25～54 岁年龄段的员工由于工作不足被解雇的概率是多少？

b. 被解雇的员工年龄在 65 岁及以上的概率是多少？

c. 由于职位被取消而遭解雇的员工年龄在 65 岁及以上的概率是多少？

**6.36** 许多电视节目评论家声称电视节目中存在太多暴力场景，因而给社会带来了消极影响，同时这也可能会给广告客户带来负面影响。为了验证这一观点，研究人员为电视电影频道制作了两个版本的警匪片。其中一个版本描述了好几个暴力犯罪场景，另一个版本则删除了这些场景。在电影放映过程中，播出了一则时长 60 秒的新产品及其商标名称的商业广告。电影结束时，要求观看者说出该商标名称。通过观察结果，研究人员计算出了下表所示的联合概率：

| | 观看暴力电影 | 观看非暴力电影 |
|---|---|---|
| 记住商标名 | 0.15 | 0.18 |
| 没有记住商标名 | 0.35 | 0.32 |

a. 观看者中记住商标名的比例是多少？

b. 观看暴力电影的观众中记住商标名的比例是多少？

c. 观看暴力电影是否对观众记住商标名称有影响？解释原因。

**6.37** 男性荷尔蒙睾丸激素与犯罪行为之间是否存在一定的关系？为了回答这个问题，医学研究人员测量了监禁者的睾丸激素水平，并对其是否被判犯有谋杀罪进行了记录。通过对调查结果进行分析，他们计算出了下表所示的联合概率：

| 睾丸激素水平 | 谋杀罪 | 其他重罪 |
|---|---|---|
| 高于平均水平 | 0.27 | 0.24 |
| 低于平均水平 | 0.21 | 0.28 |

a. 犯谋杀罪者中睾丸激素水平高于平均水平的比例是多少?

b. 睾丸激素水平与犯罪行为是否独立?解释原因。

**6.38** 医疗保险覆盖已经成为美国政治的关键问题。大量研究致力于判断什么特征的人在覆盖范围内,什么特征的人不在覆盖范围内。根据这一研究,可得到如下联合概率表:

| 年龄段(岁) | 有医疗保险 | 没有医疗保险 |
|---|---|---|
| 25～34 | 0.167 | 0.085 |
| 35～44 | 0.209 | 0.061 |
| 45～54 | 0.225 | 0.049 |
| 55～64 | 0.177 | 0.026 |

资料来源:美国卫生与人类服务部。

随机地选择一个人,计算下列事件的概率:

a. 这个人有医疗保险。

b. 这个人的年龄在 55～64 岁且没有医疗保险。

c. 这个人没有医疗保险且年龄在 25～34 岁。

**6.39** 暴力犯罪是许多美国校园生活中不幸的事实。一项关于学校和暴力犯罪的分析计算了它们的联合概率表:

| 学校级别 | 今年有暴力犯罪 | 今年没有暴力犯罪 |
|---|---|---|
| 小学 | 0.393 | 0.191 |
| 初中 | 0.176 | 0.010 |
| 高中 | 0.134 | 0.007 |
| 一贯制 | 0.074 | 0.015 |

资料来源:《美国统计摘要》,2009 年,表 237。

随机地选择一所学校,计算下列事件的概率:

a. 一年内至少有 1 起暴力事件发生在小学。

b. 一年内没有发生暴力事件。

**6.40** 参见习题 6.39,一项相似的分析得到如下联合概率:

| 入学人数(人) | 今年有暴力犯罪 | 今年没有暴力犯罪 |
|---|---|---|
| 少于 300 | 0.159 | 0.091 |
| 300～499 | 0.221 | 0.065 |
| 500～999 | 0.289 | 0.063 |
| 1 000 及以上 | 0.108 | 0.004 |

资料来源:《美国统计摘要》,2009 年,表 237。

a. 入学人数少于 300 人的学校一年内至少有 1 起暴力事件发生的概率。

b. 一年内至少有 1 起暴力事件发生的学校其入学人数少于 300 人的概率。

**6.41** 一家公司按照两种方式——顾客账户是否过期和账户是新账户（少于 12 个月）还是老账户——对其顾客分类。通过对公司记录进行分析，可以计算出下表中所示的联合概率：

| | 过期 | 不过期 |
|---|---|---|
| 新账户 | 0.06 | 0.13 |
| 老账户 | 0.52 | 0.29 |

随机地选择一个账户：

a. 如果账户已过期，那么该账户是新账户的概率为多少？

b. 如果账户是新账户，那么该账户已过期的概率是多少？

c. 账户的年限与其是否过期是不是相关的？解释原因。

**6.42** 公司的规模（以公司雇员数来测量）与公司行业类型是如何相关的？为了帮助回答这个问题，分析人员参考了美国人口普查数据并计算出了下表所示的联合概率：

| 雇员数（人） | 行业 | | |
|---|---|---|---|
| | 建筑业 | 制造业 | 零售业 |
| 少于 20 | 0.464 | 0.147 | 0.237 |
| 20～99 | 0.039 | 0.049 | 0.035 |
| 100 及以上 | 0.005 | 0.019 | 0.005 |

资料来源：《美国统计摘要》，2009 年，表 737。

随机地选择一家公司，计算下列事件的概率：

a. 公司雇员数少于 20 人。

b. 公司属于零售业。

c. 公司属于建筑业且雇员人数在 20～99 人。

**6.43** 金融机构使用信用记分卡来辅助确定哪些客户的贷款应该予以保证。通过对一家银行的记录进行分析，可得到以下概率：

| 还贷情况 | 积分 | |
|---|---|---|
| | 低于 400 分 | 400 分及以上 |
| 全部偿还 | 0.19 | 0.64 |
| 拖欠贷款 | 0.13 | 0.04 |

a. 贷款全部偿还的比例是多少？

b. 积分低于 400 分的贷款中全部偿还的比例是多少？

c. 积分在 400 分及以上的贷款中全部偿还的比例是多少？

d. 积分与贷款能否全部偿还是不是独立的？解释原因。

**6.44** 一家零售批发商店想知道它登在日报上的每周广告是否起作用。为了获取关键信息，商店经理对进入商店的顾客就其是否看了广告以及是否购买商品进行了调查。从所获取的信息中，商店经理计算出了下表中所示的联合概率。广告有效吗？解释原因。

| | 购买 | 未购买 |
|---|---|---|
| 看广告 | 0.18 | 0.42 |
| 未看广告 | 0.12 | 0.28 |

**6.45** 为了说明教育与失业之间的关系，经济学者参考了美国人口普查数据。据此，经济学者计算出了下表所示的联合概率：

| 受教育水平 | 就业 | 失业 |
|---|---|---|
| 高中没有毕业 | 0.075 | 0.015 |
| 高中毕业 | 0.257 | 0.035 |
| 专科学院、没有学位 | 0.155 | 0.016 |
| 大专学位 | 0.096 | 0.008 |
| 学士学位 | 0.211 | 0.012 |
| 高等学位 | 0.118 | 0.004 |

资料来源：《美国统计摘要》，2012 年，表 221。

a. 高中毕业者失业的概率是多少？

b. 随机选择一个人，其就业的概率是多少？

c. 计算失业人员具有高等学位的概率。

d. 随机选择一个人，其高中没有毕业的概率是多少？

**6.46** 修建新厂时，厂址的选择对大多数公司来说都是至关重要的。其中经常被考虑的一个因素是该区域居民的受教育水平，在这一点上，人口普查信息是非常有用的。通过对最近一次人口普查数据进行分析，公司计算出了以下联合概率：

| 受教育水平 | 居住区域 | | | |
|---|---|---|---|---|
| | 东北部 | 中西部 | 南部 | 西部 |
| 高中没有毕业 | 0.021 | 0.022 | 0.053 | 0.032 |
| 高中毕业 | 0.062 | 0.075 | 0.118 | 0.058 |
| 专科学院、没有学位 | 0.024 | 0.038 | 0.062 | 0.044 |
| 大专学位 | 0.015 | 0.022 | 0.032 | 0.022 |
| 学士学位 | 0.038 | 0.040 | 0.067 | 0.050 |
| 高等学位 | 0.024 | 0.021 | 0.036 | 0.025 |

资料来源：《美国统计摘要》，2012 年，表 231。

a. 居住在西部的居民获得学士学位的概率是多少？

b. 计算高中毕业但没有受过大学教育的人居住在东北部的概率。

c. 随机选择一个人，其居住在南部的概率是多少？

d. 随机选取一个人，其不居住在南部的概率是多少？

## 6.3 概率法则和概率树

在 6.2 节中，我们介绍了交集和并集，并描述了如何计算两个事件交集和并集的概率。在这一节中，我们将介绍计算概率的其他方法。为了能用简单事件的概率计算复杂事件的概率，我们首先引入三条法则。

### □ 6-3a 补集法则

事件 $A$ 的**补集**（complement）就是当 $A$ 不发生时的事件。事件 $A$ 的补集可以表示为 $A^C$。下面所定义的**补集法则**（complement rule）源于这样的事实：一个事件的概率与该事件补集的概率之和必为 1。

**补集法则**

对任何事件 $A$ 有

$$P(A^C)=1-P(A)$$

我们介绍完下一法则后再对这一法则的应用进行说明。

### □ 6-3b 乘法法则

**乘法法则**（multiplication rule）可用来计算两个事件的联合概率。该计算基于以前章节中所介绍的条件概率公式，即

$$P(A \mid B)=\frac{P(A \cap B)}{P(B)}$$

在公式两边同时乘以 $P(B)$ 就可以得到乘法法则。

**乘法法则**

任何两个事件 $A$ 与 $B$ 的联合概率是

$$P(A \cap B)=P(A \mid B)P(B)$$

或改变符号为

$$P(A \cap B)=P(B \mid A)P(A)$$

如果 $A$ 与 $B$ 是独立事件，那么有 $P(A|B)=P(A)$ 且 $P(B|A)=P(B)$。这表明两个独立事件的联合概率就是这两个事件概率的乘积。我们可以将其看作乘法法则的特殊形式。

**独立事件乘法法则**

任何两个独立事件 $A$ 和 $B$ 的联合概率是

$$P(A\cap B)=P(A)P(B)$$

### 例 6.5 不放回地抽取两名学生

研究生统计学课程班有 7 名男生和 3 名女生，教授想随机挑选 2 名学生帮助她做研究，则挑选的 2 名学生全是女生的概率有多大？

**解**

令 $A$ 代表所选择的第一名学生是女生，令 $B$ 代表所选择的第二名学生也是女生。我们想知道联合概率 $P(A\cap B)$，应用乘法法则

$$P(A\cap B)=P(B\mid A)P(A)$$

因为总共有 10 名学生，其中有 3 名女生，所以选择的第一名学生是女生的概率是

$$P(A)=3/10$$

选定第一名学生后，还剩下 9 名学生。假定所选择的第一名学生是女生，那么剩下的 9 名学生中还剩 2 名女生。因此

$$P(B\mid A)=2/9$$

因此，联合概率是

$$P(A\cap B)=P(A)P(B\mid A)=\left(\frac{3}{10}\right)\left(\frac{2}{9}\right)=\frac{6}{90}=0.067$$

### 例 6.6 有放回地抽取两名学生

在例 6.5 中，讲授这门课的教授由于患了流感而暂时不能讲课，所以下两节课由另一位男教师代替。这名男教师的风格是喜欢随机地选择一名学生让他（或她）在课堂上回答问题。那么，在两节课上所选择的 2 名学生全部是女生的概率是多少？

**解**

这个问题的形式与例 6.5 一样，我们想计算所选择的 2 名学生全部是女生的概率。不过试验还是稍有差异，现在男教师在两节课上所选择的学生有可能是同一名学生，因此 $A$ 和 $B$ 是独立事件。我们可以对独立事件使用乘法法则

$$P(A\cap B)=P(A)P(B)$$

在每节课上所选择的学生是女生的概率是相同的，即

$$P(A)=3/10 \text{ 且 } P(B)=3/10$$

因此

$$P(A\cap B)=P(A)P(B)=\left(\frac{3}{10}\right)\left(\frac{3}{10}\right)=\frac{9}{100}=0.09$$

## □ 6-3c 加法法则

**加法法则**（addition rule）可帮助我们计算两个事件并集的概率。

> **加法法则**
>
> 事件 $A$ 发生或者事件 $B$ 发生或者两者都发生的概率是
>
> $$P(A \cup B)=P(A)+P(B)-P(A \cap B)$$

可能跟大多数学生一样，你对为什么要从事件 $A$ 和事件 $B$ 的概率之和中减去二者的联合概率感到奇怪。为了理解其必要性，参照表 6—2，我们重新生成了表 6—3。

**表 6—3** 联合概率与边缘概率

| | $B_1$ | $B_2$ | 总计 |
|---|---|---|---|
| $A_1$ | $P(A_1 \cap B_1)=0.11$ | $P(A_1 \cap B_2)=0.29$ | $P(A_1)=0.40$ |
| $A_2$ | $P(A_2 \cap B_1)=0.06$ | $P(A_2 \cap B_2)=0.54$ | $P(A_2)=0.60$ |
| 总计 | $P(B_1)=0.17$ | $P(B_2)=0.83$ | 1.00 |

这张表格总结了边缘概率的计算方法。例如，$A_1$ 和 $B_1$ 的边缘概率分别为

$$P(A_1)=P(A_1 \cap B_1)+P(A_1 \cap B_2)=0.11+0.29=0.40$$
$$P(B_1)=P(A_1 \cap B_1)+P(A_2 \cap B_1)=0.11+0.06=0.17$$

如果我们试图通过将 $A_1$ 的概率与 $B_1$ 的概率相加得到二者并集的概率，那么我们会发现

$$P(A_1)+P(B_1)=0.11+0.29+0.11+0.06$$

注意，$A_1$ 和 $B_1$ 的联合概率（即 0.11）被加了两遍，所以为了避免重复计算，需要从 $A_1$ 和 $B_1$ 的概率之和中减去二者的联合概率。因此有

$$\begin{aligned}P(A_1 \cup B_1)&=P(A_1)+P(B_1)-P(A_1 \cap B_1)\\&=(0.11+0.29)+(0.11+0.06)-0.11\\&=0.40+0.17-0.11=0.46\end{aligned}$$

注意，这是 $A_1$ 和 $B_1$ 并集的概率，我们已经在例 6.4 中得出了此结果。

与乘法法则一样，加法法则也有其特殊形式。当两个事件互斥时（这意味着两个事件不可能同时发生），二者的联合概率为零。

> **互斥事件的加法法则**
>
> 两个互斥事件 $A$ 和 $B$ 并集的概率为
>
> $$P(A \cup B)=P(A)+P(B)$$

**例 6.7　应用加法法则**

某大城市有两份报纸：《太阳报》(*Sun*) 和《邮报》(*Post*)。发行部门报道该城市22%的家庭订阅《太阳报》，35%的家庭订阅《邮报》。调查还发现，6%的家庭两份报纸都订。那么，该城市的家庭至少订阅一份报纸的概率是多少?

**解**

我们可以将这个问题表述为：随机地选择一个家庭，该家庭订阅《太阳报》或者《邮报》或者两者都订的概率是多少? 我们已经非常清楚，想要计算并集的概率就必须使用加法法则。假定 $A$ 表示家庭订阅《太阳报》，$B$ 表示家庭订阅《邮报》，进行以下计算：

$$P(A \cup B)=P(A)+P(B)-P(A \cap B)$$
$$=0.22+0.35-0.06=0.51$$

所以，随机选择的一个家庭订阅了至少一份报纸的概率是 0.51。以相对频数表示则为，该城市所有家庭中有 51%的家庭至少订阅了一份报纸。

## □ 6-3d　概率树

使用概率法则的一种更为有效和简单的方法是概率树。概率树将试验中的事件用线来表示，相应的图形像一棵树，因而得此名称。下面我们通过几个例子来说明概率树，其中两个单独使用了概率法则。

在例 6.5 中，我们想计算出选择了两名女生的概率，并且两次选择结果必须是不同的。图 6—1 的树形图表描述了这个试验。注意，前两个分支代表第一轮选择中选择女生和男生这两种可能。第二组分支代表第二轮选择中的两种可能。女生和男生第一次被选中的概率分别是 3/10 和 7/10，第二组分支的概率是基于所选择的第一个学生的条件概率。

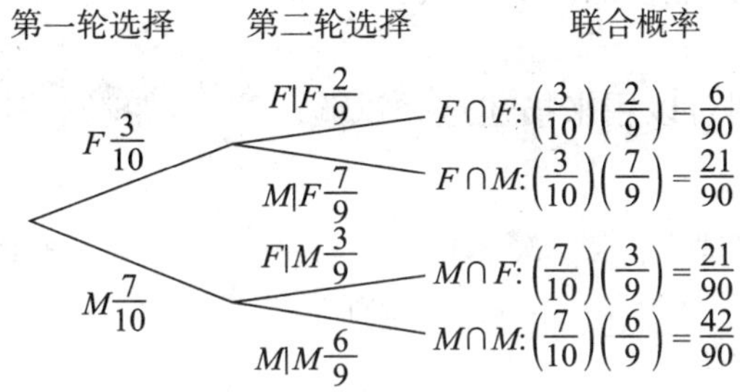


**图 6—1　例 6.5 的概率树**

将相连分支上的概率相乘可以计算出联合概率。因此，选择两名女生的概率是 $P(F \cap F)=(3/10)(2/9)=6/90$，其余联合概率也可以采用同样的方法进行计算。

例 6.6 中的试验与例 6.5 中的类似。不过，此时第一轮中被选到的学生又被放回去再次参与选择，因此第二组分支中的概率与第一组分支中的概率相等。根据这些变化画出概率树，如图 6—2 所示。

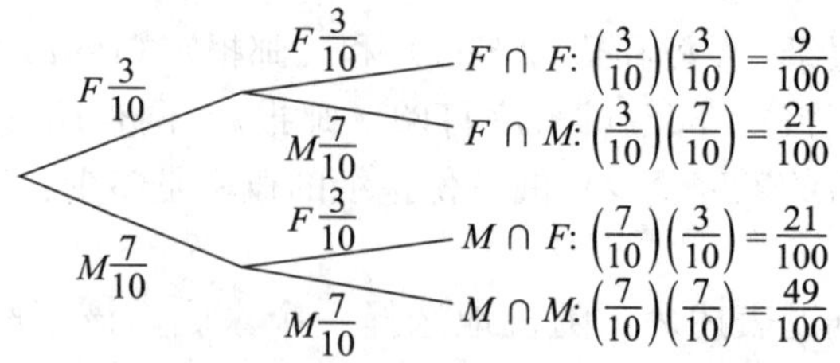


**图 6—2　例 6.6 的概率树**

针对这一类问题，概率树的优点在于它降低了使用者计算错误的可能性。一旦画好概率树并确定了各分支的概率，事实上唯一允许的计算就是将相连分支的概率相乘。此外，因为已经列出了所有可能的事件，所以各分支末端的概率之和必为 1。注意，在这两幅图中，联合概率加起来都为 1。

互斥事件的加法法则同样可以应用于联合概率。在两个概率树中，将联合概率相加就可以计算所选择的学生一名是女生而另一名是男生的概率。对于例 6.5 的概率树，有

$$P(F\cap M)+P(M\cap F)=21/90+21/90=42/90$$

在例 6.6 的概率树中有

$$P(F\cap M)+P(M\cap F)=21/100+21/100=42/100$$

## 例 6.8　通过律师考试的概率

从法学院毕业的研究生必须通过律师考试才有资格做律师。假定在一个特定的管辖范围内，第一次参加考试者通过率为 72%，没有通过者几个月后可以继续参加考试，并且 88%的学生将通过第二次考试。计算随机选择的一个法学院研究生能成为律师的概率。假定考试者最多只能参加两次考试。

**解**

图 6—3 中的概率树可以用来描述这一试验。注意，我们使用补集法则来计算每次考试中没有通过的概率。

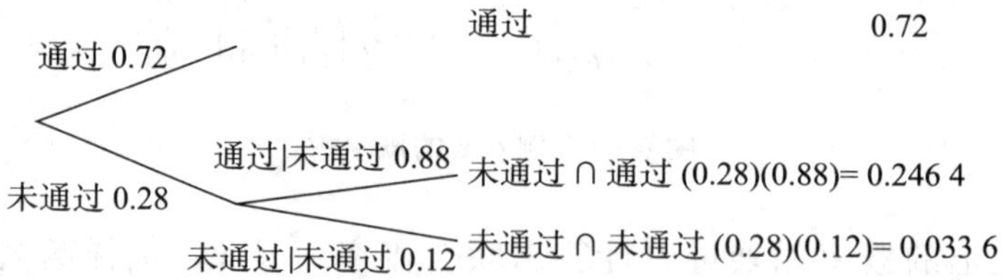


**图 6—3　例 6.8 的概率树**

应用乘法法则来计算 $P$(未通过∩通过)，结果为 0.246 4。接下来可以使用互斥事件的加法法则来计算第一次或者第二次通过考试的概率：

$$P(\text{通过[第一次]})+P(\text{未通过[第一次]}\cap\text{通过[第二次]})$$

$= 0.72 + 0.246\,4 = 0.966\,4$

因此，96.64%的考试者经过一次或者两次考试将成为律师。

## 习　题

**6.47**　根据下列概率计算所有联合概率。

$P(A)=0.9$　　$P(A^C)=0.1$

$P(B\mid A)=0.4$　　$P(B\mid A^C)=0.7$

**6.48**　根据下列概率计算所有联合概率。

$P(A)=0.8$　　$P(A^C)=0.2$

$P(B\mid A)=0.4$　　$P(B\mid A^C)=0.7$

**6.49**　根据下列概率画出概率树并计算联合概率。

$P(A)=0.5$　　$P(A^C)=0.5$

$P(B\mid A)=0.4$　　$P(B\mid A^C)=0.7$

**6.50**　根据下列概率画出概率树并计算联合概率。

$P(A)=0.8$　　$P(A^C)=0.2$

$P(B\mid A)=0.3$　　$P(B\mid A^C)=0.3$

**6.51**　根据下列概率计算联合概率 $P(AB)$。

$P(A)=0.7$　　$P(B\mid A)=0.3$

**6.52**　大约10%的人惯用左手。如果随机地选择两个人，下列事件的概率是多少？

a. 两个人都惯用右手。

b. 两个人都惯用左手。

c. 一个人惯用右手而另一个人惯用左手。

d. 至少一个人惯用右手。

**6.53**　在习题6.52中，假设随机地选择三个人。

a. 画出概率树来描述该试验。

b. 如果使用符号RRR来表示所选择的三个人都惯用右手，采用相同方法来描述剩余的七个事件（惯用左手用L表示）。

c. 三个人都不惯用右手、有一个人惯用右手、有两个人惯用右手以及三个人都惯用右手的事件个数是多少？

d. 三个人都不惯用右手、有一个人惯用右手、有两个人惯用右手以及三个人都惯用右手的概率各是多大？

**6.54**　假定在会计学班上有100名学生，其中10名学生惯用左手，随机地选择2名学生。

a. 画出概率树并标出每个分支的概率。

下列事件的概率是多少?

b. 两名学生都惯用右手。

c. 两名学生都惯用左手。

d. 一名学生惯用右手而另一名学生惯用左手。

e. 至少一名学生惯用右手。

**6.55** 在习题 6.54 中，假定随机地选择了 3 名学生。

a. 画出概率树并标出每个分支的概率。

b. 分别计算 3 名学生都不惯用右手、有 1 名学生惯用右手、有 2 名学生惯用右手以及 3 名学生都惯用右手的概率各是多少。

**6.56** 一家航天公司对联邦政府两项独立的国防契约进行了投标。公司总裁认为赢得第一份契约的概率是 40%，并且如果赢得了第一份契约，那么赢得第二份契约的概率是 70%。然而如果没有得到第一份契约，那么赢得第二份契约的概率将降低到 50%。

a. 公司同时赢得两份契约的概率是多少?

b. 公司同时失去两份契约的概率是多少?

c. 公司赢得一份契约的概率是多少?

**6.57** 电话销售人员打电话向人们推销一份日报。其中 20%的电话没有应答或者占线，剩下的电话接通者中有 5%同意订阅该报纸。那么她需要打多少次电话才能促成一份订阅?

**6.58** 一家铸模公司的领班承认，他值班时忘记关闭生产线上的铸模机的概率为 10%。这将会导致机器过热，从而将第二天早晨生产出有缺陷模型的概率从 2%提高到 20%。那么从第二天早上开始，生产出有缺陷模型的概率是多少?

**6.59** 2002 年迈阿密选举的监票人进行的一项研究表明，44%的投票人来自民主党，37%来自共和党，19%来自其他党派。随机抽取两个投票人，他们的党派相同的概率是多少?(资料来源:《迈阿密先驱报》，2002 年 4 月 11 日。)

**6.60** 2001 年年初，美国人口普查局公布了 2000 年的人口普查结果。在众多信息中，普查局记录了每个州每个县居民的种族或者种族划分。根据这些信息，人口普查局计算了多样性指数，也就是随机选择的两个人属于不同种族的概率。人口普查局认为在威斯康星州的一个县，80%的居民是白人，15%是黑人，剩余的 5%是亚洲人。试计算这个县的多样性指数。

**6.61** 一项关于中年男性的调查结果显示，28%的男性是秃顶，并且这些人有 18%的概率在未来 10 年内患心脏病。另外，不是秃顶的男性公民患心脏病的概率是 11%。试计算中年男性公民在未来 10 年内患心脏病的概率。

**6.62** 注册金融分析师 (CFA) 是人们在通过三次年度考试 (CFA Ⅰ、Ⅱ和Ⅲ) 后得到的一个称谓。这项考试每年 6 月初进行，只有考试通过者才有机会参加下一年度更高水平的考试。水平考试Ⅰ、Ⅱ和Ⅲ的通过率分别是 0.57、0.73 和 0.85。假定 3 000 名学生参加水平Ⅰ考试，2 500 名学生参加水平Ⅱ考试，2 000 名学生参加水平Ⅲ考试。如果随机地选择一名学生，那么他 (或她) 通过该项考试的概率是多少? (资料来源:金融分析师协会。)

**6.63** 尼克尔斯 (Nickels) 餐饮连锁店经常对其顾客进行调查，要求顾客对饭菜的质量、服务和价格进行评价，答案包括“非常好”、“好”和“一般”，同时还要求顾客回答其是否会再次光顾。通过对调查结果进行分析，专家认为顾客回答还会再次光顾的概率是87%；在回答还会再次光顾的顾客中，57%认为该饭店“非常好”，36%认为“好”，剩余的7%认为“一般”；在回答不会再次光顾的顾客中，上述概率分别是14%、32%和54%。那么，顾客认为该饭店“非常好”的概率是多少？

**6.64** 宾夕法尼亚大学医学院的研究人员认为2岁以下开着灯睡觉的儿童在16岁以前近视的概率是36%，关灯睡觉的儿童近视的概率是21%。另一项调查发现2岁以下儿童中开灯睡觉的概率是28%。试计算16岁以下儿童近视的概率。

**6.65** 某厂家生产的所有印刷电路板（PCBs）都被检查了。对该公司的检查记录进行分析可以得出，22%的印刷电路板在某种程度上有缺陷；在有缺陷的电路板中，84%是可修的，剩余的16%必须废弃。如果随机地选择一块新生产的印刷电路板，那么其不被废弃的概率是多少？

**6.66** 某金融分析师认为，只要在过去的一年内共同基金收益高于市场平均收益，那么它的收益在接下来的一年内高于市场平均收益的概率为22%。如果每年只有15%的共同基金的收益高于市场平均收益，那么一只共同基金的收益连续两年高于市场平均收益的概率是多少？

**6.67** 投资者认为，如果某一天道琼斯工业平均指数上涨，那么纳斯达克指数也上涨的概率是77%。如果投资者认为道琼斯工业平均指数第二天有60%的概率上涨，那么纳斯达克指数也上涨的概率是多少？

**6.68** 飞机控制系统包括多个后备系统或者冗余系统。因此，即便某控制系统出现故障，飞机仍然可以继续飞行。假定控制飞机副翼的系统有两个后备系统。如果主控制系统出现故障的概率是0.000 1，每个后备系统出现故障的概率是0.01，那么三个控制系统同时出现故障的概率是多少？

**6.69** 根据TNS交叉研究报告，69%的无线网用户上网主要是为了收发电子邮件。假定随机地选择三名无线网用户，那么这三名用户上网主要都是为了收发电子邮件的概率是多少？

**6.70** 金融分析师估计在接下来的12个月内，经济出现衰退的概率是25%。她还认为如果经济出现衰退，那么共同基金价值上涨的概率是20%；如果经济没有出现衰退，共同基金价值上涨的概率是75%。试计算共同基金价值上涨的概率。

## 6.4 贝叶斯法则

条件概率经常被用来测度两个事件之间的关系。在已经接触到的许多例子和习题中，条件概率是指在事件的某种可能原因已经发生的情况下，该事件发生的概率。在例6.2中，我们计算了在基金管理者毕业于排名前20位的MBA院校（可能的原因）的情况下，共同基金收益高于市场平均收益（结果）的概率。然而还存在另一类问题，即在事件发生的情况下，计算事件的某一可能原因的发生概率。**贝叶斯法则**（Bayes's Law）就是我们所用的方法。

**例 6.9　MBA 申请者需要上预科课程吗**

所有 MBA 项目的申请者都必须参加经企管理研究生入学考试（GMAT）。有很多种预科课程可供 MBA 申请者选择，以提高 GMAT 考试成绩。一项对 MBA 学生的调查显示，GMAT 分数超过 650 分的学生中，有 52%曾经参加过预科课程，而分数在 650 分以下的学生中，这一比例仅为 23%。某 MBA 申请者认为如果他想成功申请某个 MBA 项目，他的 GMAT 分数必须高于 650 分，但是他感觉取得这么高分数的概率仅为 10%。他正在考虑参加一个费用为 500 美元的预科课程。并且，只有他获得 650 分以上成绩的概率可以加倍，他才会去参加这个预科课程。根据你的分析，他应该做出什么决定？

**解**

解决这个问题最简单的方法就是画概率树。首先，我们规定以下记号：

$A$＝GMAT 分数大于等于 650

$A^C$＝GMAT 分数低于 650

$B$＝参加预科课程

$B^C$＝不参加预科课程

GMAT 分数大于等于 650 的概率为

$$P(A)=0.10$$

根据补集法则有

$$P(A^C)=1-0.10=0.90$$

条件概率为

$$P(B\mid A)=0.52$$

和

$$P(B\mid A^C)=0.23$$

再次使用补集法则，得到下面的条件概率：

$$P(B^C\mid A)=1-0.52=0.48$$

和

$$P(B^C\mid A^C)=1-0.23=0.77$$

我们需要计算在该学生参加预科课程的前提下，其 GMAT 成绩不低于 650 的概率，即

$$P(A\mid B)$$

根据条件概率的定义有

$$P(A\mid B)=\frac{P(AB)}{P(B)}$$

但分子和分母的值都是未知的。利用概率树可以得到这两个概率的值（如图 6—4 所示）。

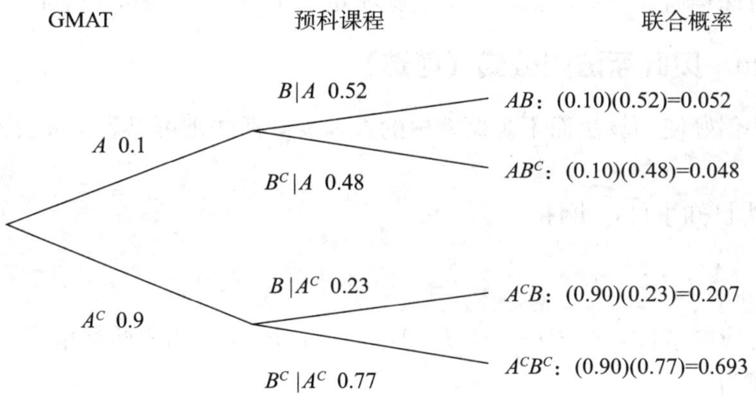


**图 6—4 例 6.9 的概率树**

可以看出，

$$P(AB)=(0.10)(0.52)=0.052$$
$$P(A^CB)=(0.90)(0.23)=0.207$$

和

$$P(B)=P(AB)+P(A^CB)=0.052+0.207=0.259$$

因此，

$$P(A \mid B)=\frac{P(AB)}{P(B)}=\frac{0.052}{0.259}=0.201$$

所以，参加预科课程以后，GMAT 分数大于等于 650 的概率是原来的两倍。

托马斯·贝叶斯（Thomas Bayes）在 18 世纪第一次使用了上述条件概率的计算方法，因此该方法被称为贝叶斯法则。

概率 $P(A)$ 和 $P(A^C)$ 被称为**先验概率**（prior probabilities），因为它们先于试验结果而确定。条件概率有时也被称为**似然概率**（likelihood probabilities），对其原因的解释已经超出了本书的讨论范围。最后，条件概率 $P(A \mid B)$ 以及类似的条件概率 $P(A^C \mid B)$、$P(A \mid B^C)$ 和 $P(A^C \mid B^C)$ 被称为**后验概率**（posterior probabilities），因为这些概率只有在试验之后才能加以确定。

你可能感到奇怪，我们为什么不直接得到 $P(A \mid B)$ 呢？也就是说，我们为什么不去调查参加了预科课程的人，然后询问他们 GMAT 是否大于等于 650 呢？因为使用似然概率和贝叶斯法则时，我们可以自己设定先验概率，然后对其进行修正。例如，另一个 MBA 申请者估计自己的分数不低于 650 的概率为 0.40，那么根据这个新的先验概率可以得到如下结果：

$$P(AB)=(0.40)(0.52)=0.208$$
$$P(A^CB)=(0.60)(0.23)=0.138$$
$$P(B)=P(AB)+P(A^CB)=0.208+0.138=0.346$$
$$P(A \mid B)=\frac{P(AB)}{P(B)}=\frac{0.208}{0.346}=0.601$$

参加预科课程后，分数不低于 650 的概率增加了 50%（从 0.4 增加到 0.601）。

## □ 6-4a 贝叶斯法则公式（可选）

对于那些偏好使用算法而不是概率树的人，贝叶斯法则可以表示成公式的形式。公式记号如下。

事件 $B$ 为已知事件，事件

$$A_1,\ A_2,\ \cdots,\ A_k$$

为先验概率对应的事件，即 $P(A_1)$，$P(A_2)$，…，$P(A_k)$ 为先验概率。

似然概率为

$$P(B \mid A_1),\ P(B \mid A_2),\ \cdots,\ P(B \mid A_k)$$

而后验概率也就是我们要求的概率为

$$P(A_1 \mid B),\ P(A_2 \mid B),\ \cdots,\ P(A_k \mid B)$$

**贝叶斯法则公式**

$$P(A_i \mid B)=\frac{P(A_i)P(B \mid A_i)}{P(A_1)P(B \mid A_1)+P(A_2)P(B \mid A_2)+\cdots+P(A_k)P(B \mid A_k)}$$

为了说明该公式的应用，我们重算例 6.9。首先定义事件，

$A_1$=GMAT 分数大于等于 650

$A_2$=GMAT 分数低于 650

$B$=参加预科课程

相应的概率为

$$P(A_1)=0.10$$

根据补集法则，

$$P(A_2)=1-0.10=0.90$$

条件概率为 $P(B \mid A_1)=0.52$ 和 $P(B \mid A_2)=0.23$。

把先验概率和似然概率代入贝叶斯公式，得到如下结果：

$$\begin{aligned}P(A_1 \mid B)&=\frac{P(A_1)P(B \mid A_1)}{P(A_1)P(B \mid A_1)+P(A_2)P(B \mid A_2)}\\&=\frac{(0.10)(0.52)}{(0.10)(0.52)+(0.90)(0.23)}\\&=\frac{0.052}{0.052+0.207}=\frac{0.052}{0.259}=0.201\end{aligned}$$

显然，贝叶斯公式的结果和概率树结果相同。

**税收稽核：问题的解**

由于应纳税收入包含重大欺诈，因而需要对先验概率进行修改。图 6—5 的概率树详细描述了计算过程。

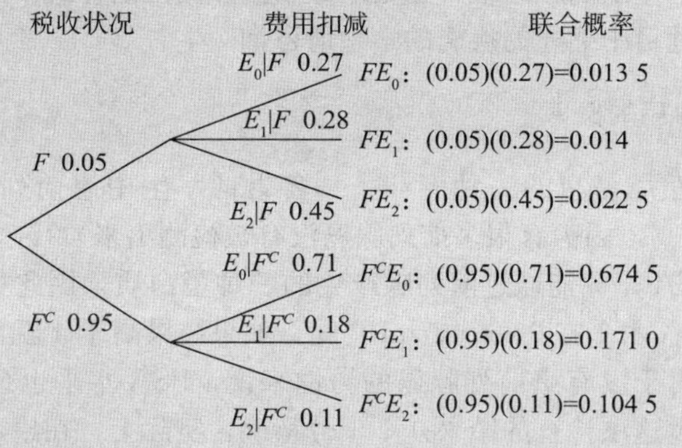


图 6—5

$F$＝应纳税额存在欺诈

$F^C$＝应纳税额是真实的

$E_0$＝应纳税额不包含费用抵扣

$E_1$＝应纳税额包含一种费用抵扣

$E_2$＝应纳税额包含两种费用抵扣

$P(E_1)=P(FE_1)+P(F^CE_1)=0.014\ 0+0.171\ 0=0.185\ 0$

$P(F|E_1)=P(FE_1)/P(E_1)=0.014\ 0/0.185\ 0=0.075\ 7$

即税收存在欺诈的概率是 0.075 7。

## □ 6-4b 在医药和医疗保险中的应用（可选）

医生定期要给患者做医疗检查，称为筛查。筛查是对某年龄段和性别组的所有人进行的，不考虑他们的症状。例如，50 岁的男性通常会被建议进行前列腺特异性抗原（PSA）检查，以确定是否患有前列腺癌，而女性则往往会去做子宫颈抹片检查，以确定是否患有子宫颈癌。但是，这些检查也不是 100%准确的。很多检查会得到假阳性和假阴性的结果。**假阳性**（false-positive）是指检查结果显示阳性，而病人实际上并没有患这种疾病。**假阴性**（false-negative）是指病人患有疾病而检查结果为阴性。这两种情况都很严重并且有损失。假阴性没能检测出病人的疾病，因而延误了治疗。假阳性会引起病人的恐惧和担忧，在大多数情况下，医生会要求病人做进一步的检查，例如（活组织）切片检查。这些不必要的检查很可能会导致医疗风险。

假阳性的检查结果也会带来一些经济上的影响。例如，后续检查的费用通常要远远高于筛查。医疗保险公司和政府资助的健康计划都会受到负面影响。医生和病人对于检查结果的不合理解释会使问题变得很复杂。可见，正确的分析结果可以拯救生命和节省开支。

我们可以利用贝叶斯法则来计算筛查结果真实的概率。对假阳性和假阴性结果应用补集法则可以得到检查结果正确的条件概率。对患有相应疾病的总体进行分析可以得到先验概率。在大多数情况下，先验概率可以根据诸如年龄或者种族等遗传或人口变量自行进行修正。检查结果出来以后，我们就可以利用贝叶斯法则来修正先验概率了。

例 6.10 的基础是实际的假阳性和假阴性的概率。注意，不同的数据来源得到的概率也不同。导致这些差别的原因很可能是定义阳性和阴性的方式不同或者检查的技术不同。认为自己患有题目中描述的疾病的学生请咨询医生。

**例 6.10　患前列腺癌的概率**

前列腺癌是男性最易患的一种癌症，一名男性一生中患前列腺癌的概率为 16%（实际的概率可能更高，因为有很多前列腺癌没有被检测出来）。许多内科医生会对男性进行 PSA 检查。PSA 是只能通过前列腺产生的一种蛋白质，因此相当容易检查。正常情况下，男性的 PSA 水平在 0～4mg/ml 之间，如果结果高于 4 就比较高了，是癌症的潜在表现。然而，对于没有患前列腺癌的男性来说，PSA 水平也会随着年龄的增长而增加。多项研究显示这项检查的结果并不十分精确。实际上，在给定一名男性没有患癌症的情况下，检查得出的 PSA 值偏高（假阳性）的概率是 0.135；如果该男性患了癌症，那么检查得出的 PSA 值正常（假阴性）的概率为 0.300（该数字会随着年龄和对于高 PSA 值的定义的不同而不同）。如果医生认为 PSA 比较高，就要进行（活组织）切片检查。除了对病人造成心理上的忧虑之外，这项检查还会带来费用支出。血检的费用是比较低的（大概 50 美元）。但是，切片检查的费用却非常高（大概 1 000 美元）。假阳性的 PSA 检查会引起不必要的切片检查。因为 PSA 检查并不精确，所以大部分私人和公共医疗计划都不包含这项检查。假如你是某医疗保险公司的经理，你需要制定关于哪些人需要定期做前列腺癌筛检的规则。下表是一项对于不同年龄段的前列腺癌发生率的分析结果（40 岁以下的男性患前列腺癌的概率低于 0.000 1，所以作为 0 处理）。

| 年龄段（岁） | 患前列腺癌的概率 |
|---|---|
| 40～49 | 0.010 |
| 50～59 | 0.022 |
| 60～69 | 0.046 |
| 70 及以上 | 0.079 |

假设每个人都做了 PSA 检查，结果均为阳性。计算每个人实际患前列腺癌和没有患前列腺癌的概率。根据成本一利润分析法计算检查出癌症所需的费用。

**解**

首先画出概率图（见图 6—6）。记号为

$C$＝患前列腺癌

$C^C$＝没有患前列腺癌

$PT$＝检查结果阳性

$NT$＝检查结果阴性

对于 40～49 岁年龄段的男性来说，我们有如下概率。

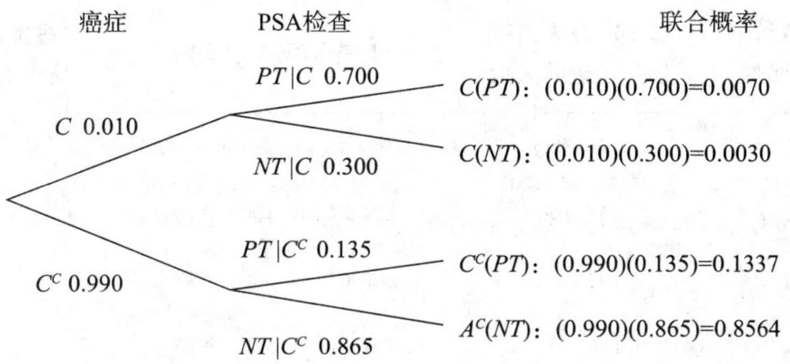


**图 6—6　例 6.10 的概率树**

先验概率：

$P(C)=0.010$

$P(C^C)=1-0.010=0.990$

似然概率：

假阴性　$P(NT \mid C)=0.300$

真阳性　$P(PT \mid C)=1-0.300=0.700$

假阳性　$P(PT \mid C^C)=0.135$

真阴性　$P(NT \mid C^C)=1-0.135=0.865$

根据概率树，你可以得到检查结果呈阳性的概率，即

$$P(PT)=P(C(PT))+P(C^C(PT))=0.0070+0.1337=0.1407$$

那么在检查结果呈阳性的情况下，该男子确实患有前列腺癌的概率为

$$P(C \mid PT)=\frac{P(C(PT))}{P(PT)}=\frac{0.0070}{0.1407}=0.0498$$

他没有患前列腺癌的概率为

$$P(C^C \mid PT)=1-P(C \mid PT)=1-0.0498=0.9502$$

对于其他年龄段重复这个计算过程，得到如下结果。

| 年龄段（岁） | PSA 检查结果为阳性 | |
|---|---|---|
| | 患有前列腺癌 | 未患有前列腺癌 |
| 40～49 | 0.049 8 | 0.950 2 |
| 50～59 | 0.104 5 | 0.895 5 |
| 60～69 | 0.200 0 | 0.800 0 |
| 70 及以上 | 0.307 8 | 0.692 2 |

下表列出了每个年龄段检查结果为阳性的概率。

| 年龄段 | 检查结果为阳性 | 每 100 万人进行切片检查的人数 | 检查到癌症的次数 | 每检查出一例癌症需做的切片检查次数 |
|---|---|---|---|---|
| 40～49 | 0.140 7 | 140 700 | 0.049 8(140 700)=7 007 | 20.10 |
| 50～59 | 0.147 4 | 147 400 | 0.104 5(147 400)=15 403 | 9.57 |
| 60～69 | 0.161 0 | 161 000 | 0.200 0(161 000)=32 200 | 5.00 |
| 70 及以上 | 0.179 6 | 179 600 | 0.307 8(179 600)=55 281 | 3.25 |

假设做一次切片检查的费用为 1 000 美元，那么各个年龄段检查出一例癌症所需的费用为 40～49 岁，20 100 美元；50～59 岁，9 570 美元；60～69 岁，5 000 美元；70 岁及以上，3 250 美元。

我们制作了一个 Excel 工作簿来帮助你完成例 6.10 的计算。打开 Excel 工作簿文件夹，选择"Medical screening"。你可以修改其中的三个单元格。在单元格 B5 中输入患前列腺癌的先验概率，B15 中显示的结果即为补集的概率。分别在单元格 D6 和 D15 中输入假阴性和假阳性的概率。Excel 会自动计算余下的概率值。我们将使用这个工作簿来演示医学检查中的术语标准。

**术语** 我们根据 40～49 岁年龄段的概率计算结果来说明术语。

假阴性的概率为 0.300，它的补集是似然概率 $P(PT \mid C)$，称为敏感性，等于 $1-0.300=0.700$。这是患前列腺癌的男性中检验结果为阳性的比例。

假阳性（概率为 0.135）的补集为 $P(NT \mid C^C)$，称为特异性，概率值为 $1-0.135=0.865$。

后验概率是在检查结果呈阳性的情况下，被检查者确实患有前列腺癌的概率 $P(C|PT)=0.049\,8$，称为阳性预测值。使用贝叶斯法则，我们可以得到其他三个后验概率值。

在检查结果呈阳性的前提下，被检查者并没有患前列腺癌的概率为

$$P(C^C \mid PT)=0.950\,2$$

在检查结果呈阴性的前提下，被检查者确实患有前列腺癌的概率为

$$P(C \mid NT)=0.003\,5$$

在检查结果呈阴性的前提下，被检查者并没有患前列腺癌的概率为

$$P(C^C \mid NT)=0.996\,5$$

这些后验概率叫作阴性预测值。

### □ 6-4c 理解概率的概念

通过上面的计算，你可以看出在计算后验概率时，先验概率和似然概率同样重要。下表给出了先验概率和后验概率。

| 年龄段（岁） | 患前列腺癌的先验概率 | 检验结果呈阳性的前提下的后验概率 |
|---|---|---|
| 40～49 | 0.010 | 0.049 8 |
| 50～59 | 0.022 | 0.104 5 |
| 60～69 | 0.046 | 0.200 0 |
| 70 及以上 | 0.079 | 0.307 8 |

可见，如果先验概率很低，那么除非筛查非常精确，否则后验概率也比较低。

为了分析不同的似然概率对计算后验概率的影响，假设 PSA 检查非常精确，也就是说假阳性和假阴性的概率都为 0。图 6—7 为相应的概率树。

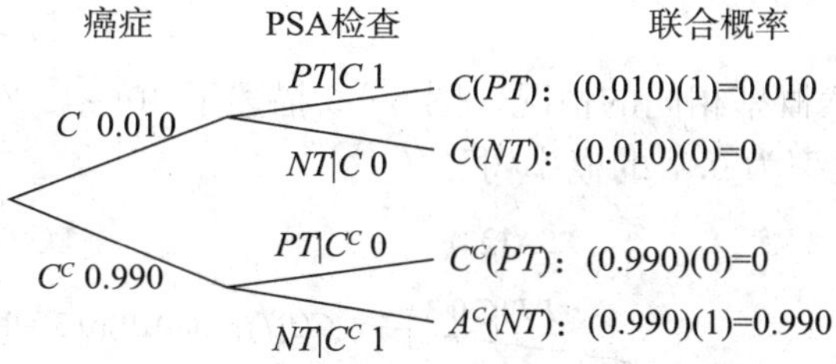


**图 6—7　例 6.10 的概率树（假设检查绝对精确）**

可以得到

$$P(PT)=P(C(PT))+P(C^C(PT))=0.010+0=0.010$$

$$P(C\mid PT)=\frac{P(C(PT))}{P(PT)}=\frac{0.010}{0.010}=1.00$$

现在我们来计算检验结果呈阴性的前提下，患癌症的概率

$$P(NT)=P(C(NT))+P(C^C(NT))=0+0.990=0.990$$

$$P(C\mid NT)=\frac{P(C(NT))}{P(NT)}=\frac{0}{0.990}=0$$

因此，如果检查的精度非常高，那么对于检查结果呈阳性的被检查者来说，他患癌症的概率为 1。如果检查结果呈阴性，那么他患癌症的概率为 0。

现在假设检查结果总是错的。也就是说，假阳性和假阴性的概率为 1。概率树如图 6—8 所示。

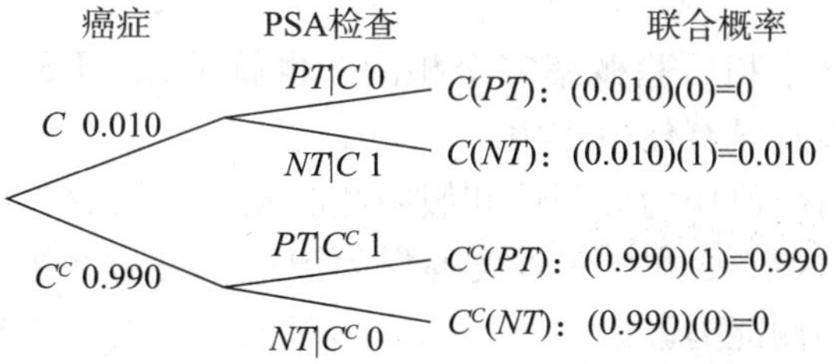


**图 6—8　例 6.10 的概率树（假设检查总是错的）**

有如下结果：

$$P(PT)=P(C(PT))+P(C^C(PT))=0+0.990=0.990$$

$$P(C \mid PT)=\frac{P(C(PT))}{P(PT)}=\frac{0}{0.990}=0$$

和

$$P(NT)=P(C(NT))+P(C^C(NT))=0.010+0=0.010$$

$$P(C \mid NT)=\frac{P(C(NT))}{P(NT)}=\frac{0.010}{0.010}=1.00$$

注意，这里假设 PSA 检查总是能给出精确的相反的结果。那么对于检查结果呈阳性的被检查者来说，他患癌症的概率为 0。如果检查结果呈阴性，那么他患癌症的概率为 1。

最后我们考虑似然概率相同的情况。图 6—9 描述了 40～49 岁检查结果呈阳性的概率为 0.3、呈阴性的概率为 0.7 的概率树。

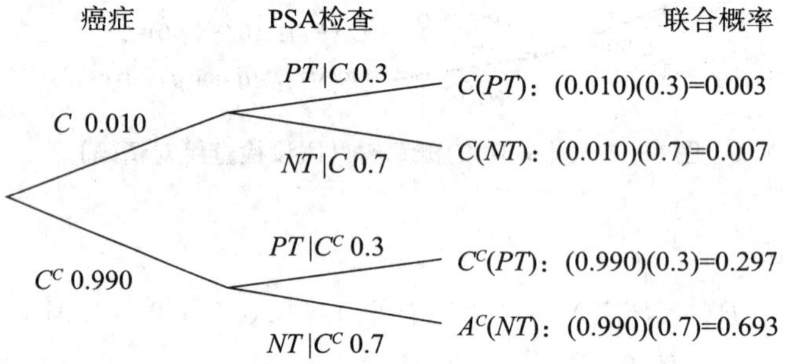


**图 6—9　例 6.10 的概率树（假设似然概率相同）**

有如下结果：

$$P(PT)=P(C(PT))+P(C^C(PT))=0.003+0.297=0.300$$

$$P(C \mid PT)=\frac{P(C(PT))}{P(PT)}=\frac{0.003}{0.300}=0.01$$

和

$$P(NT)=P(C(NT))+P(C^C(NT))=0.007+0.693=0.700$$

$$P(C \mid NT)=\frac{P(C(NT))}{P(NT)}=\frac{0.007}{0.700}=0.01$$

不难看出，先验概率和后验概率完全相同。也就是说，PSA 检查并没有改变先验概率。很明显，这项检查没有任何作用。

我们可以指定任何数值作为假阳性和假阴性的概率，包括 0.5。如果我们选择 0.5，那么做 PSA 检查就好像掷硬币。一面被解释为阳性，另一面被解释为阴性。很明显，这样的检查没有任何预测能力。

习题和案例 6.4 给出了其他疾病的筛查概率。

## 习　题

**6.71**　参考习题 6.47，计算概率 $P(A \mid B)$。

**6.72**　参考习题 6.48，计算下列概率：

a. $P(A \mid B)$

b. $P(A^C \mid B)$

c. $P(A \mid B^C)$

d. $P(A^C \mid B^C)$

**6.73**　参考例 6.9。某 MBA 申请者认为他在不参加预科课程的情况下，GMAT 分数高于 650 的概率为 0.95。参加完预科课程以后，分数仍然维持在这一水平的概率是多少？

**6.74**　在习题 6.58 中，工厂经理从第二天早上生产的产品中随机地取出一个模型并发现该模型是有缺陷的，那么公司值班人员前一天晚上忘记关闭机器的概率是多少？

**6.75**　美国国家公路交通安全管理局（The U.S. National Highway Traffic Safety Administration）对导致高速公路撞车并且至少发生过一起致命事故的原因的数据进行了收集。根据 1998 年的年度报告，计算出下列概率（BAC 是指血液中的酒精含量）：

$$P(BAC=0 \mid \text{致命事故})=0.616$$
$$P(0.01 \leqslant BAC \leqslant 0.09 \mid \text{致命事故})=0.300$$
$$P(BAC \geqslant 0.09 \mid \text{致命事故})=0.084$$

（资料来源：《美国统计年鉴》，2000 年，表 1042。）

假定一年内，高速公路的一段路程出现撞车事件并且至少导致一起致命事故的概率是 0.01。据估计，这段高速路上 12％的驾驶员行车时 BAC 高于 0.09。如果驾驶员从法律角度讲属于酒后驾车（即 BAC 高于 0.09），试计算发生撞车事件并且至少导致一起致命事故的概率。

**6.76**　在习题 6.62 中，随机选择一名 CFA 考试者，如果他已经通过了考试，那么他在 CFA Ⅰ考试中通过的概率是多少？

**6.77**　牙龈不好可能意味着心脏不好。研究人员发现 85％的心脏病患者有牙周疾病，如牙龈炎；而健康的人群中只有 29％患有牙病。假定在一个特定的社区，心脏病患者极少，概率仅为 10％。那么，如果某个人患有牙周疾病，他（她）将患心脏病的概率是多少？

**6.78**　在习题 6.77 中，如果一个社区中 40％的人有心脏病，那么一个有牙周疾病的人将患心脏病的概率是多少？

**6.79**　来自疾病预防与控制中心吸烟与健康办公室的数据表明，没有读完高中的成年人中有 40％、高中毕业的成年人中有 34％、读过大学的成年人中有 24％和大学毕业生的 14％在吸烟。假定随机地选取一个人并且发现他吸烟，用习题 6.45 中的概率来计算这个人是大学毕业生的概率。

**6.80**　俄亥俄州的一个小城有三条定期航线，航线 A 拥有所有定期航班的 50％、航线 B 拥有 30%、航线 C 拥有剩余的 20%。它们的准时率分别为 80%、65%和 40%。一架飞机刚刚准时起飞，那么该飞机是航线 A 的概率是多少？

**6.81** 你喜欢的队进入了最后决赛，你认为它赢得冠军的概率是 60%。已往的记录表明如果一个队最终赢得了联赛冠军，那么它在第一轮比赛中获胜的概率是 70%；如果它输掉了联赛，那么它在第一轮比赛中获胜的概率仅为 25%。第一轮比赛已经结束，你喜欢的队在比赛中失利。那么该队赢得联赛冠军的概率是多少？

以下习题基于 6-4b 小节“在医药和医疗保险中的应用（可选）”。

**6.82** 器官移植手术现在已变得很平常，最常见的是肾脏移植。移植过程中最危险的方面是身体对新器官排斥的可能性。在这种情况下有几种新药是有效的，并且使用药物越早，转移排斥的概率越高。《新英格兰医学杂志》（*New England Journal of Medicine*）最近报道新的尿检技术可以检测出身体对新移植肾脏排斥的早期预警信号。然而，如同其他大多数检测一样，这一新的检测技术也不是完美无缺的。大约 20%的阴性检测结果是错误的，有 8%的阳性检测结果也是不正确的。内科医生知道在 35%的肾脏移植中身体对新器官会产生排斥。如果新的检测给出了阳性结果（排斥的早期预警），那么身体对新肾脏排斥的概率是多少？

**6.83** 快速检测常被用于检测被检查者是否感染了 HIV 病毒（该病毒会引起 AIDS）。假阳性和假阴性的概率分别为 0.027 和 0.080。一位医生刚刚收到一份快速检测报告，他的病人检查结果呈阳性。在收到这个结果之前，这位医生把这名病人归入了低风险组（风险的高低根据一系列变量的取值定义），只有 0.5%的概率患有 AIDS。该病人实际患 AIDS 的概率是多少？

**6.84** 在上例中，敏感性、特异性、阳性预测值和阴性预测值各是多少？

**6.85** 子宫颈抹片是检测是否患有子宫颈癌的标准检查。假阳性的概率为 0.636，假阴性的概率为 0.180。在分析患子宫颈癌的概率时，家族病史和年龄都是必须考虑的因素。假设通过对医疗历史数据的分析，医生认为根据他的病人的家族病史和年龄，该病人患癌症的概率为 2%。分析检查结果呈阳性和阴性对患者患癌症概率的不同影响。

## 6.5 识别正确的方法

正如前文所指出的，本书强调的一个重点就是找出正确的统计方法。在第 2 章和第 4 章，我们讲述了如何识别恰当的方法并用其来描述数据。尽管给出应用概率方法的严格规则很困难，但是我们仍可以提供一些一般性的指导。

在本书（以及其他大多数介绍性的统计学教材）的例子和习题中，最关键的一点就是联合概率是否给定或者是否需要。

### □ 6-5a 给定联合概率

在 6.2 节中我们讨论了联合概率已知的问题。在这些问题中，通过对行横向加总、对列纵向加总可以计算出边缘概率。我们可以利用联合概率和边缘概率并根据已有的公式来计算条件概率，并且可以确定表格中所描述的事件是独立的还是相关的。

我们还可以利用加法法则来计算两个事件中至少有一个事件发生的概率。

### □ 6-5b 需要联合概率

前面的章节介绍了三种概率法则以及概率树，在计算一个或者多个联合概率时就要用到其中的部分或者全部法则。我们利用乘法法则（通过公式或者概率树）来计算交集的概率。在某些情况下，我们对多个联合概率的加总很感兴趣；对于互斥事件则实际上应用的是加法法则。我们也频繁应用了补集法则。根据贝叶斯法则我们还可以计算新的条件概率。

## 小 结

分配概率的第一步是建立一系列穷举的互斥的结果集，第二步是应用古典概率、相对频数或主观方法为每个结果分配概率。可以应用多种方法来计算其他事件的概率，这些方法包括概率法则和概率树。

这些法则的一个重要应用是贝叶斯法则，该法则允许我们通过其他形式的概率来计算条件概率。

**重要术语**

| | | | |
|---|---|---|---|
| 随机试验 | 穷举的 | 互不相容（互斥） | 样本空间 |
| 古典方法 | 相对频数方法 | 主观方法 | 事件 |
| 交集 | 联合概率 | 边缘概率 | 条件概率 |
| 独立事件 | 并集 | 补集 | 补集法则 |
| 乘法法则 | 加法法则 | 贝叶斯法则 | 先验概率 |
| 似然概率 | 后验概率 | 假阳性 | 假阴性 |

**公式**

条件概率

$$P(A \mid B)=\frac{P(A \cap B)}{P(B)}$$

补集法则

$$P(A^C)=1-P(A)$$

乘法法则

$$P(A \cap B)=P(A \mid B)P(B)$$

加法法则

$$P(A \cup B)=P(A)+P(B)-P(A \cap B)$$

## 习　题

**6.86**　下表给出了两门 MBA 课程的成绩是否为 A 的联合概率：

| | **营销学课程得 A** | **营销学课程没有得 A** |
|---|---|---|
| 统计学课程得 A | 0.053 | 0.130 |
| 统计学课程没有得 A | 0.237 | 0.580 |

a. 一名学生的营销学课程得 A 的概率是多少？

b. 假定一名学生的统计学课程没有得 A，那么他（她）的营销学课程得 A 的概率是多少？

c. 营销学课程得 A 与统计学课程得 A 是独立事件吗？解释原因。

**6.87**　一家建筑公司对两份契约进行投标。赢得契约 A 的概率是 0.3。如果这家公司赢得了契约 A，那么该公司赢得契约 B 的概率是 0.4；如果该公司没有赢得契约 A，那么赢得契约 B 的概率就会降低为 0.2。

a. 计算该公司赢得两份契约的概率。

b. 计算该公司只赢得一份契约的概率。

c. 计算该公司至少赢得一份契约的概率。

**6.88**　治疗近视的激光手术逐渐盛行起来。然而对于一些人来说，还需要进行第二次手术。下表列出了需要进行第二次手术和患者的视力矫正镜片的因子（屈光度）是否等于或小于−8 的联合概率。

| | **>−8 的视力矫正因子** | **≤−8 的视力矫正因子** |
|---|---|---|
| 第一次手术成功 | 0.66 | 0.15 |
| 需要第二次手术 | 0.05 | 0.14 |

a. 计算患者需要第二次手术的概率。

b. 计算一名患者的视力矫正因子等于或者小于−8 并且不需要第二次手术的概率。

c. 上述两个事件是独立事件吗？对你的答案做出解释。

**6.89**　抗抑郁症药的效果因人而异。假定该药对 80%的女性和 65%的男性是有效的，并且知道服用这种药的人 66%是女性。那么这种药有效的概率是多少？

**6.90**　在习题 6.89 中，假定你被告知这种药是有效的，那么服用者是男性的概率是多少？

**6.91**　在有四个汽缸的引擎中有四个火花塞，一旦其中的一个出现故障，汽车将会混乱空转，损耗能量。假定某种品牌的火花塞在行驶 5 000 英里后正常工作的概率是 0.90，并且各个火花塞的工作情况相互独立，那么汽车行驶 5 000 英里后混乱空转的概率是多少？

**6.92** 电话销售员通过打电话说服人们订阅杂志，其中电话忙音或者没有应答的概率是 65%；但是如果销售员打通电话，则可以促成订阅 0、1、2 或者 3 份杂志的概率分别是 0.50、0.25、0.20 和 0.05。试计算打通一个电话但是没有促成订阅的概率。

**6.93** 一位统计学教授认为学生的旷课数与期中考试成绩之间存在一种关系。通过对记录进行分析，他得出了下表所示的联合概率。

| | 学生没有通过考试 | 学生通过考试 |
|---|---|---|
| 学生旷课数<5 | 0.02 | 0.86 |
| 学生旷课数≥5 | 0.09 | 0.03 |

a. 期中考试的通过率是多少？

b. 旷课数等于或大于五节课的学生通过期中考试的概率是多少？

c. 旷课数小于五节课的学生通过期中考试的概率是多少？

d. 学生旷课数与期中考试的成绩是独立事件吗？

**6.94** 在加拿大，罪犯在服满刑期的 1/3 以后有权假释出狱。实际上除了包括杀人犯在内的几种特例外，所有囚犯在服满刑期的 2/3 后都被释放。政府已经提出了一项新的法律议案，该项法律将根据罪犯所犯罪行是否涉及暴力和毒品来建立一种特殊类型的囚室分配机制。如果惩教署认为一些罪犯非常有可能再次犯罪，那么这些罪犯将受到额外拘留。目前，被释放的罪犯有 27%在被释放后的两年内再次犯罪。按照新的法律，将拘留再次犯罪者中的 41%，同时没有再次犯罪者中的 31%也会被拘留。

a. 一名罪犯在新的法律下被拘留且在两年内再次犯罪的概率是多少？

b. 一名罪犯在新的法律下没有被拘留但在两年内再次犯罪的概率是多少？

**6.95** Casino Windsor 做了一项关于顾客意见的调查。在所有问题中，受访者要求就"对 Casino Windsor 的总体印象"给出自己的观点。答案包括：极好、较好、一般、较差。

另外，回答者的性别也被记录了下来。通过对结果进行分析，得出了下表所示的联合概率。

| 等级 | 女 | 男 |
|---|---|---|
| 极好 | 0.27 | 0.22 |
| 较好 | 0.14 | 0.10 |
| 一般 | 0.06 | 0.12 |
| 较差 | 0.03 | 0.06 |

a. 顾客将 Casino Windsor 评定为"极好"的比例是多少？

b. 求一名男性顾客将 Casino Windsor 评定为"极好"的概率。

c. 求将 Casino Windsor 评定为"极好"的顾客是男性的概率。

d. 性别与评定等级是独立事件吗？解释原因。

**6.96** 客户服务总监经常对顾客满意度进行调查。最近一次调查显示 8%的顾客对上一次逛商店时得到的服务感到不满意。在不满意的人中只有 22%的人表示会在一年内再次光顾这家商店；在满意的人中则有 64%的人表示会在一年内再次光顾。一名顾客已经进入该商店，为了回答你的问题，他告诉你距离他上次来商店还不到一年的时间。那么他对得到的服务感到满意的概率是多少？

**6.97** 富裕程度如何影响卫生保健情况？为了说明这个问题的一个方面，挑选了一组心脏病患者进行试验。按照收入水平即低收入、中等收入和高收入对患者进行分类，同时还根据存活与死亡状况进行分类。人口统计学家认为在我们的社会中，21%属于低收入群体，49%属于中等收入群体，30%属于高收入群体。对心脏病患者的分析显示 12%的低收入患者、9%的中等收入患者和 7%的高收入患者死于心脏病。试计算心脏病患者中的存活者属于低收入群体的概率。

**6.98** 一名统计学教授和他的妻子计划到夏威夷度假两周，但他们不能确定是在毛伊岛和瓦胡岛各度假一周，还是在毛伊岛或者瓦胡岛度假两周。于是他们把两份关于毛伊岛的宣传材料放到第一个信封里，把两份关于瓦胡岛的宣传材料放到第二个信封里，把一份毛伊岛的宣传材料和一份瓦胡岛的宣传材料放到第三个信封里。教授的妻子将随机地选择一个信封，他们的度假计划将根据所选信封里的岛屿材料来安排。教授的妻子随机地选择了一个信封后，教授先从信封中取出一份材料（没有看到第二份材料）并且发现是毛伊岛的材料，那么该信封中的另一份材料也是关于毛伊岛的概率是多少？（提示：计算中需要注意，问题实际上比看起来的要更为困难。）

**6.99** 一家器械设备商店的老板对产品销售价格（正常价格或者优惠价格）和顾客决定是否购买延长的保证期之间的关系感兴趣。通过对记录进行分析，得到下表所示的联合概率。

| | **购买延长的保证期** | **没有购买延长的保证期** |
|---|---|---|
| 正常价格 | 0.21 | 0.57 |
| 优惠价格 | 0.14 | 0.08 |

a. 以正常价格购买产品的顾客同时购买了延长的保证期的概率是多少？

b. 客户购买延长的保证期的比例是多少？

c. 产品销售价格与购买延长的保证期是独立事件吗？解释原因。

**6.100** 研究人员根据财务比率建立了统计模型，这些财务比率可以对公司未来 12 个月是否破产进行预测。对其中的一个模型进行测试发现，该模型预测公司破产的准确率为 85%，预测公司不会破产的准确率为 74%。假定我们预测某一城市 8%的公司将在一年内破产，并假定该模型预测你的公司会破产，那么你的公司在未来的 12 个月内确实破产的概率是多少？

**6.101** 工会主席对工会成员进行了调查，以确定在即将到来的与管理层的谈判中，其成员认为需要解决的最主要的问题是什么。结果表明，74%的人认为工作安全重要，65%的人认为养老金重要。在认为养老金重要的人群中，60%的人也同时认为工作安全重要。随机地选择一个人，那么：

a. 这个人认为工作安全和养老金都重要的概率是多少？

b. 这个人认为工作安全和养老金至少一个重要的概率是多少？

**6.102** 在概率论课堂上，统计学教授投掷了两枚均匀的硬币，硬币掉在地上并滚到他的桌子底下。坐在第一排的一名学生告诉教授他能同时看到两枚硬币，并且看到至少一枚反面朝上。那么另一枚硬币也是反面朝上的概率是多少？

**6.103** 在习题 6.102 中，假定那名学生告诉教授他只能看到一枚硬币并且该硬币反面朝上，那么另一枚硬币也是反面朝上的概率是多少？

案例 6.1

## 让我们做个交易

许多年以前，有一个流行的电视游戏叫作《让我们做个交易》。主持人蒙蒂·霍尔（Monty Hall）随机地从观众中选取参赛者，正如题目所讲，他以奖品进行交易。首先给参赛者一定的奖品，然后使其有机会得到更为贵重的奖品，但要承担一定的风险。

假定你是这个节目的一个参赛者，蒙蒂已经给了你一次免费去全国参观有毒废品排放点的机会。现在他又与你交易：放弃旅行从而获得一次赢得大奖的机会。在舞台上有三个帘子 A、B 和 C，其中一个帘子后面是一辆价值 2 万美元的崭新轿车，其他两个帘子后面是空的。你决定赌一赌并选择了帘子 A。为了使游戏更有趣，蒙蒂揭开了帘子 C（他已经知道帘子 C 后面是空的），从而展示出空的舞台。蒙蒂于是让你重新选择：

1. 不再赌下去而是继续选择免费旅行。
2. 无论帘子 A 后面是什么都继续下赌注。
3. 转而选择帘子 B。

那么你选择哪个呢？

为了帮助你回答问题，首先试着回答下列问题：

1. 在蒙蒂揭开帘子 C 之前，小轿车在帘子 A 后面的概率是多少？小轿车在帘子 B 后面的概率是多少？
2. 在蒙蒂揭开帘子 C 之后，小轿车在帘子 A 后面的概率是多少？小轿车在帘子 B 后面的概率是多少？

案例 6.2

## 击球与否，是个问题 I

没有哪项运动能像棒球一样产生如此之多的统计数字，通讯员、管理者以及球迷根据这些统计数字来商讨战略。《机会》（*Chance*）上的一篇文章（“A Statistician Reads the Sports Page,” Hal S. Stern, Vol. 1, Winter 1997）给棒球爱好者提供了又一个对与这项运动有关的数据进行分析的机会。下表根据出局和击中的数量列出了至少赢得一局的概率。例如，当没有出局并且有一个人在一垒时，至少赢得一局的概率是 0.39。如果除一垒外全垒打中，那么赢得任何一局的概率是 0.67。(这些概率基于美国联赛 1989 赛季的结果，全国联赛的结果类似并且也在文中给出。) 根据下表，我们可以选择各种条件下的最佳策略。此处我们主要研究棒球的牺牲短打策略。牺牲短打的目的是击球手做牺牲短打，从而使得跑垒员跑到下一个垒。当出局人数低于 2 并且垒上有人时可以使用这种策略。忽略自杀性牺牲短打，下列四种结果中的任何一种都会发生：

1. 击打成功。跑垒员提前到垒，击球手出局。
2. 击球手出局但是没有超过跑垒员。
3. 击球手实行双打。
4. 击球手是安全的 (不管击中与否)，跑垒员提前到达。

**表 1** 任何一局得分的概率

| 击中垒 | 无人出局 | 1 人出局 | 2 人出局 |
|---|---|---|---|
| 空垒 | 0.26 | 0.16 | 0.07 |
| 一垒 | 0.39 | 0.26 | 0.13 |
| 二垒 | 0.57 | 0.42 | 0.24 |
| 三垒 | 0.72 | 0.55 | 0.28 |
| 一垒和二垒 | 0.59 | 0.45 | 0.24 |
| 一垒和三垒 | 0.76 | 0.61 | 0.37 |
| 二垒和三垒 | 0.83 | 0.74 | 0.37 |
| 全垒打 | 0.81 | 0.67 | 0.43 |

假定你是美国联赛的管理人员。比赛已经进行到中局，并且有一个跑垒员在一垒且没有人出局。给定击球手在击球后下列四种结果的概率，那么你认为击球手是牺牲短打吗？

$P$(结果 1)=0.75
$P$(结果 2)=0.10
$P$(结果 3)=0.10
$P$(结果 4)=0.05

为了简化问题，假定在结果 4 中不管击中与否，一垒、二垒都有人并且没有人出局。

**案例 6.3**

## 他应该偷垒吗

参见案例 6.2。另外一个棒球策略是偷二垒。根据历史数据，偷二垒的成功概率接近 68%，出局的概率为 32% (我们忽略捕手把球打进外野，使得球员能够前进到三垒的小概率事件)。假设现在一垒上有一个队员，那么对于不同的出局次数(0，1和2)，判断偷二垒是否合理。

案例6.4

## 唐氏综合征的母体血清筛检

孕妇通常需要检查胎儿是否患有唐氏综合征。唐氏综合征的患儿的智力和身体都存在缺陷。因此，如果可以确定胎儿患有此病，大多数妈妈会选择流产。最常见的筛查方法是血清筛查，检验血液中是否有显示胎儿畸形的迹象。假阳性和假阴性的概率根据孕妇年龄的不同而不同。胎儿患有唐氏综合征的概率是妈妈年龄的函数。概率如下表所示：

| 年龄(岁) | 患唐氏综合征的概率 |
|---|---|
| 25 | 1/1 300 |
| 30 | 1/900 |
| 35 | 1/350 |
| 40 | 1/100 |
| 45 | 1/25 |
| 49 | 1/12 |

| 母亲年龄(岁) | 假阳性概率 | 假阴性概率 |
|---|---|---|
| 30以下 | 0.04 | 0.376 |
| 30～34 | 0.082 | 0.290 |
| 35～37 | 0.178 | 0.269 |
| 38及以上 | 0.343 | 0.029 |

a. 对于每个年龄(25，30，35，40，45和49)，计算如果筛查结果呈阳性，胎儿患唐氏综合征的概率。

b. 计算筛查结果呈阴性时的相应概率。

案例6.5

## 同一房间内至少有两人生日相同的概率

假定一个房间有两个人，他们生日相同(日期相同，年份不一定相同)的概率是1/365，他们生日不同的概率是364/365。为说明这一问题，假定你和另一个人在同一房间内，且你的生日是7月1日。因为1年中有364天不是7月1日，另一个人与你生日不同的概率就是364/365。如果有第三个人进入这个房间，这个人的生日与前两个人不同的概率是363/365。因此，同一房间内的三个人生日不同的概率是364/365×363/365。你可以利用这一方法计算同一房间内的任意人数生日不同的概率。

找到使得同一房间内至少两人生日相同的概率为50%所需的人数。

提示1：计算他们生日不同的概率。

提示2：Excel用户可以使用product函数计算联合概率。

# 第 7 章 随机变量和离散型概率分布

**最大化收益和最小化风险的投资**

数据：Xm07－00

某投资者欲在股票市场投资 100 000 美元，建立一个由纽约证券交易所（NYSE）、多伦多证券交易所（TSX）和纳斯达克（NASDAQ）的股票构成的投资组合。这些股票包括来自 NYSE 的美国运通（AXP）和家得宝（HD）、来自 TSX 的丰业银行（BNS）、来自 NASDAQ 的星巴克（SBUX）。但她不知道，在收益最大化同时所承担的风险最小化的前提下，对每种股票的具体投资是多少。在计算了上述四种股票过去 60 个月（2008 年 1 月至 2012 年 12 月）的月收益（单位：美元）之后，她将选择范围缩小为如下三种：

1. 每种股票各 25 000 美元。
2. 美国运通：10 000 美元；家得宝：20 000 美元；丰业银行：30 000 美元；星巴克：40 000 美元。
3. 美国运通：10 000 美元；家得宝：50 000 美元；丰业银行：20 000 美元；星巴克：20 000 美元。

她到底应该选择哪一种呢？（在介绍 7.3 节必要的准备知识之后，我们将给出答案。）

## 引 言

在延续上一章内容而进一步讨论概率的有关概念和方法的同时，本章将首次引入随机变量和概率分布的概念，这两个概念对进行统计推断十分重要。

统计推断的世界精彩纷呈，此处仅举一例，望可助读者窥一斑而知全貌。为推断一枚硬币是否均匀，投掷此币 100 次，并记录头像出现的次数，以确定是否可用该次数来做推断。（本书中，称硬币有头像的一面为正面，另一面为反面，下同。）若硬币为正面的次数很多（比如 90 次）或者很少（比如 5 次），我们就有理由认为硬币是不均匀的。然而，断定该枚硬币是否均匀的临界次数取多少合适呢？是 75，65 还是 55？如果我们对均匀硬币正面出现的概率一无所知，就不能从抛掷 100 次硬币所得的样本中得到任何有关被抛硬币均匀与否的结论。

通过本章将要介绍的有关概率的概念和方法，我们可以计算想要的概率。首先要介绍的是随机变量和概率分布。

## 7.1 随机变量和概率分布

考虑一次试验，我们抛掷两枚均匀的硬币并观测结果。这个事件可以表示如下：

第一枚是正面，第二枚是正面
第一枚是正面，第二枚是反面
第一枚是反面，第二枚是正面
第一枚是反面，第二枚是反面

当然，我们也可以用其他方式描述这个事件。我们可以通过记录正面出现的次数（当然，如果愿意，记录反面出现的次数也可以），而不是通过定义每枚硬币出现的结果来描述。从而，这个事件可以记为如下形式：

出现两个正面
出现一个正面
出现一个正面
没有出现正面

正面出现的次数称为**随机变量**（random variable）。我们经常记随机变量为 $X$，我们对 $X$ 取每个值时的概率感兴趣。在上面的例子里，$X$ 可取值 0，1，2。

下面来看另外一个例子。在类似于赌场投掷骰子的游戏中，玩家投掷两枚骰子。我们可以通过记录第一枚骰子和第二枚骰子的点数来描述这个事件。结果如下：

| | | | | | |
|---|---|---|---|---|---|
| 1，1 | 1，2 | 1，3 | 1，4 | 1，5 | 1，6 |
| 2，1 | 2，2 | 2，3 | 2，4 | 2，5 | 2，6 |
| 3，1 | 3，2 | 3，3 | 3，4 | 3，5 | 3，6 |

| | | | | | |
|---|---|---|---|---|---|
| 4，1 | 4，2 | 4，3 | 4，4 | 4，5 | 4，6 |
| 5，1 | 5，2 | 5，3 | 5，4 | 5，5 | 5，6 |
| 6，1 | 6，2 | 6，3 | 6，4 | 6，5 | 6，6 |

但是，绝大多数玩家最感兴趣的是两枚骰子点数的和。从而，我们可以列出两枚骰子的点数和，而不是每一枚骰子的点数。

| | | | | | |
|---|---|---|---|---|---|
| 2 | 3 | 4 | 5 | 6 | 7 |
| 3 | 4 | 5 | 6 | 7 | 8 |
| 4 | 5 | 6 | 7 | 8 | 9 |
| 5 | 6 | 7 | 8 | 9 | 10 |
| 6 | 7 | 8 | 9 | 10 | 11 |
| 7 | 8 | 9 | 10 | 11 | 12 |

如果我们定义随机变量 $X$ 为两枚骰子的点数和，则 $X$ 可等于 2，3，4，5，6，7，8，9，10，11，12。

**随机变量**

随机变量是取值为一次试验的每个输出结果的函数或者公式。

在很多试验里，输出结果是数值。比如，一项投资的收益或者组装一台电脑所花费的时间等。该试验对应的事件可用数值表示。显而易见，随机变量的取值也是数值型的。

随机变量有离散和连续两种类型。

**离散型随机变量**（discrete random variable）的取值个数是可数的。比如，我们定义 $X$ 为将一枚硬币投掷 10 次时正面出现的次数，则 $X$ 可以取值 0，1，2，…，10。$X$ 一共可以取 11 个值。显然，$X$ 可以取的值的个数是可数的，故 $X$ 是离散的。

**连续型随机变量**（continuous random variable）是取值个数不可数的随机变量。一个恰当的例子是完成一项任务所花费的时间。比如，令 $X$ 为完成某大学一次统计学考试所用的时间，考试限时三个小时，并且开考 30 分钟内考生不能离开。$X$ 可取的最小值为 30 分钟。如果我们想知道 $X$ 所有可能取值的个数，就必须找到第二个可能的取值。是 30.1，30.01，还是 30.001？上面的数值都不是 $X$ 的第二个取值，因为在 30 和 30.001 之间还有数。很明显，我们不能找出第二个、第三个，以及其他的 $X$ 的取值（除了最大的取值为 180 分钟）。从而，$X$ 的取值的个数不可数，因此 $X$ 是连续的。

**概率分布**（probability distribution）是描述随机变量的取值以及和这些取值有关的概率的表格、公式或者图形。在本章接下来的部分，我们将讲述离散型概率分布。第 8 章将讲述连续型概率分布。

正如上面所述，一般用大写字母（比如 $X$）来表示随机变量，对应的小写字母表示随机变量的取值。从而随机变量 $X$ 的取值为 $x$ 的概率可记为

$$P(X=x)$$

或更简单地表示为

$$P(x)$$

## □ 7-1a　离散型概率分布

离散型随机变量取值的概率可以通过概率树或者概率的定义等方法求得。但是，下面的两个基本条件必须得到满足。

**离散型随机变量满足的条件**

1. 对于所有 $x$，$0\leqslant P(x)\leqslant 1$。

2. $\sum_{\text{所有}x} P(x)=1$。

上述条件和第 6 章给出的概率法则等价。为了更好地进行说明，我们来看下面的例子。

### 例 7.1　家庭成员数目的概率分布

《美国统计摘要》是一本年度出版物。它包含大量基于调查以及其他来源的资料，目的是向人们提供关于国家居民生活的各方面的信息。其中一个问题是调查家庭成员数目。有关的数据列在下面的表格里。定义每个家庭的成员数目为随机变量，请给出它的概率分布。

| 家庭成员数目 | 家庭数目（百万） |
|---|---|
| 1 | 31.1 |
| 2 | 38.6 |
| 3 | 18.8 |
| 4 | 16.2 |
| 5 | 7.2 |
| 6 | 2.7 |
| ⩾7 | 1.4 |
| 总计 | 116.0 |

资料来源：《美国统计摘要》，2009 年，表 61。

**解**

$X$ 取每个值即每个家庭的成员数目的概率可以通过相关的频数来计算。用 $X$ 取各个值的频数除以家庭数目的总和，得到了下表所示的概率分布。

| $x$ | $P(x)$ |
|---|---|
| 1 | $31.1/116.0=0.268$ |
| 2 | $38.6/116.0=0.333$ |
| 3 | $18.8/116.0=0.162$ |
| 4 | $16.2/116.0=0.140$ |

续前表

| $x$ | $P(x)$ |
|---|---|
| 5 | 7.2/116.0=0.062 |
| 6 | 2.7/116.0=0.023 |
| ≥7 | 1.4/116.0=0.012 |
| 总计 | 1.000 |

我们可以看到，此概率分布满足上面提到的两个条件。每个概率在0～1之间，且总和为1。

我们用与第6章相同的方法解释这些概率。比如我们任意选取一个家庭，则该家庭拥有3个成员的概率是

$$P(3)=0.162$$

我们同样可以对互斥事件应用加法法则（$X$ 的取值是互斥的，一个家庭的成员数目可以是1，2，3，4，5，6，7或更多）。随机选中的一个家庭拥有4个或4个以上成员的概率是

$$\begin{aligned}P(X\geqslant 4)&=P(4)+P(5)+P(6)+P(\geqslant 7)\\&=0.140+0.062+0.023+0.012=0.237\end{aligned}$$

在例7.1中，我们用关于总体的调查信息计算了有关概率。下一个例子则用第6章中介绍的方法求概率分布。

**例7.2　成交数目的概率分布**

一个信托基金推销员准备明天去拜访三个客户。基于以前的经验，推销员知道和其中任何一个客户达成交易的概率是20%。分别计算推销员能达成1笔、2笔和3笔交易的概率。

**解**

我们可以用6.3节中介绍的概率公式和概率树方法。图7—1演示了这个例子的概率树。用 $X$ 表示达成交易的数目。

该树给出了8种可能结果以及每个结果相应的概率。我们可以看到有1种结果表示没有成交，相应的概率为 $P(0)=0.512$。有3种结果表示成交数目为1，相应的概率为0.128。因此

$$P(1)=0.128+0.128+0.128=3\times 0.128=0.384$$

同理，成交数目为2笔的概率为

$$P(2)=3\times 0.032=0.096$$

有1种结果表示成交数目为3，概率为

$$P(3)=0.008$$

综上所述，$X$ 的概率分布见表7—1：

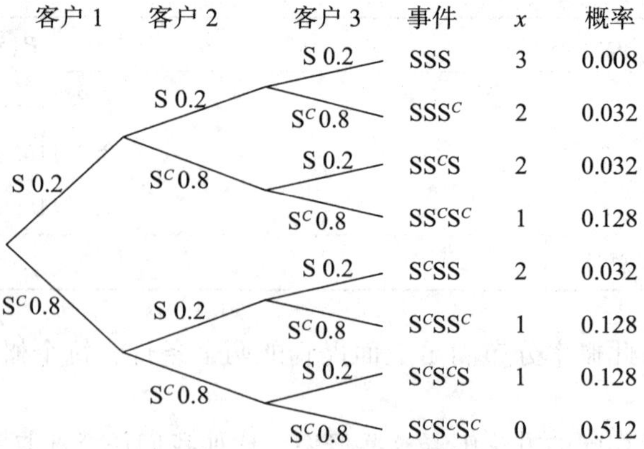


**图 7—1　例 7.2 的概率树**

**表 7—1**　　**例 7.2 中成交数目的概率分布**

| $x$ | $P(x)$ |
|---|---|
| 0 | 0.512 |
| 1 | 0.384 |
| 2 | 0.096 |
| 3 | 0.008 |

## □ 7-1b　概率分布和总体

概率分布是对总体的描述。例 7.1 向我们提供了关于每个用户拥有的家庭成员数目的总体情况。例 7.2 的总体是指推销员与拜访的三个客户达成的交易数。正如我们在之前所说的，统计推断是对总体进行推断。

## □ 7-1c　总体的描述/概率分布

在第 4 章，我们介绍了如何计算一个总体的均值、方差和标准差。这些公式是基于知道总体每个个体的随机变量的取值。比如，要想知道所有北美蓝领工人年度收入的均值和方差，我们必须知道每个人的收入，并利用以下公式计算：

$$\mu=\frac{\sum_{i=1}^{N} X_i}{N}$$

$$\sigma^2=\frac{\sum_{i=1}^{N}(X_i-\mu)^2}{N}$$

式中，$X_1$ 是第一个蓝领工人的收入，$X_2$ 是第二个蓝领工人的收入，依此类推。$N$ 可能多达几百万。由于人数如此之多，所以在现实中很少应用上面的公式。

试图记录所有北美蓝领工人的收入对我们来说好像是不太可能的。正如我们在前面的章节所提到的，概率分布可以表示总体。所以我们不必记录总体的所有观测值，只需列出它们的数目以及相应的概率——比如，我们在例 7.1 中给出了家庭成员数目的概率分布；在例 7.2 中给出了信托基金推销员在三次拜访中成交数的概率分布——就可以计算出总体的均值和方差。

总体均值是所有观测值的加权平均，权重就是每个观测值对应的概率。总体均值也被称为 $X$ 的**期望**（expected value），用 $E(X)$ 表示。

**总体均值**

$$E(X)=\mu=\sum_{\text{所有}x} xP(x)$$

总体方差可用类似方法计算。它是观测值与均值的离差平方和的加权平均。

**总体方差**

$$V(X)=\sigma^2=\sum_{\text{所有}x}(x-\mu)^2P(x)$$

下面是一个计算总体方差的简便公式。这个公式是对上面的公式进行恒等变换得到的。

**总体方差简便计算公式**

$$V(X)=\sigma^2=\sum_{\text{所有}x}x^2P(x)-\mu^2$$

标准差的定义见第 4 章。

**总体标准差**

$$\sigma=\sqrt{\sigma^2}$$

**例 7.3　家庭成员数目的总体描述**

求例 7.1 中每个家庭的成员数目的均值、方差和标准差。

**解**

在本例中，我们假定最后一类中的家庭成员数目正好为 7 个。$X$ 的均值为

$$\begin{aligned}E(X)&=\mu\\&=\sum_{\text{所有}x}xP(x)=1P(1)+2P(2)+3P(3)+4P(4)+5P(5)+6P(6)+7P(7)\\&=1\times0.268+2\times0.333+3\times0.162+4\times0.140+5\times0.062\\&\quad+6\times0.023+7\times0.012\\&=2.512\end{aligned}$$

注意，虽然随机变量只能取整数值，但均值是小数 2.512。

$X$ 的方差为

$$\begin{aligned}V(X)=\sigma^2&=\sum_{\text{所有}x}(x-\mu)^2P(x)\\&=(1-2.512)^2\times 0.268+(2-2.512)^2\times 0.333+(3-2.512)^2\times 0.162\\&\quad+(4-2.512)^2\times 0.140+(5-2.512)^2\times 0.062+(6-2.512)^2\times 0.023\\&\quad+(7-2.512)^2\times 0.012\\&=1.954\end{aligned}$$

为了说明简便计算公式的使用，我们再次利用其计算方差：

$$\begin{aligned}\sum_{\text{所有}x}x^2P(x)&=1^2\times 0.268+2^2\times 0.333+3^2\times 0.162+4^2\times 0.140+5^2\times 0.062\\&\quad+6^2\times 0.023+7^2\times 0.012=8.264\end{aligned}$$

并且，

$$\mu=2.512$$

因此，

$$\sigma^2=\sum_{\text{所有}x}x^2P(x)-\mu^2=8.264-2.512^2=1.954$$

标准差是

$$\sigma=\sqrt{\sigma^2}=\sqrt{1.954}=1.398$$

因此，每个家庭的成员数目的均值和标准差分别是 2.512 和 1.398。

## □ 7-1d　均值和方差的性质

通过前面的学习，聪明的读者可能会发现，我们经常构造新的随机变量，使其是另外一个随机变量的函数。根据下面的性质，我们可以直接求一些新随机变量的均值和方差。注意，$X$ 是随机变量，$c$ 是常数。

**期望的性质**

1. $E(c)=c$
2. $E(X+c)=E(X)+c$
3. $E(cX)=cE(X)$

**方差的性质**

1. $V(c)=0$
2. $V(X+c)=V(X)$
3. $V(cX)=c^2V(X)$

**例 7.4　月利润的总体描述**

一家电脑销售店每个月的销售额的均值为 25 000 美元，标准差是 4 000 美元。所得利润为销售额乘以 30%再减去固定投资 6 000 美元。求月利润的均值和标准差。

**解**

我们可以用下面的等式表示销售额与利润的关系：

$$利润=0.30\times 销售额-6\ 000$$

则利润的期望值为

$$E(利润)=E(0.30\times 销售额-6\ 000)$$

由期望的第二条性质，得

$$E(利润)=E(0.30\times 销售额)-6\ 000$$

再由第三条性质，得

$$E(利润)=0.30\times E(销售额)-6\ 000=0.30\times 25\ 000-6\ 000=1\ 500$$

所以月利润的期望值（均值）为 1 500 美元。

方差为

$$V(利润)=V(0.30\times 销售额-6\ 000)$$

由方差的第二条性质，得

$$V(利润)=V(0.30\times 销售额)$$

再由方差的第三条性质，得

$$V(利润)=0.30^2V(销售额)=0.09\times 4\ 000^2=1\ 440\ 000$$

从而月利润的标准差为

$$\sigma_{利润}=\sqrt{1\ 440\ 000}=1\ 200$$

## 习　题

**7.1**　在某高速公路一段拥挤的路段中发生事故的数量是随机变量。

a. 这个随机变量的可能取值是什么？

b. 取值可数吗？为什么？

c. 取值有限吗？为什么？

d. 这个随机变量是离散型的还是连续型的？为什么？

**7.2**　装有一油箱汽油的汽车所能行驶的距离是随机变量。

a. 这个随机变量的可能取值是什么？

b. 取值可数吗？为什么？

c. 取值有限吗？为什么？

d. 这个随机变量是离散型的还是连续型的？为什么？

**7.3**　学生在暑假里工作赚到的钱数是随机变量。

a. 这个随机变量的可能取值是什么？
b. 取值可数吗？为什么？
c. 取值有限吗？为什么？
d. 这个随机变量是离散型的还是连续型的？为什么？

**7.4** 含有 100 道多项选择题的统计学考试的得分是随机变量。
a. 这个随机变量的可能取值是什么？
b. 取值可数吗？为什么？
c. 取值有限吗？为什么？
d. 这个随机变量是离散型的还是连续型的？为什么？

**7.5** 确定下列哪一个是有效的概率分布。

a.

| $x$ | 0 | 1 | 2 | 3 |
|---|---|---|---|---|
| $P(x)$ | 0.1 | 0.3 | 0.4 | 0.1 |

b.

| $x$ | 5 | −6 | 10 | 0 |
|---|---|---|---|---|
| $P(x)$ | 0.01 | 0.01 | 0.01 | 0.97 |

c.

| $x$ | 14 | 12 | −7 | 13 |
|---|---|---|---|---|
| $P(x)$ | 0.25 | 0.46 | 0.04 | 0.24 |

**7.6** 令 $X$ 为一随机变量，表示一枚滚动的均匀骰子停止以后的点数。$X$ 的概率分布是什么？

**7.7** 最近的一项调查显示，每个家庭拥有的彩色电视机数量如下：

| 彩色电视机数量 | 0 | 1 | 2 | 3 | 4 | 5 |
|---|---|---|---|---|---|---|
| 家庭数目（千） | 1 218 | 32 379 | 37 961 | 19 387 | 7 714 | 2 842 |

a. 求出随机变量——每个家庭拥有的彩色电视机数量 $X$ 的概率分布。
b. 计算以下概率：$P(X\leqslant 2)$，$P(X>2)$，$P(X\geqslant 4)$。

**7.8** 根据历史记录，一个企业的人事经理计算了 $X$ 的概率分布，$X$ 定义为每天缺勤人员的数量。

| $x$ | 0 | 1 | 2 | 3 | 4 | 5 | 6 | 7 |
|---|---|---|---|---|---|---|---|---|
| $P(x)$ | 0.005 | 0.025 | 0.310 | 0.340 | 0.220 | 0.080 | 0.019 | 0.001 |

a. 计算下列概率：$P(2\leqslant X\leqslant 5)$，$P(X>5)$，$P(X<4)$。
b. 计算 $X$ 的均值。
c. 计算 $X$ 的标准差。

**7.9** 很多大学的工商管理专业二年级的学生被要求每学期上 10 门课程。考试得 A 的课程数目是一个离散型随机变量，假设这个随机变量取任一值的概率相等。求其概率分布。

**7.10** 随机变量 $X$ 服从下面的概率分布：

| $x$ | −3 | 2 | 6 | 8 |
|---|---|---|---|---|
| $P(x)$ | 0.2 | 0.3 | 0.4 | 0.1 |

求下列概率：
a. $P(X>0)$
b. $P(X\geqslant 1)$

c. $P(X \geqslant 2)$

d. $P(2 \leqslant X \leqslant 5)$

**7.11** 一家网上药店在广告中说它能在3～6天内将商品送达顾客。该公司的经理希望使天数更加精确。因此，她记录了送货给顾客所需要的天数，通过对数据进行分析，得到了下面的概率分布。

| 天数 | 0 | 1 | 2 | 3 | 4 | 5 | 6 | 7 | 8 |
|---|---|---|---|---|---|---|---|---|---|
| 概率 | 0 | 0 | 0.01 | 0.04 | 0.28 | 0.42 | 0.21 | 0.02 | 0.02 |

a. 3～6天交货的概率是多少？

b. 迟交货的概率是多少？

c. 早交货的概率是多少？

**7.12** 某博彩者认为一种叫作“翻倍”的策略是博彩的有效方法。该方法要求博彩者每输一局都要将赌注加倍。因此，如果最初的赌注为1美元，每输一局都要将赌注加倍，直至博彩者赢为止。他赢了一局之后，赌注又重新变为1美元，也就是说，他每赢一局就净赚1美元。问题是，他很有可能会将所有钱输光。假设某项游戏赢的概率为0.5，博彩者连输6局就会破产。计算博彩者连输6局的概率。

**7.13** 在毕业一个月内找不到工作的大学毕业生的比例估计为5%。而得到1份、2份、3份工作接收函的毕业生分别大约为43%、31%、21%。求下列事件的概率。

a. 一个毕业生得到的工作接收函少于2份。

b. 一个毕业生得到的工作接收函多于1份。

**7.14** 抛掷两枚均匀的硬币，用概率树方法计算下列事件的概率。

a. 第一枚是正面，第二枚是正面。

b. 第一枚是正面，第二枚是反面。

c. 第一枚是反面，第二枚是正面。

d. 第一枚是反面，第二枚是反面。

**7.15** 根据习题7.14，求下列事件的概率。

a. 没有正面。

b. 其中一枚是正面。

c. 两枚是正面。

d. 至少一枚是正面。

**7.16** 画一幅概率树描述抛掷三枚均匀硬币这个事件。

**7.17** 根据习题7.16，求下列事件的概率。

a. 两枚是正面。

b. 一枚是正面。

c. 至少一枚是正面。

d. 至少两枚是正面。

**7.18** 随机变量 $X$ 具有如下分布：

| $x$ | −2 | 5 | 7 | 8 |
|---|---|---|---|---|
| $P(x)$ | 0.59 | 0.15 | 0.25 | 0.01 |

a. 计算 $X$ 的均值和方差。

b. 计算 $Y=5X$ 的概率分布。

c. 根据问题（b）中的概率分布，计算 $Y$ 的均值和方差。

d. 利用均值和方差的性质，根据 $X$ 的均值和方差计算 $Y$ 的均值和方差。

**7.19** 已知如下概率分布

| $x$ | 0 | 1 | 2 | 3 |
|---|---|---|---|---|
| $P(x)$ | 0.4 | 0.3 | 0.2 | 0.1 |

a. 计算 $X$ 的均值、方差和标准差。

b. 假设 $Y=3X+2$。对 $X$ 的每一个取值，计算 $Y$ 的取值和 $Y$ 的概率分布。

c. 根据 $Y$ 的概率分布，计算 $Y$ 的均值、方差和标准差。

d. 利用均值和方差的性质，根据 $X$ 的均值、方差和标准差计算 $Y$ 的均值、方差和标准差，并与问题（c）中的答案进行比较。结果是否相同（忽略四舍五入的误差）？

**7.20** 每个月给大学生送的比萨饼的数目是服从如下概率分布的随机变量：

| $x$ | 0 | 1 | 2 | 3 |
|---|---|---|---|---|
| $P(x)$ | 0.1 | 0.3 | 0.4 | 0.2 |

a. 求某个学生本月收到的比萨饼的数目大于或等于 2 的概率。

b. 计算该学生每月收到的比萨饼数的均值和方差。

**7.21** 参照习题 7.20，假设每个比萨饼赢利 3 美元，计算从每个学生身上所获利润的均值和方差。

**7.22** 观察了很多在某个娱乐场玩耍的孩子以后，某位统计职业从事者估计了如下的 $X$ 的分布，其中 $X$ 表示每个孩子参与的游戏个数。

| $x$ | 1 | 2 | 3 | 4 | 5 | 6 | 7 |
|---|---|---|---|---|---|---|---|
| $P(x)$ | 0.05 | 0.15 | 0.15 | 0.25 | 0.20 | 0.10 | 0.10 |

a. 一个孩子玩 4 个以上游戏的概率是多少？

b. 一个孩子至少玩 2 个游戏的概率是多少？

**7.23** 根据习题 7.22。计算 $X$ 的均值和方差。

**7.24** 根据习题 7.23。假设每个游戏花费 25 美分，求娱乐场从每个孩子身上获得的利润的均值和方差。

**7.25** 参照习题 7.22。

a. 计算娱乐场从每个孩子身上获得的利润的概率分布。

b. 根据问题（a）中的概率分布计算娱乐场从每个孩子身上获得的利润的均值和方差。

c. 比较问题（b）和问题 7.24 的答案，结果是否相同（忽略四舍五入的误差）？

**7.26** 通过对亚马逊网上书店的顾客进行调查，得到了顾客每次登录时购买的书的数量的概率分布：

| $x$ | 0 | 1 | 2 | 3 | 4 | 5 | 6 | 7 |
|---|---|---|---|---|---|---|---|---|
| $P(x)$ | 0.35 | 0.25 | 0.20 | 0.08 | 0.06 | 0.03 | 0.02 | 0.01 |

a. 一个网站访问者购买 4 本书的概率是多少？

b. 一个网站访问者购买 8 本书的概率是多少？

c. 一个网站访问者 1 本书也不买的概率是多少？

d. 一个网站访问者至少购买 1 本书的概率是多少？

**7.27** 一个大学的图书管理员制作了学生一个学期内进入图书馆次数的概率分布表：

| $x$ | 0 | 5 | 10 | 15 | 20 | 25 | 30 | 40 | 50 | 75 | 100 |
|---|---|---|---|---|---|---|---|---|---|---|---|
| $P(x)$ | 0.22 | 0.29 | 0.12 | 0.09 | 0.08 | 0.05 | 0.04 | 0.04 | 0.03 | 0.03 | 0.01 |

求下列概率：

a. $P(X \geqslant 20)$。

b. $P(X = 60)$。

c. $P(X > 50)$。

d. $P(X > 100)$。

**7.28** 一个体育记者在分析了滑雪运动员参加越野运动的资料以后，得出了 $X$ 的概率分布，$X$ 为滑雪运动员一年内参加滑雪的次数。

| $x$ | 0 | 1 | 2 | 3 | 4 | 5 | 6 | 7 | 8 |
|---|---|---|---|---|---|---|---|---|---|
| $P(x)$ | 0.04 | 0.09 | 0.19 | 0.21 | 0.16 | 0.12 | 0.08 | 0.06 | 0.05 |

求下列概率：

a. $P(X = 3)$。

b. $P(X \geqslant 5)$。

c. $P(5 \leqslant X \leqslant 7)$。

**7.29** 海胆亚目的自然药性可以增强免疫系统的免疫力，从而减少感冒发烧的次数。为了考察海胆亚目是否起作用，做了一个历时六个月的研究，得到了关于海胆亚目服用者每年呼吸系统感染的次数（$X$）的概率分布。

| $x$ | 0 | 1 | 2 | 3 | 4 |
|---|---|---|---|---|---|
| $P(x)$ | 0.45 | 0.31 | 0.17 | 0.06 | 0.01 |

求下列概率：

a. 一个海胆亚目服用者一年中呼吸系统感染超过 1 次的概率。

b. 一个海胆亚目服用者一年中呼吸系统没有感染的概率。

c. 一个海胆亚目服用者一年中呼吸系统感染 1～3 次的概率。

**7.30** 据估计，某购物商业街上顾客进入的商店数量的概率分布如下：

| $x$ | 0 | 1 | 2 | 3 | 4 | 5 | 6 |
|---|---|---|---|---|---|---|---|
| $P(x)$ | 0.04 | 0.19 | 0.22 | 0.28 | 0.12 | 0.09 | 0.06 |

求顾客进入的商店数量的均值和标准差。

**7.31** 参照习题 7.30，假设顾客在进入的每一个商店里逗留 10 分钟，求顾客在商业街所花费的时间的均值和标准差。

**7.32** 在市区停车场停车时要根据汽车停放的小时数或者分钟数交费。汽车停放时间（小时）的概率分布估计如下：

| $x$ | 1 | 2 | 3 | 4 | 5 | 6 | 7 | 8 |
|---|---|---|---|---|---|---|---|---|
| $P(x)$ | 0.24 | 0.18 | 0.13 | 0.10 | 0.07 | 0.04 | 0.04 | 0.20 |

求汽车在停车场停放小时数的均值和标准差。

**7.33** 参照习题 7.32，假设停放 1 小时应交费 2.50 美元，求每辆车停车费的均值和标准差。

**7.34** 如果你面临着一个机会，选择接受 500 美元现金或者一枚面值 100 美元的金币。然而，金币的实际价值取决于它本身金子的含量。如果告诉你这枚金币有 40%的概率值 400 美元，有 30%的概率值 900 美元，有 30%的概率值它的面值，那么基于期望值，你选择现金还是金币？

**7.35** 某书店的经理记录了每 5 分钟来收银台的顾客的数目，得到了如下分布。计算这个随机变量的均值和标准差。

| $x$ | 0 | 1 | 2 | 3 | 4 |
|---|---|---|---|---|---|
| $P(x)$ | 0.10 | 0.20 | 0.25 | 0.25 | 0.20 |

**7.36** 一家小公司的老板刚买回来一台个人电脑，期望能用两年。老板买电脑的时候被告知必须买一台电涌抑制器，以保护他电脑的新硬件免受电涌或者电流变化的影响。电脑硬件损坏的程度取决于电涌的强度。据估计，此人有 1%的可能损失 400 美元，有 2%的可能损失 200 美元，有 10%的可能损失 100 美元。可以买一台便宜的电涌抑制器，每台电涌抑制器只能防止一次电涌。基于期望值，该老板愿意支付多少钱？

**7.37** 某种包含五种奖项的彩票价值 1 美元，奖项和相应的概率如下表所示。计算收益的期望。

| 奖项（美元） | 1 000 000 | 200 000 | 50 000 | 10 000 | 1 000 |
|---|---|---|---|---|---|
| 概率 | 1/10 000 000 | 1/1 000 000 | 1/500 000 | 1/50 000 | 1/10 000 |

**7.38** 通过对接收到的传真的分析，某会计公司的经理得到每份传真包含的页数的分布。

| $x$ | 1 | 2 | 3 | 4 | 5 | 6 | 7 |
|---|---|---|---|---|---|---|---|
| $P(x)$ | 0.05 | 0.12 | 0.20 | 0.30 | 0.15 | 0.10 | 0.08 |

计算每份传真包含的页数的均值和方差。

**7.39** 参照习题 7.38。该经理经过进一步分析发现发送一页传真的成本是 0.25 美元。计算发送一份传真的成本的均值和方差。

**7.40** 一家邮购公司为了考察其四个年度广告的促销效果，给它的每个顾客发了一份问卷，询问使得他们下了本来不会下的订单的广告数量。根据问卷，该公司得到如下所示的概率分布表，其中 $X$ 表示使得订单增加的广告数量。如果假设所有顾客来年的情况和去年一样，那么使得每个顾客来年下本来不下的订单的广告数量的期望值是多少？

| $x$ | 0 | 1 | 2 | 3 | 4 |
|---|---|---|---|---|---|
| $P(x)$ | 0.10 | 0.25 | 0.40 | 0.20 | 0.05 |

**7.41** 参照习题 7.40，对历史数据进行分析发现广告商品订单的均值是 20 美元，该公司从每个订单里获取毛利 20%。计算下一年毛利收益的期望值。

**7.42** 参照习题 7.40 和习题 7.41，四个广告的固定成本大约为 15 000 美元，针对每个顾客的邮送和投递的可变成本为 3 美元。请问多大的顾客规模才能使公司实现收支相抵？

## 7.2 二元（维）分布

至此，我们讨论了单变量的分布问题。然而在很多情况下，我们需要知道两个变量的关系。第 3 章是通过画散点图而第 4 章是通过计算协方差和相关系数来讨论这个问题的。本节将给出**二元分布**（bivariate distribution），即两个变量的联合概率分布。有时为了区分二元分布和一个变量的分布，我们就称后者为单变量分布。

取值分别为 $x$ 和 $y$ 的两个变量 $X$ 和 $Y$ 的联合概率定义为 $P(x, y)$。

$X$ 和 $Y$ 的二元概率分布是给出 $x$ 和 $y$ 的所有组合的联合概率 $P(x, y)$ 的表格或者公式。与单变量分布一样，联合概率分布也必须满足两个性质。

**离散二元分布的性质**

1. 对所有的 $(x, y)$，$0 \leqslant P(x, y) \leqslant 1$。
2. $\sum\limits_{\text{所有}x}\sum\limits_{\text{所有}y} P(x, y)=1$。

**例 7.5　卖出的房子数量的二元分布**

Xavier 和 Yvette 是两个房地产代理商。用 $X$ 表示 Xavier 一个月内卖出的房子数量，而 $Y$ 表示 Yvette 一月内卖出的房子数量。基于它们过去的月业绩进行分析，得到下面的联合概率：

**二元概率分布**

| | | X | | |
|---|---|---|---|---|
| | | **0** | **1** | **2** |
| **Y** | 0 | 0.12 | 0.42 | 0.06 |
| | 1 | 0.21 | 0.06 | 0.03 |
| | 2 | 0.07 | 0.02 | 0.01 |

我们用第 6 章的方法解释这些联合概率。比如，某个月 Xavier 没有卖出房子而 Yvette 卖出 1 套房子的概率是 $P(X=0, Y=1)=P(0, 1)=0.21$。

### □ 7-2a　边缘概率

如我们在第 6 章所做的，我们可以通过对横行和竖列加总求和来计算边缘概率。

例 7.5 中 $X$ 的边缘概率为

$$P(X=0)=P(0, 0)+P(0, 1)+P(0, 2)=0.12+0.21+0.07=0.4$$
$$P(X=1)=P(1, 0)+P(1, 1)+P(1, 2)=0.42+0.06+0.02=0.5$$
$$P(X=2)=P(2, 0)+P(2, 1)+P(2, 2)=0.06+0.03+0.01=0.1$$

因此，$X$ 的边缘概率分布是

| $x$ | $P(x)$ |
|---|---|
| 0 | 0.4 |
| 1 | 0.5 |
| 2 | 0.1 |

例 7.5 中 $Y$ 的边缘概率为

$$P(Y=0)=P(0,\ 0)+P(1,\ 0)+P(2,\ 0)=0.12+0.42+0.06=0.6$$
$$P(Y=1)=P(0,\ 1)+P(1,\ 1)+P(2,\ 1)=0.21+0.06+0.03=0.3$$
$$P(Y=2)=P(0,\ 2)+P(1,\ 2)+P(2,\ 2)=0.07+0.02+0.01=0.1$$

因此，$Y$ 的边缘概率分布是

| $y$ | $P(y)$ |
|---|---|
| 0 | 0.6 |
| 1 | 0.3 |
| 2 | 0.1 |

注意，这两个边缘概率分布都符合上面提到的两个条件，即概率在 0～1 之间，且所有概率的和为 1。

### □ 7-2b 二元分布的描述

正如对单变量分布的分析，我们经常通过计算每个变量的均值、方差和标准差来描述二元分布。此外，也可利用边缘概率来计算均值、方差和标准差。

例 7.5 中 $X$ 的期望、方差和标准差分别为

$$E(X)=\mu_X=\sum xP(x)=0\times 0.4+1\times 0.5+2\times 0.1=0.7$$

$$\begin{aligned}V(X)=\sigma_X^2&=\sum (x-\mu_X)^2P(x)\\&=(0-0.7)^2\times 0.4+(1-0.7)^2\times 0.5+(2-0.7)^2\times 0.1\\&=0.41\end{aligned}$$

$$\sigma_X=\sqrt{\sigma_X^2}=\sqrt{0.41}=0.64$$

例 7.5 中 $Y$ 的期望、方差和标准差分别为

$$E(Y)=\mu_Y=\sum yP(y)=0\times 0.6+1\times 0.3+2\times 0.1=0.5$$

$$\begin{aligned}V(Y)=\sigma_Y^2&=\sum (y-\mu_Y)^2P(y)\\&=(0-0.5)^2\times 0.6+(1-0.5)^2\times 0.3+(2-0.5)^2\times 0.1\\&=0.45\end{aligned}$$

$$\sigma_Y=\sqrt{\sigma_Y^2}=\sqrt{0.45}=0.67$$

我们可以并且需要计算的另外两个参数——协方差和相关系数——也与两个变量的关系有关。这两个概念在第 4 章都介绍过，并且计算公式是基于已知总体的 $N$ 个观测值。在本节中，我们基于二元分布计算协方差和相关系数这两个参数。

**协方差**

两个离散变量的协方差定义为

$$\mathrm{COV}(X,\ Y)=\sigma_{xy}=\sum_{\text{所有}x}\sum_{\text{所有}y}(x-\mu_X)(y-\mu_Y)P(x,\ y)$$

注意，我们将 $X$、$Y$ 与它们均值的离差相乘，再乘上联合概率。上面的计算公式可以简化为下面的等式：

**协方差的简单计算**

$$\mathrm{COV}(X,\ Y)=\sigma_{xy}=\sum_{\text{所有}x}\sum_{\text{所有}y}xyP(x,\ y)-\mu_X\mu_Y$$

相关系数的计算方法与第 4 章一样。

**相关系数**

$$\rho=\frac{\sigma_{xy}}{\sigma_x\sigma_y}$$

## 例 7.6 二元分布的描述

计算例 7.5 中两个代理商所卖出的房子数量的协方差和相关系数。

**解**

首先计算协方差：

$$\begin{aligned}\sigma_{xy}&=\sum_{\text{所有}x}\ \sum_{\text{所有}y}(x-\mu_X)(y-\mu_Y)P(x,\ y)\\&=(0-0.7)(0-0.5)\times0.12+(1-0.7)(0-0.5)\times0.42\\&\quad+(2-0.7)(0-0.5)\times0.06+(0-0.7)(1-0.5)\times0.21\\&\quad+(1-0.7)(1-0.5)\times0.06+(2-0.7)(1-0.5)\times0.03\\&\quad+(0-0.7)(2-0.5)\times0.07+(1-0.7)(2-0.5)\times0.02\\&\quad+(2-0.7)(2-0.5)\times0.01\\&=-0.15\end{aligned}$$

正如计算方差有简便公式一样，下面我们用简便公式重新计算协方差。

$$\begin{aligned}\sum_{\text{所有}x}\ \sum_{\text{所有}y}xyP(x,\ y)&=0\times0\times0.12+1\times0\times0.42+2\times0\times0.06\\&\quad+0\times1\times0.21+1\times1\times0.06+2\times1\times0.03\\&\quad+0\times2\times0.07+1\times2\times0.02+2\times2\times0.01\\&=0.2\end{aligned}$$

利用前面计算的期望值， 有

$$\sigma_{xy}=\sum_{\text{所有}x}\ \sum_{\text{所有}y}xyP(x,\ y)-\mu_X\mu_Y=0.2-0.7\times0.5=-0.15$$

我们前面同样计算了标准差，从而可以得到相关系数：

$$\rho=\frac{\sigma_{xy}}{\sigma_X\sigma_Y}=\frac{-0.15}{0.64\times 0.67}=-0.35$$

这表明 Xavier 一个月内卖出的房屋数量 $X$ 与 Yvette 一个月内卖出的房屋数量 $Y$ 之间有弱的负相关关系。

### □ 7-2c　两个变量之和

二元分布的引入使得确定两个变量的任意组合形式的概率分布成为可能。其中，我们特别感兴趣的是两个变量的和。对于这类分布的讨论使得统计在金融中有重要应用，我们将在下一节讲到。

为了说明如何根据两个变量的联合概率分布求二者之和的概率分布，我们回到例 7.5。两个随机变量 $X$ 和 $Y$ 的和表示二者每月卖出的房子的数量和。$X+Y$ 的可能取值为 0，1，2，3 和 4。比如，$X+Y=2$ 的概率等于满足和为 2 的 $X$ 和 $Y$ 的所有取值组合的联合概率之和，即

$$\begin{aligned}P(X+Y=2)&=P(0,\ 2)+P(1,\ 1)+P(2,\ 0)\\&=0.07+0.06+0.06=0.19\end{aligned}$$

同样，我们可以算出 $X+Y$ 取其他值的概率，结果见下表：

**例 7.5 中 $X+Y$ 的概率分布**

| $x+y$ | 0 | 1 | 2 | 3 | 4 |
|---|---|---|---|---|---|
| $P(x+y)$ | 0.12 | 0.63 | 0.19 | 0.05 | 0.01 |

我们可以按一般方法计算 $X+Y$ 的期望值、方差和标准差。

$$E(X+Y)=0\times 0.12+1\times 0.63+2\times 0.19+3\times 0.05+4\times 0.01=1.2$$

$$\begin{aligned}V(X+Y)=\sigma^2_{X+Y}&=(0-1.2)^2\times 0.12+(1-1.2)^2\times 0.63\\&\quad+(2-1.2)^2\times 0.19+(3-1.2)^2\times 0.05\\&\quad+(4-1.2)^2\times 0.01\\&=0.56\end{aligned}$$

$$\sigma_{X+Y}=\sqrt{0.56}=0.75$$

我们可以得到一些关于两个变量之和的期望和方差的性质。

**两个变量之和的期望和方差的性质**

1. $E(X+Y)=E(X)+E(Y)$
2. $V(X+Y)=V(X)+V(Y)+2\mathrm{COV}(X,\ Y)$

如果 $X$ 和 $Y$ 独立，$\mathrm{COV}(X,\ Y)=0$，从而 $V(X+Y)=V(X)+V(Y)$。

**例 7.7　售出的房子数量之和的分布描述**

利用两个变量之和的期望和方差的性质计算例 7.5 中两个代理商每月售出的房子数量之和的期望和方差。

**解**

利用性质 1，求出 $X+Y$ 的期望：

$$E(X+Y)=E(X)+E(Y)=0.7+0.5=1.2$$

结果与我们根据 $X+Y$ 的概率分布直接计算的结果相同。

利用性质 3，求出方差：

$$\begin{aligned}V(X+Y)&=V(X)+V(Y)+2\text{COV}(X,Y)\\&=0.41+0.45+2\times(-0.15)=0.56\end{aligned}$$

与我们根据 $X+Y$ 的概率分布计算的结果相同。

在很多应用中，我们需要了解两个变量之和的期望及方差的性质。而且，我们会讨论这些性质在运营管理方面的重要应用，这时需要计算两个以上变量之和的期望及方差。见习题 7.57 至习题 7.60。

## 习　题

**7.43**　下表是 $X$ 和 $Y$ 的二元分布：

| $y$ | $x$ | |
|---|---|---|
| | 1 | 2 |
| 1 | 0.5 | 0.1 |
| 2 | 0.1 | 0.3 |

a. 求 $X$ 的边缘概率分布。

b. 求 $Y$ 的边缘概率分布。

c. 计算 $X$ 的均值和方差。

d. 计算 $Y$ 的均值和方差。

**7.44**　参照习题 7.43，计算二者的协方差和相关系数。

**7.45**　参照习题 7.43，利用两个变量之和的期望及方差的性质计算 $X+Y$ 的均值和方差。

**7.46**　参照习题 7.43。

a. 求 $X+Y$ 的分布。

b. 求 $X+Y$ 的均值和方差。

c. 问题（b）计算出来的结果与习题 7.45 的结果相同吗？

**7.47**　$X$ 和 $Y$ 的二元分布如下：

| $y$ | $x$ | |
|---|---|---|
| | 1 | 2 |
| 1 | 0.28 | 0.42 |
| 2 | 0.12 | 0.18 |

a. 求 $X$ 的边缘概率分布。

b. 求 $Y$ 的边缘概率分布。

c. 计算 $X$ 的均值和方差。

d. 计算 $Y$ 的均值和方差。

**7.48** 参照习题 7.47，计算二者的协方差和相关系数。

**7.49** 参照习题 7.47，利用两个变量之和的期望及方差的性质计算 $X+Y$ 的均值和方差。

**7.50** 参照习题 7.47。

a. 求 $X+Y$ 的分布。

b. 求 $X+Y$ 的均值和方差。

c. 问题（b）计算出来的结果与习题 7.49 的结果相同吗？

**7.51** $X$ 和 $Y$ 的联合概率分布如下表所示：

| $y$ | $x$ | | |
|---|---|---|---|
| | 1 | 2 | 3 |
| 1 | 0.42 | 0.12 | 0.06 |
| 2 | 0.28 | 0.08 | 0.04 |

a. 求 $X$ 和 $Y$ 各自的边缘分布。

b. 计算 $X$ 和 $Y$ 的协方差和相关系数。

c. 求 $X+Y$ 的概率分布。

**7.52** $X$ 和 $Y$ 的边际分布如下表所示。如果 $X$ 和 $Y$ 相互独立，求 $X$ 和 $Y$ 的联合概率分布。

| $x$ | 0 | 1 | 2 |
|---|---|---|---|
| $P(x)$ | 0.6 | 0.3 | 0.1 |

| $y$ | 1 | 2 |
|---|---|---|
| $P(y)$ | 0.7 | 0.3 |

**7.53** $X$ 和 $Y$ 的边际分布如下表所示。如果 $X$ 和 $Y$ 相互独立，求 $X$ 和 $Y$ 的联合概率分布。

| $x$ | 0 | 1 |
|---|---|---|
| $P(x)$ | 0.2 | 0.8 |

| $y$ | 1 | 2 | 3 |
|---|---|---|---|
| $P(y)$ | 0.2 | 0.4 | 0.4 |

**7.54** 对过去几个月的销售数据进行分析后，一家电器商店老板给出了每天卖出的冰箱和电炉数量的联合概率分布。

| 电炉 | 冰箱 | | |
|---|---|---|---|
| | 0 | 1 | 2 |
| 0 | 0.08 | 0.14 | 0.12 |
| 1 | 0.09 | 0.17 | 0.13 |
| 2 | 0.05 | 0.18 | 0.04 |

a. 求每天卖出的冰箱数量的边缘概率分布。

b. 求每天卖出的电炉数量的边缘概率分布。

c. 求每天卖出的冰箱数量的均值和方差。

d. 求每天卖出的电炉数量的均值和方差。

e. 求二者的协方差和相关系数。

**7.55** 到美国旅游的加拿大人经常买酒和烟带回国，因为这两样商品在美国很便宜。但是，美国对购买数量却有限制。在美国旅游超过两天的加拿大人可以带一瓶酒和一箱烟回国。加拿大海关通过观测得到了在美国旅游两天或两天以上的人带回的酒的瓶数和烟的箱数的联合概率分布。

| 烟的箱数 | 酒的瓶数 | |
|---|---|---|
| | 0 | 1 |
| 0 | 0.63 | 0.18 |
| 1 | 0.09 | 0.10 |

a. 求带入加拿大的酒的数量即瓶数的边缘概率分布。

b. 求带入加拿大的烟的数量即箱数的边缘概率分布。

c. 求带入加拿大的酒的数量即瓶数的均值和方差。

d. 求带入加拿大的烟的数量即箱数的均值和方差。

e. 求二者的协方差和相关系数。

**7.56** 参照习题 7.54，求下列条件概率。

a. $P$(1 台冰箱 | 0 个电炉)

b. $P$(0 个电炉 | 1 台冰箱)

c. $P$(2 台冰箱 | 2 个电炉)

### 在运营管理中的应用

**计划评审技术**（Project Evaluation and Review Technique，PERT）和**关键路径法**（Critical Path Method，CPM）是相关的管理科学技术，用以帮助业务经理控制业务活动和完成一个项目所需要的时间。这两项技术都基于活动必须遵循的次序。比如，建造一栋房子，房基的挖掘肯定早于房基的浇灌，而房基的浇灌要早于房屋的骨架搭建。

**路径**（path）是一项工程从开始到完全结束所涉及的所有活动的排序。对于大多数工程，有多种路径，它们的完成所需要的时间不一样。最长的路径被称为**关键路径**（critical path），因为路径中所有活动的任何延期都会导致整个项目的延期。在 PERT/CPM 的一些说法中，活动完成的时间固定，业务经理的主要工作就是确定关键路径。在另外一些说法中，每个活动的完成时间被认为是随机变量，其均值和方差都可以估计。将两个变量之和的期望和方差的性质推广到两个以上变量的情况，我们得到以下结论，其中 $X_1$，$X_2$，…，$X_k$ 分别是完成环节 1，2，…，$k$ 所需的时间，这些时间是独立随机变量。

两个以上独立随机变量之和的期望和方差的性质：

1. $E(X_1+X_2+\cdots+X_k)=E(X_1)+E(X_2)+\cdots+E(X_k)$

2. $V(X_1+X_2+\cdots+X_k)=V(X_1)+V(X_2)+\cdots+V(X_k)$

利用这些性质，我们可以计算完成项目所需时间的期望和方差。习题 7.57 至习题 7.60 讨论这一问题。

**7.57** 某关键路径共有四个环节，完成每个环节所需时间的期望和方差如下。求完成整个工程所需时间的期望和方差。

| 环节 | 所需时间的期望（天） | 方差 |
|---|---|---|
| 1 | 18 | 8 |
| 2 | 12 | 5 |
| 3 | 27 | 6 |
| 4 | 8 | 2 |

**7.58** 一家大工厂的业务经理想检查一台机器，在经过 PERT/CPM 分析以后，他制定了下面的关键路径：

1. 拆开机器；
2. 确定应该换掉的部件；
3. 找到需要的部件；
4. 重新组装机器；
5. 测试机器。

业务经理估计出了各个环节所需时间的期望（单位：分钟）和方差，如下表所示。

| 环节 | 均值 | 方差 |
|---|---|---|
| 1 | 35 | 8 |
| 2 | 20 | 5 |
| 3 | 20 | 4 |
| 4 | 50 | 12 |
| 5 | 20 | 2 |

求完成整个项目所需时间的均值和标准差。

**7.59** 为了投资一种新产品，市场经理确定了其部分关键路径。完成每个环节所需时间的期望和方差见下表。求完成整项任务所需时间的期望和方差。

| 环　节 | 所需时间的期望（天） | 方差 |
|---|---|---|
| 设计调查问卷 | 8 | 2 |
| 试用问卷 | 14 | 5 |
| 修改问卷 | 5 | 1 |
| 雇用调查公司 | 3 | 1 |
| 进行调查 | 30 | 8 |
| 分析数据 | 30 | 10 |
| 准备报告 | 10 | 3 |

**7.60** 一位统计学教授准备开展一项新的研究工作。由于他的时间有限，所以制定了 PERT/CPM 关键路径，包括下列环节：

1. 收集相关文献；
2. 申请研究基金；
3. 进行分析；
4. 撰写论文并投稿；
5. 等待修改；
6. 根据评审意见修改，再投稿。

完成各个环节所需时间的期望（单位：天）和方差如下表所示：

| 环节 | 期望 | 方差 |
|---|---|---|
| 1 | 10 | 9 |
| 2 | 3 | 0 |
| 3 | 30 | 100 |
| 4 | 5 | 1 |
| 5 | 100 | 400 |
| 6 | 20 | 64 |

计算完成整个任务所需时间的期望和方差。

## 7.3 在金融中的应用：投资组合多样化和资产分配（可选）



在本节中，我们介绍前面所学知识在金融中的重要应用。

在第 3 章中，我们介绍了如何利用方差或者标准差测定与投资有关的风险。大多数投资者都讨厌风险，这意味着他们希望将与他们的投资有关的风险最小化。金融分析中降低与证券市场有关的风险的一种方法是使投资**多样化**（diversification）。1952 年，马科维茨（Harry Markowitz）第一次利用数学理论研究了这种方法，他的模型为现代投资组合理论（MPT）的发展铺平了道路，这个概念是以共同基金为基础的。

为了描述投资组合多样化的基础，我们假设投资者拥有一个由两只股票构成的投资组合。对第一只股票投资 4 000 美元，对第二只股票投资 6 000 美元。假设一年后的结果如下表所示。（我们事先假设了投资收益，见 3－1b 小节“在金融中的应用：投资收益率”。）

**一年后的投资收益**

| 股票 | 股票的初始投资（美元） | 一年后的价值（美元） | 投资收益率 |
|---|---|---|---|
| 1 | 4 000 | 5 000 | $R_1=0.25$（25%） |
| 2 | 6 000 | 5 400 | $R_2=-0.10$（−10%） |
| 总计 | 10 000 | 10 400 | $R_p=0.04$（4%） |

计算投资组合收益率$R_p$的另一种方法是计算两只股票的收益率$R_1$和$R_2$的加权平均值，其中权重$w_1$和$w_2$分别是股票1和股票2在初始的10 000美元投资中所占的比例，即$w_1=0.4$，$w_2=0.6$。（注意，$w_1$和$w_2$之和必须为1，因为这两只股票就是所有投资组合。）两只股票收益率的加权平均是

$$\begin{aligned} R_p &= w_1R_1 + w_2R_2 \\ &= 0.4\times 0.25 + 0.6\times(-0.10) = 0.04 \end{aligned}$$

这就是投资组合收益率的计算。但是，当初始投资确定了以后，投资者并不知道收益率将是多少，事实上，收益率是一个随机变量。我们对求投资组合的期望和方差感兴趣。下面的公式是根据前面期望和方差的性质得到的。

**两只股票的投资组合的均值和方差**

$$E(R_p) = w_1E(R_1) + w_2E(R_2)$$

$$\begin{aligned} V(R_p) &= w_1^2V(R_1) + w_2^2V(R_2) + 2w_1w_2\mathrm{COV}(R_1, R_2) \\ &= w_1^2\sigma_1^2 + w_2^2\sigma_2^2 + 2w_1w_2\rho\sigma_1\sigma_2 \end{aligned}$$

式中，$w_1$和$w_2$分别是投资1和投资2所占的比例或者权重，$E(R_1)$和$E(R_2)$是各自的期望值，$\sigma_1$和$\sigma_2$是各自的标准差，$\rho$是相关系数。

（回忆一下，$\rho=\dfrac{\mathrm{COV}(R_1, R_2)}{\sigma_1\sigma_2}$，这意味着$\mathrm{COV}(R_1, R_2)=\rho\sigma_1\sigma_2$。）

### 例 7.8　投资组合的收益分布的描述

一个投资者决定将他的资金的25%投资在麦当劳的股票上，75%投资在思科公司的股票上。投资者预测两项投资的期望收益率分别是8%和15%，标准差分别是12%和22%。

a. 求投资组合的收益率的期望值。

b. 计算投资组合的标准差，分别假设：

（ⅰ）两只股票的收益率完全正相关；

（ⅱ）相关系数为0.5；

（ⅲ）两只股票的收益率不相关。

**解**

a. 两只股票的收益率的期望值分别为

$$E(R_1)=0.08 \text{ 和 } E(R_2)=0.15$$

权重为$w_1=0.25$和$w_2=0.75$。从而

$$\begin{aligned} E(P_p) &= w_1E(R_1) + w_2E(R_2) \\ &= 0.25\times 0.08 + 0.75\times 0.15 = 0.132\ 5 \end{aligned}$$

b. 两只股票收益率的标准差分别是

$$\sigma_1=0.12 \text{ 和 } \sigma_2=0.22$$

从而

$$V(R_p)=w_1^2\sigma_1^2+w_2^2\sigma_2^2+2w_1w_2\rho\sigma_1\sigma_2$$
$$=0.25^2\times0.12^2+0.75^2\times0.22^2+2\times0.25\times0.75\rho\times0.12\times0.22$$
$$=0.281+0.0099\rho$$

当 $\rho=1$ 时

$$V(R_p)=0.0281+0.0099\times1=0.0380$$
$$标准差=\sqrt{V(R_p)}=\sqrt{0.0380}=0.1949$$

当 $\rho=0.5$ 时

$$V(R_p)=0.0281+0.0099\times0.5=0.0331$$
$$标准差=\sqrt{V(R_p)}=\sqrt{0.0331}=0.1819$$

当 $\rho=0$ 时

$$V(R_p)=0.0281+0.0099\times0=0.0281$$
$$标准差=\sqrt{V(R_p)}=\sqrt{0.0281}=0.1676$$

注意，随着相关系数的减小，投资组合的方差和标准差也变小了。

### □ 7-3a 实际应用中的投资组合多样化

为了应用本节介绍的公式，我们需要知道感兴趣的投资的期望、方差和协方差（或相关系数），从而产生了一个问题：我们如何求这些参数？（顺便说一下，这个问题在金融教科书中很少提及。）最常用的方法是根据历史数据，利用样本统计量来估计这些参数。

### □ 7-3b 两只以上股票的投资组合

我们可以将计算两只股票的投资组合的收益的期望和方差的公式推广到任意多只股票的投资组合。

**$k$ 只股票投资组合的期望和方差**

$$E(R_p)=\sum_{i=1}^{k}w_iE(R_i)$$

$$V(R_p)=\sum_{i=1}^{k}w_i^2\sigma_i^2+2\sum_{i=1}^{k}\sum_{j=i+1}^{k}w_iw_j\mathrm{COV}(R_i,\ R_j)$$

式中，$R_i$ 是第 $i$ 只股票的收益率，$w_i$ 是投资于股票 $i$ 的资金在投资总额中所占的比例，$k$ 是投资组合中股票的种类数。

当 $k>2$ 时，计算将是烦琐和耗时的。比如当 $k=3$ 时，我们需要知道三个权重、三个期望、三个方差、三个协方差。当 $k=4$ 时，需要知道四个期望、四个方差和六个协方差［协方差的个数是 $k(k-1)/2$］。为了帮助读者，我们建立了 Excel 工作表来完成 $k=2$，3，4 时的计算。为了更好地说明问题，我们回到本章提出的一些问题。

**最大化收益和最小化风险的投资：问题的解**

由于计算量很大，我们只能用 Excel 来求解这类问题，通过命令来计算每只股票收益率的均值。

**利用 Excel 计算的均值**

| | A | B | C | D |
|---|---|---|---|---|
| 1 | 0.014 20 | 0.017 35 | 0.010 14 | 0.023 87 |

下面我们计算方差-协方差矩阵。（见下表，所用命令和第 4 章介绍的一样，只不过包括所有列的你希望在投资组合里出现的投资的收益。）

**利用 Excel 计算的方差-协方差矩阵**

| | A | B | C | D | E |
|---|---|---|---|---|---|
| 1 | | AXP | HD | BNS | SBUX |
| 2 | AXP | 0.022 24 | | | |
| 3 | HD | 0.005 21 | 0.005 13 | | |
| 4 | BNS | 0.006 93 | 0.002 28 | 0.006 56 | |
| 5 | SBUX | 0.009 35 | 0.003 92 | 0.004 80 | 0.009 92 |

注意，收益的方差被列在对角线上。因此，比如美国运通股票 60 个月的收益的方差是 0.022 24。协方差在对角线下方，家得宝和丰业银行收益的协方差是 0.002 28。

均值和方差-协方差矩阵用下面的命令复制到工作表上。输入权重以后，输出了下面的结果。投资组合的期望收益是 0.016 39，方差是 0.006 80。

**计算机命令**

1. 打开包括收益的文件。本例中打开文件 Ch7：\ Xm07 - 00。
2. 计算包含投资组合的股票收益的那一列的均值。
3. 利用第 4 章中讲述过的命令，计算方差-协方差矩阵。
4. 打开“Portfolio Diversification”工作簿。利用 Tab 选择四种股票页面，不要改变显示在“粗体打印”中的任何表格，不要保存任何页面。
5. 将均值复制到 C8～F8 单元格。[以值和数字格式执行命令“复制”—“选择性粘贴”。]
6. 将方差-协方差矩阵（包括行和列的标识）复制到 B，C，D，E，F 列中。
7. 将权重输入到 C10～F10 单元格。

**Excel 工作表：投资组合多样化——组合一**

| | A | B | C | D | E | F |
|---|---|---|---|---|---|---|
| 1 | 4 只股票的投资组合 | | | | | |
| 2 | | | AXP | HD | BNS | SBUX |
| 3 | 方差-协方差矩阵 | AXP | 0.022 24 | | | |
| 4 | | HD | 0.005 21 | 0.005 13 | | |
| 5 | | BNS | 0.006 93 | 0.002 28 | 0.006 56 | |
| 6 | | SBUX | 0.009 35 | 0.003 92 | 0.004 80 | 0.009 92 |
| 7 | | | | | | |
| 8 | 期望收益 | | 0.014 20 | 0.017 35 | 0.010 14 | 0.023 87 |
| 9 | | | | | | |
| 10 | 权重 | | 0.250 00 | 0.250 00 | 0.250 00 | 0.250 00 |
| 11 | | | | | | |
| 12 | 投资组合收益 | | | | | |
| 13 | 期望 | 0.016 39 | | | | |
| 14 | 方差 | 0.006 80 | | | | |
| 15 | 标准差 | 0.082 47 | | | | |

投资组合的均值、方差和标准差会被打印出来。用同样的命令可处理两只股票和三只股票构成的投资组合。

组合二的结果为

| | A | B |
|---|---|---|
| 1 | 投资组合收益 | |
| 2 | 期望 | 0.017 48 |
| 3 | 方差 | 0.006 03 |
| 4 | 标准差 | 0.077 66 |

组合三的结果为

| | A | B |
|---|---|---|
| 1 | 投资组合收益 | |
| 2 | 期望 | 0.016 90 |
| 3 | 方差 | 0.004 96 |
| 4 | 标准差 | 0.070 43 |

组合一的期望最小，方差最大。因此，组合一不是最佳选择。组合二拥有最大的期望和第二大的方差。组合三拥有第二大的期望和最小的方差。如果该投资者像大多数投资者一样，他很可能会选择组合三，因为风险小。其他敢于冒险的投资者可能会选择组合二，因为它的期望最大。

我们用这个例子说明了怎么计算投资者的任何一种权重组合的收益的期望、方差和标准差。(我们用三种权重组合说明了这个过程。)我们可以找到一个最优的权重组合使得在给定期望值的情况下风险最小，或者使得在给定标准差的情况下期望最大。这是金融分析师和投资顾问非常重要的一个功能。读者可以利用管理科学中的线性规划技术来解决这一问题，大多数商学院和管理系都开设了线性规划这门课。

## 习　题

**7.61**　如果投资之间的相关系数下降，投资组合的收益率的期望和方差会发生什么变化?

**7.62**　一项投资组合由两只股票构成。下面给出了和这两只股票的收益有关的参数。对不同的相关系数取值，求投资组合收益的均值和标准差。

| 股票 | 1 | 2 |
|---|---|---|
| 投资组合比例 | 0.30 | 0.70 |
| 均值 | 0.12 | 0.25 |
| 标准差 | 0.02 | 0.15 |

a. $\rho=0.5$。

b. $\rho=0.2$。

c. $\rho=0$。

**7.63**　一个投资者得到的有关两只股票收益的信息如下：

| 股票 | 1 | 2 |
|---|---|---|
| 标准差 | 0.09 | 0.13 |
| 均值 | 0.15 | 0.21 |

a. 如果她对收益最大化更感兴趣，那么她应该选择哪只股票?

b. 如果她对风险最小化更感兴趣，那么她应该选择哪只股票?

**7.64**　参照习题 7.63，假设股票 1 在投资组合中的比例为 60%，股票 2 的比例为 40%，相关系数为 0.4。计算投资组合收益的期望和方差。

**7.65**　参照习题 7.63，假设股票 1 在投资组合中的比例为 30%，股票 2 的比例为 70%，相关系数为 0.4。计算投资组合收益的期望和方差。

下面的习题要求使用计算机。

**Xr07 - NYSE**　我们记录了从 2008 年 1 月到 2012 年 12 月纽约证券交易所道琼斯工业平均指数 30 只股票的月度收益：

3M 公司 (MMM)，美铝公司 (AA)，美国运通公司 (AXP)，美国电话电报公司 (T)，美国银行 (BAC)，波音公司 (BA)，卡特彼勒公司 (CAT)，雪佛龙公司 (CVX)，思科系统公司 (CSCO)，可口可乐公司 (KO)，迪士尼公司 (DIS)，杜邦公司 (DD)，埃克森石油公司 (XOM)，通用电气公司 (GE)，惠普公司 (HPQ)，家得宝公司 (HD)，英特尔公司 (INTC)，国际商业机器公司 (IBM)，强生公司 (JNJ)，摩根大通银行 (JPM)，麦当劳公司 (MCD)，默克公司 (MRK)，微软公司 (MSFT)，辉瑞公司（PFE），宝洁公司（PG），旅行家公司（TRV），联合技术公司（UTX），联合健康集团（UNH），威瑞森电信公司（VZ），沃尔玛公司（WMT）。

对习题 7.66 至习题 7.72，计算投资组合的均值和标准差。括号中是每只股票的投资比例。

**7.66** a. 美国运通公司（AXP）(20%)，美国银行（BAC）(30%)，摩根大通银行（JPM）(50%)。

b. AXP（20%），BAC（60%），JPM（20%）。

c. AXP（50%），BAC（30%），JPM（20%）。

d. 哪个投资组合会是风险偏好型投资者的选择？请解释原因。

e. 哪个投资组合会是风险厌恶型投资者的选择？请解释原因。

**7.67** a. 美铝公司（AA）(25%)，家得宝公司（HD）(25%)，国际商业机器公司（IBM）(25%)，旅行家公司（TRV）(25%)。

b. AA（10%），HD（50%），IBM（20%），TRV（20%）。

c. AA（30%），HD（20%），IBM（10%），TRV（40%）。

d. 哪个投资组合会是风险偏好型投资者的选择？请解释原因。

e. 哪个投资组合会是风险厌恶型投资者的选择？请解释原因。

**7.68** a. 思科系统公司（CSCO）(25%)，迪士尼公司（DIS）(25%)，通用电气公司（GE）(25%)，沃尔玛公司（WMT）(25%)。

b. CSCO（10%），DIS（20%），GE（30%），WMT（40%）。

c. CSCO（55%），DIS（15%），GE（15%），WMT（15%）。

d. 解释为什么对于投资者来说选择哪个组合是显而易见的。

**7.69** a. 波音公司（BA）(25%)，卡特彼勒公司（CAT）(25%)，雪佛龙公司（CVX）(25%)，可口可乐公司（KO）(25%)。

b. BA（10%），CAT（20%），CVX（20%），KO（50%）。

c. BA（15%），CAT（55%），CVX（15%），KO（15%）。

d. 哪个投资组合会是风险偏好型投资者的选择？请解释原因。

e. 哪个投资组合会是风险厌恶型投资者的选择？请解释原因。

**7.70** a. 杜邦公司（DD）(25%)，埃克森石油公司（XOM）(25%)，威瑞森电信公司（VZ）(25%)，英特尔公司（INTC）(25%)。

b. DD（40%），XOM（30%），VZ（20%），INTC（10%）。

c. DD（10%），XOM（20%），VZ（30%），INTC（40%）。

d. 哪个投资组合会是风险偏好型投资者的选择？请解释原因。

e. 哪个投资组合会是风险厌恶型投资者的选择？请解释原因。

**7.71** a. 强生公司（JNJ）(25%)，麦当劳公司（MCD）(25%)，默克公司（MRK）(25%)，微软公司（MSFT）(25%)。

b. JNJ（10%），MCD（30%），MRK（10%），MSFT（50%）。

c. JNJ（10%），MCD（70%），MRK（10%），MSFT（10%）。

d. 解释为什么对于投资者来说选择哪个组合是显而易见的。

**7.72** a. 辉瑞公司（PFE）(25%)，宝洁公司（PG）(25%)，联合技术公司（UTX）(25%)，联合健康集团（UNH）(25%)。

b. PFE (40%), PG (30%), UTX (20%), UNH (10%)。

c. PFE (15%), PG (55%), UTX (15%), UNH (15%)。

d. 哪个投资组合会是风险偏好型投资者的选择？请解释原因。

e. 哪个投资组合会是风险厌恶型投资者的选择？请解释原因。

**XR07-TSE** 文件记录了2008—2012年多伦多交易所如下所选股票的月度收益：

巴里克黄金公司（ABX），庞巴迪公司（BBD. B），加拿大贝尔集团（BCE），蒙特利尔银行（BMO），丰业银行（BNS），加拿大帝国商业银行（CM），加拿大国家铁路公司（CNR），加拿大油砂公司（COS），加拿大轮胎公司（CTC. A），加拿大能源公司（ECA），加拿大管道公司（ENB），加拿大宏利金融集团（MFG），麦格纳国际公司（MG），加拿大钾肥公司（POT），加拿大鲍尔集团（POW），黑莓公司（RIM），罗杰斯通信公司（RCI. B），加拿大皇家银行（RY），萧氏通信公司（SJR. B），森科能源公司（SU），研科公司（T），蒂姆霍顿公司（THI）。

对习题7.73至习题7.76，计算投资组合的均值和标准差。括号中是每只股票的投资比例。

**7.73** a. 巴里克黄金公司（ABX）(25%)，庞巴迪公司（BBD. B）(25%)，加拿大贝尔企业集团（BCE）(25%)，蒙特利尔银行（BMO）(25%)。

b. ABX (50%), BBD. B (10%), BCE (10%), BMO (30%)。

c. ABX (10%), BBD. B (40%), BCE (40%), BMO (10%)。

d. 哪个投资组合会是风险偏好型投资者的选择？请解释原因。

e. 哪个投资组合会是风险厌恶型投资者的选择？请解释原因。

**7.74** a. 罗杰斯通信公司（RCI. B）(25%)，加拿大皇家银行（RY）(25%)，萧氏通信公司（SJR. B）(25%)，森科能源公司（SU）(25%)。

b. RCI. B (10%), RY (50%), SJR. B (30%), SU (10%)。

c. RCI. B (20%), RY (40%), SJR. B (30%), SU (10%)。

d. 哪个投资组合会是风险偏好型投资者的选择？请解释原因。

e. 哪个投资组合会是风险厌恶型投资者的选择？请解释原因。

**7.75** a. 加拿大帝国商业银行（CM）(25%)，加拿大管道公司（ENB）(25%)，加拿大钾肥公司（POT）(25%)，加拿大鲍尔集团（POW）(25%)。

b. CM (15%), ENB (55%), POT (15%), POW (15%)。

c. CM (10%), ENB (20%), POT (30%), POW (40%)。

d. 解释为什么对于投资者来说选择哪个组合是显而易见的。

**7.76** a. 丰业银行（BNS）(25%)，加拿大国家铁路公司（CNR）(25%)，加拿大轮胎公司（CTC. A）(25%)，麦格纳国际公司（MG）(25%)。

b. BNS (20%), CNR (60%), CTC. A (10%), MG (10%)。

c. BNS (40%), CNR (30%), CTC. A (20%), MG (10%)。

d. 解释为什么对于投资者来说选择哪个组合是显而易见的。

**7.77** 参考习题7.76。假定你想要的期望值至少为1%，尝试几种比例组合（注意，它们的和必须是1），看看你能否找到方差最小的投资组合。

**7.78** 参考习题7.76。

a. 计算如下投资组合的均值和方差：BNS (4.9%), CNR (65.1%), CTC. A

(27.5%)，MG (2.5%)。

b. 你能做得更好吗？也就是说，你能找到一个期望大于等于 1%且方差小于问题(a) 中方差的投资组合吗？（提示：不要在此花费太多时间，你不可能做得更好。如果你想要学习如何计算以上投资组合，请学习线性和非线性编程的相关课程。）

**XR07 - NASDAQ** 我们记录了从 2008 年 1 月到 2012 年 12 月纳斯达克交易所如下所选股票的月度收益：

奥多比系统公司（ADBE），亚马逊公司（AMZN），安进公司（AMGN），苹果公司（AAPL），寝浴百货公司（BBBY），思科系统公司（CSCO），康卡斯特公司（CMCSA），好市多公司（COST），戴尔公司（DELL），美元树公司（DLTR），艾派迪公司（EXPE），台湾国际航电公司（GRMN），谷歌公司（GOOG），英特尔公司（INTC），美泰公司（MAT），微软公司（MSFT），网飞公司（NFLX），甲骨文公司（ORCL），黑莓公司（RIMM），闪迪公司（SNDK），天狼星卫星广播公司（SIRI），斯台普斯公司（SPLS），星巴克公司（SBUX），全食食品超市（WFM），永利度假村公司（WYNN），雅虎公司（YHOO）。

对习题 7.79 至习题 7.81，计算投资组合的均值和标准差。括号中是每只股票的投资比例。

**7.79** a. 寝浴百货公司（BBBY）(25%)，艾派迪公司（EXPE）(25%)，美泰公司（MAT）(25%)，星巴克公司（SBUX）(25%)。

b. BBBY (40%)，EXPE (30%)，MAT (20%)，SBUX (10%)。

c. BBBY (10%)，EXPE (20%)，MAT (30%)，SBUX (40%)。

d. 解释为什么对于投资者来说选择哪个组合是显而易见的。

**7.80** a. 网飞公司（NFLX）(25%)，闪迪公司（SNDK）(25%)，天狼星卫星广播公司（SIRI）(25%)，永利度假村公司（WYNN）(25%)。

b. NFLX (15%)，SNDK (15%)，SIRI (15%)，WYNN (55%)。

c. NFLX (20%)，SNDK (20%)，SIRI (50%)，WYNN (10%)。

d. 哪个投资组合会是风险偏好型投资者的选择？请解释原因。

e. 哪个投资组合会是风险厌恶型投资者的选择？请解释原因。

**7.81** a. 亚马逊公司（AMZN）(25%)，苹果公司（AAPL）(25%)，戴尔公司（DELL）(25%)，美元树公司（DLTR）(25%)。

b. AMZN (10%)，AAPL (20%)，DELL (30%)，DLTR (40%)。

c. AMZN (40%)，AAPL (40%)，DELL (10%)，DLTR (10%)。

d. 哪个投资组合会是风险偏好型投资者的选择？请解释原因。

e. 哪个投资组合会是风险厌恶型投资者的选择？请解释原因。

**7.82** 参考习题 7.81。假定你想要的期望至少为 2%，尝试几种比例组合（注意，它们的和必须是 1），看看你能否找到方差最小的投资组合。

**7.83** 参考习题 7.81。

a. 计算如下投资组合的均值和方差：AMZN (20.4%)，AAPL (8.3%)，DELL (9.4%)，DLTR (62%)。

b. 你能做得更好吗？也就是说，你能找到一个期望大于等于 2%且方差小于问题(a) 中方差的投资组合吗？（提示：不要在此花费太多时间，你不可能做得更好。如果你想要学习如何计算以上投资组合，请学习线性和非线性编程的相关课程。）

## 7.4 二项分布

到此为止，我们介绍了一般意义的概率分布。此外，我们还需要介绍几种具体的概率分布。本节介绍二项分布。

二项分布是一次二项试验的结果，二项试验具有如下性质。

**二项试验**

1. **二项试验**（binomial experiment）由固定次数的试验组成。我们用 $n$ 表示试验次数。

2. 每次试验的结果都有成功和失败两种可能。

3. 成功的概率是 $p$，失败的概率是 $1-p$。

4. 试验之间是相互独立的，即某一次试验的结果对其他试验的结果没有影响。

如果试验满足后三条性质，我们就称其为一个**伯努利过程**（Bernoulli process）。如果四个性质都满足，则成为伯努利试验。$n$ 次试验中成功的次数是一个随机变量，被称为**二项随机变量**（binomial random variable）。下面是几个二项试验的例子。

1. 将一枚硬币抛掷 10 次。每次的结果或者是正面（有头像的一面）或者是反面（另外一面）。成功和失败这两个概念是随意定义的。我们可以定义任一种结果为成功。但是，一般我们将研究的事件定义为成功。如果硬币是完好的，那么正面出现的概率是 50%，因此 $p=0.5$。最后，我们可以看到试验之间是相互独立的，因为某次的抛掷结果对其他次抛掷结果没有影响。

2. 从一副洗过的纸牌里抽五张。我们可以将抽到想得到的牌定义为成功。比如，我们想知道抽到五张梅花的概率，那么每抽到一张梅花就是一次成功。抽第一张时，是梅花的概率为 13/52=25%。但是，如果没有放回第一张牌就抽第二张牌，试验就不是相互独立的了。下面来看为什么。假设第一张抽出的是梅花，如果没有放回，那么抽的第二张牌是梅花的概率为 12/51，而不是 25%。在这次试验里，每次抽取不是相互独立的。① 因此，这不是一个二项试验。但是，如果我们将抽出来的牌放回，在下次抽之前重新洗牌，试验就是二项试验了。注意，在多数纸牌游戏中都不将纸牌放回，所以此试验不是二项试验。

3. 一项政治调查询问 1 500 名选民在即将到来的选举中打算投谁的票。在美国，大多数选举只有共和党和民主党的两个候选人。因此，每次试验有两个结果，且试验是相互独立的，因为某个选民的选举结果对其他人的选举结果没有任何影响。在加拿大等国家，政府是议会制，所以选举经常是多个党派之间的竞争。但是，我们同样可以将投我们喜爱的候选人（或者资助我们调查的党派）记为成功，而所有其他投票记为失败。

① 这类案例中的概率用凯勒网站附录中介绍的超几何分布来计算。

你会发现，第三个例子是统计推断中很常见的应用。$p$ 的真实值是未知的，需要统计工作者对它进行估计。通过包含 $p$ 的概率分布，我们可以使用统计工具来估计 $p$。

### □ 7-4a 二项随机变量

二项随机变量是 $n$ 次重复试验中成功的次数，其取值可以为 0，1，2，…，$n$。这样的话，该随机变量是离散型的。接下来，我们需要计算每一取值可能出现的概率。

利用概率树方法，我们画出图 7—2。图中每一步表示每一次试验的结果，共 $n$ 次。每一步有两个分枝，分别表示成功（S）和失败（F）。为了计算 $n$ 次试验中成功 $x$ 次的概率，对序列中的每次成功，我们都要乘以 $p$。如果有 $x$ 次成功，就有 $n-x$ 次失败。对于序列中的每次失败，我们必须乘以 $1-p$。因此，表示 $x$ 次成功和 $n-x$ 次失败的分枝出现的概率是

$$p^x(1-p)^{n-x}$$

有若干个分枝能代表 $x$ 次成功和 $n-x$ 次失败，正如在两次试验里有两种方式（即 SF 和 FS）使得结果正好是一次成功和一次失败一样。为了计算代表 $x$ 次成功和 $n-x$ 次失败的分枝的数量，我们利用组合公式：

$$C_n^x=\frac{n!}{x!(n-x)!}$$

式中，$n!=n\times(n-1)\times(n-2)\times\cdots\times 2\times 1$，比如，$3!=3\times 2\times 1=6$。

特别地，定义 $0!=1$，尽管这在逻辑上不成立。

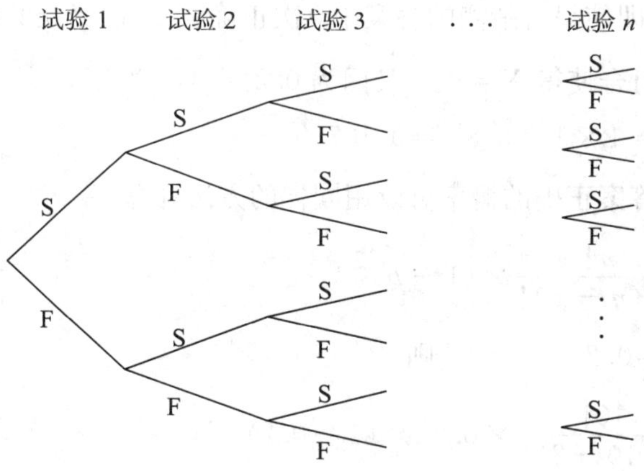


图 7—2 二项试验的概率树

将概率分布的两部分结合起来，可得到下面的公式。

**二项概率分布（binomial probability distribution）**

二项试验里每次试验成功的概率是 $p$，那么 $n$ 次试验中成功 $x$ 次的概率是

$$P(x)=\frac{n!}{x!(n-x)!}p^x(1-p)^{n-x}\text{，其中 } x=0,1,2,\cdots,n$$

**例 7.9　帕特和统计测验**

帕特（Pat）是一名学生，正在学习一门统计课程。遗憾的是，帕特不是一名优秀的学生，课前不看教科书，课后不做家庭作业，还经常缺课。他想靠运气通过下次小测验。小测验包括 10 道选择题，每道选择题有 5 个选项，其中只有 1 个选项是正确的。帕特对于每个问题都是猜测答案。

a. 帕特 1 道题目都没答对的概率是多少？

b. 帕特猜对 2 道题目的答案的概率是多少？

**解**

这个试验包括 10 次相同的试验。每次都有 2 种可能结果，我们将答对题目定义为成功。因为帕特是猜测答案，所以成功的概率是 1/5，即 0.2。另外，试验之间是相互独立的，因为他对某个题目答案的猜测对于他对其他题目答案的猜测没有影响。以上四点告诉我们这个试验是一个 $n=10$，$p=0.2$ 的二项试验。

a. 1 道题目都没答对的概率可由下面的公式计算：

$$P(x)=\frac{n!}{x!(n-x)!}p^x(1-p)^{n-x}$$

式中，$n=10$，$p=0.2$，$x=0$。

所以

$$P(0)=\frac{10!}{0!(10-0)!}\times 0.2^0\times(1-0.2)^{10-0}$$

式中，$\frac{10!}{0!10!}=1$，即使得所猜测的答案中 0 次正确、10 次错误的组合的个数为 1。换句话说，只有一种组合使得 $X=0$。又因为 $0.2^0=1$，所以

$$P(X=0)=1\times 1\times 0.8^{10}=0.107\ 4$$

b. 有 2 道题目答案正确的概率可以用同样的方法计算。

$$P(x)=\frac{n!}{x!(n-x)!}p^x(1-p)^{n-x}$$

令 $n=10$，$p=0.2$，$x=2$，则

$$\begin{aligned}P(2)&=\frac{10!}{2!(10-2)!}\times 0.2^2\times(1-0.2)^{10-2}\\&=\frac{10\times 9\times 8\times 7\times 6\times 5\times 4\times 3\times 2\times 1}{2\times 1\times 8\times 7\times 6\times 5\times 4\times 3\times 2\times 1}\times 0.04\times 0.167\ 8\\&=45\times 0.006\ 712\\&=0.302\ 0\end{aligned}$$

通过上面的计算，我们发现有 45 种组合使得正好有 2 道题目答案正确，8 道题目答案错误；每一种组合发生的概率是 0.006 712。将这两个数字相乘得到 0.302 0。

### □ 7-4b　累积概率

利用二项分布的公式可以计算 $X$ 等于某个值的概率。比如在例 7.9 中，我们感兴

趣的 $X$ 的取值是 0 和 2。在很多情况下，我们希望得到随机变量小于或者等于某个值的概率，即我们想求 $P(X\leqslant x)$。这样的概率被称为**累积概率**（cumulative probability）。

**例 7.10　帕特会不及格吗**

求帕特没通过此次测验的概率。如果答对的题目比率低于 50%，则认为不及格。

**解**

这次测验中，答对的题目的个数少于 5 个就是不及格。因为题目个数必须是整数，所以答对的题目个数是 4 个或者少于 4 个就不及格。我们要求的是 $P(X\leqslant 4)$。

$$P(X\leqslant 4)=P(0)+P(1)+P(2)+P(3)+P(4)$$

由例 7.9 知，$P(0)=0.107\,4$，$P(2)=0.302\,0$。利用二项公式，可求得

$$P(1)=0.268\,4,\quad P(3)=0.201\,3,\quad P(4)=0.088\,1$$

从而

$$\begin{aligned}P(X\leqslant 4)&=0.107\,4+0.268\,4+0.302\,0+0.201\,3+0.088\,1\\&=0.967\,2\end{aligned}$$

即，如果帕特对每一个问题都是猜测答案，他不及格的概率就是 96.72%。

## □ 7-4c　二项表格

二项表格是求二项概率的另一种方法，附录 B 的表 1 给出了给定 $n$ 和 $p$ 的条件下的累积二项概率。我们可以利用这个表格去解答例 7.10，即求 $P(X\leqslant 4)$。根据附录 B 中的表 1，给定 $n=10$，在对应的表格里找到 $p=0.20$。那一列对应的值就是表 7—2 中当 $x=0，1，2，\cdots，10$ 时的 $P(X\leqslant x)$。

由表 7—2 知，第一个累积概率是 $P(X\leqslant 0)$，即 $P(0)=0.107\,4$。例 7.10 需要的概率是 $P(X\leqslant 4)=0.967\,2$，与我们手工计算出来的精确到小数点后四位的值相等。

**表 7—2　　$n=10$，$p=0.2$ 时的累积二项概率**

| $x$ | $P(X\leqslant x)$ |
|---|---|
| 0 | 0.107 4 |
| 1 | 0.375 8 |
| 2 | 0.677 8 |
| 3 | 0.879 1 |
| 4 | 0.967 2 |
| 5 | 0.993 6 |
| 6 | 0.999 1 |
| 7 | 0.999 9 |
| 8 | 1.000 |
| 9 | 1.000 |
| 10 | 1.000 |

我们可以利用这个表格和补集定理求 $P(X \geqslant x)$ 的概率。比如，求帕特通过测验的概率，注意

$$P(X \leqslant 4)+P(X \geqslant 5)=1$$

从而

$$P(X \geqslant 5)=1-P(X \leqslant 4)=1-0.9672=0.0328$$

**利用附录 B 中的表 1 求二项概率 $P(X \geqslant x)$**

$$P(X \geqslant x)=1-P[X \leqslant (x-1)]$$

二项表格也可以用来求 $X$ 取单个值的概率。比如，求帕特正好答对 2 道题目的概率。注意

$$P(X \leqslant 2)=P(0)+P(1)+P(2)$$

因为

$$P(X \leqslant 1)=P(0)+P(1)$$

上面两个累积概率的差就是 $P(2)$ 的值，即

$$P(2)=P(X \leqslant 2)-P(X \leqslant 1)=0.6778-0.3758=0.3020$$

**利用附录 B 中的表 1 求二项概率 $P(X=x)$**

$$P(x)=P(X \leqslant x)-P[X \leqslant (x-1)]$$

## 使用计算机

**Excel**

**计算机命令**

在任一空单元格中输入如下内容：

=BINOMDIST（[x]，[n]，[p]，[True] 或者 [False]）

选择“True”计算累积概率，选择“False”计算 $X$ 取单个值的概率。例如，对于例 7.9 问题（a），输入

=BINOMDIST（0，10，0.2，False）

对于例 7.10，输入

=BINOMDIST（4，10，0.2，True）

**Minitab**

**计算机命令**

这里我们只为七种概率分布中的第一种的计算提供说明，其他分布的计算方法类似。单击“Calc”（计算）— “Probability Distribution”（概率分布），选择你想要计算的分布类型。这里我们选择“Binomial…”（二项…），指定计算“Probability”（概率）还是“Cumulative probability”（累积概率），如果你想要计算 $X$ 的一个取值的概率，选择“Input constant”（输入常量），并输入 $X$ 的取值。

如果你想要计算来自同一个二项分布的几个取值的概率，在选择“Calc”（计算）之前，先把这些取值输入一列中，然后选择“Input column”（输入列），并输入列的名称。最后，指定分布的参数。对于二项分布来说，我们需要输入“Number of trials”（试验数）$n$ 和“Event Probability”（事件概率）$p$。

对于剩下的六种分布，我们只列出了分布名称和参数。

## □ 7-4d 二项分布的均值和方差

二项分布的均值、方差和标准差的一般公式如下：

$$\mu=np$$
$$\sigma^2=np(1-p)$$
$$\sigma=\sqrt{np(1-p)}$$

**例 7.11 帕特被克隆了!**

假设一个教授的班里都是像帕特一样的学生（噩梦啊），那么平均分数是多少？标准差是多少？

**解**

平均分数是

$$\mu=np=10\times0.2=2$$

标准差是

$$\sigma=\sqrt{np(1-p)}=\sqrt{10\times0.2\times(1-0.2)}=1.26$$

## 习　题

**7.84** 给定一个二项随机变量，其中 $n=10$，$p=0.3$，利用公式求下列概率值。

a. $P(X=3)$。

b. $P(X=5)$。

c. $P(X=8)$。

**7.85** 利用附录 B 中的表 1 求习题 7.84。

**7.86** 利用 Excel 或者 Minitab 求习题 7.84。

**7.87** $X$ 是满足 $n=6$，$p=0.2$ 的二项随机变量。利用公式求下列概率值。

a. $P(X=2)$。

b. $P(X=3)$。

c. $P(X=5)$。

**7.88** 利用附录 B 中的表 1 求习题 7.87。

**7.89** 利用 Excel 或者 Minitab 求习题 7.87。

**7.90** $X$ 是满足 $n=25$，$p=0.7$ 的二项随机变量。利用附录 B 中的表 1 求下列概率值。

a. $P(X=18)$。

b. $P(X=15)$。

c. $P(X\leqslant 20)$。

d. $P(X\geqslant 16)$。

**7.91** 利用 Excel 或者 Minitab 求习题 7.90。

**7.92** 一家加油站供顾客检查自己车里汽油量的气泵上面有个标识，说每 4 辆车中就有 1 辆需要加油。如果标识所说正确，下面事件的概率各是多少？

a. 接下来的 4 辆车中有 1 辆需要加油。

b. 接下来的 8 辆车中有 2 辆需要加油。

c. 接下来的 12 辆车中有 3 辆需要加油。

**7.93** 洗碗机用洗涤剂的某个最主要的品牌占有 30%的市场份额。抽查了 25 名洗碗机用洗涤剂消费者。其中有 10 人或者少于 10 人使用最主要的那个品牌的概率是多少？

**7.94** 一种西红柿种子的按时发芽率是 90%。一位农场主在宅院里播下了 25 颗种子。

a. 正好有 20 颗种子发芽的概率是多少？

b. 有 20 颗或者多于 20 颗种子发芽的概率是多少？

c. 有 24 颗或者少于 24 颗种子发芽的概率是多少？

d. 发芽的种子颗数的期望值是多少？

**7.95** 美国牙科美容协会宣称，75%的成年人相信笑容没有魅力会阻碍事业成功。如果随机选择 25 名成年人，请问其中有 15 人或者多于 15 人相信协会的这一说法的概率是多少？

**7.96** 一名会计专业的学生正努力确定他打算申请的公司的数量。根据他的工作经历和成绩，他所申请的公司中有 70%会给他接收函。这名学生决定只申请四家公司。请问他一封接收函也收不到的概率是多少？

**7.97** 在美国，既不是民主党人也不是共和党人的投票者被称为中立派。我们相信 10%的投票者是中立派。对 25 个人进行调查，询问他们是民主党人、共和党人，还是中立派。

a. 没有 1 人是中立派的概率是多少？

b. 少于 5 人是中立派的概率是多少？

c. 多于 2 人是中立派的概率是多少？

**7.98** 很多拨号商业网络公司试图提供足够好的服务，以使得顾客很少遇到网络繁忙的情况。假设一家公司的顾客有8%的可能遇到网络繁忙。这家公司的一名顾客在一个星期内访问了该公司网站25次，请问她没有遇到网络繁忙的概率是多少？

**7.99** 大型软件制造商通常会提供在线帮助，允许顾客访问它们的网站并帮助解决顾客的问题。但是，由于访问量过大，顾客经常登录不上。一个软件制造商宣称其网站只有20%的访问者登录不上。假设有100名顾客访问该网站，请问多于25人登录不上的概率是多少？

**7.100** 美国棒球大联盟的工作人员认为击球员在地面球中出局的概率是0.75。某场比赛共有20次地面球，计算这20次全部出局的概率。

以下习题最好用计算机解答。

**7.101** 赢取一种投骰子游戏（娱乐场所玩的一种抛骰子的游戏）的概率是244/495。

a. 10次游戏中赢取5次或5次以上的概率是多少？

b. 100次游戏中赢取次数的期望值是多少？

**7.102** 和其他城市一样，在大西洋沿岸的拉斯维加斯娱乐场所玩的二十一点牌游戏（纸牌的一种玩法）中，庄家占有优势，游戏参与者赢一把的平均概率是45%。求下列概率值。

a. 游戏参与者玩5把牌，赢取2把的概率。

b. 游戏参与者玩25把牌，赢10把或者10把以上的概率。

**7.103** 有很多书传授玩二十一点牌游戏的基本策略，运用这些策略游戏参与者赢取任何一把的概率都是50%。假设习题7.102中的游戏参与者都掌握了这种策略，在此情况下，求习题7.102。

**7.104** 玩二十一点牌游戏时赢的最好方法是“case the deck”，这种方法要求计算10和非10以及A的张数。使用这种策略赢一把的概率上升为52%。在此情况下，求习题7.102。

**7.105** 轮盘赌游戏中一个小钢球在包含18个红色槽子、18个黑色槽子、2个绿色槽子的轮盘上滚动。这个小钢球被滚动25次，求下列事件的概率。

a. 钢球落在绿色槽子里2次或者多于2次的概率。

b. 钢球没有落在任何一个绿色槽子里的概率。

c. 钢球落在黑色槽子里15次或者多于15次的概率。

d. 钢球落在红色槽子里10次或者少于10次的概率。

**7.106** 2001年3月5日至7日完成的一项盖洛普民意测验显示，52%的美国成年人认为保护环境比增加能源供应重要，36%认为增加能源供应更重要，6%认为二者同样重要，其余的没有发表意见。假设随机抽取100名美国成年人，就这个问题做试验。下列事件的概率是多少？

a. 50人或者多于50人认为保护环境更重要。

b. 30人或者少于30人认为增加能源供应更重要。

c. 5人或者少于5人没有发表意见。

**7.107** 在饮食偏好调查中，38%的人说他们最喜爱巧克力口味的冰激凌。随机选择20个人，问他们喜爱哪种口味的冰激凌。请问一半或者更多的人偏好巧克力口味的概率是多少？

**7.108** 习题 7.100 中的工作人员认为如果击球手击出直线飞球，则出局的概率为 0.23。计算下面的概率。

a. 一场比赛中共有 10 次直线飞球，至少有 5 次出局。

b. 一场比赛中共有 25 次直线飞球，出局次数不多于 5 次。

**7.109** 上一次的普查数据表明，2002 年在外工作的女性中有 45%拥有全职工作。随机抽取 50 名在外工作的女性，其中拥有全职工作的人数不少于 19 人的概率是多少？

## 7.5 泊松分布

另外一个有用的离散概率分布就是**泊松分布**（Poisson distribution），这个分布是以它的法国创建者的名字命名的。与二项随机变量一样，**泊松随机变量**（Poisson random variable）也是指事件发生的次数，我们继续称事件发生为成功。两种随机变量的差别在于二项随机变量是在一系列试验中成功的次数，而泊松随机变量是在一段时间间隔或者特定的空间区域内成功的次数。下面是泊松随机变量的几个例子。

（1）一个加油站 1 小时内到达的汽车数量。（时间间隔是 1 小时。）

（2）一匹布上的裂纹数量。（特定的区域是一匹布。）

（3）一天内，在高速路的一个特殊路段上发生事故的次数。（间隔既有时间上的一天，又有空间上的高速路上那特殊的一段。）

**泊松试验**

**泊松试验**（Poisson experiment）具有下列性质：

1. 某个间隔内成功的次数独立于其他间隔内成功的次数。
2. 某个间隔内成功的概率等于同样大小的间隔内成功的概率。
3. 成功的概率与间隔的大小成比例。
4. 随着间隔越来越小，这个间隔内成功次数多于一次的概率趋于零。

**泊松随机变量**

泊松随机变量是泊松试验里一段时间或者空间间隔内成功的次数。

得到泊松随机变量的概率分布的方法有很多。但是，这些方法的难度都超出了本书的数学水平，所以我们只是简单地给出公式并介绍怎么应用。

**泊松概率分布**

若 $X$ 是泊松随机变量，则其取值为 $x$ 的概率为

$$P(x)=\frac{e^{-\mu}\mu^{x}}{x!}，其中\ x=0，1，2，\cdots$$

式中，$\mu$ 是在间隔或者区域内成功次数的均值，$e$ 是自然对数的底（约等于 2.718 28）。

另外，泊松随机变量的方差等于其均值，即 $\sigma^2=\mu$。

**例 7.12　教科书中印刷错误个数的概率**

一位统计学教师发现不同的新版教科书上印刷错误的个数是不同的。经过分析，他发现每 100 页上的错误个数服从均值为 1.5 的泊松分布。这位教师从一本新书中随机选择了 100 页。请问上面没有错误的概率是多少？

**解**

我们要求的是均值为 1.5 的泊松随机变量等于 0 的概率。因此，我们令泊松分布公式中的 $x=0$，$\mu=1.5$。

$$P(X=0)=\frac{e^{-\mu}\mu^{x}}{x!}=\frac{e^{-1.5}1.5^{0}}{0!}=\frac{2.718\,28^{-1.5}\times 1}{1}=0.223\,1$$

即所选择的 100 页中没有错误的概率是 0.223 1。

注意，在例 7.12 中，我们要做的是在每 100 页中平均有 1.5 个错误的前提下，求给出的 100 页中没有错误的概率。下个例子阐述我们怎么计算间隔或者区域不相符的情况下事件的概率。

**例 7.13　400 页的教科书中印刷错误个数的概率**

参照例 7.12，假设这位教师刚收到一本统计学教材的复印件，正好是 400 页。

a. 上面没有错误的概率是多少？

b. 上面有 5 个或者少于 5 个错误的概率是多少？

**解**

这里我们感兴趣的特定区域是这 400 页复印件。要计算关于这个区域的概率，我们需要求这 400 页上的平均错误数。已知 100 页上平均错误是 1.5 个，我们将 100 乘以 4 就得到 400，因此 400 页上平均有 6 个错误。

a. 没有错误的概率是

$$P(X=0)=\frac{e^{-\mu}\mu^{x}}{x!}=\frac{e^{-6}6^{0}}{0!}=\frac{2.718\,28^{-6}\times 1}{1}=0.002\,479$$

b. 我们想求的是均值为 6 的泊松随机变量为 5 或者小于 5 的概率。即求

$$P(X\leqslant 5)=P(0)+P(1)+P(2)+P(3)+P(4)+P(5)$$

从问题 a 可得 $P(0)=0.002\,479$，在下面的公式里分别令 $x=1, 2, 3, 4, 5$

$$P(x)=\frac{e^{-\mu}\mu^{x}}{x!}$$

我们可得

$$P(1)=0.0148\,7,\quad P(2)=0.044\,62,\quad P(3)=0.089\,24,$$
$$P(4)=0.133\,9,\quad P(5)=0.160\,6$$

从而

$$\begin{aligned}P(X\leqslant 5)&=0.002\,479+0.014\,87+0.044\,62+0.089\,24+0.133\,9+0.160\,6\\&=0.445\,7\end{aligned}$$

所以，这本书上有 5 个或者少于 5 个错误的概率是 0.445 7。

### □ 7-5a 泊松表

正如二项表格一样，相关表格使我们可以很容易地计算泊松随机变量 $X$ 取某个值的概率以及累积概率等相关概率。

附录 B 中的表 2 提供了给定均值 $\mu$ 的条件下的累积泊松概率值。这个表格使计算像例 7.13 问题（b）那样的概率［即 $P(X\leqslant5)$］变得非常简单。下面是具体做法。

首先在表 2 中找到 $\mu=6$。此时，$P(X\leqslant x)$，$x=0$，1，2，…，18 的值见表 7—3。

**表 7—3　　$\mu=6$ 时的累积泊松概率**

| $x$ | $P(X\leqslant x)$ |
|---|---|
| 0 | 0.002 5 |
| 1 | 0.017 4 |
| 2 | 0.062 0 |
| 3 | 0.151 2 |
| 4 | 0.285 1 |
| 5 | 0.445 7 |
| 6 | 0.606 3 |
| 7 | 0.744 0 |
| 8 | 0.847 2 |
| 9 | 0.916 1 |
| 10 | 0.957 4 |
| 11 | 0.979 9 |
| 12 | 0.991 2 |
| 13 | 0.996 4 |
| 14 | 0.998 6 |
| 15 | 0.999 5 |
| 16 | 0.999 8 |
| 17 | 0.999 9 |
| 18 | 1.000 0 |

理论上，泊松随机变量的取值没有上限。上表中变量的取值截止到累积概率等于 1.000（精确到小数点后四位）。

第一个累积概率是 $P(X\leqslant0)$，即 $P(0)=0.002\,5$。由表 7—3 可知，例 7.13 问题（b）要求的概率是 $P(X\leqslant5)=0.445\,7$，这和我们手工计算出来的结果相同。

类似于用附录 B 中的表 1 计算二项概率，我们可以利用表 2 计算 $P(X\geqslant x)$ 类型的概率。比如，假设例 7.13 中要求出发现 6 个或者多于 6 个错误的概率。注意，$P(X\leqslant5)+$

$P(X \geqslant 6)=1$，因此

$$P(X \geqslant 6)=1-P(X \leqslant 5)=1-0.4457=0.5543$$

**利用附录 B 中的表 2 计算泊松概率 $P(X \geqslant x)$**

$$P(X \geqslant x)=1-P[X \leqslant (x-1)]$$

我们也可以利用表 2 计算随机变量 $X$ 取某个值的概率。比如，参照例 7.13，求这本书正好有 10 个错误的概率。注意

$$P(X \leqslant 10)=P(0)+P(1)+\cdots+P(9)+P(10)$$

和

$$P(X \leqslant 9)=P(0)+P(1)+\cdots+P(9)$$

这两个累积概率的差就是 $P(10)$。因此

$$P(10)=P(X \leqslant 10)-P(X \leqslant 9)=0.9574-0.9161=0.0413$$

**利用附录 B 中的表 2 计算泊松概率 $P(X=x)$**

$$P(x)=P(X \leqslant x)-P[X \leqslant (x-1)]$$

## 使用计算机

**Excel**

**计算机命令**

在任一单元格中输入

=POISSON（[x]，[$\mu$]，[True] 或者 [False]）

要计算例 7.12 中的概率，只需输入

=POISSON（0，1.5，False）

对于例 7.13，我们输入

=POISSON（5，6，True）

**Minitab**

**计算机命令**

单击"Calc"（计算）—"Probability Distributions"（概率分布）—"Poisson…"，输入均值。

## 习 题

**7.110** 给定 $\mu=2$ 的泊松随机变量 $X$，利用公式求下列概率。

a. $P(X=0)$。

b. $P(X=3)$。

c. $P(X=5)$。

**7.111** $X$ 是服从$\mu=0.5$ 的泊松随机变量，利用公式计算下列概率。

a. $P(X=0)$。

b. $P(X=1)$。

c. $P(X=2)$。

**7.112** 一个拥挤的十字路口一周内发生的事故次数服从均值为 3.5 的泊松分布，求下列事件的概率。

a. 一周内没有事故。

b. 一周内发生 5 次或者多于 5 次事故。

c. 今天发生 1 次事故。

**7.113** 明尼苏达州冬天是否下雪是一系列随机且相互独立的事件，平均而言三天下 1 次雪。

a. 两周下 5 次雪的概率是多少?

b. 今天下雪的概率是多少?

**7.114** 每天做统计学作业时寻求帮助的学生人数服从均值为 2 的泊松分布。

a. 明天没有学生求助的概率是多少?

b. 一周（7 天）内有 10 个学生求助的概率是多少?

**7.115** 对某个个人网站的点击不是很频繁。点击与否是随机且相互独立的事件，平均每周点击 5 次。

a. 一个星期内这个网站被点击 10 次或者多于 10 次的概率是多少?

b. 两个星期内被点击 20 次或者多于 20 次的概率是多少?

**7.116** 在北美一些比较老的城市，基础设施的老化越来越严重。其中一项就是向居民区和商业区供水的水管。一项提供给多伦多市政厅的报告中的数据显示，每年多伦多每 100 公里就有 30 处水管破裂，多伦多以外每 100 公里水管平均破裂的数量是 15 处。

a. 计算明年多伦多每 100 公里的水管有多于 35 处破裂的概率。

b. 计算明年多伦多以外，每 100 公里水管破裂数量不多于 12 处的概率。

**7.117** 某个北美大城市每天被抢劫的银行数服从均值为 1.8 的泊松分布。求下列事件的概率。

a. 1 天有 3 家或者多于 3 家银行被抢劫。

b. 5 天之内有 10～15 家（包括 10 家和 15 家）银行被抢劫。

**7.118** 地毯上的裂纹数目是随机且相互独立的，平均每 200 平方英尺就有一条。请问一条 8 英尺乘以 10 英尺大的地毯上没有裂纹的概率是多少?

**7.119** 某网络经纪公司平均每天被投诉 5 次，投诉次数看起来服从泊松分布。

a. 求这个公司 1 天内被投诉 10 次或者多于 10 次的概率。

b. 求这个公司 5 天内被投诉 25 次或者多于 25 次的概率。

**在运营管理中的应用：排队**

我们每个人都对排队很熟悉，在银行、杂货店、快餐店都要排队。同样，在公司里，卡车排队等待装卸，生产线上零件排队等待新的组装。管理学家建立了排队的数学模型，帮助公司经理掌握排队的一些特征。具体如下：

- 系统中没有个体的概率；
- 排队个体的平均数量；
- 个体花费在排队上的平均时间；
- 新来个体必须排队的概率。

泊松概率分布在排队模型中得到了广泛的应用。很多模型假设接受服务的个体服从带有一个特定值 $\mu$ 的泊松分布。下一章，我们会讨论服务时间的分布。

习题 7.120～习题 7.122 需要计算接受服务的人数的概率。

**7.120** 大使桥连接着底特律、密歇根、温莎和安大略。每分钟过桥的卡车数目服从均值为 1.5 的泊松分布。

a. 任何 1 分钟内有 2 辆或者多于 2 辆卡车过桥的概率是多少？

b. 接下来的 4 分钟内少于 4 辆卡车过桥的概率是多少？

**7.121** 每小时抵达壳牌加油站加汽油的车辆数目服从均值为 5 的泊松分布。

a. 求接下来的 1 小时内只有 1 辆车抵达的概率。

b. 求接下来的 3 小时内多于 20 辆车抵达的概率。

**7.122** 自动取款机使用人数服从泊松分布，每 5 分钟内平均有 1.5 个使用者。求下列事件的概率。

a. 接下来的 5 分钟内没有使用者。

b. 接下来的 15 分钟内有 5 个或者少于 5 个使用者。

c. 接下来的 10 分钟内有 3 个或者多于 3 个使用者。

## 小　结

随机变量有两种类型。离散型随机变量是取值个数可数的随机变量，而连续型随机变量是取值个数不可数的随机变量。在本章，我们讨论了离散型随机变量及其概率分布。我们用离散型概率密度定义了总体的期望、方差、标准差。本章还介绍了二元离散型分布及其在金融中的重要应用。最后，我们介绍了二项分布和泊松分布这两种重要的离散型分布。

**重要术语**

| | | | |
|---|---|---|---|
| 随机变量 | 离散型随机变量 | 连续型随机变量 | 概率分布 |
| 期望 | 二元分布 | 计划评审技术（PERT） | 关键路径法（CPM） |
| 路径 | 关键路径 | 多样化 | 二项试验 |

伯努利过程　二项随机变量　二项概率分布　累积概率
泊松分布　泊松随机变量　泊松试验

## 符号

| 符号 | 意义 |
|---|---|
| $\sum_{所有x} x$ | 求和 |
| $C_x^n$ | 组合数 |
| $n!$ | $n\times(n-1)\times(n-2)\times\cdots\times3\times2\times1$ |
| $e$ | 2.718 28… |

## 公式

期望（均值）

$$E(X)=\mu=\sum_{所有x} xP(x)$$

方差

$$V(X)=\sigma^2=\sum_{所有x}(x-\mu)^2P(x)$$

标准差

$$\sigma=\sqrt{\sigma^2}$$

协方差

$$\mathrm{COV}(X,Y)=\sigma_{xy}=\sum(x-\mu_x)(y-\mu_y)P(x,y)$$

相关系数

$$\rho=\frac{\mathrm{COV}(X,Y)}{\sigma_x\sigma_y}=\frac{\sigma_{xy}}{\sigma_x\sigma_y}$$

期望的性质

1. $E(c)=c$
2. $E(X+c)=E(X)+c$
3. $E(cX)=cE(X)$

方差的性质

1. $V(c)=0$
2. $V(X+c)=V(X)$
3. $V(cX)=c^2V(X)$

两个变量之和的期望及方差的性质

1. $E(X+Y)=E(X)+E(Y)$

2. $V(X+Y)=V(X)+V(Y)+2\mathrm{COV}(X, Y)$

多于两个变量之和的期望及方差的性质

1. $E(X_1+X_2+\cdots+X_k)=E(X_1)+E(X_2)+\cdots+E(X_k)$

2. $V(X_1+X_2+\cdots+X_k)=V(X_1)+V(X_2)+\cdots+V(X_k)$

两只股票的投资组合的均值和方差

$$E(R_p)=w_1E(R_1)+w_2E(R_2)$$

$$V(R_p)=w_1^2V(R_1)+w_2^2V(R_2)+2w_1w_2\mathrm{COV}(R_1, R_2)$$
$$=w_1^2\sigma_1^2+w_2^2\sigma_2^2+2w_1w_2\rho\sigma_1\sigma_2$$

$k$ 只股票的投资组合的均值和方差

$$E(R_p)=\sum_{i=1}^{k}w_iE(R_i)$$

$$V(R_p)=\sum_{i=1}^{k}w_i^2\sigma_i^2+2\sum_{i=1}^{k}\sum_{j=i+1}^{k}w_iw_j\mathrm{COV}(R_i, R_j)$$

二项概率

$$P(X=x)=\frac{n!}{x!(n-x)!}p^x(1-p)^{n-x}$$

$$\mu=np$$
$$\sigma^2=np(1-p)$$
$$\sigma=\sqrt{np(1-p)}$$

泊松概率

$$P(X=x)=\frac{e^{-\mu}\mu^x}{x!}$$

## 习　题

**7.123**　2000 年，西北航空公司声称其 77.4%的航班准时。（资料来源：美国交通部。）如果我们随机选择其 5 次航班，那么全部准时的概率是多少？

**7.124**　本学期统计学的期末考试在 12 月份考试月期间进行。由于生病或者其他合理原因缺考的学生可以在 1 月份的第一个星期参加补考。一位统计学教授发现只有 2%的学生因为合理原因在 12 月份缺考。假设这名教授本学期有 40 名学生登记上课。

a. 按教授的估计，将有多少学生在 12 月份缺考？

b. 教授不用组织补考的概率是多少？

**7.125**　每个家庭订阅的杂志数见下面的概率分布。

| 每家订阅的杂志数目 | 0 | 1 | 2 | 3 | 4 |
|---|---|---|---|---|---|
| 概率 | 0.48 | 0.35 | 0.08 | 0.05 | 0.04 |

a. 计算平均每个家庭订阅的杂志数。

b. 计算家庭订阅的杂志数的标准差。

**7.126** 到某洗车处接受服务的汽车数量服从泊松分布，平均每小时有 8 辆车到来。

a. 接下来的 1 小时内有 10 辆车到来的概率是多少？

b. 接下来的 1 小时内有 5 辆以上的车到来的概率是多少？

c. 接下来的 1 小时内有不超过 12 辆车到来的概率是多少？

**7.127** 在光临某家饭店的客人中，15%的顾客要求去吸烟区就座。假设该饭店来了 100 位顾客。

a. 要求到吸烟区就座的人数的期望是多少？

b. 要求到吸烟区就座的人数的标准差是多少？

c. 有 20 人或者多于 20 人要求去吸烟区就座的概率是多少？

**7.128** 彩票是很多政府的重要收入来源。但是彩票和其他合法的赌博方式导致了一个社会问题——赌博上瘾。一份关于政府操纵性赌博的评论称，经常买彩票的人有 30%是赌博上瘾的人。如果我们在经常买彩票的人中随机选择 10 个人，其中多于 5 人已经赌博上瘾的概率是多少？

**7.129** 垒球比赛中全垒打数量的分布如下：

| 全垒打的数量 | 0 | 1 | 2 | 3 | 4 | 5 |
|---|---|---|---|---|---|---|
| 概率 | 0.05 | 0.16 | 0.41 | 0.27 | 0.07 | 0.04 |

a. 计算全垒打数量的均值。

b. 计算全垒打数量的标准差。

**7.130** 一名审计师打算对存货进行现场审查以核实账目，他要求现场清查的条目和库房管理员提供的清单一致。一家公司 20%的条目因为没有发票而与清单不一致。审计师选择了 10 个条目，求有 6 个或者多于 6 个条目与清单不一致的概率。

**7.131** 国家曲棍球联赛中输方得零分的比赛的出现是随机且相互独立的，平均每 20 场比赛中有 1 场这样的比赛。计算下列事件的概率。

a. 接下来的 10 场比赛中有 2 场这样的比赛。

b. 400 场比赛中有 25 场这样的比赛。

c. 今晚比赛出现这种情况。

**7.132** 迈阿密海滩的很多饭店提供“早上优惠”特别服务，即在早上 4:00 至 6:00，饭菜价格会下降。但是，并不是所有在 4:00 至 6:00 光临的顾客都能享受到这种服务，事实上，上述顾客中只有 70%能享受到这种优惠。

a. 求 4:00 至 6:00 光临的 80 名顾客中有 65 名享受到优惠的概率。

b. 享受到优惠的顾客人数的期望是多少？

c. 享受到优惠的顾客人数的标准差是多少？

**7.133** 气候学家认为大西洋风暴平均每季（从 6 月 1 日至 11 月 30 日）有 9.6 次，其中有 6 次会演变成飓风，有 2.3 次会演变成强烈飓风。计算下列事件发生的概率。

a. 10 次及以上的大西洋风暴。

b. 5 次及以下的飓风。

c. 3 次及以上的强烈飓风。

**7.134** 宾夕法尼亚大学医学院的研究者揭示，不满 2 岁的、睡觉时开着灯的儿童到 16 岁时有 40%的概率变成近视眼。假设研究者发现，25 个孩子 2 岁以前开着灯睡觉。

a. 他们当中有 10 个孩子到 16 岁时近视的概率是多少？

b. 他们当中有少于 5 个孩子到 16 岁时近视的概率是多少？

c. 他们当中有多于 15 个孩子到 16 岁时近视的概率是多少？

**7.135** 一位研究光秃病的医学家发现，头部光秃的中年人在以后 10 年里有 45%的概率患心脏病。选择 100 位头部光秃的中年人，下面的概率是多少？

a. 以后 10 年里有超过 50 人患心脏病。

b. 以后 10 年里有少于 44 人患心脏病。

c. 以后 10 年里正好有 45 人患心脏病。

**7.136** 广告研究者提出了一个理论，称在暴力电视节目中出现的广告不容易被记住，从而效果不好。对观看暴力和非暴力节目的观众进行调查，问他们 5 个有关广告的问题。正确答案数目的概率分布如下。

观看暴力节目者：

| $x$ | 0 | 1 | 2 | 3 | 4 | 5 |
|---|---|---|---|---|---|---|
| $P(x)$ | 0.36 | 0.22 | 0.20 | 0.09 | 0.08 | 0.05 |

观看非暴力节目者：

| $x$ | 0 | 1 | 2 | 3 | 4 | 5 |
|---|---|---|---|---|---|---|
| $P(x)$ | 0.15 | 0.18 | 0.23 | 0.26 | 0.10 | 0.08 |

a. 计算观看暴力电视节目的观众正确答案数目的均值和标准差。

b. 计算观看非暴力电视节目的观众正确答案数目的均值和标准差。

**7.137** 根据一项调查，1/3 的商店是女性拥有的。如果随机选择 25 家商店，有 10 家或者多于 10 家商店由妇女拥有的概率是多少？

**7.138** 超过 40 岁的妇女被建议每年做一次乳房 X 光检查。最近的报道揭示，如果妇女连续 10 年每年做乳房 X 光检查，就有 60%的概率至少有一次是假阳性。（乳房 X 光检查结果为假阳性是说实际没有癌的情况下，照片显示有癌。）如果每年的检查是独立的，那么任一年乳房 X 光检查为假阳性的概率是多少？（提示：求 $p$ 的值，使得 $n=10$ 的二项分布变量大于或者等于 1 的概率是 0.60。）

**7.139** 在最近的选举中，市长得到了 60%的选票。在上周的一项民意测验中，询问了 100 个人是否会投市长的票。假设市长的威望没有改变，超过 50 人投市长的票的概率是多少？

**7.140** 1998 年 11 月 17 日，地球被 Tempel-Tuttle 彗星带来的陨石雨包围，这次陨石雨的强度是平常的流星雨的 1 000 倍。彗星到来之前，通信公司担心这次陨石雨可能会损坏轨道上的 650 颗卫星。据估计，每颗卫星都有 1%的可能被损坏（将损坏卫星的电子系统）。一家公司当时有 5 颗卫星在轨道上，求这家公司被损坏的卫星数的概率分布。

案例 7.1

## 击球与否，是个问题Ⅱ

在案例 6.2 中，我们给出了至少一次得分的概率，要求你决定管理人员是否会给击球手发出信号做牺牲短打，此决定是在比较管理人员给击球手发信号做牺牲短打和发信号快跑时至少得一分的概率的基础上做出的。另一个对决定有影响的因素是管理人员期望他的球队能得的分数。假设现在所面临的情形与案例 6.2 相同，我们可以算出不同击球数目及占领的垒下所得分数的期望值，详见下表。

**得分的期望值**

| 占领的垒 | 0 出局 | 1 出局 | 2 出局 |
|---|---|---|---|
| 空垒 | 0.49 | 0.27 | 0.10 |
| 一垒 | 0.85 | 0.52 | 0.23 |
| 二垒 | 1.06 | 0.69 | 0.34 |
| 三垒 | 1.21 | 0.82 | 0.38 |
| 一垒和二垒 | 1.46 | 1.00 | 0.48 |
| 一垒和三垒 | 1.65 | 1.10 | 0.51 |
| 二垒和三垒 | 1.94 | 1.50 | 0.62 |
| 全垒打 | 2.31 | 1.62 | 0.82 |

假设管理人员认为得分越多越好，利用案例 6.2 中列出的同样的四个出局的概率判断是否给击球手发出信号做牺牲短打。

# 第8章 连续型概率分布

**进入 EMBA 计划的最低 GMAT 分数**

某学校新近批准了一项新的 EMBA 计划。新的主管认为为了保持商学院的声誉，新计划的标准必须很高。所以，教学委员会规定了一项入学条件，即申请者的 GMAT 分数必须在最高的 1%范围内。委员会主席知道 GMAT 分数服从均值为 490、标准差为 61 的正态分布。唯一不知道的一件事就是允许入学的最低 GMAT 分数。介绍过正态分布以后，我们会再次回到这个问题并给出它的答案（见 8-2b 小节）。

## 引　言

本章将介绍连续型随机变量及其分布，从而完成对概率的描述。在第 7 章我们介绍了离散型概率分布以及离散型随机变量的概率的计算。在 7.4 节，我们介绍了如何利用二项分布求随机变量的一个特定值（我们称为成功的次数）的概率。通过这种方式，我们将用概率分布表示的总体和定类数据样本联系起来。本章将介绍用于计算定距变量概率的连续概率分布，从而建立某个总体和定距数据样本的联系。

8.1 节定义了概率密度函数并说明如何用均匀密度函数来计算概率。8.2 节讲述正态分布。正态分布是最重要的分布之一，在统计推断的发展中具有特殊地位。8.3 节介绍指数分布。这是一个已经被证明在多种管理科学中非常有用的分布。最后，在 8.4 节，我们将介绍另外三个连续分布。这些分布在统计推断中的应用将贯穿本书。

## 8.1 概率密度函数

一个连续型随机变量的取值个数是不可数的。由于这种随机变量和离散型随机变量的差别很大，我们需要用完全不同的方法来处理它。首先，由于它们的取值是无限的，所以我们不能列出其所有可能的取值。其次，由于存在无限数目的取值，所以随机变量等于单个取值的概率事实上是零，从而，我们只能计算在一个范围内取值的概率。为了说明具体的做法，我们给出了长途电话费（例 3.1）的直方图（见图 8—1）。

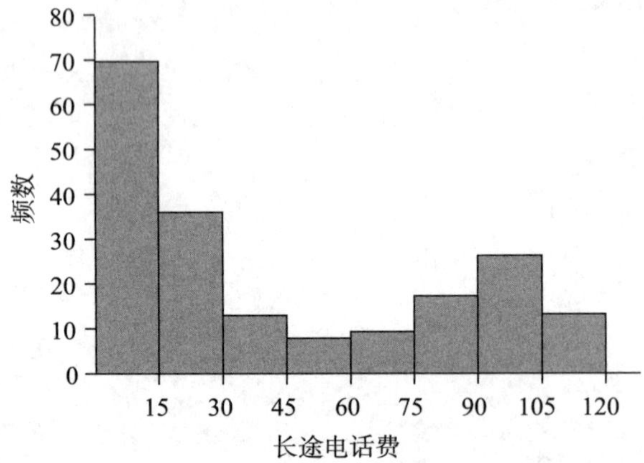


**图 8—1 例 3.1 的直方图**

我们发现，长途电话费为 15～30 美元的相对频数是 37/200 。利用相对频数法，我们估计随机选择的长途电话费落在（15，30）内的概率是 37/200＝0.185。我们同样可以计算长途电话费在直方图中其他区间的概率。

| 区间 | 相对频数 | 区间 | 相对频数 |
|---|---|---|---|
| $0<X\leqslant 15$ | 71/200 | $60<X\leqslant 75$ | 10/200 |
| $15<X\leqslant 30$ | 37/200 | $75<X\leqslant 90$ | 18/200 |
| $30<X\leqslant 45$ | 13/200 | $90<X\leqslant 105$ | 28/200 |
| $45<X\leqslant 60$ | 9/200 | $105<X\leqslant 120$ | 14/200 |

注意，所有概率的和为 1。进一步地，我们沿纵轴设置相应的值，使得所有矩形的面积之和等于 1，每个区间对应的矩形的面积等于随机变量落在该区间的概率。

利用直方图，我们可用同样的方法求随机变量位于某个范围而不是取某个值的概率。比如，长途电话费落在（50，80）内的概率等于 50～80 美元间矩形的面积，如图 8—2 所示。

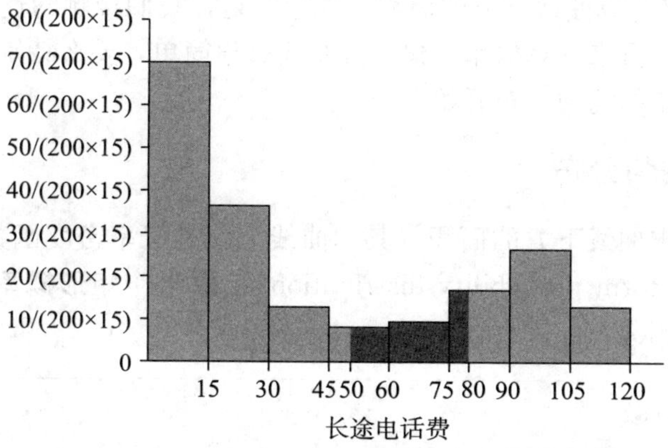


**图 8—2　例 3.1 的直方图：用区间长度均分相对频数**

图中阴影部分的面积可以按下表的方式计算：

| 区间 | 矩形的高 | 底乘以高 |
|---|---|---|
| $50<X\leqslant60$ | 9/(200×15)=0.003 00 | (60−50)×0.003 00=0.030 |
| $60<X\leqslant75$ | 10/(200×15)=0.003 33 | (75−60)×0.003 33=0.050 |
| $75<X\leqslant80$ | 18/(200×15)=0.006 00 | (80−75)×0.006 00=0.030 |
| | | 合计=0.110 |

因此，我们估计，随机选择的长途电话费落在（50，80）内的概率是 0.11。

如果直方图由大量很小的区间组成，那么我们可以将矩形的边缘连起来，形成一条光滑曲线，如图 8—3 所示。在大多数情况下，我们可以求曲线的近似函数 $f(x)$，这个函数被称为**概率密度函数**（probability density function）。它的性质如下。

**概率密度函数的性质**

下面是概率密度函数 $f(x)$ 的性质，$f(x)$ 的定义域为 $a\leqslant x\leqslant b$：

1. 若 $x$ 在$(a, b)$ 内，则有 $f(x)\geqslant0$。
2. $a$，$b$ 之间的曲线下方部分的面积和为 1。

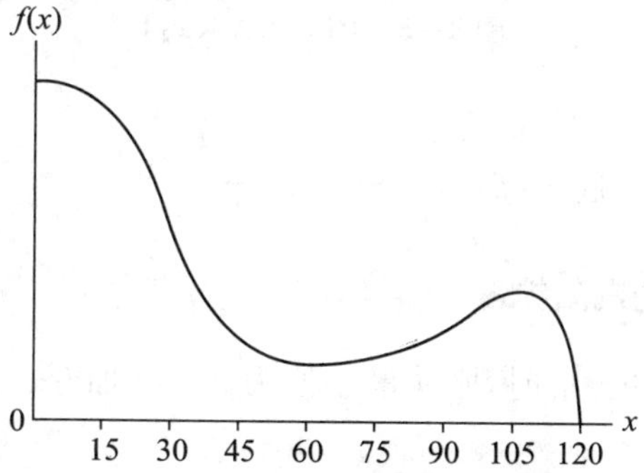


**图 8—3　例 3.1 的密度函数**

通常用积分①来计算曲线下方的面积。幸运的是，我们接触的连续概率分布并不需要用积分这个数学工具来计算概率。概率分布要么很简单，要么特别复杂。

我们先从最简单的均匀分布开始。

### □ 8-1a　均匀分布

为了说明如何求曲线下方的面积（其中曲线方程是概率密度函数），我们首先考虑**均匀概率分布**（uniform probability distribution），也叫作**矩形概率分布**（rectangular probability distribution）。

**均匀概率密度函数**

均匀分布是用下面的函数来描述的：

$$f(x)=\frac{1}{b-a}，其中\ a\leqslant x\leqslant b$$

函数的图形见图 8—4，从图形中可以看出它为什么叫作矩形概率分布。

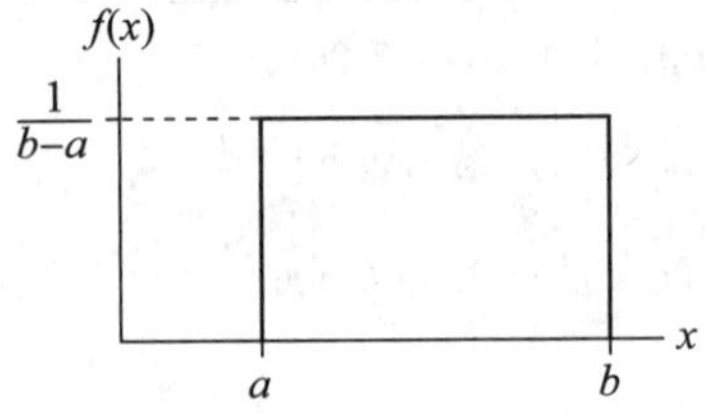


**图 8—4　均匀分布**

求随机变量位于任何一个区间的概率，就是计算曲线下方的面积。比如，求 $X$ 落在 $x_1$ 和 $x_2$ 之间的概率，就是求底是 $x_2-x_1$、高是 $1/(b-a)$ 的矩形的面积。图 8—5 画出了我们要求的面积部分。可以看出，这是一个矩形，其面积等于底乘以高。

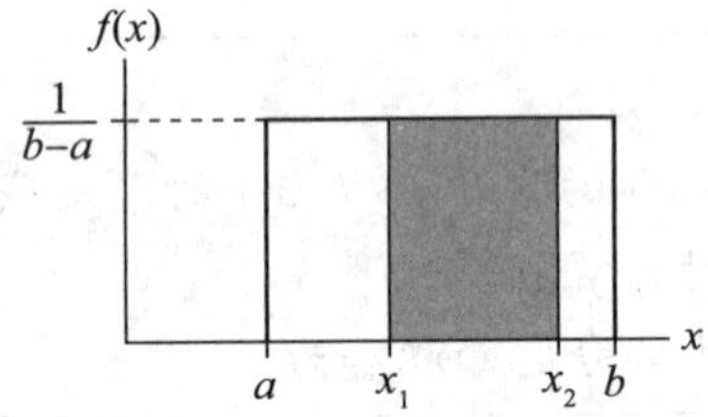


**图 8—5　$P(x_1<X<x_2)$**

因而

$$P(x_1<X<x_2)=底\times高=(x_2-x_1)\times\frac{1}{b-a}$$

**例 8.1　服从均匀分布的汽油销量**

某个加油站每天卖出的汽油量服从最小值为 2 000 加仑、最大值为 5 000 加仑的均

① 凯勒网站的有关附录也说明了如何用积分确定连续型随机变量的概率和参数。

匀分布。

a. 日销售量在 2 500～3 000 加仑之间的概率。

b. 加油站至少卖出 4 000 加仑的概率。

c. 加油站正好卖出 2 500 加仑的概率。

**解**

概率密度函数是

$$f(x)=\frac{1}{5\,000-2\,000}=\frac{1}{3\,000},\quad 2\,000\leqslant x\leqslant 5\,000$$

a. $X$ 落在 2 500～3 000 之间的概率等于图 8—6（a）所示的 2 500～3 000 之间曲线下方的面积。这个矩形的面积等于底乘以高。所以

$$P(2\,500\leqslant X\leqslant 3\,000)=(3\,000-2\,500)\times\frac{1}{3\,000}=0.166\,7$$

b. $P(X\geqslant 4\,000)=(5\,000-4\,000)\times\frac{1}{3\,000}=0.333\,3$［见图 8—6（b）］。

c. $P(X\geqslant 2\,500)=0$。

因为 $X$ 的取值是不可数的无限多个值，所以取单个值的概率是零。而且，可以从图 8—6（c）中看到，一条线对应的面积是零。

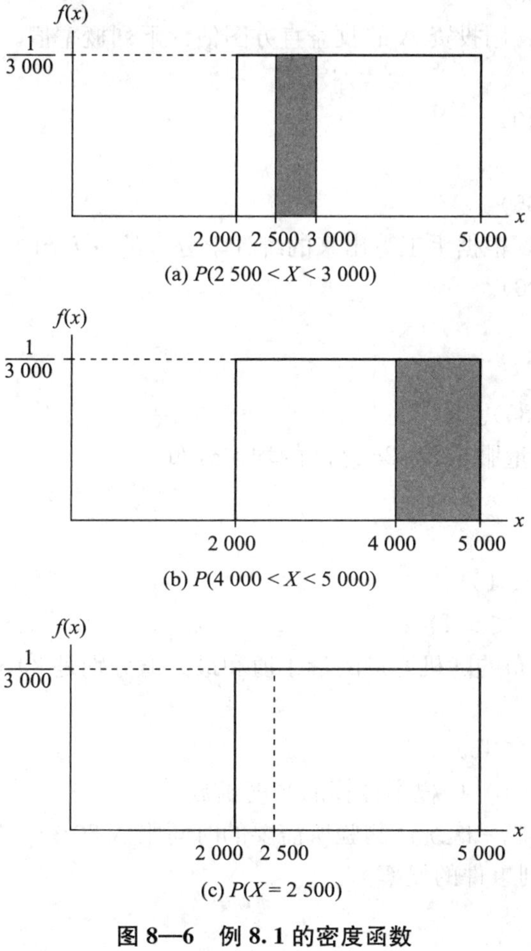


**图 8—6　例 8.1 的密度函数**

### □ 8-1b 利用连续型分布逼近离散型分布

定义离散型和连续型随机变量时，我们只是从它们的可能取值的个数是否可数这个方面来区分的。但是，实际上，当变量的可能取值非常多时，我们经常用某个连续型分布去近似代替离散型分布。比如，周薪可能取值的个数是可数的，尽管没有上限，但我们可以用 0，0.01，0.02，…（美元）来表示周薪的多少。我们可以很容易地表示（计算）出所有的可能情况，从而，周薪是一个离散型随机变量。但是，由于它可以取很多值，因此我们倾向于利用一个连续型概率分布来求与这个变量相关的概率。在下一节中，我们将介绍常用来描述可取大量值的离散型随机变量的正态分布。

## 习　题

**8.1**　参照例 3.2。用投资 A 的收益直方图估计下列概率值。

a. $P(X>45)$。

b. $P(10<X<40)$。

c. $P(X<25)$。

d. $P(35<X<65)$。

**8.2**　参照例 3.2，用投资 A 的收益直方图估计下列概率值。

a. $P(X>45)$。

b. $P(10<X<40)$。

c. $P(X<25)$。

d. $P(35<X<65)$。

**8.3**　参照例 3.3，根据手工算出来的统计学分数的直方图求下列概率值。

a. $P(55<X<80)$。

b. $P(X>65)$。

c. $P(X<85)$。

d. $P(75<X<85)$。

**8.4**　一个随机变量服从 5～25 之间的均匀分布。

a. 画出密度函数。

b. 求 $P(X>25)$。

c. 求 $P(10<X<15)$。

d. 求 $P(5.0<X<5.1)$。

**8.5**　一个均匀分布的随机变量的最小值和最大值分别是 20 和 60。

a. 画出密度函数。

b. 求 $P(35<X<45)$。

c. 画出包括问题（b）中概率计算的密度函数。

**8.6**　一个学生完成一次统计测验所需要的时间服从 30～60 分钟的均匀分布。随机选择一个学生，求下列事件的概率。

a. 这个学生完成这次测验所需时间超过 55 分钟。

b. 这个学生在 30～40 分钟之间完成测验。

c. 这个学生完成测验正好用了 37.23 分钟。

**8.7** 根据习题 8.6，教授想（用加分方式）奖励所用时间最少的前 1/4 的学生。教授用来界定是否奖励的测验所需时间的边界是多少？

**8.8** 根据习题 8.6，教授想跟踪（并帮助）所用时间最多的 10%的学生。教授用来界定是否跟踪的测验所需时间的边界是多少？

**8.9** 某个钢厂周生产量服从 110～175 吨的均匀分布。

a. 计算下个星期这个钢厂生产量超过 150 吨的概率。

b. 计算下个星期这个钢厂生产量为 120～160 吨的概率。

**8.10** 根据习题 8.9，业务经理将生产量最低的 20%的生产周定为“糟糕的一周”。那么用来定义糟糕与否的临界生产量是多少？

**8.11** 一个随机变量具有下面的密度函数：

$$f(x)=1-0.5x, \quad 0<x<2$$

a. 画出概率密度函数曲线。

b. 证明 $f(x)$ 是一个密度函数：

c. 求 $P(X>1)$。

d. 求 $P(X<0.5)$。

e. 求 $P(X=1.5)$。

**8.12** 下面的函数是随机变量 $X$ 的密度函数：

$$f(x)=\frac{x-1}{8}, \quad 1<x<5$$

a. 画出这个密度函数的曲线。

b. 求 $X$ 落在 2～4 之间的概率。

c. $X$ 小于 3 的概率是多少？

**8.13** 下面的密度函数描述的是随机变量 $X$：

$$f(x)=\begin{cases}\dfrac{x}{25}, & 0<x<5\\[2ex] \dfrac{10-x}{25}, & 5<x<10\end{cases}$$

a. 画出密度函数曲线。

b. 求 $X$ 落在 1～3 之间的概率。

c. $X$ 落在 4～8 之间的概率是多少？

d. 计算 $X$ 小于 7 的概率。

e. 计算 $X$ 大于 3 的概率。

**8.14** 下图是一个密度函数的图像：

a. 求密度函数。

b. 求 $X$ 大于 10 的概率。

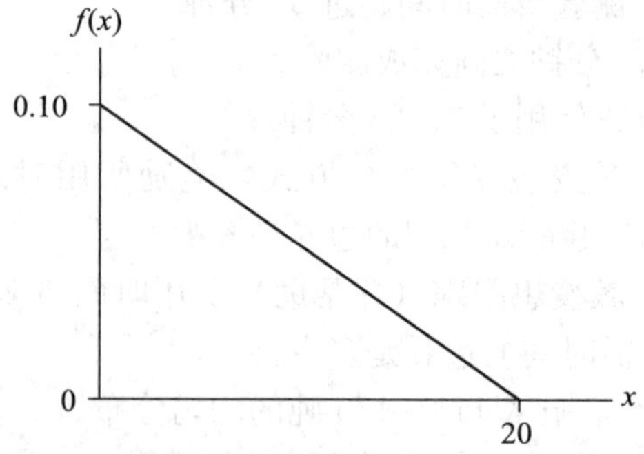


c. 求 $X$ 落在 6～12 之间的概率。

## 8.2　正态分布

**正态分布**（normal distribution）在统计推断中的特殊地位决定了它是所有概率分布中最重要的分布。

**正态概率密度函数**

**正态随机变量**（normal random variable）的概率密度函数是

$$f(x)=\frac{1}{\sigma\sqrt{2\pi}}e^{-\frac{1}{2}\left(\frac{x-\mu}{\sigma}\right)^2},\ -\infty<x<\infty$$

式中 $e=2.718\ 28\cdots$，$\pi=3.141\ 59\cdots$。

图 8—7 描述了一个正态分布。注意，曲线是关于均值对称的，随机变量取值为（$-\infty$，$+\infty$）。

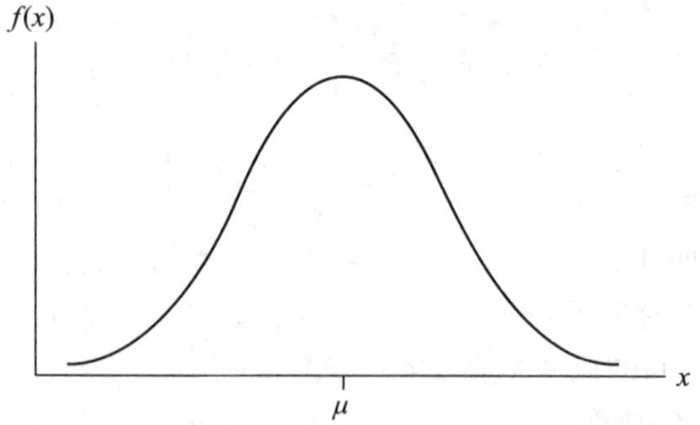


**图 8—7　正态分布**

正态分布可用两个参数来描述，即均值 $\mu$ 和标准差 $\sigma$。图 8—8 描述了 $\mu$ 的改变对概率分布的影响，$\mu$ 增加使曲线右移，而 $\mu$ 减小使曲线左移。

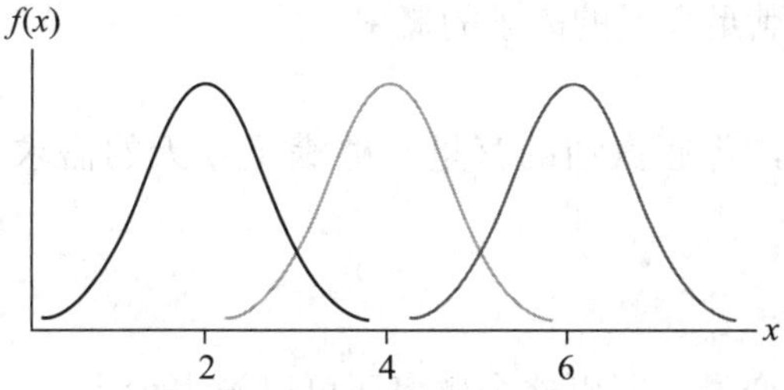


**图 8—8　方差相同但均值不同的正态分布**

图 8—9 描述的是 $\sigma$ 对概率分布的影响。当 $\sigma$ 比较大时，曲线较宽；当 $\sigma$ 比较小时，曲线较窄。

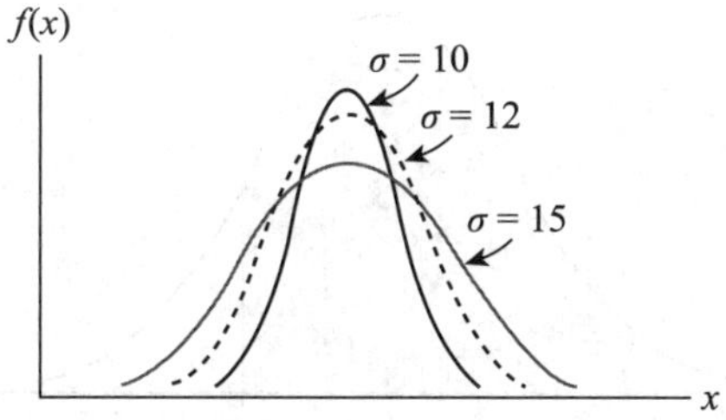


**图 8—9　均值相同但标准差不同的正态分布**

### □ 8-2a　正态概率的计算

为了计算正态随机变量落在任何一个区间的概率，我们需要计算与该区间对应的曲线下方的面积。遗憾的是，此时的函数形式不像均匀分布时的函数那么简单，所以用简单的数学甚至积分也无法计算这部分面积。我们可以求助于类似于第 7 章中求二项分布和泊松分布的概率值时用到的附录 B 中的概率表 1 和概率表 2。要想根据附录 B 中的表 1 求二项分布的概率，需要一个包含 $n$ 的所有取值的表和特定的 $p$ 值。同样，要求泊松分布的概率，我们需要与附录 B 中的表 2 选择的每个 $\mu$ 值对应的值。所以对于正态分布，我们需要与选择的 $\mu$ 和 $\sigma$ 的值对应的表。幸运的是，这不是必需的。我们可以使随机变量标准化，从而减少表格的数目。对于一个正态随机变量，我们通过随机变量与它的均值的差再除以它的标准差来进行标准化。转化后的随机变量被称为**标准正态随机变量**（standard normal random variable），记为 $Z$。即

$$Z=\frac{X-\mu}{\sigma}$$

用这个公式变换以后，关于 $X$ 的概率分布函数就变成了关于 $Z$ 的概率分布函数。为了说明怎么应用，我们看下面的问题。

**例 8.2　服从正态分布的汽油销量**

假设在另一个加油站，普通汽油的日需求量服从均值为 1 000 加仑、标准差为 100 加仑的正态分布。加油站的经理准备营业时，注意到普通汽油的存量为 1 100 加仑。计

算普通汽油的存量能够满足今天的需求的概率。

**解**

当需求少于供给时，普通汽油的存量能够满足今天的需求。令普通汽油的需求为 $X$，我们想要计算概率

$$P(X \leqslant 1\,100)$$

注意，$X$ 是连续型变量，所以这个概率还可以被表示为

$$P(X < 1\,100)$$

因为 $X=1\,100$ 的区域面积为 0。

图 8—10 描绘了均值为 1 000、标准差为 100 的正态分布曲线和我们要求的面积。

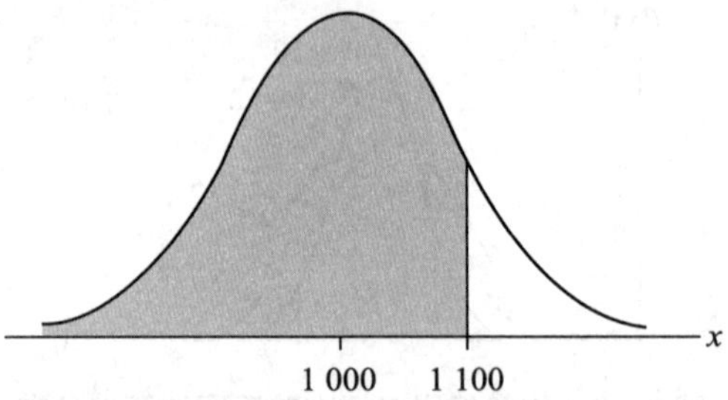


**图 8—10　$P(X<1\,100)$**

首先对 $X$ 进行标准化。则

$$P(X<1\,100)=P\left(\frac{X-\mu}{\sigma}<\frac{1\,100-1\,000}{100}\right)=P(Z<1.00)$$

图 8—11 描述了上面的变换过程。注意，变量 $X$ 被变换成 $Z$，1 100 被变换成 1.00。然而，面积并没有发生变化。也就是说，我们要计算的概率 $P(X<1\,100)$ 等于 $P(Z<1.00)$。

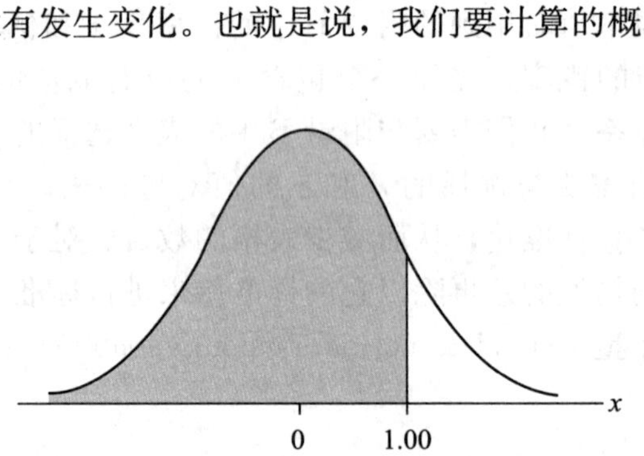


**图 8—11　$P(Z<1.00)$**

$Z$ 的取值代表相应的 $X$ 取值的位置。当 $Z=1$ 时，说明 $X$ 比均值大一个标准差。当 $Z=0$ 时，$X$ 等于均值。

如果我们知道了正态分布的均值和方差，就总能把 $X$ 的概率转换成 $Z$ 的概率。最终，我们只需要在正态分布表中查找就可以了，即表 8—1。

**表 8—1　　　　正态分布概率表（附录 B 表 3）**

| $z$ | 0.00 | 0.01 | 0.02 | 0.03 | 0.04 | 0.05 | 0.06 | 0.07 | 0.08 | 0.09 |
|---|---|---|---|---|---|---|---|---|---|---|
| −3.0 | 0.001 3 | 0.001 3 | 0.001 3 | 0.001 2 | 0.001 2 | 0.001 1 | 0.001 1 | 0.001 1 | 0.001 0 | 0.001 0 |
| −2.9 | 0.001 9 | 0.001 8 | 0.001 8 | 0.001 7 | 0.001 6 | 0.001 6 | 0.001 5 | 0.001 5 | 0.001 4 | 0.001 4 |
| −2.8 | 0.002 6 | 0.002 5 | 0.002 4 | 0.002 3 | 0.002 3 | 0.002 2 | 0.002 1 | 0.002 1 | 0.002 0 | 0.001 9 |
| −2.7 | 0.003 5 | 0.003 4 | 0.003 3 | 0.003 2 | 0.003 1 | 0.003 0 | 0.002 9 | 0.002 8 | 0.002 7 | 0.002 6 |
| −2.6 | 0.004 7 | 0.004 5 | 0.004 4 | 0.004 3 | 0.004 1 | 0.004 0 | 0.003 9 | 0.003 8 | 0.003 7 | 0.003 6 |
| −2.5 | 0.006 2 | 0.006 0 | 0.005 9 | 0.005 7 | 0.005 5 | 0.005 4 | 0.005 2 | 0.005 1 | 0.004 9 | 0.004 8 |
| −2.4 | 0.008 2 | 0.008 0 | 0.007 8 | 0.007 5 | 0.007 3 | 0.007 1 | 0.006 9 | 0.006 8 | 0.006 6 | 0.006 4 |
| −2.3 | 0.010 7 | 0.010 4 | 0.010 2 | 0.009 9 | 0.009 6 | 0.009 4 | 0.009 1 | 0.008 9 | 0.008 7 | 0.008 4 |
| −2.2 | 0.013 9 | 0.013 6 | 0.013 2 | 0.012 9 | 0.012 5 | 0.012 2 | 0.011 9 | 0.011 6 | 0.011 3 | 0.011 0 |
| −2.1 | 0.017 9 | 0.017 4 | 0.017 0 | 0.016 6 | 0.016 2 | 0.015 8 | 0.015 4 | 0.015 0 | 0.014 6 | 0.014 3 |
| −2.0 | 0.022 8 | 0.022 2 | 0.021 7 | 0.021 2 | 0.020 7 | 0.020 2 | 0.019 7 | 0.019 2 | 0.018 8 | 0.018 3 |
| −1.9 | 0.028 7 | 0.028 1 | 0.027 4 | 0.026 8 | 0.026 2 | 0.025 6 | 0.025 0 | 0.024 4 | 0.023 9 | 0.023 3 |
| −1.8 | 0.035 9 | 0.035 1 | 0.034 4 | 0.033 6 | 0.032 9 | 0.032 2 | 0.031 4 | 0.030 7 | 0.030 1 | 0.029 4 |
| −1.7 | 0.044 6 | 0.043 6 | 0.042 7 | 0.041 8 | 0.040 9 | 0.040 1 | 0.039 2 | 0.038 4 | 0.037 5 | 0.036 7 |
| −1.6 | 0.054 8 | 0.053 7 | 0.052 6 | 0.051 6 | 0.050 5 | 0.049 5 | 0.048 5 | 0.047 5 | 0.046 5 | 0.045 5 |
| −1.5 | 0.066 8 | 0.065 5 | 0.064 3 | 0.063 0 | 0.061 8 | 0.060 6 | 0.059 4 | 0.058 2 | 0.057 1 | 0.055 9 |
| −1.4 | 0.080 8 | 0.079 3 | 0.077 8 | 0.076 4 | 0.074 9 | 0.073 5 | 0.072 1 | 0.070 8 | 0.069 4 | 0.068 1 |
| −1.3 | 0.096 8 | 0.095 1 | 0.093 4 | 0.091 8 | 0.090 1 | 0.088 5 | 0.086 9 | 0.085 3 | 0.083 8 | 0.082 3 |
| −1.2 | 0.115 1 | 0.113 1 | 0.111 2 | 0.109 3 | 0.107 5 | 0.105 6 | 0.103 8 | 0.102 0 | 0.100 3 | 0.098 5 |
| −1.1 | 0.135 7 | 0.133 5 | 0.131 4 | 0.129 2 | 0.127 1 | 0.125 1 | 0.123 0 | 0.121 0 | 0.119 0 | 0.117 0 |
| −1.0 | 0.158 7 | 0.156 2 | 0.153 9 | 0.151 5 | 0.149 2 | 0.146 9 | 0.144 6 | 0.142 3 | 0.140 1 | 0.137 9 |
| −0.9 | 0.184 1 | 0.181 4 | 0.178 8 | 0.176 2 | 0.173 6 | 0.171 1 | 0.168 5 | 0.166 0 | 0.163 5 | 0.161 1 |
| −0.8 | 0.211 9 | 0.209 0 | 0.206 1 | 0.203 3 | 0.200 5 | 0.197 7 | 0.194 9 | 0.192 2 | 0.189 4 | 0.186 7 |
| −0.7 | 0.242 0 | 0.238 9 | 0.235 8 | 0.232 7 | 0.229 6 | 0.226 6 | 0.223 6 | 0.220 6 | 0.217 7 | 0.214 8 |
| −0.6 | 0.274 3 | 0.270 9 | 0.267 6 | 0.264 3 | 0.261 1 | 0.257 8 | 0.254 6 | 0.251 4 | 0.248 3 | 0.245 1 |
| −0.5 | 0.308 5 | 0.305 0 | 0.301 5 | 0.298 1 | 0.294 6 | 0.291 2 | 0.287 7 | 0.284 3 | 0.281 0 | 0.277 6 |
| −0.4 | 0.344 6 | 0.340 9 | 0.337 2 | 0.333 6 | 0.330 0 | 0.326 4 | 0.322 8 | 0.319 2 | 0.315 6 | 0.312 1 |
| −0.3 | 0.382 1 | 0.378 3 | 0.374 5 | 0.370 7 | 0.366 9 | 0.363 2 | 0.359 4 | 0.355 7 | 0.352 0 | 0.348 3 |
| −0.2 | 0.420 7 | 0.416 8 | 0.412 9 | 0.409 0 | 0.405 2 | 0.401 3 | 0.397 4 | 0.393 6 | 0.389 7 | 0.385 9 |
| −0.1 | 0.460 2 | 0.456 2 | 0.452 2 | 0.448 3 | 0.444 3 | 0.440 4 | 0.436 4 | 0.432 5 | 0.428 6 | 0.424 7 |
| −0.0 | 0.500 0 | 0.496 0 | 0.492 0 | 0.488 0 | 0.484 0 | 0.480 1 | 0.476 1 | 0.472 1 | 0.468 1 | 0.464 1 |
| 0.0 | 0.500 0 | 0.504 0 | 0.508 0 | 0.512 0 | 0.516 0 | 0.519 9 | 0.523 9 | 0.527 9 | 0.531 9 | 0.535 9 |

续前表

| z | 0.00 | 0.01 | 0.02 | 0.03 | 0.04 | 0.05 | 0.06 | 0.07 | 0.08 | 0.09 |
|---|---|---|---|---|---|---|---|---|---|---|
| 0.1 | 0.539 8 | 0.543 8 | 0.547 8 | 0.551 7 | 0.555 7 | 0.559 6 | 0.563 6 | 0.567 5 | 0.571 4 | 0.575 3 |
| 0.2 | 0.579 3 | 0.583 2 | 0.587 1 | 0.591 0 | 0.594 8 | 0.598 7 | 0.602 6 | 0.606 4 | 0.610 3 | 0.614 1 |
| 0.3 | 0.617 9 | 0.621 7 | 0.625 5 | 0.629 3 | 0.633 1 | 0.636 8 | 0.640 6 | 0.644 3 | 0.648 0 | 0.651 7 |
| 0.4 | 0.655 4 | 0.659 1 | 0.662 8 | 0.666 4 | 0.670 0 | 0.673 6 | 0.677 2 | 0.680 8 | 0.684 4 | 0.687 9 |
| 0.5 | 0.691 5 | 0.695 0 | 0.698 5 | 0.701 9 | 0.705 4 | 0.708 8 | 0.712 3 | 0.715 7 | 0.719 0 | 0.722 4 |
| 0.6 | 0.725 7 | 0.729 1 | 0.732 4 | 0.735 7 | 0.738 9 | 0.742 2 | 0.745 4 | 0.748 6 | 0.751 7 | 0.754 9 |
| 0.7 | 0.758 0 | 0.761 1 | 0.764 2 | 0.767 3 | 0.770 4 | 0.773 4 | 0.776 4 | 0.779 4 | 0.782 3 | 0.785 2 |
| 0.8 | 0.788 1 | 0.791 0 | 0.793 9 | 0.796 7 | 0.799 5 | 0.802 3 | 0.805 1 | 0.807 8 | 0.810 6 | 0.813 3 |
| 0.9 | 0.815 9 | 0.818 6 | 0.821 2 | 0.823 8 | 0.826 4 | 0.828 9 | 0.831 5 | 0.834 0 | 0.836 5 | 0.838 9 |
| 1.0 | 0.841 3 | 0.843 8 | 0.846 1 | 0.848 5 | 0.850 8 | 0.853 1 | 0.855 4 | 0.857 7 | 0.859 9 | 0.862 1 |
| 1.1 | 0.864 3 | 0.866 5 | 0.868 6 | 0.870 8 | 0.872 9 | 0.874 9 | 0.877 0 | 0.879 0 | 0.881 0 | 0.883 0 |
| 1.2 | 0.884 9 | 0.886 9 | 0.888 8 | 0.890 7 | 0.892 5 | 0.894 4 | 0.896 2 | 0.898 0 | 0.899 7 | 0.901 5 |
| 1.3 | 0.903 2 | 0.904 9 | 0.906 6 | 0.908 2 | 0.909 9 | 0.911 5 | 0.913 1 | 0.914 7 | 0.916 2 | 0.917 7 |
| 1.4 | 0.919 2 | 0.920 7 | 0.922 2 | 0.923 6 | 0.925 1 | 0.926 5 | 0.927 9 | 0.929 2 | 0.930 6 | 0.931 9 |
| 1.5 | 0.933 2 | 0.934 5 | 0.935 7 | 0.937 0 | 0.938 2 | 0.939 4 | 0.940 6 | 0.941 8 | 0.942 9 | 0.944 1 |
| 1.6 | 0.945 2 | 0.946 3 | 0.947 4 | 0.948 4 | 0.949 5 | 0.950 5 | 0.951 5 | 0.952 5 | 0.953 5 | 0.954 5 |
| 1.7 | 0.955 4 | 0.956 4 | 0.957 3 | 0.958 2 | 0.959 1 | 0.959 9 | 0.960 8 | 0.961 6 | 0.962 5 | 0.963 3 |
| 1.8 | 0.964 1 | 0.964 9 | 0.965 6 | 0.966 4 | 0.967 1 | 0.967 8 | 0.968 6 | 0.969 3 | 0.969 9 | 0.970 6 |
| 1.9 | 0.971 3 | 0.971 9 | 0.972 6 | 0.973 2 | 0.973 8 | 0.974 4 | 0.975 0 | 0.975 6 | 0.976 1 | 0.976 7 |
| 2.0 | 0.977 2 | 0.977 8 | 0.978 3 | 0.978 8 | 0.979 3 | 0.979 8 | 0.980 3 | 0.980 8 | 0.981 2 | 0.981 7 |
| 2.1 | 0.982 1 | 0.982 6 | 0.983 0 | 0.983 4 | 0.983 8 | 0.984 2 | 0.984 6 | 0.985 0 | 0.985 4 | 0.985 7 |
| 2.2 | 0.986 1 | 0.986 4 | 0.986 8 | 0.987 1 | 0.987 5 | 0.987 8 | 0.988 1 | 0.988 4 | 0.988 7 | 0.989 0 |
| 2.3 | 0.989 3 | 0.989 6 | 0.989 8 | 0.990 1 | 0.990 4 | 0.990 6 | 0.990 9 | 0.991 1 | 0.991 3 | 0.991 6 |
| 2.4 | 0.991 8 | 0.992 0 | 0.992 2 | 0.992 5 | 0.992 7 | 0.992 9 | 0.993 1 | 0.993 2 | 0.993 4 | 0.993 6 |
| 2.5 | 0.993 8 | 0.994 0 | 0.994 1 | 0.994 3 | 0.994 5 | 0.994 6 | 0.994 8 | 0.994 9 | 0.995 1 | 0.995 2 |
| 2.6 | 0.995 3 | 0.995 5 | 0.995 6 | 0.995 7 | 0.995 9 | 0.996 0 | 0.996 1 | 0.996 2 | 0.996 3 | 0.996 4 |
| 2.7 | 0.996 5 | 0.996 6 | 0.996 7 | 0.996 8 | 0.996 9 | 0.997 0 | 0.997 1 | 0.997 2 | 0.997 3 | 0.997 4 |
| 2.8 | 0.997 4 | 0.997 5 | 0.997 6 | 0.997 7 | 0.997 7 | 0.997 8 | 0.997 9 | 0.997 9 | 0.998 0 | 0.998 1 |
| 2.9 | 0.998 1 | 0.998 2 | 0.998 2 | 0.998 3 | 0.998 4 | 0.998 4 | 0.998 5 | 0.998 5 | 0.998 6 | 0.998 6 |
| 3.0 | 0.998 7 | 0.998 7 | 0.998 7 | 0.998 8 | 0.998 8 | 0.998 9 | 0.998 9 | 0.998 9 | 0.999 0 | 0.999 0 |

该表与我们在讲解二项分布和泊松分布时使用的概率表类似。表中的值是累积概率

$$P(Z<z)$$

$Z$ 的取值范围是 $-3.09 \sim 3.09$。

使用该表的方法是首先找到 $z$，然后查找对应的概率。例如，查找概率 $P(Z<2.00)$，首先在左边找到数字 2.0，在列标题 0.00 下面找到数字 0.977 2。概率 $P(Z<2.01)$ 可以在同一行找到，只不过列标题改为 0.01，对应的概率值是 0.977 8。

回到我们的例 8.2，首先在表 8—1 中的左边找到 1.0，然后对应表头的 0.00 找到我们要求的概率为 0.841 3，参见图 8—12。

| z | 0.00 | 0.01 | 0.02 |
|---|---|---|---|
| 0.8 | 0.788 1 | 0.791 0 | 0.793 9 |
| 0.9 | 0.815 9 | 0.818 6 | 0.821 2 |
| 1.0 | 0.841 3 | 0.843 8 | 0.846 1 |
| 1.1 | 0.864 3 | 0.866 5 | 0.868 6 |
| 1.2 | 0.884 9 | 0.886 9 | 0.888 8 |

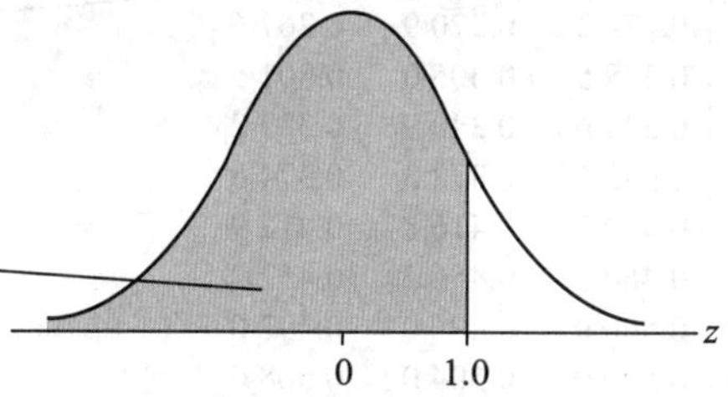


**图 8—12　$P(Z<1.00)$**

与附录 B 中的表 1 和表 2 一样，我们还可以计算标准正态变量大于某个取值 $z$ 的概率。例如，要求 $Z$ 大于 1.80 的概率，首先查找 $Z$ 小于 1.80 的概率，然后用 1 减掉这个数值。应用补集法则，我们有

$$P(Z>1.80)=1-P(Z<1.80)=1-0.964\,1=0.035\,9$$

计算过程见图 8—13。

| z | 0.00 | 0.01 | 0.02 |
|---|---|---|---|
| 1.6 | 0.945 2 | 0.946 3 | 0.947 4 |
| 1.7 | 0.955 4 | 0.956 4 | 0.957 3 |
| 1.8 | 0.964 1 | 0.964 9 | 0.965 6 |
| 1.9 | 0.971 3 | 0.971 9 | 0.972 6 |
| 2.0 | 0.977 2 | 0.977 8 | 0.978 3 |

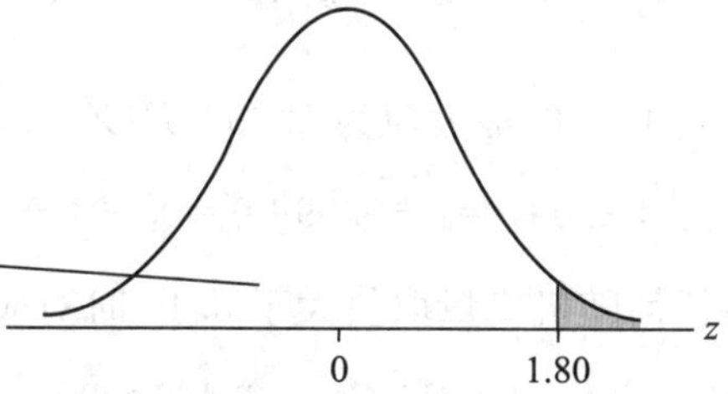


**图 8—13　$P(Z>1.80)$**

同样，我们可以计算标准正态分布变量落在 $z$ 的两个取值之间的概率。例如，我们要求概率

$$P(-0.71<Z<0.92)$$

首先应该找到两个累积概率的值，然后计算它们的差，即

$$P(Z<-0.71)=0.238\,9$$

和

$$P(Z<0.92)=0.821\,2$$

因此，

$$P(-0.71<Z<0.92)=P(Z<0.92)-P(Z<-0.71)$$
$$=0.821\,2-0.238\,9=0.582\,3$$

图 8—14 描述了这个计算过程。

| $z$ | 0.00 | 0.01 | 0.02 |
|---|---|---|---|
| −0.8 | 0.211 9 | 0.209 0 | 0.206 1 |
| −0.7 | 0.242 0 | 0.238 9 | 0.235 8 |
| −0.6 | 0.274 3 | 0.270 9 | 0.267 6 |
| −0.5 | 0.308 5 | 0.305 0 | 0.301 5 |
| −0.4 | 0.344 6 | 0.340 9 | 0.337 2 |
| −0.3 | 0.382 1 | 0.378 3 | 0.374 5 |
| −0.2 | 0.420 7 | 0.416 8 | 0.412 9 |
| −0.1 | 0.460 2 | 0.456 2 | 0.452 2 |
| −0.0 | 0.500 0 | 0.496 0 | 0.492 0 |
| 0.0 | 0.500 0 | 0.504 0 | 0.508 0 |
| 0.1 | 0.539 8 | 0.543 8 | 0.547 8 |
| 0.2 | 0.579 3 | 0.583 2 | 0.587 1 |
| 0.3 | 0.617 9 | 0.621 7 | 0.625 5 |
| 0.4 | 0.655 4 | 0.659 1 | 0.662 8 |
| 0.5 | 0.691 5 | 0.695 0 | 0.698 5 |
| 0.6 | 0.725 7 | 0.729 1 | 0.732 4 |
| 0.7 | 0.758 0 | 0.761 1 | 0.764 2 |
| 0.8 | 0.788 1 | 0.791 0 | 0.793 9 |
| 0.9 | 0.815 9 | 0.818 6 | 0.821 2 |
| 1.0 | 0.841 3 | 0.843 8 | 0.846 1 |

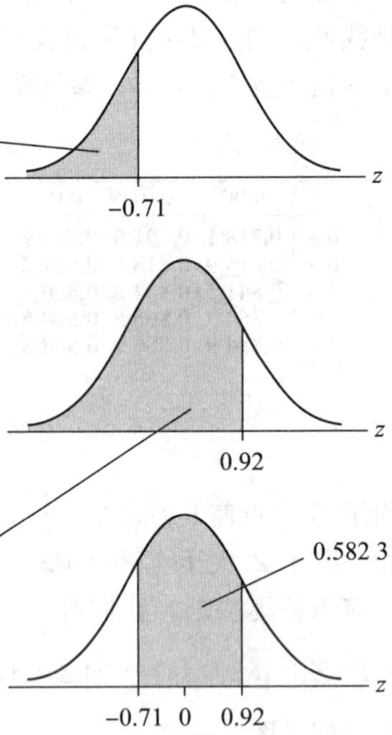


**图 8—14　$P(-0.71<Z<0.92)$**

注意，表中 $Z$ 的最大值为 3.09，$P(Z<3.09)=0.999\,0$，这意味着

$$P(Z>3.09)=1-0.999\,0=0.001\,0$$

我们将任何随机变量取值大于 3.10 时对应的面积近似为 0，即

$$P(Z>3.10)=P(Z<-3.10)\approx 0$$

在附录 B 中的表 1 和表 2 中，我们可以查找 $X$ 取某个具体值的概率，但是在正态分布表中我们却不能；因为正态随机变量是连续变量，连续变量取某一特定值的概率为 0。

**在金融中的应用：风险度量**

在以前的章节里，我们讨论了概率和统计在金融中的很多应用。在例 3.2 中，我们画出直方图来度量两项投资收益的差额。在第 4 章我们再次提到这个例子，为了将风险量化，我们计算了两项投资的标准差和方差。7.3 节讲述了统计学在金融中的一个重要应用。这一次我们将重点放在减小投资组合收益的方差上。但是我们还没有说明为什么用方差和标准差来度量风险，下面的例子将解决这个问题。

**例 8.3　投资收益率为负值的概率**

假设一项投资的收益率服从均值为 10%、标准差为 5%的正态分布。

a. 求该投资赔钱的概率。

b. 当标准差是 10%时，求该投资赔钱的概率。

**解**

a. 当收益为负值时表示赔钱，即我们要求下面的概率：

$$P(X<0)$$

首先将概率表达式中的 $X$ 和 0 标准化：

$$P(X<0)=P\left(\frac{X-\mu}{\sigma}<\frac{0-10}{5}\right)=P(Z<-2)=0.022\,8$$

所以赔钱的概率是 0.022 8。

b. 如果我们将标准差增为 10%，则赔钱的概率变为

$$P(X<0)=P\left(\frac{X-\mu}{\sigma}<\frac{0-10}{10}\right)=P(Z<-1)=0.158\,7$$

就像你所看到的那样，提高标准差会增加损失的概率。应该注意，提高标准差也会增加收入超过某个比较大的值的概率。但是，因为投资者通常厌恶风险，所以我们在讨论提高标准差的影响时会着重强调出现负收益的概率的增加。

## □ 8-2b　求 Z 值

有一系列问题需要我们求 $Z$ 值。我们用符号 $z_A$ 表示使得其右边标准正态曲线下方的面积为 $A$ 的 $z$ 值，即 $z_A$ 是标准正态随机变量的一个取值，满足

$$P(Z>z_A)=A$$

图 8—15 刻画了 $z_A$。

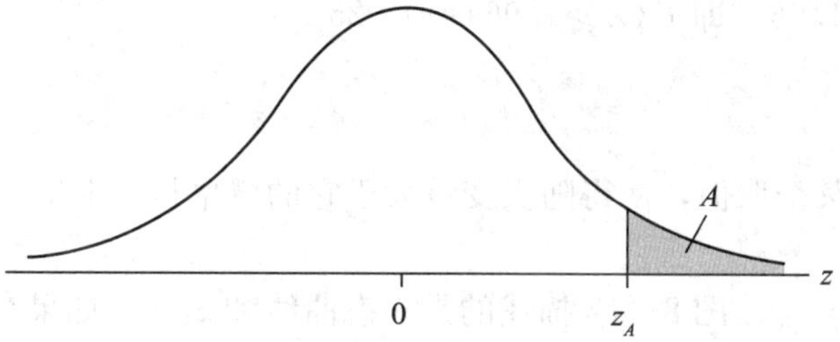


**图 8—15　$P(Z>z_A)=A$**

对于任何 $A$，为了确定 $z_A$，我们倒过来用标准正态表。正如在例 8.2 中所看到的那样，要求关于 $Z$ 的概率，我们必须找到表中的 $z$，然后求和它有关的概率。要反过来利用标准正态分布表，我们必须先确定一个概率，然后再求和它有关的 $z$。我们以求 $z_{0.025}$ 为例来说明。图 8—16 给出了一条标准正态分布曲线和 $z_{0.025}$。由于标准正态分布

表的特点，我们首先求小于 $z_{0.025}$ 的面积，有 1－0.025＝0.975 0。（注意，我们将概率精确到小数点后四位，以便看清楚需要做什么。）接下来，我们在表中的概率值部分寻找 0.975 0。我们找到它以后，就可以看到和它对应的 $Z$ 值为 1.96。

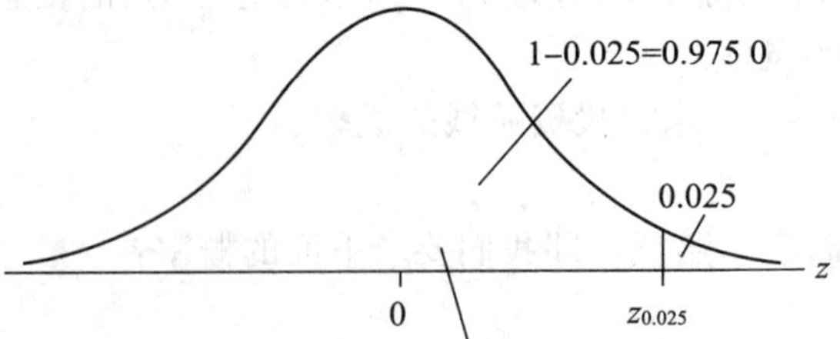


| $z$ | 0.00 | 0.01 | 0.02 | 0.03 | 0.04 | 0.05 | 0.06 | 0.07 | 0.08 | 0.09 |
|---|---|---|---|---|---|---|---|---|---|---|
| 1.0 | 0.841 3 | 0.843 8 | 0.846 1 | 0.848 5 | 0.850 8 | 0.853 1 | 0.855 4 | 0.857 7 | 0.859 9 | 0.862 1 |
| 1.1 | 0.864 3 | 0.866 5 | 0.868 6 | 0.870 8 | 0.872 9 | 0.874 9 | 0.877 0 | 0.879 0 | 0.881 0 | 0.883 0 |
| 1.2 | 0.884 9 | 0.886 9 | 0.888 8 | 0.890 7 | 0.892 5 | 0.894 4 | 0.896 2 | 0.898 0 | 0.899 7 | 0.901 5 |
| 1.3 | 0.903 2 | 0.904 9 | 0.906 6 | 0.908 2 | 0.909 9 | 0.911 5 | 0.913 1 | 0.914 7 | 0.916 2 | 0.917 7 |
| 1.4 | 0.919 2 | 0.920 7 | 0.922 2 | 0.923 6 | 0.925 1 | 0.926 5 | 0.927 9 | 0.929 2 | 0.930 6 | 0.931 9 |
| 1.5 | 0.933 2 | 0.934 5 | 0.935 7 | 0.937 0 | 0.938 2 | 0.939 4 | 0.940 6 | 0.941 8 | 0.942 9 | 0.944 1 |
| 1.6 | 0.945 2 | 0.946 3 | 0.947 4 | 0.948 4 | 0.949 5 | 0.950 5 | 0.951 5 | 0.952 5 | 0.953 5 | 0.954 5 |
| 1.7 | 0.955 4 | 0.956 4 | 0.957 3 | 0.958 2 | 0.959 1 | 0.959 9 | 0.960 8 | 0.961 6 | 0.962 5 | 0.963 3 |
| 1.8 | 0.964 1 | 0.964 9 | 0.965 6 | 0.966 4 | 0.967 1 | 0.967 8 | 0.968 6 | 0.969 3 | 0.969 9 | 0.970 6 |
| 1.9 | 0.971 3 | 0.971 9 | 0.972 6 | 0.973 2 | 0.973 8 | 0.974 4 | 0.975 0 | 0.975 6 | 0.976 1 | 0.976 7 |
| 2.0 | 0.977 2 | 0.977 8 | 0.978 3 | 0.978 8 | 0.979 3 | 0.979 8 | 0.980 3 | 0.980 8 | 0.981 2 | 0.981 7 |
| 2.1 | 0.982 1 | 0.982 6 | 0.983 0 | 0.983 4 | 0.983 8 | 0.984 2 | 0.984 6 | 0.985 0 | 0.985 4 | 0.985 7 |
| 2.2 | 0.986 1 | 0.986 4 | 0.986 8 | 0.987 1 | 0.987 5 | 0.987 8 | 0.988 1 | 0.988 4 | 0.988 7 | 0.989 0 |
| 2.3 | 0.989 3 | 0.989 6 | 0.989 8 | 0.990 1 | 0.990 4 | 0.990 6 | 0.990 9 | 0.991 1 | 0.991 3 | 0.991 6 |
| 2.4 | 0.991 8 | 0.992 8 | 0.992 2 | 0.992 5 | 0.992 7 | 0.992 9 | 0.993 1 | 0.993 2 | 0.993 4 | 0.993 6 |
| 2.5 | 0.993 8 | 0.994 0 | 0.994 1 | 0.994 3 | 0.994 5 | 0.994 6 | 0.994 8 | 0.994 9 | 0.995 1 | 0.995 2 |
| 2.6 | 0.995 3 | 0.995 5 | 0.995 6 | 0.995 7 | 0.995 9 | 0.996 0 | 0.996 1 | 0.996 2 | 0.996 3 | 0.996 4 |
| 2.7 | 0.996 5 | 0.996 6 | 0.996 7 | 0.996 8 | 0.996 9 | 0.997 0 | 0.997 1 | 0.997 2 | 0.997 3 | 0.997 4 |
| 2.8 | 0.997 4 | 0.997 6 | 0.997 6 | 0.997 7 | 0.997 7 | 0.997 8 | 0.997 9 | 0.997 9 | 0.998 0 | 0.998 1 |
| 2.9 | 0.998 1 | 0.998 2 | 0.998 2 | 0.998 3 | 0.998 4 | 0.998 4 | 0.998 5 | 0.998 5 | 0.998 6 | 0.998 6 |
| 3.0 | 0.998 7 | 0.998 7 | 0.998 7 | 0.998 8 | 0.998 8 | 0.998 9 | 0.998 9 | 0.998 9 | 0.999 0 | 0.999 0 |

**图 8—16　$z_{0.025}$**

因此，$z_{0.025}$＝1.96，即 $P(Z>1.96)$＝0.025。

### 例 8.4　查找 $z_{0.05}$

求随机变量的某个取值，使得随机变量大于它的概率是 5%。

**解**

我们想求的是 $z_{0.05}$。图 8—17 描述的是正态曲线和 $z_{0.05}$。如果 0.05 是尾部的面积，那么小于 $z_{0.05}$ 的概率是 1－0.05＝0.95。为求 $z_{0.05}$，我们在表中寻找概率 0.950 0。我们没有找到这个值，但找到两个相近的值 0.949 5 和 0.950 5。与这两个概率对应的 $z$ 值分别是 1.64 和 1.65。$z_{0.05}$ 取它们的平均值，因此 $z_{0.05}$＝1.645。

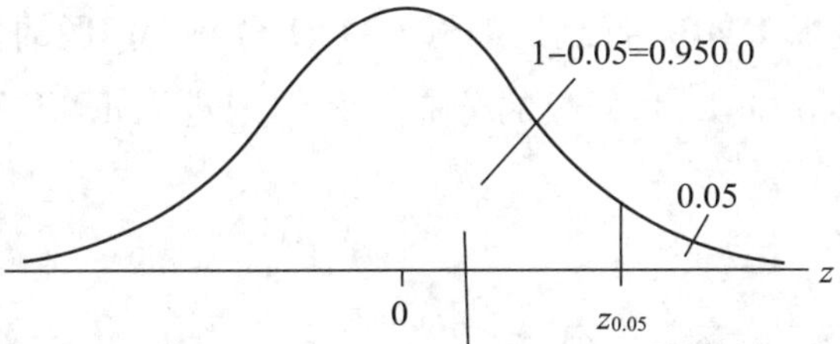


| $z$ | 0.00 | 0.01 | 0.02 | 0.03 | 0.04 | 0.05 | 0.06 | 0.07 | 0.08 | 0.09 |
|---|---|---|---|---|---|---|---|---|---|---|
| 1.0 | 0.841 3 | 0.843 8 | 0.846 1 | 0.848 5 | 0.850 8 | 0.853 1 | 0.855 4 | 0.857 7 | 0.859 9 | 0.862 1 |
| 1.1 | 0.864 3 | 0.866 5 | 0.868 6 | 0.870 8 | 0.872 9 | 0.874 9 | 0.877 0 | 0.879 0 | 0.881 0 | 0.883 0 |
| 1.2 | 0.884 9 | 0.886 9 | 0.888 8 | 0.890 7 | 0.892 5 | 0.894 4 | 0.896 2 | 0.898 0 | 0.899 7 | 0.901 5 |
| 1.3 | 0.903 2 | 0.904 9 | 0.906 6 | 0.908 2 | 0.909 9 | 0.911 5 | 0.913 1 | 0.914 7 | 0.916 2 | 0.917 7 |
| 1.4 | 0.919 2 | 0.920 7 | 0.922 2 | 0.923 6 | 0.925 1 | 0.926 5 | 0.927 9 | 0.929 2 | 0.930 6 | 0.931 9 |
| 1.5 | 0.933 2 | 0.934 5 | 0.935 7 | 0.937 0 | 0.938 2 | 0.939 4 | 0.940 6 | 0.941 8 | 0.942 9 | 0.944 1 |
| 1.6 | 0.945 2 | 0.946 3 | 0.947 4 | 0.948 4 | 0.949 5 | 0.950 5 | 0.951 5 | 0.952 5 | 0.953 5 | 0.954 5 |
| 1.7 | 0.955 4 | 0.956 4 | 0.957 3 | 0.958 2 | 0.959 1 | 0.959 9 | 0.960 8 | 0.961 6 | 0.962 5 | 0.963 3 |
| 1.8 | 0.964 1 | 0.964 9 | 0.965 6 | 0.966 4 | 0.967 1 | 0.967 8 | 0.968 6 | 0.969 3 | 0.969 9 | 0.970 6 |
| 1.9 | 0.971 3 | 0.971 9 | 0.972 6 | 0.973 2 | 0.973 8 | 0.974 4 | 0.975 0 | 0.975 6 | 0.976 1 | 0.976 7 |
| 2.0 | 0.977 2 | 0.977 8 | 0.978 3 | 0.978 8 | 0.979 3 | 0.979 8 | 0.980 3 | 0.980 8 | 0.981 2 | 0.981 7 |
| 2.1 | 0.982 1 | 0.982 6 | 0.983 0 | 0.983 4 | 0.983 8 | 0.984 2 | 0.984 6 | 0.985 0 | 0.985 4 | 0.985 7 |
| 2.2 | 0.986 1 | 0.986 4 | 0.986 8 | 0.987 1 | 0.987 5 | 0.987 8 | 0.988 1 | 0.988 4 | 0.988 7 | 0.989 0 |
| 2.3 | 0.989 3 | 0.989 6 | 0.989 8 | 0.990 1 | 0.990 4 | 0.990 6 | 0.990 9 | 0.991 1 | 0.991 3 | 0.991 6 |
| 2.4 | 0.991 8 | 0.992 8 | 0.992 2 | 0.992 5 | 0.992 7 | 0.992 9 | 0.993 1 | 0.993 2 | 0.993 4 | 0.993 6 |
| 2.5 | 0.993 8 | 0.994 0 | 0.994 1 | 0.994 3 | 0.994 5 | 0.994 6 | 0.994 8 | 0.994 9 | 0.995 1 | 0.995 2 |
| 2.6 | 0.995 3 | 0.995 5 | 0.995 6 | 0.995 7 | 0.995 9 | 0.996 0 | 0.996 1 | 0.996 2 | 0.996 3 | 0.996 4 |
| 2.7 | 0.996 5 | 0.996 6 | 0.996 7 | 0.996 8 | 0.996 9 | 0.997 0 | 0.997 1 | 0.997 2 | 0.997 3 | 0.997 4 |
| 2.8 | 0.997 4 | 0.997 6 | 0.997 6 | 0.997 7 | 0.997 7 | 0.997 8 | 0.997 9 | 0.997 9 | 0.998 0 | 0.998 1 |
| 2.9 | 0.998 1 | 0.998 2 | 0.998 2 | 0.998 3 | 0.998 4 | 0.998 4 | 0.998 5 | 0.998 5 | 0.998 6 | 0.998 6 |
| 3.0 | 0.998 7 | 0.998 7 | 0.998 7 | 0.998 8 | 0.998 8 | 0.998 9 | 0.998 9 | 0.998 9 | 0.999 0 | 0.999 0 |

**图 8—17　$z_{0.05}$**

## 例 8.5　查找 $-z_{0.05}$

求随机变量的某个取值，使得随机变量小于它的概率是 5%。

**解**

因为标准正态分布曲线是关于 0 对称的。我们要求的是 $-z_{0.05}$。在例 8.4 中，我们发现 $z_{0.05}=1.645$，从而 $-z_{0.05}=-1.645$。见图 8—18。

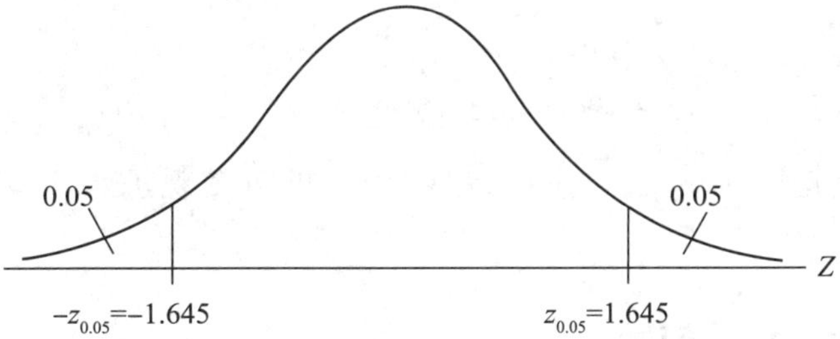


**图 8—18　$-z_{0.05}$**

**进入 EMBA 计划的最低 GMAT 分数：问题的解**

图 8—19 描述的是 GMAT 分数的分布。我们记进入 EMBA 计划的最低分数为 $X_{0.01}$，其中，

$$P(X > X_{0.01}) = 0.01。$$

| z | 0.00 | 0.01 | 0.02 | 0.03 | 0.04 |
|---|---|---|---|---|---|
| 1.0 | 0.841 3 | 0.843 8 | 0.846 1 | 0.848 5 | 0.850 8 |
| 1.1 | 0.864 3 | 0.866 5 | 0.868 6 | 0.870 8 | 0.872 9 |
| 1.2 | 0.884 9 | 0.886 9 | 0.888 8 | 0.890 7 | 0.892 5 |
| 1.3 | 0.903 2 | 0.904 9 | 0.906 6 | 0.908 2 | 0.909 9 |
| 1.4 | 0.919 2 | 0.920 7 | 0.922 2 | 0.923 6 | 0.925 1 |
| 1.5 | 0.933 2 | 0.934 5 | 0.935 7 | 0.937 0 | 0.938 2 |
| 1.6 | 0.945 2 | 0.946 3 | 0.947 4 | 0.948 4 | 0.949 5 |
| 1.7 | 0.955 4 | 0.956 4 | 0.957 3 | 0.958 2 | 0.959 1 |
| 1.8 | 0.964 1 | 0.964 9 | 0.965 6 | 0.966 4 | 0.967 1 |
| 1.9 | 0.971 3 | 0.971 9 | 0.972 6 | 0.973 2 | 0.973 8 |
| 2.0 | 0.977 2 | 0.977 8 | 0.978 3 | 0.978 8 | 0.979 3 |
| 2.1 | 0.982 1 | 0.982 6 | 0.983 0 | 0.983 4 | 0.983 8 |
| 2.2 | 0.986 1 | 0.986 4 | 0.986 8 | 0.987 1 | 0.987 5 |
| 2.3 | 0.989 3 | 0.989 6 | 0.989 8 | 0.990 1 | 0.990 4 |
| 2.4 | 0.991 8 | 0.992 8 | 0.992 2 | 0.992 5 | 0.992 7 |
| 2.5 | 0.993 8 | 0.994 0 | 0.994 1 | 0.994 3 | 0.994 5 |
| 2.6 | 0.995 3 | 0.995 5 | 0.995 6 | 0.995 7 | 0.995 9 |
| 2.7 | 0.996 5 | 0.996 6 | 0.996 7 | 0.996 8 | 0.996 9 |
| 2.8 | 0.997 4 | 0.997 6 | 0.997 6 | 0.997 7 | 0.997 7 |
| 2.9 | 0.998 1 | 0.998 2 | 0.998 2 | 0.998 3 | 0.998 4 |
| 3.0 | 0.998 7 | 0.998 7 | 0.998 7 | 0.998 8 | 0.998 8 |

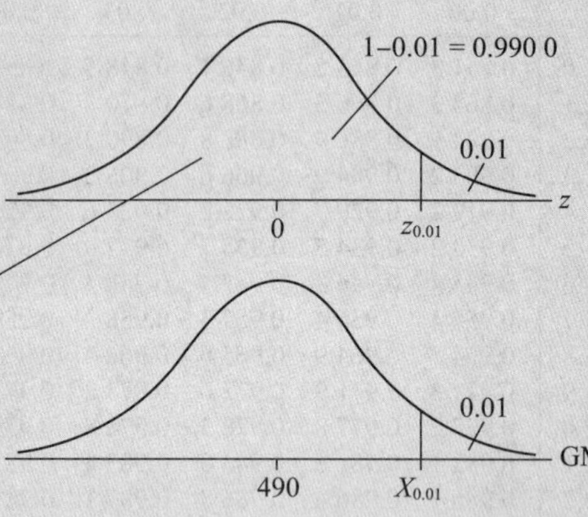


**图 8—19　GMAT 最低分数**

在正态曲线下方，我们画出了标准正态曲线和 $z_{0.01}$。我们可以像例 8.4 那样求出 $z_{0.01}$。在标准正态分布表中，我们看到 1－0.01＝0.990 0（表中最接近的值是 0.990 1），$Z$ 的值为 2.33。因此，$X_{0.01}$ 的标准化值是 $z_{0.01}=2.33$。为求 $X_{0.01}$，必须还原 $z_{0.01}$。我们可以通过解下面的方程求 $X_{0.01}$：

$$z_{0.01}=\frac{X_{0.01}-\mu}{\sigma}$$

将 $z_{0.01}=2.33$，$\mu=490$，$\sigma=61$ 代入上式，有

$$2.33=\frac{X_{0.01}-490}{61}$$

求解可得

$$X_{0.01}=2.33\times 61+490=632.13$$

将数值四舍五入（GMAT 分数是整数）。我们发现进入 EMBA 计划的最低 GMAT 得分是 633。

## □ 8－2c　$z_A$ 和分位数

在第 4 章，我们介绍了分位数，它是表示相对位置的一种指标。$z_A$ 的值是标准正态随机变量的第 100(1－$A$) 分位。比如，$z_{0.05}=1.645$ 表示 1.645 是第 95 分位。$Z$ 所

有取值的 95%小于 1.645，5%大于 1.645。我们可用同样方法解释其他的 $z_A$。

**使用计算机**

**Excel**

**计算机命令**

我们可以应用 Excel 来计算 $X$ 和 $Z$ 取值的概率。要计算累积正态概率 $P(X<x)$，只需在任一单元格中输入

=NORMDIST（[$x$]，[$\mu$]，[$\sigma$]，True）

（要计算累积概率，需要选择“True”；如果选择“False”，则计算机给出的是正态密度函数的取值，没有多大的意义。）

如果你输入的 $\mu$ 是 0，$\sigma$ 是 1，就可以得到标准正态分布概率。或者，输入函数 NORMSDIST 来代替 NORMDIST，同时输入 $z$ 值，也可以得到标准正态分布概率。

在例 8.2 中，我们得到 $P(X<1\,100)=P(Z<1.00)=0.841\,3$。要想用 Excel 得到这个概率值，输入

=NORMDIST（1100，1000，100，True）

或者

=NORMSDIST（1.00）

要计算 $Z_A$ 的取值，输入

=NORMSINV（[1−$A$]）

对于例 8.4，需要输入

=NORMSINV（0.95）

得到值 1.644 9，即 $Z_{0.05}=1.645$。

如果要计算给定概率值 $P(X>x)=A$ 对应的 $X$ 的取值，输入函数

=NORMINV（[1−$A$]，$\mu$，$\sigma$）

如果要求解本章开篇的例子，则输入函数

=NORMINV（0.99，490，61）

结果为 632。

**Minitab**

**计算机命令**

我们同样可以应用 Minitab 来计算 $X$ 和 $Z$ 取值的概率。

单击“Calc”（计算）—“Probability Distributions”（概率分布）—“Normal…”（正态…），选择“Cumulative probability”（累积概率）来计算 $P(X<x)$ 或“Inverse cumulative probability”（逆累积概率）来计算某个概率值对应的 $x$。然后指定“Mean”（均值）和“Standard deviation”（标准差）。

**在运营管理中的应用：存货模型**

每个组织都有库存，其中包括了很多产品。比如，杂货店会盘点它们卖出的几乎所有的东西。当售出产品的总数达到一个特定值时，经理就会安排送来更多产品。汽车修理厂会对大量的替换零件进行盘点。学校会对经常使用的物品制定物品清单，包括粉笔、笔、信封、文件夹和纸夹等。存货是有成本的，包括资金、损失（被盗和作废）、仓库占地费，还有保存和记录成本。管理学家建立了很多模型来帮助确定最优存货水平，以尽可能降低存货成本，其中包括短缺的成本和多次小额订货的成本。这些模型中的好几个是确定性的，它们假定对产品的需求是常数。但是在多数现实情况中，需求是随机变量。某个常用的应用概率模型假定订货到交货这段时间内的需求量是服从正态分布的随机变量。前置时间被定义为从订货到发货的时间间隔。

计算订货数量时，通常要满足使总成本最小化的要求，总成本包括订货成本和维护存货的成本。（有关这方面的知识在很多管理科学课程中都有涉及。）另外一个概念是“再订货点”，即向供应商提出订货申请时的存货水平。如果再订货点太低，公司很可能会脱销，因此面临销售损失，顾客也很可能会转向其他竞争性公司。如果再订货点太高，公司的存货量就会太大，储存和维护成本都很高。在很多公司，“存货”有渐渐过时的趋势。经理们定义了“安全库存”的概念，即减少公司处于脱销状况的次数的额外库存量。在实践中，他们设置了一个服务水平，即公司不会出现脱销的概率。我们用例 8.6 来说明再订货点的计算。

**例 8.6　确定再订货点**

春季，在某家庭用品商店，顾客对电扇的需求很大。公司利用计算机系统管理库存，以保证能够随时知道库存的数量。公司规定如果库存量低于再订货点（150），就新订 250 台风扇。然而，这项规定的执行结果是，公司经常脱销，造成了大量损失，因为前置时间和需求量都很高。经理想要减少脱销的发生率，试图保证只有 5%的订货在存货减为 0（会导致脱销）以后才到达。也就是说，服务水平为 95%。根据历史数据，前置时间内的需求服从均值为 200、标准差为 50 的正态分布。确定再订货点。

**解**

再订货点的确定要保证在前置时间内，需求超过再订货点的概率为 5%。图 8—20 描述了前置时间内需求和再订货点的关系。与本章开篇的例子类似，我们要查找右尾概率为 0.05 的标准正态变量的取值。再订货点（ROP）的标准化的值为 $z_{0.05}=1.645$。要计算再订货点，我们需要把 $z_{0.05}$ 反标准化。

$$z_{0.05}=\frac{\text{ROP}-\mu}{\sigma}$$

$$1.645=\frac{\text{ROP}-200}{50}$$

$$\text{ROP}=50\times 1.645+200=282.25$$

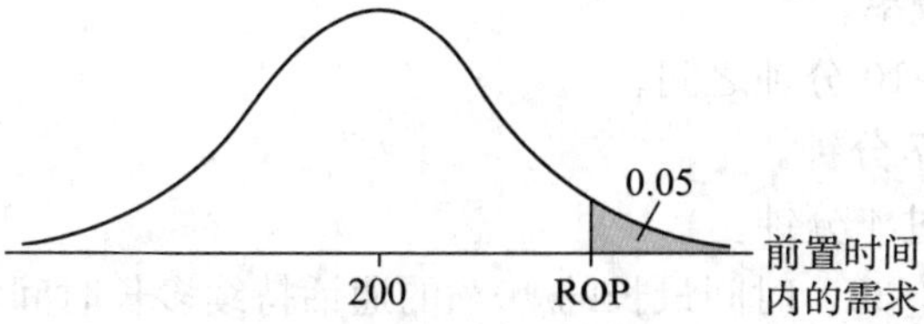


**图 8—20　前置时间内需求的直方图**

所以，取整为 283。当存货量为 283 时，公司就要考虑新订一批货。

## 习　题

对习题 8.15 至习题 8.30，求概率值。

**8.15**　$P(Z<1.50)$。

**8.16**　$P(Z<1.51)$。

**8.17**　$P(Z<1.55)$。

**8.18**　$P(Z<-1.59)$。

**8.19**　$P(Z<-1.6)$。

**8.20**　$P(Z<-2.3)$。

**8.21**　$P(-1.4<Z<0.6)$。

**8.22**　$P(Z>-1.44)$。

**8.23**　$P(Z<2.03)$。

**8.24**　$P(Z>1.67)$。

**8.25**　$P(Z<2.84)$。

**8.26**　$P(1.14<Z<2.43)$。

**8.27**　$P(-0.91<Z<-0.33)$。

**8.28**　$P(Z>3.09)$。

**8.29**　$P(Z>0)$。

**8.30**　$P(Z>4.0)$。

**8.31**　求 $z_{0.02}$。

**8.32**　求 $z_{0.045}$。

**8.33**　求 $z_{0.20}$。

**8.34**　$X$ 服从均值为 100、标准差为 20 的正态分布，请问 $X>145$ 的概率是多少？

**8.35**　$X$ 服从均值为 250、标准差为 40 的正态分布，$X$ 取何值时只有 15%的值大于它？

**8.36**　$X$ 服从均值为 1 000、标准差为 250 的正态分布，$X$ 落在 800～1 100 之间的概率是多少？

**8.37**　$X$ 服从均值为 50、标准差为 8 的正态分布，$X$ 取何值时只有 8%的值小于它？

**8.38**　某公司雇员的长途电话通话时间服从均值为 6.3 分钟、标准差为 2.2 分钟的正态分布。求下面的概率。

a. 某次通话在 5～10 分钟之间。

b. 某次通话超过 7 分钟。

c. 某次通话不超过 4 分钟。

**8.39** 参照习题 8.38，时间最长的 10%的通话持续多长时间？

**8.40** 广告上称寿命为 5 000 小时的灯泡的寿命服从均值为 5 100 小时、标准差为 200 小时的正态分布。某个灯泡寿命超过广告上所说的 5 000 小时的概率是多少？

**8.41** 参照习题 8.40，如果我们想确保 98%的灯泡的寿命比广告上所说的寿命长，那么广告上所宣称的寿命应该是多少？

**8.42** Travelbyus 是一家网上旅游公司，顾客通过网络可以了解自己想去的地方的信息。其每天的点击数服从均值为 10 000、标准差为 2 400 的正态分布。

a. 点击数超过 12 000 的概率是多少？

b. 点击数少于 9 000 的概率是多少？

**8.43** 参照习题 8.42，有一些网站没有足够的带宽来应对其流量，因此经常出现系统瘫痪。带宽可以用系统能够应对的点击量来测度。Travelbyus 公司为了能够应对日流量的 99.9%，需要多大的带宽？

**8.44** 一种消耗汽油和电的新车最近上市了。每加仑燃料能维持的距离数服从均值为 65 英里、标准差为 4 英里的正态分布。求下列事件的概率。

a. 这种车每加仑燃料维持的距离超过 70 英里。

b. 这种车每加仑燃料维持的距离低于 60 英里。

c. 这种车每加仑燃料维持的距离在 55～70 英里之间。

**8.45** 热卖中的 Red and Voss 品牌的轮胎被认为能坚持 70 000 英里。轮胎在损坏前跑的英里数服从均值为 82 000 英里、标准差为 6 400 英里的正态分布。

a. 轮胎在损坏前跑了 70 000 英里的概率是多少？

b. 一个轮胎至少能跑 100 000 英里的概率是多少？

**8.46** 两岁大的孩子的身高服从均值为 32 英寸、标准差为 1.5 英寸的正态分布。儿科医师经常通过测量幼儿的身高来检查孩子是否存在问题。如果孩子的身高在最高的 5%或者最低的 5%内，就认为孩子存在问题。两岁大的孩子的身高是多少时，存在问题？

**8.47** 参照习题 8.46，求下列事件的概率。

a. 一个两岁大的孩子身高超过 36 英寸的概率。

b. 一个两岁大的孩子身高低于 34 英寸的概率。

c. 一个两岁大的孩子身高在 30～33 英寸之间的概率。

**8.48** 大学生每天晚上睡眠时间的均值为 7.2 小时，标准差为 40 分钟。如果睡眠时间服从正态分布，请问大学生睡眠超过 8 小时的比例是多少？

**8.49** 参照习题 8.48，求某个值，使得只有 25%的学生睡眠时间多于它。

**8.50** 学期成绩为 A 的学生每周用来学习统计学的时间服从均值为 7.5 小时、标准差为 2.1 小时的正态分布。

a. 每周学习时间超过 10 小时的学生比例是多少？

b. 求 A 等学生的学习时间在 7～9 小时的概率。

c. 学习时间少于 3 小时的 A 等学生的比例是多少？

d. 求一个学习时间，使得只有 5%的 A 等学生的学习时间低于它。

**8.51** 在更换墨盒以前，激光打印机能打印的页数服从均值为 11 500 页、标准差为 800 页的正态分布。刚装好一个新的墨盒。

a. 在这个墨盒需要更换以前，可打印页数超过 12 000 页的概率是多少？

b. 在这个墨盒需要更换以前，可打印页数少于 10 000 页的概率是多少？

**8.52** 参照习题 8.51，制造商打算给潜在的顾客提供指导，通过广告告诉他们可以期望每个墨盒能打印的最少页数。如果公司希望 99%的打印页数都与广告一致，那么广告中宣称的页数应该是多少？

**8.53** 电池厂家主要的竞争是各自的产品在照相机和玩具上的持续时间。一家碱性电池厂家发现，它生产的电池用在玩具赛车上时平均持续时间是 26 小时，使用时间服从标准差为 2.5 小时的正态分布。

a. 电池持续时间在 24～28 小时之间的概率是多少？

b. 电池持续时间长于 28 小时的概率是多少？

c. 电池持续时间短于 24 小时的概率是多少？

**8.54** 由于相对高的利率，许多消费者都立即还清信用卡上的欠款。但并非永远这样。一个银行信用卡持有者发现月利息服从均值为 27 美元、标准差为 7 美元的正态分布。

a. 银行信用卡持有者所付利息超过 30 美元的比例是多少？

b. 银行信用卡持有者所付利息超过 40 美元的比例是多少？

c. 银行信用卡持有者所付利息低于 15 美元的比例是多少？

d. 求一个利息值，使得只有 20%的银行信用卡持有者所付利息超过它。

**8.55** 据说感染感冒病毒以后感冒症状会持续 7 天。其实，持续时间服从均值为 7.5 天、标准差为 1.2 天的正态分布。

a. 感冒患者的症状持续时间少于 4 天的比例是多少？

b. 感冒患者的症状持续时间在 7～10 天的比例是多少？

**8.56** 一个典型的四口之家每次光临麦当劳消费多少钱呢？该消费额服从均值为 16.4 美元、标准差为 2.75 美元的正态分布。

a. 求典型的四口之家消费低于 10 美元的概率。

b. 求一个消费额，使得只有 10%的四口之家的消费额低于它。

**8.57** 统计课的期末考试分数服从均值为 70、标准差为 10 的正态分布。教授必须将分数转化为字母等级。她决定有 10%的 A，30%的 B，40%的 C，15%的 D，5%的 F。请问每个字母等级的界限。

**8.58** 门萨是一个组织，其成员为智商最高的 2%那部分人。人的智商服从均值为 100、标准差为 16 的正态分布。求成为门萨中的一员需要的最低智商。

**8.59** 根据 2001 年加拿大普查的结果，大学毕业生收入的平均值为 61 823 美元，标准差为 17 301 美元。如果该收入服从正态分布，那么随机抽取一名大学毕业生，收入高于 70 000 美元的概率是多少？

**8.60** 习题 8.59 中的普查结果显示，学院毕业生收入的均值为 41 825 美元，标准差为 13 444 美元。如果该收入服从正态分布，计算随机抽取一名学院毕业生，收入少于 45 000 美元的概率。

**8.61** Hishobi 公司生产的电视机的寿命服从均值为 75 个月、标准差为 8 个月的正态分布。如果制造商只想退换其产品的 1%，那么它应该做什么保证？

**8.62** 根据《美国统计摘要》(2012 年，表 721)，户主年龄在 35～44 岁的家庭净财富的均值为 325 600 美元，标准差为 100 000 美元。如果该类家庭的净财富值服从正态分布，那么随机抽取一个户主年龄在 35～44 岁的家庭，其净财富值大于 500 000 美元的概率是多少？

**8.63** 一个计算机产品零售商销售与计算机有关的产品。他最热卖的一种商品就是惠普激光打印机，平均每周售出 200 台。从向厂家订货到货物运抵所需时间为 1 周。如果对打印机的需求是常数，这个零售商每周会订 200 台货。但是，需求是随机变量。对以前需求量的分析表明周需求的标准差为 30 台。如果有顾客要买惠普激光打印机，而她正好没货，那么她会失去这笔买卖以及其他可能相关的买卖。她想每周缺货的概率不超过 6%，那么她应该订多少货？

**8.64** 在某个热闹的十字路口的报摊，日报的销售量服从均值为 150、标准差为 25 的正态分布。这个报摊老板应该订多少份报纸，才能使每天缺货的概率不超过 20%？

**8.65** 某个面包房每天都提供它著名的大理石花纹黑麦面包。一个懂得统计的顾客发现，每天的面包需求量服从均值为 850、标准差为 90 的正态分布。这个面包房每天需要制造多少面包，才能使得任何一天缺货的概率不超过 30%？

**8.66** 参照习题 8.65，每天傍晚卖不出去的这种面包都会以半价卖掉。这个面包房要制造多少面包，才能使有面包剩下的概率不超过 60%？

### 在运营管理中的应用：PERT/CPM

在前面的运营管理应用部分，我们介绍了 PERT/CPM。这个管理科学程序的目的是找出一个工程的关键步骤。完成工程所需时间的期望和方差取决于关键步骤中完成各步所需时间的期望和方差。我们一旦知道了完成工程所需时间的期望和方差，就可以用这些数字去求在某个确定的时间完成工程的概率。统计学家发现，完成工程所需时间近似服从正态分布，因此，我们可以求完成工程所需时间的概率分布了。

**8.67** 参照习题 7.57，求完成这项工程需要 60 天以上的概率。

**8.68** 参照习题 7.58，完成项目所需时间的均值为 145 分钟，方差为 31 分钟$^2$，则彻底检查这台机器所用时间不超过 2.5 小时的概率是多少？

**8.69** 一只共同基金的年收益率服从均值为 14%、标准差为 18%的正态分布。

a. 来年这只基金的收益率超过 25%的概率是多少？

b. 来年这只基金赔钱的概率是多少？

**8.70** 在习题 7.64 中，我们计算得到均值为 0.106 0，标准差为 0.145 6。假设收益服从正态分布，计算下列事件发生的概率。

a. 该投资组合赔钱。

b. 投资组合的收益率大于 20%。

## 8.3 指数分布（可选）

另外一个重要的连续分布是**指数分布**（exponential distribution）。

> **指数概率密度函数**
>
> 如果随机变量 $X$ 的概率密度函数满足
>
> $$f(x)=\lambda e^{-\lambda x},\quad x\geqslant 0$$
>
> 就称 $X$ 服从指数分布，其中 $e=2.718\,28\cdots$，$\lambda$ 是分布的参数。

统计学家已经证明指数型随机变量的均值和标准差相等，即

$$\mu=\sigma=1/\lambda$$

正态分布是双参数分布，参数 $\mu$ 和 $\sigma$ 一旦给定，分布就完全确定。相比之下，指数分布是单参数分布，参数 $\lambda$ 的值一旦给定，分布就完全确定。图 8—21 描绘的是对应于三个不同 $\lambda$ 值的指数分布。注意，对任何指数密度函数 $f(x)$ 都有 $f(0)=\lambda$，并且当 $x$ 趋于无穷时，$f(x)$ 趋于 0。

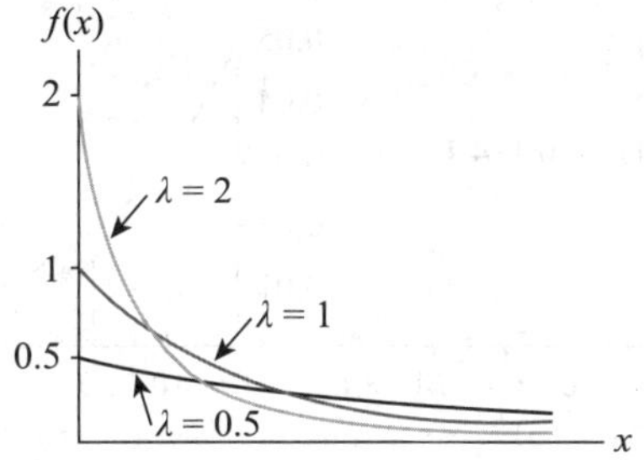


**图 8—21　指数分布**

与正态分布相比，指数分布的概率密度函数更易于求解，因此，我们可以得出计算随机变量位于任何区间的概率的公式。利用积分，我们可以求下列概率表达式。

> **有关指数随机变量的概率**
>
> 若 $X$ 是指数随机变量，则
>
> $$P(X>x)=e^{-\lambda x}$$
> $$P(X<x)=1-e^{-\lambda x}$$
> $$P(x_1<X<x_2)=P(X<x_2)-P(X<x_1)=e^{-\lambda x_1}-e^{-\lambda x_2}$$

$e^{-\lambda x}$ 的值可借助于积分得到。

### 例 8.7　碱性电池的使用寿命

一种碱性电池的寿命（单位：小时）服从 $\lambda=0.05$ 的指数分布。

a. 这种电池的寿命的均值和标准差是多少？
b. 求电池能用 10～15 小时的概率。
c. 电池能用 20 小时以上的概率是多少？

**解**

a. 均值和标准差都等于 $1/\lambda$，因此

$$\mu=\sigma=1/\lambda=1/0.05=20$$

b. 用 $X$ 表示电池的寿命，待求的概率是

$$\begin{aligned}P(10<X<15)&=e^{-0.05\times10}-e^{-0.05\times15}\\&=e^{-0.5}-e^{-0.75}\\&=0.6065-0.4724\\&=0.1341\end{aligned}$$

c. $$\begin{aligned}P(X>20)&=e^{-0.05\times20}\\&=e^{-1}\\&=0.3679\end{aligned}$$

图 8—22 描述了这些概率。

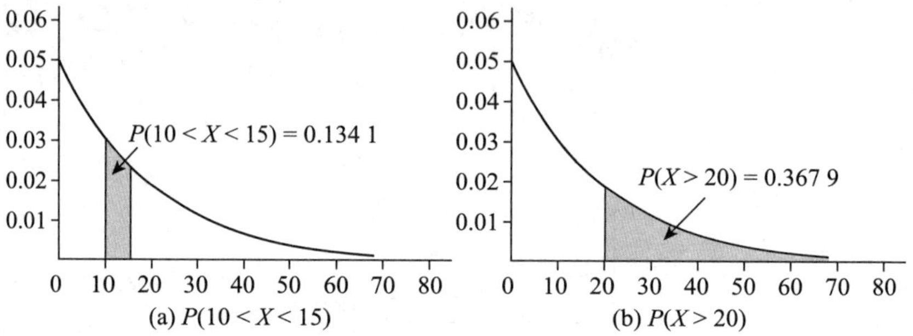


**图 8—22　例 8.7 的概率**

### 使用计算机

**Excel**

**计算机命令**

在任一单元格中输入

=EXPONDIST（[X]，[λ]，True）

要回答例 8.7c 中的问题，我们需要计算 $P(X<20)$，然后用 1 减掉这个数值。

要计算 $P(X<20)$，需输入

=EXPONDIST（20，0.05，True）

计算结果为 0.632 1。因此，$P(X>20)=1-0.6321=0.3679$，与之前我们手工计算的结果相同。

**Minitab**

**计算机命令**

单击"Calc"（计算）—"Probability Distributions"（概率分布）—"Exponential…"（指数…），然后选择"Cumulative probability"（累积概率）。在"Scale"（尺度）框中输入均值，即 $1/\lambda$，在"Threshold"（阈值）框中输入 0。

**在运营管理中的应用：排队**

在 7.5 节，我们介绍了排队理论并说明了如何应用泊松分布来计算每个时间段到达的人数的概率。为了描述排队的特性，管理学家经常假设完成一项服务所花费的时间服从指数分布。在实际应用中，参数 $\lambda$ 是服务率，其定义是每个时间段平均完成的服务数目。比如，如果服务时间服从 $\lambda=5$ 项/小时的指数分布，那么这表明服务率是每小时 5 项，或者每 60 分钟 5 项。指数分布的均值 $\mu=1/\lambda$。在这种情况下，服务系统每 12 分钟完成一项服务。通过下面的计算得到

$$\mu=\frac{1}{\lambda}=\frac{1}{5\text{ 项 / 小时}}=\frac{1}{5\text{ 项 /60 分钟}}=\frac{60\text{ 分钟}}{5\text{ 项}}=12\text{ 分钟 / 项}$$

我们可以利用这个分布来求一系列概率表达式。

**例 8.8　超市的结账处**

某超市的结账处完成一项服务所花费的时间服从服务率为 6 项/小时的指数分布。一个顾客来到结账处，求下列事件的概率。

a. 完成这项服务所花费的时间少于 5 分钟。

b. 这个顾客从到来到离开结账处所用的时间超过 10 分钟。

c. 完成这项服务所花费的时间在 5～8 分钟之间。

**解**

解答这个问题的一个方法是变换服务率，使得时间间隔为 1 分钟。（另外，我们可以通过转换概率表达式来完成，使得时间间隔是 1 小时的细分。）令服务率 $=\lambda=0.1$ 项/分钟。

a. $P(X<5)=1-e^{-\lambda x}=1-e^{-0.1\times 5}=1-e^{-0.5}=1-0.606\,5=0.393\,5$。

b. $P(X>10)=e^{-\lambda x}=e^{-0.1\times 10}=e^{-1}=0.367\,9$。

c. $P(5<X<8)=e^{-0.1\times 5}-e^{-0.1\times 8}=e^{-0.5}-e^{-0.8}=0.606\,5-0.449\,3=0.157\,2$。

## 习　题

**8.71**　$X$ 服从 $\lambda=3$ 的指数分布。通过画出和连接对应于 $x=0$，0.5，1，1.5，2 的 $f(x)$ 的值来描绘出 $X$ 分布的图形。

**8.72**　$X$ 服从 $\lambda=0.25$ 的指数分布。通过画出和连接对应于 $x=0$，2，4，6，8，

10，15，20 的 $f(x)$ 的值来描绘出 $X$ 分布的图形。

**8.73** $X$ 服从 $\lambda=0.5$ 的指数分布，求下列概率。

a. $P(X>1)$。

b. $P(X>0.4)$。

c. $P(X<0.5)$。

d. $P(X<2)$。

**8.74** $X$ 服从 $\lambda=0.3$ 的指数分布，求下列概率。

a. $P(X>2)$。

b. $P(X<4)$。

c. $P(1<X<2)$。

d. $P(X=3)$。

**8.75** 抗癌药物必需的一种复合化学药品的生产服从 $\lambda=6$ 千克/小时的指数分布，生产下一千克这种药品所需时间超过 15 分钟的概率是多少？

**8.76** 老机器的损坏时间间隔服从均值为 25 小时的指数分布，某台机器刚刚维修过，求与下一次损坏的时间间隔超过 50 小时的概率。

**8.77** 每辆卡车到达大使桥时都必须接受关税人员的检查，检查的服务率为每小时 10 辆，请问某辆卡车的检查时间超过 15 分钟的概率是多少？

**8.78** 一家银行为了吸引顾客，发布广告说它拥有最快捷的服务，对所有顾客的服务时间都少于 10 分钟。一位管理学家研究了这家银行的服务，发现服务时间服从均值为 5 分钟的指数分布。请问银行所说的“对所有顾客的服务时间都少于 10 分钟”是什么意思？

**8.79** 纽约快速通道上的收费站经常由于有大量汽车等着交费而发生拥挤。一位政府的顾问认为，如果将服务时间定义为从一辆车停下等候交费到离开所用的时间，那么服务时间服从均值为 2.7 分钟的指数分布。请问能以少于 3 分钟的时间通过收费站的汽车的比例是多少？

**8.80** 加油站的管理人员发现司机用于加油和付费的时间是完全不同的。实际上，这个时间服从均值为 7.5 分钟的指数分布。请问某辆车完成这个过程所需的时间少于 5 分钟的概率是多少？

**8.81** 由于使用者对自动取款机的使用包括一系列操作，因而不同顾客所需时间是完全不同的。一位银行顾问注意到这个时间服从均值为 125 秒的指数分布。请问完成操作需要 3 分钟以上的顾客的比例是多少？

**8.82** 一位超市的经理研究了顾客在结账处接受服务的时间，在向统计学教授核实以后，他认为结账时间服从均值为 6 分钟的指数分布，则结账时间在 10 分钟以上的顾客的比例是多少？

## 8.4 其他连续分布

本节将介绍另外三个连续分布，我们在统计推断中会用到它们。

### □ 8-4a　学生 $t$ 分布

学生 $t$ 分布是由威廉·戈塞特（William S. Gosset）在 1908 年首次提出的。[戈塞特以笔名“学生”发表了这个发现，并用 $t$ 表示随机变量，所以**学生 $t$ 分布**（Student $t$ distribution）也被称为学生的 $t$ 分布。] 它在统计推断中有广泛的应用，我们将在第 12 章、第 13 章、第 14 章、第 16 章、第 17 章和第 18 章介绍它的应用。

> **学生 $t$ 分布的概率密度函数**
>
> 学生 $t$ 分布的概率密度函数如下：
>
> $$f(t)=\frac{\Gamma[(v+1)/2]}{\sqrt{v\pi}\,\Gamma(v/2)}\left[1+\frac{t^2}{v}\right]^{-(v+1)/2}$$
>
> 式中 $\pi=3.141\,59\cdots$，$v$ 是学生 $t$ 分布的参数，称为**自由度**（degrees of freedom）。$\Gamma$ 是伽玛函数（此处不需要其定义）。

学生 $t$ 分布的均值和方差分别为

$$E(t)=0$$

和

$$V(t)=\frac{v}{v-2},\ v>2$$

图 8—23 描绘了学生 $t$ 分布的概率密度函数曲线。我们可以看到，这个分布和标准正态分布相似，都关于 0 对称。（两个分布的均值都是 0。）我们将学生 $t$ 分布描绘成土丘形，而正态分布是钟形。

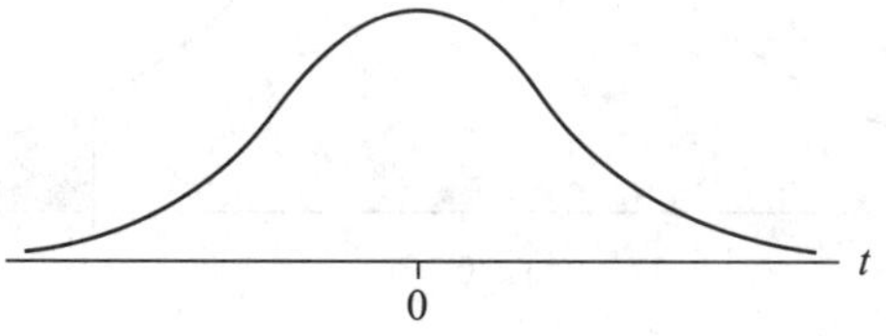


**图 8—23　学生 $t$ 分布**

图 8—24 是学生 $t$ 分布和标准正态分布的图形。前者比后者要宽。（标准正态分布的方差为 1，而学生 $t$ 分布的方差为 $v/(v-2)$，这个表达式对所有 $v$ 都大于 1。）

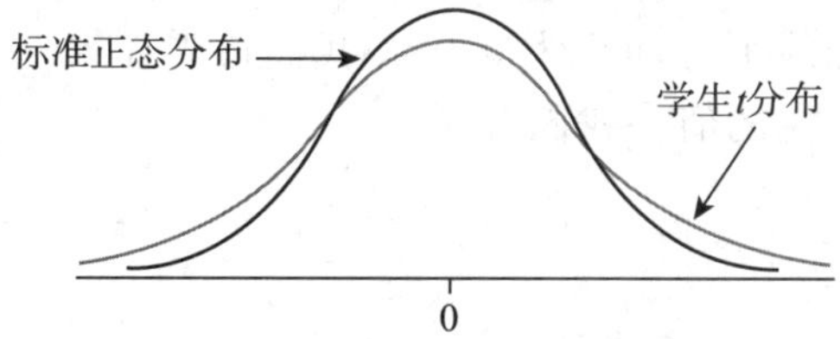


**图 8—24　学生 $t$ 分布与正态分布**

图 8—25 描绘的是对应于不同的自由度值的学生 $t$ 分布。注意，其自由度越大，分布的方差越小。比如，当 $v=10$ 时，$V(t)=1.25$；当 $v=50$ 时，$V(t)=1.042$；当 $v=200$ 时，$V(t)=1.010$。随着 $v$ 的增加，学生 $t$ 分布越接近于标准正态分布。

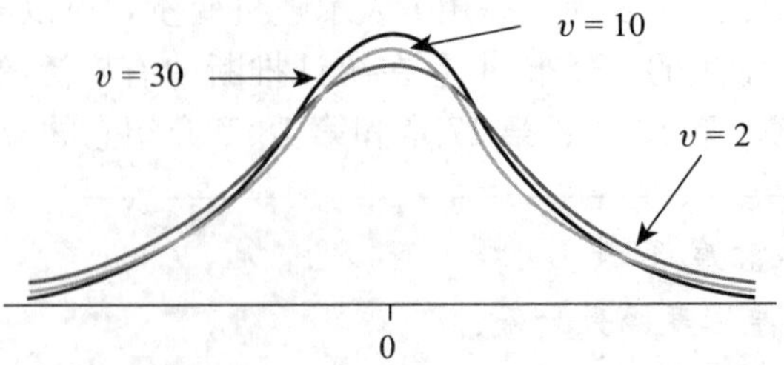


**图 8—25　自由度 $v$ 为 2，10 和 30 的学生 $t$ 分布**

**学生 $t$ 概率**　对于每个 $v$（自由度的个数），都有一个不同的学生 $t$ 分布。如果我们想同计算正态随机变量的概率一样手工计算学生 $t$ 随机变量的概率，那么我们对任何一个 $v$ 值都需要一个概率表，这是不可行的。因此，我们只能用 Excel 或者 Minitab 计算 $t$ 随机变量的概率，具体操作将在下面讲到。

**求学生 $t$ 的值**　你会在本书后面部分的学习中发现，学生 $t$ 分布在统计推断中广为应用。为了用推断方法，我们需要知道随机变量的值。前面我们用倒查附录 B 中的表 3 的方法求正态随机变量的值，求学生 $t$ 随机变量的值要简单一些。附录 B 中的表 4（表 8—2 由此表得出）列出了自由度为 $v$ 的学生 $t$ 随机变量的值 $t_{A,v}$，使得有

$$P(t>t_{A,v})=A$$

图 8—26 是对这个值的描绘。

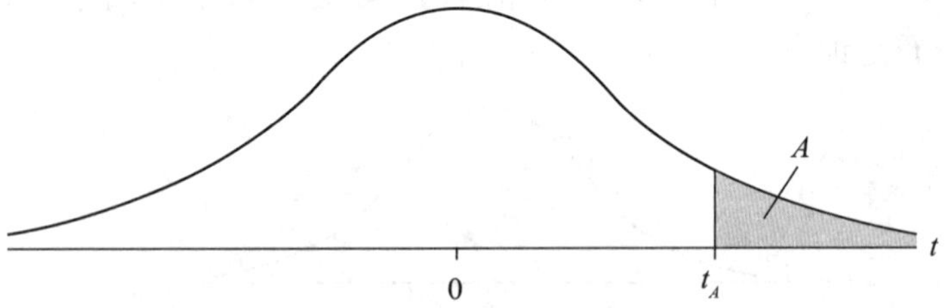


**图 8—26　学生 $t$ 分布与 $t_A$**

对应于自由度从 1 到 200 以及自由度为∞的情况，表 8—2 给出了 $t_{A,v}$ 的值。应用此表时，只需要确定自由度；如果自由度没有在表中列出来，就找与其最接近的自由度，这样就确定了你想要的 $t_{A,v}$ 值所在的行。比如，如果我们想求自由度为 10 的 $t$ 的值，使得其右侧对应的学生 $t$ 曲线下方面积为 0.05，我们首先在第一列中找到 10，然后在这一行里确定对应于表头 $t_{0.05}$ 的值。我们有

$$t_{0.05,10}=1.812$$

过程见表 8—3。

表 8—2　　　　$t$ 临界值表

| $v$ | $t_{0.100}$ | $t_{0.050}$ | $t_{0.025}$ | $t_{0.010}$ | $t_{0.005}$ | $v$ | $t_{0.100}$ | $t_{0.050}$ | $t_{0.025}$ | $t_{0.010}$ | $t_{0.005}$ |
|---|---|---|---|---|---|---|---|---|---|---|---|
| 1 | 3.078 | 6.314 | 12.71 | 31.82 | 63.66 | 29 | 1.311 | 1.699 | 2.045 | 2.462 | 2.756 |
| 2 | 1.886 | 2.920 | 4.303 | 6.965 | 9.925 | 30 | 1.310 | 1.697 | 2.042 | 2.457 | 2.750 |
| 3 | 1.638 | 2.353 | 3.182 | 4.541 | 5.841 | 35 | 1.306 | 1.690 | 2.030 | 2.438 | 2.724 |
| 4 | 1.533 | 2.132 | 2.776 | 3.747 | 4.604 | 40 | 1.303 | 1.684 | 2.021 | 2.423 | 2.704 |
| 5 | 1.476 | 2.015 | 2.571 | 3.365 | 4.032 | 45 | 1.301 | 1.679 | 2.014 | 2.412 | 2.690 |
| 6 | 1.440 | 1.943 | 2.447 | 3.143 | 3.707 | 50 | 1.299 | 1.676 | 2.009 | 2.403 | 2.678 |
| 7 | 1.415 | 1.895 | 2.365 | 2.998 | 3.499 | 55 | 1.297 | 1.673 | 2.004 | 2.396 | 2.668 |
| 8 | 1.397 | 1.860 | 2.306 | 2.896 | 3.355 | 60 | 1.296 | 1.671 | 2.000 | 2.390 | 2.660 |
| 9 | 1.383 | 1.833 | 2.262 | 2.821 | 3.250 | 65 | 1.295 | 1.669 | 1.997 | 2.385 | 2.654 |
| 10 | 1.372 | 1.812 | 2.228 | 2.764 | 3.169 | 70 | 1.294 | 1.667 | 1.994 | 2.381 | 2.648 |
| 11 | 1.363 | 1.796 | 2.201 | 2.718 | 3.106 | 75 | 1.293 | 1.665 | 1.992 | 2.377 | 2.643 |
| 12 | 1.356 | 1.782 | 2.179 | 2.681 | 3.055 | 80 | 1.292 | 1.664 | 1.990 | 2.374 | 2.639 |
| 13 | 1.350 | 1.771 | 2.160 | 2.650 | 3.012 | 85 | 1.292 | 1.663 | 1.988 | 2.371 | 2.635 |
| 14 | 1.345 | 1.761 | 2.145 | 2.624 | 2.977 | 90 | 1.291 | 1.662 | 1.987 | 2.368 | 2.632 |
| 15 | 1.341 | 1.753 | 2.131 | 2.602 | 2.947 | 95 | 1.291 | 1.661 | 1.985 | 2.366 | 2.629 |
| 16 | 1.337 | 1.746 | 2.120 | 2.583 | 2.921 | 100 | 1.290 | 1.660 | 1.984 | 2.364 | 2.626 |
| 17 | 1.333 | 1.740 | 2.110 | 2.567 | 2.898 | 110 | 1.289 | 1.659 | 1.982 | 2.361 | 2.621 |
| 18 | 1.330 | 1.734 | 2.101 | 2.552 | 2.878 | 120 | 1.289 | 1.658 | 1.980 | 2.358 | 2.617 |
| 19 | 1.328 | 1.729 | 2.093 | 2.539 | 2.861 | 130 | 1.288 | 1.657 | 1.978 | 2.355 | 2.614 |
| 20 | 1.325 | 1.725 | 2.086 | 2.528 | 2.845 | 140 | 1.288 | 1.656 | 1.977 | 2.353 | 2.611 |
| 21 | 1.323 | 1.721 | 2.080 | 2.518 | 2.831 | 150 | 1.287 | 1.655 | 1.976 | 2.351 | 2.609 |
| 22 | 1.321 | 1.717 | 2.074 | 2.508 | 2.819 | 160 | 1.287 | 1.654 | 1.975 | 2.350 | 2.607 |
| 23 | 1.319 | 1.714 | 2.069 | 2.500 | 2.807 | 170 | 1.287 | 1.654 | 1.974 | 2.348 | 2.605 |
| 24 | 1.318 | 1.711 | 2.064 | 2.492 | 2.797 | 180 | 1.286 | 1.653 | 1.973 | 2.347 | 2.603 |
| 25 | 1.316 | 1.708 | 2.060 | 2.485 | 2.787 | 190 | 1.286 | 1.653 | 1.973 | 2.346 | 2.602 |
| 26 | 1.315 | 1.706 | 2.056 | 2.479 | 2.779 | 200 | 1.286 | 1.653 | 1.972 | 2.345 | 2.601 |
| 27 | 1.314 | 1.703 | 2.052 | 2.473 | 2.771 | $\infty$ | 1.282 | 1.645 | 1.960 | 2.326 | 2.576 |
| 28 | 1.313 | 1.701 | 2.048 | 2.467 | 2.763 | | | | | | |

如果表中没有对应的自由度的值，则使用与其最接近的值。例如，假设我们想查找 $t_{0.025,32}$，因为表中的自由度没有 32 这个值，我们使用最接近的值 30 来代替，则 $t_{0.025,32}$ 的近似值为 2.042。

表 8—3　　查 $t_{0.05,10}$

| 自由度 | $t_{0.100}$ | $t_{0.050}$ | $t_{0.025}$ | $t_{0.010}$ | $t_{0.005}$ |
|---|---|---|---|---|---|
| 1 | 3.078 | 6.314 | 12.706 | 31.821 | 63.657 |
| 2 | 1.886 | 2.920 | 4.303 | 6.965 | 9.925 |
| 3 | 1.638 | 2.353 | 3.182 | 4.541 | 5.841 |
| 4 | 1.533 | 2.132 | 2.776 | 3.747 | 4.604 |
| 5 | 1.476 | 2.015 | 2.571 | 3.365 | 4.032 |
| 6 | 1.440 | 1.943 | 2.447 | 3.143 | 3.707 |
| 7 | 1.415 | 1.895 | 2.365 | 2.998 | 3.499 |
| 8 | 1.397 | 1.860 | 2.306 | 2.896 | 3.355 |
| 9 | 1.383 | 1.833 | 2.262 | 2.821 | 3.250 |
| 10 | 1.372 | 1.812 | 2.228 | 2.764 | 3.169 |
| 11 | 1.363 | 1.796 | 2.201 | 2.718 | 3.106 |
| 12 | 1.356 | 1.782 | 2.179 | 2.681 | 3.055 |

由于学生 $t$ 分布关于 0 对称，因此，使得其左侧面积等于 $A$ 的 $t$ 值是 $-t_{A,v}$。比如，自由度为 10、使得其左侧面积等于 0.05 的 $t$ 值是

$$-t_{0.05,10}=-1.812$$

注意，学生 $t$ 分布表的最后一行，无穷大的自由度对应的 $t$ 值等于 $z$ 值（除了小数点后面的位数）。比如：

$$t_{0.10,\infty}=1.282$$
$$t_{0.05,\infty}=1.645$$
$$t_{0.025,\infty}=1.960$$
$$t_{0.01,\infty}=2.326$$
$$t_{0.005,\infty}=2.576$$

在前面的章节里我们给出了（或者说明了怎么求）：

$$z_{0.10}=1.28$$
$$z_{0.05}=1.645$$
$$z_{0.025}=1.96$$
$$z_{0.01}=2.23$$
$$z_{0.005}=2.575$$

**使用计算机**

**Excel**

计算 $t$ 分布的概率值，需要输入

=TDIST([$x$], [$v$], [Tails])

注意，$x$ 必须是正值，$v$ 是自由度，Tails 的取值为 1 或 2。1 对应的是 $x$ 右侧的区域，2 对应的是 $x$ 右侧的区域加上 $-x$ 左侧的区域。例如

=TDIST (2, 50, 1)=0.025 47

=TDIST (2, 50, 2)=0.050 95

如果要计算 $t_A$，输入

=TINV ([2A], [v])

例如，要计算 $t_{0.05,200}$，需输入函数

=TINV (0.10, 200)

结果是 1.652 5。

**Minitab**

**计算机命令**

单击“Calc”（计算）—“Probability Distributions”（概率分布）—“t…”（t…），然后输入“Degrees of freedom”（自由度）的取值。

**$\chi^2$ 分布** 接下来将讲另一个非常有用的随机变量的概率密度函数。

**$\chi^2$ 分布概率密度函数**

$\chi^2$ 分布概率密度函数是

$$f(\chi^2)=\frac{1}{\Gamma(v/2)}\frac{1}{2^{v/2}}(\chi^2)^{(v/2)-1}e^{-\chi^2/2}, \quad \chi^2>0$$

参数 $v$ 是自由度的值，与学生 $t$ 分布的自由度一样，其大小决定分布的形状。



图 8—27 描绘了 **$\chi^2$ 分布**（Chi-squared distribution）。可以看出，它是一条正的斜线，$\chi^2$ 的取值范围是 $(0, +\infty)$。与学生 $t$ 分布曲线一样，$\chi^2$ 分布的形状也依赖于自由度的值。自由度增加对分布的影响见图 8—28。

$\chi^2$ 随机变量的均值和方差分别为 $E(\chi^2)=v$ 和 $V(\chi^2)=2v$。

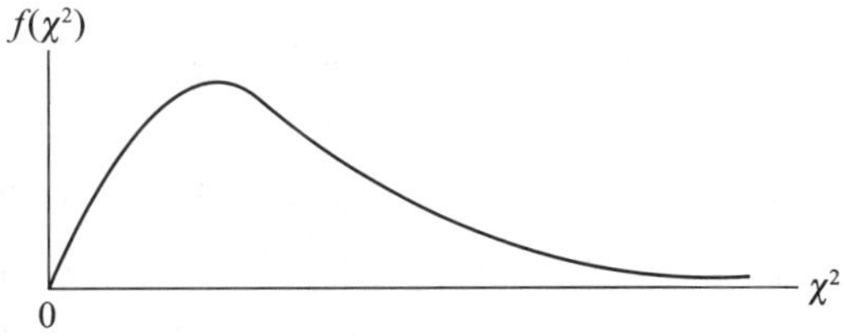


**图 8—27 $\chi^2$ 分布**

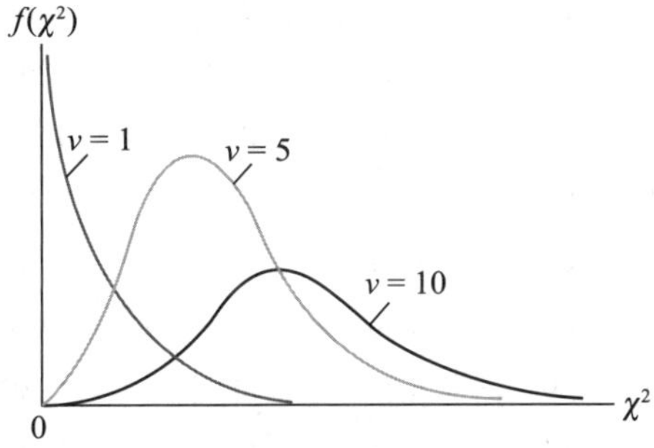


**图 8—28 自由度 $v$ 为 1，5 和 10 的 $\chi^2$ 分布**

**求 $\chi^2$ 的值** 记使其右侧对应的 $\chi^2$ 曲线下方面积等于 $A$、自由度为 $v$ 的 $\chi^2$ 值为 $\chi^2_{A,v}$。由于 $\chi^2$ 总大于 0，所以我们不能用 $-\chi^2_{A,v}$ 表示其左侧面积等于 $A$ 的 $\chi^2$ 值（像标准正态分布和学生 $t$ 分布那样）。但是，我们发现如果某个 $\chi^2$ 值左侧面积等于 $A$，那么

因为 $\chi^2$ 曲线下方所有面积和等于 1（所有连续分布都一样），所以其右侧面积等于 1－$A$，从而 $\chi^2_{1-A,v}$ 可表示其左侧面积等于 $A$ 的 $\chi^2$ 值。见图 8—29。

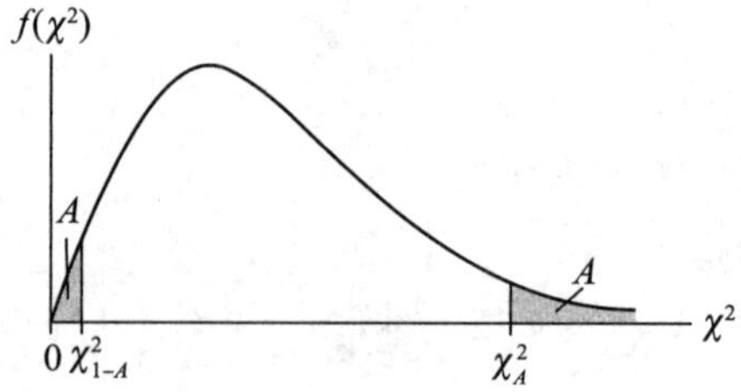


**图 8—29　$\chi^2_A$ 与 $\chi^2_{1-A}$**

附录 B 表 5（同下面的表 8—4）列出了自由度等于 1～30 以及自由度为 40、50、60、70、80、90 和 100 时的 $\chi^2$ 临界值。比如，要求自由度为 8 的使其右侧面积等于 0.05 的 $\chi^2$ 分布的值，那么在左侧列中，找到自由度为 8 的行，然后在最上面一行中找到 $\chi^2_{0.050}$ 所在的列，所确定的行和列的交点就是我们要找的值，如表 8—5 所示，即

$$\chi^2_{0.050,\ 8}=15.5$$

**表 8—4**　　**$\chi^2$ 临界值表**

| $v$ | $\chi^2_{0.995}$ | $\chi^2_{0.990}$ | $\chi^2_{0.975}$ | $\chi^2_{0.950}$ | $\chi^2_{0.900}$ | $\chi^2_{0.100}$ | $\chi^2_{0.050}$ | $\chi^2_{0.025}$ | $\chi^2_{0.010}$ | $\chi^2_{0.005}$ |
|---|---|---|---|---|---|---|---|---|---|---|
| 1 | 0.000 039 | 0.000 157 | 0.000 982 | 0.003 93 | 0.015 8 | 2.71 | 3.84 | 5.02 | 6.63 | 7.88 |
| 2 | 0.010 0 | 0.020 1 | 0.050 6 | 0.103 | 0.211 | 4.61 | 5.99 | 7.38 | 9.21 | 10.6 |
| 3 | 0.072 | 0.115 | 0.216 | 0.352 | 0.584 | 6.25 | 7.81 | 9.35 | 11.3 | 12.8 |
| 4 | 0.207 | 0.297 | 0.484 | 0.711 | 1.06 | 7.78 | 9.49 | 11.1 | 13.3 | 14.9 |
| 5 | 0.412 | 0.554 | 0.831 | 1.15 | 1.61 | 9.24 | 11.1 | 12.8 | 15.1 | 16.7 |
| 6 | 0.676 | 0.872 | 1.24 | 1.64 | 2.20 | 10.6 | 12.6 | 14.4 | 16.8 | 18.5 |
| 7 | 0.989 | 1.24 | 1.69 | 2.17 | 2.83 | 12.0 | 14.1 | 16.0 | 18.5 | 20.3 |
| 8 | 1.34 | 1.65 | 2.18 | 2.73 | 3.49 | 13.4 | 15.5 | 17.5 | 20.1 | 22.0 |
| 9 | 1.73 | 2.09 | 2.70 | 3.33 | 4.17 | 14.7 | 16.9 | 19.0 | 21.7 | 23.6 |
| 10 | 2.16 | 2.56 | 3.25 | 3.94 | 4.87 | 16.0 | 18.3 | 20.5 | 23.2 | 25.2 |
| 11 | 2.60 | 3.05 | 3.82 | 4.57 | 5.58 | 17.3 | 19.7 | 21.9 | 24.7 | 26.8 |
| 12 | 3.07 | 3.57 | 4.40 | 5.23 | 6.30 | 18.5 | 21.0 | 23.3 | 26.2 | 28.3 |
| 13 | 3.57 | 4.11 | 5.01 | 5.89 | 7.04 | 19.8 | 22.4 | 24.7 | 27.7 | 29.8 |
| 14 | 4.07 | 4.66 | 5.63 | 6.57 | 7.79 | 21.1 | 23.7 | 26.1 | 29.1 | 31.3 |
| 15 | 4.60 | 5.23 | 6.26 | 7.26 | 8.55 | 22.3 | 25.0 | 27.5 | 30.6 | 32.8 |
| 16 | 5.14 | 5.81 | 6.91 | 7.96 | 9.31 | 23.5 | 26.3 | 28.8 | 32.0 | 34.3 |
| 17 | 5.70 | 6.41 | 7.56 | 8.67 | 10.09 | 24.8 | 27.6 | 30.2 | 33.4 | 35.7 |
| 18 | 6.26 | 7.01 | 8.23 | 9.39 | 10.86 | 26.0 | 28.9 | 31.5 | 34.8 | 37.2 |
| 19 | 6.84 | 7.63 | 8.91 | 10.12 | 11.65 | 27.2 | 30.1 | 32.9 | 36.2 | 38.6 |
| 20 | 7.43 | 8.26 | 9.59 | 10.85 | 12.44 | 28.4 | 31.4 | 34.2 | 37.6 | 40.0 |

续前表

| $v$ | $\chi^2_{0.995}$ | $\chi^2_{0.990}$ | $\chi^2_{0.975}$ | $\chi^2_{0.950}$ | $\chi^2_{0.900}$ | $\chi^2_{0.100}$ | $\chi^2_{0.050}$ | $\chi^2_{0.025}$ | $\chi^2_{0.010}$ | $\chi^2_{0.005}$ |
|---|---|---|---|---|---|---|---|---|---|---|
| 21 | 8.03 | 8.90 | 10.28 | 11.59 | 13.24 | 29.6 | 32.7 | 35.5 | 38.9 | 41.4 |
| 22 | 8.64 | 9.54 | 10.98 | 12.34 | 14.04 | 30.8 | 33.9 | 36.8 | 40.3 | 42.8 |
| 23 | 9.26 | 10.20 | 11.69 | 13.09 | 14.85 | 32.0 | 35.2 | 38.1 | 41.6 | 44.2 |
| 24 | 9.89 | 10.86 | 12.40 | 13.85 | 15.66 | 33.2 | 36.4 | 39.4 | 43.0 | 45.6 |
| 25 | 10.52 | 11.52 | 13.12 | 14.61 | 16.47 | 34.4 | 37.7 | 40.6 | 44.3 | 46.9 |
| 26 | 11.16 | 12.20 | 13.84 | 15.38 | 17.29 | 35.6 | 38.9 | 41.9 | 45.6 | 48.3 |
| 27 | 11.81 | 12.88 | 14.57 | 16.15 | 18.11 | 36.7 | 40.1 | 43.2 | 47.0 | 49.6 |
| 28 | 12.46 | 13.56 | 15.31 | 16.93 | 18.94 | 37.9 | 41.3 | 44.5 | 48.3 | 51.0 |
| 29 | 13.12 | 14.26 | 16.05 | 17.71 | 19.77 | 39.1 | 42.6 | 45.7 | 49.6 | 52.3 |
| 30 | 13.79 | 14.95 | 16.79 | 18.49 | 20.60 | 40.3 | 43.8 | 47.0 | 50.9 | 53.7 |
| 40 | 20.71 | 22.16 | 24.43 | 26.51 | 29.05 | 51.8 | 55.8 | 59.3 | 63.7 | 66.8 |
| 50 | 27.99 | 29.71 | 32.36 | 34.76 | 37.69 | 63.2 | 67.5 | 71.4 | 76.2 | 79.5 |
| 60 | 35.53 | 37.48 | 40.48 | 43.19 | 46.46 | 74.4 | 79.1 | 83.3 | 88.4 | 92.0 |
| 70 | 43.28 | 45.44 | 48.76 | 51.74 | 55.33 | 85.5 | 90.5 | 95.0 | 100 | 104 |
| 80 | 51.17 | 53.54 | 57.15 | 60.39 | 64.28 | 96.6 | 102 | 107 | 112 | 116 |
| 90 | 59.20 | 61.75 | 65.65 | 69.13 | 73.29 | 108 | 113 | 118 | 124 | 128 |
| 100 | 67.33 | 70.06 | 74.22 | 77.93 | 82.36 | 118 | 124 | 130 | 136 | 140 |

对相同的分布，求其左侧面积等于 0.05、右侧面积等于 0.95 的 $\chi^2$ 临界值。找到最上面一行中 $\chi^2_{0.950}$ 对应的列和自由度 8 对应的行的交叉点（见表 8—5），可以看到

$$\chi^2_{0.950,\ 8}=2.73$$

**表 8—5** **$\chi^2_{0.050,8}$ 和 $\chi^2_{0.950,8}$ 的临界值**

| 自由度 | $\chi^2_{0.995}$ | $\chi^2_{0.990}$ | $\chi^2_{0.975}$ | $\chi^2_{0.950}$ | $\chi^2_{0.900}$ | $\chi^2_{0.100}$ | $\chi^2_{0.050}$ | $\chi^2_{0.025}$ | $\chi^2_{0.010}$ | $\chi^2_{0.005}$ |
|---|---|---|---|---|---|---|---|---|---|---|
| 1 | 0.000 039 | 0.000 157 | 0.000 982 | 0.003 93 | 0.015 8 | 2.71 | 3.84 | 5.02 | 6.63 | 7.88 |
| 2 | 0.010 0 | 0.020 1 | 0.050 6 | 0.103 | 0.211 | 4.61 | 5.99 | 7.38 | 9.21 | 10.6 |
| 3 | 0.072 | 0.115 | 0.216 | 0.352 | 0.584 | 6.25 | 7.81 | 9.35 | 11.3 | 12.8 |
| 4 | 0.207 | 0.297 | 0.484 | 0.711 | 1.06 | 7.78 | 9.49 | 11.1 | 13.3 | 14.9 |
| 5 | 0.412 | 0.554 | 0.831 | 1.15 | 1.61 | 9.24 | 11.1 | 12.8 | 15.1 | 16.7 |
| 6 | 0.676 | 0.872 | 1.24 | 1.64 | 2.20 | 10.6 | 12.6 | 14.4 | 16.8 | 18.5 |
| 7 | 0.989 | 1.24 | 1.69 | 2.17 | 2.83 | 12.0 | 14.1 | 16.0 | 18.5 | 20.3 |
| 8 | 1.34 | 1.65 | 2.18 | 2.73 | 3.49 | 13.4 | 15.5 | 17.5 | 20.1 | 22.0 |
| 9 | 1.73 | 2.09 | 2.70 | 3.33 | 4.17 | 14.7 | 16.9 | 19.0 | 21.7 | 23.6 |
| 10 | 2.16 | 2.56 | 3.25 | 3.94 | 4.87 | 16.0 | 18.3 | 20.5 | 23.2 | 25.2 |
| 11 | 2.60 | 3.05 | 3.82 | 4.57 | 5.58 | 17.3 | 19.7 | 21.9 | 24.7 | 26.8 |

对于自由度超过 100 的 $\chi^2$ 分布，可以用均值为 $v$、标准差为$\sqrt{2v}$的正态分布来近似。

**使用计算机**

**Excel**

**计算机命令**

要计算 $P(\chi^2 > x)$，需在任一单元格中输入

=CHIDIST（[$x$]，[$v$]）

例如，=CHIDIST（6.25，3）=0.100。

欲求 $\chi_{A,v}$，输入

=CHIINV（[$A$]，[$v$]）

例如，=CHIINV（0.10，3）=6.25。

**Minitab**

**计算机命令**

单击"Calc"（计算）—"Probability Distributions"（概率分布）—"Chi-square…"（卡方…），输入"Degrees of freedom"（自由度）。

## □ 8-4b *F* 分布

下面将给出 ***F* 分布**（*F* distribution）的密度函数。

***F* 分布概率密度函数**

$$f(F)=\frac{\Gamma\left(\frac{v_1+v_2}{2}\right)}{\Gamma\left(\frac{v_1}{2}\right)\Gamma\left(\frac{v_2}{2}\right)}\left(\frac{v_1}{v_2}\right)^{\frac{v_1}{2}}\frac{F^{\frac{v_1-2}{2}}}{\left(1+\frac{v_1F}{v_2}\right)^{\frac{v_1+v_2}{2}}},\quad F>0$$

式中 $F$ 的范围是[0，+∞)，$v_1$ 和 $v_2$ 是分布的参数，被称为自由度。

我们称 $v_1$ 为分子自由度，$v_2$ 为分母自由度，原因将在第 13 章给出。

$F$ 分布随机变量的均值为

$$E(F)=\frac{v_2}{v_2-2},\quad v_2>2$$

方差为

$$V(F)=\frac{2v_2^2(v_1+v_2-2)}{v_1(v_2-2)^2(v_2-4)},\quad v_2>4$$

注意，均值只与分母自由度有关，当 $v_2$ 很大时，$F$ 分布的均值近似为 1。图 8—30 是 $F$ 分布概率密度函数的图形，可以看出 $F$ 分布是正偏斜的。它的实际形状取决于两个自由度。

**求 $F$ 的值**　我们定义 $F_{A,v_1,v_2}$ 是自由度为 $v_1$ 和 $v_2$、其右侧曲线下方面积等于 $A$ 的 $F$ 的值，即

$$P(F > F_{A,v1,v2}) = A$$

由于 $F$ 随机变量和 $\chi^2$ 随机变量一样，都只能取正值，所以我们定义 $F_{1-A,v_1,v_2}$ 为使得其左侧面积等于 $A$ 的值。图 8—31 描绘了此点。附录 B 中的表 6 给出了 $A=0.05$，0.025 和 0.01 时的 $F_{A,v_1,v_2}$ 值。表 8—6 摘自该表。

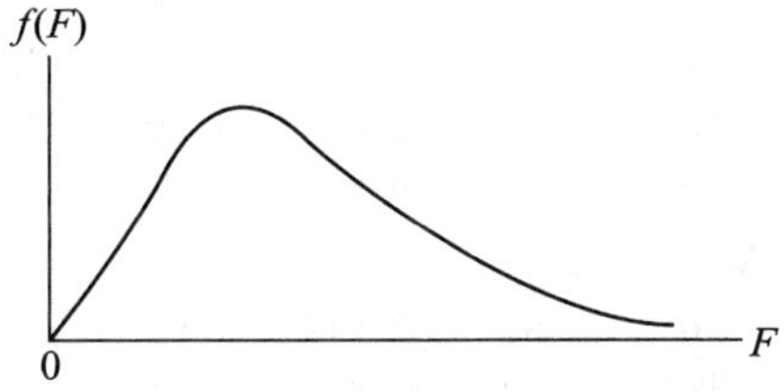


**图 8—30　F 分布**

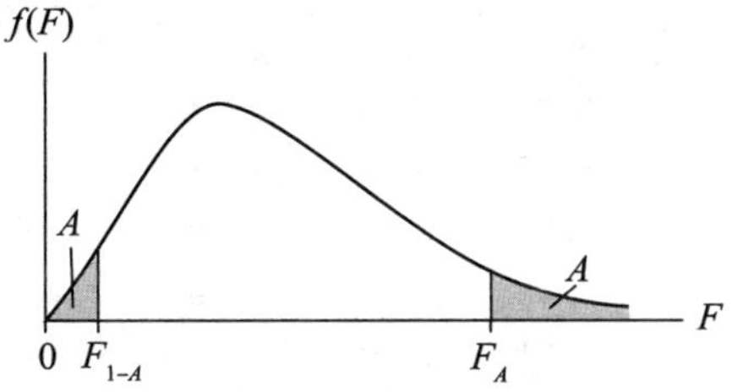


**图 8—31　$F_{1-A}$ 与 $F_A$**

**表 8—6　　$F_A$ 临界值表：$A=0.05$**

| $v_2$ | $v_1$ | | | | | | | | | |
|---|---|---|---|---|---|---|---|---|---|---|
| | 1 | 2 | 3 | 4 | 5 | 6 | 7 | 8 | 9 | 10 |
| 1 | 161 | 199 | 216 | 225 | 230 | 234 | 237 | 239 | 241 | 242 |
| 2 | 18.5 | 19.0 | 19.2 | 19.2 | 19.3 | 19.3 | 19.4 | 19.4 | 19.4 | 19.4 |
| 3 | 10.1 | 9.55 | 9.28 | 9.12 | 9.01 | 8.94 | 8.89 | 8.85 | 8.81 | 8.79 |
| 4 | 7.71 | 6.94 | 6.59 | 6.39 | 6.26 | 6.16 | 6.09 | 6.04 | 6.00 | 5.96 |
| 5 | 6.61 | 5.79 | 5.41 | 5.19 | 5.05 | 4.95 | 4.88 | 4.82 | 4.77 | 4.74 |
| 6 | 5.99 | 5.14 | 4.76 | 4.53 | 4.39 | 4.28 | 4.21 | 4.15 | 4.10 | 4.06 |
| 7 | 5.59 | 4.74 | 4.35 | 4.12 | 3.97 | 3.87 | 3.79 | 3.73 | 3.68 | 3.64 |
| 8 | 5.32 | 4.46 | 4.07 | 3.84 | 3.69 | 3.58 | 3.50 | 3.44 | 3.39 | 3.35 |
| 9 | 5.12 | 4.26 | 3.86 | 3.63 | 3.48 | 3.37 | 3.29 | 3.23 | 3.18 | 3.14 |
| 10 | 4.96 | 4.10 | 3.71 | 3.48 | 3.33 | 3.22 | 3.14 | 3.07 | 3.02 | 2.98 |
| 11 | 4.84 | 3.98 | 3.59 | 3.36 | 3.20 | 3.09 | 3.01 | 2.95 | 2.90 | 2.85 |
| 12 | 4.75 | 3.89 | 3.49 | 3.26 | 3.11 | 3.00 | 2.91 | 2.85 | 2.80 | 2.75 |
| 13 | 4.67 | 3.81 | 3.41 | 3.18 | 3.03 | 2.92 | 2.83 | 2.77 | 2.71 | 2.67 |
| 14 | 4.60 | 3.74 | 3.34 | 3.11 | 2.96 | 2.85 | 2.76 | 2.70 | 2.65 | 2.60 |
| 15 | 4.54 | 3.68 | 3.29 | 3.06 | 2.90 | 2.79 | 2.71 | 2.64 | 2.59 | 2.54 |
| 16 | 4.49 | 3.63 | 3.24 | 3.01 | 2.85 | 2.74 | 2.66 | 2.59 | 2.54 | 2.49 |
| 17 | 4.45 | 3.59 | 3.20 | 2.96 | 2.81 | 2.70 | 2.61 | 2.55 | 2.49 | 2.45 |
| 18 | 4.41 | 3.55 | 3.16 | 2.93 | 2.77 | 2.66 | 2.58 | 2.51 | 2.46 | 2.41 |
| 19 | 4.38 | 3.52 | 3.13 | 2.90 | 2.74 | 2.63 | 2.54 | 2.48 | 2.42 | 2.38 |
| 20 | 4.35 | 3.49 | 3.10 | 2.87 | 2.71 | 2.60 | 2.51 | 2.45 | 2.39 | 2.35 |
| 22 | 4.30 | 3.44 | 3.05 | 2.82 | 2.66 | 2.55 | 2.46 | 2.40 | 2.34 | 2.30 |
| 24 | 4.26 | 3.40 | 3.01 | 2.78 | 2.62 | 2.51 | 2.42 | 2.36 | 2.30 | 2.25 |
| 26 | 4.23 | 3.37 | 2.98 | 2.74 | 2.59 | 2.47 | 2.39 | 2.32 | 2.27 | 2.22 |
| 28 | 4.20 | 3.34 | 2.95 | 2.71 | 2.56 | 2.45 | 2.36 | 2.29 | 2.24 | 2.19 |
| 30 | 4.17 | 3.32 | 2.92 | 2.69 | 2.53 | 2.42 | 2.33 | 2.27 | 2.21 | 2.16 |

续前表

| $v_2$ | $v_1$ | | | | | | | | | |
|---|---|---|---|---|---|---|---|---|---|---|
| | 1 | 2 | 3 | 4 | 5 | 6 | 7 | 8 | 9 | 10 |
| 35 | 4.12 | 3.27 | 2.87 | 2.64 | 2.49 | 2.37 | 2.29 | 2.22 | 2.16 | 2.11 |
| 40 | 4.08 | 3.23 | 2.84 | 2.61 | 2.45 | 2.34 | 2.25 | 2.18 | 2.12 | 2.08 |
| 45 | 4.06 | 3.20 | 2.81 | 2.58 | 2.42 | 2.31 | 2.22 | 2.15 | 2.10 | 2.05 |
| 50 | 4.03 | 3.18 | 2.79 | 2.56 | 2.40 | 2.29 | 2.20 | 2.13 | 2.07 | 2.03 |
| 60 | 4.00 | 3.15 | 2.76 | 2.53 | 2.37 | 2.25 | 2.17 | 2.10 | 2.04 | 1.99 |
| 70 | 3.98 | 3.13 | 2.74 | 2.50 | 2.35 | 2.23 | 2.14 | 2.07 | 2.02 | 1.97 |
| 80 | 3.96 | 3.11 | 2.72 | 2.49 | 2.33 | 2.21 | 2.13 | 2.06 | 2.00 | 1.95 |
| 90 | 3.95 | 3.10 | 2.71 | 2.47 | 2.32 | 2.20 | 2.11 | 2.04 | 1.99 | 1.94 |
| 100 | 3.94 | 3.09 | 2.70 | 2.46 | 2.31 | 2.19 | 2.10 | 2.03 | 1.97 | 1.93 |
| 120 | 3.92 | 3.07 | 2.68 | 2.45 | 2.29 | 2.18 | 2.09 | 2.02 | 1.96 | 1.91 |
| 140 | 3.91 | 3.06 | 2.67 | 2.44 | 2.28 | 2.16 | 2.08 | 2.01 | 1.95 | 1.90 |
| 160 | 3.90 | 3.05 | 2.66 | 2.43 | 2.27 | 2.16 | 2.07 | 2.00 | 1.94 | 1.89 |
| 180 | 3.89 | 3.05 | 2.65 | 2.42 | 2.26 | 2.15 | 2.06 | 1.99 | 1.93 | 1.88 |
| 200 | 3.89 | 3.04 | 2.65 | 2.42 | 2.26 | 2.14 | 2.06 | 1.98 | 1.93 | 1.88 |
| ∞ | 3.84 | 3.00 | 2.61 | 2.37 | 2.21 | 2.10 | 2.01 | 1.94 | 1.88 | 1.83 |

附录 B 中的表 6 没有给出 $F_{1-A,v_1,v_2}$ 的值，但是我们不需要它们，因为我们可以利用 $F_{A,v_1,v_2}$ 的值计算 $F_{1-A,v_1,v_2}$ 的值。统计学家已经证明了

$$F_{1-A,\ v_1,\ v_2}=\frac{1}{F_{A,\ v_2,\ v_1}}$$

要求任何临界值，只需确定附录 B 中表 6 第一行分子自由度 $v_1$ 对应的列，以及左列分母自由度 $v_2$ 对应的行，行和列的交点就是我们要求的值。为了明确地进行说明，假设我们要求的是 $F_{0.05,5,7}$。表 8—7 显示了如何求这个点。在第一行找到分子自由度 5，在左列找到分母自由度 7，5 所在的列和 7 所在的行的交点是 3.97，即 $F_{0.05,5,7}=3.97$。

**表 8—7** **$F_{0.05,5,7}$**

| | | 分子自由度 | | | | | | | | |
|---|---|---|---|---|---|---|---|---|---|---|
| | $v_2$ \ $v_1$ | 1 | 2 | 3 | 4 | 5 | 6 | 7 | 8 | 9 |
| 分母自由度 | 1 | 161 | 199 | 216 | 225 | 230 | 234 | 237 | 239 | 241 |
| | 2 | 18.5 | 19.0 | 19.2 | 19.2 | 19.3 | 19.3 | 19.4 | 19.4 | 19.4 |
| | 3 | 10.1 | 9.55 | 9.28 | 9.12 | 9.01 | 8.94 | 8.89 | 8.85 | 8.81 |
| | 4 | 7.71 | 6.94 | 6.59 | 6.39 | 6.26 | 6.16 | 6.09 | 6.04 | 6.00 |
| | 5 | 6.61 | 5.79 | 5.41 | 5.19 | 5.05 | 4.95 | 4.88 | 4.82 | 4.77 |
| | 6 | 5.99 | 5.14 | 4.76 | 4.53 | 4.39 | 4.28 | 4.21 | 4.15 | 4.10 |
| | 7 | 5.59 | 4.74 | 4.35 | 4.12 | 3.97 | 3.87 | 3.79 | 3.73 | 3.68 |
| | 8 | 5.32 | 4.46 | 4.07 | 3.84 | 3.69 | 3.58 | 3.50 | 3.44 | 3.39 |
| | 9 | 5.12 | 4.26 | 3.86 | 3.63 | 3.48 | 3.37 | 3.29 | 3.23 | 3.18 |
| | 10 | 4.96 | 4.10 | 3.71 | 3.48 | 3.33 | 3.22 | 3.14 | 3.07 | 3.02 |

注意，自由度的顺序非常重要。求 $F_{0.05,7,5}$（分子自由度为 7，分母自由度为 5），在第一行找到 7，在左列找到 5，交点为 $F_{0.05,7,5}=4.88$。

假设要求的是自由度为 $v_1=4$，$v_2=8$ 且使得其左侧面积等于 0.05 的 $F$ 分布的点，这表示此点右侧面积等于 0.95：

$$F_{0.95,4,8}=\frac{1}{F_{0.05,8,4}}=\frac{1}{6.04}=0.166$$

**使用计算机**

**Excel**

**计算机命令**

要计算 $F$ 随机变量的概率，输入函数

=FDIST（[$X$]，[$v_1$]，[$v_2$]）

例如，=FDIST（3.97，5，7)=0.05。

要求 $F_A$，$v_1$，$v_2$，输入函数

=FINV（[$A$]，[$v_1$]，[$v_2$]）

例如，=FINV（0.05，5，7)=3.97。

**Minitab**

**计算机命令**

单击“Calc”（计算）—“Probability Distributions”（概率分布）—“F…”（F…），输入“Numerator degrees of freedom”（分子自由度）和“Denominator degrees of freedom”（分母自由度）。

## 习　题

下面部分题目需要使用计算机和相关软件。

**8.83**　利用 $t$ 分布表（附录 B 表 4）求下列 $t$ 值。

a. $t_{0.10,15}$　　b. $t_{0.10,23}$　　c. $t_{0.025,83}$　　d. $t_{0.05,195}$

**8.84**　利用 $t$ 分布表（附录 B 表 4）求下列 $t$ 值。

a. $t_{0.005,33}$　　b. $t_{0.10,600}$　　c. $t_{0.05,4}$　　d. $t_{0.01,20}$

**8.85**　利用计算机求下列 $t$ 值。

a. $t_{0.10,15}$　　b. $t_{0.10,23}$　　c. $t_{0.025,83}$　　d. $t_{0.05,195}$

**8.86**　利用计算机求下列 $t$ 值。

a. $t_{0.05,143}$　　b. $t_{0.01,12}$　　c. $t_{0.025,\infty}$　　d. $t_{0.05,100}$

**8.87**　利用计算机求下列概率值。

a. $P(t_{64}>2.12)$　　b. $P(t_{27}>1.90)$

c. $P(t_{159}>1.33)$ d. $P(t_{550}>1.85)$

**8.88** 利用计算机求下列概率值。

a. $P(t_{141}>0.94)$ b. $P(t_{421}>2.00)$

c. $P(t_{1\,000}>1.96)$ d. $P(t_{82}>1.96)$

**8.89** 利用 $\chi^2$ 分布表（附录 B 表 5）求下列 $\chi^2$ 值。

a. $\chi^2_{0.10,5}$ b. $\chi^2_{0.01,100}$ c. $\chi^2_{0.95,18}$ d. $\chi^2_{0.99,60}$

**8.90** 利用 $\chi^2$ 分布表（附录 B 表 5）求下列 $\chi^2$ 值。

a. $\chi^2_{0.90,26}$ b. $\chi^2_{0.01,30}$ c. $\chi^2_{0.10,1}$ d. $\chi^2_{0.99,80}$

**8.91** 利用计算机求下列 $\chi^2$ 值。

a. $\chi^2_{0.25,66}$ b. $\chi^2_{0.40,100}$ c. $\chi^2_{0.50,17}$ d. $\chi^2_{0.10,17}$

**8.92** 利用计算机求下列 $\chi^2$ 值。

a. $\chi^2_{0.99,55}$ b. $\chi^2_{0.05,800}$ c. $\chi^2_{0.99,43}$ d. $\chi^2_{0.10,233}$

**8.93** 利用计算机求下列概率值。

a. $P(\chi^2_{73}>80)$ b. $P(\chi^2_{200}>125)$ c. $P(\chi^2_{88}>60)$ d. $P(\chi^2_{1\,000}>450)$

**8.94** 利用计算机求下列概率值。

a. $P(\chi^2_{250}>250)$ b. $P(\chi^2_{36}>25)$ c. $P(\chi^2_{600}>500)$ d. $P(\chi^2_{120}>100)$

**8.95** 利用 $F$ 分布表（附录 B 表 6）求下列 $F$ 值。

a. $F_{0.05,3,7}$ b. $F_{0.05,7,3}$ c. $F_{0.025,5,20}$ d. $F_{0.01,12,60}$

**8.96** 利用 $F$ 分布表（附录 B 表 6）求下列 $F$ 值。

a. $F_{0.025,8,22}$ b. $F_{0.05,20,30}$ c. $F_{0.01,9,18}$ d. $F_{0.025,24,10}$

**8.97** 利用计算机求下列 $F$ 值。

a. $F_{0.05,70,70}$ b. $F_{0.01,45,100}$ c. $F_{0.025,36,50}$ d. $F_{0.05,500,500}$

**8.98** 利用计算机求下列 $F$ 值。

a. $F_{0.01,100,150}$ b. $F_{0.05,25,125}$ c. $F_{0.01,11,33}$ d. $F_{0.05,300,800}$

**8.99** 利用计算机求下列概率值。

a. $P(F_{7,20}>2.5)$ b. $P(F_{18,63}>1.4)$

c. $P(F_{34,62}>1.8)$ d. $P(F_{200,400}>1.1)$

**8.100** 利用计算机求下列概率值。

a. $P(F_{600,800}>1.1)$ b. $P(F_{35,100}>1.3)$

c. $P(F_{66,148}>2.1)$ d. $P(F_{17,37}>2.8)$

## 小　结

本章介绍了连续型随机变量及其分布。由于连续型随机变量可以看作能取无穷多个值，所以连续型随机变量取单个值的概率是零。因此，我们研究随机变量落在一个区间内的概率。我们说明了随机变量落在任何区间的概率等于密度函数曲线下方对应于该区间的面积。

我们介绍了统计学中最重要的分布——正态分布，展示了如何计算一个正态随机变量落在任一区间的概率。另外，我们描述了如何倒用正态分布表来求正态随机变量的值。接下来，我们研究了一个在管理科学中很有用的分布——指数分布。最后，我们给出了另外三个在统计推断中有广泛应用的连续型随机变量的分布及其概率密度函数，即学生 $t$ 分布、$\chi^2$ 分布和 $F$ 分布。

**重要术语**

| | | | |
|---|---|---|---|
| 概率密度函数 | 均匀概率分布 | 矩形概率分布 | 正态分布 |
| 正态随机变量 | 标准正态随机变量 | 指数分布 | 学生 $t$ 分布 |
| 自由度 | $\chi^2$ 分布 | $F$ 分布 | |

**符号**

| 符号 | 意义 |
|---|---|
| $\pi$ | 3.141 59… |
| $Z_A$ | 其右侧面积等于 $A$ 的 $Z$ 的值 |
| $v$ | 自由度 |
| $t_A$ | 其右侧面积等于 $A$ 的 $t$ 的值 |
| $\chi_A^2$ | 其右侧面积等于 $A$ 的 $\chi^2$ 的值 |
| $F_A$ | 其右侧面积等于 $A$ 的 $F$ 的值 |
| $v_1$ | 分子自由度 |
| $v_2$ | 分母自由度 |

# 第 9 章 抽样分布

**商学院毕业生的薪水**

商学院的院长和其他教员经常会关注他们项目的毕业生在市场上的表现。毕业生的工作类型和薪水可以提供有关这个项目是否成功的重要信息。

在某大学的招生广告中，商学院院长宣称该学院的毕业生毕业一年之后周工资的平均值是 800 美元，标准差是 100 美元。该学院一位二年级的学生刚刚修完统计学课程，想要检验该主任的说法是否正确。他抽取了 25 名一年前毕业的学生，记录了他们的周工资。他发现样本均值是 750 美元。为了解释他的发现，他需要计算对于均值为 800 美元、标准差为 100 美元的总体产生的样本容量为 25 的样本，样本均值为 750（或者更小）美元的概率。计算出这个概率以后，他才能下结论。本例答案请见 9－1b 小节。

## 引 言

本章对统计推断的基本要素——抽样分布加以介绍。回想一下，统计推断是将数据转化为信息的过程。下面是我们对这一过程已经深入讨论过的部分：

1. 参数用于描述总体；
2. 参数一般都是未知的；
3. 通过从总体中抽取随机样本来获取必要的数据；

4. 利用这些数据来计算一个或更多统计量。

例如，为了估计总体的均值，我们就要计算样本均值。虽然样本均值与总体均值相等的机会非常小，但我们可以预期它们是很接近的。不过，为了能进行统计推断，我们还必须能够度量它们接近的程度。抽样分布恰恰具有这一功能。由于对近似性的度量是进行统计推断的关键所在，因而抽样分布在统计推断过程中起到了至关重要的作用。

## 9.1 均值的抽样分布

顾名思义，**抽样分布**（sampling distribution）就是通过抽样产生的分布。产生抽样分布的方法有两种：第一种是从总体中抽取相同容量的样本，计算感兴趣的统计量，然后使用描述性统计方法分析抽样分布；第二种是根据概率原理及期望和方差的性质推导出抽样分布。我们将通过产生两枚骰子的均值的例子来说明第二种方法。

### □ 9-1a 两枚骰子的均值的抽样分布

考虑由无数次投掷一枚均匀骰子所产生的结果构成的总体，用随机变量 $X$ 表示在一次投掷中出现的点数。随机变量 $X$ 的概率分布如下表所示：

| $x$ | 1 | 2 | 3 | 4 | 5 | 6 |
|---|---|---|---|---|---|---|
| $P(x)$ | 1/6 | 1/6 | 1/6 | 1/6 | 1/6 | 1/6 |

由于可以将骰子投掷无数次（至少可以这样想象），因而总体是无穷大的。根据 7.1 节所给出的期望值和方差的定义，可以计算总体的均值、方差及标准差。

总体均值：

$$\begin{aligned}\mu &= \sum xP(x)\\ &=1(1/6)+2(1/6)+3(1/6)+4(1/6)+5(1/6)+6(1/6)\\ &=3.5\end{aligned}$$

总体方差：

$$\begin{aligned}\sigma^2 &= \sum (x-\mu)^2P(x)\\ &=(1-3.5)^2(1/6)+(2-3.5)^2(1/6)+(3-3.5)^2(1/6)\\ &\quad +(4-3.5)^2(1/6)+(5-3.5)^2(1/6)+(6-3.5)^2(1/6)\\ &=2.92\end{aligned}$$

总体标准差：

$$\sigma=\sqrt{\sigma^2}=\sqrt{2.92}=1.71$$

抽样分布是通过从总体中抽取容量为 2 的样本产生的，也就是说，我们掷了两个骰子。图 9—1 描述了我们计算每个样本均值的过程。由于不同样本的均值之间会随机性地存在差异，因而可以将 $\overline{X}$ 看作是由抽样产生的新的随机变量。表 9—1 列出了所有可能的样本以及相应的 $\overline{x}$ 值。

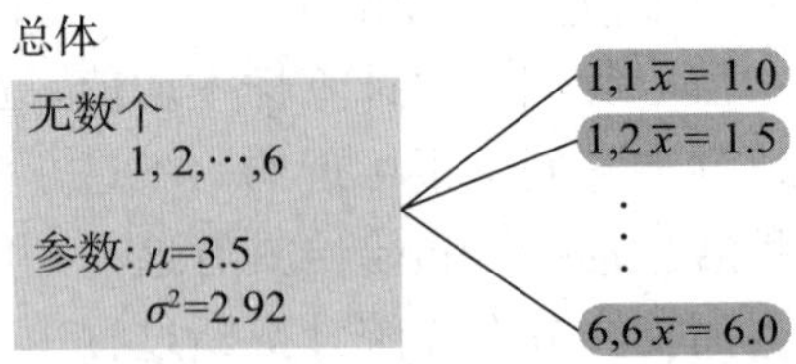


**图 9—1　从总体中抽取容量为 2 的样本**

**表 9—1　　所有容量为 2 的样本及其均值**

| 样本 | $\bar{x}$ | 样本 | $\bar{x}$ | 样本 | $\bar{x}$ |
|---|---|---|---|---|---|
| 1，1 | 1.0 | 3，1 | 2.0 | 5，1 | 3.0 |
| 1，2 | 1.5 | 3，2 | 2.5 | 5，2 | 3.5 |
| 1，3 | 2.0 | 3，3 | 3.0 | 5，3 | 4.0 |
| 1，4 | 2.5 | 3，4 | 3.5 | 5，4 | 4.5 |
| 1，5 | 3.0 | 3，5 | 4.0 | 5，5 | 5.0 |
| 1，6 | 3.5 | 3，6 | 4.5 | 5，6 | 5.5 |
| 2，1 | 1.5 | 4，1 | 2.5 | 6，1 | 3.5 |
| 2，2 | 2.0 | 4，2 | 3.0 | 6，2 | 4.0 |
| 2，3 | 2.5 | 4，3 | 3.5 | 6，3 | 4.5 |
| 2，4 | 3.0 | 4，4 | 4.0 | 6，4 | 5.0 |
| 2，5 | 3.5 | 4，5 | 4.5 | 6，5 | 5.5 |
| 2，6 | 4.0 | 4，6 | 5.0 | 6，6 | 6.0 |

所有容量为 2 的可能样本有 36 个，每个样本出现的可能性是相同的，因而任一样本被抽中的概率都是 1/36。不过，$\bar{x}$ 只可能有 11 个不同的值，即 1.0，1.5，2.0，…，6.0，$\bar{x}$ 的一些值发生的频率是不同的。$\bar{x}=1.0$ 仅出现了一次，故 $P(\bar{x}=1.0)=1/36$；$\bar{x}=1.5$ 出现了两次，即（1，2）和（2，1），且每次的概率都是 1/36，则 $P(\bar{x}=1.5)=2/36$。其余数值出现的概率也可以通过同样的方式加以确定。**样本均值的抽样分布**（sampling distribution of the sample mean）如表 9—2 所示。

**表 9—2　　$\bar{X}$ 的抽样分布**

| $\bar{x}$ | $P(\bar{x})$ |
|---|---|
| 1.0 | 1/36 |
| 1.5 | 2/36 |
| 2.0 | 3/36 |
| 2.5 | 4/36 |
| 3.0 | 5/36 |
| 3.5 | 6/36 |
| 4.0 | 5/36 |
| 4.5 | 4/36 |

续前表

| $\bar{x}$ | $P(\bar{x})$ |
|---|---|
| 5.0 | 3/36 |
| 5.5 | 2/36 |
| 6.0 | 1/36 |

抽样分布最有趣的方面在于它与 $X$ 的分布的差异程度，如图 9—2 所示。

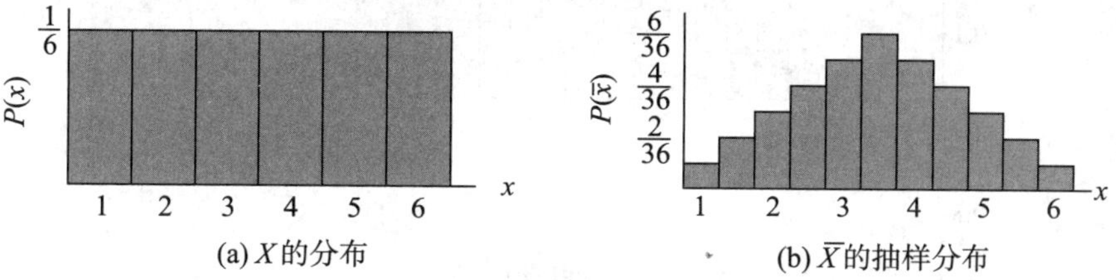

**图 9—2　$X$ 与 $\bar{X}$ 的分布**

可以计算出抽样分布的均值、方差和标准差。同样，利用期望和方差的定义，可以确定抽样分布的如下参数。

$\bar{X}$ 的抽样分布的均值：

$$\mu_{\bar{x}} = \sum \bar{x}P(\bar{x})$$
$$=1.0(1/36)+1.5(2/36)+\cdots+6.0(1/36)$$
$$=3.5$$

注意，$\bar{X}$ 的抽样分布的均值与上文计算的由骰子点数构成的总体的均值是相等的。

$\bar{X}$ 的抽样分布的方差：

$$\sigma_{\bar{x}}^2 = \sum(\bar{x}-\mu_{\bar{x}})^2P(\bar{x})$$
$$=(1.0-3.5)^2(1/36)+(1.5-3.5)^2(2/36)$$
$$+\cdots+(6.0-3.5)^2(1/36)$$
$$=1.46$$

$\bar{X}$ 的抽样分布的方差等于由骰子点数构成的总体方差（上文计算得 $\sigma^2=2.92$）的 1/2 也绝非偶然。

$\bar{X}$ 的抽样分布的标准差：

$$\sigma_{\bar{x}}=\sqrt{\sigma_{\bar{x}}^2}=\sqrt{1.46}=1.21$$

认识到图 9—2 所描绘的 $\bar{X}$ 的抽样分布不同于 $X$ 的分布是非常重要的。不过这两个随机变量是相关的，它们的均值相同（$\mu_{\bar{x}}=\mu=3.5$），方差也有关系（$\sigma_{\bar{x}}^2=\sigma^2/2$）。

切记，不要混淆术语和符号，$\mu$ 和 $\sigma^2$ 是 $X$ 的总体的参数。为得到 $\bar{X}$ 的抽样分布，我们从总体中重复抽取容量为 2 的样本，并计算每一个样本的均值 $\bar{x}$。因而可以将 $\bar{X}$ 看作新的随机变量，它有自己的分布、均值和方差，其均值记为 $\mu_{\bar{x}}$，方差记为 $\sigma_{\bar{x}}^2$。

如果令样本容量 $n$ 为其他值，再对同一总体重复上述抽样过程，可以得到 $\bar{X}$ 的略有不同的抽样分布。图 9—3 显示了当 $n=5$，10 和 25 时 $\bar{X}$ 的抽样分布。

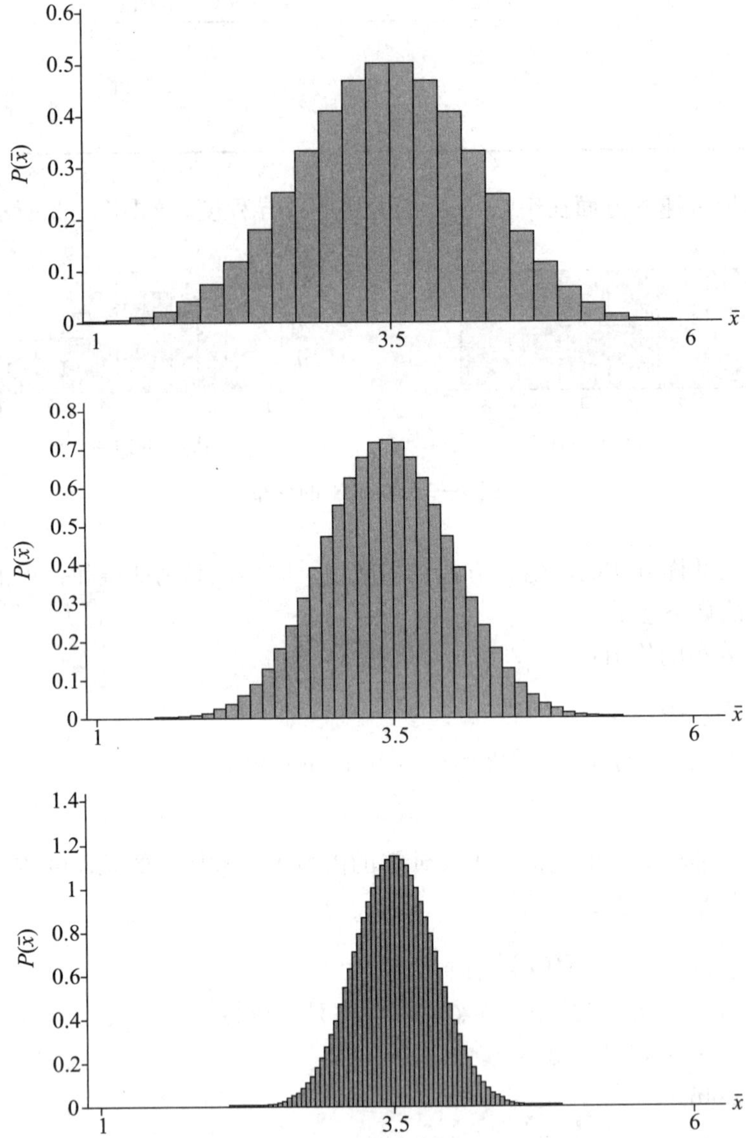


**图 9—3　不同样本容量（$n=5$，10，25）下 $\bar{X}$ 的抽样分布**

对于 $n$ 的每个值，样本均值的抽样分布的均值都等于从中抽样的总体的均值，即

$$\mu_{\bar{x}}=\mu=3.5$$

而样本均值抽样分布的方差恒等于总体方差除以样本容量，即

$$\sigma_{\bar{x}}^2=\frac{\sigma^2}{n}$$

抽样分布的标准差又称为**均值的标准误**（standard error of the mean），即

$$\sigma_{\bar{x}}=\frac{\sigma}{\sqrt{n}}$$

这就意味着对于所有的 $n$，$\overline{X}$ 的抽样分布的方差都小于从中抽样的总体的方差。因此，对 $\overline{X}$ 随机选择一个值（比如投掷 5 次骰子所观察到的点数的均值）将比对 $X$ 随机选择一个值更有可能接近于均值 3.5。实际上，这并不难理解，投掷骰子 5 次可能会出现一些 5 和 6 以及一些 1 和 2，但在平均的过程中这些值彼此抵消了，最终得到一个相对接近于 3.5 的样本均值。当投掷骰子的次数增加时，样本均值接近 3.5 的概率也会增加。因此，从图 9—3 中我们可以看到，当 $n$ 增加时，$\overline{X}$ 的抽样分布变得越来越窄（或越集中于均值）。

另外，随着 $n$ 的增大，$\overline{X}$ 的抽样分布越来越接近于钟形。这种现象被概括为**中心极限定理**（central limit theorem）。

> **中心极限定理**
>
> 在样本容量足够大时，从任意总体中抽取的随机样本均值的抽样分布都近似是正态的。样本容量越大，$\overline{X}$ 的抽样分布与正态分布的近似程度越高。

中心极限定理暗示的近似度取决于总体的概率分布以及样本容量。如果总体是正态的，则 $n$ 取任何值时，$\overline{X}$ 都服从正态分布；如果总体不是正态的，则只有在 $n$ 取比较大的值时，$\overline{X}$ 才近似服从正态分布。在许多实际情形中，样本容量为 30 可能就已经足够大，可以用正态分布来近似代替 $\overline{X}$ 的抽样分布。然而，如果总体是极端非正态的（例如，呈双峰和高度有偏分布的极端非正态总体），抽样分布即使在 $n$ 值相当大时也是非正态的。

**任意总体均值的抽样分布**　我们可以将上述定理扩展到所有无限大的总体。统计学家已经证明抽样分布的均值总是等于总体分布的均值，并且对于无限大的总体来说，标准误为 $\sigma/\sqrt{n}$（在随书所附凯勒网站的附录——使用期望和方差的性质推导抽样分布的参数中给出了 $\mu_{\bar{x}}=\mu$ 和 $\sigma_{\bar{x}}^2=\frac{\sigma^2}{n}$ 的数学证明）。然而，如果总体是有限的，那么标准误为

$$\sigma_{\bar{x}}=\frac{\sigma}{\sqrt{n}}\sqrt{\frac{N-n}{N-1}}$$

其中 $N$ 是总体大小，$\sqrt{\frac{N-n}{N-1}}$ 被称为**有限总体校正因子**（finite population correction factor）。（校正因子的相关介绍参见凯勒网站的附录——超几何分布。）相关分析（见习题 9.13 和习题 9.14）证明，如果总体相对于样本足够大，那么有限总体校正因子接近于 1，可以忽略。根据拇指原则，如果总体大小是样本大小的 20 倍，我们就可以认为总体足够大。实际中的总体往往都满足足够大的要求，因为如果总体很小，我们就可以对总体中的每一个元素进行分析，精确计算参数的取值了。所以，有限总体校正因子经常可以被省略。

可以将样本均值抽样分布的有关结论归纳如下。

**样本均值的抽样分布**

1. $\mu_{\bar{x}}=\mu$。

2. $\sigma_{\bar{x}}^2=\sigma^2/n$，$\sigma_{\bar{x}}=\sigma/\sqrt{n}$。

3. 如果 $X$ 是正态的，则 $\overline{X}$ 也是正态的。如果 $X$ 不是正态的，则对于充分大的样本容量来说，$\overline{X}$ 是近似正态的。“充分大”的定义取决于 $X$ 非正态的程度。

### □ 9-1b 根据试验数据求抽样分布

在前面的分析中，我们都是求均值理论上的抽样分布，例如我们列出了样本量为 2 的所有样本以及对应的概率（它们的概率都是 1/36）。我们也可以根据经验数据求抽样分布，例如反复投掷两枚骰子，计算每一次抽样的样本均值，并记录每个 $\overline{X}$ 的值出现的次数，用相对频数来估计相应的概率。如果我们掷骰子的次数足够多，相对频数与真实概率就会非常接近。你可以自己尝试一下掷两枚骰子 500 次，计算两枚骰子的均值，记录每一个样本均值出现的次数，绘制直方图来描述抽样分布。很明显，这种方法并不理想，因为要使相对频数和真实概率无限接近需要的投掷次数很多。但是，我们可以使用计算机来模拟投掷结果。

**例 9.1 32 盎司瓶子的汽水量**

某工厂的领班发现，每个 32 盎司瓶子中的汽水量实际是服从正态分布的随机变量，其均值是 32.2 盎司，标准差是 0.3 盎司。

a. 如果顾客买了 1 瓶汽水，那么瓶中汽水量超过 32 盎司的概率是多少？

b. 如果顾客买了一箱共 4 瓶汽水，那么 4 瓶汽水的平均汽水量大于 32 盎司的概率是多少？

**解**

a. 由于随机变量是瓶中的汽水量，要计算 $P(X>32)$，其中 $X$ 服从正态分布，$\mu=32.2$，$\sigma=0.3$。因而有

$$\begin{aligned}P(X>32)&=P\left(\frac{X-\mu}{\sigma}>\frac{32-32.2}{0.3}\right)\\&=P(Z>-0.67)\\&=1-P(Z<-0.67)\\&=1-0.2514\\&=0.7486\end{aligned}$$

b. 要计算 4 满瓶汽水的平均汽水量超过 32 盎司的概率，即 $P(\overline{X}>32)$。根据上文的分析以及中心极限定理，有

1. $\overline{X}$ 服从正态分布；

2. $\mu_{\bar{x}}=\mu=32.2$；

3. $\sigma_{\bar{x}}=\sigma/\sqrt{n}=0.3/\sqrt{4}=0.15$。

因此

$$
\begin{aligned}
P(\overline{X} > 32) &= P\left(\frac{\overline{X} - \mu_{\bar{x}}}{\sigma_{\bar{x}}} > \frac{32 - 32.2}{0.15}\right) \\
&= P(Z > -1.33) \\
&= 1 - P(Z < -1.33) \\
&= 1 - 0.091\,8 \\
&= 0.908\,2
\end{aligned}
$$

图 9—4 描述了本例中所用的分布。

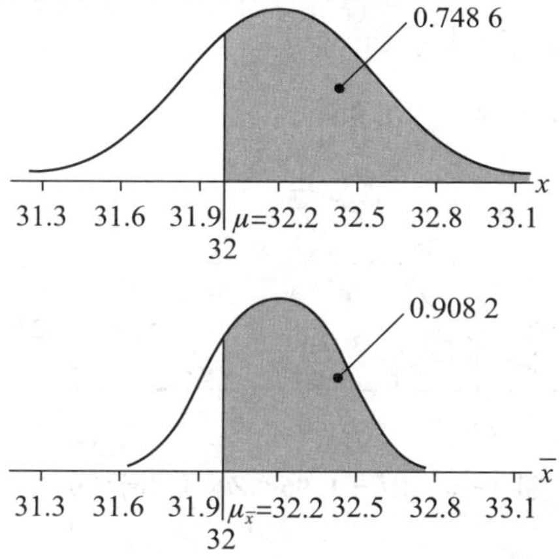


**图 9—4　例 9.1 中 $\overline{X}$ 的分布以及 $\overline{X}$ 的抽样分布**

在例 9.1 的问题（b）中，我们假定 $\mu$ 和 $\sigma$ 都是已知的，因而用抽样分布理论可以获得有关概率的结论。然而 $\mu$ 和 $\sigma$ 一般都是未知的，例 9.1 中的分析也就无法进行。但是，我们可以利用抽样分布理论，基于样本均值来推断关于参数 $\mu$ 的未知数值的信息。



**商学院毕业生的薪水：问题的解**

我们要计算的是样本均值小于 750 美元的概率，即 $P(\overline{X} < 750)$。

周收入 $X$ 的分布是右偏的，但是右偏的程度不足以使 $X$ 为非正态分布。所以，我们假定 $\overline{X}$ 服从正态分布，均值为 $\mu_{\bar{x}} = \mu = 800$，标准差为 $\sigma_{\bar{x}} = \sigma/\sqrt{n} = 100/\sqrt{25} = 20$。因此，

$$
P(\overline{X} < 750) = P\left(\frac{\overline{X} - \mu_{\bar{x}}}{\sigma_{\bar{x}}} < \frac{750 - 800}{20}\right) = P(Z < -2.5) = 0.006\,2
$$

图 9—5 描述了该分布。

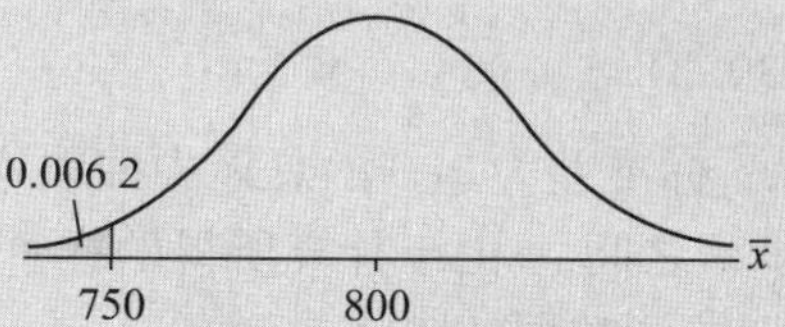


**图 9—5　$P(\overline{X} < 750)$**

如果均值为 800，那么样本均值小于 750 的概率是非常小的。因为这种事件极不可能发生，所以我们认为院长的说法是不合适的。

## □ 9-1c 将抽样分布用于推断

在本章开篇的例子中，我们的结论说明了怎样用抽样分布来推断有关总体参数的信息。推断的第一种方法是我们将要在下一章介绍的估计方法，在此之前，我们还会给出描述与抽样分布相关的概率的另一种方法。

回顾8.2节所介绍的符号，我们定义 $z_A$ 为在标准正态曲线下，使得其右边区域的面积等于 $A$ 的 $Z$ 的值。令 $z_{0.025}=1.96$，由于标准正态分布关于0是对称的，因而$-1.96$左边区域的面积也是0.025，$-1.96$和1.96之间区域的面积就是0.95。图9—6描述了这一符号的意义，用代数形式可表示为

$$P(-1.96<Z<1.96)=0.95$$

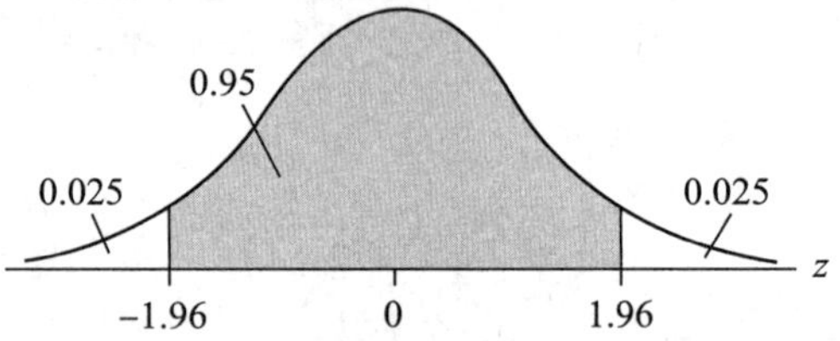


**图9—6 $P(-1.96<Z<1.96)=0.95$**

统计学家已经证明了

$$Z=\frac{\overline{X}-\mu}{\sigma/\sqrt{n}}$$

服从标准正态分布，将其代入上述概率表达式中，可得

$$P\left(-1.96<\frac{\overline{X}-\mu}{\sigma/\sqrt{n}}<1.96\right)=0.95$$

通过简单的代数运算（对所有项分别乘以 $\sigma/\sqrt{n}$ 再加上 $\mu$），从而有

$$P\left(\mu-1.96\frac{\sigma}{\sqrt{n}}<\overline{X}<\mu+1.96\frac{\sigma}{\sqrt{n}}\right)=0.95$$

在本章开篇的例子中，已知 $\mu=800$，$\sigma=100$ 和 $n=25$，则

$$P\left(800-1.96\frac{100}{\sqrt{25}}<\overline{X}<800+1.96\frac{100}{\sqrt{25}}\right)=0.95$$

因而可知

$$P(760.8<\overline{X}<839.2)=0.95$$

这表明，从均值为800、标准差为100的总体中抽取容量为25的样本的均值将以95%的概率落在760.8～839.2之间。由于计算所得的样本均值为750美元，所以我们只能得出院长的说法无法得到统计数据的支持。

将概率0.95变为0.90，则概率表达式变为

$$P\left(\mu-1.645\frac{\sigma}{\sqrt{n}}<\overline{X}<\mu+1.645\frac{\sigma}{\sqrt{n}}\right)=0.90$$

同样可得这一表达式的一般形式

$$P\left(\mu - z_{\alpha/2}\frac{\sigma}{\sqrt{n}} < \overline{X} < \mu + z_{\alpha/2}\frac{\sigma}{\sqrt{n}}\right) = 1-\alpha$$

在这个公式中，$\alpha$ 是不落入区间的概率。要应用此公式，就要将 $\mu$，$\sigma$，$n$ 和 $\alpha$ 的值代入。例如，由 $\mu=800$，$\sigma=100$，$n=25$ 及 $\alpha=0.01$ 可得

$$P\left(\mu - z_{0.005}\frac{\sigma}{\sqrt{n}} < \overline{X} < \mu + z_{0.005}\frac{\sigma}{\sqrt{n}}\right) = 1-0.01$$

$$P\left(800 - 2.575\,\frac{100}{25} < \overline{X} < 800 + 2.575\,\frac{100}{25}\right) = 0.99$$

$$P(748.5 < \overline{X} < 851.5) = 0.99$$

这是关于 $\overline{X}$ 的另一个概率表达。在 10.2 节中，我们将用同类型的概率表达式来推导第一种统计推断技术。

## 习　题

**9.1**　令 $X$ 代表一枚均匀骰子的投掷结果，试确定下列概率：

a. $P(X=1)$。

b. $P(X=6)$。

**9.2**　令 $\overline{X}$ 代表投掷两枚均匀骰子所得点数的均值，根据表 9—2 的概率，试确定下列概率：

a. $P(\overline{X}=1)$。

b. $P(\overline{X}=6)$。

**9.3**　在投掷五枚均匀骰子的试验中，试确定下列概率：

a. $P(\overline{X}=1)$。

b. $P(\overline{X}=6)$。

**9.4**　习题 9.1 至习题 9.3 中的概率揭示了 $X$ 和 $\overline{X}$ 的方差的哪些信息？

**9.5**　一个呈正态分布的总体的均值为 40，标准差为 12。如果从中抽取容量为 100 的样本，由中心极限定理可以得出关于样本均值抽样分布的哪些结论？

**9.6**　在习题 9.5 中，假定总体不是呈正态分布的，则答案有什么变化？解释原因。

**9.7**　从 $\mu=1\ 000$，$\sigma=200$ 的正态总体中抽取容量 $n=16$ 的样本，试确定下列概率：

a. $P(\overline{X}>1\ 050)$。

b. $P(\overline{X}<960)$。

c. $P(\overline{X}>1\ 100)$。

**9.8**　令 $n=25$，重复习题 9.7。

**9.9**　令 $n=100$，重复习题 9.7。

**9.10**　对于给定的均值为 50、标准差为 5 的正态总体：

a. 确定容量为 4 的随机样本的均值落在 49～52 之间的概率。

b. 确定容量为 16 的随机样本的均值落在 49～52 之间的概率。

c. 确定容量为 25 的随机样本的均值落在 49～52 之间的概率。

**9.11** 对于标准差为 10 的正态总体，重复习题 9.10。

**9.12** 对于标准差为 20 的正态总体，重复习题 9.10。

**9.13** a. 计算总体大小 $N=1\,000$、样本容量 $n=100$ 时的有限总体校正因子。

b. 令 $N=3\,000$，重复问题（a）。

c. 令 $N=5\,000$，重复问题（a）。

d. 当 $N$ 相对于 $n$ 很大时，有限总体校正因子有什么变化？

**9.14** a. $N=10\,000$ 的总体标准差为 500，计算样本容量 $n=1\,000$ 的样本的均值的抽样分布的标准误。

b. 令 $n=500$，重复问题（a）。

c. 令 $n=100$，重复问题（a）。

**9.15** 北美女性身高呈正态分布，且均值为 64 英寸，标准差为 2 英寸。

a. 随机选择 1 位女性，其身高超过 66 英寸的概率是多少？

b. 选择由 4 位女性组成的随机样本，平均身高超过 66 英寸的概率是多少？

c. 由 100 位女性组成的随机样本的平均身高超过 66 英寸的概率是多少？

**9.16** 在习题 9.15 中，如果女性身高总体不是呈正态分布的，你还能回答上述问题吗？解释原因。

**9.17** 如果制造工序中的自动化机器生产的一种重要零部件的长度服从均值为 117cm、标准差为 5.2cm 的正态分布，则自动化机器被认为是运转正常的。

a. 确定所选择的 1 个零部件长度超过 120cm 的概率。

b. 如果随机选择 4 个零部件，确定它们的平均长度超过 120cm 的概率。

c. 如果随机选择 4 个零部件，确定它们的长度全部超过 120cm 的概率。

**9.18** 大学教授每周用于工作的时间是呈正态分布的，并且其均值为 52 小时，标准差为 6 小时。

a. 某教授工作时间多于 60 小时的概率是多少？

b. 随机选择 3 位教授，确定他们每周工作的平均时间多于 60 小时的概率。

c. 如果 3 位教授是随机选择的，确定他们每周工作的时间全部多于 60 小时的概率。

**9.19** 大学生每月消费比萨饼的数量服从正态分布，且均值为 10，标准差为 3。

a. 大学生每月消费比萨饼的数量多于 12 的比例有多大？

b. 由 25 个大学生组成的随机样本消费比萨饼的数量多于 275 的概率是多少？（提示：由 25 个大学生组成的样本的比萨饼的平均消费量是多少？）

**9.20** 统计学期中考试成绩服从正态分布，且均值为 78，标准差为 6。

a. 班里学生期中考试分数低于 75 分的比例有多大？

b. 有 50 个学生的班级期中考试平均分数低于 75 的概率是多少？

**9.21** 北美成年人每天看电视所花费的时间服从正态分布，且均值为 6 小时，标准差为 1.5 小时。

a. 随机选择 1 个北美成年人，他每天看电视超过 7 小时的概率是多少？

b. 对由 5 个北美成年人组成的随机样本，他们看电视平均花费的时间超过 7 小时的概率是多少？

c. 在由 5 个北美成年人组成的随机样本中，所有人看电视每天花费的时间都超过 7 小时的概率是多少？

**9.22** 假定净重为 6 盎司的鲑鱼罐头的制造商声称，罐头的净重实际是一个均值为 6.05 盎司、标准差为 0.18 盎司的正态随机变量。假定已经抽取了由 36 筒罐头组成的一个随机样本。

a. 确定样本的平均重量小于 5.97 盎司的概率；

b. 假定该随机样本的平均重量小于 5.97 盎司，试对制造商的说法给予评论。

**9.23** 每小时进入超市的顾客数服从正态分布，其均值为 600，标准差为 200。超市每天开放 16 小时，则一天中进入超市的顾客总数超过 10 000 人的概率是多少？（提示：计算在顾客总数超过 10 000 人的一天中平均每小时的顾客数。）

**9.24** 加拿大劳瑞尔大学商业与经济学院的 Peters 大楼内的电梯贴有下列标识："最多容纳 1 140 千克（2 500 磅）或 16 人。"一位统计学教授想研究 16 个人的体重超过 1 140 千克的概率，分析一下教授为了满足其好奇心还需要什么（除了进行计算的能力外）。

**9.25** 在习题 9.24 中，假设教授发现乘电梯的人的体重服从正态分布，并且均值为 75 千克，标准差为 10 千克。计算其得到的概率。

**9.26** 统计学教授批阅一份期中考试试卷所用的时间服从正态分布，且均值为 4.8 分钟，标准差为 1.3 分钟。在教授的班上有 60 名学生，那么他批阅试卷所用时间超过 5 个小时的概率是多少？（这一年中班级 60 名学生的期中考试试卷可以被认为是这个教授已经批阅和即将批阅的成千上万的期中考试试卷的一个随机样本。）

**9.27** 在习题 9.26 中，如果批阅一份试卷所用的时间不服从正态分布，那么应如何计算此概率？

**9.28** 某商业楼里的餐厅为这栋楼里的住户供应咖啡。该餐厅认为所有住户每天消费的咖啡杯数的均值为 2.0，标准差为 0.6。一家新公司共有 125 名新员工。这些新员工每天消费的咖啡杯数超过 240 的概率是多少？

**9.29** 某办公室传真机每天接收的文件数服从均值为 275、标准差为 75 的正态分布。该传真机一周（5 天）接收的文件数超过 1 500 的概率是多少？

## 9.2 比例的抽样分布

在 7.4 节中，我们介绍了二项分布，它的参数 $p$ 是在任一试验中成功的概率。为计算二项概率，需要假定 $p$ 是已知的。然而，$p$ 值实际上是未知的，这就需要统计人员利用样本来估计它的值。试验成功的总体比例的估计量是样本比例，即记录样本中成功的次数并计算

$$\hat{P}=\frac{X}{n}$$

$\hat{P}$ 读作"$P$ 帽"，其中 $X$ 是成功的次数，$n$ 是样本容量。抽取一个容量为 $n$ 的样本，实际

上就是进行一次二项试验，因而 $X$ 是服从二项分布的，$\hat{P}$ 取任何值的概率都可以利用 $X$ 的值来计算。例如，假设进行 $n=10$，$p=0.4$ 的二项试验，要确定样本比例 $\hat{P}$ 小于或等于0.50的概率，可以先确定 $X$ 小于或等于5的概率(因为5/10=0.50)。由附录B的表1可知，对于 $n=10$，$p=0.4$，有

$$P(\hat{P}\leqslant 0.50)=P(X\leqslant 5)=0.8338$$

同样可以计算 $\hat{P}$ 取其他值的概率。

类似于二项分布的离散分布使得为推断而进行的各种计算不太容易，而进行推断正是我们研究抽样分布的原因。好在我们可以用正态分布来近似二项分布。

下面将介绍为什么可以用正态分布来近似二项分布，以及具体做法。对这部分内容不感兴趣的读者可以直接跳过，去学习近似**样本比例的抽样分布**（sampling distribution of a sample proportion）。

### □ 9-2a 对二项分布的正态近似（可选）

回想一下我们在第8章中介绍的求连续型概率分布的方法，将直方图转化为概率密度函数，并使矩形下方面积的总和等于1。可以对二项分布进行同样的处理。例如，令 $X$ 为二项随机变量，并有 $n=20$，$p=0.5$，可以很容易地确定 $X$ 取每个值的概率，其中 $X=0,1,2,\cdots,19,20$。一个矩形代表取 $x$ 的一个值，令矩形的高为概率而底宽为1，就可以让它的面积等于其概率。因此，与 $x$ 对应的每个矩形的底宽都在区间 $(x-0.5, x+0.5)$ 上。图9—7描绘出了这一图形。可以看出，代表 $x=10$ 的矩形的底宽在区间（9.5，10.5）上，它的高度是 $P(X=10)=0.1762$。

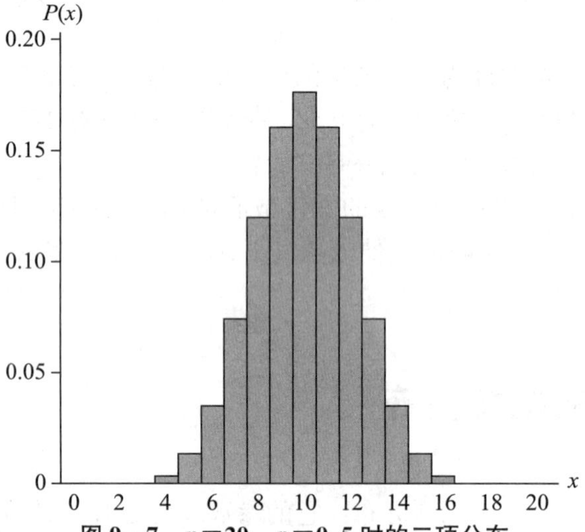


**图9—7　$n=20$，$p=0.5$ 时的二项分布**

如果将矩形的边缘平滑化，就能得到如图9—8所示的钟形曲线。因此，为进行正态近似，所有需要做的就是确定正态曲线下区间（9.5，10.5）对应部分的面积。

为确定正态概率，需要令 $X$ 减去其均值再除以标准差来将其标准化。$\mu$ 和 $\sigma$ 的值由近似的二项分布来推导，在7.4节中我们有

$$\mu=np$$

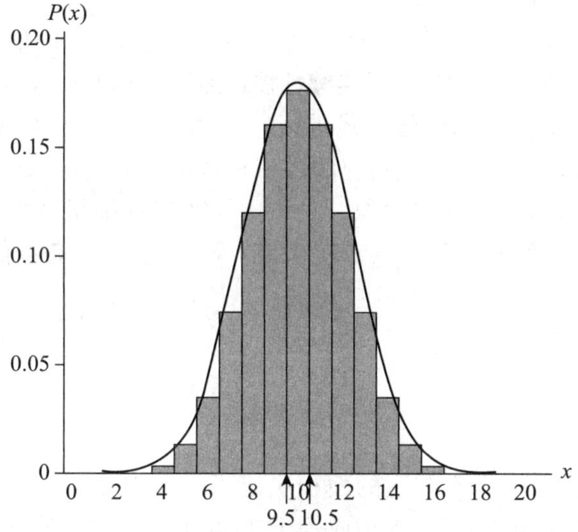


**图 9—8　$n=20$，$p=0.5$ 时的二项分布及正态近似**

以及

$$\sigma=\sqrt{np(1-p)}$$

对于 $n=20$，$p=0.5$，可得

$$\mu=np=20\times0.5=10$$

以及

$$\sigma=\sqrt{np(1-p)}=\sqrt{20\times0.5\times(1-0.5)}=2.24$$

为了用正态分布来计算 $X=10$ 的概率，需要确定正态曲线下区间（9.5，10.5）所对应的面积，即

$$P(X=10)\approx P(9.5<Y<10.5)$$

式中 $Y$ 是用于近似二项随机变量 $X$ 的正态随机变量。将 $Y$ 标准化，查附录 B 中的表 3 可得

$$\begin{aligned}P(9.5<Y<10.5)&=P\left(\frac{9.5-10}{2.24}<\frac{Y-\mu}{\sigma}<\frac{10.5-10}{2.24}\right)\\&=P(-0.22<Z<0.22)\\&=P(Z<0.22)-P(Z<-0.22)\\&=0.5871-0.4129\\&=0.1742\end{aligned}$$

$X=10$ 的实际概率为

$$P(X=10)=0.1762$$

可见，这一近似结果是很好的。

注意，由于它是离散型的，所以描绘二项分布就需要以 $X$ 的值加减 0.5 所得的区间为底来画出矩形。这里的 0.5 被称为是**连续性校正因子**（continuity correction factor）。

对 $X$ 任意值的近似都以同样的方式进行。总体说来，二项概率 $P(X=x)$ 由正态曲线下区间（$x-0.5$，$x+0.5$）所对应的面积来近似。要确定二项概率 $P(X\leqslant x)$，可以计算正态曲线下 $x+0.5$ 左边的面积。对于同样的二项随机变量（$n=20$，$p=0.5$），它的值小于或等于 8 的概率为 $P(X\leqslant 8)=0.2517$。对它的正态近似为

$$\begin{aligned}P(X\leqslant 8)\approx P(Y<8.5)&=P\left(\frac{Y-\mu}{\sigma}<\frac{8.5-10}{2.24}\right)\\&=P(Z<-0.67)\\&=0.2514\end{aligned}$$

可以看出，正态曲线下 $x-0.5$ 右边的面积决定了二项概率 $P(X\geqslant x)$ 的大小。例如，二项随机变量（$n=20$，$p=0.5$）大于或等于 14 的概率为 $P(X\geqslant 14)=0.0577$，对它的正态近似为

$$\begin{aligned}P(X\geqslant 14)\approx P(Y>13.5)&=P\left(\frac{Y-\mu}{\sigma}>\frac{13.5-10}{2.24}\right)\\&=P(Z>1.56)=0.0594\end{aligned}$$

### □ 9-2b 忽略连续性校正因子

如同我们在上文中计算 $X=10$ 的概率，在计算 $X$ 取单个值的概率时，必须用到校正因子。否则，我们会发现，所要计算的区域仅是一条线而已，它的概率为零。在计算 $X$ 位于一个取值范围的概率时，则可以忽略校正因子，不过对校正因子的忽略会降低近似的精确度。例如，如同上文，求 $P(X\leqslant 8)$ 的近似值但不考虑校正因子，则有

$$P(X\leqslant 8)\approx P(Y<8)=P\left(\frac{Y-\mu}{\sigma}<\frac{8-10}{2.24}\right)=P(Z<-0.89)=0.1867$$

当 $x$ 的取值在分布的尾部区域时，真实累积二项概率与其正态近似概率之间误差的绝对值是很小的。例如，二项随机变量（$n=20$，$p=0.5$）小于或等于 3 的概率为

$$P(X\leqslant 3)=0.0013$$

考虑校正因子的正态近似为

$$P(X\leqslant 3)\approx P(Y<3.5)=P\left(\frac{Y-\mu}{\sigma}<\frac{3.5-10}{2.24}\right)=P(Z<-2.90)=0.0019$$

而不考虑校正因子的正态近似为

$$P(X\leqslant 3)\approx P(Y<3)=P\left(\frac{Y-\mu}{\sigma}<\frac{3-10}{2.24}\right)=P(Z<-3.13)=0.0009$$

$n$ 的值越大，考虑和不考虑校正因子的正态近似之间的差异越小，即使 $x$ 在分布的中心位置附近取值也是如此。例如，二项随机变量（$n=1\,000$，$p=0.3$）小于或等于

260 的概率为

$$P(X \leqslant 260)=0.0029\text{(利用 Excel)}$$

考虑校正因子的正态近似为

$$\begin{aligned}P(X \leqslant 260) \approx P(Y<260.5)&=P\left(\frac{Y-\mu}{\sigma}<\frac{260.5-300}{14.49}\right)\\&=P(Z<-2.73)=0.0032\end{aligned}$$

而不考虑校正因子的正态近似为

$$\begin{aligned}P(X \leqslant 260) \approx P(Y<260)&=P\left(\frac{Y-\mu}{\sigma}<\frac{260-300}{14.49}\right)\\&=P(Z<-2.76)=0.0029\end{aligned}$$

如上文所讲，统计推断的应用使得对二项分布的正态近似成为必要。你也会发现，统计推断一般涉及利用 $n$ 的较大取值和抽样分布（其最关键的部分在于尾部区域）。校正因子作为临时性工具，让我们能够较容易地说明可以用正态分布来近似二项分布。同样，可以用二项分布的正态近似方法来近似样本比例的抽样分布，此时校正因子将被忽略。

### □ 9-2c　样本比例的近似抽样分布

利用期望值和方差的性质（见本书所附凯勒网站的附录——使用期望和方差的性质推导抽样分布的参数），可以确定 $\hat{P}$ 的均值、方差和标准差。我们将其归纳如下：

**样本比例的抽样分布**

1. 如果 $np$ 和 $n(1-p)$ 大于或等于 5，则 $\hat{P}$ 近似服从正态分布。
2. $E(\hat{P})=p$。
3. $V(\hat{P})=\sigma_{\hat{p}}^{2}=\dfrac{p(1-p)}{n}$。
4. 标准差 $\sigma_{\hat{p}}=\sqrt{p(1-p)/n}$。①

$\hat{P}$ 的标准差被称为**比例的标准误**（standard error of the proportion）。

以上对样本容量的要求只是理论上的，之所以说只是理论上的，是因为进行推断时，实际需要的样本容量通常大得多。

**例 9.2　政治调查**

在最近的一次选举中，一位州代表获得了 52%的投票。选举一年以后，该代表组织了一次调查，选择了一个由 300 人组成的随机样本，询问他们在下一次选举中是否还会投他的票。假定他要考虑的总体没有发生变化，那么样本中有超过半数的人投他票的

① 如同 9—1a 节所讲的均值的标准误，当从无限总体中抽样时，比例的标准误是 $\sqrt{p(1-p)/n}$。当总体有限时，比例的标准误必须包括有限总体校正因子。实践中普遍的情形是，当总体大小相对于样本大小很大时，有限总体校正因子可以忽略。

概率是多少？

**解**

投该代表的回答者的数目服从 $n=300$，$p=0.52$ 的二项分布。要求的是样本比例大于 50%（即 $\hat{P}>0.50$）的概率。

已知样本比例 $\hat{P}$ 近似服从均值 $p=0.52$、标准差 $\sqrt{p(1-p)/n}=\sqrt{0.52\times 0.48/300}=0.0288$ 的正态分布，计算可得

$$P(\hat{P}>0.50)=P\left(\frac{\hat{P}-p}{\sqrt{p(1-p)/n}}>\frac{0.50-0.52}{0.0288}\right)$$
$$=P(Z>-0.69)=1-P(Z<-0.69)$$
$$=1-0.2451=0.7549$$

假设支持水平仍为 52%，则 300 人的样本中超过半数会投该代表的概率是 0.754 9。

## 习　题

不考虑校正因子，用正态近似来确定下列习题中的概率。

**9.30** a. 在 $n=300$，$p=0.50$ 的二项试验中，确定 $\hat{P}$ 大于 60%的概率。

b. 在 $p=0.55$ 时重复问题（a）。

c. 在 $p=0.6$ 时重复问题（a）。

**9.31** a. 二项试验中成功的概率为 25%，确定在容量为 500 的样本中成功比例小于 22%的概率。

b. 在 $n=800$ 时重复问题（a）。

c. 在 $n=1\,000$ 时重复问题（a）。

**9.32** 如果 $p=0.8$，对于容量为 100 的样本，计算样本比例小于 0.75 的概率。

**9.33** 某二项试验的 $p=0.4$。重复试验 60 次，成功的次数所占的比例超过 0.35 的概率是多少？

**9.34** 假定在下一次选举中，合格选民会投在位者的比例为 55%，那么在由 500 位选民组成的随机样本中，表示会投在位者的人所占比例少于 49%的概率是多少？

**9.35** 某导弹系统电子元件的集中生产线过去的缺陷率为 2%。随机抽取 800 个元件，缺陷率超过 4%的概率是多少？设随机样本中缺陷率为 4%，那么我们可以得到有关集中生产线缺陷率的什么结论？

**9.36** a. 阿司匹林制造商声称 53%的头痛患者服用两粒阿司匹林就能缓解头痛症状。那么在 400 位头痛患者组成的随机样本中，少于 50%的人头痛症状得到缓解的概率是多少？如果样本中实际有 50%的患者头痛症状得到缓解，则可以得到有关制造商说法的什么结论？

b. 用容量为 1 000 的样本来重复问题（a）。

**9.37** 某商业大楼内餐厅的经理认为喝茶的顾客所占的比例为 14%。接下来的 100 位顾客，至少有 10%喝茶的概率是多少？

**9.38** 一家家庭用具制造厂商声称，它的所有产品在销售后的第一年里需要维修

服务的比例为 3%。消费者保护协会想要调查 400 个最近购买了该厂商产品的家庭来核实这一说法。在第一年里需要维修服务的比例超过 5%的概率是多少？如果 400 个家庭中有 5%的家庭说至少有一次维修服务，那么你对该厂商的诚信状况有什么看法？

**9.39** Laurier 公司的品牌拥有 30%的市场份额，假定在一次调查中询问 1 000 位消费者对品牌的偏好，有 32%以上的受访者偏好 Laurier 品牌的概率是多少？

**9.40** 一家大学书店声称其 50%的顾客都对书店的服务和价格表示满意。

a. 如果该说法是真实的，则在 600 位顾客的随机样本中表示满意的顾客的比例低于 45%的概率是多少？

b. 假定 600 位顾客中有 270 位对书店表示满意，则对书店的声明应如何看待？

**9.41** 一位心理学家认为 80%的男性驾驶者在驾车途中如果迷了路，会继续驾驶以试图找到想要去的地方，而不是去问路。为验证这一观点，他随机选取了 350 位男性驾驶者，询问他们在迷路时的做法。如果他的观点是正确的，试确定少于 75%的驾驶者会继续驾驶的概率。

**9.42** Red Lobster 连锁饭店定时对其顾客进行调查。在这些调查的基础上，饭店的管理部门声称其 75%的顾客对食物的评级为“极好”。一家消费者检验服务机构想通过让 460 位顾客对食物评级来核实这一说法。对食物评级为“极好”的比例小于 70%的概率是多少？

**9.43** 一位会计学教授声称，商学院的本科生中主修会计学的不超过 1/4。那么，在 1 200 名商学院本科生所构成的随机样本中，有 336 名或更多学生主修会计学的概率是多少？

**9.44** 在习题 9.43 中，如果对 1 200 名商学院本科生的调查发现有 336 名学生计划主修会计学，那么你对这位教授的说法持什么观点？



## 9.3 两均值之差的抽样分布

本节介绍另一种抽样分布——**两样本均值之差**（difference between two sample means）的抽样分布。抽样方案要求从两个正态总体中抽取独立随机样本，其中一个样本中元素的选择独立于另一个样本中元素的选择，因而称两个样本是独立的。这一问题我们将在第 13 章中展开讨论，本章主要集中于两个样本均值之差的抽样分布。

在 9.1 节中我们介绍了中心极限定理，即从均值为 $\mu$、标准差为 $\sigma$ 的正态总体中重复抽样，则样本均值的抽样分布是正态的，并且均值为 $\mu$、标准差为 $\sigma/\sqrt{n}$。统计学家已经证明了两个独立正态随机变量之差也服从正态分布，因而如果两个总体都是正态的，则两样本均值之差 $\overline{X}_1-\overline{X}_2$ 也服从正态分布。

利用期望值和方差的性质，可以推导出 **$\overline{X}_1-\overline{X}_2$ 的抽样分布**（sampling distribution of $\overline{X}_1-\overline{X}_2$）的期望和方差：

$$\mu_{\bar{x}_1-\bar{x}_2}=\mu_1-\mu_2$$

以及

$$\sigma^2_{\bar{x}_1-\bar{x}_2}=\frac{\sigma_1^2}{n_1}+\frac{\sigma_2^2}{n_2}$$

因此，从均值为 $\mu_1$ 和 $\mu_2$、标准差为 $\sigma_1$ 和 $\sigma_2$ 的两个总体中分别重复抽取独立样本时，$\bar{X}_1-\bar{X}_2$ 的抽样分布是正态的，并且有均值

$$\mu_{\bar{x}_1-\bar{x}_2}=\mu_1-\mu_2$$

和标准差［即**两均值之差的标准误**（standard error of the difference between two means)］

$$\sigma_{\bar{x}_1-\bar{x}_2}=\sqrt{\frac{\sigma_1^2}{n_1}+\frac{\sigma_2^2}{n_2}}$$

如果总体不是正态的，则只有在样本容量较大时，抽样分布才是近似正态的。所需要的样本容量取决于总体非正态的程度，不过对于大多数总体而言，样本容量为 30 以上就足够了。

图 9—9 描绘了两均值之差的抽样分布。

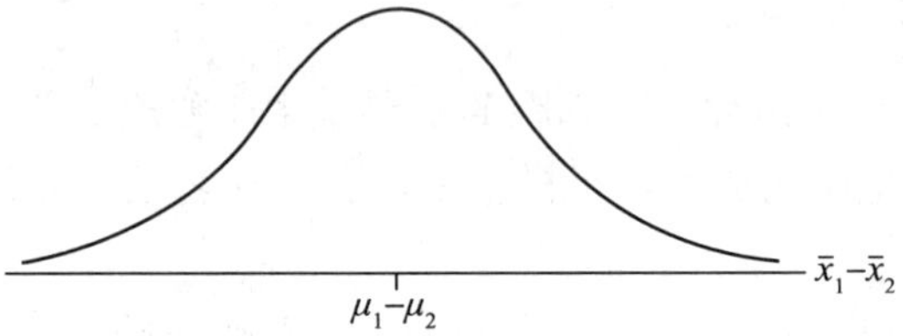


**图 9—9　$\bar{X}_1-\bar{X}_2$ 的抽样分布**

**例 9.3　MBA 毕业生的起薪**

假设劳瑞尔大学（WLU）MBA 毕业生的起薪服从均值为 62 000 美元、标准差为 14 500 美元的正态分布，西安大略大学（UWO）MBA 毕业生的起薪也服从正态分布，其均值为 60 000 美元，标准差为 18 300 美元。如果随机选取 50 名 WLU 的 MBA 毕业生作为样本和 60 名 UWO 的 MBA 毕业生作为样本，则 WLU 毕业生的起薪的样本均值超过 UWO 毕业生的概率是多少？

**解**

需要确定 $P(\bar{X}_1-\bar{X}_2>0)$。可以知道 $\bar{X}_1-\bar{X}_2$ 服从正态分布，并且均值为

$$\mu_1-\mu_2=62\ 000-60\ 000=2\ 000$$

标准差为

$$\sqrt{\frac{\sigma_1^2}{n_1}+\frac{\sigma_2^2}{n_2}}=\sqrt{\frac{14\ 500^2}{50}+\frac{18\ 300^2}{60}}=3\ 128$$

将变量标准化，参照附录 B 中的表 3 有

$$P(\overline{X}_1-\overline{X}_2>0)=P\left[\frac{(\overline{X}_1-\overline{X}_2)-(\mu_1-\mu_2)}{\sqrt{\frac{\sigma_1^2}{n_1}+\frac{\sigma_2^2}{n_2}}}>\frac{0-2\ 000}{3\ 128}\right]$$
$$=P(Z>-0.64)$$
$$=1-P(Z<0.64)$$
$$=1-0.261\ 1=0.738\ 9$$

因此，对于 50 名 WLU 毕业生的样本和 60 名 UWO 毕业生的样本来说，WLU 毕业生的起薪的样本均值超过 UWO 毕业生的起薪的样本均值的概率为 0.738 9。

## 习　题

**9.45**　从两个正态总体中分别抽取 10 个观测值组成独立随机样本。这两个总体的参数分别为

总体 1：$\mu=280$，$\sigma=25$

总体 2：$\mu=270$，$\sigma=30$

试确定样本 1 的均值比样本 2 的均值大 25 以上的概率。

**9.46**　对容量为 50 的样本重复习题 9.45。

**9.47**　对容量为 100 的样本重复习题 9.45。

**9.48**　假设已知两个正态总体的均值和标准差。如果从每个总体中抽取容量为 25 的样本，则样本 1 的均值大于样本 2 的均值的概率是多少？

总体 1：$\mu=40$，$\sigma=6$

总体 2：$\mu=38$，$\sigma=8$

**9.49**　假定标准差分别为 12 和 16，重复习题 9.48。

**9.50**　假定均值分别为 140 和 138，重复习题 9.48。

**9.51**　工厂工人的生产率服从正态分布。工人 1 平均每天生产 75 单位产品，标准差为 20；工人 2 平均每天生产 65 单位产品，标准差为 21。一天内工人 1 的产出大于工人 2 的概率是多少？

**9.52**　一位统计学教授发现他给学生的打分呈正态分布。上午班期末考试平均得分为 73 分，标准差为 12 分；而下午班平均得分为 77 分，标准差为 10 分。从两个班中各随机选择 4 名学生，上午班学生平均得分高于下午班学生平均得分的概率是多少？

**9.53**　一家餐馆的经理认为，向客人介绍自己姓名的男女侍者得到的小费会多于那些不介绍自己姓名的侍者。实际上，她声称前一类侍者得到的小费平均为 18 美元，而后一类仅为 15 美元。如果小费是呈正态分布的，标准差为 3 美元，从介绍自己姓名的男女侍者所得小费中选择 10 个组成样本，从不介绍自己姓名的侍者所得的小费中同样选择 10 个组成样本，那么前者均值超过后者的概率是多少？

**9.54**　由于风寒和流感，北美人平均每年会损失 15 天时间。天然药物海胆亚目被认为可以增强免疫系统的功能。一家海胆亚目药丸生产商声称消费其产品者因风寒和流感而损失的天数会减少 1/3。为验证这一说法，随机抽取了一个 50 人的样本，其中一

半人服用海胆亚目，另一半人服用安慰药剂。假定服用或不服用海胆亚目时因风寒和流感而损失的天数的标准差均为 3 天，确定服用海胆亚目者平均损失天数少于未服用者的概率。

## 9.4 由此推断

抽样分布的主要作用在于统计推断，为了判断抽样分布在推断方法发展过程中的贡献，需要简单回顾一下我们是怎么得到这一结论的。

在第 7 章和第 8 章中，我们介绍了概率分布，从而可以确定随机变量取值的相关概率。这一计算的先决条件是计算者有关于分布和参数的知识。在例 7.9 中，需要知道帕特猜中正确答案的概率是 20%，以及在 10 个测试问题中正确答案的数目为二项随机变量，才可以计算成功次数的概率分布。在例 8.3 中，需要知道投资收益服从均值为 10%、标准差为 5%的正态分布，我们才可以计算随机变量取不同值的概率。

图 9—10 象征性地描述了概率分布的应用。简单来说，具备关于总体及其参数的知识使我们可以利用概率分布来确定总体中个体的相关概率。箭头的方向表示信息流的方向。

总体及其参数 —— 概率分布 ——→ 个体

**图 9—10 概率分布**

本章给出了抽样分布，了解有关参数的知识及关于分布的信息使我们可以确定样本统计量的相关概率。在例 9.1（b）中，知道总体均值和标准差，并假设总体不是极端非正态的，我们就可以计算样本均值的有关概率。图 9—11 描绘了抽样分布的应用。

总体及其参数 —— 抽样分布 ——→ 统计量

**图 9—11 抽样分布**

注意，在应用概率分布和抽样分布时，需要知道有关参数的值，而这一点很少能做到。实际应用中的参数代表了对极大总体的描述性测度，因而几乎都是未知的。针对这一问题，统计推断转换了图 9—11 中信息流的方向。图 9—12 中描绘了统计推断的特性。从第 10 章开始，我们假定大多数总体参数都是未知的，统计人员将从总体中抽取样本来计算他们需要的统计量。统计量的抽样分布使我们可以得出关于参数的结论。

统计量 —— 抽样分布 ——→ 参数

**图 9—12 推断中的抽样分布**

本书的其余章节基本上都是在讨论统计推断的问题，对此你可能会感到奇怪：其余 14 章还有什么作用呢？这是因为在介绍性的统计学课程中，还有很多界定推断过程的参数和抽样分布的组合需要给出。不过，它们的作用方式都是相同的，如果你理解了一个过程的作用方式，可能也就理解了所有过程。在接下来的两章中，我们的任务是确保你能够理解第一种推断方法。

## 小　结

通过从总体中重复抽样可以得到统计量的抽样分布。本章介绍了均值、比例和两均值之差的抽样分布，并从理论上和经验上说明了这些分布是如何得到的。

### 重要术语

| | | |
|---|---|---|
| 抽样分布 | 样本均值的抽样分布 | 均值的标准误 |
| 中心极限定理 | 有限总体校正因子 | 样本比例的抽样分布 |
| 连续性校正因子 | 比例的标准误 | 两样本均值之差 |
| $\overline{X}_1-\overline{X}_2$ 的抽样分布 | 两均值之差的标准误 | |

### 符号

| 符号 | 意义 |
|---|---|
| $\mu_{\bar{x}}$ | 样本均值的抽样分布的均值 |
| $\sigma_{\bar{x}}^2$ | 样本均值的抽样分布的方差 |
| $\sigma_{\bar{x}}$ | 样本均值的抽样分布的标准差（标准误） |
| $\alpha$ | 概率 |
| $\hat{P}$ | 样本比例 |
| $\sigma_{\hat{p}}^2$ | 样本比例的抽样分布的方差 |
| $\sigma_{\hat{p}}$ | 样本比例的抽样分布的标准差（标准误） |
| $\mu_{\bar{x}_1-\bar{x}_2}$ | 两样本均值之差的抽样分布的均值 |
| $\sigma_{\bar{x}_1-\bar{x}_2}^2$ | 两样本均值之差的抽样分布的方差 |
| $\sigma_{\bar{x}_1-\bar{x}_2}$ | 两样本均值之差的抽样分布的标准差（标准误） |

### 公式

样本均值的期望值

$$E(\overline{X})=\mu_{\bar{x}}=\mu$$

样本均值的方差

$$V(\overline{X})=\sigma_{\bar{x}}^2=\frac{\sigma^2}{n}$$

样本均值的标准误

$$\sigma_{\bar{x}}=\frac{\sigma}{\sqrt{n}}$$

样本均值的标准化

$$Z=\frac{\overline{X}-\mu}{\sigma/\sqrt{n}}$$

样本比例的期望值

$$E(\hat{P})=\mu_{\hat{p}}=p$$

样本比例的方差

$$V(\hat{P})=\sigma_{\hat{p}}^{2}=\frac{p(1-p)}{n}$$

样本比例的标准误

$$\sigma_{\hat{p}}=\sqrt{\frac{p(1-p)}{n}}$$

样本比例的标准化

$$Z=\frac{\hat{P}-p}{\sqrt{p(1-p)/n}}$$

两均值之差的期望值

$$E(\overline{X}_1-\overline{X}_2)=\mu_{\bar{x}_1-\bar{x}_2}=\mu_1-\mu_2$$

两均值之差的方差

$$V(\overline{X}_1-\overline{X}_2)=\sigma_{\bar{x}_1-\bar{x}_2}^{2}=\frac{\sigma_1^2}{n_1}+\frac{\sigma_2^2}{n_2}$$

两均值之差的标准误

$$\sigma_{\bar{x}_1-\bar{x}_2}=\sqrt{\frac{\sigma_1^2}{n_1}+\frac{\sigma_2^2}{n_2}}$$

两样本均值之差的标准化

$$Z=\frac{(\overline{X}_1-\overline{X}_2)-(\mu_1-\mu_2)}{\sqrt{\frac{\sigma_1^2}{n_1}+\frac{\sigma_2^2}{n_2}}}$$

# 第 10 章 估 计

**估计树的平均直径所需的样本量**

数据：ANES2008*

某木材公司刚刚获得了一大块林地的采伐权。

该木材公司需要估计林地上木材的数量，从而确定工作是否有利可图。为此，它必须估计树的平均直径。假设置信水平为 90%，估计的参数在 1 英寸之内。一位熟悉当地情况的森林管理员猜测，树的直径服从标准差为 6 英寸的正态分布。使用 10-3b 小节的公式，他计算出需要的样本量为 98。抽取了 98 棵树作为样本以后，该管理员得到样本均值为 25 英寸。在完成抽样和计算以后，他发现实际的标准差为 12 英寸。那么，他对这个结果满意吗？本例答案见第 10-3b 小节。

## 引 言

在介绍了描述性统计量（第 4 章）、概率分布（第 7、8 章）和抽样分布（第 9 章）以后，我们将要开始介绍统计推断。正如第 1 章所述，统计推断是通过样本得到有关总体的信息和结论的过程。常用来对总体进行推断的方法有两种：估计（estimation）和假设检验（hypothesis testing）。在本章中，我们介绍估计的概念和基本知识，并用简单的例子进行说明。在第 11 章中，我们介绍假设检验的初步知识。在本书的其余章节中，大多数地方都要用到估计和假设检验的概念，因此，理解第 10 章和第 11 章讲述的内容，对一名统计人员来说非常重要。

## 10.1 估计的概念

从字面意思可知，估计的目的是根据样本统计量确定总体参数的近似值。例如，样本均值被用来估计总体均值。我们把样本均值叫作总体均值的估计量（estimator）。一旦样本均值被计算出来，它的值就叫作估计值（estimate）。本章中，我们将介绍根据样本数据估计总体均值的统计过程。在本书的其余章节，我们把这里介绍的概念和方法用于其他参数的估计。

### □ 10-1a 点估计和区间估计

我们可以用两种方式使用样本数据来估计总体参数。第一种方式是，我们计算估计量的值，并把它作为参数的估计值。这样的估计量叫作点估计。

**点估计**

**点估计**（point estimator）用一个值或点来估计未知参数的值，进而对总体进行推断。

使用点估计具有以下三个缺点：第一，估计值肯定是错的（连续型随机变量等于某一个具体值的概率是0，也就是说，$\bar{x}$ 等于 $\mu$ 的概率为0）；第二，除了估计值以外，我们常常还需要知道估计值和参数之间的接近程度；第三，对总体进行推断时，大样本可以得到更精确的结果，从直觉上看，这是有道理的，因为它比小样本包含更多信息，但是点估计不能反映样本容量的影响。估计总体参数的第二种方式是使用区间估计。

**区间估计**

**区间估计**（interval estimator）用区间来估计未知参数的值，并对总体进行推断。

正如你将看到的，区间估计受样本容量的影响。因为它具有这一特征，本书中我们主要讨论区间估计。

为了说明点估计和区间估计的区别，假设一位统计学教授想要估计工商管理专业二年级学生夏季的平均收入。他随机选择了25名学生，了解到样本的周平均收入为400美元。这里的点估计是样本均值，也就是说，他估计所有二年级学生的夏季周平均收入是400美元。用下面介绍的方法，他可以使用区间估计；他估计二年级学生的夏季周平均收入位于380美元到420美元之间。

在现实中，估计的应用范围很广。例如，电视网管理者想知道收看他们节目的电视观众的比例；经济学家想知道大学毕业生的平均收入；医务研究人员希望估计服用新药后心脏病的康复率。在这些情况中，为了准确地达到目的，统计人员必须检查总体的每个成员，并且计算出他们感兴趣的参数。例如，电视网管理者必须询问国内每个人收看什么节目，从而判断收看他们节目的观众的比例。由于有成千上万的电视观众，这项工作将是不切实际且成本极高的。另一个可供选择的方法是从总体中抽取一个随机样本，计算样本比例，将其作为总体比例的估计量。用样本比例来估计总体比例，看起来是合乎逻辑的。但是，选择哪一个样本统计量作为估计量，取决于这个统计量的特征。很自然地，我们想使用能最好地实现我们的目标的统计量。

我们要求估计量具有无偏性。

**无偏估计量**

一个总体参数的**无偏估计量**（unbiased estimator）是指其期望值等于参数真值的统计量。

这意味着如果你取无数个样本，计算每个样本的估计值，估计量的平均值将会等于参数值。也就是说，样本统计量平均来说等于参数。

我们知道样本均值是总体均值 $\mu$ 的无偏估计量。9.1 节给出了 $\overline{X}$ 的抽样分布，且 $E(\overline{X})=\mu$。因为 $E(\hat{P})=p$，所以，我们还知道样本比例是总体比例的无偏估计量；而且，因为 $E(\overline{X}_1-\overline{X}_2)=\mu_1-\mu_2$，故两个样本均值的差是两个总体均值的差的无偏估计量。

回忆一下第 4 章中我们对样本方差的定义：

$$s^2=\frac{\sum(x_i-\overline{x})^2}{n-1}$$

此处，分母为 $n-1$ 而不是 $n$，这看起来很奇怪。选择 $n-1$ 是为了使 $E(s^2)=\sigma^2$，从而这个定义使样本方差是总体方差的无偏估计量。（这种说法的证明需要大量代数运算，这超出了本书的范围。）如果我们用分母 $n$ 定义样本方差，得到的统计量将是总体方差的一个有偏估计量，它的期望值小于参数真值。

知道了估计量是无偏的只能保证它的期望值等于参数真值，它没有告诉我们估计量与参数真值的近似程度。要求统计量具有的第二个性质是，随着样本容量的增大，样本统计量应该接近总体参数。这个性质叫作一致性。

**一致性**

如果随着样本容量的增大，估计量和参数的差变小，那么我们说这个无偏估计量具有**一致性**（consistency）（或称相合性）。

我们用方差（或者标准差）来测度二者近似的程度。因为 $\overline{X}$ 的方差是 $\sigma^2/n$，因此，它是 $\mu$ 的一个一致估计量。这意味着随着 $n$ 增大，$\overline{X}$ 的方差变小。

图 10—1 描绘了两个抽样分布。一个抽样分布的样本容量为 25，另一个抽样分布的样本容量为 100。前者比后者更分散。

类似地，$\hat{P}$ 是 $p$ 的一致估计量，因为它是无偏的，而且 $\hat{P}$ 的方差是 $p(1-p)/n$，且随着 $n$ 增大，$\hat{P}$ 的方差变小。

要求统计量具有的第三个性质是相对有效性，该性质可用于比较一个参数的两个无偏统计量。

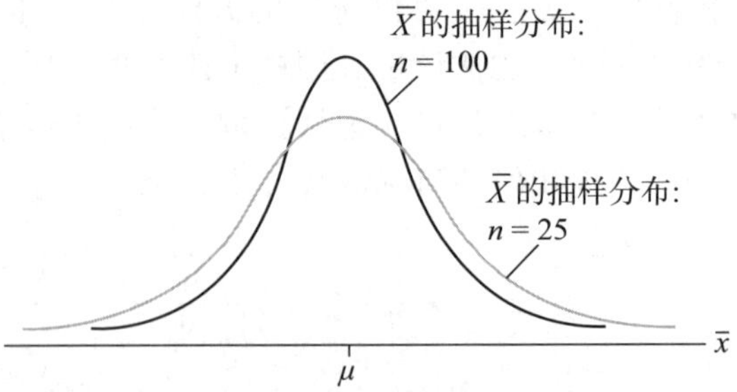


**图 10—1　样本容量分别为 25 和 100 时的抽样分布**

> **相对有效性**
>
> 如果一个参数有两个无偏估计量，我们说方差较小的估计量具有**相对有效性**（relative efficiency）。

我们已经知道样本均值是总体均值的无偏估计量，样本均值的方差是 $\sigma^2/n$。在下一节中，我们将讨论如何使用样本中位数作为总体均值的估计量。统计学家已经证明了样本中位数也是总体均值的无偏估计量，但是它的方差要比样本均值的方差大（总体服从正态分布时）。因此，在估计总体均值时，样本均值比样本中位数更有效。

在本书的其余章节，我们将介绍对不同的总体参数的统计推断。在每一种情况下，我们选择一个无偏和一致的样本统计量，当这样的统计量不止一个时，我们选择一个相对有效的统计量作为估计量。

### □ 10－1b　对统计概念的进一步理解

本节中我们描述了估计量要具备的三个特征：无偏性、一致性和相对有效性。我们所具备的统计学知识告诉我们，每个参数都有几个可能的估计量，我们之所以选择本书中使用的估计量是因为它们具有上述特征。

## 习　题

**10.1**　点估计和区间估计的区别是什么?

**10.2**　无偏性的定义是什么?

**10.3**　画出一个无偏估计量的抽样分布。

**10.4**　画出一个有偏估计量的抽样分布。

**10.5**　一致性的定义是什么?

**10.6**　绘制一个直方图，表示出样本容量增大时一致估计量的抽样分布的变化。

**10.7**　相对有效性的定义是什么?

**10.8**　绘制一个直方图，表示出两个无偏估计量的抽样分布，其中一个是相对有效的。

## 10.2 总体标准差已知时对总体均值的估计

现在我们已经知道怎样通过抽样分布得到定距估计量。我们选择了一个不现实的例子来示范估计过程，但是由于例子非常简单，抵消了这个影响。当你对统计学有更多了解时，你就能把技术应用于更现实的情况。

假设我们有一个均值为 $\mu$、标准差为 $\sigma$ 的总体。假设总体均值未知，我们的任务是估计它的值。我们刚讨论过，估计过程需要统计人员抽取样本容量为 $n$ 的随机样本并计算样本均值 $\bar{x}$。

9.1 节介绍的中心极限定理说明，如果 $X$ 服从正态分布，则 $\bar{X}$ 也服从正态分布；或者虽然 $X$ 不服从正态分布，但 $n$ 足够大，则 $\bar{X}$ 近似服从正态分布。这意味着变量

$$Z=\frac{\bar{X}-\mu}{\sigma/\sqrt{n}}$$

服从标准正态分布（或者近似正态）。在 9.1 节中我们介绍过下面的均值的抽样分布的概率表达式：

$$P\left(\mu-Z_{\alpha/\sqrt{2}}\frac{\sigma}{\sqrt{n}}<\bar{X}<\mu+Z_{\alpha/2}\frac{\sigma}{\sqrt{n}}\right)=1-\alpha$$

它由下面的表达式推出：

$$P\left(-Z_{\alpha/2}<\frac{\bar{X}-\mu}{\sigma/\sqrt{n}}<Z_{\alpha/2}\right)=1-\alpha$$

对不等式各项进行相同的代数运算，我们可以以一种稍微不同的形式表达概率，即

$$P\left(\bar{X}-Z_{\alpha/2}\frac{\sigma}{\sqrt{n}}<\mu<\bar{X}+Z_{\alpha/2}\frac{\sigma}{\sqrt{n}}\right)=1-\alpha$$

注意，在这种形式中，总体均值是由样本均值加减 $Z_{\alpha/2}$ 倍标准差所构成的区间的中心。这仅仅是样本均值概率表达式的另一种形式，知道这一点对你很重要。这个等式说明，从总体不断抽样，包含总体均值 $\mu$ 的区间

$$\bar{X}-Z_{\alpha/2}\frac{\sigma}{\sqrt{n}},\quad \bar{X}+Z_{\alpha/2}\frac{\sigma}{\sqrt{n}}$$

中包含 $\mu$ 的真值的比例等于 $1-\alpha$。这种形式的概率表达式对我们非常有用，因为它是 **$\mu$ 的置信区间估计**（confidence interval estimator of $\mu$）。

**置信区间估计**[①]

$$\bar{x}-z_{\alpha/2}\frac{\sigma}{\sqrt{n}},\quad \bar{x}+z_{\alpha/2}\frac{\sigma}{\sqrt{n}}$$

概率 $1-\alpha$ 叫作**置信水平**（confidence level）。

$\bar{x}-z_{\alpha/2}\frac{\sigma}{\sqrt{n}}$ 叫作**置信下限**（lower confidence limit，LCL）。

$\bar{x}+z_{\alpha/2}\frac{\sigma}{\sqrt{n}}$ 叫作**置信上限**（upper confidence limit，UCL）。

我们经常把置信区间估计表示为

$$\bar{x}\pm z_{\alpha/2}\frac{\sigma}{\sqrt{n}}$$

式中，减号定义置信下限，加号定义置信上限。

为了应用这个公式，我们指定置信水平 $1-\alpha$，从而我们可以确定 $\alpha$，$\alpha/2$ 和 $z_{\alpha/2}$（从附录B的表3中查出）。因为置信水平是包含 $\mu$ 的真值的区间的概率，我们通常假定 $1-\alpha$ 接近于1（通常在0.90～0.99之间）。

在表10—1中，我们列出了四个常用的置信水平和它们对应的 $z_{\alpha/2}$ 值。例如，如果置信水平是 $1-\alpha=0.95$，则 $\alpha=0.05$，$\alpha/2=0.025$，$z_{\alpha/2}=z_{0.025}=1.96$。得到的置信区间估计叫作 **$\mu$ 的置信水平为95%的置信区间估计**（95% confidence interval estimator of $\mu$）。

**表10—1　　四个常用的置信水平与 $z_{\alpha/2}$**

| $1-\alpha$ | $\alpha$ | $\alpha/2$ | $z_{\alpha/2}$ |
|---|---|---|---|
| 0.90 | 0.10 | 0.05 | $z_{0.05}=1.645$ |
| 0.95 | 0.05 | 0.025 | $z_{0.025}=1.96$ |
| 0.98 | 0.02 | 0.01 | $z_{0.01}=2.33$ |
| 0.99 | 0.01 | 0.005 | $z_{0.005}=2.575$ |

下面的例子描述了如何应用估计方法，并说明了在本书的其余章节我们怎样解决问题。本书所讲授和使用的解答过程与统计人员在现实中使用的方法基本相同。这个过程可分为三个步骤：(1) 计算之前所做的工作；(2) 计算；(3) 计算之后所做的工作。

第一步是选择正确的统计方法。当然，对于这个例子你可以没有困难地进行选择，因为现在你只知道一种方法。（在实际应用中，第一步还涉及如何收集数据。我们所见的习题和案例中都给出了所用的收集数据的方法。）

第二步是进行计算。我们可以用三种方式完成。[②] 首先为了说明计算过程，我们用计算

① 从第7章开始，我们一直用大写字母（通常是 $X$）表示一个随机变量，用相应的小写字母（通常是 $x$）表示它的一个值。但是，在统计推断的公式中，变量和它的值之间的区别变得很模糊。因此，我们放弃这个标记习惯，仅仅使用小写字母，除非我们想构造概率表达式。

② 我们预料大部分统计学课堂的学生将会只选择三种计算统计量的方法中的一种。如果是这样，读者可以忽略其他两种方法。

器手工计算。用手工方法解决问题通常能使我们对统计推断方法留下深刻印象。其次，我们还可以借助于计算机。使用计算机的方法主要有两种。第一，使用 Excel 中的数据分析工具（在“数据”菜单项下的“数据分析”选项）或者使用工作簿的加载项（在“加载项”菜单项下的“数据分析加载项”）。（第二，如果可能的话，我们还会展示怎样使用内置函数创建自己的 Excel 工作簿。）最后，我们可以使用 Minitab，这是一款非常简单的统计软件。

在解答过程的第三步，也就是最后一步中，我们要解释计算结果并回答开始的问题。为了能准确地解释统计结果，我们需要了解统计推断的基本原理。

**在运营管理中的应用：库存管理**

业务经理利用库存模型来确定使总成本最小的库存水平，在 8.2 节中，我们展示了如何使用概率模型对库存水平做出决策。模型的一部分是前置时间内的平均需求量。回忆一下，前置时间是从签订订单到交付货物的时间。前置时间内的需求量是一个随机变量，通常被认为服从正态分布。有几种方法可以确定前置时间内的需求量，但最简单的方法是从样本中估计这个量。

### 例 10.1　多尔计算机公司

数据：Xm10-01

多尔（Doll）计算机公司生产计算机，并把产品直接交付给通过互联网订购的客户。多尔公司主要依靠价格和交货速度与对手进行竞争。为了达到目标速度，多尔公司生产其最畅销的五种计算机，并把它们运送到全国的仓库。计算机储存在仓库中，一般用一天就可以运送到客户手中。这个战略需要高难度的库存管理，从而会使相应的成本增加。业务经理想利用库存模型降低成本。他注意到，日需求量和前置时间都是随机变量。他认为，前置时间内的需求量服从正态分布，而为了计算最合适的库存水平，他需要知道需求量的均值。他观测了 25 个引导时间，记录每个期间内的需求量并列在下面。业务经理想知道前置时间内平均需求量的 95% 的置信区间估计。假定业务经理知道需求量的标准差是 75。

**前置时间内的需求量**

| | | | | |
|---|---|---|---|---|
| 235 | 374 | 309 | 499 | 253 |
| 421 | 361 | 514 | 462 | 369 |
| 394 | 439 | 348 | 344 | 330 |
| 261 | 374 | 302 | 466 | 535 |
| 386 | 316 | 296 | 332 | 334 |

**解**

**识　别**

为了最终确定合适的库存水平，业务经理需要知道前置时间内的平均需求量。所以，待估计参数是 $\mu$。此时，我们只描述了一个估计量。因此，我们想使用的置信区间估计为

$$\bar{x} \pm z_{\alpha/2}\frac{\sigma}{\sqrt{n}}$$

下一步是进行计算。正如我们在上面所说的，我们将使用三种方式进行计算：手工、Excel 和 Minitab。

## 计　算

**手工计算**

我们需要 4 个值来构造 $\mu$ 的置信区间估计。它们分别是

$$\bar{x}，z_{\alpha/2}，\sigma \text{ 和 } n$$

利用计算器，我们得到 $\sum x_i = 9\ 254$。因此

$$\bar{x} = \frac{\sum x_i}{n} = \frac{9\ 254}{25} = 370.16$$

置信水平为 95%，因此 $1-\alpha=0.95$，$\alpha=1-0.95=0.05$，$\alpha/2=0.025$。根据附录 B 中的表 3 或者表 10—1 有

$$z_{\alpha/2} = z_{0.025} = 1.96$$

已知总体标准差是 $\sigma=75$，样本容量是 25。把 $\bar{x}$，$z_{\alpha/2}$，$\sigma$ 和 $n$ 的值代入置信区间估计的表达式中，我们得到

$$\begin{aligned}\bar{x} \pm z_{\alpha/2}\frac{\sigma}{\sqrt{n}} &= 370.16 \pm z_{0.025}\frac{75}{\sqrt{25}} \\ &= 370.16 \pm 1.96\frac{75}{\sqrt{25}} \\ &= 370.16 \pm 29.40\end{aligned}$$

即置信下限和置信上限分别是 LCL=340.76，UCL=399.56。

**Excel**

| | A | B | C |
|---|---|---|---|
| 1 | z-Estimate：Mean | | |
| 2 | | | |
| 3 | | | Demand |
| 4 | Mean | | 370.16 |
| 5 | Standard Deviation | | 80.783 |
| 6 | Observations | | 25 |
| 7 | SIGMA | | 75 |
| 8 | LCL | | 340.76 |
| 9 | UCL | | 399.56 |

**计算机命令**

1. 把数据录入或者导入一列中（打开文件 Xm10 - 01）。

2. 点击“Add-Ins”（加载项）—“Data Analysis Plus”（数据分析加载项）—“Z-Estimate：Mean”（Z 估计：均值）。

3. 确定“Input Range”（输入范围）（A1：A26）。输入“Standard Deviation”（SIGMA）（标准差）的值（75）。如果“Input Range”（输入范围）的第一行包括变量名称，则点击“Labels”（标签）。输入 $\alpha$ 的值（0.05），确定置信水平。点击“OK”（确定）。

**自己的 Excel**

还有另外一种方法可以得到这道题的区间估计。如果你已经计算了样本均值，并且知道样本容量和总体标准差，那么你不需要使用上面提到的数据集和数据分析加载项。你可以创建一个工作簿进行计算，我们建议的工作簿如下所示。

| | A | B | C | D | E |
|---|---|---|---|---|---|
| 1 | z-Estimate of a Mean | | | | |
| 2 | | | | | |
| 3 | 样本均值 | 370.160 | 置信区间估计 | | |
| 4 | 总体标准差 | 75 | 370.16 | ± | 29.40 |
| 5 | 样本容量 | 25 | 置信下限 | | 340.76 |
| 6 | 置信水平 | 0.95 | 置信上限 | | 399.56 |

以下是创建 Excel 工作簿所需的工具（Excel 函数）：

SQRT：函数形式为 SQRT（$X$），这个函数用于计算括号中变量的平方根。使用“插入”和“Ω 符号”来添加±号。

NORMSINV：函数形式为 NORMSINV（Probability），这个函数计算满足 $P(Z<z)=$ Probability（括号内概率）的 $z$ 值。例如，NORMSINV（0.95）=1.645 计算的是 $z_{0.05}$ 的值，你将会弄明白怎样将单元格 B6 中的置信水平转换为 $z_{\alpha/2}$ 的值。

我们建议你保存工作簿，因为它能够用于解答本节的部分课后习题。

除了使用 Excel 以外，这张工作表还可用于进行假设分析。也就是说，利用这张工作表，你可以学习如何使用一些影响估计的输入值。例如，如果你想增加置信水平，在单元格 B6 中输入 0.99，可以看到区间宽度的变化；在单元格 B5 中输入 1 000，可以看到样本容量的增加产生的影响；在单元格 B4 中输入 10，可以看到总体标准差变小造成的影响。

**Minitab**

One-Sample Z：Demand

The assumed standard deviation=75

| Variable | N | Mean | StDev | SE Mean | 95% CI |
|---|---|---|---|---|---|
| Demand | 25 | 370.160 | 80.783 | 15.000 | (340.761，399.559) |

输出结果包括 $\sigma$（假设的 $\sigma$）的值、样本量（$N$）、样本均值（Mean）和样本标准差（StDev=80.783，在这个区间估计中是不需要的），也包括标准误（SE Mean= $\sigma/\sqrt{n}$ =15.0）以及总体均值的 95%的置信区间估计。为了得到这个输出结果，执行下面的命令。

**计算机命令**

1. 把数据录入或者导入一列中（打开 Xm10－01）。

2. 点击“Stat”（统计）—“Basic Statistics”（基本统计量）—“1-Sample Z…”（单样本 Z…）。

3. 输入或者“Select”（选择）变量名。在“Samples in columns”（样本所在列）框（Demand）中，输入总体标准差的值（75），点击“Options…”（选项…）。

4. 输入“Confidence level”（置信水平）的值（0.95）。在“Alternative”（备择）中选择“not equal”（不相等）；点击“OK”（确定）。点击“OK”（确定）。

**解　释**

业务经理估计前置时间内平均需求量在 340.76～399.56 之间。他可以把这个估计作为改进库存策略的依据。根据假设的前置时间内平均需求量的一个特定值，8.2 节中的模型可以用来计算再订货点。在这个例子中，他可以用样本均值作为平均需求量的点估计，并利用平均需求量来确定库存策略。但是，置信区间估计给出了置信上、下限，从而业务经理可以知道可能的后果。

### □ 10－2a　置信区间估计的解释

一些人把例 10.1 中的置信区间估计错误地解释为总体均值以 95%的概率位于 340.76～399.56 之间。这个解释是错误的，因为该解释意味着总体均值是一个可进行概率表达的变量。事实上，总体均值是一个确定但未知的量。因此，我们不能把 $\mu$ 的置信区间估计解释为 $\mu$ 的概率表达。为了准确地解释置信区间估计，我们必须记住，置信区间估计是通过样本均值的抽样分布得到的。在 9.1 节中，我们使用抽样分布得到了样本均值的概率表达。虽然形式改变了，但置信区间估计还是样本均值的概率表达。置信区间估计意味着有 $1-\alpha$ 的概率使样本均值等于总体均值，且区间（$\bar{x}-z_{\alpha/2}\sigma/\sqrt{n}$，$\bar{x}+z_{\alpha/2}\sigma/\sqrt{n}$）包含总体均值的概率也是 $1-\alpha$。一旦样本均值被计算出来，总体均值的置信区间估计的上下限也就确定了。

例如，我们想要估计掷骰子所得点数的分布的均值。因为我们知道分布，所以我们也就知道 $\mu=3.5$ 和 $\sigma=1.71$。假设我们只知道 $\sigma=1.71$，$\mu$ 未知，我们要估计它的值。

那么，为了估计 $\mu$，我们需要抽取样本容量为 100 的样本（抛掷骰子 100 次），并计算 $\bar{x}$。$\mu$ 的置信区间估计是

$$\bar{x} \pm z_{\alpha/2}\frac{\sigma}{\sqrt{n}}$$

置信水平为 90%的置信区间估计是

$$\bar{x} \pm z_{\alpha/2}\frac{\sigma}{\sqrt{n}}=\bar{x} \pm 1.645\frac{1.71}{\sqrt{100}}=\bar{x} \pm 0.281$$

上式说明，如果我们从总体中重复抽取样本容量为 100 的样本，90%的 $\bar{x}$ 值会使 $\mu$ 位于 $\bar{x}-0.281$ 和 $\bar{x}+0.281$ 之间，10%的 $\bar{x}$ 值构成的区间不包括 $\mu$。为了说明这一点，假设我们抽取 40 个样本容量为 100 的样本。$\bar{x}$ 值和计算得到的 $\mu$ 的置信区间估计见表 10—2。注意，并不是所有区间都包含参数的真值。样本 5、样本 16、样本 22 和样本 34 的 $\bar{x}$ 值构成的区间都不包含 $\mu$。

**表 10—2　　$\mu$ 的置信水平为 90%的置信区间估计**

| 样本 | $\bar{x}$ | LCL=$\bar{x}-0.281$ | UCL=$\bar{x}+0.281$ | 区间是否包括 $\mu=3.5$? |
|---|---|---|---|---|
| 1 | 3.550 | 3.269 | 3.831 | 是 |
| 2 | 3.610 | 3.329 | 3.891 | 是 |
| 3 | 3.470 | 3.118 | 3.751 | 是 |
| 4 | 3.480 | 3.199 | 3.761 | 是 |
| 5 | 3.800 | 3.519 | 4.081 | 否 |
| 6 | 3.370 | 3.089 | 3.651 | 是 |
| 7 | 3.480 | 3.199 | 3.761 | 是 |
| 8 | 3.520 | 3.239 | 3.801 | 是 |
| 9 | 3.740 | 3.459 | 4.021 | 是 |
| 10 | 3.510 | 3.229 | 3.791 | 是 |
| 11 | 3.230 | 2.949 | 3.511 | 是 |
| 12 | 3.450 | 3.169 | 3.731 | 是 |
| 13 | 3.570 | 3.289 | 3.851 | 是 |
| 14 | 3.770 | 3.489 | 4.051 | 是 |
| 15 | 3.310 | 3.029 | 3.591 | 是 |
| 16 | 3.100 | 2.819 | 3.381 | 否 |
| 17 | 3.500 | 3.219 | 3.781 | 是 |
| 18 | 3.550 | 3.269 | 3.831 | 是 |
| 19 | 3.650 | 3.369 | 3.931 | 是 |
| 20 | 3.280 | 2.999 | 3.561 | 是 |
| 21 | 3.400 | 3.119 | 3.681 | 是 |
| 22 | 3.880 | 3.599 | 4.161 | 否 |
| 23 | 3.760 | 3.479 | 4.041 | 是 |

续前表

| 样本 | $\bar{x}$ | LCL=$\bar{x}$−0.281 | UCL=$\bar{x}$+0.281 | 区间是否包括 $\mu$=3.5? |
|---|---|---|---|---|
| 24 | 3.400 | 3.119 | 3.681 | 是 |
| 25 | 3.340 | 3.059 | 3.621 | 是 |
| 26 | 3.650 | 3.369 | 3.931 | 是 |
| 27 | 3.450 | 3.169 | 3.731 | 是 |
| 28 | 3.470 | 3.189 | 3.751 | 是 |
| 29 | 3.580 | 3.299 | 3.861 | 是 |
| 30 | 3.360 | 3.079 | 3.641 | 是 |
| 31 | 3.710 | 3.429 | 3.991 | 是 |
| 32 | 3.510 | 3.229 | 3.791 | 是 |
| 33 | 3.420 | 3.139 | 3.701 | 是 |
| 34 | 3.110 | 2.829 | 3.391 | 否 |
| 35 | 3.290 | 3.009 | 3.571 | 是 |
| 36 | 3.640 | 3.359 | 3.921 | 是 |
| 37 | 3.390 | 3.109 | 3.671 | 是 |
| 38 | 3.750 | 3.469 | 4.031 | 是 |
| 39 | 3.260 | 2.979 | 3.541 | 是 |
| 40 | 3.540 | 3.259 | 3.821 | 是 |

学生们经常会问："样本 5、样本 16、样本 22 和样本 34 有什么问题?"回答是它们没有任何问题。统计学不给予 100%的保证。事实上，在这个例子中，我们期望 90%的区间包含 $\mu$，10%的区间不包括 $\mu$。既然我们构造了 40 个区间，我们期望 4 个（40 的 10%）区间不包括 $\mu=3.5$。① 即使统计人员尽可能准确地进行试验，也会有一定比例（在本例中是 10%）的试验由于随机因素而产生错误的估计，理解这一点非常重要。

我们可以改变区间估计的置信水平。如果我们令置信水平 $1-\alpha=0.95$，95%的置信区间估计为

$$\bar{x} \pm z_{\alpha/2}\frac{\sigma}{\sqrt{n}}=\bar{x} \pm 1.96\frac{1.71}{\sqrt{100}}=\bar{x} \pm 0.335$$

因为区间宽度增大，所以更有可能包含 $\mu$ 值。如果表 10—2 使用 95%的置信区间估计，那么只有样本 16、样本 22 和样本 34 构造的区间不包含 $\mu$。（注意，我们期望有 5%的区间不包含 $\mu$，而事实上我们发现这一比例为 3/40=7.5%。）99%的置信区间估计是

$$\bar{x} \pm z_{\alpha/2}\frac{\sigma}{\sqrt{n}}=\bar{x} \pm 2.575\frac{1.71}{\sqrt{100}}=\bar{x} \pm 0.440$$

在表 10—2 中应用样本均值的这个区间估计会导致所有的 40 个区间估计都包含总体均

① 在这个例子中，恰好有 10%的样本均值构成的区间估计不包含 $\mu$ 值，但事实并不总是这样。记住，我们期望最终有 10%的样本均值构成不包含 $\mu$ 的区间，但这 40 个样本均值并不能体现"最终情形"。

值 $\mu=3.5$。(我们期望有 1%的区间不包括 $\mu$，而我们发现这一比例为 0/40=0。)

在实际应用时，我们只抽取一个样本，因此只需计算一个 $\bar{x}$ 值。计算得到的区间估计或者正确地包含参数，或者错误地排除了参数。遗憾的是，统计人员不知道在哪些情况下他们是正确的；他们只知道，从长期看，他们有时会错误地估计参数。统计人员认为这是很正常的。

我们把例 10.1 的计算过程总结如下：我们估计前置时间内平均需求量在 340.76～399.56 之间，这类估计量有 95%的正确性。顺便说一下，媒体经常称 95%为“20 次中有 19 次”，它强调了置信水平的长期性。

### □ 10-2b 区间的信息和宽度

和其他统计方法一样，区间估计可用来把数据转变为信息。但是，一个宽区间提供的信息很少。例如，假设作为一项统计研究的结果，我们估计有 95%的会计的平均起薪在 15 000～100 000 美元。这个区间太宽，我们只能从数据中得到很少的信息。但是，如果假设区间估计是 52 000～55 000 美元，这个区间则窄得多，能给会计专业的学生提供更精确的起薪信息。

置信区间估计的宽度是总体标准差、置信水平和样本容量的一个函数。在例 10.1 中，假设 $\sigma=75$。区间估计为 370.16±29.40。如果 $\sigma=150$，95%的置信区间估计将会变成

$$\bar{x}\pm z_{\alpha/2}\frac{\sigma}{\sqrt{n}}=370.16\pm z_{0.025}\frac{150}{\sqrt{25}}=370.16\pm 1.96\frac{150}{\sqrt{25}}=370.16\pm 58.80$$

因此，如果总体标准差加倍，那么置信区间估计的宽度也加倍。这个结果是非常合乎逻辑的。如果随机变量的方差很大（也就是标准差很大），就很难精确估计总体均值，因为区间变宽了。

虽然我们不能控制 $\sigma$ 值，但我们却能选择其他两个元素。在例 10.1 中，我们选择 95%的置信水平。如果我们令置信水平等于 90%，那么区间估计会变为

$$\bar{x}\pm z_{\alpha/2}\frac{\sigma}{\sqrt{n}}=370.16\pm z_{0.05}\frac{75}{\sqrt{25}}=370.16\pm 1.645\frac{75}{\sqrt{25}}=370.16\pm 24.68$$

99%的置信水平得到的区间估计是

$$\bar{x}\pm z_{\alpha/2}\frac{\sigma}{\sqrt{n}}=370.16\pm z_{0.005}\frac{75}{\sqrt{25}}=370.16\pm 2.575\frac{75}{\sqrt{25}}=370.16\pm 38.63$$

正如你所看到的，置信水平变小会使区间变窄，置信水平变大会使区间变宽。但是，通常需要的置信水平较大，因为这意味着更大比例的置信区间估计在长期会是正确的。区间宽度和置信水平之间存在直接关系。为了使估计更有把握，我们需要使区间变宽。(比方说，为了更有把握捉住一只蝴蝶，我们需要一张更大的网。) 如何在更高的置信水平和更宽的区间之间达到均衡？这必须由统计人员来解决。但是，按照惯例，95%的置信水平被认为是“标准的”。

另一个要素是样本容量。样本容量由 25 变为 100，95%的置信区间估计变为

$$\bar{x} \pm z_{\alpha/2} \frac{\sigma}{\sqrt{n}} = 370.16 \pm z_{0.025} \frac{75}{\sqrt{100}} = 370.16 \pm 1.96 \frac{75}{\sqrt{100}} = 370.16 \pm 14.70$$

样本容量增加 4 倍，区间宽度减小了一半。更大的样本容量提供了更多的潜在信息。增加的信息量是由更窄的区间反映出来的。但是，同样存在另外一对矛盾：增加样本容量也增加了抽样成本。在 10.4 节讨论样本容量的选择时，我们将研究这些问题。

### □ 10－2c　使用样本中位数估计总体均值（可选）

为了理解为什么样本中位数经常被用于估计总体均值，我们首先来分析样本中位数（记为 $m$）的抽样分布。如果总体服从正态分布，那么样本中位数的抽样分布也服从正态分布。均值和标准差为

$$\mu_m = \mu$$

$$\sigma_m = \frac{1.2533\sigma}{\sqrt{n}}$$

使用相同的计算方法，我们可以推导出基于样本中位数的总体均值的置信区间估计

$$m \pm z_{\alpha/2} \frac{1.2533\sigma}{\sqrt{n}}$$

为了说明这个问题，假设我们从标准差为 2 的总体中抽取了如下随机样本

1　1　1　3　4　5　6　7　8

样本均值为 $\bar{x}=4$，中位数为 $m=4$。

根据样本均值和样本中位数计算的总体均值的 95%的置信区间分别为

$$\bar{x} \pm z_{\alpha/2} \frac{\sigma}{\sqrt{n}} = 4.0 \pm 1.96 \frac{2}{\sqrt{9}} = 4 \pm 1.307$$

$$m \pm z_{\alpha/2} \frac{1.2533\sigma}{\sqrt{n}} = 4.0 \pm 1.96 \frac{1.2533 \times 2}{\sqrt{9}} = 4 \pm 1.638$$

可以看出，基于样本均值计算的置信区间较窄。我们前面曾经提到过，置信区间越窄，提供的信息越精确。为了理解为什么样本均值作为估计量要优于样本中位数，回顾中位数的计算过程：我们只是把数据排序，然后选择中间的数值。因此，对于中位数而言，上述数据和下面的数据并无区别：

1　2　3　4　5　6　7　8　9

中位数使用次序来代替实际数值，造成了信息的损失。信息量少，构造的估计量的精度自然就差。

## 习　题

习题 10.9 至习题 10.16 是假设分析，用来确定当置信水平、样本容量和标准差变化时区间估计的变化。可以通过手工或者运用你创建的工作簿（如果你已经创建了一个）或 Minitab 来解决这些问题。

**10.9** a. 统计人员从标准差为 25 的总体中随机抽取 50 个观测值构成样本，并且已知样本均值为 100。以 90%的置信水平估计总体均值。

b. 利用 95%的置信水平，重新计算问题（a）。

c. 利用 99%的置信水平，重新计算问题（a）。

d. 描述一下，置信水平的增大对置信区间估计的影响。

**10.10** a. 从标准差为 50 的正态总体中抽取容量为 25 的样本，样本均值为 200。计算总体均值的 95%的置信区间。

b. 总体标准差为 25 时，重新计算问题（a）。

c. 总体标准差为 10 时，重新计算问题（a）。

d. 讨论标准差的减小对置信区间估计的影响。

**10.11** a. 从标准差为 5 的正态总体中抽取容量为 25 的样本，样本均值为 80。计算总体均值的 95%的置信区间。

b. 样本容量为 100 时，重新计算问题（a）。

c. 样本容量为 400 时，重新计算问题（a）。

d. 讨论样本容量的增加对置信区间估计的影响。

**10.12** a. 给定以下条件，确定总体均值的 98%的置信区间估计：

$\bar{x}=500$，$\sigma=12$，$n=50$

b. 置信水平为 95%，重新计算问题（a）。

c. 置信水平为 90%，重新计算问题（a）。

d. 回顾问题（a）至（c），讨论置信水平的减小对置信区间估计的影响。

**10.13** a. 从标准差为 15 的正态总体中抽取容量为 25 的样本，样本均值为 500。计算总体均值的 99%的置信区间。

b. 总体标准差为 30 时，重新计算问题（a）。

c. 总体标准差为 60 时，重新计算问题（a）。

d. 讨论标准差的增加对置信区间估计的影响。

**10.14** a. 从标准差为 5 的正态总体中抽取容量为 100 的样本，样本均值为 10。计算总体均值的 90%的置信区间。

b. 样本容量为 25 时，重新计算问题（a）。

c. 样本容量为 10 时，重新计算问题（a）。

d. 讨论样本容量的减小对置信区间估计的影响。

**10.15** a. 给定以下条件，确定总体均值的 95%的置信区间估计：

$\bar{x}=100$，$\sigma=20$，$n=25$

b. 样本均值为 200，重新计算问题（a）。

c. 样本均值为 500，重新计算问题（a）。

d. 讨论样本均值的增加对置信区间估计的影响。

**10.16** a. 从标准差为 5 的正态总体中抽取容量为 100 的样本，样本均值为 400。计算总体均值的 99%的置信区间。

b. 样本均值为 200，重新计算问题（a）。

c. 样本均值为 100，重新计算问题（a）。

d. 讨论样本均值的减小对置信区间估计的影响。

习题 10.17 至习题 10.20 基于可选的小节 10－2c“使用样本中位数估计总体均值”。假设总体服从正态分布。

**10.17** 样本中位数是总体均值的一个无偏估计量吗？为什么？

**10.18** 样本中位数是总体均值的一个一致估计量吗？为什么？

**10.19** 说明当估计总体均值时，样本均值比样本中位数相对更有效。

**10.20** a. 给定以下条件，确定估计量为样本中位数、置信水平为 90%的总体均值的置信区间估计：样本中位数＝500，$\sigma=12$ 且 $n=50$。

b. 比较问题（a）和习题 10.12 问题（c）的结论。请解释为什么问题（a）的置信区间估计更宽。

**应用**

下面的习题可以手工计算或借助于计算机进行计算。包含数据集的文件名在题号旁给出。

**10.21 Xr10－21** 下列数据给出了一次统计测验（10 个分数中）的 9 个分数。分数服从正态分布，标准差是 2。以 90%的置信水平估计总体均值。

7　9　7　5　4　8　3　10　9

**10.22 Xr10－22** 下面的观测值是酒吧中随机选取的 8 位男士的年龄。已知年龄服从正态分布，标准差是 10。确定总体均值的 95%的置信区间估计。请解释这个区间估计。

52　68　22　35　30　56　39　48

**10.23 Xr10－23** 医生中的高尔夫爱好者每年打多少回合的高尔夫？对 12 位医生的调查发现了下面的数字：

3　41　17　1　33　37　18　15　17　12　29　51

以 95%的置信水平估计医生每年比赛的平均回合数。假设回合数服从正态分布，标准差是 12。

**10.24 Xr10－24** 大学教授的生活中最令人兴奋的事是院系会议，他们在会议上确定诸如墙上粉刷什么颜色、谁得到新办公桌等问题。20 位教授被询问每年有多少小时参加这些会议。答案列在下面。假定变量服从正态分布，标准差是 8 小时。估计所有教授用于院系会议的平均小时数。置信水平为 90%。

14　17　3　6　17　3　8　4　20　15

7　9　0　5　11　15　18　13　8　4

**10.25 Xr10－25** 汽车销售人员每年销售的汽车数量服从正态分布，标准差是 15。抽取由 15 名销售员组成的随机样本，销售量如下所示。计算总体均值 95%的置信区间估计。解释此区间估计。

79　43　58　66　101　63　79　33　58　71　60　101　74　55　88

**10.26　Xr10-26**　已知汽车的换油时间服从正态分布，标准差是 5 分钟。10 个换油时间组成的随机样本如下所示。计算总体均值的 99%的置信区间估计。

11　10　16　15　18　12　25　20　18　24

**10.27　Xr10-27**　假设十几岁的青少年每星期用于兼职的时间服从正态分布，标准差是 40 分钟。随机抽取 15 个观测值做样本，数据如下所示。确定总体均值的 95%的置信区间估计。

180　130　150　165　90　130　120　60　200　180　80　240　210　150　25

**10.28　Xr10-28**　戒烟的一个负面影响是体重增加。假设戒烟的 12 个月中体重增加量服从正态分布，标准差是 6 磅。为了估计体重平均增加量，随机抽取 13 名戒烟者构成一个样本，数据如下所示。确定所有戒烟者 12 个月的体重平均增加量的 90%的置信区间估计。

16　23　8　2　14　22　18　11　10　19　5　8　15

**10.29　Xr10-29**　由于销售能力、经验和事业心的不同，房地产经纪人的收入存在相当大的差异。假设一个大城市的居民的年收入服从正态分布，标准差是 15 000 美元。一个由 16 名房地产经纪人构成的随机样本显示居民平均年收入如下。确定这个城市中所有房地产经纪人的平均年收入的 99%的置信区间估计。

65　94　57　111　83　61　50　73　68　80　93　84　113　41　60　77

下面的习题需要使用计算机和相关软件，也可以手工计算。样本统计量值见附录 A。

**10.30　Xr10-30**　有一项针对 400 位统计学教授的调查。它调查了每位教授用于讲授图表方法的时间。我们相信该时间服从正态分布，标准差是 30 分钟。以 95%的置信水平估计总体均值。

**10.31　Xr10-31**　一项用于确定度假费用的调查选取了 64 个人，询问每个人最近度假所用的费用。假设标准差是 400 美元，以 95%的置信水平估计度假的平均费用。

**10.32　Xr10-32**　一篇关于抑制通货膨胀的文章研究了各种各样的投资，这些投资包括股票、债券和房地产。假设计算了 200 项房地产投资的随机样本的收益率。假设房地产投资的收益率的标准差是 2.1%。以 90%的置信水平估计房地产投资的平均收益率。解释这个估计。

**10.33　Xr10-33**　一位统计学教授想调查大学生每学期缺多少节课。为了回答这个问题，她选取 100 名大学生，要求每个人回答他或她上学期的缺课数。估计大学生平均缺课的次数。使用 99%的置信水平，并且假设总体标准差为 2.2 节。

**10.34　Xr10-34**　作为研究项目的一部分，一位化学研究员想确定肯塔基兰草（一种普通的草）每周的平均生长量。选取一个包含 250 块草的样本，并且记录这些草一星期的生长量。假设周生长量服从正态分布，标准差是 0.10 英寸，以 99%的置信水平估计肯塔基兰草的平均周生长量。简要描述一下肯塔基兰草的生长量的区间估计告诉了你什么。

**10.35　Xr10-35**　一项研究需要确定装配一部蜂窝电话需要的平均时间。研究人员记录了装配 50 部蜂窝电话所用的时间。对装配时间的分析发现，该时间服从正态分布，标准差是 1.3 分钟。以 95%的置信水平估计装配蜂窝电话的平均时间。关于装配时间，你的结果能告诉你什么？

**10.36 Xr10-36** 日本管理者在世人心目中的形象是专心工作，很少或者没有休闲时间。在一项调查中，随机选取 250 名日本中层管理者，询问他们每星期用于休闲活动（例如体育、电影、电视）的小时数。假设总体标准差是 6 小时，以 90%的置信水平估计日本中层管理者每周的平均休闲时间。结果告诉了你什么？

**10.37 Xr10-37** 衡量身体适应性的一个指标是锻炼后脉搏恢复正常所用的时间。随机抽取 100 名 40～50 岁的女性，她们在健身器上锻炼了 30 分钟。测量她们的脉搏恢复到锻炼前水平所用的时间并记录下来。如果该时间服从正态分布，标准差是 2.3 分钟，以 99%的置信水平估计她们脉搏恢复正常所用的平均时间的真值。请解释结果。

**10.38 Xr10-38** 一项调查随机选择 80 家公司，询问了它们董事长的年收入。假设该收入服从正态分布，标准差是 30 000 美元，以 90%的置信水平确定这些董事长的平均年收入的置信区间估计。请解释统计结果。

**10.39 Xr10-39** 为了确定是否实施扩张计划，一家音乐公司的主席想知道十几岁的青少年每年购买多少 CD。因此，他委托调查了 250 名青少年。每个人被要求回答他或她在过去的 12 个月中购买了多少 CD。以 90%的置信水平估计他们的年平均 CD 购买量。假设总体标准差是 3 张 CD。

**在市场营销中的应用：广告**

正如在营销管理的介绍中所提到的，广告管理者要做出许多重要决策，其中之一是如何把公司的广告总预算分配给各类相互竞争的媒体，包括电视、广播和报纸。最终管理者想知道潜在顾客收看最多的是哪个电视节目，通过广告赞助这些节目会有多大效果。但是首先管理者必须估计观众数量，这包括估计各种类型的媒体潜在客户的数量，比如有多少人收看电视节目。

**10.40 Xr10-40** 针对儿童市场的电视节目的赞助商希望了解儿童看电视的时间，因为这个信息会对节目及广告的类型和数量有很大影响。因此，他们决定调查 100 名北美儿童，让他们记录每周看了多少小时电视。根据过去的经验，已知每周看电视的时间的总体标准差是 $\sigma=8.0$ 小时。电视赞助商希望估计一般的北美儿童看电视的时间。他们认为 95%的置信水平比较合适。

## 10.3 样本容量的选择

我们在上一节说过，如果区间估计太宽，那么它只能提供很少的信息。例 10.1 中的区间估计是 340.76～399.56。如果管理者想用这个估计量作为库存模型的输入量，他需要更高的精确度。幸运的是，通过改变样本容量，统计人员可以控制区间的宽度。

为了说明如何计算样本量，我们首先来讨论估计误差。

## □ 10-3a 估计误差

在第 5 章中，我们曾指出抽样误差就是由抽样的随机性导致的样本和总体之间的差别。既然我们已经讨论了估计量的概念，那么抽样误差也可以被认为是估计量和总体参数之间的差别，我们也可以将这个差别定义为**估计误差**（error of estimation）。在本章中，这主要是指 $\overline{X}$ 和 $\mu$ 的差别。在推导 $\mu$ 的置信区间时，我们讨论了如下概率

$$P\left(-Z_{\alpha/2}<\frac{\overline{X}-\mu}{\sigma/\sqrt{n}}<Z_{\alpha/2}\right)=1-\alpha$$

该概率还可以表示为

$$P\left(-Z_{\alpha/2}\frac{\sigma}{\sqrt{n}}<\overline{X}-\mu<Z_{\alpha/2}\frac{\sigma}{\sqrt{n}}\right)=1-\alpha$$

通过上式我们可以看出，$\overline{X}$ 和 $\mu$ 的差别以 $1-\alpha$ 的概率落在 $-Z_{\alpha/2}\frac{\sigma}{\sqrt{n}}$ 和 $Z_{\alpha/2}\frac{\sigma}{\sqrt{n}}$ 之间。换句话说，在 $1-\alpha$ 的概率下

$$|\overline{X}-\mu|<Z_{\alpha/2}\frac{\sigma}{\sqrt{n}}$$

也就是说，估计误差小于 $Z_{\alpha/2}\frac{\sigma}{\sqrt{n}}$。这就意味着 $Z_{\alpha/2}\frac{\sigma}{\sqrt{n}}$ 是我们所能承受的最大的估计误差，记为 $B$，表示**估计误差限**（bound on the error of estimation），即

$$B=Z_{\alpha/2}\frac{\sigma}{\sqrt{n}}$$

## □ 10-3b 确定样本量

如果标准差 $\sigma$、置信水平 $1-\alpha$ 和估计误差限 $B$ 都已知，那么我们可以通过求解上述等式得到样本量 $n$ 的值。

**估计均值需要的样本容量**

$$n=\left(\frac{z_{\alpha/2}\sigma}{B}\right)^2$$

为了说明这个公式的应用，假设例 10.1 在收集数据之前，经理确定前置时间内的平均需求量的估计值的误差在 16 个单位以内，即估计误差限为 16，此外，我们还知道 $1-\alpha=0.95$，$\sigma=75$。计算得

$$n=\left(\frac{Z_{\alpha/2}\sigma}{B}\right)^2=\left(\frac{1.96\times 75}{16}\right)^2=84.41$$

因为 $n$ 必须是整数，而且我们要求估计误差不大于 16，所以如果计算出的 $n$ 为非整数，就采取进一的处理方法。因此，样本量为 85，也就是说，要保证在 95%的置信水平下，估计误差不超过 16，则需要抽取 85 个样本。

**估计树的平均直径所需的样本量：问题的解**

在抽样之前，森林管理员按照如下步骤确定了样本量。估计误差限为 $B=1$，置信水平为 90%（$1-\alpha=0.9$），所以 $\alpha=0.10$，$\alpha/2=0.05$，$z_{\alpha/2}=1.645$。假设总体标准差为$\sigma=6$。因此，

$$n=\left(\frac{Z_{\alpha/2}\sigma}{B}\right)^2=\left(\frac{1.645\times 6}{1}\right)^2=97.42$$

进一为 98。

然后，抽取样本以后，森林管理员发现 $\sigma=12$，90%的置信区间估计为

$$\bar{x}\pm z_{\alpha/2}\frac{\sigma}{\sqrt{n}}=25\pm z_{0.05}\frac{12}{\sqrt{98}}=25\pm 1.645\frac{12}{\sqrt{98}}=25\pm 2$$

可见，估计误差限为 2，而不是 1。区间长度是预想的 2 倍，估计结果也就不精确了。

在本章中，我们假设总体标准差已知。事实上这种情况很少出现。（在第 12 章中，我们介绍了总体均值的一个更现实的置信区间估计。）为了利用上面的公式，通常有必要"猜测"$\sigma$ 值。也就是说，我们必须运用我们的变量知识为 $\sigma$ 赋值。

实际上，我们的猜测是不准确的。但是，猜测 $\sigma$ 值时，我们倾向于犯偏高的错误。对于本章开篇的例子，如果森林管理员使用 $\sigma=12$ 来计算样本量，则

$$n=\left(\frac{z_{\alpha/2}\sigma}{B}\right)^2=\left(\frac{1.645\times 12}{1}\right)^2=389.67$$

进一为 390。假设样本均值为 25，那么 90%的置信区间估计为

$$\bar{x}\pm z_{\alpha/2}\frac{\sigma}{\sqrt{n}}=25\pm 1.645\frac{12}{\sqrt{390}}=25\pm 1$$

这个区间的长度与管理员预想的相同。

如果标准差比预想的小，会出现什么情况呢？如果我们发现标准差比计算样本量时做的假设小，那么置信区间将会更窄，估计结果也就更精确。假设抽取了 98 个样本（再次假设 $\sigma=6$）之后，管理员发现 $\sigma=3$，置信区间估计为

$$\bar{x}\pm z_{\alpha/2}\frac{\sigma}{\sqrt{n}}=25\pm 1.645\frac{3}{\sqrt{98}}=25\pm 0.5$$

这个区间长度比预想的要小。虽然这意味着他需要抽取更多样本，但是与得到的信息量相比，这个成本是比较低的。

## 习　题

**理解统计概念**

**10.41** a. 已知总体标准差是 50，置信水平为 90%，为了使估计的总体均值的误差在 10 单位内，确定需要的样本容量。

b. 令标准差为 100，重新计算问题（a）。

c. 用 95%的置信水平重新计算问题（a）。

d. 当我们希望估计的总体均值的误差在 20 单位内时，重新计算问题（a）。

**10.42** 回顾习题 10.41。描述一下当下列情况出现时，样本容量会发生什么变化。

a. 总体标准差增大。

b. 置信水平增大。

c. 估计误差限增大。

**10.43** a. 一位统计人员想以 99%的置信水平在 50 单位的误差内估计总体均值，已知总体标准差为 250。样本容量应该多大？

b. 令标准差为 50，重新计算问题（a）。

c. 用 95%的置信水平重新计算问题（a）。

d. 当我们希望在 10 单位的误差内估计总体均值时，重新计算问题（a）。

**10.44** 回顾习题 10.43。描述一下当下列情况出现时，样本容量会发生什么变化。

a. 总体标准差减小。

b. 置信水平减小。

c. 估计误差限减小。

**10.45** a. 已知总体标准差为 10，置信水平为 90%，在 1 单位的误差内估计总体均值。确定需要的样本容量。

b. 假设样本均值的计算结果是 150。以 90%的置信水平估计总体均值。

**10.46** a. 如果我们发现总体标准差事实上是 5，重新计算习题 10.45 的问题（b）。

b. 如果我们发现总体标准差事实上是 20，重新计算习题 10.45 的问题（b）。

**10.47** 回顾习题 10.45 至习题 10.46。描述一下当下列情况出现时，置信区间估计会发生什么变化。

a. 标准差等于用来确定样本量的值。

b. 标准差小于用来确定样本量的值。

c. 标准差大于用来确定样本量的值。

**10.48** a. 一位统计人员想要在 10 单位的误差内估计总体均值。置信水平设为 95%且 $\sigma=200$。确定样本容量。

b. 假设样本均值的计算结果为 500。以 95%的置信水平估计总体均值。

**10.49** a. 如果我们发现总体标准差事实上是 100，重新计算习题 10.48 的问题（b）。

b. 如果我们发现总体标准差事实上是 400，重新计算习题 10.48 的问题（b）。

**10.50** 回顾习题 10.48 至习题 10.49。描述一下当下列情况出现时，置信区间估计会发生什么变化。

a. 标准差等于用来确定样本量的值。

b. 标准差小于用来确定样本量的值。

c. 标准差大于用来确定样本量的值。

**应用**

**10.51** 一位医学统计学家想估计实施新节食计划的人平均减少的体重。在预调查中，他猜测体重降低的总体标准差大约等于10磅。为了以90%的置信水平在2磅的误差内估计计划参与者平均减少的体重，他应该抽取多大的样本容量？

**10.52** 一家大型生产企业的业务经理想要估计工人装配一个新电子元件所用的平均时间。当观测一些工人装配类似设备后，她猜测标准差是6分钟。如果她希望在20秒的误差内估计平均装配时间，应该选取多少工人？假设置信水平为99%。

**10.53** 一位统计学教授想比较现在的学生和25年前的学生的成绩。他现在所有学生的分数存储在计算机中，因此他可以很容易地确定总体均值。但是25年前的学生的分数只能在发霉的文件中寻找。他不想找回所有分数，得到25年前的平均分数的95%的置信区间估计就足够了。如果他假定总体标准差是12，在2分的误差内估计平均分，需要抽取多大的样本？

**10.54** 一位医学研究员想调查病人服用新止痛药后，缓解头痛症状所需要的时间。她计划使用统计方法来估计总体的平均缓解时间。她相信总体服从正态分布，标准差是20分钟。如果以90%的置信水平在1分钟的误差内估计平均时间，她应该抽取多大的样本？

**10.55** 容量为1加仑的油漆桶的标签写明油漆量足够粉刷400平方英尺的面积。但这个数是可变的。事实上，已知覆盖面积服从标准差为25平方英尺的正态分布。如果以95%的置信水平在5平方英尺的误差内估计所有1加仑油漆的平均覆盖面积的真值，应该抽取多大的样本？

**10.56** 一个蜂窝电话工厂的业务经理计划重新安排生产过程，使之更有效率。她想估计按照新过程装配电话所需的时间。她相信总体标准差是15秒。如果以95%的置信水平在2秒的误差内估计平均装配时间，她应该选取多少人？

## 小　结

本章介绍了估计和总体方差已知时总体均值的估计量这两个概念。此外，我们还介绍了计算样本容量的公式，样本容量对于估计总体均值是必需的。

**重要术语**

| | | | |
|---|---|---|---|
| 点估计 | 区间估计 | 无偏估计量 | 一致性 |
| 相对有效性 | $\mu$ 的置信区间估计 | 置信水平 | 置信下限 |
| 置信上限 | $\mu$ 的置信水平为95%的置信区间估计 | 估计误差 | 估计误差限 |

## 符号

| 符号 | 意义 |
| --- | --- |
| $1-\alpha$ | 置信水平 |
| $B$ | 估计误差限（置信区间估计的宽度的一半） |
| $z_{\alpha/2}$ | 使其右边区域面积等于 $\alpha/2$ 的 $z$ 值 |

## 公式

$\sigma$ 已知时，$\mu$ 的置信区间估计

$$\bar{x} \pm z_{\alpha/2} \frac{\sigma}{\sqrt{n}}$$

估计 $\mu$ 所需的样本容量

$$n = \left(\frac{z_{\alpha/2}\sigma}{B}\right)^2$$

# 第 11 章 假设检验入门

**SSA 信封计划**

数据：Xm11 - 00

联邦快递（FedEx）把发票寄给那些应该在 30 天内付款的用户。账单列出了付款地址，而用户将使用他们自己的信封返回所付款。目前，花费在付款上的时间的平均值和标准差分别是 24 天和 6 天。联邦快递首席财务官（CFO）认为，有邮戳且印有自家地址的（SSA）信封将缩短付款时间。经过计算，她判定，付款期缩短 2 天所提高的现金流可抵消信封和邮票的开销。支付期的任何更进一步的缩减都将产生利润。为了验证她的想法，她随机选择了 220 个用户，在寄送发票的同时附带上 SSA 信封，并记录付款所用的天数。首席财务官能断定计划有利可图吗？在介绍完准备知识后，我们将会回到这个例子并进行解答（见 11 - 2h 小节）。

## 引 言

在第 10 章里，我们介绍了估计的概念及其应用。本章讲述关于总体推断的第二个重要问题——假设检验。这一类型的推断的目的是判断利用足够的统计证据能否得到关于参数服从某一假设的结论。你将发现假设检验不但在商业和经济中被广泛应用，而且在其他领域也有着极高的应用价值。这一章将为学习本书剩余部分奠定一定的基础，同时也将对你成为统计学实践应用者产生十分重要的影响。

在 11.1 节，我们将介绍假设检验的概念。在 11.2 节我们将给出一个方法，用以处理总体标准差已知时关于总体均值的假设检验。本章的其他部分研究相关内容。

## 11.1 假设检验的概念

对于大多数读者来说，**假设检验**（hypothesis testing）这一统计概念可能是第一次听说，然而对于假设检验的内涵，大家是十分熟悉的。生活中存在大量的非统计应用的假设检验，一个众所周知的例子就是对罪犯的审讯。

当一个人被控告为罪犯时，他将面临审讯。控方提出控诉后，陪审团必须根据证据做出裁决。事实上，陪审团就进行了假设检验。这里有两个要被证明的假设。第一个被称为**原假设**（null hypothesis），用 $H_0$ 表示（发音为 H-nought，nought 是零的英国表示方法）。它表示

$H_0$：被告无罪

第二个假设被称为**备择假设**（alternative hypothesis）或**研究假设**（research hypothesis），用 $H_1$ 表示。在罪犯审讯中，它表示

$H_1$：被告有罪

当然，陪审团不知道哪个假设是正确的，他们根据控辩双方所提供的证据做出判断。这里只有两种可能：判定被告有罪或无罪释放。在统计应用中，判定被告有罪就相当于拒绝原假设，接受备择假设；而判定被告无罪也就相当于不能拒绝原假设去接受备择假设。应当注意，我们并不能接受原假设。在罪犯审判中，接受原假设意味着发现被告无罪。在我们的司法系统中，并不允许这样的判定。

当我们进行假设检验时，存在两种可能的错误。**第一类错误**（Type Ⅰ error）是当原假设正确时，我们却拒绝了它。**第二类错误**（Type Ⅱ error）被定义为当原假设有错误时，我们却没有拒绝它。在上面这个例子中，第一类错误就是一个无罪的人被判定有罪。当一个有罪的被告被判定无罪时，第二类错误就发生了。我们把发生第一类错误的概率记为 $\alpha$，通常它也被称为**显著性水平**（significance level）。第二类错误发生的概率记为 $\beta$。发生错误的概率 $\alpha$ 和 $\beta$ 是相反的关系，这就意味着任何试图减少某一类错误的方法都会使另外一类错误发生的概率增加。表 11—1 总结了这些术语和概念。

**表 11—1　　假设检验的术语**

| 决定 | $H_0$ 是正确的（被告无罪） | $H_0$ 是错误的（被告有罪） |
|---|---|---|
| 拒绝 $H_0$ 被告有罪 | 第一类错误 $P$(第一类错误)$=\alpha$ | 正确的决定 |
| 无法拒绝 $H_0$ 无罪释放 | 正确的决定 | 第二类错误 $P$(第二类错误)$=\beta$ |

在司法系统中，第一类错误被认为是更加严重的。这样，我们的司法系统的构建就要求第一类错误发生的概率很小。要达到这样的结果，往往会对起诉证据进行限制（原告必须证明罪犯有罪，而被告则不需要证明什么），同时要求陪审团只有具有“排除合理怀疑的证据”时才能判定被告有罪。在缺少大量证据的情况下，尽管有一些犯罪证据，陪审团也必须判定其无罪。这样的安排必然使有罪的人被判为无罪的概率比较大。美国最高法院法官奥利弗·温德尔·霍姆斯（Oliver Wendell Holmes）曾经用下面的一段话描述了第一类错误发生的概率与第二类错误发生的概率之间的关系。他说：“判定100个有罪的人无罪要比判定1个无罪的人有罪好得多。”在霍姆斯看来，发生第一类错误的概率应该是发生第二类错误的概率的1/100。

一些关键概念如下：

1. 这里有两个假设，一个叫作原假设，另一个叫作备择假设。

2. 这个检验过程从假设原假设是正确的开始。

3. 这个过程的目的是判定是否有足够的证据推断备择假设是正确的。

4. 这里有两个推断：有足够的证据支持备择假设；没有足够的证据支持备择假设。

5. 在任何检验中，有两类可能的错误。第一类错误是原假设正确却拒绝它，第二类错误是原假设不正确却未能拒绝它。

$$P(\text{第一类错误})=\alpha$$
$$P(\text{第二类错误})=\beta$$

我们把这些概念引申到统计假设检验中。

在统计学中，经常要检验关于参数的假设。（在教学中现在还不涉及参数的变化。）我们要检验的假设是由管理者需要解答的问题所产生的。为了加以说明，我们假设例10.1中的操作管理人员并不是估计前置时间内的平均需求量，而是想知道这个平均数是否等于350，这个数字是决定要不要改变当前存货政策的一个关键点。这也是说，管理人员需要判断均值是否等于350。如同罪犯审讯的例子一样，我们所研究的问题可用备择假设（或研究假设）来表示。因此

$$H_1: \mu \neq 350$$

在对罪犯进行审讯时，开始我们都会假定被告人是无罪的。类似地，在进行假设检验时，我们首先假设参数等于我们假设的值。所以，操作管理人员假设$\mu=350$，原假设为

$$H_0: \mu = 350$$

当我们说明假设时，通常列出原假设和备择假设。为了判断均值是否等于350，我们检验

$$H_0: \mu = 350$$
$$H_1: \mu \neq 350$$

现在假设现行的存货规则的数据分析基础是认为在前置时间内，平均需求量为350。在进行广告促销后，经理认为平均需求量会上涨。为了检验需求量是否上涨了，经理设定了如下备择假设

$H_1$：$\mu>350$

因为经理过去认为均值是 350，所以原假设为

$H_0$：$\mu=350$

进一步假设经理并不知道前置时间内平均需求量的真实值，但是现行的存货规则假设均值小于等于 350。如果广告促销使得均值大于 350，就必须制定新的存货规则了。在这种情况下，假设为

$H_0$：$\mu\leqslant 350$

$H_1$：$\mu>350$

注意，在上述两种设定的情况下，备择假设的目的都是证明均值是大于 350 的。虽然这两个原假设不同（一个是均值等于 350，一个是均值小于等于 350），但是开始进行检验时，首先要假定均值是等于 350 的。换句话说，不管原假设的形式是什么，我们都在原假设中使用等号。原因就在于，如果在假设均值等于 350 的前提下，我们有足够的证据证明备择假设（均值大于 350）是正确的，那么即使假设均值小于 350，我们仍然可以得到相同的结论。所以，原假设通常被设定为参数等于备择假设中指定的那个值的形式。

为了说明这一点，假设经理现在想要判断前置时间内的平均需求量是否下降了，那么原假设和备择假设为

$H_0$：$\mu=350$

$H_1$：$\mu<350$

备择假设的设定一般要反映经理想要做决定的问题，而原假设则描述了当前的状况，通常以是否采取某种行动的形式出现，例如维持某种存货规则。如果有证据表明参数值会上升或下降，就要采取新的规则。这类例子有很多，例如决定是否生产某种新产品，是否使用新药，或者是否要给被告判刑。

接下来，在总体中随机抽取样本并计算样本均值，这叫作**检验统计量**（test statistic）。根据检验统计量，我们对假设做出判断。（与罪犯审讯的例子类似，这等同于在案子中找证据。）检验统计量是根据参数的最优估计量构建的。在第 10 章，我们已经说过样本均值是总体均值的最优估计量。

如果检验统计量的值与原假设不一致，我们就拒绝原假设，推断备择假设正确。举例来说，假设我们试图判断均值是否大于 350，那么如果 $\bar{x}$ 足够大（比如是 600），我们就有证据证明原假设是错误的而备择假设是正确的，如果 $\bar{x}$ 的值非常接近 350（比如 355），我们就没有足够的证据推断均值大于 350。在缺少大量证据时，我们不能拒绝原假设而赞成备择假设。（就好比在缺少大量证据证明被告有罪时，陪审团就不能断定被告有罪。）

在罪犯审讯例子中，“足够的证据”的定义为“排除合理性怀疑的证据”。在统计中，我们需要利用检验统计量的样本分布来定义“足够的证据”。我们将在下一节中具体讲解这一问题。

## 习　题

习题 11.1 至习题 11.5 是假设检验在非统计概念上的应用。对每一个应用，试给出假设，并定义第一类错误和第二类错误。在建立假设的时候，你也要考虑在何处给出"证据的限定条件"。

**11.1**　联邦政府有鉴定新药的安全性和有效性的义务。这里有两种可能：认可新药和不认可新药。

**11.2**　你正在考虑是否攻读商学或者经济学博士学位。如果你成功了，声誉、财富和快乐就等着你。如果你失败了，你将浪费五年光阴。你是否会读?

**11.3**　你是一个美式棒球队员。现在是世界职业棒球大赛第七场比赛第九局的最后一节。纽约扬基棒球队领先 2 分，并有两个人出局，另外两个人分别在第二垒和第三垒。这时的击球手是一个击球点高于平均水平、善于跑垒但是力量一般的选手。作一个垒打将使比赛打平；如果击球高于头部，那么将有可能导致纽约扬基棒球队失分。那你会打低吗?

**11.4**　假设你现在面临两种投资：一种风险高但潜在的收益也高；另一种是相对安全的，但是潜在的收益也是有限的。选择其中一种。

**11.5**　你是大型喷气式客机的驾驶员。你闻到驾驶员座舱有烟味，距最近的飞机场至少有 5 分钟的路程。你会立即降落吗?

**11.6**　在几年前的一桩案件中，一个被告在两次凶杀审讯中被判无罪释放。然而后来在一次民事审讯中，他被证明犯了那两次凶杀案。(猜猜这个被告的名字是什么——答案见附录 C。) 在民事审讯中，原告 (被害人的亲属) 只要比被告在证据点上更有说服力就可以了。不考虑这个案件的其他问题，说明这个结论为什么是符合逻辑的。

## 11.2　总体标准差已知时检验总体均值

为了说明这个过程，我们来讨论下面的例子。

**例 11.1　百货公司的新账户系统**

数据：Xm11 - 01

一家百货公司的管理者打算为公司的信用卡客户安装一套新的账单系统。在进行了全面的财务分析后，她发现只有当平均每人每月的账单上的消费超过 170 美元时，安装这个新系统才可以收回成本。抽取了 400 个人的每月账单构成随机样本，它们的平均数是 178 美元。这个管理者知道账单大致服从标准差为 65 美元的正态分布。那么管理者能从这些信息中推断出新系统是成本有效的吗?

解

**识　别**

在这个例子中，百货公司的信用卡账户是总体，为了推断这个系统是否为成本有效的，管理者需要考察所有客户的平均账单 $\mu$ 是否高于 170 美元。因此，我们建立如下的备择假设来描述这一情况：

$H_1$：$\mu>170$（安装新系统）

如果均值小于等于 170，那么这个系统就不是成本有效的。原假设为

$H_0$：$\mu\leqslant170$（不安装新系统）

原假设必须为这个参数指定单一值。故原假设为

$H_0$：$\mu=170$

正如我们前面所指出的，检验统计量是参数的最优估计。在第 10 章，我们用样本均值估计总体均值。为了完成这个检验，我们需要提出和回答下面的问题：由样本均值 178 大于 170，我们是否可以推断总体均值大于 170?

有两种方法回答这个问题。第一种叫作拒绝域方法。它可以使用计算机完成，但要手工输入这些命令。第二种方法是 $p$ 值方法，它通常只能用计算机统计软件来完成。然而我们认为，统计软件的使用者应该掌握这两种方法。

### □ 11-2a　拒绝域

如果样本均值相对于 170 而言很大，那么似乎拒绝原假设是合理的。如果我们计算的样本均值为 500，那么很明显，原假设是错误的，我们可以拒绝它。然而如果计算出的样本均值非常接近于 170，比如 171，我们就不能拒绝原假设，因为很有可能总体均值是 170，而样本均值是 171。遗憾的是，我们经常遇到的情况并不那么容易判断。本例中，样本均值为 178，一个不十分接近又不过分远离 170 的值。为了根据这个样本均值做出推断，我们就需要建立拒绝域。

**拒绝域**

**拒绝域**（rejection region）是一个取值范围，当检验统计量落在这个范围时，我们可以拒绝原假设而支持备择假设。

假如我们给定样本均值 $\bar{x}_L$ 恰好大到可以拒绝原假设，则拒绝域为

$$\bar{x}>\bar{x}_L$$

因为第一类错误是指拒绝一个为真的原假设，犯第一类错误的概率记为 $\alpha$，故

$$\begin{aligned}\alpha&=P(\text{当 } H_0 \text{ 为真时拒绝 } H_0)\\&=P(\text{当 } H_0 \text{ 为真时 } \bar{x}>\bar{x}_L)\end{aligned}$$

图 11—1 描绘了抽样分布和拒绝域。

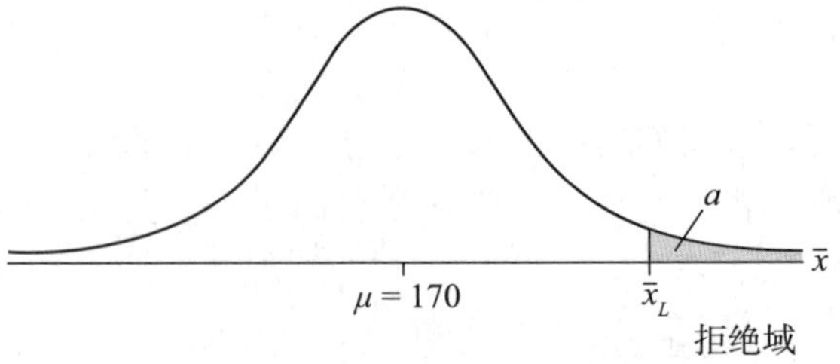


**图 11—1　例 11.1 的抽样分布**

由 9.1 节可以知道，$\bar{x}$ 的抽样分布是正态分布或近似正态分布，且其均值为 $\mu$，标准差为 $\sigma/\sqrt{n}$。标准化后可以得到下面的概率：

$$P\left(\frac{\bar{x}-\mu}{\sigma/\sqrt{n}}>\frac{\bar{x}_L-\mu}{\sigma/\sqrt{n}}\right)=P\left(Z>\frac{\bar{x}_L-\mu}{\sigma/\sqrt{n}}\right)=\alpha$$

在 8.2 节，我们定义 $z_\alpha$ 是使得下式成立的标准正态随机变量的值：

$$P(Z>z_\alpha)=\alpha$$

因为两个概率表达都有相同的分布（正态分布）和相同的概率（$\alpha$），所以边界也是相同的。因此

$$\frac{\bar{x}_L-\mu}{\sigma/\sqrt{n}}=z_\alpha$$

已知 $\sigma=65$，$n=400$。因为上面定义的概率是原假设为真时的条件概率，所以 $\mu=170$。为了计算拒绝域，我们需要知道显著性水平 $\alpha$ 的值。假设管理者选择 5%作为 $\alpha$，则 $z_\alpha=z_{0.05}=1.645$。现在可以计算 $\bar{x}_L$ 的值：

$$\frac{\bar{x}_L-\mu}{\sigma/\sqrt{n}}=z_\alpha$$

代入 $\mu$，$\sigma$，$z_\alpha$ 有

$$\frac{\bar{x}_L-170}{65/\sqrt{400}}=1.645$$

所以 $\bar{x}_L=175.34$。

因此拒绝域为

$$\bar{x}>175.34$$

求得样本均值为 178。因为检验统计量（样本均值）落在拒绝域内（它大于 175.34），所以应拒绝原假设。因而，我们有足够的证据证明每月账单的均值大于 170 美元。

当从一个均值为 170（标准差为 65）的总体中抽样（$n=400$）时，上述计算过程决定了任何大于 175.34 的值都代表了一个不可能事件。这表明原假设为真的假定是不正

确的，我们应该拒绝原假设而支持备择假设。

### □ 11-2b 标准检验统计量

前面的检验使用了统计量 $\bar{x}$，相应地，拒绝域也要根据 $\bar{x}$ 来构造。一个简单的方法是指定统计量为 $\bar{x}$ 的标准化值。也就是说，我们使用**标准检验统计量**（standardized test statistic）

$$z=\frac{\bar{x}-\mu}{\sigma/\sqrt{n}}$$

拒绝域包括了大于 $z_\alpha$ 的所有 $z$ 值，即拒绝域是

$$z>z_\alpha$$

我们可以用标准检验统计量重新求解例 11.1。

拒绝域是

$$z>z_\alpha=z_{0.05}=1.645$$

检验统计量的值是

$$z=\frac{\bar{x}-\mu}{\sigma/\sqrt{n}}=\frac{178-170}{65/\sqrt{400}}=2.46$$

因为 $2.46>1.645$，所以拒绝原假设，我们有足够的证据可推断每月账单均值大于 170 美元。

正如你所看到的，利用检验统计量得到的结论和利用标准检验统计量 $z$ 得到的结论是一样的。图 11—2 和图 11—3 描绘了这两个抽样分布，强调了两次检验的等价性。



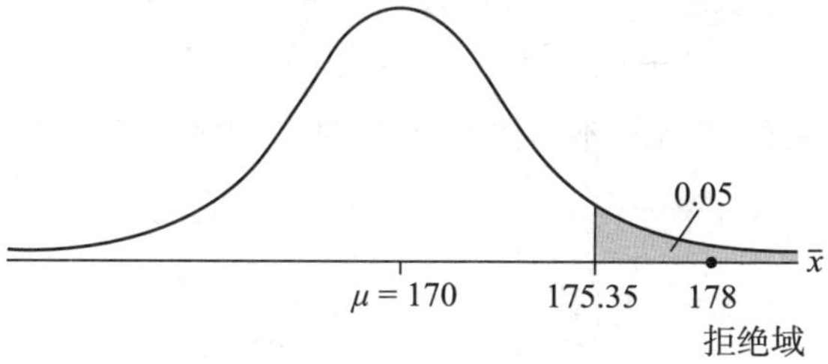


**图 11—2 例 11.1 的 $\bar{x}$ 的抽样分布**

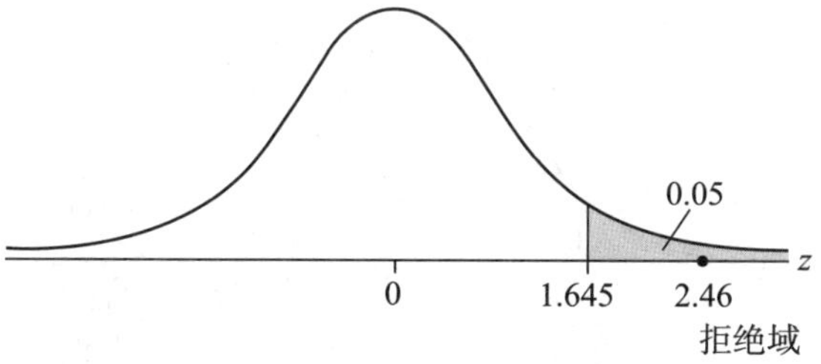


**图 11—3 例 11.1 的 $z$ 的抽样分布**

为了方便及与统计软件包一致，本书将一直采用标准检验统计量。为简单起见，我们把标准检验统计量称为检验统计量。

顺便提一下，当原假设被拒绝时，在执行检验的任意显著性水平下，该检验都被认为是**统计显著的**（statistically significant）。对于例 11.1，我们说在 5%的显著性水平下，该检验是显著的。

### □ 11-2c　*p* 值

拒绝域方法有几个缺点。其中最突出的是检验结果所提供信息的类型的问题。对“是否有充分的统计证据来推断备择假设是正确的”这一问题，拒绝域方法的回答或者为“是”，或者为“不是”。这暗示着假设检验的结果将被自动转变成两个可能的行动之一：拒绝原假设而接受备择假设，或者无法拒绝原假设而接受备择假设。在例 11.1 中，原假设的拒绝域似乎暗示应该安装新的账单系统。

事实上，这不是使用统计分析结果的方式。在决策时，统计过程只是一位管理者考虑的几个因素之一。在例 11.1 中，管理者发现，有足够的统计证据证明每月账单的均值大于 170 美元。然而，在采取行动前，管理者还要考虑其他一些因素，其中包括重新安装账单系统的费用和可行性，以及犯错——在这个例子里是指犯第一类错误——的概率。

为了充分利用从检验结果中获得的信息并做出决策，需要用一个指标来度量支持备择假设的统计证据的数量，以便确定这些信息相对于其他要素的权重，特别是财务方面的要素。检验的 $p$ 值恰好具备这种功能。

> ***p* 值**
>
> **检验的 *p* 值**（p-value of a test）是观测到检验统计量至少和原假设为真时计算出来的值那样极端的概率。

在例 11.1 中，$p$ 值就是当总体均值是 170 时，观测到样本均值至少和 178 一样大的概率。因此，

$$p\text{ 值}=P(\bar{X}>178)=P\left(\frac{\bar{X}-\mu}{\sigma/\sqrt{n}}>\frac{178-170}{65/\sqrt{400}}\right)=P(Z>2.46)$$

$$=1-P(Z<2.46)=1-0.993\ 1=0.006\ 9$$

图 11—4 描绘了这一过程。

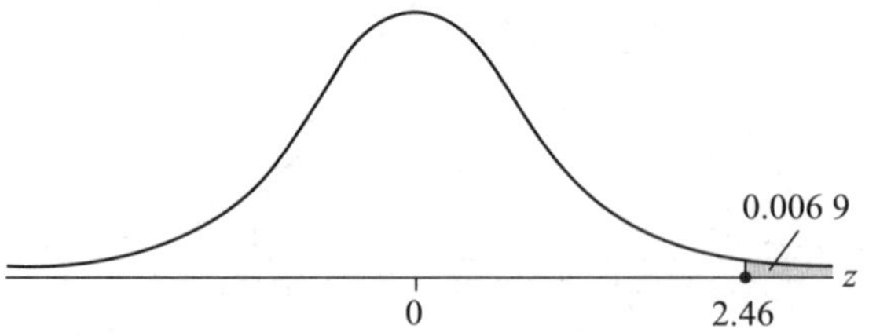


**图 11—4　例 11.1 的 *p* 值**

### □ 11－2d　解释 $p$ 值

从技术上来说，正确解释一个推断程序的结果是基于抽样分布的。抽样分布允许我们在已知总体参数的前提下，对样本统计量做一个概率陈述。从一个均值为 170 的总体中观测到样本均值至少是 178 的概率是 0.006 9，这个概率是很小的。换言之，我们观测到了该不可能事件，足以使我们怀疑开始时的假定。我们假定原假设为真是为了计算检验统计量的值。从而我们有理由拒绝原假设，支持备择假设。

学生可能会被诱导通过说明 $p$ 值是原假设为真时的概率来简化解释过程。但事实绝非如此！正如解释置信区间估计的案例一样，对一个参数，你不能得到概率陈述。它不是随机变量。

检验的 $p$ 值提供了有用的信息，因为它度量了支持备择假设的统计证据的量。为了更充分地理解这个解释，参考表 11—2，其中列出了 $\bar{x}$ 的几个值以及它们的 $z$ 统计量和例 11.1 的 $p$ 值。注意，越接近假设的均值（170），$p$ 值越大；越远离 170，$p$ 值越小。$\bar{x}$ 的值大于 170 暗示着备择假设是真的。因此，$p$ 值越小，就有越多的统计证据来支持备择假设。图 11—5 给出了表 11—2 所传达的信息。

**表 11—2　　例 11.1 的检验统计量和 $p$ 值**

| 样本均值 | 检验统计量 $z=\frac{\bar{x}-\mu}{\sigma/\sqrt{n}}=\frac{\bar{x}-170}{65/\sqrt{400}}$ | $p$ 值 |
|---|---|---|
| 170 | 0 | 0.500 0 |
| 172 | 0.62 | 0.267 6 |
| 174 | 1.23 | 0.109 3 |
| 176 | 1.85 | 0.032 2 |
| 178 | 2.46 | 0.006 9 |
| 180 | 3.08 | 0.001 0 |

这里有个问题：$p$ 值多小才可以推断备择假设是真的？通常，答案依赖于许多因素，其中包括犯第一类错误和第二类错误的成本。在例 11.1 中，当不是有效费用时，如果管理者采用新的账单系统，就会犯第一类错误。如果犯错误的成本太高，我们将尽可能地使犯第一类错误的概率最小。在拒绝域方法中，我们通过令显著性水平相当小（例如为 1%）来达到这个目的。使用 $p$ 值方法，我们将坚持 $p$ 值相当小时，才有足够的证据来推断在采用新的账单系统之前每月账单均值大于 170 美元。

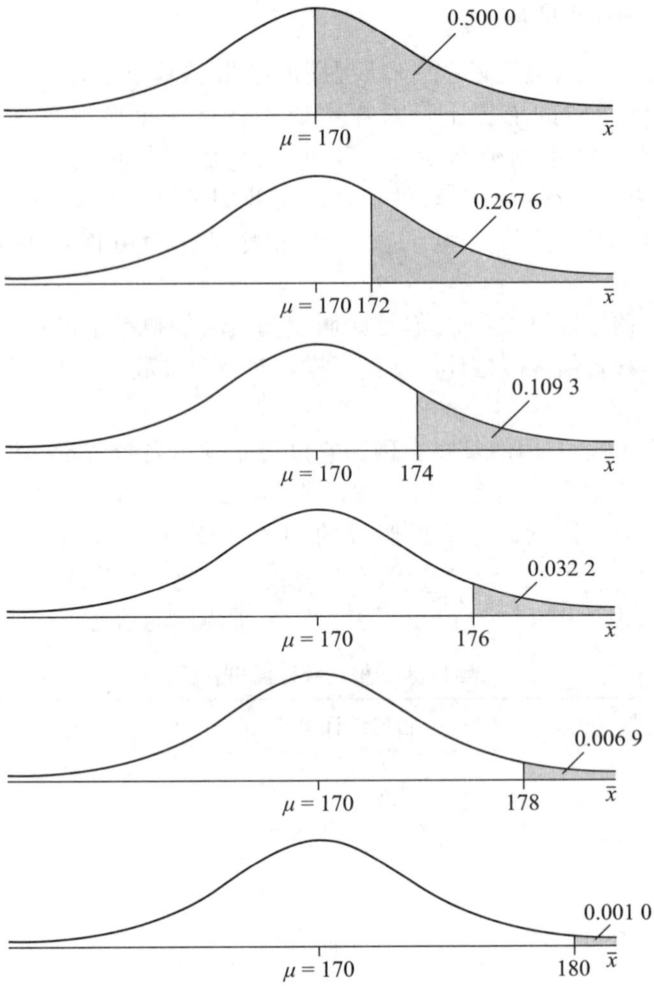


**图 11—5　例 11.1 的 *p* 值**

## □ 11-2e　描述 *p* 值

统计学先驱们经常使用下面的结论来描述 $p$ 值：

如果 $p$ 值小于 1%，我们就说有一些显著证据可推断备择假设是真的，我们也说这个检验是**高度显著的**（highly significant）。

如果 $p$ 值位于 1%～5%，我们就说有一些强证据可推断备择假设是真的，我们也说这个检验是**显著的**（significant）。

如果 $p$ 值位于 5%～10%，我们就说有一些弱证据可推断备择假设是真的。当 $p$ 值大于 5%时，我们说结果是**统计不显著的**（not statistically significant）。

当 $p$ 值超过 10%时，我们就说没有证据可以推断备择假设是真的。

图 11—6 总结了这些术语。

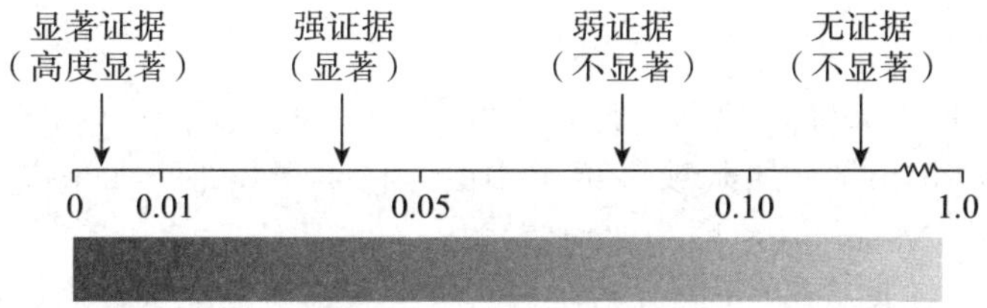


**图 11—6　描述 $p$ 值**

## □ 11－2f　$p$ 值和拒绝域方法

如果我们能选择，就可以使用 $p$ 值方法推断我们采用拒绝域方法处理的那些问题。拒绝域方法首先需要推断者选择显著性水平，这样才能构建出拒绝域。接下来，我们才能决定是拒绝还是无法拒绝原假设。另外一种进行假设检验推断的方法是我们将选择的显著性水平与 $p$ 值进行比较。如果 $p$ 值小于 $\alpha$，我们发现 $p$ 值足够小，就拒绝原假设；如果 $p$ 值大于 $\alpha$，我们就不能拒绝原假设。

## □ 11－2g　手工计算，使用 Excel 和 Minitab

正如你已经看到的，我们可以使用三种方法解决统计问题。当我们利用手工计算时，我们将使用拒绝域方法。拒绝域的建立是使用统计量的样本分布和相关的概率表（附录 B）完成的，这种计算可手工进行，然后进行无法拒绝或拒绝原假设的判断。在这一章我们可以手工计算 $p$ 值，然而，在后面的章节中，当检验统计量不服从正态分布时，就不能手工计算 $p$ 值了。在那种情况下，只能利用拒绝域方法手工计算以完成检验推断。

大多数可被用于计算统计量的软件包，包括本书中使用的两种软件——Excel 和 Minitab，都可以被用来计算 $p$ 值。当我们使用这些软件时，我们将不再使用拒绝域方法，实际上我们将主要把精力放在对 $p$ 值的解释上。

**Excel**

| | A | B | C | D |
|---|---|---|---|---|
| 1 | **Z-Test：Mean** | | | |
| 2 | | | | |
| 3 | | | | Accounts |
| 4 | Mean | | | 178.00 |
| 5 | Standard Deviation | | | 68.37 |
| 6 | Observations | | | 400 |
| 7 | Hypothesized Mean | | | 170 |
| 8 | SIGMA | | | 65 |
| 9 | z Stat | | | 2.46 |
| 10 | P(Z<=z) one-tail | | | 0.006 9 |
| 11 | z Critical one-tail | | | 1.644 9 |
| 12 | P(Z<=z) two-tail | | | 0.013 8 |
| 13 | z Critical two-tail | | | 1.96 |

**计算机命令**

1. 在一列中敲入或输入数据（打开文件 Xm11－01）。

2. 点击“Add-Ins”（加载项）菜单中的“Data Analysis Plus”（数据分析加载项）和“Z-Test：Mean”（$Z$ 检验：均值）。

3. 确定“Input Range”（输入范围）（A1：A401）。输入“Hypothesized Mean”（假设均值）。确定“Standard Deviation”（标准差）$\sigma$。如果第一行包含变量名，点击“Labels”（标签）。给出 $\alpha$ 值，点击“OK”（确定）。

输出结果的第一部分描述了统计量和检验的详细情况。正如你所看到的，检验统计量为 $z=2.46$，这个检验的 $p$ 值[①]是 $P(Z>2.46)=0.0069$。Excel 报告 $P(Z>2.46)$ 的概率为“$P(Z>=z)$ one-tail”［$P(Z>=z)$ 单尾］。不要从字面上理解 Excel 解释的含义，它并未告诉你 $Z$ 小于或等于 $z$ 统计量值的概率。我们将在下面探讨单尾和双尾的概念。拒绝域的临界值也在报告中显示为“$z$ Critical one-tail”（$Z$ 临界值单尾）。

上面的输出结果从原始数据中产生，我们在数据栏输入 400 个观测值，计算机就自动计算出检验统计量的值和 $p$ 值。另一个得到上述结果的方法是使用自己创建的工作簿，我们将在 11－2i 小节介绍相关工具。

**Minitab**

**One-Sample Z：Accounts**

Test of mu ＝170 vs＞170

The assumed standard deviation＝ 65

| Variable | N | Mean | StDev | SE Mean | 95% Lower Bound | Z | P |
|---|---|---|---|---|---|---|---|
| Accounts | 100 | 177.997 | 68.367 | 3.250 | 172.651 | 2.46 | 0.007 |

**计算机命令**

1. 在一列中键入或输入数据（打开文件 Xm11－01）。

2. 点击“Stat”（统计）—“Basic Statistics”（基本统计量）—“1-Sample Z…”（单样本 Z…）。

3. 键入或通过“Select”（选择）按钮指定变量名或样本所在列名（Accounts）。给出原假设下“Standard deviation”（标准差）的值（65）。勾选“Perform hypothesis test”（进行假设检验），在“Hypothesized mean”（假设均值）框中键入原假设下 $\mu$ 的值。

4. 点击“Options…”（选项…），在“Alternative”（备择假设）框中指定备择假设。

### □ 11－2h 检验结果的解释

在例 11.1 中，我们拒绝了原假设。这是否证明备择假设是正确的呢？答案是否定的。因为我们的推断是基于样本数据（而不是整个整体），我们不能应用统计推断证明

① Excel 在其输出结果中提供了两个概率。从输出结果确定检验的 $p$ 值的方法比较复杂。感兴趣的学生可参考凯勒网站的附录——将 Excel 的概率转换为 $p$ 值。

任何事情。因此，我们只能这样来概括检验：有足够的统计证据可以推断原假设是错误的，而备择假设是正确的。

现在我们假设 $\bar{x}$ 等于 174 而不是 178。然后我们计算出 $z=1.23$（$p$ 值为 0.109 3），它不在拒绝域中。那么能否基于这一点就判定，有足够的统计证据可以推断原假设是正确的，也就是说 $\mu=170$ 呢？这里的回答仍然是不能，因为仅根据一个样本的均值为 174，就说这提供了足够的证据表明总体均值为 170，这显然是荒谬的。（如果非要说它证明了什么，那它只证明了总体均值是 174。）因为我们是在原假设下检验一个参数值，我们不可能有足够的统计证据来证明原假设是正确的（除非我们的样本是整个总体）。同样地，如果你设置原假设为 $H_0$：$\mu \leqslant 170$，上述说法也是成立的。认为样本均值为 174 提供了足够的证据证明总体均值小于等于 170，这显然是不符合逻辑的。

因此，如果检验统计量的值没有落在拒绝域中（或者 $p$ 值较大），与其说我们接受原假设（这就意味着我们认为原假设是正确的），不如说我们不能拒绝原假设，我们可以认为没有足够的证据表明备择假设是正确的。虽然可能看起来是那样的，但是我们不能过度依赖统计方法。恰当地建立假设检验和正确解释结果的能力取决于你对这一点的理解：你的结论是基于备择假设的。最后，一个假设检验只有两种可能的结果。

**假设检验的结论**

如果我们拒绝原假设，那么我们可以得到的结论是，有足够的统计证据去推断备择假设是正确的。如果我们不能拒绝原假设，那么说明没有足够的统计证据去推断备择假设是正确的。

考察备择假设是我们结论的焦点，它代表我们所要研究的问题，这也是它又被称为研究假设的原因。无论你要从统计上阐述什么，它都必然是针对备择假设的。（记住，关于备择假设你只有三种选择——参数大于原假设中指定的值、参数小于原假设中指定的值、参数等于原假设中指定的值。）

当我们在第 10 章中介绍统计推断时，我们曾指出解决问题的第一步是识别。当问题是假设检验时，识别过程的一部分就是给出假设。因为备择假设代表了我们所要研究的情况，所以首先我们要识别它。这样，原假设也就自动产生了。然而，传统上，当我们列出这两个假设时，先写出的是原假设，然后才是备择假设。本书中的所有例子也都采用了这种格式。

**SSA 信封计划：问题的解**

**识　别**

问题的目标是得出关于付款周期的平均值的结论。这样，被检验的参数就是总体均值 $\mu$。我们想知道是否有足够的统计证据说明总体均值小于 22 天。这样，我们的备择假设是

$$H_1: \mu < 22$$

原假设为

$$H_0: \mu = 22$$

使用的统计量如下：

$$z=\frac{\bar{x}-\mu}{\sigma/\sqrt{n}}$$

## 计　算

**手工计算**

为了手工解决这个问题，我们需要定义拒绝域以及指定显著性水平。我们认为10%的显著性水平是恰当的（我们将在后面进行讨论）。

我们希望拒绝原假设而赞成备择假设，这就要求样本均值以及计算出的检验统计量的值足够小，所以我们用样本分布的左尾给出拒绝域。为了理解这一点，记住我们试图确定的是是否有足够的统计证据来推断均值小于 22（这也就是备择假设）。如果我们观测到一个较大的样本均值（这就会产生一个大的 $z$ 值），我们能否拒绝原假设而赞成备择假设？答案显然是不能。假设一个样本的均值是 30，如果我们认为有足够的证据可以推断所有客户的付款周期的均值小于 22，这显然是不合乎逻辑的。因此，我们要拒绝原假设，除非样本均值（以及由此计算出的 $z$ 统计量值）是较小的。多小才足够呢？这个答案由显著性水平和拒绝域决定。我们建立如下拒绝域：

$$z<-z_\alpha=-z_{0.10}=-1.28$$

注意，拒绝域不等式的方向（$z<-z_\alpha$）和备择假设（$\mu<22$）不等式的方向是一致的。另外，注意是负号，因为拒绝域在样本分布的左侧。

根据已知数据，我们得出数据的和以及样本均值为

$$\sum x_i=4\ 759$$

$$\bar{x}=\frac{\sum x_i}{220}=\frac{4\ 759}{220}=21.63$$

我们假定付款周期的标准差的当前值为 $\sigma=6$，并且是不变的。样本容量为 $n=220$，要检验的参数 $\mu=22$，我们计算出的统计量的值为

$$z=\frac{\bar{x}-\mu}{\sigma/\sqrt{n}}=\frac{21.63-22}{6/\sqrt{220}}=-0.91$$

因为计算出的 $z$ 统计量的值为 $-0.91$，不小于 $-1.28$，所以我们不能拒绝原假设。没有足够的证据可以推断均值小于 22 天。我们可以计算出检验的 $p$ 值为

$$p\text{ 值}=P(Z<-0.91)=0.181\ 4$$

在这种单尾的假设检验中，我们计算 $P(Z<z)$ 的值，这里 $z$ 是统计量的实际值。图 11—7 描述了样本分布、拒绝域和 $p$ 值。

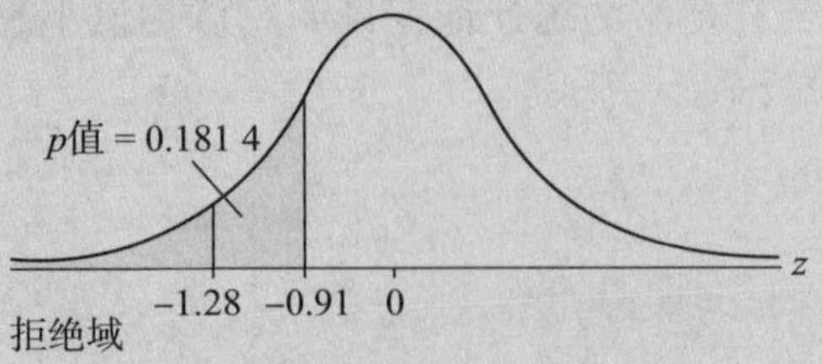


**图 11—7　SSA 信封计划的抽样分布**

**Excel**

| | A | B | C | D |
|---|---|---|---|---|
| 1 | ***Z*-Test：Mean** | | | |
| 2 | | | | |
| 3 | | | | Payment |
| 4 | Mean | | | 21.63 |
| 5 | Standard Deviation | | | 5.84 |
| 6 | Observations | | | 220 |
| 7 | Hypothesized Mean | | | 22 |
| 8 | SIGMA | | | 6 |
| 9 | z Stat | | | −0.91 |
| 10 | P(Z<=z) one-tail | | | 0.181 4 |
| 11 | z Critical one-tail | | | 1.644 9 |
| 12 | P(Z<=z) two-tail | | | 0.362 8 |
| 13 | z Critical two-tail | | | 1.96 |

**Minitab**

**One-Sample Z：Payment**

test of mu=22 vs <22

The assumed standard deviation=6

| Variable | N | Mean | StDev | SE Mean | 95% Upper Bound | Z | P |
|---|---|---|---|---|---|---|---|
| Payment | 220 | 21.631 8 | 5.835 3 | 0.404 5 | 22.297 2 | −0.91 | 0.181 |

**解　　释**

检验统计量的值为−0.91，它的 $p$ 值为 0.181 4，这个值告诉我们，不能拒绝原假设。因为我们不能拒绝原假设，所以没有足够的证据可以推断出付款周期的均值小于 22 天。但有一些证据说明，整个样本的付款周期均值小于 22 天，我们计算出的这个样本均值就是 21.63。然而拒绝原假设需要大量的统计证据，在这个例子中，我们并没有足够的理由去拒绝原假设而赞成备择假设。在缺少足够证据说明全体客户付款周期的均值小于 22 天的情况下，我们不能认为这项计划是有利可图的。

当这项计划实际上并不奏效时，如果我们认为它是奏效的，我们就犯了第一类错误。这个错误的成本并不高。当这项计划可以减少成本而我们却没有接受时，第二类错误就发生了。这个错误的成本很高。因此，为了减少第二类错误发生的概率，我们让第一类错误发生的概率大一些，如在本例中，我们令显著性水平 $\alpha=0.10$。

图 11—7 描述了本例的抽样分布。

### □ 11-2i 单尾和双尾检验

在例 11.1 和 SSA 信封案例中，我们所做的检验称为**单尾检验**（one-tail test），因为拒绝域位于样本分布的一侧。$p$ 值的计算也是通过样本分布的一侧而得出的。在例 11.1 中右尾是重要的，因为我们的备择假设是均值大于 170；在 SSA 信封案例中，左尾是考虑的焦点，因为备择假设给出的是均值小于 22。

现在我们给出一个**双尾检验**（two-tail test）的例子。

**例 11.2 AT&T 公司和竞争公司的比较**

数据：Xm11-02

近些年来，一些公司在长途电话业务上和 AT&T 公司竞争。这些公司声称它们的费率明显低于 AT&T 公司，从而认为客户账单上的花费也要少。AT&T 公司对这种说法提出了质疑，它认为客户的花费没有显著区别。假设 AT&T 公司的一个统计工作人员已知每月客户长途电话账单额的均值和标准差分别为 17.09 美元和 3.87 美元。然后他抽取了 100 个客户的随机样本，用竞争对手所宣称的费率重新计算了这些客户的话费账单。假定总体标准差与 AT&T 公司的一样，在 5%的显著性水平下，我们能否认为 AT&T 公司与其竞争者的账单有区别？

**解**

**识 别**

在这个问题中，我们要知道每月长途电话账单的均值是否和 17.09 有区别。从而，我们用下面的备择假设来表述这个问题：

$$H_1: \mu \neq 17.09$$

在这个备择假设下，原假设指定均值等于给出的值，即

$$H_0: \mu = 17.09$$

**计 算**

**手工计算**

为了建立拒绝域，我们需要意识到当统计量的检验值很大或很小时，我们能够拒绝原假设。这时，我们建立双尾检验的拒绝域。因为整个拒绝域的范围是 $\alpha$，我们将它除以 2，这样，拒绝域[①]就是

$$z < -z_{\alpha/2} \text{ 或者 } z > z_{\alpha/2}$$

因为 $\alpha = 0.05$，$\alpha/2 = 0.025$，$z_{\alpha/2} = z_{0.025} = 1.96$，拒绝域为

$$z < -1.96 \text{ 或者 } z > 1.96$$

从数据中，我们计算出

$$\sum x_i = 1\,754.99$$

① 统计人员经常将这个拒绝域记为 $|z| > z_{\alpha/2}$，我们用自己的方式表述是为了清晰地表明这是一个双尾检验。

$$\bar{x}=\frac{\sum x_i}{n}=\frac{1\ 754.99}{100}=17.55$$

统计量的值为

$$z=\frac{\bar{x}-\mu}{\sigma/\sqrt{n}}=\frac{17.55-17.09}{3.87/\sqrt{100}}=1.19$$

因为 1.19 既不大于 1.96，也不小于 −1.96，因此我们不能拒绝原假设。

我们也能计算出检验的 $p$ 值。因为它是一个双尾检验，我们通过双侧区域来计算 $p$ 值。有

$$p\text{ 值}=P(Z<-1.19)+P(Z>1.19)=0.117\ 0+0.117\ 0=0.234\ 0$$

或者更简单地说，双尾检验的 $p$ 值是单尾的 $p$ 值的 2 倍。

一般来讲，双尾检验的 $p$ 值可以如下表示：

$$p\text{ 值}=2P(Z>|z|)$$

这里，$z$ 是检验统计量的实际值，$|z|$ 是它的绝对值。

**Excel**

| | A | B | C | D |
|---|---|---|---|---|
| 1 | ***Z*-Test: Mean** | | | |
| 2 | | | | |
| 3 | | | | Bills |
| 4 | Mean | | | 17.55 |
| 5 | Standard Deviation | | | 3.94 |
| 6 | Observations | | | 100 |
| 7 | Hypothesized Mean | | | 17.09 |
| 8 | SIGMA | | | 3.87 |
| 9 | z Stat | | | 1.19 |
| 10 | P(Z<=z) one-tail | | | 0.117 3 |
| 11 | z Critical one-tail | | | 1.644 9 |
| 12 | P(Z<=z) two-tail | | | 0.234 6 |
| 13 | z Critical two-tail | | | 1.96 |

**自己的 Excel**

工具：10.2 节介绍的 Excel 函数 SQRT 和 NORMSINV。

NORMSDIST：函数形式为 NORMSDIST（$X$），这个函数计算标准正态随机变量小于括号内的值的概率。例如，NORMSDIST（1.19）$=P(z<1.19)$。然而，我们展示的单尾 $P(Z<=z)$ 实际上是利用数据分析（Data Analysis 或 Data Analysis Plus）通过如下方法计算的。找到处于 $z$ 值的左边和右边的概率，单尾 $P(Z<=z)$ 是这两个概率中的较小值，双尾 $P(Z<=z)$ 是单尾 $P(Z<=z)$ 的两倍。对此更加详细的介绍，请参考随书所附的凯勒网站的附录——将 Excel 的概率转换为 $p$ 值。

**Minitab**

**One-Sample Z: Bills**

Test of mu = 17.09 vs not =17.09

The assumed standard deviation=3.87

| Variable | N | Mean | StDev | SE Mean | 95% CI | Z | P |
|---|---|---|---|---|---|---|---|
| Bills | 100 | 17.549 9 | 3.938 2 | 0.387 0 | (16.791 4, 18.308 4) | 1.19 | 0.235 |

**解　释**

没有足够的证据可以推断其他公司长途话费的均值不同于AT&T 公司的均值 17.09 美元。图 11—8 描绘了这个例子的抽样分布。

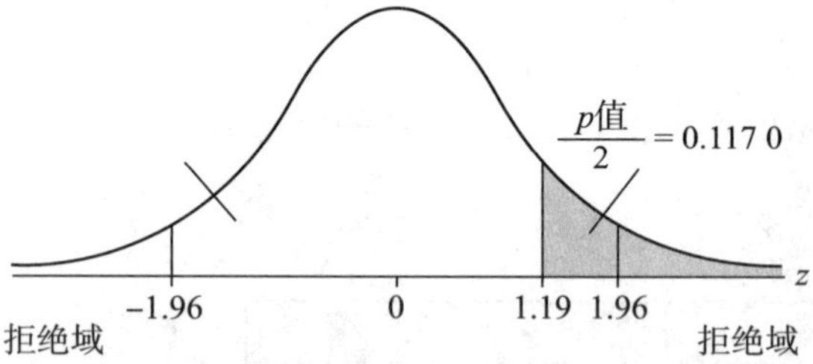


**图 11—8　例 11.2 的抽样分布**

## □ 11-2j　什么时候进行单尾检验，什么时候进行双尾检验

当备择假设指定均值不等于原假设中所给出的值时，我们进行的就是双尾检验。也就是说，当我们的假设采取下面的形式时，应进行双尾检验：

$H_0$: $\mu = \mu_0$

$H_1$: $\mu \neq \mu_0$

进行单尾检验有两种情形。第一种情形是当我们想要知道是否有足够的证据来推断均值大于原假设中给出的值时。此时，就进行关注样本分布右侧的单尾检验。也就是说我们进行的假设是

$H_0$: $\mu = \mu_0$

$H_0$: $\mu > \mu_0$

第二种单尾检验涉及样本分布的左侧。当我们想要知道是否有足够的证据推断均值小于原假设中给出的值时，我们经常使用它。假设的形式如下：

$H_0$: $\mu = \mu_0$

$H_1$: $\mu < \mu_0$

在第 12、13、16、17、18 和 19 章中介绍的统计方法也需要你来判断采用三种检验形式中的哪一种，判断方法和这里介绍的相似。

## □ 11－2k　假设检验和置信区间估计

正如你所看到的，检验统计量和置信区间估计都可以通过样本分布得到，所以我们利用区间估计来进行假设检验也就不足为奇了。我们用例 11.2 来示范。总体均值95%的置信区间估计为

$$\bar{x} \pm z_{\alpha/2}\frac{\sigma}{\sqrt{n}}=17.55 \pm 1.96\frac{3.87}{\sqrt{100}}=17.55 \pm 0.76$$

LCL＝16.79，UCL＝18.31

我们估计 $\mu$ 位于［16.79，18.31］，因为这个区间包含了 17.09，意即我们不能得到下面的结论：有足够的证据可以推断总体均值不等于 17.09。

在例 11.1 中，95%的置信区间估计的上下限分别为 UCL＝184.37，LCL＝171.63，这个置信区间不包含 170，也就是说总体均值不为 170。

正如你所观察到的，置信区间估计可以用来进行假设检验。这个过程等同于拒绝域方法。但是，无须计算拒绝域的临界值并检验统计量是否落入拒绝域，我们只需计算出区间估计，然后看这个均值的检验值是否落入这个区间。

用区间估计进行假设检验非常简单。显然，我们不需要检验统计量的公式，仅仅需要区间估计。然而，这存在两个严重的不足。

首先，当做一个单尾检验时，我们的结论可能并不能回答原始问题。在例 11.1 中，我们想知道是否有足够的证据来推断均值大于 170。由估计知道均值不等于 170，你可能会试着说因为整个区间是大于 170 的，所以有足够统计证据可以推断总体均值大于 170。然而，在尝试得到这个结论时，我们碰到了确定检验程序的显著性水平这一问题。显著性水平是 5%还是 2.5%？也许通过使用**单侧置信区间估计量**（one-sided confidence interval estimators），我们可以解决这个问题。然而如果使用置信区间估计代替检验统计量是为了简化，那么单侧估计则难以达到这一目的。

其次，置信区间估计不产生 $p$ 值。我们已经讨论过对一个参数做统计推断时，$p$ 值是一个非常好的方法。用置信区间估计进行假设检验会强迫决策者做出拒绝/无法拒绝的决策，而不是告诉他们，有多少统计证据可用来和其他因素一起帮助他们在决策过程中做出判断。在后面的章节中，我们将提出一些问题。在这些问题中，仅仅一个检验就可以提供必要的信息来帮助我们做出决策。

## □ 11－2l　对统计概念的理解 1

正如涉及置信区间估计的案例一样，假设检验基于样本统计量的抽样分布。一个假设检验的结果是对样本统计量的一个概率表述。我们假定总体均值等于原假设所给定的值，然后计算检验统计量，并确定当原假设正确时有多大的可能性可以观测到这样大（或小）的值。如果概率很小，那么我们可断定原假设为真的假定不成立，应该拒绝它。

## □ 11－2m　对统计概念的理解 2

当我们（手工或借助计算机）计算检验统计量 $z=\frac{\bar{x}-\mu}{\sigma/\sqrt{n}}$ 的值时，我们也就度量了

样本统计量与参数 $\mu$ 的假设值之间的差，这个差值的度量单位就是标准差 $\sigma/\sqrt{n}$。在例 11.2 中，我们发现这个检验统计量的值是 $z=1.19$。这意味着样本均值比参数 $\mu$ 的假设值大 1.19 倍的标准误。标准正态概率表告诉我们这个值不是不可能的。因此，我们不能拒绝原假设。

根据标准差来度量样本统计量和参数的假设值之间的差的情况在本书中会经常遇到。

## 习　题

对于习题 11.7 至习题 11.12，计算检验统计量的值，构造拒绝域，确定 $p$ 值，解释结果并画出抽样分布。

**11.7** $H_0$：$\mu=1\,000$

$H_1$：$\mu\neq 1\,000$

$\sigma=200$，$n=100$，$\bar{x}=980$，$\alpha=0.01$

**11.8** $H_0$：$\mu=50$

$H_1$：$\mu>50$

$\sigma=5$，$n=9$，$\bar{x}=51$，$\alpha=0.03$

**11.9** $H_0$：$\mu=15$

$H_1$：$\mu<15$

$\sigma=2$，$n=25$，$\bar{x}=14.3$，$\alpha=0.10$

**11.10** $H_0$：$\mu=100$

$H_1$：$\mu\neq 100$

$\sigma=10$，$n=100$，$\bar{x}=100$，$\alpha=0.05$

**11.11** $H_0$：$\mu=70$

$H_1$：$\mu>70$

$\sigma=20$，$n=100$，$\bar{x}=80$，$\alpha=0.01$

**11.12** $H_0$：$\mu=50$

$H_1$：$\mu<50$

$\sigma=15$，$n=100$，$\bar{x}=48$，$\alpha=0.05$

习题 11.13 至习题 11.27 与假设分析有关，用来确定样本容量、标准差和样本均值改变时，检验统计量与 $p$ 值的变化。这些问题可以用手工计算、使用你在本节中创建的工作簿或 Minitab 来完成。

**11.13** a. 计算 $p$ 值，并检验下面给出的假设。

$\bar{x}=52$，$n=9$，$\sigma=5$

$H_0$：$\mu=50$

$H_1$：$\mu>50$

b. 令 $n=25$，重做问题（a）。

c. 令 $n=100$，重做问题（a）。

d. 描述当样本容量增加时，检验统计量的值和 $p$ 值的变化。

**11.14** a. 一个统计工作者建立了如下假设：

$H_0$：$\mu=200$

$H_1$：$\mu<200$

且已知 $\bar{x}=190$，$n=9$，$\sigma=50$，计算该检验的 $p$ 值。

b. 令 $\sigma=30$，重做问题（a）。

c. 令 $\sigma=10$，重做问题（a）。

d. 讨论当标准差减小时，检验统计量和 $p$ 值的变化。

**11.15** a. 计算 $p$ 值，并检验下面给出的假设

$\bar{x}=21$，$n=25$，$\sigma=5$

$H_0$：$\mu=20$

$H_1$：$\mu\neq 20$

b. 令 $\bar{x}=22$，重做问题（a）。

c. 令 $\bar{x}=23$，重做问题（a）。

d. 讨论当样本均值增加时，检验统计量和 $p$ 值的变化。

**11.16** a. 计算 $p$ 值，并检验下面给出的假设。

$\bar{x}=99$，$n=100$，$\sigma=8$

$H_0$：$\mu=100$

$H_1$：$\mu\neq 100$

b. 令 $n=50$，重做问题（a）。

c. 令 $n=20$，重做问题（a）。

d. 讨论当样本容量减少时，检验统计量和 $p$ 值的变化。

**11.17** a. 计算 $p$ 值，并检验下面给出的假设

$\bar{x}=990$，$n=100$，$\sigma=25$

$H_0$：$\mu=1\,000$

$H_1$：$\mu<1\,000$

b. 令 $\sigma=50$，重做问题（a）。

c. 令 $\sigma=100$，重做问题（a）。

d. 讨论当标准差增加时，检验统计量和 $p$ 值的变化。

**11.18** a. 计算 $p$ 值，并检验下面给出的假设

$\bar{x}=72$，$n=25$，$\sigma=20$

$H_0$：$\mu=60$

$H_1$：$\mu>60$

b. 令 $\bar{x}=68$，重做问题（a）。

c. 令 $\bar{x}=64$，重做问题（a）。

d. 讨论当样本均值减小时，检验统计量和 $p$ 值的变化。

**11.19** 在下述情况下重新求解例 11.1。

a. $n=200$。

b. $n=100$。

c. 描述 $n$ 增加对检验统计量和 $p$ 值的影响。

**11.20** 在下面两种情况下重新求解例 11.1。

a. $\sigma=35$。

b. $\sigma=100$。

c. 描述 $\sigma$ 增加对检验统计量和 $p$ 值的影响。

**11.21** 对表 11—2 做一个假设分析来计算 $p$ 值。

下面的三道习题参考 SSA 信封案例。

**11.22** 在下述情况下重新求解 SSA 信封案例。

a. $n=100$。

b. $n=500$。

c. 描述 $n$ 增加对检验统计量和 $p$ 值的影响。

**11.23** 在下述情况下重新求解 SSA 信封案例。

a. $\sigma=3$。

b. $\sigma=12$。

c. 描述 $\sigma$ 增加对检验统计量和 $p$ 值的影响。

**11.24** 对于 SSA 信封案例，构造一个表来展示样本均值减小时，检验统计量和 $p$ 值的变化。令 $\bar{x}=22.0$，21.8，21.6，21.4，21.2，21.0，20.8，20.6 和 20.4。

**11.25** 在下述情况下重新求解例 11.2。

a. $n=50$。

b. $n=400$。

c. 描述 $n$ 增加对检验统计量和 $p$ 值的影响。

**11.26** 在下面两种情况下重新求解例 11.2。

a. $\sigma=2$。

b. $\sigma=10$。

c. 描述 $\sigma$ 增加对检验统计量和 $p$ 值的影响。

**11.27** 参考例 11.2。构造一个表来展示改变样本均值对检验统计量和 $p$ 值的影响。令 $\bar{x}=15.0$，15.5，16.0，16.5，17.0，17.5，18.0，18.5 和 19.0。

**应用**

下面的习题可以手工计算，也可以借助计算机计算。在题号的右边给出了包含对应数据的文件名。

**11.28 Xr11-28** 某商学院的学生说 MBA 项目的学生平均每周要准备 5 个以上的案例。为了检验这种说法，某统计学教授随机抽取了 10 名 MBA 项目的学生，记录了他们每周准备的案例数。下面列出了调查结果。假设每周准备的案例数服从标准差为 1.5 的正态分布，该教授是否能得出结论，在 5%的显著性水平下，这种说法是正确的？

2 7 4 8 9 5 11 3 7 4

**11.29 Xr11-29** 抽取一个由 18 个青年男子（20～30 岁）组成的随机样本。调查每个人每天收看体育节目所花费的时间。回答如下。已知 $\sigma=10$，检验在 5%的显著性水平下是否有足够的统计证据可以推断，青年男子平均每天观看体育节目的时间超过 50 分钟。

| | | | | | | | | |
|---|---|---|---|---|---|---|---|---|
| 50 | 48 | 65 | 74 | 66 | 37 | 45 | 68 | 64 |
| 65 | 58 | 55 | 52 | 63 | 59 | 57 | 74 | 65 |

**11.30　Xr11-30**　一家专门教授高尔夫球公共课的俱乐部宣称其课程难度非常大，高尔夫球员每轮平均丢掉的球大于等于 12 个。一个高尔夫球员对此表示质疑，想要证明这种说法是错误的。他随机抽取了 15 个高尔夫球员，记录了他们每轮丢掉的球数。假设丢掉的球数服从标准差为 3 的正态分布，我们能否得出结论，在 10%的显著性水平下，丢掉的球数少于 12 个?

1　14　8　15　17　10　12　6

14　21　15　9　11　4　8

**11.31　Xr11-31**　研究人员抽取了一个由 12 名选修了商务统计课程的二年级学生构成的随机样本，并在课程结束时调查了每名学生在统计作业上所花费的时间。数据如下所示。已知总体标准差是 $\sigma=8.0$。老师建议学生在 12 周的学期中每周要用 3 小时即总共 36 个小时来学习统计学。检验每名学生平均所用的时间是否少于老师建议的时间。计算检验的 $p$ 值。

31　40　26　30　36　38　29　40　38　30　35　38

**11.32　Xr11-32**　一个公众高尔夫球场的主人很关注球员慢打的问题，因为慢打会减少打球的回合次数。他认为影响慢打的主要因素是在果岭推杆所用的时间。为了研究这个问题，他随机抽取了 10 个四人组的比赛，记录了他们在第 18 果岭所花费的时间。数据列示如下。假设时间服从标准差为 2 分钟的正态分布，在 5%的显著性水平下，该球场主人能否根据这些数据得出在第 18 果岭平均花费时间大于 6 分钟的结论?

8　11　5　6　7　8　6　4　8　3

**11.33　Xr11-33**　某工厂安装了一台生产滚轴的机器，生产的滚轴直径为 0.5 英寸。抽取了 10 个滚轴进行测量，数据如下。假设标准差为 0.05 英寸，我们能否推断在 5%的显著性水平下，直径的平均值不是 0.5 英寸?

0.48　0.50　0.49　0.52　0.53　0.48　0.49　0.47　0.46　0.51

**11.34　Xr11-34**　垃圾邮件已经给大家造成了严重困扰。一位经理认为员工每天花在阅读和删除垃圾邮件上的时间超过 25 分钟。为了检验这种观点，他随机抽取了 18 名员工，记录了他们每天花在这上面的时间。结果列示在下面。如果总体服从标准差为 12 分钟的正态分布，经理能否得出结论说，在 1%的显著性水平下，他的观点是正确的?

35　48　29　44　17　21　32　28　34

23　13　9　11　30　42　37　43　48

下面的习题需要用计算机和软件。当然，你也可以手工计算，样本统计量见附录 A。

**11.35　Xr11-35**　一家灯泡制造商的广告上说，其长寿命灯泡平均能持续使用 5 000 小时。为了验证这种说法，统计人员随机抽取了 100 个灯泡，测量每个灯泡的使用时间。如果我们假设这类灯泡寿命的标准差为 400 小时，在 5%的显著性水平下，我们能否认为这种说法是正确的?

**11.36　Xr11-36**　在劳资双方的协商过程中，公司的总裁认为公司提供给蓝领工人的待遇不错，该公司蓝领工人每年的平均收入为 30 000 美元，而该国家蓝领工人每年的平均收入低于 30 000 美元。工会认为这个数字是有争议的，它不认为该国家蓝领工人每年的平均收入低于 30 000 美元。为了检验总裁的观点，仲裁委员会从该国家抽取了一个由 350 个蓝领工人组成的随机样本，要求他们报告每年的收入。如果仲裁委员会认为蓝领工人的收入服从标准差为 8 000 美元的正态分布，在 5%的显著性水平下，我们能否认为公司总裁的看法是正确的？

**11.37 Xr11-37** 某商学院的院长宣称，在过去的五年中，申请该学校 MBA 项目的学生的GMAT 得分提高了。五年前，申请该校 MBA 项目的学生的 GMAT 得分的均值和标准差分别为 560 分和 50 分。相应地，今年抽取了一个由 20 名申请学生组成的随机样本，记录了他们的 GMAT 得分。如果我们假设今年 GMAT 得分的分布和五年前是相同的，均值的期望也相同，我们能否认为在 5%的显著性水平下，院长的说法是正确的？

**11.38 Xr11-38** 过去的经验告诉我们，月度的长途电话账单余额服从均值为17.85 美元、标准差为 3.87 美元的正态分布。在一个激励人们拨打长途电话的广告之后，抽取了 25 个家庭的长途电话账单。

a. 这些数据能否告诉我们在 10%的显著性水平下，这个广告是成功的？

b. 要回答问题（a），你需要做出什么假设？

**11.39 Xr11-39** 为了减少人员小时损失的数目，一家大型制造工厂安装了新的安全设备。为了检验设备的有效性，抽取了一个由 50 个部门组成的随机样本。记下安全设备安装前和安装后一个月中人员小时损失的数目，可以计算这种变化的百分比。假设总体标准差为 $\sigma=6$，我们能否认为在 10%的显著性水平下，这种新安全设备是有效的？

**11.40 Xr11-40** 高速公路的巡逻警官认为，车辆通过限速每小时 55 千米的那段路程时，平均车速超过了规定。他抽取了一个随机样本，记录了 200 辆汽车的速度数据。这些数据能否提供足够的证据，在 1%的显著性水平下，支持警官的判断？检验的 $p$ 值是多少？（假设总体标准差为 $\sigma=5$。）

**11.41 Xr11-41** 某汽车专家认为大量自助式加油站造成了汽车的不良保养问题。比如，平均来说，轮胎的压力比制造商建议的压力少 4 磅/平方英尺。他做了一个快速的检验，检查了 50 个轮胎，记录了每个轮胎每平方英尺压力低于建议数的程度。如果我们假设轮胎压力服从标准差为 $\sigma=1.5$ 磅/平方英尺的正态分布。我们能否推断在 10%的显著性水平下，专家是正确的？$p$ 值是多少？

**11.42 Xr11-42** 在过去的几年中，纽约一家驱车直达银行平均每个小时有 20 个客户，标准差为每小时 3 个客户。今年，另外一家银行在距该银行一英里远处开了一个驱车直达窗口。第一家银行的经理认为，这将导致其客户数减少。在随机选取的 36 个小时内，记录了到达该银行的客户数目，我们能否推断在 5%的显著性水平下，经理是正确的？$p$ 值是多少？

**11.43 Xr11-43** 一个快餐经销商想在某个地方开一家餐馆。经过财务分析，他发现只有每小时经过此处的人数超过 100 人时，才能选择这个地方。他在随机选取的 40 小时内，记录了经过该地方的人数。假设总体标准差为 16，我们能否推断在 1%的显著性水平下可以选择这个地方？

**11.44 Xr11-44** 许多高山滑雪中心的开设是基于每年每个高山滑雪者滑雪 4 次的假设。为了验证这种假设的正确性，随机抽取了 63 个滑雪者作样本，要求每个滑雪者报告他们每年滑雪的次数。假设总体标准差为 2，我们能否推断在 10%的显著性水平下，假设是错误的？

**11.45 Xr11-45** 在一个私人课堂中，高尔夫教练说，那些参加了他的培训班的学员至少可以减少 5 杆。这个俱乐部的经理决定验证他的话，他抽取了一个由 25 个上过该教练的课的人组成的随机样本，要求每个人报告减少的击杆次数。这里负数表示击杆次数增加。假设总体服从标准差为 2 的正态分布，我们能否推断在 10%的显著性水平下，这个教练的说法是正确的？

**11.46 Xr11－46** 当前办公大楼中禁烟的规定使吸烟人员不得不停止工作并离开大楼来满足其个人习惯。一项研究表明，每天为吸烟而休息的时间平均为 32 分钟，标准差为 8 分钟。为了减少休息时间，大楼里建设了具备强大排气功能的休息室。为了验证这些休息室是否实现了设计的初衷，抽取了一个由 110 个吸烟者组成的随机样本，记录了他们每天离开办公桌的总时间。检验他们每天离开办公桌的时间是否减少了。计算 $p$ 值，并判断犯第一类错误和第二类错误的相对成本。

**11.47 Xr11－47** 一个使用 Titleist 牌高尔夫球的低杆高尔夫球员击球的平均码数为 230 码，标准差为 10 码。耐克公司引进了一种新球，泰格·伍兹（Tiger Woods）曾在这种球上签名。耐克公司宣称，使用这种球会比用 Titleist 牌高尔夫球击得远。为了验证这种说法，这个高尔夫球员用耐克球击球 100 次，测量了击球的距离。检验耐克公司的说法是否正确。计算 $p$ 值，并判断犯第一类错误和第二类错误的相对成本。显著性水平为 5%。

## 11.3 犯第二类错误的概率

为了正确理解假设检验的结果，要求你能够确定一个合适的显著性水平或判断检验的 $p$ 值。同时，也要求对第一类错误与第二类错误之间的关系有一个较好的理解。在这一节里，我们将学习犯第二类错误时概率的计算和对它的理解。

回忆例 11.1，我们曾把样本均值当作检验统计量进行检验。当 $\alpha=0.05$ 时计算出拒绝域为

$$\bar{x}>175.34$$

当一个错误的原假设没有被拒绝时，第二类错误就会发生。这样，在例 11.1 中，如果 $\bar{x}<175.34$，我们就不会拒绝原假设。如果我们不能拒绝原假设，就不能安装新的账单系统。这样，在这个例子里，犯第二类错误的结果就是当成本有效时，我们却不安装新的系统。这一情况发生的概率就是犯第二类错误的概率，定义为

$$\beta=P(\bar{X}<175.34,\ \text{当原假设错误时})$$

原假设错误这个条件告诉我们均值不等于 170 美元。如果我们想计算 $\beta$，就需要确定 $\mu$ 的值。假设账单均值至少为 180 美元时，新的账单系统的节约变得如此吸引人以至于管理者厌恶出现不安装新系统的错误。因此，当新系统大大降低了成本时，她就会想知道不安装新系统的概率。由近似正态抽样分布求概率需要知道 $\mu$ 的值（以及 $\sigma$ 和 $n$）。当 $\mu=180$ 时，我们可以计算出不安装新系统的概率

$$\beta=P(\bar{X}<175.34,\ \text{当}\ \mu=180\ \text{时})$$

我们知道 $\bar{x}$ 服从均值为 $\mu$、标准差为 $\sigma/\sqrt{n}$ 的近似正态分布。为了继续，我们进行标准化，使用标准正态表（附录 B 中的表 3）得到

$$\begin{aligned}\beta &= P\left(\frac{\overline{X}-\mu}{\sigma/\sqrt{n}} < \frac{175.34-180}{65/\sqrt{400}}\right)\\ &= P(Z < -1.43)\\ &= 0.0764\end{aligned}$$

上述结果告诉我们账单均值实际为 180 美元时，错误地不拒绝原假设的概率是 0.076 4。图 11—9 清晰地描绘了上述过程。注意，为了计算犯第二类错误的概率，我们需要根据非标准化检验统计量给出拒绝域及一个不同于原假设中的 $\mu$ 值的值。这一例子所使用的 $\mu$ 值建立在一项财务分析的基础之上，表明当 $\mu$ 至少为 180 美元时，成本的节约程度是很吸引人的。

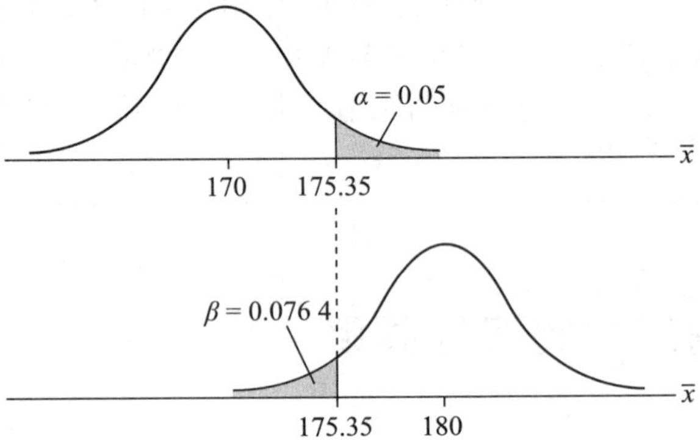


**图 11—9　计算 $\beta$，这里 $\mu=180$，$\alpha=0.05$，$n=400$**



## □ 11－3a　改变 α 对 β 的影响

假定在上面的说明中，我们令显著性水平为 1%而不是 5%，根据标准化检验统计量得出的拒绝域将会是

$$z > z_{0.01} = 2.33$$

或者

$$\frac{\bar{x}-170}{65/\sqrt{400}} > 2.33$$

为解出 $\bar{x}$，我们用非标准化检验统计量表示出拒绝域，有

$$\bar{x} > 177.57$$

所以，当 $\mu=180$ 时，犯第二类错误的概率是

$$\beta = P\left(\frac{\bar{x}-\mu}{\sigma/\sqrt{n}} < \frac{177.57-180}{65/\sqrt{400}}\right) = P(Z < -0.75) = 0.2266$$

图 11—10 描绘了这个计算过程。把它与图 11—9 进行比较，正如你所看到的那样，

当我们把显著性水平由 5%降为 1%时，拒绝域的临界值右移，因此，扩大了原假设不被拒绝的区域，犯第二类错误的概率从 0.076 4 变为 0.226 6。

上述计算表明了在 11.1 节中提到的犯第一类错误和第二类错误的概率之间的逆关系。理解这种关系是很重要的。从实际的观点来看，它告诉我们如果你想降低犯第一类错误的概率（指定的较小的 $\alpha$ 值），就会增大犯第二类错误的概率。在应用中，当犯第一类错误的成本远远大于犯第二类错误的成本时，降低犯第一类错误的概率的做法是恰当的。实际上，将显著性水平设为 1%或者更小也是合理的。然而，当犯第二类错误的成本相当大时，5%或者更大的显著性水平就可能是合理的了。

遗憾的是，没有一个简单的公式可用来确定什么显著性水平是合适的。对管理者来说，有必要在做决策时考虑犯两类错误的成本。决定过程中的因素判断和知识起着决定性作用。

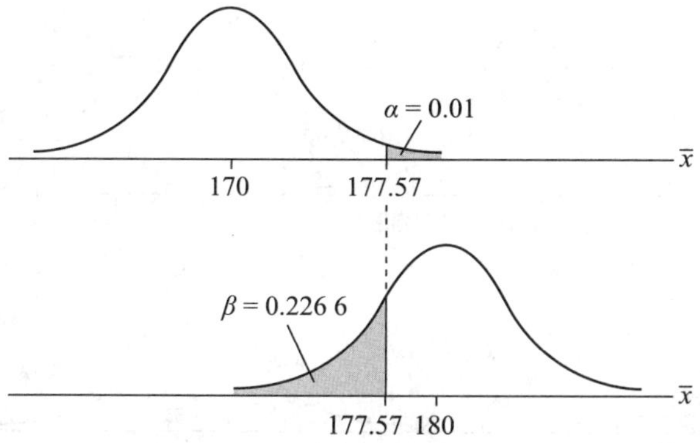


**图 11—10　计算 $\beta$，这里 $\mu=180$，$\alpha=0.01$，$n=400$**



## □ 11－3b　判断检验

本节派生出了另一个重要概念，即用显著性水平和样本容量来定义统计检验的有效性。我们可以在给定某个参数的值的条件下计算出犯第二类错误的概率，以此来判断检验功效是怎样的。为了说明问题，假设例 11.1 中的管理者选择的样本容量为 400，显著性水平为 5%。当实际均值为 180 美元时，由这些选择我们可以计算出 $\beta$ 为0.076 4。如果我们确认犯第二类错误的成本很高且其发生的概率太大，那么我们有两种方法来减小此概率。我们可以增加 $\alpha$ 的值，但是，这将导致犯第一类错误的概率增大，这种做法成本很高。

或者我们可以增加样本容量。假设管理者选择的样本容量为 1 000。当 $n=1\ 000$，$\alpha=0.05$ 时，我们重新计算 $\beta$ 值。拒绝域是

$$z > z_{0.05}=1.645$$

或者

$$\frac{\bar{x}-170}{65/\sqrt{1\ 000}}>1.645$$

得到 $\bar{x}>173.38$。

犯第二类错误的概率就为

$$\beta=P\left(\frac{\bar{x}-\mu}{\sigma/\sqrt{n}}<\frac{173.38-180}{65/\sqrt{1\,000}}\right)=P(Z<-3.22)=0\text{(近似)}$$

在这个例子中，我们保留 $\alpha=0.05$，但是当实际的账单均值为 180 美元时，不安装新系统的概率减少到几乎为 0。

### □ 11-3c 对统计概念的理解：较大样本容量相当于更多信息，还相当于更好的决策

图 11—11 展示了前面的计算。与图 11—9 相比较，均值的抽样分布较窄，因为当 $n$ 增加从而均值的标准差 $\sigma/\sqrt{n}$ 变得更小时，较窄的分布代表更多信息。增加的信息反映在较小的犯第二类错误的概率上。

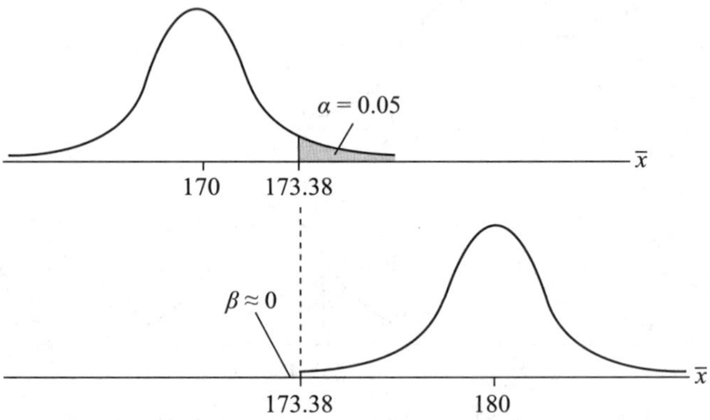


**图 11—11 计算 $\beta$，这里 $\mu=180$，$\alpha=0.05$，$n=1\,000$**

通过对 $n=400$ 和 $n=1\,000$ 时犯第二类错误的概率的计算，我们有一个重要发现：通过增加样本容量，我们可以降低犯第二类错误的概率。通过降低犯第二类错误的概率可使这种错误发生的次数减少。因此，从长远来说大样本能帮助我们更好地决策。此发现是应用统计分析的核心所在，它再一次验证了那句话："统计是一种从数据中获取信息的方法。"

在本书中，我们给出了统计学在会计、财务、营销、运营管理、人力资源管理以及经济学上的许多应用。在上述所有的领域，统计学应用者都必须做出决策，而这都涉及把数据转化为信息的问题。有更多信息，就会有更好的决策；如果没有这些信息，决策就只能基于猜测、直觉和运气。著名统计学家德明（W. E. Deming）说得好："没有数据，你就仅仅是有一点意见的另一个人。"

### □ 11-3d 检验的功效

另外一种表示检验效果够不够好的方式是报告检验的功效——当原假设不正确时，我们拒绝原假设的概率。这样，检验的功效就是 $1-\beta$。

当在一个特定的环境下不止有一个检验时，我们当然会用准确次数更多的那个检验。如果（备择假设、样本容量和显著性水平均相同时）一个检验比另一个检验有更高的功效，这一检验就是更有功效的。

## 使用计算机

### 自己的 Excel

你需要创建三个工作簿，分别用于左尾检验、右尾检验和双尾检验。

以下是对例 11.1 进行右尾检验的工作簿。

| | A | B | C | D |
|---|---|---|---|---|
| 1 | 右尾检验 | | | |
| 2 | | | | |
| 3 | $H_0$：MU | 170 | 临界值 | 175.35 |
| 4 | SIGMA | 65 | 犯第二类错误的概率 | 0.076 1 |
| 5 | 样本容量 | 400 | 检验的功效 | 0.923 9 |
| 6 | ALPHA | 0.05 | | |
| 7 | $H_1$：MU | 180 | | |

工具：NORMSINV：这个函数用于计算单元格 D3 的临界值。NORMSDIST：这个函数用于计算单元格 D4 的概率。

### Minitab

应用 Minitab 计算检验的功效。

**Power and Sample Size**

1-Sample Z Test

Testing mean=null (versus>null)

Calculating Power for mean=null+difference

Alpha=0.05  Assumed standard deviation=65

| Difference | Sample Size | Power |
|---|---|---|
| 10 | 400 | 0.923 938 |

**计算机命令**

1. 点击"Stat"（统计）—"Power and Sample Size…"（功效和样本数量…）—"1-Sample Z…"（单样本 Z…）。

2. 指定"Sample Sizes"（样本数量）的值。（你可以指定多个 $n$ 的值，Minitab 会为每个值计算功效。）指定 $\mu$ 的实际值和原假设下的 $\mu$ 值之间的"Differences"（差值）。（你可以指定多个值。）在"Standard deviation"（标准差）框中键入标准差的值。

3. 点击"Options…"（选项…），并给出"Alternative Hypothesis"（备择假设）、"Significance level"（显著性水平）。

对于例 11.1，我们输入 400 作为样本容量，差值为 10（=180−170），标准差是 65，备择假设是"大于"，显著性水平是 0.05。

### □ 11-3e 操作特征曲线

为计算犯第二类错误的概率，我们需要指定显著性水平、样本容量和总体均值的备择假设值。一个方法就是记录所有这些因素，画出**操作特征曲线**［operating characteristic（OC）curve］——一条关于 $\beta$ 值和 $\mu$ 值的关系的曲线。因为这些计算十分费时，故必须使用计算机。为了便于进行说明，我们将画出例 11.1 的操作特征曲线。我们使用 Excel（可以用 Minitab 代替）计算出例 11.1 中当 $\mu=170$，171，…，185，样本容量 $n=400$ 时犯第二类错误的概率。图 11—12 描绘了这条曲线。注意，当 $\mu$ 的备择值增大时，$\beta$ 的值在减少。这告诉我们，当 $\mu$ 的备择值远离原假设的 $\mu$ 值时，犯第二类错误的概率就会变小。换言之，等于 170 的 $\mu$ 和其他远离 170 的 $\mu$ 是很容易区分的。注意，当 $\mu=170$（假设的 $\mu$ 值）时，$\beta=1-\alpha$。

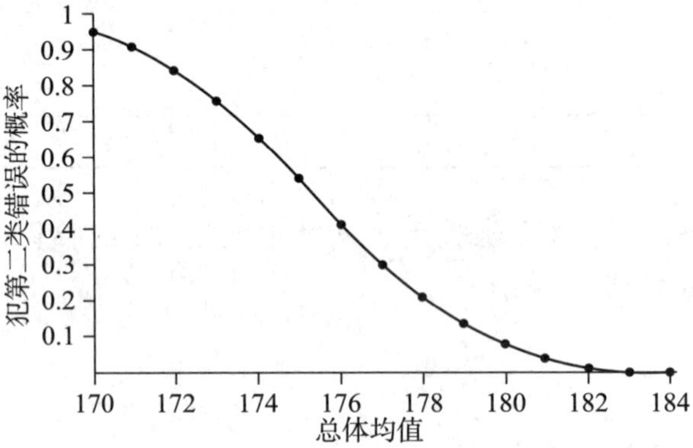


**图 11—12 例 11.1 的操作特征曲线**

操作特征曲线在选择样本容量时也是很有用的。图 11—13 展示了例 11.1 中当 $n=100$，400，1 000 和 2 000 时的操作特征曲线。浏览该图可以体会到增加样本容量对不同 $\mu$ 值上的检验效果的影响。例如，我们可以看到，较小的样本容量就可以很好地区分等于 170 和大于 180 的 $\mu$ 的值。然而，为了区分等于 170 和较小的 $\mu$ 值就要求较大的样本容量。尽管该信息不是很准确，但是它使得我们可以选择一个适合的样本容量。

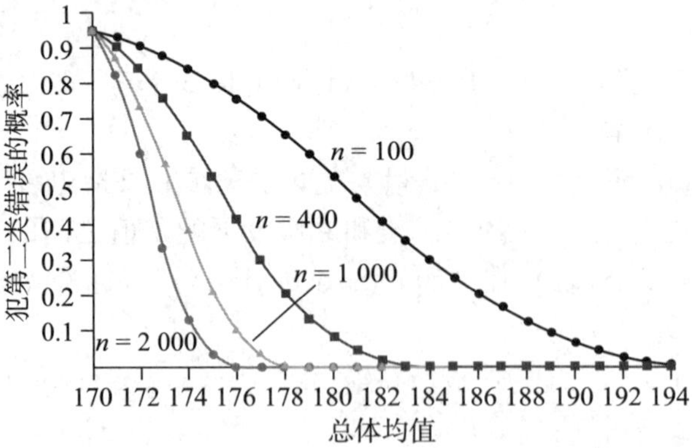


**图 11—13 $n=100$，400，1 000 和 2 000 时例 11.1 的操作特征曲线**

## □ 11－3f 建立备择假设来定义第一类错误和第二类错误

我们已经讨论了怎样建立备择假设，这是我们进行进一步探索的条件。在例 11.1 里，我们想知道是否存在足够的统计证据来做出推断——新的账单系统是成本有效的，也就是说，月账单均值是否大于 170 美元。在本书中你将遇到许多使用类似措辞的问题，你的工作就是做检验然后回答问题。

然而在实际生活中，管理者（从现在起五年里就是你自己）需要提出和回答问题。通常，你会发现问题是用两种方式提出的。在例 11.1 中，我们想知道是否有证据可以推断新系统是成本有效的。而问题的另一种提法是，确定是否有足够的证据来推断新系统不是成本有效的。回顾犯罪审讯的例子。在一次犯罪审讯里，举证责任落在原告身上，原告要证明被告有罪。有些国家较少强调个人权利，被告被要求证明其清白。美国和加拿大（以及其他国家）选择前者，因为他们认为，判一个无辜者有罪所犯的错误更严重。故而与 11.2 节一样，我们选用原假设和备择假设来构造检验。

在我们负责提出问题的一次统计试验中，除了回答问题，我们必须提出问题，以便直接控制代价高昂的错误。正如你所看到的，我们通过指定其值（显著性水平）以控制犯第一类错误的概率。还是以例 11.1 为例。有两个可能的错误：（1）当不是成本有效时却断定账单系统成本有效；（2）当是成本有效时却断定账单系统不是成本有效的。一方面，如果管理者断定账单系统是成本有效的，公司就会安装新系统。实际上，如果新系统不是成本有效的，公司就会遭受损失。另一方面，如果管理者断定账单系统并不是成本有效的，公司就不会安装新系统。然而，如果新系统确实是成本有效的，公司就会丧失本可以从新系统中获得的潜在利润。哪个成本更大呢？

假定我们认为，安装不是成本有效的系统的成本高于不安装有效系统的潜在损失。我们希望避免的错误是错误地断定系统是成本有效的。我们把这定义为一个错误。因此，对系统的举证责任就是给账单均值大于 170 美元提供足够的统计证据。原假设和备择假设就可以和前面一样简洁地表述出来：

$H_0$：$\mu=170$

$H_1$：$\mu>170$

但是，如果我们认为不安装成本有效的新系统的潜在损失更大，我们就需要举证推断月账单均值少于 170 美元。这样，假设可以设定为

$H_0$：$\mu=170$

$H_1$：$\mu<170$

本讨论强调了在实际应用中，在建立假设之前需要比较两种类型错误的成本。不过，本书习题中列出的问题已经考虑了成本。因此，你的任务只是建立假设以回答那些问题。

## 习　题

**11.48** 计算下列假设检验犯第二类错误的概率，给定 $\mu=203$。

$H_0$: $\mu=200$

$H_1$: $\mu\neq 200$

$\alpha=0.05$, $\sigma=10$, $n=100$

**11.49** 计算下述假设检验犯第二类错误的概率，给定 $\mu=1\ 050$。

$H_0$: $\mu=1\ 000$

$H_1$: $\mu>1\ 000$

$\alpha=0.01$, $\sigma=50$, $n=25$

**11.50** 计算下述假设检验的 $\beta$ 值，给定 $\mu=48$。

$H_0$: $\mu=50$

$H_1$: $\mu<50$

$\alpha=0.05$, $\sigma=10$, $n=40$

**11.51** 按照图 11—9，绘制习题 11.48 至习题 11.50 的抽样分布图。

**11.52** 已知 $n=100$, $\sigma=20$, 某统计人员要进行如下检验：

$H_0$: $\mu=100$

$H_1$: $\mu>100$

a. 当 $\mu=102$, $\alpha=0.10$ 时，计算检验犯第二类错误的概率。

b. 当 $\alpha=0.02$ 时，重做问题（a）。

c. 描述增加 $\alpha$ 对犯第二类错误的概率 $\beta$ 的影响。

**11.53** a. 已知 $\mu=37$, 计算下列检验犯第二类错误的概率。

$H_0$: $\mu=40$

$H_1$: $\mu<40$

显著性水平为 5%，总体标准差为 5，样本容量为 25。

b. 令 $\alpha=15\%$，重做问题（a）。

c. 描述增加 $\alpha$ 对犯第二类错误的概率 $\beta$ 的影响。

**11.54** 绘制习题 11.52 和习题 11.53 的抽样分布图。

**11.55** a. 已知 $\mu=196$，计算下列检验犯第二类错误的概率。

$H_0$: $\mu=200$

$H_1$: $\mu<200$

显著性水平为 10%，总体标准差为 30，样本容量为 25。

b. 令 $n=100$，重做问题（a）。

c. 描述增加 $n$ 对犯第二类错误的概率 $\beta$ 的影响。

**11.56** a. 已知 $\mu=310$，计算下列检验犯第二类错误的概率。

$H_0$: $\mu=300$

$H_1$: $\mu>300$

显著性水平为 5%，总体标准差为 50，样本容量为 81。

b. 令 $n=36$，重做问题（a）。

c. 描述减小 $n$ 对犯第二类错误的概率 $\beta$ 的影响。

**11.57** 按照图 11—9，绘制习题 11.55 和习题 11.56 的抽样分布图。

**11.58** 对于下面的假设检验：

$H_0$：$\mu=1\ 000$
$H_1$：$\mu\neq 1\ 000$
$\alpha=0.05$，$\sigma=200$

画出 $n=25$，100 和 200 时的操作特征曲线。

**11.59** 对于下面的假设检验：

$H_0$：$\mu=400$
$H_1$：$\mu>400$
$\alpha=0.05$，$\sigma=50$

画出 $n=10$，50 和 100 时的操作特征曲线。

**11.60** 假设在例 11.1 中，我们想确定是否有足够的证据来断定新系统不是成本有效的。建立原假设和备择假设，讨论犯第一类错误和第二类错误的结果。做假设检验。你的结论是不是和例 11.1 的相同？解释你的结论。

**应用**

**11.61** 在习题 11.39 中，我们检验了安装新的安全设备能否有效地减少人员小时损失数。原假设和备择假设为

$H_0$：$\mu=0$
$H_1$：$\mu>0$

已知 $\sigma=6$，$\alpha=0.10$，$n=50$，$\mu=$平均百分比变化。检验结果表明没有足够的证据证明安装新的安全设备是有效的。经理担心检验对于比较小却很重要的变化不够敏感。尤其是，他担心如果减少的时间的百分比的真实均值为 2%（即 $\mu=-2$），公司就失去了安装新的安全设备的机会。如果 $\sigma=6$，$\alpha=0.10$，$n=50$，计算检验不能得出安装新设备有效的概率，并讨论如何减小这个概率。

**11.62** 在 SSA 信封案例中，假设检验的结果是没有足够的证据证明该计划是有利可图的。如果实际缩短的时间为 3 天（即 $\mu=21$），公司就会后悔没有实施这项计划。计算相关概率并分析公司应该如何使用这些信息。

**11.63** 习题 11.43 中的快餐经销商没有足够的证据证明在那个地方开餐馆是可行的。她关心自己是否会失去在一个较好的位置开店的机会，她认为如果实际人数的均值为 104，餐馆就可以开得很成功。当均值为 104 时，计算犯第二类错误的概率，并讨论减小这个概率的方法。

**11.64** 参见习题 11.46。一位财务人员分析认为如果减少的平均休息时间为 2 分钟，就能提高生产率，公司就会后悔没有实施这个计划。如果平均休息时间为 30 分钟，计算错误地得出实施计划不会成功的结论的概率。如果这个概率很高，讨论如何使其减小。

**11.65** 一名教育委员会管理者相信学生每年缺席课程的平均天数不到 10 天。根据过去的经验，他知道总体标准差是 3 天。用检验确定他的认识是否正确，他能使用下面

任何一个计划：

$n=100$， $\alpha=0.01$

$n=75$， $\alpha=0.05$

$n=50$， $\alpha=0.10$

当给定的真实的总体均值是 9 天时，哪一个计划犯第二类错误的概率最小？

**11.66** 建造一部赢利的发电风车的可行性取决于风速的均值。对于某种类型的风车，风速的均值要超过 20 英里/小时，才能达到建造的要求。确定建造一家发电站的可行性分为两个步骤：首先测量风速，计算均值；然后设计检验，判断建造发电站是否可行，换句话说，即判断是否有足够的证据证明风速的均值超过 20 英里/小时。如果证据充足，就进行进一步的检验，否则就不予考虑建造该发电站的提议。讨论检验的结果以及犯第一类错误和第二类错误的可能成本。

**11.67** 参照习题 11.66，在第一步中考虑建造发电站的地址的数量很大，测量风速的成本很高。所以，抽取其中的 25 个作为样本。因为第二步的成本很高，所以将显著性水平设置为 1%。对可能的利润和成本的财务分析显示，如果平均风速高达 25 英里/小时，发电站就可以赢利。假设实际的风速均值为 25 英里/小时（$\sigma=8$），计算经过检验不能得出建造该发电站可行这一结论的概率。讨论如何改进这个分析过程。

## 11.4 应用前瞻

我们在第 10 章、第 11 章要完成的目标有两个：第一，我们要介绍估计和检验的概念；第二，我们要讲解如何进行置信区间估计和假设检验。这两个目标都非常重要。在本章以后的章节都要涉及参数的估计以及一系列检验。因此，在 10.2 节和 11.2 节，我们建立了统计技术的一种应用模式。毫不夸张地讲，如果你理解了如何得到和使用置信区间估计以及如何进行和解释假设检验，那么你已经走在通向准确分析、解释和描述数据这个最终目标的路上。现在，你可能要问如何实现这个目标。答案很简单，就是解决与这两个问题类似的更多问题。

在接下来的章节中，我们计划介绍诸多不同的统计方法，它们都是统计工作者经常使用的方法。计算检验统计量的值或者置信区间的估计只不过用到加、减、乘、除和计算平方根。如果你打算使用计算机，你首先需要知道的就是相关命令。接下来，统计应用的关键就是知道计算的公式是什么以及计算的命令是什么。因此，真正的挑战在于能否定义问题并确定最恰当的统计方法。

很多学生在统计问题的识别上存在困难，除非这些问题已经包括在每一部分后面的习题中，这些问题已经指明要使用的统计方法。然而，在实际中，很多统计问题并不这么简单。为此，我们在统计学的教学过程中采用了一定的方法，设计了有助于识别统计问题的方法。

决定应该使用什么统计方法的因素有很多，但两个最重要的因素是数据的类型和统计推断的目的。在第2章，我们定义了三种主要的数据类型：定距数据、定序数据和定类数据。定类数据代表了数据的类，如婚姻状况、职业以及姓名。统计工作者通常使用数字来表示定类数据的类，例如，1＝单身，2＝已婚，3＝离婚，4＝鳏寡。因为这些数字是完全主观给出的，因而对它们进行计算是毫无意义的。对定类数据，我们只能计算每类数据的数目。定序数据是根据问题等级而获得的。例如，要求学生评价大学教授，有四种答案：优秀、良好、一般、差。为了对这种数据进行统计推断，我们把回答转化成数字。任何可以反映出这种顺序的数字系统都是有效的。因此，“4＝优秀，3＝良好，2＝一般，1＝差”和“15＝优秀，8＝良好，5＝一般，2＝差”是一样有效的。因而，针对定序数据的最恰当的统计过程都是基于数据顺序这个特征的。

定距数据是诸如收入、年龄、身高、体重等的实际数字。可以计算定距数据的均值和方差。

确定统计方法的第二个关键因素是做这个工作的目的。每种统计方法都有特定的目标。本书提到了统计方法的五个目标。

### □ 11-4a 问题的目标

1. 描述总体。此时我们的目标是描述所研究总体的一些性质。至于究竟描述哪种性质则取决于数据类型。例如，假设所研究总体是家用计算机的购买者。如果我们对购买者的收入感兴趣（数据是定距的），就可以计算均值或者方差来描述总体的某一方面。但是，如果我们关心的是所购买的计算机的品牌（数据是定类的），我们所能做的就是计算购买每个品牌的总体的比例。

2. 比较两个总体。即我们的目标是分析一个总体的性质和相应的另一个总体的性质之间的差异。例如，假设所研究的总体是计算机的男性和女性购买者。我们可以比较他（她）们的收入的均值，或者我们更愿意比较购买某个品牌的每个总体所占的比例。同时，数据类型决定了我们可以比较的是哪种性质。

3. 比较两个及两个以上的总体。我们可能想通过比较每个地区的居民收入的均值来决定哪个地方可以建造一座购物中心，或者我们想比较多条生产线上次品的比例从而确定哪条生产线是最好的。在每种情形下，问题目标都涉及比较两个或更多总体。

4. 分析两个变量之间的关系。在很多情况下，我们想知道一个变量是怎样和其他变量相关的。政府想知道利率的上升是如何影响失业率的；公司想调查广告预算的规模如何影响销售量。本书的大部分问题所分析的两个变量的类型相同；我们不会涉及已有的、处理两种不同类型数据的庞大的统计方法群。

5. 分析两个及两个以上变量之间的关系。此处，我们的目标通常是根据几个其他变量（自变量）来预测一个变量（因变量）。我们将只在所有变量都是定距变量的情况下处理这类问题。

表11—3列出了数据类型和五个问题目标。对于每个组合，该表都给出了恰当的统计方法所在的章或节。

表 11—3　　统计推断指南——列出每种方法所在的章节

| 问题的目标 | 数据类型 | | |
|---|---|---|---|
| | 定类 | 定序 | 定距 |
| 描述总体 | 12.3 节，15.1 节 | 无 | 12.1 节，12.2 节 |
| 比较两个总体 | 13.5 节，15.2 节 | 19.1 节，19.2 节 | 13.1 节，13.3 节，13.4 节，19.1 节，19.2 节 |
| 比较两个及两个以上的总体 | 15.2 节 | 19.3 节 | 第 14 章；19.3 节 |
| 分析两个变量之间的关系 | 15.2 节 | 19.4 节 | 第 16 章 |
| 分析两个及两个以上变量之间的关系 | 无 | 无 | 第 17 章，第 18 章 |

### □ 11-4b　来　源

因为本书是关于统计应用的，我们假定读者对上面的方法的数学来源没有什么兴趣。不过，了解推导这些公式的过程会有助于你的理解。

正如上面所描述的，问题的目标和数据类型等因素决定了需要估计和检验哪些参数。对于每一个参数，统计学家都已经确定了与它相对应的统计量。统计量有用公式表示的抽样分布。例如，本章研究的参数就是总体均值 $\mu$，它的最优估计就是样本均值 $\bar{x}$。假定总体标准差 $\sigma$ 是已知的，$\bar{x}$ 的抽样分布是均值为 $\mu$ 且标准差为 $\sigma/\sqrt{n}$ 的正态分布（或者近似正态分布）。这个抽样分布可以用公式表示如下：

$$z=\frac{\bar{X}-\mu}{\sigma/\sqrt{n}}$$

上述公式也描述了当 $\sigma$ 已知时 $\mu$ 的检验统计量。利用一点代数知识，我们可以推导出 $\mu$ 的置信区间估计（10.2 节）。

在下面的章节里，我们会重复这个过程，并通过几个例子引入一种新的抽样分布（第 8 章）。尽管其形状和公式不同于本章所用的抽样分布，但模式是一样的。通常，表示抽样分布的公式也可以描述检验统计量。经过一些代数处理（这里没有演示）就可以得到区间估计。我们将颠倒两种方法的表示顺序，即我们将首先展示假设检验，接下来说明置信区间估计。

## 小　结

在本章，我们介绍了假设检验的一些概念，并且把它们应用到总体均值的假设检验中。我们演示了怎样创建原假设和备择假设，建立拒绝域，计算检验统计量，最后做出决策。同样重要的是我们讨论了怎样解释检验结果。本章还示范了有助于决策的另一种方法——计算和使用检验的 $p$ 值。为了帮助读者理解这些结果，我们演示了怎样计算犯第二类错误的概率。最后，我们提供了一个流程图来说明我们打算怎样呈现这些统计方法。

## 重要术语

| | | | |
|---|---|---|---|
| 假设检验 | 原假设 | 备择（研究）假设 | 第一类错误 |
| 第二类错误 | 显著性水平 | 检验统计量 | 拒绝域 |
| 标准检验统计量 | 统计显著的 | 检验的 $p$ 值 | 高度显著 |
| 显著 | 统计不显著 | 单尾检验 | 双尾检验 |
| 单侧置信区间估计量 | 操作特征曲线 | | |

## 符号

| 符号 | 意义 |
|---|---|
| $H_0$ | 原假设 |
| $H_1$ | 备择（研究）假设 |
| $\alpha$ | 犯第一类错误的概率 |
| $\beta$ | 犯第二类错误的概率 |
| $\bar{x}_L$ | 拒绝 $H_0$ 的 $\bar{x}$ 的临界值 |
| $\lvert z \rvert$ | $z$ 的绝对值 |

## 公式

$\mu$ 的检验统计量

$$z = \frac{\bar{x} - \mu}{\sigma / \sqrt{n}}$$

# 第 12 章

# 总体的推断

## 尼尔森评级

数据：Xm12 - 00

统计技术在帮助广告商了解有多少人在收看它们打广告的节目方面起到了很大的作用。尽管有好几家广告公司对电视观众进行抽样调查来了解他们收看什么节目，但其中最为著名的公司是 A. C. 尼尔森（Nielsen）公司。尼尔森公司的评级是基于由从 11 500 万至少拥有一台电视机的家庭（2013 年）中随机抽取的 5 000 个家庭组成的样本。在这些家庭的电视机中有个装置可以记录电视接收的频道，然后评级体系会计算出每个节目被收看的比例，从而使广告商确定每个节目有多少观众以及各种广告的潜在价值。年龄在 18～49 岁的观众因被认为是最有可能购买广告产品的群体，从而受到广告商的特别关注。2013 年，美国观众中年龄在 18～49 岁的有 12 654 万人。

2013 年 3 月 7 日（星期四）晚上 8：00 至 8：30，18～49 岁观众的调查结果和编码如下：

| 网络 | 节目 | 编码 |
|---|---|---|
| 美国广播公司（ABC） | 《鲨鱼坦克》 | 1 |
| 哥伦比亚广播公司（CBS） | 《生活大爆炸》 | 2 |
| CW 电视网（CW） | 《吸血鬼日记》 | 3 |
| 福克斯（Fox） | 《美国偶像》 | 4 |
| 国家广播公司（NBC） | 《废柴联盟》 | 5 |
| 关闭电视机或收看其他频道 | | 6 |

资料来源：tvbythenumbers. com，2013 年 3 月 8 日。

哥伦比亚广播公司希望利用此数据估计 18～49 岁的美国观众中收看《生活大爆炸》的人数。本例答案请见 12 - 3e 小节。

# 引　言

在前面两章里，我们介绍了统计推断的概念，并介绍了如何估计和检验一个总体的均值。然而我们选择的例子是不现实的，因为该统计方法要求使用总体标准差 $\sigma$，而通常来说总体标准差都是未知的。因此，第 10 章和第 11 章的目的是为引入其他统计方法而建立起一种模式。换句话说，我们首先确定要估计或检验的参数；然后确定参数的估计值以及参数的抽样分布（每个参数都有一个估计值，这是由我们在第 10 章的开头讨论过的估计值的性质决定的）；最后通过简单的数学运算，统计者就能获得区间估计和检验统计量。在以后介绍新的统计方法时，我们将反复使用这种模式。

在 11.4 节中，我们描述了本书要解决的五个目标，同时也列出了介绍统计方法的顺序。在本章，我们将介绍当问题的目标是描述总体时所应用的方法。如果数据是定距的，我们关注的参数为总体均值 $\mu$ 和总体方差 $\sigma^2$。在 12.1 节，我们讨论了如何在更为实际的假设下，即不知道总体标准差的情况下推断总体均值。在 12.2 节，我们继续研究定距数据，但我们关注的参数将转变为总体方差。

在第 2 章和 11.4 节，我们曾指出如果数据是定类数据，唯一有意义的计算是确定每个值出现的次数占总体的比例。12.3 节将讨论对比例 $p$ 的推断。12.4 节将介绍统计方法在市场营销中的应用。

凯勒网站的附录——在会计审计中的应用，说明了如何将本章介绍的统计方法运用于审计工作。



# 12.1　标准差未知时对总体均值的推断

在 10.2 节和 11.2 节中，我们讨论了如何在总体标准差已知的情况下估计和检验总体均值。区间估计和检验统计量是从一个 $\sigma$ 已知的样本均值的抽样分布中推导出来的，表达式如下：

$$z=\frac{\bar{x}-\mu}{\sigma/\sqrt{n}}$$

本节中，在承认总体均值和总体标准差通常未知的情况下，我们将采用一种更合理的方法。相应地，上面的抽样分布就无法使用了。我们用样本标准差 $s$ 来代替未知的总体标准差 $\sigma$。该结果被数学家威廉·戈塞特命名为 **$t$ 统计量**（$t$-statistic）。1908 年，戈塞特指出 $t$ 统计量的定义如下：

$$t=\frac{\bar{x}-\mu}{s/\sqrt{n}}$$

当抽样总体服从正态分布时，该统计量称为学生 $t$ 分布。（因为戈塞特首次发表他的这个研究成果时用了“学生”这个笔名，因此也称为**学生 $t$ 分布**（Student $t$-distribution）。）在

8.4 节中我们曾经提到学生 $t$ 分布。

我们采用与 11.2 节中建立检验统计量和 10.2 节中确定置信区间估计时完全相同的逻辑，得到以下推断方式。

**当 $\sigma$ 未知时，$\mu$ 的检验统计量**

当总体服从正态分布且总体标准差未知时，$\mu$ 的假设检验的检验统计量是

$$t=\frac{\bar{x}-\mu}{s/\sqrt{n}}$$

该分布服从自由度为 $v=n-1$ 的学生 $t$ 分布。

**当 $\sigma$ 未知时，$\mu$ 的置信区间估计为**

$$\bar{x}\pm t_{\alpha/2}\frac{s}{\sqrt{n}},\quad v=n-1$$

有了这些公式，我们就可以不再使用第 10 章和第 11 章估计和检验总体均值时采用的检验统计量和区间估计了。尽管我们继续沿用第 10 章和第 11 章（以及其他章节）中提出的概念，但我们将不再使用 $\mu$ 的 $z$ 统计量和 $z$ 估计值了。以后所有涉及总体均值的推断问题都将采用上面导出的 $t$ 统计量和 $t$ 估计值。

### 例 12.1　报纸回收工厂

数据：Xm12 - 01※

在不久的将来，各个国家需要采取更多行动来保护环境。可能采取的行动包括减少能源的使用和加强回收利用。当前，许多利用回收材料制作的产品要比利用其他原材料制作的产品贵很多。例如，利用回收玻璃制作的玻璃瓶的价格是使用石英砂、纯碱和石灰石等可以在地球上开采到的原料制作的玻璃瓶的价格的 3 倍。使用回收罐制作的铝罐要比使用矾土制作的铝罐价格高。报纸是一个例外，回收报纸是有利可图的。回收报纸的主要成本存在于从住户收集旧报纸的过程。现在，越来越多的公司开展了收集和回收旧报纸的业务。一位此类公司的财务分析人员最近计算的结果显示，如果每周从每家住户收集的报纸平均值超过 2.0 磅，公司就可以获利。为了研究开一家回收厂的可行性，从一个比较大的社区中随机抽取 148 家住户，记录每家每周丢弃的可回收的报纸的重量并将调查数据列在下面。这些数据是否提供了足够的证据证明开一家回收厂是有利可图的?

| | | | | | | | | | | | | | | |
|---|---|---|---|---|---|---|---|---|---|---|---|---|---|---|
| 2.5 | 0.7 | 3.4 | 1.8 | 1.9 | 2.0 | 1.3 | 1.2 | 2.2 | 0.9 | 2.7 | 2.9 | 1.5 | 1.5 | 2.2 |
| 3.2 | 0.7 | 2.3 | 3.1 | 1.3 | 4.2 | 3.4 | 1.5 | 2.1 | 1.0 | 2.4 | 1.8 | 0.9 | 1.3 | 2.6 |
| 3.6 | 0.8 | 3.0 | 2.8 | 3.6 | 3.1 | 2.4 | 3.2 | 4.4 | 4.1 | 1.5 | 1.9 | 3.2 | 1.9 | 1.6 |
| 3.0 | 3.7 | 1.7 | 3.1 | 2.4 | 3.0 | 1.5 | 3.1 | 2.4 | 2.1 | 2.1 | 2.3 | 0.7 | 0.9 | 2.7 |
| 1.2 | 2.2 | 1.3 | 3.0 | 3.0 | 2.2 | 1.5 | 2.7 | 0.9 | 2.5 | 3.2 | 3.7 | 1.9 | 2.0 | 3.7 |
| 2.3 | 0.6 | 0.0 | 1.0 | 1.4 | 0.9 | 2.6 | 2.1 | 3.4 | 0.5 | 4.1 | 2.2 | 3.4 | 3.3 | 0.0 |
| 2.2 | 4.2 | 1.1 | 2.3 | 3.1 | 1.7 | 2.8 | 2.5 | 1.8 | 1.7 | 0.6 | 3.6 | 1.4 | 2.2 | 2.2 |
| 1.3 | 1.7 | 3.0 | 0.8 | 1.6 | 1.8 | 1.4 | 3.0 | 1.9 | 2.7 | 0.8 | 3.3 | 2.5 | 1.5 | 2.2 |
| 2.6 | 3.2 | 1.0 | 3.2 | 1.6 | 3.4 | 1.7 | 2.3 | 2.6 | 1.4 | 3.3 | 1.3 | 2.4 | 2.0 | |
| 1.3 | 1.8 | 3.3 | 2.2 | 1.4 | 3.2 | 4.3 | 0.0 | 2.0 | 1.8 | 0.0 | 1.7 | 2.6 | 3.1 | |

**解**

识　别

问题的目标是描述每家丢弃的可回收的报纸的总体。数据是定距数据，也就是说我们要确定的参数是总体均值，因为财务分析人员需要确定总体均值是否大于 2.0，所以备择假设为

$$H_1: \mu > 2.0$$

通常，原假设设置成参数等于备择假设中使用的数值的形式：

$$H_0: \mu = 2.0$$

检验统计量是

$$t = \frac{\bar{x} - \mu}{s/\sqrt{n}}, \quad v = n - 1$$

计　算

**手工计算**

经理认为犯第一类错误（得出均值大于 2 的结论，而实际情况并非如此）的成本非常高。因此，他将显著性水平设置成 1%。拒绝域为

$$t > t_{\alpha, n-1} = t_{0.01, 147} \approx t_{0.01, 150} = 2.351$$

要计算检验统计量的值，首先要计算样本均值 $\bar{x}$ 和样本标准差 $s$。根据数据可得

$$\sum x_i = 322.7$$

$$\sum x_i^2 = 845.1$$

因此，

$$\bar{x} = \frac{\sum x_i}{n} = \frac{322.7}{148} = 2.18$$

$$s^2 = \frac{\sum x_i^2 - \frac{\left(\sum x_i\right)^2}{n}}{n - 1} = \frac{845.1 - \frac{322.7^2}{148}}{148 - 1} = 0.962$$

$$s = \sqrt{s^2} = \sqrt{0.962} = 0.981$$

根据原假设，$\mu$ 的值为 2.0。检验统计量的值为

$$t = \frac{\bar{x} - \mu}{s/\sqrt{n}} = \frac{2.18 - 2.0}{0.981/\sqrt{148}} = 2.23$$

因为 2.23 没有大于 2.351，所以我们不能拒绝原假设。（手工计算能够近似得到 $p$ 值，凯勒网站的附录——$t$ 分布表的近似 $p$ 值——说明了操作方法。）

**Excel**

| | A | B | C | D |
|---|---|---|---|---|
| 1 | *t*-Test：Mean | | | |
| 2 | | | | |
| 3 | | | | Newspaper |
| 4 | Mean | | | 2.18 |
| 5 | Standard Deviation | | | 0.98 |
| 6 | Hypothesized Mean | | | 2 |
| 7 | df | | | 147 |
| 8 | t Stat | | | 2.24 |
| 9 | P(T<=t) one-tail | | | 0.013 4 |
| 10 | t Critical one-tail | | | 2.352 0 |
| 11 | P(T<=t) two-tail | | | 0.026 8 |
| 12 | t Critical two-tail | | | 2.609 7 |

**计算机命令**

1. 输入或者导入数据[①]（打开文件 Xm12－01）。

2. 单击“Add-Ins”（加载项）—“Data Analysis Plus”（数据分析加载项）——“*t*-Test：Mean”（*t* 检验：均值）。

3. 指定“Input Range”（输入范围）（A1∶A149）、“Hypothesized Mean”（假设均值）（2）和 $\alpha$（0.01）。

**Minitab**

**One-Sample T：Newspaper**

Test of mu=2 vs>2

| Variable | N | Mean | St Dev | SE Mean | 95% Lower Bound | T | P |
|---|---|---|---|---|---|---|---|
| Newspaper | 148 | 2.180 4 | 0.981 2 | 0.080 7 | 2.046 9 | 2.24 | 0.013 |

**计算机命令**

1. 输入或者导入数据（打开文件 Xm12－01）。

2. 单击“Stat”（统计）—“Basic Statistics”（基本统计量）—“1－Sample t…”（单样本 t…）。

3. 输入或者使用“Select”（选择）按钮选择变量，选择“Perform hypothesis test”（进行假设检验），在“Hypothesized mean”（假设均值）框中输入均值 $\mu$，单击“Options…”（选项…）。

4. 在“Alternative”（备择）框中，选择“less than”（小于）、“not equal”（不等于）或者“greater than”（大于）（本例选择“greater than”）。

① 如果有空单元格（表示有缺失值），就必须删除。参见凯勒网站附录——删除 Excel 中的空单元格。

**解　释**

检验统计量的 $t$ 值为 2.24，$p$ 值为 0.013 4，不足以证明丢弃的可回收的报纸的重量大于 2.0。注意，还是有一定证据的：$p$ 值为 0.013 4。然而，因为我们希望犯第一类错误的概率比较小，并指定了 1%作为显著性水平。因此，我们不能得出开回收厂有利可图的结论。

图 12—1 描述了这个例子的抽样分布。

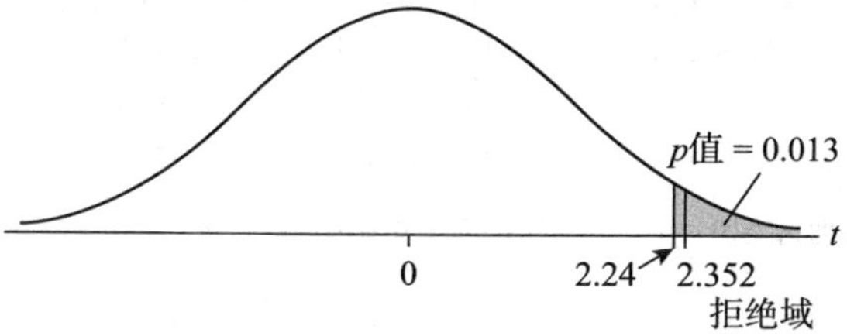


**图 12—1　例 12.1 的抽样分布**

## 例 12.2

数据：Xm12 - 02

2010 年（最新发布的数据），美国共有 142 823 000 笔税收收入。美国国内收入署（IRS）检查了其中的 1.107%（1 581 000 笔），以检验缴税是否正确。为了评估审计人员的工作，随机抽取样本，并记录需额外交纳的税款。估计这 1 581 000 笔额外税款均值的 95%的置信区间。

| | | | | | |
|---|---|---|---|---|---|
| 13 069.55 | 7 773.87 | 6 693.27 | 16 293.73 | 11 269.68 | 1 599.52 |
| 6 915.39 | 8 310.68 | 21 019.45 | 8 625.75 | 9 934.44 | 8 375.89 |
| 16 103.88 | 7 897.67 | 10 690.97 | 7 844.23 | 7 844.23 | 10 824.18 |
| 1 088.93 | 6 063.57 | 3 779.98 | 3 483.38 | 10 564.65 | 527.82 |
| 2 895.24 | 9 251.80 | 6 725.38 | 7 879.76 | 7 434.50 | 9 160.90 |
| 2 365.28 | 9 253.47 | 11 285.80 | 10 802.42 | 9 033.40 | 11 992.65 |
| 8 811.64 | 10 897.11 | 9 191.01 | 14 320.87 | 8 505.35 | 12 233.19 |
| 9 876.18 | 2 719.66 | 0.00 | 12 149.66 | 5 486.99 | 191.24 |
| 6 811.01 | 6 821.53 | 12 276.66 | 17 986.29 | 10 377.83 | 8 607.87 |
| 13 736.62 | 2 253.58 | 12 228.93 | 17 107.72 | 7 717.48 | 9 829.19 |
| 2 324.17 | 14 569.22 | 7 820.71 | 9 048.53 | 8 500.15 | 12 130.53 |
| 4 969.44 | 4 863.95 | 11 639.65 | 14 303.24 | 12 801.99 | 4 254.72 |
| 8 440.77 | 10 142.90 | 1 540.58 | 0.00 | 5 915.89 | 14 102.22 |
| 15 952.46 | 7 207.52 | 20 865.53 | 17 197.05 | 7 227.33 | 8 598.93 |
| 6 502.22 | 12 728.47 | 4 316.10 | 16 913.57 | 12 336.05 | 6 983.37 |
| 19 028.69 | 8 298.02 | 10 869.13 | 10 460.38 | 12 384.07 | 15 452.72 |
| 6 025.37 | 19 269.79 | 15 706.99 | 7 731.24 | 10 345.13 | 13 577.00 |
| 17 750.30 | 9 827.53 | 9 977.16 | 12 469.07 | 8 837.12 | 17 295.55 |
| 7 475.96 | 11 112.31 | 4 309.43 | 12 434.39 | 8 165.34 | 10 436.96 |
| 11 326.90 | 3 178.42 | 5 391.00 | 14 913.03 | 10 228.61 | 4 896.92 |

| | | | | | |
|---|---|---|---|---|---|
| 12 295.75 | 11 393.22 | 14 382.85 | 9 025.67 | 9 809.67 | 14 203.49 |
| 7 061.20 | 10 198.69 | 6 705.28 | 8 743.87 | 8 171.03 | 628.72 |
| 0.00 | 5 462.37 | 8 807.22 | 10 359.81 | 4 543.60 | 10 685.24 |
| 12 232.03 | 9 736.53 | 16 934.01 | 13 157.66 | 7 387.40 | 14 358.06 |
| 8 414.65 | 4 323.51 | 14 675.43 | 7 327.91 | 12 037.85 | 8 126.13 |
| 17 638.95 | 11 831.65 | 8 730.90 | 8 133.98 | 5 045.49 | 5 276.17 |
| 7 706.31 | 11 313.89 | 6 722.39 | 9 821.58 | 14 613.67 | 4 440.67 |
| 2 123.79 | 9 254.80 | 10 046.07 | 20 814.39 | 18 687.37 | 11 392.17 |
| 8 811.30 | 3 396.21 | 13 791.36 | 12 901.52 | 10 746.12 | 6 742.86 |
| 9 060.97 | 5 817.56 | 8 151.45 | 11 263.38 | 14 794.92 | 8 508.47 |
| 2 493.08 | 4 025.66 | 17 304.42 | 4 989.82 | 12 956.43 | 4 580.93 |
| 15 902.15 | 3 685.81 | 11 485.57 | 12 164.60 | 10 915.90 | 11 788.37 |

资料来源：《美国统计摘要》，2012 年，表 481。摘自美国国内收入署，IRS 年度数据手册 55B。

**解**

**识　别**

问题的目标是描述额外税款的总体。数据是定距数据，所以题目要估计的参数为总体均值 $\mu$。置信区间估计为

$$\bar{x} \pm t_{\alpha/2}\frac{s}{\sqrt{n}}$$

**计　算**

**手工计算**

根据数据有如下结果：

$$\sum x_i = 1\ 829\ 247$$

$$\sum x_i^2 = 21\ 293\ 389\ 277$$

因此，

$$\bar{x} = \frac{\sum x_i}{n} = \frac{1\ 829\ 247}{192} = 9\ 527$$

$$s^2 = \frac{\sum x_i^2 - \frac{\left(\sum x_i\right)^2}{n}}{n-1} = \frac{21\ 293\ 389\ 277 - \frac{1\ 829\ 247^2}{192}}{192-1} = 20\ 238\ 531$$

$$s = \sqrt{s^2} = \sqrt{20\ 238\ 531} = 4\ 499$$

因为我们要求 95%的置信区间，$1-\alpha=0.95$，$\alpha=-0.05$，$\alpha/2=0.025$，$t_{\alpha/2,n-1}=t_{0.025,191}\approx t_{0.025,190}=1.973$。因此，$\mu$ 的 95%的置信区间估计为

$$\bar{x} \pm t_{\alpha/2}\frac{s}{\sqrt{n}} = 9\ 527 \pm 1.973\frac{4\ 499}{\sqrt{192}} = 9\ 527 \pm 641$$

或者 LCL＝8 886 美元，UCL＝10 168 美元。

**Excel**

| | A | B | C | D |
|---|---|---|---|---|
| 1 | ***t*-Estimate：Mean** | | | |
| 2 | | | | |
| 3 | | | | Taxes |
| 4 | Mean | | | 9 527 |
| 5 | Standard Deviation | | | 4 499 |
| 6 | Observations | | | 192 |
| 7 | Standard Error | | | 325 |
| 8 | LCL | | | 8 887 |
| 9 | UCL | | | 10 168 |

**计算机命令**

1. 输入或导入数据[①]（打开文件 Xm12－02）。

2. 单击“Add-Ins”（加载项）—“Data Analysis Plus”（数据分析加载项）—“*t*-Estimate：Mean”（*t* 估计：均值）。

3. 指定“Input Range”（输入范围）（A1∶A193）和 $\alpha$（0.05）。

**Minitab**

**One-Sample T：Taxes**

| Variable | N | Mean | St Dev | SE Mean | 95% CI |
|---|---|---|---|---|---|
| Taxes | 192 | 9 527 | 4 499 | 325 | (8 887，10 168) |

**计算机命令**

1. 输入或者导入数据（打开文件 Xm12－02）。

2. 单击“Stat”（统计）—“Basic Statistics”（基本统计量）—“1-Sample t…”（单样本 t…）。

3. 输入或者使用“Select”（选择）按钮选择变量，单击“Options…”（选项…）。

4. 指定“Confidence level”（置信水平）（0.95），“Alternative”（备择）选择“not equal”（不等于）。

## 解　释

额外税款的均值的估计值在 8 887 美元和 10 168 美元之间。我们可以根据这些估计量来判断是否 IRS 对应该被审计的人员进行了审计。

---

① 如果有空单元格（表示缺失值），则必须删除。参见凯勒网站附录——删除 Excel 中的空单元格。

## □ 12-1a 检验必要条件

当介绍学生 $t$ 分布时，我们曾指出当抽样总体服从正态分布时，$t$ 统计量服从学生 $t$ 分布。然而，统计学家已经证明了推导 $t$ 分布的数学过程是**稳健的**（robust），也就是说，如果总体不服从正态分布，只要不是极度偏离正态分布，$t$ 检验的结果和置信区间估计就依然有效。[①] 为了检验这个说法是否正确，我们绘出直方图来判断总体的分布状况是否与钟形出入较大。图 12—2 和图 12—3 分别为例 12.1 和例 12.2 的 Excel 直方图。（Minitab 所绘图像与之类似。）两个直方图都说明变量不是极度偏离正态分布的，实际上可能是正态分布的。

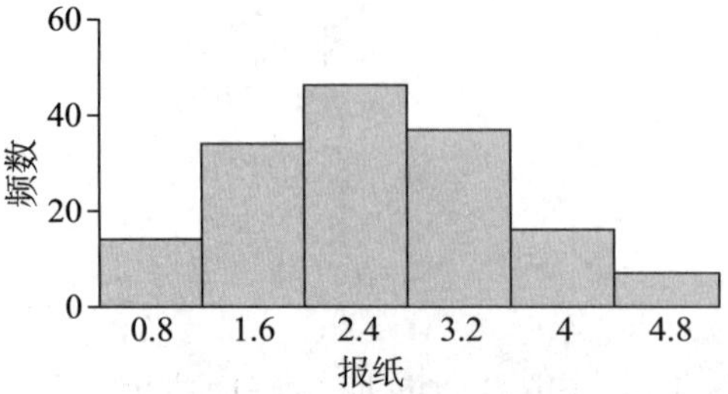


**图 12—2 例 12.1 的直方图**

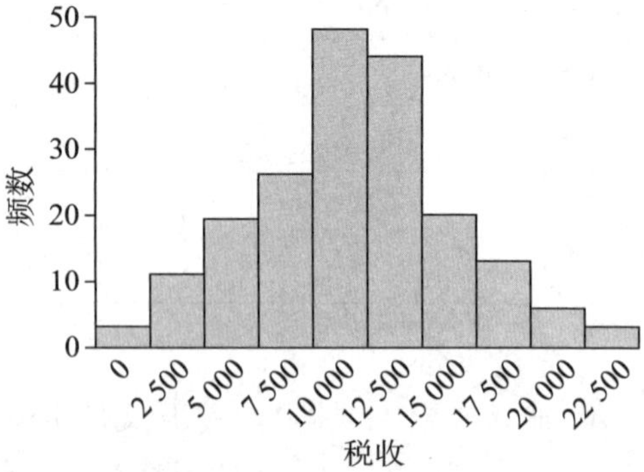


**图 12—3 例 12.2 的直方图**

## □ 12-1b 估计有限总体的总量

迄今为止，我们介绍的推断技术都基于一个假定，那就是总体是无限大的。然而，现实中的总体大都是有限的。（无限总体通常是无限重复过程的结果，例如投掷硬币或者有放回地挑选。）当总体很小时，我们需要使用有限总体校正因子对检验统计量和区间估计量进行调整。第 9 章中我们曾经介绍过有限总体校正因子。（在随书所附凯勒网站的附录——在会计审计中的应用——中，我们将会使用这个工具。）然而，如果总体相对于样本来说非常大，我们就可以忽略有限总体校正因子。所谓总体相对于样本来说非常大，是指总体大小至少是样本容量的 20 倍。

在有限总体中，我们可以使用均值的置信区间估计量来计算总体总值的置信区间估计量。为了估计总值，我们只需要将均值的置信区间估计量的上限和下限分别乘以总体大小。因此，总值的置信区间估计量为

$$N\left(\bar{x} \pm t_{\alpha/2}\frac{s}{\sqrt{n}}\right)$$

例如，假设我们想要估计被检查的 1 581 000 笔税收的额外税款的总值。总值的 95%的置信区间估计量是

① 统计学家已经证明，当样本容量很大时，即使总体极度偏离正态分布，$t$ 检验的结果和均值的估计量也有效，所需的样本容量取决于偏离正态分布的程度。

$$N\left(\bar{x} \pm t_{\alpha/2}\frac{s}{\sqrt{n}}\right)=1\ 581\ 000 \times (9\ 527 \pm 641)$$

即

$$\text{LCL}=14\ 048\ 766\ 000$$
$$\text{UCL}=16\ 075\ 608\ 000$$

### □ 12-1c　理解统计概念 1

本节中我们介绍了自由度的概念。我们在本书中还会多次遇到这个概念，因此有必要简要介绍一下它的含义。学生 $t$ 分布的基础是用样本方差来估计未知的总体方差。样本方差定义如下：

$$s^2=\frac{\sum (x_i-\bar{x})^2}{n-1}$$

要计算样本方差，我们必须首先计算均值。回忆一下，抽样分布源于对同一总体的重复抽样。要通过重复抽样来计算方差，我们可以从样本中任意选择前 $n-1$ 个观测值。然而，不能随意选择第 $n$ 个值，因为我们必须首先计算样本均值。我们举下面的例子加以说明：假如 $n=3$，并知道 $\bar{x}=10$。可以任意假设 $x_1$，$x_2$ 的值，但是 $x_3$ 的值必须使 $\bar{x}=10$。比如，如果 $x_1=6$，$x_2=8$，那么 $x_3$ 必须等于 16。所以，在我们选择的样本中只有两个自由度，也就是说为了计算，损失了一个自由度。

注意，在计算 $s^2$ 的公式中，分母等于自由度的值。这并非偶然，在本书后面的章节中将多次重复出现。

### □ 12-1d　理解统计概念 2

与 $z$ 统计量类似，$t$ 统计量也能够用标准误来衡量样本均值和假设的 $\mu$ 值之间的差异。在总体标准差 $\sigma$ 未知的情况下，我们用 $s/\sqrt{n}$ 来估计标准误。

### □ 12-1e　理解统计概念 3

当在 8.4 节中介绍学生 $t$ 分布的时候，我们指出它比正态分布的跨度大，这是合乎逻辑的。在 $z$ 统计量中，唯一的变量是样本均值，它对于每一个样本都是不同的。在 $t$ 统计量中，有两个变量：样本均值和样本标准差 $s$，两者都会随样本的变化而变化。因此，$t$ 统计量具有更大的变化性。习题 12.15 至习题 12.22 体现了这个概念。

最后，我们回顾一下如何识别本节介绍的统计方法。

**识别 $t$ 检验和 $\mu$ 估计量的要素**

1. 目标：描述一个总体
2. 数据类型：定距数据
3. 描述性指标的种类：中心位置

## 习　题

**自己的 EXCEL**

**12.1**　创建一个 Excel 工作簿进行 $\mu$ 的 $t$ 检验。输入：样本均值，样本标准差，样本容量和假设的均值。输出：检验统计量，临界值，单尾 $p$ 值和双尾 $p$ 值。工具：TINV，TDIST。

**12.2**　创建一个工作簿进行 $\mu$ 的 $t$ 估计。输入：样本均值，样本标准差，样本容量和显著性水平。输出：置信上限和置信下限。工具：TINV。

**理解统计概念**

以下习题均为假设分析的练习，目的是让大家了解当统计推断中的元素改变时，检验统计量和区间估计会发生什么变化。这些问题既可以用手工计算解答，也可用你自己创建的 Excel 工作簿来解答。

**12.3**　a. 从总体中随机抽取一个容量为 25 的样本，样本均值和标准差分别为 $\bar{x}=510$ 和 $s=125$。在 95%的置信水平下估计 $\mu$。

b. 令 $n=50$，重新解答问题（a）。

c. 令 $n=100$，重新解答问题（a）。

d. 描述当样本容量增大时，置信区间估计将会如何变化。

**12.4**　a. 从总体中抽取一个容量为 100 的样本，$\bar{x}=1\ 500$，$s=300$。估计总体均值的 95%的置信区间。

b. 令 $s=200$，重新解答问题（a）。

c. 令 $s=100$，重新解答问题（a）。

d. 讨论降低样本标准差对置信区间估计的影响。

**12.5**　a. 从总体中抽取一个容量为 400 的样本，$\bar{x}=700$，$s=100$。估计总体均值的 90%的置信区间。

b. 令置信水平为 95%，重新解答问题（a）。

c. 令置信水平为 99%，重新解答问题（a）。

d. 讨论提高置信水平对置信区间估计的影响。

**12.6**　a. 从总体中抽取一个容量为 100 的样本，$\bar{x}=10$，$s=1$。估计总体均值的 95%的置信区间。

b. 令 $s=4$，重新解答问题（a）。

c. 令 $s=10$，重新解答问题（a）。

d. 讨论增加样本标准差对置信区间估计的影响。

**12.7**　a. 从总体中抽取一个容量为 51 的样本，$\bar{x}=120$，$s=15$。估计总体均值的 95%的置信区间。

b. 令置信水平为 90%，重新解答问题（a）。

c. 令置信水平为 80%，重新解答问题（a）。

d. 讨论降低置信水平对置信区间估计的影响。

**12.8**　a. 从总体中抽取一个容量为 81 的样本，$\bar{x}=63$，$s=8$。估计总体均值的 95%的置信区间。

b. 令 $n=64$，重新解答问题（a）。

c. 令 $n=36$，重新解答问题（a）。

d. 讨论减少样本容量对置信区间估计的影响。

**12.9** a. 从一个正态分布总体中随机抽取一个容量为 10 的样本，其样本均值和标准差分别为 23 和 9，计算 $t$ 统计量的值（如果使用 Excel，则计算 $p$ 值），并判断在 5% 的显著性水平下，是否有足够的理由相信总体均值大于 20。

b. 令 $n=30$，重新解答问题（a）。

c. 令 $n=50$，重新解答问题（a）。

d. 描述当样本容量增加时，$t$ 统计量的值（如果使用 Excel，则计算 $p$ 值）将会如何变化。

**12.10** a. 某统计工作者正在检验是否有足够的证据证明总体均值不等于 180。他计算了样本容量为 200 的样本的样本均值和样本标准差分别为 $\bar{x}=175$，$s=22$。计算检验统计量的值（使用 Excel 的学生，请计算 $p$ 值），并确定显著性水平为 5%时，是否有足够的证据证明总体均值不等于 180。

b. 令 $s=45$，重新解答问题（a）。

c. 令 $s=60$，重新解答问题（a）。

d. 讨论增加样本标准差对检验统计量（或 $p$ 值）的影响。

**12.11** a. 已知 $\bar{x}=145$，$s=50$，$n=100$，显著性水平为 5%，计算检验统计量（使用 Excel 的学生，请计算 $p$ 值）。

$$H_0: \mu=150$$
$$H_1: \mu<150$$

b. 令 $\bar{x}=140$，重新解答问题（a）。

c. 令 $\bar{x}=135$，重新解答问题（a）。

d. 讨论减小样本均值对检验统计量（或 $p$ 值）的影响。

**12.12** a. 从正态总体中抽取一个容量为 25 的样本，$\bar{x}=52$，$s=15$。计算检验统计量的值（使用 Excel 的学生，请计算 $p$ 值），并确定显著性水平为 10%时，是否有足够的证据证明总体均值不等于 50。

b. 令 $n=15$，重新解答问题（a）。

c. 令 $n=5$，重新解答问题（a）。

d. 讨论减少样本容量对检验统计量（或 $p$ 值）的影响。

**12.13** a. 抽取了容量为 50 的样本，得到 $\bar{x}=585$，$s=45$。计算检验统计量（使用 Excel 的学生，请计算 $p$ 值），确定当显著性水平为 10%时，是否有足够的证据证明备择假设正确。

$$H_0: \mu=600$$
$$H_1: \mu<600$$

b. 令 $\bar{x}=590$，重新解答问题（a）。

c. 令 $\bar{x}=595$，重新解答问题（a）。

d. 讨论增大样本均值的影响。

**12.14** a. 为了检验以下假设，工作人员随机抽取了容量为 100 的样本，计算得到

$\bar{x}=106$，$s=35$。计算检验统计量的值（使用 Excel 的学生，请计算 $p$ 值），并确定显著性水平为 1%时，是否有足够的证据证明备择假设是正确的。

$$H_0: \mu=100$$
$$H_1: \mu>100$$

b. 令 $s=25$，重新解答问题（a）。

c. 令 $s=15$，重新解答问题（a）。

d. 讨论减小样本标准差对检验统计量（或 $p$ 值）的影响。

**12.15** 从一个正态分布总体中随机抽取 8 个观测值建立一个样本，其样本均值和标准差分别为 $\bar{x}=40$ 和 $s=10$。

a. 在 95%的置信水平下，估计总体均值。

b. 假设已知总体标准差 $\sigma=10$，重新解答问题（a）。

c. 解释为什么问题（b）的区间估计比问题（a）窄。

**12.16** a. 已知 $\bar{x}=175$，$s=30$，$n=5$，置信水平为 90%，估计总体均值。

b. 假设已知总体标准差为 $\sigma=30$，重新解答问题（a）。

c. 解释为什么问题（b）的区间比问题（a）的区间窄。

**12.17** a. 从一个正态分布的总体中随机抽取 1 000 个观测值作为样本，样本均值和标准差分别为 $\bar{x}=15\ 500$ 和 $s=9\ 950$。用 90%的置信水平估计总体均值。

b. 假设已知总体标准差为 $\sigma=9\ 950$，重新解答问题（a）。

c. 解释为什么区间估计实质上是相同的。

**12.18** a. 从一个正态总体中随机抽取 500 个观测值，样本均值和样本标准差分别为 $\bar{x}=350$，$s=100$，若置信水平为 99%，估计总体均值。

b. 假设已知总体标准差为 $\sigma=100$，重新解答问题（a）。

c. 解释为什么问题（a）和问题（b）的区间估计相同。

**12.19** a. 从一个正态总体中随机抽取 11 个观测值，样本均值和样本标准差分别为 $\bar{x}=74.4$，$s=9$。若显著性水平为 5%，是否有足够的证据证明总体均值大于 70?

b. 假设已知总体标准差为 $\sigma=90$，重新解答问题（a）。

c. 解释为什么问题（a）和问题（b）的结论不同。

**12.20** a. 随机抽取 10 个观测值，样本均值和样本标准差分别为 $\bar{x}=103$，$s=17$。若显著性水平为 10%，是否有足够的证据证明总体均值小于 110?

b. 假设已知总体标准差为 $\sigma=17$，重新解答问题（a）。

c. 解释为什么问题（a）和问题（b）的结论不同。

**12.21** a. 随机抽取 1 500 个观测值，样本均值和样本标准差分别为 $\bar{x}=14$，$s=25$。若显著性水平为 5%，是否有足够的证据证明总体均值小于 15?

b. 假设已知总体标准差为 $\sigma=25$，重新解答问题（a）。

c. 解释为什么问题（a）和问题（b）的结论相同。

**12.22** a. 已知 $\bar{x}=405$，$s=100$，$n=1\ 000$，显著性水平为 0.05，检验以下假设：

$$H_0: \mu=400$$
$$H_1: \mu>400$$

b. 假设已知总体标准差为 $\sigma=100$，重新解答问题（a）。

c. 解释为什么问题（a）和问题（b）的结论相同。

**应用**

以下习题需要使用计算机和相关软件，也可以手工计算。题号右边给出了包含对应数据的文件名。假设随机变量服从正态分布。

**12.23　Xr12-23**　一家快递服务公司在广告上声称，它的本地投递业务的平均投递时间少于6小时。随机抽取了12次市内投递服务的时间，并记录如下。在5%的显著性水平下，是否有足够理由支持快递公司的广告？

3.03　6.33　6.50　5.22　3.56　6.76

7.98　4.82　7.96　4.54　5.09　6.46

**12.24　Xr12-24**　参加电视节目《危机边缘》（*Jeopardy*）的胜利者能赢取多少钱？为了找到答案，随机抽取了一个胜利者的样本，并记录了每个人赢取的金额，调查结果如下所示。以95%的置信水平估计所有胜利者的奖金均值。

26 650　6 060　52 820　8 490　13 660　25 840　49 840　23 790

51 480　18 960　990　11 450　41 810　21 060　7 860

**12.25　Xr12-25**　一个饮食顾问声称北美人体重平均超重20磅以上。为了验证他的言论是否属实，随机抽出20个北美人测量体重，并计算出他们的理想体重和实际体重的差值，数据如下所示。通过这些数据能否推断出在5%的显著性水平下，该医生的言论是正确的？

16　23　18　41　22　18　23　19　22　15

18　35　16　15　17　19　23　15　16　26

**12.26　Xr12-26**　一家联邦机构负责定期检查包装的重量，确定其净重是否至少和包装上说明的重量相等。他们随机抽取了一个包括18袋包装包的样本，包装上说明净重为8盎司。对净重进行了测量，并记录在下面。我们能否得出一般来讲包装上的标签有误的结论？（显著性水平为1%。）

7.80　7.91　7.93　7.99　7.94　7.75　7.97　7.95　7.79

8.06　7.82　7.89　7.92　7.87　7.92　7.98　8.05　7.91

**12.27　Xr12-27**　一位停车管理员正在分析泊车咪表的时间。他调查了刚刚离开这个停车场的15辆车，记录了它们停留的时间（分钟）。假设置信水平为95%，计算全市咪表时间均值的估计量。

22　15　1　14　0　9　17　31　18　26　23　15　33　28　20

**12.28　Xr12-28**　大学教授的工作内容之一是出版研究成果，这就要求他们阅读大量期刊文章来了解前沿知识。为了制定标准，商学院的主任随机调查了全国的12名教授，询问他们在某个月内阅读的期刊文章的数量，下面列出了调查结果。若置信水平为90%，计算教授每个月阅读的期刊文章数量均值的估计量。

9　17　4　23　56　30　41　45　21　10　44　20

**12.29　Xr12-29**　大部分使用数码相机的人都把照片存在相机上，一些人最后会把照片下载到电脑上或者打印出来。一家胶卷处理公司想要知道有多少照片被储存到了电脑上。它随机抽取10位有数码相机的人，得到了下面的数据。计算储存在数码相机上的照片数的95%的置信区间。

25　6　22　26　31　18　13　20　14　2

**12.30　Xr12-30**　大学的书店预定教员指定的课程用书，预定的数量要与预计的需求匹配。但是，在学期末的时候，书店仍然会剩下很多书，必须退给出版商。书店的政策是退给出版商的书所占的比例越小越好，平均值应该小于10%。为了判断这项政策是否有效，随机抽取一部分书目，记录退回的比例，得到了下面的数据。显著性水平为10%，我们是否有足够的证据证明退回的平均比例小于10%？

4 15 11 7 5 9 4 3 5 8

以下习题要用到计算机和相关软件。习题12.31至习题12.45的答案也可以手工计算。参见附录A的样本统计量。所有检验使用5%的显著性水平。

**12.31 Xr12-31*** 美国的教育者越来越关心就读高中期间从事兼职工作的青少年人数。为了研究这个问题，一位教师抽取了一个随机样本，包括200名15岁的高中生，询问他们每个人每周花多少小时从事兼职工作。他记录了学生的回答。在95%的置信水平下估计所有15岁的高中生每周用于兼职工作的平均小时数。

**12.32 Xr12-32** 一家生产通用遥控器的公司想确定美国家庭拥有的遥控器数量。这家公司雇用了一位统计学家调查随机抽取的240个家庭，从而确定遥控器的数量。如果一共有1亿个家庭，在99%的置信水平下估计美国家庭拥有的遥控器总数。

**12.33 Xr12-33** 由美国成年人组成的一个随机样本被问及被调查者是否吸烟，吸烟的成年人则进一步被问及每天抽烟的数量。假定美国成年人中的吸烟者为5 000万，在95%的置信水平下估计美国每天香烟消耗的数量。（资料来源：《美国统计摘要》，2009年，表196和彭博新闻社。）

**12.34 Xr12-34** 银行家和经济学家对经济下滑的信号非常敏感。他们监测的数字之一是消费者债务，尤其是信用卡负债。美联储每三年进行一次消费者财务调查。上次调查的结果显示，23.8%的美国家庭没有信用卡，31.2%的家庭已经清偿了最近一次的信用卡账单，余下的将近5 000万家庭没有清偿上个月的信用卡账单。随机抽取了一些家庭，询问他们最近的信用卡负债。美联储要求计算美国信用卡债务总额的区间估计（置信水平为95%）。

**12.35 Xr12-35** OfficeMax是一家销售办公设备的连锁店，经常销售一些因为折扣而降价的商品，有时候折扣太高，使得实际价格为0美元，其目的是吸引顾客到店里购买其他不打折的商品。第二个目的是获得顾客的电话和地址，将其卖给电话推销员和其他推销员。1月份的某一周内，OfficeMax供应了100盒CD-ROM（正常价格29.99美元减去10美元的即时折扣、12美元的生产商折扣、8美元的邮寄退税）。盒数是有限的，并且只限当天。在所有的OfficeMax店里，共有2 800盒，全部都售完了。随机抽取122名顾客，询问并记录了他们购买其他产品的总价值。显著性水平为95%，估计购买CD-ROM的人花在其他产品上的总金额。

**12.36 Xr12-36** 越来越多的北美人每天服用维生素或草药。为了量化研究这一现象，随机抽取了一个美国人的样本，询问并记录了他们每天服用的维生素或植物性营养补充剂的量。以95%的置信水平估计美国人每天服用的维生素与植物性营养补充剂的平均数量。

**12.37 Xr12-37** 美国销售的处方药的一半是非专利药。制药公司的销售经理想要了解关于非专利药销售的更多信息。为此，他从最近购买非专利药的顾客中随机抽取了475名顾客，记录了每个处方的费用。置信水平为95%，计算所有非专利药平均费用的置信区间。（资料来源：《美国统计摘要》，2012年，表159。）

**12.38 Xr12-38** 交通拥堵的现象越来越严重了。这就引发了一个问题，每年美国因道路拥堵产生的费用是多少？联邦高速公路管理局的监测系统经过分析对总成本进行了估计。该系统从美国最拥堵的 99 个地区抽取司机，记录了每个司机因为拥堵造成的时间成本和汽油费用。这 99 个地区的司机的总数量为 171 000 000。置信水平为 95%，估计这 99 个地区拥堵的总成本。（资料来源：《美国统计摘要》，2012 年，表 1099。）

**12.39 Xr12-39** 为了估计一次性剃刀的市场需求，有人随机抽取了男性的一个样本，询问他们用每个一次性剃刀刮几次胡子。如果我们假设每个剃刀每天都被使用 1 次，以 95%的置信水平估计每盒 10 只装的剃刀能用几天。

**12.40 Xr12-40** 因为观众众多，故在“超级碗”（Super Bowl）比赛期间投放广告的商家都会制作一些特殊的娱乐性很强的广告。在“超级碗”期间，一则 30 秒的商业广告的收费高达数百万美元。随机抽取了一些观看比赛的人，问他们在整个比赛期间收看了几则广告。根据这些数据，我们能得出平均每人收看的广告数大于 15 则的结论吗？

**12.41 Xr12-41** 美国人在保健方面的平均花费要远高于其他任何国家的居民。为了估计成本，每年都进行调查。有一项调查要求样本中的美国人回答他们每年拜访健康保健专家的次数。该调查记录了 2009 年度（最新发布）的数据。2009 年美国人口为 307 439 000 人。以 95%的置信水平来估计美国人 2009 年访问健康保健专家的总次数。（资料来源：《美国统计摘要》，2012 年，表 166。）

**12.42 Xr12-42** 在网上销售日用百货的公司被称为网络百货公司。客户上网下订单，用信用卡支付，公司将会派出卡车送货。一个有意建立一家网络百货公司的人分析了这个市场，认为只有当平均订单金额高于 85 美元时，才能赢利。为了确定在某个大城市建立网络百货公司是否有利可图，她在网上开始了该项服务，并对客户订单金额做了随机抽样调查。从中我们能否推断出在此城市建立网络百货公司将能获利？

**12.43 Xr12-43** 过去十年中，美国相继设立了一些致力于提高产品和服务质量的机构，其中有许多组织每年都给予那些提供高质量产品和服务的公司奖励。有一位投资者认为，获得奖励的上市公司的业绩要远胜于那些没有获得奖励的公司。为了分析这样的公司的投资收益，他从去年获得奖励的公司中随机抽取了 83 家作为样本，并计算了他投资的年收益率。这位投资者想要估算一下期望的收益率。取置信水平为 95%是较为合适的。

**12.44 Xr12-44** 2010 年，加拿大的大部分城市经历了一波购房热，这导致购房者需要更多的抵押贷款。为研究这一问题的发展程度，一项关于加拿大住户的调查向户主询问了所在家庭的总负债。假定加拿大有 700 万住户，在 95%的置信水平下估计家庭总负债。

**12.45 Xr12-45** 参考例题 12.44。除了家庭总负债外，调查还要求户主汇报了债务与收入比率。在 90%的置信水平下估计债务与收入比率的均值。

**社会综合调查习题**

Excel 使用者请注意，空单元格代表数据缺失，需要删除。所有习题使用 5%的显著性水平。习题 12.46 到习题 12.53 的数据源于 2012 年社会综合调查，习题 12.54 到习题 12.62 的数据源于 2010 年社会综合调查。

**12.46 GSS2012*** 在 95%的置信水平下估计 2012 年美国公民的平均收入（INCOME）。

**12.47 GSS2012*** 是否有足够的证据证明美国成年人的平均受教育年限（EDUC）超过 12 年？

**12.48 GSS2012*** 在 95%的置信水平下估计 2012 年美国家庭中挣钱的人（EARNRS）的平均人数。

**12.49 GSS2012*** 我们能够认为全职或兼职工作者的平均工作小时数（HRS1）大于 40 吗？

**12.50 GSS2012*** 是否有足够的证据证明美国人平均每周看电视超过 24 小时，即每天看电视（TVHOURS）超过 3 小时？

**12.51 GSS2012*** 我们能够根据数据推断拥有孩子的美国人生育第一胎子女时的平均年龄（AGEKDBRN）小于 25 岁？

**12.52 GSS2012*** 在 99%的置信水平下估计 2012 年美国家庭的平均总收入（TFINCOME）。

**12.53 GSS2012*** 我们能够认为美国人平均拥有的孩子数（CHILDS）小于 2 个吗？

**12.54 GSS2010*** 是否有足够的证据推断美国家庭平均拥有的孩子数（CHILDS）小于 2 个？

**12.55 GSS2010*** 在 95%的置信水平下估计美国人平均每天看电视的时间（TVHOURS）。

**12.56 GSS2010*** 是否有足够的证据证明美国人的平均受教育程度超过高中水平，即平均受教育年限（EDUC）超过 12 年？

**12.57 GSS2010*** 是否有足够的证据推断拥有孩子的美国人生育第一胎子女时的平均年龄（AGEKDBRN）小于 25 岁？

**12.58 GSS2010*** 我们能够认为美国人平均的工作小时数（HRS1）大于 40 吗？

**12.59 GSS2010*** 在 95%的置信水平下估计美国公民的平均年收入（INCOME）。

**12.60 GSS2010*** 在 95%的置信水平下估计美国家庭的年平均总收入（TFINCOME）。

**12.61 GSS2010*** 在 99%的置信水平下估计美国家庭中挣钱的人（EARNRS）的平均人数。

**12.62 GSS2010*** 是否有足够的证据证明每个家庭中成年人的平均数量（ADULTS）小于 2 人？

**美国国家选举调查习题**

Excel 使用者请注意，空单元格代表数据缺失，需要删除。所有习题使用 5%的显著性水平。

**12.63 ANES2008*** 我们能够认为美国人的平均受教育年限（EDUC）超过 12 年吗？

**12.64 ANES2008*** 在 95%的置信水平下估计通常一周内美国成年人观看国内电视新闻（不包括体育新闻）的平均天数。

**12.65 ANES2008*** 在 99%的置信水平下估计通常一天中美国成年人观看或阅读网络新闻（TIME1）的平均时间。

## 12.2 总体方差的推断

在 12.1 节中，我们介绍了推断总体均值的方法。我们感兴趣的是获取有关总体中心位置的信息。于是我们检验和估计了总体均值。如果我们感兴趣的是推断总体的变异程度，要研究的参数就变成了总体方差 $\sigma^2$。对方差的推断可以用来解决许多问题。在 8.2 节中，我们列举了一个例子来说明正态分布的应用，并解释了为什么说方差是衡量风险的一个指标。在 7.3 节中，我们叙述了方差在金融方面的一个重要应用——股票多样化降低了投资组合的方差，从而也降低了投资组合的风险。在这两节中，我们都假设总体方差是已知的。本节中，我们将采用一种更加接近实际的方法，承认我们需要使用统计方法来对总体方差进行推断。

方差的另一个应用是运营管理。质量检测人员要努力确保公司的产品能始终合乎规格标准。一种判断生产过程一致性的方法是计算产品的规格、重量和体积的方差。也就是说，如果产品的规格、重量和体积变化很大，那么很可能有大量产品不合乎该产品的规格要求。本书在后面将会再次说明这个问题。在 14.6 节中，我们将讨论运营经理如何估算和降低产品生产过程中的不稳定性。

在计算检验统计量和区间估计时，我们可以再一次看到应用统计方法的一般步骤。我们首先确定一个最佳的估计量。这个估计量有一个抽样分布，从中我们可以导出检验统计量和区间估计。

### □ 12-2a 统计量和抽样分布

$\sigma^2$ 的估计量是我们在 4.2 节中介绍的样本方差。在 10.1 节中，我们已经说明了统计量 $s^2$ 具有非常理想的特性，也就是说，$s^2$ 是方差 $\sigma^2$ 的无偏且一致估计。

统计学家指出，如果总体符合正态分布，将每个样本值偏离均值的平方和 $\sum(x_i-\bar{x})^2$［该值等于 $(n-1)s^2$］除以总体的方差便可得自由度为 $v=n-1$ 的 $\chi^2$ 分布。统计量

$$\chi^2=\frac{(n-1)s^2}{\sigma^2}$$

称为 **$\chi^2$ 统计量**（chi-squared statistic）。$\chi^2$ 分布在 8.4 节中已做过介绍。

### □ 12-2b 检验和估计总体方差

如同我们在 11.4 节中讨论的那样，描述抽样分布的公式就是检验统计量的公式。

> **$\sigma^2$ 的检验统计量**
>
> 检验关于方差 $\sigma^2$ 的假设的检验统计量是
>
> $$\chi^2=\frac{(n-1)s^2}{\sigma^2}$$
>
> 在总体随机变量服从正态分布并且方差等于 $\sigma^2$ 时，该统计量服从自由度为 $v=n-1$ 的 $\chi^2$ 分布。

用 8.4 节中介绍的符号，我们可以用如下表达式表达概率：

$$P(\chi^2_{1-\alpha/2}<\chi^2<\chi^2_{\alpha/2})=1-\alpha$$

代入

$$\chi^2=\frac{(n-1)s^2}{\sigma^2}$$

通过一些代数运算，可以得到总体方差的估计量。

**$\sigma^2$ 的置信区间估计**

$$\text{置信区间下限(LCL)}=\frac{(n-1)s^2}{\chi^2_{\alpha/2}}$$

$$\text{置信区间上限(UCL)}=\frac{(n-1)s^2}{\chi^2_{1-\alpha/2}}$$

**在运营管理中的应用：质量管理**

产品质量是产品生产的一个重要方面。一个产成品的质量是产品每个部件质量的函数。如果有一个部件不合格，产品就不能像原先设计的那样工作，正常发挥作用的时间也会比客户预期的短。比方说，如果一辆车的车门没有按照规格生产，就不能和整辆车匹配，最终将导致车漏水漏风。

运营经理会尽可能降低各个部件偏离规格的程度，从而维持和改进产品质量。我们已经知道，统计人员会通过计算方差来衡量偏离程度。

顺便说一句，我们将在第 21 章中通章讨论有关质量管理的问题。

**例 12.3 灌装机的稳定性 I**

数据：Xm12 - 03

灌装机是用来包装各种液体的机器，包括牛奶、软饮料、油漆涂料等。在理想状况下，每罐中的液体量的变化应该很小，因为差异太大会导致有些容器装得太少（等于欺骗顾客），而有些容器则装得太满（导致浪费）。一家公司新研发了一种灌装机，该公司的总裁吹嘘说这种新机器能连续稳定地灌装 1 升（1 000 立方厘米）的容器，罐装液体量的方差低于 1 立方厘米。为了检验其言论的准确性，我们随机抽取了 25 罐 1 升罐装作为一个样本，并记录了试验数据（单位：立方厘米）。通过这些数据能否在 5%的显著性水平下证明总裁的声明是正确的？

| | | | | |
|---|---|---|---|---|
| 999.6 | 1 000.7 | 999.3 | 1 000.1 | 999.5 |
| 1 000.5 | 999.7 | 999.6 | 999.1 | 997.8 |
| 1 001.3 | 1 000.7 | 999.4 | 1 000.0 | 998.3 |

| | | | | |
|---|---|---|---|---|
| 999.5 | 1 000.1 | 998.3 | 999.2 | 999.2 |
| 1 000.4 | 1 000.1 | 1 000.1 | 999.6 | 999.9 |

**解**

## 识　别

问题的目标是描述该机器灌装 1 升液体这个总体。数据是定距数据，我们关注的是灌装液体量的差异程度。因此，我们要研究的参数是总体方差。由于我们想确定是否有足够的理由支持该公司总裁的声明，所以备择假设是

$$H_1: \sigma^2 < 1$$

原假设是

$$H_0: \sigma^2 = 1$$

我们所采用的检验统计量是

$$\chi^2 = \frac{(n-1)s^2}{\sigma^2}$$

## 计　算

**手工计算**

我们先使用计算器，得到如下结果：

$$\sum x_i = 24\ 992.0 \qquad \sum x_i^2 = 24\ 984\ 017.76$$

于是有

$$s^2 = \frac{\sum x_i^2 - \frac{\left(\sum x_i\right)^2}{n}}{n-1}$$

$$= \frac{24\ 984\ 017.76 - \frac{24\ 992.0^2}{25}}{25-1}$$

$$= 0.633\ 3$$

检验统计量的值为

$$\chi^2 = \frac{(n-1)s^2}{\sigma^2} = \frac{(25-1)\times 0.633\ 3}{1} = 15.20$$

拒绝域为

$$\chi^2 < \chi^2_{1-\alpha,n-1} = \chi^2_{1-0.05,25-1} = \chi^2_{0.95,24} = 13.85$$

由于 15.20 不小于 13.85，所以我们无法得出新机器的灌装量的方差小于 1 立方厘米的结论。

**Excel**

| | A | B | C | D |
|---|---|---|---|---|
| 1 | **Chi-Squared Test：Variance** | | | |
| 2 | | | | |
| 3 | | | | Fills |
| 4 | Sample Variance | | | 0.633 3 |
| 5 | Hypothesized Variance | | | 1 |
| 6 | df | | | 24 |
| 7 | chi-squared Stat | | | 15.2 |
| 8 | P(CHI<=chi) one-tail | | | 0.085 2 |
| 9 | chi-squared Critical one tail | Left-tail | | 13.85 |
| 10 | | Right-tail | | 36.42 |
| 11 | P(CHI<=chi) two-tail | | | 0.170 5 |
| 12 | chi-squared Critical two tail | Left-tail | | 12.40 |
| 13 | | Right-tail | | 39.36 |

检验统计量的值为 15.20，单尾 $P$(CHI<=chi) 即概率 $P(\chi^2<15.20)$ 等于 0.085 2。由于这是一个单尾检验，故 $p$ 值为 0.085 2。

**计算机命令**

1. 在一个空白栏中键入或导入数据（打开文件 Xm12 - 03）。

2. 点击“Add-Ins”（加载项）—“Data Analysis Plus”（数据分析加载项）—“Chi-squared Test：Variance”（$\chi^2$ 检验：方差）。

3. 确定“Input Range”（输入范围）（A1：A26）。确定“Hypothesized Variance”（假设方差）(1) 和 $\alpha$ 值 (0.05)。

**Minitab**

**Test and CI for One Standard Deviation：Fills**

| | | | | |
|---|---|---|---|---|
| Null hypothesis | | sigma=1 | | |
| Alternative hypothesis | | sigma=<1 | | |
| Statistics | | | | |
| Variable | N | StDev | Variance | |
| Fills | 25 | 0.796 | 0.633 | |
| Tests | | | | |
| Variable | Method | Chi-Square | DF | P-Value |
| Fills | Standard | 15.20 | 24.00 | 0.085 |

**计算机命令**

这里删除了一些输出结果。

因为我们进行的是单尾检验，所以除了计算卡方统计量和 $p$ 值，Minitab 还计算了单边的置信区间估计。

1. 输入或者导入数据（打开 Xm12-03）。

2. 单击“Stat”（统计）—“Basic Statistics”（基本统计量）—“1 Variance…”（单方差…）。

3. 输入或者使用“Select”（选择）按钮指定变量名或列名（Fills），选择“Perform hypothesis test”（进行假设检验），在“Hypothesized standard deviation”（假设标准差）框中输入 $\sigma$ 的值（1）。

4. 单击“Options…”（选项…），在“Alternative”（备择）框中选择“less than”（少于）、“not equal”（不等于）或者“greater than”（大于）（本例中选择“less than”）。

## 解释

没有足够理由相信那个总裁所说的是正确的。正如我们先前讨论的那样，结果并没有说方差比 1 大，它仅仅表明我们无法证明方差比 1 小。图 12—4 绘出了这个检验统计量的抽样分布。

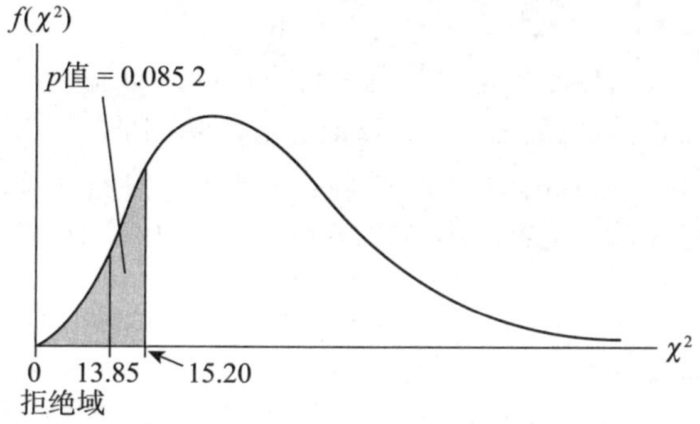


**图 12—4 例 12.3 的抽样分布**

## 例 12.4 灌装机的稳定性Ⅱ

在 99%的置信水平下估计例 12.3 中的方差。

**解**

## 计算

### 手工计算

在例 12.3 的求解过程中，我们发现 $(n-1)s^2$ 的值为 15.20。从附录 B 的表 5 中我们可以找到

$$\chi^2_{\alpha/2,n-1}=\chi^2_{0.005,24}=45.6$$

$$\chi^2_{1-\alpha/2,n-1}=\chi^2_{0.995,24}=9.89$$

于是，

$$\text{LCL}=\frac{(n-1)s^2}{\chi^2_{\alpha/2}}=\frac{15.20}{45.6}=0.333\ 3$$

$$UCL=\frac{(n-1)s^2}{\chi^2_{1-\alpha/2}}=\frac{15.20}{9.89}=1.537$$

我们估计灌装液体量的方差是位于 0.333 3～1.537 之间的数。

**Excel**

| | A | B |
|---|---|---|
| 1 | **Chi-Squared Estimate：Variance** | |
| 2 | | |
| 3 | | Fills |
| 4 | Sample Variance | 0.633 3 |
| 5 | df | 24 |
| 6 | LCL | 0.333 6 |
| 7 | UCL | 1.537 5 |

**计算机命令**

1. 在空白栏中键入或导入数据（打开文件 Xm12－03）。

2. 点击“Add-Ins”（加载项）—“Data Analysis Plus”（数据分析加载项）—“Chi-squared Estimate：Variance”（$\chi^2$ 检验：方差）。

3. 确定“Input Range”（输入范围）（A1：A26）和 $\alpha$ 值（0.01）。

**Minitab**

**Test and CI for One Standard Deviation：Fills**

Statistics

| Variable | N | StDev | Variance |
|---|---|---|---|
| Fills | 25 | 0.796 | 0.633 |

99% Confidence Intervals

| Variable | Method | CI for StDev | CI for Variance |
|---|---|---|---|
| Fills | Standard | (0.578，1.240) | (0.334，1.537) |

**计算机命令**

这里删除了一些输出结果。

1. 输入或者导入数据（打开 Xm12－03）。

2. 单击“Stat”（统计）—“Basic Statistics”（基本统计量）—“1 Variance…”（单方差…）。

3. 输入或者使用“Select”（选择）按钮指定变量名或列名（Fills）。

4. 单击“Options…”（选项…）输入“Confidence level”（置信水平），在“Alternative”（备择）框中选择“not equal”（不等于）。

**解　释**

在例 12.3 中，我们没有充分的证据推断总体方差小于 1。在例 12.4 中，我们估计 $\sigma^2$位于 0.333 6～1.537 5 之间，这个区间的一部分值大于 1，这说明方差可能大于 1，从而证明了我们在例 12.3 中得到的结论。我们可以通过估计来预测装得过满的瓶子和没装满的瓶子的百分比。这样我们就可以在几种互相竞争的机器品牌中进行选择了。

### □ 12－2c　检验必要条件

与 12.1 节介绍的 $\mu$ 的 $t$ 检验和估计一样，$\sigma^2$ 的 $\chi^2$ 检验和估计理论上也要求样本总体服从正态分布。不过在实践中，只要总体分布与正态分布的差异不是非常大，这种方法就是有效的。图 12—5 描绘了 Excel 的直方图。灌装分布似乎与正态分布的差异并不大。

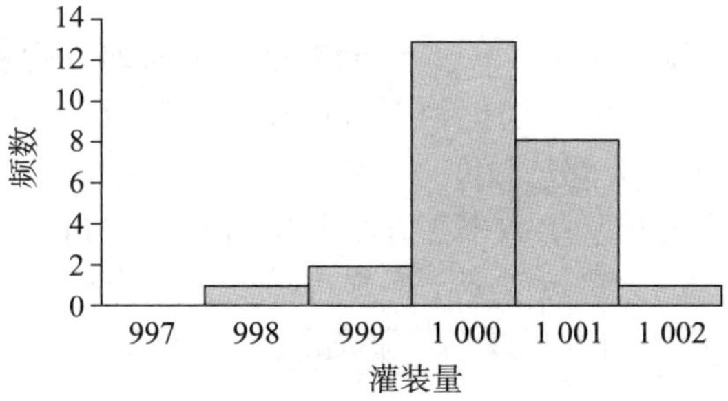


**图 12—5　例 12.3 和例 12.4 的直方图**

我们总结一下如何判断什么时候应用本节中介绍的方法。

> **识别 $\sigma^2$ 的 $\chi^2$ 检验和估计的要素**
> 1. 目标：描述一个总体
> 2. 数据类型：定距数据
> 3. 描述性指标的类型：变异性

## 习　题

**自己的 EXCEL**

**12.66**　$\sigma^2$ 的卡方检验。输入：样本方差，样本容量和假设的方差。输出：检验统计量，临界值，单尾 $p$ 值和双尾 $p$ 值。工具：CHIINV，CHITEST。

**12.67**　$\sigma^2$ 的卡方估计。输入：样本方差，样本容量和显著性水平。输出：置信上限和置信下限。工具：CHINV。

**理解统计概念**

以下习题均为假设检验，目的是分析当统计推断中的元素改变时，检验统计量和区间估计会发生什么变化。这些问题既可以用手工计算解答，也可用你自己创建的 Excel

工作簿来解答。

**12.68** a. 从一个正态总体中随机抽出 100 个观测值作为一个样本。由计算得样本方差为 $s^2=220$。取 $\alpha=0.05$，确定我们能否推断总体方差为 300。

b. 令样本容量为 50，重新解答问题（a）。

c. 试问减少样本容量会带来什么影响？

**12.69** a. 从一个正态总体中随机抽出 50 个观测值作为一个样本。样本方差为 $s^2=80$。显著性水平为 1%，我们能否推出 $\sigma^2<100$？

b. 令样本容量增加为 100，重做问题（a）。

c. 试问增加样本容量会带来什么影响？

**12.70** a. 在 90%的置信水平下估计 $\sigma^2$，已知 $n=15$，$s^2=12$。

b. 令样本容量 $n=30$，重做问题（a）。

c. 试问改变样本容量会带来什么影响？

**应用**

**12.71 Xr12-71** 随机抽取了一些标准重量为 1 磅的谷物包，称得它们的重量如下所示。在 90%的置信水平下，估计谷物包重量的总体方差。

1.05 1.03 0.98 1.00 0.99 0.97 1.01 0.96

**12.72 Xr12-72** 一位从事教书工作多年的统计学教授计算了她所教授的课程期末考试成绩的方差 $\sigma^2=250$。最近改变了期末考试的计分方法后，她想知道是否造成了方差的下降。随机抽取今年的考试成绩，显著性水平为 10%，我们是否有足够的证据证明方差下降了？

57 92 99 73 62 64 75 70 88 60

**12.73 Xr12-73** 随着汽油价格的上涨，司机越来越关心他们汽车的油耗。一位司机记录了他的汽车在过去的五年里的油耗，满箱汽油所能行驶的里程数的方差是 $\sigma^2=23\text{mpg}^2$。现在他使用这台车已经五年了，他想知道满箱汽油所能行驶的里程数的变异性是否发生了变化。他记录了最近 8 箱汽油行驶的里程数，数据结果如下所示。显著性水平为 10%，能否认为满箱汽油所能行驶的里程数的变异性发生了改变？

28 25 29 25 32 36 27 24

**12.74 Xr12-74** 每年体检时，医生都让他们的病人到医学实验室进行各种各样的检查。检查之一就是确定患者血液中的胆固醇含量。然而，不是所有检查方式都相同。为了获得更多信息，一位病人在 10 个实验室分别测了胆固醇含量，数据结果如下所示。置信水平为 95%，计算这些数据结果的方差的估计量。

188 193 186 184 190 195 187 190 192 196

以下习题要用到计算机和相关软件。答案也可以手工计算。参见附录 A 的样本统计量。

**12.75 Xr12-75** 影响存货控制的一个重要因素是产品每日需求量的变化。一位管理科学家在假设方差是 250 的前提下确定了最佳订货批量和再订购点。最近，这家公司正面临一些存货问题，这使运营经理对上述假设产生了怀疑。为了搞清楚这个问题，经理抽取了 25 天的需求作为一个样本。

a. 在 5%的显著性水平下，这些数据是否提供了充分的证据让我们推断管理科学家关于方差的假设是错误的？

b. 完成问题（a）的统计过程的必要条件是什么？

c. 必要条件是否能得到满足？

**12.76 Xr12－76** 许多交通专家认为导致高速公路上的车祸的一个主要原因是车辆的行驶速度不同。也就是说，有些车辆以相对较慢的速度行驶，而另一些车辆却在超速行驶。这样汽车就可能聚集在一起，从而增加了事故发生的可能性。由此，车速的差异越大，交通事故越多。假设有一个专家认为，当车速的方差达到 $18\text{mph}^2$ 以上的时候，事故的数量将多得让人无法接受。在本郡交通事故发生率最高的一条高速公路上随机抽取 245 辆车的行驶速度作为一个样本。在 10%的显著性水平下，我们能否断言车速的方差超过 $18\text{mph}^2$？

**12.77 Xr12－77** 大学里的就业指导中心发现：有些毕业生能收到很多工作录取信息，而有些人收到的录取信息很少。为了了解更多信息，调查了最近的 90 名毕业生，询问他们每个人收到的录取信息的数量。置信水平为 90%，计算该大学毕业生能收到的录取信息数量的方差的估计值。

**12.78 Xr12－78** 维修部经理的一个任务是决定什么时候更换路灯灯泡。如果灯泡坏了以后才更换，每次派人只更换一个灯泡，成本太大了。这种方法还要求有人能及时反映问题，而且在此期间，坏了的灯将不能投入使用。如果每个灯泡的寿命都近似相同，我们就可以周期性地一次性更换所有灯泡，大大地降低维护成本。假设对扬基体育场灯光设施的财务分析结果表明，当灯泡寿命的方差小于 200 小时$^2$ 的时候，一次性更换灯泡就是合算的。记录 100 个灯泡的使用寿命。在 5%的显著性水平下，我们可以从这些数据中得出什么结论？

**12.79 Xr12－79** 家庭血压测量计已经在市场上销售很多年了。这种设备可以帮助高血压的人测量血压并决定是否需要做进一步的检查。因此，使用者很关心测量结果的精确程度。为了了解更多信息，一位实验室的工作人员使用最好品牌的测量计测量了自己的血压 25 次。置信水平为 95%，计算总体方差的估计值。



## 12.3 总体比例的推断

本节我们继续解决描述一个总体的问题。但是，我们的注意力将转移到定类数据，也就是说，总体是由定类数据或类别数据组成的。例如，在一次品牌偏好调查中，统计人员询问消费者在购买某种产品的时候会选择哪个品牌。这里，随机变量的值是那些品牌的名称。如果调查中有五个品牌，那么变量的值可以分别用它们的品牌名称来代表，也可以用字母（A，B，C，D，E）或者数字（1，2，3，4，5）来代表。当我们使用数字记录的时候，必须理解一点，数字仅仅代表品牌的名字，它们完全是随意选取的，不能把它们当成数字来计算，也就是说，不能计算它们的均值和方差。

### □ 12－3a 参　数

我们回忆一下第 2 章中关于数据类型的讨论。当数据是定类数据时，在描述总体或样本时，我们唯一能做的就是计算每个值出现的次数，并根据次数计算比例。因此，在描述一个由定类数据构成的总体时，我们关心的参数是总体比例 $p$。在 7.4 节中，我们曾用这个参数来计算二项试验的概率。二项试验的一个特征是每次试验只有两种可能的结果。大多数有关 $p$ 的推断的实际应用的可能结果往往多于两个。然而，在大多数情况下，我们只对一个结果感兴趣，我们称其为“成功”。其他出现的结果都被称为“失败”。例如，在品牌偏好调查中，我们所关心的仅仅是自己公司的品牌；在政策调查中，我们希望估计或检验的是投了某一个特定的候选人——通常是出资组织调查的那个候选人——的选民的比例是多少。

### □ 12-3b 统计和抽样分布

用来估计和检验总体比例的恰当的统计量是样本比例，其定义如下：

$$\hat{p}=\frac{x}{n}$$

式中 $x$ 表示样本中的“成功”数，$n$ 是样本容量。在 9.2 节中，我们介绍了 $\hat{p}$ 的近似抽样分布。（真实的分布是建立在二项分布的基础上的，它本身无法用于统计推断。）$\hat{p}$ 的抽样分布接近正态分布，其均值为 $p$，标准差为$\sqrt{p(1-p)/n}$ ［假定 $np$ 和 $n(1-p)$ 都大于 5］。抽样分布的表达式如下：

$$z=\frac{\hat{p}-p}{\sqrt{p(1-p)/n}}$$

### □ 12-3c 检验和估计一个比例

正如我们所看到的，上面的公式不但总结了抽样分布，而且给出了检验统计量。

> **$p$ 的检验统计量**
>
> $$z=\frac{\hat{p}-p}{\sqrt{p(1-p)/n}}$$
>
> 当 $np$ 和 $n(1-p)$ 大于 5 时，近似服从正态分布。

利用与 10.2 节和 12.1 节相同的代数方法，我们可以从这个抽样分布中推导出置信区间估计，结果为

$$\hat{p}\pm z_{\alpha/2}\sqrt{p(1-p)/n}$$

这个公式在技术上虽然正确，但是却毫无用处。为了理解其中的原因，我们先来看一下抽样分布的标准误 $\sqrt{p(1-p)/n}$。要计算区间估计必须首先计算标准误，这要求我们必须知道 $p$ 的值，而这正是我们要估计的参数。我们以后还会遇到几种有同样问题——确定标准误——的统计方法，这是第一个。这里，这个问题很容易合理解决：用 $\hat{p}$ 来估计 $p$。因此我们用$\sqrt{\hat{p}(1-\hat{p})/n}$来估计标准误。

**$p$ 的置信区间估计**

$$\hat{p} \pm z_{\alpha/2}\sqrt{\frac{\hat{p}(1-\hat{p})}{n}}$$

当 $n\hat{p}$ 和 $n(1-\hat{p})$ 大于 5 时，这个公式有效。

### 例 12.5　票站调查

数据：Xm12－05*

在政府选举期间，电视台通常会取消常规电视节目而代之以有关选举的新闻报道。计票完毕，结果才公布于众。但是，对一些很重要的职位，比如进行总统或大州参议员的选举时，各电视台就会积极竞争看谁能首先预测出获胜者，而这正是通过票站调查①完成的。所谓票站调查（exit polls），就是从投完票离开票站的选民中随机抽取一部分，询问他们选的是谁。根据调查数据可以计算出支持某个候选人的选民的比例。应用统计方法就可以判断暂时领先的候选人是否能获得足够多的选票从而赢得选举。假设在 2000 年美国大选中佛罗里达州的票站调查结果被记录下来。虽然在大选中有若干候选人角逐总统，但是民意测验专家只记录了两个有希望赢得大选的人的得票情况，那就是民主党候选人艾伯特·戈尔（代码＝1）和共和党候选人乔治·W. 布什（代码＝2）。民意测验在晚上 8：00 结束。媒体能否根据这些数据推断出共和党人的候选人将在本州获胜？媒体是否应该在 8：01 宣布共和党将获胜？

**解**

**识　别**



问题的目标是描述这个州的投票的总体。数据是定类数据，因为它的值是“民主党”（代码＝1）或“共和党”（代码＝2）。因此要检验的参数是整个州投给共和党候选人的票数的比例。因为我们想确定媒体是否可以在晚上 8：01 宣布共和党获胜，故备择假设为

$$H_1: p > 0.5$$

自然地，原假设就是

$$H_0: p = 0.5$$

检验统计量为

$$z = \frac{\hat{p} - p}{\sqrt{p(1-p)/n}}$$

① 沃伦·米托夫斯基在 CBS 工作时因 1967 年的票站调查而广受赞扬。他声称已经正确预测了 2 500 次选举，仅有 6 次预测错误。票站调查被如此信任，以至于当票站调查与选举结果不同时，一些报纸和电视便报道选举结果有误。在 2004 年的总统选举中，票站调查显示约翰·克里领先。然而，票数计完后，乔治·布什在俄亥俄州的选举中胜出。阴谋论者以票站调查为证据，认为共和党在俄亥俄州的选举中作弊。然而，米托夫斯基自己分析发现，票站调查未恰当引导，导致许多共和党投票者拒绝参加投票。欠缺培训的采访者受到了指责。（资料来源：美国统计协会通讯社，2006 年 12 月。）

## 计　算

**手工计算**

这是一个显著性水平为5%的“标准”问题。因此，拒绝域是

$$z>z_\alpha=z_{0.05}=1.645$$

从文件中我们可以数出“成功”的样本数，即投共和党的选票的数量（代码为2）。我们发现 $x=407$。因此样本比例是

$$\hat{p}=\frac{x}{n}=\frac{407}{765}=0.532$$

检验统计量的值为

$$z=\frac{\hat{p}-p}{\sqrt{p(1-p)/n}}=\frac{0.532-0.5}{\sqrt{0.5(1-0.5)/765}}=1.77$$

由于检验统计量近似于正态分布，故我们可以求出 $p$ 的值：

$$p\text{ 值}=P(Z>1.77)=1-P(Z<1.77)=1-0.961\,6=0.038\,4$$

所以在5%的显著性水平下，我们有充分的理由相信共和党候选人会获胜。

**Excel**

| | A | B | C | D |
|---|---|---|---|---|
| 1 | **z-Test：Proportion** | | | |
| 2 | | | | |
| 3 | | | | Votes |
| 4 | Sample Proportion | | | 0.532 |
| 5 | Observations | | | 765 |
| 6 | Hypothesized Proportion | | | 0.5 |
| 7 | z Stat | | | 1.771 6 |
| 8 | P(Z<=z) one-tail | | | 0.038 2 |
| 9 | z Critical one-tail | | | 1.644 9 |
| 10 | P(Z<=z) two-tail | | | 0.076 4 |
| 11 | z Critical two-tail | | | 1.960 0 |

**计算机命令**

1. 在空白栏中键入或导入数据①（打开文件Xm12-05）。

2. 点击“Add-Ins”（加载项）—“Data Analysis Plus”（数据分析加载项）—“Z-Test：Proportion”（Z检验：比例）。

3. 确定“Input Range”（输入范围）（A1：A766）。确定代表“Code for Success”（成功的代码）（2）。输入“Hypothesized Proportion”（假设比例）（0.5）和 $\alpha$ 值（0.05）。

① 如果有空单元格（表示缺失值），必须删除。参见凯勒网站附录——删除Excel中的空单元格。

**Minitab**

**Test and CI for One Proportion：Votes**

Test of p=0.5 vs p>0.5

Event=2

| Variable | X | N | Sample p | 95% Lower Bound | Z-Value | P-Value |
|---|---|---|---|---|---|---|
| Votes | 407 | 765 | 0.532 026 | 0.502 352 | 1.77 | 0.038 |

Using the normal approximation

由于我们进行的是方差的检验，所以在进行单尾检验时，Minitab 软件还计算了单尾置信区间估计。

**计算机命令**

数据要能表示事件成功或者失败。数据代码可以用数字或文字。输入的可能值只能有两种：一种代表成功，另一种代表失败。如果数据代码选用数字，Minitab 软件将会把较大的数字解释为成功。

1. 键入或导入数据（打开文件 Xm12－05）。

2. 点击"Stat"（统计）—"Basic Statistics"（基本统计量）—"1 Proportion…"（单比率…）。

3. 用"Select"（选择）按钮选择或键入变量名（Votes），勾选"Perform hypothesis test"（进行假设检验），输入"Hypothesized proportion"（0.5）。

4. 点击"Options…"（选项…），确定"Alternative"（备择）（大于）。用正态检验近似二项检验，选定"Use test and interval based on normal approximation"（使用基于近似正态的检验和区间），点击"OK"（确定），再点击"OK"（确定）。

## 解　释

检验统计量的值 $z=1.77$，单尾的 $p$ 值$=0.038\,2$。在 5%的显著性水平下，我们拒绝了原假设，可断定有足够的证据证明布什会赢得佛罗里达州的选举。

这里我们主要考虑的一个关键问题是犯第一类错误和第二类错误的成本。如果我们得出的结论是共和党候选人会获胜，而实际上他却输了，我们就犯了第一类错误。这个错误可能会导致某个电视网络下午 8：01 宣布共和党人选举获胜，而晚上它不得不承认自己错了。如果这个电视网络是唯一犯错误的网络，人们就会怀疑它的可信度，从而可能进一步影响到该电视网络的收视率。

2000 年 11 月的美国总统选举之夜就出现了这个问题。下午 8：00 投票结束之后不久，所有媒体都宣称民主党候选人阿尔伯特·戈尔（Albert Gore）将赢得佛罗里达州的竞选。几个小时之后，各家都承认出了差错，应该是民主党候选人乔治·W. 布什（George W. Bush）获得胜利。又过了几个小时，它们又说消息再次出错，宣布选票数过于接近而无法预测最终的胜利者。对于每一家媒体来说，幸运的是所有媒体一起犯了错。然而，如果有一家媒体没有犯这种错误，它就能赢得比较好的口碑，有助于在将来为自己的新闻节目做广告，并争取更多的电视观众。

### □ 12-3d 缺失数据

在实际的统计应用中，我们有时会发现数据集并不完整。在有些情况下，统计人员可能没有准确地记录某些观测结果，或是丢失了某些数据；在有些情况下，被调查者也可能拒绝回答相关问题。比如，在政治调查中，当统计人员询问选民在下届选举中的投票意向时，有些人就会说他们还没有拿定主意，或者说选谁是保密的而拒绝回答。在那些询问人们收入的调查中，大多数人会拒绝透露该信息。对统计人员而言，这些都是十分棘手的问题。我们不能强迫他人回答我们的问题。然而，如果拒绝回答我们的问题的人太多，分析的结果就可能是无效的，因为我们的样本不是真正随机的。为了理解为什么会这样，我们假设那些收入属于最高的1/4范围内的家庭都拒绝回答有关收入状况的问题，那么我们估计的总体家庭收入的均值就会比真实值低。

这种问题有时会十分复杂。我们也有几种方式来减少受访者拒绝回答所带来的影响，其中最简单的方法就是直接去掉这些数据。例如，在政治调查中，统计人员询问选民在有两个候选人参选的竞选中会选谁。调查者将选候选人A的人记录为1，将选候选人B的人记录为2，将回答“不知道”的人记录为3，将拒绝回答的人记录为4。如果我们想知道决定选候选人A的投票人的比例，我们只要简单地忽略编码为3和4的数据即可。如果使用手工计算，我们只需统计选候选人A的人数和选候选人B的人数，这两个数字的和就是总的样本容量。

如果用统计软件所使用的语言表达，那么我们所希望排除的无回答者被统一称为“缺失数据”。各种软件采取不同方式处理这些数据。本书所附凯勒网站附录——Excel和Minitab处理缺失数据和重编码数据的说明——描述了如何在Excel和Minitab中处理缺失数据和怎样重新编码数据。

我们删除了社会综合调查和美国国家选举调查中无回答的样本。在Excel中，无回答数据用空单元格表示；在Minitab中，无回答数据用星号表示。

### □ 12-3e 估计较大的有限总体的总成功次数

与推断均值的情况类似，本节介绍的方法都基于无限大总体的假定。当总体较小时，引入有限总体校正因子是非常有必要的。如果总体的大小小于样本容量的20倍，我们就认为总体比较小。当总体较大且有限时，我们就可以估计总体中成功的总次数了。

要计算总值的置信区间估计量，只需将成功比例的置信区间的上限和下限分别乘以总体大小即可。较大的有限总体的总成功次数的置信区间估计量为

$$N\left[\hat{p} \pm z_{\alpha/2}\sqrt{\frac{\hat{p}(1-\hat{p})}{n}}\right]$$

在本章开篇的例子和很多习题中，我们都会用到这个公式。

### 尼尔森评级：问题的解

**识　别**

问题的目标是描述全国观众收看的电视节目的总体，数据是定类数据。问题的目标和数据类型共同决定了我们要估计的参数为18～49岁的人群总体中观看《生活大爆炸》（代码为2）的观众的比例。置信区间估计为

$$\hat{p} \pm z_{\alpha/2}\sqrt{\frac{\hat{p}(1-\hat{p})}{n}}$$

**计　算**

**手工计算**

为了手工计算结果，我们首先数出尼尔森文件中代码为2的数据个数。结果是275，因此

$$\hat{p}=\frac{x}{n}=\frac{275}{5\ 000}=0.055\ 0$$

置信水平为 $1-\alpha=0.95$，于是 $\alpha=0.05$，$\alpha/2=0.025$，$z_{\alpha/2}=z_{0.025}=1.96$。在95%的置信水平下，$p$ 的置信区间估计是

$$\hat{p} \pm z_{\alpha/2}\sqrt{\frac{\hat{p}(1-\hat{p})}{n}}=0.055\ 0 \pm 1.96\sqrt{\frac{0.055\ 0\times(1-0.055\ 0)}{5\ 000}}$$
$$=0.055\ 0 \pm 0.006\ 3$$

置信区间估计下限＝0.048 7，置信区间估计上限＝0.061 3。

**Excel**

| | A | B |
|---|---|---|
| 1 | ***z*-Estimate：Proportion** | |
| 2 | | TV Program |
| 3 | Sample Proportion | 0.055 0 |
| 4 | Observations | 5 000 |
| 5 | LCL | 0.048 7 |
| 6 | UCL | 0.061 3 |

**计算机命令**

1. 在一列中键入或导入数据①（打开文件Xm12－00）。

2. 点击“Add-Ins”（加载项）—“Data Analysis Plus”（数据分析加载项）—“Z-Estimate：Proportion”（Z估计：比例）。

① 如果有空单元格（代表缺失值），则必须删除，参见凯勒网站附录——删除Excel中的空单元格。

3. 确定“Input Range”（输入范围）(B1 : B5001)。确定代表“Code for Success”（成功的代码）(2) 和 $\alpha$ 值 (0.05)。

**Minitab**

**Test and CI for One Proportion: Recorded Program**

Event=2

| Variable | X | N | Sample p | 95% CI |
|---|---|---|---|---|
| Programs | 275 | 5 000 | 0.055 000 | (0.048 842, 0.061 684) |

Using the normal approximation

Minitab 要求只能有两种可能的代码。如果代码是数字，Minitab 会将其中较大的作为代表成功的代码，本例中有 6 个值。如果编码多于 2 个或者成功的编码小于失败的，必须对数据进行重新编码。

**计算机命令**

对数据重新编码：

1. 单击“Data”（数据）—“Code”（编码）—“Numeric to Numeric…”（数字到数字…）。

2. 在“Code data from columns”（列中的编码数据）框中，输入或者“Select”（选择）你想要编码的数据。

3. 在“Store coded data in columns”（在列中存储编码数据）中，输入存储数据的列（我们将这一列命名为“重新编码方案”）。

4. 指定“Original values:”（原始值:），即你想要重新编码的值并指定“New:”（新值:）。

估计比例：

1. 单击“Stat”（统计）—“Basic Statistics”（基本统计量）—“1 Proportion…”（单比率…）。

2. 在样本框中，输入或者“Select”（选择）数据（重新编码方案）。

3. 单击“Options…”（选项…）。

4. 指定“Confidence level”（置信水平）(0.95)，选择“Alternative”（备择），[“not equal”（不等于）]，选择“Use test and interval based on normal distribution”（使用基于正态分布的检验和区间）。

## 解 释

我们估计有 4.87%～6.13%的 18～49 岁的美国观众在 2013 年 3 月 7 日（星期四）晚上 8：00 至 8：30 期间观看了《生活大爆炸》。如果用总的美国 18～49 岁的人数乘以估计的比例，就可以得出观看《生活大爆炸》的总人数为 12 654 万人。因此 18～49 岁的美国观众观看《生活大爆炸》的总人数的 95%的置信区间估计为

LCL=0.048 7×126 540 000=6 160 000

UCL=0.061 3×126 540 000=7 760 000

有了这些数据，赞助公司就能了解在该节目中播放的任何广告的价值。

## □ 12-3f 确定估计总体比例的样本容量

在 10.3 节中，我们介绍了估计总体均值时，样本容量的确定方法。我们指出，样本容量的确定取决于置信水平和所希望的置信区间的大小。当我们想估计的参数是总体比例时，估计误差限

$$B=z_{\alpha/2}\sqrt{\frac{\hat{p}(1-\hat{p})}{n}}$$

解出 $n$ 的值以后，我们就可以得到下面的样本容量的表达式。

> **估计比例的样本容量**
>
> $$n=\left(\frac{z_{\alpha/2}\sqrt{\hat{p}(1-\hat{p})}}{B}\right)^2$$

为了说明如何使用这个公式，假设在品牌偏好调查中，我们想在 95%的置信水平下，在误差不超过 0.03 的情况下，估计偏好我们公司产品的消费者的比例。这意味着当抽样结束并完成计算后，$p$ 的置信区间应为 $\hat{p}\pm0.03$，因此 $B=0.03$。由于 $1-\alpha=0.95$，$\alpha=0.05$，$\alpha/2=0.025$，$z_{\alpha/2}=z_{0.025}=1.96$，所以

$$n=\left(\frac{1.96\sqrt{\hat{p}(1-\hat{p})}}{0.03}\right)^2$$

为了解出 $n$，我们首先要知道 $\hat{p}$ 的值。遗憾的是，由于还没有进行抽样，我们并不知道它的值。在这种情况下，我们可以用下列两种办法中的任何一种来解出 $n$。

**方法 1**

如果我们对 $\hat{p}$ 的近似值也一无所知，可以令 $\hat{p}=0.5$。取 $\hat{p}$ 为 0.5 是因为当 $\hat{p}=0.5$ 时，函数 $\hat{p}(1-\hat{p})$ 取到最大值。（图 12—6 中的最高点即为该最大值点。）这样可获得一个相对保守的 $n$ 值，从而保证置信区间不会比区间 $\hat{p}\pm0.03$ 更宽。

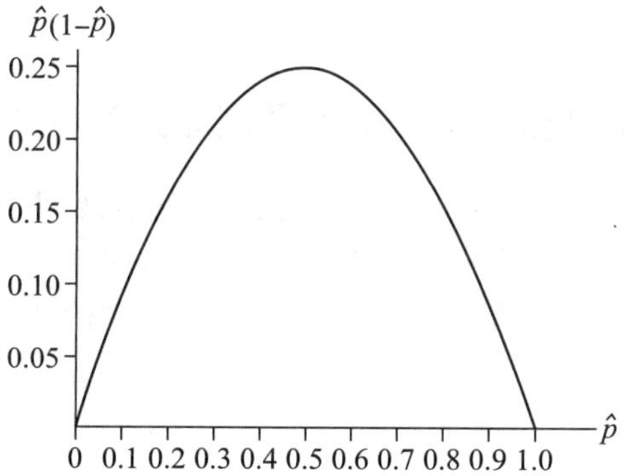


**图 12—6 $\hat{p}$ 和 $\hat{p}(1-\hat{p})$ 的图**

如果经过抽样以后发现 $\hat{p}$ 的值不等于 0.5，置信区间会比预计的好（即更窄）。

因此

$$n=\left(\frac{1.96\sqrt{0.5\times0.5}}{0.03}\right)^2=32.67^2=1\ 068$$

如果经过抽样发现 $\hat{p}$ 的值等于 0.5，置信区间就是 $\hat{p}\pm0.03$；如果不等于 0.5，置信区间就会更窄。例如，如果经抽样发现 $\hat{p}=0.2$，估计值就是 $\hat{p}\pm0.024$，这个结果要好于我们先前的假设。

**方法 2**

如果我们对 $\hat{p}$ 的值有一定了解，就可以用这个值来计算 $n$。例如，如果我们认为 $\hat{p}$ 的值接近于 0.2，我们可以这样解出 $n$：

$$n=\left(\frac{1.96\sqrt{0.2\times0.8}}{0.03}\right)^2=26.13^2=683$$

注意，这样求出的 $n$ 值比方法 1 中计算的结果要小（因此节约了抽样成本）。然而，如果 $\hat{p}$ 的真实值在 0.2～0.8 之间，估计结果将不如我们预期的那样好，因为所得到的置信区间将比期望的宽。

在报纸、杂志、电视、广播等媒体上进行的公开民意调查通常采用方法 1 来确定样本容量。这些民意测验通常要求在 95%的置信水平、$p$ 的估计误差不超过 3%的情况下对比例进行估计。(媒体常常声称其置信水平为“20 次中有 19 次是可靠的”。）如果你想知道为什么民意测验的误差范围通常都在 3%之内，那么我们先来看看在允许误差为 1%的情况下，估计比例所要求的样本容量：

$$n=\left(\frac{1.96\sqrt{0.5\times0.5}}{0.01}\right)^2=98^2=9\ 604$$

此时，样本容量 9 604 是误差范围在 3%时的 9 倍。因此，要想把区间宽度变成原来的1/3，样本容量必须扩大 9 倍，抽样的成本也会大大增加。对于大多数应用而言，精确度的增加（通过减小置信区间宽度来提高精确度）带来的好处不能弥补抽样成本的增加。一般认为，误差范围等于 5%或 10%时（这时的样本容量分别为 385 和 97）置信区间就太宽了，没有实用价值。因此，3%的误差范围是对精确度和抽样成本两方面进行权衡后的比较合理的折中结果。

## □ 12-3g　Wilson（威尔逊）估计量（可选）

如果“成功”对应的是稀有事件，计算比例的置信区间估计量时很可能发现没有“成功”事件发生，尤其当样本容量较小时。为了说明这个问题，假设抽取 100 个观测值作为样本，计算得到 $x=0$，即 $\hat{p}=0$，总体中成功比例的 95%的置信区间为

$$\hat{p}\pm z_{\alpha/2}\sqrt{\frac{\hat{p}(1-\hat{p})}{n}}=0\pm1.96\sqrt{\frac{0\times(1-0)}{100}}=0\pm0$$

上面的计算结果表明，如果在样本中没有成功事件发生，在总体中也不会发生。不管样本容量是多少，得到这样的结论都是不合理的。1927 年 Wilson 提出了一种补救方法。Wilson 估计量（记为 $\tilde{p}$）就是给样本中成功的次数加上 2，样本容量加上 4。因此

$$\tilde{p}=\frac{x+2}{n+4}$$

$\tilde{p}$ 的标准差为

$$\sigma_{\tilde{p}}=\sqrt{\frac{\tilde{p}(1-\tilde{p})}{n+4}}$$

**使用 Wilson 估计量计算的 $p$ 的置信区间估计量**

$$\tilde{p}\pm z_{\alpha/2}\sqrt{\frac{\tilde{p}(1-\tilde{p})}{n+4}}$$

习题 12.88 至习题 12.90 要求使用该估计量。

本节结束之前，我们回顾一下检验和估计总体比例的方法的适用情况。

**识别 $z$ 检验和 $p$ 估计量的要素**

1. 目标：描述一个总体
2. 数据类型：定类数据

## 习　题

**自己的 EXCEL**

创建实现如下方法的 Excel 工作簿。

**12.80**　$p$ 的 $z$ 检验。输入：样本比例，样本容量和假设的比例。输出：检验统计量，临界值，单尾 $p$ 值和双尾 $p$ 值。工具：NORMINV，NORMSDIST。

**12.81**　$p$ 的 $z$ 估计。输入：样本比例，样本容量和显著性水平。输出：置信上限和置信下限。工具：NORMINV。

**理解统计概念**

习题 12.82 至习题 12.85 均为假设分析，目的是分析当统计推断中的元素改变时，检验统计量和置信区间会发生什么变化。这些问题既可以用手工计算解答，也可用你自己创建的 Excel 工作簿来解答。

**12.82**　a. 随机抽取 200 个观测值作为一个样本进行调查，发现成功的比例为 48%。要求在 95%的置信水平下估计成功的总体比例。

b. 令 $n=500$，重新解答问题（a）。

c. 令 $n=1\ 000$，重新解答问题（a）。

d. 描述样本容量增加对置信区间的影响。

**12.83**　a. 随机抽取 400 个观测值作为样本，发现成功的比例为 50%。要求在 95%的置信水平下估计成功的总体比例。

b. 令 $\hat{p}=33\%$，重新解答问题（a）。

c. 令 $\hat{p}=10\%$，重新解答问题（a）。

d. 讨论减小样本比例对置信区间宽度的影响。

**12.84** a. 计算下面假设检验的 $p$ 值，已知 $\hat{p}=0.63$，$n=100$。

$H_0$：$p=0.60$

$H_1$：$p>0.60$

b. 令 $n=200$，重新解答问题（a）。

c. 令 $n=400$，重新解答问题（a）。

d. 描述增加样本容量时 $z$ 统计量和 $p$ 值的变化。

**12.85** a. 统计人员想要检验如下假设：

$H_0$：$p=0.70$

$H_1$：$p>0.70$

随机抽取了 100 个观测值作为样本，发现成功的比例为 0.73。计算检验的 $p$ 值。

b. 令 $\hat{p}=0.72$，重新解答问题（a）。

c. 令 $\hat{p}=0.71$，重新解答问题（a）。

d. 描述减小样本比例时 $z$ 统计量和 $p$ 值的变化。

**12.86** 假设不知道样本比例的近似值，求估计一个误差允许范围为 0.03、置信水平为 90%的总体比例时所需要的样本容量。

**12.87** 假设由习题 12.86 计算得到了样本容量，并且已知 $\hat{p}=0.5$。

a. 在 90%的置信水平下估计总体比例。

b. 以上结果是不是预期的结果？为什么？

**12.88** 假设由习题 12.86 计算得到了样本容量，并且已知 $\hat{p}=0.75$。

a. 在 90%的置信水平下估计总体比例。

b. 以上结果是不是预期的结果？为什么？

c. 如果你被雇用进行这个分析，你的雇主会对你得到的置信区间感到满意吗？为什么？

**12.89** 假设知道样本比例不小于 0.75，重新解答习题 12.86。

**12.90** 假设由习题 12.89 计算得到了样本容量，并且知道 $\hat{p}=0.75$。

a. 在 90%的置信水平下估计总体比例。

b. 以上结果是不是预期的结果？为什么？

**12.91** 假设由习题 12.89 计算得到了样本容量，并且知道 $\hat{p}=0.92$。

a. 在 90%的置信水平下估计总体比例。

b. 以上结果是不是预期的结果？为什么？

c. 如果你被雇用进行这个分析，你的雇主会对你分析的置信区间感到满意吗？为什么？

**12.92** 假设由习题 12.89 计算得到了样本容量，并且知道 $\hat{p}=0.5$。

a. 在 90%的置信水平下估计总体比例。

b. 以上结果是不是预期的结果？为什么？

c. 如果你被雇用进行这个分析，你的雇主会对你分析的置信区间感到满意吗？为什么？

**应用**

**12.93** 棒球大联盟的统计人员想要向电台评论员和电视台评论员提供他们感兴趣

的数字。他观看了几百场比赛，计算了一垒的球员想要偷二垒的次数。他发现共有 373 次，其中有 259 次成功了。置信水平为 95%，计算偷二垒成功的比例的估计量。

**12.94** 某些州的法律要求司机在雨天行驶时要打开车前灯。高速公路巡逻人员认为遵守这一规定的司机所占的比例少于 1/4。为了检验这一想法，他随机抽取了 200 辆雨天行驶的车辆，计算车前灯打开的车的数目，发现这一数字为 41。显著性水平为 10%，他是否有足够的证据支持他的想法？

**12.95** 商学院院长想要知道该学院的毕业生在毕业之后第一年的工作中是否使用统计推断方法。她调查了 314 名毕业生，询问了统计推断方法的使用情况。根据回答结果，她发现有 204 名毕业生使用了这种方法。若置信水平为 90%，计算商学院的毕业生第一年的工作中使用统计推断方法的比例。

**12.96** 最近飞机乘客数量的下降是否促进了飞机航班的准时？在最近人数下降之前，一家航空公司宣称它 92%的航班能够准时。随机抽取该公司今年 165 次航班，发现有 153 次准时。在 5%的显著性水平下，我们能否得出结论说该公司航班准时的状况有所改善呢？

**12.97** CEO 都是什么教育背景？在一项研究中，调查了 344 名大中型企业的 CEO，询问他们是否有 MBA 学位，其中有 97 名拥有此学位。置信水平为 95%，估计大中型企业的 CEO 有 MBA 学位的比例。

**12.98** 巴士和通勤列车的 GO 运输系统设立了奖惩制度。大部分列车乘客会在上车之前买票，只有一小部分人会在火车上被查票。假设随机抽查了 400 名列车乘客，其中有 68 名没有买票。如果置信水平为 95%，估计没有买票的列车乘客的比例。

**12.99** 参考习题 12.98。假设每年有 100 万名列车乘客，票价为 3 美元，在 95%的置信水平下，估计每年损失的总金额。

以下习题要求使用 Wilson 估计量。

**12.100** 在第 6 章中，我们曾经讨论过要正确地解释医学检查的结果需要正确地理解概率。贝叶斯法则的应用要求设置先验概率集，而先验概率是基于历史数据得到的。假设一位医生想要估计 35 岁以下的女性生出的孩子患有唐氏综合征的概率，她随机抽取了 200 名婴儿，发现只有一名患有唐氏综合征。在 95%的置信水平下，使用 Wilson 估计量估计 35 岁以下女性生出的孩子患有唐氏综合征的概率。

**12.101** 垃圾邮件对所有有邮箱的人都造成了困扰。有一些公司可以提供对邮箱的保护服务，只要垃圾邮件到达收件箱，就会被删除。为了检验这种服务的效果，一位经理在安装了这种软件以后，随机抽取了 50 天的邮件。他共收到 374 封邮件，其中有 3 封是垃圾邮件。在 90%的置信水平下，使用 Wilson 估计量估计收到的垃圾邮件的比例。

**12.102** 一位管理学教授正在研究教育程度和管理水平之间的关系。他调查了 385 名大中型企业的 CEO，发现只有 1 名 CEO 的受教育程度在大学以下。在 99%的置信水平下，使用 Wilson 估计量估计大中型企业的 CEO 没有大学学历的比例。

下面的习题要求使用计算机和软件，习题 12.103 至习题 12.116 的答案可以手工计算。样本统计量可以参见附录 A。除非特别说明，否则一律使用 5%作为显著性水平。

**12.103** **Xr12－103** 皮尤研究中心开展了一项全国调查，随机样本由 974 个美国成年人组成，调查询问了他们对处理税务的态度。回答项有：1＝非常喜欢，2＝喜欢，3＝既不喜欢也不讨厌，4＝讨厌，5＝非常讨厌。美国有 234 564 000 个成年人。在

95%的置信水平下估计美国成年人中非常讨厌处理税务的人数。

**12.104　Xr12－104**　参考习题12.103。那些非常讨厌或讨厌处理税务的人被问及讨厌的原因。他们的回答是：1＝纳税数量太多，2＝过于复杂或文书工作过多，3＝不便捷或花费太多时间，4＝不喜欢政府使用税款的方式，5＝欠政府的钱，6＝其他。在95%的置信水平下估计非常讨厌或讨厌处理税务的人中，原因是不喜欢政府使用税款方式的人所占的比例。

**12.105　Xr12－105***　北美的大学存在着一个亟待解决的问题，那就是大多数地区新生的数量都在上升，但是却没有足够的博士来填补空缺职位。另外，现在的教授中有一大部分已经接近退休年龄了，而一些大学允许60岁以上的教授提前退休。为了解决这个问题，一位顾问调查了521名55～64岁的教授，询问他们在65岁之前是否有退休意向。回答项是：1＝否，2＝是。在95%的置信水平下，估计打算提前退休的教授的比例。

**12.106**　参见习题12.105。如果55～64岁的教授数量是75 000，估计提前退休的教授的数量。

**12.107　Xr12－107**　美国国内收入署（IRS）的数据显示，2009年美国收入水平前5%的公民的收入超过153 542美元，收入水平前1%的公民的收入超过388 806美元。收入水平前1%的公民缴纳的所得税超过联邦所得税的40%。为了了解美国公民是否知道这些数据，投资者商业日报随机抽选了部分美国成年人，并询问他们认为富人（收入超过388 806美元的人）缴纳的所得税所占的份额。选项的类别有：1＝0～10%，2＝10%～20%，3＝20%～30%，4＝30%～40%，5＝超过40%。这些数据用数字1～5编码。在95%的置信水平下估计知道富人缴纳的所得税所占的份额超过40%的美国公民的比例。

**12.108　Xr12－108**　每年一度的关于国家农场保险公司的保险客户对索赔服务的满意度的调查结果显示，保险客户对该公司索赔服务的满意程度达到了90%。为了检验调查结果的准确性，随机选取了该公司的若干保险客户，让他们评价对服务质量的满意程度，并记录了调查所得的反馈结果（1为满意，2为不满意）。我们能否推断出满意率低于90%?

**12.109　Xr12－109**　越来越多的人送别人礼券作为圣诞节礼物。为了分析这种做法的广泛程度，随机抽取一部分人，询问他们是否收到过礼券作为圣诞节礼物（这项调查在12月26日至29日进行）。回答项为1＝否，2＝是。在95%的置信水平下，估计收到礼券作为圣诞节礼物的人的比例。

**12.110　Xr12－110***　圣诞节庆祝活动的安排者面临着一个很重要的决定：买一棵真树还是人造树？采访了1 508名18岁以上的受访者，询问他们的偏好：真树（1）或人造树（2）。如果有600万个加拿大家庭要购买圣诞树，在95%的置信水平下，估计偏好购买人造树的家庭的数目。

**12.111　Xr12－111***　因为新闻联播的观众大部分都是比较年长的人（年长的人较易受到病痛的困扰），医药公司经常在三大电视台（ABC，CBS，NBC）播出国家新闻时做广告。广告内容是诸如治疗心脏病的处方药等药品。为了了解广告的效果，调查50岁以上经常收看新闻节目的人，询问他们是否联系过自己的医生来了解广告中的药物，并记录回答结果（1＝否，2＝是）。在95%的置信水平下，估计联系医生了解广告中药物的人的比例。

**12.112　Xr12－112**　一个商务统计学教授最近使用了一种新教材。课程结束的时候，他随机选出 100 个学生，听取了他们对这本书的评价。反馈结果如下：

很好（1），好（2），一般（3），不好（4）

调查的反馈结果用括号中的代码记录。我们能否从数据中得出如下结论：50％以上的商科学生认为该书“很好”？

**12.113**　参考习题 12.112，能否推断出对该书的评价至少是“一般”的商科学生超过 90％？

**12.114　Xm12－00**　参见本章开头的例子。在 95％的置信水平下，估计观看《美国偶像》的 18～49 岁观众的人数。

**12.115　Xr12－115**　美国定约桥牌联盟（ACBL）的数据显示，游戏者的手牌中包含两个 4、一个 3、一个 2 的组合（4－4－3－2）发生的概率为 21.55％。假定一个桥牌统计学家利用一年的时间跟踪和记录了手牌信息，4－4－3－2 组合编码为 1，其他组合编码为 2。所有的洗牌和发牌工作均由桥牌俱乐部的游戏者实施。检验 4－4－3－2 组合的发生比例是否与理论情况不同。如果不同，请解释原因。

**12.116　Xr12－116**　空调机经常使用一种叫氯氟烃（CFCs）的化学物质。然而，氯氟烃会破坏臭氧层，而臭氧层能够保护人类免受阳光辐射。因此，许多法令禁止生产和使用氯氟烃。最近的一项限制来自安大略省，该法案禁止车辆内空调使用氯氟烃，并于 2002 年 1 月 1 日生效。然而，人们并不知道这项新法案会涉及多少车辆。于是随机抽取了 650 辆车进行调查。每辆车被分为使用氯氟烃（编码为 2）或不使用氯氟烃（编码为 1）中的任一类，并记录了反馈结果。如果有 500 万辆车在安大略省注册，在 95％的置信水平下，估计将受新法案影响的车辆数是多少。

**社会综合调查习题**

习题 12.117 到习题 12.124 的数据来自 2012 年社会综合调查，习题 12.125 到习题 12.132 的数据来自 2010 年社会综合调查。Excel 使用者请注意，空单元格代表数据缺失，需要删除。以下所有习题使用 5％的显著性水平。

注：2010 年（最新发布的数据），美国成年人（年龄大于等于 18 岁）人数为 234 564 000。（资料来源：《美国统计摘要》，2012 年，表 7。）

**12.117　GSS2012***　在 95％的置信水平下估计 2012 年美国成年人中没有完成高中教育的人数。（DEGREE：0＝低于高中，1＝高中，2＝大专，3＝本科，4＝研究生）

**12.118　GSS2012***　a. 在 90％的置信水平下估计美国成年人中从事全职工作的人数。

b. 在 90％的置信水平下估计美国成年人中失业或下岗的人数。（WRKSTAT：1＝全职工作，2＝兼职工作，3＝暂时没有工作，4＝失业或下岗，5＝退休，6＝上学，7＝做家务，8＝其他）

**12.119　GSS2012***　我们能否认为超过 10％的美国人从事个体经营？（WRKSLF：1＝个体经营，2＝其他）

**12.120　GSS2012***　你是为联邦政府、国家政府或地方政府工作，还是为私人部门工作？在 90％的置信水平下估计美国成年人中为政府部门工作的人数。（WRKGOVT：1＝政府部门，2＝私人部门）

**12.121　GSS2012***　在 99%的置信水平下估计美国成年人中支持共和党的人数。(PARTYID3：1=民主党，2=无党派，3=共和党)

**12.122　GSS2012***　仅根据民主党和共和党的支持者数据，我们能够得出共和党支持者比民主党支持者人数少的结论吗？(PARTYID3：1=民主党，2=无党派，3=共和党，7=其他)

**12.123　GSS2012***　在 95%的置信水平下估计美国人中认为自己属于保守派的人数。(POLVIEW3：1=自由派，2=温和派，3=保守派)

**12.124　GSS2012***　仅根据保守派和自由派的数据，有充分的证据表明属于保守派的人更多吗？(POLVIEW3：1=自由派，2=温和派，3=保守派)

以下所有习题使用 5%的显著性水平。

**12.125　GSS2010***　在 95%的置信水平下估计美国人中认为自己属于无党派的人数。(PARTYID3：1=民主党，2=无党派，3=共和党)

**12.126　GSS2010***　在 95%的置信水平下估计美国人中认为自己属于温和派的人数。(POLVIEW3：1=自由派，2=温和派，3=保守派)

**12.127　GSS2010***　仅根据保守派和温和派的数据，有充分的证据表明属于温和派的人比属于保守派的人更多吗？(POLVIEW3：1=自由派，2=温和派，3=保守派)

**12.128　GSS2010***　在 95%的置信水平下估计 2012 年美国成年人中仅完成高中教育的人数。(DEGREE：0=低于高中，1=高中，2=大专，3=本科，4=研究生)

**12.129　GSS2010***　在 95%的置信水平下估计美国成年人中从事个体经营的人数。(WRKSLF：1=个体经营，2=其他)

**12.130　GSS2010***　在 90%的置信水平下估计美国成年人中从事兼职工作的人数。(WRKSTAT：1=全职工作，2=兼职工作，3=暂时没有工作，4=失业或下岗，5=退休，6=上学，7=做家务，8=其他)

**12.131　GSS2010***　在 95%的置信水平下估计美国成年人中为私人部门工作的人数。(WRKGOVT：1=政府部门，2=私人部门)

**12.132　GSS2010***　有充分的证据表明超过 33%的美国成年人至少具有本科学历吗？(DEGREE：0=低于高中，1=高中，2=大专，3=本科，4=研究生)

**美国国家选举调查习题**

Excel 使用者请注意，空单元格代表数据缺失，需要删除。所有习题使用 5%的显著性水平。

注：2010 年（最新发布的数据），美国成年人（年龄大于等于 18 岁）人数为 234 564 000。(资料来源：《美国统计摘要》，2012 年，表 7。)

**12.133　ANES2008***　有充分的证据可以推断 2008 年美国人中认为自己是民主党的人数超过认为自己是共和党的人数吗？(PARTY3：1=民主党，2=共和党，3=无党派)

**12.134　ANES2008***　我们能够认为 2008 年美国人中认为自己属于保守派的人数超过自由派的人数吗？(LIBCON3：1=自由派，2=温和派，3=保守派)

**12.135　ANES2008***　在 95%的置信水平下估计美国成年人中没有医疗保险的人数。(HEALTH：1=有，5=没有)

## 12.4 在市场营销中的应用：市场细分（可选）

大规模营销是指公司只生产一种产品，营销的对象是整个市场。大规模营销对有些商品非常有效，这类商品的特点是除了价格和获取的便利性之外，很难与其竞争者进行区分，汽油就属于这种商品。但是一般来说，大规模营销已经被目标营销取代了。目标营销的重点是满足市场中某一部分人的需求。例如，可口可乐公司已经从只生产一种饮料的大规模营销转向了生产多种产品。可乐产品包括可口可乐经典类、健怡可乐和不含咖啡因的健怡可乐。每种产品针对不同的市场。

因为细分市场的方法并不唯一，所以经理必须考虑能够用于划分市场的变量（或特征）。对消费者的调查通常被用来收集市场各个方面的数据，统计方法则用来定义市场的不同部分。市场细分将购买某种产品的消费者划分为不同的群体，被分在同一群体中的消费者都比较相似，而群体与群体之间的成员的差异则比较大。市场细分源于这样一种认识：一种产品很少能够满足所有消费者的需求。经理必须能够根据市场营销的四个要素——产品、价格、促销和渠道——针对各个细分市场制定策略。

市场细分的方法有很多。表 12—1 列出了几种划分市场的变量和相应的细分市场。例如，轿车制造商可以用教育水平来细分市场。高中毕业生在购车意向上可能非常相似，而这个群体和大学毕业生的消费意向可能有所不同。我们希望分组的方式能使每一组的成员购买的轿车品牌和型号是不同的。然而，收入水平似乎可以帮助我们更加显著地细分市场。有些统计方法可以帮助我们确定细分市场的最好方式，但这些统计方法超出了本书的范围。因此，我们将关注其他统计应用。

**表 12—1　　市场细分**

| 细分变量 | 细分市场 |
|---|---|
| **地理** | |
| 国家 | 巴西、加拿大、中国、法国、美国 |
| 所在地区 | 中西部、东北部、西南部、东南部 |
| **人口统计因素** | |
| 年龄 | 小于 5 岁、5～12 岁、13～19 岁、20～29 岁、30～50 岁、大于 50 岁 |
| 教育水平 | 高中辍学、高中毕业、大学辍学、大学毕业 |
| 收入情况 | 低于 20 000 美元、20 000～29 999 美元、30 000～49 999美元、等于或高于 50 000 美元 |
| 婚姻状况 | 单身、已婚、离异、寡居 |
| **社会** | |
| 宗教信仰 | 天主教徒、新教徒、犹太教徒、伊斯兰教徒、佛教徒 |
| 阶级 | 上层阶级、中层阶级、工人阶级、下层阶级 |
| **行为** | |
| 使用的媒体 | 电视、因特网、报纸、杂志 |
| 付款方式 | 现金、支票、维萨卡、万事达卡 |

对于经理来说，了解细分市场的大小是非常重要的，因为大小决定了可获利性。不是每个细分市场都值得关注。在某些情况下，细分市场规模过小或是满足这些细分市场所需的成本过高。确定细分市场大小的方法有很多，人口普查可以为我们提供重要信息。比如，我们可以从中了解各个年龄段的美国人口数。对于其他市场细分方式，我们需要调查该细分市场的人口特征，并使用本章介绍的推断方法估计“成功”的总数。

在12.3节中，我们介绍了如何估计较大的有限总体中“成功”的次数。置信区间估计量是

$$N\left(\hat{p} \pm z_{\alpha/2}\sqrt{\frac{\hat{p}(1-\hat{p})}{n}}\right)$$

下面的例子介绍了如何在市场细分中应用这个公式。

### 例 12.6　早餐麦片市场的细分

数据：Xm12 - 06*

一家食品制造商用健康和节食观念作为细分早餐麦片市场的变量。一共划分了四类：

1. 关注食用健康食品的群体。
2. 主要关心体重的群体。
3. 由于身患疾病而关心健康的群体。
4. 对食品没有特别要求的群体。

为了区分不同的群体，生产商进行了调查。根据问卷调查，它们将人们归入以上四类之一。最近进行的一次调查随机选出了1 250名美国成年人（年龄不小于18岁）来完成调查问卷。最近一次人口普查显示，美国共有234 564 000名年龄不低于18岁的成年人。请在95%的置信水平下，估计美国成年人中关注食用健康食品的人数。

**解**

**识　别**

问题的目标是描述美国成年人的总体。数据是定类数据。于是，我们要估计的参数是美国成年人中关心食用健康食品的比例 $p$，我们要估计的置信区间为

$$\hat{p} \pm z_{\alpha/2}\sqrt{\frac{\hat{p}(1-\hat{p})}{n}}$$

**计　算**

**手工计算**

为了手工计算本题，我们首先要计算出文件中样本代码为1的总人数。计数结果为269。由此可得

$$\hat{p}=\frac{x}{n}=\frac{269}{1\ 250}=0.215\ 2$$

置信水平为 $1-\alpha=0.95$，于是 $\alpha=0.05$，$\alpha/2=0.025$，$z_{\alpha/2}=z_{0.025}=1.96$。在 95%的置信水平下，估计 $p$ 的置信区间为

$$\hat{p}\pm z_{\alpha/2}\sqrt{\frac{\hat{p}(1-\hat{p})}{n}}=0.215\ 2\pm 1.96\sqrt{\frac{0.215\ 2\times(1-0.215\ 2)}{1\ 250}}$$
$$=0.215\ 2\pm 0.022\ 8$$

因此，LCL=0.192 4，UCL=0.238 0。

**Excel**

| | A | B |
|---|---|---|
| 1 | **z-Estimate：Proportion** | |
| 2 | | Group |
| 3 | Sample Proportion | 0.215 2 |
| 4 | Observations | 1 250 |
| 5 | LCL | 0.192 4 |
| 6 | UCL | 0.238 0 |

**Minitab**

**Test and CI for One Proportion：Group**

| Sample | X | N | Sample p | 95% CI |
|---|---|---|---|---|
| 1 | 269 | 1 250 | 0.215 200 | (0.192 418，0.237 982) |

Using the normal approximation.

## 解　释

我们估计群体 1 的人数占美国成年人总人数的比例在 0.192 4～0.238 0 之间。由于总的成年人人数为 234 564 000，我们估计属于群体 1 的人数在以下两个值之间：

$$\text{LCL}=N\left[\hat{p}-z_{\alpha/2}\sqrt{\frac{\hat{p}(1-\hat{p})}{n}}\right]$$
$$=234\ 564\ 000\times 0.192\ 4=45\ 130\ 114$$

$$\text{UCL}=N\left[\hat{p}+z_{\alpha/2}\sqrt{\frac{\hat{p}(1-\hat{p})}{n}}\right]$$
$$=234\ 564\ 000\times 0.238\ 0=55\ 826\ 232$$

在本书其他章节中，当要说明如何使用统计方法来确定各个细分市场之间是否存在差异时，我们将再次讨论市场细分这个主题。

## 习　题

下列习题可以手工计算求解。关于样本统计量的内容请参见附录 A。

**12.136　Xr12－136**　一家新的信用卡公司进行了一项调查以确定专门针对各个细分市场做广告是否有利可图。其中的一个细分市场是西班牙裔群体。最新的人口普查显示，生活在美国的西班牙裔成年人（18 岁及以上）一共有 31 669 000 人。该公司随机抽取了 475 名西班牙裔，调查了他们购物时的付款方式。反馈结果如下：

1. 现金
2. 支票
3. 维萨卡
4. 万事达卡
5. 其他信用卡

要求在 95%的置信水平下估计有多少在美国的西班牙裔习惯用信用卡付款。（资料来源：《美国统计摘要》，2012 年，表 10。）

**12.137　Xr12－137***　一所加利福尼亚州立大学正在进行调查以扩展其夜间课程。它把目标定位于年龄在 25～55 岁之间、上完高中但未读完大学的人群。为了确定夜间课程的授课内容以及授课形式，该校必须知道目标市场的大小。该校随机抽取了 320 个加利福尼亚州居民，询问了他们所获得的最高学历。反馈结果如下：

1. 高中未毕业
2. 高中毕业
3. 大学未毕业
4. 大学毕业

2012 年《美国统计摘要》表 16 显示，在加利福尼亚州有 15 753 000 名年龄在 25～55 岁之间的居民。请在 95%的置信水平下估计有多少年龄在 25～55 岁之间的居民属于该校所定位的细分市场。

**12.138　Xr12－138***　J. C. 彭尼（J. C. Penney）连锁百货公司以价值观念来划分女性服饰市场。三个细分市场划分如下：

1. 保守型
2. 传统型
3. 现代型

公司使用有关个人和家庭价值观的调查问卷来确定每一名女性属于哪一类。假设问卷被分发到 1 836 名女性手中。每名女性都用 1、2、3 来标记她们属于哪一类。最新的人口普查显示美国共有 120 728 000 名女性。

a. 在 95%的置信水平下估计被归为传统型的美国女性的比例。

b. 估计传统型细分市场的大小。

（资料来源：《美国统计摘要》，2012 年，表 7。）

**12.139　Xr12-139**　大多数寿险公司都对向 64 岁以上的人提供保险持怀疑态度，即使提供，保费也非常高。一家寿险公司的总裁想要向美国 64 岁以上全职工作的人提供特殊的折扣。他认为 64 岁以上全职工作的人身体都很好，并且可以很健康地活到 80 岁。为了了解更多信息，他从美国 40 268 000 个 64 岁以上的成年人中随机抽取了 325 个，询问他们目前是否有全职工作（1=否，2=是）。

a. 在 95%的置信水平下，估计这个细分市场的大小。

b. 给这家保险公司的总裁写一份报告，详细描述你的统计分析。

（资料来源：《美国统计摘要》，2012 年，表 7。）

**12.140　Xr12-140**　一家广告公司签约为劳斯莱斯汽车做广告。公司的管理人员决定不仅把广告投放给美国的富裕阶层，也投放给那些认为自己的收入为全国前 1%的人。一项调查询问了 25 岁以上的受访者其年收入的级别。回答项为

1=最高的 1%

2=最高的 5%但不是最高的 1%

3=最高的 10%但不是最高的 5%

4=最高的 25%但不是最高的 10%

5=余下的 75%

在 90%的置信水平下，估计认为自己的收入为前 1%的 25 岁及以上的人数。美国 25 岁及以上的人数为 203 882 000。（资料来源：《美国统计摘要》，2012 年，表 7。）

**12.141　Xr12-141**　假设上一道习题中还询问了那些认为自己的收入不在最高的 1%的受访者，在最近的五年内，他们的收入级别是否有可能达到最高的 1%（1=不能，2=能）。在 95%的置信水平下，估计认为自己五年内的收入级别能够达到最高的 1%的人数。



## 小　结

本章中介绍的推断方法能够解决描述一个总体的问题。当数据是定距数据时，我们选择的参数是总体均值 $\mu$ 和总体方差 $\sigma^2$。在总体标准差未知的情况下，我们用学生 $t$ 分布来检验和估计均值。

$\chi^2$ 分布则用来推断总体方差。当数据是定类数据时，我们要检验和估计的参数是总体比例 $p$。样本比例近似服从正态分布，从中我们可以得出检验统计量和区间估计。我们还讨论了如何确定估计总体比例所需要的样本容量。最后，我们介绍了市场细分的概念并描述了如何用本章中介绍的统计方法来估计某个细分市场的大小。

**重要术语**

| | | | |
|---|---|---|---|
| $t$ 统计量 | 学生 $t$ 分布 | 稳健 | $\chi^2$（卡方）统计量 |

## 符号

| 符号 | 含义 |
|---|---|
| $v$ | 自由度 |
| $\chi^2$ | 卡方统计量 |
| $\hat{p}$ | 样本比例 |
| $\tilde{p}$ | Wilson 估计量 |

## 公式

$\mu$ 的检验统计量

$$t=\frac{\bar{x}-\mu}{s/\sqrt{n}}$$

$\mu$ 的区间估计

$$\bar{x}\pm t_{\alpha/2}\frac{s}{\sqrt{n}}$$

$\sigma^2$ 的检验统计量

$$\chi^2=\frac{(n-1)s^2}{\sigma^2}$$

$\sigma^2$ 的区间估计

$$\text{LCL}=\frac{(n-1)s^2}{\chi^2_{\alpha/2}}$$

$$\text{UCL}=\frac{(n-1)s^2}{\chi^2_{1-\alpha/2}}$$

$p$ 的检验统计量

$$z=\frac{\hat{p}-p}{\sqrt{\frac{p(1-p)}{n}}}$$

$p$ 的区间估计

$$\hat{p}\pm z_{\alpha/2}\sqrt{\frac{\hat{p}(1-\hat{p})}{n}}$$

估计 $p$ 的样本容量

$$n=\left(\frac{z_{\alpha/2}\sqrt{\hat{p}(1-\hat{p})}}{B}\right)^2$$

Wilson 估计量

$$\tilde{p}=\frac{x+2}{n+4}$$

使用 Wilson 估计量计算的 $p$ 的置信区间估计量

$$\tilde{p} \pm z_{\alpha/2}\sqrt{\frac{\tilde{p}(1-\tilde{p})}{n+4}}$$

大的有限总体的总值的置信区间估计量

$$N\left(\bar{x} \pm t_{\alpha/2}\frac{s}{\sqrt{n}}\right)$$

较大的有限总体的总成功次数的置信区间估计量为

$$N\left(\hat{p} \pm z_{\alpha/2}\sqrt{\frac{\hat{p}(1-\hat{p})}{n}}\right)$$

图 12—7 中的流程图可以帮助你选择合适的统计方法。该图只显示了本章中介绍的方法，我们会将以后介绍的方法不断地丰富到这个流程图中，直至它能够涵盖本书中所有的统计方法为止。请在本章的习题中使用流程图提供的程序选择统计方法。

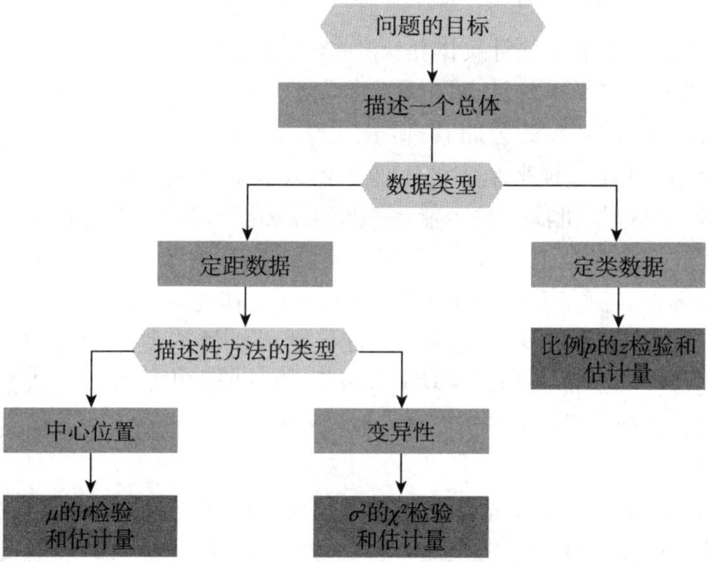


**图 12—7　第 12 章统计方法的流程图**

## 习　题

下列习题要求用计算机和软件求解，如果题中没有另外说明，一律使用 5%的显著性水平。

**12.142　Xr12-142**　国家曲棍球联盟的佛罗里达美洲豹队在 BB&T 中心比赛。观看比赛的停车费是 20 美元。然而，凌志汽车公司有时为其用户承担停车费用，向车主提供免费停车服务。一位统计学家希望计算该项目的花费。他随机抽选了 300 辆进入停车场的汽车并记录其品牌是否为凌志（不是为 1，是为 2）。通过计算空车位的数量，他发现当天晚上停车场里有 4 850 辆汽车。在 95%的置信水平下估计凌志汽车公司需向

BB&T 中心缴纳的停车费。

**12.143　Xr12 - 143**　危险物品在生活中经常可见。为了判断事件的危险性，一位统计学家记录了卡车、火车、飞机、轮船运输爆炸物距离的一组随机样本。在 95%的置信水平下估计运输距离的均值。(资料来源:《美国统计摘要》，2012 年，表 1071。)

**12.144　Xr12 - 144**　最近一次的市政选举中提出的问题之一是房价过高。一个想与现任官员竞争的候选人声称，一个普通家庭每年花在住房上的费用超过了收入的 30%。一个房产专家受命调查这一结论是否属实。他随机抽出了 125 个家庭进行调查，询问它们在住房上的花费占总收入的比例。

a. 是否有足够的证据证明这个候选人的结论属实?

b. 在 95%的置信水平下估计每个家庭在住房上的花费占总收入的平均比例。

c. 以上两题中使用的统计方法分别需要什么条件?

**12.145　Xr12 - 145**　美国有 604 474 座桥梁。一个建筑工程团队随机地抽选了其中的 850 座桥并把它们分类为结构缺陷（仅供轻型车辆通行，需要立即修复后再开放，或者立即关闭），功能陈旧（承载能力，间隙或公路线形），构造良好。这三类分别编码为 1，2，3。

a. 在 99%的置信水平下估计美国桥梁中结构缺陷的数量。

b. 在 90%的置信水平下估计美国桥梁中功能陈旧的数量。

（资料来源：美国联邦高速公路管理局桥梁技术办公室。）

**12.146　Xr12 - 146**　越来越多的工业机器人被应用到一些单调无变化的生产线上工作。为了检验一个焊接机器人是否能在汽车生产线上替代一个焊接工人，生产商做了一个试验。它发现焊接机器人完成一系列焊接工作需要花费 38 秒。随机抽取 20 名焊接工人做一个抽样调查，测量并记录了他们完成相同工作花费的时间。工人的焊接时间的均值为 38 秒，与焊接机器人花费的时间相同。然而机器人所用的时间是固定的，而工人的焊接时间则存在一定的差异。一项对生产线的分析指出，如果工人焊接时间的方差超过 17 秒$^2$，就会出现问题。请分析文件中的数据，确定如果采用人工焊接的方式是否有可能出现问题。

**12.147　Xr12 - 147**　联邦调查局的数据显示，美国在 2009 年（最新发布的数据）共发生抢劫 342 000 起。从中抽选抢劫事件组成随机样本并记录财产损失。在 95%的置信水平下估计美国 2009 年抢劫的总财产损失。(资料来源：美国司法部，联邦调查局，犯罪统计报告，表 321。)

**12.148　Xr12 - 148**　参考习题 12.147。数据中还记录了作案工具的类型（1＝手枪，2＝刀或其他切割工具，3＝其他，4＝没有工具）。在 90%的置信水平下估计抢劫中没有使用手枪的数量。

**12.149　Xr12 - 149**　预测新车需求量的一个重要指标是汽车使用时间。由 650 辆汽车组成的随机样本中记录了它们的使用时间。在 99%的置信水平下估计美国汽车的平均使用时间。(资料来源：R. L. Polk 公司。)

**12.150　Xr12 - 150**　参考习题 12.149。由 425 辆皮卡和多功能运动车组成的随机样本记录了车辆的使用时间。在 95%的置信水平下估计皮卡和多功能运动车的平均使用时间。(资料来源：R. L. Polk 公司。)

**12.151　Xr12 - 151**　国际舆论研究公司调查了那些收入超过 50 000 美元的家庭，

询问了其新的一年里最重要的和金钱有关的打算。反馈结果如下：

1. 归还信用卡欠账
2. 65 岁以前退休
3. 死时破产（临死前恰好用完这辈子赚的钱）
4. 设法应付目前的财政状况
5. 找份薪水更高的工作

在 90%的置信水平下，估计家庭收入超过 50 000 美元的家庭要在新年里归还信用卡欠账的比例。

**12.152 Xr12－152** 一所大型的州立大学（有许多分校）开设的初级统计学课程的成绩服从均值为 68 分（满分为 100 分）的正态分布。为了了解要求学生在学习初级统计学之前先通过微积分这门课程（目前还没有这种规定）的效果，学校随机抽出了 50 名曾经学过微积分、现在正在学习初级统计学的学生，做一个抽样调查。

a. 在 95%的置信水平下，估计那些学过微积分的学生的初级统计学考试成绩的均值。

b. 这些数据能说明学过微积分的学生的初级统计学成绩更好吗？

**12.153 Xr12－153** 一个对美国航空公司投诉的随机样本记录了投诉的事宜，1＝飞行问题（取消，晚点等），2＝乘客服务（员工不作为，信息不足，客舱服务，晚点乘客处理），3＝行李提取，4＝订票或登机，5＝其他。在 95%的置信水平下估计航空公司投诉中乘客服务所占的比例。（资料来源：《美国统计摘要》，2012 年，表 1081。）

**12.154 Xr12－154** 美国的就业人数为 138 592 000 人。一位经济学家随机抽选了其中的 550 人组成随机样本并记录了他们前往工作地点的方式（1＝自己开车，2＝拼车，3＝公共交通，4＝步行，5＝其他，6＝在家工作）。有充分的证据表明有超过 75%的人自己开车去工作地点吗？（资料来源：《美国统计摘要》，2012 年，表 1100。）

**12.155 Xr12－155** 参考习题 12.154。在 95%的置信水平下估计拼车前往工作地点的人数。

**12.156 Xr12－156** 参考习题 12.154。他同样记录了人们平均每天前往工作地点所花费的时间。在 90%的置信水平下估计人们花费的平均时间。

**12.157 Xr12－157** 邮递员的投递路线是经过精心设计的，目的是保证每个邮递员每次轮班的工作时间在 7～7.5 小时之间。设计路线时做了这样的假设：邮递员的平均步行速度为每小时 2 英里，在各个区域之间没有捷径可走。为了调查邮递员每次轮班的实际工作时间，秘密记录下随机抽取的 75 个邮递员的工作时间。

a. 在 99%的置信水平下估计邮递员的平均工作时间。

b. 检验本统计推断的必要条件是否得到满足。

c. 在 10%的显著性水平下，是否有足够的证据证明邮递员每天的工作时间少于 7 小时？

**12.158 Xr12－158** 建立一个全国卫生保健体系的建议在最近几年的总统竞选中就已被提出，但是看来还要经过长期的辩论。这个议题的出现是因为很多美国人没有健康保险。在现行体系下，穷人可以获得免费医疗，而相对较富裕的美国人则需要自己购买健康保险。那些被认为有工作的穷人和经济状况处于社会中下层的人最有可能无法获得充分的医疗保险。为了研究这个问题，一位统计人员调查了 250 个去年年收入在 10 000～25 000 美元之间的家庭，询问其是否购买了医疗保险，并记录了反馈数据。（1＝没有购买保险，2=购买了保险。）该统计人员想估计年收入在10 000～25 000美元之间的、购买了医疗保险的家庭的比例。请通过必要的计算，在90%的置信水平下估计该置信区间。

**12.159 Xr12-159** 一家大型银行的支行行长想改善银行的服务。她打算给每名等候时间超出规定时间（该银行最终确定规定时间为8分钟）的顾客1美元。然而，为了对目前的服务水平有更清楚的了解，她决定对客户进行调查。她雇用了一个学生记录了随机抽取的50名顾客的等候时间。这个学生用秒表记录了这50名顾客从加入队列到走到柜台前接受服务为止的时间。在90%的置信水平下估计该银行顾客等候服务的时间的置信区间。

**12.160 Xr12-160** 肥胖被定义为体重指数（BMI=30×体重/身高的平方）大于30。一位统计工作者选取了一个美国成年人的随机样本并将他们的体重指数分类为1=20以下，2=20～30，3=30以上。美国的成年人有234 564 000人。在95%的置信水平下估计美国成年人中肥胖的人数。（资料来源：《美国统计摘要》，2012年，表1342。）

**12.161 Xr12-161** 负责生产车用座椅弹簧的工程师担心弹簧长度的波动。弹簧的设计长度是500mm。如果弹簧太长，它就会变得松弛甚至断裂；如果弹簧太短，则无法正常安装在框架中。太长和太短的弹簧都需要返工，这会导致相当高的额外成本。工程师计算出只有当标准差不高于2mm的时候，需要返工的零件数量才是能够接受的。他们随机抽出了100个弹簧，测量其长度。在5%的显著性水平下，我们能否得出需要返工的弹簧数量大得无法接受的结论？

**12.162 Xr12-162** 参考习题12.161。假设工程师将测试中长度合格的弹簧重新标记为1，太长的标记为2，太短的标记为3。在10%的显著性水平下，我们能否得出90%的弹簧长度合格的结论？

**12.163 Xr12-163** 某大型家用电器生产商的广告宣称，其产品接到的维修电话是最少的，所以其维修人员是世界上最寂寞的员工。为了检验上述声明是否属实，研究者从那些拥有该生产商生产的使用寿命为五年的洗衣机的用户中随机抽出了100位做调查，记录五年中他们拨打的维修电话数。在90%的置信水平下，估计这些用户五年间平均拨打的维修电话数的置信区间。

**12.164 Xr12-164** 一家石油公司向那些用公司信用卡购买汽油和其他产品的顾客发送月度账单。到目前为止，该石油公司都没有将事先写好自己地址的信封和月度账单一并寄出，让顾客用该信封寄回相应的费用。收到支付费用的平均天数及其标准差分别为9.8天和3.2天。为了检验在发送账单的同时寄出写好自己地址的信封是否可以缩短顾客支付的天数，该石油公司随机抽取了150位客户，向他们寄出内附账单的信封。该石油公司记录了他们支付的天数。

a. 在10%的显著性水平下，有没有足够证据证明该石油公司的这种做法能加快顾客付款的平均速度？

b. 在10%的显著性水平下，有没有足够证据证明该石油公司的这种做法能减少顾客付款时间的差异？

**12.165** 一个摇滚音乐的推广者正在考虑是否邀请一支新的乐队来表演一场摇滚音乐会。他知道这支乐队吸引的主要是十几岁的青少年。最新的人口普查显示，这个地区的青少年人数大约为400 000人。这个推广者决定进行调查以了解会参加这次音乐会的青少年的比例。在99%的置信水平下，允许误差为0.02时，为估计该比例所要抽取的样本容量是多少？

**12.166 Xr12－166** 在上题中，假设这个推广者决定随机抽取 600 个样本（出于经济因素的考虑），每个受访者都被询问是否会参加这场音乐会，并记录反馈结果（1＝不参加，2＝参加）。在 95％的置信水平下估计会参加这场音乐会的青年的人数。

**12.167 Xr12－167** 市中心区一个停车场的老板怀疑他雇用的经营该停车场的员工偷了一部分钱。这名员工提供的发票显示，停车场平均每天的停车数量为 125 辆，平均每辆车的停车时间为 3.5 小时。为了确定员工是否在窃取营业收入，老板亲自在停车场监视了五天。在这些天中，每天的停车数量为

120 130 124 127 128

他记录了这五天中上述 629 辆车的停车时间。在 1％的显著性水平下，这个老板能否确定他的员工窃取了他的营业收入？（提示：由于有两种方法可以窃取营业收入，故要进行两种检验。）

**12.168 Xr12－168** 吉姆·克莱姆主持 CNBC 频道的《我为钱狂》节目，他会定期推荐要买和卖的股票。克莱姆先生推荐的股票在 2005—2007 年表现如何？为了回答这个问题，从他推荐的股票中随机抽取了一个样本，记录股票的名字、买价、现价或卖价以及现在的收益率。（资料来源：YourMoneyWatch.com.）

a. 在 95％的置信水平下，估计克莱姆先生选择的所有股票的平均收益。

b. 2005—2007 年，标普 500 指数上升了 16％，是否有足够的证据证明，相比之下克莱姆先生推荐的股票的表现稍差？

**12.169 Xr12－169*** 很遗憾，在美国经常有高中生携带武器（枪、刀或棍棒）。为研究这种现象的普遍性，一项调查询问学生在最近 30 天内是否携带过武器（1＝否，2＝是）。在 95％的置信水平下估计所有高中生在最近 30 天内携带过武器的比例。（资料来源：《美国统计摘要》，2009 年，表 239。）

**12.170 Xr12－170** 2006 年，住房拥有者的平均还本付息率为 14.35。住房拥有者的还本付息率是债务偿还额占个人可支配收入的比率。债务偿还包括抵押贷款偿还和消费债务偿还。为了研究这一经济指标是否升高，抽选部分美国公民组成随机样本。我们能否根据数据判断自 2006 年起还本付息率已经增大？（资料来源：《美国统计摘要》，2012 年，表 1175。）

**12.171 Xr12－171** 参考习题 12.170。另一个衡量债务的指标是金融承担率，它在还本付息率的基础上增加了汽车租赁费、房屋租金、房屋保险和房产税。2006 年，住房拥有者的比率是 17.62。我们能否推断自 2006 年起到现在（2009 年），住房拥有者的金融承担率已经增加？（资料来源：《美国统计摘要》，2009 年，表 1135。）

**12.172 Xr12－172** 参考习题 12.171。2006 年，承租人的金融承担率为 25.97。我们能否推断 2006—2009 年承租人的金融承担率已经增加？（资料来源：《美国统计摘要》，2009 年，表 1135。）

**12.173 Xr12－173** 2010 年，美国共有 117 538 000 个住户，其中的 78 833 000 个住户由已婚夫妻、单身男性和单身女性构成。一项调查对住户类型展开研究，调查结果被编码为 1＝已婚夫妻，2＝单身男性，3＝单身女性。在 95％的置信水平下估计美国住户中已婚夫妻的总数量。（资料来源：《美国统计摘要》，2009 年，表 58。）

**12.174 Xr12－174** 工资和薪水仅是总薪酬的一部分，其他部分还包括带薪休假、

健康保险等。2007 年，美国制造业的工资和薪水平均占总薪酬的 65.8%。为研究 2008 年这一比例是否发生改变，抽选一个制造业工人的随机样本。我们能否推断 2007—2008 年间工资和薪水占总薪酬的比例已经增大？（资料来源：《美国统计摘要》，2009 年，表 970。）

**12.175 Xr12－175** 很多年前，美国吸烟者的比例很大。然而，在最近几年，很多成年人开始戒烟。为研究当前美国的吸烟现状，抽选部分美国成年人组成随机样本，询问他们是否吸烟（1＝是，2＝否）。美国的成年人有 234 564 000 人。在 95%的置信水平下估计美国成年人中吸烟者的数量。（资料来源：《美国统计摘要》，2012 年，表 1343。）

**12.176 Xr12－176** 很遗憾，抢劫犯罪的发生频率很高，对于劫匪来说，抢劫银行是一个赚钱的买卖。在大多数案件中，银行并不公布财产损失的数量。然而，一些研究人员能够获得英国银行抢劫的数据，变量如下：

劫匪"成功"抢劫银行（2＝是，1＝否）

财产损失数量（仅对于抢劫"成功"的案件）

当前银行员工数量

当前银行顾客数量

如果将这些数据视为一个随机样本，在 95%的置信水平下估计英国银行抢劫的如下参数。（资料来源：摘自 Barry Reilly，Neil Rickman，and Robert Witt，"Robbing Banks，" Significance，June 2012，Volume 9，Issue 3。）

a. 劫匪"成功"抢劫银行的比例。

b. "成功"抢劫的案件中财产损失的均值。

c. 当前银行员工数量的均值。

d. 当前银行顾客数量的均值。

**案例 12.1**

## 百事可乐公司和某大学的专营协议

数据：C12－01

在过去的几年中，不少大学和各种各样的公司签订了专营协议，协议约定该学校在校园里只能销售该公司的产品。很多食品公司和饮料公司都纷纷和各所大学签订了协议。

一所共有 50 000 名学生的大学向百事可乐公司提出了签订专营协议的要约，该协议将授予百事可乐公司下一年对这所大学的所有校园便利店的专营权，以及以后各年优先签订协议的选择权。作为回报，校方将收取百事可乐公司 35%的校园销售收入，此外，每年还一次性收取 200 000 美元的费用。百事可乐公司方面有两周的考虑时间。

百事可乐公司的管理层迅速回顾了他们所掌握的信息。软饮料市场是用 12 盎司的罐为单位来测量的。百事可乐公司目前平均每周的销售量为 22 000 罐饮料（每年可以在校园内销售 40 个星期），每罐饮料平均卖 1 美元，成本中包括每罐 0.30 美元的劳动力成本。百事可乐公司并不确定它的市场占有率，但是它估计大大低于 50%。一份市场分析显示，假如百事可乐公司现有的市场占有率达到了 25%，这项专营权就能使百事可乐公司每周售出 88 000 罐饮料，这样，每年的销售量将达到 3 520 000 罐（用每周销售量 88 000 乘以 40 周）。收入总额可以用以下方法计算：

收入总额=3 520 000 罐×1 美元/罐=3 520 000 美元

由于学校要抽取总收入的 35%，所以这个数字必须乘以 65%：

65%×3 520 000 美元=2 288 000 美元

扣除每罐的劳动力成本 0.30 美元（即 1 056 000 美元）和一次性支付给学校的 200 000 美元，百事可乐公司得到的净利润为

2 288 000 美元−1 056 000 美元−200 000 美元=1 032 000 美元

百事可乐公司目前的年利润为

40 周×22 000 罐/周×0.70 美元/罐=616 000 美元

如果目前百事可乐公司的市场占有率为 25%，那么该项协议的潜在收益为

1 032 000 美元−616 000 美元=416 000 美元

上述分析存在的唯一问题是，百事可乐公司不知道软饮料每周在学校里的销量。而且，可口可乐公司也不可能告知百事可乐公司它的销售情况。百事可乐公司和可口可乐公司的产品加起来几乎占据了整个软饮料市场。

于是百事可乐公司安排了一个刚毕业的大学生来为它调查未知信息。这个学生在校园里随机选取了 500 个学生，让他们记录下在未来的七天中一共在学校里买了多少罐软饮料。

然后对这些数据进行统计分析，从数据中获得信息。在 95%的置信水平下估计这个决策问题的核心参数，然后再用此估计值估计年收益。假设在首选品牌缺货的情况下，平时喝百事可乐或可口可乐的人会愿意购买另一品牌的饮料。

a. 在最大化校园销售的软饮料的利润的目标下，百事可乐公司应该签署这份专营协议吗？

b. 给百事可乐公司的管理层写一份报告，汇报你的分析结果。

## 案例 12.2

## 百事可乐公司和某大学的专营协议——可口可乐公司如何对待这一问题

数据：C12－01

当百事可乐公司的执行官正在为是否和某大学签订专营协议苦恼的时候，他得知这所大学同样向可口可乐公司提出了类似的协议要约。而且，如果两家公司都想签订专营协议，它们就必须展开一场竞标。百事可乐公司的执行官想了解可口可乐公司在该校提供的条件下接受这份专营协议的可能性。

运用与案例 12.1 中类似的方法对可口可乐公司进行估计分析，可口可乐公司是否有可能和这所大学签订专营协议？说明你得出该结论的原因。

案例 12.3

## 估计总医疗费用

数据：C12－03

几乎所有国家都有公办的医疗保健系统，美国是一个例外。每次选举中都会提到这个问题，一些政治家一再要求美国政府实施与加拿大类似的计划。

在加拿大，医院都是由市政府经营管理的，医生每次给患者看病时，都是政府买单，因此，加拿大人无须支付任何费用。支持这个系统的收入来自所得税、企业税和销售税。尽管加拿大的税率要比美国高，但这个系统还是经常会出现资金短缺的情况，从而导致等待的时间较长。例如，在某些省刚被诊断出癌症的患者需要等待好几周才能开始接受治疗。因此，几乎所有人都认为这个系统需要更多的资金支持，但是，关于需要的具体金额，却不能达成共识。与美国一样，生育高峰期（1946 年至 1966 年）的存在使得老年人的数量非常多，再加上老年人的医疗费用很高，使这个问题正在变得越来越严重。

解决这个问题的第一步是预测医疗费用，尤其是预测第一批生育高峰期的人 60 岁（2006 年）之后的 20 年里的费用支出。某统计人员从四个年龄组中随机抽取了一个样本。

| 组别 | 年龄组（岁） |
| --- | --- |
| 1 | 45～64 |
| 2 | 65～74 |
| 3 | 75～84 |
| 4 | 85 及以上 |

文件 C12－03 的第一至四列分别存储了这四个年龄组的人在过去 12 个月的医疗费用。下表列出了加拿大 2016 年、2021 年、2026 年、2031 年和 2036 年各个年龄组的人数的预测值。

a. 在 95%的置信水平下，估计每个年龄组的平均医疗费用。

b. 在 95%的置信水平下，估计 45 岁以上的加拿大人在下面列出的各个年份里的总医疗费用。

| 年龄组（岁） | 2016 | 2021 | 2026 | 2031 | 2036 |
| --- | --- | --- | --- | --- | --- |
| 45～64 | 10 094 | 10 054 | 9 892 | 9 823 | 10 150 |
| 65～74 | 3 375 | 4 023 | 4 538 | 4 874 | 4 675 |
| 75～84 | 1 745 | 2 087 | 2 666 | 3 209 | 3 669 |
| 85 及以上 | 792 | 872 | 973 | 1 193 | 1 543 |

资料来源：加拿大统计局。

案例 12.4

## 估计阿尔茨海默病患者人数

伴随美国人口老龄化，越来越多的美国公民需要医疗保健。除非找到治愈办法，否则阿尔茨海默病（一种痴呆症）将会成为医疗保健经费中支出最多的疾病之一。开展一项调查来估计未来阿尔茨海默病患者的总人数，将年龄进行分组（1＝65～74 岁，2＝

75～84 岁，3＝85 岁及以上），编码个体的患病情况（1＝没有患病，2＝患病）。（摘自阿尔茨海默病协会，www.alz.org。）

以下是三个年龄组中美国参加医疗保健计划的人数（单位：千人）。

| 年龄组（岁） | 2015 | 2020 | 2025 |
|---|---|---|---|
| 65～74 | 26 967 | 32 312 | 36 356 |
| 75～84 | 13 578 | 15 895 | 20 312 |
| 85＋ | 6 292 | 6 597 | 7 239 |

资料来源：《美国统计摘要》，2009 年，表 8。

a. 在 95％的置信水平下估计三个年龄组中阿尔茨海默病患者人数的比例。

b. 对于列出的各个年份，在 95％的置信水平下估计美国阿尔茨海默病患者的总人数。

案例 12.5

## 轮盘赌中的选择倾向

轮盘赌游戏的盘轮上有 38 个涂有颜色且标有数字的狭槽，数字是 1 到 36，0 和 00。1 到 36 中一半是红色，另一半是黑色，其余两个"0"是绿色。盘轮能够旋转，一个铁球在其中滚动，随机地停在某一狭槽。参与者有不同的选择，大多数押在某一个数字、某几个数字或某一种颜色（红色或黑色）上。以下是轮盘赌表盘的位置表。

| | | | | | | | | | | | | |
|---|---|---|---|---|---|---|---|---|---|---|---|---|
| 0 | 3 | 6 | 9 | 12 | 15 | 18 | 21 | 24 | 27 | 30 | 33 | 36 |
| 00 | 2 | 5 | 8 | 11 | 14 | 17 | 20 | 23 | 26 | 29 | 32 | 35 |
| | 1 | 4 | 7 | 10 | 13 | 16 | 19 | 22 | 25 | 28 | 31 | 34 |

两位统计学家记录了 904 次轮盘赌结果，参与者的选择共有 21 731 种。

研究人员希望用这组数据检验"中间倾向"，即参与者在众多选择中倾向于选择处于中间的选项。例如，如果五个选项分别是 a，b，c，d 和 e，参与者将会倾向于选择选项 c。

大多数参与者站在轮盘的两侧，那么对他们来说中间的数字是 2，5，8，11，14，17，20，23，26，29，32 和 35。

a. 如果没有中间倾向，那么参与者选择中间 12 个数之一的比例是多少？

b. 在 5％的显著性水平下，进行假设检验来判断是否存在中间倾向。

c. 在处于中间的 12 个数中，最中间的数是 17 和 20。如果没有中间倾向，那么参与者选择 17 或 20 的比例是多少？

d. 在 5％的显著性水平下，进行假设检验来判断是否存在对最中间数字的中间倾向。

资料来源：Maya Bar-Hillel and Ro'l Zultan，"We Sing the Praise of Good Displays：How Gamblers Bet in Casino Roulette，"*Chance*，Volume 25，No. 2，2012.

# 第 13 章 两总体对比的推断

**社会综合调查——比较民主党人和共和党人：**
**谁更有可能完成大学学业**

数据：GSS2012*

对于某一政治问题的态度，判断支持者和反对者之间存在的不同是十分重要的。2012 年社会综合调查询问了调查对象获得的最高学历（DEGREE）。

0. 低于高中学历
1. 高中学历
2. 大专学历
3. 本科学历
4. 研究生学历

该调查同样询问了调查对象认为自己属于民主党、无党派还是共和党（PARTYID3）。

1. 民主党
2. 无党派
3. 共和党

这些数据能够帮助我们判断共和党的支持者比民主党的支持者更有可能获得本科或研究生学历吗？问题的答案见 13-5c 小节。

## 引　言

我们可以将学习统计方法的过程比作学习开车的过程。我们首先描述了在这门课程里将做些什么（第 1 章）；然后我们介绍了基本的背景材料（第 2 章到第 9 章）；第 10 章和第 11 章介绍统计推断的概念和应用，就好比在一个空旷的停车场开车。此时，你的确在开车，但这还不是真正在路上开。第 12 章的学习如同在一条车辆较少的边道上开车，这时的开车经历是真实的，但是许多困难已经被忽略了。在本章中，你将面临一个持照司机将要面对的许多真实问题，这次经历将为你以后应对更困难的局面打下基础。

本章中，我们将介绍多种旨在比较两个总体的统计方法。在 13.1 节和 13.3 节中，我们主要解决的是定距变量问题；我们关注的参数是两个总体均值间的差值。这两节之间的差别又使我们介绍了另外一个有助于我们选择正确的统计方法的因素——获取数据的试验手段。在 13.1 节中，样本是独立抽取的。而在 13.3 节中，样本是从配对试验中得到的。在 13.2 节中，我们会讨论观测数据和试验数据的区别，这一区别对于解释统计结果所采用的方法是至关重要的。

在 13.4 节中，我们将介绍推测两个总体方差是否存在差异的方法。其中所用的参数是比率 $\sigma_1^2/\sigma_2^2$。（在比较两个总体方差的时候，考虑到抽样分布的特性，我们使用比率而不用差值。）

13.5 节所讲的主要内容是比较两个定类数据的总体。我们要检验和估计的参数是两个比例的差。



## 13.1　两总体均值差异的推断：独立样本

为了检验和估计两个总体均值间的差异，统计人员从每个总体中随机抽样。在本节中，我们将讨论独立样本。在 13.3 节中介绍配对试验的同时，我们也将区分独立样本和配对样本。这里我们将独立样本定义为相互之间完全独立的样本。

图 13—1 描述了抽样过程。注意，我们从总体 1 中抽出容量为 $n_1$ 的一个样本，从总体 2 中抽出容量为 $n_2$ 的一个样本。计算每个样本的均值和方差。

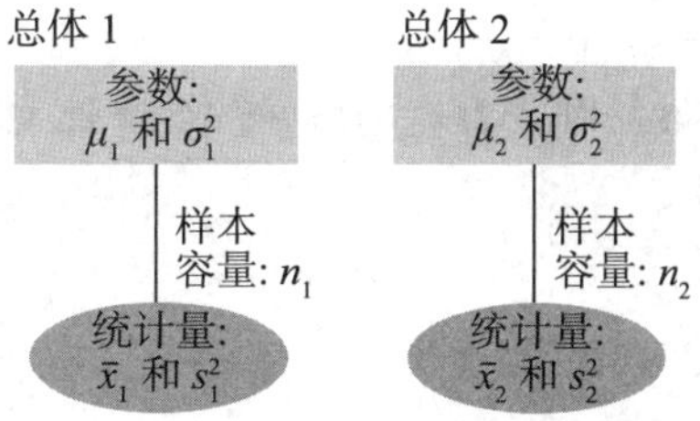


**图 13—1　来自两个总体的独立样本**

两个总体均值之间的差值 $\mu_1-\mu_2$ 的最好的估计量是两个样本均值之差 $\bar{x}_1-\bar{x}_2$。在 9.3 节中，我们已经介绍过 $\bar{x}_1-\bar{x}_2$ 的抽样分布。

**$\bar{x}_1-\bar{x}_2$ 的抽样分布**

1. 如果总体服从正态分布，或者总体为非正态分布但为近似正态分布且样本容量很大，那么 $\bar{x}_1-\bar{x}_2$ 就服从正态分布。

2. $\bar{x}_1-\bar{x}_2$ 的期望为

$$E(\bar{x}_1-\bar{x}_2)=\mu_1-\mu_2$$

3. $\bar{x}_1-\bar{x}_2$ 的方差是

$$V(\bar{x}_1-\bar{x}_2)=\frac{\sigma_1^2}{n_1}+\frac{\sigma_2^2}{n_2}$$

$\bar{x}_1-\bar{x}_2$ 的标准差是

$$\sqrt{\frac{\sigma_1^2}{n_1}+\frac{\sigma_2^2}{n_2}}$$

因此

$$z=\frac{(\bar{x}_1-\bar{x}_2)-(\mu_1-\mu_2)}{\sqrt{\frac{\sigma_1^2}{n_1}+\frac{\sigma_2^2}{n_2}}}$$

这是一个服从标准正态（或近似正态）分布的随机变量。由此可以得出，检验统计量是

$$z=\frac{(\bar{x}_1-\bar{x}_2)-(\mu_1-\mu_2)}{\sqrt{\frac{\sigma_1^2}{n_1}+\frac{\sigma_2^2}{n_2}}}$$

置信区间估计为

$$(\bar{x}_1-\bar{x}_2)\pm z_{\alpha/2}\sqrt{\frac{\sigma_1^2}{n_1}+\frac{\sigma_2^2}{n_2}}$$

然而，由于 $\sigma_1^2$ 和 $\sigma_2^2$ 通常是未知的，所以上面这些公式都很少使用。于是，有必要估计抽样分布的标准差。估计抽样分布标准差的方法取决于两个总体的未知方差是否相等。如果它们相等，检验统计量按如下方法定义：

**当两方差相等，即 $\sigma_1^2=\sigma_2^2$ 时，$\mu_1-\mu_2$ 的检验统计量为**

$$t=\frac{(\bar{x}_1-\bar{x}_2)-(\mu_1-\mu_2)}{\sqrt{s_p^2\left(\frac{1}{n_1}+\frac{1}{n_2}\right)}},\quad v=n_1+n_2-2$$

式中

$$s_p^2=\frac{(n_1-1)s_1^2+(n_2-1)s_2^2}{n_1+n_2-2}$$

$s_p^2$ 称为**联合方差估计**（pooled variance estimator），它是对两个样本方差的加权平均。这要求两个总体的方差相等，才可以计算，因为这时我们只需要知道 $\sigma_1^2$ 和 $\sigma_2^2$ 的共同的估计值即可。我们使用联合方差估计是合理的，因为通过综合两个样本可以得到较好的估计值。

如果两个总体都服从正态分布，统计检验量就服从自由度为 $n_1+n_2-2$ 的学生 $t$ 分布。对于计算置信区间的数学运算我们应该已经很熟悉了。

**当两方差相等，即 $\boldsymbol{\sigma_1^2=\sigma_2^2}$ 时，$\boldsymbol{\mu_1-\mu_2}$ 的置信区间估计为**

$$(\bar{x}_1-\bar{x}_2)\pm t_{\alpha/2}\sqrt{s_p^2\left(\frac{1}{n_1}+\frac{1}{n_2}\right)},\quad v=n_1+n_2-2$$

我们将上述公式分别称为**等方差检验统计量**（equal-variances test statistic）和**等方差置信区间估计**（equal-variances confidence interval estimator）。

如果两总体方差不相等，我们就不能用联合方差估计。这时我们要分别用每个样本的方差来估计每个总体的方差。但是，得到的统计量

$$\frac{(\bar{x}_1-\bar{x}_2)-(\mu_1-\mu_2)}{\sqrt{\frac{s_1^2}{n_1}+\frac{s_2^2}{n_2}}}$$

的抽样分布既不是正态分布，又不是学生 $t$ 分布。然而，它可以用学生 $t$ 分布来近似，自由度为

$$v=\frac{(s_1^2/n_1+s_2^2/n_2)^2}{\frac{(s_1^2/n_1)^2}{n_1-1}+\frac{(s_2^2/n_2)^2}{n_2-1}}$$

(通常需要将这个自由度四舍五入为整数。）该统计量和置信区间很容易就可以从抽样分布中导出。

**当两总体方差不相等，即 $\boldsymbol{\sigma_1^2\neq\sigma_2^2}$ 时，$\boldsymbol{\mu_1-\mu_2}$ 的检验统计量为**

$$t=\frac{(\bar{x}_1-\bar{x}_2)-(\mu_1-\mu_2)}{\sqrt{\frac{s_1^2}{n_1}+\frac{s_2^2}{n_2}}},\quad v=\frac{(s_1^2/n_1+s_2^2/n_2)^2}{\frac{(s_1^2/n_1)^2}{n_1-1}+\frac{(s_2^2/n_2)^2}{n_2-1}}$$

**当两总体方差不相等，即 $\boldsymbol{\sigma_1^2\neq\sigma_2^2}$ 时，$\boldsymbol{\mu_1-\mu_2}$ 的置信区间估计为**

$$(\bar{x}_1-\bar{x}_2)\pm t_{\alpha/2}\sqrt{\frac{s_1^2}{n_1}+\frac{s_2^2}{n_2}},\quad v=\frac{(s_1^2/n_1+s_2^2/n_2)^2}{\frac{(s_1^2/n_1)^2}{n_1-1}+\frac{(s_2^2/n_2)^2}{n_2-1}}$$

我们把上面的公式分别称为**异方差检验统计量**（unequal-variances test statistic）和

**异方差置信区间估计**（unequal-variances confidence interval estimator）。

这样一来，出现了一个问题："我们怎么知道总体方差什么时候相等？"答案是，由于我们并不知道总体方差 $\sigma_1^2$ 和 $\sigma_2^2$ 的值，因此不能确定它们是否相等。然而，我们可以使用统计检验来判断是否有足够的证据证明方差是不同的。在 13.4 节中，我们将详细介绍方差比率的 $F$ 检验。而在这里，我们只简单地了解一下相关内容。

**检验总体方差**

假设为

$$H_0: \sigma_1^2/\sigma_2^2 = 1$$
$$H_1: \sigma_1^2/\sigma_2^2 \neq 1$$

检验统计量是样本方差的比 $s_1^2/s_2^2$，服从自由度 $v_1 = n_1 - 1$，$v_2 = n_2 - 1$ 的 $F$ 分布。回忆一下，我们在 8.4 节中曾经介绍过 $F$ 分布。$F$ 检验需要满足的条件与 $\mu_1 - \mu_2$ 的 $t$ 检验相同，都要求总体服从正态分布。

这是一个双尾检验，因此，拒绝域为

$$F > F_{\alpha/2, v_1, v_2} \quad 或者 \quad F < F_{1-\alpha/2, v_1, v_2}$$

也就是说，如果样本方差的比过大或者过小，我们就应拒绝两总体方差相等的原假设。附录 B 中的表 6 列出了 $F$ 分布的临界值，定义了"过大"或"过小"。

### □ 13-1a 决策规则：等方差或异方差的 $t$ 检验和估计量

我们之前曾经提过，永远不可能有足够的证据得出结论说原假设是正确的。也就是说，我们只可能判断是否有足够的证据推断总体的方差不相同。相应地，我们规定，除非有证据（基于总体方差的 $F$ 检验）能够表明总体方差不相等，才采用异方差检验统计量和置信区间估计；否则，我们就默认总体方差相等，并采用等方差检验统计量和置信区间估计。

**例 13.1[1] 直接购买和通过经纪人购买共同基金**

数据：Xm13-01

数百万投资者从几万种共同基金中进行选择。有些基金投资者可以自己从银行或者其他金融机构购买，而有些必须通过经纪人购买，投资者购买时还需要向经纪人支付一定的服务费。这就引出了一个问题，对于投资者来说，直接购买共同基金是否比通过经纪人购买要好？为了回答这个问题，研究人员从可自行购买的基金和需通过经纪人购买的基金中随机抽取一部分作为样本，记录年净收益情况。净收益是指扣除所有相关费用之后的收益。

① 资料来源：D. Bergstresser，J. Chalmers，and P. Tufano，"Assessing the Costs and Benefits of Brokers in the Mutual Fund Industry."

| 直接购买 | | | | | 通过经纪人购买 | | | | |
|---|---|---|---|---|---|---|---|---|---|
| 9.33 | 4.68 | 4.23 | 14.69 | 10.29 | 3.24 | 3.71 | 16.4 | 4.36 | 9.43 |
| 6.94 | 3.09 | 10.28 | −2.97 | 4.39 | −6.76 | 13.15 | 6.39 | −11.0 | 8.31 |
| 16.17 | 7.26 | 7.1 | 0.37 | −2.06 | 12.8 | 11.05 | −1.9 | 9.24 | −3.99 |
| 16.97 | 2.05 | −3.09 | −0.63 | 7.66 | 11.1 | −3.12 | 9.49 | −2.67 | −4.44 |
| 5.94 | 13.07 | 5.6 | −0.15 | 10.83 | 2.73 | 8.94 | 6.7 | 8.97 | 8.63 |
| 12.61 | 0.59 | 5.27 | 0.27 | 14.48 | −0.13 | 2.74 | 0.19 | 1.87 | 7.06 |
| 3.33 | 13.57 | 8.09 | 4.59 | 4.8 | 18.22 | 4.07 | 12.39 | −1.53 | 1.57 |
| 16.13 | 0.35 | 15.05 | 6.38 | 13.12 | −0.8 | 5.6 | 6.54 | 5.23 | −8.44 |
| 11.2 | 2.69 | 13.21 | −0.24 | −6.54 | −5.75 | −0.85 | 10.92 | 6.87 | −5.72 |
| 1.14 | 18.45 | 1.72 | 10.32 | −1.06 | 2.59 | −0.28 | −2.15 | −1.69 | 6.95 |

在 5%的显著性水平下，是否可以说明直接购买的基金的表现要好于通过经纪人购买的基金？

**解**

为了回答这个问题，我们需要比较两类基金收益的总体。这些数据显然是定距数据（我们记录的是实数）。根据问题的目标和样本的数据类型可知，要检验的参数是两个均值的差 $\mu_1-\mu_2$。待检验的是，直接购买的基金的收益均值 $\mu_1$ 是否小于通过经纪人购买的基金的收益 $\mu_2$。因此得出，备择假设是

$$H_1:(\mu_1-\mu_2)>0$$

于是，原假设为

$$H_0:(\mu_1-\mu_2)=0$$

为了确定检验统计量，我们对 $\sigma_1^2/\sigma_2^2$ 进行 $F$ 检验

$$H_0:\sigma_1^2/\sigma_2^2=1$$
$$H_1:\sigma_1^2/\sigma_2^2\neq 1$$

## 计　算

**手工计算**

根据以上数据，我们可以得到下面的统计量

$$s_1^2=37.49,\quad s_2^2=43.34$$

检验统计量为

$$F=s_1^2/s_2^2=37.49/43.34=0.86$$

拒绝域为

$$F>F_{\alpha/2,v_1,v_2}=F_{0.025,49,49}\approx F_{0.025,50,50}=1.75$$

或者

$$F<F_{1-\alpha/2,v_1,v_2}=F_{0.975,49,49}=1/F_{0.025,49,49}\approx 1/F_{0.025,50,50}=1/1.75=0.57$$

因为 $F=0.86$ 没能大于 1.75 或者小于 0.57，所以我们不能拒绝原假设。

**Excel**

| | A | B | C |
|---|---|---|---|
| 1 | F-检验　双样本方差分析 | | |
| 2 | | | |
| 3 | | Direct | Broker |
| 4 | 平均 | 6.63 | 3.72 |
| 5 | 方差 | 37.49 | 43.34 |
| 6 | 观测值 | 50 | 50 |
| 7 | df | 49 | 49 |
| 8 | F | 0.865 0 | |
| 9 | P(F<=f) 单尾 | 0.306 8 | |
| 10 | F 单尾临界 | 0.6 222 | |

检验统计量的值为 $F=0.865\ 0$。Excel 输出的是单尾 $p$ 值。因为我们进行的是双尾检验，所以检验的 $p$ 值是 $2\times0.306\ 8=0.613\ 6$。

**计算机命令**

1. 在一列中输入或者导入数据[①]（打开文件 Xm13－01）。

2. 单击“数据”—“数据分析”—“F 检验　双样本方差”。

3. 指定“变量 1 的区域”（A1∶A51），“变量 2 的区域”（B1∶B51），输入 $\alpha$ 的值（0.05）。

**Minitab**

**Test for Equal Variances：Direct，Broker**

F-Test (Normal Distribution)

Test statistic = 0.86，p-value = 0.614

**计算机命令**

（注意：这里省去了部分输出结果）

1. 在一列中输入或导入数据（打开文件 Xm13－01）。

2. 单击“Stat”（统计）—“Basic Statistics”（基本统计量）—“2 Variance…”（双方差…）。

3. 在“Samples in different columns”（样本在不同列中）中，选择“First”（第一）（Direct）和“Second”（第二）（Broker）。

**解　释**

检验结果显示，没有足够的证据证明能够推断两个总体的方差不同，也就是说，我

① 如果单元格为空（代表缺失值），则必须删除。参见凯勒网站附录——删除 Excel 中的空单元格。

们需要选用 $\mu_1-\mu_2$ 的等方差 $t$ 检验。

$$H_0:(\mu_1-\mu_2)=0$$
$$H_1:(\mu_1-\mu_2)>0$$

## 计　算

### 手工计算

$\bar{x}_1=6.63$　　　　$\bar{x}_2=3.72$

$s_1^2=37.49$　　　　$s_2^2=43.34$

联合方差估计量为

$$s_p^2=\frac{(n_1-1)s_1^2+(n_2-1)s_2^2}{n_1+n_2-2}=\frac{(50-1)\times 37.49+(50-1)\times 43.34}{50+50-2}=40.42$$

检验统计量的自由度为

$$v=n_1+n_2-2=50+50-2=98$$

拒绝域是

$$t>t_{\alpha,v}=t_{0.05,98}\approx t_{0.05,100}=1.660$$

我们得出，检验统计量为

$$t=\frac{(\bar{x}_1-\bar{x}_2)-(\mu_1-\mu_2)}{\sqrt{s_p^2\left(\frac{1}{n_1}+\frac{1}{n_2}\right)}}=\frac{(6.63-3.72)-0}{\sqrt{40.42\times\left(\frac{1}{50}+\frac{1}{50}\right)}}=2.29$$

### Excel

| | A | B | C |
|---|---|---|---|
| 1 | t-检验：双样本等方差假设 | | |
| 2 | | | |
| 3 | | Direct | Broker |
| 4 | 平均 | 6.63 | 3.72 |
| 5 | 方差 | 37.49 | 43.34 |
| 6 | 观测值 | 50 | 50 |
| 7 | 合并方差 | 40.41 | |
| 8 | 假设平均 | 0 | |
| 9 | df | 98 | |
| 10 | t Stat | 2.29 | |
| 11 | P(T<=t) 单尾 | 0.012 2 | |
| 12 | t 单尾临界 | 1.660 6 | |
| 13 | P(T<=t) 双尾 | 0.024 3 | |
| 14 | t 双尾临界 | 1.984 5 | |

**计算机命令**

1. 在两列中输入或者导入数据（打开文件 Xm13—01）。

2. 单击"数据"—"数据分析"—"t -检验：双样本等方差假设"。

3. 指定"变量 1 的区域"（A1：A51），"变量 2 的区域"（B1：B51），输入"假设平均差"[1]（0）和 $\alpha$ 的值（0.05）。

**Minitab**

**Two-Sample T-Test and CI：Direct，Broker**

Two-sample T for Direct vs Broker

| | N | Mean | StDev | SE Mean |
|---|---|---|---|---|
| Direct | 50 | 6.63 | 6.12 | 0.87 |
| Broker | 50 | 3.72 | 6.58 | 0.93 |

Difference=mu(Direct)−mu(Broker)

Estimate for difference：2.91

95% lower bond for difference：0.80

T-Test of difference=0(vs>)：T-Value=2.29  P-Value=0.012  DF=98

Both use Pooled StDev=6.357 2

**计算机命令**

1. 在两列中输入或导入数据（打开文件 Xm13-01）。

2. 单击"Stat"（统计）—"Basic Statistics"（基本统计量）—"2-sample t…"（双样本 t…）。

3. 如果数据为累积数据，选择"Samples in one column"（样本在一列中）来指定变量名称。如果数据为非累积数据（如例 13.1），在"Samples in different columns"（样本在不同列中）中，选择 Direct 和 Broker。单击"Assume equal variances"（假设等方差）。单击"Options…"（选项…）。

4. 在"Test difference"（检验差值）框中，输入原假设下的参数值（0），从"less than"（小于）、"not equal"（不等于）、"greater than"（大于）中选择一个作为"Alternative"（备择）（本例中需选择"greater than"（大于））。

**解 释**

检验统计量的值为 2.29，单尾的 $p$ 值为 0.012 2。我们发现检验的 $p$ 值很小（检验统计量的值落在拒绝域内）。因此，我们得出结论：有足够的证据能够推断自己购买的基金的表现要优于通过经纪人购买的基金。

### □ 估计 $\mu_1-\mu_2$：等方差

除了检验两总体均值的差之外，我们还可以估计均值之差。下面，我们估计在 95%

---

[1] 该单词在技术上是不正确的。因为我们检验 $\mu_1-\mu_2$，Excel 应该询问并输出"均值之间假设的差"。

的置信水平下，直接购买的基金的收益和通过经纪人购买的基金的收益的均值之差。

## 计　算

### 手工计算

同方差的两总体均值之差的置信区间估计为

$$(\bar{x}_1-\bar{x}_2)\pm t_{\alpha/2}\sqrt{s_p^2\left(\frac{1}{n_1}+\frac{1}{n_2}\right)}$$

在 95%的置信水平下，直接购买的基金的收益和通过经纪人购买的基金的收益的均值之差的置信区间估计为

$$(\bar{x}_1-\bar{x}_2)\pm t_{\alpha/2}\sqrt{s_p^2\left(\frac{1}{n_1}+\frac{1}{n_2}\right)}=(6.63-3.72)\pm 1.984\sqrt{40.42\times\left(\frac{1}{50}+\frac{1}{50}\right)}$$
$$=2.91\pm 2.52$$

上限和下限分别为 5.43 和 0.39。

**Excel**

| | A | B | C | D | E | F |
|---|---|---|---|---|---|---|
| 1 | **t-Estimate：Two Means（Equal Variances）** | | | | | |
| 2 | | | | | | |
| 3 | | | | Direct | Broker | |
| 4 | Mean | | | 6.63 | 3.72 | |
| 5 | Variance | | | 37.49 | 43.34 | |
| 6 | Observations | | | 50 | 50 | |
| 7 | | | | | | |
| 8 | Pooled Variance | | | 40.41 | | |
| 9 | Degrees of Freedom | | | 98 | | |
| 10 | Confidence Level | | | 0.95 | | |
| 11 | Confidence Interval Estimate | | | 2.91 | ± | 2.52 |
| 12 | LCL | | | 0.38 | | |
| 13 | UCL | | | 5.43 | | |

**计算机命令**

1. 在两列中输入或导入数据[①]（打开文件 Xm13－01）。

2. 单击“Add-Ins”（加载项）—“Data Analysis Plus”（数据分析加载项）—“t-Estimate：Two Means”（t－估计：双样本平均差检验）。

3. 指定“Variable 1 Range”（变量 1 的取值范围）（A1：A51），“Variable 2 Range”（变量 2 的取值范围）（B1：B51）。点击“Independent Samples with Equal Variances”（独立样本均值之差检验：同方差），输入 $\alpha$ 的值（0.05）。

① 如果有空单元格（代表缺失值），则必须删除。参见凯勒网站附录——删除 Excel 中的空单元格。

**Minitab**

**Two-Sample T-Test and CI：Direct，Broker**

Two-sample T for Direct vs Broker

| | N | Mean | StDev | SE Mean |
|---|---|---|---|---|
| Direct | 50 | 6.63 | 6.12 | 0.87 |
| Broker | 50 | 3.72 | 6.58 | 0.93 |

Difference=mu (Direct)−mu(Broker)

Estimate for difference：2.91

95% CI for difference：(0.38，5.43)

T-Test of difference=0(vs not=)：T-Value=2.29 P-Value=0.024 DF=98

Both use Pooled StDev=6.357 2

**计算机命令**

计算置信区间估计量的步骤与检验的步骤相同，只是在“Alternative”（备择）中选择“not equal”（不等于）。Minitab进行的是双尾检验，并给出了置信区间估计量。

**解 释**

我们估计，直接购买的基金的收益比通过经纪人购买的基金的收益平均高 0.38 至 5.43 个百分点。

**例 13.2**[①] **新的 CEO 对家族企业的影响**

数据：Xm13 - 02

对于家族企业来说，老板的儿子或者女儿接管公司会对公司的业务造成什么影响？新的老板是公司所有者的后代和从公司外部聘请 CEO 这两种情况，哪一种对公司的发展更有利？为了回答这个问题，研究人员从 1994 年至 2002 年的公司中随机抽取了 140 家，其中 30%的公司将所有权传给了后代，而余下的 70%则是指定外部人员为 CEO。研究人员计算了新老板继任前和继任后营业收入占总资产的比例。下面的数据是继任前后该比例的变化（继任后营业收入的比例−继任前营业收入的比例）。这些数据能否说明选择所有者的后代和选择公司外部人员是不同的？

**后代继任**

| | | | | |
|---|---|---|---|---|
| −1.95 | −1.38 | −0.48 | −0.67 | 2.75 |
| 0 | 0.57 | 0.24 | 2.61 | 0.3 |
| 0.56 | 3.05 | 0.79 | 1.55 | |
| 1.44 | 2.98 | −1.19 | −2.67 | |
| 1.5 | 0.91 | 1.89 | −1.91 | |
| 1.41 | −2.16 | −3.7 | 1.01 | |
| −0.32 | 1.22 | −0.31 | −1.62 | |
| −1.7 | 0.67 | −1.37 | −5.25 | |

① 资料来源：M. Bennedsen 和 K. Nielsen，哥本哈根商学院；D. Wolfenzon，纽约大学。

| | | | |
|---|---|---|---|
| −1.66 | −0.39 | −3.15 | 0.14 |
| −1.87 | −1.43 | 3.27 | 2.12 |

**外部聘请人员**

| | | | | | | | | | |
|---|---|---|---|---|---|---|---|---|---|
| 0.69 | 6.31 | 0.09 | 4.41 | 0.33 | 5.67 | 2.79 | −1.32 | 3.2 | −1.16 |
| −0.95 | −3.04 | 6.79 | 4.62 | −5.96 | −0.8 | 5.62 | 5.93 | −3.07 | 1.04 |
| −2.2 | −0.42 | 1.72 | 4.5 | −2.46 | 1.37 | −2.69 | −0.45 | −4.34 | 1.28 |
| 2.65 | −0.89 | 6.64 | 2.37 | 1.59 | 0.72 | −2.59 | −3.2 | −1.16 | 1.74 |
| 5.39 | −1.05 | 4.75 | 2.44 | −2.03 | 4.14 | 2.45 | 5.08 | −0.51 | −0.14 |
| 4.15 | −4.23 | 2.84 | 1.07 | −1.69 | 3.04 | 3.39 | 0.23 | 8.68 | −0.82 |
| 4.28 | −0.16 | −2.1 | −1.11 | 0.55 | 3.33 | 5.89 | −2.69 | 1.43 | 0 |
| 2.97 | 2.77 | 2.07 | 0.44 | 0.95 | 3.2 | −0.71 | 3.76 | −0.37 | 2.68 |
| 4.11 | −0.96 | 1.58 | 1.36 | 3.06 | 0.55 | 4.22 | 1.05 | −0.49 | |
| 2.66 | 1.01 | −1.98 | 0.88 | 4.83 | −1.4 | 0.46 | 0.53 | −0.08 | |

**解**

**识　别**

问题的目标是比较两个总体，数据为定距数据。我们感兴趣的参数是两总体均值之差 $\mu_1-\mu_2$，其中 $\mu_1$ 是指由老板的儿子或女儿继任时变化的均值，$\mu_2$ 是指由外部人员继任时变化的均值。

为了判断选择等方差检验还是选择异方差检验，我们首先对方差的比进行 $F$ 检验。

$$H_0:\sigma_1^2/\sigma_2^2=1$$
$$H_1:\sigma_1^2/\sigma_2^2\neq 1$$

**计　算**

**手工计算**

根据以上数据，我们可以得到下面的统计量：

$$s_1^2=3.79,\quad s_2^2=8.03$$

检验统计量为

$$F=s_1^2/s_2^2=3.79/8.03=0.47$$

自由度为

$$v_1=n_1-1=42-1=41 \text{ 和 } v_2=n_2-1=98-1=97$$

拒绝域为

$$F>F_{\alpha/2,v1,v2}=F_{0.025,41,97}\approx F_{0.025,40,100}=1.64$$

或者

$$F<F_{1-\alpha/2,v_1,v_2}=F_{0.975,41,97}\approx 1/F_{0.025,97,41}\approx 1/F_{0.025,100,40}$$
$$=1/1.74=0.57$$

因为 $F=0.47$ 小于 0.57，所以我们拒绝原假设。

**Excel**

| | A | B | C |
|---|---|---|---|
| 1 | F 检验　双样本方差 | | |
| 2 | | | |
| 3 | | Offspring | Outsider |
| 4 | 平均 | −0.10 | 1.24 |
| 5 | 方差 | 3.79 | 8.03 |
| 6 | 观测值 | 42 | 98 |
| 7 | df | 41 | 97 |
| 8 | F | 0.47 | |
| 9 | P(F<=f) 单尾 | 0.004 0 | |
| 10 | F 单尾临界 | 0.631 4 | |

检验统计量的值是 $F=0.47$，$p$ 值为 $2\times0.0040=0.0080$。

**Minitab**

**Test for Equal Variances：Offspring，Outsider**

F-Test（Normal Distribution）

Test statistic=0.47，p-value=0.008

## 解　释

按照上面的数据，我们有足够的证据推断总体方差不同，所以我们选择使用 $\mu_1-\mu_2$ 的异方差 $t$ 检验。

因为我们要检验均值之间是否有差别，所以备择假设为

$$H_1:(\mu_1-\mu_2)\neq 0$$

原假设为

$$H_0:(\mu_1-\mu_2)=0$$

## 计　算

**手工计算**

从以上数据中，我们可以计算如下检验统计量

$$\bar{x}_1=-0.10,\quad \bar{x}_2=1.24,\quad s_1^2=3.79,\quad s_2^2=8.03$$

检验统计量的自由度为

$$v=\frac{(s_1^2/n_1+s_2^2/n_2)^2}{\dfrac{(s_1^2/n_1)^2}{n_1-1}+\dfrac{(s_2^2/n_2)^2}{n_2-1}}=\frac{(3.79/42+8.03/98)^2}{\dfrac{(3.79/42)^2}{42-1}+\dfrac{(8.03/98)^2}{98-1}}=110.69$$

（四舍五入为 111。）

拒绝域为

$$t < -t_{\alpha/2,v} = -t_{0.025,111} \approx -t_{0.025,110} = -1.982 \text{ 或者 } t > t_{\alpha/2,v} = t_{0.025,111} \approx 1.982$$

检验统计量的值为

$$t = \frac{(\bar{x}_1 - \bar{x}_2) - (\mu_1 - \mu_2)}{\sqrt{\frac{s_1^2}{n_1} + \frac{s_2^2}{n_2}}} = \frac{(-0.10 - 1.24) - (0)}{\sqrt{\frac{3.79}{42} + \frac{8.03}{98}}} = -3.22$$

**Excel**

| | A | B | C |
|---|---|---|---|
| 1 | t 检验：双样本异方差假设 | | |
| 2 | | | |
| 3 | | Offspring | Outsider |
| 4 | 平均 | −0.10 | 1.24 |
| 5 | 方差 | 3.79 | 8.03 |
| 6 | 观测值 | 42 | 98 |
| 7 | 假设平均差 | 0 | |
| 8 | df | 111 | |
| 9 | t Stat | −3.22 | |
| 10 | P(T<=t) 单尾 | 0.000 8 | |
| 11 | t 单尾临界 | 1.658 7 | |
| 12 | P(T<=t) 双尾 | 0.001 7 | |
| 13 | t 双尾临界 | 1.981 6 | |

**计算机命令**

除了在第 2 步时，选择“数据”—“数据分析”—“t -检验：双样本异方差假设”，其他步骤与例 13.1 相同。

**Minitab**

**Two-Sample T and CI：Offspring，Outsider**

Two-sample T for Offspring vs Outsider

| | N | Mean | StDev | SE Mean |
|---|---|---|---|---|
| Offspring | 42 | −0.10 | 1.95 | 0.30 |
| Outsider | 98 | 1.24 | 2.83 | 0.29 |

Difference=mu (Offspring)−mu(Outsider)

Estimate for difference：−1.336

95% CI for difference：(−2.158，−0.514)

T-Test of difference=0(vs not=)：T-Value=−3.22  P-Value=0.002  DF=110

**计算机命令**

除了第三步中没有单击“Assume equal variances”（假设同方差）之外，其他步骤与例 13.1 相同。

**解　释**

$t$ 统计量的值为$-3.22$，$p$ 值为 0.001 7。因此，我们得出结论，有足够的证据能够推断两个总体营业收入改变的均值是不同的。

## □ 估计 $\mu_1-\mu_2$：异方差

我们也可以计算两总体均值之差的置信区间估计量，假设置信水平是 95%，选择使用 $\mu_1-\mu_2$ 的异方差置信区间估计量。

**计　算**

**手工计算**

$$(\bar{x}_1-\bar{x}_2)\pm t_{\alpha/2}\sqrt{\frac{s_1^2}{n_1}+\frac{s_2^2}{n_2}}=(-0.10-1.24)\pm 1.982\sqrt{\frac{3.79}{42}+\frac{8.03}{98}}$$
$$=-1.34\pm 0.82$$

LCL$=-2.16$，UCL$=-0.52$

**Excel**

| | A | B | C | D |
|---|---|---|---|---|
| 1 | *t*-Estimate：Two Means（Unequal Variances） | | | |
| 2 | | | | |
| 3 | | Offspring | Outsider | |
| 4 | Mean | −0.10 | 1.24 | |
| 5 | Variance | 3.79 | 8.03 | |
| 6 | Observations | 42 | 98 | |
| 7 | | | | |
| 8 | Degrees of Freedom | 110.75 | | |
| 9 | Confidence Level | 0.95 | | |
| 10 | Confidence Interval Estimate | −1.34 | ± | 0.82 |
| 11 | LCL | −2.16 | | |
| 12 | UCL | −0.51 | | |

**计算机命令**

1. 在两列中输入或导入数据[①]（打开文件 Xm13－02）。

2. 单击 “Add-Ins”（加载项）— “Data Analysis Plus”（数据分析加载项）— “t-Estimate：Two Means”（两样本均值之差的 t 检验）。

3. 指定 “Variable 1 Range”（变量 1 的取值范围）（A1：A43），“Variable 2 Range”（变量 2 的取值范围）（B1：B99）。点击 “Independent Samples with Unequal Variances”（独立样本均值之差的检验：异方差），输入 $\alpha$ 的值（0.05）。

**Minitab**

Minitab 在输出假设检验的结果时，会同时输出置信区间估计量。但是，如果要计算双边区间估计，需要选择 “not equal”（不等于）作为 “Alternative”（备择）。

解　释

我们估计的结果是，外部人员继任时营业收入改变的均值比由后代来继任的情况要高 0.51～2.16 个百分点。

### □ 13－1b　检查必要条件

无论是等方差还是异方差的统计方法都要求总体服从正态分布。[②] 和以前一样，我们可以通过画数据直方图的方法来检查数据分布是否满足必要条件。

为了说明的方便，我们用 Excel 来绘出本章例 13.1（图 13—2 和图 13—3）和例 13.2（图 13—4 和图 13—5）的直方图。（用 Minitab 画的图与用 Excel 画的图基本上一样。）我们看到，虽然直方图显示数据分布不是完全与钟形曲线吻合，但我们从图上可以得出这两个总体的样本数据至少是趋于服从正态分布的。由于该统计技术是稳健的，所以我们完全相信该计算结果的正确性。

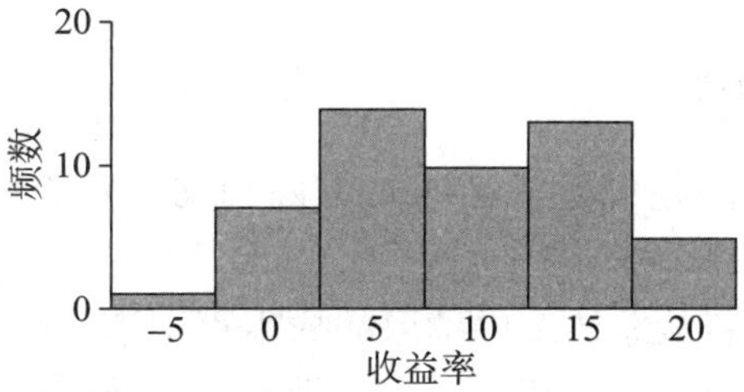


**图 13—2　例 13.1 中直接购买共同基金的收益率的直方图**

① 如果有空单元格（代表缺失值），则必须删除。参见凯勒网站附录——删除 Excel 中的空单元格。

② 如第 12 章中所指出的，大样本可以克服极端非正态性的影响。

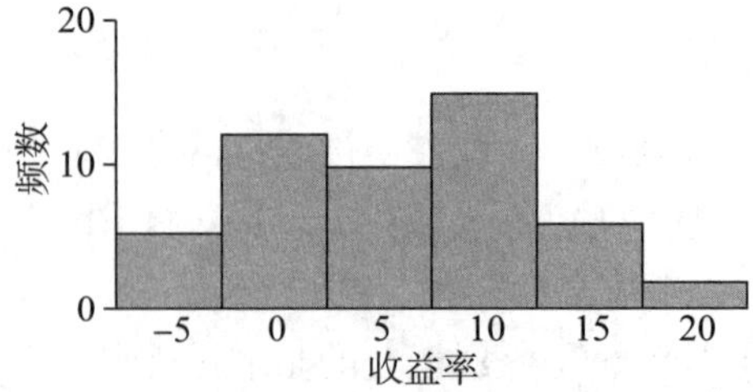


**图 13—3　例 13.1 中通过经纪人购买共同基金的收益率的直方图**

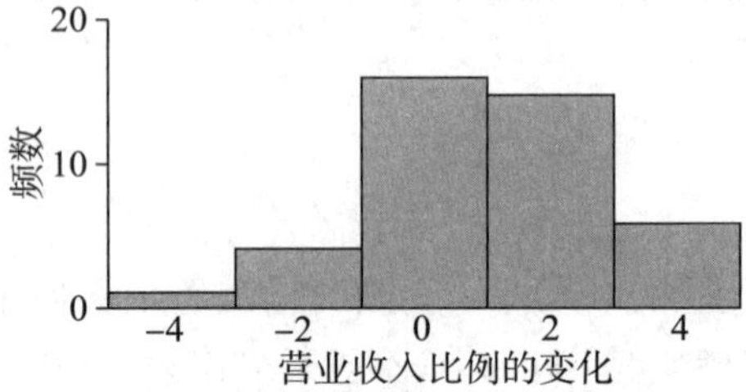


**图 13—4　例 13.2 中选择后代继任的公司营业收入比例变化的直方图**

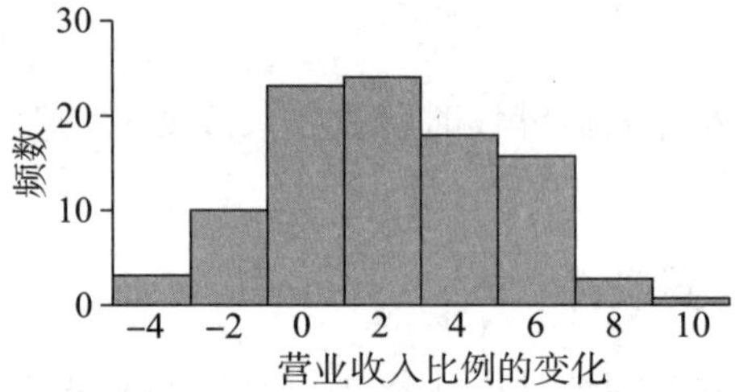


**图 13—5　例 13.2 中选择外部聘请人员继任的公司营业收入比例变化的直方图**



## □ 13-1c　不满足必要条件的情况

当不满足正态分布的要求时，对独立样本我们可以采用一种非参数的统计方法——威尔科克森秩和检验（Wilcoxon rank sum test，第 19 章[①]将会介绍）——来代替 $\mu_1-\mu_2$的等方差检验。当总体完全不服从正态分布时，没有其他的关于 $\mu_1-\mu_2$ 的异方差检验的方法可供使用。

## □ 13-1d　数据格式

当我们对两总体均值的差进行推断时，有两种储存数据的方式。第一种就是在例 13.1 和例 13.2 中所看到的，称为非累积（unstacked）方法。这种方法将从总体 1 中抽取的样本存于第 1 列，而将从总体 2 中抽取的样本存于第 2 列。第二种是用累积方法储存数据。这种方式是将所有数据都存于一列，用另外一列储存代码，代码通常是 1 或者 2，不同的代码表示相应的观测值取自哪一个样本。这里给出一个非累积数据的例子。

① 当不满足正态性时，若教师希望讲授两样本均值之差的检验的非参数方法，则必须使用凯勒网站附录——非参数方法简介，威尔科克森秩和检验以及威尔科克森符号秩和检验。

| 第 1 列（样本 1） | 第 2 列（样本 2） |
|---|---|
| 12 | 18 |
| 19 | 23 |
| 13 | 25 |

下面是用累积方法表示的相同数据。

| 第 1 列 | 第 2 列 |
|---|---|
| 12 | 1 |
| 19 | 1 |
| 13 | 1 |
| 18 | 2 |
| 23 | 2 |
| 25 | 2 |

这里的数据没有必要按顺序排列。所以，我们也可以这样储存数据：

| 第 1 列 | 第 2 列 |
|---|---|
| 18 | 2 |
| 25 | 2 |
| 13 | 1 |
| 12 | 1 |
| 23 | 2 |
| 19 | 1 |

如果要比较两个总体，但却只有一个变量，则一般使用非累积的形式记录数据比较合理。然而，我们遇见的情况一般都需要观测和比较几个变量。比如，我们调查男性和女性工商管理硕士（MBA）的年龄、收入和工作年限。这样的数据通常按以下的累积形式储存。

第 1 列：标明性别的代码，女为（1），男为（2）
第 2 列：年龄
第 3 列：收入
第 4 列：工作年限

比较年龄，我们可以使用第 1 列和第 2 列；比较收入，可以使用第 1 列和第 3 列；比较工作经验，可以使用第 1 列和第 4 列。

大多数统计软件都对数据格式有具体要求。Excel 中的部分操作要求数据以非累积形式存储；Minitab 的有些操作过程允许使用两种格式，而其他操作过程就只能使用其中的一种格式。幸运的是，我们的软件包都允许统计人员自由切换数据格式。（详见本书所附凯勒网站附录——Excel 和 Minitab 处理累积数据和非累积数据的说明。）这样，在我们的网站上，就可以按累积或非累积的数据格式存储数据了。事实上，我们已经有意识地使用了两种数据格式，尽可能多地给读者提供练习处理数据的机会，提高他们掌握处理数据的能力。在本章和本书的其他章节中，采用各种统计方法时都需要用到这种数据处理能力。

### □ 13-1e 理解统计概念 1

本节的公式相对比较复杂。然而，从概念上来讲，本章所出现的检验统计量都是建立在第 11 章介绍的统计方法之上的，这些统计方法在第 12 章中也同样出现过，即检验统计量是用标准差衡量的统计量 $\bar{x}_1-\bar{x}_2$ 与参数 $\mu_1-\mu_2$ 的假设值之间的差值。

### □ 13-1f 理解统计概念 2

我们这里介绍的所有推断过程都需要事先从数据中估算出标准差。采用什么方法来计算 $\bar{x}_1-\bar{x}_2$ 的标准差是由总体方差是否相等决定的。如果总体方差是相等的，我们就采用联合方差估计量 $s_p^2$。这里用到了一个重要原理，在本章的后面（13.5 节）和以后的章节中我们还将提到这个原理。这个原理可以表述为，在可能的情况下，将样本数据汇聚起来估计标准差总是比较有利的。在例 13.1 中，因为我们假设了两个样本是从方差相等的总体中抽取的，所以可以将它们汇聚起来放到一起处理。将两个样本组合起来有助于提高估计的准确性。因此，在估计共同的方差时，估计量 $s_p^2$ 是比独立的 $s_1^2$ 或 $s_2^2$ 更好的估计量。当两个总体的方差不相等时，我们不能将数据汇聚到一起建立一个共同估计量。我们只能计算 $s_1^2$ 和 $s_2^2$ 的值，然后分别用它们估计 $\sigma_1^2$ 和 $\sigma_2^2$。

我们总结一下本节中出现的统计方法。

**识别 $\mu_1-\mu_2$ 的等方差 $t$ 检验和估计量的要素**

1. 目标：比较两个总体
2. 数据类型：定距数据
3. 描述性测量：中心位置
4. 试验设计：独立抽样
5. 总体方差：相等

**识别 $\mu_1-\mu_2$ 的异方差 $t$ 检验和估计量的要素**

1. 目标：比较两个总体
2. 数据类型：定距数据
3. 描述性测量：中心位置
4. 试验设计：独立抽样
5. 总体方差：不相等

## 习　题

**自己的 EXCEL**

创建实现如下方法的 Excel 工作簿。

**13.1** $\mu_1-\mu_2$ 的 $t$ 检验：同方差。输入：样本均值，样本标准差，样本容量和假设的均值之差。输出：检验统计量，临界值，单尾 $p$ 值和双尾 $p$ 值。工具：TINV，TDIST。

**13.2** $\mu_1-\mu_2$ 的 $t$ 估计：等方差。输入：样本均值，样本标准差，样本容量和显著性水平。输出：置信上限和置信下限。工具：TINV。

**13.3** $\mu_1-\mu_2$ 的 $t$ 检验：异方差。输入：样本均值，样本标准差，样本容量和假设的均值之差。输出：检验统计量，临界值，单尾 $p$ 值和双尾 $p$ 值。工具：TINV，TDIST。

**13.4** $\mu_1-\mu_2$ 的 $t$ 估计：异方差。输入：样本均值，样本标准差，样本容量和显著性水平。输出：置信上限和置信下限。工具：TINV。

**理解统计概念**

习题 13.5 至习题 13.10 都是针对假设分析的，主要为了考察当统计推断的要素改变时，检验统计量和置信区间会发生什么变化。这些问题可以用手工计算，也可以用你自己创建的 Excel 工作簿或 Minitab 解答。

**13.5** 从两个正态分布的总体中各随机抽取 25 个样本，由计算得到下面的统计量。

$$\bar{x}_1=524,\quad s_1=129$$
$$\bar{x}_2=469,\quad s_2=141$$

a. 在 95%的置信水平下估计两个总体均值之差。

b. 增大标准差的值到 $s_1=255$ 和 $s_2=260$，重新解答问题（a）。

c. 分析样本标准差增大所带来的影响。

d. 样本容量变为 100，重新解答问题（a）。

e. 讨论样本容量增加带来的影响。

**13.6** 从两个正态分布的总体中各随机抽取 12 个样本，计算得到下面的统计量。

$$\bar{x}_1=74,\quad s_1=18$$
$$\bar{x}_2=71,\quad s_2=16$$

a. 在 $\alpha=0.05$ 的显著性水平下，能否推出总体均值不同？

b. 增大标准差的值到 $s_1=210$ 和 $s_2=198$，重新解答问题（a）。

c. 分析样本标准差增大带来的影响。

d. 样本容量变为 150，重新解答问题（a）。

e. 讨论增加样本容量带来的影响。

f. 将样本 1 的均值改为 $\bar{x}_1=76$，重新解答问题（a）。

g. 讨论增加 $\bar{x}_1$ 产生的影响。

**13.7** 从两个服从正态分布的总体中随机抽样得出以下结果：

$$\bar{x}_1=63,\quad s_1=18,\quad n_1=50$$
$$\bar{x}_2=60,\quad s_2=7,\quad n_2=45$$

a. 在 90%的置信水平下估计两总体均值之差。

b. 将样本标准差分别改为 41 和 15，重新解答问题（a）。

c. 说明样本标准差增加产生的影响。

d. 将样本容量加倍，重新解答问题（a）。

e. 分析增加样本容量产生的影响。

**13.8** 从两个正态分布的总体中随机抽样，得到如下结果：

$$\bar{x}_1=412,\quad s_1=128,\quad n_1=150$$

$$\bar{x}_2=405,\quad s_2=54,\quad n_2=150$$

a. 在 5%的显著性水平下，能否认为 $\mu_1$ 大于 $\mu_2$？

b. 分别将样本标准差减小至 $s_1=31$ 和 $s_2=16$，重新解答问题（a）。

c. 分析样本标准差变小带来的影响。

d. 分别将样本容量改为 20，重新解答问题（a）。

e. 分析减小样本容量产生的影响。

f. 将样本 1 的均值改成 $\bar{x}_1=409$，重新解答问题（a）。

g. 讨论减小样本 1 的均值 $\bar{x}_1$ 产生的影响。

**13.9** 在总体方差相等和不等的两种情况下分别根据以下每组条件确定自由度的值。

a. $n_1=15$，$n_2=15$，$s_1^2=25$，$s_2^2=15$。

b. $n_1=10$，$n_2=16$，$s_1^2=100$，$s_2^2=15$。

c. $n_1=50$，$n_2=50$，$s_1^2=8$，$s_2^2=14$。

d. $n_1=60$，$n_2=45$，$s_1^2=75$，$s_2^2=10$。

**13.10** 参考习题 13.9。

a. 试证明，在各种情况下，等方差的检验统计量的自由度和置信区间都大于异方差的检验统计量的自由度和置信区间。

b. 试用不同的样本容量和样本方差的组合方式说明等方差的检验统计量的自由度和置信区间大于异方差的检验统计量的自由度和置信区间。

**应用**

习题 13.11 至习题 13.16 使用 10%的显著性水平。

**13.11 Xr13-11** 每个月服装店都会清点库存，计算由于偷盗造成的损失。该服装店正在考虑采用两种方法来减少损失：雇用保安或者安装摄像头。为了在这两种方法中做出选择，经理前 6 个月雇用保安，接下来的 6 个月安装摄像头，记录每个月的损失数据。因为安装摄像头要比雇用保安便宜，所以经理决定除非有足够的证据能够推断雇用保安效果更好，否则他就选择安装摄像头。你认为经理应该怎么做？

| | | | | | | |
|---|---|---|---|---|---|---|
| 雇用保安 | 355 | 284 | 401 | 398 | 477 | 254 |
| 安装摄像头 | 486 | 303 | 270 | 386 | 411 | 435 |

**13.12 Xr13-12** 一男子棒球联盟正在进行实验，测试在晚上的比赛中是否黄色的棒球更容易被看到。判断的方法之一是计算发生错误的次数。在进行初步实验时，有 10 场比赛使用黄色棒球，其余 10 场比赛使用传统的白色棒球。记录每场比赛出现错误的次数。我们能否认为使用黄色棒球比使用白色棒球出现的错误少？

| | | | | | | | | | | |
|---|---|---|---|---|---|---|---|---|---|---|
| 黄色 | 5 | 2 | 6 | 7 | 2 | 5 | 3 | 8 | 4 | 9 |
| 白色 | 7 | 6 | 8 | 5 | 9 | 11 | 8 | 3 | 6 | 10 |

**13.13 Xr13-13** 很多餐厅为信用卡刷卡客户提供一种能在餐桌处结账的设备。

该设备允许使用者设定一定比例或金额的小费。抽选一组信用卡消费用户组成随机样本，通过实验研究该设备如何工作。一些人使用常规方式，另一些人使用新设备，记录小费的比例并列示如下。我们能够推断使用新设备的消费者留下更多小费吗？

| | | | | | | | | | | | |
|---|---|---|---|---|---|---|---|---|---|---|---|
| 常规方式 | 10.3 | 15.2 | 13.0 | 9.9 | 12.1 | 13.4 | 12.2 | 14.9 | 13.2 | 12.0 | |
| 新设备 | 13.6 | 15.7 | 12.9 | 13.2 | 12.9 | 13.4 | 12.1 | 13.9 | 15.7 | 15.4 | 17.4 |

**13.14　Xr13-14**　高尔夫球手和滑雪者谁在假期上的花费更多？为了回答这个问题，一家旅行机构随机抽取了 15 名经常和配偶参加滑雪度假和高尔夫度假的顾客，记录了他们去年的旅行支出。我们是否可以认为高尔夫球手和滑雪者在假期上的花费不同？

| | | | | | | | | | |
|---|---|---|---|---|---|---|---|---|---|
| 高尔夫球手 | 2 450 | 3 860 | 4 528 | 1 944 | 3 166 | 3 275 | 4 490 | 3 685 | 2 950 |
| 滑雪者 | 3 805 | 3 725 | 2 990 | 4 357 | 5 550 | 4 130 | | | |

**13.15　Xr13-15**　球迷和球队都越来越关心打完一场职业棒球大联盟比赛所需的时间。为评估这一时间，一位统计学家抽选了 5 年前和今年的若干场比赛组成随机样本，并记录了完成比赛所需的时间（单位：分钟）。我们能够认为今年完成一场比赛所需的时间多于 5 年前吗？

| | | | | | | | | | | | |
|---|---|---|---|---|---|---|---|---|---|---|---|
| 5 年前 | 169 | 160 | 174 | 161 | 187 | 172 | 177 | 187 | 153 | 169 | 161 | 194 |
| 今年 | 153 | 182 | 162 | 190 | 163 | 189 | 171 | 197 | 159 | 180 | 197 | 178 |

**13.16　Xr13-16**　面对油价的突然大幅上涨，司机将作何反应？为了回答这一问题，一位统计学家记录了汽车经过某大型服务区时的速度。当大型服务区标示油价已经上涨 15 美分后，他在同样的位置记录了汽车的速度（单位：英里/小时）。我们能够认为速度变得不同了吗？

| | | | | | | | | | | | |
|---|---|---|---|---|---|---|---|---|---|---|---|
| 油价上涨前速度 | 43 | 36 | 31 | 30 | 28 | 36 | 27 | 36 | 35 | 30 | 32 | 36 |
| 油价上涨后速度 | 32 | 33 | 36 | 31 | 32 | 29 | 28 | 39 | 26 | 30 | 32 | 30 |

习题 13.17 至习题 13.41 需要使用计算机和相关软件。答案可以借助附录 A 中的样本统计量手工计算。如果没有明确说明，使用 5%的显著性水平。

**13.17　Xr13-17**　Tastee 有限公司是一家生产婴儿食品的公司。该公司总裁声称，他们的产品优于主要竞争对手的产品，因为食用他们产品的婴儿体重增长较快（体重增加对于婴儿来说是一件好事）。为了检验这一结论是否属实，有人进行了一次试验，询问新生婴儿的母亲倾向于使用何种婴儿食品喂养她们的宝宝，并要求选择 Tastee 或其主要竞争对手的母亲跟踪记录下她们宝宝两个月内的体重增长情况。有 15 位母亲回答将用 Tastee 公司的产品，有 25 位母亲倾向于用 Tastee 公司的主要竞争者的产品。她们记录了每个宝宝的体重增长情况（单位：盎司）。

a. 如果用体重增长作为标准，我们是否真的可以断定 Tastee 公司的产品的确优于其他品牌的产品？

b. 在 95%的置信水平下，估计食用两种产品的宝宝的体重增长均值的差异。

c. 检验我们所采用的统计方法的必要条件是否满足。

**13.18　Xr13-18**　食用麦片粥是不是降低胆固醇的一种有效方式？早期的研究表明，每天食用麦片粥可使胆固醇降低 5%～10%。关于该项研究的报道迎来了许多新的含有不同比例的麦片粥的谷类食品的出现。然而一项由波士顿的医学研究人员组织的研究使人们对麦片粥的效用产生了怀疑。240 名志愿者参与了该项研究，其中的 120 人早餐食用麦片粥，而另外 120 人食用另一种谷类食品。经过六个月的观察后，分别计算出志愿者胆固醇降低的百分比数。从中我们是否可以推断出，麦片粥降低胆固醇的效果与其他谷类食品不同？

**13.19　Xr13 - 19*** 　为了评估电台广告的价值，赞助商不仅要考虑听众的数量，还要考虑听众的年龄。一般而言，18～34 岁这个年龄段的人群的花费最多。为了检验这个结论，一个调频电台的经理托人做了一次调查，这次调查的目的之一是估计 18～34 岁年龄段的人群和 35～50 岁年龄段的人群收听习惯的不同。从每个年龄段的人群中分别抽取 250 人，了解他们每天花多少时间收听调频电台的节目，并记录调查结果（单位：分钟）。（第 1 列为年龄段，第 2 列为收听时间。）

a. 我们能否认为这两个年龄段听众的收听时间存在差异？

b. 在 95%的置信水平下，估计两个年龄段的人群收听调频电台节目时间均值之差。

c. 问题（a）和问题（b）中使用的统计方法的必要条件是否满足？

**13.20　Xr13 - 20**　邮轮业务正在迅速增长。虽然长期以来使用邮轮的多是年长者，但是最近年轻人也越来越倾向于选择邮轮作为他们的度假方式。为了判断这种说法是否正确，一位主管从两年前的游客和今年的游客中分别随机抽取样本，记录了他们的年龄。

a. 根据这些数据，主管是否可以认为邮轮正在吸引年轻人？

b. 在 99%的置信水平下，估计两年前和今年游客年龄之差的均值。

**13.21　Xr13 - 21*** 　汽车保险公司在设定投保费率的时候要考虑诸多因素，包括年龄、婚姻状况、每年驾驶里程数等。为了确定性别对驾驶安全的影响，该公司随机抽取若干女性和男性司机（年龄在 25 岁以下，具有两年以下驾龄）组成一个样本，调查每个司机去年驾车行驶的里程数。调查所得的记录数据（单位：千英里）以累积格式（第 1 列为驾龄里程数，第 2 列为性别，其中 1 代表男性司机，2 代表女性司机）储存。

a. 能否认为男女司机的年驾驶里程数不相等？

b. 在 95%的置信水平下估计男女司机的年平均驾驶里程数之差。

c. 检验问题（a）和问题（b）中使用的统计方法的必要条件是否满足。

**13.22　Xr13 - 22**　一家车用空调生产公司的总裁正在考虑换一家冷凝器供应商。现在为该公司提供冷凝器的供应商 A 开出的价格要比供应商 B 高出 5%。为了保证该公司在质量方面的良好声誉，他们必须确信供应商 B 的冷凝器的使用寿命至少与供应商 A 的一样长。经过一番仔细的分析，总裁决定，如果有足够的证据证明供应商 A 的冷凝器的平均寿命比供应商 B 的长，那么他将继续与供应商 A 合作。在一次试验中，他为 30 辆中型轿车装上了供应商 A 的冷凝器，为另外 30 辆中型轿车装上了供应商 B 的冷凝器，并且记录下了冷凝器首次损坏前每辆轿车的行驶里程数（单位：千英里）。该总裁是否应该继续和供应商 A 合作？

**13.23　Xr13 - 23**　一家公司的人力资源部经理的重要职责就是跟踪员工的流失情况。通常来说，公司偏向于尽量挽留员工，因为需要对新员工进行培训，同时新员工适应工作需要花很长时间。人力资源部经理组织了一个全国性的调查项目，随机抽取若干男性和女性，询问他们从事现在的工作的时间，并记录了反馈结果（单位：年）。从中我们能否推出，男性和女性的工作任期是不同的？（《美国统计摘要》，2000 年，表 664。）

**13.24　Xr13 - 24**　一位统计学教授正准备为他的统计学课程选择一种统计学软件。

他认为，这种软件所要具备的最重要的特征是简单易学。他已经把选择范围缩小到两种：软件 A 是一个以菜单操作为主的统计软件，具备一部分高级统计功能；软件 B 是一个能进行大多数统计操作的电子制表软件。他让随机抽取的 40 个统计学学生从两种软件中选择一种，同时他为每个学生布置了同一道统计学习题，要求这些学生用计算机和他们选择的软件以及适当的手工计算求解该问题。他记录了每个学生求解该问题所花的时间（单位：分钟）。

a. 根据这些数字，该教授能否推断出学习使用这两种软件所花的时间是不同的？（用 1%的显著性水平。）

b. 在 95%的置信水平下，估计学习使用这两种软件所花时间的均值的差异。

c. 我们在解答问题（a）和问题（b）时使用的统计方法的必要条件是什么？

d. 检验这些必要条件是否满足。

**13.25　Xr13－25**　生产力低下的一个原因是大量时间被工人们浪费了，其中包括弥补错误所花的时间、等待物资和设备所用的时间以及做一些和生产无关的事情所花的时间。在针对该问题的一项调查中，一个运营管理顾问调查了被认为成功（取决于它们去年的利润）的公司中的 200 名员工和被认为不成功的公司中的 200 员工，并记录下了这些工人在一个标准的 40 小时的工作周中总共浪费的时间（单位：小时）。

a. 在 1%的显著性水平下，是否有证据推断，不成功的公司的员工浪费的时间比成功的公司的员工浪费的时间多？

b. 在 95%的置信水平下，不成功的公司的员工浪费的时间比成功的公司的员工浪费的时间多出多少？

**13.26　Xr13－26**　最新的研究表明，开车的时候打移动电话是非常危险的。其中一个原因是当司机打电话的时候，他们的反应速度会减慢。俄亥俄州迈阿密大学的研究人员抽样调查了那些拥有汽车无线电话的司机，分别测量了其中一半边打电话边开车的司机和另一半正常开车的司机的反应时间。能否认为驾车时打电话会减慢司机的反应速度？

**13.27　Xr13－27**　参考习题 13.26。为了确定开车时打电话的内容是否会对司机的反应时间造成影响，这些研究者又做了另一个试验。一些司机受邀在开车的同时参加了一次电话讨论，其中一半人被安排闲聊，另一半人讨论的话题是政治内容。再次测量并记录下了他们的反应时间。从中能否推断，开车时打电话讨论的内容对司机的反应时间有影响？

**13.28　Xr13－28**　大多数消费者在选择专业服务人员之前都会做一番调查。随机抽取一组近期选择了理财规划师的人作为一个样本，另外随机抽取一组近期选择了股票经纪人的人作为一个样本，分别调查他们在做出决定之前所花的调研时间。能否从中推断，人们选择理财规划师所花的时间要比选择股票经纪人所花的时间更多？（资料来源：Yankelovich Partners.）

**13.29　Xr13－29　Xr13－23**　北卡罗来纳州立大学的学者最近的一项研究发现，在 12 种目前最为流行的中学教科书里存在数以千计的错误。例如，自由女神雕像是左撇子；容量等于长度乘以深度等。（资料来源：《时代周刊》，2001 年 2 月 12 日。）这些书的质量是如此低劣，以至于哈佛大学史密森天体物理学中心的主任菲利浦·塞德勒（Philip Sadler）决定进行一次调查以了解这些书究竟带来了什么后果。他分别记录了高中时使用和未使用这些教科书的学生的大学物理成绩。从这些数据是否可以推断，高中未使用这些教科书的学生的成绩优于那些曾使用这些教科书的学生的成绩？

**13.30 Xr13-30** 麦当劳和温迪两家快餐店中，哪家提供的驾驶快餐窗口服务更快？为了回答这个问题，随机抽取了这两家快餐店的服务时间作为样本。能否认为两家连锁店的服务时间存在差异？（资料来源：2000 QSR Drive-Thru Time Study.）

**13.31 Xr13-31** 睡眠不足是一个严重的疾病，它引发心脏病和造成交通事故。一项加拿大的统计研究抽选了部分加拿大成年人组成随机样本，询问他们通常的睡眠时长。我们能够根据数据推断男性和女性的睡眠时长不同吗？

**13.32 Xr13-32** 对大多数公司而言，了解谁是它们的客户，以及这些人是如何成为其客户的，是非常有用的。在一次针对信用卡使用的调查中，随机抽取若干信用卡申请者和通过电话销售商联系的信用卡持有者作为样本进行调查，并记录了上个月这两类顾客的总消费量。从这些数据中能否推断出这两类顾客的消费存在差异？

**13.33 Xr13-33** 轮胎生产商总是在研究如何生产更加经久耐用的轮胎。应用新技术生产的新产品将由职业司机开到跑道上进行测试。当然，那些真正有望成为该公司产品的创新产品也要经由普通司机进行测试。普通司机的测试相对而言更接近公司顾客的真实经历。假设为了判断其新型钢圈放射轮胎是否比当前型号的轮胎更加耐用，某轮胎生产商将新型号的轮胎安装在随机抽取的 20 辆车的后车架上，同时在随机抽取的另外 20 辆车的后车架上安装目前使用的轮胎。所有司机都被告知，按照他们平时的方式开车，直到轮胎磨损报废为止。该生产商记录了每辆车在轮胎报废前行驶的里程数（单位：千英里）。该生产商能否从中得出新型号的轮胎比目前的更经久耐用的结论？

**13.34 Xr13-34** 一般认为，工资为佣金制的销售人员的业绩要比工资固定的销售人员好。然而，一些管理咨询顾问认为在某些行业，工资固定的销售人员表现更好，因为消费者感受到的销售压力比较小，不会把销售人员当作敌人来看待。为了解决这个问题，从零售服装连锁店中随机抽取 180 名销售人员，其中 90 名实行佣金制，90 名实行固定工资制，并记录了每个人一个月的总销售额。我们能否认为佣金制的销售人员要比工资固定的销售人员业绩好？

**13.35 Xr13-35** 设计信用记分卡的目的是帮助金融机构批复贷款申请。然而，某些保险公司认为信用记分卡也可以用于计算保费，尤其是车险的保费。马萨诸塞州公共利益研究组织（MASSPIRG）已经提出了这项建议。为了获得更多信息，某家汽车保险公司的主管从该公司的顾客中随机抽取了一个样本，记录了过去三年中他们是否发生事故以及他们的信用记分。主管能否得出结论，认为过去三年中发生事故的人和未发生事故的人信用记分是不同的？

**13.36 Xr13-36*** 传统上来说，酒都是装在配有软木瓶塞的玻璃瓶中销售的，软木瓶塞主要用来阻隔空气，因为氧气对于储存酒不利，尤其是红酒。最近的研究显示，金属螺丝帽在阻隔空气方面更有效。然而，人们一般认为金属螺丝帽比较劣质，经常用于比较廉价的酒。为了判断这种想法是否正确，随机选取了 130 名平均每周至少喝一瓶酒的人，给他们用不同类型的瓶子储存同一种酒，一组用软木瓶塞，一组用金属螺丝帽。实验要求他们品尝酒，并猜测可能的零售价格。是否有足够的证据证明使用金属螺丝帽的酒往往被认为更便宜？

**13.37 Xr13-37** 研究表明，由于不能够形成新的突触连接来编码记忆，困倦的学生在学习上存在困难。问题的原因在于校园生活开始的时间过早，在黎明时醒来，学生们大脑中还在释放着的褪黑素使得他们十分困倦。几年以前，明尼苏达州的伊代纳将每天高中学习开始的时间由早上 7:25 调整为早上 8:30。一组随机样本记录了时间调整前和时间调整后学生的 SAT 成绩。我们能够根据数据推断调整时间后学生的 SAT 成绩提高了吗?

**饮食过量实验**

肥胖不仅是健康问题，也是财政问题。它能导致诸如糖尿病、心脏病和中风等疾病，进而增加个人的医疗保健支出。北美人口中肥胖者约有三分之一。为什么他们饮食过量?问题的原因很复杂。然而，有很多试验致力于研究这一主题，在大多数实验中，实验对象并不知道自己处于实验过程中。使用 5%的显著性水平检验以下假设问题。

**13.38 Xr13-38** 不新鲜的爆米花实验

午餐后，学生们被邀请观看一部新上映的电影。一半的学生被提供了中桶的爆米花，另一半学生被提供了大桶的爆米花，这些爆米花实际上是五天前就做好的，并不新鲜。两种规格的爆米花都足够多，学生们不能吃完。电影结束后，将会给爆米花称重并记录结果。这些数据能够帮助研究人员得出爆米花桶的容量越大，人们吃得越多的结论吗?(资料来源：摘自 Brian Wansink and SeaBum Park，"At the Movies: How External Cues and Perceived Taste Impact Consumption Volume," *Food Quality and Preference* 12:1 (January 2001): 69-74。)

**13.39 Xr13-39** 假葡萄酒试验

餐厅的用餐者被告知他们能够得到一杯免费的赤霞珠葡萄酒。实际上，他们拿到的并不是赤霞珠，而是 2 美元一瓶的叫作两元恰克的便宜葡萄酒。一半用餐者被告知葡萄酒来自新的加利福尼亚州酒庄，另一半用餐者被告知葡萄酒来自新的北达科他州酒庄(北达科他州没有酒庄，即便当地生产葡萄酒也不会被认为是上品)。餐厅给所有用餐者提供固定的菜单，所以他们的食物一样。实验的目的是判断事先知道葡萄酒的品质是否会影响用餐者的用餐体验。实验记录进餐的数量(以用餐者所点食物量的百分比测量，100%代表全部吃完)和在餐厅内进餐的时间。(资料来源：摘自 Brian Wansink，Collin Payne and Jill North，"Fine as North Dakota Wine: Sensory Experiences and the Intake of Companion Foods," *Physiology and Behavior* 90: 5 (2007): 712-716。)

a. 有足够的统计证据表明认为自己饮用优质酒(赤霞珠葡萄酒)的用餐者比认为自己饮用劣质酒的用餐者吃得更多吗?

b. 我们能够得出认为自己饮用优质酒(赤霞珠葡萄酒)的用餐者比认为自己饮用劣质酒的用餐者进餐时间更长的结论吗?

**13.40 Xr13-40** "超级碗"鸡翅实验

一批 MBA 学生被邀请在当地的运动酒吧观看"超级碗"比赛，酒吧承诺鸡翅和苏打水饮料均免费。学生们把吃完的鸡骨放到一边，鸡翅被吃完后可以重新加满。服务生也参与到实验中，他们会清理一半学生的鸡骨，不清理另一半学生的鸡骨。当"超级碗"比赛结束后，记录学生们吃掉的鸡翅数量。有充分的统计证据表明当不知道自己已经吃了多少的时候，人们会吃的更多吗?(资料来源：摘自 Brian Wansink and Collin Payne，"Counting Bones: Environmental Cues that Decrease Food Intake," *Perceptual and Motor Skills* 104 (2007): 273-277。)

**13.41　Xr13-41**　M&M's的容量实验

一个研究员在家长会上招募了40个成年人观看视频，为感谢他们的参与，给其中20人每人一袋一磅的M&M's巧克力豆，另外20人每人一袋半磅的M&M's巧克力豆。告知所有参与者在观看视频期间可以吃M&M's巧克力豆，记录参与者所吃的巧克力豆的数量。有充分的证据表明拿到一磅M&M's巧克力豆的参与者会吃的更多吗？（资料来源：摘自Brian Wansink，"Can Package Size Accelerate Usage Volume?"，*Journal of Marketing* 60：3（July 1996）：1-14。）

**社会综合调查习题**

习题13.42到习题13.63的数据来自2012年社会综合调查。以下所有习题均使用5%的显著性水平。

以下4道习题比较美国男性和女性（SEX：1=男性，2=女性）的差异。

**13.42　GSS2012***　众多研究表明男性比女性的收入更高。为了研究收入差距程度，在95%的置信水平下估计2012年男性和女性的年收入（INCOME）差异。

**13.43　GSS2012***　近年来，美国大学生中女性的比例越来越大，有充分的证据表明男性和女性的受教育年限（EDUC）存在差异吗？

**13.44　GSS2012***　在95%的置信水平下估计男性和女性收看电视时间（TVHOURS）的差异。

**13.45　GSS2012***　一些经济学家在理论上说明男性比女性的收入更高的原因是男性工作时间（HRS1）更长。建立一个假设检验来判断这种说法是否正确。

以下4道习题比较出生在美国的美国公民和出生在其他地区的美国公民（BORN：1=出生在美国，2=出生在其他地区）的差异。

**13.46　GSS2012***　在95%的置信水平下估计出生在美国的公民比出生在其他地区的公民接受的教育（EDUC）多多少。

**13.47　GSS2012***　有充分的证据表明出生在美国的公民与出生在其他地区的公民存在收入（INCOME）差异吗？

**13.48　GSS2012***　谁的工作时间（HRS1）更长呢，出生在美国的公民，还是出生在其他地区的公民？建立一个假设检验来判断出生在美国的公民是否工作更长时间。

**13.49　GSS2012***　建立一个假设检验来判断出生在美国的公民是否比出生在其他地区的公民收看电视的时间（TVHOURS）更长。

习题13.50至习题13.53比较民主党支持者和共和党支持者（PARTYID：0和1=民主党，5和6=共和党）的差异。

**13.50　GSS2012***　共和党支持者倾向于支持政府和更低的税率，原因是共和党支持者的收入更高吗？数据能够证明共和党支持者比民主党支持者的收入（INCOME）更高吗？

**13.51　GSS2012***　在95%的置信水平下估计民主党支持者和共和党支持者的受教育年限（EDUC）的差异。

**13.52　GSS2012***　在95%的置信水平下估计民主党支持者和共和党支持者的收看电视时间（TVHOURS）的差异。

**13.53　GSS2012***　我们能够认为共和党支持者比民主党支持者的工作时间（HRS1）更长吗？

以下 4 道习题比较保守派和自由派（POLVIEWS：1，2 和 3 ＝自由派，5，6 和 7＝保守派）的差异。

**13.54 GSS2012*** 在 99%的置信水平下估计保守派和自由派的收入（INCOME）差异。

**13.55 GSS2012*** 建立一个假设检验来判断保守派和自由派在受教育程度（EDUC）方面是否存在差异。

**13.56 GSS2012*** 保守派比自由派的工作时间（HRS1）更长吗？建立一个假设检验来回答这个问题。

**13.57 GSS2012*** 在 99%的置信水平下估计保守派和自由派收看电视时间（TVHOURS）的差异。

以下 4 道习题比较为政府部门工作的美国人和不为政府部门工作的美国人（WRKGOVT：1＝政府部门，2＝私人部门）的差异。

**13.58 GSS2012*** 有充足的证据来推断政府部门人员比私人部门人员的收入（INCOME）更高吗？

**13.59 GSS2012*** 建立一个假设检验来判断政府部门人员和私人部门人员每周的工作时间（HRS1）是否不同。

**13.60 GSS2012*** 我们能够认为政府部门人员和私人部门人员的受教育程度（EDUC）不同吗？

习题 13.61 至习题 13.63 比较个体经营者和非个体经营者（WRKSLF：1＝个体经营，2＝其他）的差异。

**13.61 GSS2012*** 我们能够根据数据推断个体经营者比其他人的工作时间（HRS1）更少吗？

**13.62 GSS2012*** 有充足的证据推断个体经营者比其他人的收入（INCOME）更高吗？

**13.63 GSS2012*** 在 95%的置信水平下估计个体经营者与其他人的受教育程度（EDUC）的差异。

习题 13.64 到习题 13.85 的数据来自 2010 年社会综合调查。以下所有习题均使用 5%的显著性水平。

习题 13.64 至习题 13.67 比较民主党支持者和共和党支持者（PARTYID：0 和 1＝民主党，5 和 6＝共和党）的差异。

**13.64 GSS2010*** 有充足的证据表明共和党支持者比民主党支持者有更高的受教育程度（EDUC）吗？

**13.65 GSS2010*** 在 95%的置信水平下估计民主党支持者和共和党支持者的工作时间（HRS1）的差异。

**13.66 GSS2010*** 我们能够推断共和党支持者比民主党支持者的收入（INCOME）更高吗？

**13.67 GSS2010*** 在 95%的置信水平下估计民主党支持者和共和党支持者的收看电视时间（TVHOURS）的差异。

以下 4 道习题比较保守派和自由派（POLVIEWS：1，2 和 3＝自由派，5，6 和 7＝保守派）的差异。

**13.68 GSS2010*** 建立一个假设检验来判断保守派是否比自由派的收入（INCOME）更高。

**13.69 GSS2010*** 在95%的置信水平下估计保守派和自由派在工作时间（HRS1）方面的差异。

**13.70 GSS2010*** 有充足的证据表明保守派和自由派在受教育年限（EDUC）方面存在差异吗？

**13.71 GSS2010*** 谁收看电视的时间（TVHOURS）更长，保守派还是自由派？建立一个假设检验来判断自由派是否比保守派收看电视的时间更长。

以下4道习题比较美国男性和女性（SEX：1=男性，2=女性）的差异。

**13.72 GSS2010*** 有充足的统计证据表明男性比女性的受教育程度（EDUC）更高吗？

**13.73 GSS2010*** 在95%的置信水平下估计男性和女性的收入（INCOME）差异。

**13.74 GSS2010*** 我们能够推断男性比女性的工作时间（HRS1）更长吗？

**13.75 GSS2010*** 在95%的置信水平下估计男性和女性收看电视时间（TVHOURS）的差异。

以下4道习题比较出生在美国的美国公民和出生在其他地区的美国公民（BORN：1=出生在美国，2=出生在其他地区）的差异。

**13.76 GSS2010*** 有充分的证据表明出生在美国的公民与出生在其他地区的公民存在收入（INCOME）差异吗？

**13.77 GSS2010*** 在95%的置信水平下估计出生在美国的公民与出生在其他地区的公民受教育年限（EDUC）的差异。

**13.78 GSS2010*** 有充分的证据表明出生在美国的公民比出生在其他地区的公民工作时间（HRS1）更长吗？

**13.79 GSS2010*** 在95%的置信水平下估计出生在美国的公民与出生在其他地区的公民收看电视时间（TVHOURS）的差异。

以下3道习题比较为政府部门工作的美国人和不为政府部门工作的美国人（WRKGOVT：1=政府部门，2=私人部门）的差异。

**13.80 GSS2010*** 我们能够认为政府部门人员比私人部门人员的工作时间（HRS1）更长吗？

**13.81 GSS2010*** 有充足的统计证据来证明政府部门人员比私人部门人员的收入（INCOME）更高吗？

**13.82 GSS2010*** 在95%的置信水平下估计政府部门人员和私人部门人员受教育年限（EDUC）的差异。

习题13.83至习题13.85比较个体经营者和非个体经营者（WRKSLF：1=个体经营，2=其他）的差异。

**13.83 GSS2010*** 我们能够推断个体经营者比其他人的收入（INCOME）更高吗？

**13.84 GSS2010*** 有充足的证据表明个体经营者比其他人的工作时间（HRS1）更长吗？

**13.85 GSS2010*** 在95%的置信水平下估计个体经营者与其他人的受教育程度（EDUC）的差异。

**美国国家选举调查习题**

**13.86 ANES2008*** 在5%的显著性水平下建立一个假设检验来判断共和党人是否比民主党人（PARTY：1=民主党，2=共和党）有更长的受教育年限（EDUC)？

**13.87 ANES2008*** 我们能够根据2008年美国国家选举调查数据在5%的显著性水平下推断男性比女性（GENDER：1=男性，2=女性）的收入（INCOME）高吗？

**13.88 ANES2004*** 利用2004年美国国家选举调查数据重新解答习题13.87。

## 13.2 观测数据和试验数据

就像我们在前面多次指出的那样，对于学生来说，能够恰当地解释用统计方法获得的结果是极其重要的。这项能力是建立在对第一类错误和第二类错误的理解以及对统计推断的基本概念的了解之上的。除此之外，我们还必须了解**观测数据**（observational data）和**试验数据**（experimental data）的区别。这个区别是由产生数据的方法的不同造成的，下面的例子说明了不同类型的数据之间的差别。

### 例13.3 高纤维含量谷物早餐的减肥功效

数据：Xm13-03

尽管存在一些争议，但科学家们还是普遍相信高纤维含量的谷类食品能够降低各种癌症的发病率。然而，有科学家认为，相对于那些早餐不吃高纤维谷类食品的人而言，早餐食用高纤维谷类食品的人在午餐中平均摄入的卡路里要少一些。如果结论属实，那些高纤维谷类食品的生产厂家就可以声称，食用高纤维谷类食品具有另一好处——对减肥者具有减肥的功效。在对这个结论的初步验证中，调查者随机抽出了150人，并询问他们通常早餐和午餐都吃些什么。将受访者分为高纤维谷类食品消费者或非高纤维谷类食品消费者两类，同时记录他们午餐的卡路里含量。以下即为所记录的数据。在5%的显著性水平下，该科学家能从中证明他的结论是正确的吗？

**高纤维谷类食品的消费者午餐摄入的卡路里**

| | | | | | | | | |
|---|---|---|---|---|---|---|---|---|
| 568 | 646 | 607 | 555 | 530 | 714 | 593 | 647 | 650 |
| 498 | 636 | 529 | 565 | 566 | 639 | 551 | 580 | 629 |
| 589 | 739 | 637 | 568 | 687 | 693 | 683 | 532 | 651 |
| 681 | 539 | 617 | 584 | 694 | 556 | 667 | 467 | |
| 540 | 596 | 633 | 607 | 566 | 473 | 649 | 622 | |

**非高纤维谷类食品的消费者午餐摄入的卡路里**

| | | | | | | | | | |
|---|---|---|---|---|---|---|---|---|---|
| 705 | 754 | 740 | 569 | 593 | 637 | 563 | 421 | 514 | 536 |
| 819 | 741 | 688 | 547 | 723 | 553 | 733 | 812 | 580 | 833 |
| 706 | 628 | 539 | 710 | 730 | 620 | 664 | 547 | 624 | 644 |

| | | | | | | | | | |
|---|---|---|---|---|---|---|---|---|---|
| 509 | 537 | 725 | 679 | 701 | 679 | 625 | 643 | 566 | 594 |
| 613 | 748 | 711 | 674 | 672 | 599 | 655 | 693 | 709 | 596 |
| 582 | 663 | 607 | 505 | 685 | 566 | 466 | 624 | 518 | 750 |
| 601 | 526 | 816 | 527 | 800 | 484 | 462 | 549 | 554 | 582 |
| 608 | 541 | 426 | 679 | 663 | 739 | 603 | 726 | 623 | 788 |
| 787 | 462 | 773 | 830 | 369 | 717 | 646 | 645 | 747 | |
| 573 | 719 | 480 | 602 | 596 | 642 | 588 | 794 | 583 | |
| 428 | 754 | 632 | 765 | 758 | 663 | 476 | 490 | 573 | |

**解**

我们选用 $\mu_1-\mu_2$ 的异方差 $t$ 检验，其中 $\mu_1$ 是早餐食用高纤维谷类食品的消费者午餐摄入的平均卡路里数，$\mu_2$ 是早餐不食用高纤维谷类食品的消费者午餐摄入的平均卡路里数。[方差比的 $F$ 检验（这里没有给出）的结果为 $F=0.3845$，$p$ 值为 0.000 8。] 假设为

$$H_0:(\mu_1-\mu_2)=0$$
$$H_1:(\mu_1-\mu_2)<0$$

下面是 Excel 的输出结果，Minitab 和手工计算的结果与之相同。

| | A | B | C |
|---|---|---|---|
| 1 | t-检验：双样本异方差假设 | | |
| 2 | | | |
| 3 | | Consumers | Nonconsumers |
| 4 | 平均 | 604.02 | 633.23 |
| 5 | 方差 | 4 103 | 10 670 |
| 6 | 观测值 | 43 | 107 |
| 7 | 假设平均差 | 0 | |
| 8 | df | 123 | |
| 9 | t Stat | −2.09 | |
| 10 | P(T<=t) 单尾 | 0.019 3 | |
| 11 | t 单尾临界 | 1.657 3 | |
| 12 | P(T<=t) 双尾 | 0.038 6 | |
| 13 | t 双尾临界 | 1.979 4 | |

**解　释**

检验统计量的值为−2.09，单尾的 $p$ 值为 0.019 3。可以看出检验的 $p$ 值很小（检验统计量的值落入了拒绝域）。我们由此可以得出：有充分的证据可以推断，高纤维谷类食品的食用者午餐摄入的卡路里数较少。根据这个结果，我们会认为早餐食用高纤维谷类食品是一种减肥方法。然而，还有另外一种解释方式。比方说，那些摄入较少卡路

里的人的健康意识比较强，所以这些人比较有可能在早餐时食用高纤维谷类食品。根据这种解释，食用高纤维谷类食品并不一定意味着人们在午餐时会摄入较少的卡路里。而它却可以说明，由另外一个因素——健康意识——能够推出午餐摄入较少卡路里和早餐食用高纤维谷类食品这两个结果。我们要注意这一点，统计过程的结论——平均来说，那些早餐食用高纤维谷类食品的人午餐摄入的卡路里数相对较少——并没有改变。然而，鉴于数据收集方式的不同，在解释结果的时候会遇到更多困难。

假设我们采用记录试验数据的办法重新解答例 13.3。我们随机抽出 150 个人参加这个试验，随机指派其中的 75 人在早餐时食用高纤维谷类食品，并让剩下的 75 人吃别的东西。然后记录下他们午餐摄入的卡路里数量。除此之外，试验中两个组的成员的其他方面的情况几乎完全一样，包括健康意识。（较大的样本容量能够增加两组人相似的可能性。）如果统计结果和例 13.3 中的一样，我们就有合理的证据证明，早餐食用高纤维食品确实能使人在午餐时摄入较少的卡路里。

通常来说，由于我们要计划并完成试验，所以获得试验数据需要花费更高的代价；而观测数据相对来说比较容易获得。此外，在很多情况下，我们无法完成受控试验。比如说，假设我们想要知道那些本科学位为工科的学生是否比艺术类学生更适合攻读 MBA 学位。如果要进行受控试验，我们首先要随机指派学生去攻读工科学位和艺术学位；然后我们要强迫他们报名参加 MBA 课程的学习，并记录他们的学习成绩。由于我们生活在一个民主社会中，这对那些只关心统计的霸道者来说是很不幸的（但对其他人来说是个大幸），用强制性手段进行受控试验在现实的社会体制下是不可能的。

为了回答工科学生和艺术类学生的成绩比较问题，我们除了用观测方法获得观测数据外别无他法。我们将对那些已经参加 MBA 课程学习的工科学生和艺术类学生进行随机抽样并记下他们的成绩。如果我们发现工科学生的表现确实更加优异，我们就倾向于得出这样的结论：工科背景的学生确实更加适合 MBA 课程的学习。然而，我们又确实发现好学生倾向于选择工科学位，而好学生在所有科目的学习中都胜人一筹，其中包括 MBA 课程的学习。

虽然在先前的关于检验两总体均值的差的内容中我们讨论过观测数据和试验数据的区别，但我们还是要强调如下观念：数据的获得方式是与之后对统计结果的解释相关的。

## 习　题

**13.89**　参考习题 13.17。如果数据是观测数据，除了 Tastee 公司产品对宝宝更加有利的结论之外，请给出另外一个解释。

**13.90**　习题 13.18 中的数据是观测数据还是试验数据？如果是观测数据，说明获得试验数据的一种方法。

**13.91**　参考习题 13.24。

a. 习题中的数据是观测数据还是试验数据？

b. 如果数据是观测数据，请用试验数据来描述一种回答该问题的方法。

c. 如果数据是观测数据，请给出关于该统计结果的另外一种解释。

**13.92** 假设你想了解教授统计学的两种方法哪种效果更好。

a. 描述获得观测数据的过程。

b. 描述获得试验数据的过程。

**13.93** 假设你是一家医药公司的研究部总监。新药开发出来以后，需要经过一系列测试。其中一项就是判断药物的安全性和药效。最近该公司新开发了一种新药，用来缓解多发性硬化症等慢性病的症状。请设计一个试验来检验新药。

**13.94** 你想要了解主修金融的 MBA 学生和主修营销的 MBA 学生谁的工作起薪比较高。

a. 描述获得观测数据的过程。

b. 描述获得试验数据的过程。

c. 如果观测数据表明，主修金融的毕业生的起薪比主修营销的毕业生高，那么请给出对这个结果的两种解释。

**13.95** 假设你正在分析关于吸烟和肺癌的关系的一个统计研究结果。这个研究随机调查了数千人，其中有些人患有肺癌。统计数字显示，那些患有肺癌的人的吸烟比例要明显高于没有患肺癌的人。

a. 请解释如何得知这些数据是观测数据。

b. 除了最明显的吸烟导致肺癌之外，你还能得到其他关于统计结果的解释吗？如果可以，请给出该解释。（那些能给出最佳答案的学生适合烟草公司公共关系部的职位。）

c. 是否有可能通过受控试验来收集吸烟和肺癌之间关系的数据？如果可能，请描述一下该试验。

## 13.3 两总体均值差的推断：配对试验

在本节中，我们将继续介绍比较两个定距数据总体的有关统计方法。在 13.1 节中，我们关心的参数是两个总体均值之间的差，而数据来自独立样本。本节中，数据是通过配对试验方法获得的。为了解释配对试验的必要性以及在配对试验下处理数据的方法，我们可以先看看下面的几个例子。

**例 13.4 金融学 MBA 和营销学 MBA 薪水的比较 I**

数据：Xm13-04

在过去的几年中，一些提供工作安排的网络公司相继出现。其中一家公司的经理想要调查近来 MBA 毕业生所获得的工作职位，她尤其想知道主修金融的学生是否比主修营销的学生能获得更高的薪水。在一次初步试验中，她随机抽取了 50 名 MBA 毕业生，其中一半主修金融，另一半主修营销。她调查了每名毕业生得到的最高薪水（包括福利）。从中能否得出主修金融的 MBA 学生比主修营销的 MBA 学生能获得更高的薪水的结论？

**主修金融的 MBA 学生得到的最高薪水**

| | | | | | | |
|---|---|---|---|---|---|---|
| 61 228 | 51 836 | 20 620 | 73 356 | 84 186 | 79 782 | 29 523 |
| 80 645 | 76 125 | 62 531 | 77 073 | 86 705 | 70 286 | 63 196 |
| 64 358 | 47 915 | 86 792 | 75 155 | 65 948 | 29 392 | 96 382 |
| 80 644 | 51 389 | 61 955 | 63 573 | | | |

**主修营销的 MBA 学生得到的最高薪水**

| | | | | | | | |
|---|---|---|---|---|---|---|---|
| 73 361 | 36 956 | 63 627 | 71 069 | 40 203 | 97 097 | 49 442 | 75 188 |
| 59 854 | 79 816 | 51 943 | 35 272 | 60 631 | 63 567 | 69 423 | 68 421 |
| 56 276 | 47 510 | 58 925 | 78 704 | 62 553 | 81 931 | 30 867 | 49 091 |
| 48 843 | | | | | | | |

**解**

**识　别**

问题的目标是比较两个由定距数据构成的总体，我们关注的参数是两均值之间的差值 $\mu_1-\mu_2$（这里的 $\mu_1$ 是指主修金融的学生的最高薪水的均值，而 $\mu_2$ 是指主修营销的学生的最高薪水的均值）。由于我们想确定是不是主修金融的学生能获得更高的薪水，因此备择假设就是 $\mu_1$ 是否大于 $\mu_2$。通过计算样本方差，我们发现可以使用等方差的检验统计量。

$$H_0:(\mu_1-\mu_2)=0$$
$$H_1:(\mu_1-\mu_2)>0$$

检验统计量为

$$t=\frac{(\bar{x}_1-\bar{x}_2)-(\mu_1-\mu_2)}{\sqrt{s_p^2\left(\frac{1}{n_1}+\frac{1}{n_2}\right)}}$$

**计　算**

**手工计算**

根据以上数据，我们可以得出下面的统计量：

$$\bar{x}_1=65\ 624 \qquad \bar{x}_2=60\ 423$$
$$s_1^2=360\ 433\ 294 \qquad s_2^2=262\ 228\ 559$$
$$s_p^2=\frac{(n_1-1)s_1^2+(n_2-1)s_2^2}{n_1+n_2-2}$$
$$=\frac{(25-1)\times 360\ 433\ 294+(25-1)\times 262\ 228\ 559}{25+25-2}=311\ 330\ 926$$

检验统计量的值计算如下：

$$t=\frac{(\bar{x}_1-\bar{x}_2)-(\mu_1-\mu_2)}{\sqrt{s_p^2\left(\frac{1}{n_1}+\frac{1}{n_2}\right)}}=\frac{(65\ 624-60\ 423)-(0)}{\sqrt{311\ 330\ 926\times\left(\frac{1}{25}+\frac{1}{25}\right)}}=1.04$$

检验统计量的自由度是

$$v=n_1+n_2-2=25+25-2=48$$

在5%的显著性水平下的拒绝域是

$$t>t_{\alpha,v}=t_{0.05,48}\approx 1.676$$

**Excel**

| | A | B | C |
|---|---|---|---|
| 1 | t-检验：双样本等方差假设 | | |
| 2 | | | |
| 3 | | Finance | Marketing |
| 4 | 平均 | 65 624 | 60 423 |
| 5 | 方差 | 360 433 294 | 262 228 559 |
| 6 | 观测值 | 25 | 25 |
| 7 | 合并方差 | 311 330 926 | |
| 8 | 假设平均差 | 0 | |
| 9 | df | 48 | |
| 10 | t Stat | 1.04 | |
| 11 | P(T<=t) 单尾 | 0.151 3 | |
| 12 | t 单尾临界 | 1.677 2 | |
| 13 | P(T<=t) 双尾 | 0.302 6 | |
| 14 | t 双尾临界 | 2.010 6 | |

**Minitab**

**Two-Sample T-Test and CI：Finance，Marketing**

Two-sample T for Finance vs Marketing

| | N | Mean | StDev | SE Mean |
|---|---|---|---|---|
| Finance | 25 | 65 624 | 18 985 | 3 797 |
| Marketing | 25 | 60 423 | 16 193 | 3 239 |

Difference=mu (Finance) -mu (Marketing)

Estimate for difference：5 201.00

95% lower bound for difference：−3 169.42

T-Test of difference=0(vs>)：T-Value=1.04 P-Value=0.151 DF=48

Both use Pooled StDev：17 644.572 2

## 解　释

检验统计量的值（$t=1.04$）和它的 $p$ 值（0.151 3）说明没有充分证据表明，主修金融的学生能够获得薪水更高的职位。

在先前的几个案例中，我们有一些证据支持备择假设，但是都不够充分。注意，样本均值的差为

$$(\bar{x}_1-\bar{x}_2)=(65\ 624-60\ 423)=5\ 201$$

然而，我们要通过与样本均值相关的（$\bar{x}_1-\bar{x}_2$）的标准差来判断样本均值的差异。如我们先前计算的那样：

$$s_p^2=311\ 330\ 926$$

并且

$$\sqrt{s_p^2\left(\frac{1}{n_1}+\frac{1}{n_2}\right)}=4\ 991$$

结果，检验统计量的值为 $t=5\ 201/4\ 991=1.04$，该值不足以让我们拒绝原假设。我们可以看到虽然样本均值的差很大，但由 $s_p^2$ 衡量的数据的变化也很大，最终这样计算的检验统计量的值很小。

**例 13.5　金融学 MBA 和营销学 MBA 薪水的比较Ⅱ**

数据：Xm13－05

假如现在用下面的方法再次进行试验。我们查阅主修金融和主修营销的 MBA 毕业生的名册并从中随机抽取平均成绩在 3.92～4 之间（最高分为 4.0 分）的一名主修金融的学生和一名主修营销的学生。随后我们又随机抽取平均成绩在 3.84～3.92 之间的一名主修金融的学生和一名主修营销的学生。如此重复抽取 25 次，直到我们第 25 次抽取的学生成绩在 2.0～2.08 之间为止。（毕业的最低平均成绩要求是 2.0。）然后像在例 13.4 中一样，记录下提供最高薪水的职位。这些数据和关于平均成绩的数据都列表如下。我们能否从这些数据中得出主修金融的 MBA 学生获得的薪水比主修营销的 MBA 学生更高的结论？

| 组 | 金融 | 营销 |
|---|---|---|
| 1 | 95 171 | 89 329 |
| 2 | 88 009 | 92 705 |
| 3 | 98 089 | 99 205 |
| 4 | 106 322 | 99 003 |
| 5 | 74 566 | 74 825 |
| 6 | 87 089 | 77 038 |
| 7 | 88 664 | 78 272 |
| 8 | 71 200 | 59 462 |
| 9 | 69 367 | 51 555 |
| 10 | 82 618 | 81 591 |
| 11 | 69 131 | 68 110 |

续前表

| 组 | 金融 | 营销 |
|---|---|---|
| 12 | 58 187 | 54 970 |
| 13 | 64 718 | 68 675 |
| 14 | 67 716 | 54 110 |
| 15 | 49 296 | 46 467 |
| 16 | 56 625 | 53 559 |
| 17 | 63 728 | 46 793 |
| 18 | 55 425 | 39 984 |
| 19 | 37 898 | 30 137 |
| 20 | 56 244 | 61 965 |
| 21 | 51 071 | 47 438 |
| 22 | 31 235 | 29 662 |
| 23 | 32 477 | 33 710 |
| 24 | 35 274 | 31 989 |
| 25 | 45 835 | 38 788 |

**解**

例 13.4 中所描述的试验是样本相互独立的试验，也就是说，两次观测的样本之间是没有联系的。然而，在本例中，我们用如下方法设计试验：将观测的第一个样本和第二个样本配对，配对方法是选择平均成绩点相近的主修金融和主修营销的 MBA 学生进行调查。这样一来，比较每组中主修金融和主修营销的学生的薪水就比较合乎逻辑了。这种试验方法被称为**配对试验**（matched pairs）。我们现在来描述检验的过程。

对于每个平均成绩组，我们计算主修两门不同专业的学生的收入之间的差值。

| 组 | 金融 | 营销 | 差异 |
|---|---|---|---|
| 1 | 95 171 | 89 329 | 5 842 |
| 2 | 88 009 | 92 705 | −4 696 |
| 3 | 98 089 | 99 205 | − 1 116 |
| 4 | 106 322 | 99 003 | 7 319 |
| 5 | 74 566 | 74 825 | −259 |
| 6 | 87 089 | 77 038 | 10 051 |
| 7 | 88 664 | 78 272 | 10 392 |
| 8 | 71 200 | 59 462 | 11 738 |
| 9 | 69 367 | 51 555 | 17 812 |
| 10 | 82 618 | 81 591 | 1 027 |
| 11 | 69 131 | 68 110 | 1 021 |
| 12 | 58 187 | 54 970 | 3 217 |

续前表

| 组 | 金融 | 营销 | 差异 |
|---|---|---|---|
| 13 | 64 718 | 68 675 | −3 957 |
| 14 | 67 716 | 54 110 | 13 606 |
| 15 | 49 296 | 46 467 | 2 829 |
| 16 | 56 625 | 53 559 | 3 066 |
| 17 | 63 728 | 46 793 | 16 935 |
| 18 | 55 425 | 39 984 | 15 441 |
| 19 | 37 898 | 30 137 | 7 761 |
| 20 | 56 244 | 61 965 | −5 721 |
| 21 | 51 071 | 47 438 | 3 633 |
| 22 | 31 235 | 29 662 | 1 573 |
| 23 | 32 477 | 33 710 | −1 233 |
| 24 | 35 274 | 31 989 | 3 285 |
| 25 | 45 835 | 38 788 | 7 047 |

这个试验的设计方式告诉我们，在这里我们要关注的参数是**总体差值的均值**(mean of the population of differences)，我们将它记为 $\mu_D$，请注意 $\mu_1-\mu_2=\mu_D$，由于本试验的设计方式，我们要检验的对象是 $\mu_D$。待检验的假设是

$$H_0: \mu_D=0$$
$$H_1: \mu_D>0$$

我们已经介绍了关于一个总体均值的推断方法。回忆一下我们在第 12 章介绍的关于 $\mu$ 的 $t$ 检验。由此，为了检验关于 $\mu_D$ 的假设，我们采用下面的检验统计量。

**$\mu_D$ 的检验统计量**

$$t=\frac{\bar{x}_D-\mu_D}{s_D/\sqrt{n_D}}$$

如果差服从正态分布，检验统计量就服从自由度为 $v=n_D-1$ 的 $t$ 分布。

除了下标 $D$ 以外，这里的检验统计量和第 12 章中介绍的完全一样。我们以常规方式进行检验。

## 计　算

### 手工计算

使用上面计算的差值求出下面的检验统计量：

$$\bar{x}_D=5\ 065$$
$$s_D=6\ 647$$

从上式中我们可以算出检验统计量的值：

$$t = \frac{\bar{x}_D - \mu_D}{s_D/\sqrt{n_D}} = \frac{5\ 065 - 0}{6\ 647/\sqrt{25}} = 3.81$$

拒绝域为

$$t > t_{\alpha,v} = t_{0.05,24} = 1.711$$

**Excel**

| | A | B | C |
|---|---|---|---|
| 1 | t-检验：成对双样本均值分析 | | |
| 2 | | | |
| 3 | | Finance | Marketing |
| 4 | 平均 | 65 438 | 60 374 |
| 5 | 方差 | 444 981 810 | 469 441 785 |
| 6 | 观测值 | 25 | 25 |
| 7 | 泊松相关系数 | 0.952 0 | |
| 8 | 假设平均差 | 0 | |
| 9 | df | 24 | |
| 10 | t Stat | 3.81 | |
| 11 | P(T<=t) 单尾 | 0.000 4 | |
| 12 | t 单尾临界 | 1.710 9 | |
| 13 | P(T<=t) 双尾 | 0.000 9 | |
| 14 | t 双尾临界 | 2.063 9 | |

Excel 给出了每个样本的样本均值、方差和样本容量（同时还有相关系数），这似乎暗示求解过程中用到了这些检验统计量，但实际上并没有用到。本统计方法是基于计算配对数据的差值的，而该配对试验差值数据的均值、方差和样本容量应该事先计算出来。Excel 应该给出这些量的数值，但是却没有。我们希望这个问题能够早日得到解决。同时，可以忽略前面四行的输出结果。

**计算机命令**

1. 在任两列中键入或者导入数据①（打开文件 Xm13－05）。

2. 点击"数据"—"数据分析"，然后选择"*t* 检验：平均值的成对二样本分析"。

3. 确定"变量 1 的区域"（B1：B26）和"变量 2 的区域"（C1：C26）。键入"假设平均差"（0），并指定 α 的值（0.05）。

① 如果一列或两列中有空单元格（表示缺失值），则相应的行必须删除。参见凯勒网站附录——删除 Excel 的空单元格。

**Minitab**

**Paired T-Test and CI：Finance，Marketing**

Paired T for Finance-Marketing

| | N | Mean | StDev | SE Mean |
|---|---|---|---|---|
| Finance | 25 | 65 438.2 | 21 094.6 | 4 218.9 |
| Marketing | 25 | 60 373.7 | 21 666.6 | 4 333.3 |
| Difference | 25 | 5 064.52 | 6 646.90 | 1 329.38 |

95% lower bound for mean difference：2 790.11

T-Test of mean difference=0（vs>0）：T-Value=3.81　P-Value=0.000

**计算机命令**

1. 键入或者导入数据（打开文件 Xm13－05）。

2. 点击“Stat”（统计）—“Basic Statistics”（基本统计量）—“Paired t…”（配对 t…）。

3. 选择“First sample”（第一样本）的变量名（Finance）和“Second sample”（第二样本）的变量名（Marketing）。点击“Options…”（选项…）。

4. 用游标选择“Test Mean”（检验均值）并键入假设配对差异（0）。

5. 确定“Alternative”（备择）［“greater than”（大于）］。点击“OK”（确定）。再次点击“OK”（确定）。

**解　释**



检验统计量的值是 $t=3.81$ 且其 $p$ 值为 0.000 4，因而我们就有了足够的证据证明，主修金融的 MBA 学生所获得的薪水要比主修营销的 MBA 学生所获得的薪水高。通过用配对方法重新进行试验，我们能从数据中得到上述信息。

## □ 13－3a　估计均值差异

通过简单的代数运算，我们得出了 $\mu_D$ 的置信区间。

**$\mu_D$ 的置信区间估计**

$$\bar{x}_D \pm t_{\alpha/2}\frac{s_D}{\sqrt{n_D}}$$

**例 13.6　金融学 MBA 和营销学 MBA 薪水比较Ⅲ**

数据：Xm13－05

在 95%的置信水平下，估计主修金融和主修营销的学生的薪水差的均值的置信区间。

**解**

## 计　算

### 手工计算

在 95%的置信水平下的置信区间为

$$\bar{x}_D \pm t_{\alpha/2}\frac{s_D}{\sqrt{n_D}} = 5\ 065 \pm 2.064\frac{6\ 647}{\sqrt{25}}$$
$$= 5\ 065 \pm 2\ 744$$

LCL=2 321　　UCL=7 809

### Excel

| | A | B | C | D |
|---|---|---|---|---|
| 1 | **t-Estimate：Two Means（Matched Pairs）** | | | |
| 2 | | | | |
| 3 | | Difference | | |
| 4 | Mean | 5 065 | | |
| 5 | Variance | 44 181 217 | | |
| 6 | Observations | 25 | | |
| 7 | Degrees of Freedom | 24 | | |
| 8 | Confidence Level | 0.95 | | |
| 9 | Confidence Interval Estimate | 5 065 | ± | 2 744 |
| 10 | LCL | 2 321 | | |
| 11 | UCL | 7 809 | | |

**计算机命令**

1. 在两列中输入或导入数据①（打开文件 Xm13－05）。

2. 单击“Add-Ins”（加载项）—“Data Analysis Plus”（数据分析加载项）—“t-Estimate：Two Means”（两样本均值之差的 t 检验）。

3. 指定“Variable 1 Range”（变量 1 的区域）（B1：B51），“Variable 2 Range”（变量 2 的区域）（C1：C51）。点击“Matched Pairs”（配对样本），输入 α 的值（0.05）。

① 如果一列或两列中有空单元格（表示缺失值），则相应的行必须删除。参见凯勒网站附录——删除 Excel 的空单元格。

**Minitab**

**Paired T-Test and CI：Finance，Marketing**

Paired T for Finance-Marketing

| | N | Mean | StDev | SE Mean |
|---|---|---|---|---|
| Finance | 25 | 65 438.2 | 21 094.6 | 4 218.9 |
| Marketing | 25 | 60 373.7 | 21 666.6 | 4 333.3 |
| Difference | 25 | 5 064.52 | 6 646.90 | 1 329.38 |

95% CI for mean difference：(2 320.82，7 808.22)

T-Test of mean difference=0 (vs not=0)：T-Value=3.81　P-Value=0.001

**计算机命令**

按照前述指令进行配对差值的检验。然而，为了估计均值差的双尾置信区间，你必须将“Alternative”（备择）指定为“not equal”（不相等）。

## 解　释

我们估计的结果是，主修金融的学生的平均薪水比主修营销的学生的平均薪水高出2 321～7 808美元（由计算机的输出结果得出）。

### □ 13-3b　独立样本法或配对试验法：哪种试验设计方法更好

例13.4和例13.5说明，在统计推断中，试验的设计方法是一个重要因素。然而，这两个例子引发了关于试验设计方法的一些问题。

1. 为什么配对试验的结果可以证明应该拒绝原假设，而独立样本试验却无法证明这一点？

2. 我们是不是应该总是采用配对试验方法？使用这种方法有什么弊端？

3. 我们怎样分辨进行的是配对试验？

下面是我们给出的答案。

1. 配对试验之所以在例13.5中有效是因为它降低了数据的差异。为了理解这一点，我们看一下两个例子中的统计量。在例13.4中，我们发现$\bar{x}_1-\bar{x}_2=5\ 201$，在例13.4中，计算结果为$\bar{x}_D=5\ 065$。因此，两个检验统计量的分子是非常接近的。然而，由于标准误的影响，例13.5中检验统计量的值要比例13.4中大得多。在例13.4中，我们计算得出

$$s_p^2=311\ 330\ 926 \quad 且 \quad \sqrt{s_p^2\left(\frac{1}{n_1}+\frac{1}{n_2}\right)}=4\ 991$$

在例13.5中我们计算得出

$$s_D=6\ 647 \quad 且 \quad \frac{s_D}{\sqrt{n_D}}=1\ 329$$

正如你所见，导致检验统计量的数值相差甚远的原因不是分子，而是分母。这就又导致了另外一个问题的产生：为什么例13.4中数据间的差异比例13.5中数据间的差异

大这么多？如果检查例 13.4 中的数据和检验统计量，你会发现两组样本之间的差异很大。也就是说，有些 MBA 毕业生的薪水比较高，而有些人则比较低。样本间较大的差异（正如 $s_p^2$ 所示）导致样本均值的差显得相对比较小。结果就是，我们无法得出主修金融的学生的薪水比主修营销的学生的薪水高的结论。

再看例 13.5 中的数据，我们发现每对数据的差值之间的差异较小。这种由不同的平均成绩引起的差异很明显地就降低了。较小的差异导致了相对较大的检验统计量的值。相应地，我们得出了主修金融的学生薪水较高的结论。

2. 是不是配对试验法总能得出比独立样本法更大的检验统计量？答案是“不一定”。假设我们发现用人单位在支付薪水时并不参照学生的平均成绩。在这种情况下，与独立样本法相比，配对试验并不会明显降低差异程度。结果，配对试验法拒绝原假设的可能性比独立样本法拒绝原假设的可能性还小。我们可以通过计算自由度来解释其中的原因。在例 13.4中，自由度是 48，而在例 13.5 中，自由度为 24。即使我们有同样数量的观测值（每个样本 25 个），配对试验的自由度还是只有独立样本试验的自由度的一半。对完全相同的检验统计量而言，$t$ 分布检验统计量中较小的自由度会产生一个较大的 $p$ 值。这就意味着当配对试验只能有限地降低变量差异时，统计人员就必须转而采用独立样本方法进行试验。

3. 正如你所见，在本书中我们处理的问题都是来自那些已经进行过的试验。由此，你的任务之一就是选择合适的检验统计量。在比较两个由定距数据组成的总体的例子中，你必须确定样本究竟是独立的（这种情况下的参数为 $\mu_1-\mu_2$）还是配对的（在这种情况下，参数是 $\mu_D$），从而正确地选择检验统计量。为了有助于完成如上判断，我们建议你首先思考下面的问题：“在每对观测值之间是否存在某些内在联系，使我们有理由将样本 1 和样本 2 中相应的观测值放在一起做比较，即样本 1 的第一个观测值和样本 2 的第一个观测值比较、样本 1 的第二个观测值和样本 2 的第二个观测值比较，依此类推？”如果确实存在这样的内在联系，我们就采用配对方法进行试验；反之，我们就进行独立样本试验。

### □ 13-3c 观测数据和试验数据

我们在 13.2 节中指出的要点在这一节中依然适用，即我们可以通过受控试验采集数据或通过采集观测数据的方法来设计配对试验。例 13.4 和例 13.5 中的数据都是观测数据。相应地，统计结果显示，主修金融的学生的薪水较高，但这并不一定意味着学金融的学生的工作前景就更好。比如，有可能更优秀的学生会选择学习金融学，更优秀的学生能获得较高的起薪。

### □ 13-3d 检验必要条件

$t$ 检验的结果和 $\mu_D$ 估计量的合理性取决于差值的正态分布情况（或者样本量是否足够大）。例 13.5 中差值的直方图（见图 13—6）是右偏的，且样本量不够大，所以不满足正态分布。

### □ 13-3e 不满足必要条件的情况

如果差值的分布太偏离正态分布，我们就不能使用 $\mu_D$ 的 $t$ 检验。然而，我们可以

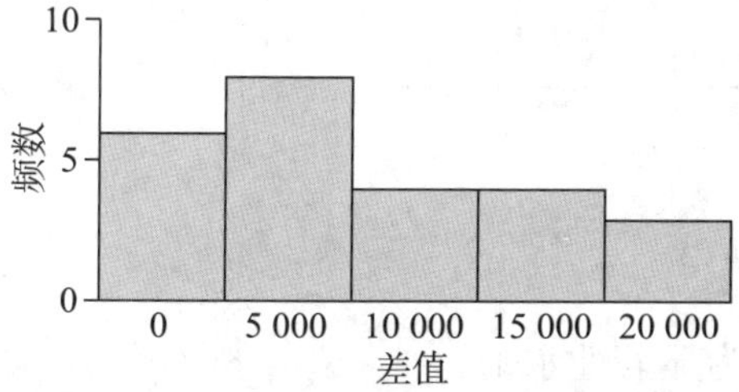


**图 13—6　例 13.5 中薪水差值的直方图**

采用一种非参数方法——关于配对样本的威尔科克森符号秩和检验——来检验配对试验。我们将在第 19 章中介绍这种方法。①

## □ 13-3f　理解统计概念 1

本节中我们应用了两个最重要的统计学原理。第一个是分析差异来源。在例 13.4 和例 13.5 中，通过降低每个样本薪水之间的差异，我们可以看到主修这两门不同课程的学生真正的薪水差距。这是一个更加常见的数据处理过程的应用，从中我们可以知道引起数据差异的几个来源。在例 13.5 中，数据差异的来源有两个，分别是学生的 GPA 和 MBA 期间的主修课程。然而，我们关心的并不是毕业生的 GPA，我们只是想消除差异的来源，从而方便地了解主修金融的学生是不是薪水更高。

在第 14 章中，我们将会介绍另一种统计方法——方差分析。顾名思义，这种方法是通过分析数据方差的来源找到真正的差异。在这种方法的大多数应用中，我们将关注方差的各个来源，而非一个来源。我们将这种过程称为方差解释（explaining the variation）。我们也将在第 16 章至第 18 章中用到方差解释的概念。

## □ 13-3g　理解统计概念 2

本节介绍的第二个原理是统计人员通过分析差异来源来设计数据的收集方式。在进行例 13.5 的试验以前，统计人员怀疑不同平均成绩的毕业生之间存在很大的差异。于是，他们组织了这次试验并基本上消除了这种差异。当然，设计一个降低数据收集成本和提供简单地分析真实差异的试验也是可行的。有关这些方面的内容本书不作介绍。然而，你必须明白，整个试验设计的主题是非常重要的，因为统计人员通常要通过分析数据来发现差异，而成本通常都是一个重要因素。

下面是关于我们何时选用这种统计方法的小结。

**识别 $\mu_D$ 的 $t$ 检验和估计的要素**

1. 目标：比较两个总体
2. 数据类型：定距数据
3. 描述性测量：中心位置
4. 试验设计：配对试验

---

① 当正态性的要求不满足时，老师如果想讲授非参数方法来检验均值之差，可以参见凯勒网站附录——非参数方法简介，威尔科克森秩和检验以及威尔科克森符号秩和检验。

## 习　题

**应用**

以下习题使用5%作为显著性水平。

**13.96　Xr13-96**　很多人使用扫描仪来读取文件并存储在Word（或其他软件）中。为了帮助选择扫描仪的品牌，某名学生做了一个试验，分别使用他感兴趣的两款扫描仪读取了8份文件，并记录了每款扫描仪出错的次数。数据列示在下面。他能否认为品牌A（较贵）比品牌B好？

| 文件 | 1 | 2 | 3 | 4 | 5 | 6 | 7 | 8 |
|---|---|---|---|---|---|---|---|---|
| 品牌A | 17 | 29 | 18 | 14 | 21 | 25 | 22 | 29 |
| 品牌B | 21 | 38 | 15 | 19 | 22 | 30 | 31 | 37 |

**13.97　Xr13-97**　防抱死装置可以快速制动，因此可以避免打滑。为了测试防抱死装置是否有效，一位汽车购买者做了一个试验。他踩了一下刹车，然后用秒表分别记录了安装有防抱死装置和没有安装防抱死装置的汽车停下需要的时间（秒）。踩刹车时的车速和在干燥路面上停车所用的时间列在下面。我们能否认为安装防抱死装置更好？

| 车速 | 20 | 25 | 30 | 35 | 40 | 45 | 50 | 55 |
|---|---|---|---|---|---|---|---|---|
| 装有防抱死装置 | 3.6 | 4.1 | 4.8 | 5.3 | 5.9 | 6.3 | 6.7 | 7.0 |
| 没有防抱死装置 | 3.4 | 4.0 | 5.1 | 5.5 | 6.4 | 6.5 | 6.9 | 7.3 |

**13.98　Xr13-98**　为了判断安装摄像头能否减少闯红灯的司机的数目，记录了安装摄像头前后每天闯红灯的司机的数目，数据列示在下面。我们能否认为安装摄像头减少了闯红灯的司机的数目？

| 天 | 周日 | 周一 | 周二 | 周三 | 周四 | 周五 | 周六 |
|---|---|---|---|---|---|---|---|
| 安装前 | 7 | 21 | 27 | 18 | 20 | 24 | 16 |
| 安装后 | 8 | 18 | 24 | 19 | 16 | 19 | 16 |

**13.99　Xr13-99**　为了了解一种新型肥料是否比现在正在使用的肥料的肥效更高，研究者选取了分布在全国各地的12块面积为2英亩的土地，再将每块土地分成同样大小的两部分。其中的一块施以目前的肥料，另一块使用新型肥料。在这些耕地上种植小麦。统计人员记录了当年的小麦产量。数据列示如下。

| 地块 | 1 | 2 | 3 | 4 | 5 | 6 | 7 | 8 | 9 | 10 | 11 | 12 |
|---|---|---|---|---|---|---|---|---|---|---|---|---|
| 目前的肥料 | 56 | 45 | 68 | 72 | 61 | 69 | 57 | 55 | 60 | 72 | 75 | 66 |
| 新型肥料 | 60 | 49 | 66 | 73 | 59 | 67 | 61 | 60 | 58 | 75 | 72 | 68 |

a. 在5%的显著性水平下，能否认为新型肥料要比目前的肥料更有效？

b. 在95%的置信水平下，估计使用两种不同肥料的土地的产量均值之差。

c. 在以上两个问题中，所得数据结论合理的必要条件是什么？

d. 必要条件是否满足？

e. 这些数据是试验数据还是观测数据？

f. 如果研究者认为全国的土地在本质上都是一样的，他们应该采取什么试验设计方法？

**13.100　Xr13－100**　一家公司的总裁正考虑是否开展一个午间锻炼项目，这个项目的目的是增强工人的体质，从而降低公司的医疗支出。为了收集更多信息，他在一个办公室里实施了这个项目。该总裁知道，由于员工在冬天更容易感染流感和重感冒，医疗花费会相对比较高，于是，他决定记录实施这个项目以前12个月和项目实施后12个月的医疗支出并进行比较。该项目实施前后的支出（单位：千美元）按照月份顺序对照排列，数据列表如下。

| 月份 | 1 | 2 | 3 | 4 | 5 | 6 | 7 | 8 | 9 | 10 | 11 | 12 |
|---|---|---|---|---|---|---|---|---|---|---|---|---|
| 之前 | 68 | 44 | 30 | 58 | 35 | 33 | 52 | 69 | 23 | 69 | 48 | 30 |
| 之后 | 59 | 42 | 20 | 62 | 25 | 30 | 56 | 62 | 25 | 75 | 40 | 26 |

a. 这些数据能否说明这个锻炼计划降低了医疗支出（$\alpha=0.05$）？

b. 在95%的置信水平下估计该项目平均节约的医疗支出。

c. 在这里采用配对试验是否合适？请说明理由。

下面的习题要求用计算机和软件来解答。你同样可以手工计算样本统计量。参见附录A。如果未加说明，请直接使用5%的显著性水平。

**13.101　Xr13－101**　衡量经济状况的一个指标是了解私房屋主每月支付的抵押贷款金额。为了了解五年以前和现在的情况的区别，随机抽取150户私房屋主作为一个样本，并记录他们现在和五年前所支付的月抵押贷款金额。（这些数据已经调整过了，故可以直接使用这些数据进行比较。）我们能不能说相对于五年前而言，屋主现在支付的抵押贷款数额增加了？

**13.102　Xr13－102**　男服务生和女服务生谁赚的小费更多？为了回答这个问题，一名餐馆顾问做了一次初步调查。他在50家餐馆中各随机抽取了一名男服务生和一名女服务生，记录了他们在一周内所获得的小费占总账单的百分比。从这些数据中，我们能得出什么结论？

**13.103　Xr13－103**　为了了解在黄页上做广告的效果，贝尔电话公司抽取了40个去年没有在黄页上做广告但今年全部做了广告的零售店作为样本，并记录了每家店去年和今年的年销售额（单位：千美元）。

a. 在90%的置信水平下估计这些店两年之内的销售进展。

b. 我们能否从中推断出刊登黄页广告有利于改善销售状况？

c. 检查前两问中使用的统计方法的必要条件是否都已经满足。

d. 在这里，用独立样本进行试验的效果是否会更好？给出你的解释。

**13.104　Xr13－104**　由于能源的成本很高，生活在寒冷地区的私房屋主需要寻找降低取暖费用的方法。一个承包商希望研究一下增加房屋的隔热程度对取暖费用的影响。他选择了一幢1970年左右修建的、隔热程度很小的老式房屋做了一次试验。他的计划是将其中的一些房间做隔热处理，然后比较经过隔热处理的房间的取暖费用和没有经过隔热处理的房间的取暖费用。然而，他很清楚房间的大小是决定取暖费用的一个重要因素。于是，他找了16对面积在1 200～2 800平方英尺的大小相似的房间。将每对房间中的一间做隔热处理，另外一间不做任何改动。在接下来的一个冬季，他记录了这16对房间的取暖费用。

a. 从这些数据中，该承包商能否在 10%的显著性水平下推断做了隔热处理的房间的取暖费用比未做隔热处理的房间的取暖费用低？

b. 在 95%的置信水平下，做了隔热处理后平均节约的费用是多少？

c. 问题（a）和问题（b）中使用的统计方法的必要条件是什么？

**13.105 Xr13-105** 卫生保健花费的涨幅最近超过了其他大多数项目。为了更加深入地了解这个问题，有人进行了一项研究，调查男性和女性花在卫生保健方面的资金数量是否存在差异。这项试验随机抽查年龄为 21，22，23，…，65 岁的男性和女性，并调查他们在卫生保健方面的总花费。我们能否从这些数据中推定，男性和女性在卫生保健方面花费的资金量的确不同？（资料来源：美国劳工统计局，消费者支出调查。）

**13.106 Xr13-106** 股票市场的波动会使部分投资者将他们的资金转移到更加稳定的投资项目中。为了深入调查最近的股市波动到底在多大程度上影响了股权的转让，有人随机选择了 170 名股票持有人，调查并记录下他们去年底和今年末持有股票的市值。我们能够推定投资者所持股票的总市值下降了吗？

**13.107 Xr13-107** 相对去年而言，美国人的负债情况是不是更加严重了？为了回答这个问题，一个统计人员随机抽取并记录了美国人去年和今年的负债情况。抽样是将样本按照各家庭户主的年龄来配对进行的，记录了每个样本的债务/收入比。我们能否推断美国人今年的债务/收入比要比去年高？

**13.108 Xr13-108** 每年 4 月，美国人和加拿大人都要填写他们各自的纳税申报单，很多人都委托税务公司帮助他们完成这种单调而又枯燥的工作。现在问题出现了："这些公司在填写纳税申报单时是否存在区别？"在一次试验中，要求两家最大的公司分别为随机抽取的 55 个纳税人填写纳税申报单，记录纳税人的应付税款额。我们能否从这些数据中得出，第一家公司计算的应付税款比较高？

**13.109 Xr13-109** 参考习题 13.33。假设我们现在按下面的方法重新进行这个试验：在 20 辆随机抽出的汽车中，左右两边的后轮上各装上一种型号的轮胎，然后和先前一样，记录下这些车辆直到轮胎报废为止时行驶的距离（单位：千英里）。我们能否从这些数据中推断出新型轮胎的质量更好？

**13.110** 参考习题 13.33 和习题 13.109。解释为什么配对试验能够产生显著的效果而独立样本的 $t$ 检验却不能。

**13.111 Xr13-111** 参考例 13.4 和例 13.5。假设现在进行另一个试验。我们根据主修金融和主修营销的 MBA 学生本科的平均成绩将他们进行配对。和先前的试验一样，我们将记录下他们的最高起薪。我们能否从这些数据中得出主修金融的 MBA 学生的起薪较高？

**13.112** 讨论为什么例 13.5 的试验得到了显著性试验结果，而习题 13.111 却不能。

**13.113 Xr13-113** 见例 13.2。记录新 CEO 上任前的实际营业收入。

a. 检验是否有足够的证据能够推断由后代继任的公司营业收入有所下降。

b. 是否有足够的证据能够推断由外部人员继任的公司营业收入有所上升？

**社会综合调查习题**

Excel 使用者请注意，空单元格代表数据缺失，需要删除。使用 5%的显著性水平。

**13.114 GSS2012*** 上个世纪的一般趋势是每一代都比他们的上一代接受更多教育。这种趋势是否发生了变化？为回答这一问题，需要判断是否有充分的证据表明当前的美国人比他们的父亲接受更多教育（EDUC 和 PAEDUC）。

**13.115 GSS2012*** 是否有充分的证据表明当前的美国人比他们的母亲接受更多教育（EDUC 和 MAEDUC）？

**美国国家选举调查习题**

Excel 使用者请注意，空单元格代表数据缺失，需要删除。

**13.116 ANES2008*** 在 95%的置信水平下估计通常在一天内美国人观看或阅读网络新闻的时间（TIME1）和阅读报纸新闻的时间（TIME3）的平均差异。

**13.117 ANES2008*** 在 95%的置信水平下估计通常在一天内美国人观看电视新闻（不包括体育新闻）的时间（TIME1）和阅读报纸新闻的时间（TIME3）的平均差异。

## 13.4 两总体方差比的推断

在 13.1 节和 13.3 节中，我们讨论了关于两总体均值差异的统计推断。每个例子中问题的目标都是比较两个由定距数据组成的总体，并且我们的兴趣所在是比较两总体中心位置的差异。本节中我们将要介绍的统计方法的问题目标和数据类型都与 13.1 节和 13.3 节相同，然而我们感兴趣的是比较其变异程度。这里我们将研究两个总体的方差比。之所以选择对方差比进行推断，是因为抽样分布以比例而非差异来展示其特征。

在选择对两均值之差进行 $t$ 检验所用的检验统计量时，我们曾经使用过方差比的 $F$ 检验。本节中，我们将这种方法应用到其他问题中，这里我们关心的是比较两总体变异程度的差异。

在前面的章节中，我们介绍了推断单个总体方差的步骤和过程。当时我们指出，当要判断一个生产过程的一致性时，我们可以使用方差来解决问题。我们同样可以使用方差来测量一个投资组合的风险。在本书中，我们比较的是两个方差，这种处理方式可以比较两个生产过程的一致性。同样地，我们也可以比较两种投资方式的相对风险。

我们将采用你可能已经比较熟悉的方式来介绍此节的内容。

### □ 13-4a 参 数

你马上会看到，我们将通过确定比率来比较两个总体方差，相应的参数是 $\sigma_1^2/\sigma_2^2$。

### □ 13-4b 统计量和抽样分布

在本书前面的部分中，我们曾经说明了样本方差是总体方差的无偏和一致估计量。类似地，对参数 $\sigma_1^2/\sigma_2^2$ 的估计量是分别从两个总体中抽出的样本的方差之比 $s_1^2/s_2^2$。

如果我们是从两个服从正态分布的总体中独立抽样，那么 $s_1^2/s_2^2$ 的抽样分布服从 $F$ 分布（我们在 8.4 节中已经介绍过 $F$ 分布）。

统计学家已经证明，两个独立的卡方变量的比除以它们的自由度服从 $F$ 分布，且 $F$ 分布的自由度与这两个卡方分布的自由度相同。在 12.2 节中，我们指出，如果抽样总体服从正态分布，那么 $(n-1)s^2/\sigma^2$ 就服从卡方分布。如果我们从两个服从正态分布的总体中抽取独立样本，那么 $(n_1-1)s_1^2/\sigma_1^2$ 和 $(n_2-1)s_2^2/\sigma_2^2$ 就都服从卡方分布；如果我们将它们分别除以各自的自由度再将两个值相比，就可以得到

$$\frac{\dfrac{(n_1-1)s_1^2/\sigma_1^2}{(n_1-1)}}{\dfrac{(n_2-1)s_2^2/\sigma_2^2}{(n_2-1)}}$$

化简得

$$\frac{s_1^2/\sigma_1^2}{s_2^2/\sigma_2^2}$$

这个统计量服从自由度为 $v_1=n_1-1$ 和 $v_2=n_2-1$ 的 $F$ 分布。回忆一下，我们称 $v_1$ 为**分子自由度**（numerator degrees of freedom），称 $v_2$ 为**分母自由度**（denominator degrees of freedom）。

### □ 13-4c 检验和估计两个方差的比率

在本书中，我们总是在原假设中假定两方差是相等的，这样的话，两个方差的比率为 1。由此，原假设的表达方式如下：

$$H_0: \sigma_1^2/\sigma_2^2=1$$

备择假设可以设成比率 $\sigma_1^2/\sigma_2^2$ 不等于 1、大于 1 或者小于 1。从技术上说，检验统计量为

$$F=\frac{s_1^2/\sigma_1^2}{s_2^2/\sigma_2^2}$$

然而，根据原假设，$\sigma_1^2/\sigma_2^2=1$，所以检验统计量如下。

**$\sigma_1^2/\sigma_2^2$ 的检验统计量**

用来检验 $\sigma_1^2/\sigma_2^2=1$ 的检验统计量为

$$F=\frac{s_1^2}{s_2^2}$$

只要总体服从正态分布，这个检验统计量就服从自由度为 $v_1=n_1-1$ 和 $v_2=n_2-1$ 的 $F$ 分布。

通过一些简单的代数演算，我们可以得到两个总体方差比的置信区间估计。

**$\sigma_1^2/\sigma_2^2$ 的置信区间估计**

$$\text{LCL}=\left(\frac{s_1^2}{s_2^2}\right)\frac{1}{F_{\alpha/2,v_1,v_2}}$$

$$\text{UCL}=\left(\frac{s_1^2}{s_2^2}\right)F_{\alpha/2,v_2,v_1}$$

式中，$v_1=n_1-1$，$v_2=n_2-1$。

## 例 13.7　检验两个灌装机的质量

数据：Xm13 - 07

在例 12.3 中，我们使用方差的卡方检验来判断是否有足够的证据证明总体方差小于 1.0。假设统计人员同时收集了另一台机器的数据，并从中随机抽取了一个样本。在 5%的显著性水平下，我们能否认为第二台机器的稳定性更好？

**解**

### 识　别

问题的目标是比较两个总体，数据类型为定距数据。因为我们想要了解机器的稳定性方面的信息，所以要检验的参数是 $\sigma_1^2/\sigma_2^2$，其中 $\sigma_1^2$ 和 $\sigma_2^2$ 分别为机器 1 和机器 2 的方差。我们需要对 $\sigma_1^2/\sigma_2^2$ 进行 $F$ 检验来判断是否总体 2 的方差小于总体 1 的方差。换句话说，我们想要判断是否有足够的证据证明 $\sigma_1^2$ 大于 $\sigma_2^2$。因此，假设为

$$H_0: \sigma_1^2/\sigma_2^2=1$$

$$H_1: \sigma_1^2/\sigma_2^2>1$$

### 计　算

**手工计算**

样本方差为

$$s_1^2=0.633\ 3$$

$$s_2^2=0.452\ 8$$

检验统计量为

$$F=s_1^2/s_2^2=0.633\ 3/0.452\ 8=1.40$$

拒绝域为

$$F>F_{\alpha,v_1,v_2}=F_{0.05,24,24}=1.98$$

因为检验统计量的值没有大于 1.98，所以我们不能拒绝原假设。

**Excel**

| | A | B | C |
|---|---|---|---|
| 1 | F-检验　双样本方差 | | |
| 2 | | | |
| 3 | | Machine 1 | Machine 2 |
| 4 | 均值 | 999.7 | 999.8 |
| 5 | 方差 | 0.633 3 | 0.452 8 |
| 6 | 观测值 | 25 | 25 |
| 7 | df | 24 | 24 |
| 8 | F | 1.398 8 | |
| 9 | P(F<=f) 单尾 | 0.208 5 | |
| 10 | F 单尾临界 | 1.9838 | |

$F$ 统计量的值为 $F=1.398\ 8$。在 Excel 中给出了单尾的 $p$ 值，为 0.208 5。

**计算机命令**

1. 在两列中键入或者导入数据（打开文件 Xm13－07）。

2. 点击“数据”—“数据分析”，—“F 检验　双样本方差”。

3. 确定“变量 1 的区域”（A1∶A26）和“变量 2 的区域”（B1∶B26），并输入 $\alpha$ 的值（0.05）。

**Minitab**

**Test for Equal Variances：Machine 1，Machine 2**

F-Test（Normal Distribution）

Test statistic＝1.40，p-value＝0.417

注意，Minitab 进行的是双尾检验，因此 $p$ 值＝0.417/2＝0.208 5。

**计算机命令**

1. 键入或者导入数据（打开 Xm13－07）。

2. 点击“Stat”（统计）—“Basic Statistics”（基本统计量）—“2 Variances…”（双方差…）。

3. 选择“Samples in different columns”（样本在不同列中）和变量名［“First”（第一）和“Second”（第二）］并点击“OK”（确定）。

**解　释**

没有足够证据证明机器 2 的方差小于机器 1 的方差。

直方图（此例中未画出）呈现钟形，满足正态分布这一条件。

## 例 13.8　估计例 13.7 中方差的比

数据：Xm13－07

在 95%的置信水平下估计例 13.7 中的两个总体方差比的置信区间。

**解**

### 计　算

**手工计算**

我们求出

$$F_{\alpha/2,v_1,v_2}=F_{0.025,24,24}=2.27$$

于是有

$$LCL=\left(\frac{s_1^2}{s_2^2}\right)\frac{1}{F_{\alpha/2,v_1,v_2}}=\left(\frac{0.6333}{0.4528}\right)\frac{1}{2.27}=0.616$$

$$UCL=\left(\frac{s_1^2}{s_2^2}\right)F_{\alpha/2,v_2,v_1}=\left(\frac{0.6333}{0.4528}\right)2.27=3.17$$

因此，我们估计 $\sigma_1^2/\sigma_2^2$ 的值在 0.616～3.17 之间。

**Excel**

| | A | B | C |
|---|---|---|---|
| 1 | F-Estimate：Two Variances | | |
| 2 | | | |
| 3 | | Machine 1 | Machine 2 |
| 4 | Mean | 999.7 | 999.8 |
| 5 | Variance | 0.633 3 | 0.452 8 |
| 6 | Observations | 25 | 25 |
| 7 | df | 24 | 24 |
| 8 | LCL | 0.616 4 | |
| 9 | UCL | 3.174 3 | |

**计算机命令**

1. 在两列中输入或导入数据[①]（打开文件 Xm13－07）。

2. 单击"Add-Ins"（加载项）—"Data Analysis Plus"（数据分析加载项）—"F Estimate 2 Variances"（两样本方差之比的 F 检验）。

3. 指定"Variable 1 Range"（变量 1 的区域）（A1：A26），Variable 2 Range（变量 2 的区域）（B1：B26）。输入 α 的值（0.05）。

① 如果一列或两列中有空单元格（代表缺失数据），则相应的行必须删除。参见凯勒网站附录——删除 Excel 中的空单元格。

**Minitab**

本软件不能对两总体方差比进行估计。

## 解　释

就像在第 11 章中所指出的那样，我们通常可以使用置信区间估计来检验假设。在本例中，区间估计值排除了值 1。相应地，我们可以得出和例 13.7 中相同的结论。

**识别 $\sigma_1^2/\sigma_2^2$ 的 $F$ 检验和估计量时考虑的要素**

1. 目标：比较两个总体
2. 数据类型：定距数据
3. 描述性测量：变异性

## 习　题

**自己的 EXCEL**

创建实现如下方法的 Excel 工作簿。

**13.118**　$\sigma_1^2/\sigma_2^2$ 的 $F$ 检验。输入：样本方差，样本容量和假设的总体方差之比。输出：检验统计量，临界值，单尾 $p$ 值和双尾 $p$ 值。工具：FINV，FDIST。

**13.119**　$\sigma_1^2/\sigma_2^2$ 的 $F$ 估计。输入：样本方差，样本容量和显著性水平。输出：置信上限和置信下限。工具：FINV。

**理解统计概念**

习题 13.120 和习题 13.121 的假设检验的目的是帮助读者了解当统计推断的元素改变时，检验统计量和区间估计的变化。这些问题可以用手工计算解答，也可以用你创建的自己的 Excel 工作簿或 Minitab 解答。

**13.120**　从两个服从正态分布的总体中随机抽样得到下列统计量：

$s_1^2=350 \qquad n_1=30$

$s_2^2=700 \qquad n_2=30$

a. 在 10％的显著性水平下，我们能否从中得出两个总体方差不同的结论？

b. 将样本容量分别改为 $n_1=15$ 和 $n_2=15$，重新解答问题（a）。

c. 描述当样本容量减小时，检验统计量和结论发生了什么变化。

**13.121**　从两个服从正态分布的总体中随机抽样得到下列统计量：

$s_1^2=28 \qquad n_1=10$

$s_2^2=19 \qquad n_2=10$

a. 在 95％的置信水平下估计两总体方差的比。

b. 将样本容量分别改为 $n_1=25$ 和 $n_2=25$，重新解答问题（a）。

c. 描述当样本容量增加时，置信区间宽度发生了什么变化。

**应用**

除非特别说明，否则使用5%作为显著性水平。

**13.122 Xr13-122** 一家乳制品公司的经理正在决定从两种新的纸盒灌装机中选择一种。他最关心的性能是灌装机的稳定性。在先前的研究中，他分别测量了这两种机器灌装一升的纸盒的量。该经理能否得出结论说，这两种机器的稳定性是不同的？

| | | | | | | | | | | | |
|---|---|---|---|---|---|---|---|---|---|---|---|
| 机器1 | 0.998 | 0.997 | 1.003 | 1.000 | 0.999 | 1.000 | 0.998 | 1.003 | 1.004 | 1.000 | |
| 机器2 | 1.003 | 1.004 | 0.997 | 0.996 | 0.999 | 1.003 | 1.000 | 1.005 | 1.002 | 1.004 | 0.996 |

**13.123 Xr13-123** 一位监控流水线的操作经理正面临着工作序列的问题。他用两种不同的方法完成同一项工作任务，并记录了所用的时间（秒）。该经理能否认为第2种方法比第1种方法更稳定？

| | | | | | | | | | | |
|---|---|---|---|---|---|---|---|---|---|---|
| 方法1 | 8.8 | 9.6 | 8.4 | 9.0 | 8.3 | 9.2 | 9.0 | 8.7 | 8.5 | 9.4 |
| 方法2 | 9.2 | 9.4 | 8.9 | 9.6 | 9.7 | 8.4 | 8.8 | 8.9 | 9.0 | 9.7 |

**13.124 Xr13-124** 一位统计学教授假设，采用两种不同的方法教授商务统计学课程但举行相同的期末考试，不仅会使成绩的均值发生变化，还会影响成绩的方差。他进行了一项试验：某节课采用幻灯片的方式授课，另一节课让学生自己阅读教科书，然后参加班级讨论。他记录了两个班的成绩并从中随机抽取了一个样本。我们能否认为这两节课的成绩的方差不同？

| | | | | | | | | | | | |
|---|---|---|---|---|---|---|---|---|---|---|---|
| 第一节课 | 64 | 85 | 80 | 64 | 48 | 62 | 75 | 77 | 50 | 81 | 90 |
| 第二节课 | 73 | 78 | 66 | 69 | 79 | 81 | 74 | 59 | 83 | 79 | 84 |

以下习题要用到计算机和相关软件。答案也可以手工计算。参见附录A的样本统计量。除非特别说明，否则使用5%作为显著性水平。

**13.125 Xr13-125** 一条高速公路刚刚竣工，政府正在为其制定限速。可供选择的方案有很多种，但是负责监控交通的警察认为，较好的方案要能够减少速度的变异程度，因为这很可能是造成车祸的重要原因。众所周知，车速会影响碰撞的严重程度。有关部门决定进行一项试验来获取更多信息。第一周前贴出相关通知显示限速为70英里/小时，随机抽取一部分车速样本。第二周，通知显示最大限速为70英里/小时，最小限速为60英里/小时，再次抽取车速的样本。我们能否认为同时设置最小限速和最大限速能够减少速度的变异程度？

**13.126 Xr13-126** 在习题12.78中，我们描述了更换扬基体育场的灯泡的方式：一次性定期更换或者灯泡坏时再更换。现在有两种灯泡品牌可供选择。因为灯泡寿命的均值和方差都很重要，所以决定对这两种品牌的灯泡进行检验。随机抽取两种品牌的灯泡，记录它们直至烧坏总共使用的时间（灯泡一直在工作状态）。扬基体育馆的管理人员可否认为这两种品牌的灯泡的方差不同？

**13.127 Xr13-127** 一年中两种证券投资组合的每周收益被记录下来，我们可以从这些数据中得出在显著性水平为5%的情况下，投资组合2的风险要高于投资组合1吗？

**13.128 Xr13-128** 对服务设施（比如餐馆和银行）的一个重要的统计测量是服务时间的变化。在一次试验中，试验者观测了两个银行的出纳员，他们每人都为100名顾客进行服务，记录了所用时间。在10%的显著性水平下，我们是否可以从这些数据中找到证据，证明两名出纳员服务时间的方差是不同的？

## 13.5 两总体比例差异的推断

在本节中，我们将要介绍推断由定类数据组成的两个总体的差异的方法。这个方法的应用几乎无处不在。例如，制药公司通过比较新药和旧药的疗效或比较新药和安慰剂的疗效对新药的疗效进行检验；营销经理要比较每轮广告前后本公司产品的市场份额；运营经理要比较两台机器的废品率；政治民意测验专家要衡量每轮选举前后各候选人支持率的变化。

### □ 13-5a 参 数

当数据是定类数据时，对数据唯一有意义的计算是统计出每种结果出现的次数，然后计算每种情况的比例。相应地，本节中我们要检验和估计的参数是两个总体比例的差，即 $p_1-p_2$。

### □ 13-5b 统计量和抽样分布

为了推断 $p_1-p_2$，我们从总体 1 中抽取容量为 $n_1$ 的样本，从总体 2 中抽取容量为 $n_2$ 的样本。图 13—7 演示了抽样过程。

对于每个样本，我们将成功的次数统计出来（前文已经提到，我们将任何希望看见的结果称为“成功”），并将从两个总体中抽取的成功结果的次数分别标记为 $x_1$ 和 $x_2$。则样本比例为

$$\hat{p}_1=\frac{x_1}{n_1} \quad 和 \quad \hat{p}_2=\frac{x_2}{n_2}$$

统计学家已经证明，统计量 $\hat{p}_1-\hat{p}_2$ 是参数 $p_1-p_2$ 的无偏且一致估计量。

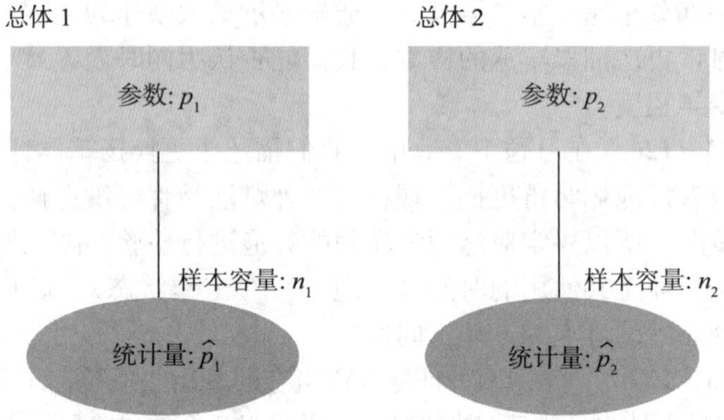


**图 13—7 两个定类数据总体的抽样**

运用和第 9 章中相同的数学运算可以导出样本比例的抽样分布，然后我们就可以确定两个样本比例差值的抽样分布了。

**$\hat{p}_1-\hat{p}_2$ 的抽样分布**

1. 如果样本容量足够大，使得 $n_1p_1$，$n_1(1-p_1)$，$n_2p_2$，$n_2(1-p_2)$ 都大于等于5，统计量 $\hat{p}_1-\hat{p}_2$ 就近似服从正态分布。[由于 $p_1$，$p_2$ 均未知，我们将对样本容量的要求表述为 $n_1\hat{p}_1$，$n_1(1-\hat{p}_1)$，$n_2\hat{p}_2$，$n_2(1-\hat{p}_2)$ 都大于等于5。]

2. $\hat{p}_1-\hat{p}_2$ 的均值为 $E(\hat{p}_1-\hat{p}_2)=p_1-p_2$。

3. $\hat{p}_1-\hat{p}_2$ 的方差为 $V(\hat{p}_1-\hat{p}_2)=\frac{p_1(1-p_1)}{n_1}+\frac{p_2(1-p_2)}{n_2}$。

$\hat{p}_1-\hat{p}_2$ 的标准差为 $\sigma_{\hat{p}_1-\hat{p}_2}=\sqrt{\frac{p_1(1-p_1)}{n_1}+\frac{p_2(1-p_2)}{n_2}}$。

因此，变量

$$z=\frac{(\hat{p}_1-\hat{p}_2)-(p_1-p_2)}{\sqrt{\frac{p_1(1-p_1)}{n_1}+\frac{p_2(1-p_2)}{n_2}}}$$

近似服从标准正态分布。

### □ 13-5c 检验和估计两总体比例之间的差异

我们将用上面定义的 $z$ 统计量作为检验统计量；然而由于 $p_1$，$p_2$ 均为未知，所以 $\hat{p}_1-\hat{p}_2$ 的标准误

$$\sigma_{\hat{p}_1-\hat{p}_2}=\sqrt{\frac{p_1(1-p_1)}{n_1}+\frac{p_2(1-p_2)}{n_2}}$$

也是未知的。因此，$\hat{p}_1-\hat{p}_2$ 的标准误必须用样本数据进行估计。对该值有两种不同的估计量，选用哪一种估计量进行估计取决于原假设。如果原假设表述为 $p_1-p_2=0$，即我们假设两个总体比例相等，就可以将两个样本的数据汇集起来产生一个 $p_1$ 和 $p_2$ 的共同估计量。该**联合比例估计量**（pooled proportion estimator）定义如下：

$$\hat{p}=\frac{x_1+x_2}{n_1+n_2}$$

于是，$\hat{p}_1-\hat{p}_2$ 估计的标准误是

$$\sqrt{\frac{\hat{p}(1-\hat{p})}{n_1}+\frac{\hat{p}(1-\hat{p})}{n_2}}=\sqrt{\hat{p}(1-\hat{p})\left(\frac{1}{n_1}+\frac{1}{n_2}\right)}$$

估计 $\hat{p}_1-\hat{p}_2$ 时所用的原理同13.1节中在 $\sigma_1^2$ 和 $\sigma_2^2$ 未知但相等的情况下使用联合方差估计量 $s_p^2$ 来检验 $\mu_1-\mu_2$ 时的原理是相同的。这个原理的大致内容就是，在可能的情况下，可以将两个样本中的数据聚合在一起，从而产生一个更好的估计量来估计标准误的值。此处，只有当原假设为 $p_1=p_2$ 时，才可以将数据聚合起来。（在13.1节中，我们使用联合方差估计量估计 $\mu_1-\mu_2$ 的值，因为我们假设 $\sigma_1^2=\sigma_2^2$。）我们将这一应用称为情况1。

**$p_1-p_2$ 的检验统计量：情况 1**

如果原假设确定为

$$H_0: p_1-p_2=0$$

那么检验统计量就为

$$z=\frac{(\hat{p}_1-\hat{p}_2)-(p_1-p_2)}{\sqrt{\hat{p}(1-\hat{p})\left(\frac{1}{n_1}+\frac{1}{n_2}\right)}}$$

因为我们假设 $p_1-p_2=0$，故我们可以将上述检验统计量简化为

$$z=\frac{(\hat{p}_1-\hat{p}_2)}{\sqrt{\hat{p}(1-\hat{p})\left(\frac{1}{n_1}+\frac{1}{n_2}\right)}}$$

应用该原理的第二种情况是原假设为 $p_1-p_2=D$，其中，$D$ 是不为零的值。此时，我们就不能将数据汇集起来估计 $\hat{p}_1-\hat{p}_2$ 的标准误了。在这种情况下较合理的检验统计量描述在下面的情况 2 中。

**$p_1-p_2$ 的检验统计量：情况 2**

如果原假设确定为

$$H_0: p_1-p_2=D(D\neq 0)$$

则检验统计量为

$$z=\frac{(\hat{p}_1-\hat{p}_2)-(p_1-p_2)}{\sqrt{\frac{\hat{p}_1(1-\hat{p}_1)}{n_1}+\frac{\hat{p}_2(1-\hat{p}_2)}{n_2}}}$$

也可以表示为

$$z=\frac{(\hat{p}_1-\hat{p}_2)-D}{\sqrt{\frac{\hat{p}_1(1-\hat{p}_1)}{n_1}+\frac{\hat{p}_2(1-\hat{p}_2)}{n_2}}}$$

注意，这个检验统计量只是简单地将 $\hat{p}_1-\hat{p}_2$ 的标准误中的 $p_1$ 和 $p_2$ 分别用 $\hat{p}_1$ 和 $\hat{p}_2$ 替换了而已。

你将会发现，在大多数实际应用中（包括本书中的许多习题），情况 1 大都用于如下问题：我们想知道的是两个总体的方差是否相同，即

$$H_1: p_1-p_2\neq 0$$

或者一个比例是否超过了另外一个，即

$$H_1: p_1 - p_2 > 0 \text{ 或 } H_1: p_1 - p_2 < 0$$

在其他情况下，问题的目标是确定一个比例减去另一个比例是否等于一个特定的非零值。此时，我们就要应用情况 2。

我们采用自第 10 章以来一直使用的方法得到 $p_1 - p_2$ 的区间估计。

**$p_1 - p_2$ 的置信区间估计**

$$(\hat{p}_1 - \hat{p}_2) \pm z_{\alpha/2}\sqrt{\frac{\hat{p}_1(1-\hat{p}_1)}{n_1} + \frac{\hat{p}_2(1-\hat{p}_2)}{n_2}}$$

这个公式在 $n_1\hat{p}_1$，$n_1(1-\hat{p}_1)$，$n_2\hat{p}_2$，$n_2(1-\hat{p}_2)$ 都大于等于 5 的时候成立。

注意，标准误是由独立样本比例而不是联合样本比例估计所得的。在这个过程中，我们不能像情况 1 中的检验统计量那样假设总体比例相等。

### 在营销中的应用：营销检验

营销经理常常采用营销检验（test marketing）来测评消费者对一种现存产品的某个特性（比如价格或包装）的变化的反应，或者评估消费者对新产品的偏好。营销检验是指在一个较小的、有限的试验市场范围内对营销组合进行一定的改变，从而在对整个市场进行成本高昂的生产和分销策略调整之前，评估消费者在试验市场中的反应。

### 例 13.9　包装设计的营销检验 I

数据：Xm13-09

通用产品公司是一家生产和销售各种日用品的公司。由于面临残酷的竞争，该公司的一种产品——浴皂——的销售情况令人担忧。为了改善该产品的销售情况，公司决定引入更加诱人的包装。公司的广告代理给出了两种新的设计方案。第一种方案是将包装改成几种艳丽夺目的颜色的组合，从而与其他公司的产品区别开来；第二种方案是在淡绿色的背景上只有公司的标记。为了检验哪种方案更加出色，营销经理选择了两家超市进行比较试验。其中一家超市里浴皂的包装使用第一种方案，而另一家超市里浴皂的包装则采用第二种方案。营销试验历时一个星期。每家超市记录了其所销售的五种浴皂的后四位扫描码，该公司的代码为 9077（其他代码为 4255，3745，7118 和 8855）。试验期过后，记录扫描所得的数据。由于第一种包装方案成本比较高昂，因此该公司决定，只有在有充足证据证明第一种方案更好的情况下，才使用该方案。那么，该公司应该选择第一种色彩鲜艳的设计方案还是第二种简单的绿色的设计方案？

**解**

**识　别**

问题的目标是比较两个总体。第一个总体是在超市 1 中销售的肥皂总体，第二个总体是在超市 2 中销售的肥皂总体。注意，数据都是定类数据，因为它们的值分别是“购买了通用产品公司的浴皂”和“购买了其他公司的浴皂”。这两个因素告诉我们，要检验的参数是两个总体比例的差异 $p_1-p_2$（其中 $p_1$，$p_2$ 分别是在超市 1 和超市 2 中通用产品公司浴皂的销售比例）。由于我们想知道是否有足够的证据证明，采用第一种色彩鲜艳的设计方案较为有利，所以备择假设是

$$H_1:(p_1-p_2)>0$$

原假设是

$$H_0:(p_1-p_2)=0$$

由此我们知道，该问题属于情况 1。因此，检验统计量为

$$z=\frac{(\hat{p}_1-\hat{p}_2)}{\sqrt{\hat{p}(1-\hat{p})\left(\frac{1}{n_1}+\frac{1}{n_2}\right)}}$$

## 计　算

**手工计算**

利用手工计算检验统计量，统计人员首先要得出每个样本中成功的次数，这里成功的代码为 9077。通过回顾所有的销售记录，有

$$x_1=180 \qquad n_1=904$$
$$x_2=155 \qquad n_2=1\,038$$

样本比例为

$$\hat{p}_1=\frac{180}{904}=0.199\,1 \qquad \hat{p}_2=\frac{155}{1\,038}=0.149\,3$$

联合比例为

$$\hat{p}=\frac{180+155}{904+1\,038}=\frac{335}{1\,942}=0.172\,5$$

检验统计量的值为

$$z=\frac{(\hat{p}_1-\hat{p}_2)}{\sqrt{\hat{p}(1-\hat{p})\left(\frac{1}{n_1}+\frac{1}{n_2}\right)}}$$
$$=\frac{(0.199\,1-0.149\,3)}{\sqrt{0.172\,5\times(1-0.172\,5)\left(\frac{1}{904}+\frac{1}{1\,038}\right)}}=2.90$$

这里用 5%的显著性水平比较合适。故拒绝域是

$$z>z_{\alpha}=z_{0.05}=1.645$$

**Excel**

| | A | B | C | D |
|---|---|---|---|---|
| 1 | **z-Test：Two Proportions** | | | |
| 2 | | | | |
| 3 | | | Supermarket 1 | Supermarket 2 |
| 4 | Sample Proportions | | 0.199 1 | 0.149 3 |
| 5 | Observations | | 904 | 1 038 |
| 6 | Hypothesized Difference | | 0 | |
| 7 | z Stat | | 2.90 | |
| 8 | P(Z<=z) one-tail | | 0.001 9 | |
| 9 | z Critical one-tail | | 1.644 9 | |
| 10 | P(Z<=z) two-tail | | 0.003 8 | |
| 11 | z Critical two-tail | | 1.96 | |

**计算机命令**

1. 在相邻两列中键入或者导入数据①（打开 Xm13－09）。

2. 点击"Add-Ins"（加载项）—"Data Analysis Plus"（数据分析加载项）—"Z-Test：2 Proportions"（z 检验：两总体比例）。

3. 确定"Variable 1 Range"（变量 1 的区域）（A1∶A905）和"Variable 2 Range"（变量 2 的区域）（B1∶B1039）。确定"Code for Success"（成功代码）（9077）。键入"Hypothesized Difference"（假设差异）（0）和 $\alpha$ 的值（0.05）。

**Minitab**

**Test and CI for Two Proportions：Supermarket 1，Supermarket 2**

Event=9077

| Variable | X | N | Sample p |
|---|---|---|---|
| Supermarket 1 | 180 | 904 | 0.199 115 |
| Supermarket 2 | 155 | 1 038 | 0.149 326 |

Difference=p(Supermarket 1)－p(supermarket 2)

Estimate for difference：0.049 789 4

95% lower bound for difference：0.021 357 7

Test for difference=0（vs>0）：Z=2.90　P-Value=0.002

① 如果一列或两列中有空单元格（表示缺失数据），则相应的行必须删除。参见凯勒网站附录——删除 Excel 中的空单元格。

**计算机命令**

1. 在相邻的两列中键入或者导入数据（打开 Xm13 - 09）。如果需要，对数据进行重新编码。（Minitab 要求只能使用两个代码，且将其中较大的值作为代表成功的代码，参见本书所附凯勒网站附录——Excel 和 Minitab 处理缺失数据和重编码数据的说明。）

2. 点击“Stat”（统计）—“Basic Statistics”（基本统计量）—“2 Proportions…”（双比率…）。

3. 确定“Samples in different columns”（样本在不同列中），“First”（第一）和“Second”（第二）。点击“Options…”（选项…）。

4. 键入“Test difference”（检验差值）(0)，确定 Alternative（备择）[“greater than”（大于）]，点击“Use pooled estimate of p for test”（使用 p 的合并估计值进行检验）。

注意：数据中的星号代表缺失值，Minitab 不能在此情况下进行双样本比例差异的检验和估计。点击“Data”（数据）和“Sort”（排序）可以删除星号。

### 解　释

检验统计量的值为 $z=2.90$，其 $p$ 值为 0.001 9，故有充分的证据证明色彩鲜艳的设计比简色设计更受欢迎。于是，我们推荐使用第一种设计方案。

## 例 13.10　包装设计的营销检验Ⅱ

数据：Xm13 - 09

假设在例 13.9 中，由于色彩鲜艳的包装带来了附加成本，所以它必须比简单包装多出 3%的销售量才能获得利润。在这种条件下，该经理是否应该采用第一种方案？

**解**

### 识　别

备择假设是

$$H_1:(p_1-p_2)>0.03$$

原假设为

$$H_0:(p_1-p_2)=0.03$$

由于原假设指定了一个非零的差值，所以我们必须采用情况 2 的检验统计量。

### 计　算

检验统计量的值为

$$z=\frac{(\hat{p}_1-\hat{p}_2)-(p_1-p_2)}{\sqrt{\dfrac{\hat{p}_1(1-\hat{p}_1)}{n_1}+\dfrac{\hat{p}_2(1-\hat{p}_2)}{n_2}}}$$

$$=\frac{(0.199\,1-0.149\,3)-(0.03)}{\sqrt{\frac{0.199\,1\times(1-0.199\,1)}{904}+\frac{0.149\,3\times(1-0.149\,3)}{1\,038}}}=1.15$$

**Excel**

| | A | B | C | D |
|---|---|---|---|---|
| 1 | **z-Test：Two Proportions** | | | |
| 2 | | | | |
| 3 | | | Supermarket 1 | Supermarket 2 |
| 4 | Sample Proportions | | 0. 199 1 | 0. 149 3 |
| 5 | Observations | | 904 | 1 038 |
| 6 | Hypothesized Difference | | 0. 03 | |
| 7 | z stat | | 1. 14 | |
| 8 | P(Z<=z) one tail | | 0. 126 1 | |
| 9 | z Critical one-tail | | 1. 644 9 | |
| 10 | P(Z<=z) two-tail | | 0. 252 2 | |
| 11 | z Critical two-tail | | 1. 96 | |

**计算机命令**

除了假设的差值改为 0. 03 以外，其余都使用与上例相同的命令。当输入的假设差值为一个非零值时，Excel 将自动使用情况 2 的检验统计量。

**Minitab**

**Test and CI for Two Proportions：Supermarket 1，Supermarket 2**

Event=9 077

| Variable | X | N | Sample p |
|---|---|---|---|
| Supermarket 1 | 180 | 904 | 0. 199 115 |
| Supermarket 2 | 155 | 1 038 | 0. 149 326 |

Difference=p(Supermarket 1) −p(Supermarket 2)

Estimate for difference：0. 049 789 4

95% lower bound for difference：0. 021 357 7

Test for difference=0. 03 (vs>0. 03)：Z=1. 14 P-Value=0. 126

**计算机命令**

除了第 4 步中的 “Test difference”（检验差值）为 0. 03 外，不用点击 “Use pooled estimate of p for test”（使用 p 的合并估计值进行检验）之外，其余命令同上例。

**解 释**

没有足够的证据表明，购买色彩鲜艳包装的浴皂的消费者的比例比购买简单包装的浴皂的消费者的比例高出3%。在没有足够证据的情况下，分析者建议该公司采用简单的绿色包装方案。

### 例 13.11 包装设计的营销检验Ⅲ

数据：Xm13 - 09

为了估计利润的差异，例 13.9 和例 13.10 中的营销经理想估计一下两总体比例之间的差异。此处采用 95%的置信水平。

**解**

**识 别**

在这里，参数为 $p_1-p_2$，其置信区间估计为

$$(\hat{p}_1-\hat{p}_2)\pm z_{\alpha/2}\sqrt{\frac{\hat{p}_1(1-\hat{p}_1)}{n_1}+\frac{\hat{p}_2(1-\hat{p}_2)}{n_2}}$$

**计 算**

**手工计算**

我们已经计算出了样本比例。它们分别是

$$\hat{p}_1=\frac{180}{904}=0.199\,1 \text{ 和 } \hat{p}_2=\frac{155}{1\,038}=0.149\,3$$

在 95%的置信水平下，$p_1-p_2$ 的置信区间为

$$(\hat{p}_1-\hat{p}_2)\pm z_{\alpha/2}\sqrt{\frac{\hat{p}_1(1-\hat{p}_1)}{n_1}+\frac{\hat{p}_2(1-\hat{p}_2)}{n_2}}$$

$$=(0.199\,1-0.149\,3)\pm 1.96\sqrt{\frac{0.199\,1\times(1-0.199\,1)}{904}+\frac{0.149\,3\times(1-0.149\,3)}{1\,038}}$$

$$=0.049\,8\pm 0.033\,9$$

$\text{LCL}=0.015\,9 \qquad \text{UCL}=0.083\,7$

**Excel**

| | A | B | C | D |
|---|---|---|---|---|
| 1 | **z-Estimate：Two Proportions** | | | |
| 2 | | | | |
| 3 | | | Supermarket 1 | Supermarket 2 |
| 4 | Sample Proportions | | 0.199 1 | 0.149 3 |
| 5 | Observations | | 904 | 1 038 |
| 6 | | | | |
| 7 | LCL | | 0.015 9 | |
| 8 | UCL | | 0.083 7 | |

**计算机命令**

1. 在相邻两列中键入或者导入数据①（打开 Xm13－09）。

2. 点击“Add-Ins”（加载项）—“Data Analysis Plus”（数据分析加载项）—“Z-Estimate：2 Proportions”（$z$ 检验：两总体比例）。

3. 确定“Variable 1 Range”（变量 1 的区域）（A1：A905）和“Variable 2 Range”（变量 2 的区域）（B1：B1039）。确定“Code for Success”（成功代码）（9077）和 $\alpha$ 的值（0.05）。

**Minitab**

**Test and CI for Two Proportions：Supermarket 1，Supermarket 2**

Event＝9 077

| Variable | X | N | Sample p |
|---|---|---|---|
| Supermarket 1 | 180 | 904 | 0.199 115 |
| Supermarket 2 | 155 | 1 038 | 0.149 326 |

Difference＝p(Supermarket 1)－p(Supermarket 2)

Estimate for difference：0.049 789 4

95% CI for difference：(0.015 910 9，0.083 667 9)

Test for difference＝0 (vs not＝0)：Z＝2.88  P-Value＝0.004

**计算机命令**

按照命令对两总体比例的假设进行检验，令备择假设为“not equal”（不相等），不要选中“Use pooled estimate of p for test”（使用 p 的合并估计值进行检验）。

## 解　释

通过估计我们得出，采用色彩鲜艳的包装的产品的市场份额比采用简单绿色包装的产品的市场份额高出 1.59%～8.37%。

**社会综合调查——比较民主党人和共和党人：谁更有可能完成大学学业**

问题的目标是比较民主党人和共和党人这两个总体（变量 PARTYID 的编码 0 和 1 代表民主党，编码 5 和 6 代表共和党）。变量 DEGREE 是定类数据，我们重新编码数据，用编码 5 代表编码 3 和 4，并将其定义为“成功”。参数是 $p_1-p_2$，$p_1$＝民主党人中学历至少为本科的比例，$p_2$＝共和党人中学历至少为本科的比例。假设为

$$H_0:(p_1-p_2)=0$$

$$H_1:(p_1-p_2)<0$$

原假设告诉我们，此处是情况 1 的一个应用，因此，检验统计量为

$$z=\frac{(\hat{p}_1-\hat{p}_2)}{\sqrt{\hat{p}(1-\hat{p})\left(\frac{1}{n_1}+\frac{1}{n_2}\right)}}$$

① 如果一列或两列中有空单元格（表示有缺失数据），则相应的行要删除。参见凯勒网站附录——删除 Excel 中的空单元格。

**Excel**

| | A | B | C | D |
|---|---|---|---|---|
| 1 | **z-Test：Two Proportions** | | | |
| 2 | | | | |
| 3 | | | Democrats | Republicans |
| 4 | Sample Proportions | | 0.306 2 | 0.325 8 |
| 5 | Observations | | 699 | 442 |
| 6 | Hypothesized Difference | | 0 | |
| 7 | z Stat | | −0.697 | |
| 8 | P(Z<=z) one tail | | 0.243 1 | |
| 9 | z Critical one-tail | | 1.644 9 | |
| 10 | P(Z<=z) two-tail | | 0.486 2 | |
| 11 | z Critical two-tail | | 1.96 | |

**Minitab**

**Test and CI for Two Proportions：Democrat，Republican**

Event=5

| Variable | X | N | Sample p |
|---|---|---|---|
| Democrat | 214 | 699 | 0.306 152 |
| Republican | 144 | 442 | 0.325 792 |

Difference=p(Democrat)−p(Republican)
Estimate for difference：−0.019 640 2
95% CI for difference：(−0.075 105 6，0.035 825 2)
Test for difference=0 (vs not=0)：Z=−0.70　P-Value=0.486

Fisher's exact test：P-Value=0.513

**解　释**

虽然二者在数值上存在差异，但在5%的显著性水平下并没有充分的证据表明共和党人中学历至少为本科的比例比民主党人中学历至少为本科的比例更高。

识别推断两个比例差异的要素如下所示：

**识别 $p_1-p_2$ 的 $z$ 检验和估计量的要素**

1. 目标：比较两个总体
2. 数据类型：定类数据

## 习　题

**自己的 EXCEL**

创建实现如下方法的 Excel 工作簿。

**13.129**　$p_1-p_2$ 的 $z$ 检验。输入：样本比例，样本容量和假设的总体比例之差。输出：检验统计量，临界值，单尾 $p$ 值和双尾 $p$ 值。工具：NORMSINV，NORMSDIST。

**13.130**　$p_1-p_2$ 的 $z$ 估计。输入：样本比例，样本容量和显著性水平。输出：置信上限和置信下限。工具：NORMSINV。

**理解统计概念**

习题 13.131 至习题 13.133 均为假设分析的练习，目的是了解当统计推断中的元素改变时，检验统计量和区间估计会发生什么变化。这些问题既可以用手工计算解答，也可用你自己创建的 Excel 工作簿或 Minitab 解答。

**13.131**　从两个二项分布的总体中随机抽取两个样本，计算得

$$\hat{p}_1=0.45 \qquad n_1=100$$
$$\hat{p}_2=0.40 \qquad n_2=100$$

a. 计算该检验的 $p$ 值，确定是否可以推出总体比例存在差异的结论。

b. 样本容量增加到 400，重新计算问题（a）。

c. 分析样本容量增加时，$p$ 值会有什么变化。

**13.132**　从两个随机样本中得到如下统计量：

$$\hat{p}_1=0.60 \quad n_1=225 \quad \hat{p}_2=0.55 \quad n_2=225$$

a. 计算假设检验的 $p$ 值，以判断是否有足够的证据证明总体的比例不相同。

b. 令 $\hat{p}_1=0.95$，$\hat{p}_2=0.90$，重新计算问题（a）。

c. 说明增加样本比例对 $p$ 值的影响。

d. 令 $\hat{p}_1=0.10$，$\hat{p}_2=0.05$，重新计算问题（a）。

e. 说明减少样本比例对 $p$ 值的影响。

**13.133**　从两个二项分布的总体中随机抽样，发现

$$\hat{p}_1=0.18 \quad n_1=100$$
$$\hat{p}_2=0.22 \quad n_2=100$$

a. 在 90%的置信水平下，估计总体比例的差值。

b. 样本比例分别增大到 0.48 和 0.52，重新计算问题（a）。

c. 分析样本比例增大会产生什么影响。

**应用**

**13.134**　很多商店都可以对它们销售的商品延长保修期。这对于商店的主人来说是有利可图的。为了了解更多信息，从最近购买了可延长保修期的商品的顾客中随机抽取一个样本，询问他们支付的价格是正常价格还是促销价格，以及是否购买了额外的保修期。

| | 正常价格 | 促销价格 |
|---|---|---|
| 样本容量 | 229 | 178 |
| 延长保修期的人数 | 47 | 25 |

我们能否据此推断在10%的显著性水平下支付正常价格的顾客更可能够买额外的保修期?

**13.135** 某公司将它的顾客按照以下两种方式分类：(1) 账户是否逾期；(2) 账户是否为新账户（建立时间少于12个月）。为了判断哪些顾客能够按时付款，哪些顾客会逾期付款，随机抽取292个顾客账户。对每个账户按照上面两种方式分类，下面是一些概括信息。

| | 新账户 | 旧账户 |
|---|---|---|
| 样本容量 | 83 | 209 |
| 是否逾期 | 12 | 49 |

在5%的显著性水平下，是否有足够的证据能够推断新旧账户中逾期账户的比例不同?

**饮食过量实验（参见13.1节习题的说明）**

**13.136 Xr13-136** 筷子实验

在中餐自助餐厅有100个正常体重的用餐者和100个肥胖的用餐者。研究人员记录了每一个用餐者使用的是筷子还是刀叉，数据如下所示。（资料来源：摘自Brian Wansink and Collin R. Payne, "The Cues and Correlates of Overeating at the Chinese Buffet," Cornell University Food and Brand Lab Working Paper。）

| | 正常体重 | 肥胖 |
|---|---|---|
| 使用筷子 | 26 | 7 |
| 使用刀叉 | 74 | 93 |

在10%的显著性水平下，有充分的证据表明肥胖的用餐者不愿意使用筷子就餐吗?

**13.137** 调查方法已经被政治家广泛地用于追踪选民的意见。六个月以前，为了确定一个国家政党领导人的支持率，某政客进行了一项调查。他随机抽取1 100个选民组成一个样本，其中有56%的选民支持该政客。这个月又有另一项调查显示，800名选民中有46%的人支持该政客。

a. 在5%的显著性水平下，我们能否推出该政客的声望降低了?

b. 在5%的显著性水平下，我们能否推出该政客的声望降低了5%?

c. 在95%的置信水平下，估计此人六个月之前和现在的支持率之间的差值。

**13.138** 医疗器械部件的生产过程中的次品率通常在40%之内。最近，有两项创新的生产过程可以完全替代现有的生产过程。过程1相对而言比较有发展潜力，但是购置和使用它的成本比过程2昂贵许多。经过对成本的彻底分析，管理者决定，只有当用过程1生产部件时的次品率比用过程2生产时的次品率低8%以上时，才会采用过程1来生产。为了帮助做出决策，使用两种过程分别生产300个部件。由过程1生产的300个部件中有33个次品；而由过程2生产的300个部件中有84个次品。在1%的显著性水平下进行一次检验，帮助管理者做出一个正确决策。

## 在运营管理中的应用：医药和医学试验

每一种新药被开发出来之后，都要接受几方面的检验：第一，这种新药是否真的有效？第二，这种新药比现有的药物好吗？第三，消费者会接受一个对公司来说赢利的价格吗？对于最后一个问题，我们经常通过做一次消费者调查或者其他试验来获取所需要的信息。这种试验通常由营销管理人员负责。

另外两个问题往往由新药品的研发人员来解决，他们大多是研发部门或者是运营部门的经理。如果该产品是一种新的麻醉药，通常用特殊的方法来收集数据。样本会被分成两个组，其中的一组使用这种麻醉药，而另一组则使用不含任何药物的安慰剂。这种试验通常被称为“双盲试验”，因为不管是服用药物者还是提供该药物的医生/科学家都不知道谁服用的是麻醉药，谁服用的是安慰剂。当试验结束的时候，统计人员根据收集到的数据开始他们的统计工作。习题 13.139 至习题 13.143 是医学应用方面的例子，习题 13.144 描述了不能使用安慰剂的情况。

**13.139** 感冒药和抗过敏的药物已经被使用了许多年。这些药物的副作用之一就是使人犯困，这对工人来说是很危险的。近年来，出现了一种不含催眠成分的感冒和抗过敏药物。Hismanal 就是这种药物。该药物的生产者宣称，它是第一种可以一天服用一次的不含催眠成分的药品。这个不含催眠成分的声明基于一个临床试验。在该试验中，有 1 604 名病人服用了 Hismanal，有 1 109 名病人服用的是安慰剂。在服用 Hismanal 的第一组病人中，7.1%的病人有犯困的现象；在服用安慰剂的第二组病人中，有 6.4%的病人有犯困的现象。在 5%的显著性水平下，我们是否可以从结果中推出 Hismanal 生产者的声明是错误的？

**13.140** Plavix 是一种帮助动脉硬化病人防止血凝块的药物。麦克马斯特大学的一名研究人员组织了一个涉及 28 个国家中 482 所医院的 12 562 名病人的研究调查项目。所有病人都患有急性冠状综合征，它会引起轻微的心脏病、间歇性心绞痛或者心脏病发作之前的胸闷胸痛。这些病人被分成两组，第一组每天服用 Plavix，第二组每天服用安慰剂。一年之后，服用 Plavix 的病人中有 9.3%患有心脏病或者死于心血管疾病，而服用安慰剂的病人中有 11.5%有上述状况。

a. 在 5%的显著性水平下，我们能否推出 Plavix 这种药是有效的？

b. 写一份报告描述你的分析结果。

**13.141** 在一项被大肆宣扬的研究中，医生发现阿司匹林可以帮助防治心脏病。这个持续五个月的研究项目雇用了 22 000 名美国医生（都为男性），他们中的一半每星期服用三次阿司匹林，另一半则每星期服用三次安慰剂。研究人员对每一位志愿者进行跟踪调查，并随时更新数据。服用阿司匹林的医生中有 104 名心脏病发作，而服用安慰剂的医生中共有 189 名心脏病发作。

a. 根据这些结果，能否推出阿司匹林在减少心脏病发作方面是有效的？

b. 写一份报告描述你的分析结果。

**13.142** 习题 13.141 介绍了检验阿司匹林能否帮助防治心脏病的试验。该试验是在 1982 年进行的，当时医生的平均年龄为 50 岁。在试验结束后的几年里，跟踪观察这些医生是否有其他症状。要检查的病症之一就是白内障，结果显示，1997 年，服用阿司匹林的医生组有 1 084 名白内障患者，而服用安慰剂的医生组有 997 人患白内障。根据这些数字，我们能否认为服用阿司匹林会增大患白内障的可能性?

**13.143** 根据加拿大癌症协会的数据，每年有超过 21 000 名妇女被诊断出患有乳腺癌，其中有至少 5 000 名死于该病（美国的数据至少是加拿大数据的 10 倍）。手术被认为是治疗的首选方法。然而，很多患者会出现癌症复发的情况。因此，很多患者使用阿莫西芬进行治疗。诺华制药公司开发了一种叫作来曲唑的药物来替代阿莫西芬。为了检验新药的药效，邀请来自美国、加拿大和欧洲的 5 187 名癌症幸存者参加了一项研究。给其中的一半患者使用来曲唑，给另外一半患者使用安慰剂。然而，两年半以后，有 132 名服用安慰剂的患者和 75 名服用新药的患者出现了癌症复发的情况（该研究刊登于《新英格兰医学期刊》）。

a. 这些数据能否提供足够的证据证明来曲唑有效?

b. 为诺华制药公司的董事会准备一份报告，描述你的分析。

**13.144** 《英国医学杂志》(2004 年 1 月）中刊登了一项研究，其目的是判断运动能否延长心脏病患者的寿命。该研究随机抽取了 801 名心脏病患者，其中有 395 名接受了运动锻炼。运动组有 88 人死亡而不运动组有 105 人死亡。研究人员能否认为运动能够降低死亡率?

以下习题基于如下实验。

开展实验来研究在大城市中的汽车行驶阻碍，在交通繁忙的交叉路口，红灯结束时第一辆车迟疑 2 秒后启动。研究人员记录了若干变量和后方汽车是否向其按喇叭。以下表格来自研究人员的记录。在 5%的显著性水平下进行假设检验。

**13.145** 手机实验 1

| 后方车驾驶员是女性 | 前方车司机正使用手机 | 前方车司机未使用手机 |
|---|---|---|
| 按喇叭 | 18 | 27 |
| 不按喇叭 | 77 | 162 |

有充分的证据表明当前方车司机正使用手机时，后方车内的女驾驶员更喜欢按喇叭吗?（资料来源：摘自《交通》，Tom Vanderbilt。）

**13.146** 手机实验 2

| 后方车驾驶员是男性 | 前方车司机正使用手机 | 前方车司机未使用手机 |
|---|---|---|
| 按喇叭 | 35 | 34 |
| 不按喇叭 | 103 | 170 |

我们能够推断当前方车司机正使用手机时，后方车内的男驾驶员更喜欢按喇叭吗?

**13.147** 豪华汽车实验

| | 前方车是豪华汽车（50 000 美元以上） | 前方车不是豪华汽车 |
|---|---|---|
| 按喇叭 | 33 | 49 |
| 不按喇叭 | 122 | 118 |

我们能够根据数据推断豪华汽车的后方车的司机更不愿意按喇叭吗？

**13.148** 性别实验 1

| | 前方车司机是女性 | 前方车司机是男性 |
|---|---|---|
| 按喇叭 | 64 | 47 |
| 不按喇叭 | 123 | 136 |

有充分的证据表明当前方车司机是男性时，后方车的司机更喜欢按喇叭吗？

**13.149** 性别实验 2

| | 后方车司机是女性 | 后方车司机是男性 |
|---|---|---|
| 按喇叭 | 68 | 105 |
| 不按喇叭 | 143 | 135 |

我们能根据统计数据推断女司机更不喜欢按喇叭吗？

**13.150** 敞篷车实验

| | 后方车是敞篷车 | 后方车不是敞篷车 |
|---|---|---|
| 按喇叭 | 21 | 86 |
| 不按喇叭 | 92 | 210 |

有充分的证据能够推断敞篷车司机更不喜欢按喇叭吗？

下面的习题要求使用计算机和软件。习题 13.151 至习题 13.162 的答案也可以通过手工计算。样本统计量参见附录 A。如无特别说明，使用 5%作为显著性水平。

**13.151 Xr13－151** 汽车杂志经常对不同的车型进行比较并排名。调查时经常询问车主的一个问题是：您是否还会再次购买相同的车型？假设某杂志的研究人员分别抽取了凌志和讴歌的拥有者的样本，询问他们下次购车时是否还会选择凌志/讴歌，并记录了回答项（1＝否，2＝是）。根据这些数据，能否认为这两种车的车主对车的满意度不同？

**13.152 Xr13－152** 一个保险公司正在考虑降低不吸烟者人寿保险的费用。作为调查的一部分，它随机抽取了 200 名 60 岁的男性，询问他们是否每天至少吸一盒烟以及他们是否曾经患有心脏病（2＝患有心脏病，1＝没有患过心脏病）。

a. 在 10%的显著性水平下，该公司能否得出吸烟者比不吸烟者更有可能患心脏病的结论？

b. 在 90%的置信水平下，估计吸烟者和不吸烟者患心脏病的比例的差异。

**13.153 Xr13－153** 过去的 10 年中，违法使用毒品的情况是不是减少了？政府机构对 12 岁及以上的美国人进行了一次调查，询问每个人在前几个月中是否至少使用过一次毒品。10 年前和今年的反馈结果（1＝没有，2＝有）被记录了下来。从中我们能否推出在过去的 10 年中，美国居民非法使用毒品的情况增加了？（资料来源：美国药品滥用及精神健康管理局，国家药物滥用调查。）

**13.154　Xr13－154**　据估计，加拿大艾伯塔的油砂能够生产 2 万亿桶石油。然而，开发石油会污染环境。对美国人和加拿大人的一项调查询问了调查对象：关于油砂，环境保护（编码为 1）和北美潜在安全性非外交石油供给（编码为 2）哪个对你来说更重要？这些数据能够让你得出美国人和加拿大人对这一问题观点不同的结论吗？（资料来源：Flieshman-Hillard 油砂调查。）

**13.155　Xr13－155**　一家计算机芯片生产商的运营经理正在考虑选择一部新的机器来代替几部旧的机器进行生产。尽管技术革新加快了产品的生产过程，但生产过程中出现次品是不可避免的。于是该运营经理必须在两种机器中做出一个选择。A 机器的成本比 B 机器的成本高出几千美元。对成本进行分析后发现，A 机器的次品率比 B 机器的次品率低 2%以上时才能使用 A 机器。为了有助于决策，使用两种机器分别生产 200 个芯片。生产的每一个芯片都经过检查，是次品的就记为 2，不是次品的记为 1。该运营经理是否应该采用 A 机器？

**13.156　Xr13－156**　家长通常渴望他们的孩子接受更多教育，这不仅为了增加他们的收入，而且为了让他们工作不用太辛苦。一项调查询问了由加拿大人组成的随机样本，他们是否每天工作超过 11 小时（1＝否，2＝是），他们是仅获得高中学历或高等教育学历。我们能够推断那些接受更多教育的人更不倾向于每天工作超过 11 小时吗？（资料来源：Harris/ Decima 调查。）

**13.157　Xr13－157**　美国人正变得不喜欢自己的工作吗？2008 年和 2009 年开展的调查询问了部分美国人是否对自己的工作满意（1＝否，2＝是）。我们能否推断相比于 2008 年美国人更不喜欢自己的工作？

**13.158　Xr13－158**　在第 3 章和第 4 章，我们描述全球变暖问题时指出自 1998 年以来全球并没有持续变暖，问题缓解的原因是气候变化，气候异常与二氧化碳水平间的线性关系很弱。过去几年的新闻报道开始怀疑这套理论，为了了解它对公众观点的影响，皮尤研究中心开展了若干调查。2012 年 3 月和 2013 年 3 月，大约 1 000 个美国成年人被询问如下问题。

全球变暖有多严重？选项有：

1. 十分严重
2. 有些严重
3. 不太严重
4. 一点也不严重

有充分的证据表明在 2012—2013 年间，美国成年人中认为全球变暖问题十分严重的比例降低了吗？

**13.159　Xr13－159**　2012 年美国总统选举中的问题之一是从加拿大输送石油到得克萨斯州炼油厂的大号拱心石油管。皮尤研究中心在美国成年人中开展了一项调查，询问他们是支持（编码为 1）还是反对（编码为 2）石油管。调查中标记了调查对象的性别。有充分的证据表明在对石油管的支持率上男性和女性存在差异吗？

## 在营销中的应用：市场细分

在 12.4 节中，我们介绍了市场细分的概念，并且描述了怎样估计细分市场的大小。一旦一个细分市场被确定下来，我们就可以使用统计方法来确定该细分市场的消费者在购买一个厂家的产品时是否存在差异。

**13.160 Xr13-160*** 早餐谷物食品的市场已经被划分为几个与健康相关的细分市场。一家公司将其中一个细分市场的潜在消费者定位为具有健康意识的成年人。该公司的营销经理想知道这个细分市场中的人是否更有可能购买它的特殊 X 谷物食品，该食品的定位就是有健康意识的人群。在一项调查中，每一个调查对象或者被归为有健康意识者或者被归为无健康意识者，询问他们是否购买过特殊 X 谷物食品（1=没有，2=有）。调查结果以累积形式保存。从这些数据中我们能否推出，有健康意识的成年人更有可能购买特殊 X 谷物食品？

**13.161 Xr13-161*** Quik Lube 是一家在客户等待的时候提供快速换油服务的公司。该公司将市场划分为以下几个细分市场：

1. 工作的男性和女性——太忙，因此不愿意在经销商或者服务中心等待；
2. 在家里工作的配偶；
3. 退休人员；
4. 其他。

随机抽取了一些车主，询问每个车主认为自己所属的类别以及是否经常使用 Quik Lube（1=是，2=否）。反馈结果以累积数据的方式存储。

a. 类别 1 的顾客是否比类别 4 的顾客更经常使用 Quik Lube?

b. 我们能否认为类别 2 和类别 3 的顾客使用 Quik Lube 的情况不同?

**13.162 Xr13-162** 电话销售员可以通过多种渠道获得客户的姓名和电话。为了确定一种渠道是否优于另一种渠道，从两种不同的渠道中随机抽取若干姓名和电话。统计调查员记录下每一个购买（代码=2）或没有购买（代码=1）他们产品的消费者。从中我们能否推出两种渠道之间存在差异?

Excel 使用者请注意，空单元格代表数据缺失，需要删除。所有习题使用 5%的显著性水平。

**社会综合调查习题**

习题 13.163 到习题 13.176 的数据来自 2012 年社会综合调查。以下 4 道习题比较美国男性和女性（SEX：1=男性，2=女性）的差异。

**13.163 GSS2012*** 在上一代，男性比女性有更多机会进入大学获得研究生学历。然而，当今进入大学的女性比男性数量更多。为研究差异的程度，建立假设检验来判断男性和女性在获得研究生学历（DEGREE：4=研究生学历，1～3=其他）方面是否不同。

**13.164 GSS2012*** 2008—2010 年的经济衰退可能改变了美国的就业结构。由于下岗人数增多，越来越多的人选择成为个体经营者。问题在于，男性和女性在成为个体经营者（WRKSLF：1=个体经营，2=其他）的选择上是否存在差异？建立一个假设检验来回答这个问题。

**13.165 GSS2012*** 有足够的统计证据表明女性比男性更倾向于为政府部门工作（WRKGOVT：1＝政府部门，2＝私人部门）吗？

**13.166 GSS2012*** 半个世纪以前，男性更倾向于在外工作养家糊口，女性更倾向于成为家庭主妇。这种现象发生了改变，还是男性仍然比女性更倾向于在外从事全职工作（WRKSTAT：1＝全职工作，2～8＝其他）？建立一个假设检验来回答这个问题。

习题13.167至习题13.169比较民主党支持者和共和党支持者（PARTYID：0和1＝民主党，5和6＝共和党）的差异。

**13.167 GSS2012*** 有充足的证据表明共和党支持者比民主党支持者更倾向于从事全职工作（WRKSTAT：1＝全职工作，2～8＝其他）吗？

**13.168 GSS2012*** 在理论上，民主党人更加支持政府。我们能够根据数据推断民主党支持者更倾向于为政府部门工作（WRKGOVT：1＝政府部门，2＝私人部门）吗？

**13.169 GSS2012*** 在理论上，共和党人更加支持自由企业。我们能够根据数据推断共和党支持者比民主党支持者更倾向于选择成为个体经营者（WRKSLF：1＝个体经营，2＝其他）吗？

以下4道习题比较已婚和未婚（MARITAL：1＝已婚，2＝未婚）美国成年人的差异。

**13.170 GSS2012*** 谁更倾向于从事全职工作（WRKSTAT：1＝全职工作，2～8＝其他）？建立一个假设检验来判断已婚和未婚的美国成年人是否有差异。

**13.171 GSS2012*** 有充分的统计证据表明已婚的美国人比未婚的美国人更倾向于选择成为个体经营者（WRKSLF：1＝个体经营，2＝其他）吗？

**13.172 GSS2012*** 我们能够根据数据推断已婚的美国人和未婚的美国人在获得研究生学历（DEGREE：4＝研究生学历，1～3＝其他）上存在差异吗？

**13.173 GSS2012*** 在理论上，为政府部门工作比为私营部门工作更有工作保障。已婚的美国人比未婚的美国人更倾向于为政府部门工作（WRKGOVT：1＝政府部门，2＝私人部门）吗？

以下3道习题比较出生在美国的美国公民和出生在其他地区的美国公民（BORN：1＝出生在美国，2＝出生在其他地区）的差异。

**13.174 GSS2012*** 有充分的统计证据表明出生在美国的美国公民比出生在其他地区的美国公民更倾向于为政府部门工作（WRKGOVT：1＝政府部门，2＝私人部门）吗？

**13.175 GSS2012*** 出生在美国的美国公民比出生在其他地区的美国公民更倾向于选择成为个体经营者（WRKSLF：1＝个体经营，2＝其他）吗？建立一个假设检验来回答这个问题。

**13.176 GSS2012*** 有充分的证据表明在其他地区的美国公民比在美国的美国公民更有可能获得研究生学历（DEGREE：4＝研究生学历，1～3＝其他）吗？

以下4道习题判断美国男性和女性回答以下问题的正确率是否存在差异。

**13.177 GSS2012*** 医生告诉一对夫妻，他们的孩子有四分之一的可能患有一种遗传疾病。这意味着如果他们的第一个孩子有病，接下来的三个孩子将会没有病（ODDS1：1＝是，2＝否）吗？正确答案：否。

**13.178 GSS2012*** 医生告诉一对夫妻，他们的孩子有四分之一的可能患有一种遗传疾病。这意味着这对夫妻的每一个孩子都有相同的概率患有疾病（ODDS2：1=是，2=否）吗？正确答案：是。

**13.179　GSS2012*** 　地球的中心十分炎热（HOTCORE：1=真，2=假），是真还是假？正确答案：真。

**13.180　GSS2012*** 　地球绕着太阳转，还是太阳绕着地球转（EARTHSUN：1=地球绕着太阳转，2=太阳绕着地球转）？正确答案：地球绕着太阳转。

**美国国家选举调查习题**

Excel 使用者请注意，空单元格代表数据缺失，需要删除。

对于以下各变量在 5%的显著性水平下判断民主党人和共和党人（PARTY：1=民主党，2=共和党）是否存在差异。

**13.181　ANES2008*** 　更倾向于就业（EMPLOY：1=当前有工作，2～8=其他分类）。

**13.182　ANES2008*** 　有健康保险（HEALTH：1=是，5=否）。

**13.183　ANES2008*** 　经常投票（OFTEN：1=经常，2，3，4=其他分类）。

## 小　结

在这一章里，我们介绍了许多比较两个总体的统计方法。如果数据是定距数据，并且我们感兴趣的是测量中心位置，那么在选择适当的统计方法时，我们必须考虑另外两个因素：如果样本是独立的，我们可以使用等方差或者异方差的公式来计算；如果样本是配对的，那么我们只有一组公式可以使用。此外，我们还介绍了用于推断两个总体方差的 $F$ 统计量。如果数据是定类数据，并且我们关心的参数是两个总体比例的差异，那么我们有两个检验统计量和一个区间估计可供选择。最后，我们讨论了观测数据和试验数据，这对于解释统计结果来说是很重要的内容。

### 重要术语

| | | |
|---|---|---|
| 联合方差估计 | 等方差检验统计量 | 等方差置信区间估计 |
| 异方差检验统计量 | 异方差置信区间估计 | 观测数据 |
| 试验数据 | 配对试验 | 总体差值的均值 |
| 分子自由度 | 分母自由度 | 联合比例估计量 |

### 符号

| 符号 | 意义 |
|---|---|
| $s_p^2$ | 联合方差估计量 |
| $\mu_D$ | 配对差值的均值 |
| $\bar{x}_D$ | 配对差值的样本均值 |
| $s_D$ | 配对差值的样本标准差 |
| $n_D$ | 配对差值的样本容量 |
| $\hat{p}$ | 联合比例 |

## 公式

$\mu_1-\mu_2$ 的等方差 $t$ 检验

$$t=\frac{(\bar{x}_1-\bar{x}_2)-(\mu_1-\mu_2)}{\sqrt{s_p^2\left(\frac{1}{n_1}+\frac{1}{n_2}\right)}},\quad v=n_1+n_2-2$$

$\mu_1-\mu_2$ 的等方差区间估计

$$(\bar{x}_1-\bar{x}_2)\pm t_{\alpha/2}\sqrt{s_p^2\left(\frac{1}{n_1}+\frac{1}{n_2}\right)},\quad v=n_1+n_2-2$$

$\mu_1-\mu_2$ 的异方差 $t$ 检验

$$t=\frac{(\bar{x}_1-\bar{x}_2)-(\mu_1-\mu_2)}{\sqrt{\frac{s_1^2}{n_1}+\frac{s_2^2}{n_2}}},\quad v=\frac{(s_1^2/n_1+s_2^2/n_2)^2}{\frac{(s_1^2/n_1)^2}{n_1-1}+\frac{(s_2^2/n_2)^2}{n_2-1}}$$

$\mu_1-\mu_2$ 的异方差区间估计

$$(\bar{x}_1-\bar{x}_2)\pm t_{\alpha/2}\sqrt{\frac{s_1^2}{n_1}+\frac{s_2^2}{n_2}},\quad v=\frac{(s_1^2/n_1+s_2^2/n_2)^2}{\frac{(s_1^2/n_1)^2}{n_1-1}+\frac{(s_2^2/n_2)^2}{n_2-1}}$$

$\mu_D$ 的 $t$ 检验

$$t=\frac{\bar{x}_D-\mu_D}{s_D/\sqrt{n_D}},\quad v=n_D-1$$

$\mu_D$ 的 $t$ 估计量

$$t=\frac{\bar{x}_D-\mu_D}{s_D/\sqrt{n_D}},\quad v=n_D-1$$

$\sigma_1^2/\sigma_2^2$ 的 $F$ 检验

$$F=\frac{s_1^2}{s_2^2},\quad v_1=n_1-1,\quad v_2=n_2-1$$

$\sigma_1^2/\sigma_2^2$ 的区间估计

$$\text{LCL}=\left(\frac{s_1^2}{s_2^2}\right)\frac{1}{F_{\alpha/2,v_1,v_2}}$$

$$\text{UCL}=\left(\frac{s_1^2}{s_2^2}\right)F_{\alpha/2,v_2,v_1}$$

$p_1-p_2$ 的 $z$ 检验

情况 1：$z=\dfrac{(\hat{p}_1-\hat{p}_2)}{\sqrt{\hat{p}(1-\hat{p})\left(\frac{1}{n_1}+\frac{1}{n_2}\right)}}$

情况 2：$z=\dfrac{(\hat{p}_1-\hat{p}_2)-(p_1-p_2)}{\sqrt{\dfrac{\hat{p}_1(1-\hat{p}_1)}{n_1}+\dfrac{\hat{p}_2(1-\hat{p}_2)}{n_2}}}$

$p_1-p_2$ 的区间估计

$$(\hat{p}_1-\hat{p}_2)\pm z_{\alpha/2}\sqrt{\frac{\hat{p}_1(1-\hat{p}_1)}{n_1}+\frac{\hat{p}_2(1-\hat{p}_2)}{n_2}}$$

## 习　题

下列习题要求用计算机和软件求解，如果题中没有另外说明，一律使用5%的显著性水平。

**13.184　Xr13-184**　在北美，儿童肥胖问题正成为一个普遍问题。电视和电脑游戏是这一问题的部分原因。为了评估不参加有组织的体育活动对这一问题的影响程度，今年和10年前对5～14岁的儿童开展了一项调查，记录儿童的性别和他是否参加有组织的体育活动（1=否，2=是）。

a. 我们能够认为在过去的10年中，男孩体育活动的参与率已经减少了吗？

b. 针对女孩体育活动的参与率，重新回答问题（a）。

c. 我们能够认为今年女孩比男孩更愿意参加有组织的体育活动吗？

**13.185　Xr13-185**　位于某办公大楼的一家餐馆决定采用一种新的策略来吸引顾客光临，每周它都在该城市的报纸上做广告。为了估计广告的效益，该餐馆主人记下了广告投放之后15周内的总收益以及广告投放之前24周的总收益。该餐馆主人能从中得出广告有效的结论吗？

**13.186　Xr13-186**　每一年，美国劳工统计局都会对美国住户开展一项名为美国人时间分配的调查。调查对象汇报其一天24小时内的活动，以此来推断调查对象通常在一周内工作的时间，调查同样记录了他们是为政府部门工作，还是为私人部门工作。有充分的证据表明政府部门工作人员比私人部门工作人员的工作时间短吗？

**13.187　Xr13-187**　定期休假对你的身体健康有多重要？在一项研究中，随机抽取了若干男性和女性作为一个样本，询问他们休假的频率。将所有人分为两组，第一组的成员有过心脏病发作的经历，而第二组的成员没有。记录他们每一个人去年休假的天数。我们能否推出，有心脏病发作史的男性和女性比没有心脏病发作史的男性和女性的休假时间短？

**13.188　Xr13-188**　一家制药公司研发部门的科学家最近开发出了一种非处方的安眠药，他们决定通过测量人们在服用该药以后要过多久才能入睡来了解该药的药效。初步的研究表明，从服药到入睡的时间因人而异。于是，科学家按照如下方式组织试验：他们首先随机抽取100名失眠症患者，然后发给他们每人两片药，其中有一片是开发的新药，另外一片是安慰剂（安慰剂中不含有任何药物成分）。病人被告知本周服用其中的一片药，一周以后再服用另外一片药。（病人并不了解哪片药是安慰剂，而且他们服用药物的顺序是随机的。）另外，每个参加试验的病人都配有一个可以记录他们从服药到入睡所用时间的设备。我们能否从这些数据中得出该新药是有效的结论?

**13.189　Xr13-189**　多伦多市以拥有四大日报而自豪。报业的竞争很激烈，这是毋庸置疑的事实。为了多了解报纸读者的相关信息，某广告商随机选择了两组读者，他们或者从街边的零售店购买报纸或者由投递员将报纸递送到家。询问每个读者读报纸的时间（单位：分钟）。我们能否推出两组读者读报的时间是不同的?

**13.190　Xr13-190**　近年来，许多州政府颁布了强制系安全带的法令。尽管大家都知道安全带可以拯救生命，降低伤害的严重性，但遵守系安全带的法令却不是那么普遍。为了增加安全带的使用率，某政府机构资助了一个为期两年的研究项目。该研究的目的之一是确定是否有足够的证据表明，今年比去年的安全带使用率提高了。为了检验这个结论，分别随机抽取若干去年和今年的司机，询问他们是否经常使用安全带，并记录反馈结果（1=不使用，2=使用)。我们能否推出在过去的一年中，司机增加了对安全带的使用?

**13.191　Xr13-191**　生活费用的一个很重要的组成部分就是住房支出，住房支出包括房租（对于房客来说)、房屋抵押和财产税（对于房屋拥有者来说)、取暖、电费和水费。某经济学家进行了一项为期五年的研究，试图确定房屋支出占总收入的比例是如何变化的。五年之前，他随机抽取了200位户主并记录下他们住房支出占总收入的百分比；今年，他又随机抽取200位户主做同样的调查。

a. 用 $\alpha=0.1$ 进行检验，确定该经济学家是否可以推出在过去的五年中，住房支出占总收入的百分比增加了。

b. 使用你认为合适的任意的统计方法，检查问题（a）中的检验所需的必要条件是否得到满足。

**13.192　Xr13-192**　在为杂志的销售设计广告时，知道每个人口统计学分组阅读杂志的时间是很重要的。在一项初步研究中，随机抽取了40人，询问每个人每周花在阅读杂志上的时间；另外，每个人都按照性别和收入水平（高或低）被分类。数据以如下方式储存：第一列=每个回答者每周花在阅读杂志上的时间（单位：分钟)；第二列=性别（1=男性，2=女性)；第三列=收入水平（1=低，2=高)。

a. 在10%的显著性水平下，是否有足够的证据证明男性和女性花在阅读杂志上的时间是不同的?

b. 在10%的显著性水平下，是否有足够的证据证明高收入人群比低收入人群花在阅读杂志上的时间多?

**13.193　Xr13-193**　在一项研究中，为了确定性别是否会对MBA毕业生的薪水产生影响，随机抽取了25对学生做试验。每一对都由一个男生和一个女生组成，根据他们的GPA、所修课程、年龄和先前的工作经验来配对。记录了每一名学生所得到的最高薪金（单位：千美元)。

a. 在10%的显著性水平下，是否有足够的证据证明用人单位在确定薪金时，性别是一个影响因素?

b. 讨论为什么这样处理工作经历的数据。

c. 问题（a）中所需的必要条件是否满足?

**13.194　Xr13-194**　北美人开始不信任电视和报纸的新闻记者了吗？为了得出结论，有人进行了一个试验，比较美国人现在和三年前对新闻界的看法。该调查询问回答者是否同意新闻界在报道政治问题和社会问题时会倾向于一方的看法。一组随机抽样者受邀参加了今年的研究。三年前的另一个随机抽样的结果是已知的。反馈结果为（1=不同意，2=同意）。在10%的显著性水平下，我们是否可以推断与三年前相比，美国人变得不信任电视和报纸的报道了？

**13.195　Xr13－195**　在决定购买哪一种压印机之前，自动生产部的车间主任想确定每种机器可以生产多少部件。这两种机器的成本、可靠性以及生产能力都不同。该公司的会计师经计算得出，A机器必须每小时比B机器多生产25个正品部件，购置A机器才可以获利。为了帮助决策，他们让两部机器分别工作24小时。记下每部机器每小时生产的部件总数以及每小时生产的次品部件数。第一列=A机器生产的部件总数，第二列=A机器生产的次品部件数，第三列=B机器生产的部件总数，第四列=B机器生产的次品部件数。根据以上数据确定应该购买哪一种机器。

**13.196**　参考习题13.195，从中我们能否得出两种机器的次品率不同的结论？

**13.197　Xr13－197**　越来越多的人骑自行车上下班，所以许多城市专门为自行车开辟了自行车道。这些自行车道通常是由原先的路边停车道改建的，位于这种街道旁边的商人们抱怨取消停车道使他们的生意越来越差。为了了解这个问题，市长决定在一条有按小时计费的路边停车道的繁忙街道上做一次试验，将这个停车道改建成一条自行车道。该市长访问了该街道上的位于一个街区的三家商家（一家干洗店、一家油炸圈饼店和一家便利店），记录下这三家商店在车道改建前两周（从星期日到星期六）内的日销售情况以及车道改建后两周（从星期日到星期六）内的日销售情况。第一列=星期几，第二列=改变之前干洗店的销售情况，第三列=改变之后干洗店的销售情况，第四列=改变之前油炸圈饼店的销售情况，第五列=改变之后油炸圈饼店的销售情况，第六列=改变之前便利店的销售情况，第七列=改变之后便利店的销售情况。从这些数据中你可以得出什么结论？

**13.198　Xr13－198**　俄亥俄州立大学的研究人员调查了219名学生，发现其中有148名学生有脸书账号。所有学生均被询问了他们当前的GPA。我们能够根据数据推断拥有脸书账号的学生的平均成绩较低吗？

**13.199　Xr13－199**　临床消沉情绪会导致一些其他疾病。约翰·霍普金斯大学的科学家为了确定临床消沉情绪是否会引起心脏病而进行了一次试验。他们对1 190名男性医科学生做了长达40年的跟踪记录。其中有132人患有临床消沉情绪症，科学家记录了每一名学生是否死于心脏病（代码1=不是，代码2=是）。

a. 在1%的显著性水平下，我们是否可以推出有临床消沉情绪的男性更有可能死于心脏病？

b. 如果问题（a）中的回答是肯定的，那么你能不能将其解释为消极情绪会引发心脏病？说明原因。

**13.200　Xr13－200**　高血压（过度紧张）是导致中风的首要原因。医学研究者一直在寻找治疗这种疾病的方法。一位高血压方面的专家声称，与药物一样，定期的有氧运动可以有效地降低血压而且无任何副作用。为了验证这个结论，有人随机抽出了50个患有高血压的病人参加一项试验。在为期60天的试验中，一半病人每周做3次每次1小时的有氧锻炼；另外的一半采用标准的药物治疗。记录了每个病人的血压降低的比例。

a. 在1%的显著性水平下，能否说有氧锻炼的疗法要比通常治疗高血压的疗法更有效？

b. 在95%的置信水平下估计两种疗法下血压下降百分比的均值的差异。

c. 检验问题（a）和问题（b）中所使用的统计方法的必要条件是否满足。

**13.201　Xr13-201**　大多数人通过运动减肥。为了确定更好的减肥方法，随机抽取的一个样本中的男性和女性锻炼者被分成两组。第一组每周锻炼两次，锻炼强度较大；第二组每周锻炼四次，锻炼强度适中。记录每个人通过运动减掉的体重数。从中我们能否推出，锻炼强度适中的人减肥的速度较快？

**13.202　Xr13-202**　分析了习题13.201的检验结果之后，一个统计人员组织了另外一个试验。根据参加试验的人的性别、身高、体重对他们进行配对组合，其中的一个人每周锻炼两次，锻炼强度较大，另外一个人每周锻炼四次，锻炼强度适中。记录每个人通过运动减掉的体重数。从中我们能否推出，锻炼强度适中的人减肥的速度较快？

**13.203　Xr13-203**　从Lotion商店前走过，你可以看到为特殊K谷类食品做的一则循环播放广告。这则广告的画面是一个正在晒阳光浴的男人让他的妻子为他抹防晒霜。有人随机抽取了一组特殊K谷类食品的消费者和一组非特殊K谷类食品的消费者，询问他们是否喜欢这则广告，并记录了反馈结果（1=喜欢，2=不喜欢）。从中我们能否推出特殊K谷类食品的消费者比非特殊K谷类食品的消费者更喜欢这则广告？

**13.204　Xr13-204**　参考习题13.203。被调查者还被询问了是否认为这则广告有助于销售该产品，反馈结果（1=是，2=否）被记录了下来。从中我们能否推出，特殊K谷类食品消费者比非特殊K谷类食品消费者更有可能回答“是”？

**13.205　Xr13-205**　大多数英语教授抱怨学生不认真书写英语，他们特别指出一些学生常常把“quality”和“quantity”搞错。得克萨斯大学对这个问题进行了一次研究，要求大学生比较日本汽车和美国汽车在成本上的优势。每个学生都将他的分析过程输入电脑。学生不知道电脑都被事先做了一些处理，所以某些学生在一页上填写的内容是其他学生的两倍。记录每个学生使用的单词数。（第一列为填写内容较少的学生所用的单词数，第二列为填写内容较多的学生所用的单词数。）在10%的显著性水平下，我们能否得出，学生在写出他们的分析过程时像那些英语教师所抱怨的那样不认真？

**13.206　Xr13-206**　大约有2 000万美国人为自己工作，他们中的大多数都在家庭外面经营个人公司，其中的1/4在工作中使用个人电脑。一个市场调查公司——电脑信息有限公司——想了解使用个人电脑的个人公司是否比不用电脑的个人公司更成功。为此，它随机调查了150个个人公司并记录了它们的年收入。在10%的显著性水平下，我们能否推出使用个人电脑的个人公司比不使用电脑的个人公司的收入高？

**13.207　Xr13-207**　许多小型零售商在周围的居民区里发放传单来为自己做广告，它们委托递送公司将传单发送到每家每户，并按照发送的数量发放工资。每一个递送者被分配在几个离家较近的街道发送传单。零售商检查递送者的绩效的方法之一是随机抽样，询问户主是否收到传单。最近，某大学学生组织开展了一项新的递送服务，他们承诺可以在具有竞争力的价格上提供更好的服务。某零售商想知道这家由学生开设的公司是否真的能够比现有公司提供更好的服务。他让两家公司共同为其递送传单，然后进行随机抽样调查，询问户主是否收到他的传单（1=收到，2=没收到）。该零售商能得出新公司的服务比现有公司好的结论吗（$\alpha=0.10$）？

**13.208　Xr13-208**　医学专家一直提倡使用维生素和矿物质补充剂防治疾病感染。纽芬兰纪念大学的兰吉特·施奈德（Ranjit Schneider）博士进行了一次试验（报告发表在1992年11月的英国期刊《柳叶刀》（*The Lancet*）上。）他召集了96位65岁及以上的不同性别的参与者。每天他向其中的一半发放含有维生素和矿物质的补充剂，向另外一半发放安慰剂。补充剂中含有专家建议的人体每天所需的18种维生素和矿物质，包括维生素B6、维生素B12、维生素C、维生素D、维生素B1、核黄素、烟酸、钙、铜、碘、铁、硒、镁和锌。其中维生素A和E的剂量要稍低于日常需求标准。β胡萝卜素的含量是普通人日常吸收量的四倍。他记录下了每个人因感染而患病的天数（包括感冒、肺炎等病因）。数据以累积格式（1代表服用补充剂，2代表服用安慰剂）储存。我们能否从数据中推断出服用维生素和矿物质补充剂可以增强人体免疫力？

**13.209　Xr13-209**　亚特兰大赌博委员会检查员怀疑21点的庄家在面对高额牌桌时使诈（使游戏有利于赌场）。为了判断该检查员的发现是否正确，在一张限额100美元的牌桌和一张限额3 000美元的牌桌上分别观察了500手牌。对每一手牌，记下庄家是输（代码＝1）还是赢（代码＝2）；如果出现平局，就没有输赢之分。在10%的显著性水平下，该检查员是否能得出庄家在高额牌桌上欺骗玩家的结论？

**13.210　Xr13-210**　2005年，哈佛校长拉里·萨默斯在解释数学领域中男教授比女教授更多的原因时受到了大量批评。他认为，与生俱来的差别可能永久性地阻碍在该领域性别比例的均衡。为了反驳萨默斯先生的观点，一些学者对男性和女性学生开展了大规模的数学测验，并记录了测验结果。结合数据进行所需的假设检验，并得出结论。（注意：数据是模拟生成的，但可以代表真实的结果。）

**13.211　Xr13-211**　参考习题12.149。研究人员也抽取了去年的702辆车组成随机样本。有充分的证据表明今年美国汽车的平均车龄比去年的长吗？

**13.212　Xr13-212**　美国人比加拿大人更慷慨吗？一组美国人和加拿大人组成的随机样本记录了他们的税收申报单信息和其中是否包括无偿捐赠（2＝包括，1＝不包括）。建立一个假设检验来回答这个问题。（资料来源：菲沙研究所。）



**饮食过量实验（参见13.1节习题）**

**13.213　Xr13-213**　音乐实验

研究人员说服一家餐厅开展两种不同音乐的实验，一种是快速欢快的音乐，另一种是温和轻松的音乐。抽选一组用餐者的随机样本，记录音乐类型、在餐厅用餐的时间和饮酒的数量。有充分的证据表明当播放温和轻松的音乐时，用参者将在餐厅停留更多时间且在饮酒上花费更多钱吗？（资料来源：Ronald E. Milliman, "The Influence of Background Music on the Behavior of Restaurant Patrons," *Journal of Consumer Research* 13:1（1986）：286-289.）

**13.214　Xr13-214**　餐厅变身实验

一个电视节目与一位研究人员合作对哈迪斯快餐店进行改造，主房间内有明亮的灯光和响亮的音乐。在隔间内有植物、壁画、柔和的灯光，桌上有白色桌布和蜡烛。记录一组顾客的随机样本在餐厅的各个房间停留的时间。有充分的证据表明当有明亮的灯光和响亮的音乐时，顾客在餐厅停留的时间更短吗？

**13.215　Xr13-215**　参考习题13.214。顾客被问及他们是否愿意再来这个餐厅（2＝愿意，1＝不愿意）。有充分的证据表明当有明亮的灯光和响亮的音乐时，顾客更不愿意再来餐厅吗？

**13.216 Xr13-216** 夏令营食堂随机地给青少年分配长细的玻璃杯和短粗的玻璃杯。当到达就餐路线时，他们拿自己想要吃的食物，向玻璃杯内倒喜欢的饮料，在就餐路线末端记录他们玻璃杯内饮料的容量。我们能够认为在短粗玻璃杯内的饮料容量多于长细玻璃杯内的饮料容量吗？（资料来源：Abby Ellin，"For Overweight Children，Are 'Fat Camps' a Solution?" *New York Times*，June 2005.）

习题 13.217 和习题 13.218 要求使用前面章节的例题和习题的数据集。

**13.217 Xr12-31*** 习题 12.31 对高中生每周花在兼职工作上的时间进行了分析。除了每周兼职工作的小时数以外，校辅导员还记录了被调查学生的性别（1＝女，2＝男）。我们能否推断出男性和女性花在兼职工作上的时间不同？

**13.218 Xm12-01*** 例 12.1 中调查了每个家庭丢弃报纸数量的公司记录了被调查家庭邻里的类型（1＝城市，2＝市郊）。根据这些数据，公司管理层能否认为城市家庭丢弃的报纸比市郊家庭多？

## 在营销中的应用：市场细分

在 12.4 节中，我们介绍了市场细分。以下习题要求确定两个细分市场中某一产品或服务的购买形式是否存在差异。

**13.219 Xr13-219** 按照看电影的人的年龄，电影院将市场细分成若干市场。其中的两个对它们来说是很重要的：十几岁的青少年和 20～30 岁的青年人。为了评估市场，指导电影的营销，它们随机抽取了一组十几岁的青少年和 20～30 岁的青年人，并记下了每个人去年在电影院里观看的电影的数量。从中我们是否可以推出，十几岁的青少年比 20～30 岁的青年人观看的电影多？

下面的习题用到了前面章节的例题和习题的数据集。

**13.220 Xr12-137*** 习题 12.137 除了调查教育背景以外，还询问了受访者在未来两年内是否有参加课程的打算（1＝否，2＝是）。我们能否得出高中未毕业的加利福尼亚居民参加大学夜间课程的可能性较小的结论？

**13.221 Xm12-06*** 例 12.6 中调查的目标是估计关注食用健康食品的成年人这一细分市场的大小。作为调查的一部分，询问了受访者每个月花在早餐麦片上的平均费用。一家生产几种早餐麦片的公司的市场部经理想要了解，与其他细分市场中的人相比，是否关注食用健康食品的群体花在早餐麦片上的钱更多。撰写一份简单的报告，描述你的分析结果。

**13.222 Xr12-35*** 在习题 12.35 中，我们介绍了办公设备连锁店 OfficeMax，该店经常对一些商品打折。习题 12.35 的目标是估计购买了 CD-ROM 的顾客的总支出。除了记录这些金额以外，一位主管从在该店购买传真机/复印机（正常价格 89.99 美元减去 40 美元的生产商折扣和 10 美元的邮寄退税）的顾客中随机抽取了一个样本，并记录了他们在商店中的消费金额。OfficeMax 能否认为购买了传真机/复印机的顾客比购买 CD-ROM 的顾客消费的金额多？给该公司的主管写一份简单的报告，描述你的发现和可能的建议。

**13.223　Xr12-105***　在习题 12.105 中，除了记录了 55～64 岁的教授中在 65 岁之前有退休意向的教授的数目以外，该顾问还询问了每一位受访者的年薪。校长能否认为有退休意向的教授的工资比没有退休意向的教授的工资高？

**13.224　Xr12-110***　在习题 12.110 中，统计人员还记录了受访者的性别（1=女，2=男）。能否认为男性和女性对圣诞树的选择是不同的？

Excel 使用者请注意，空单元格代表数据缺失，需要删除。以下练习比较 2010 年和 2012 年的差异。所有习题使用 5%的显著性水平。

**社会综合调查习题**

**13.225　GSS2010* GSS2012***　我们能够根据数据推断美国人在 2012 年比 2010 年接受到更多教育（EDUC）吗？

**13.226　GSS2010* GSS2012***　在 95%的置信水平下估计 2012 年和 2010 年收入（INCOME）的差异。

**13.227　GSS2010* GSS2012***　有足够的统计证据表明 2010 年和 2012 年之间，美国人为政府部门工作（WRKGOVT）的比例增加了吗？

**13.228　GSS2010* GSS2012***　在 95%的置信水平下估计 2010 年和 2012 年之间美国人选择成为个体经营者（WRKSLF）的比例的改变。

**13.229　GSS2010* GSS2012***　美国成年人在 2012 年比 2010 年花费更多时间看电视（TVHOURS）吗？建立一个假设检验来回答这个问题。

**13.230　GSS2010* GSS2012***　有足够的统计证据表明 2010 年和 2012 年之间，美国人获得研究生学历（DEGREE=4）的比例发生改变了吗？

**13.231　GSS2010* GSS2012***　美国人在 2010 年比 2012 年的工作时间（HRS1）更长吗？建立一个合适的假设检验。

# 附录　回顾第 12 章和第 13 章

你可能已经注意到了，识别正确的统计方法的能力是非常必要的，否则任何计算结果都会失去意义。在回答前面各章每节最后的习题时，如何选择合适的统计方法来答题对你来说应该困难不大（你一定解答过这些习题了，对吗?），因为你要选用的一定是该节所介绍的统计方法。那些习题让你练习了如何建立假设、利用计算机输出检验假设和置信区间估计的结果并对结果做出解释说明。在此过程中，我们没有遭遇到一个统计人员要面临的基本问题：应该采用什么方法来解决问题？如果你尚未意识到这个问题的复杂程度，请看一看表 A13—1，它涵盖了迄今为止所涉及的全部推断方法。

**表 A13—1　　第 12 章和第 13 章中介绍的统计方法**

| | |
|---|---|
| $\mu$ 的 $t$ 检验 | $\mu$ 的估计量（包括小总体中 $\mu$ 和 $N\mu$ 的估计量） |
| $p$ 的 $z$ 检验 | $p$ 的估计量（包括小总体中 $p$ 和 $Np$ 的估计量） |
| $\sigma^2$的 $\chi^2$ 检验 | $\sigma^2$的估计量 |
| $\mu_1-\mu_2$ 的 $t$ 检验（等方差） | $\mu_1-\mu_2$ 的估计量（等方差） |
| $\mu_1-\mu_2$ 的 $t$ 检验（异方差） | $\mu_1-\mu_2$ 的估计量（异方差） |
| $\mu_D$ 的 $t$ 检验 | $\mu_D$ 的估计量 |
| $\sigma_1^2/\sigma_2^2$ 的 $F$ 检验 | $\sigma_1^2/\sigma_2^2$ 的估计量 |
| $p_1-p_2$ 的 $z$ 检验（情况 1） | $p_1-p_2$ 的 $z$ 检验（情况 2） |
| $p_1-p_2$ 的估计量 | |

假设检验和置信区间估计是两种不同的方法，迄今为止我们已经介绍的统计方法总共有 17 种，另外还有许多是我们没有介绍的。在遇到统计问题时（比如在现实生活中的应用或者对一次期中考试进行分析），大多数学生在选择恰当的统计方法方面还需要一定的帮助。在下文中，我们将详细地讨论如何确定应该采用哪一种统计方法。在本章的最后，你将有机会锻炼一下这方面的能力：我们将提供一些习题和案例，这些习题和案例需要用到我们在第 12 章和第 13 章中介绍的推断方法。通过解答这些问题，你将会遇到统计人员必须面对的问题：首先必须分析问题，然后确定使用哪一种或哪几种方法，并用统计软件和计算机计算出必要的统计量的值，最后给出解释。

图 A13—1 中的流程图描绘了确定合适的统计方法的逻辑过程。在第 14 章、第 15 章、第 16 章、第 17 章和第 19 章的附录中，我们将会回顾截至那一章我们学过的所有统计方法。下面的列表和流程图将会在每个附录中得到扩展。附录中将会给出相应的复习题（有些章的附录中还会提供案例）。

正如我们在第 11 章中所指出的，你可能已经发现，在识别正确的统计方法时，两个最重要的因素是问题的目标和数据类型。在某些情况下，一旦这两个因素确定了，采用哪种方法自然也就确定了；而在另外一些情况下，在进行解答之前，你必须先确定其他一些因素。例如，如果问题的目标是要比较两个总体，且数据为定距数据，那么还有三个问题必须注意：描述性指标的类型（中心位置或是变异性）；样本是不是独立的；如果是独立的，那么还要考虑未知的总体方差是不是相等。

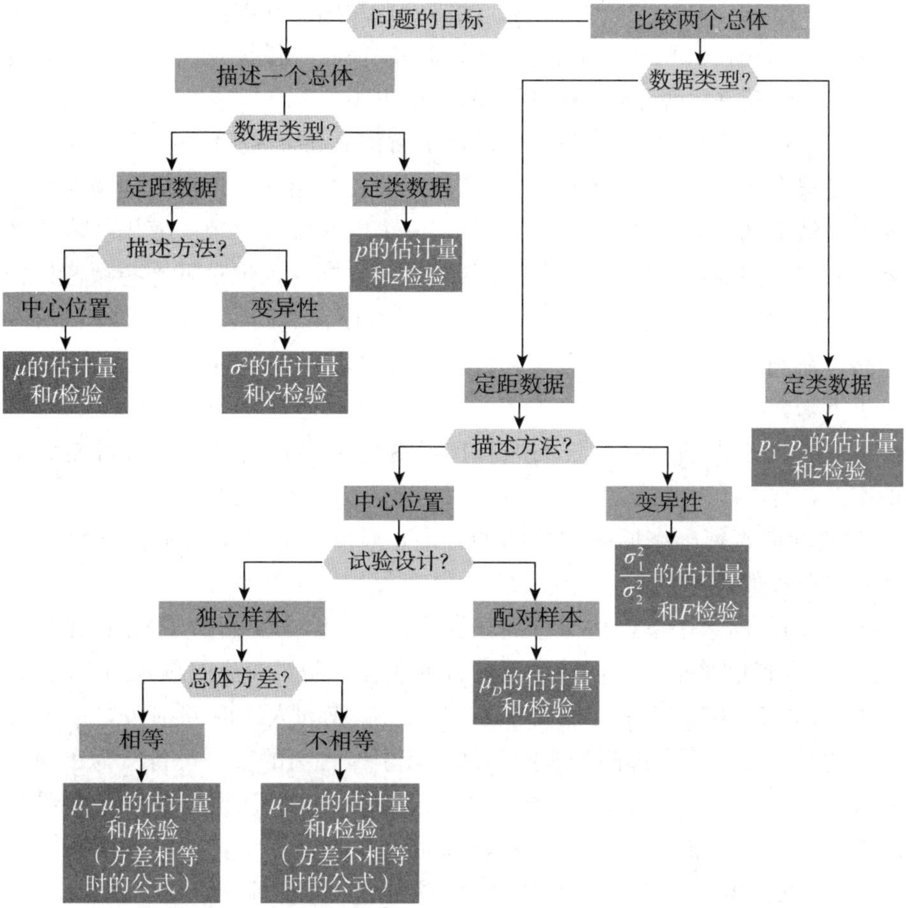


**图 A13—1　确定统计方法的流程图：第 12 章和第 13 章**

## 习　题

以下习题的目的有两个：第一，使你有机会锻炼选择正确方法的重要能力；第二，提高你准确识别回答问题和解释结果所需要的统计量的能力。我们相信你的第一种能力还有待提高，因为到现在为止，你进行的有关这项能力的训练很少。你所做过的所有习题都在某一节之后出现，解答这些习题所需要的方法就是该节中介绍的方法。识别正确的方法不会很难。因为以下习题是从你在第 12 章和第 13 章中已经遇到过的类型中挑选出来的，它们将有助于提高你识别恰当方法的能力。

你会注意到在需要检验假设条件的习题中，我们没有规定显著性水平，这个取值由你自己决定。对习题中提出的问题进行分析，用你自己的判断力确定 $p$ 值是否足够小以至于可以拒绝原假设。

**A13.1　XrA13－01**　大型购物中心是人们购物的地方，我们还可以去那里看电影，买早点，吃午饭和晚饭，或者去那里锻炼身体、交友等。为了研究这种趋势，一个社会学家随机抽取了100个去大型购物中心购物的消费者，询问他们一些问题。这项调查是从三年前随机抽取的100个消费者样本开始的。在对两个样本的调查中，被调查者要记录下他们平均一周花在大型购物中心里的时间。反馈结果被记录了下来。我们能否从中推出，三年来人们花在大型购物中心里的时间减少了？

**A13.2　XrA13-02**　对于零售商来说，了解潜在的消费者为什么会选择在它们的零售店消费是很有用的，可能的原因包括广告、朋友介绍或者先前的购物经历。为了确定在当地的报纸上刊登整版的广告是否有效，一个电气设备零售商随机抽取了200名光顾其商店的顾客，问他们是否看到了刊登的广告。它同时也记录下这些顾客是否买了东西；如果买了，他们又花了多少钱。其中有113名顾客看到了广告，他们中有49人买了它的商品；在剩下的87个没有看到广告的顾客中，有21人买了商品。他们所花的钱数被记录了下来。

a. 该零售商能否得出看到广告的顾客比没有看到广告的顾客更有可能购买它的商品的结论？

b. 该零售商能否得出在那些购物的顾客中，看到广告的顾客的消费比没有看到广告的顾客的消费多的结论？

c. 在95%的置信水平下，估计看到广告的顾客中购买商品的顾客的比例。

d. 在95%的置信水平下，估计看到广告的顾客中购买商品的顾客的平均消费。

**A13.3　XrA13-03**　为了降低由于工业事故造成的人工时间损失，一家大型的拥有多个车间的公司在每一个部门和车间里都安装了一种新的安全设备。为了检验这种设备是否有效，该公司随机抽取了25个车间，记录下了安装该设备前一个月和后一个月的人工时间损失。我们能否推出该设备是有效的？

**A13.4　Xr13-04**　许多轿车都把ABS系统作为一种标准配置，所以ABS系统现在随处可见，这种系统真的有效吗？ABS系统的工作原理是，在光滑的路面，汽车会自动快速给刹车充气，不让刹车被锁，从而避免刹车失控。如果ABS系统确实有效，那么我们可以预期，装有ABS系统的汽车发生的事故会比较少，即使发生了车祸，用于维修汽车的花费也会相对较少。为了了解ABS的效果，高速公路事故数据协会随机抽取了500辆没有安装ABS系统的通用汽车和500辆安装了ABS系统的通用汽车。这个协会每年记录下这些车是否发生了交通事故；如果发生了，就同时记录下维修费用。记录显示，一共有42辆没有安装ABS系统的汽车和38辆安装了ABS系统的汽车发生了交通事故，记录这些汽车的维修费用。采用事故发生的频率和维修费用作为衡量该系统是否有效的标准，我们能否得出ABS系统的确是有效的？如果答案是肯定的，估计装有该系统的汽车比没有装该系统的汽车好多少。

**A13.5　Xr13-05**　一家电厂正在考虑一种激励计划以鼓励顾客及时支付账单。该计划是这样的：如果顾客在5天之内而不是平常的25天之内支付，他将享受1%的折扣。50名顾客在9月份享受了此项折扣。作为试验，每名顾客的支付时间都被记录了下来。另外，同时记录下50名未能享受此项折扣的顾客的支付时间。我们能否认为折扣计划是有效的？

**A13.6  Xr13-06** 交通专家总是在寻找控制车速的方法。有些社区进行了"交通减速"试验，通过限速和设置各种障碍物强制汽车在经过这些社区时放慢速度。有人反对说，这种方法是达不到预期目标的，因为司机可以在马路的其他部分加速行驶。为了分析限速是否有效果，一个统计人员在一条1英里长的城市道路上进行了一次试验，他在这条路上放置了10个停止标志。他随机抽取了100辆汽车，记下它们的平均车速(最高车速为30英里/小时）和在停止标志前正确停下的车的数量。在设置了限速之后又随机抽取了100辆车重复试验。该统计人员能否从这些数据得出限速有效的结论？

**A13.7  Xr13-07** 加油站自助服务设备的增多使汽车维护更加糟糕，其中的一个特征就是汽车轮胎的压力不够，这会导致轮胎使用寿命降低以及更多的油耗。为了了解这个问题，一个汽车专家从全国随机抽取一组汽车并测量它们轮胎的压力。他记录了测量所得的轮胎压力与厂家所建议的轮胎压力之间的差值。（例如，8代表每平方英尺的实际压力比轮胎生产厂家建议的压力少8磅。）假设每平方英尺的实际压力比建议压力每低1磅，轮胎的使用寿命就会减少100英里，同时油耗将增加0.1加仑/英里。在95%的置信水平下，估计压力不够对轮胎使用寿命和油耗的影响。

**A13.8  Xr13-08** 许多北美城市鼓励使用自行车从而降低污染和缓解交通拥挤。因此，许多人现在通常骑自行车上班，也有人为了锻炼身体而骑自行车。随着自行车的增多，一些权力机构颁布了骑自行车必须戴安全帽的法令，要求所有骑车者必须配戴安全帽以防止头部受伤。评论家抱怨说这是对人身自由的侵害，这项法令将会使自行车的使用率降低。为了研究这个问题，一个研究人员随机抽取50名自行车使用者，询问并记下他们每周行驶的英里数。几周之后，该法令正式实施。该法令实施后再记下这50名骑车者每周行驶的英里数。我们能否推出法令的实施使自行车的使用率降低了的结论？

**A13.9  Xr13-09** Cardizem CD是一种用于治疗高血压和心绞痛的处方药，这类药的一种常见的副作用是使服用者头痛头晕。为了确定Cardizem CD是否有这样的副作用，它的生产商Marion Merrell Dow有限公司进行了一次试验。它随机召集了908名高血压患者，让其中的607人服用Cardizem CD，其余301人服用安慰剂。每名患者都要报告是否有头痛或头晕的现象发生（2=有，1=没有）。该医药制品公司能否从中推断出，服用Cardizem CD比不服用Cardizem CD的人更有可能出现头痛或头晕现象？

**A13.10  Xr13-10** 一个快餐经销商正考虑在市区建一个餐馆。根据财务分析，只有当工作日中每小时经过的行人的平均流量在200人以上时，该地址才是可以接受的。为了帮助决定是否应该在某地点建餐馆，一个统计人员在总计40个小时的工作周内观察了每小时经过该地点的行人数。该经销商是否应该在该地点建餐馆？

**A13.11  Xr13-11** 大多数戒烟者出于对身体健康的考虑而戒烟。然而，一些戒烟者发现，戒烟后他们的体重增加了，而科学家估计每天吸两盒烟带来的健康危害等同于65磅多余体重带来的危害。为了更多地了解戒烟的影响，美国疾病控制中心进行了一项研究（见《时代周刊》，1991年3月25日）。它随机抽取1 885名吸烟者。在试验过程中，一些吸烟者戒掉了吸烟的习惯，他们体重的增加值被记录了下来。根据这些数据，我们是否可以推出戒烟会导致体重的增加？

**A13.12  Xr13-12** 高尔夫设备生产商通过提供大量新产品和不断地创新相互竞争。

特大型的俱乐部、方形的击球凹槽和石墨轴是创新的几个例子。然而，这些新产品对于普通的高尔夫球员的作用是值得怀疑的。一种周边配重铁杆被设计出来以增加击球距离的一致性和准确性，也就是说在理想状态下，杆与杆之间应该没有距离偏差。为了检验两种品牌的此种铁杆的相对优势，一个普通的高尔夫球员分别用两种牌子的 7 号铁杆击了 100 杆。击球的距离（单位：码）被记录了下来。该球员能否推知 B 品牌优于 A 品牌？

**A13.13　XrA13－13**　经理们经常要参加各种各样的谈判。这就要求他们能够有逻辑地思考，能够集中注意力而不易被其他事情干扰。在一项有关外界干扰的影响力的研究中，麦克马斯特大学的心理学家随机抽取了 208 名学生。研究人员向男性被调查者提供了具有不同吸引力的女人的照片，向女性被调查者提供了具有不同吸引力的男人的照片。要求所有被调查学生在以下两种情况中做选择：立即获得 15 美元和 8 个月以后获得 75 美元。男学生和女学生的选择（1＝立即获得奖励，2＝8 个月以后获得奖励）被记录了下来。调查结果以如下方式储存：

第 1 列：观看吸引力很大的女性的照片的男生的选择
第 2 列：观看吸引力较小的女性的照片的男生的选择
第 3 列：观看吸引力很大的男性的照片的女生的选择
第 4 列：观看吸引力较小的男性的照片的女生的选择

a. 我们能否推断出男生的选择会受所观看的照片的吸引力大小的影响？

b. 我们能否推断出女生的选择会受所观看的照片的吸引力大小的影响？

**A13.14　Xr13－14**　电视上从早到晚地播放着许多有关体育锻炼的节目。这些节目中经常会有一些有魅力的、健壮的男性和女性跳着各种健身操，使观看者产生在家里跟着他们跳的冲动。有些观众会跟着一起跳，而有些观众只喜欢看而不喜欢跟着跳（这就解释了这种节目为什么专门找有魅力的人来录制）。有许多公司赞助这种节目，所以节目经常会被广告打断。其中一个广告商想了解观众记住赞助商的名字的程度，从而了解跟着节目跳操的锻炼者和不锻炼者之间是否有差别。为此，他随机抽取了若干观众，在体育锻炼节目结束之后打电话询问他们是跟着锻炼了，还是仅仅观看节目，同时也询问他们是否记住了该广告商的商标名（2＝是的，记住了；1＝没有记住）。该广告商能否得出跟着锻炼的人比那些仅仅观看节目的人更有可能记住赞助商的商标名的结论？

**A13.15　Xr13－15**　最新人口普查显示，大城市中的家庭数量为 425 000 户。当地一家报纸的送报上门部门报告说，有 104 320 户家庭每天在享受送报上门服务。为了增加送报上门服务的业务量，营销部门投入了大量资金做广告。一个金融分析师告诉出版商，送报上门服务的业务量必须增加到 110 000 户家庭以上，该广告战略才会成功。为了尽快了解这次广告是否有效，出版商在广告投入之后的一个星期之内对 400 户家庭进行了一次电话调查，询问每个户主是否使用了送报上门服务。反馈结果（2＝是，1＝否）被记录了下来。

a. 这些数据是否可以表明，广告可以增加送报上门服务的业务量？

b. 根据这些数据，该出版商是否可以相信此次广告是成功的？

**A13.16　XrA13－16**　美国教育考试服务中心（ETS）组织的学术能力评估测验

(SAT）对于高中生申请美国的大学非常重要。很多公司为学生提供辅导课程。斯坦利楷博教育中心声称参加该中心课程的学生的成绩平均提高了 110 多分。然而，ETS 坚持认为辅导课程对分数的提高不会超过 40 分。(SAT 的最低分和最高分分别为 400 和 1 600。）假设随机抽取参加了该考试的 40 名学生，让他们参加完辅导课程以后，再次参加考试。

a. 这些数据能否提供足够的证据证明 ETS 的观点是错误的？

b. 这些数据能否提供足够的证据证明斯坦利楷博教育中心的观点是错误的？

**A13.17　XrA13－17**　一家薯片生产商刚刚签订了订购 15 000 000 公斤土豆的合同，供应商同意运送 15 000 卡车，每辆卡车的装货量相同。该厂商怀疑供应商在欺骗他。他记录了前 50 辆卡车的装货量。

a. 根据这些数据，生产商能否认为供应商在欺骗他？

b. 在 95%的置信水平下，估计这 15 000 辆卡车运送的土豆的总重量。

**社会综合调查习题**

**A13.18　GSS2008***　有充分的证据表明为政府工作（WRKGOVT：1＝政府部门，2＝私人部门）的人的工作时间更短吗？

对于以下变量，判断民主党人和共和党人（PARTY：1＝民主党，3＝共和党）回答以下问题的正确率是否存在差异。

**A13.19　GSS2008***　正确回答问题 ODDS1：医生告诉一对夫妻，他们的孩子有四分之一的可能患有一种遗传疾病。这意味着如果他们的第一个孩子有病，接下来的三个孩子将会没有病吗？1＝是，2＝否。正确答案：否。

**A13.20　GSS2008***　正确回答问题 ODDS2：医生告诉一对夫妻，他们的孩子有四分之一的可能患有一种遗传疾病。这意味着这对夫妻的每一个孩子都有相同的概率患有疾病吗？1＝是，2＝否。正确答案：是。

**A13.21　GSS2008***　正确回答问题 HOTCORE：地球的中心十分炎热，是真还是假？1＝真，2＝假。正确答案：真。

**A13.22　GSS2008***　正确回答问题 EARTHSUN：地球绕着太阳转，还是太阳绕着地球转？1＝地球绕着太阳转，2＝太阳绕着地球转。正确答案：地球绕着太阳转。

**A13.23　GSS2008***　在 95%的置信水平下估计美国人对如下问题的一般观点：政府应该减少穷人和富人之间的收入差距吗？(EQWLTH：1＝政府应该减少差距，2＝政府不应该采取行动。）

**A13.24**　在 95%的置信水平下估计从事当前工作的年限（CUREMPYR)。

**A13.25**　在 90%的置信水平下估计美国人中收入至少为 75 000 美元（INCOME06）的比例。

**A13.26　GSS2006* GSS2008***　我们能够根据数据推断 2008 年美国人中收入至少为 75 000 美元（INCOME06）的比例比 2006 年大吗？

**美国国家选举调查习题**

**A13.27　ANES2008***　建立一个假设检验来判断民主党人和共和党人（PARTY：1＝民主党，2＝共和党）在投票意愿（DEFINITE：1＝一定不会投票，2，3，4，5，6，7，8，9，10＝一定会投票）上是否存在差异。

**A13.28　ANES2008*** 　在99%的置信水平下估计通常一天美国成年人在收看电视新闻（不包括体育新闻）上平均花费的时间（TIME2）。

**A13.29　ANES2008*** 　建立一个假设检验来判断民主党人和共和党人（PARTY：1=民主党，2=共和党）对即将到来的总统选举的思考程度（THOUGHT：1=思考很多，5=仅思考一点）的差异。

**A13.30　ANES2008*** 　在95%的置信水平下估计美国人中收入至少为100 000美元的人数的比例。

“十三五”国家重点出版物出版规划项目

经济科学译丛

# 统计学

## 在经济和管理中的应用（第10版）

下册

杰拉德·凯勒（Gerald Keller）著

夏利宇　韩松涛　李　君　张　伟　等　译

# Statistics for Management and Economics

（Tenth Edition）

中国人民大学出版社

·北京·

# 《经济科学译丛》

## 编辑委员会

**学术顾问**

高鸿业　王传纶　胡代光　范家骧　朱绍文　吴易风

**主　编**

陈岱孙

**副主编**

梁　晶　海　闻

**编　委**（按姓氏笔画排序）

王一江　王利民　王逸舟　贝多广　平新乔　白重恩
朱　玲　刘　伟　许成钢　李　扬　李晓西　李稻葵
杨小凯　汪丁丁　张宇燕　张维迎　林毅夫　易　纲
金　碚　姚开建　钱颖一　徐　宽　高培勇　盛　洪
梁小民　樊　纲

# 目　录

# 第 14 章 方差分析

**社会综合调查——自由到保守的分类和收入**

数据：GSS2012*

美国人的政治态度受收入的影响，或者情况相反？如果这样，我们可能期望收入在根据以下测度（POLVIEW）定义的各组人群之间存在不同。

1. 极度自由
2. 自由
3. 轻微自由
4. 温和
5. 轻度保守
6. 保守
7. 极度保守

政治观点不同的 7 个人群间存在收入差异吗？问题的答案参见 14－1f 小节。



## 引　言

利用本章介绍的方法，统计人员可以比较两个或多个定距数据的总体，这种方法叫作**方差分析**（analysis of variance）。方差分析功能极为强大，是统计人员经常使用的一种方法。方差分析方法可用来判断总体均值之间是否存在差异。换句话说，该方法通过分析样本方差来实现，它也是因此而得名的。我们将研究该方法的几种不同形式。

方差分析最早的应用之一是在 20 世纪 20 年代，用于判断施肥情况的不同是否会影响农作物产量。这一早期试验的术语目前仍在使用。不管是什么试验，其目的都在于研究**组均值**（treatment means）间是否存在较大差异。

## 14.1 单因素方差分析

方差分析是通过检验来判断两个或多个总体均值间是否存在差异的一个过程。这一方法的名称源于执行计算的方法，即方差分析方法通过分析数据的方差来确定我们能否推断出总体均值存在差异。如同第 13 章中一样，试验设计对选择哪种恰当的方法将起到决定性的作用。在这一节里，我们将讲述方差分析在独立样本情况下的应用流程。这种方法称为**单因素方差分析**（one-way analysis of variance）。图 14—1 描绘了提取独立样本的抽样过程。总体 $j$（$j=1, 2, \cdots, k$）的均值和方差分别表示为 $\mu_j$ 和 $\sigma_j^2$，这两个参数均是未知的。从每一个总体中抽取独立样本。对于每个独立样本，我们可以计算出均值 $\bar{x}_j$ 和方差 $s_j^2$。

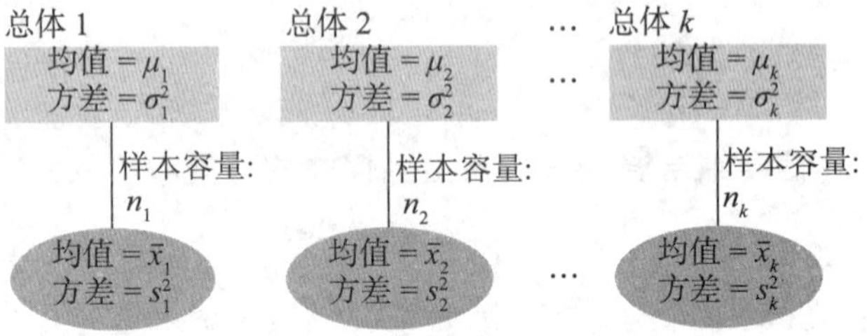


**图 14—1 独立样本的抽样方案**

**例 14.1[①] 投资于股票市场的资产比例**

数据：Xm14 - 01

在最近的十年里，股票经纪人的工作方式发生了戏剧性的变化。网上交易已经变得越来越普遍了，只需花费 7 美元。与以前相比，现在投资股票市场已经变得越来越方便和便宜了。这些变化带来了什么影响呢？为了回答这个问题，一位金融分析师随机抽取了 366 个美国家庭，询问他们户主的年龄类别和投资在股票市场的资产比例。年龄类别为

年轻（35 岁以下）
中年早期（35～49 岁）
中年晚期（50～65 岁）
老年（65 岁以上）

该分析员想要判断资产比例是否会因股票所有人年龄的不同而不同。下面列出了部

① U. S. Census Bureau, "Asset Ownership of Households, May 2003," *Statistical Abstract of the United States*, 2006, Table 700.

分数据。根据这些数据，分析员能否得出这四个年龄段投资股票市场的资产比例是不同的这一结论？

| 年轻 | 中年早期 | 中年晚期 | 老年 |
| --- | --- | --- | --- |
| 24.8 | 28.9 | 81.5 | 66.8 |
| 35.5 | 7.3 | 0.0 | 77.4 |
| 68.7 | 61.8 | 61.3 | 32.9 |
| 42.2 | 53.6 | 0.0 | 74.0 |
| ⋮ | ⋮ | ⋮ | ⋮ |

**解**

我们已知数据是定距数据（投资在股票市场的资产比例），且我们的目标是比较四个总体（年龄段）。参数为四个总体均值 $\mu_1$，$\mu_2$，$\mu_3$ 和 $\mu_4$。原假设表示我们假定四个样本均值间不存在差异。因此，我们有

$H_0$：$\mu_1=\mu_2=\mu_3=\mu_4$

我们采用方差分析方法来确定是否存在足够的证据表明原假设是错误的。相应地，备择假设为

$H_1$：至少有两个均值不相等

接下来我们将确定检验统计量，这要比我们到现在为止介绍过的检验统计量稍微复杂一些。利用表 14—1 中的符号，我们可以比较容易地进行方差分析。

**表 14—1　　单因素方差分析的符号**

| | 组 | | | | | |
| --- | --- | --- | --- | --- | --- | --- |
| | **1** | **2** | | ***j*** | | ***k*** |
| | $x_{11}$ | $x_{12}$ | … | $x_{1j}$ | … | $x_{1k}$ |
| | $x_{21}$ | $x_{22}$ | … | $x_{2j}$ | … | $x_{2k}$ |
| | ⋮ | ⋮ | | ⋮ | | ⋮ |
| | $x_{n_1 1}$ | $x_{n_2 2}$ | … | $x_{n_j j}$ | … | $x_{n_k k}$ |
| 样本容量 | $n_1$ | $n_2$ | … | $n_j$ | … | $n_k$ |
| 样本均值 | $\bar{x}_1$ | $\bar{x}_2$ | … | $\bar{x}_j$ | … | $\bar{x}_k$ |

注：$x_{ij}$ = 第 $j$ 个样本的第 $i$ 个观测值；

$n_j$ = 从总体 $j$ 中抽取的样本的观测值的个数；

$\bar{x}_j$ = 第 $j$ 个样本的均值 $=\dfrac{\sum_{i=1}^{n_j}x_{ij}}{n_j}$；

$\bar{\bar{x}}$ = 所有观测值的总平均 $=\dfrac{\sum_{j=1}^{k}\sum_{i=1}^{n_j}x_{ij}}{n}$，　其中 $n=n_1+n_2+\cdots+n_k$，$k$ 是总体的数量。

我们称变量 $x$ 为**因变量**（response variable），称其值为**响应**（response），并称待测单元为**试验单元**（experimental unit）。在这一例子中，因变量为投资股票市场的资产

比例，试验单元则是抽取的户主。用于划分各个总体的标准被称为**因素**（factor），每个总体被称为因素**水平**（level）。例 14.1 中的因素即户主的年龄类别，它共有四个水平。在本章的后面部分我们还将讨论总体由两个因素划分的试验。这一节我们只研究单因素试验。

### □ 检验统计量

检验统计量将按照以下基本原理进行计算。如果原假设为真，则总体均值全部相等，因而我们预期样本均值将十分接近；如果备择假设为真，则某些样本均值之间可能存在很大差异。衡量各样本均值彼此间接近程度的统计量被称为**组间变异**（between-treatments variation），用 SST 表示，意为**组间平方和**（sum of squares for treatments）。

**组间平方和**

$$\text{SST}=\sum_{j=1}^{k}n_j(\bar{x}_j-\bar{\bar{x}})^2$$

从上述公式我们可以推出，如果样本均值彼此接近，则所有样本的均值将近似于总体均值，因此 SST 的值会很小。事实上，当各样本均值完全相等时，SST 达到其最小值（0），即若

$$\bar{x}_1=\bar{x}_2=\cdots=\bar{x}_k$$

则 SST=0。

于是我们可以认为，较小的 SST 值能够支持原假设。在本例中，我们计算样本均值和总均值如下：

$$\bar{x}_1=44.40$$
$$\bar{x}_2=52.47$$
$$\bar{x}_3=51.14$$
$$\bar{x}_4=51.84$$
$$\bar{\bar{x}}=50.18$$

样本容量为

$$n_1=84$$
$$n_2=131$$
$$n_3=93$$
$$n_4=58$$
$$n=n_1+n_2+n_3+n_4=84+131+93+58=366$$

则

$$\begin{aligned}\text{SST}&=\sum_{j=1}^{k}n_j(\bar{x}_j-\bar{\bar{x}})^2\\&=84(44.40-50.18)^2+131(52.47-50.18)^2+93(51.14-50.18)^2\\&\quad+58(51.84-50.18)^2\\&=3\,738.8\end{aligned}$$

如果样本均值间存在较大差异，那么至少某些样本均值与总体均值偏差甚远，这将会导致 SST 值偏大，这时候就应该拒绝原假设而选择备择假设。这一检验（与所有其他统计检验一样）中我们要回答的关键问题是："统计量的值大到何种程度时，我们才可以证明拒绝原假设是合理的？"在我们的例子中，SST＝3 738.8。这一数值是否已经足够大到可以证明总体均值不同？为了回答这个问题，我们应了解每周的销量之间究竟存在多大差别，这需要用**组内变异**（within-treatments variation）来衡量。组内变异可用 **SSE**［**误差平方和**（sum of squares for error）］来表示，它为我们提供了衡量我们能够预期到的、已经观测的随机变量之间的差异的方法。在本例中，我们试图判断是否投资于股票市场的资产比例会因为户主年龄的不同而不同。然而，除了年龄以外，还存在其他变量会影响因变量。我们预期可能的变量有家庭收入、户主的职业和家庭规模。所有这些变量（还有一些我们没有想到的变量）都是变异的来源，我们将这些变量划为一类，统称为误差。这部分变异由误差平方和来衡量。

**误差平方和**

$$SSE=\sum_{j=1}^{k}\sum_{i=1}^{n_j}(x_{ij}-\bar{x}_j)^2$$

将 SSE 展开，我们可以得到

$$SSE=\sum_{i=1}^{n_1}(x_{i1}-\bar{x}_1)^2+\sum_{i=1}^{n_2}(x_{i2}-\bar{x}_2)^2+\cdots+\sum_{i=1}^{n_k}(x_{ik}-\bar{x}_k)^2$$

如果检查 SSE 的 $k$ 个组成部分，你会发现，每个部分都是对其所在样本的可变性的一个测量。如果我们令每一组成部分除以 $n_j-1$，就可以获得样本方差。我们可以把 SSE 表述成

$$SSE=(n_1-1)s_1^2+(n_2-1)s_2^2+\cdots+(n_k-1)s_k^2$$

式中 $s_j^2$ 是样本 $j$ 的方差。因此，SSE 是 $k$ 个样本的联合方差，这是对 13.1 节中计算的一个扩展。在 13.1 节中，我们使用一般总体方差的联合估计（$s_p^2$）检验并估计了两总体均值之间的差异，应用该统计方法的一个必要条件是两总体方差相等。在使用 SSE 时，该条件依然是必要的，即我们要求

$$\sigma_1^2=\sigma_2^2=\cdots=\sigma_k^2$$

回到我们的例子中来，我们计算出样本方差为

$$s_1^2=386.55$$
$$s_2^2=469.44$$
$$s_3^2=471.82$$
$$s_4^2=444.79$$

因此

$$\begin{aligned}SSE&=(n_1-1)s_1^2+(n_2-1)s_2^2+(n_3-1)s_3^2+(n_4-1)s_4^2\\&=(84-1)\times386.55+(131-1)\times469.44+(93-1)\times471.82+(58-1)\end{aligned}$$

$\times 444.79$
$=161\ 871.3$

接下来我们计算**均方**（mean squares）。**组内均方**（mean square for treatments）是用 SST 除以总体数目与 1 的差得到的。

**组内均方**

$$MST=\frac{SST}{k-1}$$

**均方误**（mean square for error）则由 SSE 除以样本总量（式中用 $n$ 表示）与组数的差值确定。

**均方误**

$$MSE=\frac{SSE}{n-k}$$

最后，定义检验统计量为两个均方之比。

**检验统计量**

$$F=\frac{MST}{MSE}$$

## □ 检验统计量的抽样分布

如果因变量服从正态分布，则检验统计量 $F=\frac{MST}{MSE}$服从自由度为 $k-1$ 和 $n-k$ 的 $F$ 分布。在 8.4 节中，我们介绍了 $F$ 分布；在 13.4 节中，我们利用 $F$ 分布来检验和估计了两个总体方差——在该应用中，$F$ 统计量是两个样本方差 $s_1^2$ 和 $s_2^2$ 之比。回顾一下 SST 和 SSE 的定义，你会发现两者都与本书中用于计算样本方差 $s^2$ 的公式的分子相似。将 SST 除以 $k-1$ 并将 SSE 除以 $n-k$，就可以分别计算出 MST 和 MSE，这时我们实际上计算的是一般总体方差的无偏估计量。因此，比率 $F=MST/MSE$ 就是两个样本方差之比。其自由度为上述两个样本方差的分母，即

$$v_1=k-1=4-1=3$$
$$v_2=n-k=366-4=362$$

在例 14.1 中，我们得到

$$MST=SST/(k-1)=3\ 738.8/3=1\ 246.27$$
$$MSE=SSE/(n-k)=161\ 871.3/362=447.16$$
$$F=MST/MSE=1\ 246.27/447.16=2.79$$

## □ 拒绝域和 $p$ 值

计算 ***F* 统计量**（F-statistic）的目的在于确定 SST 的值是否大得足以拒绝原假设。

正如我们所看到的，SST 越大，$F$ 值也越大。因此，我们仅当 $F>F_{\alpha,k-1,n-k}$ 时才拒绝原假设。

如果我们令 $\alpha=0.05$，则例 14.1 的拒绝域为

$$F>F_{\alpha,k-1,n-k}=F_{0.05,3,362}\approx F_{0.05,3,\infty}=2.61$$

我们发现该检验统计量的值 $F=2.79$。因此，有足够证据表明四个年龄段投资者投资于股票市场的平均比例不同。

该检验的 $p$ 值为

$$P(F>2.79)$$

计算该值需要通过计算机完成，计算结果为 0.040 5。

图 14—2 描绘了例 14.1 的抽样分布。

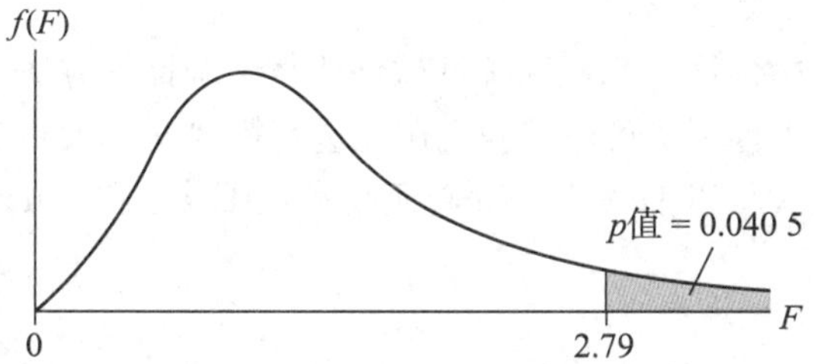


**图 14—2　例 14.1 的抽样分布**

我们通常用**方差分析表**［analysis of variance（ANOVA）table］给出方差分析的结果。表 14—2 给出了方差分析表的一般结构，表 14—3 则给出了例 14.1 的方差分析表。

**表 14—2　单因素方差分析的方差分析表**

| 差异源 | 自由度 | 平方和 | 均值平方 | F 统计量 |
|---|---|---|---|---|
| 组内 | $k-1$ | SST | MST=SST/$(k-1)$ | $F$=MST/MSE |
| 误差 | $n-k$ | SSE | MSE=SSE/$(n-k)$ | |
| 总计 | $n-1$ | SS（总） | | |

**表 14—3　例 14.1 的方差分析表**

| 差异源 | 自由度 | 平方和 | 均值平方 | F 统计量 |
|---|---|---|---|---|
| 组内 | 3 | 3 738.8 | 1 246.27 | 2.79 |
| 误差 | 362 | 161 871.3 | 447.16 | |
| 总计 | 365 | 165 610.1 | | |

方差分析表中使用的术语（也就是检验本身使用的术语）是以平方和的分解为基础的。这种分解源于以下等式（其可变性可由求和规则来说明）：

$$\sum_{j=1}^{k}\sum_{i=1}^{n_j}(x_{ij}-\bar{\bar{x}})^2=\sum_{j=1}^{k}n_j(\bar{x}_j-\bar{\bar{x}})^2+\sum_{j=1}^{k}\sum_{i=1}^{n_j}(x_{ij}-\bar{x}_j)^2$$

等式左侧项表示全部数据的**总变异**（total variation），用 SS（总）表示。将 SS（总）除以样本容量与 1 的差值（即除以 $n-1$），我们就可得到样本方差（假设原假设为真）。等号右侧的第一项为 SST，第二项为 SSE。我们看到，总变异［SS（总）］被划分为两种变异：组间平方和（SST）（源于组间均值的差异）以及误差平方和（SSE）（对样本内的变异的度量）。因此，上一等式可重新表示为

$$SS(总)=SST+SSE$$

故该检验也就由 SST 和 SSE 的比较而决定。

回忆一下在 13.3 节中讨论的配对试验的优势与劣势。我们指出，统计人员经常千方百计地减少或解释随机变量的变异。在本节介绍的方差分析中，组间平方和解释了组间的变异（广告战略），误差平方和则度量了不可预知的变异。若 SST 解释了总变异的大部分，我们就可以得出总体均值不同的结论。在 14.4 节和 14.5 节中，我们还将介绍方差分析的其他试验设计——减少或解释更多变异的方法。

如果在前面的章节中你用计算机和统计软件代替了统计学方法中的手工计算，那么现在它们将更加有用，因为计算机可以使我们避免进行需要耗费大量时间并且十分枯燥乏味的方差分析的手工计算。跟以前一样，我们还是利用 Excel 和 Minitab 来解答例 14.1，其结果如下所示。

### 计　算

**Excel**

| | A | B | C | D | E | F | G |
|---|---|---|---|---|---|---|---|
| 1 | 方差分析:单因素方差分析 | | | | | | |
| 2 | | | | | | | |
| 3 | SUMMARY | | | | | | |
| 4 | 组 | 观测数 | 求和 | 平均 | 方差 | | |
| 5 | Young | 84 | 3 279.5 | 44.40 | 386.55 | | |
| 6 | Early Middle Age | 131 | 6 873.9 | 52.47 | 469.44 | | |
| 7 | Late Middle Age | 93 | 4 755.9 | 51.14 | 471.82 | | |
| 8 | Senior | 58 | 3 006.6 | 51.84 | 444.79 | | |
| 9 | | | | | | | |
| 10 | | | | | | | |
| 11 | 方差分析 | | | | | | |
| 12 | 差异源 | SS | df | MS | *F* | P-value | F crit |
| 13 | 组间 | 3 741.4 | 3 | 1 247.12 | 2.79 | 0.040 5 | 2.629 6 |
| 14 | 组内 | 161 871.0 | 362 | 447.16 | | | |
| 15 | | | | | | | |
| 16 | 总计 | 165 612.3 | 365 | | | | |

**计算机命令**

1. 在相邻的两列中键入或者导入数据（打开 Xm14－01）。

2. 点击“数据”—“数据分析”，然后选择“方差分析：单因素方差分析”。

3. 确定“输入区域”（A1：D132）和 $\alpha$ 的值（0.05）。

**Minitab**

**One-way ANOVA：Young，Early Middle Age，Late Middle Age，Senior**

| Source | DF | SS | MS | F | P |
|---|---|---|---|---|---|
| Factor | 3 | 3 741 | 1 247 | 2.79 | 0.041 |
| Error | 362 | 161 871 | 447 | | |
| Total | 365 | 165 612 | | | |

S=21.15　R-Sq=2.26%　R-Sq（adj）=1.45%

| Level | N | Mean | StDev |
|---|---|---|---|
| Young | 84 | 44.40 | 19.66 |
| Early Middle Age | 131 | 52.47 | 21.67 |
| Late Middle Age | 93 | 51.14 | 21.72 |
| Senior | 58 | 51.84 | 21.09 |

```
                      Individual 95% CIs For Mean Based on Pooled StDev
Level              +-----------+-----------+-----------+-----------
Young              (-------- * --------)
Early Middle Age                    (-------- * --------)
Late Middle Age                   (-------- * --------)
Senior                           (-------------- * --------------)
                   +-----------+-----------+-----------+-----------
                  40.0        45.0        50.0        55.0
```

Pooled StDev=21.15

**计算机命令**

如果数据为非累积格式：

1. 键入或者导入数据（打开 Xm14－01）。

2. 点击“Stat”（统计）—“ANOVA”（方差分析）—“Oneway(Unstacked)…”[单因子（非堆叠存放）…]。

3. 在“Responses (in separate columns)”[响应（在单独列中）]框中，键入或选择处理的变量名称（Young，Early Middle Age，Late Middle Age，Senior）。点击“OK”（确定）。

如果数据是累积的：

1. 在两列中输入或导入数据。

2. 点击“Stat”（统计）—“ANOVA”（方差分析）—“Oneway…”（单因子…）。

3. 输入“Response”（响应）变量名称和“Factor”（因子）变量名称。点击“OK”（确定）。

## 解　释

检验统计量的值为 $F=2.79$，$p$ 值为 0.040 5，这意味着我们有足够的证据可推出，至少有两个年龄段的投资者投资在股票市场的资产比例是不同的。

注意，本例中的数据是观测得到的。我们不能组织受控试验，因为组织这类试验要求金融分析师将每个家庭随机指派到某个年龄组中，而这是不可能的。

顺便介绍一下，在单因素方差分析中，如果数据是从受控试验中获得的，则我们将该试验设计称为**完全随机化方差分析设计**（completely randomized design of the analysis of variance）。

### □ 14-1a　检查必要条件

方差分析的 $F$ 检验要求随机变量必须服从等方差的正态分布。通过绘出各样本的直方图，我们可以很方便地看出样本是否满足该要求。从图 14—3 所示的 Excel 直方图可知，我们没有理由认为这一条件没有得到满足。

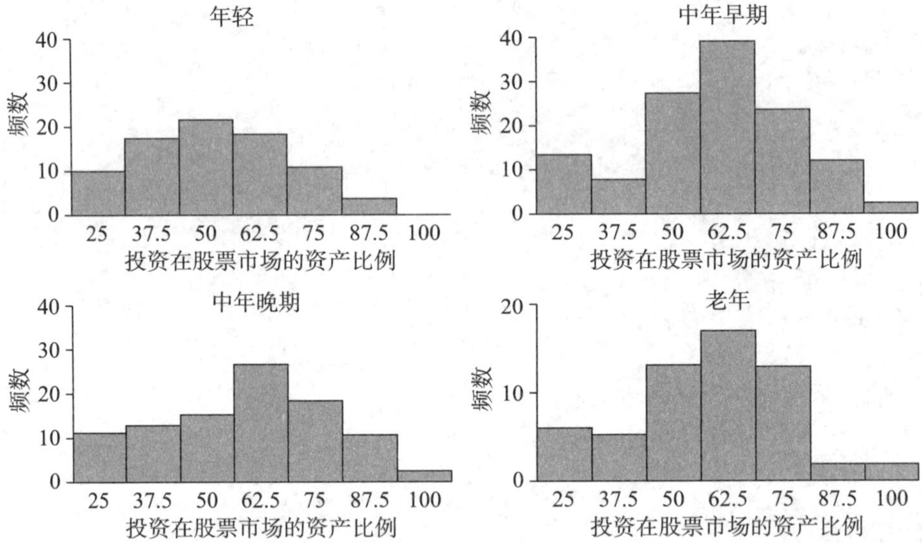


**图 14—3　例 14.1 的直方图**

是否等方差则通过输出样本标准离差或方差来判断。Excel 的输出结果含有方差，Minitab 可计算出标准离差。样本方差的近似性允许我们假定总体方差相等。在凯勒网站的附录中，我们介绍了巴特莱特（Bartlett）检验，它是专为检验方差是否相等而设计的。

### □ 14-1b　不满足必要条件

如果数据不服从正态分布，我们就可以用非参数检验方法取代单因素方差分析，我们称这种方法为 KW 检验，请参阅 19.3 节。[①]

如果总体方差不等，我们就可以利用几种方法来校正。不过，这些方法不在本书的

① 当不满足正态性时，为了检验两个或多个均值的差异，可采用非参数方法，想讲授这种方法的教师可参见凯勒网站附录——KW 检验和弗里德曼检验。

讨论范围之内。

### □ 14-1c 我们能否用两总体均值差异的 $t$ 检验代替方差分析

方差分析是通过检验来判断是否有证据证明两个或多个总体均值之间存在差异，而 $\mu_1-\mu_2$ 的 $t$ 检验是为了确定是否有证据证明两个总体均值之间存在差异。这就出现了下面的问题：我们能否利用 $t$ 检验代替方差分析？也就是说，我们为什么不放弃在一次检验（方差分析）中检验所有均值而每次只检验一对均值呢？比如在例 14.1 中，我们要检验的是 $\mu_1-\mu_2$，$\mu_1-\mu_3$，$\mu_1-\mu_4$，$\mu_2-\mu_3$，$\mu_2-\mu_4$ 和 $\mu_3-\mu_4$。如果我们发现没有证据证明每组检验中均值存在差异，我们就可以得出各个均值之间不存在差异的结论；如果有证据证明至少有一组检验中的均值存在差异，我们就应认为某些均值之间存在差异。

之所以不能用多个 $t$ 检验代替一个 $F$ 检验，有两个原因：第一，这样的话我们要进行更多的计算，即使可以使用计算机，多出的工作量也太大；第二，也是更重要的原因，进行多个检验会增加犯第一类错误的可能性。为了说明其中的原因，我们考虑一个比较六个总体的问题。如果采用方差分析方法，并将显著性水平设定为 5%，那么我们将有 5%的可能性拒绝合理的原假设，即有 5%的可能性我们会得出总体之间存在差异，但事实上这种差异并不存在。

为代替 $F$ 检验，我们需要进行 15 个 $t$ 检验。（这个数是根据待检验的均值的组合数得出的，即 $C_2^6=6\times5/2=15$。）每个检验都有 5%的可能性会错误地拒绝原假设。那么犯一个或多个第一类错误的概率大约为 54%。[①]

这一问题的一个补救办法是降低显著性水平。在本例中，我们可规定 $t$ 检验中 $\alpha=0.05/15$，约等于 0.003 3。（在 14.2 节中，我们将采用这一步骤讨论多因素比较。）但遗憾的是，这又将增加犯第二类错误的概率。无论显著性水平多大，进行多个 $t$ 检验都会增加出错的可能性。因此，如果打算比较两个以上的定距数据总体，那么我们都将采用方差分析。

既然我们已经说明了 $t$ 检验无法代替方差分析，接下来我们就需要讨论方差分析同样也不能取代 $t$ 检验。

### □ 14-1d 我们能否用方差分析代替 $\mu_1-\mu_2$ 的 $t$ 检验

方差分析是可以用于比较两个或多个总体的几种方法中的一种。大多数例子和习题都要求处理两个以上的总体。但必须注意的是，与所有其他可用于比较两个或更多总体的方法一样，方差分析也可以用于比较只有两个总体的情况。如果是这样，为什么我们还需要其他方法来比较两个总体呢？再具体一点，既然方差分析能够检验两个总体均值，为什么我们还需要 $\mu_1-\mu_2$ 的 $t$ 检验呢？

为了说明为什么我们依然需要 $t$ 检验来推断 $\mu_1-\mu_2$，假设我们打算利用方差分析检验两个总体均值，则原假设和备择假设分别为

$$H_0: \mu_1=\mu_2$$

---

① 至少犯一次第一类错误的概率是从二项分布中得出的，其中 $n=15$，$p=0.05$。因此 $P(X\geqslant1)=1-P(X=0)=1-0.463=0.537$。

$H_1$：至少有两个均值不同

当然，备择假设具体来说就是 $\mu_1 \neq \mu_2$。但是，若我们需要判断 $\mu_1$ 是否大于 $\mu_2$（或者相反），我们就不能使用方差分析，因为该方法只允许我们检验二者是否不同。因此，如果我们需要通过检验判断某一总体均值是否大于另一总体均值，就必须利用 $\mu_1-\mu_2$ 的 $t$ 检验（此时 $\sigma_1^2=\sigma_2^2$）。此外，方差分析要求各总体方差相等。若不满足该条件，我们就必须使用异方差的检验统计量。

### □ 14-1e　F 统计量和 t 统计量之间的关系

了解 $F$ 统计量和 $t$ 统计量之间的关系是很有用的。检验有关 $\mu_1-\mu_2$ 的假设时所用的等方差检验统计量为

$$t=\frac{(\bar{x}_1-\bar{x}_2)-(\mu_1-\mu_2)}{\sqrt{s_p^2\left(\frac{1}{n_1}+\frac{1}{n_2}\right)}}$$

如果将该值平方，就得到 $F$ 统计量，即 $F=t^2$。为了说明这一点，我们使用方差分析重新解答一下例 13.1。回顾一下，因为我们可以假定总体方差是相等的，所以检验统计量为

$$t=\frac{(6.63-3.72)-0}{\sqrt{40.42\left(\frac{1}{50}+\frac{1}{50}\right)}}=2.29$$

使用方差分析（Excel 的输出结果如下所示，Minitab 的结果与之类似），我们发现 $F$ 检验统计量的值为 $F=5.23$，刚好是 $2.29^2$，$p$ 值（0.024 3）为 $t$ 检验的 $p$ 值（即 0.012 2）的两倍，原因是：方差分析旨在检验总体均值是否不同，如果例 13.1 要求判断均值是否不同，我们就需进行双尾检验，$p$ 值为 0.024 3，与方差分析的 $p$ 值相同。

**例 13.1 方差分析的 Excel 输出结果**

| | A | B | C | D | E | F | G |
|---|---|---|---|---|---|---|---|
| 1 | 方差分析：单因素方差分析 | | | | | | |
| 2 | | | | | | | |
| 3 | SUMMARY | | | | | | |
| 4 | 组 | 观测数 | 求和 | 平均 | 方差 | | |
| 5 | Direct | 50 | 331.6 | 6.63 | 37.49 | | |
| 6 | Broker | 50 | 186.2 | 3.72 | 43.34 | | |
| 7 | | | | | | | |
| 8 | | | | | | | |
| 9 | 方差分析 | | | | | | |
| 10 | 差异源 | SS | df | MS | F | P-value | F crit |
| 11 | 组间 | 211.4 | 1 | 211.41 | 5.23 | 0.024 3 | 3.938 1 |
| 12 | 组内 | 3 960.5 | 98 | 40.41 | | | |
| 13 | | | | | | | |
| 14 | 总计 | 4 172.0 | 99 | | | | |

## □ 14-1f 理解统计学概念

从概念和数学意义上来说，独立样本单因素方差分析的 $F$ 检验是 $\mu_1-\mu_2$ 的 $t$ 检验的延伸，而且，如果我们仅仅希望判断两个均值之间是否存在差异，那么可以通过方差分析来实现。方差分析方法的优势在于，我们能够将总平方和分解成两部分，这使得我们能够检测多大的变异源于样本间，多大的变异源于样本内。正如我们在 13.3 节中所指出的，对变异的解释是一个极为重要的课题，在其他的方差分析试验设计和回归分析中（第 16、17、18 章）我们会再次遇到这一课题。

### 社会综合调查——自由到保守的分类和收入：问题的解

**识　别**

美国成年人的收入变量是定距数据。问题的目标是比较 7 个总体（政治态度），实验设计采用独立样本。因此，可以应用单因素方差分析。

**计　算**

**Excel**

| | A | B | C | D | E | F | G |
|---|---|---|---|---|---|---|---|
| 1 | 方差分析:单因素方差分析 | | | | | | |
| 2 | | | | | | | |
| 3 | SUMMARY | | | | | | |
| 4 | 组 | 观测数 | 求和 | 平均 | 方差 | | |
| 5 | E Liberal | 49 | 2 032 250 | 41 474 | 985 586 575 | | |
| 6 | Liberal | 146 | 5 676 000 | 38 877 | 1 160 079 523 | | |
| 7 | S Liberal | 138 | 5 662 250 | 41 031 | 1 311 446 581 | | |
| 8 | Moderate | 402 | 14 619 500 | 36 367 | 1 236 859 115 | | |
| 9 | S Conservative | 163 | 8 276 500 | 50 776 | 1 865 369 301 | | |
| 10 | Conservative | 167 | 7 284 750 | 43 621 | 1 628 709 982 | | |
| 11 | E Conservative | 35 | 1 535 500 | 43 871 | 1 944 898 424 | | |
| 12 | | | | | | | |
| 13 | | | | | | | |
| 14 | 方差分析 | | | | | | |
| 15 | 差异源 | SS | df | MS | F | P-value | F crit |
| 16 | 组间 | 26 312 549 725 | 6 | 4 385 424 954 | 3.13 | 0.004 8 | 2.11 |
| 17 | 组内 | 1 529 850 603 173 | 1 093 | 1 399 680 332 | | | |
| 18 | | | | | | | |
| 19 | 总计 | 1 556 163 152 898 | 1 099 | | | | |

**Minitab**

**One-way ANOVA：E Liberal，Liberal，S Liberal，Moderate，S Conservati...**

```
Source          DF        SS                MS              F       P
Factor           6    26 312 549 725    4 385 424 954     3.13    0.005
Error        1 093    1.529 85E+12      1 399 680 332
Total        1 099    1.556 46E+12

S=37 412   R-Sq=1.69%   R-Sq(adj)=1.15%

                                   Individual 95% CIs For Mean Based on Pooled StDev
Level               N    Mean    StDev  --------+------------+------------+------------+--------
E Liberal          49   41 474  31 394              (--------------*--------------)
Liberal           146   38 877  34 060              (-------*--------)
S Liberal         138   41 031  36 214              (--------*---------)
Moderate          402   36 367  35 169              (--------------*--------------)
S Conservative    163   50 776  43 190              (-----------*-----------)
Conservative      167   43 621  40 357              (--------------*--------------)
E Conservative     35   43 871  44 101              (-------------------*-------------------)
                                        ----------+------------+------------+------------+--------
                                        35 000       42 000       49 000       56 000

Pooled StDev=37 412
```

## 解　释

$p$ 值是 0.004 8。有充分的证据表明政治态度不同的各个人群之间存在收入差异。结果表明保守派的收入比自由派的多。

> **识别单因素方差分析方法的要素**
>
> 1. 目标：比较两个或多个总体
> 2. 数据类型：定距数据
> 3. 试验设计：独立样本

## 习　题

**理解统计概念**

习题 14.1 至习题 14.3 属于假设分析问题，这些问题要求我们判断均值、方差和样本容量改变时检验统计量的相应变化。这些问题既可以手工求解，也可创建 Excel 工作簿完成。

**14.1** 一位统计人员已计算出下列统计量。

| 统计量 | 样本 | | |
|---|---|---|---|
| | 1 | 2 | 3 |
| $n$ | 5 | 5 | 5 |
| $\bar{x}$ | 10 | 15 | 20 |
| $s^2$ | 50 | 50 | 50 |

a. 完成方差分析表。

b. 将样本容量均改为 10，重做问题（a）。

c. 分析当样本容量增加时 $F$ 统计量的变化。

**14.2** 已知如下统计量：

| 统计量 | 样本 | | |
|---|---|---|---|
| | 1 | 2 | 3 |
| $n$ | 4 | 4 | 4 |
| $\bar{x}$ | 20 | 22 | 25 |
| $s^2$ | 10 | 10 | 10 |

a. 完成方差分析表。

b. 将方差均改为 25，重做问题（a）。

c. 描述样本方差增加对 $F$ 统计量的影响。

**14.3** 已知如下统计量：

| 统计量 | 样本 | | | |
|---|---|---|---|---|
| | 1 | 2 | 3 | 4 |
| $n$ | 10 | 14 | 11 | 18 |
| $\bar{x}$ | 30 | 35 | 33 | 40 |
| $s^2$ | 10 | 10 | 10 | 10 |

a. 完成方差分析表。

b. 将样本均值分别改为 130，135，133 和 140 重做问题（a）。

c. 讨论各样本均值增加 100 时 $F$ 统计量的变化。

**应用**

**14.4 Xr14－04** MBA 专业是否会影响学生收到的工作聘任书的数量？一名 MBA 学生从金融、营销、管理这三个专业中分别抽取 4 名学生，记录他们收到的工作聘任书的数量。在 5% 的显著性水平下，这三个专业的学生收到的工作聘任书的数量是否不同？

| 金融 | 营销 | 管理 |
|---|---|---|
| 3 | 1 | 8 |
| 1 | 5 | 5 |
| 4 | 3 | 4 |
| 1 | 4 | 6 |

**14.5　Xr14－05**　一个消费者组织担心广告中宣称的产品的量和实际的量不同。在一项研究中，从三个奶油品牌中分别抽取 6 盒，测量每盒中奶油的量（单位：毫升）。每盒应有奶油 500 毫升，该组织记录了样本中的奶油量与 500 毫升的差别。这些数据能否提供足够的证据证明这三个品牌之间存在差异？显著性水平 $\alpha=0.01$。

| 品牌 1 | 品牌 2 | 品牌 3 |
|---|---|---|
| 1 | 2 | 1 |
| 3 | 2 | 2 |
| 3 | 4 | 4 |
| 0 | 3 | 2 |
| 1 | 0 | 3 |
| 0 | 4 | 4 |

**14.6　Xr14－06**　很多大学生暑期都会去工作。一位统计学教授想要研究是否不同学位的学生暑期工作的收入会不同。从文学学士、理学学士和管理学学士中分别抽取 5 名学生，询问他们上个暑假工作的收入，结果（单位：千美元）列示在下面。在 5%的显著性水平下，教授能否认为不同学位的学生暑期的收入不同？

| 文学 | 理学 | 管理学 |
|---|---|---|
| 3.3 | 3.9 | 4.0 |
| 2.5 | 5.1 | 6.2 |
| 4.6 | 3.9 | 6.3 |
| 5.4 | 6.2 | 5.9 |
| 3.9 | 4.8 | 6.4 |

**14.7　Xr14－07**　垃圾邮件是我们为使用邮件进行交流而付出的代价。垃圾邮件对每个人的影响一样吗？在一项研究中，随机抽取了大学教授、管理人员和学生各若干，询问每个人当天收到的垃圾邮件的数目，结果列示在下面。在 2.5%的显著性水平下，我们能否推断出不同身份的人收到的垃圾邮件的数目不同？

| 大学教授 | 管理人员 | 学生 |
|---|---|---|
| 7 | 5 | 12 |
| 4 | 9 | 4 |
| 0 | 12 | 5 |
| 3 | 16 | 18 |
| 18 | 10 | 15 |

**14.8 Xr14－08** 一位管理科学家认为判断计算机是否有足够空间的方法之一是计算机使用的时间。在一项研究中，随机抽取一部分计算机使用者，询问他们使用的计算机的品牌和时间（单位：月）。回答结果列示在下面。这些数据能否提供足够的证据证明不同计算机品牌的使用时间不同？（使用 0.05 作为显著性水平。）

| IBM | 戴尔 | 惠普 | 其他 |
|---|---|---|---|
| 17 | 8 | 6 | 24 |
| 10 | 4 | 15 | 12 |
| 13 | 21 | 8 | 15 |

习题 14.9 至习题 14.22 需要利用计算机和统计软件才能完成，部分答案可由手工计算得出。样本统计量请参阅附录 A。除非特别标出，否则一律采用 5%的显著性水平。

**14.9 Xr14－09** 由于尚未制定全国性或地区性的标准，对某大学录取委员会来说，比较不同高中的毕业生是十分困难的。大学的管理者已经注意到，低标准高中的 80 分的平均分可能相当于另一较高标准高中的 70 分的平均分。为了更准确地进行比较，学校进行了一项初步研究。从四所本地高中去年毕业进入大学的学生中随机抽样。所有参加该研究的学生的平均分都在 70～80 分之间。计算出他们在大学一年级的平均分。

a. 该大学负责录取的官员能否推出四所高中评分标准存在差异的结论？

b. 在问题（a）中，该检验成立的必要条件是什么？

c. 问题（a）中检验的必要条件是否满足？

**14.10 Xr14－10** 美国国内收入署和加拿大税务局的官员们一直在致力于改进纳税申报单的措辞与格式。最近他们新开发出了三种格式的表格。为了判断哪一种（如果有的话）优于目前的表格，官员们召集了 120 位公民参加这一试验。三种新表格和目前使用的表格分别由 30 位不同公民填写。每人填写表格所用的时间（单位：分钟）被记录了下来。

a. 从这些数据中可以得出什么结论？

b. 在问题（a）中，该检验成立的必要条件是什么？

c. 问题（a）中检验的必要条件是否满足？

**14.11 Xr14－11** 熟练性测试的成绩会受学生父母受教育程度的影响吗？（熟练性测试针对的是从公立和私立学校抽取的学生样本，测试得分从 0 到 500 不等。）为回答该问题，从九岁儿童中随机抽取样本。每个孩子的测试成绩和其父母的最高受教育程度被记录了下来。受教育程度分为高中以下、高中毕业、大学、大学毕业。根据已知数据，我们能否推出父母受教育程度不同的孩子的测试成绩存在差异？（资料来源：《美国统计摘要》，2000 年，表 286。）

**14.12　Xr14－12**　一家户外黄铜路灯和邮箱的生产商收到了大量关于产品过早腐蚀的投诉。厂商认为，问题是由采用劣质漆粉刷黄铜导致的。该厂老板打算更换目前的漆产品供应商，目前有五家其他厂家可供选择。为了判断何者最佳，老板分别用这五种漆各粉刷了 25 个黄铜邮箱并将这 125 个邮箱置于户外。他记录了每个邮箱从开始使用到观察到脱漆迹象的天数。

a. 在 1%的显著性水平下，老板是否有足够证据得出这五家漆商的油漆存在差异？

b. 在问题（a）中，该检验成立的必要条件是什么？

c. 问题（a）中检验的必要条件是否满足？

**14.13　Xr14－13**　在 2001 年年初，经济持续萧条，各公司纷纷裁员。一项盖洛普民意测验询问被随机抽取的工人如果失业并且找不到新工作，多长时间后他们将陷入巨大的经济困境。这些工人的收入也被分了类，分类标准为

50 000 美元及以上

30 000～50 000 美元

20 000～30 000 美元

低于 20 000 美元

根据已知数据，我们能否推断出上述四个收入阶层的承受力存在差异？

**14.14　Xr14－14**　在本章的概述中，我们提到方差分析的第一次应用是在 20 世纪 20 年代，该方法最初被用于判断不同的施肥量是否会导致不同的农作物产量。假设一位农业大学的科学家打算利用三种不同类型的肥料重新进行这一试验。他对 20 块面积 1 英亩的试验田使用肥料 A，对另外 20 块面积 1 英亩的试验田使用肥料 B，同样对 20 块面积 1 英亩的试验田使用肥料 C。在收获季节的最后，记录了农作物的产量。该科学家能否推出不同试验田的产量之间存在差异？

**14.15　Xr14－15**　哥伦比亚大学的某教授进行了一项研究［1991 年 8 月份的《商业报告》（*Report on Business*）对该研究做了报道］，统计了三个不同院系的教授在讲座中每分钟发出“uh”或“ah”来填补话语当中间断的次数。数据源于对三个院系的教授 100 分钟的观测结果。如果我们假设使用“uh”或“ah”的次数越多，讲课就越枯燥，我们能否推出某些院系的教授的课比其他院系教授的课更乏味？

**14.16　Xr14－16**　上市公司的成功程度是否会影响董事会成员的薪水？按股票收益率的不同将上市公司分成四种不同级别的公司，同时记录了各公司董事会成员的年收入（单位：千美元）数据。根据这些数据，我们能否推出四种公司的董事会成员收入存在差异？

**14.17　Xr14－17**　1994 年，各大主要烟草公司的首席执行官在参议院专门委员会为自己进行辩护，其中一项针对他们的指控是烟草公司在香烟中添加了尼古丁，从而使吸烟者更易上瘾。烟草公司的科研人员认为香烟中的尼古丁含量完全取决于烟叶的大小。也就是说，在烟草歉收的年份，烟叶的尺寸会小于正常或丰收的年份。但由于烟叶

中的尼古丁含量是一个固定值，因此较小的烟叶会使香烟中的尼古丁含量增加（因为卷制一支香烟需要更多烟叶）。为研究这一问题，某大学的一位化学家从生长在温室的烟草中随机抽取了若干样本，其中温室的水分是可以调节的。烟草被分成三组种植：第一组烟草生长的温室水分相当于该季节的平均降水量；第二组的温室水分仅为第一组的67%；第三组的则为第一组的33%。统计烟叶的大小（单位：克）及尼古丁的含量。

a. 试判断三组烟草叶子的大小是否不同。

b. 试判断三组烟草叶子中的尼古丁含量是否不同。

**14.18　Xr14-18**　目前市场上的谷类早餐品种五花八门。由于相信会有截然不同的市场，每家公司都生产数种不同产品。举个例子，市场可以是主要由儿童组成的，也可以是由关注减肥的成年人组成的，同样还可以是由关心健康的成年人组成的。因此，这些公司生产的食品至少有一个目标市场。不过，客户会自行做出决定，这可能不符合厂商预期的目标。为区分消费者，厂商对年龄在25～65岁之间的成年消费者进行了一次调查。每位受访者分别回答了包括年龄、收入、受教育程度及最常食用的谷类食物的品牌等问题。谷类食品的选择包括：

1. Sugar Smacks，一种儿童食品
2. Special K，一种针对节食者的食品
3. Fiber One，一种针对健康而设计并宣传的健康食品
4. Cheerios，一种可口的健康食品

调查的结果采用以下格式保存：

第一列：谷类食品选择
第二列：受访者的年龄
第三列：受访者的家庭年收入
第四列：受访者的受教育年限

a. 判断这四种食品的消费者的年龄是否存在差异。

b. 判断这四种食品的消费者的收入是否存在差异。

c. 判断这四种食品的消费者的受教育程度是否存在差异。

d. 总结你从问题（a)、问题（b)、问题（c）中获得的结论并准备一份报告，详细说明这四种食品的消费群体之间的差异。

### 在营销中的应用：营销检验

在第13章中，我们阐述了营销检验的概念，它使我们能够判断出营销组合中的某些要素发生变动时，销售量是否会受到影响。我们采用该方法来判断不同的广告战略是否存在差异，也可以利用该方法来了解不同售价造成的影响。

**14.19　Xr14-19**　一家生产新型产品的企业暂时无法确定一款新产品的价格。营销经理认为应将该产品售价定为10美元，但又不能肯定若将价格定为9美元或11美元是否会对销量造成较大的影响。为此营销经理组织了一项定价试验，她将新产品分发到某家连锁百货店的60家分店，这60家分店均位于大致相同的地域。营销经理从中随机

抽取，其中20家以9美元的价格出售新品，20家以10美元的价格出售新品，剩余的20家则以11美元的价格出售新品。他记录了截止到试验期结束时的销量。请问该营销经理能得出什么结论？

**在营销中的应用：市场细分**

在12.4节中我们介绍了市场细分。在第13章中我们介绍了如何利用统计学分析方法来判断两个不同细分市场的客户的购买行为是否存在差异。习题14.20要求你使用方差分析方法来判断几个不同细分市场的客户的购买行为是否存在差异。

**14.20 Xr14-20** 参考习题13.155。将青少年划分为三个更细的年龄段：12～14岁、15～16岁、17～19岁。我们从每个年龄段中抽取随机样本，分别记录下每人去年观看的电影数量。通过分析这些数据，电影工作室的营销经理能否得出这三个年龄段之间存在差异的结论？

**14.21 Xr14-21** 随着大城市变得越来越大，交通堵塞也变得越来越严重。为比较加利福尼亚州、纽约州、得克萨斯州间通勤时间的不同，抽选不同城市的通勤人员组成随机样本。有充足的证据表明三个州间的通勤时间存在差异吗？（资料来源：《美国统计摘要》，2012年，表1100。）

**14.22 Xr14-22** 国际学生评估项目（PISA）针对15岁少年展开测试，这些测试由参与国共同开发，测试内容包括阅读测试、数学测试和科学测试三项。从美国、加拿大和英国随机抽选样本并记录测试结果。对于每一项检验，判断3个国家间是否存在差异。（资料来源：《美国统计摘要》，2012年，表1371。）

**社会综合调查习题**

使用5%的显著性水平完成以下习题。以下4道习题比较民主党支持者、无党派支持者和共和党支持者（PARTYID：0和1=民主党，2，3和4=无党派，5和6=共和党）的差异。

**14.23 GSS2012*** 民主党支持者比无党派支持者和共和党支持者的受教育程度更高的传言是真的吗？建立一个假设检验来判断他们在受教育程度（EDUC）方面是否真的存在差异。

**14.24 GSS2012*** 收入水平影响美国人所选择支持的政党吗？通过统计方法来判断民主党支持者、无党派支持者和共和党支持者的收入（INCOME）是否存在差异。

**14.25 GSS2012*** 参见习题14.24。如果收入存在差异，那么原因是高收入的美国人工作更加努力吗？我们能够根据数据推断三个政党间的工作时间（HRS1）存在差异吗？

**14.26 GSS2012*** 民主党支持者、无党派支持者和共和党支持者，谁看电视（TVHOURS）更多呢？为了回答这一问题，建立假设检验来判断差异是否存在。

习题14.27到习题14.31比较自由派、温和派和保守派（POLVIEWS：1，2和3=自由派，4=温和派，5，6和7=保守派）的差异。

**14.27 GSS2012*** 自由派、温和派和保守派的受教育水平相同吗？建立假设检验来判断三者受教育程度（EDUC）是否存在差异。

**14.28　GSS2012***　我们能够根据数据推断三者在观看电视时间（TVHOURS）上存在差异吗？

**14.29　GSS2012***　保守派比自由派和温和派工作更加努力吗？建立假设检验来判断三者在每周工作时间（HRS1）上是否存在差异。

**14.30　GSS2012***　有充分的证据表明三种政治观点的支持者在拥有孩子数量（CHILDS）上存在差异吗？

**14.31　GSS2012***　年轻的美国人更倾向于自由，而年老的美国人更倾向于保守，这是真的吗？为揭示事实真相，判断是否有充分的统计证据表明自由派、温和派和保守派存在年龄（AGE）差异。

**14.32　GSS2012***　获得学历对提升收入有帮助吗？建立一个假设检验来判断不同学历（DEGREE：0＝低于高中，1＝高中，2＝大专，3＝本科，4＝研究生）的人收入（INCOME）是否存在差异。

**14.33　GSS2012***　电视网络和它们的广告商持续性地测量观众，借以判断观众的喜好和每年观看电视的时间。我们能够根据数据推断不同种族（RACE）的观众观看电视时间（TVHOURS）存在差异吗？

**14.34　GSS2006* GSS2008* GSS2010* GSS2012***　2006 年、2008 年、2010 年和 2012 年美国人的受教育水平保持不变吗？建立一个假设检验来判断这四年间的受教育年限（EDUC）是否存在差异。

**14.35　GSS2006* GSS2008* GSS2010* GSS2012***　2006 年、2008 年、2010 年和 2012 年美国人每周的工作时间（HRS1）发生改变了吗？使用统计方法来分析这个问题。

**14.36　GSS2006* GSS2008* GSS2010* GSS2012***　2006 年、2008 年、2010 年和 2012 年美国人观看电视时间是保持不变，还是发生了改变？建立假设检验来判断这 8 年间每天观看电视时间（TVHOURS）是否发生了改变。

**美国国家选举调查习题**

**14.37　ANES2008***　使用 2008 年美国国家选举调查数据重新回答本章开篇的例题，即通过假设检验来判断 7 个政治观点（LIBCON）下美国人的收入（INCOME）是否存在差异。使用 5％的显著性水平。

**14.38　ANES2008***　民主党支持者、无党派支持者和共和党支持者中，谁具有最高和最低的受教育程度？建立一个假设检验来判断是否有充分的证据表明三个政党（PARTY3）支持者的受教育程度（EDUC）存在差异。

**14.39　ANES2008***　民主党支持者、无党派支持者和共和党支持者中，谁读报纸更多呢？建立假设检验来判断三个政党（PARTY3）支持者每天读报纸时间（DAYS9）是否存在差异。

**14.40　ANES2008***　学位和收入有关系吗？美国国家选举调查询问受教育年限至少为 13 年的调查对象获得的最高学位（DEGREE：0＝没有学位，1＝本科学位，2＝硕士学位，3＝博士学位，4＝LLB，JD，5＝MD，DDS 等，6＝JDC，STD，THD，7＝准学士学位）。有充分的统计证据表明不同学位的人的收入水平（INCOME）存在差异吗？

**14.41　ANES2008***　婚姻状况与受教育水平有关联吗？如果有，我们可以认为受教育程度至少在两个婚姻状况分类中应该存在差异。使用统计方法来判断是否有充分的统计证据表明不同的婚姻状况（MARITAL）类别间受教育程度（EDUC）存在差异。

**14.42 ANES2008*** 一个人在总统选举中的投票倾向有多明确？这种倾向与所属政党有关系吗？为了回答这一问题，建立一个假设检验来判断投票倾向（DEFINITE）在民主党人、无党派和共和党人（PARTY3）间的变化。

## 14.2 多重比较

如果我们从单因素方差分析中得出至少有两组的均值之间存在差异的结论，通常我们就要知道是什么因素引起了这些差异。例如，如果要进行一个试验来确定商品在商店中的不同摆置方式是否会引起不同的平均销售量，那么经理将关心什么摆置方式下的销售量较高，什么摆置方式下的销售量较低。类似地，一个股票经纪人想知道哪种共同基金的走势比其他的好；电视台执行总裁想知道哪些电视广告能够吸引观众的注意力，哪些广告容易被忽略。

但是，有可能我们需要检查的是样本均值，并从样本均值中找出最大值或者最小值来确定哪些总体均值是最大的或者最小的，这就和上面的情况不一样了。为了具体说明，假设在一个有五个组的方差分析中，我们发现，它们之间存在差异。样本均值如下：

$$\bar{x}_1=20, \bar{x}_2=19, \bar{x}_3=25, \bar{x}_4=22, \bar{x}_5=17$$

统计人员想知道以下结论中哪些是正确的：

1. $\mu_3$ 比其余任何一个均值都大；
2. $\mu_3$ 和 $\mu_4$ 比其余均值大；
3. $\mu_5$ 是均值中最小的一个；
4. $\mu_5$ 和 $\mu_2$ 比其余均值小；
5. $\mu_3$ 比其他均值都小，$\mu_5$ 比其他均值都大。

从我们获得的信息来看，要确定哪个结论是正确的是不可能的（如果有正确结论的话）。为此我们需要一种统计方法来帮助判断。这种统计方法就是**多重比较**（multiple comparisons）。

**例 14.2 比较维修缓冲器的费用**

数据：Xm14-02

由于来自国外的竞争，北美的汽车生产商对汽车的质量越来越关注。反映质量的一个方面就是由于事故而造成的维修费用。一个生产商正在考虑几种缓冲器。为了检验它们对低速碰撞的反应能力，他分别将四种缓冲器共 40 个装在中型汽车上，这些汽车以 5 英里/小时的车速撞击墙壁。他估计出了每一辆汽车的维修费用。相关数据列在下面。

a. 在 5%的显著性水平下，是不是有足够的证据可以推断缓冲器对低速碰撞的反应是不同的？

b. 如果存在差异，哪些缓冲器之间存在差异？

| 缓冲器 1 | 缓冲器 2 | 缓冲器 3 | 缓冲器 4 |
|---|---|---|---|
| 610 | 404 | 599 | 272 |
| 354 | 663 | 426 | 405 |
| 234 | 521 | 429 | 197 |
| 399 | 518 | 621 | 363 |
| 278 | 499 | 426 | 297 |
| 358 | 374 | 414 | 538 |
| 379 | 562 | 332 | 181 |
| 548 | 505 | 460 | 318 |
| 196 | 375 | 494 | 412 |
| 444 | 438 | 637 | 499 |

**解**

**识 别**

问题的目标是比较四个总体，数据为定距数据，样本之间是独立的。正确的统计方法是单因素方差分析，下面是 Excel 和 Minitab 的输出结果。

**计 算**

**Excel**

| | A | B | C | D | E | F | G |
|---|---|---|---|---|---|---|---|
| 1 | 方差分析：单因素方差分析 | | | | | | |
| 2 | | | | | | | |
| 3 | SUMMARY | | | | | | |
| 4 | 组 | 观测数 | 求和 | 平均 | 方差 | | |
| 5 | Bumper 1 | 10 | 3 800 | 380.0 | 16 924 | | |
| 6 | Bumper 2 | 10 | 4 859 | 485.9 | 8 197 | | |
| 7 | Bumper 3 | 10 | 4 838 | 483.8 | 10 426 | | |
| 8 | Bumper 4 | 10 | 3 482 | 348.2 | 14 049 | | |
| 9 | | | | | | | |
| 10 | | | | | | | |
| 11 | 方差分析 | | | | | | |
| 12 | 差异源 | SS | df | MS | F | P-value | F crit |
| 13 | 组间 | 150 884 | 3 | 50 295 | 4.06 | 0.013 9 | 2.866 3 |
| 14 | 组内 | 446 368 | 36 | 12 399 | | | |
| 15 | | | | | | | |
| 16 | 总计 | 597 252 | 39 | | | | |

**Minitab**

```
One-way ANOVA: Bumper 1, Bumper 2, Bumper 3, Bumper 4

Source   DF       SS        MS        F       P
Factor    3   150 884   50 295    4.06   0.014
Error    36   446 368   12 399
Total    39   597 252
S=111.4   R-Sq=25.26%   R-Sq(adj)=19.03%

                                   Individual 95% CIs For Mean Based on Pooled StDev
Level      N    Mean    StDev   -----+---------+---------+---------+-----
Bumper 1   10   380.0   130.1       (------*------)
Bumper 2   10   485.9    90.5                  (--------*--------)
Bumper 3   10   483.8   102.1                (--------*--------)
Bumper 4   10   348.2   118.5   (------*------)
                                -----+---------+-----+-----+-----
                                    320       400   480   560
```

**解　　释**

检验统计量为 $F=4.06$，$p$ 值为 0.013 9。有足够的证据推断出不同品牌缓冲器的维修费用是不同的。问题是，到底是哪些品牌之间存在差异？

这个问题有几种统计推断过程，我们将介绍可以判断哪些总体均值不等的三种方法。这三种方法都仅采用单因素试验。

## □ 14-2a　费希尔的最小显著差异法

**最小显著差异**（least significant difference，LSD）法在 14.1 节中已经简单地介绍过了。为了判断哪些总体均值之间存在差异，我们可以将所有总体均值中的任意两个组成一对，然后对每一对进行 $t$ 检验来确定哪些差异是最显著的。在第 13 章中，我们介绍了等方差的两总体均值之间差异的 $t$ 检验，其中检验统计量和置信区间分别为

$$t=\frac{(\bar{x}_1-\bar{x}_2)-(\mu_1-\mu_2)}{\sqrt{s_p^2\left(\frac{1}{n_1}+\frac{1}{n_2}\right)}}$$

$$(\bar{x}_1-\bar{x}_2)\pm t_{\alpha/2}\sqrt{s_p^2\left(\frac{1}{n_1}+\frac{1}{n_2}\right)}$$

式中自由度为 $v=n_1+n_2-2$。

回忆一下，$s_p^2$ 是联合方差估计，它是两个总体方差的无偏估计量。（必要条件是总体方差是相等的。）在这一节中，我们将把这个检验统计量和区间估计做一下改动。

在本章的前面部分，我们指出 MSE 是总体一般方差的无偏估计量。由于 MSE 由 $k$ 个样本中的所有观测值决定，故它是一个比 $s_p^2$（$s_p^2$ 仅仅由两个样本决定）更好的估计量。因此，我们可以将上面的检验统计量和区间估计中的 $s_p^2$ 用 MSE 代替，从而对每一

组均值进行推断，自由度相应地要变为 $v=n-k$（其中 $n$ 为总的样本容量）。这样，判断 $\mu_i$ 和 $\mu_j$ 是否不同的检验统计量变为

$$t=\frac{(\bar{x}_i-\bar{x}_j)-(\mu_i-\mu_j)}{\sqrt{\mathrm{MSE}\left(\frac{1}{n_i}+\frac{1}{n_j}\right)}}$$

置信区间估计为

$$(\bar{x}_i-\bar{x}_j)\pm t_{\alpha/2}\sqrt{\mathrm{MSE}\left(\frac{1}{n_i}+\frac{1}{n_j}\right)}$$

式中，自由度为 $v=n-k$。

我们将最小显著差异（LSD）定义为

$$\mathrm{LSD}=t_{\alpha/2}\sqrt{\mathrm{MSE}\left(\frac{1}{n_i}+\frac{1}{n_j}\right)}$$

判断每对总体均值之间是否存在差异的一种简单方法是比较两个样本均值差的绝对值与 LSD 的大小。如果

$$|\bar{x}_i-\bar{x}_j|>\mathrm{LSD}$$

我们就认为 $\mu_i$ 和 $\mu_j$ 是不相等的。

如果所有 $k$ 个样本的容量都相等，那么 LSD 对于每一对均值来说是一样的；如果某些样本容量与其他的不同，则必须计算每一组的 LSD 值。

在 14.1 节中，我们曾指出这种方法将增加犯第一类错误的概率，所以认为它是有缺陷的。也就是说，比起方差分析，这种方法更可能使我们在各总体均值没有任何差异的情况下得出某些总体均值之间存在差异的结论。前文中，我们曾计算出，当所有总体均值相等且 $k=6$ 时，在 5%的显著性水平下错误地推断出至少有两个均值之间存在差异的概率约为 54%。这里，5%的显著性水平被称为比较方式的第一类错误率。至少犯一个第一类错误的实际概率被称为试验方式的第一类错误率，记作 $\alpha_E$，它可以这样来计算：

$$\alpha_E=1-(1-\alpha)^C$$

式中 $C$ 是进行成对比较的次数，即 $C=k(k-1)/2$。数学家们已经证明了

$$\alpha_E\leqslant C\alpha$$

这意味着，如果我们想要使犯第一类错误的概率小于 $\alpha_E$，我们只需要简单地取 $\alpha=\alpha_E/C$ 即可。我们将相应的推导过程称为**庞费洛尼调整**（Bonferroni adjustment）。

### □ 14-2b LSD 法的庞费洛尼调整

该调整算法是将确定的试验方式的第一类错误率除以总体均值组成的组合对的数量。例如，如果 $k=6$，那么

$$C=\frac{k(k-1)}{2}=\frac{6(5)}{2}=15$$

如果我们希望犯第一类错误的概率不大于 5%，我们就将这个概率除以 $C$，即得到

$$\alpha=\frac{\alpha_E}{C}=\frac{0.05}{15}=0.003\ 3$$

为了说明费希尔的 LSD 法及庞费洛尼调整，我们来看一下例 14.2，样本均值为

$$\bar{x}_1=380.0$$

$$\bar{x}_2=485.9$$

$$\bar{x}_3=483.8$$

$$\bar{x}_4=348.2$$

每对差的绝对值为

$$|\bar{x}_1-\bar{x}_2|=|380.0-485.9|=|-105.9|=105.9$$

$$|\bar{x}_1-\bar{x}_3|=|380.0-483.8|=|-103.8|=103.8$$

$$|\bar{x}_1-\bar{x}_4|=|380.0-348.2|=|31.8|=31.8$$

$$|\bar{x}_2-\bar{x}_3|=|485.9-483.8|=|2.1|=2.1$$

$$|\bar{x}_2-\bar{x}_4|=|485.9-348.2|=|137.7|=137.7$$

$$|\bar{x}_3-\bar{x}_4|=|483.8-348.2|=|135.6|=135.6$$

根据计算机输出结果，MSE＝12 399，$v=n-k=40-4=36$。如果我们使用 $\alpha=0.05$ 来计算，则 $t_{\alpha/2,n-k}=t_{0.025,36}\approx t_{0.025,35}=2.030$。因此

$$t_{\alpha/2}\sqrt{\text{MSE}\left(\frac{1}{n_i}+\frac{1}{n_j}\right)}=2.030\sqrt{12\ 399\left(\frac{1}{10}+\frac{1}{10}\right)}=101.09$$

我们可以看到，有四组样本均值的差异超过 101.09，即 $|\bar{x}_1-\bar{x}_2|=105.9$，$|\bar{x}_1-\bar{x}_3|=103.8$，$|\bar{x}_2-\bar{x}_4|=137.7$ 和 $|\bar{x}_3-\bar{x}_4|=135.6$。因此，$\mu_1$ 和 $\mu_2$ 之间、$\mu_1$ 和 $\mu_3$ 之间、$\mu_2$ 和 $\mu_4$ 之间、$\mu_3$ 和 $\mu_4$ 之间存在差异。另外两组 $\mu_1$ 和 $\mu_4$ 之间、$\mu_2$ 和 $\mu_3$ 之间不存在差异。

如果我们使用庞费洛尼调整来计算 LSD 的值，那么成对比较的数量为 6[$C=k(k-1)/2=4\times3/2$]。我们取 $\alpha=0.05/6=0.008\ 3$。于是 $t_{\alpha/2,36}=t_{0.004\ 2,36}2.794$（可以用 Excel 计算得到，但很难用手工计算近似得到），并且

$$\text{LSD}=t_{\alpha/2}\sqrt{\text{MSE}\left(\frac{1}{n_i}+\frac{1}{n_j}\right)}=2.794\sqrt{12\ 399\left(\frac{1}{10}+\frac{1}{10}\right)}=139.13$$

此时因为所有样本均值之差的绝对值都小于 139.19，所以每对均值之间都不存在差异。

LSD 方法的缺点在于，它增加了至少犯一次第一类错误的概率。使用庞费洛尼调整可以纠正这个问题。然而，回忆一下，我们曾指出犯第一类错误和犯第二类错误的概率是此消彼长的。庞费洛尼调整中使用了较小的 $\alpha$ 值，这就会增加犯第二类错误的概率。当总体均值之间存在差异，但是我们却没有发现的时候，我们就犯了第二类错误。接下来的图基多重比较方法将解决这个问题。

### □ 14-2c 图基多重比较法

**图基多重比较法**（Tukey's multiple comparison method）是一个更有效的方法。这种方法首先确定一个临界值，记为 $\omega$，如果某一对样本均值的差异值比临界值大，我们就可以推出该对样本均值对应的总体均值之间存在差异。

该检验是建立在学生 $t$ 分布的基础上的，其定义如下：

$$q=\frac{\bar{x}_{\max}-\bar{x}_{\min}}{s/\sqrt{n}}$$

式中 $\bar{x}_{\max}$ 和 $\bar{x}_{\min}$ 分别指样本均值的最大值和最小值，这里假设总体均值之间没有差异。我们将 $\omega$ 定义如下。

**临界值**

$$\omega=q_{\alpha}(k,v)\sqrt{\frac{\text{MSE}}{n_g}}$$

式中

$k$＝组数

$n$＝观测值的个数（$n=n_1+n_2+\cdots+n_k$）

$v$＝MSE 的自由度（$v=n-k$）

$n_g$＝$k$ 个样本中每个样本的观测值的个数

$\alpha$＝显著性水平

$q_{\alpha}(k,v)$＝学生 $t$ 分布的范围的临界值

从理论上讲，这个计算过程要求所有的样本容量是相等的。然而，如果样本容量大小不相等，那么只要样本容量大小相近，我们仍然可以使用这种方法。$n_g$ 的值是样本容量的调和平均值，即

$$n_g=\frac{k}{\frac{1}{n_1}+\frac{1}{n_2}+\cdots+\frac{1}{n_k}}$$

附录 B 中的表 7 提供了 $\alpha=0.01$，$0.05$ 时，与不同的 $k$ 和 $v$ 值相对应的 $q_{\alpha}(k,v)$ 的值。使用图基多重比较法解答例 14.2，我们发现

$k=4$

$n_1=n_2=n_3=n_4=n_g=10$

$v=n-k=40-4=36$

$\text{MSE}=12\,399$

$q_{0.05}(4,37)\approx q_{0.05}(4,40)=3.79$

因此

$$\omega=q_{\alpha(k,v)}\sqrt{\frac{\text{MSE}}{n_g}}=3.79\sqrt{\frac{12\,399}{10}}=133.45$$

有两个绝对值大于133.45。因此，我们得出$\mu_2$和$\mu_4$以及$\mu_3$和$\mu_4$不同，其他四对不存在差异。

**Excel**

| | A | B | C | D | E |
|---|---|---|---|---|---|
| 1 | **Multiple Comparisons** | | | | |
| 2 | | | | | |
| 3 | | | | LSD | Omega |
| 4 | Treatment | Treatment | Difference | Alpha=0.05 | Alpha=0.05 |
| 5 | Bumper 1 | Bumper 2 | −105.9 | 100.99 | 133.45 |
| 6 | | Bumper 3 | −103.8 | 100.99 | 133.45 |
| 7 | | Bumper 4 | 31.8 | 100.99 | 133.45 |
| 8 | Bumper 2 | Bumper 3 | 2.1 | 100.99 | 133.45 |
| 9 | | Bumper 4 | 137.7 | 100.99 | 133.45 |
| 10 | Bumper 3 | Bumper 4 | 135.6 | 100.99 | 133.45 |

图基多重比较法的临界值及经过庞费洛尼调整后的费希尔的LSD的值如下（$\alpha=0.05/6=0.0083$）。

| | A | B | C | D | E |
|---|---|---|---|---|---|
| 1 | **Multiple Comparisons** | | | | |
| 2 | | | | | |
| 3 | | | | LSD | Omega |
| 4 | Treatment | Treatment | Difference | Alpha=0.008 3 | Alpha=0.05 |
| 5 | Bumper 1 | Bumper 2 | −105.9 | 139.11 | 133.45 |
| 6 | | Bumper 3 | −103.8 | 139.11 | 133.45 |
| 7 | | Bumper 4 | 31.8 | 139.11 | 133.45 |
| 8 | Bumper 2 | Bumper 3 | 2.1 | 139.11 | 133.45 |
| 9 | | Bumper 4 | 137.7 | 139.11 | 133.45 |
| 10 | Bumper 3 | Bumper 4 | 135.6 | 139.11 | 133.45 |

输出的结果包括费希尔的LSD的值、$\omega$（图基方法）以及每一个总体组合的样本均值的差异。（庞费洛尼调整是通过确定另外一个$\alpha$值得到的。）

**计算机命令**

1. 在相邻的两列中键入或者导入数据（打开文件Xm14-02）。

2. 点击“Add-Ins”（加载项）—“Data Analysis Plus”（数据分析加载项）—“Multiple Comparisons”（多重比较）。

3. 确定“Input Range”（输入范围）（A1：D11），输出$\alpha$的值。把$\alpha$除以$C=k(k-1)/2$得到庞费洛尼调整。Excel仅能计算$\alpha=0.05$时的图基值。

**Minitab**

```
Tukey 95% Simultaneous Confidence Intervals
All Pairwise Comparisons

Individual confidence level=98.38%

Bumper 1 subtracted from:
            Lower   Center   Upper  --------+---------+---------+---------+--
Bumper 2    -28.3   105.9    240.1                (--------*--------)
Bumper 3    -30.4   103.8    238.0                (--------*--------)
Bumper 4   -166.0   -31.8    102.4        (------*------)
                                    --------+---------+---------+---------+--
                                         -150         0       150       300
Bumper 2 subtracted from:
            Lower   Center   Upper  --------+---------+---------+---------+--
Bumper 3   -136.3     -2.1   132.1             (--------*--------)
Bumper 4   -271.9   -137.7    -3.5   (--------*--------)
                                    --------+---------+---------+---------+--
                                         -150         0       150       300
Bumper 3 subtracted from:
            Lower   Center   Upper  --------+---------+---------+---------+--
Bumper 4   -269.8   -135.6    -4.4   (--------*--------)
                                    --------+---------+---------+---------+--
                                         -150         0       150       300
Fisher 99.17% Individual Confidence Intervals
All Pairwise Comparisons

Simultaneous confidence level=96.04%

Bumper 1 subtracted from:
            Lower   Center   Upper  --------+---------+---------+---------+--
Bumper 2    -33.2   105.9    245.0                 (--------*--------)
Bumper 3    -35.3   103.8    242.9                 (--------*--------)
Bumper 4   -170.9   -31.8    107.3         (--------*--------)
                                    --------+---------+---------+---------+--
                                         -150         0       150       300
Bumper 2 subtracted from:
            Lower   Center   Upper  --------+---------+---------+---------+--
Bumper 3   -141.2     -2.1   137.0         (------*------)
Bumper 4   -276.8   -137.7     1.4   (--------*--------)
                                    --------+---------+---------+---------+--
                                         -150         0       150       300
Bumper 3 subtracted from:
            Lower   Center   Upper  --------+---------+---------+---------+--
Bumper 4   -274.4   -135.6     3.5   (--------*--------)
                                    --------+---------+---------+---------+--
                                         -150         0       150       300
```

Minitab 通过给出样本均值之差的区间估计的形式给出了图基多重比较的结果。区间估计的计算过程是：用样本均值之差减去 $\omega$ 作为区间下限，用样本均值之差加上 $\omega$ 作为区间上限。计算结果列示在下表中。

图基法

| 总体均值比较 | 差异 | 下限 | 上限 |
|---|---|---|---|
| Bumper 2—Bumper 1 | 105.9 | −28.3 | 240.1 |
| Bumper 3—Bumper 1 | 103.8 | −30.4 | 238.0 |
| Bumper 4—Bumper 1 | −31.8 | −166.0 | 102.4 |
| Bumper 3—Bumper 2 | −2.1 | −136.3 | 132.1 |
| Bumper 4—Bumper 2 | −137.7 | −271.9 | −3.5 |
| Bumper 4—Bumper 3 | −135.6 | −269.8 | −1.4 |

用 LSD 替代 $\omega$，则可得到费希尔方法的计算结果。

费希尔法

| 总体均值比较 | 差异 | 下限 | 上限 |
|---|---|---|---|
| Bumper 2—Bumper 1 | 105.9 | −33.2 | 245.0 |
| Bumper 3—Bumper 1 | 103.8 | −35.3 | 242.9 |
| Bumper 4—Bumper 1 | −31.8 | −170.9 | 107.3 |
| Bumper 3—Bumper 2 | −2.1 | −141.2 | 137.0 |
| Bumper 4—Bumper 2 | −137.7 | −276.8 | 1.4 |
| Bumper 4—Bumper 3 | −135.6 | −274.4 | 3.5 |

我们按照如下方式来解释检验结果：如果估计区间包括 0，我们就没有足够的证据推断均值之间存在差异；如果估计区间不包括 0，我们就能得出结论，认为均值之间存在差异。

**计算机命令**

1. 键入或者导入数据（数据可以是累积数据，也可以是非累积数据）（打开 Xm14-02）。

2. 单击“Stat”（统计）—“ANOVA”（方差分析）—“Oneway（Unstacked）…”［单因子（非堆叠存放…）］。

3. 在“Responses（in separate columns）”［响应（在单独列中）］框中输入或者选择变量（Bumper 1，Bumper 2，Bumper 3 和 Bumper 4）。

4. 单击“Comparisons…”（比较…），选择图基法并指定 $\alpha$ 值。选择费希尔法并指定 $\alpha$ 值。用 $\alpha$ 除以 $C=k(k-1)/2$ 得到庞费洛尼值。

**解　释**

使用 LSD 法的庞费洛尼调整，我们可以发现四种缓冲器之间不存在差异。而图基法则告诉我们缓冲器 4 与缓冲器 2 和缓冲器 3 之间都存在差异。根据这个样本，缓冲器 4 的维修费用最低。因为我们没有足够的证据推断缓冲器 1 和缓冲器 4 之间存在差异，所以如果缓冲器 1 较缓冲器 4 存在其他优势，我们就选择使用缓冲器 1。

### □ 14-2d　采用哪一种多重比较方法

遗憾的是，没有哪种方法对所有类型的问题都是最合适的，但大多数统计学家认同如下看法：

> 在进行方差分析前，如果只想比较其中的两对或三对组合，就采用庞费洛尼调整法。也就是说，如果问题中有 10 个总体，但是你只对其中的几对总体，比如说总体 3 和总体 7、总体 5 和总体 9 感兴趣，就使用 $C=2$ 的庞费洛尼调整法。
>
> 如果想要比较所有可能的组合，就使用图基法。
>
> 那么何时采用费希尔的 LSD 法呢？如果分析的目的是指出需要进一步研究的地方，那么费希尔的 LSD 法可以帮助你找出哪些方面是需要进一步研究的。

顺便说一下，采用费希尔的 LSD 法或庞费洛尼调整法前必须进行方差分析，而图基法可以代替方差分析。

## 习　题



**理解统计概念**

**14.43**　a. 使用费希尔的 LSD 法确定下述问题中哪些总体均值之间存在差异。令 $\alpha=0.05$。

$k=3$　　$n_1=10$　　$n_2=10$　　$n_3=10$

$\text{MSE}=700$　　$\bar{x}_1=128.7$　　$\bar{x}_2=101.4$　　$\bar{x}_3=133.7$

b. 用庞费洛尼调整法重新解答问题（a）。

c. 使用图基多重比较法重新解答问题（a）。

**14.44**　a. 使用 $\alpha=0.05$ 的费希尔的 LSD 法确定哪些总体均值存在差异。已知如下统计量：

$k=5$　　$n_1=5$　　$n_2=5$　　$n_3=5$　　$n_4=5$　　$n_5=5$

$\text{MSE}=125$　　$\bar{x}_1=227$　　$\bar{x}_2=205$　　$\bar{x}_3=219$　　$\bar{x}_4=248$　　$\bar{x}_5=202$

b. 使用庞费洛尼调整法重新解答问题（a）。

c. 使用图基多重比较法重新解答问题（a）。

**应用**

除非特别说明，皆以 5%作为显著性水平。

**14.45**　使用图基法判断习题 14.5 中的哪些品牌之间存在差异。

**14.46** 见习题 14.6。

a. 使用费希尔的 LSD 法判断哪些学位之间存在差异（$\alpha=0.10$）。

b. 使用庞费洛尼调整法重新解答问题（a）。

以下习题需要使用计算机和软件，也可以手工计算。样本统计量请参阅附录 A。

**14.47 Xr14-09** a. 使用费希尔的 LSD 法用庞费洛尼调整确定习题 14.9 中哪些学校有差异。

b. 使用图基多重比较法重新解答问题（a）。

**14.48 Xr14-10** a. 使用图基多重比较法确定习题 14.10 中哪些表格存在差异。

b. 使用庞费洛尼调整法重新解答问题（a）。

**14.49 Xr14-49** 警车、救护车以及其他紧急状况下使用的交通工具需要装上照明灯。这种照明灯最重要的特点之一就是它们的照明时间。为了帮助确定选用市场上四种品牌的照明灯中的哪一种，警方的一名试验技术员对随机抽取的四种品牌各 10 盏照明灯进行了测量，记录了 40 盏灯的照明时间（单位：分钟）。

a. 我们能否认为四种品牌的照明灯之间存在差异？

b. 使用费希尔的 LSD 法，用庞费洛尼调整确定哪种照明灯比较好。

c. 使用图基多重比较法重新解答问题（b）。

**14.50 Xr14-12** 参考习题 14.12。

a. 使用费希尔的 LSD 法，确定习题 14.12 中哪些油漆存在差异。

b. 使用图基多重比较法重新解答问题（a）。

**14.51 Xr14-51** 一个即将毕业的工科学生决定对若干个位于硅谷的公司进行一项调查，确定哪些公司最有可能提供尽快升职的机会，哪些公司的就业前景最好。他调查了 30 家小型公司（根据公司总收益判断公司的规模）、30 家中等规模的公司和 30 家大型公司来确定一个普通工程师得到提升所需要的时间。

a. 该学生能否得出在三种不同规模的公司中员工升职的快慢是不同的？

b. 如果升职速度的确存在差异，那么如下论断哪一个是正确的？使用图基法。

ⅰ. 小型公司与其他两种公司之间有差异。

ⅱ. 中等规模的公司与其他两种公司之间有差异。

ⅲ. 大型公司与其他两种公司之间有差异。

ⅳ. 三种公司之间都存在差异。

ⅴ. 小型公司与大型公司之间有差异。

**14.52 Xr14-14** a. 使用图基多重比较法判断习题 14.14 中哪些化肥之间存在差异。

b. 使用庞费洛尼调整法重新解答问题（a）。

**社会综合调查习题**

习题 14.53 至习题 14.56 比较民主党、无党派和共和党（PARTYID：0 和 1＝民主党，2，3 和 4＝无党派，5 和 6＝共和党）的差异。所有习题均使用 5%的显著性水平。

**14.53 GSS2012*** 参考习题 14.23。使用图基多重比较法来判断每两个政党在受教育程度（EDUC）上是否存在差异。

**14.54 GSS2012*** 参考习题 14.24。假定你想知道民主党和无党派之间、共和党和无党派之间的收入水平（INCOME）在统计上是否有显著差异。使用合适的统计方法解决问题。

**14.55 GSS2012*** 参考习题 14.25。使用庞费洛尼调整法来判断每两个政党在每周工作时间（HRS1）上是否存在差异。

**14.56 GSS2012*** 参考习题 14.26。使用图基多重比较法来检验每两个政党在观看电视时间（TVHOURS）上的差异。

以下 5 道习题比较自由派、温和派和保守派（POLVIEWS：1，2 和 3＝自由派，4＝温和派，5，6 和 7＝保守派）的差异。

**14.57 GSS2012*** 参考习题 14.27。使用图基多重比较法来判断在受教育程度（EDUC）上哪两类政治观点存在差异。

**14.58 GSS2012*** 参考习题 14.28。假定你希望判断温和派和保守派在观看电视时间（TVHOURS）上是否有差异。你会选择哪种多重比较方法？请进行假设检验。

**14.59 GSS2012*** 参考习题 14.29。如果你希望判断温和派和保守派在每周工作时间（HRS1）上是否存在差异，你会选择哪种多重比较方法？$\alpha$ 值你会选择多少？请进行假设检验。

**14.60 GSS2012*** 参考习题 14.30。使用庞费洛尼调整法来判断三种政治观点两两之间在拥有孩子数量（CHILDS）上是否存在差异。

**14.61 GSS2012*** 参考习题 14.31。使用图基多重比较法来检验三种政治观点两两之间的年龄（AGE）差异。

**14.62 GSS2012*** 参考习题 14.32。使用图基多重比较法来检验两两学位种类（DEGREE）之间的收入（INCOME）差异。

**14.63 GSS2012*** 参考习题 14.33。使用图基多重比较法来检验以下哪对种族之间在观看电视时间（TVHOURS）上存在差异：白人和黑人，白人和其他，黑人和其他。

**14.64 GSS2006* GSS2008* GSS2010* GSS2012*** 参考习题 14.34。使用一种合适的统计方法来判断不同年份间受教育程度（EDUC）的差异。

**美国国家选举调查习题**

Excel 使用者请注意，空单元格代表数据缺失，需要删除。

**14.65 ANES2008*** 参考习题 14.37。使用图基多重比较法来判断自由到保守的分类（LIBCON）中哪两类在收入（INCOME）上存在差异。

**14.66 ANES2008*** 参考习题 14.38。使用一种多重比较方法来判断三个政党（PARTY3）中哪一个与其他两个在受教育程度（EDUC）上存在差异。

**14.67 ANES2008*** 参考习题 14.41。使用图基多重比较法来判断哪一类婚姻状况（MARITAL）在受教育程度（EDUC）上与其他类别存在差异。

**14.68 ANES2008*** 参考习题 14.42。使用一种合适的多重比较方法来判断三个政党（PARTY3）中哪一个与其他两个在投票倾向（DEFINITE）上存在差异。

## 14.3 方差分析试验设计

自 13.3 节中介绍过配对试验后，试验设计已经成为我们确定采用什么统计方法时需要考虑的因素之一。统计人员常常会设计一些试验，由此来获得他们需要的有助于决策的信息。14.1 节中介绍的单因素方差分析只是众多的方差分析试验设计中的一种。对每一种类型的试验，我们都能够根据数据表达式或模型来描述因变量的状态。尽管在本章中我们不介绍数学表达式（数学模型将在第 16 章学习），但这些表达式有助于我们注意那些可以帮助我们区分不同的试验设计或模型的要素。在这一节里，我们将介绍其中的部分要素，为此还将引入两种将在本章后面详细说明的试验设计。

### □ 14-3a 单因素和多因素试验设计

如 14.1 节中我们所指出的，我们将识别总体的准则称为因素。14.1 节所介绍的试验属于单因素方差分析，因为其问题的实质是基于单个因素比较两个或多个总体。**多因素试验**（multifactor experiment）由两个或多个因素来区别总体。例 14.1 中的试验是一个单因素设计，因为用于区分总体的准则只有一个，即户主的年龄。也就是说，因素为年龄，四个年龄段为该因素的水平。

假设在另一项研究中，我们可以知道户主的性别。这样我们就可以建立双因素方差分析模型了。其中第一个因素是年龄，有四个水平；第二个因素为性别，有两个水平。我们将会在 14.5 节中讨论双因素试验。

### □ 14-3b 独立样本和组

我们曾在 13.3 节介绍了从配对试验中收集数据时所采用的统计方法。这种试验设计降低了样本内差异，从而更容易检测两个样本间的差异。当问题的目标是比较两个以上的样本时，我们采用的试验设计与配对试验相仿，称为**随机化区组设计**（randomized block design）。这里的组（block）指的是来自每个总体的观测值匹配组。假设例 13.4 和例 13.5 想要比较不同专业的人的薪资水平。我们通过随机化区组试验来重新解答例 13.5，其中组是 25 个 GPA 组，区分总体的准则是 4 个 MBA 专业。

该实验设计能够降低组内差异，因而更容易观察到差别。

我们同样能够进行一个所有分类都针对同一个主体（人、工厂、商店）的分组试验。例如，我们可以给同一组人服用三个不同品牌的安眠药来判断安眠药是否有效。我们称这种试验为**重复测量设计**（repeated measures designs）。从方法上说，这是一种不同于随机化区组的设计；然而，两种设计采用的数据分析方法是相同的。因此，我们将重复测量设计视为随机化区组设计。

随机化区组试验又被称为**双因素方差分析**（two-way analysis of variance）。在 14.4 节中，我们将介绍如何计算该类试验中的检验统计量。

### □ 14-3c 固定效应和随机效应

如果我们的分析包括一种因素全部可能的水平，则该方法被称为**固定效应方差分析**（fixed-effects analysis of variance）；如果研究中包含的水平仅为所有水平的一个随机样本，则这种方法被称为**随机效应方差分析**（random-effects analysis of variance）。例 14.2 中只有四种可能的缓冲器，因此这是一个固定效应试验。然而，如果除了我们给出的四种缓冲器之外还存在其他选择，我们就需要涉及随机效应试验了。下面是另一个例子。

为了判断一家大型工厂中的机器制造的产品数量是否存在差异，我们从该工厂的 50 台机器中随机抽出 4 台进行研究。我们记录下 10 天中每台机器每天生产的产品数量。该试验属于随机效应试验，因为我们从总体中抽取了一个包含 4 台机器的随机样本，并且统计结果能帮助我们判断出 50 台机器的产量是否存在差异。

在某些试验设计中，固定效应方差分析和随机效应方差分析的检验统计量的计算完全相同。然而，在一些试验（包括 14.5 节中将要介绍的双因素试验）中，检验统计量的计算则截然不同。

## 14.4 随机化区组（双因素）方差分析

设计随机化区组试验的目的是降低组内差异，从而可以更容易地发现组间差异。在单因素方差分析中，我们将总的差异划分成组间差异和组内差异，即

$$SS(总)=SST+SSE$$

在随机化区组方差分析设计中，我们将总的差异划分成三部分：

$$SS(总)=SST+SSB+SSE$$

式中 **SSB 是组平方和**（sum of squares for blocks），它衡量的是组间差异。当组间差异被消除的时候，SSE 就降低了，这使我们更容易确定组间均值是否存在差异。

此外，在介绍统计推断时，我们可以从以往的处理过程中得出解决问题的三种方法：手工计算、使用 Excel 以及使用 Minitab。本试验设计以及下一节中将要介绍的试验所涉及的计算需要花费大量时间，使用手工计算是毫无意义的。于是，尽管我们还是会通过讨论计算统计量的方法来介绍它们的概念，但我们只使用计算机来解答这些问题。

为帮助读者理解公式，我们假定：

$\bar{x}[T]_j$＝第 $j$ 类观测值的均值（$j=1，2，\cdots，k$）

$\bar{x}[B]_i$＝第 $i$ 组观测值的均值（$i=1，2，\cdots，b$）

$b$＝组的数量

表 14—4 总结了我们在试验设计中使用的符号。

**表 14—4** **试验设计中使用的符号**

| 组 | 类 | | | | 组均值 |
|---|---|---|---|---|---|
| | 1 | 2 | | $k$ | |
| 1 | $x_{11}$ | $x_{12}$ | $\cdots$ | $x_{1k}$ | $\bar{x}[B]_1$ |
| 2 | $x_{21}$ | $x_{22}$ | $\cdots$ | $x_{2k}$ | $\bar{x}[B]_2$ |
| | $\vdots$ | $\vdots$ | | $\vdots$ | $\vdots$ |
| $b$ | $x_{b1}$ | $x_{b2}$ | $\cdots$ | $x_{bk}$ | $\bar{x}[B]_b$ |
| 类均值 | $\bar{x}[T]_1$ | $\bar{x}[T]_2$ | $\cdots$ | $\bar{x}[T]_k$ | |

随机化区组设计中的 SS（总）和 SST 的定义与独立样本设计中的相同。独立样本设计中的 SSE 等于随机化区组设计中的 SSB 与 SSE 的和。

**随机化区组试验中的平方和**

$$\text{SS（总）}=\sum_{j=1}^{k}\sum_{i=1}^{b}(x_{ij}-\overline{\overline{x}})^2$$

$$\text{SST}=\sum_{j=1}^{k}b(\overline{x}[T]_j-\overline{\overline{x}})^2$$

$$\text{SSB}=\sum_{i=1}^{b}k(\overline{x}[B]_i-\overline{\overline{x}})^2$$

$$\text{SSE}=\sum_{j=1}^{k}\sum_{i=1}^{b}(x_{ij}-\overline{x}[T]_j-\overline{x}[B]_i+\overline{\overline{x}})^2$$

检验是通过确定均方进行的，而均方由平方和除以它们各自的自由度而得到。

**随机化区组试验中的均方**

$$\text{MST}=\frac{\text{SST}}{k-1}$$

$$\text{MSB}=\frac{\text{SSB}}{b-1}$$

$$\text{MSE}=\frac{\text{SSE}}{n-k-b+1}$$

最后，如下所示，检验统计量为均方之比。

**随机化区组试验中的检验统计量**

$$F=\frac{\text{MST}}{\text{MSE}}$$

它服从自由度为 $v_1=k-1$，$v_2=n-k-b+1$ 的 $F$ 分布。

检验类均值的一个有趣且有时候很有用的附带结果是，我们同样可以通过该检验确定组均值是否存在差异。这将使我们能够确定是否应该采用随机化区组设计。（如果组间不存在差异，那么随机化区组设计很难发现类均值之间的真正差异。）这个发现在今后的类似试验中同样很有用。除了检验统计量为

$$F=\frac{\text{MSB}}{\text{MSE}}$$

之外（它服从自由度为 $v_1=b-1$，$v_2=n-k-b+1$ 的 $F$ 分布），组均值的检验与类均值的检验基本上没有差别。

与单因素试验一样，方差分析表对随机化区组试验中出现的统计量进行了总结。方差分析表的一般结构如表 14—5 所示。

表 14—5 随机化区组试验的方差分析表

| 差异来源 | 自由度 | 平方和 | 均方 | F 统计量 |
|---|---|---|---|---|
| 类 | $k-1$ | SST | MST=SST/$(k-1)$ | $F$=MST/MSE |
| 组 | $b-1$ | SSB | MSB=SSB/$(b-1)$ | $F$=MSB/MSE |
| 误差 | $n-k-b+1$ | SSE | MSE=SSE/$(n-k-b+1)$ | |
| 总差异 | $n-1$ | SS（总） | | |

### 例 14.3　比较降低胆固醇的药物

数据：Xm14－03

许多北美人的胆固醇都偏高，这很容易引起心脏病。对于那些胆固醇很高的病人（超过 280），医生会开一些药物帮助他们降低胆固醇水平。一家医药公司近期研发了四种治疗胆固醇偏高的新药。为了确定这些药物在疗效方面是否存在差异，该公司进行了一个试验。该公司挑选了 4 组、每组 25 人参加试验，每个人的胆固醇水平都高于 280。每个小组都是根据组员的年龄和体重来分的，每一组都被分配了其中的一种药。试验进行了两个多月，记录了每个人胆固醇降低的水平且已在下表中列出。根据这些结果，该公司是否能认为这四种新药之间存在差异？

| 组 | 药 1 | 药 2 | 药 3 | 药 4 |
|---|---|---|---|---|
| 1 | 6.6 | 12.6 | 2.7 | 8.7 |
| 2 | 7.1 | 3.5 | 2.4 | 9.3 |
| 3 | 7.5 | 4.4 | 6.5 | 10 |
| 4 | 9.9 | 7.5 | 16.2 | 12.6 |
| 5 | 13.8 | 6.4 | 8.3 | 10.6 |
| 6 | 13.9 | 13.5 | 5.4 | 15.4 |
| 7 | 15.9 | 16.9 | 15.4 | 16.3 |
| 8 | 14.3 | 11.4 | 17.1 | 18.9 |
| 9 | 16 | 16.9 | 7.7 | 13.7 |
| 10 | 16.3 | 14.8 | 16.1 | 19.4 |
| 11 | 14.6 | 18.6 | 9 | 18.5 |
| 12 | 18.7 | 21.2 | 24.3 | 21.1 |
| 13 | 17.3 | 10 | 9.3 | 19.3 |
| 14 | 19.6 | 17 | 19.2 | 21.9 |
| 15 | 20.7 | 21 | 18.7 | 22.1 |
| 16 | 18.4 | 27.2 | 18.9 | 19.4 |
| 17 | 21.5 | 26.8 | 7.9 | 25.4 |

续前表

| 组 | 药 1 | 药 2 | 药 3 | 药 4 |
|---|---|---|---|---|
| 18 | 20.4 | 28 | 23.8 | 26.5 |
| 19 | 21.9 | 31.7 | 8.8 | 22.2 |
| 20 | 22.5 | 11.9 | 26.7 | 23.5 |
| 21 | 21.5 | 28.7 | 25.2 | 19.6 |
| 22 | 25.2 | 29.5 | 27.3 | 30.1 |
| 23 | 23 | 22.2 | 17.6 | 26.6 |
| 24 | 23.7 | 19.5 | 25.6 | 24.5 |
| 25 | 28.4 | 31.2 | 26.1 | 27.4 |

**解**

**识　别**

问题的目标是比较四个总体，数据是定距数据。因为研究人员记下了每个人服用每种药后胆固醇水平降低的数据，所以试验设计是随机化区组设计。因变量是胆固醇水平降低的量，按药品种类分类，所分的组是 25 组类似的病人。待检验的假设为

$H_0: \mu_1 = \mu_2 = \mu_3 = \mu_4$

$H_1$：至少有两个均值不等

**计　算**

**Excel**

| | A | B | C | D | E | F | G |
|---|---|---|---|---|---|---|---|
| 36 | 方差分析 | | | | | | |
| 37 | 差异源 | SS | df | MS | F | P-value | F crit |
| 38 | 行 | 3 848.66 | 24 | 160.36 | 10.11 | 9.70E−15 | 1.669 5 |
| 39 | 列 | 195.95 | 3 | 65.32 | 4.12 | 0.009 4 | 2.731 8 |
| 40 | 误差 | 1 142.56 | 72 | 15.87 | | | |
| 41 | | | | | | | |
| 42 | 总计 | 5 187.17 | 99 | | | | |

注意 $p$ 值中科学计数法的使用。数字 9.70E−15（E 代表指数）是 9.70 乘以 10 的−15 次方，即 $9.70\times10^{-15}$。你可以增加或者减小显示的小数位数，也可以把科学计数法转换成普通的数字，但是这需要更多的小数位数，因此当数字很小时，Excel 会使用科学计数法来显示数字。（当然，当数字很大时，Excel 也会使用科学计数法。）

输出的结果包括组和类的统计量（在此总和、均值、方差没有显示）以及方差分析表。用来确定四种药品（列）间是否存在差异的 $F$ 统计量为 4.12，$p$ 值为 0.009 4；另外一个 $F$ 统计量的值为 10.11（$p$ 值$=9.70\times10^{-15}$，约等于 0），表明各组病人（行）之间存在差异。

**计算机命令**

1. 在相邻的两列中键入或者导入数据①（打开 Xm14－03）。

2. 点击“数据”—“数据分析”—“方差分析：无重复双因素分析”。

3. 确定“输入区域”（A1：E26）。如果需要，可点击“标志”。如果要进行类和组的两个检验，则必须指明（就像 Xm14－03 一样）。指定 $\alpha$ 的值（0.05）。

**Minitab**

**Two-way ANOVA：Reduction versus Group，Drug**

Analysis of Variance for Reduction

| Source | DF | SS | MS | $F$ | $p$ |
|---|---|---|---|---|---|
| Group | 24 | 3 848.7 | 160.4 | 10.11 | 0.000 |
| Drug | 3 | 196.0 | 65.3 | 4.12 | 0.009 |
| Error | 72 | 1 142.6 | 15.9 | | |
| Total | 99 | 5 187.2 | | | |

药品的 $F$ 统计量的值为 4.12，$p$ 值为 0.009。组的 $F$ 统计量为 10.11，$p$ 值为 0。

**计算机命令**

数据必须以累积数据的形式储存，在三列中键入或者导入累积数据，一列代表响应值，另一列包含表示组的水平的代码，第三列包含表示类的代码。

1. 点击“Stat”（统计）—“ANOVA”（方差分析）—“Twoway…”（双因子…）。

2. 确定“Responses”（响应）—“Row Factor”（行因子）—“Column factor”（列因子）。点击“OK”（确定）。

## 解　释

当我们得出存在差异的结论，但事实上并不存在差异时，第一类错误就发生了；当至少有两个均值之间存在差异，但是根据检验得出没有差异时，我们就犯了第二类错误。我们发现犯两种错误的后果同样严重，于是，我们要把 $p$ 值与标准的 5%进行比较来判断。因为 $p$ 值$=0.009\ 4$，所以，我们可以有足够的证据推断至少有两种药品之间存在差异。一次试验表明，使用第 2 种和第 4 种药品时胆固醇降低量是最大的。如果需要判断到底哪一种药品效果最佳，则需要进一步的检验。

① 如果一列或多列包含空单元格（代表缺失值），则相应的行必须删除。参见凯勒网站附录——删除 Excel 中的空单元格。

### □ 14-4a 检查必要条件

随机化区组方差分析设计的 $F$ 检验与独立样本设计的 $F$ 检验的必要条件是相同的，那就是随机变量必须服从正态分布，总体方差必须相等。直方图（在此没有画出）显示我们的检验结果是有效的；胆固醇降低量的确服从正态分布，方差相等的条件同样也满足。

### □ 14-4b 不满足必要条件

如果响应值不服从正态分布，我们就要用弗里德曼检验（Friedman test）来代替随机化区组方差分析，我们将在19.4节中介绍弗里德曼检验。

### □ 14-4c 分组的标准

在13.3节中，我们阐述了配对试验的优点和缺点。在讨论随机化区组试验时，讨论一下它的优缺点也是有必要的。通过将试验单元按照因变量分成类似的单元，就可以增加发现待处理均值间真正差异的可能性。因此，我们需要一种分组的标准，该标准将会对因变量产生很大的影响。例如，假设一个统计学教授想要确定教授统计学课程的四种教学方法中哪一种最好。在单因素试验中，他可以抽取每组包含10名学生的四个样本，对每个样本中的学生采取不同的教学方法，在课程结束时分别为他们打分，用 $F$ 检验来确定他们之间是否存在差异。然而，很有可能由于每班内的学生之间存在很大的差异而将班与班之间的差异掩盖了起来。为了降低学生间的差异，该统计学教授需要确定与学生成绩相关的变量。例如，学生的总体能力、数学课程的完成情况和学习其他统计学课程的情况都与统计学课程的成绩相关。

试验可以按照如下方式进行。统计学教授随机选择四名学生，他们在学习统计学课程之前的平均成绩为95～100分。然后分别将他们分配到四个班级中的一个进行学习。再选择平均成绩为90～95分，85～90分，…，50～55分的学生重复试验。最后的成绩将被用于检验班级之间是否存在差异。

任何与试验单元相关的特征都是潜在的分组标准。例如，如果试验单元是人，我们可以根据年龄、性别、收入水平、工作经验、智力水平、居住地点（国家、地区、城市）、体重或身高等来分组；如果试验单元是一个因素，并且我们要按小时测量单元数，则分组的标准可以包括工作经验、设备的使用年数以及供应商的供货质量，等等。

### □ 14-4d 理解统计概念

正如我们上面所解释的，随机化区组试验是我们在13.3节中讨论的配对试验的一个延伸。在配对试验中，我们只是简单地将引起差异的试验单元间的差异忽略了，这会使标准误的值变小（对比独立样本中的检验统计量的标准误），$t$ 统计量的值变大。在随机化区组方差分析试验中，我们通过计算SSB的值来测量类间差异。SSB降低了误差项的平方，从而使我们更容易发现待处理变量间的差异。另外，我们检验了组间是否存在差异——这个过程在配对试验中是不能完成的。

为了说明这一点，我们回到例13.4和例13.5，这两个例子要检验金融专业和营销专业的MBA学生的起薪是否存在差异。（事实上，我们检验的是金融专业毕业生所获得的薪水是否高于营销专业毕业生。然而，方差分析只能检验是否存在差异。）在例

13.4 中（独立样本），没有足够的证据表明两个专业之间存在差异；而在例 13.5 中（配对试验），有足够的证据可推断存在差异。正如我们在 13.3 节中所指出的，通过平均成绩来分组可以使统计人员更容易分析出两个专业之间的差异。如果我们用方差分析法重新来解答例 13.4 和例 13.5，我们会得出同样的结论。Excel 的输出结果如下所示。(Minitab 的输出结果类似。)

**例 13.4 的方差分析的 Excel 输出结果**

| | A | B | C | D | E | F | G |
|---|---|---|---|---|---|---|---|
| 9 | 方差分析 | | | | | | |
| 10 | 差异源 | SS | df | MS | F | P-value | F crit |
| 11 | 组间 | 338 130 013 | 1 | 338 130 013 | 1.09 | 0.302 6 | 4.042 7 |
| 12 | 组内 | 14 943 884 470 | 48 | 311 330 926 | | | |
| 13 | | | | | | | |
| 14 | 总计 | 15 282 014 483 | 49 | | | | |

**例 13.5 的方差分析的 Excel 输出结果**

| | A | B | C | D | E | F | G |
|---|---|---|---|---|---|---|---|
| 34 | 方差分析 | | | | | | |
| 35 | 差异源 | SS | df | MS | F | P-value | F crit |
| 36 | 行 | 21 415 991 654 | 24 | 892 332 986 | 40.39 | 4.17E−14 | 1.983 8 |
| 37 | 列 | 320 617 035 | 1 | 320 617 035 | 14.51 | 0.000 9 | 4.259 7 |
| 38 | 误差 | 530 174 605 | 24 | 22 090 609 | | | |
| 39 | | | | | | | |
| 40 | 总计 | 22 266 783 295 | 49 | | | | |

在例 13.4 中，我们将平方和［SS（总）＝15 282 014 483］分成了两部分：SST＝338 130 013 和 SSE＝14 943 884 470。在例 13.5 中，平方和 SS（总）＝22 266 783 295，SST（专业的平方和）＝320 617 035，SSB（GPA 的平方和）＝21 415 991 654，SSE＝530 174 605。可以看到，专业的平方和基本上是相等的（338 130 013 和 320 617 035）。然而，两种计算的差别在于误差项的平方和。例 13.5 中的 SSE 比例 13.4 中的 SSE 小很多，这是因为随机化区组试验可以测量并去掉相同专业的 MBA 学生之间的差异。组的平方和（GPA 组的平方和）为 21 415 991 654，它是测量同专业的学生薪水差异的统计量，去掉这个差异后，SSE 就变小了。因此，我们在例 13.5 中就得出了不同专业学生的薪水之间存在差异的结论，而在例 13.4 中却没有足够的证据得出这个结论。

注意，在两个例子中，$t$ 统计量的平方都等于 $F$ 统计量。在例 13.4 中，$t=1.04$，它的平方为 1.09，近似等于 $F$ 统计量的值；在例 13.5 中，$t=3.81$，它的平方为 14.51，也等于 $F$ 统计量的值。此外，$p$ 值也是相同的。

最后，我们总结一下使用方差分析试验时需要考虑的因素。

**使用随机化区组方差分析（双因素）要考虑的因素**

1. 目标：比较两个或多个总体
2. 数据类型：定距数据
3. 试验设计：分组样本

## 习　题

**理解统计概念**

**14.69** 以下统计量是从一个随机化区组试验中取得的，其中 $k=3$，$b=7$：

SST=100 SSB=50 SSE=25

a. 通过检验确定类均值之间是否存在差异（$\alpha=0.05$）。

b. 通过检验确定组均值之间是否存在差异（$\alpha=0.05$）。

**14.70** 通过一个随机化区组试验计算如下统计量：

$k=5$　$b=12$　SST=1 500　SSB=1 000　SS(总)=3 500

a. 通过检验确定类均值之间是否存在差异（$\alpha=0.01$）。

b. 通过检验确定组均值之间是否存在差异（$\alpha=0.01$）。

**14.71** 假设如下统计量是从一个随机化区组试验的数据中计算而得，其中 $k=4$，$b=10$：

SS（总）=1 210　　SST=275　　SSB=625

a. 我们能否得出类均值之间存在差异（$\alpha=0.01$）?

b. 我们能否得出组均值之间存在差异（$\alpha=0.01$）?

**14.72** 以下统计量是从一个随机化区组试验中取得的：

$k=3$　$b=8$　SST=1 500　SS（总）=3 500

a. 在5%的显著性水平下，已知SSB=500，确定类均值之间是否存在差异。

b. 令SSB=1 000，重做问题（a）。

c. 令SSB=1 500，重做问题（a）。

d. 讨论当增大SSB时，检验统计量会发生什么变化。

**14.73** **Xr14-73** a. 以下数据是根据一个随机化区组试验的数据计算得到的，计算SS（总），SST，SSB和SSE。

b. 假设数据来自单因素试验（独立样本），计算SS（总），SST和SSE。

c. 为什么两种试验设计的SS（总）相同?

d. 为什么两种试验设计的SST相同?

e. 为什么问题（a）中的SSB+SSE等于问题（b）中的SSE?

| 类 | | |
| --- | --- | --- |
| 1 | 2 | 3 |
| 7 | 12 | 8 |
| 10 | 8 | 9 |
| 12 | 16 | 13 |
| 9 | 13 | 6 |
| 12 | 10 | 11 |

**14.74** a. 如果下面的数据是从一个随机化区组试验得到的，计算 SS（总），SST，SSB 和 SSE。

b. 如果下面的数据是从一个单因素试验（独立样本）得到的，计算 SS（总），SST 和 SSE。

c. 解释为什么问题（a）和问题（b）这两种试验设计得到的 SS（总）相同。

d. 解释为什么问题（a）和问题（b）这两种试验设计得到的 SST 相同。

e. 解释为什么问题（a）中的 SSB+SSE 等于问题（b）中的 SSE。

| 类 | | | |
| --- | --- | --- | --- |
| 1 | 2 | 3 | 4 |
| 6 | 5 | 4 | 4 |
| 8 | 5 | 5 | 6 |
| 7 | 6 | 5 | 6 |

## 应用

**14.75 Xr14-75** 为了理解测量误差，一位统计学教授要求四位学生测量他、一位男生和一位女生的身高，学生们测量的尺寸和正确尺寸之间的差别（单位：厘米）列示如下。我们能否推断对于不同的被测量主体，测量误差是有差异的？（使用 0.05 作为显著性水平。）

| 学生 | 测量身高的误差值 | | |
| --- | --- | --- | --- |
| | 教授 | 男学生 | 女学生 |
| 1 | 1.4 | 1.5 | 1.3 |
| 2 | 3.1 | 2.6 | 2.4 |
| 3 | 2.8 | 2.1 | 1.5 |
| 4 | 3.4 | 3.6 | 2.9 |

**14.76 Xr14-76** 节食的效果到底怎么样呢？在一项研究中，邀请 20 名超重 50 磅的人参加试验来比较四项节食计划。年龄最大的四个人构成第一组，年龄次大的四个人构成第二组，依此类推。每个人减少的体重（单位：磅）被记录下来。在 1%的显著性水平下，我们能否推断出这四项节食计划是不同的？

| 组 | 节食计划 | | | |
|---|---|---|---|---|
| | 1 | 2 | 3 | 4 |
| 1 | 5 | 2 | 6 | 8 |
| 2 | 4 | 7 | 8 | 10 |
| 3 | 6 | 12 | 9 | 2 |
| 4 | 7 | 11 | 16 | 7 |
| 5 | 9 | 8 | 15 | 14 |

以下习题需要使用计算机和软件，也可手工计算。样本统计量见附录 A。除非明确说明，否则显著性水平取 5%。

**14.77　Xr14－77**　近年来，对邮政服务的信任程度降低，使得许多公司采用私人快递替代邮局来寄送它们的信件。一家大型公司正在考虑选择三家快递公司中的一家。为了帮助决策，该公司进行了一次试验，它分别请这三家公司将信件递送到市内某一指定地点，每家公司都递送 12 次。它们递送所用的时间（单位：分钟）被记录了下来。

a. 我们能否得出这三家公司的递送时间存在差异？

b. 该公司选择的试验设计是否正确？说明原因。

**14.78　Xr14－78**　参考习题 14.14。尽管统计结果未能显示出三种肥料之间存在差异，但该科学家仍然相信它们之间存在差异，而且他相信这些差异被农田间的差异掩盖了。于是他进行了另外一个试验。在该试验中他找了分布在某县的 20 块 3 英亩大小的农田，将每块农田分成 1 英亩大小的 3 部分，分别对每部分使用一种肥料。农作物产量被记录了下来。

a. 该科学家能否推出三种肥料之间存在差异？

b. 检验结果揭示了哪些关于农田之间差异的问题？

**14.79　Xr14－79**　一家计算机公司的招聘人员想了解商科、文科和理科专业的学生的销售能力是否存在差异。于是他随机抽取了 20 名毕业于商科专业并在公司工作了两年的员工，然后将他们每个人与一个毕业于文科专业或理科专业、有相同教育背景和工作背景的人组合在一起。他记录了每组去年的销售业绩（单位：千美元）。

a. 是否有足够的证据使该招聘人员相信，获得不同学位的人的销售水平存在差异？

b. 进行一次检验，确定采用独立样本设计是否比较好。

c. 问题（a）中所用方法的必要条件是什么？

d. 这些必要条件是否已经满足？

**14.80　Xr14－80**　习题 14.10 描述了一个涉及比较填写四种不同所得税报表所用时间的试验。假设采用如下方法重复该试验：要求 30 人填写这四张所得税报表并记录他们完成填写的时间。

a. 在 1%的显著性水平下，有没有足够的证据推断，人们填写这四种不同的所得税报表所用的时间存在差异？

b. 对采用该试验设计解决这个问题做一下评价。

**14.81　Xr14－81**　一个广播电台的广告年收益取决于它拥有的听众数量。一个专门播放摇滚音乐的电台的经理想要更多地了解他的听众——多数为青少年和年轻人，他尤其想了解他们一周中每天花在听广播音乐上的时间是否存在差异。如果该经理发现平均每天的收听时间基本上是相同的，那么他将把最受欢迎的音乐平均地安排到一周中。否则，他将在听众最多的时段播放这些音乐。于是他聘请了一家意见调查公司对此进行调查。该公司随机选取了200名青少年，要求他们记录下他们前一周每天通过广播收听音乐所花的时间。从中，该经理可以得到什么结论？

**14.82 Xr14-82** 医生花在照顾病人上的时间是否存在差异？为了回答这个问题，一位统计人员进行了一次研究。她记下了五个医生每周照顾病人的时间（单位：小时）。试验设计为随机化区组试验，医生被按照年龄分组。

a. 从中我们能否推出，医生花在照顾病人上的时间存在差异？

b. 我们能否推出，按照年龄划分的组是合理的？（资料来源：《美国统计摘要》，2000年，表190。）

**14.83 Xr14-83** 参考习题14.9。按照如下方法再进行一次试验：把从每所高中毕业且申请商学院的学生根据高中平均成绩配对组合，并记录他们在大学一年级的平均成绩。从中，大学的招生人员能否得出，四所高中的平均成绩的标准存在差异的结论？

**社会综合调查习题**

Excel使用者请注意，空单元格代表数据缺失，需要删除。

**14.84 GSS2012*** 有充分的证据表明美国成年人和他们的父亲、母亲之间在受教育年限（EDUC，PAEDUC，MAEDUC）上存在差异吗？

**14.85 GSS2010*** 使用2010年社会综合调查数据重新回答习题14.84。

**美国国家选举调查习题**

Excel使用者请注意，空单元格代表数据缺失，需要删除。

**14.86 ANES2008*** 有充分的证据表明美国人中观看国家电视新闻（DAYS1）、在下午或傍晚观看地方电视新闻（DAYS2）、在夜间观看地方电视新闻（DAYS3）和阅读报纸（DAYS4）的人数存在差异吗？

**14.87 ANES2004*** 使用2004年美国国家选举调查数据重新回答习题14.66。

## 14.5 双因素方差分析

在14.1节中，我们解决了从单因素试验中抽取数据的问题。在例14.1中，所要处理的是四个年龄分组，因此，因素的水平有四个。在这一节中，我们将要解决的是双因素的问题。这种数据收集的过程通常被称为**析因试验**（factorial experiment）。在析因试验中，我们可以检验两个或多个因素对随机变量的影响，但在本书中，我们仅解答两个因素的问题。我们可以运用方差分析来确定每个因素的水平之间是否存在差异。

我们仅仅介绍固定效应的方法，也就是说，我们仅仅解答试验中包含了因素的所有水平的问题。如同随机化区组设计一样，这种试验的检验统计量的计算是十分耗时的。所以，我们同样采用Excel和Minitab来计算统计量。

## 例 14.4[①] 比较不同受教育水平的人一生从事的工作数量

数据：Xm14-04

经济体创造就业岗位的速度是衡量一个国家经济健康程度的方式之一。这个问题的一个方面是每个人从事过的工作数量。在一项调查中，询问了美国 37 岁至 45 岁的人他们一生中从事过的工作数量，同时记录了被调查者的性别和受教育水平。受教育水平的类别为

高中以下(E1)
高中(E2)
大学未毕业(E3)
大学毕业及以上(E4)

下面是性别和教育水平八种组合的数据。我们能否推断出性别和教育水平之间确实存在差异?

| 男 E1 | 男 E2 | 男 E3 | 男 E4 | 女 E1 | 女 E2 | 女 E3 | 女 E4 |
|---|---|---|---|---|---|---|---|
| 10 | 12 | 15 | 8 | 7 | 7 | 5 | 7 |
| 9 | 11 | 8 | 9 | 13 | 12 | 13 | 9 |
| 12 | 9 | 7 | 5 | 14 | 6 | 12 | 3 |
| 16 | 14 | 7 | 11 | 6 | 15 | 3 | 7 |
| 14 | 12 | 7 | 13 | 11 | 10 | 13 | 9 |
| 17 | 16 | 9 | 8 | 14 | 13 | 11 | 6 |
| 13 | 10 | 14 | 7 | 13 | 9 | 15 | 10 |
| 9 | 10 | 15 | 11 | 11 | 15 | 5 | 15 |
| 11 | 5 | 11 | 10 | 14 | 12 | 9 | 4 |
| 15 | 11 | 13 | 8 | 12 | 13 | 8 | 11 |

**解**

**识 别**

我们首先按单因素方差分析来解此题，注意，一共有八类。它们是按两个不同的因素区分的：一个是性别，它有两个水平；另一个是教育背景，它有四个水平。我们可以采用与 14.1 节相同的过程来解答这个问题，即检验如下假设：

$H_0$：$\mu_1=\mu_2=\mu_3=\mu_4=\mu_5=\mu_6=\mu_7=\mu_8$

$H_1$：至少有两个均值不等

① 改编自《美国统计摘要》，2006 年，表 598。

## 计　算

**Excel**

| | A | B | C | D | E | F | G |
|---|---|---|---|---|---|---|---|
| 1 | 方差分析：单因素方差分析 | | | | | | |
| 2 | | | | | | | |
| 3 | SUMMARY | | | | | | |
| 4 | 组 | 观测数 | 求和 | 平均 | 方差 | | |
| 5 | Male E1 | 10 | 126 | 12.60 | 8.27 | | |
| 6 | Male E2 | 10 | 110 | 11.00 | 8.67 | | |
| 7 | Male E3 | 10 | 106 | 10.60 | 11.60 | | |
| 8 | Male E4 | 10 | 90 | 9.00 | 5.33 | | |
| 9 | Female E1 | 10 | 115 | 11.50 | 8.28 | | |
| 10 | Female E2 | 10 | 112 | 11.20 | 9.73 | | |
| 11 | Female E3 | 10 | 94 | 9.40 | 16.49 | | |
| 12 | Female E4 | 10 | 81 | 8.10 | 12.32 | | |
| 13 | | | | | | | |
| 14 | | | | | | | |
| 15 | 方差分析 | | | | | | |
| 16 | 差异源 | SS | df | MS | F | P-value | F crit |
| 17 | 组间 | 153.35 | 7 | 21.91 | 2.17 | 0.046 7 | 2.139 7 |
| 18 | 组内 | 726.20 | 72 | 10.09 | | | |
| 19 | | | | | | | |
| 20 | 总计 | 879.55 | 79 | | | | |

**Minitab**

**One-way ANOVA：Male E1，Male E2，Male E3，Male E4，Female E1，Female E2，…**

| Source | DF | SS | MS | F | P |
|---|---|---|---|---|---|
| Factor | 7 | 153.4 | 21.9 | 2.17 | 0.047 |
| Error | 72 | 726.2 | 10.1 | | |
| Total | 79 | 879.5 | | | |

S=3.176　R-Sq=17.44%　R-Sq(adj)=9.41%

```
                                   Individual 95% CIs For Mean Based on Pooled StDev
Level        N    Mean     StDev   ------+------------+------------+------------+-------
Male E1      10   12.600   2.875                    (-------- * --------)
Male E2      10   11.00    2.944               (-------- * --------)
Male E3      10   10.600   3.406             (-------- * --------)
Male E4      10    9.000   2.309        (-------- * --------)
Female E1    10   11.500   2.877                 (-------- * --------)
Female E2    10   11.200   3.120               (-------- * --------)
Female E3    10    9.400   4.061         (-------- * --------)
Female E4    10    8.100   3.510      (-------- * --------)
                                   ------+---------+---------+---------+-------
                                        7.5      10.0      12.5      15.0
Pooled StDev=3.176
```

## 解　释

$F$ 检验统计量的值为 $F=2.17$，$p$ 值为 0.046 7，所以我们可以得出上述八类人的工作数量存在差异的结论。

这个统计结果带来了更多问题，即我们可以认为工作数量不同是由性别差异造成的，是由受教育水平不同造成的，还是由性别和教育水平的组合［称为**交互作用**（interaction)］引起的？为了说明如何检验不同类型的差异，我们需要引入一些术语。

**完全析因试验**（complete factorial experiment）的数据是从所有可能因素的水平的组合中获取的。因而，在例 14.4 中，我们测量了八种组合情况下的工作数量。这个试验被称为完全 2×4 析因试验。

一般来说，我们会把因素中的一个称为因素 A（可以任意选择）。该因素的水平数量被记为 $a$；另一个因素被称为因素 B，它的水平数量被记为 $b$。如果我们将例 14.4 中的数据改成另外一种形式，就可以很清楚地理解它的含义了。表 14—6 描述了一个双因素分类的设计表，双因素分类是完全析因试验的另一种说法。每一个组合的观测值个数被称为一次**重复**（replicate），重复数用 $r$ 表示。在本书我们解答的问题中，每个类的重复数都是相同的。这种设计被称为**平衡设计**（balanced design）。

**表 14—6**　　　　**例 14.4 的双因素分类**

| | 男性 | 女性 |
|---|---|---|
| 高中以下 | 10 | 7 |
| | 9 | 13 |
| | 12 | 14 |
| | 16 | 6 |
| | 14 | 11 |
| | 17 | 14 |

续前表

| | 男性 | 女性 |
|---|---|---|
| | 13 | 13 |
| | 9 | 11 |
| | 11 | 14 |
| | 15 | 12 |
| 高中 | 12 | 7 |
| | 11 | 12 |
| | 9 | 6 |
| | 14 | 15 |
| | 12 | 10 |
| | 16 | 13 |
| | 10 | 9 |
| | 10 | 15 |
| | 5 | 12 |
| | 11 | 13 |
| 大学未毕业 | 15 | 5 |
| | 8 | 13 |
| | 7 | 12 |
| | 7 | 3 |
| | 7 | 13 |
| | 9 | 11 |
| | 14 | 15 |
| | 15 | 5 |
| | 11 | 9 |
| | 13 | 8 |
| 大学毕业及以上 | 8 | 7 |
| | 9 | 9 |
| | 5 | 3 |
| | 11 | 7 |
| | 13 | 9 |
| | 8 | 6 |
| | 7 | 10 |
| | 11 | 15 |
| | 10 | 4 |
| | 8 | 11 |

因此，我们采用类数为 $ab$ 且每个类的重复数为 $r$ 的完全析因试验。在例 14.4 中，$a=2$，$b=4$，$r=10$。所以，8 个类每个都有 10 个观测值。

如果查看方差分析表，你就会注意到总差异是 SS（总）＝879.55，类间平方和为 SST＝153.35，误差平方和为 SSE＝726.20。由不同类造成的差异是由 SST 衡量的。为了判断这种差异是由因素 A、因素 B 还是两种因素之间的交互作用造成的，我们需要把 SST 分成三部分，即 SS(A)，SS(B) 和 SS(AB)。

对于那些对自身数学知识较有信心的学生，我们对各种平方和的符号和定义进行了解释。知道平方和的计算方式是相当有用的，但是这对提高你的操作检验的能力没有什么帮助。已经理解了这个问题的读者可直接跳过去而不必花费精力阅读。

### □ 14-5a 计算因素 A、因素 B 和交互作用的平方和

为了便于理解公式，我们使用了如下符号：

$x_{ijk}$＝第 $ij$ 个类的第 $k$ 个观测值

$\bar{x}[AB]_{ij}$＝第 $ij$ 个类的响应的均值（因素 A 的第 $i$ 个水平和因素 B 的第 $j$ 个水平的类的均值）

$\bar{x}[A]_i$＝因素 A 的第 $i$ 个水平的观测值的均值

$\bar{x}[B]_j$＝因素 B 的第 $j$ 个水平的观测值的均值

$\bar{\bar{x}}$＝所有观测值的均值

$a$＝因素 A 的水平数

$b$＝因素 B 的水平数

$r$＝重复数

按这种记法，$\bar{x}[AB]_{11}$是因素 A 的第 1 个水平和因素 B 的第 1 个水平的响应的均值。因素 A 的第 1 个水平的响应均值为 $\bar{x}[A]_1$。因素 B 的第 1 个水平的响应均值为 $\bar{x}[B]_1$。

表 14—7 描述了双因素方差分析的符号。

**表 14—7　双因素模型的符号记法**

| 因素 B | 因素 A | | | | |
|---|---|---|---|---|---|
| | 1 | 2 | … | $a$ | |
| 1 | $x_{111}, x_{112}, \vdots, x_{11r}$ $\bar{x}[AB]_{11}$ | $x_{111}, x_{212}, \vdots, x_{21r}$ $\bar{x}[AB]_{21}$ | | $x_{a11}, x_{a12}, \vdots, x_{a1r}$ $\bar{x}[AB]_{a1}$ | $\bar{x}[B]_1$ |
| 2 | $x_{121}, x_{122}, \vdots, x_{12r}$ $\bar{x}[AB]_{12}$ | $x_{221}, x_{222}, \vdots, x_{22r}$ $\bar{x}[AB]_{22}$ | | $x_{a21}, x_{a22}, \vdots, x_{a2r}$ $\bar{x}[AB]_{a2}$ | $\bar{x}[B]_2$ |
| ⋮ | | | | | |
| $b$ | $x_{1b1}, x_{1b2}, \vdots, x_{1br}$ $\bar{x}[AB]_{1b}$ | $x_{2b1}, x_{2b2}, \vdots, x_{2br}$ $\bar{x}[AB]_{2b}$ | | $x_{ab1}, x_{ab2}, \vdots, x_{abr}$ $\bar{x}[AB]_{ab}$ | $\bar{x}[B]_b$ |
| | $\bar{x}[A]_1$ | $\bar{x}[A]_2$ | | $\bar{x}[A]_a$ | $\bar{\bar{x}}$ |

平方和的定义如下。

**双因素方差分析中的平方和**

$$SS(T)=\sum_{i=1}^{a}\sum_{j=1}^{b}\sum_{k=1}^{r}(x_{ijk}-\bar{\bar{x}})^2$$

$$SS(A)=rb\sum_{i=1}^{a}(\bar{x}[A]_i-\bar{\bar{x}})^2$$

$$SS(B)=ra\sum_{j=1}^{b}(\bar{x}[B]_j-\bar{\bar{x}})^2$$

$$SS(AB)=r\sum_{i=1}^{a}\sum_{j=1}^{b}(\bar{x}[AB]_{ij}-\bar{x}[A]_i-\bar{x}[B]_j+\bar{\bar{x}})^2$$

$$SSE=\sum_{i=1}^{a}\sum_{j=1}^{b}\sum_{k=1}^{r}(x_{ijk}-\bar{x}[AB]_{ij})^2$$

为了计算 SS(A)，我们先计算因素 A 的水平的均值的平方差的和（记为 $\bar{x}[A]_i$）和总均值 $\bar{\bar{x}}$。因素 B 的平方和 SS(B) 的计算过程与 A 的类似。交互作用的平方和 SS(AB)由每个类的均值（一个类是因素 A 和 B 的一个组合）减去因素 A 的水平的均值，再减去因素 B 的水平的均值，加上总均值后平方，再求和后得到。

为了检验每一种可能性，我们需进行多个 $F$ 检验，检验方法与 14.1 节中的类似。图 14—4 说明了得出 $F$ 检验的总平方和的步骤。我们已经将在单因素分析中使用过的分割情况包括在该图中了。当从单因素方差分析中推断出单因素均值间存在差异时，就要将类间平方和分割成三部分继续进行分析。第一部分是因素 A 的平方和，记为 SS(A)，测量的是因素 A 的水平之间的差异，其自由度为 $a-1$。第二部分是因素 B 的平方和，自由度为 $b-1$。SS(B) 可用来衡量因素 B 的水平之间的差异。交互平方和记为 SS(AB)，它测量的是因素 A 和 B 的组合之间的差异，其自由度为 $(a-1)\times(b-1)$。误差平方和为 SSE，自由度为 $n-ab$。（回忆一下，$n$ 是总的样本容量，在本例中 $n=abr$。）注意，SSE 和它的自由度在两个部分中是相同的。和以前的试验一样，SSE 是指类内差异。

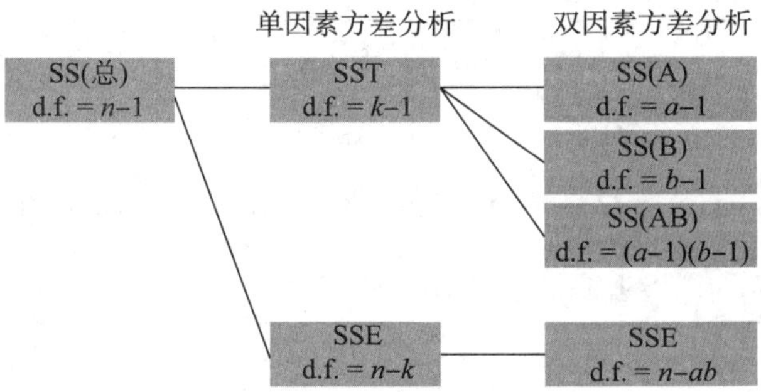


**图 14—4 单因素和双因素方差分析中 SS(T) 的分解**

**双因素方差分析中的 $F$ 检验**

因素A的水平间差异的检验：

$H_0$：因素A的 $a$ 个水平的均值相等

$H_1$：因素A的 $a$ 个水平的均值至少有两个不相等

检验统计量：$F=\dfrac{\text{MS(A)}}{\text{MSE}}$

因素B的水平间的差异的检验：

$H_0$：因素B的 $b$ 个水平的均值相等

$H_1$：因素B的 $b$ 个水平的均值至少有两个不相等

检验统计量：$F=\dfrac{\text{MS(B)}}{\text{MSE}}$

因素A和因素B的交互作用：

$H_0$：因素A和因素B对均值没有交互作用

$H_1$：因素A和因素B对均值有交互作用

检验统计量：$F=\dfrac{\text{MS(AB)}}{\text{MSE}}$

必要条件：

1. 响应值的分布必须是正态分布。
2. 每个类的方差相等。
3. 样本是相互独立的。

如同前两个方差分析的试验设计一样，我们用方差分析表来小结一下结果。表14—8描述了一般的完全析因试验的方差分析表。

**表14—8　双因素试验的方差分析表**

| 差异来源 | 自由度 | 平方和 | 均方 | $F$ 统计量 |
|---|---|---|---|---|
| 因素A | $a-1$ | SS(A) | MS(A)=SS(A)/$(a-1)$ | $F$=MS(A)/MSE |
| 因素B | $b-1$ | SS(B) | MS(B)=SS(B)/$(b-1)$ | $F$=MS(B)/MSE |
| 交互作用 | $(a-1)(b-1)$ | SS(AB) | MS(AB)=SS(AB)/$[(a-1)(b-1)]$ | $F$=MS(AB)/MSE |
| 误差 | $n-ab$ | SSE | MSE=SSE/$(n-ab)$ | |
| 总计 | $n-1$ | SS(总) | | |

我们将用例14.4的数据来说明这个方法，所有计算都由Excel和Minitab完成。

**Excel**

| | A | B | C | D | E | F | G |
|---|---|---|---|---|---|---|---|
| 1 | 方差分析：可重复双因素分析 | | | | | | |
| 2 | | | | | | | |
| 3 | SUMMARY | Male | Female | 总计 | | | |
| 4 | Less than HS | | | | | | |
| 5 | 观测数 | 10 | 10 | 20 | | | |
| 6 | 求和 | 126 | 115 | 241 | | | |
| 7 | 平均 | 12.6 | 11.5 | 12.1 | | | |
| 8 | 方差 | 8.27 | 8.28 | 8.16 | | | |
| 9 | | | | | | | |
| 10 | High School | | | | | | |
| 11 | 观测数 | 10 | 10 | 20 | | | |
| 12 | 求和 | 110 | 112 | 222 | | | |
| 13 | 平均 | 11.0 | 11.2 | 11.1 | | | |
| 14 | 方差 | 8.67 | 9.73 | 8.73 | | | |
| 15 | | | | | | | |
| 16 | Less than Bachelor's | | | | | | |
| 17 | 观测数 | 10 | 10 | 20 | | | |
| 18 | 求和 | 116 | 94 | 200 | | | |
| 19 | 平均 | 10.6 | 9.4 | 10.0 | | | |
| 20 | 方差 | 11.6 | 16.49 | 13.68 | | | |
| 21 | | | | | | | |
| 22 | Bachelor's or more | | | | | | |
| 23 | 观测数 | 10 | 10 | 20 | | | |
| 24 | 求和 | 90 | 81 | 171 | | | |
| 25 | 平均 | 9.0 | 8.1 | 8.6 | | | |
| 26 | 方差 | 5.33 | 12.32 | 8.58 | | | |
| 27 | | | | | | | |
| 28 | 总计 | | | | | | |
| 29 | 观测数 | 40 | 40 | | | | |
| 30 | 求和 | 432 | 402 | | | | |
| 31 | 平均 | 10.8 | 10.1 | | | | |
| 32 | 方差 | 9.50 | 12.77 | | | | |
| 33 | | | | | | | |

| | A | B | C | D | E | F | G |
|---|---|---|---|---|---|---|---|
| 34 | 方差分析 | | | | | | |
| 35 | 差异源 | SS | df | MS | F | P-value | F crit |
| 36 | 样本 | 135.85 | 3 | 45.28 | 4.49 | 0.006 0 | 2.731 8 |
| 37 | 列 | 11.25 | 1 | 11.25 | 1.12 | 0.294 4 | 3.973 9 |
| 38 | 交互 | 6.25 | 3 | 2.08 | 0.21 | 0.891 5 | 2.731 8 |
| 39 | 内部 | 726.20 | 72 | 10.09 | | | |
| 40 | | | | | | | |
| 41 | 总计 | 879.55 | 79 | | | | |

在方差分析表中，样本指的是因素 B（教育水平），列指的是因素 A（性别）；且 MS(B)＝45.28，MS(A)＝11.25，MS(AB)＝2.08，MSE＝10.09。$F$ 统计量分别为 4.49（教育水平）、1.12（性别）和 0.21（交互作用）。

**计算机命令**

1. 按照与文件 14－04a 相同的格式键入或者导入数据（注意：必须为行和列加上标签）。

2. 点击“数据”—“数据分析”—“方差分析：可重复双因素分析”。

3. 确定“输入区域”（A1：C41）。在“每一样本的行数”框中输入重复数（10）。

4. 确定 $\alpha$ 的值（0.05）。

**Minitab**

**Two-way ANOVA：Jobs versus Gender，Education**

| Source | DF | SS | MS | F | P |
|---|---|---|---|---|---|
| Gender | 1 | 11.25 | 11.250 0 | 1.12 | 0.294 |
| Education | 3 | 135.85 | 45.283 3 | 4.49 | 0.006 |
| Interaction | 3 | 6.25 | 2.083 3 | 0.21 | 0.892 |
| Error | 72 | 726.20 | 10.086 1 | | |
| Total | 79 | 879.55 | | | |

S＝3.176　R-Sq＝17.44%　R-Sq(adj)＝9.41%

```
                 Individual 95% CIs For Mean Based on Pooled StDev
Gender  Mean   +---------+---------+---------+--------
1       10.80            (------------*------------)
2       10.05  (-----------*-----------)
               +---------+---------+---------+--------
             9.10      9.80     10.50     11.20
```

```
                        Individual 95% CIs For Mean Based on Pooled StDev
Education   Mean    --------+-----------+-----------+-----------+----------
1           12.05                                (------------*------------)
2           11.10                         (------------*------------)
3           10.00                  (----------*---------)
4            8.55   (------------*------------)
                    --------+-----------+-----------+-----------+----------
                           8.0         9.6        11.2        12.8
```

**计算机命令**

1. 在任意三列中键入或者导入累积数据，一列包含响应值，另一列包含表示因素 A 的水平的代码，第三列包含表示因素 B 的水平的代码（打开 Xm14-04b）。

2. 点击“Stat”（统计）—“ANOVA”（方差分析）—“Twoway…”（双因子…）。

3. 确定“Responses”（响应）(Jobs)、“Row factor”（行因子）(Gender)、“Column factor”（列因子）(Education)。

4. 单击“Display means”（显示均值），输出图形。

### □ 14-5b 不同性别的人工作数量的检验

$H_0$：因素 A 中两个水平的均值相等

$H_1$：因素 A 中两个水平的均值不相等

检验统计量：$F=\dfrac{\text{MS(A)}}{\text{MSE}}$

利用计算机可得出检验统计量的值，MS(A)=11.25，MSE=10.09，$F=11.25/10.09=1.12$（$p$ 值=0.294 4）。

在 5%的显著性水平下，没有证据表明，不同性别的人从事过的工作数量之间存在差异。

### □ 14-5c 不同受教育水平的人从事过的工作数量的检验

$H_0$：因素 B 中四个水平的均值相等

$H_1$：至少两个水平均值不相等

检验统计量：$F=\dfrac{\text{MS(B)}}{\text{MSE}}$

利用计算机可得出检验统计量的值，MS(B)=45.28，MSE=10.09，$F=45.28/10.09=4.49$（$p$ 值=0.006 0）。

在 5%的显著性水平下，有足够证据可以推断，不同受教育水平的人从事过的工作数量之间存在差异。

### □ 14-5d 因素 A 和因素 B 间的交互作用的检验

$H_0$：因素 A 和因素 B 对工作数量没有交互作用

$H_1$：因素 A 和因素 B 对工作数量有交互作用

检验统计量：$F=\dfrac{\text{MS(AB)}}{\text{MSE}}$

利用计算机可得出检验统计量的值，MS(AB)=2.08，MSE=10.09，$F=2.08/10.09=0.21$（$p$ 值=0.891 5）。

没有足够证据可以推断，不同性别和不同教育程度间的交互作用对工作数量有影响。

**解　释**

图 14—5 是和八个类相对应的均值情况。不难看出，男性和女性之间的差别很小（不显著）。具有不同受教育背景的男性或女性之间有显著差异。最后，这两个因素之间不存在交互作用。

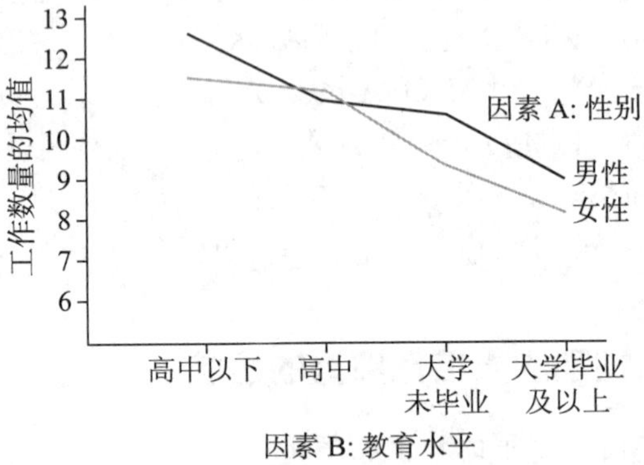


**图 14—5　例 14.4 的平均响应值**

### □ 14-5e　什么是交互作用

为了更好地理解交互作用这个术语，我们对高中没有毕业的男性的样本数据做出修改，将每个样本值都减去 6，则新的样本值为

4　3　6　10　8　11　7　3　5　9

新的数据储存在 Xm14-04c（Excel 格式）和 Xm14-04d（Minitab 格式）中。均值为 6.6。下面是 Excel 和 Minitab 的方差分析表。

**Excel**

| | A | B | C | D | E | F | G |
|---|---|---|---|---|---|---|---|
| 35 | 方差分析 | | | | | | |
| 36 | 差异源 | SS | df | MS | F | P-value | F crit |
| 37 | 样本 | 75.85 | 3 | 25.28 | 2.51 | 0.065 7 | 2.731 8 |
| 38 | 列 | 11.25 | 1 | 11.25 | 1.12 | 0.294 4 | 3.973 9 |
| 39 | 交互 | 120.25 | 3 | 40.08 | 3.97 | 0.011 2 | 2.731 8 |
| 40 | 内部 | 726.20 | 72 | 10.09 | | | |
| 41 | | | | | | | |
| 42 | 总计 | 933.55 | 79 | | | | |

**Minitab**

**Two-way ANOVA: Jobs versus Gender, Education**

| Source | DF | SS | MS | F | P |
|---|---|---|---|---|---|
| Gender | 1 | 11.25 | 11.250 0 | 1.12 | 0.294 |
| Education | 3 | 75.85 | 25.283 3 | 2.51 | 0.006 |
| Interaction | 3 | 120.25 | 40.083 3 | 3.97 | 0.011 |
| Error | 72 | 726.20 | 10.086 1 | | |
| Total | 79 | 933.55 | | | |

解　　释

本例中没有足够的证据（显著性水平为 5%）推断出不同性别或不同教育水平之间存在差别。然而，我们却有足够的证据得出性别和教育水平之间存在交互作用的结论。

| | 男性 | 女性 |
|---|---|---|
| 高中以下 | 6.6 | 11.5 |
| 高中 | 11.0 | 11.2 |
| 大学未毕业 | 10.6 | 9.4 |
| 大学毕业及以上 | 9.0 | 8.1 |

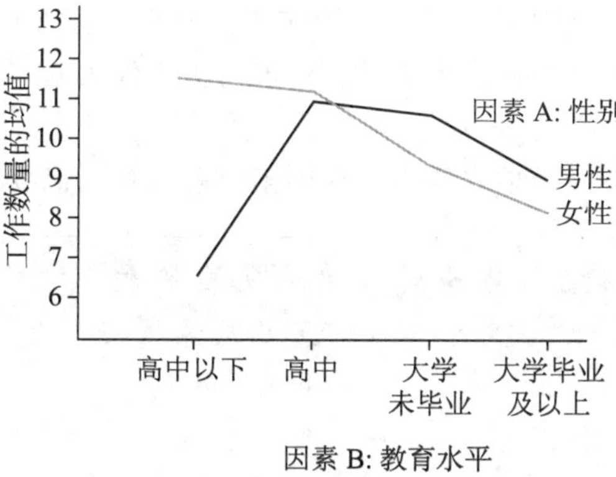


**图 14—6　例 14.4a 的平均响应值**

比较图 14—5 和图 14—6 可以发现，在图 14—5 中，男性和女性响应均值的连线比较相似，几乎是平行的，但图 14—6 中的两条直线却是不平行的。很明显，高中没有毕业的男性工作数量的均值较小，模式也不同。不管怎么样，此时高中以下学历的男性拥有较少的工作。

## □ 14-5f　完全析因试验的方差分析

在例 14.4 的解答中，我们首先从使用单因素方差分析来确定八个类均值之间是否存在差异开始解答该问题。这完全是出于教学目的，是为了让大家知道当类均值存在差异时，我们应该分析引起差异的原因。在实际应用中，我们通常不这样进行完全析因试验的检验。(应该注意，有些统计人员偏好这种“双阶段”的策略。) 我们建议你直接进行双因素方差分析。

在例 14.4 的两个版本中，我们对每一个因素和交互作用分别进行了检验。

然而，如果有足够的证据证明存在交互作用，就无须进行因素的检验了。因素 A 的各水平之间或因素 B 的各水平之间的差异可能存在，也可能不存在。因此，我们需要调整 $F$ 检验的顺序。

**双因素方差分析中检验的顺序**

首先检验交互性。如果有足够的证据推断存在交互作用，就不需要做其他检验了。

如果没有足够的证据推断存在交互作用，那么再对因素 A 和因素 B 进行 $F$ 检验。

### □ 14-5g 理解统计概念

或许你已经注意到，双因素试验和随机化区组试验是很相似的。事实上，当重复数为 1 时，两个计算过程是完全一样的 (Minitab 中使用的是相同的命令)。这就引出了一个问题：多因素试验中的一个因素和随机化区组试验中的一个组之间有什么区别？一般说来，两种试验设计的区别在于：随机化区组试验中的组是为了降低差异；而双因素模型中，统计人员所关心的是因素对因变量的作用。分组的标准通常是试验单元的特征。因此，试验单元的特征即因素在多因素试验中没有被当作因素，而在随机化区组试验中却被当作组。

最后，我们总结一下使用独立样本的双因素方差分析时需要考虑的要素。

**使用独立样本的双因素方差分析时所考虑的要素**

1. 目标：比较两个或多个总体 (这里的总体被定义为两个因素的各水平的组合)
2. 数据类型：定距数据
3. 试验设计：独立样本

## 习 题

**14.88** 在一个双因素方差分析试验中，$a=3$，$b=4$，$r=20$。计算得到以下平方和：

SS(总)=42 450　　SS(A)=1 560

SS(B)=2 880　　SS(AB)=7 605

在 1%的显著性水平下，估计因素 A 的各水平之间、因素 B 的各水平之间是否存在差异以及是否存在交互作用。

**14.89** 一个统计人员进行了一次 $a=4$，$b=3$，$r=8$ 的双因素方差分析试验。计算得到以下平方和：

SS(总)=9 420　　SS(A)=203

SS(B)=859　　SS(AB)=513

a. 在 5%的显著性水平下，估计因素 A 和因素 B 之间是否有交互作用。

b. 在 5%的显著性水平下，估计因素 A 的各水平之间是否存在差异。

c. 在 5%的显著性水平下，估计因素 B 的各水平之间是否存在差异。

**14.90 Xr14-90** 以下数据是从一个 2×2 的析因试验中得到的，其中重复数为 3。

| **因素 A** | **因素 B** | |
|---|---|---|
| | **1** | **2** |
| 1 | 6 | 12 |
| | 9 | 10 |
| | 7 | 11 |
| 2 | 9 | 15 |
| | 10 | 14 |
| | 5 | 10 |

a. 在 5%的显著性水平下，估计因素 A 和因素 B 之间是否有交互作用。

b. 在 5%的显著性水平下，估计因素 A 的各水平之间是否存在差异。

c. 在 5%的显著性水平下，估计因素 B 的各水平之间是否存在差异。

**14.91 Xr14-91** 以下数据是从一个 2×3 的析因试验中得到的，其中重复数为 4。

| **因素 A** | **因素 B** | |
|---|---|---|
| | **1** | **2** |
| 1 | 23 | 20 |
| | 18 | 17 |
| | 17 | 16 |
| | 20 | 19 |
| 2 | 27 | 29 |
| | 23 | 23 |
| | 20 | 27 |
| | 28 | 25 |
| 3 | 23 | 27 |
| | 21 | 19 |
| | 24 | 20 |
| | 16 | 22 |

a. 在5%的显著性水平下，估计因素A和因素B之间是否有交互作用。

b. 在5%的显著性水平下，估计因素A的各水平之间是否存在差异。

c. 在5%的显著性水平下，估计因素B的各水平之间是否存在差异。

**14.92　Xr14-92**　参见例14.4。给所有男性的数据加上2，你能得到什么信息？

**14.93　Xr14-93**　参见例14.4。将第八个类的数据减去4，你能得到什么信息？

**应用**

下面的习题要求使用计算机和统计软件。

**14.94　Xr14-94**　参考习题14.10。假设按照如下方法重新进行试验：30名纳税人每人填写四种纳税表格。其中，第一组中的10人的收入水平一栏中填的是最低的一格，第二组中的10人是接下来的一格，第三组中的10人是收入水平最高的一格。他们填写表格所需的时间被记录了下来。

第1列：组号

第2列：完成表1的时间（前10行=收入水平最低的人，接下来10行=中等收入水平的人，最后10行=收入水平最高的人）

第3列：完成表2的时间（同第2列的格式）

第4列：完成表3的时间（同第2列的格式）

第5列：完成表4的时间（同第2列的格式）

a. 这个试验中有多少类？

b. 这个试验中有多少因素？它们分别是什么？

c. 每个因素的水平是什么？

d. 在5%的显著性水平下，我们能否得出四种表格之间存在差异的结论？

e. 在5%的显著性水平下，我们能否认为不同收入水平的纳税者填写四种表格所用的时间存在差异？

f. 在5%的显著性水平下，有没有证据证明两个因素之间有交互作用？

**14.95　Xr14-95**　清洁剂生产厂商经常宣称自己产品的效用非常好。一个消费者保护组织决定对五种销量最好的清洁剂品牌进行检验，这五种品牌的生产厂家都声称它们的产品在任何水温下均可以起到很好的清洁效果。试验采用如下方式进行。150条白色的被单受到相同程度的污染。每30条被单用一种牌子的清洁剂洗涤——10条用冷水，10条用温水，10条用热水。洗后，用激光设备对每条被单的“白色”程度进行测量。

第1列：水温的编码

第2列：清洁剂1的得分（前10行=冷水，接下来10行=温水，最后10行=热水）

第3列：清洁剂2的得分（同第2列的格式）

第4列：清洁剂3的得分（同第2列的格式）

第5列：清洁剂4的得分（同第2列的格式）

第6列：清洁剂5的得分（同第2列的格式）

a. 该试验中的因素有哪些？

b. 因变量是哪个？

c. 确定每个因素的水平。

d. 在 5%的显著性水平下，我们能否认为五种清洁剂之间存在差异？我们能否认为三种水温之间存在差异？检验并判断两个因素之间是否有交互影响。

**14.96　Xr14-96**　头痛症是最常见的但是最不被了解的疾病之一。大多数人每个月都会有几次头痛，人们常常用一些非处方药来缓解这种症状。然而，对于很大一部分人来说，头痛症使他们的身体变得越来越虚弱，甚至达到了无法忍受的地步。许多这样的人尝试过很多可能的治疗方法，包括麻醉、催眠、生物反馈和针刺疗法，但基本上都没有效果。在最近几年中，出现了一种有望治疗这种疾病的疗法。简单地说，这种疗法就是对枕部（位于颈部后端）周围进行多次注射麻醉。目前的疗程是每周注射一次，一共四周。然而，有人建议说另外一种疗程会更好，即每隔一天注射四次的总量。除此以外，有些医生还建议，该疗法与某些药物一起使用疗效会更好。为了分析这个问题，有人组织了一次试验。该试验要检验的是两种注射疗程间的差异，以及确定它们与四种药物一起使用时是否存在差异。由于注射疗程和药物之间会产生交互作用，所以采用完全析因试验方式。随机选取五组病人，每组八人，每组病人采用药物和疗程组合中的一种进行治疗。记下 40 名病人接受治疗前以及接受治疗后 30 天内头痛的频率、持续时间、头痛的严重程度。研究人员为头痛程度建立了一个从 0 到 100 的程度表，其中 0 代表没有头痛，100 代表程度最大。每个病人在头痛程度表中的改善情况都被记录了下来，并且被重新处理，列在下表中（负值代表情况变得糟糕）。（作者对 Dr. Lorne Greenspan 在编写本例题时所做出的帮助表示感谢。）

**头痛程度改善情况**

| 疗程 | 药物组合 | | | |
|---|---|---|---|---|
| | 1 | 2 | 3 | 4 |
| 每周一次（四周） | 17 | 24 | 14 | 10 |
| | 6 | 15 | 9 | −1 |
| | 10 | 10 | 12 | 0 |
| | 12 | 16 | 0 | 3 |
| | 14 | 14 | 6 | −1 |
| 每两天一次（四天） | 18 | −2 | 20 | −2 |
| | 9 | 0 | 16 | 7 |
| | 17 | 17 | 12 | 10 |
| | 21 | 2 | 17 | 6 |
| | 15 | 6 | 18 | 7 |

a. 该试验中的因素有哪些？

b. 因变量是哪个？

c. 确定每个因素的水平。

d. 在 5%的显著性水平下，使用你认为合适的检验方法来判断是否有足够的证据表明两种疗程之间、四种药物之间存在差异以及存在交互作用。

**14.97　Xr14-97**　多数大学教授喜欢让学生积极地参与到课堂中来。他们希望学生向他们提问，或是回答他们提出的问题，使课堂气氛变得更有趣、课程变得更有意义。许多教授寻找各种方式鼓励他们的学生参与到课堂中来。一位纽约社区学院的统计学教授认为，有许多外部因素会影响学生的课堂参与度，而时间和桌椅的形状是其中的两个。于是，他组织了一次试验。他为各有 60 名学生的六个班级安排了一学期的课程表。两个班级安排在上午 9 点，两个班级安排在下午 1 点，两个班级安排在下午 4 点。三次上课时间中的每一次都安排其中的一个班级在每排有 10 个座位的教室上课；另一班级在 U 形阶梯教室上课，这样学生不仅可以看到老师，也可以看到他们的同学。他记录了每个班级的学生提问和回答问题的次数（记录多于五天），以此来衡量学生在课堂上的参与度。这些数据在下表中列出。

| 教室结构 | 时间 | | |
|---|---|---|---|
| | **上午 9 点** | **下午 1 点** | **下午 4 点** |
| 行形 | 10 | 9 | 7 |
| | 7 | 12 | 12 |
| | 9 | 12 | 9 |
| | 6 | 14 | 20 |
| | 8 | 8 | 7 |
| U 形 | 15 | 4 | 7 |
| | 18 | 4 | 4 |
| | 11 | 7 | 9 |
| | 13 | 4 | 8 |
| | 13 | 6 | 7 |

a. 这个试验中有多少因素？

b. 因变量是什么？

c. 确定每个因素的水平。

d. 从这些数据中，该教授能得到什么结论（$\alpha=0.05$）？

## 14.6 在运营管理中的应用：发现并降低变异（可选）

在介绍例 12.3 时，我们指出一个产品的组成部件的大小、重量或者容量的差异都会导致产品报废或者不能正常工作。遗憾的是，完全消除这种差异是不可能的。产品和生产流程的设计者完全知道这个事实。于是，在确定产品的长度、重量或者其他一些特征的时候，他们都考虑到了一些差异，称为容忍度（tolerance）。例如，汽车活塞环的直径为 0.826 毫米，它的容许误差为 0.006 毫米，即只要直径在 $0.826-0.006=0.820$ 毫米和 $0.826+0.006=0.832$ 毫米之间，该产品就能正常工作。这两个数分别被称为规格下限（lower specification limits，LSL）和规格上限（upper specification limits，USL）。

假设汽车活塞环的直径是一个服从正态分布的随机变量，它的均值为 0.826 毫米，标准差为 0.003 毫米。我们可以计算出汽车活塞环的直径处于规格限内的概率，即

$$\begin{aligned}P(0.820<X<0.832)&=P\left(\frac{0.820-0.826}{0.003}<\frac{X-\mu}{\sigma}<\frac{0.832-0.826}{0.003}\right)\\&=P(-2.0<Z<2.0)\\&=0.9772-0.0228\\&=0.9544\end{aligned}$$

汽车活塞环的直径不符合规格的概率为 1－0.954 4＝0.045 6。这个概率值是衡量处理能力的一个指标。

如果我们可以降低标准差，那么符合直径规格的汽车活塞环的比例将会更大。假设运营经理已经将标准差降低到了 0.002 毫米，则不符合规格的活塞环的比例为 0.002 6。如果概率很小，我们就把这个概率表述成每百万或每十亿单位中次品的数量。因此，如果标准差为 0.002 毫米，期望的次品数就是每百万件 2 600 个。许多厂家的目标就是降低标准差，从而使规格下限和规格上限离开均值至少 6 个标准差的距离。如果标准差为 0.001 毫米，不合格的汽车活塞环的比例为 $1-P(-6<Z<6)$，就是每 10 亿 2 个。（顺便说一下，这个数字通常被表述为每百万 3.4 个。）这个目标被称为 $6\sigma$。图 14—7 描绘了合格的和不合格的汽车活塞环的比例，其中 $\sigma$ 分别为 $\sigma=0.003$ 毫米，$\sigma=0.002$ 毫米，$\sigma=0.001$ 毫米。

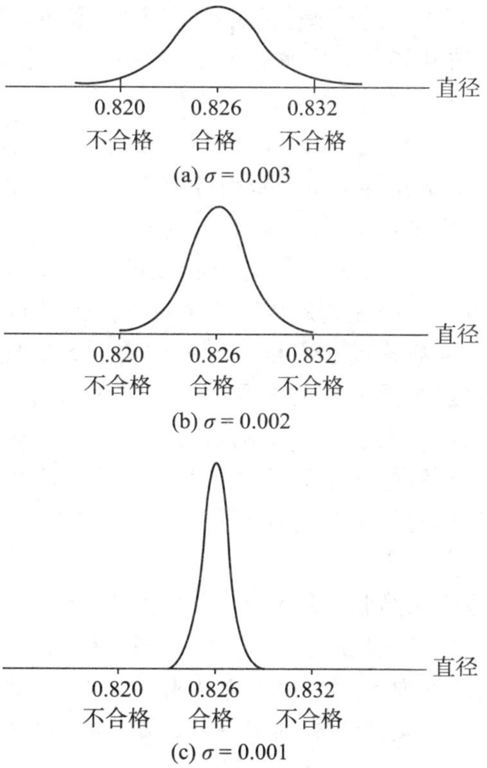


**图 14—7　合格的和不合格的汽车活塞环的比例**

另外一种衡量工作过程好坏的指标被称为处理能力指数，记作 $C_p$，定义如下：

$$C_p=\frac{\text{USL}-\text{LSL}}{6\sigma}$$

在上面的说明中，我们计算得 USL＝0.832 毫米，LSL＝0.820 毫米。如果标准差为 0.002 毫米，那么

$$C_p=\frac{\text{USL}-\text{LSL}}{6\sigma}=\frac{0.832-0.820}{6\times 0.002}=1.0$$

处理能力指数越高，加工过程符合规格的可能性就越大。$C_p=1.0$ 表示一个规格限为均值上下 3 个标准差的生产过程，$C_p=2.0$ 表示规格限为均值上下 6 个标准差的生产过程。$6\sigma$ 是许多厂家的目标。

在实际应用中，标准差必须根据相关数据估算。我们将在第 21 章中解决这个问题。

### □ 14－6a　田口损失函数

纵观历史，运营经理们应用了“门柱”哲学——这个名字是从足球运动中得来的。只要足球被踢进了门柱之间的任何一个地方，它就如同刚好将球踢到两门柱正中间一样成功。根据“门柱”哲学，直径为 0.821 毫米的汽车活塞环与直径恰好为 0.826 毫米的汽车活塞环一样是合格有效的。也就是说，该公司只有在产品位于“门柱”之外的时候才会有损失，位于“门柱”之间的产品不会导致财务损失。对于许多公司来说，这个哲学已经被田口损失函数取代了。这个函数以日本统计学家田口玄一（Genichi Taguchi）的名字命名，他的思想和方法渗透于所有有关质量管理的统计学应用。

长度或重量在规格容许误差之间的产品的工作方式并不是完全相同的。一个刚好进入“门柱”里的产品和一个恰好位于两“门柱”中心的产品之间是存在差异的。田口损失函数说明，任何与规格间的差异都将导致财务损失。另外，产品偏离规格越远，损失将会越大。上面所说的活塞环的规格要求的直径为 0.826 毫米，这个数字是由生产者规定的最合适的质量水平。任何一点差异都将引起或可能引起其他部分过早地磨损、破坏。尽管消费者并不知道这个问题的原因，但是他们知道损坏的部分必须被更换掉。这种差异越大，零部件的损坏速度和更换速度就越快。如果损坏的部分在正当的保修范围之内，那么生产商将因为更换它而遭受损失；如果保修过期了，那么消费者必须自己为更换部件支付费用，这会引起一些消费者的不满，将来他们就有可能选择购买其他公司的产品。不管在哪种情况下，公司都将遭受金钱上的损失。图 14—8 描绘了损失函数。可以看到，任何对规格的背离都将导致一些损失；背离程度越大，损失就越大。

管理学家指出，损失函数可以表示为一个生产过程的均值和方差的函数。在图 14—9 中，我们描绘了直径的正态分布，直径的规格被确定为 0.826 毫米。如果该分布的均值为 0.826，那么任何损失都是由方差引起的。第 21 章将要介绍的统计方法常用于将分布中心置于规格点。降低差异的第一步是要找到差异的来源，我们可以通过试验做到这一点。原理十分简单，它建立在前几节介绍的概念之上。

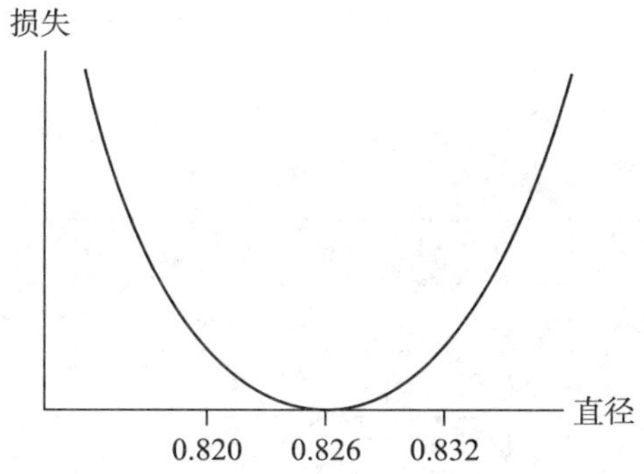


**图 14—8　田口损失函数**

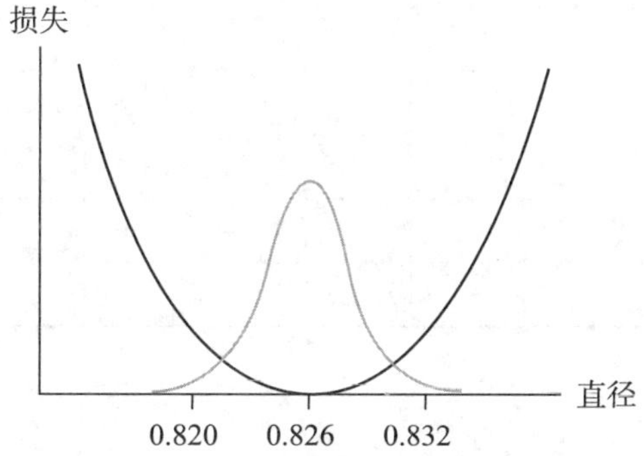


**图 14—9　田口损失函数和活塞环的分布**

运营管理的一个重要功能是产品设计，即如何生产产品。在运营管理的介绍中，我们讨论了 4M：机器（machine）、材料（material）、方法（method）和人员（manpower）。通过改变其中部分或所有因素，运营经理可以改变产品的大小、重量或者体积，并最终改变产品的质量。



## 例 14.5　引起钢筋长度差异的原因

数据：Xm14 - 05

钢筋是航天飞机引擎的关键组件之一，其长度必须为 41.387cm。但车间管理员发现生产出的成品的长度存在差异，有时候由于钢筋过长或过短，只能废弃或返工。车间管理员确信，造成差异的部分原因在于设计制造流程的方式。特别地，他认为机器之间和操作员之间的不同造成了这些差异。为找出事实的真相，他组织了一个试验。3 位操作员每人在 4 台机器上各生产 5 根钢筋。测量并记录钢筋长度，判断机器或操作员（或二者兼有）是不是造成钢筋长度差异的真正原因。

### 识　别

两个因素分别为操作员和机器；操作员有 3 个水平，机器有 4 个水平；我们采用的模型是双因素有交互作用的模型。计算机输出结果如下。

## 计 算

**Excel**

| | A | B | C | D | E | F | G |
|---|---|---|---|---|---|---|---|
| 1 | 方差分析：可重复双因素分析 | | | | | | |
| 2 | | | | | | | |
| 3 | 方差分析 | | | | | | |
| 4 | 差异源 | SS | df | MS | F | P-value | F crit |
| 5 | 样本 | 0.015 1 | 2 | 0.007 6 | 6.98 | 0.002 2 | 3.190 7 |
| 6 | 列 | 0.003 4 | 3 | 0.001 1 | 1.04 | 0.385 6 | 2.798 1 |
| 7 | 交互 | 0.004 6 | 6 | 0.000 8 | 0.71 | 0.639 4 | 2.294 6 |
| 8 | 内部 | 0.052 0 | 48 | 0.001 1 | | | |
| 9 | | | | | | | |
| 10 | 总计 | 0.075 1 | 59 | | | | |

**Minitab**

Xm14－00a 以 Minitab 格式保存了数据。

**Two-way Analysis of Variance**

Analysis of Variance for Rods

| Source | DF | SS | MS | F | P |
|---|---|---|---|---|---|
| Machine | 3 | 3 363 | 1 121 | 1.04 | 0.386 |
| Operator | 2 | 15 133 | 7 566 | 6.98 | 0.002 |
| Interaction | 6 | 4 646 | 774 | 0.71 | 0.639 |
| Error | 48 | 51 995 | 1 083 | | |
| Total | 59 | 75 137 | | | |

## 解 释

我们首先检验交互影响。$F$ 统计量为 0.71，$p$ 值为 0.639 4。没有证据表明机器和操作员之间有交互作用。接下来，我们检验并确定每个因素的水平之间是否存在差异。操作员因素的 $F$ 统计量为 6.98（$p$ 值为 0.002 2），机器的 $F$ 统计量为 1.04（$p$ 值为 0.385 6）。我们得到如下结论：只有操作员的各水平之间存在差异。因此，差异的唯一来源是不同的操作者。现在，该运营经理可以关注并降低或消除这个差异了。比如，在将来他可以只雇用一个操作员，或者研究为什么操作员之间会存在差异。

本章开篇的那个例子说明了这个策略。因为我们将讨论限于双因素模型，所以这个例子反映了双因素试验设计的特点。然而，有一点我们必须明白，那就是彻底地了解差异的来源需要更为复杂的模型。

### □ 14-6b 试验的设计和田口方法的设计

在刚刚讨论的例子中，试验只用到了两个因素。在实际应用中，往往有更多因素。问题在于组合的总数有可能更大，这会使任何试验都花费相当多的时间和费用。比如，如果有 10 个因素，每个因素有 2 个水平，其组合的数量就是 $2^{10}=1\ 024$。如果我们用 10 个重复衡量每个组合，观测值的数量就为 10 240，这是试验不可能做到的。幸好，大大降低这个数字是有可能的。通过使用正交矩阵，我们可以进行部分析因试验，该试验使我们可以在较小的成本下得出有用的结果。部分析因试验的设计和统计分析超出了本书的范围，感兴趣的读者可以从有关高级数学和统计学的书中学习更多相关内容。

## 习　题

**应用**

下列习题需要利用计算机和统计软件才能完成。部分答案可由手工计算得出。使用 5%的显著性水平。

**14.98　Xr14-98**　位于车的前座的靠头之物是为了在车被从后面撞击时保护司机和前座的乘客免受反向冲击而设计的。它的框架是由金属棒制成的，有一种专门的机器可以将金属棒弯成 440 毫米的 U 形；它对宽度的要求是很严格的——太宽或者太窄都将导致它不能装进打在车座的框架上的洞中。某工厂用不同的金属合金进行了多次试验，希望找到一种最适合制作靠架的金属合金。差异的另外一个可能来源是加工时使用的机器。为了更多地了解加工过程，运营经理进行了一项试验，使用两台机器，用目前使用的两种金属合金各加工 10 个靠头物，对每个框架都进行测量，测得的数据（单位：毫米）使用如下格式保存。分析数据，确定合金、机器或两者的组合是不是差异的来源。

第 1 列：机器 1；1～10 行合金 A；11～20 行合金 B

第 2 列：机器 2；1～10 行合金 A；11～20 行合金 B

**14.99　Xr14-99**　一家油漆生产商试图改进灌装 1 加仑油漆桶的过程。有人建议说，有多种不同的合金可以制作管口。另外，让灌装过程"知道"何时停止油漆流的方法有两种——预先设置灌装的量或者测量桶中已经灌入的油漆量。为了确定哪些因素导致了差异，该公司进行了一次试验，用 4 种可以用于生产管口的合金和两种测量设备分别灌装 5 个油漆桶。准确地测量每个桶中的油漆量，测得的数据（单位：升）按照如下方式保存。

第 1 列：设备 1；1～5 行合金 A；6～10 行合金 B，依此类推

第 2 列：设备 2；1～5 行合金 A；6～10 行合金 B，依此类推

我们能否推出合金、测量设备或者两者的组合是差异的来源？

**14.100 Xr14-100** 公司的营销部门确信，一种可以容下电脑所有部件的特殊桌子的市场正在逐步增大，该经理则被任命制订一个以较低的成本生产高质量桌子的计划。桌子的特性已经由营销部门的人员口述给业务部门了，他们详细说明了制作这种桌子需要的特殊材料并强调了生产零件的工具。有 3 种方法可以用于生产该产品。另外，由于操作的复杂性，该经理意识到，不同技能水平的工人生产的结果会有不同。于是他组织了一次试验，分别抽取 3 组不同技能水平的工人，这 3 组工人又进一步被分在两个子群中，每一个子群分别使用方法 A 和方法 B 装配桌子。每装配 8 张桌子的时间被记录了下来并保存。（第 1 列和第 2 列中为方法 A 和 B 的装配时间；1～8 行、9～16 行、17～24 行分别代表 3 种技能水平。）从这些数据中我们可以得到什么结论？

## 小　结

方差分析可以检验定距数据的总体之间的差异。本章中介绍了三种试验设计的分析结果：第一种是单因素方差分析；第二种是随机化区组试验设计，数据是从配对试验或分组试验中观测得来的（也被称为双因素方差分析）；第三种是双因素试验设计，其中类是指两个因素各水平的组合。所有方差分析都是将总平方和分成若干差异来源，根据差异来源可以计算出均方和 $F$ 统计量。

我们介绍了三种多重比较方法，使用多重比较方法可以确定单因素方差分析中的哪些均值之间存在差异。

最后，我们还介绍了方差分析在运营管理中的应用。

**重要术语**

| | | |
|---|---|---|
| 方差分析 | 组均值 | 单因素方差分析 |
| 因变量 | 响应 | 试验单元 |
| 因素 | 水平 | 组间变异 |
| 组间平方和 | 组内变异 | 误差平方和 |
| 均方 | 组内均方 | 均方误 |
| $F$ 统计量 | 方差分析表 | 总变异 |
| 总平方和 | 完全随机化方差分析设计 | 多重比较 |
| 最小显著差异 | 庞费洛尼调整 | 图基多重比较法 |
| 多因素试验 | 随机化区组设计 | 重复测量设计 |
| 双因素方差分析 | 固定效应方差分析 | 随机效应方差分析 |
| 组平方和 | 析因试验 | 交互作用 |
| 完全析因试验 | 重复 | 平衡设计 |

## 符号

| 符号 | 意义 |
|---|---|
| $\bar{\bar{x}}$ | 总均值 |
| $\bar{x}[\mathrm{T}]_j$ | 第 $j$ 类的均值 |
| $\bar{x}[\mathrm{B}]_i$ | 第 $i$ 组的均值 |
| $\bar{x}[\mathrm{AB}]_{ij}$ | 第 $ij$ 类的均值 |
| $\bar{x}[\mathrm{A}]_i$ | 因素 A 的第 $i$ 个水平的观测值的均值 |
| $\bar{x}[\mathrm{B}]_j$ | 因素 B 的第 $j$ 个水平的观测值的均值 |
| $q$ | 学生 $t$ 分布的范围 |
| $\omega$ | 图基多重比较法的临界值 |
| $q_\alpha(k, v)$ | 学生 $t$ 分布的临界值 |
| $n_g$ | $k$ 个样本中每个样本的观测值个数 |

## 公式

单因素方差分析

$$\mathrm{SST}=\sum_{j=1}^{k} n_j(\bar{x}_j-\bar{\bar{x}})^2$$

$$\mathrm{SSE}=\sum_{j=1}^{k}\sum_{i=1}^{n_j}(x_{ij}-\bar{x}_j)^2$$

$$\mathrm{MST}=\frac{\mathrm{SST}}{k-1}$$

$$\mathrm{MSE}=\frac{\mathrm{SSE}}{n-k}$$

$$F=\frac{\mathrm{MST}}{\mathrm{MSE}}$$

最小显著差异法

$$\mathrm{LSD}=t_{\alpha/2}\sqrt{\mathrm{MSE}\left(\frac{1}{n_i}+\frac{1}{n_j}\right)}$$

图基多重比较法

$$\omega=q_\alpha(k,v)\sqrt{\frac{\mathrm{MSE}}{n_g}}$$

双因素方差分析（随机化区组试验设计）

$$SS(总)=\sum_{j=1}^{k}\sum_{i=1}^{b}(x_{ij}-\bar{\bar{x}})^2$$

$$SST=\sum_{j=1}^{k}b(\bar{x}[T]_j-\bar{\bar{x}})^2$$

$$SSB=\sum_{i=1}^{b}k(x[B]_i-\bar{\bar{x}})^2$$

$$SSE=\sum_{j=1}^{k}\sum_{i=1}^{b}(x_{ij}-\bar{x}[T]_j-\bar{x}[B]_i+\bar{\bar{x}})^2$$

$$MST=\frac{SST}{k-1}$$

$$MSB=\frac{SSB}{b-1}$$

$$MSE=\frac{SSE}{n-k-b+1}$$

$$F=\frac{MST}{MSE}$$

$$F=\frac{MSB}{MSE}$$

双因素方差分析

$$SS(T)=\sum_{i=1}^{a}\sum_{j=1}^{b}\sum_{k=1}^{r}(x_{ijk}-\bar{\bar{x}})^2$$

$$SS(A)=rb\sum_{i=1}^{a}(\bar{x}[A]_i-\bar{\bar{x}})^2$$

$$SS(B)=ra\sum_{j=1}^{b}(\bar{x}[B]_j-\bar{\bar{x}})^2$$

$$SS(AB)=r\sum_{i=1}^{a}\sum_{j=1}^{b}(\bar{x}[AB]_{ij}-\bar{x}[A]_i-\bar{x}[B]_j+\bar{\bar{x}})^2$$

$$SSE=\sum_{i=1}^{a}\sum_{j=1}^{b}\sum_{k=1}^{r}(x_{ijk}-\bar{x}[AB]_{ij})^2$$

$$MS(A)=\frac{SS(A)}{a-1}$$

$$MS(B)=\frac{SS(B)}{b-1}$$

$$MS(AB)=\frac{SS(AB)}{(a-1)(b-1)}$$

$$F=\frac{MS(A)}{MSE}$$

$$F=\frac{MS(B)}{MSE}$$

$$F=\frac{MS(AB)}{MSE}$$

## 习　题

以下习题需要使用计算机和软件。使用5%的显著性水平。

**14.101　Xr14 - 101**　由于工伤，每年都有几十亿美元的资金流失。如果受伤的工人可以快速返回工作岗位，那么这笔支出将会大大降低。为了分析工人返回工作岗位需要多长时间，有人抽取了年龄在35～45岁轻度骨折的工人作为样本。研究人员认为，心理和身体状况都会影响康复时间。他们发给每个受调查者一份问卷，以此来推测工人是乐观主义者还是悲观主义者。工人的身体状况同样也被评估并归为健康、一般或者不健康中的一类。每个人完全康复的时间被记录了下来。

第1列：乐观主义者的康复时间（1～10行＝健康，11～20行＝一般，21～30＝不健康）

第2列：悲观主义者的康复时间（同上）

a. 该试验中的因素是什么？每个因素的水平是什么？

b. 我们能否得出悲观主义者和乐观主义者的康复时间不同的结论？

c. 能否得出身体状况会影响康复时间的结论？

**14.102　Xr14 - 102**　为帮助高中生选择专业，一家名为PayScale的公司对不同专业的毕业生进行了一系列调查。其中的一项调查询问了以下专业的毕业生在该领域工作至少十年后的年收入。

基础教育

人类发展

社会工作

特殊教育

我们能够推断四类专业在收入水平上存在差异吗？

**14.103　Xr14 - 103**　征收房产税的可行的强制性措施在一个拥有5个区的大城市里一直是一个政治上的敏感话题。目前，财产税的征收是以一个评估系统为基础的，该系统可以追溯到1950年。在该系统中，新房屋往往比旧房屋的评估价值高，这造成了许多不公正的评判。于是有人建议了一个以房屋的市场价值为基础的新系统。该建议的反对者认为，平均来说，某些区的居民不得不支付相当多的费用，而其他区的居民支付的相对较少。作为研究的一部分，从每个区抽取几户家庭，分别用两种不同的系统对它们的房屋进行评估，并记录每户增加的费用的百分比（降低就用负号表示）。

a. 我们能否推出新的评估系统对5个区产生的影响是不同的？

b. 如果存在影响上的差异，哪个区受到的影响最大？使用图基多重比较法解答。

c. 你的结论正确的必要条件是什么？

d. 必要条件是否满足？

**14.104　Xr14 - 104**　《学生报》的主编决定对报纸的版面进行一些改动。同时，他还在考虑改变打印使用的字体。为了帮助做决定，他组织了一次试验，让20人每人阅读4页报纸，每页报纸都采用不同的字体印刷。如果阅读的速度有差异，那么将采用最容易阅读的报纸的字体。但是，如果没有足够的证据推出存在阅读速度上的差异，那么他将继续采用现在的字体。他记录了每个人阅读完 1 页报纸所用的时间（单位：秒）。该主编应该做出什么决定？

**14.105　Xr14－105**　生产儿童产品很重要的一点就是做一些能够吸引孩子注意力的广告。一个受雇于一家市场研究公司的心理学家想了解收看不同产品的广告的孩子的注意力范围是否存在差异。于是他找来了 150 名 10 岁以下的孩子做了一次试验。他让其中的 1/3 收看一则 60 秒的电脑游戏的广告，1/3 收看早餐谷物食品的广告，另外 1/3 收看儿童服装的广告，并记录他们的注意力范围。这些数据是否可以提供足够的证据，得出收看三种广告的孩子的注意力范围不同的结论？

**14.106　Xr14－106**　重新考虑习题 14.105 中的试验，该心理学家觉得孩子的年龄可能会影响他们的注意力范围。于是，他按照如下方法重新做了一个试验。各抽取 3 个 10 岁、9 岁、8 岁、7 岁、6 岁、5 岁、4 岁的孩子，随机分派他们去收看三则广告中的一则，并记录他们的注意力范围。所得结果是否能说明广告在吸引孩子注意力上存在差异？

**14.107　Xr14－107**　对于销售人员来说，了解人们如何选购某件商品是很重要的。假设一种新型汽车的销售人员认为，购车者的年龄和性别会对他们的心理价位产生影响。他将一组男性和女性对一款价值 25 000 美元的福特 Taurus 给出的初始价位记录了下来。除了性别之外，该销售人员同样将他们的年龄段记录了下来。同时他还记录了每个人给出的初始价位与这款车的要价的差值（低于要价的部分）数据，数据采用如下格式保存：

第 1 列：低于 30 岁的人的数据（1～25 行＝女性，26～50 行＝男性）
第 2 列：30～45 岁的人的数据（同上）
第 3 列：45 岁以上的人的数据（同上）

从这些数据中可以得出什么结论？

**14.108　Xr14－108**　阅读本页书的读者中有许多人可能知道如何使用全语言方法来阅读。这种方法主张，阅读的一个自然有效的方法是通读文章中的每一个单词，学生们通过发现他们以前见到过的单词学习如何阅读。以前，这是北美地区一种主要的教学方法，它代替了基础语音教学法。在基础语音教学中，孩子们被教导用试探性的方法将字母组成单词。全语言教学法是基本上没有通过研究就建立起来的一种教学法，因此在过去它受到了严厉的指责。一项近期的研究解决了到底应该采用何种方法进行教学的问题。休斯敦大学一名教育心理学家在美国科学促进会的一次年度会议上提出了该项研究。研究的主要对象是 375 名休斯敦大学一年级的学生，他们被分成三组：一组接受全语言教学法教学，一组接受纯基础语音教学法教学，第三组接受混合的或高级语音教学法教学。在学期末，要求这些学生读出表中的 50 个单词。每个学生读出的单词的数量被记录了下来。

a. 从中我们能否推断三种教学方法的效果是不同的？

b. 如果存在差异，判断哪种教学方法是最佳的。

**14.109　Xr14－109**　出生前就受音乐熏陶的孩子是不是比较聪明？如果是的话，那么什么种类的音乐是最好的？威斯康星州大学的研究人员用白鼠进行了一次试验。他们随机选择了一些怀孕的老鼠，并将它们分成三组。让第一组老鼠听莫扎特的音乐，让第二组老鼠听白噪音（一种稳定的嗡嗡声，不含有音乐元素），让第三组老鼠听菲利普·格拉斯的音乐，他的作曲非常简单。然后研究人员训练刚出生的小老鼠在一个迷宫里寻找食物。这些小老鼠走完迷宫的时间被记录了下来。

a. 从这些数据中能否推出三组老鼠之间存在差异？

b. 如果有差异，判断哪一组老鼠是最聪明的。

**14.110　Xr14 - 110**　不断上涨的费用使一些学生毕业时将负担大量债务。为了研究这个问题，随机询问一群刚毕业的学生是否有学生贷款，如果有，毕业时的债务是多少。每个回答“有”的学生还被询问了他们是文学学士、理学学士、工商管理学学士还是其他专业的学士。学生的负债额被记录了下来。我们能否得出四种学位学生的债务是不同的？

**14.111　Xr14 - 111**　研究显示，单身的男性投资者倾向于冒险，而已婚的女性投资者比较保守。这就引出了一个问题：“哪种类型的人的投资收益最佳?”单身男性、已婚男性、单身女性、已婚女性的经风险调整的投资收益率被记录了下来并分别保存。我们能否推断这四种类型的投资者之间存在差异？

**14.112　Xr14 - 112**　许多餐馆都打算在周末晚实现三次“翻桌”，即每张桌子可以先后坐三个不同的顾客。显然，食用甜点和咖啡打发时间的结伴而来的顾客会使餐馆损失其他顾客。为了确定哪种群体的人倾向于食用甜点或咖啡而逗留在餐馆里，该店随机抽取 150 组顾客，记录下每一组顾客的人数以及他们在餐馆里停留的时间。

列 A：2 人组的逗留时间
列 B：3 人组的逗留时间
列 C：4 人组的逗留时间
列 D：多于 4 人的组的逗留时间

从这些数据中，我们是否可以推断顾客在餐馆里逗留的时间取决于参加聚会的人的多少？

**14.113　Xr14 - 113**　当某天股票市场走势全天下滑时，第二天的走势是反弹还是继续下跌？为了回答这个问题，某经济学家考察了随机抽取的若干多伦多股票指数（TSE）每天的变化情况。他将每天股票指数变化的百分比都记录了下来，并且将下降的幅度分成了几类：

下降幅度小于 0.5%
下降幅度在 0.5%～1.5%之间
下降幅度在 1.5%～2.5%之间
下降幅度大于 2.5%

对应每一天，他都记录下第二天指数变化的幅度。从中我们是否可以推断，由于前一天的下降幅度不同，多伦多股票指数的改变量存在差异？（本习题基于左岸经济学咨询公司的经济学家 Tim Whitehead 的一项研究。）

**14.114　Xr14 - 114**　股票市场投资者总是在寻找“圣杯”，它是一个信号，可以告诉投资者股市已经降至最低点或者已经涨至最高点。有几种指标可以给出这样的指示信号。一种是购买信号，它是由 Gerald Appel 发明的。Appel 说当纽约证券交易所每周的收盘指数与 10 周内的移动平均数（参见第 20 章）之间的差值为 −4.0 或更多的时候，股市就降至它的最低点了。另一种是底盘指示信号，它基于识别股票指数线图的形状。一位金融分析师随机选取 100 周做了一次试验。他每周都判断是否存在 Appel 购买信号、线图购买信号或者其他指示信号。对应每周每种类型的信号，他都记录下它们接下来 4 周内指数变动的百分比。我们能否推出两种购买指示信号没有什么作用？

**14.115 Xr14－115** 数以百万的美国人每天在上下班的路上花费几个小时。在这场与交通的战斗中，除了浪费时间，还有其他负面影响吗？加拿大的一项统计研究可能会说明这个问题。一组由成年人组成的随机样本接受了调查，在众多问题中调查对象被问及睡眠时间和通勤时间。通勤时间被分为 1～30 分钟、31～60 分钟、超过 60 分钟三类。有充分的证据表明睡眠时间在不同通勤时间类别中存在差异吗？

**14.116 Xr14－116** 由 500 名青少年组成的随机样本被分为以下几组：13～14 岁，15～17 岁，18～19 岁。每一个人都被问及他们脸书上朋友的数量。有充分的证据表明脸书中朋友的数量在三个年龄分组中存在差异吗？

**饮食过量实验（参见 13.1 节习题的说明）**

**14.117 Xr14－117** 冰激凌实验

参与这个实验的研究生会分到 17 盎司的中等碗或 34 盎司的大碗。每一个学生被邀请选取他们所需数量的四种冰激凌。冰激凌勺的大小也不相同，其中一个是 2 盎司的，另一个是 3 盎司的。学生们被要求完成一项调查，在此过程中，他们冰激凌的数量能够被测量和记录下来。有充分的证据表明碗的大小、勺子的大小或它们的交互作用影响冰激凌的数量吗？（资料来源：摘自 Brian Wansink，Koert van Ittersum 和 James E. Painter，“Ice Cream Illusions：Bowl Size，Spoon Size，and Serving Size，” *American Journal of Preventive Medicine*，September 2006。）

**14.118 Xr14－118** 好时巧克力糖果实验

后勤秘书参加了这个实验。盖着盖子的糖果盘中装入了 30 颗好时巧克力糖果并摆放在三个不同的位置。第一个位置是秘书的桌上，第二个位置是秘书桌子的左上抽屉，第三个位置是距离秘书桌子 6 英尺的文件柜上面。一周以后，计算吃掉的好时巧克力糖果的数量。我们能够根据数据推断在不同位置被吃掉的糖果数量存在差异吗？（资料来源：摘自 James E. Painter，Brian Wansink 和 Julie B. Hieggelke，“How Visibility and Convenience Influence Candy Consumption，” *Appetite* 38：3，June 2002，237－238。）

**14.119 Xr14－119** 巧克力蛋糕实验

175 个在公司餐厅用餐的人员组成随机样本，餐厅向他们提供一个巧克力蛋糕。一部分人的巧克力蛋糕被放置在精致的陶瓷碟中，另一部分人的巧克力蛋糕被放置在纸盘中，其余人的巧克力蛋糕被放置在餐巾纸上，询问每一个人愿意支付的价格。有充分的证据表明巧克力蛋糕提供的方式不同会导致价格存在差异吗？

下面的习题要求使用前面章节的数据集。

**14.120 Xr12－138*** 在习题 12.138 中，J. C. 彭尼连锁百货公司按照个人和家庭价值观念将女性服装市场细分为保守型、传统型和现代型。当时是按照调查问卷的结果来划分的。假设除了识别细分市场以外，调查问卷还询问了每个受访者的家庭收入（单位：千美元）。根据这些数据，我们能否得出这三个细分市场的家庭收入不同的结论？

**14.121 Xr13-21*** 在习题 13.21 中，我们判断了男女司机的年平均驾驶里程数是否不同。除了这个数据以外，我们还调查了过去两年中每个人发生的事故数。回答项为 0，1 和 2。根据这些数据，我们能否推断出事故数为 0，1 和 2 的司机的驾驶里程数之间存在差异？

**14.122 Xr13-161*** 习题 13.161 的目标是判断哪种细分市场更愿意使用 Quik-Lube 的服务。研究人员同时记录了汽车的使用时间（单位：月）。根据这些数据，我们能否认为这四个细分市场的汽车使用时间之间存在差异？

案例 14.1

## 比较治疗幼儿中耳炎的三种方法

中耳炎是幼儿的一种常见疾病。治疗该种疾病的方法有很多种。为了选择最佳治疗方案，研究人员进行了一次试验。将 180 名患有中耳炎的 10 个月至 2 周岁的儿童平均分为三组。第一组儿童采用手术治疗，切除腺样体；第二组儿童服用药物磺胺二甲异恶唑；第三组儿童服用安慰剂。将不同的治疗方案分别持续两年，并跟踪记录每个儿童的中耳炎症状。数据按照下面的方式记录：

第 1 列：ID
第 2 列：组号
第 3 列：中耳炎发作的次数
第 4 列：由于中耳炎去看医生的次数
第 5 列：处方药的数目
第 6 列：呼吸道感染症状持续的天数

a. 分别从发作的次数、看医生的次数、处方药的数目和呼吸道感染症状持续的天数的角度进行分析，这三个组之间是否不同？

b. 假设你是一家生产磺胺二甲异恶唑药物的公司的工作人员，为公司的管理人员撰写一份报告，讨论你的分析结果。

# 附录　回顾第 12 章至第 14 章

第 12 章至第 14 章共介绍了 20 种方法。正如在第 13 章的附录中所做的那样，我们列出了上述所有方法，并以流程图的形式展示，以帮助你选择合适的统计方法。在本附录的结尾，我们还给出了 25 道习题，供读者练习选择正确方法的技巧。与上一章相比，本附录中的流程图新增了本章介绍的 3 种方差分析方法和 3 种多重比较方法。

**表 A14—1　　第 12 章至第 14 章的统计方法总结**

| |
|---|
| $\mu$ 的 $t$ 检验 |
| $\mu$ 的估计量（包括 $N\mu$ 的估计量） |
| $\sigma^2$ 的 $\chi^2$ 检验 |
| $\sigma^2$ 的估计量 |
| $p$ 的 $z$ 检验 |
| $p$ 的估计量（包括 $Np$ 的估计量） |
| $\mu_1-\mu_2$ 的 $t$ 检验（等方差） |
| $\mu_1-\mu_2$ 的估计量（等方差） |
| $\mu_1-\mu_2$ 的 $t$ 检验（异方差） |
| $\mu_1-\mu_2$ 的估计量（异方差） |
| $\mu_D$ 的 $t$ 检验 |
| $\mu_D$ 的估计量 |
| $\sigma_1^2/\sigma_2^2$ 的 $F$ 检验 |
| $\sigma_1^2/\sigma_2^2$ 的估计量 |
| $p_1-p_2$ 的 $z$ 检验（情况 1） |
| $p_1-p_2$ 的 $z$ 检验（情况 2） |
| $p_1-p_2$ 的估计量 |
| 单因素方差分析（包括多重比较） |
| 双因素方差分析（随机化区组试验） |
| 双因素方差分析 |

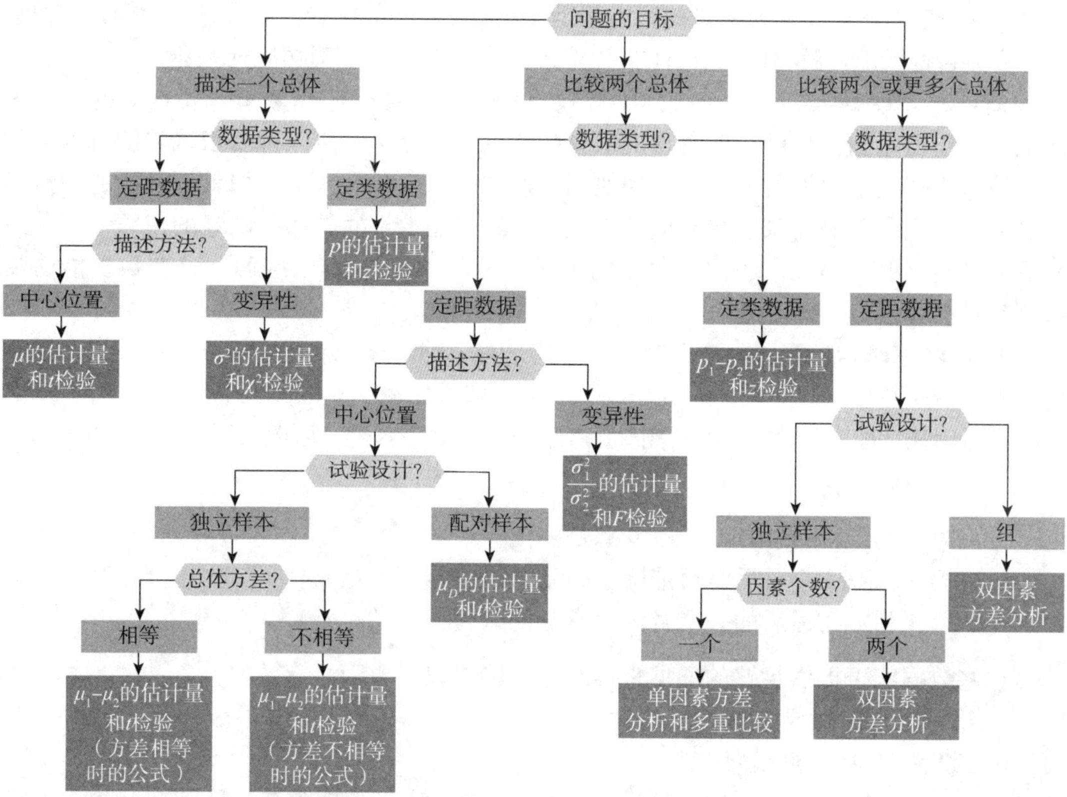


**图 A14—1　统计方法总结：第 12 章至第 14 章**



## 习　题

与第 13 章的附录一样，我们不会指定显著性水平的值，请读者自己判断合适的取值。分析完习题中的问题后，请自己判断是否有足够的证据证明 $p$ 值小到可以拒绝原假设。

**A14.1　XrA14-01**　产品的销量取决于该产品在商店中摆放的位置。某品牌糖果生产商经常向零售商提供折扣，与竞争品牌相比，零售商将该糖果生产商的产品摆放在比较显眼的位置。为了更仔细地核实这种情况，该糖果生产商（与一家全国连锁超市一起）设计了下面的试验。在 20 家分店中，将其生产的糖果与其他品牌的糖果一起放在收银台的后面（位置 1）。在另外的 20 家分店中，将该品牌的糖果单独摆放，但是与其他品牌的糖果离得很近（位置 2）。在第三组的 20 家分店中，将该品牌的糖果放在收银台旁边的特殊位置（位置 3）。它们记录了每家分店一周内售出的糖果数量。是否有足够的证据能够推断糖果的销量会因摆放位置不同而不同？

**A14.2　XrA14-02**　广告对房地产业来说是十分重要的，房地产代理商经常通过加大广告力度来增加销售量。某个代理商认为，可以通过在广告中描述待销售的房屋而不标明要价的方法来增加询问该房屋信息的人数（这样就可以增加销售的可能性）。为了验证这一观点，该代理商进行了一次试验。试验采用两种方法——标明要价和不标明要价——对 100 幢需要销售的房屋进行广告宣传。询问每幢房屋情况的人数被记录了下来，同时也记录下该顾客看到的是标明要价的广告还是没有标明要价的广告。通过这些数据，该房屋代理商能否推断出，没有标明要价的广告能更有效地激起人们对房屋的兴趣？

**A14.3 XrA14-03** 一个统计学教授将他的学生逐个叫出教室，将他们的期中考试试卷交还给他们。最后，他发现由于有些学生没去上课，所以有几张试卷没有人来领取。他认为那些学生没去上课是因为他们的期中考试成绩太差了。如果该教授的观点是正确的，那么剩下的几张试卷的成绩应该比已经退还给学生的那些试卷的成绩低。他将剩下的试卷上的成绩和发还回去的试卷成绩一一记下来（100 分制）。这些数据能否支持该教授的看法？

**A14.4 XrA14-04** 一项调查正在研究是否一种治疗癫痫的药物（托吡酯）可以帮助酗酒者治疗酒瘾。研究人员随机抽取了 103 名情况比较严重的酗酒者。给其中的 55 名酗酒者服用托吡酯，给剩下的 48 名酗酒者服用安慰剂。六个月后记录下述变量的取值。

第 1 列：编号
第 2 列：1＝托吡酯，2＝安慰剂
第 3 列：一个月后是否戒除了酒瘾（1＝否，2＝是）
第 4 列：在最后的一个月内没有酗酒（1＝否，2＝是）

这些数据能否提供足够的证据来推断托吡酯在以下方面是有效的？

a. 第一个月能够戒除酒瘾。

b. 最后一个月不再酗酒。

**A14.5 XrA14-05** 在美国和加拿大，医疗保健花费是所有公民和政治家关心的问题。如何设计一个覆盖人们医疗费用并且可以防止人们滥用的系统是问题的关键所在。一家美国公司提出了一个可行的解决方案。Golden Rule 是印第安纳州一家拥有 1 300 名职员的保险公司。该公司向它的员工提供了一组选择，其中一种就是医疗储蓄账户（MSA）计划。该计划是这样的：为了保证一场重病或事故不会使其员工倾家荡产，Golden Rule 提供了一种灾难险——保证赔偿每年超过 2 000 美元的灾难损失。每年年初，该公司在 MSA 中为单身员工存入 1 000 美元，为有家庭的员工存入 2 000 美元。对于小额的医疗花费，员工可以从他们自己的 MSA 中直接支付。为了激励员工谨慎地花费该账户中的钱，公司决定，员工可以将每年年底留存在 MSA 中的钱自行取出。公司随机抽取一组选择 MSA 计划的员工作为样本，将其与选择普通计划的员工进行对比，调查该计划实施的情况。在年末，记录下了每个员工的医疗支出。MSA 的反对者认为，该计划将导致较差的医疗保健，员工的身体状况很可能会变差。为了验证这种说法是否正确，公司还检查了每个参加试验的员工的身体状况（1＝身体状况良好，2＝身体状况欠佳）。

a. 我们能否推出 MSA 计划有助于降低医疗费用？

b. 我们能否推出 MSA 计划的反对者是正确的？

**A14.6 XrA14-06** 用工歧视被列为违法行为已经有很多年了。歧视任何人的种族、性别或者宗教信仰都是违法的。如果员工身体上的残疾并未影响其工作，那么因员工身体残疾而歧视员工的行为也是违法的。最近这些年，“残疾”的定义越来越宽泛了。很多人在控诉公司以员工超重为由解雇员工的官司中胜诉。研究人员组织了一场试验来研究人们对超重的人的态度。试验人员给每位受访者放映了工作面试的视频。在面试之前，受访者首先了解了工作内容；在面试结束后，受访者按照应试者是否适合这份工作为其打分。满分为 100 分，分数越高表示该应试者越适合这份工作（分数为定距数据）。对每位受访者重复上述流程。然而，应试者的性别和体重（正常和超重）是变化的。试验结果按照如下方式记录：

第 1 列：正常体重的男性的得分
第 2 列：超重的男性的得分
第 3 列：正常体重的女性的得分
第 4 列：超重的女性的得分

a. 我们能否推断出这四组应试者的得分不同？

b. 我们在问题（a）中检测到的差别是由体重、性别还是二者的交互作用造成的？

**A14.7　XrA14－07**　现在，大多数汽车维修店根据一个按照平均维修时间制定的时间表来收费。这意味着维修店根据平均维修时间而不是实际维修时间来确定维修费用，这样，收费时间可能多倍于实际维修时间。一个评论家检验了平均时间与实际维修时间的接近程度。他随机选择了 5 项工作。根据时间表，这些工作应该分别在 45 分钟之内、60 分钟之内、80 分钟之内、100 分钟之内、125 分钟之内完成。接下来，他又随机抽取了若干家维修店，记下它们维修 20 辆汽车时每一项工作的实际维修时间。对于每一项工作，我们能否推出时间表上制定的时间比实际时间长？

**A14.8　XrA14－08**　汽车保险评估师需要检查出险的车辆并评估其维修费用。一位保险公司的管理人员认为不同的评估师认为的维修费用不同。为了证明这个观点，他随机抽取了最近出险的 25 辆车并请 3 名评估人评估每辆车的维修费用。他记录了每名评估师的估计结果。根据这些数据，我们能否认为该管理人员的说法是正确的？

**A14.9　XrA14－09**　在冬季美国和加拿大盐的大量使用和酸雨的发生一起造成了车辆的生锈现象。汽车制造商和其他公司都提供防锈服务，以帮助车主保护爱车。一家消费者权益机构为了判断是否汽车制造商提供的防锈服务与其他两种防锈服务不同，组织了一场试验。研究人员选择了 60 辆相同的新车，其中有 20 辆采用汽车制造商的防锈服务；给另外 20 辆汽车的关键部位加入一种液体防锈蜡，液体变硬以后就在金属表面形成保护膜；给剩下的 20 辆汽车使用防锈油，并且每 12 个月重新处理一次。这 60 辆车在明尼苏达州相同的路况下行驶。每辆车第一处生锈时已经过的月数被记录了下来。这些数据是否有足够的证据证明至少有一种防锈方法是与其他方法不同的？

**A14.10　XrA14－10**　广告商衡量电视广告价值的一种方法是在广告播出后进行电话调查，询问在广告播出时段收看某电视台节目的受访者能否记得广告中出现的产品的名称。假设广告商想要比较两种广告使观众记起产品名字的比例。第一种广告的价格比较便宜，而一周后播出的第二种广告的价格则比较贵。广告商决定，只有第二种广告的该比例比第一种大 15%时，才考虑选择第二种广告。在每种广告播出后，调查 500 名观众，询问每个人能否记起产品的名称。调查结果储存在第 1 列（广告 1）和第 2 列中（广告 2）（1=不能记起产品名称，2=能记起产品名称）。我们能否得出应该选择第二种广告的结论？

**A14.11　XrA14－11**　对于上门推销的吸尘器，影响销量的因素有很多。比尔克吸尘器公司认为其推销方式和产品包装都很重要，因此，该公司经常推出新的销售方式。因为该公司每年都推出很多新的推销方式，因此需要一个两阶段的检验过程。第一步，在一个相对较小的样本中检验新计划，如果有足够的证据能够推断新计划增加了销量，则进行第二步，在较大的样本中检验该计划。在第一步检验中，为了判断是否10年免修计划增加了销量，从公司的几千个销售代表中随机抽取100个，记录计划执行前后每个销售代表的月销量。该公司是否应该进行第二步检验？

**A14.12　XrA14-12**　工伤给员工个人、公司和社会都带来了很大的损失。每个人都希望受伤的工人能够尽快康复。某保险公司的统计人员调查了这个问题。他认为影响员工能否较快地回到工作岗位的一个重要因素是健康状况。为了判断他的观点是否正确，他进行了一场试验，随机抽取了一部分之前年份受伤的男性员工和女性员工，记录了他们的性别、健康状况和直至回到工作岗位所需的天数。调查结果按照如下方式储存：第1列和第2列分别储存了男性员工和女性员工直至回到工作岗位所需的天数。每一列数据的前25行代表身体状况较好的员工，接下来的25行代表身体状况一般的员工，最后的25行代表身体状况较差的员工。我们能否推断出这6组是不同的？如果差异存在，那么差异是由性别、身体状况还是两者的交互作用造成的？

**A14.13　XrA14-13**　驾驶配有ABS系统的汽车是否会改变司机的驾驶行为？为了回答这个问题，有人进行了以下试验：随机抽取200名目前驾驶的是没有ABS系统的汽车的司机，给他们每个人一辆相同的车，让他们驾驶一年。其中，分给一半司机的车是配有ABS系统的，而分给另一半司机的车配备的是一般的标准刹车。这些车上的计算机记录下了一年中司机们的平均行驶速度（单位：英里/小时）。我们能否认为驾驶配有ABS系统的车会改变司机的驾驶行为？

**A14.14　XrA14-14**　我们认为产品的销量取决于它的价格，价格越高，需求越低。然而，这并不是绝对的。在美国西北大学和麻省理工学院的教授进行的一项试验中，一套邮购的服装价格可设定为34美元、39美元和44美元。他们记录了20周每周售出的服装数量。检验这三种价格的需求是否不同。如果确实不同，哪种价格的需求最高？

**A14.15　XrA14-15**　华盛顿大学的研究人员进行了一项试验，以判断草药紫锥花对治疗儿童感冒和其他呼吸道感染疾病是否有效（*National Post*，December 3，2003）。他们随机抽取了524名儿童，给其中的一半服用草药紫锥花，另一半服用安慰剂。对两组儿童，分别记录了感冒和其他呼吸道感染疾病持续的天数。我们能否得出草药紫锥花是有效的这一结论？

**A14.16　XrA14-16**　一个大型滑雪胜地的营销经理希望做一则广告，介绍该滑雪场地排队等候滑雪的队伍是最短的。为了避免错误的广告引起责任起诉，他收集了他的滑雪场地和其他两个滑雪场地的平均等候时间的数据，一共收集了14天。

a. 他能得出三家滑雪场地的等候时间存在差异的结论吗？

b. 以上采用的方法的必要条件是什么？

c. 必要条件得到满足了吗？

**A14.17　XrA14-17**　关于大学教授，大家都公认的一点是他们并不努力工作，他们的级别越高，做的工作就越少。一个统计学的学生决定验证一下是否真是这样。于是她随机抽取了20所大学的教师作为样本，每所大学的教师都分为商科、工科、文科和理科专业。20个样本中的每一个样本中有5名讲师，5名助理教授，5名副教授，5名教授。她调查了每一位教师并要求他们报出每周的工作时间（单位：小时）。数据按如下形式保存。

第 1 列：商科教师的工作时间（1～5 行＝讲师，6～10 行＝助理教授，11～15 行＝副教授，16～20 行＝教授）

第 2 列：工科教师的工作时间（同上）

第 3 列：文科教师的工作时间（同上）

第 4 列：理科教师的工作时间（同上）

a. 如果我们用单因素方差分析法检验，那么一共有多少个水平？分别是什么？

b. 使用单因素方差分析法检验并判断是否存在差异。

c. 如果我们用双因素方差分析法检验，那么因素是哪两个？它们的水平分别是什么？

d. 是否存在交互作用？

e. 四个级别的教师之间是否有差别？

f. 有没有证据证明四个级别的教师之间有交互作用？

**A14.18 XrA14－18** 美国人每年用于喂养和照顾宠物的费用高达数十亿美元。美国兽医协会随机抽取了 1 328 个美国家庭，询问它们是否养宠物，如果是，则要求回答宠物的类型。此外，还询问了每个家庭过去 12 个月用于饲养宠物的费用。第 1 列和第 2 列分别为养狗和养猫的费用。结果是有 474 个家庭曾经至少养过一条狗，有 419 个家庭至少养过一只猫。最新的统计数据表明美国共有 11 200 万个家庭。（资料来源：《美国统计摘要》，2006 年，表 1232。）

a. 在 95％的置信水平下，估计至少养过一条狗的家庭数目。

b. 在 95％的置信水平下，估计至少养过一只猫的家庭数目。

c. 假设有 4 000 万个家庭至少养过一条狗，在 95％的置信水平下，估计饲养狗的总费用。

d. 假设有 3 500 万个家庭至少养过一只猫，在 95％的置信水平下，估计饲养猫的总费用。

**社会综合调查习题**

**A14.19 GSS2008*** 我们能够根据数据推断大部分美国人支持国家对杀人犯执行死刑吗？（CAPPUN：1＝支持，2＝反对）

**A14.20 GSS2008*** 建立假设检验来判断民主党人和共和党人在回答以下问题时是否存在差异：你曾经通过注射方式吸毒（海洛因，可卡因等）吗？（EVIDU：1＝是，2＝否）

**A14.21 GSS2008*** 有充分的证据表明不同阶级（CLASS）观看电视的时间（TVHOURS）存在差异吗？

**A14.22 GSS2008*** 数据能够提供充足的统计证据来得出三类种族（RACE）的工作时间（HRS）存在差异的结论吗？

**A14.23 GSS2006* GSS2008*** 有充分的证据表明在 2006 年至 2008 年间美国人的平均年龄（AGE）增加了吗？

**美国国家选举调查习题**

**A14.24 ANES2008*** 我们能够得出共和党人和民主党人（PARTY：1＝民主党，2＝共和党）在接入互联网（ACCESS：1＝是，5＝否）上存在差异的结论吗？

**A14.25 ANES2008*** 我们能够得出自由派、温和派和保守派（LIBCON3）在年龄（AGE）上存在差异的结论吗？

# 第 15 章

# 卡方检验

**社会综合调查——自 2006 年起对杀人犯执行死刑的支持率变化了吗**

数据：GSS2002*，GSS2004*，GSS2006*，GSS2008*

对杀人犯执行死刑这一问题在美国争论了很长时间。一小部分国家废除了这项处罚，其他国家的法律条文中还保留着这一项，但很少使用。公众对于这个问题的观点如何？公众的支持率是保持不变，还是逐年改变？社会综合调查中的一个问题是：

你支持国家对杀人犯执行死刑（CAPPUN）吗？选项是：1=支持，2=反对。

建立一个假设检验来判断公众的支持率是否逐年改变。我们将会在 15-2e 小节给出答案。

## 引　言

我们已经了解了一系列可用于分析定类数据的统计方法。在第 2 章，我们介绍了条形图和饼图，这些都是描述定类数据的图示方法。在第 2 章后面的章节，我们展示了如何通过频数分布表和条形图来展示两组定类数据集的关系。然而，这些方法只是对数据进行了简单的描述，这些数据可能是一个样本或者总体。本章中我们处理的问题类似，但目标是使用统计方法通过样本对总体进行推断。

本章介绍了定类数据的两种统计处理方法。一种方法是拟合优度检验，它常用于数据是从多项试验中获得的情况，多项试验是二项试验的一般化。另一种方法利用表格化的数据（称为列联表）来决定两种定类数据的总体在统计上是否相互独立；这种检验也可以解释为两个或两个以上的总体之间的分析比较。在这两种检验中，检验统计量的样本分布都服从第 8 章所介绍的 $\chi^2$ 分布。

## 15.1 拟合优度的卡方检验

本节将介绍可用来描述定类数据总体的另一种检验方法。第一种方法在 12.3 节中曾做过介绍，在那一节中我们讨论了用来检验关于总体比例的假设的统计步骤。在该检验中，定类变量的值可以假设为两种仅有的可选值中的一个，即要么成功，要么失败。我们的检验针对的是关于整个总体数据中成功的比例的假设。我们回顾一下，在该检验中生成数据的试验被称为二项试验。本节我们将引入**多项试验**（multinomial experiment），它是对二项试验的扩展，每次试验都可能会产生两个或两个以上的结果。

**多项试验**

多项试验具有以下特征：

1. 试验由固定次数为 $n$ 的多次试验组成；
2. 每次试验的结果可以被归为 $k$ 类集合中的一个，称为单元；
3. 每次试验结果落入单元 $i$ 的概率 $p_i$ 为常量，并且 $p_1+p_2+\cdots+p_k=1$；
4. 每次试验之间相互独立。

当 $k=2$ 时，多项试验和二项试验是完全相同的。正如我们在二项试验中计算成功与失败的数目一样（我们将成功数目记为 $x$），在多项试验中，我们将计算每次试验中落入单元 $k$ 的试验结果的数目。用这种方法我们可以观测到一系列频数 $f_1$，$f_2$，…，$f_k$，其中 $f_i$ 是落入单元 $i$ 的频数，$i=1$，2，…，$k$。由于整个试验由 $n$ 次单个试验组成，而每次的结果必定落入某个单元，所以

$$f_1+f_2+\cdots+f_k=n$$

与用成功的次数 $x$（通过计算样本比例 $\hat{p}$ 得到，$\hat{p}=x/n$）来推断成功的概率 $p$ 类似，在多项试验中，我们也将利用观测到的频数来推断相应单元出现的概率。我们将采用到目前为止已经标准化了的步骤：首先建立假设，然后生成检验统计量，得出其抽样分布。我们可以用下面的例子对这个过程进行说明。

**例 15.1 检验市场份额**

A 公司最近开展了一次针对性很强的广告活动，借以维持或增加它在柔顺剂市场上的市场份额（当前为 45%）。它的主要竞争者——B 公司的市场份额为 40%，其他竞争者占剩下的 15%。为了判断在广告攻势后市场份额是否发生了变化，市场分析人员随机抽取了 200 名柔顺剂的消费者，对他们选择柔顺剂的偏好进行了市场调查。其中，102 名接受调查者偏好 A 公司的产品（品牌 A），82 名接受调查者偏好 B 公司的柔顺剂（品牌 B），而剩下的 16 名则偏好其他竞争者中的某种产品。分析人员能否据此推断，

在 5%的显著性水平下，消费者行为在广告攻势发起后发生了变化？

**解**

在这个问题中，总体由所有柔顺剂消费者的品牌偏好组成。数据是定类数据，因为每个受调查者都会选择这三个可选项中的一个：A 产品、B 产品或者其他。如果只有两类，或者说如果我们只对一个公司的顾客人数所占的比例感兴趣（我们将其定义为成功，而将其他公司的顾客定义为失败），那么我们知道可以采用对 $p$ 进行 $z$ 检验的方法来判别。但是在这个试验中，我们感兴趣的是所有类别的比例，所以这是一个多项试验，相应地，应该采用**卡方拟合优度检验**（chi-squared goodness-of-fit test）。

为了知道市场份额是否发生了变化，我们将广告攻势之前的市场份额定义为原假设，

$$H_0: p_1=0.45, p_2=0.40, p_3=0.15$$

备择假设试图回答我们提出来的问题，即“市场份额是否发生了改变”，从而

$H_1$:至少有一个 $p_i$ 不等于它的原值

## □ 15-1a 检验统计量

如果原假设成立，那么选择品牌 A、品牌 B 和其他品牌的顾客的预期数量应该是原假设所定义的比例的 200 倍。即

$$e_1=200\times0.45=90$$
$$e_2=200\times0.40=80$$
$$e_3=200\times0.15=30$$

概括起来，各单元的**期望频数**（expected frequency）由下式给定：

$$e_i=np_i$$

这个表达式是由二项试验中随机变量的期望值公式推导出来的，该公式最初见于 7.4 节。

图 15—1 中的条形图（由 Excel 输出）比较了实际频数和期望频数。

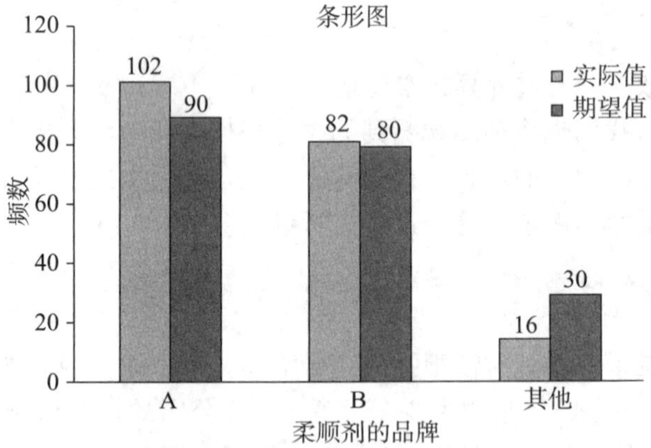


**图 15—1 例 15.1 的条形图**

如果期望频数 $e_i$ 和试验中的**观测频数**（observed frequencies）$f_i$ 差异显著，我们就可以据此推断原假设不成立，从而拒绝原假设。而如果期望频数和观测频数接近，我

们就不能拒绝原假设。下表中定义的检验统计量就是用来测量期望频数与观测频数之间的差异的统计量。

**$\chi^2$ 分布的拟合优度检验统计量**

$$\chi^2=\sum_{i=1}^{k}\frac{(f_i-e_i)^2}{e_i}$$

在样本容量足够大的情况下，该检验统计量的抽样分布大致服从自由度为 $v=k-1$ 的卡方分布。后面我们将专门讨论这个必要条件。（在 8.4 节中，我们已经介绍过卡方分布。）

下表是对该检验统计量的计算过程的一个总结。从中可知，该例中卡方统计量的值为 $\chi^2=8.18$。和往常一样，我们通过确定拒绝域或者确定 $p$ 值来判断检验统计量的大小。

| 公司 | 观测频数 | 期望频数 | $(f_i-e_i)$ | $\frac{(f_i-e_i)^2}{e_i}$ |
|---|---|---|---|---|
| A | 102 | 90 | 12 | 1.60 |
| B | 82 | 80 | 2 | 0.05 |
| 其他 | 16 | 30 | −14 | 6.53 |
| 总计 | 200 | 200 | | $\chi^2=8.18$ |

当原假设为真时，观测频数和期望频数应该是近似相等的，此时检验统计量的值比较小。因此，较小的检验统计量的值就能支持原假设。如果原假设非真，有些观测频数和期望频数的值就不相等，检验统计量的值将会比较大。于是，当 $\chi^2$ 的值大于 $\chi^2_{\alpha,k-1}$ 时，我们将拒绝原假设，即拒绝域为

$$\chi^2>\chi^2_{\alpha,\,k-1}$$

在例 15.1 中，$k=3$，于是拒绝域为

$$\chi^2>\chi^2_{\alpha,k-1}=\chi^2_{0.05,2}=5.99$$

因为检验统计量为 $\chi^2=8.18$，所以我们拒绝原假设。该检验的 $p$ 值为

$$p\text{ 值}=P(\chi^2>8.18)$$

但是，使用附录 B 中的表 5 不能进行这个计算（除非进行插补近似计算）。$p$ 值必须由计算机算得。图 15—2 画出了该抽样分布、拒绝域和 $p$ 值。

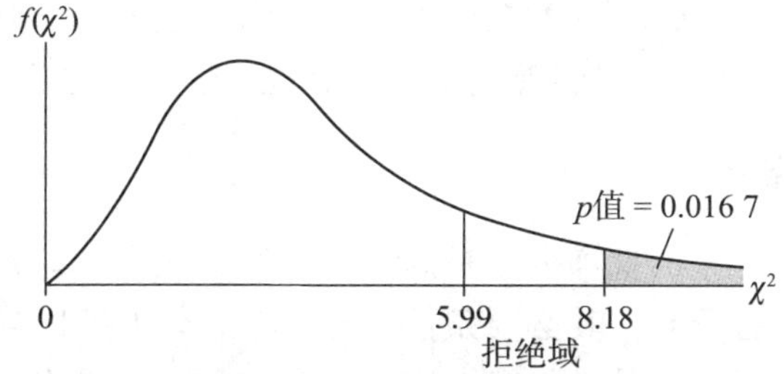


**图 15—2　例 15.1 的抽样分布**

**Excel**

以下命令的输出结果是该检验的 $p$ 值，它等于 0.016 7。

**计算机命令**

1. 在一列中输入观测值，在另一列中输入期望值。(你也可以输入原假设中给定的单元的概率，Excel 会将它们乘以样本容量后转化成期望值。)

2. 激活一个空白单元格，输入

=CHITEST([实际范围]，[期望范围])

其中范围是指包含实际观测值和期望值的单元格的区域。

你也可以改变某些观测值和样本容量的大小来进行假设分析。

如果获得的数据是未经处理的数据，那么我们首先必须使用前面介绍的 COUNTIF 函数确定每一类的频数（观测值）。

**Minitab**

**Chi-Square Goodness-of-Fit Test for Observed Counts in Variable: CI**

| Category | Observed | Test Proportion | Expected | Contribution to Chi-Sq |
|---|---|---|---|---|
| 1 | 102 | 0.45 | 90 | 1.600 00 |
| 2 | 82 | 0.40 | 80 | 0.050 00 |
| 3 | 16 | 0.15 | 30 | 6.533 33 |

| N | DF | Chi-Sq | P-Value |
|---|---|---|---|
| 200 | 2 | 8.183 33 | 0.017 |

**计算机命令**

1. 单击“Stat”（统计）—“Tables”（表格）—“Chi-square Goodness-of-Fit Test (One Variable) …”[卡方拟合优度检验（单变量）…]。

2. 在“Observed counts:”（实测计数:）框中输入观测值（102，82，16）。如果你有一列数据，单击“Categorical data:”（类别数据:）并指定列名或变量名。

3. 单击“Proportions specified by historical counts”（按历史计数指定的比率）和“Input constants”（输入常量），输入原假设下的比例值（0.45，0.40，0.15）。

**解　释**

有足够的证据可以推断，在 5%的显著性水平下，广告大战之后各公司的市场占有率发生了改变。如果抽样是合理的，那么我们可以对这个结论有较大的信心。这个方法只有一个必要条件，而且这个必要条件已经满足了（见下面的分析）。判断发生这种变化的本质和原因是很有必要的，这个分析结果将会决定其他广告大战的设计和实施的时间。

## □ 15-1b　必要条件

上文定义的检验统计量的抽样分布是离散的，但是只要样本容量足够大，我们就可以将它近似看成服从卡方分布，其必要条件与在一个总体的抽样分布中我们用正态分布来近似表示二项分布的必要条件类似。在用正态分布近似二项分布时，我们要求 $np$ 和

$n(1-p)$ 都大于等于 5。卡方分布同样有类似的要求，即样本容量必须足够大，使每个单元的期望值大于等于 5。如果需要的话，应该将单元合并起来以满足这个条件。我们在本书所附凯勒网站的附录——"5"规则中讨论了这个必要条件，并提供了有关这个必要条件的应用的更详细内容。

**识别卡方分布的拟合优度检验的因素**

1. 目标：描述一个总体
2. 数据类型：定类数据
3. 种类数量：两个或两个以上

## 习　题

**理解统计概念**

习题 15.1 至习题 15.6 是关于假设分析的题目，旨在判断统计推断的元素发生改变时拟合优度检验会有什么变化。这些问题可以手工计算，也可以使用 Excel 的卡方检验。

**15.1**　考虑一个多项试验，其中 $n=300$，$k=5$。试验中的观测频数数据列在下表中，要检验的原假设为

$$H_0: p_1=0.1, p_2=0.2, p_3=0.3, p_4=0.2, p_5=0.2$$

用 1%的显著性水平检验假设。

| 单元 | 1 | 2 | 3 | 4 | 5 |
|---|---|---|---|---|---|
| 频数 | 24 | 64 | 84 | 72 | 56 |

**15.2**　重新计算习题 15.1，频数变为

| 单元 | 1 | 2 | 3 | 4 | 5 |
|---|---|---|---|---|---|
| 频数 | 12 | 32 | 42 | 36 | 28 |

**15.3**　重新计算习题 15.1，频数变为

| 单元 | 1 | 2 | 3 | 4 | 5 |
|---|---|---|---|---|---|
| 频数 | 6 | 16 | 21 | 18 | 14 |

**15.4**　对比习题 15.1 至习题 15.3，降低样本容量会产生什么影响？

**15.5**　考虑一个多项试验，其中 $n=150$，$k=4$。试验中的观测频数数据列在下表中，要检验的原假设为

$$H_0: p_1=0.3, p_2=0.3, p_3=0.2, p_4=0.2$$

用 5%的显著性水平检验假设。

| 单元 | 1 | 2 | 3 | 4 |
|---|---|---|---|---|
| 频数 | 38 | 50 | 38 | 24 |

**15.6** 重新设定习题 15.5 中的假设。其中 $n=300$，观测频数为原来的 2 倍。

| 单元 | 1 | 2 | 3 | 4 |
|---|---|---|---|---|
| 频数 | 76 | 100 | 76 | 48 |

习题 15.7 至习题 15.21 要用计算机和软件完成。如果没有特殊说明，使用 5%作为显著性水平。习题 15.7 至习题 15.16 也可以使用手工计算。样本统计量参见附录 A。

**15.7 Xr15－07** 一个多项试验，其中 $k=5$，每一试验结果分别用 1～5 表示。检验并确定是否有足够的证据可以推断每个结果的比例是相同的。

**15.8 Xr15－08** 进行一个 $k=4$ 的多项试验，每次试验的结果被记为 1～4 的整数。在 5%的显著性水平下检验以下假设：

$H_0$：$p_1=0.15$，$p_2=0.40$，$p_3=0.35$，$p_4=0.10$

$H_1$：至少有一个 $p_i$ 与给定的值不相等

**15.9 Xr15－09** 为了确定一个骰子是不是均匀的，用这个骰子掷了 600 次。在 5%的显著性水平下，是否有足够的证据可以推出这个骰子不是均匀的？

**应用**

**15.10 Xr15－10** 一个经济学教授在前几年中给学生打的分数服从一个对称分布：有 5%的学生得 A，25%的学生得 B，40%的学生得 C，25%的学生得 D，5%的学生得 F。抽取今年的 150 个分值进行调查。记录分数（1＝A，2＝B，3＝C，4＝D，5＝F）。在 5%的显著性水平下，能否得出今年的分数分布同以往不同的结论？

**15.11 Xr15－11** 帕特·斯塔斯杜德（Pat Statsdud）正准备参加一个只有多项选择题的考试，但是，同往常一样，他基本上什么都不知道。于是他打算对 5 个答案进行猜测，选出一个作为最后的答案。帕特手上有一套该老师以前出的试题，并且上面写着正确答案。记录正确的选项，其中 1＝(a)，2＝(b)，3＝(c)，4＝(d)，5＝(e)。请帮助帕特判断该老师是不是非随机地将正确答案分布到这 5 个选项上。如果这个结论是正确的，那么这会对帕特猜题有什么影响？

**15.12 Xr15－12** 某财务主管对顾客使用信用卡支付账单的速度比较感兴趣。除了计算未支付的账单（应收账款）的平均天数以外，他们也经常为这些账款准备一个账龄表。该表把应收（未清）账款按照从开出账单起已经过去的时间分为几类，并记录每一类中应收账款的比例。一家大公司做出了它过去五年的账龄表。数据如下表所示。在过去的几个月中该公司进入了低迷期，公司想知道经济低迷是否会对它的账龄表产生影响。于是财务主管随机抽出了 250 笔应收账款，并将每一笔应收账款归为以下几类中的一类。

其中，1＝0～14 天未清，2＝15～29 天未清，3＝30～59 天未清，4＝等于或多于 60 天未清。

| 未清天数 | 五年中应收账款的比例 |
|---|---|
| 0～14 | 0.72 |
| 15～29 | 0.15 |
| 30～59 | 0.10 |
| 等于或多于 60 | 0.03 |

判断账龄表是否发生了改变。

**15.13　Xr15 - 13**　某城市的驾驶执照记录显示，15%的汽车是微型汽车（1），25%是小型车（2），40%是中型车（3），剩下的是其他类型的汽车（4）。有人随机抽取了若干发生交通事故的注册车辆作为一个样本。车辆的类型使用圆括号中的代码记录。我们能否推出某种型号的汽车发生交通事故的概率比期望的概率高？

**15.14　Xr15 - 14**　在去年的大选中，有三个政党参与了竞选，政党 A 赢得了 31%的选票，政党 B 赢得了 51%的选票，政党 C 赢得了其余选票。在一项调查中，有 1 200 名选民被询问在下次选举中他们会投哪一个政党的票。反馈结果为 1＝政党 A，2＝政党 B，3＝政党 C。在 10%的显著性水平下，我们能否推出去年大选以来各政党的支持率发生了改变？

**15.15　Xr15 - 15**　在许多医药研究中，服用安慰剂（却被告知他们服用的是治疗感冒的药物）的志愿者对药品的副作用做了记录。其中

| | |
|---|---|
| 头痛(1) | 5% |
| 犯困(2) | 7% |
| 消化不良(3) | 4% |
| 无副作用(4) | 84% |

随机抽取服用安慰剂（但是他们认为自己服用的是镇静剂）的 250 名志愿者并询问他们是否出现了以上副作用。这些数据使用括号中的代码记录。我们能否推出用安慰剂代替镇静剂产生的副作用与用安慰剂代替感冒药产生的副作用之间存在差异？

### 在营销中的应用：市场细分

在 12.4 节中我们介绍了市场细分，并采用统计方法估计每一个细分市场的大小。在第 13 章和第 14 章中，我们应用了统计过程来确定每个细分市场在购买产品或服务方面是否存在差异。习题 15.16 则要求采用卡方分布的拟合优度检验来确定相关细分市场的大小是否发生了改变。

**15.16　Xr12 - 125***　参考习题 12.125。该题中，统计人员利用加利福尼亚州成年人的受教育背景估计了细分市场的大小。假设 10 年前的一项人口统计数据显示了加利福尼亚州成年人的教育水平以及占总人口的比例。

| 教育水平 | 比例 |
|---|---|
| 高中未毕业 | 0.23 |
| 高中毕业 | 0.40 |
| 大学未毕业 | 0.15 |
| 大学毕业 | 0.22 |

判断这些比例数据是否发生了改变。

**美国国家选举调查习题**

**15.17 ANES2008*** 根据 2012 年《美国统计摘要》表 56，2007 年美国不同类型婚姻情况的比例如下：

未婚（包括同居但没结婚的） 26.9%

已婚（包括分居但没离婚的） 56.6%

丧偶 6.2%

离婚 10.3%

我们能够推断 2012 年美国国家选举调查中至少有一类婚姻情况（MARITAL）的比例过大吗？

**社会综合调查习题**

根据 2012 年《美国统计摘要》表 10，2012 年美国种族分布如下：

白人 79%

黑人 13%

其他 8%

**15.18 GSS2012*** 建立假设检验，判断是否有充分的证据表明 2012 年社会综合调查中至少有一类种族（RACE）的比例过大。

**15.19 GSS2010*** 是否有充分的证据表明 2010 年社会综合调查中至少有一类种族（RACE）的比例过大？

根据 2012 年《美国统计摘要》表 56，2012 年美国不同类型的婚姻情况的比例如下：

未婚（包括同居但没结婚的） 26.9%

已婚（包括分居但没离婚的） 56.6%

丧偶 6.2%

离婚 10.3%

**15.20 GSS2012*** 我们能够认为 2012 年社会综合调查中至少有一类婚姻情况（MARITAL）的比例过大吗？

**15.21 GSS2010*** 有充分的证据表明 2010 年社会综合调查中至少有一类婚姻情况（MARITAL）的比例过大吗？

## 15.2 列联表的卡方检验

在第 2 章中，我们提到过**交叉分组表**（cross-classification table）是用图表展示两个定类变量之间关系的第一步。当时我们的目标是判断是否两个变量之间存在相关关系。在本章中，我们将这种方法扩展到了统计推断。在这一部分，我们介绍另一种卡方检验，这种检验可以满足两种不同的问题的目标。**列联表的卡方检验**（chi-squared test of a contingency table）可以用来确定是否有足够的证据表明两个定类变量之间有关联，还可以用来推断两个或两个以上的定类变量的总体之间是否存在差异。为了实现这两个目标，首先必须按照两种不同的标准将项目分类。为了说明，请看下面的例子。

## 例 15.2　大学学位与 MBA 专业之间的关系

数据：Xm15－02

MBA 计划经常会遇到课程安排的问题。学生对于专业和选修课的需求每一年都很不一样。某一年，学生可能想选营销课程，而另一年会计学或金融学课程可能非常流行。无可奈何之下，某商学院的院长求助于一个统计学教授。统计学教授认为，也许是学员学术背景的差异以及大学学位影响了专业的选择。于是，首先，教授随机抽取了一个去年的 MBA 学员的样本并且记录下他们的大学学位和他们在研究生时选择的专业。大学学位有文学学士、工学学士、管理学学士以及其他学位。对 MBA 学员来说，有 3 种可供选择的专业：会计、金融和营销。统计结果整理在一张被称为列联表或交叉分组表的表格中，如下表所示。该统计学教授能不能得出大学学位会影响 MBA 专业选择的结论呢？

| 大学学位 | MBA 专业 | | | 总计 |
|---|---|---|---|---|
| | 会计 | 金融 | 营销 | |
| 文学学士 | 31 | 13 | 16 | 60 |
| 工学学士 | 8 | 16 | 7 | 31 |
| 管理学学士 | 12 | 10 | 17 | 39 |
| 其他学位 | 10 | 5 | 7 | 22 |
| 总计 | 61 | 44 | 47 | 152 |

**解**

一种解决问题的方法就是考虑列联表中出现的两个变量，即大学学位和 MBA 专业。两个都是定类变量。大学学位的取值有文学学士、工学学士、管理学学士和其他学位，MBA 专业的取值有会计、金融和营销。问题的目标是分析两个变量之间的关系。特别地，我们想知道一个变量是否会影响另一个变量。

另一种解决问题的方法是确定文学学士、工学学士、管理学学士和其他学位之间是否存在差异。换句话说，就是把获得不同大学学位的学生看作独立的总体。每一种总体的 MBA 专业都有 3 种可能的取值。这里，问题的目标是比较这 4 个总体。（我们同样可以把 MBA 专业当作总体，把大学学位当作随机变量的取值。）

你很快会发现，两个目标的检验是一样的。因此，我们同时来解决这两个目标。

原假设为两个变量之间没有关系。用以下方式表述为

$H_0$：两个变量是相互独立的

备择假设为一个变量会影响另一个变量，可以这样表示：

$H_1$：两个变量是相互依赖的

### □ 15－2a　图示方法

图 15—3 描述了在第 2 章中介绍的用于展示两个定类变量之间关系的图示方法。

该条形图展示的数据是样本数据。从图中我们可以看出，这两个定类变量之间确实

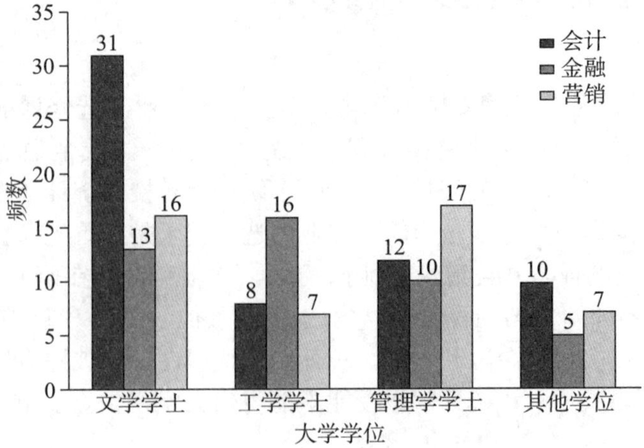


**图 15—3　例 15.2 的条形图**

存在相关关系。然而，为了对 MBA 学生的总体进行推断，我们需要使用推断方法。

### □ 15-2b　检验统计量

检验统计量和在检验比例的拟合优度检验中使用的一样。也就是说，检验统计量的公式为

$$\chi^2=\sum_{i=1}^{k}\frac{(f_i-e_i)^2}{e_i}$$

式中，$k$ 表示列联表的单元格的个数。如果你看一下在拟合优度检验中描述的原假设以及上面描述的原假设，你就会发现一个很大的区别。在拟合优度检验中，原假设列出了概率 $p_i$ 的取值；在列联表的卡方检验中，原假设仅仅表明两个变量是相互独立的，但是我们需要用概率估算出期望值 $e_i$，再用期望值计算出检验统计量的值（表中的记录是观测值 $f_i$）。问题马上就产生了：我们可以从哪里得到概率呢？答案是，它们来自在原假设为真的前提下得出的数据。

在第 6 章中，我们曾经介绍过独立事件的概念。如果两事件 A 和 B 独立，那么 A 和 B 的联合概率就等于 $P(\mathrm{A})$ 和 $P(\mathrm{B})$ 的乘积，即

$$P(\mathrm{AB})=P(\mathrm{A})\times P(\mathrm{B})$$

本例中的事件是两个定类数据可以假定的值。但是，我们没有 A 和 B 的概率值。所幸我们可以通过数据来估计这些概率。根据相对频数表，我们得到 MBA 专业概率的估计值。

$$P(\text{会计})=\frac{61}{152}=0.401$$

$$P(\text{金融})=\frac{44}{152}=0.289$$

$$P(\text{营销})=\frac{47}{152}=0.309$$

我们估计大学学位的概率如下

$$P(\text{文学学士})=\frac{60}{152}=0.395$$

$$P(\text{工学学士})=\frac{31}{152}=0.204$$

$$P(\text{管理学学士})=\frac{39}{152}=0.257$$

$$P(\text{其他学位})=\frac{22}{152}=0.145$$

假设原假设是正确的，我们就可以计算出联合概率的估计值了。为了计算期望值，我们需要将联合概率的估计值乘以样本量 $n=152$。期望值的计算结果列在下面的**列联表**（contingency table）中，之所以被称为列联表就是因为得到的期望值的计算结果是建立在原假设正确的前提下的。

| 大学学位 | MBA 专业 | | | 合计 |
|---|---|---|---|---|
| | 会计 | 金融 | 营销 | |
| 文学学士 | $152\times\frac{60}{152}\times\frac{61}{152}=24.08$ | $152\times\frac{60}{152}\times\frac{44}{152}=17.37$ | $152\times\frac{60}{152}\times\frac{60}{152}=18.55$ | 60 |
| 工学学士 | $152\times\frac{31}{152}\times\frac{61}{152}=12.44$ | $152\times\frac{31}{152}\times\frac{44}{152}=8.97$ | $152\times\frac{31}{152}\times\frac{47}{152}=9.59$ | 31 |
| 管理学学士 | $152\times\frac{39}{152}\times\frac{61}{152}=15.65$ | $152\times\frac{39}{152}\times\frac{44}{152}=11.29$ | $152\times\frac{39}{152}\times\frac{47}{152}=12.06$ | 39 |
| 其他学位 | $152\times\frac{22}{152}\times\frac{61}{152}=8.83$ | $152\times\frac{22}{152}\times\frac{44}{152}=6.37$ | $152\times\frac{22}{152}\times\frac{47}{152}=6.80$ | 22 |
| 总计 | 61 | 44 | 47 | 152 |

注意，期望值是通过每行的总数乘以每列的总数，再除以样本容量得来的。例如，大学学位为文学学士、MBA 专业为会计的单元格的期望值为

$$152\times\frac{60}{152}\times\frac{61}{152}=\frac{60\times61}{152}=24.08$$

类似地，我们可以得到其他单元格的期望值。

**列联表的期望频数**

$i$ 行 $j$ 列的单元格的期望频数为

$$e_{ij}=\frac{\text{行 } i \text{ 总数}\times\text{列 } j \text{ 总数}}{\text{样本容量}}$$

这些期望频数显示在下表的圆括号内。如同在拟合优度检验中一样，每个单元格的期望频数都要满足至少为 5 的条件。

| 大学学位 | MBA 专业 | | |
|---|---|---|---|
| | 会计 | 金融 | 营销 |
| 文学学士 | 31 (24.08) | 13 (17.37) | 16 (18.55) |
| 工学学士 | 8 (12.44) | 16 (8.97) | 7 (9.59) |
| 管理学学士 | 12 (15.65) | 10 (11.29) | 17 (12.06) |
| 其他学位 | 10 (8.83) | 5 (6.37) | 7 (6.80) |

现在我们可以计算出检验统计量的值：

$$\chi^2=\sum_{i=1}^{k}\frac{(f_i-e_i)^2}{e_i}=\frac{(31-24.08)^2}{24.08}+\frac{(13-17.37)^2}{17.37}+\frac{(16-18.55)^2}{18.55}$$

$$+\frac{(8-12.44)^2}{12.44}+\frac{(16-8.97)^2}{8.97}+\frac{(7-9.59)^2}{9.59}$$

$$+\frac{(12-15.65)^2}{15.65}+\frac{(10-11.29)^2}{11.29}+\frac{(17-12.06)^2}{12.06}$$

$$+\frac{(10-8.83)^2}{8.83}+\frac{(5-6.37)^2}{6.37}+\frac{(7-6.80)^2}{6.80}$$

$$=14.70$$

注意，虽然应该用两个下标分别表示行和列，但是在检验统计量的公式中我们仍然使用一个下标。我们相信，每个单元格都很清楚，我们需要计算的是观测频数与期望频数的平方差再除以期望频数。我们认为使用正确的数学符号会带来不必要的复杂性。

### □ 15-2c　拒绝域与 $p$ 值

为了确定拒绝域，我们需要知道与卡方统计量相关的自由度的值。一个有 $r$ 行和 $c$ 列的列联表的自由度为 $v=(r-1)(c-1)$。在这个例子中，自由度为 $v=(r-1)(c-1)=(4-1)\times(3-1)=6$。

如果我们使用的置信水平为 5%，则拒绝域为

$$\chi^2>\chi^2_{\alpha,v}>\chi^2_{0.05,6}=12.6$$

由于 $\chi^2=14.70$，所以我们拒绝原假设，并且得出大学学位和 MBA 专业之间存在关系的结论。该检验统计量的 $p$ 值为

$$P(\chi^2>14.70)$$

遗憾的是，我们不能手工算出 $p$ 值。

**使用计算机**

Excel 和 Minitab 都可以从已经计算好概率的列联表或未经处理的数据中计算出卡方统计量。两种软件的输出结果几乎是相同的。

对未经处理的数据，我们建立了文件 Xm15-02，其中包含了用以下代码表示的原始数据：

| 第 1 列（大学学位） | 第 2 列（MBA 专业） |
|---|---|
| 1=文学学士 | 1=会计 |
| 2=工学学士 | 2=金融 |
| 3=管理学学士 | 3=营销 |
| 4=其他学位 | |

**Excel**

| | A | B | C | D | E | F |
|---|---|---|---|---|---|---|
| 1 | Contingency Table | | | | | |
| 2 | | | | | | |
| 3 | | Degree | | | | |
| 4 | MBA Major | | 1 | 2 | 3 | TOTAL |
| 5 | | 1 | 31 | 13 | 16 | 60 |
| 6 | | 2 | 8 | 16 | 7 | 31 |
| 7 | | 3 | 12 | 5 | 17 | 39 |
| 8 | | 4 | 10 | 5 | 7 | 22 |
| 9 | | TOTAL | 61 | 44 | 47 | 152 |
| 10 | | | | | | |
| 11 | | | | | | |
| 12 | | chi-squared Stat | | | 14.70 | |
| 13 | | df | | | 6 | |
| 14 | | *p*-value | | | 0.022 7 | |
| 15 | | chi-squared Critical | | | 12.591 6 | |

**计算机命令（原始数据）**

1. 将频数输入相邻的两列中①或打开文件 Xm15-02，代码必须为正整数。

2. 点击“Add-Ins”（加载项）—“Data Analysis Plus”（数据分析加载项）—“Contingency Table (Raw Data)”［列联表（原始数据）］。

3. 指定“Input Range”（输入范围）（A1：B153）和 $\alpha$ 的值（0.05）。

**计算机命令（已完成的表格）**

1. 在相邻的列中输入数据。

2. 点击“Add-Ins”（加载项）—“Data Analysis Plus”（数据分析加载项）—“Contingency Table”（列联表）。

3. 指定“Input Range”（输入范围），如果输入范围的第 1 行或第 1 列包含类别名，点击“Labels”（标签），指定 $\alpha$ 的值（0.05）。

① 如果一列或两列中有空单元格（代表缺失值），则相应的行必须删除。参见凯勒网站附录——删除 Excel 中的空单元格。

**Minitab**

**Tabulated statistics: Degree, MBA Major**

Rows: Degree　Columns: MBA Major

| | 1 | 2 | 3 | All |
|---|---|---|---|---|
| 1 | 31 | 13 | 16 | 60 |
| 2 | 8 | 16 | 7 | 31 |
| 3 | 12 | 10 | 17 | 39 |
| 4 | 10 | 5 | 7 | 22 |
| All | 61 | 44 | 47 | 152 |

Cell Contents:　Count

Pearson Chi-Square=14.702, DF=6, P-Value=0.023

Likelihood Ratio Chi-Square=13.781, DF=6, P-Value=0.032

**计算机命令（原始数据）**

1. 键入或输入数据（打开 Xm15－02）。

2. 点击"Stat"（统计）—"Tables"（表格）—"Cross Tabulation and Chi-Square…"（交叉分组表和卡方…）。

3. 选择"Classification variables"（类别变量），选择或输入行变量和列变量，在"For rows"（对于行）框中选择"Degree"（学位），在"For columns"（对于列）框中选择"MBA Major"（MBA 专业）。单击"Chi-Square…"（卡方…）。

4. 在"Display"（显示）下，勾选"Chi-Square analysis"（卡方分析）。

**计算机命令（已完成的表格）**

1. 将观测值输入相邻的列中。

2. 点击"Stat"（统计）—"Tables"（表格）—"Chi-Square Test（Table in Worksheet）…"[卡方检验（工作表中的双向表）…]。

3. 选择含有表格的列，点击"OK"（确定）。

**解　释**

有足够的证据可以推断大学学位和 MBA 专业是相关的。这表明该院长可根据每种大学学位的 MBA 学生的人数来预估各选修课的选课人数。我们可以看到文学学士倾向于选择会计，工学学士倾向于选择金融，管理学学士则倾向于选择营销，其他学士没有明显的偏好。

如果原假设是正确的，大学学位和 MBA 专业是独立的。这就意味着对于一个 MBA 学生来说，不管他的大学学位是什么，都不会影响他对 MBA 专业的选择。因此，大学毕业生的 MBA 专业的选择之间是没有差异的。如果备择假设是正确的，那么大学学位就会影响 MBA 专业的选择。因此，四个大学学位的 MBA 专业的选择之间是有差异的。

## □ 15－2d "5"规则

在前面的章节里，我们指出期望值至少需达到 5，才可以保证能用卡方分布较好地近似抽样分布。在列联表中，如果我们发现有一个或多个单元格中的预测值小于 5，就需要将相应的行或列合并起来以满足"5"规则。在本书所附凯勒网站的附录——"5"

规则中我们讨论了这个问题。

### □ 15-2e 数据格式

在例 15.2 中，数据被储存在两列中，一列包含一个定类变量的值，另一列包含另一个定类变量的值。数据也可以使用其他方式储存。在例 15.2 中，也可以将数据记录为三列，每一列代表不同的 MBA 专业，每列中包含大学学位对应的编码值。同样地，我们也可以将数据记录为四列，每一列代表不同的大学学位，每列中包含 MBA 专业对应的编码值。在每种方式中，我们必须计算每一个值的数量，并且使用该数量构建列联表。Excel 和 Minitab 都能够根据列联表计算卡方统计量和相应的 $p$ 值。我们将通过解答本章开篇的例题来说明该方法。

**社会综合调查——自 2006 年起对杀人犯执行死刑的支持率变化了吗：问题的解**

**识　别**

问题的目标是比较四个不同年份的公众观点。变量是定类的，因为他的值是支持和反对，分别由编码 1 和 2 代表。适合采用的方法是列联表的卡方检验。假设是：

$H_0$：两个变量是相互独立的

$H_1$：两个变量是相互依赖的

在这个应用中，两个变量分别是年份（2006 年、2008 年、2010 年和 2012 年）和社会综合调查所提问题的回答（支持和反对）。

与例 15.2 不同，数据并没有储存为两列。为了计算统计量，我们需要计算在四个年份美国人中支持的人数和反对的人数。通过计算每年中 1 和 2 的个数可以得到下表。

| | 年份 | | | |
|---|---|---|---|---|
| | **2006** | **2008** | **2010** | **2012** |
| 支持 | 1 885 | 1 263 | 1 297 | 1 183 |
| 反对 | 930 | 639 | 624 | 641 |

**计　算**

| | A | B | C | D | E | F |
|---|---|---|---|---|---|---|
| 1 | **Contingency Table** | | | | | |
| 2 | | | | | | |
| 3 | | Year 2006 | Year 2008 | Year 2010 | Year 2012 | TOTAL |
| 4 | Favor | 1 885 | 1 263 | 1 297 | 1 183 | 5 628 |
| 5 | Oppose | 930 | 639 | 624 | 641 | 2 834 |
| 6 | TOTAL | 2 815 | 1 902 | 1 921 | 1 824 | 8 462 |
| 7 | | | | | | |
| 8 | chi-squared Stat | | | 3.379 | | |
| 9 | df | | | 3 | | |
| 10 | p-value | | | 0.336 8 | | |
| 11 | chi-squared Critical | | | 7.814 7 | | |

**解　释**

$p$ 值是 0.336 8，没有充分的证据表明这两个变量是独立的。因此，我们没有充分的理由得出对杀人犯执行死刑的支持率逐年变化的结论。

以下是关于何时使用列联表 $\chi^2$ 检验方法的一个小结。注意，这种统计过程适用于两种问题的目标。

**识别列联表卡方检验的因素**

1. 目标：分析两变量之间的关系，比较两个或两个以上的总体
2. 数据种类：定类数据

## 习　题

**理解统计概念**

**15.22**　检验并确定 $L$ 和 $M$ 是否相互独立，使用所附列联表里的数据（$\alpha$=0.05）。

| | $M_1$ | $M_2$ |
|---|---|---|
| $L_1$ | 28 | 68 |
| $L_2$ | 56 | 36 |

**15.23**　重做习题 15.22，改用以下表格里的数据。

| | $M_1$ | $M_2$ |
|---|---|---|
| $L_1$ | 14 | 34 |
| $L_2$ | 28 | 18 |

**15.24**　重做习题 15.22，改用以下表格里的数据。

| | $M_1$ | $M_2$ |
|---|---|---|
| $L_1$ | 7 | 17 |
| $L_2$ | 14 | 9 |

**15.25**　参考以上三题的结果，分析减小样本容量产生的影响。

**15.26**　检验并确定 $R$ 和 $C$ 是否独立，使用所附列联表里的数据（$\alpha$=0.10）。

| | $C_1$ | $C_2$ | $C_3$ |
|---|---|---|---|
| $R_1$ | 40 | 32 | 48 |
| $R_2$ | 30 | 48 | 52 |

**应用**

除非特殊说明，否则使用5%作为显著性水平。

**15.27** 某公司养老金计划的托管人征求了公司员工对修订计划的意见。反馈意见的详细分类显示在下表中。是否有证据可以推断，三个不同组的员工的反馈意见是不同的?

| 意见 | 蓝领工人 | 白领工人 | 管理者 |
|---|---|---|---|
| 支持 | 67 | 32 | 11 |
| 反对 | 63 | 18 | 9 |

**15.28** 某生产衬衫的公司的运营经理想确定三种衬衫的做工质量是不是存在差异。他随机选取了600件刚完成的衬衫并且对它们进行了仔细的检查。每件衬衫都被归为好或差中的一类，并且记录下每件衬衫相应的生产班次。下表总结了每一类别中衬衫的数量。这些数据是否提供了足够的证据来推断三个班次的工人生产的衬衫的质量有差异?

| 衬衫质量 | 班次 | | |
|---|---|---|---|
| | 1 | 2 | 3 |
| 好 | 240 | 191 | 139 |
| 差 | 10 | 9 | 11 |

**15.29** 在最近的全国大选中提出的问题之一就是怎样解决经济萧条（该问题在将来的大选中很有可能还会出现）。尤其是，政府应该减少支出、提高税率、使经济膨胀（通过发行更多货币），还是应该什么都不做，让赤字继续增加?和许多其他问题一样，政治家需要知道哪部分选民支持这些观点。假设对随机抽取的1 000人做了一次调查，询问他们支持哪一个观点以及他们的政治立场。政治立场的可能回答是民主党、共和党和无党派（包括许多政治游说者）。反馈结果总结在下表中。在1%的显著性水平下，从这些结果中是否可以推出政治立场对经济观点会产生影响?

| 经济观点 | 政治立场 | | |
|---|---|---|---|
| | 民主党 | 共和党 | 无党派 |
| 减少投资 | 101 | 282 | 61 |
| 提高税率 | 38 | 67 | 25 |
| 使经济膨胀 | 131 | 88 | 31 |
| 让赤字增加 | 61 | 90 | 25 |

**15.30** 生态研究公司是蒙特利尔一家著名的咨询公司。该公司想检验如何提高调查问卷的回收率。该公司认为，在问卷中加入一些奖励可能很重要。所以，它向外发送了1 000份调查问卷，其中有200份问卷承诺会给填写人一份关于调查结果的总结报

告，有 300 份声称其中会有 20 人（通过抽奖的方式）获得一份奖品，另外 500 份没有承诺任何回报。回收的问卷中有 80 份是许诺了总结报告的，有 100 份是许诺了奖品的，有 120 份是什么奖励也没有的。从这些数据中你可以得出什么结论？

习题 15.31 至习题 15.46 要使用计算机和软件。当然你也可以手工计算。样本统计量请参阅附录 A。使用 5%的显著性水平，除非有特殊说明。

**15.31　Xm02－04**　（回顾例 2.4）在北美一个核心城市，有四家相互竞争的报纸。它们分别是 *Globe and Mail*（*G&M*），*Post*，*Sun* 和 *Star*。为了帮助设计广告活动，报纸的广告经理需要知道自家报纸的市场占有率是多少。为此，进行了一次关于阅读报纸和阅读者的职业之间关系的调查。被调查的阅读者需要回答他们阅读的是什么报纸——*G&M*（1），*Post*（2），*Star*（3），*Sun*（4），并回答他们的职业类别——蓝领工人（1），白领工人（2），专家（3）。我们能否推断职业和阅读报纸之间存在相关性？

**15.32　Xr15－32**　能够正确预测外汇汇率变化趋势和程度的投资者就可以在国际货币市场上获得巨额收益。有见识的《华尔街日报》的读者（尤其是货币期货市场行情的读者）能确定各种汇率的变化趋势，而所有投资者都在预测、共同观察这些汇率。我们记录了由 216 名投资者做出的预测和汇率后来的实际走势（第 1 列：预测变化趋势，1＝正向，2＝负向；第 2 列：实际变化，1＝正向，2＝负向）。

a. 在 10%的显著性水平下，我们能够推断预测的变化趋势和实际的变化趋势之间存在一定的关系吗？

b. 你预测未来汇率变化的时候，会在多大程度上利用这些预测结果？

**15.33　Xr02－43**　（回顾习题 2.43）车主在购买汽油时，是否存在对某品牌的偏好呢？为了回答这一问题，随机抽取若干车主作为样本，询问他们最近两次购买汽油的品牌：1＝Exxon，2＝Amoco，3＝Texaco，4＝其他。我们能否得出车主在购买汽油时存在品牌偏好的结论？

**15.34　Xr15－34**　在过去的 10 年中，很多吸烟者试图戒烟。但遗憾的是，尼古丁非常容易使人上瘾。吸烟者采用很多不同的方法来帮助自己戒烟，包括使用尼古丁贴片、催眠和各种形式的组合疗法。沉溺症研究会的一名研究者想确定为什么有人戒了烟而有人想戒却戒不了。他调查了 1 000 名计划戒烟的人，记录了这些人的受教育程度以及一年后他们是否还吸烟。受教育程度用下面的方法表示：

1＝未完成高中教育

2＝高中毕业

3＝大学或大专毕业

4＝获得了研究生学位

继续吸烟的人记为 1，已戒烟的人记为 2。我们能就此推断出受教育程度的高低是决定吸烟者可否戒烟成功的一个因素吗？

**15.35　Xr15－35**　因为新闻联播的主持人往往年纪都较大（年长者更易受到疾病的困扰），医药公司往往喜欢在三大电视台（ABC，CBS，NBC）播出新闻联播时播出广告。为了评价广告的效果，进行了一项调查。询问 50 岁以上的观众其主要的新闻来源。回答项是

1. ABC　2. CBS　3. NBC　4. 报纸　5. 广播　6. 以上都不是

同时询问每位受访者他们是否患有胃灼热，如果是，他们采取什么治疗方法。答案

如下：

1. 未患有胃灼热

2. 患有胃灼热但是没有采取治疗措施

3. 患有胃灼热并且服用非处方药（例如，碳酸钙片剂）

4. 患有胃灼热且服用处方药（例如，埃索美拉唑镁肠溶片）

成年人获取新闻的来源和他患胃灼热的状况之间是否存在相关性？

**15.36 Xr02-42** （回顾习题 2.42）某商学院的副院长正在想办法改善其 MBA 项目申请者的质量。她尤其想知道该学校的申请者的大学学位是否与附近其他三所有 MBA 项目的学校的申请者的大学学位有所不同。她随机抽取了本学院 100 名申请者，并分别从其他三所学校抽取了相同数目的样本。本科学位和学校都被编码记录：大学学位编码为 1＝文学学士，2＝工学学士，3＝管理学学士，4＝其他学位；学校编码为 1，2，3 和 4。这些数据能否提供足够的证据推断大学学位和申请学校之间存在相关性？

**15.37 Xr15-37** 医药公司和医学研究人员之间的关系是受到严格监督的，因为他们有可能产生利益上的冲突。问题的导火索是 1995 年的一项研究，该研究表明，使用钙通路阻隔剂来治疗高血压会增加患者得心脏病的风险。这在科技刊物和新闻界引起了一场争论。刊登于《新英格兰医学期刊》(*New England Journal of Medicine*，"Conflict of Interest in the Debate over Calcium Channel Antagonists," January 8，1998，p.101）的一篇文章的作者研究了 1996—1997 年间有关钙通路阻隔剂的报道，并将它们按对该药剂所持的态度（赞许、中立或批评）分为三类。接下来，此文作者与各篇报道文章的作者取得联系，并且询问他们与该药品公司在经济上的关系。结果采用如下形式保存：

第 1 列：科学研究结果（1＝赞许，2＝中立，3＝批评）

第 2 列：1＝与医药公司有经济上的联系，2＝没有联系

从中我们是否可以推断出，有关钙通路阻隔剂的研究结果受到该项研究是否接受了药品公司的投资赞助的影响？

**15.38 Xr15-38** 在仔细全面地分析了市场之后，一个商业和经济统计学类图书的出版商将应用统计学的一般教学方法划分成三种。这三种方法是：(1) 不使用任何手工计算而使用计算机和统计软件的教学方法；(2) 按照传统方法教授概念，用手工解决问题的教学方法；(3) 强调推导过程和证明的教学方法。出版商想知道能不能根据教师的教育背景来划分市场。为此，统计学编辑组织了一次调查，询问 95 名商业和经济统计学教授的教学方法以及他们的最高学位属于下述学位类别中的哪一种：

1. 商学（工商管理硕士或者博士）

2. 经济学

3. 数学或工学

4. 其他

a. 该编辑可以推断出这三种教学方法存在学位类别的差异吗？如果可以，该编辑应该如何利用这些信息？

b. 假设你在一家教科书出版社的市场部工作，给编辑写一份报告，描述你的分析结果。

**15.39 Xr15-39** 在美国每年有超过 300 000 起抢劫事件发生。研究人员从 2000 年、2005 年和 2010 年的抢劫案件中随机抽选样本并记录作案工具的类型（1＝手枪，2＝刀或其他切割工具，3＝其他，4＝没有工具）。有充分的证据表明在这三个年份中抢劫

所使用的作案工具的频率发生了改变吗？（资料来源：《美国统计摘要》，2012 年，表 321。）

**15.40　Xr15-40**　参考习题 12.145。一个建筑工程团队随机地抽选了 2004 年、2006 年、2008 年和 2010 年的桥梁作为样本，并把它们归类为结构缺陷、功能陈旧或构造良好。这三类情况分别编码为 1，2，3。我们能够根据数据得出美国桥梁恶化情况在逐年改变的结论吗？（资料来源：《美国统计摘要》，2012 年，表 1090。）

**15.41　Xr15-41**　住户类型被分为如下几类：1. 已婚且有孩子，2. 已婚且没有孩子，3. 单亲，4. 独居，5. 其他。从美国、加拿大和英国抽选家庭组成随机样本并记录住户类型信息。有充分的证据表明三个国家的住户类型存在差异吗？（资料来源：《美国统计摘要》，2012 年，表 1338。）

**15.42　Xr15-42**　参考习题 15.41。分别从丹麦、爱尔兰、荷兰和瑞典抽选随机样本。有充分的证据表明四个国家的住户类型存在差异吗？（资料来源：《美国统计摘要》，2012 年，表 1338。）

**15.43　Xr15-43**　一位统计工作人员从加拿大、澳大利亚、新西兰和英国抽选调查对象组成随机样本，并将每个人分类为肥胖（2）和不肥胖（1）。我们能够根据数据推断四个联邦国家公民的肥胖率存在差异吗？（资料来源：《美国统计摘要》，2012 年，表 1342。）

**15.44　Xr15-44**　为了测量世界范围内吸烟的情况，从丹麦、芬兰、挪威和瑞典抽选成年人组成随机样本，并询问每个人是否吸烟（2＝是，1＝否）。我们能够得出四个斯堪的纳维亚国家的吸烟情况存在差异的结论吗？（资料来源：《美国统计摘要》，2012 年，表 1343。）

**15.45　Xr15-45**　参考习题 15.44。调查在加拿大、澳大利亚、新西兰和英国开展。有充分的证据表明四个联邦国家的吸烟情况存在差异吗？（资料来源：《美国统计摘要》，2012 年，表 1343。）

**15.46　Xr15-46**　2013 年，美国最高法庭裁决了加利福尼亚州关于禁止同性结婚的法律，促成这项决定的一项重要因素是民意。在同年 3 月，公共政策民调基金会对加利福尼亚州的选民进行了调查，询问他们的政党身份：1. 民主党，2. 共和党，3. 无党派，并在如下选项中选择：

1. 应该允许同性情侣婚姻合法化。
2. 应该允许同性情侣民事结合，而非婚姻合法化。
3. 不应该允许同性情侣关系合法化。

记录相应的结果。有充分的证据表明三类政治观念存在差异吗？

**社会综合调查习题**

Excel 使用者请注意，空单元格代表数据缺失，需要删除。使用 5%的显著性水平。

**15.47　GSS2012***　政治较量中的一项重要因素是知道谁支持你，谁不支持你。有充分的证据表明男性和女性（SEX：1＝男性，2＝女性）在支持政党（PARTYID3：1＝民主党，2＝无党派，3＝共和党）方面存在差异吗？

**15.48　GSS2012***　出生在美国的美国公民和出生在其他地区的美国公民（BORN：1＝出生在美国，2＝出生在其他地区）在支持政党（PARTYID3：1＝民主党，2＝无党派，3＝共和党）方面存在差异吗？

**15.49　GSS2012***　男性更保守，女性更自由，这种说法是真的吗？建立一个假设检验来判断男性和女性（SEX：1＝男性，2＝女性）在政治观点（POLVIEWS3：1＝自由派，2＝温和派，3＝保守派）方面是否存在差异。

**15.50 GSS2012*** 美国的个体经营者和为他人工作者（WRKSLF：1＝个体经营，2＝其他）在支持政党（PARTYID3：1＝民主党，2＝无党派，3＝共和党）方面存在差异吗？建立一个统计检验来回答这个问题。

**15.51 GSS2012*** 为政府部门工作的人或多或少会比为私人部门工作的人保守吗？有充分的证据表明为政府工作的人和为私人部门工作的人（WRKGOVT：1＝政府部门，2＝私人部门）在政治观点（POLVIEWS3：1＝自由派，2＝温和派，3＝保守派）方面存在差异吗？

**15.52 GSS2006* GSS2008* GSS2010* GSS2012*** 在美国，枪械管制是一个经常被讨论的问题，特别是在选举期间。问题是，公众对于这个问题的观点如何？支持率是否逐年变化？建立一个假设检验来判断是否有充分的证据表明对枪械管制的支持率（GUNLAW：1＝支持，2＝反对）逐年变化。

**15.53 GSS2012*** 在过去的20年里，女性加入劳动力市场的比例不断提升。判断是否有充分的证据表明男性和女性（SEX）在工作现状（WRKSTAT）方面存在差异。

**15.54 GSS2012*** 是否有充分的证据表明对杀人犯执行死刑的支持情况（CAPPUN：1＝支持，2＝反对）与政党（PARTYID3：1＝民主党，2＝无党派，3＝共和党）有关？

**美国国家选举调查习题**

Excel使用者请注意，空单元格代表数据缺失，需要删除。使用5%的显著性水平。

对于以下变量，建立假设检验判断三个政党（PARTY3：1＝民主党，2＝共和党，3＝无党派）是否存在差异。

**15.55 ANES2008*** 知道去哪里投票（KNOW）。

**15.56 ANES2008*** 阅读关于活动的报纸（READ）。

**15.57 ANES2008*** 有健康保险（HEALTH）。

**15.58 ANES2008*** 接入互联网（ACCESS）。



## 15.3 定类数据检验小结

到目前为止，我们已经介绍了数据是定类的时可供选择的四种检验：

$p$的$z$检验(12.3节)

$p_1-p_2$的$z$检验(13.5节)

卡方拟合优度检验(15.1节)

列联表的卡方检验(15.2节)

在介绍这些方法的过程中，我们每次集中讨论一种方法及其所针对的问题类型是必要的。然而，这种方法有时候会和我们希望的、强调统计推断“何时”成立的目标产生矛盾。在本节中，我们总结一下可以对定类数据进行的统计检验，以保证你能选择正确的方法。

当数据是定类数据时，确定所使用的检验方法时要考虑两个重要因素：第一，问题的目标；第二，定类变量所采用类别的数量。表 15—1 将帮助你选择正确的方法。

**表 15—1　　　　定类数据的统计方法**

| 问题的目标 | 类别的数量 | 统计方法 |
|---|---|---|
| 描述一个总体 | 两个 | $p$ 的 $z$ 检验或卡方拟合优度检验 |
| 描述一个总体 | 两个以上 | 卡方拟合优度检验 |
| 比较两个总体 | 两个 | $p_1-p_2$ 的 $z$ 检验或列联表的卡方检验 |
| 比较两个总体 | 两个以上 | 列联表的卡方检验 |
| 比较两个或多个总体 | 两个或者两个以上 | 列联表的卡方检验 |
| 分析两个变量之间的关系 | 两个或者两个以上 | 列联表的卡方检验 |

注意，当我们描述的定类数据的总体恰好有两个类别时，我们可以用 $p$ 的 $z$ 检验或者卡方拟合优度检验这两种方法中的任何一种。这两种检验是等效的，因为如果只有两个类别，多项试验实际上就变成了二项试验（一个结果记为成功，另一个结果记为失败）。数理统计学家已经证明，如果我们将 $p$ 的 $z$ 检验统计量的值平方，就得到了 $\chi^2$ 统计量的值，即 $z^2=\chi^2$。因此，如果我们想对总体比例进行双尾检验，就可以使用上述两种方法中的任何一种。然而，卡方拟合优度检验只能用来确定假设的 $p_1$ 值（记为 $p$）和 $p_2$ 值（称为 $1-p$）是否与它们被给定的值不相等。相应地，对总体比例进行单尾检验时，我们必须用 $p$ 的 $z$ 检验。（我们在第 14 章也讨论过这个问题，当时我们指出，可以用 $\mu_1-\mu_2$ 的 $t$ 检验或者方差分析检验确定两个总体均值是否存在差异。）

当检验由只有两种类别的定类数据构成的两个总体之间的差异时，我们同样可以使用 $p_1-p_2$ 的 $z$ 检验（情况 1）和列联表的卡方检验中的任何一个。再次说明，我们可以用两种方法中的任何一个对 $p_1-p_2$ 进行双尾检验（对统计量 $z$ 的值进行平方可以得到统计量 $\chi^2$ 的值）。然而，单尾检验必须使用 $p_1-p_2$ 的 $z$ 检验。表中剩余部分就十分简单明了了。注意，当我们需要比较两个总体且它们的数据有两个以上的类别时，我们就要用列联表的卡方检验。

图 15—4 给出了本书中介绍的对定类数据进行检验的方法的另外一个小结。一共有两组检验：一组是对一个总体的假设进行检验；另一组是检验总体之间的差异或者检验总体的独立性。第一组包括 $p$ 的 $z$ 检验，它可以用卡方拟合优度检验代替；第二组适用于总体数据有两个以上类别的情况。

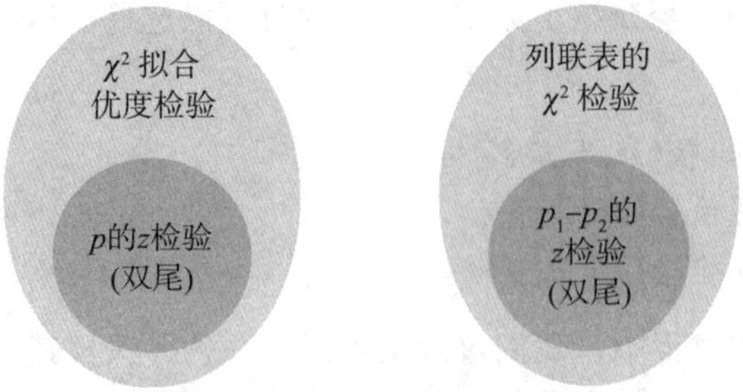


**图 15—4　定类数据的检验**

为了检验两总体比例之间的差异，我们可以采用 $p_1-p_2$ 的 $z$ 检验，也可以用列联表的卡方检验代替 $p_1-p_2$ 的 $z$ 检验。列联表的卡方检验可以用于其他许多问题。

### □ 15-3a 对统计概念的理解

表 15—1 和图 15—4 总结了处理定类数据的方法。我们首先要确定每种类型的频数，并用这些频数计算检验统计量。然后我们可以计算出计算 $z$ 统计量所需要的比例，或者用这些频数计算 $\chi^2$ 统计量。因为把服从标准正态分布的随机变量平方就可以得到服从卡方分布的变量，所以 $z$ 统计量和 $\chi^2$ 统计量都可以用来对差异进行检验。因此，当你在本书（以及其他基础性应用统计学书籍）描述的问题中遇到定类数据时，第一步最符合逻辑的做法就是确定合适的方法，要么应用 $z$ 统计量，要么应用 $\chi^2$ 统计量。但是，你应该知道，还有其他一些统计方法也可以用来处理定类数据，只是本书中没有对它们进行介绍。

## 15.4 正态分布的卡方检验（可选）

我们可以通过另一种方式应用 15.1 节中提到的拟合优度检验。据此，我们可以确定数据是否源于服从某类分布的总体。这种检验过程最常用于检验正态分布。

在 15.1 节的例子和习题中，原假设中的概率值都是由题目给出的。比如，在例 15.1 中，概率 $p_1$，$p_2$，$p_3$ 是做广告之前各公司的市场份额。为了检验其是否服从正态分布（或者任何其他分布），首先必须按照假定的分布计算概率值 $p$。我们用例 12.1 来说明。在此例中，我们用学生分布（$t$ 分布）检验每家丢弃的报纸的平均数量。这样做的必要条件是数据必须服从正态分布。为了确定样本中的 148 个观测值是否确实源于一个服从正态分布的总体，我们必须在假设总体服从正态分布的情况下计算出概率值。为此，必须首先计算出样本均值和标准差，计算得 $\bar{x}=2.18$，$s=0.981$。然后，应确定若干个区间，并计算观测值落在各区间内的概率。例如，我们可以计算以下区间的概率。

区间 1：$X\leqslant 0.709$

区间 2：$0.709<X\leqslant 1.69$

区间 3：$1.69<X\leqslant 2.67$

区间 4：$2.67<X\leqslant 3.65$

区间 5：$X>3.65$

对于为何这样选择区间，我们将在以后讨论。

用正态分布以及 $\mu$ 和 $\sigma$ 的估计值 $\bar{x}$ 和 $s$ 计算概率。我们已经计算了样本均值 $\bar{x}=2.18$，样本标准差 $s=0.981$，于是

$$P(X\leqslant 0.709)=P\left(\frac{X-\mu}{\sigma}\leqslant\frac{0.709-2.18}{0.981}\right)=P(Z\leqslant -1.5)=0.066\,8$$

$$P(0.709<X\leqslant 1.69)=P\left(\frac{0.709-2.18}{0.981}<\frac{X-\mu}{\sigma}\leqslant\frac{1.69-2.18}{0.981}\right)$$
$$=P(-1.5<Z\leqslant -0.5)=0.241\,7$$

$$P(1.69<X\leqslant 2.67)=P\left(\frac{1.69-2.18}{0.981}<\frac{X-\mu}{\sigma}\leqslant\frac{2.67-2.18}{0.981}\right)$$

$$=P(-0.5<Z\leqslant 0.5)=0.3829$$

$$P(2.67<X\leqslant 3.65)=P\left(\frac{2.67-2.18}{0.981}<\frac{X-\mu}{\sigma}\leqslant\frac{3.65-2.18}{0.981}\right)$$

$$=P(0.5<Z\leqslant 1.5)=0.2417$$

$$P(X>3.65)=P\left(\frac{X-\mu}{\sigma}\leqslant\frac{3.65-2.18}{0.981}\right)=P(Z>1.5)=0.0668$$

检验正态分布就是要检验以下假设：

$H_0$：$p_1=0.0668$，$p_2=0.2417$，$p_3=0.3829$，$p_4=0.2417$，$p_5=0.0668$

$H_1$：至少有一个 $p_i$ 与给定值不相等

用与15.1节中相同的方法进行检验，唯一不同的地方在于卡方统计量的自由度是区间数减1，再减去估计的参数的个数。在此例中估计参数的个数为2（我们估计了总体均值$\mu$和总体标准差$\sigma$），于是本例的自由度为$k-1-2=5-1-2=2$。

期望值为

$$e_1=np_1=148\times 0.0668=9.89$$
$$e_2=np_2=148\times 0.2417=35.78$$
$$e_3=np_3=148\times 0.3829=56.67$$
$$e_4=np_4=148\times 0.2417=35.78$$
$$e_5=np_5=148\times 0.0668=9.89$$

观测值即为落入每个区间的数据的个数，即

$$f_1=10$$
$$f_2=36$$
$$f_3=54$$
$$f_4=39$$
$$f_5=9$$

卡方统计量为

$$\chi^2=\sum_{i=1}^{k}\frac{(f_i-e_i)^2}{e_i}=\frac{(10-9.89)^2}{9.89}+\frac{(36-35.78)^2}{35.78}+\frac{(54-56.67)^2}{56.67}$$
$$+\frac{(39-35.78)^2}{35.78}+\frac{(9-9.89)^2}{9.89}=0.50$$

在$\alpha=5\%$的显著性水平下，拒绝域为

$$\chi^2>\chi^2_{\alpha,k-3}=\chi^2_{0.05,2}=5.99$$

因此，没有证据表明这些数据不服从正态分布。

### □ 15-4a　划分区间

事实上，你可以随意选取区间。我们选择上述区间是为了便于计算正态比例。选择区间数量时要求满足“5”规则，即每一区间的期望值必须是5或者5以上。因为自由度为$k-3$，所以区间数最小值为$k=4$。

使用计算机

**Excel**

| | A | B | C | D |
|---|---|---|---|---|
| 1 | Chi-Squared Test of Normality | | | |
| 2 | | | | |
| 3 | | Newspaper | | |
| 4 | Mean | 2.18 | | |
| 5 | Standard deviation | 0.981 | | |
| 6 | Observations | 148 | | |
| 7 | | | | |
| 8 | Intervals | Probability | Expected | Observed |
| 9 | (z<=−1.5) | 0.066 8 | 9.89 | 10 |
| 10 | (−1.5<z<=−0.5) | 0.241 7 | 35.78 | 36 |
| 11 | (−0.5<z<=1.5) | 0.382 9 | 56.67 | 54 |
| 12 | (0.5<z<=1.5) | 0.241 7 | 35.78 | 39 |
| 13 | (z>1.5) | 0.066 8 | 9.89 | 9 |
| 14 | | | | |
| 15 | | | | |
| 16 | chi-squared Stat | 0.50 | | |
| 17 | df | 2 | | |
| 18 | p-value | 0.779 2 | | |
| 19 | chi-squared Critical | 5.991 5 | | |

利用 Excel 计算检验统计量的值，需要保证期望值至少为 5（在可能的情况下）、区间数最少为 4。因此，如果样本容量大于 220，区间和相应概率分别为

| 区间 | 概率 |
|---|---|
| $Z\leqslant -2$ | 0.022 8 |
| $-2<Z\leqslant -1$ | 0.135 9 |
| $-1<Z\leqslant 0$ | 0.341 3 |
| $0<Z\leqslant 1$ | 0.341 3 |
| $1<Z\leqslant 2$ | 0.135 9 |
| $Z>2$ | 0.022 8 |

如果样本容量小于等于 220 且大于 80，区间和相应概率分别为

| 区间 | 概率 |
|---|---|
| $Z\leqslant -1.5$ | 0.066 8 |
| $-1.5<Z\leqslant -0.5$ | 0.241 7 |
| $-0.5<Z\leqslant 0.5$ | 0.382 9 |
| $0.5<Z\leqslant 1.5$ | 0.241 7 |
| $Z>1.5$ | 0.066 8 |

如果样本容量小于等于 80，我们就用规定的最小区间数 4。如果样本容量小于 32，那么至少有一个期望值会小于 5，区间和相应概率分别为

| 区间 | 概率 |
| --- | --- |
| $Z\leqslant-1$ | 0.158 7 |
| $-1<Z\leqslant0$ | 0.341 3 |
| $0<Z\leqslant1$ | 0.341 3 |
| $Z>1$ | 0.158 7 |

**计算机命令**

1. 在任一列中输入数据（打开文件 Xm12－01）。

2. 点击“Add-Ins”（加载项）—“Data Analysis Plus”（数据分析加载项）—“Chi-Squared Test of Normality”（正态分布的卡方检验）。

3. 确定“Input Range”（输入范围）（A1∶A149）和 $\alpha$ 的值（0.05）。

**Minitab**

Minitab 没有相应计算程序。

### □ 15-4b 解释正态分布的卡方检验的结果

在上面的例子中，我们发现没有足够的证据得出丢弃的报纸数量不服从正态分布的结论。然而，即使有足够的证据能够证明非正态性，也并不是说我们在例 12.1 中进行的 $t$ 检验是无效的。正如我们在第 12 章中所提到过的，均值的 $t$ 检验是稳健的，除非变量严重非正态或者样本量非常小，我们才会怀疑这种方法得到的结论。这里的问题是，如果样本量很大并且变量也只是表现出了轻微的非正态性，那么在大多数情况下，正态分布的卡方检验会得到变量非正态的结论。然而，如果样本量很大且变量严重非正态，则 $t$ 检验仍然是有效的。虽然很多时候我们需要知道变量是否是正态的，但我们一般通过判断直方图的形状是否偏离钟形（例如偏态很大或者双峰）的方法来判断大部分统计方法所要求的正态性条件是否得到了满足。在第 19 章中我们介绍非参数统计方法时，就会使用到这种判断方法。非参数方法是一种用于分析非正态的定距数据的方法。

## 习　题

**15.59**　假设从一个总体中随机抽取 100 个观测值的样本，计算样本均值和标准差。将每个观测值标准化，并且数出每个区间所含的观测值的个数。在 5%的显著性水平下，可不可以推测该组数据来自一个正态总体？

| 区间 | 频数 |
|---|---|
| $Z\leqslant-1.5$ | 10 |
| $-1.5<Z\leqslant-0.5$ | 18 |
| $-0.5<Z\leqslant0.5$ | 48 |
| $0.5<Z\leqslant1.5$ | 16 |
| $Z>1.5$ | 8 |

**15.60** 随机选取 50 个观测值，并计算标准化区间的频数如下。

| 区间 | 频数 |
|---|---|
| $Z\leqslant-1$ | 6 |
| $-1<Z\leqslant0$ | 27 |
| $0<Z\leqslant1$ | 14 |
| $Z>1$ | 3 |

能否推测该组数据服从非正态分布（$\alpha=0.10$）?

以下习题需要使用计算机和相应的软件。

**15.61 Xr12-31** 参考习题 12.31。在显著性水平为 0.10 的条件下，检验并确定花在兼职上的时间是否服从正态分布。如果分布是非正态的，$t$ 检验还有效吗?

**15.62 Xr12-37** 习题 12.37 中的 $t$ 检验要求处方药的费用服从正态分布。通过显著性水平为 0.05 的假设检验来判断是否这个条件得到了满足。如果有足够的证据能够推出条件不成立，是否就意味着 $t$ 检验是无效的?

**15.63 Xr13-25** 习题 13.25 要求用 $t$ 统计量检验两个样本的均值之间的差异。每一样本生产率的数据必须服从正态分布。在显著性水平为 0.05 的条件下，检验该条件是否得到满足。

**15.64 Xr13-26** 习题 13.26 要求对两个均值（反应速度）之差进行 $t$ 检验。通过假设检验判断是否有足够的证据能够推断反应速度非正态。使用 5%作为显著性水平。

**15.65 Xr13-59** 习题 13.103 中检验了配对差异的均值。在显著性水平为 10%的条件下，检验上述条件是否得到满足。

## 小　结

本章主要介绍了三种统计方法。第一种是卡方拟合优度检验。当问题的目标是描述被分为两类或多类的单个定类数据总体时，应该使用这种方法。第二种是列联表的卡方检验。这种检验的目的有两个：分析两个正态变量之间的联系；比较两个或多个定类数据的正态总体。最后一种就是检验总体的正态性。

## 重要术语

| | | |
|---|---|---|
| 多项试验 | 卡方拟合优度检验 | 期望频数 |
| 观测频数 | 交叉分组表 | 列联表的卡方检验 |
| 列联表 | | |

## 符号

| 符号 | 意义 |
|---|---|
| $f_i$ | 第 $i$ 类的频数 |
| $e_i$ | 第 $i$ 类的期望值 |
| $\chi^2$ | 检验统计量 |

## 公式

所有方法的检验统计量

$$\chi^2=\sum_{i=1}^{k}\frac{(f_i-e_i)^2}{e_i}$$

## 习　题

除非特别说明，否则采用5%作为显著性水平。

**15.66**　某致力于保证电视游戏节目公正性的组织正在对“Wheel of Fortune”展开调查。这个节目要求三个参赛者通过选择字母解答谜题。每个参赛者开始时选择第一个字母，然后继续选择字母，直到他选择的字母不被包含在隐藏的单词、短语或名字中为止。参赛者的先后顺序是随机的。但是参赛者 1 从游戏 1 开始，参赛者 2 从游戏 2 开始，参赛者 3 从游戏 3 开始。赢得钱数最多的参赛者就是获胜者，他将有机会赢取一份大奖。通常一次节目要进行 3 次以上的游戏。游戏结果显示，参赛者 1 往往有优势：参赛者 1 有两次开始游戏的机会，而参赛者 3 只有一次。为了弄清楚实际情况是不是这样，随机抽取了 30 场节目，记录下每场节目中获胜者的开始顺序。结果如下所示：

| 开始顺序 | 1 | 2 | 3 |
|---|---|---|---|
| 获胜者数 | 14 | 10 | 6 |

根据上述结果，我们能否认为游戏是不公平的？

**15.67**　有人估计，每年员工旷工对北美公司造成的损失超过 1 000 亿美元。为了了解员工旷工的费用为什么逐年上升，某大公司人事部门记录了在过去几个月中旷工的 362 名员工的实际工作日。这些数据能说明旷工的情况在某些工作日比较严重吗？

| 工作日 | 星期一 | 星期二 | 星期三 | 星期四 | 星期五 |
|---|---|---|---|---|---|
| 旷工人数 | 87 | 62 | 71 | 68 | 74 |

**15.68** 假设习题15.42中的人事部门将这些旷工的职员按照坐班时间进行分类，详见下表。在10%的显著性水平下，是否有足够的证据表明，职员应该坐班的时间和他们旷工的时间之间有联系？

| 班次 | 星期一 | 星期二 | 星期三 | 星期四 | 星期五 |
|---|---|---|---|---|---|
| 日班 | 52 | 28 | 37 | 31 | 33 |
| 晚班 | 35 | 34 | 34 | 37 | 41 |

**15.69** 一个管理行为分析家正在研究工作场所中男性/女性监督结构与员工的工作满意度之间的关系。最近一项调查的结果列示在下表中。是否有足够的证据推断工作满意度取决于老板/员工的性别？

| 满意度 | 老板/员工 | | | |
|---|---|---|---|---|
| | 女性/男性 | 女性/女性 | 男性/男性 | 男性/女性 |
| 满意 | 21 | 25 | 54 | 71 |
| 一般 | 39 | 49 | 50 | 38 |
| 不满意 | 31 | 48 | 10 | 11 |

以下习题要用计算机和软件完成，当然也可以手工计算。样本统计量参见附录A。如果没有特殊说明，使用5%作为显著性水平。

**15.70 Xr15－70** 压力是一个很严重的问题，每年政府都会因此支付数十亿美元的费用。因此，判断造成压力的原因和可能的治疗方案是非常重要的。确定各个国家造成压力的原因是否不同对于我们分析问题非常有用。在一项调查中，美国和加拿大的成年人被要求回答他们最主要的压力来源。回答项是

1. 工作　2. 经济原因　3. 健康状况　4. 家庭生活　5. 其他

数据按照上面的方式编码，同时1代表受访者来自美国，2代表受访者来自加拿大。这些数据能否提供足够的证据推断美国人和加拿大人压力的来源不同？

**15.71 Xr15－71** 每天有超过3 000个美国人戒烟。因为尼古丁是成瘾性药物之一，所以戒烟是一项艰难而痛苦的任务，通常要经过几次努力才能成功戒烟。戒烟的方法有很多种，包括突然停止、戒烟贴、催眠术和群体治疗。在一项研究这些方法差异性的实验中，抽选决定戒烟的吸烟者组成随机样本，每个吸烟者选择了上述方法中的一种。一年后，调查对象汇报他们是否已经戒烟（1＝是，2＝否）以及他们使用的方法（1＝突然停止，2＝戒烟贴，3＝催眠术，4＝群体治疗）。有充分的证据表明四类方法在帮助戒烟方面存在差异吗？

**15.72 Xr15－72** 一家报纸出版商想知道人们阅读报纸的方法是否与读者的受教育水平有关。一项调查询问了若干成年读者他们会先读报纸的哪一部分以及他们的最高学历。数据按如下方式保存：第1列＝首先阅读的部分（1＝首页，2＝体育版，3＝社

论，4＝其他）；第 2 列＝受教育水平（1＝高中未毕业，2＝高中毕业，3＝大学，4＝研究生）。该出版商从这些数字中可否得出受教育水平会影响人们阅读报纸的方法的结论？

**15.73　Xr15－73**　佛罗里达彩票中心每周都要从 1～49 中抽取 6 个数字。彩票购买者自然对某些数字被抽到的可能性是否比其他数字高比较感兴趣。为了帮助这些买彩票的人，Sun-Sentinel 公布了一份过去 52 周中每周被抽中的数字出现的次数的报告。各个数字和它们被抽取的频数被保存起来。

a. 如果数字是随机抽取的，那么每个数字被抽中的期望频数是多少？

b. 根据已有数据，我们能否推断这些数字不是随机抽取的？

在 15.4 节中，我们介绍了怎样检验正态分布。此外，我们也可以用同样的检验过程来检验其他分布。

**15.74　Xr15－74**　某科学家认为，孩子的性别是一个二项随机变量。生男孩的概率＝0.5，生女孩的概率＝0.5。为了检验这个结论是否正确，他随机抽取了 100 户有 5 个孩子的家庭，记录下男孩的数量。该科学家是否可以推断，在有 5 个孩子的家庭中，男孩的数量不是一个参数 $p=0.5$ 的二项随机变量？（提示：在一个 $n=5$，$p=0.5$ 的二项分布中确定 $X=0$，1，2，3，4，5 的概率。）

**15.75　Xr15－75**　由于医疗费用过高，关于疾病预防的研究一直很受欢迎。之前进行的研究告诉我们，压力会影响人们的免疫系统。匹兹堡卡内基·梅隆医院的两名医学研究人员询问了 114 名健康成年人的社会圈子，要求他们列出每两周至少接触一次的群体——家庭、同事、邻居、朋友、修道士以及社区团体。参与这项调查的人还需汇报在过去的几年中发生的不幸事件，例如，亲友去世、离婚或者与工作相关的问题。参与者被分成四组。组 1：社会活动多，压力大；组 2：社会活动不多，压力大；组 3：社会活动多，压力不大；组 4：社会活动不多，压力不大。每人都被归为其中的一组。另外，记录下每个人在接下来的 12 周里是否得感冒（1＝是，2＝不是）。我们能否推出四组人得感冒的概率存在差异？

下面的习题需要使用前面章节中用到的数据集。

**15.76　Xr12－105***　习题 12.105 中描述了教授资源即将出现短缺的情况，这种情况很有可能因教授们希望在 65 岁之前退休而变得更严重。随机抽取一部分教授作为样本，询问他们是否想在 65 岁之前退休。回答项是“否”（1）和“是”（2）。此外，研究人员还询问了教授们所属的院系（1＝艺术学院，2＝理学院，3＝商学院，4＝工程学院，5＝其他）。这些数据能否提供足够的证据来推断教授是否想要在 65 岁之前退休与所属院系之间是相关的？

**15.77　Xr12－109***　见习题 12.109。判断是否有足够的证据能够推断这三个年龄类别的人对圣诞树的选择不同。

**15.78　Xr12－111***　习题 12.111 中描述了一项研究，研究内容是判断是否新闻联播的观众会在收看处方药的广告后联系医生询问该药物的情况。回答项为 1＝否和 2＝是。同时记录受访者经常收看的电视台（1＝ABC，2＝CBS，3＝NBC）。我们能否认为这三个电视台的观众的反应之间存在差异？

**15.79　Xr13－160***　习题 13.160 描述了一项对成年人的调查。根据对问题的回答，每个被调查者可以被分为是否具有健康意识（1＝是，2＝否），以及是否购买特殊 X 谷物食品（1＝否，2＝是）。此外，同时记录被调查者的教育背景（1＝高中以下，

2=高中毕业，3=大学，4=研究生）。

a. 根据这些数据，研究人员能否得出具有健康意识的人和不具有健康意识的人的教育背景不同的结论？

b. 我们能否认为被调查者的教育背景和是否购买特殊 X 谷物食品之间是相关的？

**15.80 Xm12 - 05*** 例 12.5 中的民意测验询问受访者选择的候选人来自民主党还是共和党。调查人员同时记录了受访者的性别（1=女，2=男）、教育背景（1=高中以下，2=高中毕业，3=大学，4=研究生）和收入水平（1=25 000 美元以下，2=25 000～49 999 美元，3=50 000～75 000 美元，4=75 000 美元以上）。

a. 是否有足够的证据能够推断投票人的性别和投票情况之间是相关的？

b. 根据这些数据，我们能否得出投票情况和教育背景相关的结论？

c. 我们能否认为投票情况和收入水平是相关的？

### 在市场营销中的应用：市场细分

在 12.4 节和第 13、14 章中，我们讲述了营销经理如何使用统计分析方法来估计细分市场的大小，以及确定细分市场之间是否存在差异。下面的习题要求应用列联表的卡方检验来确定某些不同的定类变量对细分市场的影响是否存在差异。

**15.81 Xr12 - 138*** 习题 12.138 中描述了彭尼公司划分的细分市场。用来区分被调查妇女的问卷中有一个问题是询问妇女是否在家庭外面工作，得到的回答有

1. 没有在外面工作 2. 有兼职工作 3. 有全职工作

记录这些数据以及分类方法（1=保守的，2=传统的，3=潮流的）。我们能从这些数据中推断出在上述三个细分市场中，妇女的受雇状态有差异吗？

**15.82 Xr12 - 138*** 参见习题 12.138。要求接受调查的妇女说出她们认为价值应具备的最重要的特征，从而来定义价值。得到的回答有

1. 价格 2. 质量 3. 样式

记录回答结果和细分市场的分类方法（1=保守的，2=传统的，3=潮流的）。我们能从这些数据中推断出这三个细分市场对价值的定义存在差异吗？

**15.83 Xm12 - 06*** 参见例 12.6。在细分早餐谷类食品市场的过程中，一个食品制造商用健康和饮食观念作为细分变量。这样得到了四个细分市场：

1. 关注食用健康食品 2. 主要关注体重

3. 因为疾病而关注健康 4. 不介意

在调查中，要求每个人报告他们食用健康早餐的频率（健康早餐意指谷类/水果），得到的回答包括

1. 从不 2. 很少

3. 经常 4. 每天

每个回答者的答复和他所属的细分市场都保存了下来。我们能据此推断出这些细分市场的构成者之间吃健康早餐的频率存在差异吗？

# 附录　回顾第 12 章至第 15 章

下面是更新过的统计方法表（表 A15—1）和流程图（图 A15—1），涵盖了第 12 章至第 15 章的所有统计方法。加上本章介绍的两种卡方检验方法（不包括正态分布的卡方检验），我们共介绍了 22 种方法。

**表 A15—1　　第 12 章至第 15 章的统计方法总结**

$\mu$ 的 $t$ 检验

$\mu$ 的估计量（包括 $N\mu$ 的估计量）

$\sigma^2$ 的 $\chi^2$ 检验

$\sigma^2$ 的估计量

$p$ 的 $z$ 检验

$p$ 的估计量（包括 $Np$ 的估计量）

$\mu_1-\mu_2$ 的 $t$ 检验（等方差）

$\mu_1-\mu_2$ 的估计量（等方差）

$\mu_1-\mu_2$ 的 $t$ 检验（异方差）

$\mu_1-\mu_2$ 的估计量（异方差）

$\mu_D$ 的 $t$ 检验

$\mu_D$ 的估计量

$\sigma_1^2/\sigma_2^2$ 的 $F$ 检验

$\sigma_1^2/\sigma_2^2$ 的估计量

$p_1-p_2$ 的 $z$ 检验（情况 1）

$p_1-p_2$ 的 $z$ 检验（情况 2）

$p_1-p_2$ 的估计量

单因素方差分析（包括多重比较）

双因素方差分析（随机化区组试验）

双因素方差分析

卡方拟合优度检验

列联表的卡方检验

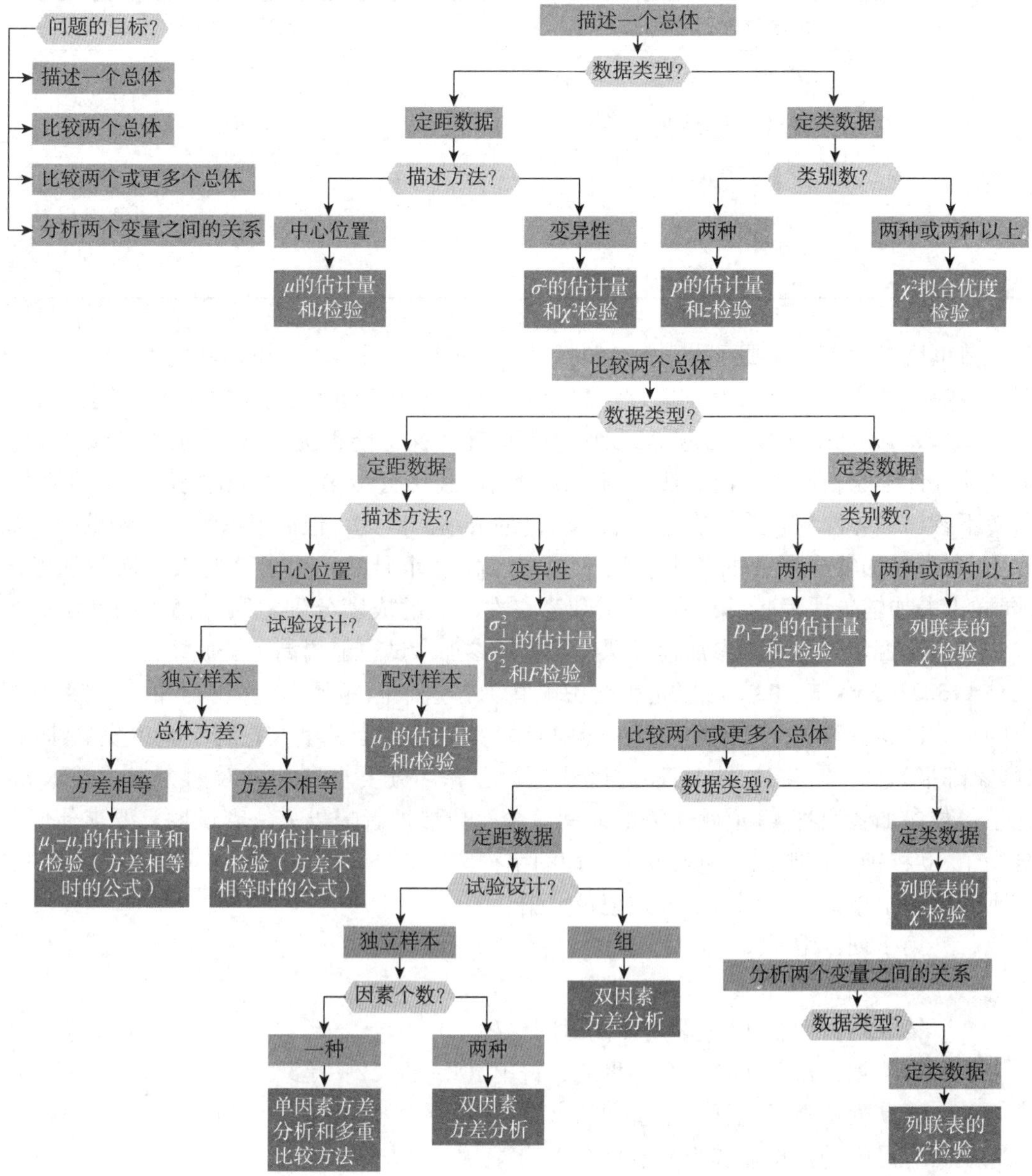


**图 A15—1　统计方法总结：第 12 章至第 15 章**

## 习　题

在下面的练习题中，我们不指定显著性水平，请读者根据题目的需要自己设定。

**A15.1　XrA15－01**　通过对北美 MBA 申请者的资料进行分析，我们得到了不同大学学位的申请者所占的比例如下表所示：

| 大学学位 | 比例（%） |
|---|---|
| 文学学士（1） | 50 |
| 管理学学士（2） | 20 |
| 理学学士（3） | 15 |
| 工学学士（4） | 10 |
| 其他学位（5） | 5 |

劳里埃大学 MBA 项目的主任按照括号中的编码记录了本年申请者的大学学位。根据这些数据，我们能否认为 MBA 项目申请者的总体中不同大学学位的比例不同?

**A15.2　XrA15-02**　习题 A13.16 中判断辅导课程能否提高 SAT 成绩的试验遭到了其他统计学家的质疑。他们认为第一次考试的经历会给第二次考试提供有用的信息，即使不参加辅导课程，第二次也能取得较高的成绩。因此，他们组织了另一场试验。抽取 40 名未参加辅导课程的学生参加 SAT 考试，3 个月后，要求这些人再次参加考试（同样未参加辅导课程）。第一次考试和第二次考试的成绩分别记录在第 1 列和第 2 列中。我们能否认为即使不参加辅导课程，重复参加考试也能提高考试成绩?

**A15.3　XrA15-03**　减肥是否会影响智力? 这个问题是由澳大利亚的研究人员提出的。该试验抽取了 40 名澳大利亚的中年妇女，其中有一半人正在节食（资料来源：《国家邮报》，2003 年 12 月 1 日）。该试验的心算部分要求参加者对两个三位数求和。记录每位参加者回答 48 道题所需的时间。给每位参加者提供另一套试题，要求他们重复一个 10 秒钟之前听到的包含 5 个单词的字符串。此外，还要求参加者重复 10 秒钟之前听到的 5 个单词。按照如下方式记录数据：

第 1 列：编号

第 2 列：1＝节食，2＝未节食

第 3 列：回答 48 道题所需的时间（秒）

第 4 列：重复包含 5 个字母的字符串（1＝否，2＝是）

第 5 列：重复包含 5 个单词的字符串（1＝否，2＝是）

是否有足够的证据能够推断节食会影响智力?

**A15.4　XrA15-04**　大学图书馆预算中很小但很重要的一部分是对过期图书的罚款。去年，一家图书馆共收取了 75 652.75 美元的罚款。然而，馆长认为一些管理员因为嫌麻烦而没有收取应收的罚款。为了了解相关信息，她随机抽取了 400 名学生（学生总数为 50 000），询问他们在过去的 12 个月中未能按期归还的图书的数量，同时记录逾期的天数。结果显示逾期的总天数从 0 至 55 天不等。

a. 在 95%的置信水平下，估计该大学所有学生图书逾期的平均天数。

b. 如果罚款为每天 25 美分，估计每年所收的罚款数额。馆长能否得出并非所有应收的罚款都收到了的结论?

**A15.5　XrA15-05**　某苹果汁生产商开发了一种新产品——液体浓缩汁。将该种产品与水混合就能得到 1 升苹果汁。该新产品有很多特色。首先，它比现在的苹果汁采用的瓶装方式更加方便；其次，现在销售的苹果汁也是用浓缩汁制造的，因此，新产品的质量不会比现在的苹果汁的质量差；最后，新产品的价格比瓶装苹果汁低。市场部经理需要制定新产品的营销策略。她可以设计广告来体现新产品的便利性、质量或者价格。她在三个不同的小城市各进行了一项试验。在第一个城市，她发布的广告强调了浓缩汁的便利性（例如，便于从商店带回家并且在冰箱中占的空间更少）；在第二个城市，广告突出了产品的质量（邀请一些消费者描述新产品的高质量）；第三个城市的广告则重在体现产品的低价。她记录了从这场试验开始之后 20 周内新产品的周销量。市场部经理想要知道是否不同的营销策略的销量不同。（假设除了广告策略之外，这三个城市的其他情况完全相同。）

**A15.6　XrA15－06**　共同基金是一种很流行的股票投资方式。某金融分析师想要分析收入对共同基金所有者的影响以及在过去的四年中这种关系是否发生了改变。她随机抽取了一部分 25 岁以上的成年人作为样本，询问他们是否拥有共同基金（否＝1，是＝2）和每年的家庭收入。收入类别为

1. 25 000 美元以下
2. 25 000～34 999 美元
3. 35 000～49 999 美元
4. 50 000～74 999 美元
5. 75 000～100 000 美元
6. 100 000 美元以上

根据这些数据，我们能否推断是否拥有共同基金与收入之间是相关的？（数据来源：《美国统计摘要》，2006 年，表 1200。）

**A15.7　XrA15－07**　见习题 A15.5。假设除了改变市场策略之外，生产商还决定在电视或报纸上做广告。因此，试验按照如下方式重复。选择 6 个小城市，城市 1 的营销策略强调便利性，并且所有广告都投放在电视上；城市 2 的营销策略也强调便利性，但是所有广告都投放在报纸上；城市 3 和城市 4 的营销策略都强调产品质量，但是投放广告的渠道分别为电视和报纸；城市 5 和城市 6 的营销策略都强调产品价格，但是城市 5 投放广告的渠道为电视，而城市 6 投放广告的渠道则为报纸。记录每个城市 10 周的周销量。根据这些数据，我们可以得出什么结论？

**A15.8　XrA15－08**　根据最近的一项研究，研究人员发现了叶酸对脊椎分叉发生率的影响。脊椎分叉是一种先天畸形。从曾生育患有脊椎分叉疾病的婴儿并且近期有再次怀孕计划的妇女中随机抽取 2 000 名作为样本。在再次怀孕之前，对其中一半样本提供常规的叶酸剂量，对另一半妇女提供安慰剂。18 个月以后，研究人员记录了每位被调查者的生产结果：1＝生育健康婴儿，2＝生育脊椎分叉患儿，3＝没有怀孕或者没有生育婴儿。我们能否认为叶酸降低了新生婴儿脊椎分叉疾病的发病率？

**A15.9　XrA15－09**　对于高尔夫俱乐部来说，高尔夫球员慢打是一个很严重的问题。慢打会导致回合次数减少和球场所有者的赢利下降。为了分析这个问题，随机抽取英国和美国的高尔夫球场作为样本。随机抽取英国和美国的高尔夫球员，并记录他们击球所用的时间。我们能否得出英国球员用的时间比美国球员少的结论？（资料来源：《高尔夫杂志》，2001 年 7 月。）

**A15.10　XrA15－10**　在美国和加拿大，移民占总人口的比例非常大。很多移民到北美的人起初资产很少，却能很快适应当地的经济环境。但是问题在于，移民如何很快

地提高生活标准呢？加拿大的统计学家进行了一项研究，对三种不同类型的家庭进行了调查：

1. 1976 年前迁入的移民

2. 1986 年后来到加拿大的移民

3. 加拿大本土的居民

该项研究记录了每个家庭的资产（单位：千美元），包括住房、汽车、收入和储蓄。我们能否推断出这三种家庭的资产之间存在差异？如果是，请描述这种差异。

**A15.11　XrA15-11**　20 世纪 80 年代，职业棒球运动在北美相当盛行。然而，20 世纪 90 年代，参与的人数就下降了。此外，收看电视转播的观众数量也不断下降。为了了解棒球运动受欢迎的程度与其他运动的关系，研究人员进行了一次调查。1985 年和 1992 年，一项哈里斯（Harris）民意调查分别询问了 500 名随机抽取的民众最喜欢的体育运动。得到的结果刊登在《华尔街日报》（*Wall Street Journal*，July 6，1993）上，同时按照如下方式保存。第 1 列为最喜欢的运动（1＝职业足球，2＝棒球，3＝职业篮球，4＝大学篮球，5＝大学橄榄球，6＝高尔夫，7＝赛车，8＝网球，9＝其他）。第 2 列中保存的是年份（1＝1985，2＝1992）。这些结果能不能说明在 1985—1992 年间，北美人的运动偏好发生了改变？

**A15.12　XrA15-12**　为了了解北美大都市的交通拥堵问题，需要知道通过十字路口的汽车数量（《国家邮报》，2006 年 10 月 18 日）。每天记录 5 分钟内通过十字路口的汽车数量。在 95%的置信水平下，估计 5 分钟内通过的汽车数量，并用该估计量计算一天（24 小时）中通过十字路口的汽车总数。

**A15.13　XrA15-13**　倡导休闲活动的组织需要了解想要参加此类活动的人数。政府机构想要知道具体人数，因为有很多组织申请政府拨款。国家艺术基金会对美国的成年人进行了一项调查以获得相关信息。该调查的一部分是询问被调查者他们是否参加过锻炼计划。回答项为：1＝是和 2＝否。最近的一次人口普查表明美国成年人的总数是 20 590 万。在 95%的置信水平下，估计参加锻炼计划的美国成年人的数量。（资料来源：《美国统计摘要》，2006 年，表 1227。）

**A15.14　XrA15-14**　腰背痛是一种常见疾病，很有可能导致残疾或失能。任何针对失能的治疗方案都会受到个人和保险公司的欢迎。为此，有关机构进行了一项随机对照研究（资料来源：《内科纪事》，2004 年 1 月）来判断是否一种最新的治疗方法是有效的。研究人员对 134 名因腰背痛不能上班的人进行了治疗。其中对一半人采用分级活动疗法，即能刺激他们快速回到工作岗位的体育锻炼；对另一半人采用普通疗法，该疗法主要以休息为主。他们记录了每个被调查者 6 个月来由于腰背痛不能上班的天数。这些数据能否提供足够的证据证明分级活动疗法是有效的？

**A15.15　XrA15-15**　临床悲观沮丧是一种很严重的、有时会使病人变得虚弱的疾病。通常人们都用抗抑郁剂来治疗这种病。最新研究表明，还有一种治疗该病的方法。研究人员随机抽取了一组患有该疾病的病人，并将他们分成三组：第 1 组服用抗抑郁剂，并进行轻度的治疗，第 2 组服用安慰剂，并进行轻度的治疗，第 3 组只服用安慰剂。研究人员记录了上述病人的病情是否有好转（1＝好转，2＝没有）以及相应组号。我们能否推断这三组治疗方案之间存在差异？

**A15.16**　航班是否能严格遵守时间安排？为了回答这个问题，一位经济学家对美国的 780 次航班进行了研究，其中有 77.4%的航班能够守时（在规定时间的 15 分钟之内起飞）。2005 年美国飞机总的起飞次数为 7 140 596。在 95%的置信水平下，估计美国按时起飞的航班总数量。

**社会综合调查习题**

**A15.17 GSS2006* GSS2008*** 2008 年，美国处于大衰退的痛苦之中，失业率剧烈上升，这对个人的工作年限（工人为当前雇主工作的时间）有什么影响？有充分的证据表明工作年限在 2006 年（YEARSJOB）至 2008 年（CUREMPYR）发生了改变吗？

**A15.18 GSS2008*** 在美国的大多数州都要对杀人犯执行死刑，然而，一小部分州禁止了这项惩罚。政治家需要知道公众中分别是哪些人支持和反对一项制度。我们能够根据数据推断民主党人、共和党人和无党派人（PARTYID：0 和 1＝民主党，2，3 和 4＝无党派，5 和 6＝共和党）在支持对杀人犯执行死刑（CAPPUN）方面存在差异吗？

**A15.19 GSS2008*** 已婚夫妻正延迟生育吗？回答这个问题的方法之一是研究人们拥有第一胎子女的年龄。在 95%的置信水平下估计美国人生育第一胎子女时的平均年龄（AGEKDBRN）。

**A15.20 GSS2008*** 在第 2 章中，我们使用图表方法和来自美国国家选举调查的数据试图判断男性和女性在所支持的政党方面是否不同。使用合适的统计推断方法来判断是否有充分的证据表明男性和女性（SEX）在所支持的政党（PARTYID）方面存在差异。

**A15.21 GSS2008*** 同父母住在一起的青年和成年子女通过从事全职或兼职工作使家庭收入增加吗？他们这样做是为了增加家庭财富而不是减少家庭财富吗？为了回答这个问题，建立假设检验来判断我们能否根据数据得出家庭中赚钱人的数量（EARNRS）在四个阶层（CLASS）中存在差异的结论。

**A15.22 GSS2002* GSS2004* GSS2006*** 一个普遍接受的判断美国人在多年间经济实力是否提高的方法是计算实际工资。我们能否根据社会综合调查数据判断在 2002 年、2004 年和 2006 年美国人的实际收入（CONRINC）发生了变化？

**A15.23 GSS2008*** 一个人的种族会影响其是否成为个体经营者的选择吗？我们能够认为在种族（RACE）间存在选择成为个体经营者（WRKSLF：1＝个体经营，2＝其他）的差异吗？

**A15.24 GSS2008*** 失业一段时间是否会影响一个人的政治倾向？使用 GSS2008 的数据判断是否有充分的证据表明在过去 10 年内失业（UNEMP）的美国人和没有失业的美国人支持不同的政党（PARTYID：0 和 1＝民主党，2，3 和 4＝无党派，5 和 6＝共和党）。

**美国国家选举调查习题**

**A15.25 ANES2008*** 近年来，具有选民资格的美国人实际参与总统投票的比例保持在 50%左右。这表明对于大多数政治选民来说投票是十分重要的程序。自由派和保守派在对待投票的观点上存在差异吗？建立一个假设检验来判断是否有充分的证据表明自由派和保守派（LIBCON：1，2 和 3＝自由派，5，6 和 7＝保守派）在对待投票的观点（DEFINITE）上存在差异。

**A15.26 ANES2004* ANES2008*** 2004 年，美国的经济势头强劲，经济发展快，

失业率低。但到 2008 年，经济进入衰退期。我们能够得出 2004 年到 2008 年间美国的就业状况（EMPLOY）发生了改变的结论吗？

**A15.27 ANES2008*** 数据能够提供充分的证据来推断有强烈意识认为自己属于民主党或共和党的美国人比意识不强烈（STRENGTH：1＝强烈，2＝不是很强烈）的美国人有更高的受教育程度（EDUC）吗？

---

案例 A15.1

## 哪个节食方案是有效的?

数据：CA15－01

每年都有数以百万计的人通过节食来减肥，可供选择的减肥食谱数目众多。对于大多数人来说，他们的困扰在于哪一种节食方案才是有效的。波士顿塔夫茨大学的研究人员为了给节食者解答这一疑惑，采用了下面四个方案：

1. Atkins 低碳饮食法
2. Zone 高蛋白中碳饮食法
3. 卡路里饮食法
4. Ornish 博士的低脂肪饮食法

该研究招募了 160 名肥胖者并为每一种饮食方案随机指派了 40 个人。节食之前的平均体重为 220 磅，所有人都需要减掉 30～80 磅。所有志愿者都同意坚持采用被指派的节食方案两个月。研究人员没有要求志愿者进行体育锻炼。按照下面的格式记录每个志愿者以下变量的值：

第 1 列：编号

第 2 列：节食方案

第 3 列：体重减少的百分比

第 4 列：低密度脂蛋白—胆固醇（LDL）下降的百分比

第 5 列：高密度脂蛋白—胆固醇（HDL）上升的百分比

第 6 列：两个月后是否退出该研究

1＝是，2＝否

第 7 列：1 年后是否退出该研究

1＝是，2＝否

是否有足够的证据能够得出四种饮食方案在以下方面存在差异的结论？

a. 体重减少的百分比。

b. LDL 下降的百分比。

c. HDL 上升的百分比。

d. 两个月后志愿者退出的比例。

e. 一年后志愿者退出的比例。

# 第16章 简单线性回归和相关分析

**社会综合调查——教育和收入的相关性如何**

数据：GSS2012*

你可能是一个商学或经济学专业的本科生或研究生，希望毕业后找到一份工作，拿很高的薪水。你可能有这样的假想：更高程度的教育＝更好的工作＝更高的收入，这个假想正确吗？幸运的是，社会综合调查中记录了这两个变量，它们将会帮助我们判断教育和收入是否相关。如果二者相关，那么当受教育年限增加一年时，收入将如何取值？答案请参见16－4j小节。

## 引　言

**回归分析**（regression analysis）通过其他变量来预测某一变量的值。这是一种最为常用的统计分析方法，因为随处都可用到，几乎所有公司、政府机构在预测产品需求、利率、通货膨胀率、原材料价格以及劳动力成本等问题时都会用到回归分析。

进行回归分析首先需要建立数学方程式，描述被预测的变量即**因变量**（dependent variable）和统计工作者认为与其相关的变量之间的关系。因变量用 $Y$ 表示，与其相关的变量被称为**自变量**（independent variables），并用 $X_1$，$X_2$，…，$X_k$ 表示（其中 $k$ 是自变量的个数）。

如果我们仅关心变量之间是否存在某种关系，那么我们可以应用前面已经介绍过的相关分析。第 3 章介绍了描述两个定距变量之间关系的图示法——散点图，第 4 章介绍了相关系数和协方差。

因为回归分析涉及一些新的方法和概念，所以分三章进行介绍。本章仅介绍确定两个变量之间关系的方法，第 17 章将研究两个以上变量之间的关系，第 18 章将讲述如何建立回归模型。

这里举三个例子来说明回归分析的应用。

**示例 1** 某一品牌儿童谷类食品的产品经理想预测明年的产品需求。为了应用回归分析，他和员工们列出了如下可能影响销量的变量：

产品价格
5～12 岁儿童(目标市场)的数量
竞争产品的价格
广告的效果(用广告曝光率来衡量)
当年的销售额
前一年的销售额

**示例 2** 某黄金投机者打算购买大批金条。他需要用回归分析预测今后两年（他计划的投资期）的黄金价格。在准备阶段，他列出了下述自变量：

利率
通货膨胀率
石油价格
金银珠宝需求量
工商业黄金需求量
道琼斯工业平均指数

**示例 3** 一位房地产代理商想更精确地预测房屋出售价格，她认为以下变量将会影响房产价格：

房子面积(平方英尺)
卧室数量
房子朝向
房子状态
地理位置

在这些例子中，使用回归分析的根本动机是预测。但是，分析变量之间的关系对管理决策来说也非常有用。例如，在示例中，产品经理需要知道价格与产品需求量之间的关系，从而估计价格的未来变化。

不管进行回归分析的初衷是什么，下一步都是建立数学方程或模型，准确地描述自变量和因变量之间的关系。这一步只是整个过程中很小的一步，我们将在下一节中介绍。在本章后面的章节和第 17 章，我们将花相当大的篇幅来评价和检验回归模型是否与实际数据一致。只有我们对模型的效果感到满意时，才能用它进行评估和预测。

## 16.1 模 型

建立数学模型的工作可能非常复杂，因此我们必须对每个自变量和因变量之间的关系有一些基本的想法。数学模型的数量几乎是无穷的，这里是第4章中的一个例子。

利润＝(单位价格－单位可变成本)×售出单位数量－固定成本

在金融课程中，你还可能遇到下面的例子：

$$F=P(1+i)^n$$

其中，

$F$＝资产的未来价值
$P$＝现值
$i$＝每期利率
$n$＝周期数

上面的模型都是一些**确定性模型**（deterministic models）的例子，之所以这么说是因为除了微小的测量误差外，根据方程，我们可以用自变量的值确定方程左边的因变量的值。在我们感兴趣的许多实际应用中，确定性模型都不太现实。例如，认为我们可以仅根据面积确定房价是合理的吗？毫无疑问，面积会影响房价，但许多其他因素（其中有一些是不可测量的）也会影响房价。大部分实际模型必然包括能够反映随机性的方法，随机性是真实世界中各种过程的一部分。这样的模型被称为**概率模型**（probabilistic model）。

为了建立概率模型，可以从与我们想建立的模型关系较为接近的确定性模型开始。然后增加一个随机项，以衡量确定性成分的误差。如示例3，我们假设房地产代理商知道建造新房子的成本大约是每平方英尺100美元，一块地皮的售价大约为100 000美元。因此售价约为

$$y=100\ 000+100x$$

式中，$y$ 为销售价格，$x$ 为房屋面积（单位：平方英尺）。因此，估计2 000平方英尺的房子可以卖到

$$y=100\ 000+100\times 2\ 000=300\ 000(\text{美元})$$

然而，我们知道，房价不可能精确地为300 000美元。实际上，它可能在200 000～400 000美元之间波动。换句话讲，确定性模型并不适宜。为了适当地反映这种状况，应该采用概率模型

$$y=100\ 000+100x+\varepsilon$$

式中 $\varepsilon$ 称为**误差变量**（error variable），表示实际售价和基于面积的估计售价之间的差值。因此，随机项可能是所有变量引起的，包括可测量的和不可测量的，不属于模型的一部分。即使 $x$ 保持恒定，每一次销售中的 $\varepsilon$ 也会不同。所以，面积完全相同的房子的

实际价格也会因位置、卧室的数量和浴室的数量以及其他因素而有所不同。

在介绍回归分析的这三章中，我们将只介绍概率模型。本章对有一个自变量的线性模型，即**一阶线性模型**（first-order linear model），有时也称为**简单线性回归模型**（simple linear regression model）①进行分析。

**一阶线性模型**

$$y=\beta_0+\beta_1 x+\varepsilon$$

式中，

$y$=因变量

$x$=自变量

$\beta_0$=$y$ 轴截距

$\beta_1$=斜率（纵坐标增加值/横坐标增加值）

$\varepsilon$=误差变量

模型要解决的问题是分析 $x$ 和 $y$ 两个变量之间的关系，$x$ 和 $y$ 都必须为定距变量。为了确定 $x$ 和 $y$ 的关系，需要知道线性模型的系数的值，即 $\beta_0$ 和 $\beta_1$。但系数的值是总体参数，几乎不可能知道。在下一节中，我们将讨论如何估计这些参数。

## 16.2 估计系数

估计 $\beta_0$ 和 $\beta_1$ 的方法与本书中估计其他参数的方法类似。我们从感兴趣的总体中抽取一个随机样本，并计算所需的样本统计量。但是，因为 $\beta_0$ 和 $\beta_1$ 是直线的系数，故应以通过样本数据的直线为基础。我们选择的用于估计 $\beta_0$ 和 $\beta_1$ 的直线应该是“最优”的，即它是距离样本点最近的直线。这条“最优直线”被称为最小二乘直线。

下面的方程表示了这条直线：

$$\hat{y}=b_0+b_1 x$$

其中，$b_0$ 为 $y$ 轴截距，$b_1$ 为斜率，$\hat{y}$ 是 $y$ 的预测值或拟合值。在第 4 章中，我们已经介绍过**最小二乘法**（least squares method），其基本思想是得到一条直线，使点和线之间的离差平方和的值最小，即系数 $b_0$ 和 $b_1$ 必须使离差平方和

$$\sum_{i=1}^{n}(y_i-\hat{y}_i)^2$$

最小，即 $\hat{y}$ 与 $y$ 在平均意义上最近。样本系数通过微积分的方法求得，细节请参考本书

① 我们使用“线性”这一术语有两种方式。线性回归中的“线性”指的是系数 $\beta_0$ 和 $\beta_1$ 的线性组合形成的模型的构造。因此，例如，模型 $y=\beta_0+\beta_1 x^2+\varepsilon$ 是线性组合而模型 $y=\beta_0+\beta_1^2 x+\varepsilon$ 则不是。简单线性回归模型 $y=\beta_0+\beta_1 x+\varepsilon$ 描述了因变量和一个自变量间的直线或线性关系。在本书中，我们仅使用线性回归方法。因此，当我们使用单词“线性”时，我们指的是变量间的直线关系。

所附凯勒网站的附录——推导正规方程。下面的公式在第 4 章中已经介绍过了。

**最小二乘直线系数**

$$b_1=\frac{s_{xy}}{s_x^2}$$

$$b_0=\bar{y}-b_1\bar{x}$$

式中

$$s_{xy}=\frac{\sum_{i=1}^{n}(x_i-\bar{x})(y_i-\bar{y})}{n-1}$$

$$s_x^2=\frac{\sum_{i=1}^{n}(x_i-\bar{x})^2}{n-1}$$

$$\bar{x}=\frac{\sum_{i=1}^{n}x_i}{n}$$

$$\bar{y}=\frac{\sum_{i=1}^{n}y_i}{n}$$

第 4 章给出了计算样本方差和样本协方差的简化公式，将两者结合就得到了手工计算回归系数的简便方法。

**$b_1$ 的简化公式**

$$b_1=\frac{s_{xy}}{s_x^2}$$

$$s_{xy}=\frac{1}{n-1}\left[\sum_{i=1}^{n}x_iy_i-\frac{\sum_{i=1}^{n}x_i\sum_{i=1}^{n}y_i}{n}\right]$$

$$s_x^2=\frac{1}{n-1}\left[\sum_{i=1}^{n}x_i^2-\frac{\left(\sum_{i=1}^{n}x_i\right)^2}{n}\right]$$

统计学已经证明，$b_0$ 和 $b_1$ 分别是 $\beta_0$ 和 $\beta_1$ 的无偏估计。虽然有了明确的计算公式，但由于计算的时间成本过大，我们很少采用手工方法计算回归方程。为了说明最小二乘法是如何发挥作用的，可以考虑下面这个简单的例子。

### 例 16.1　工作年限和年终奖

数据：Xm16 - 01

下面是 6 名具有不同工作年限的工人的年终奖数额（单位：1 000 美元）。根据这些数据，确定描述工作年限和年终奖之间关系的直线。

| 工作年限 $x$ | 1 | 2 | 3 | 4 | 5 | 6 |
|---|---|---|---|---|---|---|
| 年终奖 $y$ | 6 | 1 | 9 | 5 | 17 | 12 |

**解**

为了应用简化公式，需要计算四个和值。用计算器计算，得

$$\sum_{i=1}^{n} x_i = 21 \qquad \sum_{i=1}^{n} y_i = 50$$

$$\sum_{i=1}^{n} x_i y_i = 212 \qquad \sum_{i=1}^{n} x_i^2 = 91$$

现在，可以计算协方差和 $x$ 的方差：

$$s_{xy} = \frac{1}{n-1}\left[\sum_{i=1}^{n} x_i y_i - \frac{\sum_{i=1}^{n} x_i \sum_{i=1}^{n} y_i}{n}\right] = \frac{1}{6-1}\left[212 - \frac{21 \times 50}{6}\right] = 7.4$$

$$s_x^2 = \frac{1}{n-1}\left[\sum_{i=1}^{n} x_i^2 - \frac{\left(\sum_{i=1}^{n} x_i\right)^2}{n}\right] = \frac{1}{6-1}\left[91 - \frac{21^2}{6}\right] = 3.5$$

接下来计算样本斜率系数：

$$b_1 = \frac{s_{xy}}{s_x^2} = \frac{7.4}{3.5} = 2.114$$

$y$ 轴截距计算如下：

$$\bar{x} = \frac{\sum x_i}{n} = \frac{21}{6} = 3.5$$

$$\bar{y} = \frac{\sum y_i}{n} = \frac{50}{6} = 8.333$$

$$b_0 = \bar{y} - b_1 \bar{x} = 8.333 - 2.114 \times 3.5 = 0.934$$

因此，最小二乘直线为

$$\hat{y} = 0.934 + 2.114x$$

图 16—1 给出了最小二乘（回归）直线。你可以看到，直线对数据的拟合效果非常好。通过计算最小离差平方和，可以度量拟合效果。观测值与拟合值间的差被称为**残差**（residuals），用 $e_i$ 表示，即

$$e_i = y_i - \hat{y}_i$$

残差是误差变量的观测值，故这个最小的离差平方和又被称为**残差平方和**（sum of squares for error），用 SSE 表示。

本例中残差的计算见图 16—2。注意，我们通过把 $x_i$ 代入回归直线的公式计算 $\hat{y}_i$，而残差是 $y_i$ 的观测值与 $\hat{y}_i$ 的拟合值或预测值之差。表 16—1 给出了计算过程。

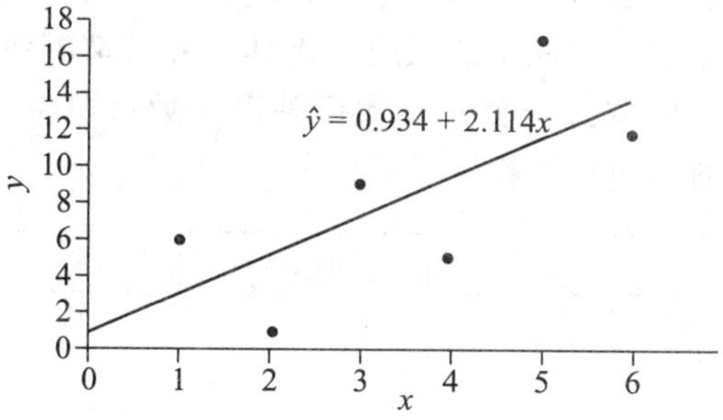


**图 16—1　例 16.1 回归直线的散点图**

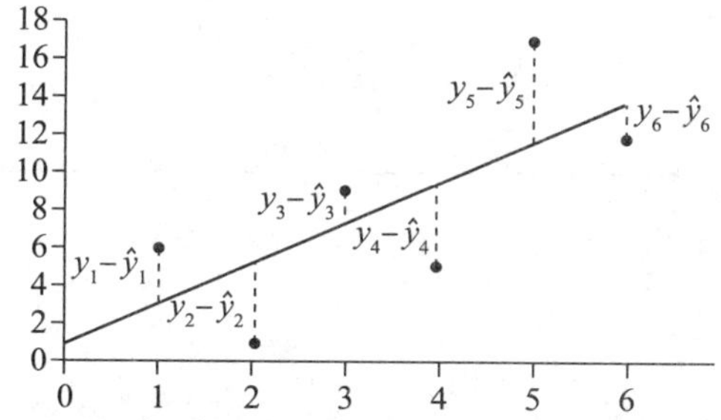


**图 16—2　计算例 16.1 中的残差**

**表 16—1　　计算例 16.1 中的残差**

| $x_i$ | $y_i$ | $\hat{y}_i=0.934+2.114x_i$ | $y_i-\hat{y}_i$ | $(y_i-\hat{y}_i)^2$ |
|---|---|---|---|---|
| 1 | 6 | 3.048 | 2.952 | 8.714 |
| 2 | 1 | 5.162 | −4.162 | 17.322 |
| 3 | 9 | 7.276 | 1.724 | 2.972 |
| 4 | 5 | 9.390 | −4.390 | 19.272 |
| 5 | 17 | 11.504 | 5.496 | 30.206 |
| 6 | 12 | 13.618 | −1.618 | 2.618 |
| | | | | $\sum(y_i-\hat{y}_i)^2=81.104$ |

因此，SSE=81.104。没有其他直线的离差平方和会像 81.104 这么小。从这个意义上讲，此时的回归直线对这些数据的拟合是最好的。误差平方和是一个重要的统计量，因为它是评估线性模型对数据的拟合优劣的其他统计量的基础。16.4 节将介绍这些统计量。

### 例 16.2　里程数和二手丰田凯美瑞的价格 I

数据：Xm16－02*

当客户想利用二手车换购新车时，北美的轿车经销商通常利用俗称的《蓝皮书》帮助他们确定二手车的价格。这本书每月出版，包括了所有基础型号轿车的换购价格。它根据每一车型的状况和个性化特点，提供了它们的备选价格。这些价格是根据最近的二手车拍卖中的平均价格确定的，拍卖是许多二手车经销商的一个供货方式。但是，《蓝皮书》不是根据二手车的行驶里程数来确定其价格的，尽管这对二手车的买主来说是至关重要的。为了调查这一问题，一个二手车经销商在上个月拍卖的车中随机挑选了 100 辆使用了三年的丰田凯美瑞。每辆车的状况都极佳，并且都配备了所有随车标配。经销商记录了每辆车的价格（单位：千美元）和行驶里程数（单位：千英里）。其中一些数据列在下面。经销商想确定回归方程。

| 轿车 | 价格（千美元） | 里程数（千英里） |
|---|---|---|
| 1 | 14.6 | 37.4 |
| 2 | 14.1 | 44.8 |
| 3 | 14.0 | 45.8 |
| ⋮ | ⋮ | ⋮ |
| 98 | 14.5 | 33.2 |
| 99 | 14.7 | 39.2 |
| 100 | 14.3 | 36.4 |

**解**

**识　别**

注意，问题的目标是分析两个定距变量之间的关系。因为我们认为里程数会影响销售价格，所以里程数为自变量，以 $x$ 表示；销售价格为因变量，用 $y$ 表示。

**计　算**

**手工计算**

由已知数据集可得

$$\sum_{i=1}^{n} x_i = 3\,601.1$$

$$\sum_{i=1}^{n} y_i = 1\,484.1$$

$$\sum_{i=1}^{n} x_i y_i = 53\,155.93$$

$$\sum_{i=1}^{n} x_i^2 = 133\,986.59$$

接下来计算协方差和自变量 $x$ 的方差：

$$s_{xy} = \frac{1}{n-1}\left[\sum_{i=1}^{n} x_i y_i - \frac{\sum_{i=1}^{n} x_i \sum_{i=1}^{n} y_i}{n}\right]$$

$$= \frac{1}{100-1}\left[53\,155.93 - \frac{3\,601.1 \times 1\,484.1}{100}\right] = -2.909$$

$$s_x^2=\frac{1}{n-1}\left[\sum_{i=1}^{n}x_i^2-\frac{\left(\sum_{i=1}^{n}x_i\right)^2}{n}\right]$$

$$=\frac{1}{100-1}\left[133\ 986.59-\frac{3\ 601.1^2}{100}\right]=43.509$$

样本斜率系数计算如下：

$$b_1=\frac{s_{xy}}{s_x^2}=\frac{-2.909}{43.509}=-0.066\ 9$$

$y$ 轴截距计算如下：

$$\bar{x}=\frac{\sum x_i}{n}=\frac{3\ 601.1}{100}=36.011$$

$$\bar{y}=\frac{\sum y_i}{n}=\frac{1\ 484.1}{100}=14.841$$

$$b_0=\bar{y}-b_1\bar{x}=14.841-(-0.066\ 9)\times 36.011=17.250$$

因此，样本回归方程为

$$\hat{y}=17.250-0.066\ 9x$$

**Excel**

| | A | B | C | D | E | F |
|---|---|---|---|---|---|---|
| 1 | SUMMARY OUTPUT | | | | | |
| 2 | | | | | | |
| 3 | 回归统计 | | | | | |
| 4 | Multiple R | 0.805 2 | | | | |
| 5 | R Square | 0.648 3 | | | | |
| 6 | Adjusted R Square | 0.644 7 | | | | |
| 7 | 标准误差 | 0.326 5 | | | | |
| 8 | 观测值 | 100 | | | | |
| 9 | | | | | | |
| 10 | 方差分析 | | | | | |
| 11 | | df | SS | MS | F | Significance F |
| 12 | 回归分析 | 1 | 19.26 | 19.26 | 180.64 | 5.75E−24 |
| 13 | 残差 | 98 | 10.45 | 0.11 | | |
| 14 | 总计 | 99 | 29.70 | | | |
| 15 | | | | | | |
| 16 | | Coefficients | 标准误差 | t Stat | P-value | |
| 17 | Intercept | 17.25 | 0.182 | 94.73 | 3.57E−98 | |
| 18 | Odometer | −0.066 9 | 0.005 0 | −13.44 | 5.75E−24 | |

**计算机命令**

1. 在两列中输入或者导入数据[①]，其中一列储存因变量，另一列储存自变量（打开文件 Xm16－02）。

2. 单击"数据"—"数据分析"—"回归"。

3. 指定"Y 值输入区域"（A1：A101）和"X 值输入区域"（B1：B101）。

如果需要的话，可以按照第 3 章的计算机命令绘制散点图。

**Minitab**

**Regression Analysis：Price versus Odometer**

The regression equation is Price＝17.2－0.066 9 Odometer

| Predictor | Coef | SE Coef | F | P |
|---|---|---|---|---|
| Constant | 17.248 7 | 0.182 1 | 94.73 | 0.000 |
| Odometer | －0.066 861 | 0.004 975 | －13.44 | 0.000 |

S＝0.326 489　R-Sq＝64.8%　R-Sq（adj）＝64.5%

Analysis of Variance

| Source | DF | SS | MS | F | P |
|---|---|---|---|---|---|
| Regression | 1 | 19.256 | 19.256 | 180.64 | 0.000 |
| Residual Error | 98 | 10.446 | 0.107 | | |
| Total | 99 | 29.702 | | | |

**计算机命令**

1. 在两列中键入或导入数据（打开文件 Xm16－02）。

2. 点击"Stat"（统计）—"Regression"（回归）—"Regression…"（回归…）。

3. 在"Response"（响应）变量框中输入因变量的名字（Price），在"Predictors"（预测变量）框中输入自变量的名字（Odometer）。

点击"Stat"（统计）—"Regression"（回归）—"Fitted Line Plot"（拟合线图）绘制散点图，点击"OK"（确定）。或者参照第 3 章的说明。

输出结果所包括的统计量比我们现在需要的多，但是，我们将会在以后讨论输出结果中的其余各项。

**解　释**

回归系数 $b_1$ 为－0.066 9，这就意味着，行驶里程数每增加 1 000 英里，价格平均降低 0.066 9 千美元。简而言之，斜率告诉我们，里程数每增加 1 英里，价格平均降低 0.066 9 美元或 6.69 美分。

截距 $b_0=17.250$。理论上，截距是回归直线和 $y$ 轴的交点，即当 $x=0$ 时（即车子根本没有行驶过），售价为 17.250 千美元，即 17 250 美元。但是，在这个例子中，截距可能没有意义。因为样本中并不包括从没有行驶过的车子，因此 $b_0$ 就失去了存在的

① 如果一列或两列中包含空单元格（代表缺失值），则相应的行必须删除。

基础。作为一个一般规律，我们不能确定当 $x$ 的取值超出样本范围时，$\hat{y}$ 的值是多少。在这个例子中，$x$ 的最小值和最大值分别为 19.1 和 49.2。因为 $x=0$ 不在此区间内，因此，不能推断当 $x=0$ 时 $\hat{y}$ 的值。

始终要记住，系数仅仅适用于样本，它的容量为 100。若推断关于总体的信息，就需要一些统计推断方法，这将在本章后面介绍。

在接下来的一节里，将回到这个问题上，并介绍计算机输出结果中与回归分析相关的其他统计量。

## 习　题

**16.1**　“回归”一词最早出现于 1885 年，弗朗西斯·高尔顿（Francis Galton）先生为了分析孩子身高和父母身高之间的关系而采用了这一名词。他列出了“一般回归原理”的公式。这个原理指出：“一个人的特征均被他的亲戚们分享，但程度一般会比较轻。”1903 年，统计学家 K. 皮尔逊（K. Pearson）和 A. 李（A. Lee）随机抽取了一个包括 1 078 对父子的样本来研究高尔顿法则（“On the Laws of Inheritance in Man, I. Inheritance of Physical Characteristics,” *Biometrika* 2：457 - 462），所得的样本回归方程为

$$儿子的身高=33.73+0.516\times父亲的身高$$

a. 试解释方程中的系数。

b. 根据回归方程，关于身高比较高的父亲的儿子，你能得出什么结论？

c. 根据回归方程，关于身高比较矮的父亲的儿子，你能得出什么结论？

**16.2　Xr16 - 02**　为了分析广告和销量之间的关系，某家具店的老板随机抽取了 12 个月，并记录了每个月的广告费用（单位：千美元）和销售收入（单位：百万美元）。数据列示如下：

| 广告费用 | 23 | 46 | 60 | 54 | 28 | 33 | 25 | 31 | 36 | 88 | 90 | 99 |
|---|---|---|---|---|---|---|---|---|---|---|---|---|
| 销售收入 | 9.6 | 11.3 | 12.8 | 9.8 | 8.9 | 12.5 | 12.0 | 11.4 | 12.6 | 13.7 | 14.4 | 15.9 |

a. 绘制散点图。根据散点图，我们能否认为广告费用和销售收入是线性相关的？

b. 计算最小二乘直线，并解释回归系数。

**16.3　Xr16 - 03**　为了确定房屋开工数和房屋租金之间的关系，一位经济学家记录了某城市过去 10 年的平均租金率和房屋开工数，并列示如下。

| 租金率 | 8.5 | 7.8 | 7.6 | 7.5 | 8.0 | 8.4 | 8.8 | 8.9 | 8.5 | 8.0 |
|---|---|---|---|---|---|---|---|---|---|---|
| 开工数 | 115 | 111 | 185 | 201 | 206 | 167 | 155 | 117 | 133 | 150 |

a. 确定回归直线。

b. 对于平均租金率和房屋开工数之间的关系，回归系数能够提供什么信息？

**16.4　Xr16 - 04**　很多人抱怨电视节目中的暴力场景会给儿童带来很坏的影响。此外，长时间看电视还会带来一个问题，那就是减少了体育锻炼的时间，从而引起体重增加。随机抽取 15 位 10 岁儿童，记录每个人超重的磅数（负值代表体重过轻）和每周看

电视的小时数。数据见下表：

| 小时数 | 42 | 34 | 25 | 35 | 37 | 38 | 31 | 33 | 19 | 29 | 38 | 28 | 29 | 36 | 18 |
|---|---|---|---|---|---|---|---|---|---|---|---|---|---|---|---|
| 超重的磅数 | 18 | 6 | 0 | −1 | 13 | 14 | 7 | 7 | −9 | 8 | 8 | 5 | 3 | 14 | −7 |

a. 绘制散点图。

b. 计算样本回归直线并描述对于两变量之间的关系，回归系数提供了什么信息。

**16.5　Xr16－05**　为了确定要储存的啤酒数量，扬基体育馆的特许经营经理需要知道温度对啤酒销量的影响。因此，她随机抽取了 10 场比赛并记录了售出的啤酒数量和比赛时的温度。

| 温度（华氏度） | 80 | 68 | 78 | 79 | 87 | 74 | 86 | 92 | 77 | 84 |
|---|---|---|---|---|---|---|---|---|---|---|
| 啤酒销量 | 20 533 | 1 439 | 13 829 | 21 286 | 30 985 | 17 187 | 30 240 | 37 596 | 9 610 | 28 742 |

a. 计算回归直线的系数。

b. 解释回归系数的意义。

下面大多数习题都能使你了解如何应用回归分析来解决实际问题。因此，大部分问题的观测值都很多。我们预计，大部分学生会利用计算机和统计软件来解决这些问题。但是，对于没有这些资源的学生，这里已经给出了相应的均值、方差和协方差，使他们可以通过手工完成计算（参见附录 A）。

**16.6　Xr16－06***　在电视出现的早期，大多数商业广告的时间都是 60 秒。但现在，商业广告可以是任意长短的。商业广告的目的仍然相同——尽可能让更多观众记住产品的正面形象，并最终购买该产品。一项试验研究了商业广告的时间与观众对其记忆的关系。随机挑选了 60 位观众，让他们观看 1 小时的电视节目，在电视节目的中间，插播一个某品牌的牙刷的商业广告。有些观众看到的广告为 20 秒，还有一些看到的广告为 24 秒、28 秒、…、60 秒不等。观看完节目后，对每位观众进行了一个测试，衡量他们记住了产品的多少内容。记录商业广告的时间和测试得分（满分为 30 分）。

a. 绘制散点图以确定数据是否符合线性模型。

b. 确定最小二乘直线。

c. 解释直线方程系数的意义。

**16.7　Xr16－07**　在北美的一些城市，共管式公寓非常流行。最近几年，公寓的价格出现了稳步上升。一个房地产经纪人想要知道为什么同一栋大楼里相似的公寓的价格会不同。一个比较可能的原因是楼层。楼层越高，价格越高。她记录了同一个地区最近售出的不同大楼里的 1 200 平方英尺公寓的价格（单位：千美元）和楼层。

a. 确定回归直线。

b. 关于这两个变量之间的关系，回归系数能提供什么信息？

**16.8　Xr16－08**　2010 年，美国进行了全国人口普查，该人口普查采用邮件方式。为确保问卷被正确理解，在邮件发出前抽选部分美国人组成随机样本来填写问卷。作为分析的一部分，工作人员记录了每个人的填写时间和年龄。使用最小二乘法分析完成问卷所需时间和个体年龄的关系。关于这两个变量之间的关系，回归系数能提供什么信息？

### 在人力资源管理中的应用：留住员工

一个组织的人力资源经理要负责许多方面的工作。例如，第1章引言里提到，人力资源经理要负责招聘新员工、确定录用哪个应聘者以及监督员工的各个方面，包括旷工和人员更替。对许多公司而言，人员更替的成本很高。首先，招募和吸引素质较高的员工需要成本，公司必须发布空缺职位，并对应聘者进行适当的判断。其次，培训新员工的成本也可能很高，特别是在技术领域。最后，新员工的工作效率可能不像经验丰富的老员工那样高。因此，吸引和留住最好的员工是符合公司利益的。人事经理可能获得的任何信息都可能是有用的。

**16.9 Xr16-09** 一家远程营销公司的人力资源经理很担心公司电话推销员快速更替的问题。很明显，很多推销员在离职前并没有工作多长时间。原因可能有很多，包括薪水相对较低、个人不适应工作和升迁机会较少等。因为招聘和培训新员工的成本很高，经理决定调查一下影响员工离职的因素。她查阅了去年离职的员工的工作历史，记录了他们在公司工作的周数以及进入公司时的年龄。

a. 利用回归分析，确定离职人员工作时间和年龄之间的关系。

b. 简要讨论一下回归系数说明了什么问题。

**16.10 Xr16-10** 除了长期影响之外，吸烟是否会带来诸如感冒等短时间的疾病？为了回答这个问题，研究人员随机抽取了一个样本，询问每个受访者每天吸烟的数量和去年由于感冒缺勤的天数。

a. 确定回归直线。

b. 关于吸烟数量和缺勤天数之间的关系，回归系数能提供什么信息？

**16.11 Xr16-11** 美国由于火灾造成的损失高达数十亿美元，其中绝大部分都由保险公司承担。到达火灾现场的时间是影响火灾损失的重要因素。这就引出了一个问题：对于那些距离消防站近的被保险家庭，保险公司是否应该降低费率？为了解决这个问题，一项研究调查了一系列火灾，记录了从火灾现场到消防站的距离（单位：英里）和火灾损失的百分比。确定最小二乘直线并解释回归系数。

**16.12 Xr16-12*** 一家专门代理商业地产的机构想要得到可更精确地预测公寓楼的未来价格的方法。首先，它记录了最近售出的房屋的价格（单位：千美元）和面积（单位：千平方英尺）。

a. 计算回归直线。

b. 关于价格和面积之间的关系，回归系数提供了什么信息？

**16.13 Xr16-13** 美国有数以百万计的注册船只。和汽车一样，二手船只的市场同样很活跃。因为大多数购买船只的人都需要向银行贷款，所以精确地预测船只的价格对于银行来说非常重要。影响船只价格的一个重要因素就是引擎使用的小时数。为了确定引擎使用的小时数对船只价格的影响，一位金融分析师记录了一批巡洋舰的价格（单位：千美元）和已行驶的小时数。确定回归直线并解释回归系数。

**16.14 Xr03-54** 见习题3.54。为了确定影响能源消耗的因素，研究人员调查了200个家庭的人口数和用电量。确定回归直线并解释结果。

**16.15 Xr16-15** 一位政府经济学家想要提出一种衡量贫穷的更好的方法。为了获得更多信息，她随机抽取了一部分家庭，并记录了每个家庭的年收入（单位：千美元）和用于食品支出的金额。确定回归直线并解释回归系数。

**16.16 Xr16-16*** 一位经济学家想调查写字楼的租金（因变量）与空置率之间的关系。他随机从 30 个城市中抽取了写字楼的月租金和空置率作为样本。

a. 试确定回归方程。

b. 试解释回归系数。

**16.17 Xr03-56** 见习题 3.56。商界的观察者一般认为，个头高的人的薪水比个头低的人高。在匹兹堡大学进行的一项研究中，研究人员挑选了 250 位年龄为 30 岁的 MBA 学生，并记录他们的身高和年收入（近似到千美元）。

a. 确定回归直线方程。

b. 解释回归系数。

**在人力资源管理中的应用：对工作申请者的测试**

许多公司在招募新人时，都要考察应聘者的适应能力。这项测试可能是书面形式的，确定应聘者是否具备丰富的专业知识，以适应工作需要；也可能是口头形式的，确定应聘者的个性是否符合岗位的要求；也可能通过各种身体测试来衡量应聘者的动手能力和技术水平。测试结果将被用于帮助公司做出聘用决策。有时，测试结果甚至是聘用的唯一评判标准。因此，保证这样的测试能够可靠地预测员工的工作表现就显得尤为重要了。如果预测效果较差，就不应该再采用这样的测试。人力资源经理可以应用统计分析来判断测试结果与员工的工作表现之间的关系。

**16.18 Xr16-18** 尽管计算机行业中大量工作都是由机器人来做的，但相当大数量的操作还需人工来完成。某些岗位需要大量灵巧的人把部件准确地插入相应的位置。北美一家大型计算机制造商定期对这些岗位的员工进行灵巧性测试，其中包括大量复杂的手指和手的动作。测试结果以 100 分计，只有得分在 70 以上的人才能被雇用。为了确定这项测试能够有效地反映员工的工作表现，人力资源经理随机抽取了 45 位工作了两个月的员工进行测试，记录了他们的测试得分，以及他们在最近一周生产的产品的合格率。确定回归直线并解释系数。

## 16.3 误差变量：必要条件

在前面一节中，我们介绍了如何用最小二乘法估计线性回归模型的系数。该模型里较为关键的一部分是误差变量 $\varepsilon$。下一节将介绍确定数据之间是否存在线性关系的推断方法。后面还将介绍如何用回归方程进行估计和预测。但是，要使上述方法有效，误差变量的概率分布必须满足下面四个条件：

**误差变量的必要条件**

1. $\varepsilon$ 的概率分布为正态分布。

2. 分布的均值为 0，即 $E(\varepsilon)=0$。

3. $\varepsilon$ 的标准差 $\sigma_\varepsilon$ 是不依赖于 $x$ 的一个常数。

4. 与任意特定的 $y$ 值相对应的 $\varepsilon$ 值和与其他 $y$ 值相对应的 $\varepsilon$ 值互相独立。

条件 1、条件 2 和条件 3 可以用另外一种方法解释：对 $x$ 的每一个值，$y$ 是一个服从正态分布的随机变量，且它的均值是

$$E(y)=\beta_0+\beta_1 x$$

它的标准差是 $\sigma_\varepsilon$。注意，均值取决于 $x$，但标准差却不受 $x$ 的影响，因为它是 $x$ 之外的一个常数。图 16—3 阐明了这一点。注意，对 $x$ 的每一个值，$E(y)$ 都是变化的，但 $y$ 分布的形状保持不变，即对每一个 $x$，$y$ 都服从同一标准差的正态分布。

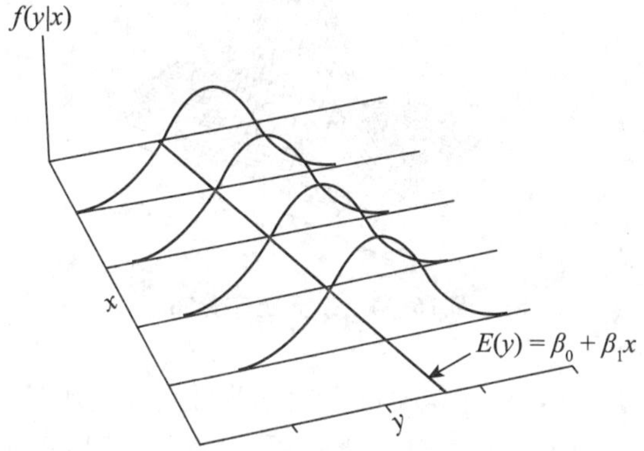


**图 16—3　给定 x 时 y 的分布**

16.6 节将介绍如果不符合这些必要条件，会对回归分析产生什么影响，以及怎样判别这些必要条件是否满足。

### □ 16-3a　观测数据和试验数据

第 5 章和第 13 章已经描述过观测数据和试验数据之间的区别。我们指出，统计人员经常会设计一些控制性试验，从而与进行观测研究相比，他们可以更清晰地解释分析的结果。例 16.2 就是观测数据的一个例子，在这个例子中，统计人员仅观测了随机抽取的 100 辆轿车的行驶里程和拍卖售价。

如果仔细考察习题 16.6，你会发现源于控制性试验的试验数据。为了确定商业广告的时间长短对观众记住广告产品的影响，统计人员安排了 60 位电视观众观看时间长短不一的几个商业广告，然后测试他们对广告的记忆。每位观众观看的商业广告长度是随机安排的。$x$ 的值在 20～60 秒之间，这是统计学家对试验设计的一部分。对 $x$ 的每一个值，都假设对商业广告记忆的测试分数服从方差为常数的正态分布。

我们可以总结一下例 16.2 中的试验和习题 16.6 中的试验的区别。在例 16.2 中，行驶里程和拍卖售价都是随机变量。我们假设，对于每一个可能的行驶里程数，理论上

都有一个拍卖价格的总体与之相对应，这个总体服从正态分布，均值是行驶里程的线性函数，方差为一个常数。习题 16.6 中商业广告的长度不是一个随机变量，而是统计人员选取的一系列值。对每一广告的时间，记忆测试分数必须服从方差为常数的正态分布。

回归分析适用于观测数据和控制性试验数据。在两种情况下，我们的目的都是确定自变量和因变量之间的关系。但是，观测数据可以用另外一种方法分析。当数据为观测数据时，两个变量都是随机变量。我们不需要指定哪个变量是自变量，哪个变量是因变量，就可以简单地确定两个变量是否存在某种关系。前面提到的必要条件等价于两个变量服从二元正态分布。（7.2 节介绍过描述两个变量联合概率的二元分布。）图 16—4 描述了一个二元正态分布，可以看出它是一个三维钟形曲线，这三维分别是变量 $x$，$y$ 和联合概率密度函数 $f(x, y)$。

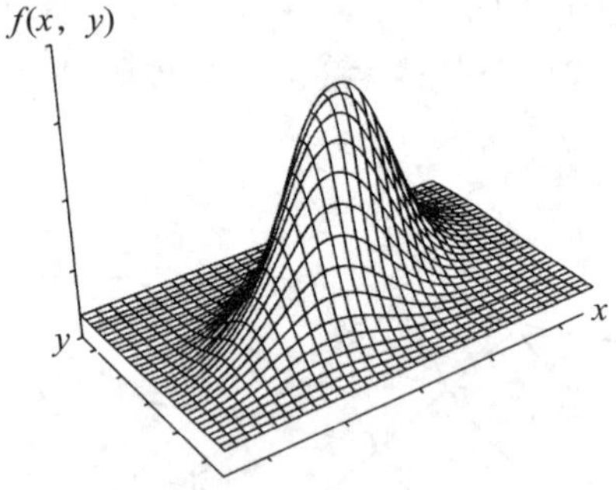


**图 16—4　二元正态分布**

16.4 节将会讨论到当 $x$，$y$ 都是随机变量，并且它们均服从二元正态分布时，应使用的统计方法。此外在第 19 章，我们还会介绍 $x$，$y$ 不满足正态分布要求时所适用的统计方法。

## 习　题

**16.19**　习题 16.6 的必要条件是什么？如果习题 16.6 的必要条件满足，关于记忆测试分数的分布，你能得出什么结论？

**16.20**　习题 16.8 中的必要条件意味着什么？这些条件合理吗？

**16.21**　假设习题 16.13 的必要条件满足，关于二手船价格的分布，你能得出什么结论？

# 16.4　评估模型

利用最小二乘法能够得出最佳直线。但是，实际上，两个变量之间可能并没有关系，或者二者是非线性关系。如果出现这种情况，那么线性模型将不再适用。因此，评估线性模型对数据的拟合程度便显得尤为重要了。如果拟合程度低，就应该放弃线性模型而采用其他模型。

评估模型的方法有好几种。本节将介绍确定是否采用线性模型的两个统计量和一种统计方法，即**估计标准误**（standard error of estimate）、斜率的 $t$ 检验和判定系数，这些方法均以残差平方和为基础。

### □ 16-4a 残差平方和

利用最小二乘法可以确定使数据点与直线之间的离差平方和最小的系数。16.2 节曾介绍过，最小离差平方和又称为残差平方和，用 SSE 表示。这一节将阐述计算 SSE 的直接方法。对每一个 $x$ 值，计算对应的 $\hat{y}$ 值，即对 $i=1, 2, \cdots, n$，计算

$$\hat{y}_i = b_0 + b_1 x_i$$

然后计算在每一点 $y$ 的实际值与根据直线方程计算出的值之间的差，即残差。计算每一个残差的平方并求和。表 16—1 给出了例 16.1 的计算过程。手工计算 SSE 的运算量较大，幸运的是，我们可以利用样本方差和协方差来简化此计算。

**SSE 的简化计算**

$$\mathrm{SSE} = \sum_{i=1}^{n}(y_i - \hat{y}_i)^2 = (n-1)\left(s_y^2 - \frac{s_{xy}^2}{s_x^2}\right)$$

其中 $s_y^2$ 是因变量的样本方差。

### □ 16-4b 估计标准误

16.3 节中已经指出，误差变量 $\varepsilon$ 服从均值为 0、标准差为 $\sigma_\varepsilon$ 的正态分布。如果 $\sigma_\varepsilon$ 较大，则说明误差较大，这表明模型对数据的拟合程度较低；如果 $\sigma_\varepsilon$ 较小，误差趋向于接近均值（即 0），则说明模型对数据的拟合程度较高。因此，可以用 $\sigma_\varepsilon$ 度量线性模型的适合程度。遗憾的是，$\sigma_\varepsilon$ 是总体参数，同大多数参数一样，它也是未知的。但是，可以根据已知数据来估计 $\sigma_\varepsilon$。这种估计是以 SSE 为基础的。误差变量 $\sigma_\varepsilon^2$ 的无偏估计为

$$s_\varepsilon^2 = \frac{\mathrm{SSE}}{n-2}$$

$s_\varepsilon^2$ 的平方根即为估计标准误。

**标准误**

$$s_\varepsilon = \sqrt{\frac{\mathrm{SSE}}{n-2}}$$

**例 16.3　里程数和二手丰田凯美瑞的价格 Ⅱ**

计算例 16.2 的估计标准误，并简要说明模型的拟合效果。

**解**

## 计　算

**手工计算**

为了计算估计标准误，首先需要计算 SSE，它是通过样本方差和协方差计算出来的。我们已经得出了协方差和 $x$ 的方差，分别是−2.909 和 43.509。$y$ 的样本方差（应用简化公式计算）是

$$s_y^2=\frac{1}{n-1}\left[\sum_{i=1}^{n}y_i^2-\frac{\left(\sum_{i=1}^{n}y_i\right)^2}{n}\right]=\frac{1}{100-1}\left(22\ 055.23-\frac{1\ 484.1^2}{100}\right)=0.3$$

$$\mathrm{SSE}=(n-1)\left(s_y^2-\frac{s_{xy}^2}{s_x^2}\right)=(100-1)\left[0.3-\frac{(-2.909)^2}{43.509}\right]=10.445$$

估计标准误为

$$s_\varepsilon=\sqrt{\frac{\mathrm{SSE}}{n-2}}=\sqrt{\frac{10.445}{98}}=0.326\ 5$$

**Excel**

| | A | B |
|---|---|---|
| | 标准误差 | 0.326 5 |

Excel 的这一输出结果是从例 16.2 的完整输出结果中复制出来的。

**Minitab**

S=0.326 489

Minitab 的这一输出结果是从例 16.2 的完整输出结果中复制出来的。

## 解　释

$s_\varepsilon$ 的最小值可以假设为 0，此时 SSE=0，这表明所有点均落在回归直线上。所以，当 $s_\varepsilon$ 较小时，说明拟合效果很好，线性模型可能是一个有效的分析和预测工具；如果 $s_\varepsilon$ 较大，则表明拟合效果较差，统计人员应考虑改进或者放弃这个模型。

可以通过比较 $s_\varepsilon$ 与因变量 $y$ 的值，或者更特殊一些，比较 $s_\varepsilon$ 与样本均值的值，对 $s_\varepsilon$ 的值做出判断。在这个例子中，$s_\varepsilon=0.326\ 5$，$\bar{y}=14.841$，所以我们不得不承认，估计标准误不是很小；但另一方面，它也不是很大。因为没有预先指定 $s_\varepsilon$ 的上限，因而很难用这种方法评价模型的优劣。一般来说，不能用估计标准误作为衡量模型效用的绝对指标。

尽管如此，$s_\varepsilon$ 仍然是比较模型的一个有用指标。如果有几个模型可供统计人员选择，一般应该选用 $s_\varepsilon$ 最小的模型。你将会看到，在与回归分析相关的其他统计过程中，$s_\varepsilon$ 也是一个重要的统计量。

### □ 16-4c 检验斜率

为了更好地理解这种评价线性模型的方法，我们可以考虑把回归方法用于两个不存在线性关系的变量会产生怎样的结果。如果我们可以观测到整个总体，并画出回归直线，就可以得出图 16—5 中的图形。该直线是水平的，这说明 $y$ 的值和 $x$ 的值之间没有线性关系。因为我们早已知道，水平直线的斜率为 0，即 $\beta_1=0$。

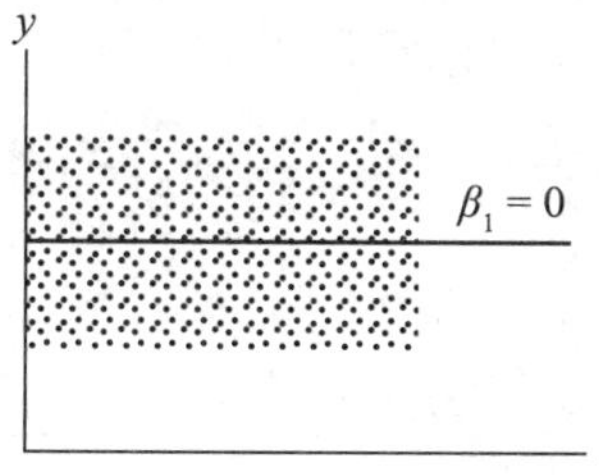


**图 16—5 $\beta_1=0$ 的全部总体的散点图**

因为我们很少考察全部总体，因此参数是未知的。但是，我们可以依据样本斜率 $b_1$ 推断出总体斜率 $\beta_1$。

$\beta_1$ 的假设检验过程与其他参数的检验过程相同。首先进行假设。原假设为变量间没有线性关系，即斜率为 0。因此，我们指定

$$H_0: \beta_1=0$$

值得注意的是，如果原假设是正确的，则并不意味着变量之间不存在任何关系。如图 16—6 所示，当 $\beta_1=0$ 时，变量之间很可能存在二次关系。

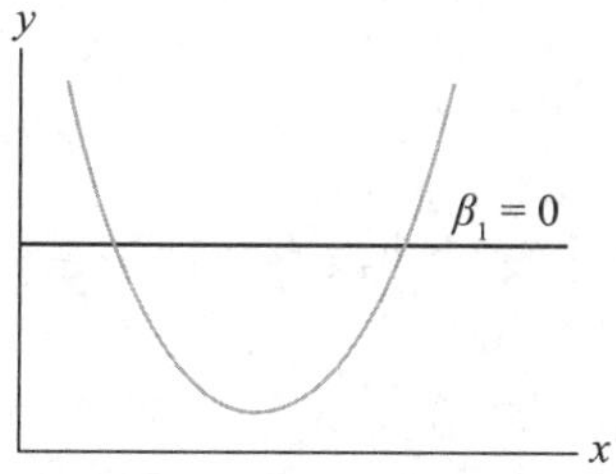


**图 16—6 二次关系**

我们可以对 $\beta_1$ 进行单尾或双尾检验。一般用双尾检验来确定是否有足够的证据可以推断变量间存在线性关系。[①] 备择假设为

$$H_1: \beta_1\neq 0$$

### □ 16-4d 估计量和抽样分布

在 16.2 节中我们曾指出 $b_1$ 是 $\beta_1$ 的无偏估计量，即

$$E(b_1)=\beta_1$$

$b_1$ 的估计标准误为

① 如果备择假设正确，则可能存在线性关系或非线性关系，但这些关系不能用直线来近似。

$$s_{b_1}=\frac{s_\varepsilon}{\sqrt{(n-1)s_x^2}}$$

其中 $s_\varepsilon$ 是估计标准误，$s_x^2$ 是自变量的样本方差。如果 16.3 节中列出的必要条件都满足，那么 $t$ 检验统计量 $t=\frac{b_1-\beta_1}{s_{b_1}}$ 的抽样分布是自由度为 $v=n-2$ 的学生 $t$ 分布。注意，样本量增大会导致 $b_1$ 的标准误下降（即 $b_1$ 是 $\beta_1$ 的一致估计量）或自变量的方差上升。

因此，检验统计量和置信区间如下所示。

**$\beta_1$ 的检验统计量**

$$t=\frac{b_1-\beta_1}{s_{b_1}} \qquad v=n-2$$

**$\beta_1$ 的置信区间**

$$b_1 \pm t_{\alpha/2}s_{b_1} \qquad v=n-2$$

### 例 16.4　里程数和二手丰田凯美瑞的价格相关吗?

试确定例 16.2 中是否有足够的证据表明，对于所有使用了三年的丰田凯美瑞汽车，其拍卖价格与行驶里程数之间存在线性关系。使用 5%的显著性水平。

**解**

我们检验下面的假设：

$H_0$: $\beta_1=0$

$H_1$: $\beta_1\neq 0$

如果原假设为真，就说明两个变量间没有线性关系；如果备择假设为真，则两个变量存在某种线性关系。

#### 计　算

**手工计算**

为了计算检验统计量的值，首先需要计算出 $b_1$ 和 $s_{b_1}$。由例 16.2 可得

$b_1=-0.066\,9$

$s_x^2=43.509$

所以

$$s_{b_1}=\frac{s_\varepsilon}{\sqrt{(n-1)s_x^2}}=\frac{0.326\,5}{\sqrt{99\times 43.509}}=0.004\,97$$

检验统计量为

$$t=\frac{b_1-\beta_1}{s_{b_1}}=\frac{-0.066\,9-0}{0.004\,97}=-13.46$$

拒绝域为

$$t<-t_{\alpha/2,v}=-t_{0.025,98}\approx-1.984 \text{ 或 } t>t_{\alpha/2,v}=-t_{0.025,98}\approx1.984$$

**Excel**

| | A | B | C | D | E |
|---|---|---|---|---|---|
| 16 | | Coefficients | 标准误差 | t Stat | P-value |
| 17 | Intercept | 17.25 | 0.182 | 94.73 | 3.57E−98 |
| 18 | Odometer | −0.066 9 | 0.005 0 | −13.44 | 5.75E−24 |

**Minitab**

| Predictor | Coef | SE Coef | T | P |
|---|---|---|---|---|
| Constant | 17.248 7 | 0.182 1 | 94.73 | 0.000 |
| Odometer | −0.066 86 1 | 0.004 975 | −13.44 | 0.000 |

**解　释**

检验统计量的值为 $t=-13.44$，$p$ 值为 0。（当 $p$ 值接近于 0 时，Excel 常使用科学计数法来表示，本例中 $p$ 值为 $5.75\times10^{-24}$）。这充分说明变量间存在线性关系。也就是说，行驶里程数会影响汽车的拍卖售价。（参见 16-4i 节“因果关系”。）

就像我们解释直线的 $y$ 轴截距时一样，这个结论只有在自变量的取值范围内时才有意义。也就是说，我们能够推断出，对于使用了三年的行驶里程数在 19.1 千英里～49.2 千英里（样本中 $x$ 的最小值和最大值）之间的丰田凯美瑞汽车，其拍卖价格与行驶里程数之间存在线性关系。因为没有在这个范围之外的观测值，故我们不知道在这个范围之外两个变量之间是什么关系，甚至不知道它们之间是否有关系。

注意，输出结果中包括了对 $\beta_0$ 的检验。但是，以前已经指出，对直线的 $y$ 轴截距的解释可能会导致错误的甚至荒谬的结论。故而，一般忽略对 $\beta_0$ 的检验。我们也可以通过估计斜率来得到变量之间关系的信息。本例中，95%的置信区间估计（用自由度为 100 的 $t_{0.025}$ 近似自由度为 98 的临界值）为

$$b_1\pm t_{\alpha/2}s_{b_1}=-0.066\,9\pm1.984\times0.004\,97=-0.066\,9\pm0.009\,9$$

因此，我们估计斜率位于−0.076 8 和−0.057 0 之间。

## □ 16-4e　单尾检验

如果要检验正线性关系或负线性关系，我们需要进行单尾检验。为了说明这个问题，假设例 16.2 中我们想要知道里程数和价格之间是否存在负的线性关系，则原假设和备择假设为

$$H_0: \beta_1=0$$
$$H_1: \beta_1<0$$

检验统计量的值和前面的计算结果（例 16.4）一样。然而，这时的 $p$ 值应该是双尾的 $p$ 值除以 2，即 Excel 得到的结果除以 2，为 $5.75\times10^{-24}/2=2.875\times10^{-24}$，同样

接近于 0。

### □ 16-4f　判定系数

对 $\beta_1$ 的检验只解决了是否有证据可以推断两个变量间存在线性关系的问题。然而，在许多情况下，衡量线性关系的强弱也很有用，特别是在比较不同模型的时候。具有这个作用的统计量是**判定系数**（coefficient of determination），用 $R^2$ 表示。统计人员通常称这个统计量为"$R$ 方"。回顾我们在第 4 章中介绍过的判定系数，我们曾指出该统计量用于衡量因变量的差异可被自变量解释的部分。然而，我们当时并没有指出为什么要这么解释 $R^2$。

**判定系数**

$$R^2=\frac{s_{xy}^2}{s_x^2 s_y^2}$$

进行一些代数变换，得

$$R^2=1-\frac{\text{SSE}}{\sum(y_i-\bar{y})^2}$$

我们回到例 16.1，以理解更多有关判定系数的内容。第 14 章将总平方和分解为两个差异来源。我们首先在 $y_i-\bar{y}$ 的等式中加上再减去一个 $\hat{y}_i$，$(y_i-\bar{y})=(y_i-\bar{y})+\hat{y}_i-\hat{y}_i$。在这里，我们首先观察到 $y_i$ 和的离差可以分解为两部分，即

$$(y_i-\bar{y})=(y_i-\hat{y}_i)+(\hat{y}_i-\bar{y})$$

图 16—7 用图形（$i=5$）描述了上述方程。

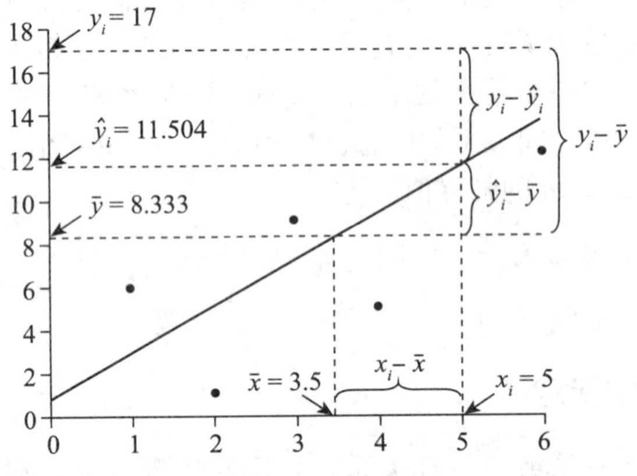


**图 16—7　例 16.1 的离差分解（$i=5$）**

现在的问题是，$y$ 的值为什么不同。从图 16—7 中可以看出，$y_i$ 与 $\bar{y}$ 的差值中有一部分是 $\hat{y}_i$ 和 $\bar{y}$ 的差值，而这个差值是由 $x_i$ 与 $\bar{x}$ 之间的差值引起的，即 $y$ 的部分变异可以用 $x$ 的变异解释。然而，$y_i$ 与 $\bar{y}$ 的差值的另一部分是由 $y_i$ 与 $\hat{y}$ 的差值引起的。这个差值就是残差，它在一定程度上表明了模型用其他方法不能解释的变异。故我们说这部分差值是 $x$ 的变异无法解释的。

如果对等式两边各项求平方，并把所有样本点相加，进行一些代数运算可得

$$\sum(y_i-\bar{y})^2=\sum(y_i-\hat{y}_i)^2+\sum(\hat{y}_i-\bar{y})^2$$

方程左边度量了因变量 $y$ 的变异。方程右边的第一项为 SSE，第二项用 SSR 表示，为回归平方和（sum of squares for regression）。改写方程为

$y$ 的变异＝SSE＋SSR

与我们在方差分析中所做的一样，我们将差异分解为两个部分：SSE，度量 $y$ 中不可解释的变异部分；SSR，度量 $y$ 中可以被自变量 $x$ 的变异解释的变异部分。我们可以把这个分析过程整合到 $R^2$ 的定义中。

**判定系数**

$$R^2=1-\frac{\text{SSE}}{\sum(y_i-\bar{y})^2}=\frac{\sum(y_i-\bar{y})^2-\text{SSE}}{\sum(y_i-\bar{y})^2}=\frac{\text{可解释的变异}}{y\text{ 的总变异}}$$

因此，$R^2$ 衡量了 $y$ 的变异中能够被 $x$ 的变异解释的部分在总变异中所占的比例。

**例 16.5　衡量里程数和二手车价格线性关系的强度**

计算例 16.2 的判定系数，并说明这个统计量可以使我们得出关于回归模型的什么结论。

**解**

**计　算**

**手工计算**

我们已经计算了这个统计量的所有必要成分。在例 16.2 中，我们发现

$s_{xy}=-2.909$　　$s_x^2=43.509$

从例 16.3 可以得出

$s_y^2=0.300$

所以

$$R^2=\frac{s_{xy}^2}{s_x^2 s_y^2}=\frac{(-2.909)^2}{43.509\times 0.300}=0.6483$$

**Excel**

| | A | B |
|---|---|---|
| 5 | R Square | 0.648 3 |

**Minitab**

R-Sq=64.8%

Minitab 和 Excel 都输出了另外一个 $R^2$，叫作根据自由度调整的判定系数，我们将

在第 17 章定义和讨论这个统计量。

**解　释**

我们发现 $R^2$ 等于 0.648 3，这说明拍卖价格中有 64.83%的变异可以用行驶里程数的变异来解释，有 35.17%的变异无法用该变量解释。与检验统计量的值不同，判定系数没有使我们可以据以得出结论的临界值。一般来说，$R^2$ 的值越大，模型拟合数据的效果就越好。从 $\beta_1$ 的 $t$ 检验中，我们已经知道，有证据表明拍卖价格和行驶里程数间存在线性关系，判定系数仅仅使我们可以衡量这种关系的强弱。在下一章你会发现，改进模型后，$R^2$ 的值会变大。

### □ 16-4g　计算机输出结果中的其他部分

例 16.2 的输出结果中的最后一部分与解释 $R^2$ 有关，因为它的意义是分解 $y$ 的变异。SSR 和 SSE 的值显示在方差分析表中，此表与第 14 章介绍的表格相似。表格的一般形式列示在表 16—2 中。方差分析表中的 $F$ 检验将在第 17 章介绍。

**表 16—2　　简单线性回归的方差分析表的一般形式**

| 差异来源 | 自由度 | 平方和 | 均方 | $F$ 值 |
|---|---|---|---|---|
| 回归 | 1 | SSR | MSR=SSR/1 | $F$=MSR/MSE |
| 残差 | $n-2$ | SSE | MSE=SSE/$(n-2)$ | |
| 总计 | $n-1$ | $y$ 的变异 | | |

### □ 16-4h　对统计概念的理解

我们又遇到了被解释的变异的概念。第一次讨论这个概念是在第 13 章中介绍配对试验的时候，当时我们设计的试验的目的是减小试验单位之间的变异。在进行方差分析时，变异的概念被扩展了，我们根据试验设计的方式将总变异分解为两个或更多个来源。在回归分析中，我们用变异的概念衡量自变量和因变量之间的相关程度。将因变量的变异分解为自变量的变异可以解释的变异和自变量的变异无法解释的变异两个部分。自变量可以解释的变异越大，回归模型对数据的拟合效果越好。我们经常用判定系数来衡量模型的解释能力。

### □ 16-4i　因果关系

当存在线性关系的证据时，很多学生在解释回归分析的结果的过程中很容易犯一个常见的错误：他们认为是自变量的变化导致了因变量的变化。这里必须强调，我们不能仅仅根据统计量来推断变量之间的因果关系。对因变量的变化原因的任何推断都必须经过合理的理论证明。例如，统计检验证明，吸烟越多，患肺癌的概率就越大。但是，这个分析不能证明吸烟会引起肺癌，而只能说明吸烟和肺癌之间有某种关系。只有医学调查证明了这种联系，科学家方可宣称吸烟会导致肺癌。

例 16.2 则给出了另外一个例子。我们已经证明了行驶里程数与拍卖价格之间有线性关系。尽管这似乎使我们有理由推断，减少行驶里程数将会使拍卖价格上升，但这样的结论可能并不可靠。理论上有这种可能，价格是由轿车的总体情况决定的，而行驶里程数越长，轿车的总体状况越差。需要另一个分析来确定这一结论的准确性。

要注意可以被解释的变异和模型的解释能力这两个概念。不要把被解释的理解为被引起的。我们说判定系数衡量了 $y$ 的变异中可以被 $x$ 的变异解释（而不是引起）的数量。所以，回归分析只表明两个变量存在统计关系，却不能据此推断一个变量引起了另一个变量。

在第 3 章中，我们就曾提到过，相关关系不等于因果关系。

### □ 16-4j 相关系数的检验

第 4 章介绍了相关系数［又被称为**皮尔逊相关系数**（Pearson coefficient of correlation)］，当时我们发现，可以用它来衡量两个变量相关性的强弱。但是，相关系数可以用于别的地方，比如可以用它检验两个变量间是否存在线性关系。

当我们想确定自变量和因变量之间的关系时，需要估计和检验线性回归模型。前面介绍了斜率的 $t$ 检验可用于确定线性关系是否确实存在。16.3 节已经指出，这种统计检验要求，对于每一个 $x$ 值都存在一个 $y$ 值的总体，且它服从方差为常数的正态分布。无论是试验数据还是观测数据都需要满足这个条件。

在许多情况下，我们只想确定线性关系是否存在，而不关心线性关系的形式。当数据是观测数据且两个变量服从二元正态分布时（参见 16.3 节），我们可以计算出相关系数，并用它来检验两个变量间的线性关系。

我们在第 4 章中已经看到，总体相关系数用 $\rho$ 表示。因为 $\rho$ 是总体参数（几乎总是未知的），所以我们必须通过样本数据估计它的值。样本相关系数的定义如下：

**样本相关系数**

$$r=\frac{s_{xy}}{s_x s_y}$$

当两个变量间不存在线性关系时，$\rho=0$。为了确定我们能否推断 $\rho=0$，需要检验以下统计假设：

$$H_0: \rho=0$$
$$H_1: \rho\neq 0$$

检验统计量的定义如下：

**检验 $\rho=0$ 的检验统计量**

$$t=r\sqrt{\frac{n-2}{1-r^2}}$$

如果变量服从二元正态分布，那么这个检验统计量服从自由度为 $v=n-2$ 的学生 $t$ 分布。

**例 16.6　里程数和二手车价格是否线性相关？检验相关系数**

对例 16.2 中的相关系数进行 $t$ 检验以确定里程数和二手车价格是否线性相关。假设这两个变量服从二元正态分布。

解

**计 算**

**手工计算**

假设为

$$H_0: \rho=0$$
$$H_1: \rho\neq 0$$

根据例 16.2 的数据，我们知道 $s_{xy}=-2.909$，$s_x^2=43.509$。在例 16.5 中，我们计算了 $s_y^2=0.300$。因此，

$$s_x=\sqrt{43.509}=6.596$$
$$s_y=\sqrt{0.300}=0.547\ 7$$

相关系数为

$$r=\frac{s_{xy}}{s_x s_y}=\frac{-2.909}{6.596\times 0.547\ 7}=-0.805\ 2$$

检验统计量的值为

$$t=r\sqrt{\frac{n-2}{1-r^2}}=-0.805\ 2\sqrt{\frac{100-2}{1-(-0.805\ 2)^2}}=-13.44$$

注意，这与我们在例 16.4 中计算的斜率的 $t$ 检验统计量相同。因为抽样分布都是自由度为 98 的学生 $t$ 分布，所以 $p$ 值和结论也相同。

**Excel**

| | A | B |
|---|---|---|
| 1 | **Correlation** | |
| 2 | | |
| 3 | Price and Odometer | |
| 4 | Pearson Coefficient of Correlation | −0.805 2 |
| 5 | t Stat | −13.44 |
| 6 | df | 98 |
| 7 | P(T<=t) one tail | 0 |
| 8 | t Critical one tail | 1.660 6 |
| 9 | P(T<=t) two tail | 0 |
| 10 | t Critical two tail | 1.984 5 |

**计算机指令**

1. 在相邻的两列中输入或导入数据[①]（打开 Xm16－02）。

2. 单击“Add-Ins”（加载项）—“Data Analysis Plus”（数据分析加载项）— “Correlation（Pearson）”（皮尔逊相关系数）。

3. 指定“Variable 1 Input Range”（变量 1 输入区域）（A1：A101），“Variable 2 Input Range”（变量 2 输入区域）（B1：B101）和 $\alpha$ 的值（0.05）。

① 如果一列或两列中有空单元格（代表缺失值），则相应的行必须删除。

**Minitab**

**Correlations: Odometer, Price**

Pearson correlation of Price and Odometer＝－0.805

P-Value＝0.00

**计算机指令**

1. 在相邻的两列中输入或导入数据（打开 Xm16-02）。

2. 单击“Stat”（统计）—“Basic Statistics”（基本统计量）—“Correlation…”（相关…）。

3. 在“Variables”（变量）框中输入变量名称［Odometer（里程数）和 Price（价格）］。

值得注意的是，例 16.4 中 $\rho$ 的 $t$ 检验和 $\beta_1$ 的 $t$ 检验结果相同。对此我们不应该感到奇怪，因为这两个检验都是为了判断线性关系的存在性。到底应该采用哪种方法取决于试验的类型和我们想从统计分析中获得的信息。如果想要知道两变量之间的关系，或者我们进行的是对自变量取值进行控制的试验（见习题 16.6），就应该选择 $\beta_1$ 的 $t$ 检验。如果我们只想确定两个服从二元正态分布的随机变量之间是否存在线性关系，就应该选择 $\rho$ 的 $t$ 检验。

与斜率的 $t$ 检验一样，我们也可以进行单尾检验，检测是否存在正线性关系或负线性关系。

## 社会综合调查——教育和收入的相关性如何：问题的解

### 识　别

问题的目标是分析两个变量之间的关系。因为我们想要知道教育如何影响收入，所以自变量为受教育年限（EDUC），因变量是收入（INCOME）。

### 计　算

**Excel**

| | A | B | C | D | E | F |
|---|---|---|---|---|---|---|
| 1 | **SUMMARY OUTPUT** | | | | | |
| 2 | | | | | | |
| 3 | 回归统计 | | | | | |
| 4 | Multiple R | 0.415 0 | | | | |
| 5 | R Square | 0.172 2 | | | | |
| 6 | Adjusted R Square | 0.171 5 | | | | |
| 7 | 标准误差 | 33 935 | | | | |
| 8 | 观测值 | 1 142 | | | | |
| 9 | | | | | | |
| 10 | 方差分析 | | | | | |

续前表

| | A | B | C | D | E | F |
|---|---|---|---|---|---|---|
| 11 | | df | SS | MS | F | Significance F |
| 12 | 回归分析 | 1 | 273 069 465 956 | 273 069 465 956 | 237.1 | 9.42E−49 |
| 13 | 残差 | 1 140 | 1 312 796 309 000 | 1 151 575 710 | | |
| 14 | 总计 | 1 141 | 1 585 865 774 956 | | | |
| 15 | | | | | | |
| 16 | | Coefficients | 标准误差 | t Stat | P-value | |
| 17 | Intercept | −30 880 | 4 730 | −6.53 | 1.00E−10 | |
| 18 | EDUC | 5 097 | 331 | 15.40 | 9.42E−49 | |

**解　释**

回归方程是$\hat{y}=-30\,880+5\,097x$。斜率告诉我们，受教育年限每增加一年，收入平均增加 5 097 美元。截距项没有实际意义。建立假设检验来判断是否存在线性相关。

$$H_0：\beta_1=0$$
$$H_1：\beta_1\neq 0$$

检验的$t$统计量是 15.40，$p$值是$9.42\times10^{-49}$，几乎为 0。判定系数$R^2=0.172\,2$，说明收入的变异中有 17.22%由受教育年限的变异来解释，其余 82.78%的变异无法用该变量解释。

### □ 16-4k 不满足必要条件的情况

如果正态性假定得不到满足，我们可以使用非参数方法——Spearman 秩相关系数（见第 19 章①）来代替$\rho$的$t$检验。

## 习　题

使用 5%作为假设检验的显著性水平。

**16.22** 给定如下数据：

| | | | | | | | |
|---|---|---|---|---|---|---|---|
| $x$ | 1 | 3 | 4 | 6 | 9 | 8 | 10 |
| $y$ | 1 | 8 | 15 | 33 | 75 | 70 | 95 |

a. 绘制散点图。根据散点图，我们能否认为$x$和$y$是相关的？如果是，相关关系是怎样的？

b. 进行假设检验以判断是否有足够的证据证明存在线性关系。

① 希望讲授 Spearman 秩相关系数如何使用的教师可参见凯勒网站附录——Spearman 秩相关系数和检验。

**16.23** 给定如下数据：

| $x$ | 3 | 5 | 2 | 6 | 1 | 4 |
|---|---|---|---|---|---|---|
| $y$ | 25 | 110 | 9 | 250 | 3 | 71 |

a. 绘制散点图。根据散点图，我们能否认为 $x$ 和 $y$ 是相关的？如果是，相关关系是怎样的？

b. 进行假设检验以判断是否有足够的证据证明存在线性关系。

**16.24** 见习题 16.2。

a. 计算估计标准误。

b. 是否有证据表明广告和销量之间存在线性关系？

c. 以 95%的置信水平估计 $\beta_1$。

d. 计算判定系数并解释。

e. 简要概括你从前四个问题中得到的信息。

**16.25** 见习题 16.3。计算判定系数，并检验房屋开工数和租金率之间是否存在线性关系。

**16.26** 见习题 16.4。是否有足够的证据表明看电视的小时数和儿童超重的磅数之间存在线性关系？

**16.27** 见习题 16.5。是否有证据表明扬基体育馆的温度和售出的啤酒数之间存在负的线性关系？

习题 16.28 至习题 16.44 要求使用计算机和软件，也可以通过手工计算完成，样本统计量的值参见附录 A。

**16.28** 见习题 16.6。

a. 计算估计标准误并解释。

b. 描述商业广告的时间和测试得分之间的线性关系。

c. 商业广告的时间和测试得分之间线性相关吗？使用 5%的显著性水平进行检验。

d. 在 90%的置信水平下，估计斜率。

**16.29** 见习题 16.7。用三种方法评价这个模型，确定它的线性拟合程度。

**16.30** 见习题 16.8。是否有足够的证据能够推断年龄和填写问卷所需的时间之间线性相关？

**16.31** 见习题 16.9。用两个统计量来衡量线性关系的强弱，这些统计量说明了什么问题？

**16.32** 见习题 16.10。是否有足够的证据能够推断吸烟数量和缺勤天数之间线性相关？

**16.33** 见习题 16.11。

a. 检验并判断是否有足够的证据证明从受灾现场到最近的消防站的距离和受灾比例之间存在线性关系。

b. 在 95%的置信水平下估计斜率。

c. 计算判定系数。根据这个统计量，我们可以得出线性关系的什么信息？

**16.34** 见习题 16.12。

a. 计算估计标准误。根据这个统计量，我们能得到回归直线的什么信息？

b. 我们能否得出房屋面积和房屋价格之间线性相关的结论？

c. 计算判定系数。根据这个统计量，我们能得到关于这两个变量关系的什么信息？

**16.35** 见习题 16.13。是否有足够的证据得出结论：引擎使用的时间越长，价格越低？

**16.36** 评价习题 16.14 中回归直线的拟合程度。

**16.37** 见习题 16.15。

a. 计算判定系数，并描述这个统计量提供的信息。

b. 进行检验以判断是否有足够的证据证明家庭收入和食品支出之间线性相关。

**16.38** 见习题 16.16。我们能否推断办公室租金和空置率之间线性相关？

**16.39** 见习题 16.17。身高和薪水之间正线性相关吗？

**16.40** 见习题 16.18。

a. 计算判定系数，并描述这个统计量提供的信息。

b. 我们能否认为灵巧性测试得分和合格率之间线性相关？

**16.41** 见习题 16.13。使用相关系数的 $t$ 检验来判断是否引擎使用的小时数和价格之间存在负的线性关系。

**16.42** 使用相关系数的 $t$ 检验重做习题 16.6。计算结果与习题 16.6 的结果是否相同？

**16.43** 见习题 16.15。食品支出和家庭收入线性相关吗？使用相关系数的 $t$ 检验来回答这个问题。

**16.44** 见习题 16.10。使用相关系数的 $t$ 检验来确定吸烟的数量和缺勤的天数之间是否存在正的线性关系。

**美国国家选举调查习题**

Excel 使用者请注意，空单元格代表数据缺失，需要删除。使用 5%的显著性水平。

**16.45 ANES2008*** 受教育程度高的人花费更多时间在网上观看或阅读新闻吗？建立一个回归模型来判断是否有充分的统计证据表明一个人的受教育程度（EDUC）越高，在网上观看或阅读新闻的时间（TIME1）就越长。

**16.46 ANES2008*** 在第 16 章开篇的例子中，我们使用 2012 年社会综合调查数据分析了 2012 年收入和受教育程度的关系。对 2008 年美国国家选举调查数据建立一个相似的分析。

**16.47 ANES2008*** 国家电视新闻的商业板块报道了治疗老年人疾病的相关药物。很明显，主流媒体相信老年人更倾向于收看电视新闻。有充分的证据表明年龄（AGE）和观看国家电视新闻的天数（DAYS1）正相关吗？

**16.48 ANES2008*** 在大多数美国政府选举中，投票参与人很少，常常是邻近国家的 50%。政治工作者希望预测哪些人更喜欢投票，因此，知道哪些变量与投票意愿相关显得尤为重要，而年龄就是一个备选变量。有充分的证据表明年龄（AGE）和投票意愿（DEFINITE）线性相关吗？

**16.49 ANES2008*** 富人更倾向于收听广播新闻吗？为回答这一问题，建立一个回归模型来分析收入（INCOME）和收听广播新闻的时间（TIME4）之间的相关关系。

**社会综合调查习题**

Excel 使用者请注意，空单元格代表数据缺失，需要删除。使用 5%的显著性水平。

**16.50 GSS2012*** 一个人的收入（INCOME）会影响其对待如下问题的观点：政府应该减少穷人和富人之间的收入差距（EQWLTH：1＝政府应该减少收入差距，2，3，4，5，6，7＝政府不应该采取行动）吗？通过检验两个变量间的线性相关来回答这一问题。

**16.51 GSS2012*** 分析收入（INCOME）与年龄（AGE）的相关关系。在95％的置信水平下估计年龄每增加一岁收入的平均增长量。

**16.52 GSS2012*** 电视更受底层大众的欢迎吗？如果这样，我们可以预期受教育程度高的人更少看电视。有充分的证据表明受教育程度（EDUC）更高的人更少看电视（TVHOURS）吗？

**16.53 GSS2012*** 很显然，一个人的工作时间越长，挣得越多。但问题是，工作时间每增加一小时，每年能够多挣多少钱。建立一个年收入（INCOME）和每周的工作时间（HRS1）的回归分析。

a. 检验两变量是否正相关。

b. 在95％的置信水平下估计每周的工作时间每增加一小时，年收入的增加量。

**16.54 GSS2012*** 年龄（AGE）和每周的工作时间（HRS1）存在线性关系吗？建立一个假设检验来回答这个问题。

**16.55 GSS2012*** 电视广告商总是希望知道观看他们广告的观众有哪些。老年人比年轻人更喜欢看电视吗？数据能够提供充分的证据表明年龄（AGE）和观看电视时间（TVHOURS）存在正的线性相关关系吗？

**16.56 GSS2012*** 家庭中有更多的挣钱人（EARNRS）影响家庭总收入（TFINCOME）吗？建立一个回归方程来判断这两个变量是否存在正的线性相关关系。如果存在，在95％的置信水平下估计每增加一个挣钱人，家庭总收入的平均增加额。

**16.57 GSS2012*** 受教育程度（EDUC）更高的人更倾向于支持政府采取措施缩小全国的收入差距（EQWLTH：1＝政府应该减少的差距，2，3，4，5，6，7＝政府不应该采取行动）吗？建立一个假设检验来回答这个问题。

**16.58 GSS2012*** 受教育程度更高的人更倾向于与其受教育程度相当的人结婚吗？检验一个人的受教育程度（EDUC）与其配偶的受教育程度（SPEDUC）是否正线性相关。

**16.59 GSS2012*** 经济理论表明，随着人们变得富有，他们更倾向于生更多孩子。通过分析收入（INCOME）和孩子数量（CHILDS）的线性关系来检验这一理论。

**16.60 GSS2012*** 如果夫妻中一人工作时间较长，则意味着另一个人工作时间较短吗？通过检验HRS1和SPHRS1的线性关系来回答这个问题。

**16.61 GSS2012*** 在学校的学习时间越长意味着生育时间越晚吗？如果如此，我们可以预期受教育程度（EDUC）与拥有第一个子女的年龄（AGEKDBORN）存在正线性关系。通过检验判断是否有充分的统计证据表明这种关系成立。

**16.62 GSS2012*** 参考习题16.61。我们可以预期受教育程度高的人可能拥有较少的孩子。分析受教育程度（EDUC）与孩子数量（CHILDS）的线性关系。

**16.63 GSS2012*** 一个人的受教育程度影响其子女的受教育程度吗？检验个体的受教育程度（EDUC）与其父亲的受教育程度（PAEDUC）的线性关系。

**16.64 GSS2012*** 参考习题16.63。有充分的证据表明个体的受教育程度（EDUC）与其母亲的受教育程度（MAEDUC）存在正线性相关关系吗？

**16.65 GSS2012*** 工作努力的美国人更急迫地希望政府采取措施来缩小收入差距吗？

建立假设检验来判断是否有充分的证据表明每周的工作时间（HRS1）和是否支持政府采取措施来缩小收入差距（EQWLTH：1＝政府应该减少差距，2，3，4，5，6，7＝政府不应该采取行动）之间存在正线性相关关系。

## 16.5 回归方程的应用

用 16.4 节中的方法可以评价线性模型对数据的拟合效果。如果模型的拟合程度能令我们满意，我们就可以用它来预测和估计因变量的值。为了阐明这一点，假设例 16.2 中的二手车销售商想预测使用了三年、行驶里程数为 40 000 英里的二手车的销售价格。应用回归方程以及 $x=40$，得到

$$\hat{y}=17.250-0.066\ 9x=17.250-0.066\ 9\times 40=14.574$$

我们称这个值为**点预测**（point prediction）。因此，汽车销售商预测，这辆车的销售价格是 14 574 美元。

但是，点预测本身并不能说明这个值与真实的销售价格的接近程度。为了获知这个信息，必须使用区间。事实上，有两个区间可供我们选择：特定的 $y$ 值的预测区间或者 $y$ 的期望值的置信区间估计。

### □ 16－5a　给定 $x$ 的条件下预测相应的 $y$ 值

如果我们想在给定一个特定的自变量值的条件下，预测相应的因变量的值，可以使用区间估计。这个区间通常被称为**预测区间**（prediction interval），计算方法与往常一样（点估计±估计误差限），这里 $y$ 的点估计为 $\hat{y}$，估计误差限如下所示。

**预测区间**

$$\hat{y}\pm t_{\alpha/2,n-2}s_{\varepsilon}\sqrt{1+\frac{1}{n}+\frac{(x_g-\bar{x})^2}{(n-1)s_x^2}}$$

式中 $x_g$ 为给定的 $x$ 值，且 $\hat{y}=b_0+b_1x_g$。

### □ 16－5b　给定 $x$ 的条件下估计 $y$ 的期望值

16.3 节中介绍的条件意味着，给定 $x$ 的值，可以确定 $y$ 值的总体，其均值为

$$E(y)=\beta_0+\beta_1x$$

要估计给定 $x$ 的条件下 $y$ 的均值，应该用下面的区间：

**$y$ 的期望值的置信区间估计**

$$\hat{y}\pm t_{\alpha/2,n-2}s_{\varepsilon}\sqrt{\frac{1}{n}+\frac{(x_g-\bar{x})^2}{(n-1)s_x^2}}$$

与预测区间的公式不同，这个公式的平方根符号下没有 1。因此，**$y$ 的期望值的置信区间估计**（confidence interval estimate of the expected value of $y$）将比给定相同的 $x$ 值时 $y$ 的预测区间窄一些。这是因为与预测单个值相比，估计均值时的误差较小。

### 例 16.7 估计二手车的平均价格并预测价格

(a) 一位旧车销售商打算投标一辆用了三年的丰田凯美瑞轿车，车内有所有标准配置，行驶里程数为 40 000 英里（$x_g=40$）。为了确定投标的金额，他需要预测汽车的销售价格。

(b) 在（a）部分中提到的销售商有机会就一家汽车租赁公司提供的一批汽车进行投标。这家租赁公司有 250 辆丰田凯美瑞汽车，车内均有所有标准配置。这批车的行驶里程数都在 40 000 英里（$x_g=40$）左右。这位销售商想估计所有汽车的销售价格。

**解**

#### 识　别

(a) 销售商要预测一辆车的售价，因此需要用到预测区间：

$$\hat{y}\pm t_{\alpha/2,n-2}s_{\varepsilon}\sqrt{1+\frac{1}{n}+\frac{(x_g-\bar{x})^2}{(n-1)s_x^2}}$$

(b) 销售商要预测一大批汽车的平均售价，因此需要计算期望值的置信区间估计：

$$\hat{y}\pm t_{\alpha/2,n-2}s_{\varepsilon}\sqrt{\frac{1}{n}+\frac{(x_g-\bar{x})^2}{(n-1)s_x^2}}$$

理论上，这个公式只能用于无限大的总体。但是，我们也可以把我们的问题解释为，确定具有上述配置的、行驶里程数全部为 40 000 英里的丰田凯美瑞汽车的平均售价。(b) 部分的关键问题是估计大量汽车的平均售价。我们可以任意设定置信度为 95%。

#### 计　算

**手工计算**

从前面的计算中可以得到

$$\hat{y}=17.250-0.0669\times 40=14.574$$
$$s_{\varepsilon}=0.3265$$
$$s_x^2=43.509$$
$$\bar{x}=36.011$$

根据附录 B 中的表 4，得

$$t_{\alpha/2}=t_{0.025,98}\approx t_{0.025,100}=1.984$$

(a) 置信度为 95%的预测区间为

$$\hat{y}\pm t_{\alpha/2,n-2}s_{\varepsilon}\sqrt{1+\frac{1}{n}+\frac{(x_g-\bar{x})^2}{(n-1)s_x^2}}$$

$$=14.574 \pm 1.984 \times 0.3265+\sqrt{1+\frac{1}{100}+\frac{(40-36.011)^2}{(100-1)\times 43.509}}$$

$$=14.574 \pm 0.652$$

因此，预测区间的下限和上限分别为 13 922 美元和 15 226 美元。

(b) 平均价格的 95%的置信区间估计为

$$\hat{y} \pm t_{\alpha/2,n-2} s_\varepsilon \sqrt{\frac{1}{n}+\frac{(x_g-\bar{x})^2}{(n-1)s_x^2}}$$

$$=14.574 \pm 1.984 \times 0.3265\sqrt{\frac{1}{100}+\frac{(40-36.011)^2}{(100-1)\times 43.509}}$$

$$=14.574 \pm 0.076$$

因此，期望价格的置信区间估计的下限和上限分别为 14 498 美元和 14 650 美元。

**Excel**

| | A | B | C |
|---|---|---|---|
| 1 | **Prediction Interval** | | |
| 2 | | | |
| 3 | | | Price |
| 4 | | | |
| 5 | Predicted value | | 14.574 |
| 6 | | | |
| 7 | Prediction Interval | | |
| 8 | Lower limit | | 13.922 |
| 9 | Upper limit | | 15.227 |
| 10 | | | |
| 11 | Interval Estimate of Expected Value | | |
| 12 | Lower limit | | 14.498 |
| 13 | Upper limit | | 14.650 |

**计算机命令**

1. 在两列中输入或导入数据① (打开文件 Xm16 - 02)。

2. 在任意单元格中输入给定的 $x$ 的值。我们建议使用自变量所在列的下一行。

3. 单击 "Add-Ins" (加载项) —"Data Analysis Plus" (数据分析加载项) — "Prediction Interval" (预测区间)。

4. 指定 "Input $Y$ Range" ($Y$ 的输入范围) (A1 : A101)、"Input $X$ Range" ($X$ 的输入范围) (B1 : B101)、"Given X Range" (给定的 $X$ 的值) (B102) 以及 "Confidence Level" (置信水平) (0.95)。

① 如果一列或两列中包含空单元格 (代表缺失值)，则相应的行必须删除。

**Minitab**

Predicted Values for New Observations

| New Obs | Fit | SE Fit | 95% CI | 95% PI |
|---|---|---|---|---|
| 1 | 14.574 3 | 0.038 2 | (14.498 5, 14.650 1) | (13.922 0, 15.226 6) |

Values of Predictors for New Observations

| New Obs | Odometer |
|---|---|
| 1 | 40.0 |

输出结果包括预测值 $\hat{y}$ (Fit)、$\hat{y}$ 的标准差 (SE Fit)、$y$ 的期望值的 95%的置信区间估计 (CI) 和 95%的预测区间 (PI)。

**计算机命令**

1. 进行例 16.2 中回归分析的前三步。不要点击"OK"(确定)。点击"Options…"(选项…)。

2. 在"Prediction intervals for new observations"(新观测值的预测区间)框指定给定的 $x$ 的值 (40)。

3. 指定置信水平 (0.95)。

**解　释**

我们预测一辆车的价格在 13 925～15 226 美元之间。据估计，使用了三年的丰田凯美瑞汽车这一总体的平均售价在 14 498～14 650 美元之间。因为预测一辆车的售价比估计所有车子的平均售价更困难，所以，预测区间比期望值的区间估计要宽。

### □ 16-5c　$x$ 的给定值对区间的影响



如果用不同的 $x$ 值计算上述两个区间并作图，就得到了图 16—8。注意，得到的两个区间都是由曲线表示的。这是因为给定的 $x$ 的值距离越远，估计误差就越大。这部分估计误差用

$$\frac{(x_g-\bar{x})^2}{(n-1)s_x^2}$$

来衡量。在计算预测区间和期望值的区间估计时，都会出现这个估计误差。

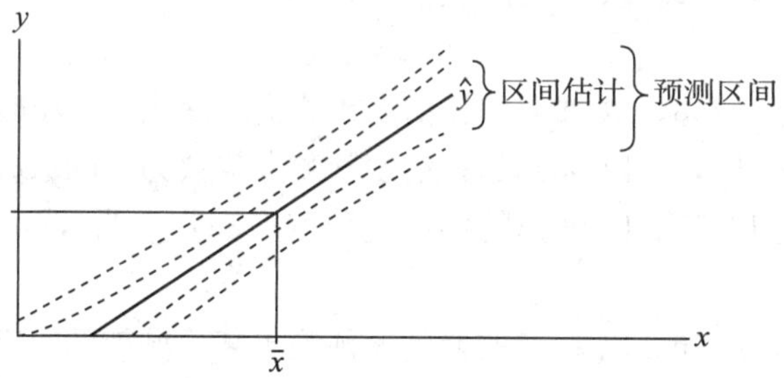


**图 16—8　区间估计和预测区间**

## 习　题

**16.66**　简述预测 $y$ 值与估计 $y$ 的期望值的区别。

**16.67**　对于同一个自变量，预测区间的长度总比估计区间宽吗？请简要解释原因。

**16.68**　参考习题 16.2。以 90%的置信度预测当广告费用为 80 000 美元时的销售收入。

**16.69**　参考习题 16.3。以 90%的置信度预测当抵押利率为 7%时的住房开工数。

**16.70**　参考习题 16.4。

a. 以 90%的置信度预测每周观看电视 35 小时的儿童超重的磅数。

b. 以 90%的置信度预测每周观看电视 35 小时的儿童超重的平均磅数。

**16.71**　参考习题 16.5。以 90%的置信度预测温度为 75 华氏度时售出的啤酒数量。

习题 16.72 至习题 16.84 要用到计算机和统计软件。也可以通过手工计算完成，样本统计量参见附录 A。

**16.72**　参考习题 16.6。

a. 以 95%的置信度预测观看 30 秒广告的观众的记忆测试得分。

b. 以 95%的置信度估计观看 30 秒广告的观众的平均记忆测试得分。

**16.73**　参考习题 16.7。

a. 以 95%的置信度预测位于 20 层的 1 200 平方英尺的公寓的价格。

b. 以 99%的置信度预测位于 15 层的 1 200 平方英尺的公寓的平均价格。

**16.74**　参考习题 16.8。用 90%的置信度预测 40 岁的人完成人口普查问卷所需的时间。

**16.75**　参考习题 16.9。这家公司刚刚雇用了一位 22 岁的电话促销员，以 95%的置信度预测他将在这家公司工作多长时间。

**16.76**　参考习题 16.10。以 95%的置信度预测每天平均吸烟 40 根的人缺勤的天数。

**16.77**　参考习题 16.11。

c. 以 95%的置信度预测距离最近的消防站 8 公里的房屋受灾损失的百分比。

a. 以 95%的置信度预测距离最近的消防站 5 公里的房屋平均受灾损失的百分比。

**16.78**　参考习题 16.12。以 95%的置信度预测面积为 60 000 平方英尺的公寓的平均售价。

**16.79**　参考习题 16.13。以 99%的置信度预测引擎使用 400 小时的巡洋舰的价格。

**16.80**　参考习题 16.14。以 90%的置信度预测人均数为 4 的家庭的平均用电量。

**16.81**　参考习题 16.15。以 90%的置信度预测家庭收入为 60 000 美元的家庭的食品支出。

**16.82**　参考习题 16.16。以 95%的置信度预测当某一城市的写字楼空置率为 8%时的月租金。

**16.83**　参考习题 16.17。

a. 以 95%的置信度预测身高为 6 英尺 2 英寸（74 英寸）的人的平均年收入。

b. 以 90%的置信度预测身高为 5 英尺 8 英寸（68 英寸）的人的年收入。

**16.84** 参考习题 16.18。以 95%的置信度预测测试得分为 80 分的人的平均次品率。

**美国国家选举调查习题**

习题 16.85 至习题 16.87 在自变量给定的条件下估计因变量的预测区间和期望值的置信区间估计。使用 95%的置信水平。

**16.85 ANES2008*** 参考习题 16.45。一个受教育程度为 15 年的人在网上观看或阅读新闻的时间。

**16.86 ANES2008*** 参考习题 16.46。一个受教育程度为 10 年的人的收入。

**16.87 ANES2008*** 参考习题 16.47。一个 50 岁的人观看国家电视新闻的天数。

**16.88 ANES2008*** 任选以上 3 道习题中的 1 道（或更多），简要说明为什么预测区间长度较宽。

**社会综合调查习题**

习题 16.89 至习题 16.99 在自变量给定的条件下估计因变量的预测区间和期望值的置信区间估计。使用 95%的置信水平。

**16.89 GSS2012*** 参考习题 16.51。一个 45 岁的人的年收入。

**16.90 GSS2012*** 参考习题 16.52。一个受教育程度为 12 年的人每天观看电视的小时数。

**16.91 GSS2012*** 参考习题 16.53。一个每周工作时间 40 小时的人的收入。

**16.92 GSS2012*** 参考习题 16.54。一个 60 岁的人每周工作的小时数。

**16.93 GSS2012*** 参考习题 16.55。一个 65 岁的人每天观看电视的小时数。

**16.94 GSS2012*** 参考习题 16.56。一个 4 人挣钱的家庭的总收入。

**16.95 GSS2012*** 参考习题 16.59。一个拥有 1 个孩子的人的收入。

**16.96 GSS2012*** 参考习题 16.62。一个受教育程度为 11 年的人拥有孩子的数量。

**16.97 GSS2012*** 参考习题 16.63。一个父亲受教育程度为 15 年的人的受教育程度。

**16.98 GSS2012*** 参考习题 16.64。一个母亲受教育程度为 20 年的人的受教育程度。

**16.99 GSS2012*** 参考习题 16.65。一个每周工作 50 小时的人对政府是否应该采取措施来缩小收入差距的态度。

**16.100 GSS2012*** 任选以上 11 道习题中的 1 道（或更多），简要说明为什么预测区间长度较宽。

## 16.6 回归诊断 I

16.3 节已经介绍了使回归分析有效的必要条件。简单说来，即要求误差变量服从方差为常数的正态分布，而且误差项必须相互独立。本节将介绍如何判断回归分析是否有效。另外，我们还将讨论如何处理太大或太小的观测值——必须对这样的观测值进行调查，以确定在记录时没有出现错误。

### □ 16-6a 残差分析

大部分必要条件都可以通过检验残差来判断，残差的概念在 16.4 节中已经介绍过。你可以利用大多数计算机软件包输出残差的值，并且可以用多种绘图和统计方法得到这个值。

我们可以计算标准化残差。使残差标准化的方法与使其他变量标准化的方法相同，即减去相应均值，再除以标准差。残差的均值是 0，而标准差 $\sigma_\varepsilon$ 未知，所以必须对它进行估计。最简单的估计量是估计标准误 $s_\varepsilon$，故

$$\text{点 } i \text{ 的标准残差} = \frac{e_i}{s_\varepsilon}$$

Excel 用残差除以残差的标准差，计算出了标准化残差。（估计标准误与残差的标准差的区别如同公式中所表达的那样，前者分母为 $n-2$，而后者的分母是$n-1$。）

例 16.2 的部分输出结果（我们只显示了最前面的 5 个值和最后面的 5 个值）如下所示。

**Excel**

| | A | B | C | D |
|---|---|---|---|---|
| 1 | RESIDUAL OUTPUT | | | |
| 2 | | | | |
| 3 | 观测值 | 预测 Price | 残差 | 标准残差 |
| 4 | 1 | 14.748 | −0.148 | −0.456 |
| 5 | 2 | 14.253 | −0.153 | −0.472 |
| 6 | 3 | 14.186 | −0.186 | −0.574 |
| 7 | 4 | 15.183 | 0.417 | 1.285 |
| 8 | 5 | 15.129 | 0.471 | 1.449 |
| 9 | | | | |
| 10 | | | | |
| 11 | | | | |
| 12 | 96 | 14.828 | −0.028 | −0.087 |
| 13 | 97 | 14.962 | −0.362 | −1.115 |
| 14 | 98 | 15.029 | −0.529 | −1.628 |
| 15 | 99 | 14.628 | 0.072 | 0.222 |
| 16 | 100 | 14.815 | −0.515 | −1.585 |

**计算机命令**

计算过程仿照例 16.2 回归分析的前三步。在点击“确定”之前，选择“残差”和“标准残差”。输出结果中将包括预测值、残差和标准残差。

我们也可以通过计算每一个残差的标准差将残差标准化。统计学家将点 $i$ 的残差的标准差定义如下。

**残差的标准差**

$$s_{e_i}=s_\varepsilon\sqrt{1-h_i}$$

式中，$h_i=\dfrac{1}{n}+\dfrac{(x_i-\bar{x})^2}{(n-1)s_x^2}$。

$h_i$ 看起来应该很熟悉，16.5 节中预测区间的公式和 $y$ 的期望值的置信区间估计的公式都曾用到 $h_i$。Minitab 计算的就是这种形式的标准化残差。例 16.2 的部分输出结果如下所示（这里仅列示了最前面的 5 个值和最后的 5 个值）。

**Minitab**

| Obs | Odometer | Price | Fit | SE Fit | Residual | St Resid |
|---|---|---|---|---|---|---|
| 1 | 37.4 | 14.600 0 | 14.748 1 | 0.033 4 | −0.148 1 | −0.46 |
| 2 | 44.8 | 14.100 0 | 14.253 4 | 0.054 6 | −0.153 4 | −0.48 |
| 3 | 45.8 | 14.000 0 | 14.186 5 | 0.058 6 | −0.186 5 | −0.58 |
| 4 | 30.9 | 15.600 0 | 15.182 7 | 0.041 4 | 0.417 3 | 1.29 |
| 5 | 31.7 | 15.600 0 | 15.129 2 | 0.039 1 | 0.470 8 | 1.45 |
| 96 | 36.2 | 14.800 0 | 14.828 4 | 0.032 7 | −0.028 4 | −0.09 |
| 97 | 34.2 | 14.600 0 | 14.962 1 | 0.033 9 | −0.362 1 | −1.12 |
| 98 | 33.2 | 14.500 0 | 15.028 9 | 0.035 5 | −0.528 9 | −1.63 |
| 99 | 39.2 | 14.700 0 | 14.627 8 | 0.036 3 | 0.072 2 | 0.22 |
| 100 | 36.4 | 14.300 0 | 14.815 0 | 0.032 7 | −0.515 0 | −1.59 |

**计算机命令**

计算过程仿照例 16.2 中回归分析的前三步，指定“Response”（响应）和“Predictors”（预测变量）之后，单击“Results…”（结果…）—“In addition，the full table of fits and Residuals”（此外，整个拟合值与残差表）。

预测值、残差和标准化残差将保存在接下来的三列中。

残差分析使我们可以确定误差变量是否服从正态分布，误差的方差是否为一个常数，以及误差是否相互独立。首先介绍非正态性。

### □ 16－6b　正态性

与本书的其他部分一样，我们通过画直方图来检验变量是否满足正态性要求。Excel 中的直方图如图 16—9 所示（Minitab 中的也类似）。可以看到直方图呈钟形，因此有理由相信误差变量服从正态分布。

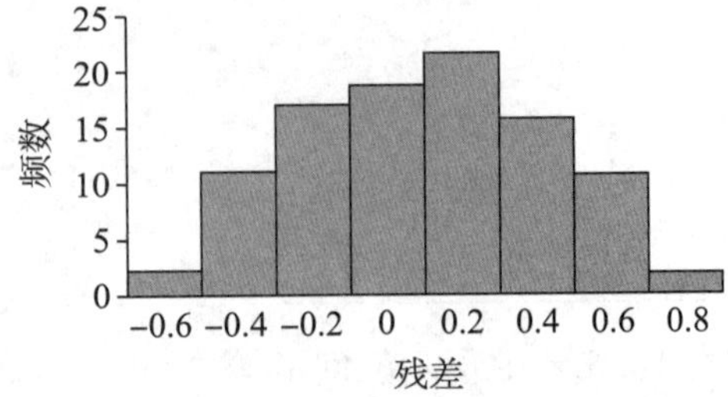


**图 16—9　例 16.2 中残差的 Excel 直方图**

## □ 16-6c　异方差性

误差变量的方差 $\sigma_\varepsilon$ 必须为常数。若不满足这个要求，则称存在**异方差性**（heteroscedasticity）。[我们可以用这个概念形容朋友和亲戚的区别。如果你不会发音，试一试**同方差性**（homoscedasticity），它代表要求得到满足的情况。] 判断异方差性的一个方法是绘制残差与 $y$ 的预测值的散点图，然后观察点的范围的变化情况。[①] 图 16—10 就是这样一幅图。我们发现，在这幅图中，当 $\hat{y}$ 较小时，$\sigma_\varepsilon^2$ 也较小；当 $\hat{y}$ 较大时，$\sigma_\varepsilon^2$ 也较大。当然，还可以用许多其他方法来描述这个问题。

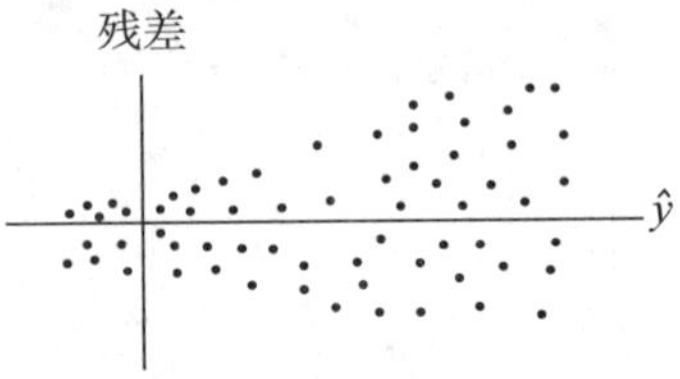


**图 16—10　描述异方差性的残差散点图**

图 16—11 给出了 $\sigma_\varepsilon^2$ 为常数的情况。因此，残差的方差并无明显变化。

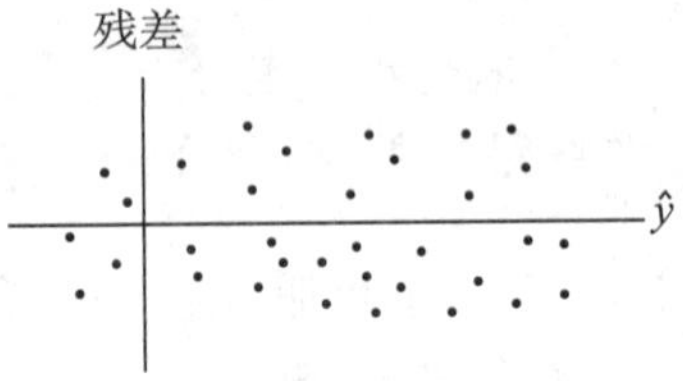


**图 16—11　描述同方差性的残差散点图**

用 Excel 绘制的例 16.2 的残差与 $y$ 的预测值的散点图如下所示，没有存在异方差性的迹象。

---

① 凯勒网站附录—Szroeter 检验描述了对异方差性的检验。

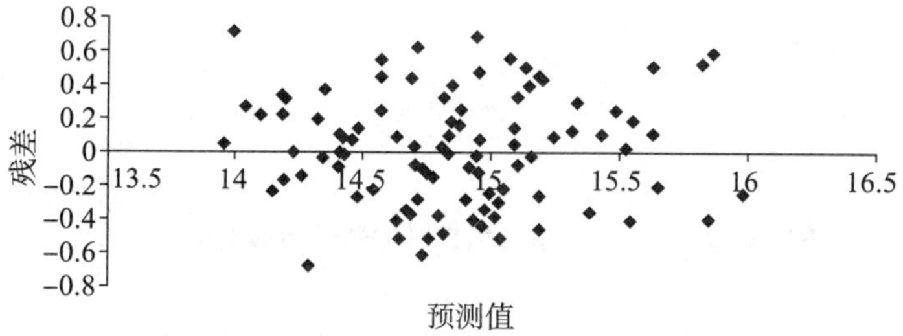


**图 16—12　Excel 绘制的例 16.2 的残差与 $y$ 的预测值的散点图**

## □ 16-6d　误差变量的非独立性

第 3 章简要介绍了横截面数据与时间序列数据的区别。横截面数据是在基本相同的时间收集的观测值，而时间序列数据则是在连续的时点上收集的一系列观测值。例 16.2 中的数据是横截面数据，因为所有售价和行驶里程数据都是在大致相同的时间收集的。如果我们在一年中每周观测汽车的拍卖价格，那么所取得的数据就是时间序列数据。

进行回归分析的第四个条件要求误差变量是相互独立的。当数据为时间序列数据时，误差通常是相关的。我们说在时间上相关的误差项**自相关**（autocorrelated）或者**序列相关**（serially correlated）。例如，假设在分析年总利润与其他变量的关系时，记录了 1991—2010 年的总利润。$y$ 的观测值分别记为 $y_1$，$y_2$，…，$y_{20}$，其中 $y_1$ 是 1991 年的总利润，$y_2$ 是 1992 年的总利润，依此类推。用 $e_1$，$e_2$，…，$e_{20}$ 表示残差，如果误差项满足独立性条件，那么残差间应该没有关系。但是，如果残差项相关，则很可能存在自相关。

我们通常可以通过绘制残差与时间的关系图来检验误差项是否自相关。如果图表呈现某种规律，那么误差项很可能不满足独立性要求。图 16—13（正残差与负残差交替出现）和图 16—14（残差逐渐增加）展现了一种规律，表明数据间存在自相关关系。图 16—15 没有什么规律（残差随时间随机分布），表明误差变量可能相互独立。

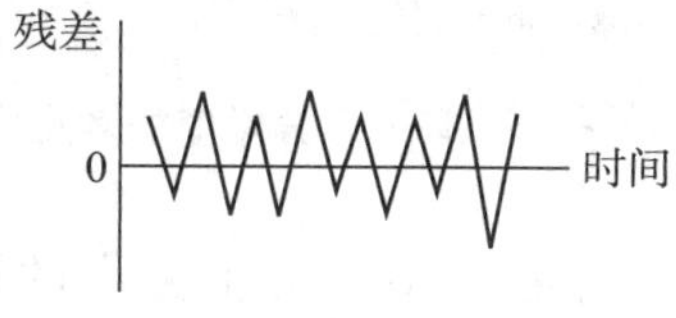


**图 16—13　误差项自相关时的残差与时间的散点图（正负残差交替出现）**

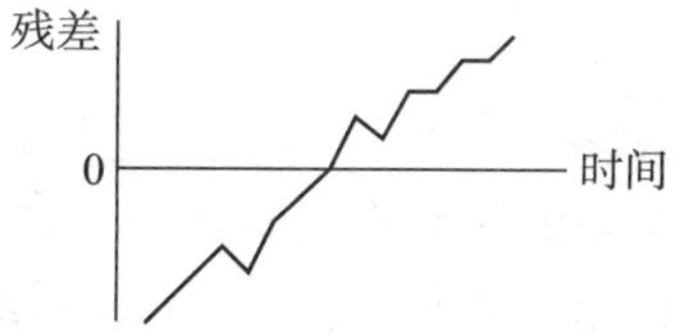


**图 16—14　误差项自相关时的残差与时间的散点图（残差逐渐增加）**

第 17 章将介绍 DW 检验，这是确定数据间是否存在自相关关系的另外一种统计检验方法。

**图 16—15　误差项相互独立时的残差与时间的散点图**

## □ 16-6e　异常值

**异常值**（outliers）指过大或过小的数据值。例如在例 16.2 中，行驶里程的范围在 19.1 千英里～49.2 千英里之间。如果观测到 5 000 英里的行驶里程，我们就认为这个点是异常值。需要考虑几种可能：

1. 数据记录误差。为了找出错误，我们应核查这些数据点。在例 16.2 中，要核查汽车的里程表，从而确定收集数据时没有出错。如果有错误，则我们应该在进行回归分析之前纠正它。

2. 数据点不包括在样本范围内。有时，衡量指标来自不包括在样本范围内的对象。在例 16.2 中，我们可以核查行驶里程为 5 000 英里的车是不是真的已经使用 3 年了。我们还应该核查里程表是否存在回滚现象。在这两种情况下，都应该剔除异常值。

3. 异常值属于样本范围内且记录正确，但就是过大或过小。如果出现这种情况，那么我们不能对异常值采取任何措施，而只能认为它是合理的。

从散点图中可以看出异常值。图 16—16 描述了包括一个异常值的散点图，统计人员应该核查该观测值是否准确，以及该数据是否应该包含在样本内。

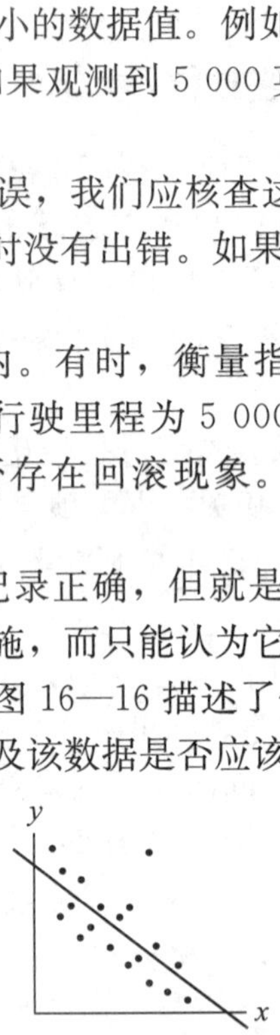


**图 16—16　有一个异常值的散点图**

标准化残差也有助于确定异常值。对绝对值太大的标准化残差，应该仔细检查。Minitab 能自动报告小于−2 和大于 2 的标准化残差。

## □ 16-6f　干扰点

在进行回归分析时，一个或多个观测值有时会对统计量产生巨大影响。图 16—17 描述了这样一个值和受它影响而得出的最小二乘直线。如果不包括这个数据点，将会得到如图 16—18 所示的最小二乘直线。很明显，这个点对结果的影响很大。干扰点可以从散点图中看出来。这个点可能是异常值，因此需要对它进行仔细的调查。Minitab 也可以识别出干扰点。

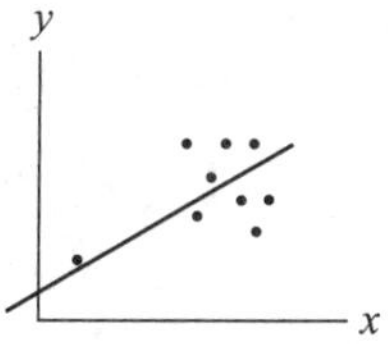


**图 16—17　有一个干扰点的散点图**

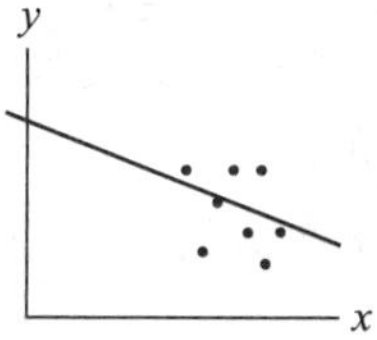


**图 16—18　没有干扰点的散点图**

## □ 16-6g　回归诊断

本章所讲内容的顺序安排是由教学要求决定的。我们依次介绍了评价模型拟合程度的最小二乘法、如何应用回归方程进行预测和估计、相关系数，最后介绍了回归诊断。在实际应用中，回归诊断要在整个过程中比较早的阶段完成。应该在利用回归方程进行预测和估计之前，在对模型进行评价时，判断其是否符合所需的必要条件。下面的步骤描述了回归分析的整个流程。(第 18 章将讨论如何建模，下面的步骤仅仅是整个建模过程的一部分。)

1. 建立有理论依据的模型，即对我们感兴趣的因变量，找出你认为与它线性相关的自变量。

2. 收集两个变量的有关数据。在理想情况下，进行控制性试验。如果条件不允许，收集观测数据。

3. 绘制散点图，确定线性模型是否合适。识别可能的异常值。

4. 确定回归方程。

5. 计算残差并核查必要条件：
   误差变量是否服从正态分布？
   其方差为常数吗？
   误差项相互独立吗？
   核查异常值和干扰点。

6. 评价模型的拟合效果。
   计算估计标准误。
   检验以确定线性关系是否存在（检验 $\beta_1$ 或 $\rho$）。
   计算判定系数。

7. 如果模型拟合数据的效果较好，则应用回归方程预测因变量的特定值或估计因变量的均值（或二者）。

## 习　题

**16.101**　给出下面六组数据：

| $x$ | −5 | −2 | 0 | 3 | 4 | 7 |
|---|---|---|---|---|---|---|
| $y$ | 15 | 9 | 7 | 6 | 4 | 1 |

a. 试确定回归方程。

b. 试应用回归方程确定 $y$ 的预测值。

c. 试利用 $y$ 的预测值和实际值计算残差。

d. 试计算标准化残差。

e. 识别可能的异常值。

**16.102**　参考习题 16.2。计算残差和 $y$ 的预测值。

**16.103**　参考习题 16.3。计算残差和 $y$ 的预测值。

**16.104**　参考习题 16.4。

a. 计算残差。

b. 计算 $y$ 的预测值。

c. 绘制 $y$ 的预测值与残差（纵轴）的图形。

**16.105**　计算并绘制习题 16.5 中 $y$ 的预测值与残差的图形。

下面的习题需要用到计算机和统计软件。

**16.106**　参考习题 16.6。

a. 试确定残差和标准化残差。

b. 试绘制残差的直方图。根据这幅图，能看出误差服从正态分布吗？解释你的回答。

c. 识别可能的异常值。

d. 绘制残差与 $y$ 的预测值的图形。图形表明误差项存在异方差性问题吗？解释你的回答。

**16.107**　参考习题 16.7。

a. 误差服从正态分布吗？解释你的回答。

b. 图形表明误差项存在异方差性问题吗？解释你的回答。

**16.108**　习题 16.8 所需的必要条件得到满足了吗？

**16.109**　参考习题 16.9。

a. 试确定残差和标准化残差。

b. 试绘制残差的直方图。根据图形，能看出误差项服从正态分布吗？解释你的回答。

c. 识别可能的异常值。

d. 绘制残差与 $y$ 的预测值的图形。图形表明误差项存在异方差性问题吗？解释你的回答。

**16.110**　参考习题 16.10。所需的必要条件得到满足了吗？

**16.111** 参考习题 16.11。

a. 计算残差和标准化残差。

b. 试绘制残差的直方图。根据该图，能看出误差服从正态分布吗？解释你的回答。

c. 识别可能的异常值。

d. 绘制残差与 $y$ 的预测值的图形，图形表明误差项存在异方差性问题吗？解释你的回答。

**16.112** 检查习题 16.12 的必要条件。

**16.113** 参考习题 16.13。所需的必要条件得到满足了吗？

**16.114** 参考习题 16.14。

a. 计算残差和标准化残差。

b. 试绘制残差的直方图。根据该图，能看出误差服从正态分布吗？解释你的回答。

c. 识别可能的异常值。

d. 绘制残差与 $y$ 的预测值的图形，图形表明误差项存在异方差性问题吗？解释你的回答。

**16.115** 参考习题 16.15。所需的必要条件得到满足了吗？

**16.116** 检查习题 16.16 的必要条件。

**16.117** 参考习题 16.17。所需的必要条件得到满足了吗？

**16.118** 对习题 16.18 进行回归诊断，判断必要条件是否得到满足。

## 小　结

简单线性回归和相关系数是研究两个定距变量之间关系的一种方法。回归分析假设两个变量线性相关，并用最小二乘法估计回归直线的截距和斜率。通过评价线性模型对数据的拟合程度来判定它的效果。我们计算估计标准误，它是误差变量的标准差的估计值。我们检验斜率，从而确定是否有充分的证据表明两个变量间存在线性关系，而线性关系的强弱则用判定系数来衡量。如果模型拟合数据的效果较好，那么可以用模型预测因变量的特定值和估计期望值。我们也可以用皮尔逊相关系数来衡量和检验两个服从二元正态分布的变量之间的关系。最后，我们介绍了如何诊断必要条件是否得到满足。

### 重要术语

| | | |
|---|---|---|
| 回归分析 | 因变量 | 自变量 |
| 确定性模型 | 概率模型 | 误差变量 |
| 一阶线性模型 | 简单线性回归模型 | 最小二乘法 |
| 残差 | 残差平方和 | 估计标准误 |
| 判定系数 | 皮尔逊相关系数 | 点预测 |
| 预测区间 | $y$ 的期望值的置信区间估计 | 异方差性 |
| 同方差性 | 自相关 | 序列相关 |
| 异常值 | | |

## 符号

| 符号 | 意义 |
| --- | --- |
| $\beta_0$ | $y$ 轴截距 |
| $\beta_1$ | 斜率 |
| $\varepsilon$ | 误差变量 |
| $\hat{y}$ | 拟合或计算的 $y$ 值 |
| $b_0$ | 样本 $y$ 轴截距 |
| $b_1$ | 样本斜率 |
| $\sigma_\varepsilon$ | 误差变量的标准差 |
| $s_\varepsilon$ | 估计标准误 |
| $s_{b_1}$ | $b_1$ 的标准误 |
| $R^2$ | 判定系数 |
| $x_g$ | 给定的 $x$ 的值 |
| $\rho$ | 皮尔逊相关系数 |
| $r$ | 样本相关系数 |
| $e_i$ | 第 $i$ 点的残差 |

## 公式

样本斜率

$$b_1=\frac{s_{xy}}{s_x^2}$$

样本的 $y$ 轴截距

$$b_0=\bar{y}-b_1\bar{x}$$

残差平方和

$$\mathrm{SSE}=\sum_{i=1}^{n}(y_i-\hat{y}_i)^2$$

估计标准误

$$s_\varepsilon=\sqrt{\frac{\mathrm{SSE}}{n-2}}$$

斜率的检验统计量

$$t=\frac{b_1-\beta_1}{s_{b_1}}$$

$b_1$ 的标准误

$$s_{b_1}=\frac{s_\varepsilon}{\sqrt{(n-1)s_x^2}}$$

判定系数

$$R^2=\frac{s_{xy}^2}{s_x^2 s_y^2}=1-\frac{\mathrm{SSE}}{\sum(y_i-\bar{y})^2}$$

预测区间

$$\hat{y}\pm t_{\alpha/2,n-2}s_\varepsilon\sqrt{1+\frac{1}{n}+\frac{(x_g-\bar{x})^2}{(n-1)s_x^2}}$$

$y$ 的期望值的置信区间估计

$$\hat{y}\pm t_{\alpha/2,n-2}s_\varepsilon\sqrt{\frac{1}{n}+\frac{(x_g-\bar{x})^2}{(n-1)s_x^2}}$$

样本相关系数

$$r=\frac{s_{xy}}{s_x s_y}$$

$\rho=0$ 的检验统计量

$$t=r\sqrt{\frac{n-2}{1-r^2}}$$

## 习　题

下面的习题要用到计算机和统计软件。某些问题的答案也可以通过手工计算来完成，样本统计量的值参见附录 A。使用 5%的显著性水平。

**16.119　Xr16-119**　一家殖民地风格的家具公司的经理查看了每周的广告费用。在过去 6 个月内，其所有广告都刊登在当地的报纸上。每周广告的数量在 1～7 次之间变动，该家具公司的销售员记录了每周来店里的顾客人数。在过去 26 周内，每周的广告数量和顾客人数都被记录了下来。

a. 试确定样本回归直线。

b. 试解释回归系数。

c. 这位经理能否推断出广告数量越大，顾客越多?

d. 试确定并解释判定系数。

e. 假设该店在报纸上做了 5 次广告，你认为可以用这个回归方程来预测将会光临的顾客人数吗？如果可以，确定置信度为 95%的预测区间。如果不可以，说明原因。

**16.120　Xr16-120**　一家轿车座椅制造公司的总裁很关心生产设备损坏的数量和

成本问题。生产设备若过于陈旧就会变得很不稳定。但是重置的成本太高，而且这位总裁不能确定目前缓慢的经济增长能否弥补重置成本。为了帮助他做出决定，他收集了20台焊接设备上个月的维修成本和使用年限（单位：月）数据。

a. 试确定样本回归直线。

b. 试解释回归系数。

c. 试确定判定系数，并讨论此统计量说明了什么问题。

d. 进行统计检验，以确定设备使用年限是否与每月维修成本线性相关。

e. 简单线性模型的拟合程度是否足够好，以至于这位总裁可以预测使用了120个月的焊接设备的月维修成本？如果可以，确定置信度为95%的预测区间。如果不能，说明原因。

**16.121　Xr16－121**　一位农学家想调查影响农作物产量的因素。她进行了一项试验，把一块农田分成30块一英亩大小的小块，每个小块的施肥量不同，然后播种上玉米，并记录收获的玉米产量。

a. 试确定样本回归直线，并解释回归系数。

b. 这位农学家能否得出施肥量与玉米的产量线性相关的结论？

c. 试确定判定系数，并对它进行解释。

d. 简单线性模型是预测不同施肥量条件下玉米产量的有用工具吗？如果是，试预测当施肥量为300磅时玉米产量的置信度为95%的预测区间。如果不是，说明原因。

**16.122　Xr16－122**　美国联邦贸易委员会每年都要评估不同品牌香烟的焦油的含量和尼古丁的含量，这都是对吸烟者有害的物质。此外，它还对吸烟时产生的一氧化碳进行监控，一氧化碳是香烟燃烧的副产品，会严重影响人的心脏。随机抽取25个品牌的香烟进行测试。

a. 焦油的含量与尼古丁的含量线性相关吗？

b. 尼古丁的含量与一氧化碳的生成量线性相关吗？

**16.123　Xr16－123**　有些人抱怨电视中的暴力节目太多，这导致了现实生活中的暴力；也有些人认为电视导致了儿童肥胖。现在可能需要把经济问题考虑进来。一位社会学家指出，经常看电视的人观看广告的时间也较长，这就导致他们买更多东西，最终使债务增加。为了测试这一观点，随机抽选了430个家庭，记录了每个家庭的总债务和每周观看电视的小时数。试进行统计分析，检验上述观点。

**16.124　Xr16－124**　在习题16.18中，人力资源经理的分析表明灵敏性测试不能预测员工的工作表现。但是，在中断这项测试之前，他发现问题在于统计分析过程有错误，它只检验了在灵敏性测试中成绩较好的员工的得分与工作表现的关系。（回忆一下，只有得分高于70分的应聘者被录用了，低于70分的应聘者则未被录用。）经理决定进行另一种统计分析。他随机挑选了50位分数高于50分的应聘者，并像以前一样衡量他们的工作表现，记录测试得分和他们生产的合格计算机的百分率。根据这些数据，这位经理应该中止灵敏性测试吗？

**16.125　Xr16－125**　共同基金通过分散化投资的方法来最小化风险。有一些共同基金专门投资某种特定类型的资产。例如，关注重金属公司的共同基金就会购买掘金公司的股份。该类共同基金的价值与其所投资公司的一系列因素和黄金的价值有关。为了研究基金价值和黄金价格之间的关系，一位MBA学生收集了为期28天的基金价格和黄金价格的日数据。根据这些数据，我们能否推断基金价值和黄金价格之间存在正线性关系？（本书作者感谢 Jim Wheat 提供本道习题。）

**16.126　Xr03－59**　参考习题 3.59。电影院利润的很大一部分源于爆米花、饮料和糖果的销售收入。一位电影院经理认为影片间隔的时间越长，上述商品的销售收入越多。为了获取更多信息，该经理实施了一项实验。在一个月内，他改变了影片间隔的时长并计算了上述商品的销售收入。该经理能否得出结论：当影片间隔的时间增加时，上述商品的销售收入也会增加？

**16.127　Xr16－127***　电脑交友服务通常询问各种各样的信息，例如身高、体重、收入等。服务中的一项内容需要询问食指的长度，唯一合理的解释是将它作为身高的代理信息。女性经常抱怨男性谎报他们的身高，如果身高与食指长度有很强的相关关系，这一信息可以用来“校正”误报的身高。为了检验身高与食指长度的相关关系，研究人员搜集了 121 名学生的身高和食指长度（单位：厘米）信息。

a. 用图形表示两个变量的相关关系。

b. 有充分的证据表明身高和食指长度线性相关吗？

c. 在 95%的置信水平下预测食指长度为 6.5 厘米的调查对象的身高。这一预测有用吗？请解释原因。（感谢 Howard Waner 提供问题和数据。）

下面的习题将会用到前面章节的数据集。

**16.128　Xr12－31***　参考习题 12.31 和习题 13.217。除了前面的习题中记录的数据以外，我们还记录了从事兼职工作的学生的平均绩点。是否有足够的证据证明从事兼职工作的小时数和平均绩点之间存在线性关系？

**16.129　Xr13－19***　习题 13.19 中的调查询问了 18～34 岁和 35～50 岁的人每天听收音机的时间。此外，还记录了受访者每年听音乐的时间。我们能否推断听收音机的时间和听音乐的时间之间存在线性关系？

案例 16.1

## 意外损失赔偿

数据：C16－01

1990 年 7 月，佐治亚州的亚特兰大市新开了一家摇滚乐博物馆。这家博物馆位于一个大的街区，周围有许多商店。1992 年 7 月末，其中一家商店起火，烧毁了整个街区，博物馆也包括在内。所幸的是，这家博物馆已经买了保险，可以弥补重建的成本和损失。一般而言，保险公司会根据投保公司过去的业绩表现来支付赔偿金。但是这家博物馆的所有者认为，收益在不断增加，所以他们应该得到更多的保险赔偿。他们的论据是在附近新开放的一家娱乐公园的收益和光顾人数，这家娱乐公园可以提供骑车和其他类似活动，是 1991 年 12 月开放的。从 1991 年的最后 4 周到 1992 年的前 28 周（也就是火灾烧毁博物馆之前的时间），这两家娱乐场所采用了联合经营的方式。1995 年 4 月，这家博物馆重新开放，并增加了许多内容。

从 1991 年 12 月到 1995 年 10 月两家娱乐场所的光顾人数被分别保存在第 1 列（博物馆）和第 2 列（娱乐公园）。博物馆关闭时期的顾客数量记为零。

博物馆的所有者认为，从 1992 年第 29 周到 1995 年第 16 周博物馆每周的顾客数量应该用最新（1995 年第 17 周到第 42 周）数据来估计。保险公司则认为，应该用 1991 年后 4 周到 1992 年前 28 周的数据估计，这时两家娱乐场所都开放而且博物馆也没有在增加特色后重新开业。

a. 基于保险公司的观点估计简单回归模型，即用 1991 年后 4 周到 1992 年前 28 周的顾客人数来估计回归系数。然后用这个模型计算博物馆关闭时每周应有的顾客数量的点估计。计算预测的总顾客数量。

b. 基于博物馆的观点重复问题（a），即用 1995 年开放后的顾客数量估计回归系数，并用这个方程预测博物馆关闭时每周应有的顾客数量。计算因大火而损失的总顾客数量。

c. 你认为应该采用哪个数据计算保险公司向博物馆支付的赔偿金额？如何决定赔偿金额？

**案例 16.2**

## 根据高中成绩预测大学成绩[①]

数据：C16 - 02

安大略的高中生至少要修 6 门安大略学术课程（OAC）才可以进入本省的大学。因为大学一般根据成绩最好的 6 门课的平均成绩来选择学生，所以大多数学生修的 OAC 都多于 6 门。大学里的大多数培养计划都要求高中生选择某些课程。例如，自然科学专业的学生需要在化学、生物和物理中选择 2 门。申请工程学专业的学生则至少要完成 2 门 OAC 数学和物理课程。近些年，商学专业对本专业的所有方面进行了考核，包括接收学生的标准。学生必须选修 OAC 中的英语和微积分，高中平均成绩不得低于 85%。特别奇怪的是，尽管学生必须选修英语和微积分，但这 2 门课程的成绩并不包括在平均成绩里，除非它们的成绩在该学生的全部成绩中排在前 6 位。为了考察这个问题，教务主任随机抽取了最近获得管理学学士学位的毕业生作为样本。他记录了大学 GPA（0～12）、高中成绩最高的 6 门课的平均成绩、包含了英语和微积分的平均成绩，以及其他成绩最高的 4 门课程的成绩。

a. 大学成绩与用 6 门成绩最高的 OAC 课程的成绩计算出的高中平均成绩有关系吗？

b. 大学成绩与用 4 门成绩最高的 OAC 课程的成绩再加上英语和微积分的成绩计算出的平均成绩有关系吗？

c. 基于这些数据提供的信息，大学应该采取什么措施？

① 作者对 Leslie Grauer 帮助收集该案例的数据表示感谢。

# 附录　回顾第 12 章至第 16 章

截至现在，我们已经介绍了 24 种推断方法。显然，选择合适的方法变得越来越困难了。表 A16—1 列出了自第 12 章以来所有的统计推断方法。图 A16—1 中的流程图可以帮助你选择合适的方法。

**表 A16—1　　　　第 12 章至第 16 章的统计方法总结**

| |
|---|
| $\mu$ 的 $t$ 检验 |
| $\mu$ 的估计量（包括 $N\mu$ 的估计量） |
| $\sigma^2$ 的 $\chi^2$ 检验 |
| $\sigma^2$ 的估计量 |
| $p$ 的 $z$ 检验 |
| $p$ 的估计量（包括 $Np$ 的估计量） |
| $\mu_1-\mu_2$ 的 $t$ 检验（等方差） |
| $\mu_1-\mu_2$ 的估计量（等方差） |
| $\mu_1-\mu_2$ 的 $t$ 检验（异方差） |
| $\mu_1-\mu_2$ 的估计量（异方差） |
| $\mu_D$ 的 $t$ 检验 |
| $\mu_D$ 的估计量 |
| $\sigma_1^2/\sigma_2^2$ 的 $F$ 检验 |
| $\sigma_1^2/\sigma_2^2$ 的估计量 |
| $p_1-p_2$ 的 $z$ 检验（情况 1） |
| $p_1-p_2$ 的 $z$ 检验（情况 2） |
| $p_1-p_2$ 的估计量 |
| 单因素方差分析（包括多重比较） |
| 双因素方差分析（随机化区组试验） |
| 双因素方差分析 |
| 卡方拟合优度检验 |
| 列联表的卡方检验 |
| 简单线性回归和相关分析（包括 $\rho$ 和 $\beta_1$ 的 $t$ 检验，以及预测和置信区间） |

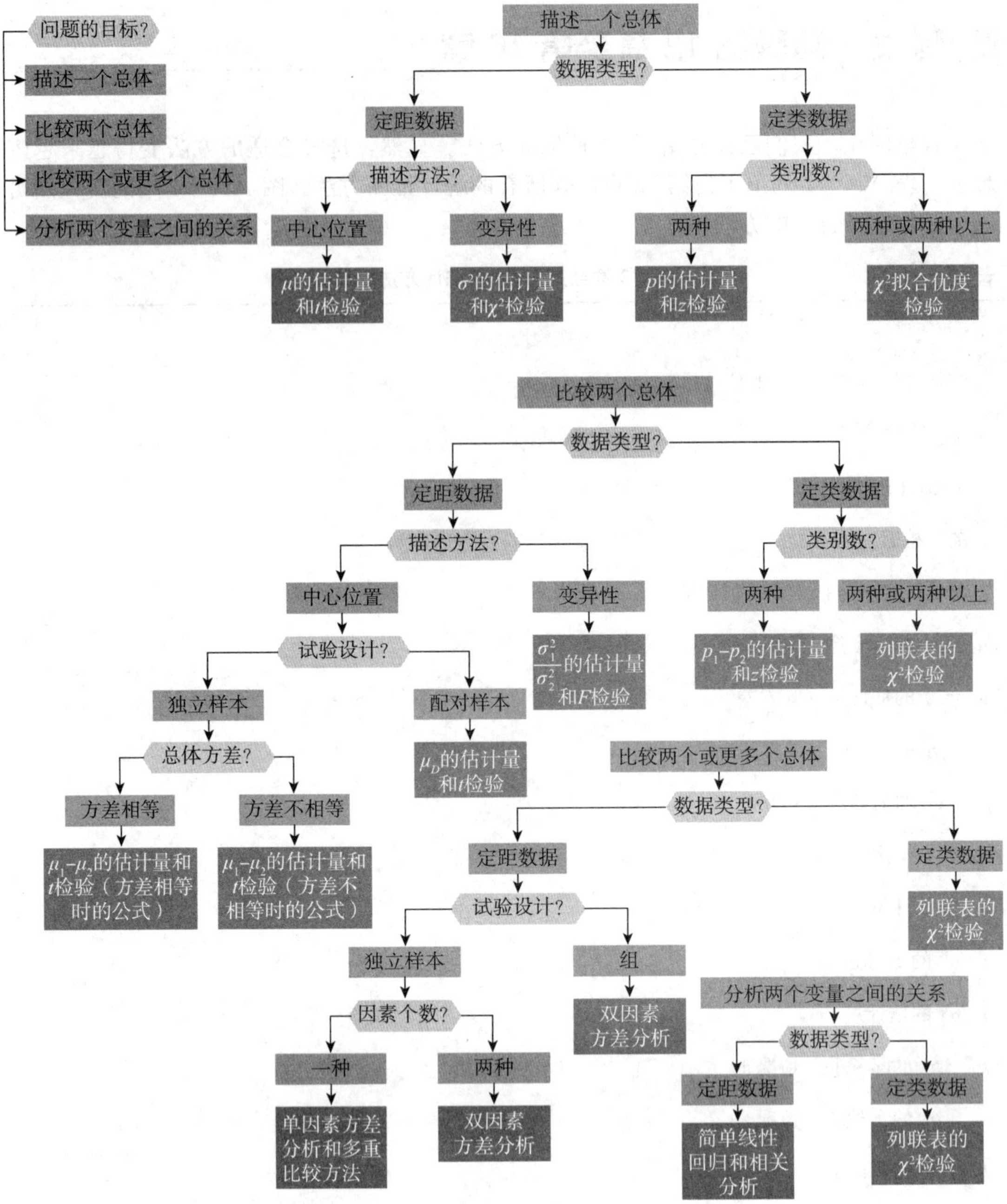


**图 A16—1　统计方法的总结：第 12 章至第 16 章**

## 习　题

**A16.1　XrA16－01**　在最近 10 年中，社会公众和司法系统改变了对酒后驾车严重性的认识。在大部分司法系统中，血液酒精含量超过 0.08 时驾车都是重罪。因为受到许多因素的影响，很难提供一个明确的标准来说明某个酒后驾车者在什么情况下开车是安全的。一项试验检测了血液酒精含量与饮酒者体重的关系，随机挑选了 50 个体重不同的人，让他们每人喝三瓶啤酒，一小时后检测他们血液的酒精含量。假设两变量服从正态分布，能否推断血液中酒精含量与体重相关？

**A16.2 XrA16-02** 期刊 *Appetite* 2003 年 12 月中的一篇文章描述了一项关于早餐对学生的影响的试验。对随机抽取的 29 名学生连续测试 4 天，每天提供不同的早点。早餐为

1. 麦圈
2. 麦片
3. 葡萄糖饮料
4. 不吃早餐

随机指派早餐的顺序。在吃早餐之前和吃早餐两小时以后分别进行记忆力测试。记录分数减小的值。根据这些数据，我们能否推断分数减小的值会随着早餐类型的不同而不同？

**A16.3** 使用手机是否会导致癌症？目前有很多关于手机会引发癌症发生的传闻。为了解决这个问题，研究人员进行了各种各样的科学研究，丹麦研究人员就曾经做过相关的研究，用 13 年的时间对丹麦的 420 000 名手机使用者进行了调查。他们记录了预计患有癌症的人数。癌症的类型、患病的期望人数和实际人数数据见下表。

| 癌症 | 期望人数 | 实际人数 |
|---|---|---|
| 大脑和神经系统 | 143 | 135 |
| 唾液腺 | 9 | 7 |
| 白血病 | 80 | 77 |
| 咽头癌 | 52 | 32 |
| 食道癌 | 57 | 42 |
| 眼癌 | 12 | 8 |
| 甲状腺癌 | 13 | 13 |

a. 根据这些数据，我们能否推断使用手机和患癌症之间存在相关关系？

b. 讨论分析结果，包括数据是观测数据还是试验数据。对统计数字进行解释，尤其是能否得出使用手机会导致患癌症的结论。（资料来源：美国国家癌症研究所杂志，2001 年。）

**A16.4 XrA16-04** 现已研制出一种可以减少症状持续时间的抗感冒药。但是，这种药的效果是因人而异的。为了明确这种药有效的适用年龄，选取 140 名流感患者作为样本，记录下每个人感冒症状持续的时间和年龄。根据数据绘出表格并说明你的结论。

**A16.5 XrA16-05** 几年以前我们听说了“母亲路线”（Mommy Track）这个词，指由于妇女们被认为在家和办公室之间分心而被支付低工资的现象。可能也存在“父亲差异”这个词，指妻子待在家里的男人挣的钱比妻子工作的男人多的情况。人们争论说，这种差异的存在是因为老板会奖励那些来自“传统家庭”的男雇员。芝加哥洛约拉

大学的琳达·斯特罗研究了一个随机样本，其中包括 348 名被 20 家财富 500 强企业雇用的男性经理。每个经理都报告了他的妻子在家照顾孩子还是在外工作以及他的年收入(单位：千美元)。妻子待在家里的经理的收入记录在第 1 列，而妻子在外工作的经理的收入记录在第 2 列。

a. 我们能得出妻子待在家里的男人挣的钱比妻子在外工作的男人多的结论吗?

b. 假如你在上一问题中的回答是肯定的，这是否构成了一个性别歧视的例子? 你能想出另一种因果模式吗? 说明原因。

**A16.6　XrA16-06**　美国和加拿大的保健系统存在巨大差异。一项研究想确定其中的一项差异，研究人员从每个国家中随机抽取了 300 名心脏病患者。[这项研究由杜克大学医学中心的丹尼尔·马克医生、多伦多新宁医院的大卫·内勒医生和艾伯塔大学的保罗·阿姆斯特朗医生指导，研究结果发表在 1994 年 10 月 27 日的《多伦多太阳报》(*Toronto Sun*)上。] 每个病人被询问了以下关于他的医疗效果的问题：

1. 你花了多少天才恢复工作?

2. 你仍然胸疼吗?(这个问题是在病人的心脏病发作之后 1 个月、6 个月和 12 个月询问的。)

回答以下列方式保存。

第 1 列：国籍代码，其中，1＝美国，2＝加拿大

第 2 列：第 1 个问题的回答

第 3 列：第 2 个问题的回答——心脏病发作 1 个月之后，其中 2＝疼，1＝不疼

第 4 列：第 2 个问题的回答——心脏病发作 6 个月之后，其中 2＝疼，1＝不疼

第 5 列：第 2 个问题的回答——心脏病发作 12 个月之后，其中 2＝疼，1＝不疼

我们能得出在美国病人康复得更快的结论吗?

**A16.7　XrA16-07**　在北美，对全美橄榄球联盟的比赛结果下赌注很流行。在一些州和省，只要通过政府授权的博彩机构下注就是合法的。在安大略省，Pro-Line 公司就提供这项服务。下注者可以选择任何一个队下注，该公司设置了赔付率，这决定了获胜时能得到的回报。也可以下注在比赛中出现平局。(平局指输赢比数小于等于 3 分，而胜利则指输赢比数超过 3 分。) 为了帮助下注者，该公司列出了每场比赛有希望获胜的队伍，并预测了两队的比分差异。为了判断该公司预测的准确性，创意统计公司记录了最近赛季的结果。它记录了每个队被看好胜出 3 分及以下 (1)、3.5～7 分 (2)、7.5～11 分 (3)，还是 11.5 分以上 (4)。还记录了被看好的队赢 (1)、输 (2) 还是平局 (3)。这些数据保存在文件的第 1 列 (Pro-Line 公司的预测) 和第 2 列 (比赛结果)。我们能得出该公司的预测对下注者有帮助的结论吗?

**A16.8　XrA16-08**　所有棒球迷都知道，跑垒者可以超越的唯一位置是一垒。在二垒和三垒时，如果跑垒者越过了，他就可能被触杀。因此，在接近二垒和三垒时，跑垒者将滑行，使他能在垒位上停下来。然而，在最近几年中，有些运动员选择在接近一垒时就进行头在前的滑行，声称这样比跑垒快。为了检验这种说法，进行了一个试验，从国家联盟中招募了 25 个运动员。每个运动员分别以滑行和不滑行两种方式跑向一垒，他们到达一垒的时间被记录下来。我们能得出滑行比不滑行慢的结论吗?

**A16.9　XrA16-09**　一个人的精神状态对他的健康有什么影响? 这个问题的答案可以使内科医生更加有效地关心他们的病人。为了确定精神状态与身体健康之间的关

系，杜克大学的心脏专家丹尼尔·马克医生研究了1 719名最近做过一次导管插入手术的男性和女性，这是一个检查阻塞的动脉的过程。当心脏病引起胸部疼痛时，就要对病人进行这种检查。试验中所有病人的状况都基本相同。在采访中，14%的病人怀疑他们不能康复并回到日常生活中。一年后，马克医生记录了有多少人仍然生存。这些数据以第1列（1=乐观主义者；2=悲观主义者）和第2列（2=活着；1=死亡）的形式保存在文件中。我们能否从这些数据中推断出有相同生理疾病的悲观主义者比乐观主义者生存的可能性更小？

**A16.10　XrA16-10**　医生一再劝告他的病人要多锻炼，特别是超重的人。经常锻炼的一个好处是能降低胆固醇，这是一种与心脏病有关的物质。为了全面研究它们的关系，一位医生随机抽取了50位不经常锻炼的病人，并检测他们的胆固醇含量。然后，让他们参与一个定期锻炼项目。四个月后，该医生询问了每位病人每周锻炼的分钟数，并再次检测了他们的胆固醇含量。所得的数据按如下方式存储：第1列=每周锻炼的分钟数，第2列=定期锻炼前的胆固醇含量，第3列=定期锻炼后的胆固醇含量。

a. 根据这些数据，能否推断锻炼时间与胆固醇含量线性相关？

b. 在95%的置信水平下，估计一个每周锻炼100分钟的人胆固醇含量减少的量。

c. 在95%的置信水平下，估计一个每周锻炼120分钟的人胆固醇含量减少的量。

**A16.11　XrA16-11**　一所州立大学的经济学家想要了解公立学校和私立学校薪水方面的问题。她调查了623名公立学校的员工和592名私立学校的员工，并要求每位被调查者报告他的级别（讲师=1，助理教授=2，副教授=3，教授=4）和现在的薪水（单位：千美元）。

a. 在不考虑员工级别的情况下，建立一个假设检验来判断公立学校和私立学校的薪水是否存在差异。

b. 对于每一个级别，判断是否有充分的证据表明公立学校和私立学校的薪水存在差异。

c. 如果前两个问题的结论不同，请给出一个解释。

d. 建立一个假设检验来判断你的解释是否有效。（资料来源：美国大学教授联合会，职业经济状况报告。）

**A16.12　XrA16-12**　很多人受到偏头痛的困扰。因生病不能上班带来的损失、医药费用和治疗费用高达数十亿美元。一项刊登在《美国医学会杂志》（2005，203：2118-2125）上的研究进行了一项试验，以判断针灸是否可以有效治疗偏头痛。随机抽取302名偏头痛患者并分组。给第一组患者进行针灸疗法，给第二组患者进行假的针灸疗法（即患者认为他们获得了针灸治疗，而事实上没有），给第三组患者不做任何治疗。记录治疗前和治疗后每位患者每个月头痛的天数。

a. 检验并判断治疗前三组患者头痛的天数之间是否存在差异。

b. 检验并判断是否治疗后三组患者头痛的天数之间存在差异，如果是，描述差异的具体情况。

c. 为什么要进行问题（a）中的检验？

**A16.13　XrA16-13**　顾客与汽车经销商之间的冲突常常非常激烈。顾客想要最低的价格，而经销商想赚尽可能多的钱。冲突的一个来源是折价汽车。大部分经销商在就最终价格谈判之前会先提供一个相当低的折扣价。为了确定经销商是如何操作的，一个消费者组织开展了一项试验。它招募了 72 个人，每个人都就自己使用了五年的丰田凯美瑞汽车向经销商索取了一个报价。在整个试验中使用的汽车是完全相同的，试验唯一的不同是“拥有者”的年龄和性别。年龄被分成（1）年轻人、（2）中年人、（3）老年人。现金报价保存在文件的第 1 列和第 2 列。第 1 列中保存的是向女性的报价，第 2 列中保存的是向男性的报价。两列的前 12 行是给年轻人的报价，中间 12 行是给中年人的报价，最后 12 行是给老年人的报价。

a. 我们能推断出六个组之间存在差异吗?

b. 如果存在差异，确定这些差异是否由于性别、年龄或某种相互作用而引起。

**A16.14　XrA16-14**　在 2000 年和 2004 年的总统大选中，佛罗里达州的票选结果十分重要。对于政党来说，追踪党籍十分重要。分别记录 1990 年、1996 年、2000 年和 2004 年布劳沃德县和戴德县两地的共和党、民主党和其他党派的党员数量。对下列问题进行检验：

a. 布劳沃德这四年的党员数量发生了变化。

b. 戴德县这四年的党员数量发生了变化。

c. 2004 年布劳沃德县和戴德县的党员数量之间存在差异。

**A16.15　XrA16-15**　汽车制造商要测试汽车尾气的污染状况。即使相同的车子，排出的尾气的污染程度也不同，因此需要测试多辆车子。负责测试的工程师收集了 50 辆同一种车子的两种污染物（一氧化碳和一氧化二氮）的含量（克/行驶公里）数据。工程师认为公司可以仅测试一种污染物的含量，从而节省测试成本，因为这两种污染物的含量是密切关联的，即如果一辆车子排出大量一氧化碳，那么也将会排出大量一氧化二氮。这些数据支持工程师的观点吗?

**A16.16　XrA16-16**　2003 年，美国共有 129 142 000 名员工。一位公共交通公司的总经理想要了解工人上班的方式和所花费的时间。随机抽取一部分工人作为样本，并询问每位受访者上班的主要方式和所花费的时间。在 95%的置信水平下，估计花费在上班路途上的总时间。（资料来源：美国人口普查局；《美国统计摘要》，2006 年，表 1083。）

**社会综合调查习题**

**A16.17　GSS2008***　有充分的证据表明在美国枪械管制的支持率小于 50%吗?

**A16.18　GSS2008***　我们能够根据数据推断民主党人和共和党人（PARTYID：0 和 1=民主党，5 和 6=共和党）在对待政府是否应该减少富人和穷人之间收入差距的态度上存在差异吗?

**A16.19　GSS2008***　一个人的收入（INCOME）会影响其对待政府是否应该改善穷人的生活条件（HELPPOOR）这一问题的观点吗? 通过检验收入（INCOME）与该观点（HELPPOOR）的线性关系来回答这个问题。

**A16.20　GSS2008***　我们能够根据数据推断家庭成员中至少有一个是工会会员（UNION：1=调查对象属于，2=调查对象的配偶属于，3=夫妻都属于，4=夫妻都不属于）与家庭成员中没有工会会员，在对待政府是否应该改善穷人生活水平（HELPPOOR）的态度上存在差异吗?

**A16.21　GSS2008***　有充分的证据表明参加过大学水平科学课程的人（COLSCINM：1=是，2=否）更能正确地回答地球的中心非常热（HOTCORE：1=是，

2＝否）这一问题吗？正确答案：是。

**A16.22　GSS2006*** 　大公司比小公司支付的薪水更多吗？通过检验以判断是否有充分的证据表明收入（INCOME）与公司员工人数（NUMORG）存在正的线性关系来回答这一问题。

**A16.23　GSS2004*** 　建立假设检验来判断在最近几年人们是否遭遇破产（FINAN1：1＝是，2＝否）在政党团体（PARTYID：0和1＝民主党，2，3和4＝无党派，5和6＝共和党）间是否存在差异。

**A16.24　GSS2008*** 　"工作时间越长，收入越高"这一假定看似具有一定的合理性。通过分析每周的工作时间（HRS）和收入（INCOME）之间的线性相关来检验这一假定。

**A16.25　GSS2004*** 　有充分的证据表明抢劫受害者［LAW1：最近几年你被抢劫（拦路抢劫或持枪抢劫）过吗？1＝是，2＝否］更不倾向于支持允许买卖枪械的政策（GUNLAW：1＝支持，2＝反对）吗？

**A16.26　GSS2008*** 　你的受教育程度越高，就会有声望更高的工作吗？通过分析职业声望得分（PRESTG80）与受教育程度（EDUC）的线性关系来回答这一问题。

**美国国家选举调查习题**

**A16.27　ANES2008*** 　北美的报纸读者人数正在下降，报社需要获得更多信息来阻止这个糟糕的趋势。受教育程度越高的人花费越多的时间阅读报纸吗？建立一个假设检验来判断是否有证据表明更高的受教育程度（EDUC）与更多的阅读报纸时间（TIME3）线性相关。

**A16.28　ANES2008*** 　在很多城市，国家网络新闻在晚上6：30至7：00播放。在大多数城市，国家新闻在傍晚时段的地方新闻之后播放。大多数观众收看这两个新闻节目吗？为了回答这一问题，建立假设检验来判断观众收看国家新闻的天数（DAYS1）与在傍晚时段收看地方新闻的天数（DAYS2）是否线性相关。

**案例 A16.1**

## 营养教育计划①

数据：CA16－01

营养教育计划告诉消费者怎样通过更合理的饮食安排来减肥或降低胆固醇含量，该计划正受到越来越多的人的欢迎。本地一家医院里负责该计划的护士想知道它是否真的起作用。她随机抽取了一个33人的样本，这些人参加营养教育计划的原因都是胆固醇含量偏高。研究记录了志愿者的体重、胆固醇含量、平均每天摄入的总脂肪量、平均每天摄入的总胆固醇量以及每天来自脂肪的热量百分比。这名护士收集了计划开始前和开始后三个月的数据。研究人员还记录了这33人的性别、年龄和身高。

数据以下列格式保存：

第1列：性别（1＝女；2＝男）

① 作者对Karen Cavrag编写了该案例表示感谢。

第 2 列：年龄

第 3 列：身高（单位：米）

第 4～5 列：参加计划前后体重（单位：千克）

第 6～7 列：参加计划前后的胆固醇含量

第 8～9 列：参加计划前后平均每天的脂肪摄入量（单位：克）

第 10～11 列：参加计划前后平均每天的胆固醇摄入量（单位：毫克）

第 12～13 列：参加计划前后每天来自脂肪的热量百分比

护士想了解以下信息：

a. 根据体重、胆固醇含量、脂肪摄入量、胆固醇摄入量以及来自脂肪的热量等每一个指标衡量，这个计划是成功的吗？

b. 性别会影响体重、胆固醇含量、脂肪摄入量、胆固醇摄入量以及来自脂肪的热量的减少程度吗？

c. 年龄会影响体重、胆固醇含量、脂肪摄入量、胆固醇摄入量以及来自脂肪的热量的减少程度吗？

# 第 17 章

# 多元回归

**社会综合调查——影响收入的变量Ⅰ**

数据：GSS2012*

在第 16 章开篇的例子中，社会综合调查数据表明收入与受教育程度线性相关。这引出了一个问题：还有其他变量影响收入吗？为了回答这一问题，我们需要将上一章介绍的简单线性回归方法拓展成多个自变量的形式。

以下是社会综合调查数据库创建的所有定距变量：

年龄（AGE）；

调查对象及其配偶、父亲、母亲的受教育年限（EDUC，SPEDUC，PAEDUC，MAEDUC）；

调查对象及其配偶每周工作的小时数（HRS1，SPHRS1）；

家庭中挣钱人的数量（EARNRS）；

孩子的数量（CHILDS）；

生育第一个子女时的年龄（AGEKDBRN）；

每天观看电视的小时数（TVHOURS）。

问题的得分：政府应该减小富人和穷人间的收入差距吗？（EQWLTH）

问题的得分：政府应该改善穷人的生活条件吗？（HELPPOOR）

问题的得分：政府在解决国家问题上做的多还是少？（HELPNOT）

问题的得分：政府有责任帮助支付医疗费用吗？（HELPSICK）

问题的目标是使用所有你认为能够影响收入的变量建立一个回归分析。答案请参见 17－2a 小节。

# 引　言

在上一章中，我们用简单线性回归模型分析了一个定距变量（因变量 $y$）和另一个定距变量（自变量 $x$）之间的关系。只使用一个自变量有很多的局限，但是在初次介绍回归模型时要尽可能使问题简化，因此我们介绍了简单回归分析。尽管在很多应用中，我们会有目的地建立只有一个自变量的模型（例如，参见 4.6 节），但一般而言，我们还是希望模型能包含更多自变量，因为我们认为它们都会影响因变量。限定自变量的个数也会限制模型的有用性。

在本章中，我们可以使用多个自变量。这样做的目的在于，建立一个比简单线性模型拟合效果更佳的回归模型。我们从描述多元回归模型、列出必要条件开始。我们要使用计算机计算必要的统计量，用它们评估模型的拟合效果，并诊断是否满足了所需的必要条件。我们可以应用这个模型来解释回归系数、预测因变量的特定值和估计它的期望值。

# 17.1　模型及其必要条件

假设 $k$ 个自变量与因变量潜在相关，因此模型可以用下面的等式表示：

$$y=\beta_0+\beta_1 x_1+\beta_2 x_2+\cdots+\beta_k x_k+\varepsilon$$

式中，$y$ 是因变量，$x_1$，$x_2$，…，$x_k$ 是自变量，$\beta_0$，$\beta_1$，$\beta_2$，…，$\beta_k$ 是系数，$\varepsilon$ 是误差变量。自变量实际上可能是其他变量的函数。例如，我们可以用下面的方式定义一些自变量：

$$x_2=x_1^2$$

$$x_5=x_3 x_4$$

$$x_7=\log(x_6)$$

第 18 章将会讨论在什么情况下以及如何在回归分析中使用这些函数。

这里仍然有误差变量，因为即使增加了自变量的个数，$y$ 的实际值与 $y$ 的预测值之间仍然存在离差。顺便提一下，当回归模型中自变量不止一个时，我们把描述方程的图形称为**响应曲面**（response surface），而不是一条直线。图 17—1 是 $k=2$ 时的响应曲面的散点图（当 $k=2$ 时，回归方程会产生一个平面）。当然，当 $k>2$ 时，只能想象响应曲面的形状了，我们没法画出它。

回归分析的一个重要部分是评估模型的拟合效果的几种统计方法。应用这些方法需要满足下面的条件，我们在前面一章中已经介绍过了。

**误差变量的必要条件**

1. 误差变量 $\varepsilon$ 的概率分布为正态分布。
2. 误差变量的均值为 0。
3. $\varepsilon$ 的标准差为 $\sigma_\varepsilon$，它是不依赖于 $x$ 的一个常数。
4. 误差项相互独立。

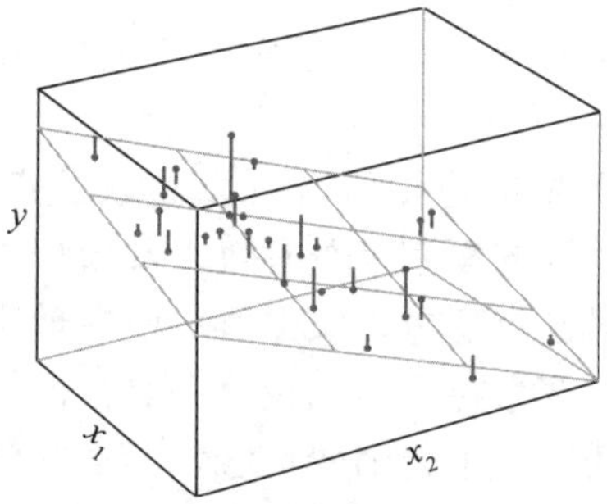


**图 17—1　$k=2$ 时响应曲面的散点图**

在 16.6 节中，我们讨论了如何检验上述必要条件是否得到满足。这些方法同样也可以用于检验多元回归模型的必要条件是否得到满足。

我们现在做的和第 16 章中的一样：讨论如何估计模型的回归系数和如何评估模型的拟合效果。但是，第 17 章与第 16 章有一个重要的不同：在第 16 章中，有些问题可以用手工进行计算，但多元回归模型涉及的运算量太大，没有计算机基本不可能进行分析。这一章的所有分析都要用 Excel 和 Minitab 来做。你要做的就是解释输出结果。

## 17.2　估计系数与评估模型

多元回归方程与简单回归方程类似。其一般形式是

$$\hat{y}=b_0+b_1x_1+b_2x_2+\cdots+b_kx_k$$

式中，$k$ 是自变量的个数。

第 16 章中介绍的方法也可以扩展到多元回归模型中。但是，在第 16 章中，我们首先介绍如何解释回归系数，然后讨论如何评估模型的拟合效果。在实际应用中，这个顺序恰恰相反。第一步是确定模型的拟合效果，如果拟合效果较差，就不再进一步分析这个模型的系数，更重要的事情是改进这个模型。第 18 章将会讨论建模的艺术和学问。在本章我们将介绍如何进行回归分析。

我们将结合本章开篇的例题来说明这一方法的步骤。

### □ 17－2a　步骤 1：选择你认为可能与因变量相关的自变量

以下是来自 2012 年社会综合调查数据的变量以及我们选择每一个变量的原因：

年龄（AGE）：对于大多数人，收入随着年龄增长；

受教育年限（EDUC）：我们已经说明（第 16 章开篇的例子）受教育程度与收入线性相关；

每周工作的小时数（HRS1）：很明显，工作的小时数越多，应该得到的工资越多；

配偶每周工作的小时数（SPHRS1）：存在这种可能：当一个人的配偶工作时间较长、收入较多时，这个人可能选择工作时间较短且收入较少；

家庭中挣钱人的数量（EARNRS）：正如变量 SPHRS1 一样，如果某人家庭中有较

多成员挣钱，那么这个人努力工作挣钱的压力就减小了；

孩子的数量（CHILDS）：孩子的支出较多，进而影响他们的父母努力工作，挣更多钱。

你可能好奇为什么我们不简单地将所有可以获取的定距变量纳入模型，原因有三个。第一，目标是判断我们假设的模型是否有效以及模型中的自变量是否与因变量线性相关。也就是说，我们应该筛选自变量，仅保留那些在理论上影响因变量的自变量。

第二，模型中包含大量自变量将会增加犯第一类错误的概率。例如，如果我们选择了 100 个自变量，其中没有任何一个与因变量线性相关，那么我们可能会得出其中有 5 个自变量与因变量线性相关的结论。这是我们在第 14 章讨论的问题。

第三，由于多重共线性问题（将在 17－3 节介绍），我们可能得出没有任何一个自变量与因变量线性相关的结论，而实际上有一个或更多自变量与因变量线性相关。

## □ 17－2b 步骤 2：使用计算机计算所有参数和统计量

**Excel**

| | A | B | C | D | E | F |
|---|---|---|---|---|---|---|
| 1 | **SUMMARY OUTPUT** | | | | | |
| 2 | | | | | | |
| 3 | 回归统计 | | | | | |
| 4 | Multiple R | 0.569 9 | | | | |
| 5 | R Square | 0.324 8 | | | | |
| 6 | Adjusted R Square | 0.312 7 | | | | |
| 7 | 标准误差 | 32 382 | | | | |
| 8 | 观测值 | 342 | | | | |
| 9 | | | | | | |
| 10 | 方差分析 | | | | | |
| 11 | | df | SS | MS | F | Significance F |
| 12 | 回归分析 | 6 | 168 950 216 440 | 28 158 369 407 | 26.85 | 4.20E−26 |
| 13 | 残差 | 335 | 351 280 887 544 | 1 048 599 664 | | |
| 14 | 总计 | 341 | 520 231 103 984 | | | |
| 15 | | | | | | |
| 16 | | Coefficients | 标准误差 | t Stat | P-value | |
| 17 | Intercept | −78 202 | 15 419 | −5.07 | 6.54E−07 | |
| 18 | AGE | 427 | 154 | 2.76 | 0.006 0 | |
| 19 | EDUC | 5 297 | 580 | 9.14 | 6.19E−18 | |
| 20 | HRS | 906 | 128 | 7.07 | 8.90E−12 | |
| 21 | SPHRS | −215 | 137 | −1.57 | 0.117 8 | |
| 22 | PRESTG80 | 3 097 | 2 512 | 1.23 | 0.218 6 | |
| 23 | CHILDS | −1 605 | 1 424 | −1.13 | 0.260 5 | |

**计算机命令**

1. 在相邻的列中输入或导入自变量的值。
2. 单击“数据”—“数据分析”—“回归”。
3. 指定“Y 值输入区域”，“X 值输入区域”和 $\alpha$ 的值（0.05）。

**Minitab**

**Regression Analysis：Income versus AGE，EDUC，...**

The regression equation is

Income=−78 202+427 Age+5 297 Educ+906 Hrs1−215 Sphrs1
+3 097 Earnrs−1 605 Childs

| Predictor | Coef | SE Coef | T | P |
|---|---|---|---|---|
| Constant | −78 202 | 15 419 | −5.07 | 0.000 |
| Age | 426.6 | 154.3 | 2.76 | 0.006 |
| Educ | 5 296.9 | 579.6 | 9.14 | 0.000 |
| Hrs1 | 906.0 | 128.1 | 7.07 | 0.000 |
| Sphrs1 | −215.1 | 137.2 | −1.57 | 0.118 |
| Earnrs | 3 097 | 2 512 | 1.23 | 0.219 |
| Childs | −1 605 | 1 424 | 1.13 | 0.261 |

S=32 382.1　　R-Sq=32.5%　　R-Sq(adj)=31.3%

Analysis of Variance

| Source | DF | SS | MS | F | P |
|---|---|---|---|---|---|
| Regression | 6 | 1.689 50E+11 | 28 158 369 407 | 26.85 | 0.000 |
| Residual Error | 335 | 3.512 81E+11 | 1 048 599 664 | | |
| Total | 341 | 5.202 31E+11 | | | |

**计算机命令**

1. 点击“Stat”（统计）—“Regression”（回归）—“Regression…”（回归…）。

2. 在“Response”（响应）框中指定因变量，在“Predictors”（预测变量）框中指定自变量。



**解　释**

估计回归模型为

$$\hat{y}(\text{INCOME})=-78\ 202+427\ \text{AGE}+5\ 297\ \text{EDUC}+906\ \text{HRS}-215\ \text{SPHRS}+3\ 097\ \text{EARNRS}-1\ 605\ \text{CHILDS}$$

### □ 17-2c 步骤 3：评估模型

我们用三种方法来评估这个模型：估计标准误、判定系数（这两个统计量在第 16

章中已经介绍过了）和方差分析的 $F$ 检验（下面将介绍）。

### □ 17-2d 估计标准误

$\sigma_\varepsilon$ 是误差变量的标准差，因为 $\sigma_\varepsilon$ 是总体参数，所以必须用 $s_\varepsilon$ 来估计它的值。在多元回归中，估计标准误定义如下：

**估计标准误**

$$s_\varepsilon=\sqrt{\frac{\text{SSE}}{n-k-1}}$$

式中 $n$ 是样本容量，$k$ 是模型中自变量的个数。

就像我们在第 16 章中已经提到的，每个统计软件都会以不同的方式输出这一统计量。

**Excel**

| | A | B |
|---|---|---|
| 7 | 标准误差 | 32 382 |

**Minitab**

S=32 382.1

**解 释**

在前面的内容中，我们曾判断估计标准误相对于因变量的值的大小，特别是相对于 $y$ 的均值的大小。在这个例子中，$\bar{y}$ =49 417（输出结果中不包括此项），估计标准误似乎不是很大。

### □ 17-2e 判定系数

第 16 章中将判定系数定义为

$$R^2=1-\frac{\text{SSE}}{\sum(y_i-\bar{y})^2}$$

**Excel**

| | A | B |
|---|---|---|
| 5 | R Square | 0.324 8 |

**Minitab**

R-Sq=32.5%

## 解　释

这意味着，营业利润率中 32.48%的差异可以被上述六个变量解释，其余 67.52%的差异则无法用上述变量解释。

注意，Excel 和 Minitab 都会输出另一个 $R^2$ 统计量的值，叫作**经自由度调整的判定系数**（coefficient of determination adjusted for degrees of freedom），这个统计量是经过调整的，考虑了样本容量和自变量的个数。这一统计量的基本原理是，如果自变量的个数 $k$ 相对于样本容量 $n$ 来说较大，那么未调整的 $R^2$ 可能会高得没有实际意义。为了理解这一点，可以考虑当简单线性回归模型的样本容量为 2 时会发生什么情况。此时，直线拟合数据的效果将非常好，从而 $R^2=1$。实际上，变量间可能并不存在线性关系。为了避免产生这样的错觉，通常要计算调整后的 $R^2$，它的计算公式如下。

**经自由度调整的判定系数**

$$\text{调整后的 } R^2=1-\frac{\text{SSE}/(n-k-1)}{\sum(y_i-\bar{y})^2/(n-1)}=1-\frac{\text{MSE}}{s_y^2}$$

如果 $n$ 比 $k$ 大很多，那么实际的 $R^2$ 和调整后的 $R^2$ 将非常接近。但是如果 SSE 与 0 有很大差距，且与 $n$ 相比 $k$ 较大，那么实际的 $R^2$ 和调整后的 $R^2$ 将明显不同。如果存在这样的差异，分析人员就应该意识到在解释判定系数的过程中存在潜在问题。在本例中，调整后的判定系数是 31.27%，这表明不论怎样表述判定系数，模型的拟合效果都不是很好。

### □ 17-2f　检验模型的有效性

在简单线性回归模型中，我们检验了斜率的系数，以确定是否有足够的证据使我们可以得出自变量与因变量之间存在线性关系的结论。但是，因为简单线性模型中仅有一个自变量，所以用 $t$ 检验也可以确定模型的有效性。当模型中的自变量不止一个时，则需要用另一种方法检验模型整体的有效性。这种方法是方差分析的一种，我们在第 14 章里已经介绍过。

为了检验回归模型的有效性，我们指定下述假设：

$H_0$：$\beta_1=\beta_2\cdots=\beta_k=0$

$H_1$：至少有一个 $\beta_i$ 不等于零

如果原假设为真，则自变量 $x_1$，$x_2$，…，$x_k$ 中没有一个与因变量 $y$ 相关，从而模型无效。如果至少有一个 $\beta_i$ 不等于零，这个模型就有一些效果。

在第 16 章中介绍判定系数的时候，我们注意到因变量的总变异(用 $\sum(y_i-\bar{y})^2$ 衡量) 可以分解为两部分：可解释的变异（用 SSR 衡量）和不可解释的变异（用 SSE 衡量），即

$y$ 的总变异＝SSR＋SSE

同时，如果相对于 SSE 而言 SSR 较大，则判定系数较大，说明模型拟合效果较好；另

外，如果 SSE 较大，那么大部分变异不可解释，这说明模型的拟合效果较差，从而其有效性较差。

这里的检验统计量与 14.1 节中检验两个或两个以上总体均值的统计量相同。为了判断相对于 SSE，SSR 是否大到足以使我们推断至少有一个系数 $\beta_i$ 不等于零，我们要计算两个均方。（前面已经讲过，均方等于平方和除以它的自由度；只要两个总体服从正态分布——这是一个必要条件，两个均方之比就服从 $F$ 分布。）计算这个统计量的基本过程在方差分析表中给出了，它的一般形式见表 17—1。

**表 17—1　　回归分析的方差分析表**

| 变异来源 | 自由度 | 平方和 | 均方 | 统计量 |
|---|---|---|---|---|
| 回归 | $k$ | SSR | MSR=SSR/$k$ | $F$=MSR/MSE |
| 残差 | $n-k-1$ | SSE | MSE=SSE/$(n-k-1)$ | |
| 总计 | $n-1$ | $\sum(y_i-\bar{y})^2$ | | |

下面的表格复制了 Excel 和 Minitab 中输出的方差分析表。

**Excel**

| | A | B | C | D | E | F |
|---|---|---|---|---|---|---|
| 10 | 方差分析 | | | | | |
| 11 | | df | SS | MS | F | Significance F |
| 12 | 回归分析 | 6 | 168 950 216 440 | 28 158 369 407 | 26.85 | 4.20E−26 |
| 13 | 残差 | 335 | 351 280 887 544 | 1 048 599 664 | | |
| 14 | 总计 | 341 | 520 231 103 984 | | | |

**Minitab**

Analysis of Variance

| Source | DF | SS | MS | F | P |
|---|---|---|---|---|---|
| Regression | 6 | 1.689 50E+11 | 28 158 369 407 | 26.85 | 0.000 |
| Residual Error | 335 | 3.512 81E+11 | 1 048 599 664 | | |
| Total | 341 | 5.202 31E+11 | | | |

若 $F$ 值较大，则表明 $y$ 的总变异中可以被回归方程解释的部分所占的比例较大，回归模型有效；若 $F$ 值较小，则表明 $y$ 的总变异中不可解释的部分所占的比例较大。我们可以根据拒绝域判断 $F$ 值是否大到足以使我们拒绝原假设。在这个检验中，拒绝域为

$$F>F_{\alpha,k,n-k-1}$$

在例 17.1 中，拒绝域为（假设 $\alpha=0.05$）

$$F>F_{\alpha,k,n-k-1}=F_{0.05,6,335}\approx 2.21$$

从输出结果可以看出，$F=26.85$，$p$ 值为 0。很明显，有充分的证据可以推断，模型

有效。

尽管每种指标的评价角度不同，但它们对模型拟合效果的评估结论却是一致的，因为它们的基础都是残差平方和 SSE。估计标准误为

$$s_\varepsilon=\sqrt{\frac{\mathrm{SSE}}{n-k-1}}$$

判定系数为

$$R^2=1-\frac{\mathrm{SSE}}{\sum(y_i-\bar{y})^2}$$

当每一个数据点都在响应曲面上时，SSE=0。此时 $s_\varepsilon=0$，$R^2=1$。

如果模型的拟合效果较差，SSE 的值将会较大［SSE 的最大值是 $\sum(y_i-\bar{y})^2$］，$s_\varepsilon$ 也将会较大，并且 $R^2$ 将会趋于 0［因为 SSE 的值趋于 $\sum(y_i-\bar{y}^2)$］。

$F$ 统计量的值同样取决于 SSE 的值。其具体形式为

$$F=\frac{\mathrm{MSR}}{\mathrm{MSE}}=\frac{\sum[(y_i-\bar{y})^2-\mathrm{SSE}]/k}{\mathrm{SSE}/(n-k-1)}$$

当 SSE=0 时，

$$F=\frac{\sum(y_i-\bar{y})^2/k}{0/(n-k-1)}$$

此时，$F$ 趋于无穷大。当 SSE 的值趋于 $\sum(y_i-\bar{y})^2$ 时，$F$ 的值将变得很小。

表 17—2 概括了 $s_\varepsilon$，$R^2$ 和 $F$ 的关系。

**表 17—2　　$s_\varepsilon$，$R^2$ 和 $F$ 的关系**

| SSE | $s_\varepsilon$ | $R^2$ | $F$ | 模型拟合效果 |
|---|---|---|---|---|
| 0 | 0 | 1 | 无穷大 | 理想 |
| 较小 | 较小 | 趋于 1 | 较大 | 较好 |
| 较大 | 较大 | 趋于 0 | 较小 | 较差 |
| $\sum(y_i-\bar{y})^2$ | $\sqrt{\frac{\sum(y_i-\bar{y})^2}{n-k-1}}$ * | 0 | 0 | 无效 |

* 当 $n$ 较大且 $k$ 较小时，这个量近似等于 $y$ 的标准差。

### □ 17-2g　解释系数

与其他统计量相似，系数 $b_0$，$b_1$，…，$b_k$ 描述了样本中每个自变量与因变量之间的关系。我们要用推论性的方法得出关于总体的结论。在本例中，样本包括 342 个观测值，而总体是全体美国成年人。

#### 截距

截距 $b_0=-78\ 202$，这预测的是当所有自变量都为零时的平均收入。如第 16 章中

所指出的，试图解释回归截距经常会误导我们，尤其是当零不在自变量的取值范围内时（如这个例子）。

**年龄**

$b_1=427$ 描述了年收入和年龄的线性关系。根据模型中这个参数可以知道，当模型中的其他自变量保持不变时，年龄每增加 1 岁，年收入平均增加 427 美元。

**受教育年限**

$b_2=5\ 297$ 表明在假定其他自变量保持不变的情况下，受教育年限每增加 1 年，收入平均增加 5 297 美元。

**每周工作的小时数**

$b_3=906$ 描述了年收入和每周工作小时数的线性关系。对此的解释是当模型中的其他自变量保持不变时，每周工作小时数每增加 1 小时，年收入平均增加 906 美元。

**配偶每周工作的小时数**

$b_4=-215$ 描述了年收入和配偶每周工作小时数的线性关系。对此的解释是当模型中的其他自变量保持不变时，配偶每周工作小时数每增加 1 小时，年收入平均减少 215 美元。

**家庭中挣钱人的数量**

$b_5=3\ 097$ 描述了年收入和家庭中挣钱人的数量的线性关系。当模型中的其他自变量保持不变时，家庭中挣钱人的数量每增加 1 人，年收入平均增加 3 097 美元。

**孩子的数量**

$b_6=-1\ 605$ 描述了年收入和孩子数量的线性关系。在这一样本中，当模型中的其他自变量保持不变时，家庭中孩子的数量每增加 1 人，年收入平均减少 1 605 美元。

### □ 17-2h 检验系数

第 16 章已经讨论过如何通过对系数 $\beta_1$ 进行检验来确定是否有充分的证据推断，在简单线性回归模型中，$x$ 与 $y$ 是线性相关的。原假设和备择假设如下：

$$H_0: \beta_1=0$$
$$H_1: \beta_1\neq 0$$

检验统计量是

$$t=\frac{b_1-\beta_1}{s_{b_1}}$$

它服从自由度为 $v=n-2$ 的学生 $t$ 分布。

在多元回归模型中，自变量不止一个。对每一个自变量都可以进行检验，以确定是否有充分的证据表明，对于总体而言，它与因变量线性相关。

**检验系数**

$H_0$：$\beta_i=0$

$H_1$：$\beta_i\neq 0$

其中 $i=1$，2，…，$k$。检验统计量为

$$t=\frac{b_i-\beta_i}{s_{b_i}}$$

它服从自由度为 $v=n-k-1$ 的学生 $t$ 分布。

为了进一步阐明这一问题，检验本章开篇例题中的多元回归模型的所有系数。检验方法与本书之前所用方法一样。我们首先设定原假设和备择假设，确定检验统计量；然后用计算机求解检验统计量的值和它的 $p$ 值。对每一个自变量，检验（$i=1$，2，…，$k$）

$H_0$：$\beta_i=0$

$H_1$：$\beta_i\neq 0$

参考本小节中的计算机输出结果。其中包括 $\beta_i$ 的 $t$ 检验，这些检验结果与 2012 年全体美国成年人的整个总体有关。值得注意的是，这些检验结果是在其他变量也包含在模型中的前提下确定的。因此，一个简单线性回归模型的检验结果和结论很有可能因为包含变量的不同而不同。

**检验 $\boldsymbol{\beta_1}$（年龄的回归系数）**

检验统计量的值：$t=2.76$；$p$ 值$=0.006\ 0$

**检验 $\boldsymbol{\beta_2}$（受教育年限的回归系数）**

检验统计量的值：$t=9.14$；$p$ 值$=0.000\ 0$

**检验 $\boldsymbol{\beta_3}$（每周工作的小时数的回归系数）**

检验统计量的值：$t=7.07$；$p$ 值$=0.000\ 0$

**检验 $\boldsymbol{\beta_4}$（配偶每周工作小时数的回归系数）**

检验统计量的值：$t=-1.57$；$p$ 值$=0.117\ 8$

**检验 $\boldsymbol{\beta_5}$（家庭中挣钱人的数量的回归系数）**

检验统计量的值：$t=1.23$；$p$ 值$=0.218\ 6$

**检验 $\boldsymbol{\beta_6}$（孩子数量的回归系数）**

检验统计量的值：$t=-1.13$；$p$ 值$=0.260\ 5$

在 5%的显著性水平下，有充分的证据表明以下变量与收入线性相关：

年龄

受教育年限

每周工作的小时数

在此模型中，没有充分的证据表明以下变量与收入线性相关：

配偶每周工作的小时数

家庭中挣钱人的数量

孩子的数量

值得注意的是，这可能意味着没有证据表明这三个变量具有线性关系。然而，这也可能意味着两个变量间存在线性相关关系。但由于存在多重共线性问题，一些 $\beta_i$ 的 $t$ 检验表明没有线性关系。我们将在 17.3 节中讨论多重共线性。

### □ 17－2i　解释结果时需要注意的问题

在解释上述结果和其他回归分析的结果时，我们应该谨慎一些。在一个回归模型中，可能有足够的理由可以推断某一自变量与因变量线性相关。但是，在另外一个模型中，可能没有足够的理由做此推断。因此，如果某个 $t$ 检验不显著，就没有足够的理由推断这个模型中该自变量与因变量线性相关。这说明，由另一个模型可能会得出不同的结论。

此外，如果有一个或者一个以上的必要条件无法满足，那么所得的结论可能是无效的。17.3 节中介绍了统计人员如何诊断模型的必要条件是否满足。我们还必须提醒你，推断范围距离自变量观测值的范围太远是很危险的。

### □ 17－2j　$t$ 检验和方差分析

单个系数的 $t$ 检验使我们可以确定 $\beta_i \neq 0$（$i=1, 2, \cdots, k$）是否成立，这可以告诉我们 $x_i$ 与 $y$ 是否线性相关。多元回归要对每一个自变量进行 $t$ 检验，因此计算机会自动运行 $k$ 次。（事实上，进行了 $k+1$ 次 $t$ 检验，其中包括 $\beta_0$ 的 $t$ 检验，但是这个检验往往被忽略。）方差分析中的 $F$ 检验把这些 $t$ 检验结合成一个检验，即我们可以一次检验所有的 $\beta_i$，确定其中是否至少有一个不等于零。这样，自然会产生一个问题：如果 $F$ 检验只不过是把前面进行的 $t$ 检验结合起来，那么为什么要进行 $F$ 检验呢？回想一下我们前面是怎么解决这个问题的。在第 14 章中，我们指出，可以用一系列两个均值之差的 $t$ 检验代替方差分析。但是，这样做将会增加犯第一类错误的概率。这意味着，即使每一个自变量与因变量之间不存在线性关系，多次 $t$ 检验的结果也很可能是显著的。这样，我们可能会错误地认为，因为至少有一个 $\beta_i$ 不为零，模型有效。另外，$F$ 检验只进行一次。因为在一次试验中犯第一类错误的概率为 $\alpha$，进行一次 $F$ 检验而错误地得出模型有效的结论的概率比进行多次 $t$ 检验时小得多。

这里，我们还有其他理由认为 $F$ 检验优于 $t$ 检验。由于多重共线性问题的普遍存在，$t$ 检验可能表明某些自变量与因变量间不存在线性关系，但事实恰恰相反。而多重共线性不会影响 $F$ 检验，也不会妨碍我们建立一个拟合效果较好的模型。17.3 节将讨论多重共线性的问题。

### □ 17-2k 简单线性回归模型中的 $t$ 检验和 $F$ 检验

知道 $F$ 检验可以证明简单线性回归模型的有效性是很有必要的。但简单线性回归模型的 $F$ 检验和 $\beta_1$ 的 $t$ 检验完全相同。简单线性回归中 $\beta_1$ 的 $t$ 检验可以确定自变量是否与因变量线性相关。同时，因为只有一个自变量，所以 $\beta_1$ 的 $t$ 检验也可以证明模型是否有效，这里的 $t$ 检验充当了 $F$ 检验的角色。

$t$ 检验和 $F$ 检验的关系可以用数学方法解释。统计学家告诉我们，如果把自由度为 $v$ 的 $t$ 统计量平方，那么可以得到一个自由度为 1 和 $v$ 的 $F$ 统计量。（第 14 章曾简要地讨论过这种关系。）为了理解这一问题，可以参考例 16.2。我们发现，$\beta_1$ 的 $t$ 统计量的值是 $-13.44$，自由度是 98，$p$ 值为 $5.75\times10^{-24}$。输出结果包括方差分析表，不难看出 $F=180.64$，$p$ 值 $=5.75\times10^{-24}$。$t$ 统计量的平方是 $(-13.44)^2$，非常接近于 180.63。（它们之间的不同源于四舍五入的误差。）所以，$F$ 检验和 $t$ 检验都可以证明简单线性回归模型的有效性。

### □ 17-2l 回归方程的应用

与简单线性回归方程一样，多元回归方程也有两方面用途：确定 $y$ 的特定值的预测区间和 $y$ 的期望值的置信区间估计。同与多元回归相关的其他计算一样，这两个量的计算依然要用到计算机。

我们将通过预测一个 50 岁、受教育年限为 12 年、每周工作 40 小时、配偶每周也工作 40 小时、家庭中有两个挣钱人和两个孩子的个体的收入进行说明。

像我们在前一章所看到的，对于给定的变量，Excel 和 Minitab 都能输出某家旅馆营业利润率的预测区间和所有旅馆的期望营业利润率的区间估计。

**Excel**

| | A | B |
|---|---|---|
| 1 | **Prediction Interval** | |
| 2 | | |
| 3 | | INCOME |
| 4 | | |
| 5 | Predicted value | 37 315 |
| 6 | | |
| 7 | Prediction Interval | |
| 8 | Lower limit | −26 560 |
| 9 | Upper limit | 101 190 |
| 10 | | |
| 11 | Interval Estimate of Expected Value | |
| 12 | Lower limit | 32 564 |
| 13 | Upper limit | 42 066 |

**计算机命令**

参见例 16.7 的命令。在 B343：G343 的单元格中，依次输入 50，12，40，40，2，2。令置信度为 95%。

**Minitab**

Predicted Values for New Observations

| New Obs | Fit | SE Fit | 95% CI | 95% PI |
|---|---|---|---|---|
| 1 | 37 315 | 2 415 | (32 564，42 066) | (−26 560，101 190) |

**计算机命令**

参见例 16.7 的命令。依次输入 50，12，40，40，2，2。令置信度为 95%。

**解　释**

预测区间是（−25 560，101 190），区间长度太宽以至完全无效。为使预测值更加有效，必须更好地考虑模型的构建。总体收入的期望的置信区间估计是（32 564，42 066）。

## 习　题

下面的习题需要用到计算机和统计软件。习题 17.1 至习题 17.4 可以由手工计算完成。样本统计量的值参见附录 A。$\alpha=5\%$。

**17.1　Xr17 - 01**　一位专门建造避暑房的开发商正在考虑买下临近湖泊的大块土地。当前的土地所有者将这块地分成了单独的小块，并移走了一些树木，为开发做准备。开发商希望预测每一小块地的价格。凭经验判断，开发商认为影响土地价格的主要因素是土地面积、其上树的数量和距湖泊的距离。开发商收集了附近最近售出的 60 块土地的有关数据。

a. 试确定回归方程。

b. 试计算估计标准误，并对它进行解释。

c. 试计算判定系数，它说明了什么问题？

d. 试计算经自由度调整的判定系数，它的值为什么与判定系数的值不同？这说明了什么问题？

e. 试检验模型的有效性。检验统计量的 $p$ 值说明了什么问题？

f. 试解释每一个系数。

g. 进行检验以确定是否每一个自变量都与土地价格线性相关。

h. 在 90%的置信水平下，预测一块面积为 40 000 平方英尺、其上有 50 棵树且距离湖泊 25 英尺的土地的售价。

i. 在 90%的置信水平下，预测一块面积为 50 000 平方英尺、其上有 10 棵树且距离湖泊 75 英尺的土地的售价。

**17.2　Xr17－02**　一位统计学成绩较差的学生帕特认为，学习时间达到一定小时数能够切实提高学习成绩。但是他却不能保证有太多的时间学习，因为帕特希望以最小的努力顺利毕业。他选修的统计学课程再过三周就要期末考试了，这门课程的最后分数的确定方法如下：

总分＝20％(课外作业)＋30％(期中考试)＋50％(期末考试)

为了确定在最后的三周内应该做多少工作，帕特需要根据他的课外作业（满分 20）和期中考试成绩（满分 30）来预测期末考试成绩。帕特在这两项的成绩分别为 12 分和 14 分。因此他进行了下面的分析。他收集了去年选修这门课程的 30 位同学的期末考试成绩、课外作业成绩和期中考试成绩。

a. 试确定回归方程。

b. 试计算估计标准误，并进行简要解释。

c. 试计算判定系数，它说明了什么问题？

d. 试检验模型的有效性。

e. 试解释每一个系数。

f. 从这些数据中，帕特能否推断课外作业成绩与期末成绩线性相关？

g. 从这些数据中，帕特能否推断期中考试成绩与期末成绩线性相关？

h. 在 95％的置信水平下，预测帕特的期末考试成绩。

i. 在 95％的置信水平下，预测帕特的总分。

**17.3　Xr17－03**　一家砌墙粉生产公司的总裁希望分析影响这一产品需求的因素。房屋和办公室等建筑要用到砌墙粉。因此，这位总裁决定建立一个以砌墙粉的月销量为因变量的回归模型，自变量为

经批准的建筑许可数量

五年抵押贷款利率（单位：百分点）

房屋空置率（单位：百分点）

办公场所空置率（单位：百分点）

为了建立多元回归模型，他收集了过去两年该公司每个月的销售数据。

a. 试进行回归分析。

b. 试计算估计标准误。能用估计标准误评估模型的拟合效果吗？如果可以，应怎么做？

c. 试计算判定系数，它说明了什么问题？

d. 试检验模型的有效性。

e. 试解释每一个系数。

f. 检验以确定每一个自变量是否与因变量线性相关。

g. 在 95％的置信水平下，如果经批准的建筑许可数量为 50，五年抵押贷款利率为 9.0％，房屋空置率为 3.6％，办公场所空置率为 14.3％，预测下个月的砌墙粉销量。

**17.4　Xr17－04**　克利夫兰印第安人（Cleveland Indians）棒球队的总经理想制定挑选预选赛球员的标准。这位总经理注意到，他们球队需要一个本垒打的击球手，而且他想找到一种能预测球员本垒打次数的方法。作为一个精明的统计学家，他随机选择球员组成随机样本，记录了每个球员作为大联盟队员头两年的本垒打次数、在预选赛的最

后一年的本垒打次数、年龄和作为职业棒球选手的年限。

a. 建立回归模型，并用相关的统计软件计算模型的统计量的值。

b. 解释所有回归系数。

c. 模型拟合数据的效果如何?

d. 检验模型的有效性。

e. 所有自变量均适合该模型吗?

f. 预测一位25岁、有7年职业比赛经历、在预选赛的最后一年有22次本垒打的球员头两年的本垒打的次数（置信度为95%）。

g. 估计所有27岁、有5年职业比赛经历、在预选赛的最后一年有18次本垒打的球员头两年的本垒打的平均次数（置信度为95%）。

**在人力资源管理中的应用：解雇费**

在大多数公司，薪酬问题都是人力资源经理职责范围内的工作。他必须保证薪酬的计算方法能够服从公司的目标。并且，公司要确保薪酬的决定因素中不能有任何歧视或偏见。人事经理的另一项职能是确定解雇费，当公司由于规模缩小或合并而不再需要某些员工的服务时，就要向这些员工支付解雇费。任何工作协议都很少包括解雇费的金额和性质，而且这个问题要受到各种因素的影响。回归分析在处理这个问题上通常非常有用。

**17.5 Xr17-05** 一家公司收购另一家公司时，一般都会解雇原来的部分员工。给下岗员工提供解雇补偿经常会引起分歧。假设劳里埃（Laurier）公司最近收购了西部（Western）公司，随后解雇了20位原来的西部公司雇员。作为买断合同的一部分，劳里埃公司承诺，它将向被解雇的前西部公司的雇员提供与去年被解雇的劳里埃公司的雇员相同的解雇费。36岁的比尔·史密斯（Bill Smith）是一位为西部公司服务了10年的老雇员，也是被解雇者之一，他每年的薪水为32 000美元。他获得的解雇费相当于他5周的工资。比尔抱怨这低于向被解雇的劳里埃公司的雇员提供的解雇费，因而违反了买断合同。一位统计学家应邀解决这一纠纷。统计学家被告知，影响解雇费的因素为：年龄、服务期和薪水。为了确定给比尔的解雇费是否合理，统计学家随机抽取了50位劳里埃公司前雇员的解雇费数据。对每一位雇员做如下记录：

解雇费相当于的薪水周数

雇员的年龄

在公司服务的年限

年薪（单位：千美元）

a. 试确定回归方程。

b. 试评价模型的拟合效果。

c. 所有自变量都应该包括在这个模型中吗？解释你的回答。

d. 试分析比尔的观点是否正确。

**17.6　Xr17－06**　一所大学的招生负责人想建立一项确定学生入学资格的正规制度。她认为，学生在大学期间所取得的成就的决定因素包括高中的 GPA 和 SAT 分数。但是，她还认为，积极参加课外活动的学生比其他学生更可能在大学中取得成就。为了深入研究这一问题，她随机抽取了 100 位大学四年级学生，并记录如下变量：

大学头三年的 GPA（范围：0～12）

高中的 GPA（范围：0～12）

SAT 分数（范围：400～1 600）

在高中的最后一年每周参加课外活动的小时数

a. 建立模型帮助这位招生负责人确定应录取哪些学生，并用计算机计算常用的统计量。

b. 试计算判定系数，并对它进行解释。

c. 试检验模型的有效性。

d. 检验以确定是否所有自变量都与因变量线性相关。

e. 一位学生高中的 GPA 是 10，SAT 分数是 1 200，每周平均参加 2 小时课外活动，预测这位学生大学头三年的 GPA（置信度为 95%）。

f. 估计一位高中时 GPA 是 8、SAT 分数是 1 100、每周平均参加课外活动 10 小时的学生大学头三年的平均 GPA（置信度为 90%）。

**17.7　Xr17－07**　一家五金器具连锁店的营销经理需要关于该连锁店使用的三种广告效果的更多信息。这三种广告方式分别是直接投递（把描述产品价格及其他特性的传单投递到商店周围的家庭中）、报纸广告和电视广告。为了确定哪种广告效果更为明显，这位经理随机选择了 100 家商店作为样本，对每一家商店记录如下变量一周内的取值：

周总销售额

每周的直接投递费用

每周的报纸广告费用

每周的电视广告费用

所有数据的单位均为千美元。

a. 试确定回归模型。

b. 试计算判定系数和经自由度调整的判定系数，这两个统计量说明了什么问题？

c. 估计标准误说明了模型的什么问题？

d. 试检验模型的有效性。

e. 哪些自变量与因变量线性相关？为什么？

f. 如果某家商店的直接投递费用是 800 美元，电视广告费用是 1 200 美元，报纸广告费用是 2 000 美元，预测该商店下一周的总销售额（置信度为 95%）。

g. 估计直接投递费用是 800 美元、电视广告费用是 1 200 美元、报纸广告费用是 2 000 美元的所有商店平均每周的总销售额（置信度为 95%）。

h. 讨论问题（f）和（g）中所得的两个区间的异同。

**17.8　Xr17－08**　在很多城市，垃圾问题已经变得越来越严重。很多北美城市已经没有足够的空间来堆放垃圾了。一个美国城市的顾问决定收集数据来解决这个问题。她随机抽取了一部分家庭，记录了如下数据：

$Y$=平均每周的垃圾数量（单位：磅）

$X_1$=房屋大小（单位：平方英尺）

$X_2$=孩子个数

$X_3$=白天通常待在家里的成年人数量

a. 进行回归分析。

b. 模型是有效的吗？

c. 解释回归系数。

d. 检验是否每个自变量都和因变量之间存在线性关系。

**17.9 Xr17-09** 某教育局主管正在分析她管理的各所学校的平均数学成绩。她注意到，各学校的成绩差别很大。为了提高所有学校的成绩，她希望找出影响成绩差异的因素。她随机抽取了40所学校，分别记录了它们去年的平均成绩、该校教师中至少获得数学学士学位的教师的比例、数学教师平均年龄以及数学教师的平均年收入。

a. 进行回归分析，建立回归模型。

b. 该模型有效吗？

c. 解释并检验回归系数。

d. 预测一所有50%的数学教师获得数学学士以上学位、平均年龄43岁、平均年收入48 300美元的学校的数学考试成绩（置信度为95%）。

**17.10 Xr17-10*** 人寿保险公司对预测客户寿命极其感兴趣，因为它们的保费和赢利水平依赖于这一数据。一家保险公司的保险精算师选取了最近去世的100位男性客户作为样本，记录了客户的年龄及其祖父母、父母去世时的年龄。

a. 基于这些数据进行回归分析并建立回归模型。

b. 该模型有效吗？

c. 解释并检验回归系数。

d. 预测一位父母的寿命都是70岁、祖父的寿命是75岁、祖母的寿命是80岁的客户的寿命（置信度为95%）。

e. 估计所有母亲的寿命是75岁、父亲的寿命是65岁、祖母的寿命是85岁、祖父的寿命是80岁的客户的平均寿命（置信度为95%）。

**17.11 Xr17-11** 大学生经常抱怨，学校根据教授的科研水平而不是讲课情况奖励他们，结果教授们把更多时间和精力投入到研究中，而用于上课的时间和精力较少。教授们则认为科研和讲课是一致的，更多的研究会造就更好的教师。一所大学的学生组织决定调查这一问题，它随机选取了50位综合大学的经济学教授，记录了教授的薪水、平均教学评估得分（10个等级）和他们发表的总论文数量。进行全面分析（建立、评估和诊断回归模型），并解释你的结论。

**17.12 Xr17-12*** 连锁店成功的关键因素之一是及时向顾客提供其所需的商品。如果顾客所需的产品刚好售完，再想吸引这位顾客将是一件非常困难的事。因此，连锁店一般会定期由中心仓库向商店供货。为了分析经营效果，一家连锁店的总经理想分析与卸货时间长短相关的一些因素。随机抽取向同一连锁店送货的50位货运员，记录各自卸货的时间（单位：分钟）、货物总箱数和总重量（单位：百磅）。

a. 试建立回归模型。

b. 模型拟合数据的效果如何?

c. 解释并检验回归系数。

d. 预测卸 100 箱、总重 5 000 磅的货物所需时间的 95%的预测区间。

e. 估计卸 100 箱、总重 5 000 磅的货物平均所需时间的 95%的置信区间。

**17.13　Xr17－13**　彩票已经成为政府收入的一项重要来源。但是，许多人批评彩票业，说它是对穷人和受教育程度较低的人征的税。为了调查这一问题，随机抽取 100 位成年人，记录他们买彩票的费用和其他一些社会经济学变量。这项调查的目的是验证下面的观点：

1. 受教育水平相对较低的人在彩票上的投入比受教育水平高的人多。

2. 老年人买的彩票比年轻人多。

3. 孩子多的人买的彩票比孩子少的人多。

4. 经济条件相对较差的人买的彩票比经济条件好的人多。

记录如下数据：

用在彩票上的费用占家庭总收入的比例

受教育年限

年龄

孩子的数量

个人收入（单位：千美元）

a. 试建立回归模型。

b. 该模型有效吗?

c. 检验所有观点，你能得出什么结论?



**17.14　Xr17－14***　某大学的 MBA 专业面临着一个可喜的问题——申请者太多。目前的招生政策要求学生至少有三年的工作经历，并且本科平均成绩为 B 或者更好。三年前，这所大学会接收满足此条件的所有申请者。但现在，这个专业最近从两年制（四学期）改为一年制（三学期），申请人数大幅度增加。系主任是一位统计学教师，她想建立一种可以更准确地预测申请者就读 MBA 时的表现的方法，从而提高录取标准。她认为影响申请者表现的主要因素为

本科 GPA

GMAT 成绩

工作年数

她随机抽取了一些已经读完 MBA 课程的学生，并记录了他们就读 MBA 期间的 GPA 和上面三个变量的相关数据。

a. 建立一个多元回归模型。

b. 检验模型的有效性。

c. 建立假设检验，判断哪些自变量与 MBA 期间的 GPA 有关。

**在运营管理中的应用：位置分析**

位置分析是运营管理的一项职能。确定工厂、仓库和零售店的位置对任何组织来说，都是很关键的决策。在这个决策中需要考虑大量变量。例如，生产车间必须靠近原材料供应商、熟练的技术工人并具备便利的运输条件；零售店则必须考虑潜在顾客的类型和数量。在下一个例子中，我们将利用回归分析确定汽车旅馆连锁店的最佳位置。

**17.15　Xr17－15**　La Quinta 汽车旅馆是遍布美国的一家中等价位的汽车旅馆连锁店。它的顾客主要是经常旅行的商业人士。最近，这家连锁店想建设新的旅馆以提高其市场份额。但连锁店的管理者发现，确定新店的位置是件困难的事情。而且，如果信息不充分，往往会导致决策失误。因此，连锁店的管理者从所有 La Quinta 汽车旅馆中随机抽取了 100 家进行研究，从而预测哪些位置可能有利可图。

La Quinta 的管理者用营业利润率来衡量赢利水平，它是利润、折旧和利息支出三者之和与总收益之比。（尽管入住率通常是衡量汽车旅馆经营状况的指标，但 La Quinta 的统计人员认为它太不稳定，尤其是在经济动荡时期。）营业利润率越高，说明旅馆经营状况越好。La Quinta 的管理者把有利可图定义为营业利润率超过 50%，把无利可图定义为营业利润率低于 30%。同多位很有经验的经理讨论后，La Quinta 的管理者决定从竞争、市场意识、需求、人口统计学特征和外界环境这几类因素的每一类中选取一个或者两个自变量。他们用每家 La Quinta 汽车旅馆三英里内的旅馆客房总数来衡量竞争；用与最近的竞争者的距离来衡量市场意识。他们还选取了两个代表顾客数量的变量——旅馆周围办公场所的面积和周围的大学的注册人数——来衡量需求。这两个变量也都是衡量经济活动的指标。描述社区的人口统计学变量是家庭收入的中位数。最后，对于衡量外界环境的指标，他们选择了与市中心的距离。这些数据按下列格式存储。

第 1 列：$y$＝营业利润率（单位：%）

第 2 列：$x_1$＝La Quinta 汽车旅馆三英里内的旅馆客房总数

第 3 列：$x_2$＝与最近的竞争者之间的距离（单位：英里）

第 4 列：$x_3$＝周围社区办公场所的面积（单位：千平方英尺）

第 5 列：$x_4$＝周围大学的注册人数（单位：千人）

第 6 列：$x_5$＝周围社区家庭收入的中值（单位：千美元）

第 7 列：$x_6$＝距市中心的距离（单位：英里）

（资料来源：Sheryl E. Kimes and James A. Fitzsimmons，"Selecting Profitable Hotel Sites at La Quinta Motor Inns，" *INTERFACES*，20，March-April（1990，pp. 12－20。）

a. 建立一个回归模型。

b. 建立假设检验，判断是否有充分的证据表明模型有效。

c. 检验每一个斜率系数。

d. 解释每一个回归系数。

e. 在 95%的置信水平下预测具有如下特点的旅馆的营业利润率。

汽车旅馆三英里内的旅馆客房总数为 3 815 间，与最近的旅馆相距 0.9 英里，周围社区办公场所的面积为 476 000 平方英尺，周围大学的注册人数为 24 500，周围社区家庭收入的中位数为 35 000 美元，离市中心的距离为 11.2 英里。

f. 参考问题（e）。在 95%的置信水平下估计所有具有上述特点的 La Quinta 汽车旅馆的平均营业利润率。

**社会综合调查习题**

Excel 使用者请注意，空单元格（在因变量或自变量的列中）代表数据缺失，需要删除。使用 5%的显著性水平建立假设检验。

**17.16 GSS2012*** 一个人父母的受教育年限（PAEDUC，MAEDUC）如何影响这个人的受教育年限（EDUC）？

a. 建立一个回归模型。

b. 检验模型的有效性。

c. 检验两个斜率。

d. 解释所有参数。

**17.17 GSS2012*** 什么因素影响一个人对问题“政府应该减小富人和穷人间的收入差距吗”的回答？（EQWLTH：1＝政府应该减少差距，2，3，4，5，6，7＝政府不应该采取行动。）

a. 使用年龄（AGE）、受教育年限（EDUC）、收入（INCOME）和每周工作的小时数（HRS1）作为自变量建立回归模型。

b. 检验模型的有效性。

c. 检验每一个斜率。

d. 解释模型的判定系数。

**17.18 GSS2012*** 尼尔森测定认为电视观众的数目根据电视频道的不同而变动。然而，电视台管理人员需要更多信息，社会综合调查数据也许能够成为此类信息的来源。调查对象被问及平均每天观看电视的小时数（TVHOURS）。使用年龄（AGE）、受教育年限（EDUC）、每周工作的小时数（HRS1）和孩子的数量（CHILDS）作为自变量建立回归模型。

a. 检验模型的有效性。

b. 解释每一个斜率。

c. 检验每一个斜率。

d. 计算模型的判定系数，并对它进行解释。

**17.19 GSS2012*** 什么因素影响一个人对问题“政府应该改善穷人的生活条件吗”的回答？（HELPPOOR：1＝政府应该采取措施，2，3，4，5＝穷人应该自己解决。）

a. 使用年龄（AGE）、受教育年限（EDUC）、收入（INCOME）和每周工作的小时数（HRS1）作为自变量建立回归模型。

b. 检验模型的有效性。

c. 检验每一个斜率。

d. 解释模型的判定系数。

**17.20 GSS2008*** 利用 2008 年社会综合调查数据，结合如下自变量建立关于收入（INCOME）的回归模型：

年龄（AGE）
受教育年限（EDUC）
每周工作的小时数（HRS1）
配偶每周工作的小时数（SPHRS1）
职业声望得分（PRESTG80）
孩子的数量（CHILDS）
家庭中挣钱人的数量（EARNRS）
从事当前工作的年限（CUREMPYR）

a. 检验模型的有效性。

b. 检验每一个斜率。

c. 解释每一个回归系数。

**美国国家选举调查习题**

Excel 使用者请注意，空单元格（在因变量或自变量的列中）代表数据缺失，需要删除。使用 5%的显著性水平建立假设检验。

**17.21 ANES2008*** 总统选举期间选民的投票率为 50%，对于政客们来说，一项重要任务是预测哪些人将会最终投票。使用如下人口学特征自变量建立回归模型，预测投票倾向（DEFINITE）：

年龄（AGE）
教育（EDUC）
收入（INCOME）

a. 建立回归方程。

b. 检验模型的有效性。

c. 建立假设检验来判断是否有充分的证据表明因变量与每一个自变量存在线性相关关系。

**17.22 ANES2008*** 观看电视新闻或阅读报纸是预测参加投票的指示变量吗？以投票倾向（DEFINITE）为因变量、如下变量为自变量建立回归模型：

最近一周观看国家电视新闻的天数（DAYS1）
最近一周在下午或晚间观看地方电视新闻的天数（DAYS2）
最近一周在夜间观看地方电视新闻的天数（DAYS3）
最近一周阅读报纸新闻的天数（DAYS4）
最近一周在网上阅读新闻的天数（DAYS5）
最近一周收听广播新闻的天数（DAYS6）

a. 建立回归方程。

b. 有充分的证据表明模型是有效的吗？

c. 检验每一个斜率。

## 17.3 回归诊断Ⅱ

在 16.6 节中，我们讨论了如何检验必要条件是否得到满足。可以用相同方法来诊断多元回归中的此类问题。下面简单概括一下第 16 章中描述的诊断过程。

计算残差，并做如下检查：

1. 误差变量不服从正态分布吗？绘制残差的直方图。
2. 误差变量的方差是一个常数吗？绘制残差与 $y$ 的预测值的关系图。
3. 误差项独立吗（时间序列数据）？绘制残差与时间的关系图。
4. 观测值准确吗？是否属于目标总体？仔细检查异常值和干扰点的准确性。

如果误差不服从正态分布或误差的方差不是常数，就需要做一些修正。这些内容超出了本书的范围。

通过检查数据并确定其准确性，可以发现异常值和干扰点。

有时可以通过绘制残差与时间的关系图以及寻找自相关性的证据，发现时间序列数据的非独立性。17.4 节将介绍 DW 检验，它可以检验自相关性的一种形式。我们还将介绍一种修正非独立性的方法。

还有一个问题只会出现在多重回归模型中。多重共线性是自变量之间高度相关的一种情况，它会影响系数的 $t$ 检验，使 $t$ 检验很难判断出自变量与因变量之间是否线性相关。同时，解释回归系数时也会有些问题。下面，我们将讨论多重共线性及其修正问题。

### □ 17-3a 多重共线性

**多重共线性**（multicollinearity，又被称为共线性或组间相关）是自变量之间相关的一种情况。多重共线性的不利影响在于，用相关的自变量估计回归系数时会出现较大的抽样误差。多重共线性会产生两个结果：第一，因为回归系数的变异较大，样本系数很可能远离实际的总体参数，统计量和参数甚至可能符号相反；第二，当系数的 $t$ 检验统计量的值较小时，就会得出受到影响的自变量与因变量之间没有线性关系的结论。有时，这样的推断是错误的。值得庆幸的是，多重共线性不会影响方差分析的 $F$ 检验。

在本章开篇的例子中，我们发现在 5%的显著性水平下，家庭中孩子的数量在统计上并不显著。然而，当我们检验收入和孩子数量的相关系数时，我们发现相关系数具有统计显著性。以下是 Excel 的计算结果。我们怎样解释多元回归模型中孩子数量这一变量的系数 $t$ 检验的结果与相关系数的 $t$ 检验的结果之间明显的矛盾呢？答案是多重共线性。

| | A | B |
|---|---|---|
| 1 | **Correlation** | |
| 2 | | |
| 3 | *INCOME and CHILDS* | |
| 4 | Pearson Coefficient of Correlation | −0.142 2 |
| 5 | t Stat | −2.65 |
| 6 | df | 340 |
| 7 | P(T<=t) one tail | 0.004 2 |
| 8 | t Critical one tail | 1.649 3 |
| 9 | P(T<=t) two tail | 0.008 4 |
| 10 | t Critical two tail | 1.967 |

家庭中挣钱人的数量和孩子数量间的线性相关程度很高，家庭中挣钱人的数量和孩子数量相关系数的 $t$ 检验结果如下。得出这一结果并不奇怪，因为家庭中多出来的挣钱人很有可能就是孩子。

| | A | B |
|---|---|---|
| 1 | **Correlation** | |
| 2 | | |
| 3 | *EARNRS and CHILDS* | |
| 4 | Pearson Coefficient of Correlation | 0.153 9 |
| 5 | t Stat | 2.87 |
| 6 | df | 340 |
| 7 | P(T<=t) one tail | 0.002 2 |
| 8 | t Critical one tail | 1.649 3 |
| 9 | P(T<=t) two tail | 0.004 4 |
| 10 | t Critical two tail | 1.967 |

多重共线性问题影响多元回归中 $t$ 检验的结果。因此，虽然表面上孩子数量与收入不存在显著的线性相关关系，但实际上这种关系显著存在。

多重共线性引起的另外一个问题是对系数的解释。我们把系数解释为：其余自变量的值保持不变，某一自变量的值改变一个单位时，因变量发生变化。但当自变量彼此相关时，这种解释是说不通的，因为当某一自变量改变一个单位时，其他部分或全部自变量也会跟着变化。

这就为统计人员提出了两个重要问题：第一，如何意识到多重共线性问题的存在？第二，如何避免或者修正多重共线性问题？

几乎所有多元回归模型中都存在多重共线性问题。实际上，找到两个完全不相关的变量也很难。但是，只有当两个或多个自变量高度相关时，问题才比较严重。遗憾的是，并没有一个临界值可以说明何时两个自变量之间的相关系数已经大到足以引起问题。更为复杂的是，当几个自变量联合在一起与另外一个自变量相关或者与另外一些自变量联合相关时，也会出现多重共线性问题。因此，即使知道所有相关系数，要确定多重共线性什么时候达到很严重的地步，也是相当困难的。较好地判断这一问题的依据是 $F$ 统计量的值较大，而 $t$ 统计量的值较小。

使多重共线性的影响最小化通常比修正它要容易。统计人员必须尽可能找出相互独立的自变量。

## 习　题

下面的习题需要用到计算机和统计软件。

**17.23**　参考习题 17.1。试计算残差和预测值。

a. 是否满足正态性条件？为什么？

b. 误差变量的方差为常数吗？为什么？

**17.24**　参考习题 17.1。试计算自变量之间的相关系数。关于自变量和系数的 $t$ 检验，这些统计量能说明什么问题？

**17.25**　参考习题 17.2。

a. 试计算残差和预测值。

b. 可以很明显地看出不满足正态性条件吗？为什么？

c. 误差变量的方差为常数吗？为什么？

d. 试计算课外作业成绩与期中考试成绩的相关系数。关于系数的 $t$ 检验能说明什么问题？

**17.26**　参考习题 17.3。计算残差和预测值。

a. 可以看出误差项是非正态的吗？

b. 误差项的方差是常数吗？

c. 是否存在多重共线性？

**17.27**　参考习题 17.4。试计算自变量之间的相关系数。

a. 关于自变量，这个统计量能说明什么问题？

b. 关于系数的 $t$ 检验又能说明什么？

**17.28**　参考习题 17.5。计算回归分析的残差和预测值。

a. 误差变量是否服从正态分布？

b. 误差变量的方差是否为常数？

c. 是否存在多重共线性？

**17.29**　参考习题 17.6。确定该模型是否满足必要条件。

**17.30**　参考习题 17.7。

a. 对残差进行分析以检验必要条件是否满足。

b. 存在多重共线性问题吗？

c. 应该检查这些观测值的正确性吗？

**17.31**　确定习题 17.8 中的回归分析是否满足必要条件。

**17.32**　确定习题 17.9 中的回归模型的必要条件是否得到满足。

**17.33** 参考习题 17.10。计算残差和预测值。

a. 应用统计方法检验正态性要求。

b. 误差项的方差是否为常数?

c. 存在多重共线性问题吗?

**17.34** 试确定习题 17.11 中的回归模型是否满足必要条件。

**17.35** 参考习题 17.12。判断该模型是否满足必要条件。

**17.36** 参考习题 17.13。

a. 该模型是否满足必要条件?

b. 存在多重共线性问题吗?

**17.37** 参考习题 17.14。该模型是否满足必要条件?

**17.38** 参考习题 17.15。检验模型的必要条件。

**社会综合调查习题**

**17.39** 参考习题 17.16。计算父亲和母亲受教育年限的相关系数。两个变量间存在多重共线性吗? 请进行解释。

**17.40** 参考习题 17.17。

a. 计算自变量间的相关系数。它表明模型存在多重共线性问题吗? 请进行解释。

b. 检验每一个自变量与因变量之间的相关性。哪些自变量与因变量线性相关? 将此结论与习题 17.17 的结论进行对比。

**17.41** 参考习题 17.19。

a. 计算自变量间的相关系数。它表明模型存在多重共线性问题吗? 请进行解释。

b. 检验每一个自变量与因变量之间的相关性。哪些自变量与因变量线性相关? 将此结论与习题 17.19 的结论进行对比。

**17.42** 参考习题 17.20。

a. 计算相关系数矩阵。

b. 模型存在多重共线性问题吗? 请进行解释。

c. 检验每一个自变量与因变量之间的相关性。哪些自变量与因变量线性相关?

## 17.4 回归诊断Ⅲ(时间序列)

第 16 章已经指出,当数据为时间序列数据(在一个时期内按时间顺序收集的数据)时,一般要检查误差项是否相互独立。在 16.6 节中,我们用图表形式列出了确定误差变量相互独立这一必要条件是否得到满足的流程,绘制了残差与时间的关系图,并观察该图形。这一节将讨论回归诊断的另外一种方法——**DW 检验**(Durbin-Watson test)。

### □ 17-4a DW 检验

应用 DW 检验可以确定是否存在**一阶自相关**(first-order autocorrelation)——两个连续的残差 $e_i$ 与 $e_{i-1}$ 之间存在相关关系的情况,其中 $i$ 为时期。DW 统计量的定义如下:

$$d=\frac{\sum_{i=2}^{n}(e_i-e_{i-1})^2}{\sum_{i=1}^{n}e_i^2}$$

$d$ 的取值范围为

$$0\leqslant d\leqslant 4$$

当 $d$ 的值较小（$d<2$）时，表明存在正的一阶自相关；当 $d$ 较大（$d>2$）时，表明存在负的一阶自相关。正的一阶自相关在商业和经济时间序列数据中是一个普遍现象。连续残差趋于相等时，往往存在正的一阶自相关。这时，$(e_i-e_{i-1})^2$ 很小，因此 $d$ 也就很小。连续残差明显不同时，就会出现负的一阶自相关。例如，如果正负残差相互交替，$(e_i-e_{i-1})^2$ 将比较大，结果 $d$ 将大于 2。图 17—2 和图 17—3 描述了正的一阶自相关，图 17—4 则描述了负的一阶自相关。注意，图 17—2 中的第一个残差的值较小，第二个也较小，但是比第一个稍微大一些，这种趋势一直持续下去。图 17—3 中第一个残差的值较大，并且一般来说，随后的残差的值不断降低。在这两幅图中，连续残差基本相等。在图 17—4 中，第一个残差的值是正数，第二个是负数，依此类推（也有一些例外）。连续残差的值差异较大。

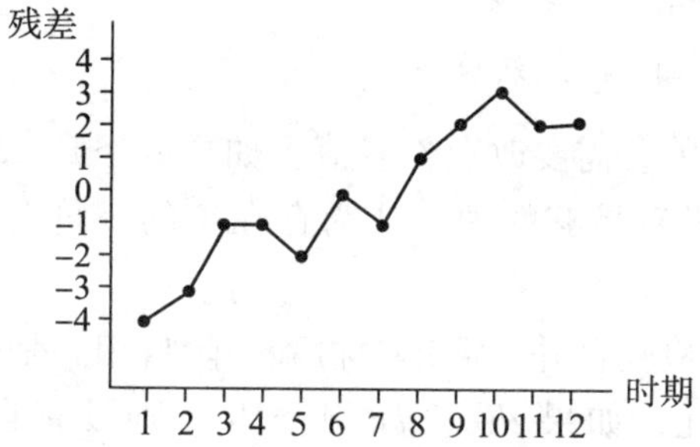


**图 17—2　正的一阶自相关**

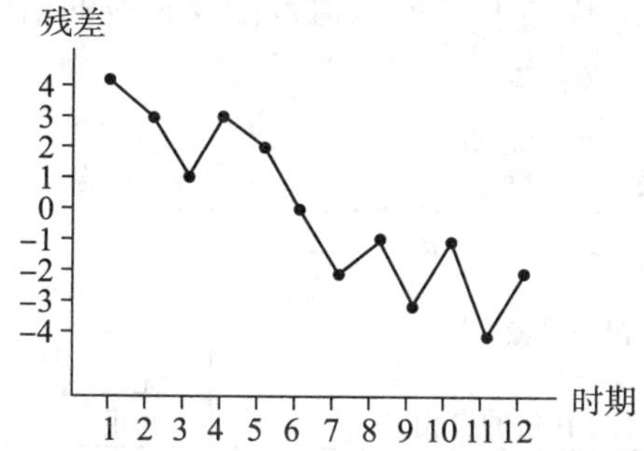


**图 17—3　正的一阶自相关**

附录 B 的表 8 给出了当 $\alpha=0.01$ 和 $\alpha=0.05$ 时，与不同的 $n$ 和 $k$ 值相对应的 $d_L$ 和 $d_U$ 值，从而使我们可以检验正的一阶自相关的存在性。

方法如下：如果 $d<d_L$，则有足够的理由可以推断存在正的一阶自相关；如果 $d>d_U$，则没有足够的理由可以推断存在正的一阶自相关；如果 $d_L\leqslant d\leqslant d_U$，则无法确定。在无法得出结论时，建议用更多数据继续进行检验，直到得出结论为止。

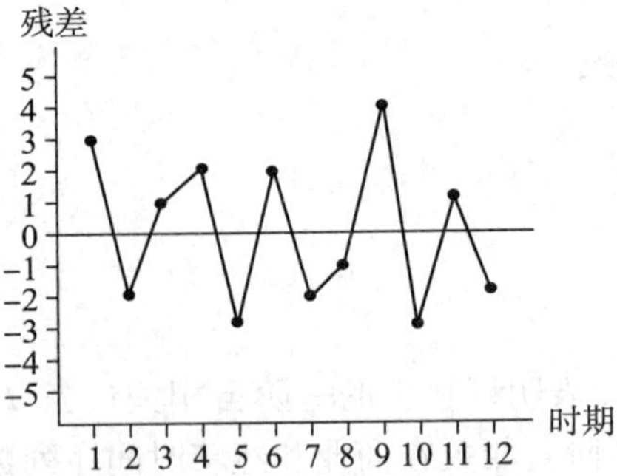


**图 17—4　负的一阶自相关**

例如，用 $\alpha=0.05$，$n=20$，$k=3$ 检验正的一阶自相关的存在性，统计假设为

$H_0$：不存在正的一阶自相关

$H_1$：存在正的一阶自相关

对照下列条件做出判断：

如果 $d<d_L=1.00$，拒绝原假设，接受备择假设。

如果 $d>d_U=1.68$，接受原假设。

如果 $1.00\leqslant d\leqslant 1.68$，无法确定。

要检验负的一阶自相关，需要改变临界值。如果 $d>4-d_L$，则存在负的一阶自相关；如果 $d<4-d_U$，则没有足够的理由认为存在负的一阶自相关；如果 $4-d_U\leqslant d\leqslant 4-d_L$，则无法确定。

我们可以把两个单尾检验合并，简单地检验一阶自相关是否存在。如果 $d<d_L$ 或者 $d>4-d_L$，则自相关存在；如果 $d_U\leqslant d\leqslant 4-d_U$，则没有自相关存在的证据；如果 $d_L\leqslant d\leqslant d_U$ 或者 $4-d_U\leqslant d\leqslant 4-d_L$，则无法确定。显著性水平是 $2\alpha$（其中 $\alpha$ 是单尾检验的显著性水平）。图 17—5 描述了 $d$ 的取值范围及相应的结论。

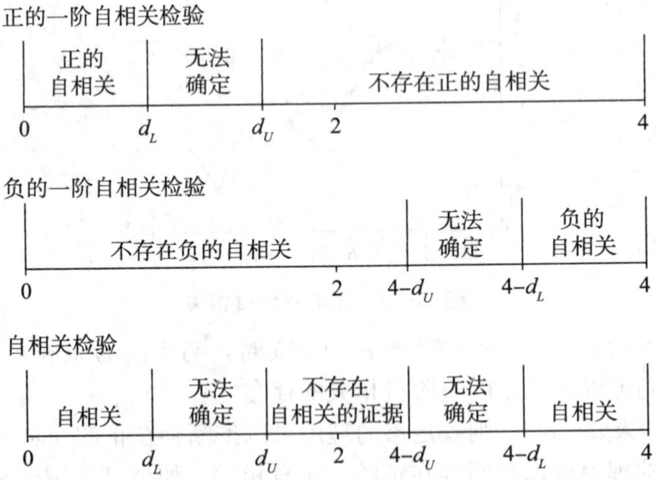


**图 17—5　DW 检验**

时间序列数据的回归诊断中增加了 DW 检验。我们要确定误差变量是否服从方差为常数的正态分布（参见 17.3 节），识别出需要证明的异常值和干扰点（如果软件允许的话），并且要进行 DW 检验。

### 例 17.1　圣诞周缆车票销售情况

数据：Xm17-01

对大多数滑雪胜地来讲，圣诞周是一个关键时期，因为这时大多数学生和成年人都暂时不用理会工作，而是自由享受他们的休闲时光——滑雪。滑雪胜地总收入的很大一部分都来自这个时候。佛蒙特州的一处滑雪胜地想确定天气对缆车票销售情况的影响。一位经理收集了圣诞周期间缆车票的销售情况（$y$）、降雪量（单位：英寸）（$x_1$）和平均温度（单位：华氏温度）（$x_2$）的有关数据。建立回归模型，并诊断必要条件是否得到满足。

**解**

所建立的模型是

$$y=\beta_0+\beta_1 x_1+\beta_2 x_2+\varepsilon$$

**Excel**

| | A | B | C | D | E | F |
|---|---|---|---|---|---|---|
| 1 | **SUMMARY OUTPUT** | | | | | |
| 2 | | | | | | |
| 3 | 回归统计 | | | | | |
| 4 | Multiple R | 0.346 5 | | | | |
| 5 | R Square | 0.120 0 | | | | |
| 6 | Adjusted R Square | 0.016 5 | | | | |
| 7 | 标准误差 | 1 712 | | | | |
| 8 | 观测值 | 20 | | | | |
| 9 | | | | | | |
| 10 | 方差分析 | | | | | |
| 11 | | df | SS | MS | F | Significance F |
| 12 | 回归分析 | 2 | 6 793 798 | 3 396 899 | 1.16 | 0.337 3 |
| 13 | 残差 | 17 | 49 807 214 | 2 929 836 | | |
| 14 | 总计 | 19 | 56 601 012 | | | |
| 15 | | | | | | |
| 16 | | Coefficients | 标准误差 | t Stat | P-value | |
| 17 | Intercept | 8 308 | 904 | 9.19 | 5.24E-08 | |
| 18 | Snowfall | 74.59 | 51.57 | 1.45 | 0.166 3 | |
| 19 | Temperature | −8.75 | 19.70 | −0.44 | 0.662 5 | |

**Minitab**

**Regression Analysis: Tickets versus Snowfall, Temperature**

The regression equation is

Tickets=8 308+74.6 Snowfall−8.8 Temperature

| Predictor | Coef | SE Coef | T | P |
|---|---|---|---|---|
| Constant | 8 308.0 | 903.7 | 9.19 | 0.000 |
| Snowfall | 74.59 | 51.57 | 1.45 | 0.166 |
| Temperature | −8.75 | 19.70 | −0.44 | 0.662 |

S=1 712　　R-Sq=12.0%　　R-Sq (adj) =1.7%

Analysis of Variance

| Source | DF | SS | MS | F | P |
|---|---|---|---|---|---|
| Regression | 2 | 6 793 798 | 3 396 899 | 1.16 | 0.337 |
| Residual Error | 17 | 49 807 214 | 2 929 836 | | |
| Total | 19 | 56 601 012 | | | |

**解　释**

这个例子中的判定系数较小（$R^2=12\%$），$F$ 检验的 $p$ 值为 0.337 3。这两个统计量表明，回归模型的拟合效果较差。用 Excel 绘制残差直方图（见图 17—6），残差与 $y$ 的预测值的关系图（见图 17—7）。因为观测值是时间序列数据，还要用 Excel 绘制残差与时间的关系图（见图 17—8）。

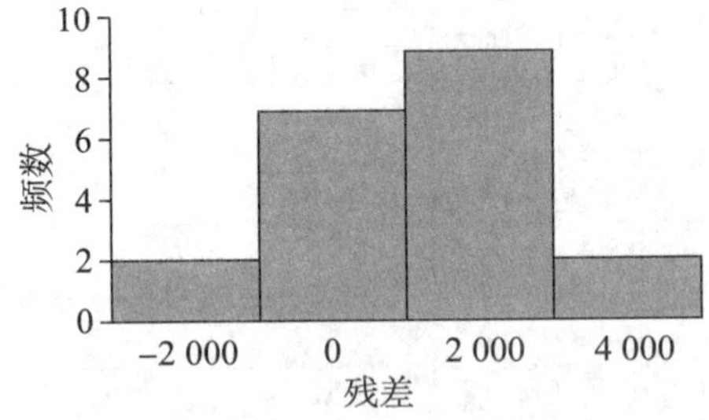


**图 17—6　用 Excel 绘制的例 17.1 中的残差直方图**

该直方图表明，误差变量可能服从正态分布。

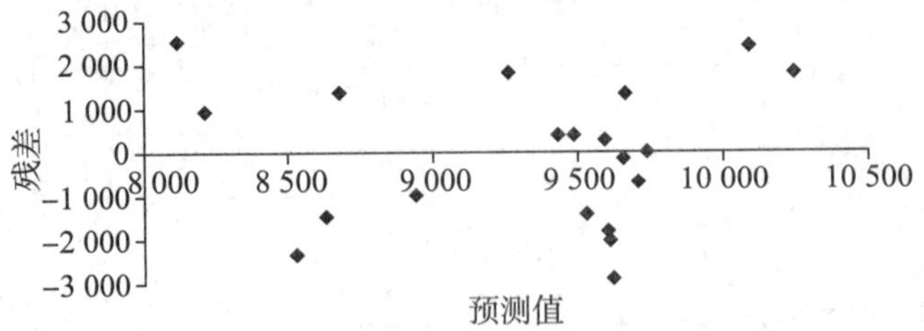


**图 17—7　用 Excel 绘制的例 17.1 中的残差与预测值的关系图**

由图 17—7 无法得出异方差性存在的结论。

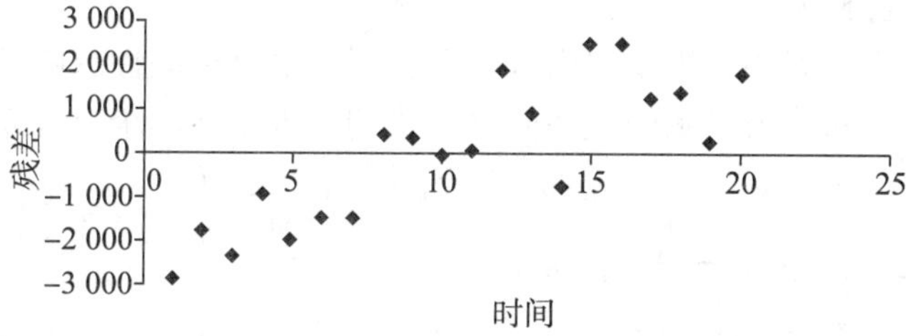


**图 17—8　用 Excel 绘制的例 17.1 中的残差与时间的关系图**

图 17—8 揭示了一个很严重的问题——两个连续的残差之间存在一种强烈的关系，这表明模型不满足误差变量相互独立这一必要条件。为了检验这个判断，可以用 Excel 和 Minitab 计算 DW 统计量的值。

**Excel**

| | A | B | C |
|---|---|---|---|
| 1 | **Durbin-Watson Statistic** | | |
| 2 | | | |
| 3 | d=0.593 1 | | |

**计算机命令**

步骤与进行回归分析并输出残差时的相同。要强调残差表，请点击“Add-Ins”（加载项）—“Data Analysis Plus”（数据分析加载项）和“Durbin-Watson Statistic”（DW 统计量）。

**Minitab**

Durbin-Watson statistic=0.593 140

**计算机命令**

参照前文。点击“OK”（确定）前，单击“Options…”（选项…）和“Durbin-Watson statistic”（DW 统计量）。

令 $n=20$，$k=2$（模型中有两个自变量），确定临界值。如果我们希望检验 $\alpha=0.05$ 时正的一阶自相关的存在性，可以在附录 B 的表 8（a）中找到：

$$d_L=1.10,\quad d_U=1.54$$

原假设和备择假设为

$H_0$：不存在正的一阶自相关

$H_1$：存在正的一阶自相关

拒绝域为 $d<d_L=1.10$。因为 $d=0.59$，所以拒绝原假设，即有足够的理由可以推断，存在正的一阶自相关。

自相关通常表明，需要在模型中引入一个对因变量有时间性影响的自变量。最简单的这种自变量就是时间。为了阐明这一问题，我们引入了第三个自变量——从收集数据开始的年数。因此，$x_3=1, 2, \cdots, 20$。得到如下新的模型：

$$y=\beta_0+\beta_1x_1+\beta_2x_2+\beta_3x_3+\varepsilon$$

**Excel**

| | A | B | C | D | E | F |
|---|---|---|---|---|---|---|
| 1 | **SUMMARY OUTPUT** | | | | | |
| 2 | | | | | | |
| 3 | 回归统计 | | | | | |
| 4 | Multiple R | 0.860 8 | | | | |
| 5 | R Square | 0.741 0 | | | | |
| 6 | Adjusted R Square | 0.692 4 | | | | |
| 7 | 标准误差 | 957 | | | | |
| 8 | 观测值 | 20 | | | | |
| 9 | | | | | | |
| 10 | 方差分析 | | | | | |
| 11 | | df | SS | MS | F | Significance F |
| 12 | 回归分析 | 3 | 41 940 217 | 13 980 072 | 15.26 | 0.000 1 |
| 13 | 残差 | 16 | 14 660 795 | 916 300 | | |
| 14 | 总计 | 19 | 56 601 012 | | | |
| 15 | | | | | | |
| 16 | | Coefficients | 标准误差 | t Stat | P-value | |
| 17 | Intercept | 5 966 | 631.3 | 9.45 | 6.00E-08 | |
| 18 | Snowfall | 70.18 | 28.85 | 2.43 | 0.027 1 | |
| 19 | Temperature | −9.23 | 11.02 | −0.84 | 0.414 5 | |
| 20 | Time | 230.0 | 37.13 | 6.19 | 1.29E-05 | |

**Minitab**

**Regression Analysis: Tickets versus Snowfall, Temperature, Time**

The regression equation is

Tickets＝5 966＋70.2 Snowfall－9.2 Temperature＋230 Time

| Predictor | Coef | SE Coef | T | P |
|---|---|---|---|---|
| Constant | 5 965.6 | 631.3 | 9.45 | 0.000 |
| Snowfall | 70.18 | 28.85 | 2.43 | 0.027 |
| Temperature | －9.23 | 11.02 | －0.84 | 0.414 |
| Time | 229.97 | 37.13 | 6.19 | 0.000 |

S＝957.2　　R-Sq＝74.1%　　R-Sq (adj)＝69.2%

Analysis of Variance

| Source | DF | SS | MS | F | P |
|---|---|---|---|---|---|
| Regression | 3 | 41 940 217 | 13 980 072 | 15.26 | 0.000 |
| Residual Error | 16 | 14 660 795 | 916 300 | | |
| Total | 19 | 56 601 012 | | | |

像前面一样，我们计算了残差，并用 Excel 进行回归诊断，结果见图 17—9 至图 17—11。

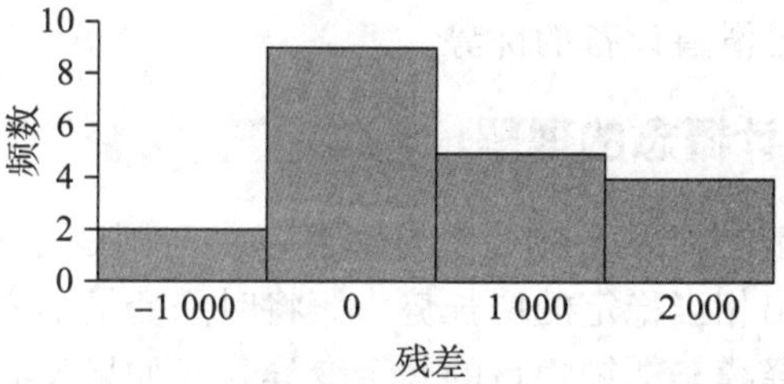


**图 17—9　例 17.1 中残差的直方图（包括时间变量）**

直方图揭示误差可能服从正态分布。

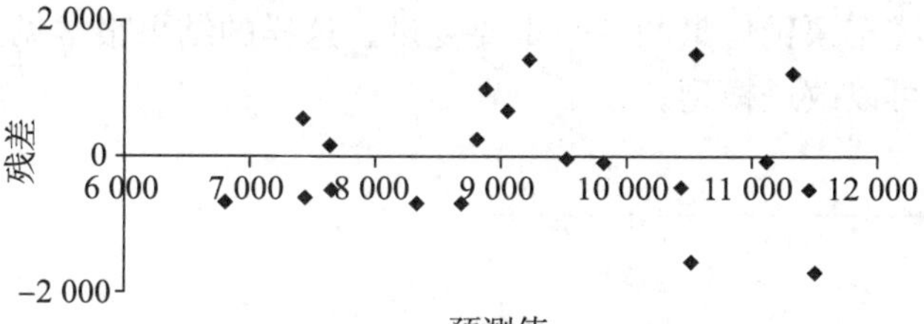


**图 17—10　例 17.1 中残差与预测值的关系图（包括时间变量）**

误差变量的方差似乎是常数。

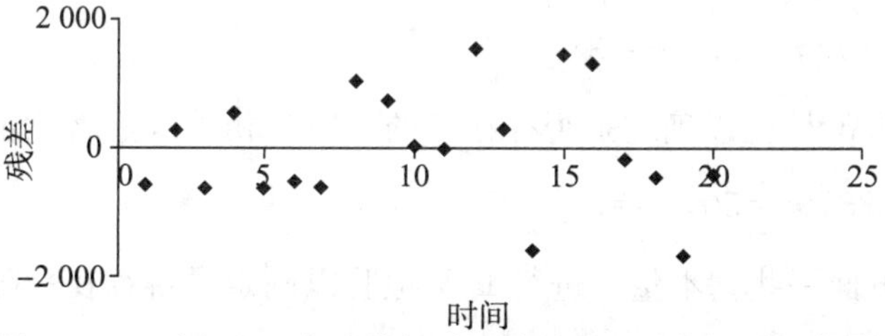


**图 17—11　例 17.1 中残差与时间的关系图（包括时间变量）**

从图 17－11 可以看出，不存在自相关。为了确认这个推断，可以进行 DW 检验。

**Excel**

| | A | B | C |
|---|---|---|---|
| 1 | **Durbin-Watson Statistic** | | |
| 2 | | | |
| 3 | d=1.885 | | |

**Minitab**

Durbin-Watson statistic=1.884 99

由附录 B 中的表 8（a）可知，当 $n=20$，$k=3$ 时，DW 检验的临界值为

$$d_L=1.00,\quad d_U=1.68$$

因为 $d>1.68$，所以没有足够的理由可以推断存在正的一阶自相关。

注意，模型得到了大幅改进。$F$ 检验表明模型有效。$t$ 检验则证明了降雪量和时间都与缆车票销售量显著线性相关。这一信息对滑雪场的广告是很有用的。举例来说，如果最近将要下雪，那么滑雪场可以在广告中强调这一点；如果最近没有降雪，那么滑雪场可以在广告中强调自己滑雪设备的优势。

### □ 17－4b 对统计概念的理解

注意，缆车票销售量的很大一部分变异都可以由时间变量解释，即 20 年内，滑雪场的缆车票销售量表现出相当稳定的增长势头。将时间变量纳入模型后，降雪量就变得显著了，因为它可以解释缆车票销售量的其余变异。而如果没有时间变量，降雪量和气温则不能解释缆车票销售量中的大部分变异。残差与时间的关系图和 DW 检验使我们可以发现并改正这样的问题。在解决自相关问题的时候，我们对模型进行了改进，从而识别出降雪量是决定缆车票销售量的一个重要变量。这样的结果很常见。更正不满足必要条件的情况通常也可以改进模型。

## 习　题

**17.43** 根据下面的一些基本量，进行 DW 检验以确定是否存在正的一阶自相关（显著性水平为 5%）。

$$d=1.10,\ n=25,\ k=3$$

**17.44** 进行 DW 检验以确定是否存在负的一阶自相关（显著性水平为 1%）。

$$d=2.85,\ n=50,\ k=5$$

**17.45** 根据下面一些基本量，进行 DW 检验以确定是否存在一阶自相关。

$$n=25,\ k=5,\ \alpha=0.10,\ d=0.90$$

**17.46** 检验下面的假设，$\alpha=0.05$。

$H_0$：不存在正的一阶自相关
$H_1$：存在正的一阶自相关
$n=50$，　$k=2$，　$d=1.38$

**17.47** 检验下面的假设，$\alpha=0.02$。

$H_0$：不存在一阶自相关
$H_1$：存在一阶自相关
$n=90$，$k=5$，$d=1.60$

**17.48** 检验下面的假设，$\alpha=0.05$。

$H_0$：不存在负的一阶自相关
$H_1$：存在负的一阶自相关
$n=33$，　$k=4$，　$d=2.25$

下面的习题需要用计算机和统计软件完成。

**17.49** **Xr17-49** 观察了 100 个连续时间变量 $y$，$x_1$，$x_2$ 的值。

a. 试利用这些数据进行回归分析。

b. 绘制残差的时间图并描述。

c. 进行 DW 检验，有证据表明变量间自相关吗（$\alpha=0.10$）?

d. 如果问题（c）的检验证明变量间存在自相关关系，试用另一个回归模型来纠正这一问题，并用计算机计算与这一模型相关的统计量的值。

e. 重新完成问题（b）和（c），并比较两个模型。

**17.50** **Xr17-50** 收集一年中一家公司每周的产品销售额（$y$）和它的主要竞争者的周销售额（$x$）的有关数据。

a. 试利用这些数据进行回归分析。

b. 绘制残差的时间图。是否存在自相关?

c. 进行 DW 检验，有证据表明变量间自相关吗（$\alpha=0.10$）?

d. 如果问题（c）的检验证明变量间存在自相关关系，试用另一个模型来纠正这一问题，并用计算机计算与这一模型相关的统计量的值。

e. 重新完成问题（b）和（c），并比较两个模型。

**17.51** 参考习题 17.3。有证据表明存在一阶自相关吗（$\alpha=0.05$）?

**17.52** 参考习题 16.99。判断是否有足够的证据表明存在一阶自相关。

**17.53** **Xr17-53** 明尼阿波利斯市一家轮胎商店的经理在为商店高昂的存货成本担忧。他目前的策略是在销售季节开始的时候（一般在 10 月末）存储预计将在整个冬季出售的所有雪地防滑轮胎。如果让供货商从 10 月到来年 2 月间定期运送所需的产品，则可以降低存货成本。但是，他必须预测每周的销售状况，以防无货可卖，丧失销售机会。为了建立一个预测模型，他记录了去年冬天每周的雪地防滑轮胎的销售额和降雪量（单位：英寸）。

a. 建立回归模型，并用计算机计算相关的统计量的值。

b. 进行诊断分析，以确定必要条件是否全部得到满足。

c. 假设有一个或更多必要条件没有得到满足，试解决这一问题。

d. 利用你认为合适的任何统计方法评估修正后的模型的拟合效果。

e. 试解释所有回归系数。

## 小　结

多元回归模型拓展了第 16 章所介绍的模型。这个统计概念和统计方法与简单线性回归模型的概念和处理方法相似。文中用三种方法评估多元回归模型：估计标准误、判定系数（和经自由度调整的判定系数）以及方差分析的 $F$ 检验。利用系数的 $t$ 检验可以确定每一个自变量与因变量是否线性相关。与第 16 章一样，这里也介绍了如何诊断是否满足必要条件和如何发现一些其他问题。此外，我们还阐述了多重共线性问题，以及它的影响和应采取的一些补救措施。本章最后部分讨论了可用于确定一阶自相关存在性的 DW 检验。

**重要术语**

| | | |
|---|---|---|
| 响应曲面 | 经自由度调整的判定系数 | 多重共线性 |
| DW 检验 | 一阶自相关 | |

**符号**

| 符号 | 意义 |
|---|---|
| $\beta_i$ | 第 $i$ 个自变量的系数 |
| $b_i$ | 第 $i$ 个自变量的样本回归系数 |

**公式**

估计标准误

$$s_\varepsilon=\sqrt{\frac{\text{SSE}}{n-k-1}}$$

$\beta_i$ 的检验统计量

$$t=\frac{b_i-\beta_i}{s_{b_i}}$$

判定系数

$$R^2=\frac{s_{xy}^2}{s_x^2s_y^2}=1-\frac{\text{SSE}}{\sum(y_i-\bar{y})^2}$$

经自由度调整的判定系数

$$R^2(\text{调整后}) = 1 - \frac{\text{SSE}/(n-k-1)}{\sum (y_i - \bar{y})^2/(n-1)}$$

误差均方

$$\text{MSE} = \frac{\text{SSE}}{k}$$

回归均方

$$\text{MSR} = \frac{\text{SSR}}{n-k-1}$$

$F$ 统计量

$$F = \frac{\text{MSR}}{\text{MSE}}$$

DW 统计量

$$d = \frac{\sum_{i=2}^{n}(e_i - e_{i-1})^2}{\sum_{i=1}^{n} e_i^2}$$

## 习　题



下面的习题要用到计算机和统计软件。显著性水平取 5%。

**17.54　Xr17-54**　参考习题 16.83。这位农学家认为，降雨数量和施肥量将影响作物的产量。她依照下面的方法重做了这项试验：租用 30 间温室，每间温室的施肥量和浇水量都不同。生长期过后，记录各温室玉米的产量。

a. 确定样本回归模型，并解释回归系数。

b. 从这些数据中能否推断出施肥量与玉米的产量线性相关？

c. 从这些数据中能否推断出浇水量与玉米的产量线性相关？

d. 多元回归模型拟合数据的效果如何？

e. 能否认为误差项服从常数方差的正态分布？

f. 预测当施肥量为 100 千克、浇水量为 1 000 升时作物的产量（置信度为 95%）。

**17.55　Xr16-12***　在习题 16.12 中我们分析了公寓价格和面积之间的关系。为了改善模型的预测效果，该机构记录了公寓的数量、使用年限和楼层数。

a. 计算回归方程。

b. 模型是否有效？

c. 将你的答案与习题 16.12 中的结论进行比较。

**17.56　Xr16-16***　在习题 16.16 中，统计人员考察了办公室租金与该城市的办公空间空置率的关系，发现模型的拟合效果很差。因此，她决定添加一个衡量经济状况的变量。最后，这位统计人员选择了失业率。

a. 试确定回归模型。

b. 试计算判定系数，并对它进行解释。

c. 试检验模型的有效性。

d. 试确定两个自变量中哪个与租金线性相关。

e. 判断误差是否服从常数方差的正态分布。

f. 判断是否存在自相关。

g. 当一个城市办公室的空置率为10%、失业率为7%时，预测办公室的租金（置信度为95%）。

案例 17.1

## 共同基金经理的分析Ⅰ*

数据：C17 - 01

全国有数千只共同基金。它们的信息来源也比较丰富：报纸会定期报道每只共同基金的单价，共同基金公司和经纪人做了大量广告，还有一些介绍这方面内容的书籍。很多广告暗示人们应该投资于广告中的共同基金，因为它过去的业绩很好。遗憾的是，并没有什么证据表明，基金过去的业绩可以作为预测其将来表现的一个因子。但是，考察共同基金的经理却可能获得一些重要信息。有人曾研究了这一问题，他收集了2 029只共同基金业绩的数据。

每只共同基金的业绩都用风险调整后的超额收益率衡量，它是某只基金的投资收益率与被认为是标准的收益率之差。这个标准基于很多变量，其中包括无风险收益率。

这里用四个变量描述基金经理，分别是：年龄、任期（负责基金管理的时间）、是否获得MBA学位（1=是，0=否）和一个衡量经理受教育水平的指标［经理获得本科学位的学术能力评估测试（SAT）的分数］。

对数据进行分析，讨论基金经理受教育水平、是否获得MBA学位、年龄和任期是否与基金的业绩相关。

* Judith Chevalier and Glenn Ellison, "Are Some Mutual Fund Managers Better Than Others? Cross-Sectional Patterns in Behavior and Performance," National Bureau of Economic Research, Working Paper 5852.

案例 17.2

## 共同基金经理的分析Ⅱ

数据：C17 - 02a，C17 - 02b

除了分析经理的特征与基金业绩的关系外，研究者还想知道以上特征是否与基金的表现相关。特别地，研究者想知道基金的风险和管理费用率是否与管理者的年龄、任期、大学SAT分数和是否获MBA学位相关。

在4.6节介绍的市场模型中，我们用股票的$\beta$值衡量股票的系统风险。一个投资组合的$\beta$值是构成组合的所有股票的$\beta$值的均值。文件 C17－02a 中存储的经理特征与文件 C17－01 中的相同。但是，前者的第 1 列包括了$\beta$值。

为了分析基金管理费用率，我们需要将衡量基金规模的指标考虑进来。基金资产额（单位：百万美元）的对数和管理费用率都被记录了下来，并存储于文件 C17－02b 中。

分析两组数据，并写一份简要的分析报告。

# 附录 回顾第12章至第17章

表A17—1列出了目前为止本书介绍的所有统计推断方法。图A17—1的流程图可以帮助你选择正确的统计方法。

表A17—1 第12章至第17章的统计方法总结

| |
|---|
| $\mu$ 的 $t$ 检验 |
| $\mu$ 的估计量（包括 $N\mu$ 的估计量） |
| $\sigma^2$ 的 $\chi^2$ 检验 |
| $\sigma^2$ 的估计量 |
| $p$ 的 $z$ 检验 |
| $p$ 的估计量（包括 $Np$ 的估计量） |
| $\mu_1-\mu_2$ 的 $t$ 检验（等方差） |
| $\mu_1-\mu_2$ 的估计量（等方差） |
| $\mu_1-\mu_2$ 的 $t$ 检验（异方差） |
| $\mu_1-\mu_2$ 的估计量（异方差） |
| $\mu_D$ 的 $t$ 检验 |
| $\mu_D$ 的估计量 |
| $\sigma_1^2/\sigma_2^2$ 的 $F$ 检验 |
| $\sigma_1^2/\sigma_2^2$ 的估计量 |
| $p_1-p_2$ 的 $z$ 检验（情况1） |
| $p_1-p_2$ 的 $z$ 检验（情况2） |
| $p_1-p_2$ 的估计量 |
| 单因素方差分析（包括多重比较） |
| 双因素方差分析（随机化区组试验） |
| 双因素方差分析 |
| 卡方拟合优度检验 |
| 列联表的卡方检验 |
| 简单线性回归和相关分析（包括 $\rho$ 和 $\beta_1$ 的 $t$ 检验以及预测和置信区间） |
| 多元回归分析（包括 $\beta_i$ 的 $t$ 检验、$F$ 检验以及预测和置信区间） |

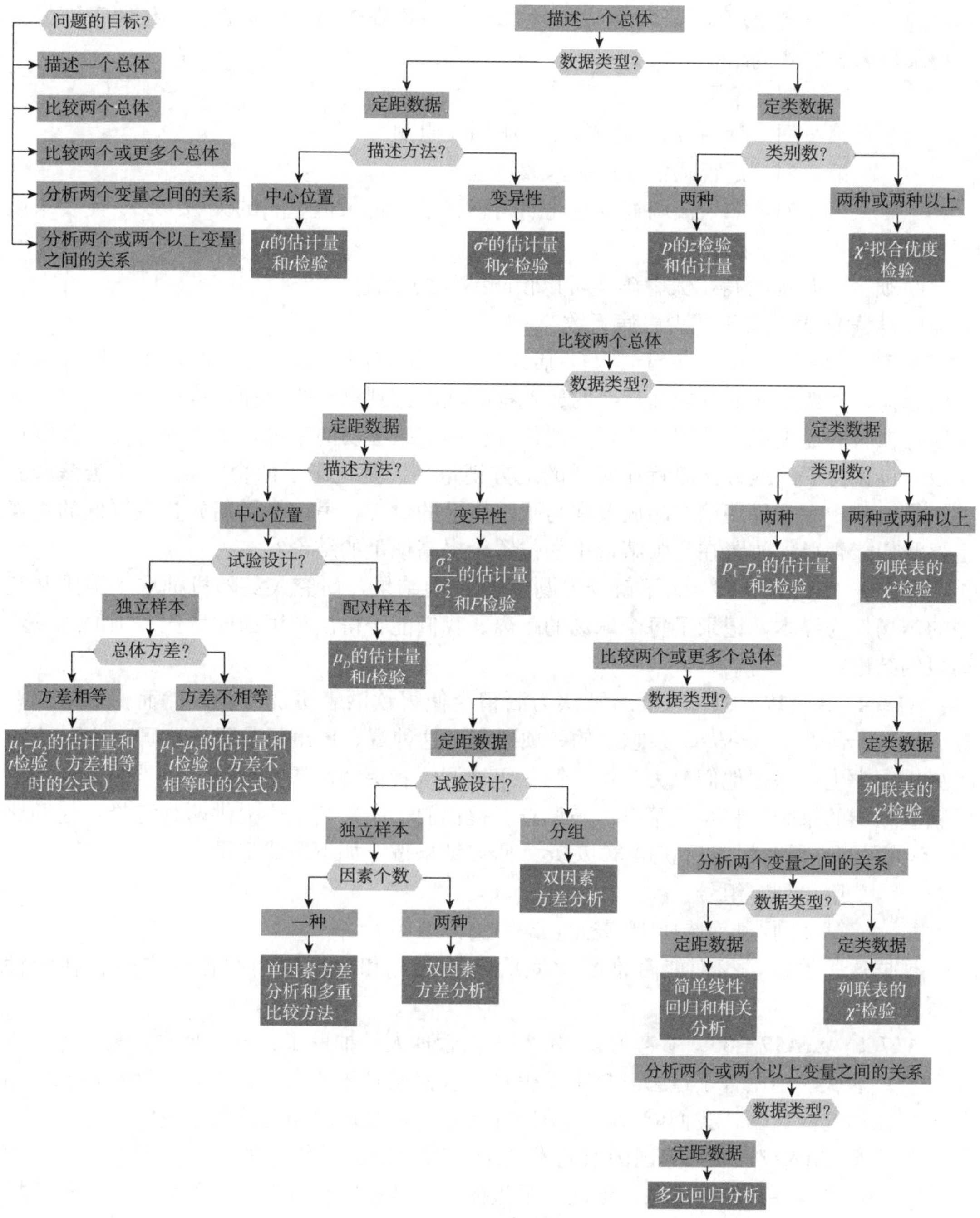


**图 A17—1　统计方法总结：第 12 章至第 17 章**

## 习　题

**A17.1　XrA17－01**　一直以来，人们都认为大蒜能够预防感冒。一位英国的研究人员进行了一项试验，以确定这种观点的正确性。他随机抽取了 146 名志愿者，每天给其中的一半志愿者服用大蒜素，给另一半志愿者服用安慰剂。冬季之后，按照下面的方式记录每名志愿者的结果：

第 1 列：编号

第 2 列：1=服用大蒜素，2=服用安慰剂

第 3 列：是否感冒（1=否，2=是）

第 4 列：如果被调查者在此期间感冒了，记录他患病的天数（999 代表未患感冒）

a. 研究人员能否得出大蒜确实可以预防感冒的结论？

b. 大蒜能否有助于减少患病天数？

**A17.2　XrA17-02**　对于零售商店来说，货架空间是非常有限的资源。因此，商品的选择、货架空间的分配和货架的放置都必须考虑到赢利能力和存货周转。一家百货商店连锁店的经理想要了解是否货架的位置会影响罐头汤的销量，她认为把货物放置在与眼睛位置持平的地方比放置在较低的地方销量高。她记录了两个星期 40 家店该产品的销量，其中一个星期该产品放置在与眼睛持平的位置，另一个星期放置在较低的货架上。我们能否得出放置在与眼睛持平的位置会提高销量的结论？

**A17.3　XrA17-03**　为了解释习题 A15.9 的结果，研究人员随机抽取了美国和英国的球场作为样本，记录了每个球场的距离。我们能否得出英国的球场比美国的球场距离短的结论？

**A17.4　XrA17-04**　人们通常认为酒精会使得饮酒者更加冲动。然而，最近刊登在 *Alcohol and Alcoholism* 杂志上的一项研究对这种观点提出了质疑。该研究抽取了 76 名男性大学生，并把他们分为三组。第一组被调查者保持清醒，给第二组被调查者提供酒精量较少的果味饮料，给第三组被调查者提供酒。向每名学生提供两种选择：立即获得 15 美元和一段时间以后获得 30 美元。研究结果按照如下方式记录：

第 1 列：组号

第 2 列：1=选择 15 美元，2=选择 30 美元

根据这些数据，我们能否推断学生所做的选择和他们醉酒的程度之间存在线性关系？

**A17.5　XrA17-05**　参考习题 13.35。该管理人员抽取了另外一个样本进行进一步的分析。这次，她调查了过去五年中发生过一次交通事故的人，记录其修理费用和信用计分。根据这些数据，我们能否得出信用计分越高，修理费用越低的结论？

**A17.6　XrA17-06**　美国国家艺术基金会对美国的成年人进行了一项调查，以判断他们是否参与各种各样的艺术活动。最近的一项调查随机抽取了一部分成年人作为样本，询问他们是否参加了摄影展。回答项为 1=是，2=否。美国共有 20 580 万成年人。在 95%的置信水平下，估计参加摄影展的美国成年人的人数。（资料来源：《美国统计摘要》，2006 年，表 1228。）

**A17.7　XrA17-07**　人们普遍认为对于心脏病发作的人来说，人工呼吸的效果要比压迫胸部的效果好。为了判断这种说法的正确性，日本的研究人员对 4 068 名心脏骤停的患者进行了分析。其中有 439 名仅仅能得到来自其他人的压迫胸部治疗，另外的 712 名可获得常规的心肺复苏压缩治疗和人工呼吸。每一组研究结果按照如下方式记录：1=没有恢复很好的神经功能，2=恢复了很好的神经功能。根据这些数据，我们可

以得出什么结论？

**A17.8　XrA17-08**　参考习题 A15.6。金融分析师同时记录了户主的年龄。回答项为：

1：25 岁以下
2：25～34 岁
3：35～44 岁
4：45～54 岁
5：55～64 岁
6：65 岁及以上

户主是否拥有共同基金的回答项是 1＝否，2＝是。根据这些数据，我们能否推断出户主的年龄与他是否拥有共同基金之间存在相关关系？（资料来源：《美国统计摘要》，2006 年，表 1200。）

**A17.9　XrA17-09**　在过去的 10 年里（1995—2005 年），髋关节和膝关节置换手术的数量增长了 87%。因为这种手术的费用非常昂贵，所以健康保险公司和政府健康计划对此类手术都很关注。为了获得更多信息，随机抽取 1995—2005 年做过此类手术的人作为样本，记录患者的年龄。根据这些数据，我们是否有足够的证据证明需要做该手术的患者的年龄越来越小了？（资料来源：加拿大关节置换登记处。）

**A17.10　XrA17-10**　参考习题 A17.9。决定一个患者是否需要更换髋关节和膝关节的一个主要因素是体重。为了了解更多信息，一位医学研究人员随机抽取了做过髋关节置换手术（编码＝1）和膝关节置换手术（编码＝2）的人作为样本，记录他们的体重类别：

1. 体重过轻
2. 正常体重
3. 超重但不肥胖
4. 肥胖

根据这些数据，研究人员能否得出体重和需要更换关节之间相关的结论？

**A17.11　XrA17-11**　含有大量性和暴力镜头的电视节目往往更能吸引观众。登广告的人希望拥有大量观众，同时也希望观众能够记住他们产品的品牌名称。为了分析包含性和暴力镜头对他们的观众所产生的影响，随机抽取了 328 名成年人并分为三组。第一组观众观看暴力节目，第二组观众观看性节目，第三组观众观看正常的节目。研究人员播放了 9 段 30 秒钟的商业广告，其中包含大量不同的产品。观看节目以后，询问被访者是否记住了产品的名称。24 小时以后，再次要求受访者说出产品的名称。记录正确答案的数量。进行假设检验，判断是否这三组观众的调查结果之间存在差异以及哪一组观众表现得最好。结果发表在《应用心理学杂志》上。（《国家邮报》，2004 年 8 月 16 日。）

**A17.12　XrA17-12**　为了向消费者解释为什么最近的电费如此高，以及如何通过调整空调和热水器上的自动调温器来节约费用，一家电力公司记录了 100 个家庭去年冬天的总耗电千瓦数和空调、热水器上的自动调温器所设置的温度。

a. 试确定回归模型。

b. 试计算判定系数，它说明了什么问题？

c. 试检验模型的有效性。

d. 某家庭的空调的自动调温器设置为 70、热水器的自动调温器设置为 130，预测这个家庭的电器耗电量（置信度为95%）。

e. 估计空调的自动调温器设置为70、热水器的自动调温器设置为130的所有家庭的平均耗电量（置信度为95%）。

**A17.13 XrA17－13** 一位经济学家想要研究关于员工报酬的问题。她对858名工人进行了调查，询问他们每小时的薪水、总收入以及他们公司产品的类别是商品还是服务。判断生产商品的公司和提供服务的公司的员工时薪和总收入之间是否存在差异。（资料来源：《美国统计摘要》，2006年，表637。）

**A17.14 XrA17－14** 在北美，职业运动员可能因为从事某种体育运动的出色能力而获得可观的薪水，而业余爱好者从事这些活动只是为了娱乐。为了确定影响球队支付给冰球队员的薪水的因素，一名MBA学生随机抽取了参加1992—1993赛季和1993—1994赛季的50名全美冰球联盟的运动员。他记录了运动员1993—1994赛季末的工资水平和他们在前两个赛季中的表现。

第1、2列：1992—1993赛季和1993—1994赛季进行的比赛

第3、4列：1992—1993赛季和1993—1994赛季的进球数

第5、6列：1992—1993赛季和1993—1994赛季的助攻记录

第7、8列：1992—1993赛季和1993—1994赛季的正/负得分

第9、10列：1992—1993赛季和1993—1994赛季的处罚时间

第11列：以美元为单位的薪水

建立一个模型来分析薪水和运动员表现之间的关系。描述你的发现。（作者非常感谢Gordon Barnett教练编写了这道习题。）

**A17.15 XrA17－15** 吸烟所伴随的风险众所周知，因此很多医生建议他们的患者戒烟。这就引出了一个问题：与继续吸烟的人和从未吸过烟的人相比，戒烟的人的风险又怎样呢？在《内科医学杂志》[2004年2月，255（2）：266－272]上刊登的一篇研究中，研究人员从以下各组中随机抽取了样本：

组1：从未吸过烟

组2：继续吸烟

组3：戒烟的吸烟者

在这项为期10年的研究计划开始的时候，共有238名不吸烟者和155名吸烟者。一年之后，有39人戒烟。记录每个人的体重增加、收缩压（SBP）和舒张压（DBP）。判断这三组在体重增加值、SBP和DBP之间是否存在差异。如果是，是哪两组之间不同？

**A17.16 XrA17－16** 在对加拿大农民进行的一项调查中，询问每个农民其农场的英亩数。2006年加拿大共有229 373家农场（资料来源：加拿大统计）。在95%的置信水平下，估计2006年加拿大农场的总面积（单位：英亩）。

**社会综合调查习题**

**A17.17 GSS2008*** 我们能够根据数据推断家庭成员中至少有一个是工会会员（UNION：1＝调查对象属于，2＝调查对象的配偶属于，3＝夫妻都属于，4＝夫妻都不属于）与家庭成员中没有工会会员，在对待政府在解决国家问题方面做的多还是少（HELPNOT：1＝政府应该做的更多，2，3，4，5＝政府做的太多了）的态度上存在差异吗？

**A17.18　GSS2008***　在 95%的置信区间下估计美国人中离婚（DIVORCE：1=是，2=否）的比例。

**A17.19　GSS2008***　有充分的证据表明参加过大学水平科学课程的人（COLSCINM：1=是，2=否）能更正确地回答问题"医生告诉一对夫妻，他们的孩子有四分之一的可能患有一种遗传疾病"吗？这意味着如果他们的第一个孩子有病，接下来的三个孩子将会没有病（ODDS1：1=是，2=否）吗？正确答案：否。

**A17.20　GSS2008***　在 95%的置信区间下估计美国人从事当前工作的平均年限（CUREMPYR）。

**A17.21　GSS2008***　有充分的证据表明保守派的三类群体（POLVIEWS：5=轻度保守，6=保守，7=极度保守）在支持国家对杀人犯实行死刑（CAPPUN：1=支持，2=反对）的态度上存在差异吗？

**A17.22　GSS2008***　老年人看电视更多吗？为了回答这一问题，请分析年龄（AGE）和观看电视花费时间（TVHOURS）之间的线性关系。

**A17.23　GSS2008***　一个人的收入越高，这个人就越倾向于赞同政府做很多工作来解决国家问题吗？通过检验收入（INCOME）和 HELPNOT 变量之间的线性关系来回答这个问题。

**A17.24　GSS2008***　有充分的证据表明存在视力问题（DISABLD2：当你佩戴眼镜时，是否有视力问题干扰你阅读报纸？1=是，2=否）的人更倾向于赞同政府有责任帮助支付医疗费用（HELPSICK：1=政府应该帮助，2=人们应该依靠自己）吗？

**A17.25　GSS2008***　父辈具有职业声望，孩子也会有职业声望吗？建立一个假设检验来判断变量 PRESTG80 和变量 PAPRES80 是否存在正的线性相关关系。

**A17.26　GSS2008***　丈夫的工作时间与妻子的工作时间存在线性关系吗？建立关于变量 HRS 和变量 SPHRS 的假设检验，回答这一问题。

**美国国家选举调查习题**

**A17.27　ANES2008***　老年人更愿意投票吗？回答该问题的方法之一是建立一个假设检验来判断是否有充分的证据表明年龄（AGE）与投票意愿（DEFINITE）正相关。

**A17.28　ANES2008***　一个人的受教育水平影响其每天观看电视新闻的时间吗？建立一个假设检验来判断变量 TIME2 和变量 EDUC 是否线性相关。

案例 A17.1

## 保持动脉通畅的新方法

数据：CA17-01

支架是一种金属网状缸，用于清除动脉堵塞后保持动脉通畅。然而，对于很多病人来说，用裸金属制成的支架同样会造成动脉堵塞。动脉堵塞复发的原因之一是身体对外来物体的排异反应。刊登在《新英格兰医学期刊》（2004 年 1 月）中的一项研究检验了一种新型支架。这种新型支架由聚合物基制成，在植入后缓慢释放药物（紫杉醇）以防止排异现象的发生。随机抽取 1 314 名正在接受支架的冠状动脉堵塞患者。随机指派其中的 652 名患者接受裸金属支架，其余的 662 名患者接受同样外观的药物洗脱支架。检查结果按照如下方式记录：

第 1 列：患者编号

第 2 列：支架类型（1=裸金属，2=聚合物基）

第 3 列：参照血管直径（堵塞的动脉直径，单位：毫米）

第 4 列：病变长度（堵塞的长度，单位：毫米）

参照血管直径和病变长度是在植入支架之前测量的。

植入支架 12 个月以后记录以下数据：

第 5 列：9 个月后动脉堵塞是否复发（2=是，1=否）

第 6 列：堵塞需要重新疏通（2=是，1=否）

第 7 列：死于心脏疾病（2=是，1=否）

第 8 列：由于植入支架导致中风（2=是，1=否）

a. 使用储存在第 3 列至第 8 列的变量，判断是否有足够的证据能够推断新型支架优于裸金属制造的支架。

b. 作为制药公司的研究人员，撰写一份报告，向公司的管理层汇报分析结果。

案例 A17.2

## 交通事故和司机的年龄*

数据：CA17-02

保险公司制定保费的工作非常复杂。如果保费太高，保险公司会流失客户；如果保费太低，公司会损失利润。统计在保险公司的各个业务方面都起着重要作用。作为统计分析的一部分，佛罗里达州的保险公司研究了汽车碰撞的严重程度和司机年龄之间的关系。随机抽取 2002 年佛罗里达州的一部分交通事故，记录司机的年龄以及司机是否在事故中受伤或死亡。数据按照如下方式储存：

第 1 列：事故编号

第 2 列：年龄组

1. 15～34

2. 35～44

3. 45～54

4. 55～64

5. 65 岁及以上

第 3 列：司机在事故中的受伤状况

1=没有受伤

2=受伤（但是没有死亡）

3=死亡

a. 是否有足够的证据表明年龄和司机在事故中的受伤状况是相关的?

b. 在 95%的置信水平下，估计 2002 年佛罗里达州在事故中没有受伤的司机比例。

* Florida Department of Highway Safety and Vehicles, *Miami Herald*, January 1, 2004, p. 2B.

# 第 18 章 建 模

**社会综合调查——影响收入的变量Ⅱ**

数据：GSS2012*

通过第 17 章开篇的例子，我们发现一个人的收入受到年龄、受教育程度和每周工作小时数的影响。判断收入是否也受到性别和种族的影响。答案参见 18－2a 小节。



## 引 言

第 16 章和第 17 章介绍了回归分析的概念和方法，并讨论了怎样建立、解释、评价模型，以及如何诊断必要条件是否得到满足。但是，关于回归分析，还有更多内容值得研究。本章将说明，为什么这种方法是统计学中最为常见和有用的方法之一。回归分析使统计人员可以用数学模型来描述因变量与自变量之间的关系。

18.1 节介绍其中的自变量与因变量之间可能为非线性关系的模型。18.2 节讨论指示变量，这使我们可以利用名义自变量。18.3 节研究工资平等的问题，这是名义自变量在人力资源管理中的一个重要应用。逐步回归法将放在 18.4 节中介绍，通过它，统计人员能够得到拟合效果最好的模型。最后，在 18.5 节，我们讨论如何应用回归分析来建模。

## 18.1 多项式模型

第 17 章介绍了如下多元回归模型：

$$y=\beta_0+\beta_1x_1+\beta_2x_2+\cdots+\beta_kx_k+\varepsilon$$

模型中包括自变量 $x_1$，$x_2$，…，$x_k$，因为我们认为这些变量均与因变量线性相关。在本节讨论的模型中，自变量可能是几个预测变量的函数。下面给出的**多项式模型**（polynomial model）是最简单的形式。

> **单个预测变量的多项式模型**
>
> $$y=\beta_0+\beta_1x+\beta_2x^2+\cdots+\beta_px^p+\varepsilon$$

理论上讲，这是一个包括 $p$ 个自变量的多元回归模型。但是，这里所有自变量都以某个变量为基础，这个变量被称为**预测变量**（predictor variable），即 $x_1=x$，$x_2=x^2$，…，$x_p=x^p$。在这个模型中，$p$ 是方程的**阶**（order）。后面的讨论很少涉及阶大于 3 的模型。但是，有必要花较多精力研究 $p=1$，2 和 3 的情况。

### □ 18-1a 一阶模型

当 $p=1$ 时，就得到我们在第 16 章中介绍过的、已经非常熟悉的**一阶模型**（first-order model）：

$$y=\beta_0+\beta_1x+\varepsilon$$

很明显，当统计人员认为在 $x$ 的取值范围内，自变量与因变量之间存在线性关系时，他就会选用这一模型。



### □ 18-1b 二阶模型

当 $p=2$ 时，上述多项式模型变为

$$y=\beta_0+\beta_1x+\beta_2x^2+\varepsilon$$

绘制 $x$ 与 $y$ 的关系图，可以看出图形为一条抛物线，见图 18—1 和图 18—2。系数 $\beta_0$ 是响应曲线在 $y$ 轴的截距。$\beta_1$ 和 $\beta_2$ 的符号决定着抛物线相对于 $y$ 轴的位置。比如，如果 $\beta_0=0$，那么抛物线关于 $y$ 轴对称；如果 $\beta_1$ 和 $\beta_2$ 的符号相同，那么抛物线在 $y$ 轴的左侧；如果 $\beta_1$ 与 $\beta_2$ 的符号相反，则抛物线在 $y$ 轴的右侧。$\beta_2$ 是曲线的曲率。如果 $\beta_2=0$，则不存在曲线；如果 $\beta_2$ 为负，那么抛物线是凹的（见图 18—1）；如果 $\beta_2$ 为正，抛物线就是凸的（见图 18—2）。$\beta_2$ 的绝对值越大，曲率越大（见图 18—3）。

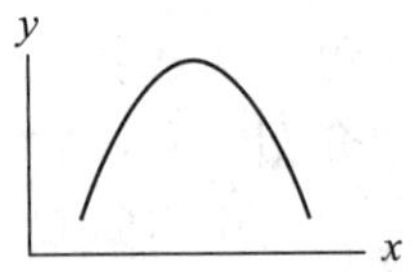


**图 18—1　$\beta_2<0$ 的二阶模型**

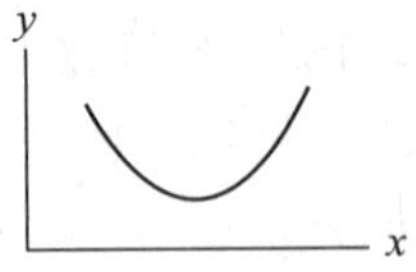


**图 18—2　$\beta_2>0$ 的二阶模型**

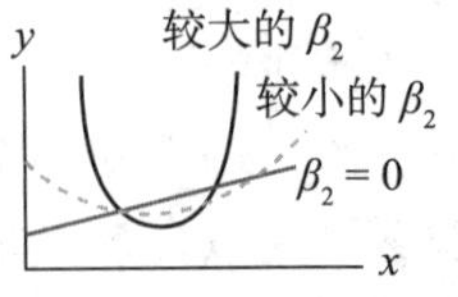


**图 18—3　不同 $\beta_2$ 值的二阶模型**

## □ 18-1c 三阶模型

当 $p=3$ 时，多项式模型变为

$$y=\beta_0+\beta_1x+\beta_2x^2+\beta_3x^3+\varepsilon$$

图 18—4 和图 18—5 描述了上述三次方程，这种曲线的曲率可以变化两次。

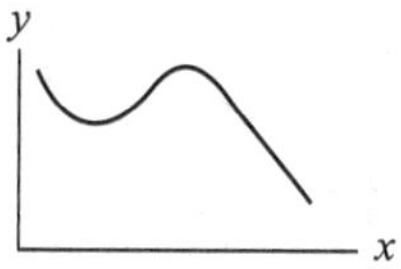


**图 18—4 $\beta_3<0$ 的三阶模型**

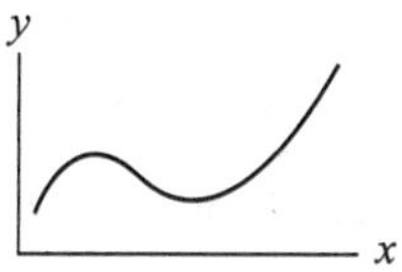


**图 18—5 $\beta_3>0$ 的三阶模型**

从图中可以看出，当 $\beta_3<0$ 时，$y$ 在 $x$ 的取值内是递减的；当 $\beta_3>0$ 时，$y$ 是递增的。其他三个系数决定了曲率变化和在 $y$ 轴的截距。

实际应用中很少用到这种模型，统计人员很少碰到曲率变化超过一次的情况。因此，我们将不再讨论更高阶的模型。

## □ 18-1d 两个预测变量的多项式模型

如果认为影响因变量的预测变量有两个，那么可以应用下面几种模型中的一种。这种模型的一般形式较为复杂，所以不在这里介绍，而只是讨论几个具体的例子。

## □ 18-1e 一阶模型

一般用下面的方程表示一阶模型：

$$y=\beta_0+\beta_1x_1+\beta_2x_2+\varepsilon$$

只要统计人员认为 $y$ 与 $x_1$ 和 $x_2$ 线性相关，且两个预测变量相互独立（参见第 14 章的有关介绍），就可以应用这个模型。这意味着一个预测变量对 $y$ 的影响与另外一个预测变量对 $y$ 的影响是相互独立的。例如，假设一阶模型的样本回归方程为

$$\hat{y}=5+3x_1+4x_2$$

如果我们在 $x_2$ 取几个不同值的时候（例如，$x_2=1$，2 和 3），考察 $x_1$ 与 $y$ 之间的关系，可以得到下面的方程：

| $x_2$ | $\hat{y}=5+3x_1+4x_2$ |
|---|---|
| 1 | $\hat{y}=9+3x_1$ |
| 2 | $\hat{y}=13+3x_1$ |
| 3 | $\hat{y}=17+3x_1$ |

这三个方程在 $y$ 轴的截距不同（见图 18—6），但 $x_1$ 的系数相同，这表明无论 $x_2$ 取什么值，$x_1$ 对 $y$ 的影响是固定不变的。（我们也可以证明无论 $x_1$ 取什么值，$x_2$ 对 $y$ 的影响

都不变。）从图 18—6 中也可以看出，预测变量互不相关的一阶模型是一些相互平行的直线。

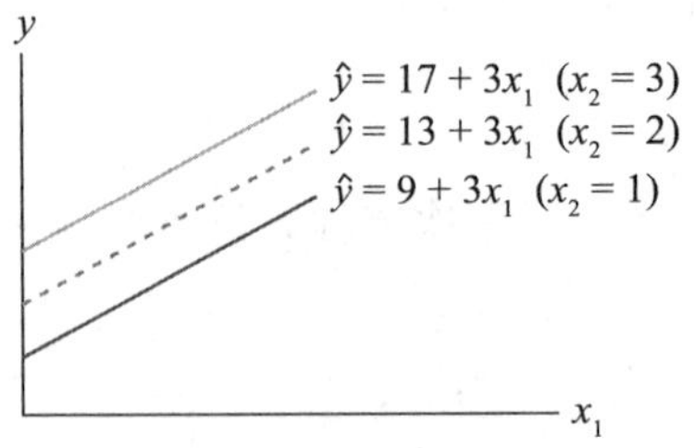


**图 18—6　两个自变量的一阶模型：没有交互作用**

如果统计人员认为一个预测变量对 $y$ 的作用受到另一个预测变量的影响，他可以应用下面的模型。

### □ 18－1f　含交互作用的两个预测变量的一阶模型

**交互作用**（interaction）意味着 $x_1$ 对 $y$ 的影响会受 $x_2$ 的值的影响。（也意味着 $x_2$ 对 $y$ 的影响会受 $x_1$ 的值的影响。）

**有交互作用的一阶模型**

$$y=\beta_0+\beta_1 x+\beta_2 x_2+\beta_3 x_1 x_2+\varepsilon$$

假设样本回归直线方程为

$$\hat{y}=5+3x_1+4x_2-2x_1x_2$$

如果我们分别在 $x_2=1$，2 和 3 时考察 $x_1$ 与 $y$ 之间的关系，可以得到下面的方程：

| $x_2$ | $\hat{y}=5+3x_1+4x_2-2x_1x_2$ |
|---|---|
| 1 | $\hat{y}=9+x_1$ |
| 2 | $\hat{y}=13-x_1$ |
| 3 | $\hat{y}=17-3x_1$ |

从上表可以看出，不仅直线在 $y$ 轴的截距发生了变化，而且 $x_1$ 的系数也发生了变化。很明显，$x_1$ 对 $y$ 的影响受 $x_2$ 的值的影响。图 18—7 描述了这一情况，几条直线很明显不平行。

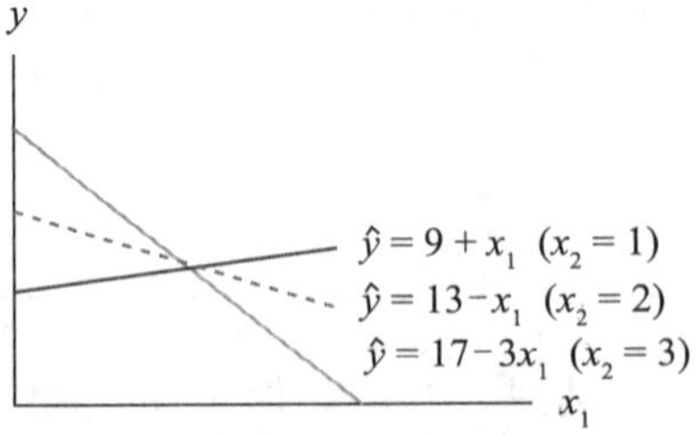


**图 18—7　有交互作用的一阶模型**

## □ 18-1g 含交互作用的两个预测变量的二阶模型

如果统计人员认为 $y$ 与 $x_1$ 和 $x_2$ 之间都存在**二次关系**（quadratic relationship），而且两个预测变量对 $y$ 的作用互相影响，那么他可以应用下面的**二阶模型**（second-order model）。

**有交互作用的二阶模型**

$$y=\beta_0+\beta_1x_1+\beta_2x_2+\beta_3x_1^2+\beta_4x_2^2+\beta_5x_1x_2+\varepsilon$$

图 18—8 和图 18—9 分别描述了不含交互作用和含交互作用时的二阶模型。

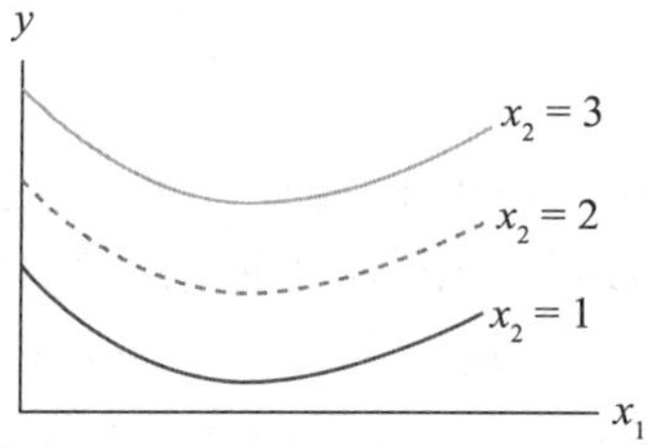


**图 18—8 不含交互作用的二阶模型**

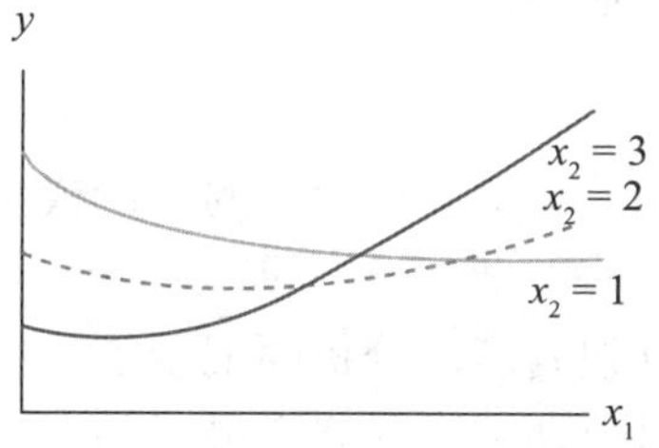


**图 18—9 含交互作用的二阶模型**

到目前为止，我们已经介绍了几种不同的模型，怎么知道应该应用哪种模型呢？答案是，采用哪种模型取决于统计人员对变量的了解，还要用本章和上一章介绍的统计方法检验模型。

### 例 18.1 为快餐店选址 Ⅰ

麦当劳和温迪等快餐连锁店在选择新地点时，需要考虑很多因素。假设一家快餐连锁店聘请了一位分析师，并让他建立回归模型来寻找可能赢利的新地点。已知这种类型的快餐店的主要市场是中等收入的成年人及他们的孩子，特别是 5～12 岁的孩子。这位分析师该选用哪个模型呢？

**解**

因变量是总收益或净利润，预测变量是连锁店周围地区家庭的年平均收入和孩子的平均年龄。因变量与每一个自变量可能呈二次关系，即收入较低或较高的家庭很少在快餐连锁店就餐，因为连锁店主要吸引的是中等收入的顾客。图 18—10 描述了这种假设关系。

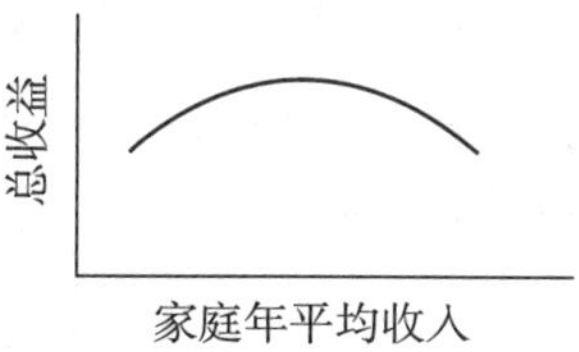


**图 18—10 快餐连锁店年总收益和家庭年平均收入的关系**

孩子年龄和总收益之间也有类似关系。与快餐连锁店周围地区孩子的平均年龄在

5～12 岁相比，快餐店周围地区孩子的平均年龄太小或太大都可能导致快餐店收益下降。

很难回答变量间是否存在交互作用。当不太确定时，最好将其纳入模型。因此，模型为

$$y=\beta_0+\beta_1x_1+\beta_2x_2+\beta_3x_1^2+\beta_4x_2^2+\beta_5x_1x_2+\varepsilon$$

式中

$y$＝快餐店年总收益

$x_1$＝周围家庭平均年收入

$x_2$＝周围地区孩子的平均年龄

**例 18.2　为快餐店选址Ⅱ**

数据：Xm18－02

为了检验含交互作用项的二阶模型是否有效，例 18.1 中的统计分析师随机选取了 25 个地区。每一地区大约有 5 000 个家庭，有一家该统计分析师的雇主开设的快餐店和三家竞争性快餐店。分析师记录了其快餐店前一年的总收益、家庭平均年收入和孩子的平均年龄（后两项资料来自最近的人口普查）；有一些数据列在下面（这个文件中也保存了 $x_1^2$，$x_2^2$ 和 $x_1x_2$ 的值）。从这些数据中，你能得出什么结论？

| 地区 | 年总收益 $y$（千美元） | 家庭平均年收入 $x_1$（千美元） | 孩子的平均年龄 $x_2$（岁） |
|---|---|---|---|
| 1 | 1 128 | 23.5 | 10.5 |
| 2 | 1 005 | 17.6 | 7.2 |
| 3 | 1 212 | 26.3 | 7.6 |
| ⋮ | ⋮ | ⋮ | ⋮ |
| 25 | 950 | 17.8 | 6.1 |

**解**

应用 Excel 和 Minitab 进行的回归分析如下所示：

**Excel**

| | A | B | C | D | E | F |
|---|---|---|---|---|---|---|
| 1 | SUMMARY OUTPUT | | | | | |
| 2 | | | | | | |
| 3 | 回归统计 | | | | | |
| 4 | Multiple R | 0.952 1 | | | | |
| 5 | R Square | 0.906 5 | | | | |
| 6 | Adjusted R Square | 0.881 9 | | | | |

续前表

| | | | | | | |
|---|---|---|---|---|---|---|
| 7 | 标准误差 | 44.70 | | | | |
| 8 | 观测值 | 25 | | | | |
| 9 | | | | | | |
| 10 | 方差分析 | | | | | |
| 11 | | df | SS | MS | F | Significance F |
| 12 | 回归分析 | 5 | 368 140 | 73 628 | 36.86 | 3.86E−09 |
| 13 | 残差 | 19 | 37 956 | 1 998 | | |
| 14 | 总计 | 24 | 406 096 | | | |
| 15 | | | | | | |
| 16 | | Coefficients | 标准误差 | t Stat | P-value | |
| 17 | Intercept | −1 134 | 320.0 | −3.54 | 0.002 2 | |
| 18 | Income | 173.20 | 28.20 | 6.14 | 6.66E−06 | |
| 19 | Age | 23.55 | 32.23 | 0.73 | 0.473 9 | |
| 20 | Income sq | −3.726 | 0.542 | −6.87 | 1.48E−06 | |
| 21 | Age sq | −3.869 | 1.179 | −3.28 | 0.003 9 | |
| 22 | (Income)(Age) | 1.967 | 0.944 | 2.08 | 0.050 9 | |

**Minitab**

**Regression Analysis: Revenue Versus Income, Age, Inc-sq, Age-sq, Inc-Age**

The regression equation is

Revenue=−1 134+173 Income+23.5 Age−3.73 Inc-sq−3.87 Age-sq+1.97 Inc-Age

| Predictor | Coef | SE Coef | T | P |
|---|---|---|---|---|
| Constant | −1 134.0 | 320.0 | −3.54 | 0.002 |
| Income | 173.20 | 28.20 | 6.14 | 0.000 |
| Age | 23.55 | 32.23 | 0.73 | 0.474 |
| Inc-sq | −3.726 1 | 0.542 2 | −6.87 | 0.000 |
| Age-sq | −3.869 | 1.179 | −3.28 | 0.004 |
| Inc-Age | 1.967 3 | 0.944 1 | 2.08 | 0.051 |

S=44.70  R-Sq=90.7%  R-Sq(adj)=88.2%

Analysis of Variance

| Source | DF | SS | MS | F | P |
|---|---|---|---|---|---|
| Regression | 5 | 368 140 | 73 628 | 36.86 | 0.000 |
| Residual Error | 19 | 37 956 | 1 998 | | |
| Total | 24 | 406 096 | | | |

## 解释

从计算机输出结果可以看出，判定系数 $R^2=90.65\%$，这表明模型的拟合效果极佳。$F$ 检验统计量的值是 36.86，$p$ 值约为 0，这表明模型有效。

在这类模型中，解释系数的 $t$ 检验时要非常谨慎。很显然，模型中的每一个变量均与自己的平方项相关，交互作用项与两个变量都相关。因此，有时多重共线性会影响 $t$ 检验，使某些变量似乎需要从模型中剔除。事实上，在例 18.2 中，Minitab 就曾警告过（本书未列出）统计人员多重共线性问题的存在。但是，多数统计应用的目标是预测因变量，多重共线性不会影响模型的拟合或预测效果。

## 习　题

**18.1**　当 $x_2=1, 2, 3$ 时，试用下面的方程绘制 $y$ 与 $x_1$ 的关系图。

a. $y=1+2x_1+4x_2$。

b. $y=1+2x_1+4x_2-x_1x_2$。

**18.2**　当 $x_2=2, 4, 5$ 时，试用下面的方程绘制 $y$ 与 $x_1$ 的关系图。

a. $y=0.5+x_1-0.7x_2-1.2x_1^2+1.5x_2^2$。

b. $y=0.5+x_1-0.7x_2-1.2x_1^2+1.5x_2^2+2x_1x_2$。

下面的习题需要用到计算机和统计软件。习题 18.3 至习题 18.5 可以用手工计算完成，样本统计量的值参见附录 A。

**18.3　Xr18-03**　某连锁超市的总经理认为，商品在货架上所占的空间大小会影响商品的销量。如果这一观点是事实的话，将有重要意义，因为这样就可以给利润较高的商品更多空间。该总经理认为，当商品所占的空间在一定范围内增加时，销量会增加；超过这一点，销量很可能不再增加甚至会有所下降。（因为顾客通常会对非常大的展示空间感到惊讶。）为了验证这一观点，这位经理记录了 25 个分店一周内清洁剂的销量，以及每一分店给清洁剂分配的空间（单位：英寸）。

a. 试建立回归模型。

b. 试讨论模型对数据的拟合效果。

**在经济领域中的应用：需求曲线**

供求法则表明，当其他因素不变时，产品或服务的价格越高，需求量则越低。价格与数量的关系曲线被称为需求曲线（demand curve）。通常，这样的曲线可以用二次方程表示。为了估计需求曲线，我们测量了某产品在几种不同价格下的需求量，然后通过回归分析计算模型的系数。

**18.4　Xr18-04**　最近，一家主营汉堡和鸡肉三明治的快餐店想把鱼肉三明治加进其菜单。高层经理们对可能的市场需求和适宜的价格存在分歧。最近聘用的一位经济学毕业生发现，需求曲线能揭示价格与市场需求之间的大部分关系。她说服高层经理进行了一个试验。她随机抽取了 20 个分店，这些分店的销量和所在地区的人口统计特征基本相同，在每个分店以不同的价格销售鱼肉三明治，并记录了 7 天中每个分店的销量和价格。建议采用一阶或者二阶模型。

a. 试确定每种模型的方程。

b. 进行回归分析，估计每种模型的系数和其他统计量的值。

c. 哪种模型拟合数据的效果较好？解释原因。

d. 当价格是 2.95 美元时，试利用拟合效果较好的模型计算每周销量的点估计值。

### 在运营管理领域中的应用：学习曲线

在运营管理中，一个比较常见的现象是学习曲线（learning curve），它常被用于描述新员工适应新工作的速度。现在，有许多数学模型可被用于描述工作时间和生产率的关系。回归分析使运营经理可以选择适宜的模型，并用它预测员工达到最高生产率所需的时间。

**18.5 Xr18-05** 接手新工作的人一般需要花费一段时间进行全面调整。在做重复性工作时，如在流水线上工作，几天内工人的生产率就会显著提高。在一项研究这一现象的试验中，统计人员测试了新员工头 10 天给计算机装配电子元件平均所用的时间（单位：分钟）。数据如下所示。

| 天数 | 1 | 2 | 3 | 4 | 5 | 6 | 7 | 8 | 9 | 10 |
|---|---|---|---|---|---|---|---|---|---|---|
| 平均时间 | 40 | 41 | 36 | 38 | 33 | 32 | 30 | 32 | 29 | 30 |

建议采用一阶或者二阶模型。

a. 试确定每种模型的方程。

b. 分析两种模型，并确定它们是否有效。

c. 哪种模型拟合数据的效果较好？为什么？

**18.6 Xr17-14*** 参考习题 17.14。学校的系主任想改进描述 MBA 期间的 GPA 与本科期间的 GPA、GMAT 分数和工作年限之间关系的回归模型。系主任现在认为，本科期间的 GPA 与 GMAT 分数可能存在交互作用。

a. 试建立回归模型。

b. 利用计算机计算回归统计量的值，并用你认为必要的统计量评估模型的拟合效果。这个模型是否有效？

c. 比较这里的结论和原来的结论。

**18.7 Xr18-07** 在一座大联盟棒球馆内营业的食品特许店总经理想提前 24 小时预测一场比赛的观众数量，以便准备适当的食品数量以供销售。他认为，有两个重要的因素会影响观众人数：主场球队取胜的概率和客场球队取胜的概率。为了验证他的观点，他随机挑选了 40 场比赛，分别记录了观众的数量和主客场球队获胜的概率。

a. 利用含交互作用项的一阶模型进行回归分析。

b. 该模型有效吗？为什么？

**18.8　Xr18－08**　法国南部里维埃拉一家大型宾馆的经理想预测一下高峰期宾馆的月空置率（单位：%）。在考虑诸多可能的变量后，她挑出了自己认为对月空置率影响最大的两个因素：日平均气温和美元的现金价值。这位经理收集了 25 个月的数据。

a. 试利用含交互作用项的一阶模型进行回归分析。

b. 试利用含交互作用项的二阶模型进行回归分析。

c. 哪个模型的拟合效果更好？为什么？

**18.9　Xr18－09**　国家曲棍球联盟中某支球队的教练和总经理试图确定应该招收哪种类型的球员。为了帮助他们做出决定，需要知道哪些因素对净胜球数的影响最大。净胜球数为本球队的进球数与对手进球数之差。（正差数表明本球队获胜，负差数则正好相反。）经过一番考虑后，他们认为有两个最重要的因素：赢得开球的概率和罚点球时间差，其中后者为双方罚点球的时间差。记录了 100 场比赛的数据。

a. 试利用含交互作用项的一阶模型进行回归分析。

b. 该模型有效吗？

c. 交互作用的因素应该纳入该模型吗？

**18.10　Xr18－10**　一家化学工厂的生产经理想确定温度和压力对一种特殊化学产品的产量的影响。根据过去的试验，她认为压力保持不变时，降低或者升高温度都会使该产品的产量降低；当温度保持恒定时，升压或者减压都会使该产品的产量趋于增加。但是，她不知道温度和压力的各种组合会如何影响产品产量。在不同温度和压力条件下，她观察了 80 批该化学品的产量。

a. 应该应用哪种模型？为什么？

b. 试用问题（a）中选定的模型进行回归分析。

c. 试评估模型拟合数据的效果。

## 18.2　定类自变量

介绍回归分析时我们就已经指出，所有变量都必须是定距变量。但是，在许多现实案例中，往往有一个或者更多自变量是定类变量。例如，假设例 16.2 中的二手汽车销售商认为，汽车的颜色是决定售价的一个因素。那么很明显，颜色是一个定类变量。如果把每一种可能的颜色编码，编码数字的选择将是完全任意的，这些数字在回归模型中毫无意义。例如，如果销售商认为白色和银白色最为流行，所以价格也比其他颜色高，他就会用 1 表示白色，用 2 表示银白色，用 3 表示其他颜色。如果我们用里程表计数和汽车颜色作为自变量进行回归分析，将会得到如下结果。（文件 Xm16－02* 包含了相关数据，感兴趣的读者可以自行求解。）

$$\hat{y}=17.342-0.0671x_1-0.0434x_2$$

除增加了变量 $x_2$ 之外，这里的方程与简单线性回归方程（$\hat{y}=17.250-0.0669x_1$）很相似。上面的输出结果表明，代表颜色的变量与价格之间不存在线性关系（$t$ 统计量＝－1.11，$p$ 值＝0.269 4）。对这一结果有两个可能的解释：第一，颜色与价格之间没有线性关系；第二，颜色与价格线性相关，但由销售商所选择的颜色的编码方式很难察觉出变量间的线性关系，即销售商把定类变量当作定距变量对待了。为了进一步说明为什么定类变量不能用于回归分析，我们来解释颜色的系数。这如同试图解释定类数据的样本均值一样，是无意义的，甚至会犯错误，可能导致把定类变量纳入回归方程。应用指示变量可以对定类变量进行分析。

**指示变量**（indicator variable）又被称为**虚拟变量**（dummy variable），是一种假设仅能取两个值（通常是 0 和 1）的变量。其中一个值表示存在某种情况，另一个值表示不存在这种情况。在这个例子中，我们要设定两个代表汽车颜色的指示变量：

$$I_1=\begin{cases}1\text{，白颜色}\\0\text{，不是白颜色}\end{cases}$$

和

$$I_2=\begin{cases}1\text{，银白色}\\0\text{，不是银白色}\end{cases}$$

注意，只需要两个指示变量就可以表示三种情况：白色车用 $I_1=1$ 和 $I_2=0$ 表示；银白色车用 $I_1=0$ 和 $I_2=1$ 表示；因为其他颜色的车既不是白色的，也不是银白色的，所以用 $I_1=0$ 和 $I_2=0$ 表示。只要假设没有一辆丰田凯美瑞汽车有两种颜色，就不可能出现用 $I_1=1$ 和 $I_2=1$ 表示的车子。

用两个指示变量可以建立三个方程，每个方程代表一种颜色。你将会发现，用这三个方程可以确定颜色与价格之间的关系。

一般地，为了表示一个有 $m$ 种情况的定类变量，必须有 $m-1$ 个指示变量。最后一种用 $I_1=I_2=\cdots=I_{m-1}=0$ 表示，称为**缺省类别**（omitted category）。

### □ 18-2a 对指示变量系数的解释与检验

$I_1$ 和 $I_2$的值存储于文件 Xm16-02a 中。现在，利用行驶里程（$x$），$I_1$ 和 $I_2$进行回归分析。

**Excel**

| | A | B | C | D | E | F |
|---|---|---|---|---|---|---|
| 1 | SUMMARY OUTPUT | | | | | |
| 2 | | | | | | |
| 3 | 回归统计 | | | | | |
| 4 | Multiple R | 0.837 1 | | | | |
| 5 | R Square | 0.700 8 | | | | |
| 6 | Adjusted R Square | 0.691 4 | | | | |
| 7 | 标准误差 | 0.304 3 | | | | |
| 8 | 观测值 | 100 | | | | |
| 9 | | | | | | |
| 10 | 方差分析 | | | | | |

续前表

| | A | B | C | D | E | F |
|---|---|---|---|---|---|---|
| 11 | | df | SS | MS | F | Significance F |
| 12 | 回归分析 | 3 | 20.81 | 6.94 | 74.95 | 4.65E−25 |
| 13 | 残差 | 96 | 8.89 | 0.092 6 | | |
| 14 | 总计 | 99 | 29.70 | | | |
| 15 | | | | | | |
| 16 | | Coefficients | 标准误差 | t Stat | P-value | |
| 17 | Intercept | 16.837 | 0.197 | 85.42 | 2.28E−92 | |
| 18 | Odometer | −0.059 1 | 0.005 1 | −11.67 | 4.04E−20 | |
| 19 | I-1 | 0.091 1 | 0.072 9 | 1.25 | 0.214 3 | |
| 20 | I-2 | 0.330 4 | 0.081 6 | 4.05 | 0.000 1 | |

**Minitab**

**Regression Analysis: Price Versus Odometer, I-1, I-2**

The regression equation is

Price=16.8−0.059 1 Odometer+0.091 1 I-1+0.330 I-2

| Predictor | Coef | SE Coef | T | P |
|---|---|---|---|---|
| Constant | 16.837 2 | 0.197 1 | 85.42 | 0.000 |
| Odometer | −0.059 123 | 0.005 065 | −11.67 | 0.000 |
| I-1 | 0.091 13 | 0.072 89 | 1.25 | 0.214 |
| I-2 | 0.330 37 | 0.081 65 | 4.05 | 0.00 |

S=0.304 258  R-Sq=70.1%  R-Sq (adj)=69.1%

Analysis of Variance

| Source | DF | SS | MS | F | P |
|---|---|---|---|---|---|
| Regression | 3 | 20.814 9 | 6.938 3 | 74.95 | 0.000 |
| Residual Error | 96 | 8.887 0 | 0.092 6 | | |
| Total | 99 | 29.701 9 | | | |

## 解　释

回归方程为

$$\hat{y}=16.837-0.059\ 1x_1+0.091\ 1I_1+0.330\ 4I_2$$

可以应用以前的方法解释截距和行驶里程的系数。截距（$b_0=16.837$）在这个问题中没有意义。行驶里程的系数（$b_1=-0.059\ 1$）表明，汽车的行程每增加 1 英里，销售价格将平均下降 5.91 美分。

现在考察其余两个系数：

$$b_2=0.0911$$
$$b_3=0.3304$$

回忆一下，在解释多元回归模型的系数时，我们假定其他变量的值不变。在这个例子中，我们这样解释 $I_1$：在样本范围里，行驶里程相同时，白色汽车的售价比其他颜色的汽车（不是白色，也不是银白色）平均高 91.10 美元；银白色汽车的售价比其他颜色的汽车平均高 330.40 美元。其他颜色的车子用 $I_1=I_2=0$ 表示，因此，当汽车的颜色是其他颜色时，回归方程为

$$\hat{y}=16.837-0.0591x+0.0911(0)+0.3304(0)$$

即

$$\hat{y}=16.837-0.0591x$$

汽车的颜色是白色（$I_1=1$，$I_2=0$）时，回归方程为

$$\hat{y}=16.837-0.0591x+0.0911(1)+0.3304(0)$$

即

$$\hat{y}=16.928-0.0591x$$

最后一种情况，即汽车的颜色是银白色（$I_1=0$，$I_2=1$）时，回归方程为

$$\hat{y}=16.837-0.0591x+0.0911(0)+0.3304(1)$$

简化后，得

$$\hat{y}=17.167-0.0591x$$

图 18—11 描述了三种不同颜色汽车的售价与行驶里程之间的关系。从图中可以看出，三条直线相互平行（斜率＝－0.059 1），但在 $y$ 轴的截距不同。

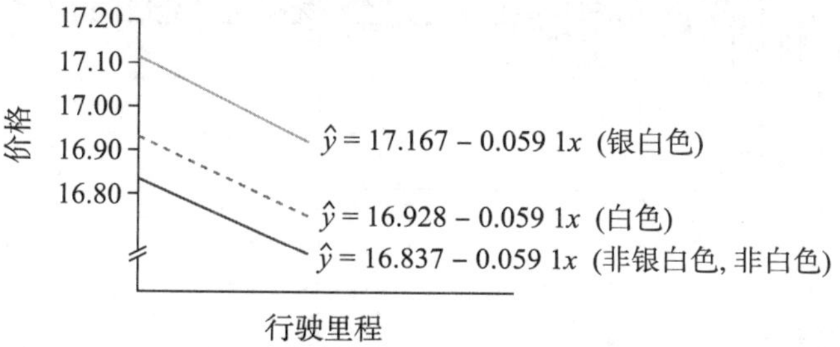


**图 18—11　三种不同颜色汽车的价格与行驶里程之间的关系图**

我们也可以对 $I_1$ 和 $I_2$ 的系数进行 $t$ 检验。但是，因为变量 $I_1$ 和 $I_2$ 分别表示不同的组（三个颜色类别），通过 $t$ 检验，我们可以推断出在所有使用了三年的丰田凯美瑞汽车的总体中，不同组别间售价的差别。

$I_1$ 系数的 $t$ 检验，即对 $\beta_2$ 进行检验如下：

$H_0$：$\beta_2=0$

$H_1$：$\beta_2\neq0$

检验统计量：$t=1.25$，$p$ 值$=0.214\ 3$

因此，没有足够的理由可以推断，在使用了三年的丰田凯美瑞汽车总体中，白色汽车售价比相同行驶里程的其他颜色的车高。

为了确定银白色丰田凯美瑞汽车的售价是否比相同行驶里程的其他颜色的丰田凯美瑞汽车的售价高，假设检验如下：

$H_0$：$\beta_3=0$

$H_1$：$\beta_3\neq0$

检验统计量：$t=4.05$，$p$ 值$=0.000\ 1$

最后，我们可以得出结论，使用了三年的银白色丰田凯美瑞汽车的售价与相同行驶里程的其他颜色的车的售价之间存在差别。

**社会综合调查——影响收入的变量Ⅱ：问题的解**

为了将定类变量性别和种族纳入多元回归模型，我们需要创建两个指示变量，第一个变量代表性别。

$$I_1=\begin{cases}1，男性\\0，女性\end{cases}$$

$$I_2=\begin{cases}1，白人\\0，其他\end{cases}$$

$$I_3=\begin{cases}1，黑人\\0，其他\end{cases}$$

**Excel**

| | A | B | C | D | E | F |
|---|---|---|---|---|---|---|
| 1 | **SUMMARY OUTPUT** | | | | | |
| 2 | | | | | | |
| 3 | 回归统计 | | | | | |
| 4 | Multiple R | 0.617 1 | | | | |
| 5 | R Square | 0.380 8 | | | | |
| 6 | Adjusted R Square | 0.364 0 | | | | |
| 7 | 标准误差 | 31 148 | | | | |
| 8 | 观测值 | 342 | | | | |
| 9 | | | | | | |
| 10 | 方差分析 | | | | | |
| 11 | | df | SS | MS | F | Significance F |
| 12 | 回归分析 | 9 | 198 118 009 661 | 22 013 112 185 | 22.69 | 5.17E−30 |

续前表

| | A | B | C | D | E | F |
|---|---|---|---|---|---|---|
| 13 | 残差 | 332 | 322 113 094 323 | 970 220 164 | | |
| 14 | 总计 | 341 | 520 231 103 984 | | | |
| 15 | | | | | | |
| 16 | | Coefficients | 标准误差 | t Stat | P-value | |
| 17 | Intercept | −77 203 | 15 417 | −5.01 | 8.97E−07 | |
| 18 | I-1 | 18 794 | 3 704 | 5.07 | 6.52E−07 | |
| 19 | I-2 | −9 286 | 5 920 | −1.57 | 0.117 7 | |
| 20 | I-3 | −15 534 | 7 827 | −1.98 | 0.048 0 | |
| 21 | AGE | 378 | 150 | 2.52 | 0.012 1 | |
| 22 | EDUC | 5 620 | 562 | 10.00 | 9.49E−21 | |
| 23 | HRS1 | 665 | 132 | 5.06 | 6.99E−07 | |
| 24 | SPHRS1 | −66 | 135 | −0.49 | 0.624 8 | |
| 25 | CHILDS | −1 107 | 1 398 | −0.79 | 0.428 9 | |
| 26 | EARNRS | 2 920 | 2420 | 1.21 | 0.228 5 | |

**Minitab**

**Regression Analysis: INCOME versus AGE, SEX, ...**

The regression equation is

INCOME=−77 203+378 AGE+18 794 SEX−9 286 RACECAT1−15 534 RACECAT2 +5 620 EDUC+665 HRS1−66 SPHRS1−1 107 CHILDS+2 920 EARNRS

| Predictor | Coef | SE Coef | T | P |
|---|---|---|---|---|
| Constant | −77 203 | 15 417 | −5.01 | 0.000 |
| AGE | 378.3 | 149.9 | 2.52 | 0.012 |
| SEX | 18 794 | 3 704 | 5.07 | 0.000 |
| RACECAT1 | −9 286 | 5 920 | −1.57 | 0.118 |
| RACECAT2 | −15 534 | 7 827 | −1.98 | 0.048 |
| EDUC | 5 620.4 | 562.1 | 10.00 | 0.000 |
| HRS1 | 665.4 | 131.5 | 5.06 | 0.000 |
| SPHRS1 | −66.1 | 135.0 | −0.49 | 0.625 |
| CHILDS | −1 107 | 1 398 | −0.79 | 0.429 |
| EARNRS | 2 920 | 2 420 | 1.21 | 0.228 |

S=31 148.4  R-Sq=38.1%  R-Sq (adj) =36.4%

Analysis of Variance

| Source | DF | SS | MS | F | P |
|---|---|---|---|---|---|
| Regression | 9 | 1.981 18E+11 | 22 013 112 185 | 22.69 | 0.000 |
| Residual Error | 332 | 3.221 13E+11 | 970 220 164 | | |
| Total | 341 | 5.202 31E+11 | | | |

## 解 释

模型在某种程度上得到改进，模型的判定系数从 0.324 8 增加到 0.380 8，标准误差从 32 282 降低到 31 148。

变量 $I_1$ 的系数是 18 794，这表明在样本中，当其他变量保持不变时，男性比女性平均多挣 18 794 美元。我们对此解释如下：假定它是总体系数（而不是样本系数），男性总体和女性总体的其他自变量（种族，年龄，受教育水平，工作时间，配偶工作时间，孩子数量和家庭中挣钱人数）全部相同，此时比较收入时，男性比女性平均多挣 18 794 美元。

$t$ 检验的系数是 $t=5.07$，$p$ 值是 0.000 0。我们可以断定有充分的证据表明 2012 年在美国，当其他变量保持不变时，男性和女性存在平均收入差异。

变量 $I_2$ 的系数是 $-9\ 286$，这表明在样本中，当其他变量保持不变时，白人平均来说比其他种族（非白人，非黑人）少挣 9 286 美元。然而，$t$ 值是 $-1.57$，$p$ 值是 0.117 7。没有充分的证据表明白人总体的平均收入与非白人总体和非黑人总体的平均收入存在差异。

变量 $I_3$ 的系数是 $-15\ 534$，在这一样本中，当其他变量保持不变时，黑人平均来说比其他种族少挣 15 534 美元。$t$ 值是 $-1.98$，$p$ 值是 0.048 0。有充分的证据表明黑人的平均收入与非白人和非黑人的平均收入存在差异。

## 习 题

**18.11** 对于取值有 5 个类别的定类变量，需要设置几个指示变量？

**18.12** 选择适当的指示变量来表示以下定类变量。

a. 宗教信仰（天主教、新教和其他教派）。

b. 倒班制度（早上 8：00～下午 4：00、下午 4：00～午夜 12：00、午夜 12：00～早上 8：00）。

c. 主管（Jack Jones，Mary Brown，George Fosse 和 Elaine Smith）。

**18.13** 一项关于计算机应用的研究调查了一些公司使用的是哪个品牌的计算机，并定义了如下指示变量：

$$I_1=\begin{cases}1, & \text{IBM}\\0, & \text{不是 IBM}\end{cases}$$

$$I_2=\begin{cases}1, & \text{Macintosh}\\0, & \text{不是 Macintosh}\end{cases}$$

下面的配对表示公司使用的是哪种计算机？

a. $I_1=0$；$I_2=1$。

b. $I_1=1$；$I_2=0$。

c. $I_1=0$；$I_2=0$。

下面的习题需要用到计算机和统计软件，习题 18.16 和习题 18.17 也可以通过手工计算完成。参见附录 A（$\alpha=5\%$）。

**18.14 Xr17-14*** 参考习题 17.14。在考虑原始研究结果的基础上，系主任意识到忽略了一些重要的自变量——本科学位的类型。她重新记录了学生们的学位类型，并编码如下：

1=文学学士

2=工商管理学学士（包括类似的商务和管理学位）

3=工学学士或理学学士

4=其他（包括没有学士学位）

这些数据中包含原始案例的数据。系主任能够得出学士学位是影响学生在 MBA 期间的表现的一个因素吗？

**18.15 Xr17-14*** 参考习题 17.14。

a. 预测一位获得工学学士学位、大学本科 GPA 是 9.0、GMAT 分数是 700 且有 10 年工作经验的学生 MBA 期间的 GPA（置信水平为 95%）。

b. 获得文学学士学位的学生呢？

**18.16 Xr17-10*** 参考习题 17.10，该习题中进行了多元回归分析，用一个男人的父亲和祖父的寿命来预测他的寿命。假设除了这些数据外，精算师还知道这个男人是否吸烟（1=吸烟，2=不吸烟）。

a. 试利用回归分析计算模型的统计量的值。

b. 这里的模型与习题 18.10 的模型有什么不同？

c. 吸烟与寿命长短相关吗？为什么？

**18.17 Xr18-17** 一家游乐园的经理希望能够预测日游客数量，以便更准确地计划每日订购多少食品和雇用多少位驾驶员。考虑后，这位经理认为下面三个变量最关键：

前一天游客数量

工作日或周末

天气预报

接下来，他随机挑选出 40 天，记录了当天的游客数量、前一天的游客数量、周几和天气预报情况。第一个自变量为定距变量，另外两个是定类变量。因此，这位经理定义了如下指示变量：

$$I_1=\begin{cases}1，\text{周末}\\0，\text{不是周末}\end{cases}$$

$$I_2=\begin{cases}1，\text{预报为晴天}\\0，\text{预报不是晴天}\end{cases}$$

$$I_3=\begin{cases}1，\text{预报有雨}\\0，\text{预报没有雨}\end{cases}$$

a. 试应用这些数据进行回归分析。

b. 所建立的模型有效吗？为什么？

c. 能否认为天气情况是决定游客数量的一个因素？

d. 这些数据是否提供了充分的证据表明周末的游客比工作日多？

**18.18　Xr16-06***　在习题16.6中，统计人员研究了商业广告长度与观众记忆测试得分之间的关系。假设重做这一试验，并仍然检验这两个变量，但是不仅广告的长度有变化，其类型也有所变化。广告有三种类型：（1）幽默型；（2）音乐型；（3）严肃型。记录记忆测试分数、广告的长度和类型（用括号中的数字表示）。

a. 试利用文件中的数据进行回归分析。

b. 能否推断记忆测试分数与广告类型相关？

c. 试定义描述广告类型的指示变量，并再次进行回归分析。

d. 用第二个模型重做问题（b）。

e. 讨论问题（b）与问题（d）的结论不同的原因。

**18.19　Xr17-12***　参考习题17.12，其中分析了卸货时间。这位经理考虑到另外一个变量——每天送货的时段——可能也会影响卸货时间。因此，他用下面的代码表示不同时段：1＝早上，2＝下午偏早，3＝下午偏晚。

a. 试利用时段的代码进行回归分析。

b. 试定义表示时段的指示变量，并用这些新的变量进行回归分析。

c. 哪个模型的拟合效果较好？为什么？

d. 时间段与卸货时间相关吗？

**18.20　Xr18-20**　效益较好的银行是那些对贷款申请的处理决策较为正确的银行。信用分制度是一项可以帮助银行做出这种决策的统计技术。但是，有些银行并不按照信用分制度的建议进行决策，还有一些银行根本就不采用这项技术。为了确定影响贷款决策的因素，一位统计人员调查了100家银行，并记录了它们各自的不良贷款（任何不能完全偿付的贷款）百分比、贷款的平均金额和是否采用信用分制度，以及如果采用信用分制度，是否有10%以上的信用分制度的建议未被采纳。这些数据分别存储于文件的第1列（良性贷款的百分率）、第2列（平均贷款额）和第3列（编码：1＝没有采用信用分制度，2＝10%以上的信用分制度建议未被采纳，3＝低于10%的信用分制度建议未被采纳）。

a. 试定义表示上述代码的指示变量。

b. 试进行回归分析。

c. 模型的拟合效果如何？

d. 存在多重共线性问题吗？

e. 试解释回归系数。

f. 一家银行的平均贷款额是10 000美元，没有采用信用分制度，预测该行的坏账百分比（置信度为95%）。

**18.21　Xr18-21**　习题16.100用简单线性回归模型分析了焊接机器损坏与机器已使用时间之间的关系。这个分析结果对公司经理相当有用，所以他们决定将这一模型扩展到另外两种机器上。新的和原来的数据都用下列方式存储。

第 1 列：维修成本

第 2 列：机器已使用时间

第 3 列：机器类型（1＝焊接机，2＝车床，3＝冲压机）

a. 试建立多元回归模型。

b. 试解释回归系数。

c. 能否认为焊接机的维修成本比其他机器高？

**18.22 Xr16－127*** 参考习题 16.127。学生的性别记录为 1＝男性，0＝女性。

a. 加入性别变量后，模型得到改善了吗？

b. 在 95％的置信水平下预测食指长度为 6.5 厘米的女性身高。

c. 在 95％的置信水平下预测食指长度为 6.5 厘米的男性身高。

d. 这个模型有用吗？请解释。

**在人力资源管理中的应用：业绩衡量**

员工业绩的大多数方面都由人力资源部门负责管理。衡量员工业绩的一个重要指标是出勤率。人事经理需要知道哪些因素会使员工频繁缺勤，这样，管理者就可以确定最初应该雇用哪些人。一旦雇用了他们，管理者就需要有能力影响员工的态度和业绩。

**18.23 Xr18－23** 在大多数国家，缺勤问题都很严重。据估计，因缺勤造成的减产超过 10％。两位经济学家为了弄清这一问题，随机抽取 100 个组织参加为时一年的研究。他们记录了每个组织一年中每位员工平均缺勤天数和他们认为会影响缺勤的几个变量的值。

第 1 列：员工平均缺勤天数

第 2 列：雇员的平均薪水

第 3 列：兼职员工所占的百分比

第 4 列：工会成员比例

第 5 列：倒班与否（1＝倒班，2＝不倒班）

第 6 列：劳资关系（1＝好，2＝差）

a. 试进行回归分析。

b. 在 5％的显著性水平下，能否认为倒班与缺勤天数相关？

c. 在 5％的显著性水平下，有足够的理由认为劳资关系较好时缺勤天数较少吗？

（感谢 James Fong 和 Diana Mansour 提供了这道习题。资料来源：M. Chadhury and I. Ng，“Absenteeism Predictors,” *Canadian Journal of Economics*，Aug 1992。）

**社会综合调查习题**

**18.24 GSS2012*** a. 使用收入（INCOME）作为因变量，年龄（AGE）、受教育年限（EDUC）、工作小时数（HRS1）和是否从事个体经营（WRKSLF：1＝个体经营，2＝其他）作为自变量，建立回归模型。

b. 解释变量 WRKSLF 的系数。

c. 有充分的证据表明，排除年龄、受教育年限和工作小时数的影响，个体经营者的收入较少吗?

**18.25 GSS2012*** 使用对问题“政府应该减小富人和穷人间的收入差距吗?”的观点（EQWLTH：1=政府应该采取措施减小收入差距，2，3，4，5，6，7=政府不应该采取措施）作为因变量，年龄（AGE）、受教育年限（EDUC）、收入（INCOME）、每周工作小时数（HRS1）和所属政党（PARTYID3：1=民主党，2=无党派，3=共和党）作为自变量建立回归模型。

a. 有充分的证据表明，排除年龄、受教育年限、收入和每周工作小时数的影响，民主党人比无党派人士更主张政府应该减小收入差距吗?

b. 有充分的证据表明，排除年龄、受教育年限、收入和每周工作小时数的影响，共和党人比无党派人士更主张政府不应该采取措施减小收入差距吗?

**18.26 GSS2012*** 参考习题 18.25。使用政治观点（POLVIEWS3：1=自由派，2=温和派，3=保守派）代替所属政党。

a. 有充分的证据表明，排除年龄、受教育年限、收入和每周工作小时数的影响，自由派比温和派更相信政府应该减小收入差距吗?

b. 有充分的证据表明，排除年龄、受教育年限、收入和每周工作小时数的影响，保守派比温和派更相信政府不应该采取措施减小收入差距吗?

**18.27 GSS2012*** 排除年龄（AGE）和受教育年限（EDUC）的影响，我们能够认为男性和女性（SEX：1=男性，2=女性）在每天观看电视的数量（TVHOURS）上存在差异吗?

**18.28 GSS2012*** 使用对问题“政府应该采取措施改善穷人的生活条件吗?”的观点（HELPPOOR：1=政府应该采取措施，2，3，4，5=穷人应该自己解决）作为因变量，年龄（AGE）、受教育年限（EDUC）、收入（INCOME）、每周工作小时数（HRS1）和政治观点（POLVIEWS3：1=自由派，2=温和派，3=保守派）作为自变量建立回归模型。

a. 有充分的证据表明，排除年龄、受教育年限、收入和每周工作小时数的影响，自由派比温和派更主张政府应该改善穷人的生活条件吗?

b. 有充分的证据表明，排除年龄、受教育年限、收入和每周工作小时数的影响，保守派比温和派更主张穷人应该自己改善生活条件吗?

**18.29 GSS2012*** 排除年龄（AGE）、受教育年限（EDUC）和每周工作小时数（HRS1）的影响，我们能够认为为政府部门工作的人和为私人部门工作的人（WRKGOVT：1=政府部门，2=私人部门）存在收入（INCOME）差异吗?

**18.30 GSS2012*** 建立一个回归模型来判断是否有充分的证据表明在排除年龄（AGE）和受教育年限（EDUC）的影响后，不同种族（RACE：1=白人，2=黑人，3=其他）在每天观看电视的小时数（TVHOURS）上是否存在差异。

**18.31 GSS2012*** 使用对问题“政府应该改善穷人的生活条件吗?”的观点（HELPPOOR：1=政府应该采取措施，2，3，4，5=穷人应该自己解决）作为因变量，年龄（AGE）、收入（INCOME）、受教育年限（EDUC）、每周工作小时数

（HRS1）和所属政党（PARTYID3：1＝民主党，2＝无党派，3＝共和党）作为自变量建立回归模型。

a. 有充分的证据表明，排除年龄、收入、受教育年限和每周工作小时数的影响，民主党人比无党派人士更主张政府应该改善穷人的生活条件吗？

b. 有充分的证据表明，排除年龄、收入、受教育年限和每周工作小时数的影响，共和党人比无党派人士更主张穷人应该自己改善生活条件吗？

**18.32 GSS2012*** 排除年龄（AGE）、受教育年限（EDUC）和每周工作小时数（HRS1）的影响，我们能够认为出生在美国的美国公民和出生在其他地区的美国公民（BORN：1＝出生在美国，2＝出生在其他地区）存在收入（INCOME）差异吗？

**美国国家选举调查习题**

**18.33 ANES2008*** 参考习题 17.21。模型中增加自变量 STRENGTH。有充分的证据表明有强烈意识认为自己属于民主党或共和党的人更倾向于投票吗？

## 18.3 在人力资源管理中的应用：工资平等（可选）

历史上，北美国家有许多关于种族和性别歧视的例子。最近 30 年来，有关各方采取了许多措施试图消除歧视，纠正过去的错误。其中一项措施就是工资平等。这一节的目的是描述工资平等问题的统计分析。

工资平等有两种形式：第一，同工同酬。这种形式较为直接，认为两个资历和经验相似的人做相同的工作时所得的薪水也应该相同。许多法律规定，违反同工同酬规定的行为是违法的。第二，同值同酬。这一形式由于很多原因而颇具争议，其中包括衡量资历和工作条件的指标的主观性。

回归分析被广泛地应用于工资平等的案例。但是，同工同酬案例和同值同酬案例中所用的分析方法又不尽相同。下面的例子将阐明在同工同酬问题中如何应用统计分析。

**例 18.3 工资平等：同工同酬**

数据：Xm18-03

一家拥有数万名员工的大公司最近被指控歧视女性管理者。这项指控基于对 100 位管理者所构成的随机样本的研究。其中 38 位女性管理者的年平均薪水是 76 189 美元，而 62 位男性管理者的年平均薪水是 97 832 美元。统计分析表明，对两者均值之差进行 $t$ 检验得出的 $p$ 值小于 1%，这充分说明男性管理者的薪水一般高于女性管理者。这家公司的总裁在答辩时指出，他们公司严格执行同工同酬制度，这一差别可能是由其他原因造成的。为了验证这一观点，他收集了样本中的 100 位管理者的受教育年限和工作年限数据，并重新对薪水和性别进行了编码（0＝女性，1＝男性）。总裁想知道，回归分析能否给公司带来转机。

**解**

薪水为因变量，进行多元回归分析，结果如下。

**Excel**

| | A | B | C | D | E | F |
|---|---|---|---|---|---|---|
| 1 | **SUMMARY OUTPUT** | | | | | |
| 2 | | | | | | |
| 3 | 回归统计 | | | | | |
| 4 | Multiple R | 0.832 6 | | | | |
| 5 | R Square | 0.693 2 | | | | |
| 6 | Adjusted R Square | 0.683 6 | | | | |
| 7 | 标准误差 | 16 274 | | | | |
| 8 | 观测值 | 100 | | | | |
| 9 | | | | | | |
| 10 | 方差分析 | | | | | |
| 11 | | df | SS | MS | F | Significance F |
| 12 | 回归 | 3 | 57 434 095 083 | 19 144 698 361 | 72.29 | 1.55E−24 |
| 13 | 残差 | 96 | 25 424 794 888 | 264 841 613 | | |
| 14 | 总计 | 99 | 82 858 889 971 | | | |
| 15 | | | | | | |
| 16 | | Coefficients | 标准误差 | t Stat | P-value | |
| 17 | Intercept | −5 835 | 16 083 | −0.36 | 0.717 5 | |
| 18 | Education | 2 199 | 1 018 | 2.08 | 0.040 1 | |
| 19 | Experience | 4 099 | 317 | 12.92 | 9.89E−23 | |
| 20 | Gender | 1 851 | 3 703 | 0.50 | 0.618 3 | |

**Minitab**

**Regression Analysis: Salary versus Education, Experience, Gender**

The regression equation is

Salary=−5 835+2 119 Education+4 099 Experience+1 851 Gender

| Predictor | Coef | StDev | T | P |
|---|---|---|---|---|
| Constant | −5 835 | 16 083 | −0.36 | 0.718 |
| Education | 2 119 | 1 018 | 2.08 | 0.040 |
| Experience | 4 099.3 | 317.2 | 12.92 | 0.000 |
| Gender | 1 851 | 3 703 | 0.50 | 0.618 |

S=16 274  R-Sq=69.3%  R-Sq (adj) =68.4%

Analysis of Variance

| Source | DF | SS | MS | F | P |
|---|---|---|---|---|---|
| Regression | 3 | 57 434 095 083 | 19 144 698 361 | 72.29 | 0.000 |
| Residual Error | 96 | 25 424 794 888 | 264 841 613 | | |
| Total | 99 | 82 858 889 971 | | | |

## 解 释

模型的拟合效果相当不错。判定系数是 0.693 2，这说明薪水中 69.32%的变异可以由模型中自变量的变异解释。$F$ 统计量的值是 72.29，$p$ 值为 0，因此有足够的证据可以推断，模型是有效的。

决定是否有证据表明薪水与受教育年限、工作年限和性别之间存在线性关系的 $t$ 检验的 $p$ 值分别为 0.040 1、0 和 0.618 3，这说明受教育年限和工作年限都与薪水相关。但是，性别的系数的 $t$ 检验则表明，没有证据可以推断男性与女性管理者的薪水之间存在差别。因此，这与均值之差的 $t$ 检验的结果是相互矛盾的。进一步分析可以发现，薪水不同应归咎于工作年限。一般而言，女性管理者的工作年限较短，因而薪水相对较低。在进行回归分析之前，我们知道薪水的样本均值之差是 97 832－76 189＝21 643 美元。剔除受教育年限和工作年限的影响之后，这个差值降为 1 851 美元，在统计上是不显著的。

### □ 18-3a 同值同酬案例的回归分析

同值同酬问题的回归分析更为困难。此类案例一般涉及主要由女性占主导地位的工作和主要由男性占主导地位的工作。前者主要指一般由女性从事的工作（如秘书），后者主要指一般由男性从事的工作（如维修工人）。女权组织认为，由男性占主导地位的工作所支付的薪水更高。这里的问题不是同工不同酬，而是女性的工作价值被低估，所以需要评估工作的价值。

有些辖区颁布了法律，要求同值的工作必须支付相同的薪水，其中一个是马尼托巴省。《马尼托巴工资平等法案》在该省的民用服务机构、国有企业、医院和大学被强制执行。该法案把由性别主导的岗位定义为：这个岗位至少有 10 名员工，其中不低于 70%的人的性别相同。该法案要求必须对这样的岗位进行价值评估，以确定与由男性占主导地位的岗位相比，由女性占主导地位的岗位的价值是否被低估，所付薪水是否较低。

尽管同样要对这个问题进行回归分析，但是与 18.3 节的回归分析有很大区别。这里不是要估计一个回归模型，解释几种相关变量如何影响薪水，而是要建立一个工作评估系统（JES）。用这个系统确定每一种工作的得分，然后用它作为回归模型中的自变量，用薪水作为因变量。回归分析可以有好几种方法。可以只用由男性占主导地位的工作估计简单线性回归方程，然后用系数计算由女性占主导地位的工作的“恰当的”薪水。“恰当的”薪水与实际薪水之差就是少付的工资数量。此外，还可以把由男性占主导地位的工作和由女性占主导地位的工作一起进行回归分析，并定义一个表示性别的指示变量。指示变量的系数值表示由男性占主导地位的工作和由女性占主导地位的工作的价值之间的差别和少付的工资数量。下面的例子采用后一种分析过程。《马尼托巴工资平等法案》描述了该法案的内容和执行方式，其中用的就是这种分析方法。

**例 18.4 工资平等：同值同酬**

在一所大学里，有八种工作被认为是由某种性别的员工主导的。其中由女性主导的工作有：秘书、清洁员、书店和餐馆的工作。由男性主导的工作有：园艺、保安、维修员和技术人员。试进行工资平等分析，从而确定由女性主导的工作的价值是否被低估并被支付较低的薪水，以及差别有多大。

**解**

小时工资率如下所示。

| 工作类别 | 酬劳 |
|---|---|
| 维修员 | 13.55 |
| 保安 | 15.65 |
| 园艺 | 13.80 |
| 技术人员 | 19.90 |
| 清洁员 | 11.85 |
| 秘书 | 14.75 |
| 书店 | 18.90 |
| 餐馆 | 13.30 |

经过考虑后，将下面的因素作为工作评估系统的一部分：

知识和技能
职责
智力要求
体力要求
工作条件

根据它们的重要程度，给每个因素赋予权重（权重之和为 1），分别为 25%，23%，22%，15%和 15%。

给每个岗位的这五个因素赋值（1～10 之间），然后与权重相乘，计算出每个岗位的得分。较小的值表示工作要求较低或者条件较好。

对由男性主导的工作的评估如下：

| 因素 | 权重 | 维修员 | 保安 | 园艺 | 技术人员 |
|---|---|---|---|---|---|
| 知识和技能 | 0.25 | 1 | 2 | 3 | 9 |
| 职责 | 0.23 | 2 | 7 | 1 | 7 |
| 智力要求 | 0.22 | 2 | 3 | 1 | 8 |
| 体力要求 | 0.15 | 7 | 1 | 6 | 4 |
| 工作条件 | 0.15 | 7 | 4 | 8 | 1 |
| 工作得分 | | 3.25 | 3.52 | 3.30 | 6.37 |

从表中可以看出，维修和园艺工作对知识和技能以及智力的要求较低，但对体力的要求相对较高，而且工作条件较差。另一方面，技术人员有好的工作条件，但是对知识和技能的要求也较高。

对由女性主导的工作的评估如下：

| 因素 | 权重 | 清洁员 | 秘书 | 书店 | 餐馆 |
|---|---|---|---|---|---|
| 知识和技能 | 0.25 | 1 | 6 | 4 | 2 |
| 职责 | 0.23 | 2 | 7 | 7 | 2 |
| 智力要求 | 0.22 | 2 | 6 | 7 | 2 |
| 体力要求 | 0.15 | 7 | 3 | 2 | 5 |
| 工作条件 | 0.15 | 5 | 1 | 1 | 6 |
| 工作得分 | | 2.95 | 5.03 | 4.60 | 3.05 |

与对由男性主导的工作的赋值一样，对由女性主导的工作的赋值也是基于对条件和各方面要求的主观判断。

在回归分析中，得分和指示变量为自变量，薪水为因变量。下面的数据将用于回归分析：

| 工作 | 酬劳 | 得分 | 性别 |
|---|---|---|---|
| 维修员 | 13.55 | 3.25 | 1 |
| 保安 | 15.65 | 3.52 | 1 |
| 园艺 | 13.80 | 3.30 | 1 |
| 技术人员 | 19.90 | 6.37 | 1 |
| 清洁员 | 11.85 | 2.95 | 0 |
| 秘书 | 14.75 | 5.03 | 0 |
| 书店 | 18.90 | 4.60 | 0 |
| 餐馆 | 13.30 | 3.05 | 0 |

其中

$$性别=\begin{cases}1，由男性主导的工作\\0，由女性主导的工作\end{cases}$$

回归分析结果如下。

**Excel**

| | A | B | C | D | E | F |
|---|---|---|---|---|---|---|
| 1 | SUMMARY OUTPUT | | | | | |
| 2 | | | | | | |
| 3 | 回归统计 | | | | | |
| 4 | Multiple R | 0.851 5 | | | | |
| 5 | R Square | 0.725 1 | | | | |

续前表

| | A | B | C | D | E | F |
|---|---|---|---|---|---|---|
| 6 | Adjusted R Square | 0.615 2 | | | | |
| 7 | 标准误差 | 1.75 | | | | |
| 8 | 观测值 | 8 | | | | |
| 9 | | | | | | |
| 10 | 方差分析 | | | | | |
| 11 | | df | SS | MS | F | Significance F |
| 12 | 回归分析 | 2 | 40.39 | 20.19 | 6.59 | 0.039 6 |
| 13 | 残差 | 5 | 15.31 | 3.06 | | |
| 14 | 总计 | 7 | 55.70 | | | |
| 15 | | | | | | |
| 16 | | Coefficients | 标准误差 | t Stat | P-value | |
| 17 | Intercept | 7.15 | 2.31 | 3.10 | 0.027 0 | |
| 18 | Score | 1.93 | 0.547 | 3.54 | 0.0166 | |
| 19 | Gender | 0.633 | 1.242 | 0.51 | 0.631 8 | |

**Minitab**

**Regression Analysis: Pay Rate versus Score, Gender**

The regression equation is

Pay Rate=7.15+1.93 Score+0.63 Gender

| Predictor | Coef | StDev | T | P |
|---|---|---|---|---|
| Constant | 7.145 | 2.309 | 3.10 | 0.027 |
| Score | 1.933 4 | 0.546 8 | 3.54 | 0.017 |
| Gender | 0.633 | 1.242 | 0.51 | 0.632 |

S=1.7  R-Sq=72.5%  R-Sq (adj)=61.5%

Analysis of Variance

| Source | DF | SS | MS | F | P |
|---|---|---|---|---|---|
| Regression | 2 | 40.388 | 20.194 | 6.59 | 0.040 |
| Residual Error | 5 | 15.310 | 3.062 | | |
| Total | 7 | 55.699 | | | |

## 解　释

我们不能用常用的统计推断方法来解释结果，因为这 8 个观测值代表了要考虑的整个总体。所以，我们只采用判定系数来解释结果。在案例中我们发现，每种工作经过价值调整后，由男性主导的工作所付的薪水平均比女性高 0.63 美元。如果我们认为此回归分析有效（参见习题 18.29 和习题 18.30），就可以得出女性每小时的薪水应增加 63 美分的结论。

## 习　题

下面的习题要用到计算机和统计软件。

**18.34　Xr18-34**　北美各国由工资不平等问题引发的冲突已经持续了许多年。假设一位统计人员正在调查影响不同性别的大学教授的薪水的因素。他认为下面的因素会影响教授的薪水：

已经获得第一学位的年数

$$最高学历=\begin{cases}1，博士学位\\0，不是博士学位\end{cases}$$

教学评估的平均得分

发表学术论文的数量

$$性别=\begin{cases}1，男性\\0，女性\end{cases}$$

随机抽取 100 位大学教授，记录相关数据：

第 1 列：年薪

第 2 列：已经获得第一学位的年数

第 3 列：最高学历

第 4 列：教学评估的平均得分

第 5 列：发表学术论文的数量

第 6 列：性别

a. 这位统计人员可以得出模型有效的结论吗？

b. 这位统计人员能得出工资水平存在性别歧视的结论吗（$\alpha=5\%$）？

我们创建了工资平等 Excel 电子数据表（存储于 Excel 工作簿中），对例 18.4 进行分析。工作类型、薪水、工作得分和指示变量的值列在工作表的下部。这些数据是回归分析的输入值。在工作表中，工作得分可以根据对工作的赋值和权重的改变自动变化。

**18.35**　重新分析例 18.4，把知识和技能的权重改为 15%，工作条件改为 25%。这对结论有何影响？简要解释为什么结论是可以预测的。

**18.36**　根据自己的判断为每个因素赋值，并分配权重，然后重新分析例 18.4。能得出什么结论？

**18.37**　讨论调整对工作的赋值和权重会给最后结论带来什么影响，并解释这种统计分析方法的优缺点。

## 18.4 逐步回归（可选）

17.3 节介绍了多重共线性的概念，并讨论了由于它破坏了系数的 $t$ 检验而产生的问题。如果回归分析的目标是确定每个自变量是否与因变量相关，以及如何相关，就需要降低多重共线性的程度。

就像 17.3 节中所讨论的，降低多重共线性的一种方法是使每个自变量都与其他自变量不相关。通常利用相关矩阵来确定自变量间的相关系数。但是，在很多情况下，由相关矩阵无法得知多重共线性问题的严重程度，因为自变量间的关系有很多类型。例如，一个自变量可能是其他几个自变量的函数，而相关矩阵可能无法揭示这一问题。本节将介绍逐步回归法，这是剔除相关的自变量的一种方法。

**逐步回归**（stepwise regression）是一次增加或删除一个自变量的一种迭代过程。增加或者删除自变量的依据是该变量能否改进模型。Minitab 能完成这一过程和其他相关过程，Excel 则不能。但是，我们可以创建一个宏来进行逐步回归分析。注意，这里的宏与你以前遇到的不同，但不属于本书讨论的范围。下面进行具体介绍。

### □ 18-4a 逐步回归过程

逐步回归过程从计算每一个自变量的简单线性回归模型开始。$F$ 统计量的值（简单线性回归模型中为 $t$ 统计量的平方）最大的自变量将成为第一个被引入的变量，$p$ 值最小的自变量也一样。（Minitab 用 $F$ 统计量，Excel 宏用 $F$ 统计量或者 $p$ 值。）因为显著性水平通常是 5%，所以一般选 $F=4.0$ 为标准。在 Minitab 和 Excel 中，标准都可能会有所变化。这一标准被称为入选 $F$ 值（$F$-to-enter）。如果没有哪个自变量的 $F$ 值大于入选 $F$ 值，那么分析过程将终止，无法得出回归模型；如果至少有一个变量的 $F$ 值超过这一标准，分析过程将会继续。接下来考虑增加第二个自变量后，是否会改进模型。分析过程会检查所有引入第二个自变量的模型，确定出最好的一个，并检验（当模型中已经包括第一个自变量时）第二个自变量的 $F$ 值是否大于入选 $F$ 值。

如果两个自变量高度相关，那么只有一个能够进入方程。一旦将第一个自变量纳入方程，第二个自变量的附加解释能力将会最小，它的 $F$ 值将不足以使它入选。这样就可以降低多重共线性的影响。

继续进行分析，每一步都确定是否增加其他自变量。计算机会检查前面入选的变量是否有效。每一步都会计算所有自变量的 $p$ 值，并与剔除 $F$ 值（$F$-to-remove）相比较。如果某个变量的 $F$ 统计量的值低于剔除 $F$ 值，该变量就会被从方程中剔除。

重复上述步骤，直到没有变量要入选或被剔除为止。

为了说明这个问题，我们回到第 17 章开篇的例题中，模型的结果受到多重共线性的影响。

Excel

| | | | | | | |
|---|---|---|---|---|---|---|
| 1 | **Step 3-Entering variable：AGE** | | | | | |
| 2 | | | | | | |
| 3 | Summary measures | | | Change | %Change | |
| 4 | | Multiple R | 0.562 0 | 0.014 2 | 0.026 | |
| 5 | | R-Square | 0.315 9 | 0.015 8 | 0.053 | |
| 6 | | Adj R-Square | 0.309 8 | 0.013 8 | 0.047 | |
| 7 | | StErr of Est | 32 450 | −324 | −0.010 | |
| 8 | | | | | | |
| 9 | ANOVA Table | | | | | |
| 10 | | Source | df | SS | MS | F | p-value |
| 11 | | Explained | 3 | 164 324 355 568 | 54 774 785 189 | 52.02 | 1.14E−27 |
| 12 | | Unexplained | 338 | 355 906 748 416 | 1 052 978 546 | | |
| 13 | | | | | | | |
| 14 | Regression coefficients | | | | | | |
| 15 | | | Coefficient | Std Err | t-value | p-value | |
| 16 | | Constant | −84 462 | 12 042 | −7.01 | 1.27E−11 | |
| 17 | | EDUC | 5 352 | 559 | 9.57 | 2.30E−19 | |
| 18 | | HRS1 | 913 | 128 | 7.13 | 6.12E−12 | |
| 19 | | AGE | 421 | 151 | 2.79 | 0.005 5 | |

以上输出结果展示了逐步回归过程的第三步和最后一步。

**计算机命令**

1. 按照下面的说明输入或导入数据。

2. 单击“Add-Ins”（加载项）—“Data Analysis Plus”（数据分析加载项）—“Step Regression”（逐步回归）。

3. 指定“response variable”（因变量）和“explanatory variables”（自变量）。选中整个列表。

4. 选择“Significance option”（显著检验选项）。选择“p-values”（$p$ 值）并单击“OK”。单击“OK”以接受“p-to-enter”（入选 $p$ 值）和“p-to-leave”（剔除 $p$ 值）的缺省值。



## □ 18-4b 逐步回归具体说明

开始前，将光标放在数据集里。如果你没有这么做，请关闭宏，并重新打开。

宏会询问缺失的数据，如果数据中没有空白，接受默认值和默认过程即可。否则，就要单击单元格删除检查标记。

不用指定数据区域，只要指定自变量和因变量的变量名即可。变量名必须以字母或者下划线开头，不能用与单元格位置相同的名称（如 A2，R 或 C）以及纯数字的变量名（如 55 等）。不可采用字母、下划线和数字以外的符号为变量命名。

因变量必须是定距变量，不能是指示变量（虚拟变量），但自变量可以是指示变量。

你必须选择显著性水平，逐步回归过程会根据这个标准判断应该引入哪个变量和剔除哪个变量。

除非对各个显著性水平所代表的含义非常了解，否则我们建议你接受默认值。

宏会绘制几个不同类型的图形，从中选择你需要的图形。

输出结果可能和数据显示在同一个工作表中，也可能出现在另一个工作表中。如果选择后者，宏会要求你指定工作表的名称。

**Minitab**

**Stepwise Regression：INCOME versus AGE，EDUC，...**

Forward selection. Alpha-to-Enter：0.05

Response is INCOME on 6 predictors，with N=342

| Step | 1 | 2 | 3 |
|---|---|---|---|
| Constant | −29 697 | −63 700 | −84 462 |
| | | | |
| EDUC | 5 550 | 5 284 | 5 352 |
| T-Value | 9.24 | 9.37 | 9.57 |
| P-Value | 0.000 | 0.000 | 0.000 |
| | | | |
| HRS1 | | 896 | 913 |
| T-Value | | 6.94 | 7.13 |
| P-Value | | 0.000 | 0.000 |
| | | | |
| AGE | | | 421 |
| T-Value | | | 2.79 |
| P-Value | | | 0.006 |
| | | | |
| S | 34 970 | 32 773 | 32 450 |
| R-Sq | 20.08 | 30.01 | 31.59 |
| R-Sq（adj） | 19.84 | 29.60 | 30.98 |
| Mallows Cp | 58.5 | 11.2 | 5.4 |

**计算机命令**

1. 单击“Stat”（统计）—“Regression”（回归）—“Stepwise…”（逐步…）。

2. 指定因变量，即“Response”（响应）和因变量，即“Predictors”（预测变量）。

3. 单击“Methods…”（方法…）—“Forward selection”（前进法）。指定“Alpha to enter”（入选用 Alpha）（建议选用 0.05）。

## 解　释

回归方程为

$$\hat{y}=-84\ 462+5\ 352\ \text{EDUC}+913\ \text{HRS}+421\ \text{AGE}$$

所有自变量均与收入线性相关。

$F$ 统计量是 52.02，判定系数是 0.315 9。

对比此方程与第 17 章开篇的方程，你会发现它们的系数与检验结果都非常相似。主要的不同是第 17 章方程中不显著的 3 个自变量不在逐步回归的结果中。

## 习　题

下面的习题要用到计算机和统计软件。

**社会综合调查习题**

**18.38　GSS2012***　参考习题 17.17。

a. 使用逐步回归法得到回归方程。

b. 将结果与习题 17.17 的结果进行对比。

**18.39　GSS2012***　参考习题 17.18。

a. 使用逐步回归法得到回归方程。

b. 将结果与习题 17.18 的结果进行对比。

**18.40　GSS2012***　参考习题 17.19。使用逐步回归法得到回归方程。

**18.41　GSS2012***　参考习题 17.20。使用逐步回归法得到回归方程。

**美国国家选举调查习题**

**18.42　ANES2008***　参考习题 17.22。使用逐步回归法计算相关统计量。

# 18.5　建　模



到此为止，我们已经介绍了几种回归模型。现在可以运用定类自变量和描述非线性关系的工具了。这一节将讨论如何建立模型。

回归分析可用于判断一个或多个自变量与因变量之间的关系，或者预测因变量的值以及估计因变量的期望值。尽管这两个目标有所区别，但是在方法上有很多相似之处。

下面介绍建模过程。

### □ 18-5a　建模过程

1. 确定因变量。明确定义想要分析或预测的变量。例如，如果要预测销售情况，就要确定是选取销售数量、总收益还是净利润。此外，还要确定需要预测的是周、月还是年的数字。

2. 罗列潜在预测变量。根据你对因变量的了解，罗列出与因变量可能相关的预测变量。尽管不能确定它们之间是否存在因果关系，但我们应该尽量将影响因变量变化的自变量纳入模型。要注意多重共线性问题和收集、存储、处理数据的成本。在选择时要有所取舍，最好用最少的自变量得出令你满意的模型。

3. 为潜在模型收集数据。一般来说，模型中的每个自变量最少应有 6 个观测值。

4. 确定出几个可能的模型。这时仍然要凭借你对构建模型所用的自变量与因变量的了解。例如，假设你认为某个自变量会影响因变量，但不能确定变量之间的具体关系是一阶的还是二阶的，是否存在交互作用，那么，绘制散点图可能有助于发现每个自变量与因变量关系的性质。

5. 利用统计软件评估模型。用前面已经介绍过的一种或多种变量选择方法确定模型中应该包含哪些变量。如果问题的目标是确定哪些自变量与因变量相关，一定要确保变量间不存在多重共线性问题。如果存在多重共线性问题，要设法减少自变量的个数。

6. 确定是否满足必要条件。如果不满足必要条件，设法纠正。到目前为止，你可能已经有几个“等价的”模型可供选择了。

7. 根据你的判断和统计结果选择最佳模型。这一步可能是最困难的。某个模型的拟合效果可能最好，但另一个可能会得到最好的预测值，而第三个可能包含的变量较少，易于操作。具有回归分析方面的经验可能会对你有所帮助，选修其他统计学课程可能是你最好的选择。

## 小　结

从第 17 章开始到本章，回归分析方法就讨论完了。我们介绍了几种用其他变量的值预测一个变量的值的方法，研究了有一个和两个自变量的多项式模型，讨论了如何通过指示变量发挥定类变量的作用，并在工资平等案例中描述了如何应用指示变量。为了帮助选择最好的模型，我们还介绍了逐步回归法。最后我们提出了一些有关建模的建议。

### 重要术语

| | | |
|---|---|---|
| 多项式模型 | 预测变量 | 阶 |
| 一阶模型 | 交互作用 | 二次关系 |
| 二阶模型 | 指示变量 | 虚拟变量 |
| 缺省类别 | 逐步回归 | |

### 符号

| 符号 | 意义 |
|---|---|
| $I_i$ | 指示变量 |

## 习　题

下面的习题要用到计算机和统计软件。如果无特别说明，显著性水平取 5%。

**18.43　Xr18 - 43**　多年来，汽车设计师试验了数种方法以增加单位油耗的行驶里程。试验中的一个重要因素是汽车速度影响油耗的方式。汽车竞赛的目标是以最小油耗行驶最远的路程，这就决定了速度太快或太慢都是无效率的。设计师需要确定在何种速度下汽油燃烧的效率最高。在一次试验中，50 辆相同的汽车以不同的速度行驶，记下了单位油耗的行驶里程。

a. 试写出你认为合适的模型方程。

b. 试利用模型进行回归分析。

c. 模型的拟合效果如何?

**18.44　Xr18－44**　高速公路特定路段上的车祸次数似乎与经过该路段的车辆数量和它们的速度有关。某城市的市议员要求某县的县治安官向他提供过去几年的统计数据，希望从统计学角度分析这些数据，从而确定新的法定速度，以减少交通事故。他以交通事故次数为因变量，并估计了经过某一路段的车辆数和它们的平均速度（单位：英里/小时）。他随机抽取了 60 天的数据。

a. 这位议员应该采用哪种模型?

b. 试利用含交互作用项的一阶模型进行回归分析。

c. 这个模型有效吗?

**18.45**　参考习题 18.44。

a. 试估计含交互作用项的二阶模型。

b. 这个模型有效吗（显著性水平取 0.10)?

**18.46　Xr18－46**　在习题 17.7 中，这位经理分析了广告数量与顾客数量的关系后，决定研究一下广告媒体是否对广告效果有不同的影响。结果，他又进行了一项试验，每周在同一个媒体上做几次广告，并记录了该周顾客的数量、广告次数和做广告的媒体（1＝报纸，2＝收音机，3＝电视)。

a. 试定义描述广告媒体的指示变量。

b. 试进行回归分析，并检验模型的有效性。

c. 不同的广告媒体会影响广告的效果吗? 为什么?

**18.47　Xr18－47**　一位棒球球迷从报纸上收集了几支美国棒球联赛球队的一些数据。她想用一个函数来解释每支球队获胜的概率。函数的自变量为平均击球次数和投手责任得分率，以及描述最近 12 个月内球队是否曾解雇经理的指示变量（1＝解雇过，0＝没有)。随机抽取 50 支球队在过去五个赛季的有关数据。

a. 试用一阶模型进行回归分析（不存在交互作用)。

b. 是否有足够的证据表明，最近 12 个月内曾解雇过经理的球队获胜的概率低于没有解雇过经理的球队?

**18.48　Xr18－48**　越来越多的美国纺织企业以计件作为计薪基础。它们按工作量给工人付薪水，而不再按小时计算工资。一家纺织品公司的经理注意到，没有经验的工人表现很差，但通常进步较快。然而，非常熟练的工人的表现则比预期的要差一些。分析家认为，这种现象是由厌倦导致的。较为熟练的工人对单调的工作感到厌倦，因而工作效率有所降低。一位统计人员试图深入了解计件工作，他随机抽取了具有不同工作经验的工人，记录了他们 8 小时的工作量。

a. 试写出你认为合适的模型方程。

b. 试用上面的模型进行回归分析。

c. 模型的拟合效果如何？

**18.49 Xr18-49** 游泳池的维护是一项耗资巨大的活动，因为要使用氯保持水清洁无菌。一家试图降低成本的连锁宾馆（都拥有室外游泳池）决定找出影响氯的消耗量的因素。它聘请一位化学家进行分析。它认为氯在水中的消耗速度依赖于水温（温度越高，消耗越快）、pH 值（衡量水的酸碱度，范围是 0～14，pH 值为 0 表示酸性最强，pH 值为 14 则表示碱性最强；当 pH 值为 7.5 时，氯的用量最少）和天气状况（有阳光时，氯消耗较快）。这位化学家进行了下面的试验。他记录了在不同的 pH 值、水温和天气状况下，8 小时内氯的消耗百分比。

第 1 列：8 小时内氯的消耗百分比

第 2 列：水温（华氏温度）

第 3 列：pH 值

第 4 列：1＝阴天；2＝晴天；3＝多云

a. 试写出你认为合适的模型方程。

b. 利用回归分析估计模型的系数。

c. 试检验模型的有效性。

d. 能否认为水温较高时，氯消耗较快？

e. 有足够的理由相信我们对氯的消耗速度与 pH 值之间关系的认识正确吗？

f. 能推断出天气状况是影响氯的消耗速度的一个因素吗？

# 第 19 章 非参数统计

**社会综合调查——民主党人、无党派人士与共和党人在每周读报时间上存在差异吗**

数据：GSS2012*

由于政治的演进方式，竞选总统至少在实际选举的两年前就开始了。当然，议员的选举每两年举行一次。这意味着政治作为常规新闻的一部分，会经常出现在国内报纸中。在政治上，知道选民从何处获得信息是十分重要的。历史上，由于几乎所有报纸都对该投票给谁提出建议，所以报纸对政治选举来说十分重要。这就引发了一个问题：三个政党群体（PARTYID3：1=民主党，2=无党派，3=共和党）的支持者阅读报纸的频率相同吗？2012 年社会综合调查中的一个问题是：你阅读报纸的频率如何（NEWS：1=每天，2=一周几次，3=一周一次，4=一周少于一次，5=从不阅读）？在使用合适的统计方法后，我们将会给出答案（参见 19-3b 小节）。



## 引 言

迄今为止，我们已经介绍了适用于定距数据和定类数据的统计方法。这一章将介绍处理定序数据的统计方法，讨论三种比较两个总体的统计方法，以及两种比较两个或两个以上总体的统计过程。就像你所看到的，当我们比较两个或两个以上定距数据总体时，我们衡量的是均值之间的差异。然而，正如第 2 章中所讨论过的，当数据是定序数据时，均值就不再是衡量位置的适宜指标了。因而，利用本章介绍的方法，我们很难检验总体均值的差异，相应地，我们也将不再借助于特定的参数来检验总体的特征。因此，这种方法被称为**非参数方法**（nonparametric techniques）。我们不是通过检验确定总体均值是否存在差异，而是要确定总体位置是否存在差异。

尽管非参数方法是用来检验定序数据的，但它也有其他用途。13.1 节、13.3 节和第 14 章中介绍的检验统计量要求总体必须服从正态分布，否则将无法进行 $t$ 检验和 $F$ 检验。所幸我们可以使用非参数方法，因此非参数方法通常（可能更精确地）被称为**无分布统计学**（distribution-free statistics）。如果数据为定距数据但不满足正态分布这一必要条件，就可以采用本章介绍的方法。在这样的情况下，我们将把定距数据看作定序数据进行处理。因此，即使数据为区间型数据并且均值是衡量位置的适当指标，我们仍选择非参数方法来检验总体位置。

图 19—1 描述了位置相同的两个总体的分布。注意，我们不知道（或不关心）它们服从何种分布，但我们可以认为它们服从非正态分布。图 19—2 描述的是总体 1 的位置在总体 2 的右边的情况；在图 19—3 中，总体 1 的位置在总体 2 的左边。

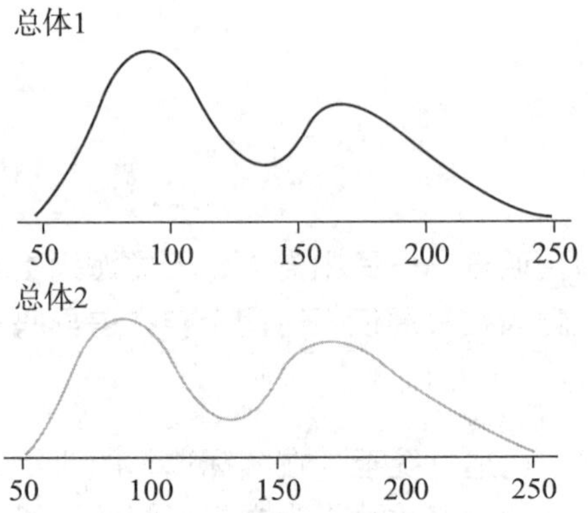


**图 19—1　两个总体位置相同**

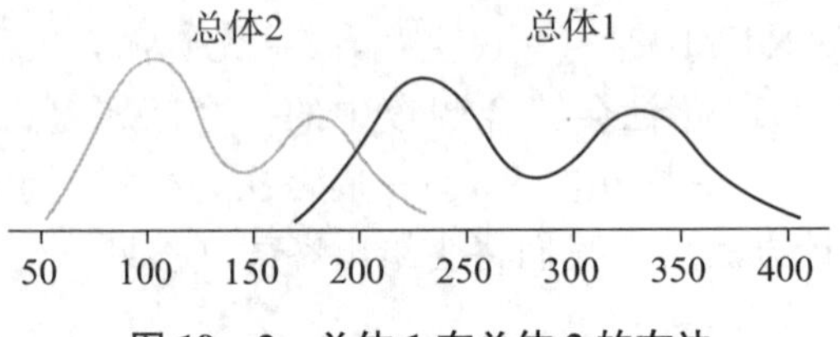


**图 19—2　总体 1 在总体 2 的右边**

当问题的目标是比较两个总体的位置时，原假设为

$H_0$：两个总体位置相同

备择假设可以是以下三种形式中的任一种：

1. 如果我们想知道是否有足够的理由推断两个总体存在差异，那么备择假设为

$H_1$：两个总体位置不同

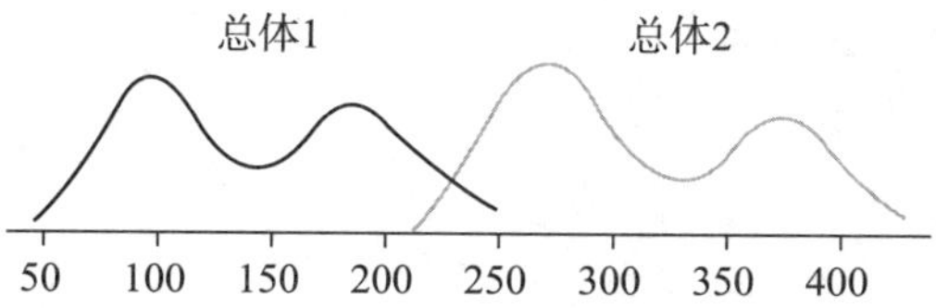


**图 19—3　总体 1 在总体 2 的左边**

2. 如果我们想了解能否得出总体 1 中的随机变量总体来说比总体 2 中的随机变量大（见图 19—2）的结论，则

$H_1$：总体 1 的位置在总体 2 的右边

3. 如果我们想知道能否得出总体 1 中的随机变量总体来说比总体 2 中的随机变量小（见图 19—3）的结论，则

$H_1$：总体 1 的位置在总体 2 的左边

我们将会看到，非参数检验把排序过程作为整个计算的一部分。事实上，在本书中我们已经处理过排序过程。第 4 章介绍了将中位数作为衡量中心位置的指标。将所有观测值按大小排序，处于中心位置的观测值即为中位数。因而，衡量定序数据中心位置的适当指标是中位数，它是排序过程中的统计量。

下一节，我们将用威尔科克森秩和检验方法来检验从独立样本中总结出的总体位置的差异。19.2 节将介绍用于检验成对数据的符号检验和威尔科克森符号秩和检验。19.3 节将介绍比较两个或两个以上总体的 KW 检验和弗里德曼检验。19.4 节将介绍用于分析两变量之间关系的斯皮尔曼相关系数。



## 19.1　威尔科克森秩和检验

本节将要介绍的检验方法主要用于处理具有下述特征的问题：

1. 问题的目标是比较两个总体。

2. 数据是定序数据，或由于不满足正态分布而不能进行 $\mu_1-\mu_2$ 的等方差 $t$ 检验的定距数据。

3. 样本相互独立。

我们利用下面的例子来说明如何计算独立样本**威尔科克森秩和检验**（Wilcoxon Rank Sum Test）的检验统计量。

**例 19.1　威尔科克森秩和检验**

假设我们想知道，在 5%的显著性水平下，能否根据来自两个总体的下列观测值得出总体 1 在总体 2 左边的结论。

样本 1：22　　23　　20

样本 2：18　　27　　26

我们要检验以下假设：

$H_0$：两个总体位置相同

$H_1$：总体 1 在总体 2 的左边

## □ 检验统计量

首先对 6 个观测值进行排序，最小的记为 1，最大的记为 6。

| 样本 1 | 秩 | 样本 2 | 秩 |
|---|---|---|---|
| 22 | 3 | 18 | 1 |
| 23 | 4 | 27 | 6 |
| 20 | 2 | 26 | 5 |
| | $T_1=9$ | | $T_2=12$ |

可以看出，18 最小，因此秩为 1；20 次之，故秩为 2。依此类推，直到最大的观测值 27，秩为 6。如果观测值有相等的情况，就求出几个秩的均值。接下来计算每个样本的秩和。样本 1 的秩和用 $T_1$ 表示，值为 9；样本 2 的秩和用 $T_2$表示，值为 12。（注意，$T_1$ 和 $T_2$相加必须等于从 1 到 6 的 6 个整数之和，即 21。）我们可以用 $T_1$、$T_2$中的任意一个作为检验统计量。此处选 $T_1$ 作为检验统计量并记为 $T$，即例 19.1 中的检验统计量为 $T=T_1=9$。

## □ 检验统计量的抽样分布

$T$ 值较小表明大部分较小的观测值在样本 1 中，而大部分较大的观测值在样本 2 中。这意味着总体 1 处于总体 2 的左侧。因此，为了能够在统计学上得出这样的结论，必须证明 $T$ 较小。“较小”的定义源于 $T$ 值的抽样分布，正如 9.1 节中得出样本均值的抽样分布一样，我们也可以通过列举出 $T$ 的所有可能取值得到 $T$ 的抽样分布。表 19—1 列出了样本容量为 3 的两个样本所有可能的排序方式。

**表 19—1　　容量为 3 的两个样本所有可能的排序方式**

| 样本 1 的秩 | 秩和 | 样本 2 的秩 | 秩和 |
|---|---|---|---|
| 1，2，3 | 6 | 4，5，6 | 15 |
| 1，2，4 | 7 | 3，5，6 | 14 |
| 1，2，5 | 8 | 3，4，6 | 13 |
| 1，2，6 | 9 | 3，4，5 | 12 |
| 1，3，4 | 8 | 2，5，6 | 13 |
| 1，3，5 | 9 | 2，4，6 | 12 |
| 1，3，6 | 10 | 2，4，5 | 11 |
| 1，4，5 | 10 | 2，3，6 | 11 |
| 1，4，6 | 11 | 2，3，5 | 10 |
| 1，5，6 | 12 | 2，3，4 | 9 |

续前表

| 样本 1 的秩 | 秩和 | 样本 2 的秩 | 秩和 |
|---|---|---|---|
| 2，3，4 | 9 | 1，5，6 | 12 |
| 2，3，5 | 10 | 1，4，6 | 11 |
| 2，3，6 | 11 | 1，4，5 | 10 |
| 2，4，5 | 11 | 1，3，6 | 10 |
| 2，4，6 | 12 | 1，3，5 | 9 |
| 2，5，6 | 13 | 1，3，4 | 8 |
| 3，4，5 | 12 | 1，2，6 | 9 |
| 3，4，6 | 13 | 1，2，5 | 8 |
| 3，5，6 | 14 | 1，2，4 | 7 |
| 4，5，6 | 15 | 1，2，3 | 6 |

如果原假设成立，即两个总体位置相同，那么每种可能的排序出现的概率都是相等的。由于存在 20 种不同的可能性，所以每个 $T$ 有相同的概率，即 1/20。注意，其中 6、7 各一个，8 两个，等等。表 19—2 总结了 $T$ 值及其概率，图 19—4 则描述了这一抽样分布。

**表 19—2　　样本容量为 3 时，两个样本的 $T$ 的抽样分布**

| $T$ | $P(T)$ |
|---|---|
| 6 | 1/20 |
| 7 | 1/20 |
| 8 | 2/20 |
| 9 | 3/20 |
| 10 | 3/20 |
| 11 | 3/20 |
| 12 | 3/20 |
| 13 | 2/20 |
| 14 | 1/20 |
| 15 | 1/20 |
| 总计 | 1 |

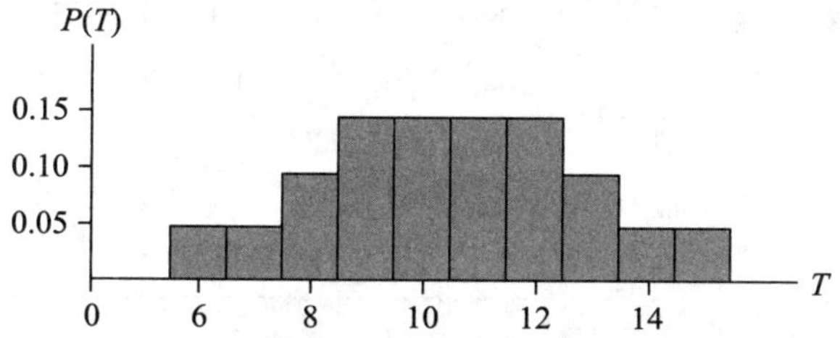


**图 19—4　样本容量为 3 时，两个样本的 $T$ 的抽样分布**

从抽样分布中可以看出，$P(T\leqslant 6)=P(T=6)=1/20=0.05$。因为我们试图确定检验统计量是否足够小，从而使我们可以在5%的显著性水平上拒绝原假设，所以我们令拒绝域为 $T\leqslant 6$。因为 $T=9$，所以我们不能拒绝原假设。

统计学家已经完成了不同样本容量下的 $T$ 抽样分布表。附录 B 中的表 9 给出了不同样本容量下的临界值，表 19—3 则摘自此表。表 19—3 给出了样本容量为 3～10 时 $T_L$ 和 $T_U$ 的值（其中 $n_1$ 是样本 1 的容量，$n_2$ 是样本 2 的容量），其中（a）部分的 $T_L$ 和 $T_U$ 的取值使得

$$P(T\leqslant T_L)=P(T\geqslant T_U)=0.025$$

（b）部分的 $T_L$ 和 $T_U$ 的取值使得

$$P(T\leqslant T_L)=P(T\geqslant T_U)=0.05$$

（a）部分既可以用于 $\alpha=0.05$ 的双尾检验，又可用于 $\alpha=0.025$ 的单尾检验；（b）部分则适用于 $\alpha=0.10$ 的双尾检验和 $\alpha=0.05$ 的单尾检验。因为没有提供其他值，我们只能局限于这几个 $\alpha$ 值。

尽管我们可以得出任何样本容量下的检验统计量的抽样分布，但是这一过程过于乏味。幸运的是，我们没有必要进行这个工作。统计学家已经证明，当样本容量大于 10 时，检验统计量近似服从均值为 $E(T)$、标准差为 $\sigma_T$ 的正态分布：

$$E(T)=\frac{n_1(n_1+n_2+1)}{2}$$

$$\sigma_T=\sqrt{\frac{n_1 n_2(n_1+n_2+1)}{12}}$$

因此，标准化的检验统计量为

$$z=\frac{T-E(T)}{\sigma_T}$$

**表 19—3　　威尔科克森秩和检验的临界值**

（a）$\alpha=0.025$ 的单尾检验；$\alpha=0.05$ 的双尾检验

| $n_2$ \ $n_1$ | 3 | | 4 | | 5 | | 6 | | 7 | | 8 | | 9 | | 10 | |
|---|---|---|---|---|---|---|---|---|---|---|---|---|---|---|---|---|
| | $T_L$ | $T_U$ | $T_L$ | $T_U$ | $T_L$ | $T_U$ | $T_L$ | $T_U$ | $T_L$ | $T_U$ | $T_L$ | $T_U$ | $T_L$ | $T_U$ | $T_L$ | $T_U$ |
| 4 | 6 | 18 | 11 | 25 | 17 | 33 | 23 | 43 | 31 | 53 | 40 | 64 | 50 | 76 | 61 | 89 |
| 5 | 6 | 21 | 12 | 28 | 18 | 37 | 25 | 47 | 33 | 58 | 42 | 70 | 52 | 83 | 64 | 96 |
| 6 | 7 | 23 | 12 | 32 | 19 | 41 | 26 | 52 | 35 | 63 | 44 | 76 | 55 | 89 | 66 | 104 |
| 7 | 7 | 26 | 13 | 35 | 20 | 45 | 28 | 56 | 37 | 68 | 47 | 81 | 58 | 95 | 70 | 110 |
| 8 | 8 | 28 | 14 | 38 | 21 | 49 | 29 | 61 | 39 | 73 | 49 | 87 | 60 | 102 | 73 | 117 |
| 9 | 8 | 31 | 15 | 41 | 22 | 53 | 31 | 65 | 41 | 78 | 51 | 93 | 63 | 108 | 76 | 124 |
| 10 | 9 | 33 | 16 | 44 | 24 | 56 | 32 | 70 | 43 | 83 | 54 | 98 | 66 | 114 | 79 | 131 |

(b) $\alpha$=0.05 的单尾检验；$\alpha$=0.10 的双尾检验

| $n_2$ \ $n_1$ | 3 | | 4 | | 5 | | 6 | | 7 | | 8 | | 9 | | 10 | |
|---|---|---|---|---|---|---|---|---|---|---|---|---|---|---|---|---|
| | $T_L$ | $T_U$ | $T_L$ | $T_U$ | $T_L$ | $T_U$ | $T_L$ | $T_U$ | $T_L$ | $T_U$ | $T_L$ | $T_U$ | $T_L$ | $T_U$ | $T_L$ | $T_U$ |
| 3 | 6 | 15 | 11 | 21 | 16 | 29 | 23 | 37 | 31 | 46 | 39 | 57 | 49 | 68 | 60 | 80 |
| 4 | 7 | 17 | 12 | 24 | 18 | 32 | 25 | 41 | 33 | 51 | 42 | 62 | 52 | 74 | 63 | 87 |
| 5 | 7 | 20 | 13 | 27 | 19 | 36 | 26 | 46 | 35 | 56 | 45 | 67 | 55 | 80 | 66 | 94 |
| 6 | 8 | 22 | 14 | 30 | 20 | 40 | 28 | 50 | 37 | 61 | 47 | 73 | 57 | 87 | 69 | 101 |
| 7 | 9 | 24 | 15 | 33 | 22 | 43 | 30 | 54 | 39 | 66 | 49 | 79 | 60 | 93 | 73 | 107 |
| 8 | 9 | 27 | 16 | 36 | 24 | 46 | 32 | 58 | 41 | 71 | 52 | 84 | 63 | 99 | 76 | 114 |
| 9 | 10 | 29 | 17 | 49 | 25 | 50 | 33 | 63 | 43 | 76 | 54 | 90 | 66 | 105 | 79 | 121 |
| 10 | 22 | 31 | 18 | 42 | 26 | 54 | 35 | 67 | 46 | 80 | 57 | 95 | 69 | 111 | 83 | 127 |

资料来源：F. Wilcoxon and R. A. Wilcox，"Some Rapid Approximate Statistical Procedures"（1964），p. 28. 经美国氰胺公司许可。

## 例 19.2　止痛药疗效的比较

数据：Xm19－02

一家制药公司计划推出一种新的止痛药。在一个确定此种止痛药疗效的试验中，研究人员随机挑选出 30 人，给其中 15 个人服用新药，另外 15 个人服用阿司匹林。30 个人均被告知，当感到头痛或其他轻微疼痛时服用药物，并记录下他服药后的效果更符合下面列出的哪一种状态：

5＝新药非常有效
4＝新药相当有效
3＝新药有点效果
2＝新药效果甚微
1＝新药无效

被调查者的回答用代码列在下面。在 5%的显著性水平下，能否得出新止痛药被认为更有效的结论？

新止痛药：3，5，4，3，2，5，1，4，5，3，3，5，5，5，4
阿司匹林：4，1，3，2，4，1，3，4，2，2，2，4，3，4，5

**解**

### 识　别

问题是比较两个总体新止痛药和阿司匹林的疗效。上面的数据为定序数据，因此除了代码的次序外，用来记录结果的数字是任意的。此外，样本是相互独立的。这些因素告诉我们，采用威尔科克森秩和检验是适宜的。我们将新药的疗效定义为样本 1，将阿司匹林的疗效定义为样本 2。因为我们想知道新止痛药的疗效是否优于阿司匹林，所以备择假设为

$H_1$：总体 1 的位置在总体 2 的右边

原假设为

$H_0$：两个总体位置相同

计　算

**手工计算**

如果备择假设为真，那么总体 1 应该在总体 2 的右边，并且 $T$ 和 $z$ 的值均较大。我们需要做的是确定 $z$ 是否大到足以让我们拒绝原假设而接受备择假设。拒绝域为

$$z>z_\alpha=z_{0.05}=1.645$$

我们通过把所有观测值排序来计算检验统计量。

| 新止痛药 | 秩 | 阿司匹林 | 秩 |
|---|---|---|---|
| 3 | 12 | 4 | 19.5 |
| 5 | 27 | 1 | 2 |
| 4 | 19.5 | 3 | 12 |
| 3 | 12 | 2 | 6 |
| 2 | 6 | 4 | 19.5 |
| 5 | 27 | 1 | 2 |
| 1 | 2 | 3 | 12 |
| 4 | 19.5 | 4 | 19.5 |
| 5 | 27 | 2 | 6 |
| 3 | 12 | 2 | 6 |
| 3 | 12 | 2 | 6 |
| 5 | 27 | 4 | 19.5 |
| 5 | 27 | 3 | 12 |
| 5 | 27 | 4 | 19.5 |
| 4 | 19.5 | 5 | 27 |
|  | $T_1=276.5$ |  | $T_2=188.5$ |

注意，这里有 3 个"1"，分别占据了第 1、2、3 位，平均值为 2，即每个"1"的秩都设为 2；有 5 个"2"，秩分别为 4、5、6、7 和 8，平均值为 6。我们赋予每个观测值一个秩。秩和 $T_1=276.5$，$T_2=188.5$。未经标准化的检验统计量为 $T=T_1=276.5$。为了进行标准化，我们首先要确定 $E(T)$ 和 $\sigma_T$：

$$E(T)=\frac{n_1(n_1+n_2+1)}{2}=\frac{15\times 31}{2}=232.5$$

$$\sigma_T=\sqrt{\frac{n_1n_2(n_1+n_2+1)}{12}}=\sqrt{\frac{15\times 15\times 31}{12}}=24.1$$

标准化后的检验统计量为

$$z=\frac{T-E(T)}{\sigma_T}=\frac{276.5-232.5}{24.1}=1.83$$

故检验的 $p$ 值为

$$P(Z>1.83)=1-0.9664=0.0336$$

**Excel**

| | A | B | C | D | E |
|---|---|---|---|---|---|
| 1 | **Wilcoxon Rank Sum Test** | | | | |
| 2 | | | | | |
| 3 | | | Rank Sum | Observations | |
| 4 | New | | 276.5 | 15 | |
| 5 | Aspirin | | 188.5 | 15 | |
| 6 | z Stat | | 1.83 | | |
| 7 | P(Z<=z) one-tail | | 0.0340 | | |
| 8 | z Critical one-tail | | 1.644 9 | | |
| 9 | P(Z<=z) two-tail | | 0.0680 | | |
| 10 | z Critical two-tail | | 1.96 | | |

**计算机命令**

1. 在相邻的两列中键入或导入数据（打开文件 Xm19－02）。

2. 单击"Add-Ins"（加载项）—"Data Analysis Plus"（数据分析加载项）—"Wilcoxon Rank Sum Test"（威尔科克森秩和检验）。

3. 指定"Variable 1 Range"（变量 1 的输入范围）（A1：A16）和"Variable 2 Range"（变量 2 的输入范围）（B1：B16）以及 $\alpha$ 的值（0.05）。

**Minitab**

**Mann-Whitney Test and CI：New，Aspirin**

| | N | Median |
|---|---|---|
| New | 15 | 4.000 |
| Aspirin | 15 | 3.000 |

Point estimate for ETA1-ETA2 is 1.000

95.4 Percent CI for ETA1-ETA2 is (0.001，2.000)

W=276.5

Test of ETA1=ETA2 vs ETA1>ETA2 is significant at 0.035 6

The test is significant at 0.032 1 (adjusted for ties)

Minitab 采用的是曼-惠特尼检验（Mann-Whitney test），而不是威尔科克森秩和检验，但两个检验本质上是相同的。在上面的输出结果中，ETA 表示总体的中位数，检验统计量 $W=276.5$ 为威尔科克森秩和统计量，即 $T=W=276.5$。输出结果中包括了 $p$ 值（0.035 6）和调整了相等的观测值后的 $p$ 值（0.032 1）。这里仅给出第一个 $p$ 值。

**计算机命令**

1. 在任两列中输入或导入数据（打开文件 Xm19－02）。

2. 单击“Stat”（统计）—“Nonparametrics”（非参数）和“Mann-Whitney…”（曼-惠特尼检验…）。

3. 键入“First Sample”（第一样本）的变量名“New”（新止痛药）和“Second Sample”（第二样本）的变量名“Aspirin”（阿司匹林）。选择“less than”（小于）、“not equal to”（不等于）或“greater than”（大于），单击“OK”（确定）。

**解　释**

这些数据提供了充分的证据表明，新止痛药的治疗效果优于阿司匹林。我们注意到，数据源于一个对比性试验，即服药者被安排服用新止痛药或阿司匹林。（当服药者决定服用哪种药时，数据是可以观测到的。）这一因素能帮助我们确定新止痛药是否确实比阿司匹林更有效。样本容量较小和测试者反应不一致这两个因素弱化了这个结论。也许还有其他一些主观的方法可以衡量药物的有效性。另外，还应该增加双盲试验（double-blind experiment）。

正像我们在本章的引言中所指出的，威尔科克森秩和检验可用于由定序数据或定距数据构成的两个总体的比较。例 19.2 介绍了当数据为定序数据时威尔科克森秩和检验的应用。在下面的例子中我们将说明威尔科克森秩和检验在定距数据中的应用。

## 例 19.3　留住员工

数据：Xm19－03

由于雇用和培训新员工的成本较高，雇主们更乐意挽留素质较高的员工。一家大公司的人力资源经理为了建立用人机制，比较了在跳槽到其他公司前，商科和非商科毕业生在本公司工作的时间。这位经理从五年前进入公司的雇员中随机选择了 25 位商科专业和 20 位非商科专业的员工组成样本。每一位员工在公司工作的时间（单位：月）被记录下来（当然，仍然待在公司的员工记为 60 个月）。在 5%的显著性水平下，人力资源经理能否得出商科专业和非商科专业的毕业生在雇佣期上存在差别的结论？

**雇佣期（月）**

| 商科毕业生 | | | | | | | | | | | | | 非商科毕业生 | | | | | | | | | | |
|---|---|---|---|---|---|---|---|---|---|---|---|---|---|---|---|---|---|---|---|---|---|---|---|
| 60 | 11 | 18 | 19 | 5 | 25 | 60 | 7 | 8 | 17 | 37 | 4 | 8 | 25 | 60 | 22 | 24 | 23 | 36 | 39 | 15 | 35 | 16 | 28 |
| 28 | 27 | 11 | 60 | 25 | 5 | 13 | 22 | 11 | 17 | 9 | 4 | | 9 | 60 | 29 | 16 | 22 | 60 | 17 | 60 | 32 | | |

**解**

**识　别**

问题的目标是比较由定距数据构成的两个总体，样本相互独立。因此，适用的参数方法是 $\mu_1-\mu_2$ 的 $t$ 检验，这要求总体服从正态分布。然而画出直方图（参见图 19—5、图 19—6）以后，可以清晰地看出这一要求无法满足。那么，正确的统计方法应该是威

尔科克森秩和检验，原假设和备择假设分别是

$H_0$：两个总体位置相同

$H_1$：总体 1(商科毕业生) 和总体 2(非商科毕业生) 的位置不同

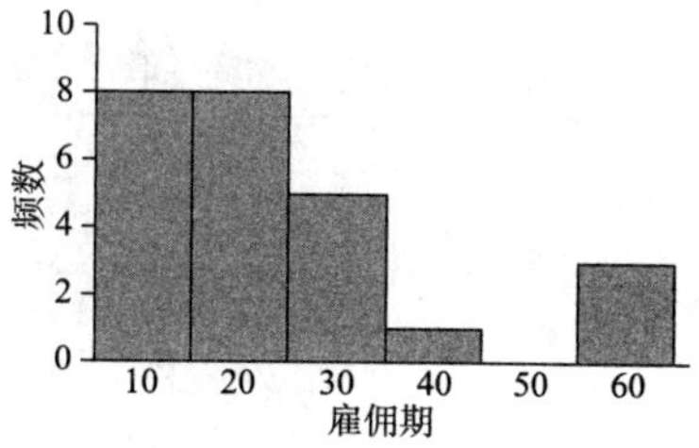


**图 19—5　商科毕业生雇佣期直方图**

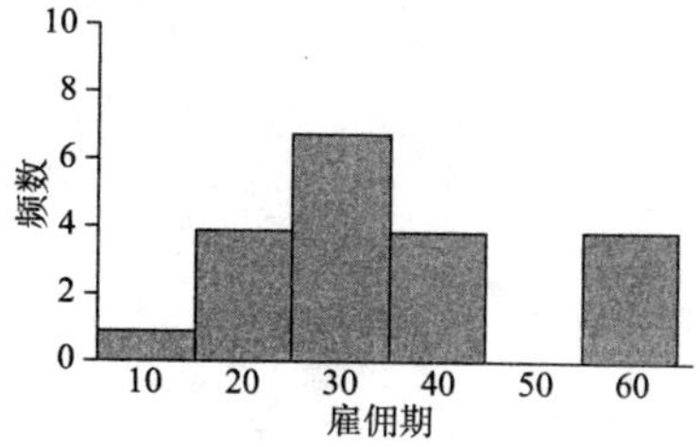


**图 19—6　非商科毕业生雇佣期直方图**

## 计　算

### 手工计算

拒绝域为

$$z < -z_{\alpha/2} = -z_{0.025} = -1.96$$

或

$$z > z_{\alpha/2} = z_{0.025} = 1.96$$

我们用下列方式计算检验统计量的值。

| 商科毕业生 | 秩 | 非商科毕业生 | 秩 |
|---|---|---|---|
| 60 | 42 | 25 | 28 |
| 11 | 11 | 60 | 42 |
| 18 | 20 | 22 | 23 |
| 19 | 21 | 24 | 26 |
| 5 | 3.5 | 23 | 25 |
| 25 | 28 | 36 | 36 |
| 60 | 42 | 39 | 38 |
| 7 | 5 | 15 | 14 |
| 8 | 6.5 | 35 | 35 |
| 17 | 18 | 16 | 15.5 |
| 37 | 37 | 28 | 31.5 |
| 4 | 1.5 | 9 | 8.5 |
| 8 | 6.5 | 60 | 42 |
| 28 | 31.5 | 29 | 33 |
| 27 | 30 | 16 | 15.5 |
| 11 | 11 | 22 | 23 |
| 60 | 42 | 60 | 42 |

续前表

| 商科毕业生 | 秩 | 非商科毕业生 | 秩 |
|---|---|---|---|
| 25 | 28 | 17 | 18 |
| 5 | 3.5 | 60 | 42 |
| 13 | 13 | 32 | 34 |
| 22 | 23 | | |
| 11 | 11 | | |
| 17 | 18 | | |
| 9 | 8.5 | | |
| 4 | 1.5 | | |
| $T_1=463$ | | $T_2=572$ | |

未经标准化的检验统计量为 $T=T_1=463$。为了计算 $z$ 的值，首先需要确定 $T$ 的均值和标准差。注意，$n_1=25$，$n_2=20$。

$$E(T)=\frac{n_1(n_1+n_2+1)}{2}=\frac{25\times 46}{2}=575$$

$$\sigma_T=\sqrt{\frac{n_1 n_2(n_1+n_2+1)}{12}}=\sqrt{\frac{25\times 20\times 46}{12}}=43.8$$

标准化后的检验统计量为

$$z=\frac{T-E(T)}{\sigma_T}=\frac{463-575}{43.8}=-2.56$$

$$p\text{ 值}=2P(Z<-2.56)=2(1-0.994\,8)=0.010\,4$$

**Excel**

| | A | B | C | D | E |
|---|---|---|---|---|---|
| 1 | **Wilcoxon Rank Sum Test** | | | | |
| 2 | | | | | |
| 3 | | | Rank Sum | Observations | |
| 4 | Business | | 463 | 25 | |
| 5 | Non-Bus | | 572 | 20 | |
| 6 | z Stat | | −2.56 | | |
| 7 | P(Z<=z) one-tail | | 0.005 3 | | |
| 8 | z Critical one-tail | | 1.644 9 | | |
| 9 | P (Z<=z) two-tail | | 0.010 6 | | |
| 10 | z Critical two-tail | | 1.96 | | |

**Minitab**

**Mann-Whitney Test and CI：Business，Non-Bus**

```
            N    Median
Business    25   17.00
Non-Bus     20   26.50
Point estimate for ETA1-ETA2 is−11.00
95.2 Percent CI for ETA1-ETA2 is (−19.00，−3.00)
W=463.0
Test of ETA1=ETA2 vs ETA1 not=ETA2 is significant at 0.010 9
The test is significant at 0.010 7 (adjusted for ties)
```

**解　释**

有充分的证据可以推断，商科毕业生和非商科毕业生的雇佣期长短不同，但已知数据不能告诉我们造成这一结果的原因。例如，我们不知道是否因为社会对商科毕业生的需求较高，使他们很容易跳槽寻找更好的工作，还是因为非商科毕业生对现有的工作更加满意，因而待在公司的时间较长。而且，我们也不知道，如果我们调查的对象是在公司待了 10 年之久的老员工，会得出什么结果。

### □ 19－1a　必要条件

威尔科克森秩和检验（以及本章介绍的其他非参数检验方法）实际上是检验两个总体的分布是否一致。这就意味着，它检验的不仅是总体位置是否一致，而且包括总体的伸展（方差）和形状（分布）是否一致。遗憾的是，这意味着原假设的拒绝域不一定代表总体的位置不同。对原假设的拒绝实际上可能是由于分布的形状或伸展不同导致的。为了避免这个问题，我们要求两个总体除了位置不同之外，其他方面都是相同的，从而位置成为检验的唯一焦点。接下来的两节中所介绍的检验（符号检验、威尔科克森符号秩和检验、KW 检验和弗里德曼检验）也都要求总体符合上述条件。

图 19—5 和图 19—6 中的直方图都是近似双峰的。虽然这两幅图之间存在差异，但是仍然可以表明留住员工的例子基本满足应用威尔科克森秩和检验的条件。

### □ 19－1b　对统计概念的理解

在运用非参数方法时，我们无须对原始数据进行任何运算。相反，我们仅仅依靠秩来进行计算（确定秩和，并利用它们进行决策）。

因此，我们不关注数据的实际分布（因此才有无分布方法这个名称），我们不具体指定假设中的参数（因此有了非参数方法这个名称）。尽管还有其他一些方法也不在假设中指明参数，但是我们用非参数化（nonparametric）这个术语来描述满足以上概念特征的过程。

下面概括了如何识别威尔科克森秩和检验。

**威尔科克森秩和检验的识别要点**

1. 目标：比较两个总体
2. 数据类型：定序数据或非正态分布的定距数据
3. 试验设计：独立样本

## 习　题

**理解统计概念**

习题19.1至习题19.6是针对假设分析的，目的是让读者了解当统计推断的要素改变时，检验统计量和 $p$ 值将如何变化。这些问题可以手工计算，或创建Excel工作表求解。

**19.1**　a. 给定以下数据，请计算检验的 $p$ 值，并确定总体位置是否相同。

$T_1=250$　　　　$n_1=15$

$T_2=215$　　　　$n_2=15$

b. 用 $T_1=275$，$T_2=190$ 重做问题（a）。

c. 描述 $T_1$ 增加到275所产生的影响。

**19.2**　a. 使用下面的统计数据，在 $\alpha=0.05$ 的显著性水平下检验总体1是否在总体2的右侧。

$T_1=1\ 205$　　　　$n_1=30$

$T_2=1\ 280$　　　　$n_2=40$

b. 用 $T_1=1\ 065$ 重做问题（a）。

c. 讨论 $T_1$ 减小到1 065所产生的影响。

**19.3　Xr19-03**　用威尔科克森秩和检验法检验下面的数据，确定总体1是否在总体2的左侧。（显著性水平为0.05。）

| | | | | | |
|---|---|---|---|---|---|
| 样本1 | 75 | 60 | 73 | 66 | 81 |
| 样本2 | 90 | 72 | 103 | 82 | 78 |

**19.4　Xr19-04**　用威尔科克森秩和检验法检验下面的数据，确定两个总体位置是否不同。（显著性水平为10%。）

| | | | | | | | | | | |
|---|---|---|---|---|---|---|---|---|---|---|
| 样本1 | 15 | 7 | 22 | 20 | 32 | 18 | 26 | 17 | 32 | 30 |
| 样本2 | 8 | 27 | 17 | 25 | 20 | 16 | 21 | 17 | 10 | 18 |

习题19.5～习题19.24要用到计算机和相关软件。显著性水平为5%。

**19.5**　a. **Xr19-05a**　在一次新啤酒口味测验中，25人评价新啤酒，另外25人评价在市场上处于领先地位的某种啤酒。可能的评价为差、一般、好、很好和极好几种。对两种啤酒的评价数据都用1—2—3—4—5来编码。能否推断出新啤酒口味稍好？

b. **Xr19-05b**　把评价结果用3＝差，8＝一般，22＝好，37＝很好，55＝极好重新编码。我们能否推断出新啤酒口味稍好？

c. 问题（a）和问题（b）能提供给你关于定序数据的什么信息？

**19.6** a. **Xr19－06a** 为了确定商务舱乘客和经济舱乘客对一家航空公司的满意度是否有差异，相关人员进行了一项调查。从两个群体中抽取了一些随机样本，询问他们对航空公司服务质量的满意程度，可供选择的回答如下：

非常满意　十分满意　还算满意　模棱两可

有些不满　十分不满　极为不满

用7—6—5—4—3—2—1对回答进行编码。能否推断出商务舱乘客和经济舱乘客对航空公司服务的满意程度存在差别？

b. **Xr19－06b** 用88—67—39—36—25—21—18对回答重新进行编码。能否推断出商务舱乘客和经济舱乘客对航空公司服务的满意程度存在差别？

c. 改变编码会产生什么结果？为什么会出现这种情况？

**19.7** a. **Xr19－07** 参考例19.2，假设对答案的编码如下：

100＝药物极有效

60＝药物十分有效

40＝药物有些效果

35＝药物稍稍有效

10＝药物无效

能否推断出新止痛药比阿司匹林更有效？

b. 为什么例19.2和问题（a）的结果一样？

**应用**

习题19.8～习题19.16可以手工处理。样本统计量参见附录A。

**19.8** **Xr19－08** 对一些统计学教授进行调查，让他们评价讲授非参数统计方法的重要性，可能的回答如下：

非常重要　相当重要　有些重要　不太重要　不重要

这些教授被分为数学系和其他系两组，答案分别用5，4，3，2，1进行编码。能否推断出数学系的教授对讲述非参数统计方法的重要性的评价比其他系的教授高？

**19.9** **Xr19－09** 近些年来，保险公司向承诺改善员工健康状况的公司提供了一个具有折扣的医疗保险费率。为了确定这项折扣政策的合理性，一家大型保险公司的总经理组织了一项调查。他随机抽取了一个样本，包括30名定期参加公司午间锻炼的人和30名不这样做的人。在两年时间里，这位总经理观察了每个人花费的总医疗费用。这位总经理能否得出应该给为员工提供了锻炼项目的公司打一点折扣的结论？

**19.10** **Xr19－10** 女权运动组织经常以双职工家庭中谁承担家务作为衡量平等的标准。假设做了一项调查，随机选出了125个双职工家庭作样本，要求妻子们记录在过去一周，她们做家务所花费的小时数。调查结果同去年所做的同一项调查（抽取的双职工家庭的样本不同）的结果放在一起。能否得出妇女今年做家务的时间比去年少的结论？

**19.11** **Xr19－11** 美国公众是否支持太空计划决定了该计划能否持续发展以及太空产品相关行业的财务状况。去年盖洛普（Gallup）组织进行了一项民意调查，随机抽取了包括100名美国人的样本，问他们："花在太空计划上的金额应该增加或保持在目前水平（3）、减少（2），还是全部停止（1）?”今年又进行了一次相同的调查。用括号中的编码表示调查结果。能否得出从去年到今年，公众对太空计划的支持度下降的结论?

**19.12 Xr19-12** 某些药物的副作用会因患者的性别不同而有所差别。有人进行了一项调查，以确定是男性还是女性对某种青霉素替代物的副作用更敏感，分别有50位男性和50位女性志愿者服用此药。要求每一位志愿者按照四个级别来评价自己肠胃不适的程度：4=极度不适，3=有些不适，2=不太难受，1=正常。能否得出男性和女性服药后肠胃的反应存在差别的结论?

**19.13 Xr19-13** 生产婴儿食品的Tastee公司的总裁宣称，其公司生产的婴儿食品比处于领先地位的竞争对手的产品要好，因为食用其食品的婴儿体重增加得更快。为了进行试验，他们随机挑选了40个健康的新生儿。在两个月内，15个婴儿食用Tastee婴儿食品，剩下的25个婴儿食用其竞争者的食品。每个婴儿增加的体重（单位：盎司）被记录了下来。如果用体重增加作为标准，能否得出Tastee婴儿食品优于竞争对手的结论?（除数据外，这道习题与习题13.17是一样的。）

**19.14 Xr19-14** 女性的衣着是否会影响其他女性对她们的看法? 俄亥俄州立大学的一位研究者对此做了研究（《职业母亲》，1992年4月）。这项研究让一些女性评论两位妇女的衣着看上去有多职业。其中一位的衣着是6码，另一位的衣着是14码。假设这位研究者让20位女性评论穿6码的人，另外20位评论穿14码的人，评分如下：

4=特别职业
3=有些职业
2=不太职业
1=一点都不职业

这些数据能否提供充分的证据，表明女性认为穿6码者比穿14码者更职业?

**19.15 Xr19-15** 普通梅干的形象不佳，通常被人们认为是老年人防治便秘的产品。然而，实际上梅干是一种营养品，人们可以把它当作零食。为了改善梅干的形象，一家生产这种产品的公司想了解把它的名字改成干梅会产生怎样的影响。为了衡量这种效果，公司随机挑选了一些购物者，问他们购买这种产品的可能性。向一半购物者展示的包装与里面装的梅干一样，向另一半购物者展示的包装上贴着干梅的标签。可能的回答如下：

根本不可能（1）
不太可能（2）
有些可能（3）
很可能（4）

a. 从这些数据中，能否推断出把梅干的名字改成干梅增加了购物者购买新产品的可能性?

b. 给该公司的市场部经理写一份报告，描述你的发现。

**19.16 Xr19-16** 汉堡王餐厅定期向顾客进行调查，以确定餐厅的服务水平。假设一项调查要求顾客评价一系列内容，其中一项是服务速度。顾客对服务速度的评价如下：

1=差
2=好
3=非常好
4=极好

记录顾客对白班和夜班的服务速度的评价。能否推断出顾客对白班和夜班服务的评价不同？

**社会综合调查习题**

习题 19.17 至习题 19.23 参考如下问题：请参看如下内容，指出在工作中你最喜欢哪一项。第二喜欢的呢？第三喜欢的呢？第四喜欢的呢？第五喜欢的呢？（1=第一喜欢，2=第二喜欢，3=第三喜欢，4=第四喜欢，5=第五喜欢。）

高收入（JOBINC）
不会被解雇（JOPBSEC）
工作时间短，闲暇时间多（JOBHOUR）
升职机会（JOBPROMO）
来自工作重要性的成就感（JOBMEANS）

**19.17　GSS2012***　男性比女性（SEX：1=男性，2=女性）更倾向于喜欢高收入的工作吗？建立一个统计检验来回答这个问题。

**19.18　GSS2012***　为政府工作有很多吸引人的优势，其中最吸引人的优势是工作的安全性。但是，事实如此吗？建立一个假设检验来判断为政府部门工作（WRKGOVT：1=政府部门，2=私人部门）的人是否更加偏爱工作的安全性。

**19.19　GSS2012***　从事个体经营一般意味着工作时间的长短完全由自己决定。有充分的证据表明个体经营者（WRKSLF：1=个体经营，2=其他）更喜欢工作时间短且闲暇时间多吗？

**19.20　GSS2012***　我们能够推断男性和女性（SEX：1=男性，2=女性）在来自工作重要性的成就感上存在差异吗？

**19.21　GSS2012***　几乎每一个人都梦想自己足够富有，无须工作。调查对象被问及：如果你有足够多的钱让你的余生过得如自己所愿般舒服，你是选择继续工作，还是会停止工作（RICHWORK：1=继续工作，2=停止工作）？有充分的证据表明选择继续工作的人和选择停止工作的人在对高收入的偏好上存在差异吗？

**19.22　GSS2012***　参考习题 19.21。那些选择继续工作的人是因为他们认为自己的工作具有重要性吗？建立假设检验，判断那些选择继续工作的人是否有较高的倾向认为自己的工作重要，进而能够带来成就感。

**19.23　GSS2012***　我们能够推断男性和女性（SEX：1=男性，2=女性）在对工作升职机会的偏好上存在差异吗？

**19.24　GSS2012***　民主党和共和党（PARTYID：0 和 1=民主党，5 和 6=共和党）在对他们交纳的联邦所得税的观点（TAX：你认为你所需交纳的联邦所得税是太高、正好，还是太低？1=太高，2=正好，3=太低）上存在差异吗？

**19.25 GSS2012*** 参考习题 19.24。有充分的证据表明个体经营者（WRKSLF：1=个体经营，2=其他）与其他人在对他们交纳的联邦所得税的观点上存在差异吗？

**19.26 GSS2012*** 我们能够推断在未来的 12 个月，女性比男性更容易失业（JOBLOSE：在未来的 12 个月，你将会失业或退休的倾向如何？1=很有可能，2=比较有可能，3=比较不可能，4=不可能）吗？

**19.27 GSS2012*** 众所周知，女性的平均寿命比男性的平均寿命长四年。然而，她们更健康吗？建立一个假设检验来判断女性（SEX：1=男性，2=女性）是否认为她们比男性更健康（HEALTH：1=极好，2=好，3=一般，4=差）。

习题 19.28 至习题 19.31 比较 2010 年和 2012 年的各个方面。

**19.28 GSS2012*** 有充分的证据表明美国人在 2012 年比 2010 年更健康（HEALTH：1=极好，2=好，3=一般，4=差）吗？

**19.29 GSS2012*** 美国人在 2010 年比 2012 年更担心他们失业（JOBLOSE：1=非常担心，2=比较担心，3=比较不担心，4=不担心）吗？

**19.30 GSS2012*** 美国人在 2010 年比 2012 年对他们孩子的生活条件更满意（KIDSSOL：当你的孩子到了你现在的年龄时，你认为他们的生活条件与你的生活条件相比将会：1=更好，2=比较好，3=一样，4=比较差，5=更差）吗？

**美国国家选举调查习题**

**19.31 ANES2008*** 有充分的统计证据表明自由派和保守派（LIBCON：1，2 和 3=自由派，5，6 和 7=保守派）在对政府和政策信息的感兴趣程度（INTB：1=极其感兴趣，2=非常感兴趣，3=一般感兴趣，4=稍微感兴趣，5=不感兴趣）上存在差异吗？

**19.32 ANES2008*** 建立假设检验，判断我们是否能够得出民主党和共和党（PARTY：1=民主党，2=共和党）在对关于总统选举的地方电视新闻的关注度（ATTN2：1=非常关注，2=比较关注，3=有些关注，4=很少关注，5=不关注）上存在差异的结论。

**19.33 ANES2008*** 有充分的证据表明男性和女性（GENDER：1=男性，2=女性）在对政府和政策信息的感兴趣程度（INTB：1=极其感兴趣，2=非常感兴趣，3=一般感兴趣，4=稍微感兴趣，5=不感兴趣）上存在差异吗？

**19.34 ANES2008*** 我们能够得出投票给贝拉克·奥巴马的人（WHOVOTE：1=贝拉克·奥巴马，2=约翰·麦凯恩）比投票给约翰·麦凯恩的人更倾向于相信在选举的前一年经济已经变得更不好了（ECON：1=更好，2=好一点，3=保持不变，4=差一点，5=更差）的结论吗？

## 19.2 符号检验与威尔科克森符号秩和检验

在前一节中，我们讨论了比较由定序数据或定距数据构成的两个总体，且数据为独立抽取时所使用的非参数方法。在这一节里，问题的目标和数据类型与 19.1 节中的一样，但数据为配对试验数据。以前，我们处理过这种试验类型。比如在 13.3 节中，我

们就处理了用参数 $\mu_D$ 表示的配对数据差异的均值。本节将介绍两种非参数方法，检验具有下述特征的问题的假设：

1. 问题的目标是比较两个总体。
2. 数据是定序数据或定距数据（不满足进行参数检验所需的正态性要求）。
3. 样本为配对数据。

为了从配对试验中挖掘出所有潜在信息，首先，必须确定配对数据的差。回忆一下，我们在进行 $t$ 检验和估计 $\mu_D$ 时就这样做过。然后，计算配对数据的差的均值和标准差，并确定检验统计量和置信区间估计。这里介绍的两种非参数方法的第一步是相同的，即计算每对观测值之差。但是，如果是定序数据，就不能对数据差进行任何运算，因为两个定序数据的差没有任何意义。

为了了解这一点，可以考虑比较人们对某种产品或服务进行评价的两个总体，这些评价为“极好”“好”“一般”“差”。

只要保持顺序不变，我们就可以用任何数字系统对上述评价进行编码。最简单的是 4－3－2－1。然而，其他任何数字，像 66－38－25－11（保持顺序不变，随机选择的一组数字），都同样有效。现在假定在一对配对数据中，样本 1 的回答是“极好”，样本 2 的回答是“好”。在 4－3－2－1 数字系统下，配对数据的差为 4－3＝1。如果用 66－38－25－11 数字系统，则得到的差为 66－38＝28。如果把它们的差当真实数字看待，我们就很可能会在不同的数字系统下得出不同的结论。因此，我们不能用任何使用实际差值的方法。但是，我们可以使用差值的符号。事实上，如果数据是定序数据，这就是唯一有效的方法，即不管用什么数字系统，我们都知道“极好”优于“好”。用 4－3－2－1 数字系统，“极好”和“好”的差是＋1；用 66－38－25－11 数字系统，“极好”和“好”的差为＋28。如果忽略数字的大小，仅记录符号，那么这两种编码方法（和其他所有保持了秩的顺序的方法）得到的结果将完全一致。

你马上就会发现，符号检验仅仅用到差值的符号，这就是将其称为“符号检验”的原因。

然而，如果数据是定距数据，差值就有真实意义。尽管也可以用符号检验处理定距数据，但这将损失许多有用的潜在信息。例如，知道两位二手汽车销售员之间的销售差是 25 辆车，比简单地知道一位比另一位销售得多具有更多信息。因此，如果数据是定距数据，但不服从正态分布，应使用威尔科克森符号检验，它不仅包括差值的符号（因此才有这个名称），还包括差值的大小。

### □ 19－2a　符号检验

**符号检验**（sign test）适用于下述情况：

1. 问题的目标是比较两个总体。
2. 数据为定序数据。
3. 试验设计为配对试验。

### □ 19－2b　检验统计量和抽样分布

符号检验十分简单。我们要计算每一组配对数据中样本 1 中的观测值和对应的样本 2 中的观测值之差，然后分别数出差值为正和为负的个数。如果原假设为真，我们就可以预期差值为正的个数将近似等于差值为负的个数。换句话讲，我们预期差值为正和为负的个数都近似等于样本容量的一半。如果有任何一个太多或太少，则拒绝原假设。到现在为止，我们已经知道，太多或太少取决于检验统计量的抽样分布。这里，我们选择差值为正的个数作为检验统计量，记为 $x$。检验统计量 $x$ 是一个二项随机变量，而且在原假设下，二项比例为 $p=0.5$。因此，符号检验只不过是 12.3 节里介绍过的 $p$ 的 $z$ 检验。

7.4 节和 9.2 节中提过，$x$ 为二项分布，并且当 $n$ 足够大时，$x$ 近似服从均值为 $\mu=np$、标准差为 $\sigma=\sqrt{np(1-p)}$ 的正态分布。因此，标准化后的检验统计量为

$$z=\frac{x-np}{\sqrt{np(1-p)}}$$

原假设

$H_0$：两个总体的位置相同

等同于

$H_0$：$p=0.5$

设原假设为真，则检验统计量为

$$z=\frac{x-np}{\sqrt{np(1-p)}}=\frac{x-0.5n}{\sqrt{n\times0.5\times0.5}}=\frac{x-0.5n}{0.5\sqrt{n}}$$

当 $np\geqslant5$，$n(1-p)\geqslant5$ 时，将二项分布近似为正态分布是合理的。当 $p=0.5$ 时，

$$np=n\times0.5\geqslant5$$

且

$$n(1-p)=n\times0.5\geqslant5$$

这说明 $n$ 必须大于等于 10。因此，这是符号检验的必要条件之一。然而，用如此小的样本进行推断的质量是很差的。所以我们建议使用大样本，接下来的例子和习题都是使用大样本。

在符号检验中，一般会把差值为 0 的配对观测值去掉。因此，$n$ 等于样本中非零差值的个数。

**例 19.4　两款中型车舒适度的比较**

数据：Xm19 - 04

在一个试验中，研究人员想确定人们认为乘坐两款车中的哪一款更舒适。挑选了 25 个人分别坐在欧洲豪华型车和北美中型车的后座上，让每个人按照如下方式来评价乘坐的舒适度：

1=非常不舒适
2=不太舒适
3=模棱两可
4=比较舒适

5＝非常舒适

所得结果如下所示。在5%的显著性水平下，我们能否从这些数据中推断出欧洲豪华型车比北美中型车更舒适？

| 被调查者 | 对舒适度的评价 | |
|---|---|---|
| | 欧洲车型 | 北美车型 |
| 1 | 3 | 4 |
| 2 | 2 | 1 |
| 3 | 5 | 4 |
| 4 | 3 | 2 |
| 5 | 2 | 1 |
| 6 | 5 | 3 |
| 7 | 2 | 3 |
| 8 | 4 | 2 |
| 9 | 4 | 2 |
| 10 | 2 | 2 |
| 11 | 2 | 1 |
| 12 | 3 | 4 |
| 13 | 2 | 1 |
| 14 | 3 | 4 |
| 15 | 2 | 1 |
| 16 | 4 | 3 |
| 17 | 5 | 4 |
| 18 | 2 | 3 |
| 19 | 5 | 4 |
| 20 | 3 | 1 |
| 21 | 4 | 2 |
| 22 | 3 | 3 |
| 23 | 3 | 4 |
| 24 | 5 | 2 |
| 25 | 5 | 3 |

**解**

**识　别**

问题的目标是比较由定序数据构成的两个总体。因为是同样的25个人评价两款车，所以我们认为试验应设计为配对试验。使用符号检验，假设如下：

$H_0$：两个总体的位置相同

$H_1$：总体1（欧洲豪华型车）在总体2（北美中型车）的右侧

## 计　算

**手工计算**

拒绝域为

$$z > z_{\alpha} = z_{0.05} = 1.645$$

为了计算检验统计量的值，首先计算出配对数据的差，并计算差为正值、负值和零的个数。配对数据差如下：

−1　1　1　1　1　2　−1　2　2　0　1　−1　1

−1　1　1　1　−1　1　2　2　0　−1　3　2

式中有 17 个正值、6 个负值、2 个零，所以 $x=17$，$n=23$。检验统计量的值为

$$z = \frac{x - 0.5n}{0.5\sqrt{n}} = \frac{17 - 0.5 \times 23}{0.5\sqrt{23}} = 2.29$$

因为检验统计量服从正态分布，所以我们可以计算检验的 $p$ 值：

$$p\text{ 值} = P(Z > 2.29) = 1 - 0.9890 = 0.0110$$

**Excel**

| | A | B | C | D | E |
|---|---|---|---|---|---|
| 1 | **Sign Test** | | | | |
| 2 | | | | | |
| 3 | Difference | | | European-American | |
| 4 | | | | | |
| 5 | Positive Differences | | | 17 | |
| 6 | Negative Differences | | | 6 | |
| 7 | Zero Differences | | | 2 | |
| 8 | z Stat | | | 2.29 | |
| 9 | P(Z<=z) one-tail | | | 0.010 9 | |
| 10 | z Critical one-tail | | | 1.644 9 | |
| 11 | P(Z<=z) two-tail | | | 0.021 8 | |
| 12 | z Critical two-tail | | | 1.96 | |

**计算机命令**

1. 在两相邻列键入或导入数据[①]（打开 Xm19－04）。

2. 单击“Add-Ins”（加载项）—“Data Analysis Plus”（数据分析加载项）—“Sign Test”（符号检验）。

3. 指定“Variable 1 Range”（变量 1 的输入范围）（A1：A26）和“Variable 2 Range”（变量 2 的输入范围）（B1：B26）以及 $\alpha$ 的值（0.05）。

① 如果一列或两列中含有空单元格（代表缺失值），则相应的行必须删除。

**Minitab**

**Sign Test for Median：Differences**

Sign test of median=0.00000 versus >0.000 00

| | N | Below | Equal | Above | P | Median |
|---|---|---|---|---|---|---|
| Differences | 25 | 6 | 2 | 17 | 0.017 3 | 1.000 |

Minitab 输出了差值为负的个数（Below）、为零的个数（Equal）以及为正值的个数（Above）。$p$ 值 0.0173 是根据差值为正的个数的实际分布得出的，它服从二项分布。

**计算机命令**

1. 在任两列输入数据（打开 Xm19－04）。
2. 引入新变量——成对数据差。
3. 单击“Stat”（统计）—“Nonparametrics”（非参数）—“1-Sample Sign…”（单样本符号…）。
4. 在“Variables”（变量）框中指定新变量名。选择“Test median”（检验中位数）并键入 0。在“Alternative”（备择）框中选定“greater than”（大于）。

**解　释**

有充分的证据表明，人们认为乘坐欧洲豪华型车比乘坐北美中型车更舒适。但试验过程中的两个细节问题可能削弱这一结论。其一，被调查者是否知道他们乘坐的车型？如果知道，他们的回答可能是因为欧洲豪华型车更昂贵，因此持有乘坐该车型更舒适的偏见。如果不知道，这个结论则更加准确。其二，每个被调查者乘坐两辆车的顺序是否一致？如果所有被调查者都先乘坐北美中型车，然后试乘欧洲豪华型车，就可能会影响他们的评价。因此，试验进行的方式应该使每个被调查者乘车的顺序是随机确定的。

### □ 19－2c　核查必要条件

如 19.1 节中已经提到的，符号检验要求总体的形状和伸展相同。对欧洲豪华型车评价的直方图（见图 19—7）显示评价大致服从 2～5 的均匀分布。对北美中型车评价的直方图（见图 19—8）显示评价大致服从 1～4 的均匀分布。因此，这两个评价结果具有相同的形状和伸展，但是它们的位置不同。另一个条件是样本容量大于 10。

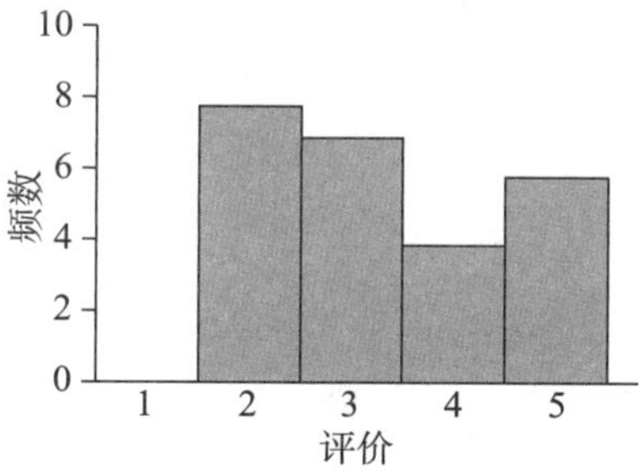


**图 19—7　例 19.4 中对欧洲豪华型车评价的直方图**

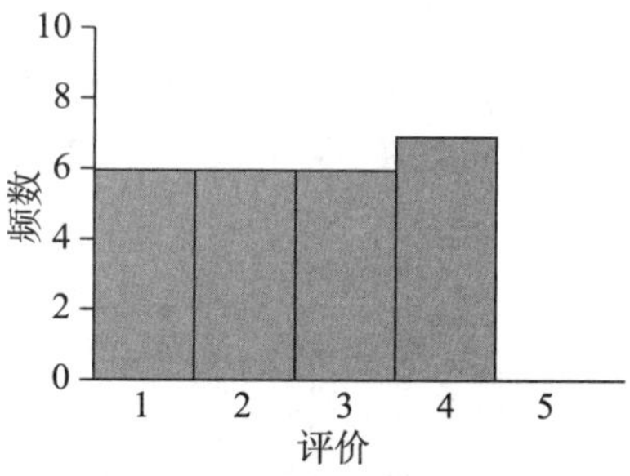


**图 19—8　例 19.4 中对北美中型车评价的直方图**

## □ 19-2d 威尔科克森符号秩和检验

**威尔科克森符号秩和检验**（Wilcoxon signed rank sum test）适用于下述情况：

1. 问题的目标是比较两个总体。
2. 定距数据，但不服从正态分布。
3. 样本为配对数据。

威尔科克森符号秩和检验是和 $\mu_D$ 的 $t$ 检验相对应的非参数方法。因为数据为定距数据，因此我们可以把威尔科克森符号秩和检验称为 $\mu_D$ 的 $t$ 检验。但为了和其他非参数方法相一致，避免混淆，我们仍然用与 19.1 节中相同的表达方式来称呼要检验的假设。

## □ 19-2e 检验统计量和抽样分布

首先计算配对数据的差值。与符号检验相同，我们会剔除所有等于零的差值。然后按绝对值的大小标出非零差值的秩，1=最小的值，$n$=最大的值，其中 $n$=非零差值的个数。(我们会把相等的观测值的秩进行平均。) 接下来计算差值为正的和为负的观测值的秩和，分别用 $T^+$ 和 $T^-$ 表示。这里随意指定 $T^+$ 为检验统计量，并用 $T$ 表示。

我们把 $n\leqslant30$ 的样本定义为小样本，其临界值可从附录 B 的表 10（部分见下面的表 19—4）中查得。该表列出了样本容量为 6～30 时 $T_L$ 和 $T_U$ 的值，该表（a）部分中 $T_L$ 和 $T_U$ 值的含义如下：

$$P(T\leqslant T_L)=P(T\geqslant T_U)=0.025$$

该表（b）部分中 $T_L$ 和 $T_U$ 值的含义为

$$P(T\leqslant T_L)=P(T\geqslant T_U)=0.05$$

（a）部分适用于显著性水平 $\alpha=0.05$ 的双尾检验或者 $\alpha=0.025$ 的单尾检验；（b）部分则适用于显著性水平 $\alpha=0.10$ 的双尾检验或者 $\alpha=0.05$ 的单尾检验。

**表 19—4** **威尔科克森符号秩和检验的临界值**

| $n$ | (a) $\alpha=0.025$ 单尾 $\alpha=0.05$ 双尾 | | (b) $\alpha=0.05$ 单尾 $\alpha=0.10$ 双尾 | |
|---|---|---|---|---|
| | $T_L$ | $T_U$ | $T_L$ | $T_U$ |
| 6 | 1 | 20 | 2 | 19 |
| 7 | 2 | 26 | 4 | 24 |
| 8 | 4 | 32 | 6 | 30 |
| 9 | 6 | 39 | 8 | 37 |
| 10 | 8 | 47 | 11 | 44 |
| 11 | 11 | 55 | 14 | 52 |
| 12 | 14 | 64 | 17 | 61 |
| 13 | 17 | 74 | 21 | 70 |
| 14 | 21 | 84 | 26 | 79 |

续前表

| $n$ | (a) $\alpha=0.025$ 单尾<br>$\alpha=0.05$ 双尾 | | (b) $\alpha=0.05$ 单尾<br>$\alpha=0.10$ 双尾 | |
|---|---|---|---|---|
| | $T_L$ | $T_U$ | $T_L$ | $T_U$ |
| 15 | 25 | 95 | 30 | 90 |
| 16 | 30 | 106 | 36 | 100 |
| 17 | 35 | 118 | 41 | 112 |
| 18 | 40 | 131 | 47 | 124 |
| 19 | 46 | 144 | 54 | 136 |
| 20 | 52 | 158 | 60 | 150 |
| 21 | 59 | 172 | 68 | 163 |
| 22 | 66 | 187 | 75 | 178 |
| 23 | 73 | 203 | 83 | 193 |
| 24 | 81 | 219 | 92 | 208 |
| 25 | 90 | 235 | 101 | 224 |
| 26 | 98 | 253 | 110 | 241 |
| 27 | 107 | 271 | 120 | 258 |
| 28 | 117 | 289 | 130 | 276 |
| 29 | 127 | 308 | 141 | 294 |
| 30 | 137 | 328 | 152 | 313 |

$n>30$ 的样本被定义为大样本，此时 $T$ 近似服从正态分布，其均值为

$$E(T)=\frac{n\ (n+1)}{4}$$

标准差为

$$\sigma_T=\sqrt{\frac{n(n+1)\ (2n+1)}{24}}$$

因此，标准化的检验统计量为

$$z=\frac{T-E(T)}{\sigma_T}$$

## 例 19.5　“弹性工作制”和“固定时间工作制”的比较

数据：Xm19 - 05

道路和高速公路的交通拥堵每年给工业带来数十亿美元的经济损失，因为工人们每天上班和下班都很困难。有人提出了一些改善这种状况的建议，其中有一条叫“弹性工作制”，它允许雇员自己决定日程安排（只要他们能完成一个完整的班次即可）。这样，员工们选择的上下班时间很可能避开交通高峰期。在一个考察这个建议的初步试验中，

一家大公司的总经理想比较一下早上 8:00 离开家上班的员工与弹性工作制员工的通勤时间。他选择了一个包括 32 名员工的随机样本，让他们记录下某个周三早上8:00 上班的通勤时间（单位：分钟）和下个周三在他们自己选择的时间上班的通勤时间。储存所得数据，如下所示。其中第 1 列为早上 8:00 的数据，第 2 列为弹性工作制的数据。在 5%的显著性水平下，能否得出员工早上 8:00 上班的通勤时间和采用弹性工作制的通勤时间不同的结论？

| 员工 | 通勤时间 | |
| --- | --- | --- |
| | 早上 8:00 | 弹性工作制 |
| 1 | 34 | 31 |
| 2 | 35 | 31 |
| 3 | 43 | 44 |
| 4 | 46 | 44 |
| 5 | 16 | 15 |
| 6 | 26 | 28 |
| 7 | 68 | 63 |
| 8 | 38 | 39 |
| 9 | 61 | 63 |
| 10 | 52 | 54 |
| 11 | 68 | 65 |
| 12 | 13 | 12 |
| 13 | 69 | 71 |
| 14 | 18 | 13 |
| 15 | 53 | 55 |
| 16 | 18 | 19 |
| 17 | 41 | 38 |
| 18 | 25 | 23 |
| 19 | 17 | 14 |
| 20 | 26 | 21 |
| 21 | 44 | 40 |
| 22 | 30 | 33 |
| 23 | 19 | 18 |
| 24 | 48 | 51 |
| 25 | 29 | 33 |
| 26 | 24 | 21 |
| 27 | 51 | 50 |

续前表

| 员工 | 通勤时间 | |
|---|---|---|
| | 早上 8:00 | 弹性工作制 |
| 28 | 40 | 38 |
| 29 | 26 | 22 |
| 30 | 20 | 19 |
| 31 | 19 | 21 |
| 32 | 42 | 38 |

**解**

**识　别**

问题的目标是比较两个总体，数据为配对试验的定距数据。如果配对数据的差值服从正态分布，就应该利用 $\mu_D$ 的 $t$ 检验。为了判断数据是否呈正态分布，我们计算了配对数据的差值并绘出直方图（用 Excel）。图 19—9 描述了这个直方图。显然，配对数据的差值不满足正态性要求，这表明应该用威尔科克森符号秩和检验。

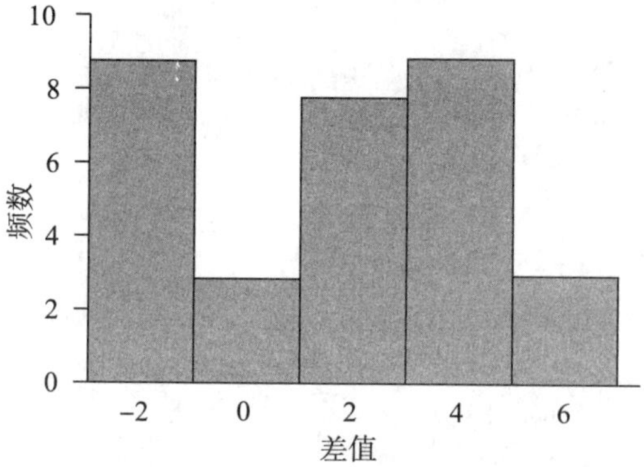


**图 19—9　例 19.5 差值的直方图**

因为我们想知道两组时间是否不同，所以采用双尾检验，检验假设为

$H_0$：两个总体位置相同

$H_1$：总体 1（早上 8:00 上班的通勤时间）与总体 2（采用弹性工作制上班的通勤时间）的位置不同

**计　算**

**手工计算**

我们首先计算每一员工早上 8:00 上班的通勤时间与采用弹性工作制上班的通勤时间的差值。

**通勤时间**

| 员工 | 早上8:00 | 弹性工作制 | 差值 | \|差值\| | 秩 | \|秩\| |
|---|---|---|---|---|---|---|
| 1 | 34 | 31 | 3 | 3 | 21.0 | |
| 2 | 35 | 31 | 4 | 4 | 27.0 | |
| 3 | 43 | 44 | −1 | 1 | | 4.5 |
| 4 | 46 | 44 | 2 | 2 | 13.0 | |
| 5 | 16 | 15 | 1 | 1 | 4.5 | |
| 6 | 26 | 28 | −2 | 2 | | 13.0 |
| 7 | 68 | 63 | 5 | 5 | 31.0 | |
| 8 | 38 | 39 | −1 | 1 | | 4.5 |
| 9 | 61 | 63 | −2 | 2 | | 13.0 |
| 10 | 52 | 54 | −2 | 2 | | 13.0 |
| 11 | 68 | 65 | 3 | 3 | 21.0 | |
| 12 | 13 | 12 | 1 | 1 | 4.5 | |
| 13 | 69 | 71 | −2 | 2 | | 13.0 |
| 14 | 18 | 13 | 5 | 5 | 31.0 | |
| 15 | 53 | 55 | −2 | 2 | | 13.0 |
| 16 | 18 | 19 | −1 | 1 | | 4.5 |
| 17 | 41 | 38 | 3 | 3 | 21.0 | |
| 18 | 25 | 23 | 2 | 2 | 13.0 | |
| 19 | 17 | 14 | 3 | 3 | 21.0 | |
| 20 | 26 | 21 | 5 | 5 | 31.0 | |
| 21 | 44 | 40 | 4 | 4 | 27.0 | |
| 22 | 30 | 33 | −3 | 3 | | 21.0 |
| 23 | 19 | 18 | 1 | 1 | 4.5 | |
| 24 | 48 | 51 | −3 | 3 | | 21.0 |
| 25 | 29 | 33 | −4 | 4 | | 27.0 |
| 26 | 24 | 21 | 3 | 3 | 21.0 | |
| 27 | 51 | 50 | 1 | 1 | 4.5 | |
| 28 | 40 | 38 | 2 | 2 | 13.0 | |
| 29 | 26 | 22 | 4 | 4 | 27.0 | |
| 30 | 20 | 19 | 1 | 1 | 4.5 | |
| 31 | 19 | 21 | −2 | 2 | | 13.0 |
| 32 | 42 | 38 | 4 | 4 | 27.0 | |
| | | | | | $T^+=367.5$ | $T^-=160.5$ |

我们计算出差值和差值的绝对值，然后按照差值的绝对值确定其秩。（在确定差值绝对值的秩之前，要把差值为零的数据剔除。）差值的绝对值相等的数据通过计算秩的平均值来确定秩。为了方便计算秩和，负的差值被抵消了。正、负差值的秩和分别为

$T^+=367.5$ 和 $T^-=160.5$

检验统计量为

$$z=\frac{T-E(T)}{\sigma_T}$$

式中,

$$T=T^+=367.5$$

$$E(T)=\frac{n(n+1)}{4}=\frac{32\times33}{4}=264$$

$$\sigma_T=\sqrt{\frac{n(n+1)(2n+1)}{24}}=\sqrt{\frac{32\times33\times65}{24}}=53.48$$

因此,

$$z=\frac{T-E(T)}{\sigma_T}=\frac{367.5-264}{53.48}=1.94$$

拒绝域为

$z<-z_{\alpha/2}=-z_{0.025}=-1.96$ 或 $z>z_{\alpha/2}=z_{0.025}=1.96$

$p$ 值为 $2P(Z>1.94)=2(1-0.973\ 8)=0.052\ 4$

**Excel**

| | A | B | C | D |
|---|---|---|---|---|
| 1 | **Wilcoxon Signed Rank Sum Test** | | | |
| 2 | | | | |
| 3 | Difference | | 8:00-Arr-Flextime | |
| 4 | | | | |
| 5 | $T^+$ | | 367.5 | |
| 6 | $T^-$ | | 160.5 | |
| 7 | Observations (for test) | | 32 | |
| 8 | z Stat | | 1.94 | |
| 9 | P(Z<=z) one-tail | | 0.026 5 | |
| 10 | z Critical one-tail | | 1.644 9 | |
| 11 | P(Z<=z) two-tail | | 0.053 0 | |
| 12 | z Critical two-tail | | 1.96 | |

**计算机命令**

1. 在相邻的两列键入或导入数据[①](打开文件 Xm19-05)。

2. 单击"Add-Ins"(加载项)—"Data Analysis Plus"(数据分析加载项)和"Wilcoxon Signed Rank Sum Test"(威尔科克森符号秩和检验)。

3. 指定"Variable 1 Range"(变量 1 的输入范围)(A1:A33),"Variable 2 Range"(变量 2 的输入范围)(B1:B33)和 $\alpha$ 的值(0.05)。

① 如果一列或两列数据中含有空单元格(代表缺失值),则相应的行必须删除。

**Minitab**

**Wilcoxon Signed Rank Test: Difference**

Test of median=0.000 000 versus median not=0.000 000

| | N | N for Test | Wilcoxon Statistic | P | Estimated Median |
|---|---|---|---|---|---|
| Difference | 32 | 32 | 367.5 | 0.054 | 1.000 |

输出结果包括原始样本容量、非零差值的个数（待检验个数）、$T^+$值（威尔科克森统计量 367.5）以及 $p$ 值（0.054）。

**计算机命令**

1. 在两列中输入或导入数据（打开 Xm19－05）。

2. 与符号检验的程序大致相同。在第 3 步，单击“Stat”（统计）—“Nonparametrics”（非参数）—“1-Sample Wilcoxon…”（单样本 Wilcoxon…）。

## 解 释

没有足够的证据可以推断，采用弹性工作制的通勤时间和目前 8:00 上班的通勤时间不同。得出这样的结论可能主要是由试验方式造成的。所有员工分别记录了第一个周三 8:00 上班的通勤时间和第二个周三采用弹性工作制的通勤时间。如果第二个周三的交通拥堵状况比平时严重，就可能会导致上面的结论。正如 19.4 节里所指出的，时间表的次序应该由每位员工随机选择。这样，将会把不同交通拥堵状况的影响降到最低。

下面是符号检验和威尔科克森符号秩和检验适用的具体条件。

**符号检验的识别要素**

1. 目标：比较两个总体
2. 数据类型：定序数据
3. 试验设计：配对试验

**威尔科克森符号秩和检验的识别要素**

1. 目标：比较两个总体
2. 数据类型：定距数据
3. 差值分布：非正态分布
4. 试验设计：配对试验

## 习 题

**19.35** 假设在一个配对试验中，得到 30 个负差值、5 个零差值和 15 个正差值。

试用符号检验确定两个总体位置是否存在差异（显著性水平取5%）。

**19.36** 假设在一个配对试验中，得到28个正差值、7个零差值和41个负差值。在10%的显著性水平下，能否推断出总体1在总体2的左侧？

**19.37** 在一个配对试验中，得到下面的结果：

正差值：18

零差值：0

负差值：12

在5%的显著性水平下，能否推断出总体1在总体2的右侧？

**19.38** **Xr19－38** 试用符号检验分析下面的数据。确定总体1是否在总体2的右侧（显著性水平取5%）。

| 对数 | 1 | 2 | 3 | 4 | 5 | 6 | 7 | 8 | 9 | 10 | 11 | 12 | 13 | 14 | 15 | 16 |
|---|---|---|---|---|---|---|---|---|---|---|---|---|---|---|---|---|
| 样本1 | 5 | 3 | 4 | 2 | 3 | 4 | 3 | 5 | 4 | 3 | 4 | 5 | 4 | 5 | 3 | 2 |
| 样本2 | 3 | 2 | 4 | 3 | 3 | 1 | 3 | 4 | 2 | 5 | 1 | 2 | 2 | 3 | 1 | 2 |

**19.39** 假定下面的统计数字来自一个配对试验。试用威尔科克森符号秩和检验判断，在5%的显著性水平下，能否推断出两个总体位置不同？

$$T^{+}=660 \quad T^{-}=880 \quad n=55$$

**19.40** 从一个配对试验中得到下面的统计数字。试用威尔科克森符号秩和检验判断总体1是否在总体2的右侧（$\alpha=0.01$）。

$$T^{+}=3\ 457 \quad T^{-}=2\ 429 \quad n=108$$

**19.41** 试用威尔科克森符号秩和检验分析下面的配对数据，判断两个总体的位置是否不同（显著性水平取0.10）。

| 对数 | 1 | 2 | 3 | 4 | 5 | 6 |
|---|---|---|---|---|---|---|
| 样本1 | 9 | 12 | 13 | 8 | 7 | 10 |
| 样本2 | 5 | 10 | 11 | 9 | 3 | 9 |

**19.42** **Xr19－42** 试用威尔科克森符号秩和检验分析下面的数据，确定总体1和总体2的位置是否不同（$\alpha=0.05$）。

| 对数 | 1 | 2 | 3 | 4 | 5 | 6 | 7 | 8 | 9 | 10 | 11 | 12 |
|---|---|---|---|---|---|---|---|---|---|---|---|---|
| 样本1 | 18.2 | 14.1 | 24.5 | 11.9 | 9.5 | 12.1 | 10.9 | 16.7 | 19.6 | 8.4 | 21.7 | 23.4 |
| 样本2 | 18.2 | 14.1 | 23.6 | 12.1 | 9.5 | 11.3 | 9.7 | 17.6 | 19.4 | 8.1 | 21.9 | 21.6 |

**对统计概念的理解**

习题19.43至习题19.57要用到计算机和相关软件。如果没有特别说明，用5%的显著性水平。

**19.43** a. **Xr19－43a** 在一种新啤酒的口味测验中，有100人评价这种新啤酒和市场上某领先品牌的啤酒的口味。可能的评价为差、一般、不错、非常好、极好几种。对这两种啤酒的评价结果用1—2—3—4—5数字系统编码。能否推断出与市场上领先品牌的啤酒相比，新啤酒得到的评价更高？

b. **Xr19－43b** 参考问题（a），评价结果用3＝差、8＝一般、22＝不错、37＝非常好、55＝极好表示。能否推断出新啤酒得到的评价比领先品牌的啤酒差？

c. 比较问题（a）和问题（b）的答案，结果为什么相同？

**19.44** a. **Xr19-44a** 选择了一个由 50 人构成的随机样本，让他们来评价两种品牌的冰激凌，可能评价如下：

可口　　较好　　不错　　很差

这些评价分别用 4—3—2—1 数字系统进行编码。能否推断 A 品牌更受欢迎？

b. **Xr19-44b** 参考问题（a），把评价结果用 28—25—16—3 的数字系统编码，能否推断 A 品牌更受欢迎？

c. 比较问题（a）和问题（b）的答案是否相同，为什么？

**19.45** **Xr19-45** 参考例 19.4，把评价结果用下面的方法重新编码：

6＝非常不舒适
24＝不太舒适
28＝模棱两可
53＝十分舒适
95＝非常舒适

a. 从中能否得出人们认为欧洲豪华型车比北美中型车舒适的结论？

b. 比较问题（a）和例 19.4 的答案，结果为什么相同？

**19.46** a. **Xr19-46** 记录了一个配对试验所得的数据。试用符号检验确定总体间的位置是否存在差异。

b. 用威尔科克森符号秩和检验重新解答问题（a）。

c. 比较问题（a）和问题（b）的结论，为什么所得的结论不同？

**19.47** a. **Xr19-47** 记录了一个配对试验所得的数据。用符号检验确定总体间的位置是否存在差异。

b. 用威尔科克森符号秩和检验重新解答问题（a）。

c. 为什么问题（a）和问题（b）所得的结论不同？

**应用**

习题 19.48 至习题 19.57 可以通过手工计算完成，样本统计量参见附录 A。

**19.48** **Xr19-48** 一家制药公司的研究人员最近研发了一种非处方安眠药。他们决定测量服药者从服药到入睡所用的时间来测试这种药的效果。初步分析显示，入睡时间在不同的人之间的差别相当大。因此，采取下述方法进行试验。随机挑选 100 位失眠志愿者作为一个样本，给每人一片安眠药和一片安慰剂（安慰剂中绝对没有任何药物成分）。志愿者被告知，在第一周的某个晚上先服其中一片药，然后在第二周的某个晚上服用第二片药。（他们不知道服用的药物是安眠药还是安慰剂，服药次序是随机的。）每位志愿者都配备了用于测试入睡时间的设备。能否得出新药有效的结论？（除数据外，此习题和习题 13.92 的其他条件完全相同。）

**19.49** **Xr19-49** 假设重新进行习题 19.10 中家务劳动研究的试验，其中有一些改变。在调整后的试验中，有 60 位女性被要求回答她们去年和今年每周在家务上所花费的时间。当显著性水平为 1%时，能否得出女性作为一个群体，现在花费在家务上的时间比去年少的结论？

**19.50 Xr19-50** 20世纪70年代能源极度短缺，政府想尽办法说服人们降低能源消耗。广告宣传是其中的一个手段。为了设计出有效的广告，相关人员进行了一次民意测验，要求人们说出对石油和电力短缺问题的关心程度。对此问题有如下几种回答：

根本不关心（1）
不太关心（2）
比较关心（3）
十分关心（4）

对150人进行了调查。这些数据能否提供充分的证据，使我们推断出人们对石油短缺的关注程度超过对电力短缺的关注程度？

**19.51 Xr19-51** 一个锁匠要挑选一台配制钥匙的机器。如果两台机器配制钥匙的速度不同，那么他将选择速度快的那台；如果速度没有差别，那么他将选择便宜的那台。他记录了每台机器配制35把最普通的钥匙所花的时间（单位：秒）。他应该如何选择？

**19.52 Xr19-52** 佛罗里达州一家大型体育用品商店计划进行一项革新，增加某个部门的营业空间。这家商店的经理将备选部门的范围缩小到两个——网球设备部和游泳配备品部。这位经理想扩张网球设备部，因为她认为这有助于提升整个商店的形象。但是，如果游泳配备品部可以带来更多的总销售收入，那么她将扩张游泳配备品部。她收集了过去32周两个部门每周的总销售收入。试回答经理应该增加哪个部门的空间。

**19.53 Xr19-53** 冰激凌的品牌名称会影响消费者对它的感受吗？一家大型日用品超市的经理对这个问题进行了研究。她随机挑选了60人，让他们品尝两种包装不同但口味相同的冰激凌，包装内的冰激凌完全相同，但是标签不同。其中一个名字暗示这种冰激凌是欧洲的一个高级品牌；另一个名字暗示此产品是国内的便宜货。要求品尝者根据下述方法评价每种冰激凌：1＝差，2＝一般，3＝不错，4＝很好，5＝非常好。在10%的显著性水平下，从这些结果中，这位经理能否得出欧洲品牌的冰激凌更吸引顾客的结论？

**19.54 Xr19-54** 小孩是否比成年人对痛更不敏感？艾伯塔大学和萨斯喀彻大学护理学教授对此问题做了研究。假设在一项初步研究中，分别对50个8岁儿童和他们的母亲的手掌施加会带来适度疼痛的挤压。要求每人按如下方式评价疼痛的程度：非常剧烈（4）、剧烈（3）、适度（2）、轻微（1）。回答用圆括号中的代码表示。在1%的显著性水平下，能否得出小孩比成年人对痛更不敏感的结论？

**19.55 Xr19-55** 在一项研究性别是否会影响MBA学生薪水的试验中，随机选择了45对平均成绩、选修的课程、年龄和工作经历几乎完全相同的学生进行研究。每个学生毕业后获得的最高薪水都被记录下来。是否有足够的证据可以使我们得出男性和女性MBA毕业生的薪水有差别的结论？（除数据外，本习题和习题13.97的其他条件完全相同。）

**19.56 Xr19-56** 高校的招生负责人需要比较来自不同高中的申请者的学习成绩。为了能全面了解学生的学习成绩，一家大型国立大学的招生负责人进行了下面的试验。他随机挑选了100名来自同一高中（高中1）且刚度过大学一年级的学生，记下他们的成绩。根据每一名学生在高中最后一年的平均成绩，让他们与来自高中2的刚度过大学一年级的学生配对。用4=A，3=B，2=C，1=D和0=F记录下每对学生在大学第一年的学习成绩。这些相关数据能否使我们得出结论，认为面对高中成绩相同的两名学生时（一名来自高中1，另一名来自高中2）在招生过程中应该更倾向于来自高中1的学生？

**19.57　Xr19-57**　一些电影制作室认为，在电影的家庭录像带版本中增加一些色情镜头能够吸引观众，从而提高利润率。一家制作室的高级经理决定验证一下这种观点。她进行了一项试验，随机选出40部PG-13影片，在每部电影中添加一些情景使其成为R级影片。然后将这两个版本的影片放在商店出租。一周内，这40对影片在某大型城市的租赁次数被记录且存储了下来。

a. 这些数据是否提供了足够的证据来支持这种观点？

b. 如果你是一个电影制作室的分析员，写一份报告描述你的统计分析。

**美国国家选举调查习题**

**19.58　ANES2008***　有充分的证据表明对于总统选举的国家电视新闻的关注度（ATTN1）和地方电视新闻的关注度（ATTN2：1=非常关注，2=比较关注，3=有些关注，4=很少关注，5=不关注）存在差异吗？

**19.59　ANES2008***　建立一个统计检验来判断是否有充分的证据表明对于总统选举的报纸文章的关注度（ATTN3）和广播新闻的关注度（ATTN4：1=非常关注，2=比较关注，3=有些关注，4=很少关注，5=不关注）存在差异。

## 19.3　KW检验和弗里德曼检验

在这一节中，我们将介绍用于比较两个或两个以上总体的两种统计方法。第一种检验是**KW检验**（Kruskal-Wallis test），它主要适用于具有下述特征的问题：

1. 问题的目标是比较两个或两个以上的总体。
2. 构成总体的数据是定序数据或不服从正态分布的定距数据。
3. 样本是相互独立的。

当数据是定距数据且服从正态分布时，可以采用14.1节中介绍过的单因素方差分析的$F$检验来确定总体是否存在差异。当数据不服从正态分布时，我们将把它当作定序数据来处理，进行KW检验。

第二种方法是**弗里德曼检验**（Friedman test）主要适用于具有下述特征的问题：

1. 问题的目标是比较两个或两个以上的总体。
2. 定序数据或非正态分布的定距数据。
3. 数据源于随机化区组试验。

对应的参数方法是双因素方差分析，用以处理服从正态分布的定距数据。

### □ 19-3a　假设

两种检验的原假设和备择假设与方差分析的假设类似。但是，因为数据是定序数据或可以被看作定序数据，所以我们要检验的是总体的位置而不是总体的中位数。在所有

KW 检验和弗里德曼检验中，原假设和备择假设如下：

$H_0$：$k$ 个总体的位置相同

$H_1$：至少有 2 个总体的位置不同

其中，$k$ 为要比较的总体的个数。

### □ 9-3b KW 检验

**检验统计量** 检验统计量的值的计算方法与威尔科克森秩和检验中的方法非常相似。首先要确定所有观测值的秩。和前面一样，令 1＝最小的观测值，$n$＝最大的观测值，其中 $n=n_1+n_2+\cdots+n_k$。当几个观测值相等时，使用秩的平均数。

如果原假设为真，那么秩应该在 $k$ 个样本之间均匀分布。通过计算秩和（用 $T_1$，$T_2$，…，$T_k$ 表示），可以判断原假设为真的可能性。最后计算检验统计量，记作 $H$。

**KW 检验的检验统计量**

$$H=\left[\frac{12}{n(n+1)}\sum_{j=1}^{k}\frac{T_j^2}{n_j}\right]-3(n+1)$$

尽管从上面的公式中无法看出来，但是如果秩和相似，那么检验统计量 $H$ 的值将较小。因此，较小的 $H$ 表明原假设成立。相反，如果秩和有差别，那么检验统计量的值将较大。为了判断 $H$ 的值，首先需要知道其抽样分布。

**抽样分布** 这里得出检验统计量的抽样分布的方法和威尔科克森秩和检验中所用的方法一样，即列举出秩所有可能的组合及相应概率，得出抽样分布。接下来可以确定临界值表。但是，只有当样本容量较小时才需要这样做。当样本容量大于等于 5 时，检验统计量 $H$ 近似地服从自由度为 $k-1$ 的卡方分布。卡方分布在 8.4 节中已经介绍过了。

**拒绝域和 $p$ 值** 上面已经注意到，$H$ 值较大说明各个总体的位置存在差异。因此，如果 $H$ 值足够大，我们就拒绝原假设。故拒绝域为

$$H>\chi^2_{\alpha,\ k-1}$$

$p$ 值为

$$P(\chi^2>H)$$

图 19—10 描绘了这个抽样分布和相应的 $p$ 值。

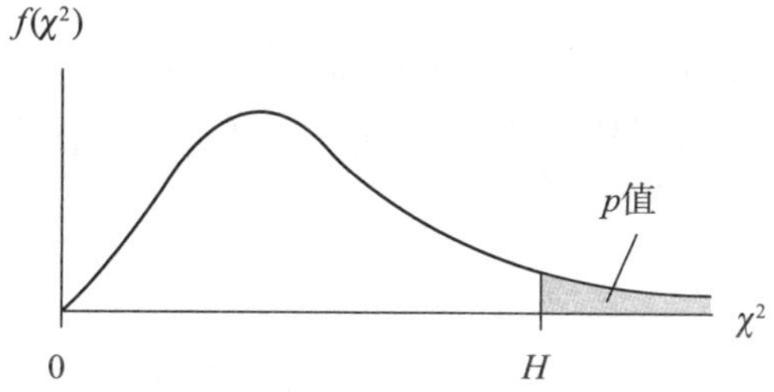


**图 19—10 H 的抽样分布**

## 社会综合调查——民主党人、无党派人士与共和党人在每周读报时间上存在差异吗：问题的解

**解**

### 识　别

问题的目标是比较定序数据构成的三个总体（民主党人、无党派人士与共和党人），并且样本相应独立。这些因素表明，我们应该进行 KW 检验。原假设和备择假设如下：

$H_0$：三个总体的位置相同

$H_1$：至少有两个总体的位置不同

### 计　算

**Excel**

| | A | B | C |
|---|---|---|---|
| 1 | **Kruskal-Wallis Test** | | |
| 2 | | | |
| 3 | Group | Rank Sum | Observations |
| 4 | Democrats | 280 590.5 | 464 |
| 5 | Independents | 337 009.0 | 511 |
| 6 | Republicans | 180 616.5 | 288 |
| 7 | | | |
| 8 | H Stat | | 5.553 2 |
| 9 | df | | 2 |
| 10 | p-value | | 0.062 2 |
| 11 | chi-squared Critical | | 5.991 5 |

**计算机命令**

1. 在相邻的列中键入或导入数据（打开文件 GSS2012*）。

2. 我们拆分积累数据，将变量 READ 的值储存为三列，分别代表民主党人、无党派人士与共和党人。

3. 单击“Add-Ins”（加载项）—“Data Analysis Plus”（数据分析加载项）和“Kruskal-Wallis Test”（KW 检验）。

4. 指定“Input Range”（输入范围）和 α 值（0.05）。

**Minitab**

**Kruskal-Wallis Test：READ versus Party**

1 263 cases were used

640 cases contained missing values

Kruskal-Wallis Test on READ

| Party | N | Median | Ave Rank | Z |
|---|---|---|---|---|
| 1 | 464 | 3.000 | 604.7 | −2.03 |
| 2 | 511 | 3.000 | 659.5 | 2.21 |
| 3 | 288 | 3.000 | 627.1 | −0.26 |
| Overall | 1 263 | | 632.0 | |

H=5.55　DF=2　P=0.062

H=5.82　DF=2　P=0.054（adjusted for ties）

**计算机命令**

1. 数据必须为累积数据，即一列为响应变量，一列为代表政党团体的代码。

2. 单击“Stat”（统计）—“Nonparametrics”（非参数）—“Kruskal-Wallis…”（KW 检验…）。

3. 选取“Response”（响应）和“Factor”（因子）。

**解　释**

没有足够的证据表明在5%的显著性水平下三个政党团体在阅读报纸的频率上存在差异。



### □ 19－3c　KW 检验与威尔科克森秩和检验

KW 检验可以被用于分析两个总体之间是否存在差异。所得的结果与双尾威尔科克森秩和检验相同。但是，KW 检验仅能得出两个总体之间是否存在差异。要确定一个总体是否大于另一个总体，必须进行威尔科克森秩和检验。

### □ 19－3d　弗里德曼检验

**检验统计量**　为了计算检验统计量的值，我们首先确定每组内每个观测值的秩，其中 1=最小的观测值，$k$=最大的观测值。对于相等的观测值，取秩的平均值。然后计算秩和，并用 $T_1$，$T_2$，…，$T_k$ 表示。检验统计量定义如下（回忆一下，其中 $b$=组数）：

**弗里德曼检验的检验统计量**

$$F_r=\left[\frac{12}{bk(k+1)}\sum_{j=1}^{k}T_j^2\right]-3b(k+1)$$

**检验统计量的抽样分布**　如果 $k$ 和 $b$ 都大于等于 5，那么检验统计量 $F_r$ 近似服从自由度为 $k-1$ 的卡方分布。与 KW 检验相似，检验统计量的值较大时，拒绝原假设。

所以拒绝域为

$$F_r > \chi^2_{\alpha,\ k-1}$$

且 $p$ 值为

$$P(\chi^2 > F_r)$$

图 19—11 描绘了上述抽样分布和 $p$ 值。

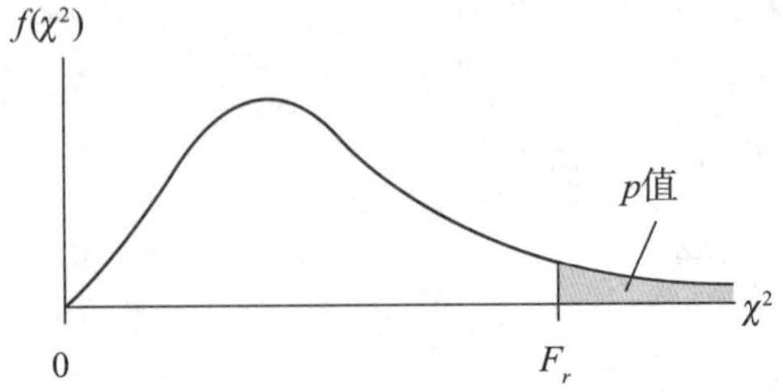


**图 19—11　$F_r$ 的抽样分布**

与其他非参数统计检验一样，弗里德曼检验也要求被比较的几个总体的形状和伸展一致。

## 例 19.6　比较经理对应聘者的评估结果

数据：Xm19－06

一家国有会计公司的人事经理因为最近雇用的员工的素质问题而受到了上级主管的批评。所有新招收的会计人员都要经过四位经理的面试，经理们会从几个方面对他们做出评价，包括学术水平、工作经历和个人的适应能力。然后四位面试经理从综合角度对每个应聘者进行评估。有如下五种可能的评估结果：

1. 面试者在应聘者中处于前 5%
2. 面试者在应聘者中处于前 5%～10%
3. 面试者在应聘者中处于前 10%～25%
4. 面试者在应聘者中处于前 25%～50%
5. 面试者在应聘者中处于后 50%

最后，把评估结果汇总，做出最终决定。人事经理认为，新员工的素质问题是由评估系统导致的。但她需要知道，四位面试经理对应聘者的评估通常是一致的，还是存在分歧。为了检验四位经理的差异，人事经理从对应聘者的评估中随机抽取了 8 份进行分析，结果如下。人事经理从这些数据中能得出什么结论（显著性水平取 5%）？

| 应聘者 | 经理 | | | |
|---|---|---|---|---|
| | 1 | 2 | 3 | 4 |
| 1 | 2 | 1 | 2 | 2 |
| 2 | 4 | 2 | 3 | 2 |
| 3 | 2 | 2 | 2 | 3 |

续前表

| 应聘者 | 经理 | | | |
|---|---|---|---|---|
| | 1 | 2 | 3 | 4 |
| 4 | 3 | 1 | 3 | 2 |
| 5 | 3 | 2 | 3 | 5 |
| 6 | 2 | 2 | 3 | 4 |
| 7 | 4 | 1 | 5 | 5 |
| 8 | 3 | 2 | 5 | 3 |

**解**

**识　别**

问题的目标是比较经理们对应聘者的评估这四个总体，我们可以把数据看成定序数据。这个试验是随机化区组设计，因为 8 位应聘者要接受所有四位经理的评估。适用的统计方法是弗里德曼检验。原假设和备择假设如下：

$H_0$：4 个总体的位置相同

$H_1$：至少有 2 个总体的位置不同

**计　算**

**手工计算**

拒绝域为

$$F_r > \chi^2_{\alpha,\ k-1} = \chi^2_{0.05,\ 3} = 7.81$$

下表说明了如何确定秩及怎样计算秩和。注意，通过跨行移动来确定秩，通过把同列的秩相加求得秩和。

| 应聘者 | 经理 | | | |
|---|---|---|---|---|
| | 1（秩） | 2（秩） | 3（秩） | 4（秩） |
| 1 | 2（3） | 1（1） | 2（3） | 2（3） |
| 2 | 4（4） | 2（1.5） | 3（3） | 2（1.5） |
| 3 | 2（2） | 2（2） | 2（2） | 3（4） |
| 4 | 3（3.5） | 1（1） | 3（3.5） | 2（2） |
| 5 | 3（2.5） | 2（1） | 3（2.5） | 5（4） |
| 6 | 2（1.5） | 2（1.5） | 3（3） | 4（4） |
| 7 | 4（2） | 1（1） | 5（3.5） | 5（3.5） |
| 8 | 3（2.5） | 2（1） | 5（4） | 3（2.5） |
| | $T_1=21$ | $T_2=10$ | $T_3=24.5$ | $T_4=24.5$ |

检验统计量的值为

$$F_r = \left[\frac{12}{bk(k+1)}\sum_{j=1}^{k} T_j^2\right] - 3b(k+1)$$
$$= \left[\frac{12}{8\times4\times5}(21^2+10^2+24.5^2+24.5^2)\right] - 3\times8\times5$$
$$=10.61$$

**Excel**

| | A | B | C |
|---|---|---|---|
| 1 | **Friedman Test** | | |
| 2 | | | |
| 3 | Group | | Rank Sum |
| 4 | Manager 1 | | 21 |
| 5 | Manager 2 | | 10 |
| 6 | Manager 3 | | 24.5 |
| 6 | Manager 4 | | 24.5 |
| 8 | | | |
| 9 | $F_r$ Stat | | 10.61 |
| 10 | df | | 3 |
| 11 | p-value | | 0.014 0 |
| 12 | chi-squared Critical | | 7.814 7 |

**计算机命令**

1. 在邻近的列中键入或导入数据①（打开 Xm19－06）。

2. 单击“Add-Ins”（加载项）—“Data Analysis Plus”（数据分析加载项）和“Friedman Test”（弗里德曼检验）。

3. 指定“Input Range”（输入范围）（A1：D9）和 α 的值（0.05）。

**Minitab**

**Friedman Test：Ratings Versus Manager Blocked by Applicant**

S=10.61　　DF=3　　p=0.014

S=12.86　　DF=3　　p=0.005 (adjusted for ties)

| Manager | N | Est Median | Sum of Ranks |
|---|---|---|---|
| 1 | 8 | 2.875 0 | 21.0 |
| 2 | 8 | 2.000 0 | 10.0 |
| 3 | 8 | 3.000 0 | 24.5 |
| 4 | 8 | 3.125 0 | 24.5 |

Grand median=2.750 0

① 如果一列或多列中含有空单元格（代表缺失数据），则应的行必须删除。

**计算机命令**

1. 键入或导入数据。评估结果被存储在同一列中，类代码被存储于另一列，区组代码被存储于第三列。

2. 单击“Stat”(统计)—“Nonparametrics”(非参数)—“Friedman…”。

3. 选取“Response”(响应)变量，“Treatment”(处理)变量和“Blocks”(区组)变量，单击“OK”(确定)。

**解　释**

有明显的证据表明，经理们对同一个应聘者的评估存在差异。人事经理应该找出其中的原因——是评估方法导致的，还是面试经理们使用的标准不同。如果是后者，可能需要对这几位面试经理进行额外的培训。

### □ 19-3e　弗里德曼检验与符号检验

弗里德曼检验与符号检验的关系如同 KW 检验和威尔科克森秩和检验的关系。也就是说，我们可以用弗里德曼检验确定两个总体是否不同，其结果和符号检验的结果相同。但是，弗里德曼检验只能分析出两个总体是否存在差异。如果我们想确定一个总体是否在另一个总体的左侧，就必须用符号检验。

下面列举了 KW 检验和弗里德曼检验的识别要素。

**KW 检验的识别要素**

1. 目标：比较两个或两个以上总体
2. 数据类型：定序数据或非正态分布的定距数据
3. 试验设计：独立样本

**弗里德曼检验的识别要素**

1. 目标：比较两个或两个以上总体
2. 数据类型：定序数据或不服从正态分布的定距数据
3. 试验设计：随机化区组

## 习　题

**19.60**　对下面的统计数据进行 KW 检验。使用 5%的显著性水平。

$T_1=984$　　$n_1=23$

$T_2=1\ 502$　　$n_2=36$

$T_3=1\ 430$　　$n_3=29$

**19.61** 根据下面的统计数据，使用 KW 检验来检验总体的位置是否有差异（显著性水平取 0.01）。

$T_1 = 1\,207 \qquad n_1 = 25$
$T_2 = 1\,088 \qquad n_2 = 25$
$T_3 = 1\,310 \qquad n_3 = 25$
$T_4 = 1\,445 \qquad n_4 = 25$

**19.62** 试用 KW 检验和下面的统计数据确定，我们是否有足够的统计证据可以推断，在 10%的显著性水平下，总体的位置不同。

$T_1 = 3\,741 \qquad n_1 = 47$
$T_2 = 1\,610 \qquad n_2 = 29$
$T_3 = 4\,945 \qquad n_3 = 67$

**19.63 Xr19-63** 根据下面的数据用 KW 检验确定总体间的位置是否不同（显著性水平取 0.05）。

| | | | | | | | |
|---|---|---|---|---|---|---|---|
| 样本 1 | 27 | 33 | 18 | 29 | 41 | 52 | 75 |
| 样本 2 | 37 | 12 | 17 | 22 | 30 | | |
| 样本 3 | 19 | 12 | 33 | 41 | 28 | 18 | |

**19.64 Xr19-64** 试用 KW 检验确定下面的数据能否提供足够的统计证据，使我们推断出至少有两个总体的位置不同（显著性水平取 0.05）。

| | | | | | |
|---|---|---|---|---|---|
| 样本 1 | 25 | 15 | 20 | 22 | 23 |
| 样本 2 | 19 | 21 | 23 | 22 | 28 |
| 样本 3 | 27 | 25 | 22 | 29 | 28 |

**理解统计概念**

习题 19.65 需要使用计算机和相关的软件。

**19.65** a. **Xr19-65a** 选择一个 50 人的随机样本，要求他们评价四种不同打印机使用的难易程度，可能的评价如下：

非常容易使用
容易使用
使用困难
使用非常困难

用 4—3—2—1 数字系统对上述评价进行编码。这些数据能否在 5%的显著性水平下提供足够的证据，使我们推断出人们对四种打印机的评价不同？

b. **Xr19-65b** 对评价结果用 25—22—5—2 数字系统重新编码。这些数据能否提供足够的证据，使我们推断出人们对四种打印机的评价不同？

c. 比较问题（a）和问题（b）的结论，二者为什么相同？

**19.66 Xr19-66** 应用弗里德曼检验分析下表中的数据，我们能否得出至少有两个总体的位置不同的结论（$\alpha = 0.10$）？

| 分组 | 类 | | | |
|---|---|---|---|---|
| | 1 | 2 | 3 | 4 |
| 1 | 10 | 12 | 15 | 9 |
| 2 | 8 | 10 | 11 | 6 |
| 3 | 13 | 14 | 16 | 11 |
| 4 | 9 | 9 | 12 | 13 |
| 5 | 7 | 8 | 14 | 10 |

**19.67** **Xr19－67** 下列数据源于一个分组试验。通过弗里德曼检验确定是否至少有两个总体的位置不同（$\alpha$＝0.05）。

| 分组 | 类 | | |
|---|---|---|---|
| | 1 | 2 | 3 |
| 1 | 7.3 | 6.9 | 8.4 |
| 2 | 8.2 | 7.0 | 7.3 |
| 3 | 5.7 | 6.0 | 8.1 |
| 4 | 6.1 | 6.5 | 9.1 |
| 5 | 5.9 | 6.1 | 8.0 |

**理解统计概念**

习题 19.68 至习题 19.93 需要用计算机和相关的软件进行计算，令显著性水平为 5%。

**19.68** a. **Xr19－68a** 由 30 人组成了一个随机样本，要求他们评价四种质量极高的咖啡，评价为

极好　好　一般　差

用 1，2，3，4 几个数字对评价结果进行编码。能否推断出顾客对四种咖啡的评价存在差异？

b. **Xr19－68b** 假设将编码系统改为 12，31，66 和 72。能否推断出顾客对四种咖啡的评价存在差异？

c. 比较问题（a）和问题（b）的答案，二者为什么相同？

**19.69** a. **Xr19－69** 参考例 19.6，假设对评价结果重新编码，使编码等于百分位极差的中点，即

97.5＝面试者在应聘者中处于前 5%

92.5＝面试者在应聘者中处于前 5%～10%

82.5＝面试者在应聘者中处于前 10%～25%

62.5＝面试者在应聘者中处于前 25%～50%

25＝面试者在应聘者中处于后 50%

能否得出四位面试经理对同一应聘者的评价各不相同的结论？

b. 比较问题（a）和例 19.6 的答案，它们相同吗？解释原因。

**应用（若无特别说明，使用5%的显著性水平）**

习题19.70至习题19.84可以通过手工计算完成。样本统计量参见附录A。

**19.70 Xr19-70** 为了确定讲授统计学的三种方法是否有区别，一位商科教授对课程中的三大块采取了不同的教学方法：第一块用授课方法，第二块用案例分析的方法，第三块则只应用大型计算机软件来教学。学期末，要求每位学生在七个水平上对课程进行评估：1＝非常糟糕，2＝差，3＝勉强，4＝普通，5＝好，6＝非常好，7＝极好。在每一块中，教授随机挑选了25份评估。有理由认为学生对课程的满意度至少在两种方法中存在差别吗？

**19.71 Xr19-71** 申请MBA必须通过研究生入学考试（GMAT），有几家公司提供针对这项考试的辅导。为了确定它们提供的辅导是否有作用，以及如果有作用，哪家最为有效，调查人员进行了一项试验。对几百名申请MBA者做了调查，要求他们说出各自的GMAT成绩和参加了哪家公司的培训课程。回答为：A课程、B课程、C课程或没参加任何课程。从这些数据中，能否推断出四组学生的GMAT成绩存在差异？

**19.72 Xr19-72** 有10位品酒师评估四种不同品牌的橙汁口感的好坏。品酒师用五个尺度来打分：1＝极差，2＝差，3＝一般，4＝好，5＝极好。结果列于下表。在5%的显著性水平下，能否推断出四种不同品牌的橙汁口感不同？

| 品酒师 | 橙汁品牌 | | | |
|---|---|---|---|---|
| | 1 | 2 | 3 | 4 |
| 1 | 3 | 5 | 4 | 3 |
| 2 | 2 | 3 | 5 | 4 |
| 3 | 4 | 4 | 3 | 4 |
| 4 | 3 | 4 | 5 | 2 |
| 5 | 2 | 4 | 4 | 3 |
| 6 | 4 | 5 | 5 | 3 |
| 7 | 3 | 3 | 4 | 4 |
| 8 | 2 | 3 | 3 | 3 |
| 9 | 4 | 3 | 5 | 4 |
| 10 | 2 | 4 | 5 | 3 |

**19.73 Xr19-73** 一家电器连锁店的经理正考虑新连锁店的选址问题。经全面考虑后，他将选择范围集中于三个地点。选址时需要考虑的一个重要因素是每天经过该地点的人数。经理分别记录了30天内每天经过这三个地点的人数。

a. 应该采用哪种统计方法来确定每天经过各个地点的人数是否存在差异？上述方法的必要条件是什么？为什么选择上述统计方法？

b. 如果经过每一地点的人数不服从正态分布，那么这位经理能否得出每天经过三个地点的人数存在差异的结论？

**19.74 Xr19-74** 近些年来，由于人们对邮政服务缺乏信任，许多公司都通过私人邮递公司递送信件。一家大公司想从三家私人邮递公司中选择一家作为它唯一的信件递送代理。为了帮助确定到底选用哪家公司，它做了一项试验：在一天内的12个不同时间里，同时要求这三家公司分别递送邮件到同一目的地。每家公司所用的时间（单位：分钟）都被记录了下来。能否得出三家公司的邮递速度存在差异的结论？（除数据外，本习题和习题 14.77 的其他条件完全相同。）

**19.75　Xr19－75**　一家人力资源公司的经理想考察一下公司的广告项目。目前，该公司在三家地方报纸上的广告的定位差别很大，分别招聘程序员、文秘和接待员。这位经理决定，如果能够确定每家报纸吸引的查询工作的人数不同，那么她将仅选取其中一家报纸。为此，她进行了下面的试验。一周内（6 天），在上述三家报纸上刊登 6 种不同工作的招聘广告，记录下查询工作的人数，并列在下面的表格中。

| 广告的工作 | 报纸 | | |
|---|---|---|---|
| | 1 | 2 | 3 |
| 接待员 | 14 | 17 | 12 |
| 系统分析师 | 8 | 9 | 6 |
| 初级秘书 | 25 | 20 | 23 |
| 计算机程序员 | 12 | 15 | 10 |
| 法律秘书 | 7 | 10 | 5 |
| 办公室经理 | 5 | 9 | 4 |

a. 应该用何种统计方法帮助做出决定？应用该方法的必要条件是什么？怎样确定这些必要条件是否得到满足？

b. 假设数据不服从正态分布，在 5%的显著性水平下，能否得出不同的报纸吸引潜在雇员的能力不同的结论？

**19.76　Xr19－76**　因为没有一个国家性或地区性标准，大学的招生部门很难比较不同高中的毕业生。高校管理者已经发现，在标准较低的高中获得 80 分的平均分相当于在标准较高的高中获得 70 分的平均分。为了更公正地比较申请者，进行了一次试点调查。选取前一年从四个不同地方的高中入学的学生组成随机样本。所有学生都以平均分 70～80 分的成绩进入商学院。计算出他们在大学第一年的平均成绩。大学招生部门能否得出四所高中评分标准不同的结论？（除数据外，本习题其他条件与习题 14.9 完全相同。）

**19.77　Xr19－77**　许多北美人胆固醇太高，这会导致心脏病。对胆固醇太高（超过 280）的人，医生会给他们开有助于降低胆固醇的药物。一家制药公司最近开发了四种这样的药。为了确定这些药物的疗效是否有差别，相关人员组织了一次试验。他们挑选出胆固醇含量超过 280 的 25 组志愿者，每组 3 人。每组都是依据年龄和体重进行匹配的。服药两个月后，记录下每个志愿者胆固醇下降的幅度。这家公司能否从中得出四种新药的疗效存在差异的结论？（除数据外，本习题和例 14.3 的其他条件完全相同。）

**19.78　Xr19－78**　一家著名的软饮料公司自从 100 多年前其产品投入市场以来，就一直使用同样的秘方。但是，为了扭转市场份额不断下降的局面，公司总裁意欲改变配方。在一项初步调查中，请 20 个人来分别品尝原配方的饮料和两种新配方的饮料。每人对饮料有五种可能的评价：1＝极糟糕，2＝差，3＝一般，4＝好，5＝极好。公司总裁决定，除非受邀者对产品的评价存在明显的差异，否则他将不会改变配方。我们能否得出受邀者对这三种配方的评价存在差异的结论？

**19.79 Xr19-79** 快餐餐厅的经理对顾客关于其食物质量、服务和餐厅整洁度的评价特别关注，顾客可以填写顾客评价卡片。假定一位加盟商想要比较顾客对三个时段（下午4：00至午夜，午夜至上午8：00，上午8：00至下午4：00）的评价。在一项初步研究中，从每个时段随机选择100个顾客，记录并列出调查对象关于服务速度的态度（4=极好，3=好，2=一般，1=差）。在5%的显著性水平下，这些数据能够提供充分的证据来判断顾客对于服务速度的评价在三个时间段是否存在差异吗？

**19.80 Xr19-80** 一项消费测试服务要比较四种不同品牌排水清洁器的功效。在试验中，用50种不同的方法阻塞水池，测量每种排水清洁器清理阻塞所花的时间（单位：分钟）。

a. 应该考虑采用哪种方法来确定四种品牌的产品是否存在差异？应用这种方法的必要条件是什么？你是怎么做出判断的？

b. 如果有统计分析已经表明，所用的时间不服从正态分布，这项测试服务能得出四种品牌的产品在清理速度上有差异的结论吗？

**19.81 Xr19-81** 在最近的总统大选过程中，盖洛普公司在1月份选取了30名民主党成员，对他们进行调查。2月份和3月份又分别选取了另外30名。要求所有90名民主党成员"评估民主党在你们州取胜的可能性"。回答用数字编码：可能性很大（4）、比较大（3）、一般（2）、很小（1）。从这些数据中能否推断出，在这三个月中，民主党人对他们在总统选举中取胜的可能性的评估发生了变化？

**19.82 Xr19-82** 在广告企业中，制作几种不同的广告，然后从潜在观众中选取一个随机样本，让他们从几个不同的维度评价这些广告是很常见的做法。假设一家广告公司为一种新的早餐食品制作了4则广告，然后随机挑选了400名购物者来评价这些广告的可信性。100人评价广告1，100人评价广告2，100人评价广告3，剩下的100人评价广告4。评价分别为：非常可信（4）、十分可信（3）、有点可信（2）、根本不可信（1）。这家公司的管理者能否得出4则广告的可信度不同的结论？

**19.83 Xr19-83** 经过四年的学校生活，大学生对校足球队的支持度是否会上升？为了回答这个问题，选取了一些学生组成随机样本。要求每个人说出他们所在的年级（一年级、二年级、三年级或四年级），以及他们对校足球队——Hawks的支持度。对后一问题的回答如下：

狂热的球迷
一心一意支持Hawks
支持Hawks，但不热烈
Hawks是什么？

用4—3—2—1数字系统对学生的回答进行编码。能否推断出四个年级的学生对Hawks的支持度存在差异？

**19.84 Xr19-84** 一名学生打算买一台扫描仪，他查看了互联网上对不同扫描仪用户的调查结果。其中列举了一个包括133位被调查者的样本，他们对五个品牌的扫描仪使用的难易程度做了评价。回答如下：

非常容易
容易
不容易
困难
非常困难

用1～5的数字系统对回答进行编码。能否推断出使用者认为五个品牌的扫描仪使用的难易程度存在差别?

**社会综合调查习题**

**19.85 GSS2012*** 受教育程度更高的人对自己的工作更满意吗?建立假设检验来判断学历不同的人(DEGREE:0=低于高中,1=高中,2=大专,3=本科,4=研究生)对工作的满意度(SATJOB:1=非常满意,2=一般满意,3=有一点儿不满意,4=非常不满意)是否存在差异。

**19.86 GSS2012*** 调查对象被问及如下问题:与你的同龄人相比,你的生活水平如何(PARSOL:1=非常好,2=较好,3=一样,4=较差,5=非常差)。建立假设检验,判断我们能否认为三个种族(RACE)对这一问题的态度存在差异。

**19.87 GSS2012*** 处于五类不同婚姻状态(MARITAL)的人们,健康水平(HEALTH:1=极好,2=好,3=一般,4=差)存在差异吗?建立一个假设检验来回答这个问题。

**19.88 GSS2012*** 受教育程度低的人认为他们有更高的可能性失业吗?建立假设检验,判断是否有充分的证据表明学历不同的人(DEGREE:0=低于高中,1=高中,2=大专,3=本科,4=研究生)对失业倾向的态度(JOBLOSE:1=很有可能,2=比较有可能,3=比较不可能,4=不可能)存在差异。

**19.89 GSS2012*** 有充分的统计证据表明三个种族(RACE)对他们失业倾向的判断(JOBLOSE:1=很有可能,2=比较有可能,3=比较不可能,4=不可能)存在差异吗?

**19.90 GSS2012*** 有充分的统计证据表明民主党人、共和党人和无党派人士(PARTYID:0,1和2=民主党,3 =无党派,4,5和6=共和党)对于他们交纳的联邦所得税的观点(TAX:你认为你所需交纳的联邦所得税太高、正好,还是太低?1=太高,2=正好,3=太低)存在差异吗?

**19.91 GSS2012*** 我们能够根据数据推断自由派、温和派和保守派(POL-VIEWS3:1=自由派,2=温和派,3=保守派)对于他们交纳的联邦所得税的观点(TAX:你认为你所需交纳的联邦所得税太高、正好,还是太低?1=太高,2=正好,3=太低)存在差异吗?

**美国国家选举调查习题**

**19.92 ANES2008*** 有充分的证据表明民主党人、共和党人与无党派人士(PARTY3)对于去年经济变好还是变坏(ECON:1=更好,2=好一点,3=保持不变,4=差一点,5=更差)的观点存在差异吗?

**19.93 ANES2008*** 我们能够根据数据推断民主党人、共和党人与无党派人士(PARTY3)对于未来12个月全国经济变得更好、保持不变,还是变得更差的期望

(ECON12：1=更好，2=好一点，3=保持不变，4=差一点，5=更差）存在差异吗？

## 19.4 斯皮尔曼秩相关系数

在 17.4 节中，我们介绍了相关系数的检验，从而我们能够判断是否有足够的证据证明两变量之间存在线性关系。回顾 $\rho$ 的 $t$ 检验的一个必要条件就是要求变量服从二元正态分布。但是，在很多情况下，通常有一个变量或两个变量都是定序变量，或者两个变量虽然都是定距变量，但不能满足服从正态分布的要求。在这种情况下，我们就用一种非参数方法来衡量和检验变量间是否存在线性关系，即**斯皮尔曼秩相关系数**(Spearman rank correlation coefficient)。

斯皮尔曼秩相关系数的计算和前面介绍过的其他非参数方法相似：首先要对数据进行排序，然后计算秩的皮尔逊相关系数。

总体的斯皮尔曼相关系数用 $\rho_s$ 表示，用来估计它的样本统计量用 $r_s$ 表示。

**样本斯皮尔曼秩相关系数**

$$r_s=\frac{s_{ab}}{s_a s_b}$$

式中 $a$ 和 $b$ 分别为 $x$ 和 $y$ 的秩。$s_{ab}$ 为 $a$ 与 $b$ 的协方差，$s_a$ 为 $a$ 的标准差，$s_b$ 为 $b$ 的标准差。

我们可以通过检验来确定两个变量间是否存在线性关系，要检验的假设为

$H_0$：$\rho_s=0$

$H_1$：$\rho_s\neq 0$

我们也可以使用单尾检验。检验统计量是 $r_s$。为了确定 $r_s$ 的值是否大到足以使我们拒绝原假设，我们要参考附录 B 中的表 11，表 19—5 就摘自此表。它列出了这个检验统计量单尾检验的临界值。要进行双尾检验，$\alpha$ 的值必须加倍。这个表中列举了当 $\alpha=0.01$，0.025 和 0.05，$n=5\sim30$ 时 $r_s$ 的临界值。当 $n>30$ 时，$r_s$ 近似服从均值为 0、标准差为 $1/\sqrt{n-1}$ 的正态分布。因此，当 $n>30$ 时，检验统计量如下：

**当 $n>30$ 时 $\rho_s=0$ 的检验统计量**

$$z=\frac{r_s-0}{1/\sqrt{n-1}}=r_s\sqrt{n-1}$$

$z$ 服从标准正态分布。

表 19—5　　斯皮尔曼秩相关系数的临界值

所列 $\alpha$ 值对应于 $H_0$：$\rho_s=0$ 的单尾检验。双尾检验时 $\alpha$ 值应乘以 2。

| $n$ | $\alpha=0.05$ | $\alpha=0.025$ | $\alpha=0.01$ |
|---|---|---|---|
| 5 | 0.900 | — | — |
| 6 | 0.829 | 0.886 | 0.943 |
| 7 | 0.714 | 0.786 | 0.893 |
| 8 | 0.643 | 0.738 | 0.833 |
| 9 | 0.600 | 0.683 | 0.783 |
| 10 | 0.564 | 0.648 | 0.745 |
| 11 | 0.523 | 0.623 | 0.736 |
| 12 | 0.497 | 0.591 | 0.703 |
| 13 | 0.475 | 0.566 | 0.673 |
| 14 | 0.457 | 0.545 | 0.646 |
| 15 | 0.441 | 0.525 | 0.623 |
| 16 | 0.425 | 0.507 | 0.601 |
| 17 | 0.412 | 0.490 | 0.582 |
| 18 | 0.399 | 0.476 | 0.564 |
| 19 | 0.388 | 0.462 | 0.549 |
| 20 | 0.377 | 0.450 | 0.534 |
| 21 | 0.368 | 0.438 | 0.521 |
| 22 | 0.359 | 0.428 | 0.508 |
| 23 | 0.351 | 0.418 | 0.496 |
| 24 | 0.343 | 0.409 | 0.485 |
| 25 | 0.336 | 0.400 | 0.475 |
| 26 | 0.329 | 0.392 | 0.465 |
| 27 | 0.323 | 0.385 | 0.456 |
| 28 | 0.317 | 0.377 | 0.448 |
| 29 | 0.311 | 0.370 | 0.440 |
| 30 | 0.305 | 0.364 | 0.432 |



### 例 19.7　检验工人能力测验得分和表现之间的关系

数据：Xm19－07

一家公司的产品经理想检查一下生产线上的工人在被雇用前的能力测试得分和他工作三个月后雇主对其表现的评价之间的关系。这项调查的结果使公司可以确定能力测试在包括推荐信息在内的其他工作信息中的权重，能力测试得分的范围为 0～100。对工人工作表现的评价如下：

1＝员工的表现明显低于平均水平

2＝员工的表现稍低于平均水平

3＝员工的表现和平均水平一样

4＝员工的表现稍高于平均水平

5＝员工的表现明显高于平均水平

随机抽取了 40 名生产工人作为样本，得到下面的结果。在 5%的显著性水平下，公司经理能否推断出员工的能力测试得分与雇主对其工作表现的评价是相关的?

| 员工 | 能力测试得分 | 工作表现评价 |
|---|---|---|
| 1 | 59 | 3 |
| 2 | 47 | 2 |
| 3 | 58 | 4 |
| 4 | 66 | 3 |
| 5 | 77 | 2 |
| 6 | 57 | 4 |
| 7 | 62 | 3 |
| 8 | 68 | 3 |
| 9 | 69 | 5 |
| 10 | 36 | 1 |
| 11 | 48 | 3 |
| 12 | 65 | 3 |
| 13 | 51 | 2 |
| 14 | 61 | 3 |
| 15 | 40 | 3 |
| 16 | 67 | 4 |
| 17 | 60 | 2 |
| 18 | 56 | 3 |
| 19 | 76 | 3 |
| 20 | 71 | 2 |
| 21 | 52 | 3 |
| 22 | 62 | 5 |
| 23 | 54 | 2 |
| 24 | 50 | 3 |
| 25 | 57 | 1 |
| 26 | 59 | 5 |
| 27 | 66 | 4 |
| 28 | 84 | 5 |

续前表

| 员工 | 能力测试得分 | 工作表现评价 |
| --- | --- | --- |
| 29 | 56 | 2 |
| 30 | 61 | 1 |
| 31 | 53 | 4 |
| 32 | 76 | 3 |
| 33 | 42 | 4 |
| 34 | 59 | 4 |
| 35 | 58 | 2 |
| 36 | 66 | 4 |
| 37 | 58 | 2 |
| 38 | 53 | 1 |
| 39 | 63 | 5 |
| 40 | 85 | 3 |

**解**

**识　别**

问题的目标是分析两个变量之间的关系。能力测试得分是定距变量，但工作表现为定序变量。我们将能力测试得分当作定序变量处理，并计算斯皮尔曼秩相关系数。为了回答这个问题，我们指定的假设为

$$H_0: \rho_s = 0$$
$$H_1: \rho_s \neq 0$$

**计　算**

### 手工计算

我们分别给每个变量排序，对于值相等的点其秩取平均值。原始数据和排序如下。

| 员工 | 能力测试得分 | 秩 $a$ | 工作表现评价 | 秩 $b$ |
| --- | --- | --- | --- | --- |
| 1 | 59 | 20 | 3 | 20.5 |
| 2 | 47 | 4 | 2 | 9 |
| 3 | 58 | 17 | 4 | 31.5 |
| 4 | 66 | 30 | 3 | 20.5 |
| 5 | 77 | 38 | 2 | 9 |
| 6 | 57 | 14.5 | 4 | 31.5 |
| 7 | 62 | 25.5 | 3 | 20.5 |
| 8 | 68 | 33 | 3 | 20.5 |

续前表

| 员工 | 能力测试得分 | 秩 $a$ | 工作表现评价 | 秩 $b$ |
|---|---|---|---|---|
| 9 | 69 | 34 | 5 | 38 |
| 10 | 36 | 1 | 1 | 2.5 |
| 11 | 48 | 5 | 3 | 20.5 |
| 12 | 65 | 28 | 3 | 20.5 |
| 13 | 51 | 7 | 2 | 9 |
| 14 | 61 | 23.5 | 3 | 20.5 |
| 15 | 40 | 2 | 3 | 20.5 |
| 16 | 67 | 32 | 4 | 31.5 |
| 17 | 60 | 22 | 2 | 9 |
| 18 | 56 | 12.5 | 3 | 20.5 |
| 19 | 76 | 36 | 3 | 20.5 |
| 20 | 71 | 35 | 2 | 9 |
| 21 | 52 | 8 | 3 | 20.5 |
| 22 | 62 | 25.5 | 5 | 38 |
| 23 | 54 | 11 | 2 | 9 |
| 24 | 50 | 6 | 3 | 20.5 |
| 25 | 57 | 14.5 | 1 | 2.5 |
| 26 | 59 | 20 | 5 | 38 |
| 27 | 66 | 30 | 4 | 31.5 |
| 28 | 84 | 39 | 5 | 38 |
| 29 | 56 | 12.5 | 2 | 9 |
| 30 | 61 | 23.5 | 1 | 2.5 |
| 31 | 53 | 9.5 | 4 | 31.5 |
| 32 | 76 | 37 | 3 | 20.5 |
| 33 | 42 | 3 | 4 | 31.5 |
| 34 | 59 | 20 | 4 | 31.5 |
| 35 | 58 | 17 | 2 | 9 |
| 36 | 66 | 30 | 4 | 31.5 |
| 37 | 58 | 17 | 2 | 9 |
| 38 | 53 | 9.5 | 1 | 2.5 |
| 39 | 63 | 27 | 5 | 38 |
| 40 | 85 | 40 | 3 | 20.5 |

根据数据有

$$\sum a_i b_i = 18\ 319$$

$$\sum a_i = 820, \quad \sum b_i = 820$$
$$\sum a_i^2 = 22\ 131.5$$
$$\sum b_i^2 = 21\ 795.5$$

根据前面介绍的计算方法，秩的协方差为

$$s_{ab} = \frac{1}{n-1}\left[\sum a_i b_i - \frac{\sum a_i \sum b_i}{n}\right]$$
$$= \frac{1}{40-1}\left[18\ 319 - \frac{820 \times 820}{40}\right] = 38.69$$

秩的样本方差为

$$s_a^2 = \frac{1}{n-1}\left[\sum a_i^2 - \frac{(\sum a_i)^2}{n}\right] = \frac{1}{40-1}\left[22\ 131.5 - \frac{820^2}{40}\right] = 136.45$$
$$s_b^2 = \frac{1}{n-1}\left[\sum b_i^2 - \frac{(\sum b_i)^2}{n}\right] = \frac{1}{40-1}\left[21\ 795.5 - \frac{820^2}{40}\right] = 127.83$$

标准差为

$$s_a = \sqrt{s_a^2} = \sqrt{136.45} = 11.68$$
$$s_b = \sqrt{s_b^2} = \sqrt{127.83} = 11.31$$

所以

$$r_s = \frac{s_{ab}}{s_a s_b} = \frac{38.69}{11.68 \times 11.31} = 0.292\ 9$$

检验统计量的值为

$$z = r_s\sqrt{n-1} = 0.292\ 9\sqrt{40-1} = 1.83$$
$$p\ 值 = 2P(Z > 1.83) = 2(1 - 0.966\ 4) = 0.067\ 2$$

**Excel**

| | A | B | C | D |
|---|---|---|---|---|
| 1 | **Spearman Rank Correlation** | | | |
| 2 | | | | |
| 3 | Aptitude and Performance | | | |
| 4 | Spearman Rank Correlation | | | 0.293 0 |
| 5 | z Stat | | | 1.83 |
| 6 | P(Z<=z) one tail | | | 0.033 7 |
| 7 | z Critical one tail | | | 1.644 9 |
| 8 | P(Z<=z) two tail | | | 0.067 4 |
| 9 | z Critical two tail | | | 1.96 |

**计算机命令**

1. 在相邻的两列键入或导入数据①（打开 Xm19 - 07）。

2. 点击“Add-Ins”（加载项）—“Data Analysis Plus”（数据分析加载项）—“Correlation (Spearman)”［相关分析（斯皮尔曼）］。

3. 指定“Input Range”（输入范围）（A1：B41）和 $\alpha$ 的值（0.05）。

**Minitab**

**Correlations：Rank Aptitude，Rank Performance**

Pearson correlation of Rank Aptitude and Rank Performance=0.293。

P-value=0.067

**计算机命令**

1. 单击“Data”（数据）—“Rank…”（排秩…）给变量排序。

2. 点击“Stat”（统计）—“Basic Statistics”（基本统计量）和“Correlation…”（相关…）。选定表示秩的变量。

## 解　释

没有足够的理由相信能力测试得分与工作表现评价之间存在相关关系。因此，应该改进能力测试，以便更好地衡量生产线上的员工必须具备的知识和技能。如果无法改进能力测试，就应该放弃它。

## 习　题

**19.94** 检验如下假设：

$H_0$：$\rho_s=0$

$H_1$：$\rho_s\neq 0$

$n=50$　　$r_s=0.23$　　$\alpha=0.05$

**19.95** 在5%的显著性水平下，已知 $n=12$，$r_s=0.15$，是否有足够的证据表明两定序变量之间存在正相关关系？

**19.96 Xr19 - 96** 一位统计学专业的学生调查了七位经济学专业学生的数学课程和经济学课程的成绩等级。结果（1=F，2=D，3=C，4=B，5=A）如下：

| | | | | | | | |
|---|---|---|---|---|---|---|---|
| 数学 | 4 | 2 | 5 | 4 | 2 | 2 | 1 |
| 经济学 | 5 | 2 | 3 | 5 | 3 | 3 | 2 |

计算斯皮尔曼秩相关系数，检验这两门课程的成绩之间是否存在相关关系（$\alpha=0.05$）。

**19.97 Xr19 - 97** 在一个时长一个半小时的电视节目中出现的广告的数量是否会影响观众对电视节目的评价？在一项研究中，研究人员要求八名被调查者观看一部情景

① 如果一列或两列中含有空单元格（代表缺失值），则相应的行必须删除。

喜剧，同时对其评级（1=很糟，2=不好，3=一般，4=好，5=非常好）。同时，每个人还会收看到不同数量的广告，调查结果如下。在10%的显著性水平下，计算斯皮尔曼秩相关系数，检验这两个变量是否相关。

| 广告数量 | 1 | 2 | 3 | 4 | 5 | 6 | 7 | 8 |
|---|---|---|---|---|---|---|---|---|
| 评级 | 4 | 5 | 3 | 3 | 3 | 2 | 3 | 1 |

**19.98　Xr19-98**　两只股票在13周内的周收益数据列表如下：

| | | | | | | | |
|---|---|---|---|---|---|---|---|
| 股票1 | −7 | −4 | −7 | −3 | 2 | −10 | −10 |
| 股票2 | 6 | 6 | −4 | 9 | 3 | −3 | 7 |
| 股票1 | 5 | 1 | −4 | 2 | 6 | −13 | |
| 股票2 | −3 | 4 | 7 | 9 | 5 | −7 | |

假设股票收益不服从正态分布，能否推断这两只股票的收益相关（$\alpha=5\%$）？

**19.99　Xr19-99**　一家工程公司的总经理想知道，绘图员的经历会不会影响他的工作质量。她随机选择了24位绘图员，记录下他们的从业年数和（他们的上级）对他们工作质量的评价（其中5=极好，4=好，3=中等，2=一般，1=差），相关数据列示如下。我们能否推断，从业年数是决定工作质量的一个因素（$\alpha=5\%$）？

| 绘图员 | 从业年数 | 评价等级 | 绘图员 | 从业年数 | 评价等级 |
|---|---|---|---|---|---|
| 1 | 1 | 1 | 13 | 8 | 2 |
| 2 | 17 | 4 | 14 | 20 | 5 |
| 3 | 20 | 4 | 15 | 21 | 3 |
| 4 | 9 | 5 | 16 | 19 | 2 |
| 5 | 2 | 2 | 17 | 1 | 1 |
| 6 | 13 | 4 | 18 | 22 | 3 |
| 7 | 9 | 3 | 19 | 20 | 4 |
| 8 | 23 | 5 | 20 | 11 | 3 |
| 9 | 7 | 2 | 21 | 18 | 5 |
| 10 | 10 | 5 | 22 | 14 | 4 |
| 11 | 12 | 5 | 23 | 21 | 3 |
| 12 | 24 | 2 | 24 | 21 | 1 |

下面的习题要用到计算机和统计软件。令$\alpha=5\%$。

**19.100　Xm16-02**　参考例16.2。如果不满足条件，用另一种更适当的检验方法来确定行驶里程与销售价格是否相关。

**19.101　Xr19-101**　在大学里，很多课程结束时都需要进行课程评估。一些教授认为学生填写评估表的结果取决于他们该门课程的成绩。为了验证这个理论，随机抽取了一部分课程评估结果作为样本，记录了如下两个问题的答案。

a. 你对本课程的评价是什么？

1. 很差　2. 一般　3. 好　4. 很好　5. 堪称完美

b. 你在本门课程中取得的成绩是什么?

1.F　2.D　3.C　4.B　5.A

是否有足够的证据推断教授们的看法是正确的?

**19.102　Xr19－102**　很多人患有胃灼热。随着年龄的增长，患该病的严重程度会增加。一家医药公司的研究人员为了检验年龄和患病的严重程度之间的相关性，随机抽取了325名成年人作为样本，记录了他们的年龄和患胃灼热的严重程度（1＝较低，2＝中等，3＝较高，4＝很高）。根据这些数据，他能否认为年龄越大的人患该病的严重程度越高?

**19.103　Xr16－06**　假设进行习题16.6中的检验所需要的条件不能满足，根据这些数据能否得出观众收看的广告时间越长，其记忆测试得分越高的结论?

**19.104　Xr16－07**　假设习题16.7中的正态性要求得不到满足。试进行适当的检验以确定公寓价格是否与楼层数正相关。

**19.105　Xr19－105**　很多人戒烟以后体重会增加。一些人解释说是因为戒烟以后食欲变好了。为了检验吸烟与食欲之间的关系，一位研究人员随机抽取了280名吸烟者，询问他们平均每天吸烟的数量。同时，请这些吸烟者品尝香草冰激凌并做出评价（5＝堪称完美，4＝很好吃，3＝好吃，2＝一般，1＝难吃）。研究能否认为吸烟越多，味觉越不敏感?

**19.106　Xr19－106**　在美国和加拿大体育赌博涉及的资金量会很大。一位电视台的管理人员想要检验是否职业足球赌注的资金金额会影响观众对该节目的观看。随机抽取200名每周日观看足球并赌球的观众，要求他们报告赌注金额并给观看节目带来的愉悦程度进行评级（1＝不喜欢，2＝有点喜欢，3＝相当喜欢，4＝非常喜欢）。根据这些数据，我们能否认为赌注金额越大，观看节目给观众带来的愉悦程度就越大?

**社会综合调查习题**

**19.107　GSS2012***　年龄大的美国人更担心失业吗?建立假设检验来判断是否有充分的证据表明随着一个人年龄（AGE）变大，其失业的可能性（JOBLOSE：1＝很有可能，2＝比较有可能，3＝比较不可能，4＝不可能）降低。

**19.108　GSS2012***　有充分的证据表明受教育程度（EDUC）高的人阅读报纸的频率（NEWS：1＝每天，2＝一周几次，3＝一周一次，4＝一周少于一次，5＝从不阅读）也高吗?

**19.109　GSS2012***　对工作十分满意的人也同样有高收入吗?建立假设检验来判断是否有充分的证据表明一个人对工作越满意（SATJOB：1＝非常满意，2＝一般满意，3＝有一点儿不满意，4＝非常不满意），其收入（INCOME）就越高。

**19.110　GSS2012***　我们能够根据数据推断那些工作安全性（JOBLOSE：1＝很有可能，2＝比较有可能，3＝比较不可能，4＝不可能）很高的人，对工作的满意度（SATJOB：1＝非常满意，2＝一般满意，3＝有一点儿不满意，4＝非常不满意）也同样很高吗?

**19.111　GSS2012***　我们能够根据数据推断受教育程度（EDUC）高的人更倾向于认为自己身体健康（HEALTH：1＝极好，2＝好，3＝一般，4＝差）吗?

**19.112　GSS2012***　受教育程度（EDUC）高的人更倾向于认为他们的生活条件（PARSOL：1＝非常好，2＝较好，3＝一样，4＝较差，5＝非常差）比父母与他们同龄时的生活条件更好吗？

**19.113 GSS2012*** 年轻的美国人不通过阅读报纸获取新闻信息，而是选择以网络或电视替代（或根本没兴趣），这种说法正确吗？建立假设检验来判断是否有充分的统计证据表明年轻人（AGE）比老年人阅读报纸的频率（NEWS：1＝每天，2＝一周几次，3＝一周一次，4＝一周少于一次，5＝从不阅读）低。

**19.114 GSS2012*** 一个人工作的时间（HRS1）越长，其失业的可能性（JOBLOSE：1＝很有可能，2＝比较有可能，3＝比较不可能，4＝不可能）越低吗？建立一个假设检验来回答这个问题。

**19.115 GSS2012*** 年龄（AGE）影响一个人对于其交纳联邦所得税的观点（TAX：你认为你所需交纳的联邦所得税是太高、正好，还是太低？1＝太高，2＝正好，3＝太低）吗？

**美国国家选举调查习题**

**19.116 ANES2008*** 有充分的证据表明老年人（AGE）对当前的政府和政策信息更感兴趣（INTB：1＝极其感兴趣，2＝非常感兴趣，3＝一般感兴趣，4＝稍微感兴趣，5＝不感兴趣）吗？

**19.117 ANES2008*** 认为去年经济变差（ECON：1＝更好，2＝好一点，3＝保持不变，4＝差一点，5＝更差）的人也认为去年失业问题（UNEMPLOY：1＝更好，2＝好一点，3＝保持不变，4＝差一点，5＝更差）变得更糟吗？建立一个假设检验来回答这个问题。

## 小　结



非参数统计检验方法适用于由定序数据或不服从正态分布的定距数据构成的总体。威尔科克森秩和检验可用于比较独立抽样产生的两个定距或定序数据总体；符号检验可用来比较配对试验中产生的两个定序数据总体。威尔科克森符号秩和检验可用于比较配对试验中产生的两个不服从正态分布的定距数据总体。当问题的目标是比较两个或两个以上独立抽样的定序或不服从正态分布的定距数据总体时，则要用到 KW 检验；当样本源于分组试验设计时，我们将用弗里德曼检验代替 KW 检验。我们将使用斯皮尔曼秩相关系数判断两变量是否相关。

**重要术语**

| | |
|---|---|
| 非参数方法 | 无分布统计学 |
| 威尔科克森秩和检验 | 符号检验 |
| 威尔科克森符号秩和检验 | KW 检验 |
| 弗里德曼检验 | 斯皮尔曼秩相关系数 |

## 符号

| 符号 | 意义 |
|---|---|
| $T_i$ | 样本秩和（$i=1, 2, \cdots, k$） |
| $T^+$ | 正差值秩和 |
| $T^-$ | 负差值秩和 |
| $\sigma_T$ | $T$ 的抽样分布的标准差 |
| $\rho_s$ | 斯皮尔曼秩相关系数 |

## 公式

威尔科克森秩和检验

$$T=T_1$$

$$E(T)=\frac{n_1(n_1+n_2+1)}{2}$$

$$\sigma_T=\sqrt{\frac{n_1n_2(n_1+n_2+1)}{12}}$$

$$z=\frac{T-E(T)}{\sigma_T}$$

符号检验

$$x=\text{正差值的个数}$$

$$z=\frac{x-0.5n}{0.5\sqrt{n}}$$

威尔科克森符号秩和检验

$$T=T^+$$

$$E(T)=\frac{n(n+1)}{4}$$

$$\sigma_T=\sqrt{\frac{n(n+1)(2n+1)}{24}}$$

$$z=\frac{T-E(T)}{\sigma_T}$$

KW 检验

$$H=\left[\frac{12}{n(n+1)}\sum_{j=1}^{k}\frac{T_j^2}{n_j}\right]-3(n+1)$$

弗里德曼检验

$$F_r=\left[\frac{12}{bk(k+1)}\sum_{j=1}^{k}T_j^2\right]-3b(k+1)$$

斯皮尔曼秩相关系数

$$r_s = \frac{s_{ab}}{s_a s_b}$$

斯皮尔曼检验统计量（$n>30$）

$$z = r_s \sqrt{n-1}$$

## 习　题

下面的习题需要用计算机和相关的软件进行计算。若无特别说明，使用 5%的显著性水平。

**19.118　Xr19 - 118**　教育水平和收入是否相关？为了回答这个问题，随机抽取一个样本，询问每个受访者的受教育类别：

1. 高中以下
2. 高中毕业
3. 大学未毕业
4. 大学毕业
5. 研究生

同时记录每个受访者的年收入组别：

1. 25 000 美元以下
2. 25 000～40 000 美元（不包括 40 000 美元）
3. 40 000～60 000 美元（不包括 60 000 美元）
4. 60 000～100 000 美元
5. 100 000 美元以上

进行检验，判断是否受教育程度越高，收入越高。

**19.119　Xr19 - 119**　在一项确定两种教学方法效果的研究中，由同一位教授采用不同方法讲授一门初级营销课程的两部分内容。课程结束后，学生们按如下方式评价了课程的乏味/刺激程度：1＝非常乏味，2＝有些乏味，3＝有点乏味，4＝模棱两可，5＝有点刺激，6＝有些刺激，7＝非常刺激。能否推断出学生对两种教学方法的评价不同？

**19.120　Xr19 - 120**　一家大型地毯制造商的研究人员进行了一项染色试验，希望减少由目前工艺导致的斑点。在这项试验中，分别用目前工艺和新工艺染 15 条毛毯，采用 5 个等级对每条毛毯上的斑点进行评价：5＝斑点太多，4＝斑点很多，3＝有些斑点，2＝斑点很少，1＝没有斑点。有足够的证据可以证明新工艺更好吗？

**19.121　Xr19 - 121**　一家学生报纸的编辑想对版面设计的过程做一些大的改变，他尤其想改变打印的字体。为了帮助做出决定，他做了一项试验。这位编辑随机挑选出 20 人，让他们分别阅读按不同字体打印的三页报纸。如果阅读速度存在差异，那么将采用阅读速度最快的字体排版。但是，如果没有充分的证据使编辑认为阅读速度存在差异，那么他将继续采用目前的字体排版。记录阅读每页报纸所用的时间（单位：秒）。已经确定时间不服从正态分布。试确定这位编辑将采取什么措施。（除数据外，本习题和习题 14.62 的其他条件相同。）

**19.122 Xr19-122** 一家制药公司认为生发剂市场存在巨大的潜在收益。这家制药公司的总药剂师在秃顶的人当中进行了一项试验，以确定两种新药中哪种生发效果更好。试验方法如下：他随机选择了 30 对人，每一对都根据秃顶的程度来配对。每组中一个人使用 A 药品，另一个人使用 B 药品。10 周后，检查每个人的生发情况，并按如下等级做出判断：

0=没有生新发
1=生了点新发
2=生了一些新发

这些数据是否提供了足够的证据来表明 B 药品更有效？

**19.123 Xr19-123** 假设科技人员研发了一种可用来测量生发情况的精密仪器，并把它用在习题 19.122 所描述的试验中。记录试验中 30 对测试者的生发率数据。这些数据能否让药剂师得出 B 药品更有效的结论？

**19.124 Xr19-124** 一家出版公司的印刷部想确定用三种不同方法装订的书的牢固性是否有差异。从采用每种装订方法装订的书中各挑选 25 本进行测试，把这些书放在机器中反复地打开、合上。有书页分离时，翻书的次数被记录下来并存储。

a. 应该采用哪种统计方法来确定装订方法是否有差异？上述方法的必要条件是什么？选择上述统计方法的原因是什么？

b. 如果已知翻书的次数不服从正态分布，试进行统计检验以确定三种装订方法是否存在差异。

**19.125 Xr19-125** 近些年来，消费者越来越关心产品的安全问题，特别是儿童产品。一家生产儿童睡衣的公司正在尽可能地寻找不易燃的材料。下面的试验旨在比较新纤维和现有纤维的易燃性：从每种纤维中挑出 50 条，置于火上烧烤，记录纤维被点燃所用的时间（单位：秒）。因为新材料比现有材料昂贵，因此，只有能证明新材料更好时，制造商才会选用新材料。根据这些数据，制造商应该怎样选择？

**19.126 Xr19-126** Samuel's 是一家家庭餐厅连锁店。像其他许多服务公司一样，Samuel's 会定期对顾客进行调查以了解他们的意见和建议。调查主要涉及两个问题：

（1）当您在 Samuel's 用餐时，发现服务速度：

1=慢　　2=适中　　3=很快

（2）您什么时候光顾过 Samuel's？

随机选取 269 位顾客组成一个样本。餐厅管理者能否推断出顾客对服务速度的感受在一周内的各天存在差异？

**19.127 Xr19-127** 一家广告公司想比较它最近为某轿车经销商所做的两则商业广告的效果，其中，广告的可信度是一个重要指标。为了评判这一因素，随机挑选了 60 人进行研究。每个人都观看两则广告，然后用五个级别对广告进行评价，其中，1=不可信，2=有点可信，3=中度可信，4=十分可信，5=非常可信。这些数据是否能提供足够的证据来表明两种广告的可信度不同？

**19.128　Xr19－128**　位于马里兰州贝塞斯达市的美国国家老年人研究所的研究人员正在研究听力损失问题。他们假设随着年龄的增长，男性的听力损失得比女性更快，因为在噪声严重的场所工作的男性比女性多得多。为了证明这一点，他们随机挑选了45，46，47，…，78，79，80岁的男性和女性各一人，测试每个人的听力损失百分比，所得数据按年龄升序排列。从这些数据中，你能得出什么结论？

**19.129　Xr19－129**　在今年盖洛普进行的一次民意调查中，对200人提问："你认为你所读的报纸对了解时事有帮助吗？"10年前，该机构曾对另外200人问过相同的问题。两次调查的结果被记录了下来。可能的回答如下：

3＝有用
2＝一般
1＝没用

这些数据是否能提供足够的证据来表明人们10年前认为报纸对了解时事的作用比现在大？

**19.130　Xr19－130**　很多MBA项目都要求申请者提交推荐信。大部分学校都有自己的表格，推荐人需要使用下面的分类方法评估申请者：

5：候选人的排名在所有申请者的前5%。
4：候选人的排名在所有申请者的前5%～10%
3：候选人的排名在所有申请者的前10%～25%
2：候选人的排名在所有申请者的前25%～50%
1：候选人的排名在所有申请者的最后50%

然而，这就存在一个问题，推荐人的评价是否与申请者在MBA期间的表现有关？为了回答这个问题，随机抽取一部分最近毕业的MBA学生，记录推荐人给他们的评价和其MBA期间的GPA。根据这些数据，我们是否有足够的证据能够推断推荐信和MBA期间的GPA相关？

**19.131　Xr19－131**　进行商务旅行的女性日益增多，给酒店业带来了众多潜在客户。许多连锁酒店做了许多改变，以吸引更多女性。为了指导这些改变，一家连锁酒店进行了一项旨在确定男性与女性商务旅行者对酒店的要求是否存在较大差异的研究。一共对100位男高级经理和100位女高级经理提出了许多问题，其中一个是：过去12个月里他们旅行的次数。我们希望知道，这些数据是否提供了足够的证据来表明每年男性和女性商务人士进行商务旅行的次数不同。

**19.132　Xr19－132**　为了调查要求学生参加严格的期中考试是否会影响学生对教授的评价，一位统计学教授让她所教班级的学生在期中考试前评价她的教学成果。问卷从很多方面征求了学生的意见，但最后一个最重要："你对这位教师的整体表现如何评价？"可能的回答如下：1＝差，2＝一般，3＝好，4＝极好。在一次很难的测验后，重复这项试验。这个班级40名学生在考试前和考试后对教师的评价以代码的形式分别存储。这位教授从这些数据中能否推断出期中考试成绩对学生的看法有负面影响？

**19.133　Xr19－133**　安大略斯特拉特福镇的财政状况主要取决于每年夏天在这里举行的莎士比亚节。来到斯特拉特福镇的数以千计的游人会观看一次或多次莎士比亚戏剧，他们将大量的钱花在酒店、饭店以及礼品商店。因而，未来游客数量减少的任何迹象都会引起当地的忧虑。两年前，对 100 位游客进行了调查，询问他们在未来两年内再来斯特拉特福镇的可能性；今年又对另外 100 位游客重复了此调查。两年内，这些游客再来的可能性用下面的方法表示：

4＝非常可能
3＝有些可能
2＝不太可能
1＝非常不可能

用你认为恰当的统计方法来确定斯特拉特福镇的居民是否应该为两次调查的结果而忧虑。

**19.134　Xr19－134**　科学家们已经花费了数年时间来研究铅对儿童的血型、骨骼和组织的影响，他们已知铅会导致人智力低下并引发其他问题。匹兹堡大学医学中心的精神病学家赫尔曼·尼德尔曼（Herman Needleman）医生曾从事过这方面的研究，并考察了其中的几个问题。他招募了 200 名匹兹堡公立学校的男孩做志愿者，并依据骨骼中铅含量的高低将他们分为两组。然后，由他们的老师分四个级别评定每一名男孩的攻击性程度（1＝低，2＝中等，3＝高，4＝极高）。是否有证据表明，铅含量高的男孩比铅含量低的男孩更具有攻击性？

**19.135　Xr19－135**　学生的性别是否会影响他们对教授的评价？一些研究人员就此问题已经做了 10 年研究。在一项研究中，工作人员选取了几位有相似教学经历的、同一个系的男女教授，并随机抽取了 100 名女学生作样本，让每一名学生分别评价这些教授，又随机抽取了 100 名男学生作样本，也让他们对这些教授进行评价。评价分为四个级别：1＝差，2＝一般，3＝好，4＝极好。数据按下面的格式存储：

第 1 列：女学生
第 2 列：对女教授的评价
第 3 列：对男教授的评价
第 4 列：男学生
第 5 列：对女教授的评价
第 6 列：对男教授的评价

a. 能否推断出女学生对女教授的评价高于她们对男教授的评价？

b. 能否推断出男学生对男教授的评价高于他们对女教授的评价？

**19.136　Xr19－136**　人先天的性格对他以后的生活有重要影响，这是一个不幸的事实。例如，种族在几乎所有北美人生活的各个方面都是一个关键因子；身高和体重也决定了朋友、老师、老板和客户将怎样对待你。现在，可能要把外表的吸引力也加上了。最近，一项研究追踪了美国一所很有名望的法学院的学生的职业生涯。他们请一组相互独立的评价者观看这些学生毕业时的照片，并用不吸引人、一般和吸引人这样的标准评价他们的外表，并且记录了这些学生毕业五年后的年收入（单位：千美元）。假设收入不服从正态分布，能否推断这些学生的收入受到了其外表的影响？

**19.137　Xr19－137**　根据 CNN 的新闻报道，有 9%的全职雇员进行远程工作。这意味着，他们不在雇主的办公室工作，而在家里用计算机和调制解调器工作。为了确定这些人对工作的满意度是否比他们非远程办公的同事高，研究人员随机抽取了一个远程办公和非远程办公人员的样本，调查每个人对目前工作的满意度。其中，1＝非常不满，2＝有些不满，3＝还算满意，4＝非常满意。结果以代码形式存储。从这些数据中，你可以得出什么结论？

**19.138　Xr19－138**　酒精是否会影响人的判断？为此，有人进行了一项试验。他从俄亥俄州一家俱乐部的客户中选择了一个随机样本，要求每位被调查者评价俱乐部中与其性别相反的成员的外表。评价分为五个级别：1＝非常不吸引人，2＝不吸引人，3＝一般，4＝吸引人，5＝非常吸引人。调查在俱乐部关门前三小时进行一次，在俱乐部关门时对另一组被调查者再做一次。能否得出关门时被调查者对俱乐部中与其性别相反的成员所做的评价高于关门前三小时的评价？如果是这样，那么关于酒精对判断的影响有什么结论？

**19.139　Xr19－139**　你热衷于若干锻炼吗？在威斯康星大学麦迪逊分校进行的一项研究中，工作人员抽取了若干每天进行体育锻炼的人组成一个随机样本。让每个人完成一份问卷，用五个级别度量他们的情绪，其中，5＝非常放松和愉快，4＝比较放松和愉快，3＝一般，2＝紧张烦躁，1＝非常紧张烦躁。然后要求他们在接下来的三天里放弃锻炼，而且尽可能减少体力活动。每天用相同的问卷测试他们的情绪。第 1 列为测试者代码，第 2～5 列分别为以代码表示的试验前和试验中三天志愿者的情绪测试数据。

a. 能否推断出放弃体育锻炼后，志愿者的情绪比进行锻炼时低落？

b. 这些数据暗示了第三天的情绪有所提高吗？

c. 描述从你的分析中得出的结论。



**案例 19.1**

## 消费者对汽车服务中心的评价

数据：C19－01

大多数经销商会定期对消费者进行调查，以确定他们对所购买的服务是否满意以及是否会再次光顾。五金/汽车服务中心连锁店就是这样的企业。维修工作完成以后，店员会要求消费者填写下面的表格：

告诉我们您的想法。

| 您满意吗？ | 非常满意 | 满意 | 一般 | 不满意 |
|---|---|---|---|---|
| 1. 服务质量 | | | | |
| 2. 价格合理性 | | | | |
| 3. 对服务保证书的解释 | | | | |
| 4. 结账过程 | | | | |

5. 以后是否还会光顾？

□是　　□否

6. 请评价

随机抽取134份问卷。问题1～4的答案（1＝不满意，2＝一般，3＝满意，4＝非常满意）储存在第1～4列。问题5的答案（1＝否，2＝是）储存在第5列。第6列储存的是被调查者的评论，正面评论记为1，负面评论记为2，3表示没有评论。

a. 我们能否推断那些表示以后会再次光顾的顾客每一项的评分都比较高？

b. 是否有足够的证据能够推断做出正面评价、负面评价和不做评价的人评分情况之间存在差别？

c. 为公司的管理人员准备一份展示材料，描述你的分析结果。

# 附录　回顾统计推断方法：第 12 章至第 19 章

虽然还有四章需要学习，但是关于统计推断方法的介绍就告一段落了（接下来的统计方法包括时间序列分析和预测、统计过程控制、决策分析，这些方法的识别和选择较为容易）。表 A19—1 和图 A19—1 包含了到目前为止我们介绍的所有统计方法。用流程图和指南来确定如何解决每道习题。因为这些习题是从大量统计应用中提炼出来的，需要使用本书中介绍的所有方法，因此它们与统计人员面临的实际挑战完全相同。通过解决这些问题，你可以直接面对实际的统计应用。顺便说一句，这些习题和案例也能针对统计学课程考试中要求的方法提供一定的训练。

**表 A19—1**　　**统计推断方法小结：第 12～19 章**

**问题的目标：** 描述一个总体

**数据类型：** 定距数据

**描述测度：** 集中趋势

参数：$\mu$

检验统计量：$t=\dfrac{\bar{x}-\mu}{s/\sqrt{n}}$

区间估计：$\bar{x}\pm t_{\alpha/2}\dfrac{s}{\sqrt{n}}$

必要条件：总体服从正态分布

**描述测度：** 离散程度

参数：$\sigma^2$

检验统计量：$\chi^2=\dfrac{(n-1)s^2}{\sigma^2}$

区间估计：$\text{LCL}=\dfrac{(n-1)s^2}{\chi^2_{\alpha/2}}$，$\text{UCL}=\dfrac{(n-1)s^2}{\chi^2_{1-\alpha/2}}$

必要条件：总体服从正态分布

**数据类型：** 定类数据

**类别数：** 两个

参数：$p$

检验统计量：$z=\dfrac{\hat{p}-p}{\sqrt{p(1-p)/n}}$

区间估计：$\hat{p}\pm z_{\alpha/2}\sqrt{\hat{p}(1-\hat{p})/n}$

必要条件：$np\geqslant 5$ 且 $n(1-p)\geqslant 5$（用于检验）

$n\hat{p}\geqslant 5$ 且 $n(1-\hat{p})\geqslant 5$（用于估计）

**类别数：** 两个或两个以上

参数：$p_1$，$p_2$，…，$p_k$

检验统计量：$\chi^2=\sum\dfrac{(f_i-e_i)^2}{e_i}$

必要条件：$e_i \geqslant 5$

**问题的目标**：比较两个总体

**数据类型**：定距数据

**描述测度**：集中趋势

**试验设计**：独立样本

**总体方差**：$\sigma_1^2=\sigma_2^2$

参数：$\mu_1-\mu_2$

检验统计量：$t=\dfrac{(\bar{x}_1-\bar{x}_2)-(\mu_1-\mu_2)}{\sqrt{s_p^2\left(\dfrac{1}{n_1}+\dfrac{1}{n_2}\right)}}$

区间估计：$(\bar{x}_1-\bar{x}_2)\pm t_{\alpha/2}\sqrt{s_p^2\left(\dfrac{1}{n_1}+\dfrac{1}{n_2}\right)}$

必要条件：总体服从正态分布

如果总体不服从正态分布，则使用威尔科克森秩和检验。

**总体方差**：$\sigma_1^2 \neq \sigma_2^2$

参数：$\mu_1-\mu_2$

检验统计量：$t=\dfrac{(\bar{x}_1-\bar{x}_2)-(\mu_1-\mu_2)}{\sqrt{\dfrac{s_1^2}{n_1}+\dfrac{s_2^2}{n_2}}}$

区间估计：$(\bar{x}_1-\bar{x}_2)\pm t_{\alpha/2}\sqrt{\dfrac{s_1^2}{n_1}+\dfrac{s_2^2}{n_2}}$

必要条件：总体服从正态分布

**试验设计**：配对

参数：$\mu_D$

检验统计量：$t=\dfrac{\bar{x}_D-\mu_D}{s_D/\sqrt{n_D}}$

区间估计：$\bar{x}_D \pm t_{\alpha/2}\dfrac{s_D}{\sqrt{n_D}}$

必要条件：差异服从正态分布

如果差异不服从正态分布，应用威尔科克森符号秩和检验。

非参数方法：威尔科克森符号秩和检验

检验统计量：$z=\dfrac{T-E(T)}{\sigma_T}$

必要条件：总体的形状和伸展是相同的

**描述测度**：变异性

参数：$\sigma_1^2/\sigma_2^2$

检验统计量：$F=\dfrac{s_1^2}{s_2^2}$

区间估计：$LCL=\left(\frac{s_1^2}{s_2^2}\right)\frac{1}{F_{\alpha/2,v_1,v_2}}$，$UCL=\left(\frac{s_1^2}{s_2^2}\right)F_{\alpha/2,v_2,v_1}$

必要条件：总体服从正态分布

**数据类型**：定序数据

**试验设计**：独立样本

非参数方法：威尔科克森秩和检验

检验统计量：$z=\frac{T-E(T)}{\sigma_T}$

必要条件：总体的形状和伸展是相同的

**试验设计**：配对样本

非参数方法：符号检验

检验统计量：$z=\frac{x-0.5n}{0.5\sqrt{n}}$

必要条件：总体的形状和伸展是相同的

**数据类型**：定类数据

**类别数**：两个

参数：$p_1-p_2$

检验统计量：

情形 1：$H_0: p_1-p_2=0$，$z=\frac{(\hat{p}_1-\hat{p}_2)}{\sqrt{\hat{p}(1-\hat{p})\left(\frac{1}{n_1}+\frac{1}{n_2}\right)}}$

情形 2：$H_0: p_1-p_2=D\ (D\neq 0)$，$z=\frac{(\hat{p}_1-\hat{p}_2)-(p_1-p_2)}{\sqrt{\frac{\hat{p}_1(1-\hat{p}_1)}{n_1}+\frac{\hat{p}_2(1-\hat{p}_2)}{n_2}}}$

区间估计：$(\hat{p}_1-\hat{p}_2)\pm z_{\alpha/2}\sqrt{\frac{\hat{p}_1(1-\hat{p}_1)}{n_1}+\frac{\hat{p}_2(1-\hat{p}_2)}{n_2}}$

必要条件：$n_1\hat{p}_1$，$n_1(1-\hat{p}_1)$，$n_2\hat{p}_2$，$n_2(1-\hat{p}_2)\geqslant 5$

**类别数**：两个或多个

统计方法：列联表的卡方检验

检验统计量：$\chi^2=\sum\frac{(f_i-e_i)^2}{e_i}$

必要条件：$e_i\geqslant 5$

**问题的目标**：比较两个或多个总体

**数据类型**：定距数据

**试验设计**：独立样本

**因素个数**：一个

参数：$\mu_1$，$\mu_2$，…，$\mu_k$

统计方法：单因素方差分析

检验统计量：$F=\frac{\text{MST}}{\text{MSE}}$

统计方法：多元比较

费希尔和庞费洛尼调整：$\text{LSD}=t_{\alpha/2}\sqrt{\text{MSE}\left(\frac{1}{n_i}+\frac{1}{n_j}\right)}$

图基：$\omega=q_\alpha(k, v)\sqrt{\frac{\text{MSE}}{n_g}}$

必要条件：总体服从同方差的正态分布。如果总体是非正态的，使用KW检验

**因素个数**：两个

参数：$\mu_1$，$\mu_2$，…，$\mu_k$

统计方法：双因素方差分析

检验统计量：$F=\frac{\text{MS(AB)}}{\text{MSE}}$　　$F=\frac{\text{MS(A)}}{\text{MSE}}$　　$F=\frac{\text{MS(B)}}{\text{MSE}}$

必要条件：总体服从同方差的正态分布

**试验设计**：随机化区组

参数：$\mu_1$，$\mu_2$，…，$\mu_k$

统计方法：双因素方差分析

检验统计量：$F=\frac{\text{MST}}{\text{MSE}}$　　$F=\frac{\text{MSB}}{\text{MSE}}$

必要条件：总体服从同方差的正态分布。如果总体是非正态的，使用弗里德曼检验

**数据类型**：定序数据

**试验设计**：独立样本

非参数方法：KW检验

检验统计量：$H=\left[\frac{12}{n(n+1)}\sum_{j=1}^{k}\frac{T_j^2}{n_j}\right]-3(n+1)$

必要条件：总体在形状和伸展上相同，$n_j\geqslant 5$

**试验设计**：随机化区组

非参数方法：弗里德曼检验

检验统计量：$F_r=\left[\frac{12}{bk(k+1)}\sum_{j=1}^{k}T_j^2\right]-3b(k+1)$

必要条件：总体在形状和伸展上相同，$n_j\geqslant 5$

**数据类型**：定类数据

**类别数**：两个或两个以上

统计方法：列联表的卡方检验

检验统计量：$\chi^2=\sum\frac{(f_i-e_i)^2}{e_i}$

必要条件：$e_i\geqslant 5$

**问题的目标**：分析两个变量之间的关系

**数据类型**：定距数据

参数：$\beta_0$，$\beta_1$，$\rho$

统计方法：简单线性回归和相关分析

检验统计量：$t=\frac{b_1-\beta_1}{s_{b_1}}$；$t=r\sqrt{\frac{n-2}{1-r^2}}$

预测区间：$\hat{y}\pm t_{\alpha/2,n-2}s_\varepsilon\sqrt{1+\frac{1}{n}+\frac{(x_g-\bar{x})^2}{(n-1)s_x^2}}$

期望值的区间估计：$\hat{y}\pm t_{\alpha/2,n-2}s_\varepsilon\sqrt{\frac{1}{n}+\frac{(x_g-\bar{x})^2}{(n-1)s_x^2}}$

必要条件：$\varepsilon$ 服从均值为 0、标准差为 $\sigma_\varepsilon$ 的正态分布；$\varepsilon$ 是独立的

检验两个二元正态分布的变量是否线性相关：

参数：$\rho$

检验统计量：$t=r\sqrt{\frac{n-2}{1-r^2}}$

如果 $x$ 和 $y$ 不是二元正态分布的，使用斯皮尔曼秩相关系数检验

**数据类型**：定序数据

统计方法：斯皮尔曼秩相关系数检验

参数：$\rho_s$

检验统计量：$z=r_s\sqrt{n-1}$

必要条件：无

**数据类型**：定类数据

统计方法：列联表的卡方检验

检验统计量：$\chi^2=\sum\frac{(f_i-e_i)^2}{e_i}$

必要条件：$e_i\geqslant5$

**问题的目标**：分析两个或两个以上变量之间的关系

**数据类型**：定距数据

参数：$\beta_0$，$\beta_1$，$\beta_2$，…，$\beta_k$

统计方法：多元回归

检验统计量：$t=\frac{b_i-\beta_i}{s_{b_i}}$ $(i=1, 2, \cdots, k)$；$F=\frac{\text{MSR}}{\text{MSE}}$

必要条件：$\varepsilon$ 服从均值为 0、标准差为 $\sigma_\varepsilon$ 的正态分布；$\varepsilon$ 的值是独立的

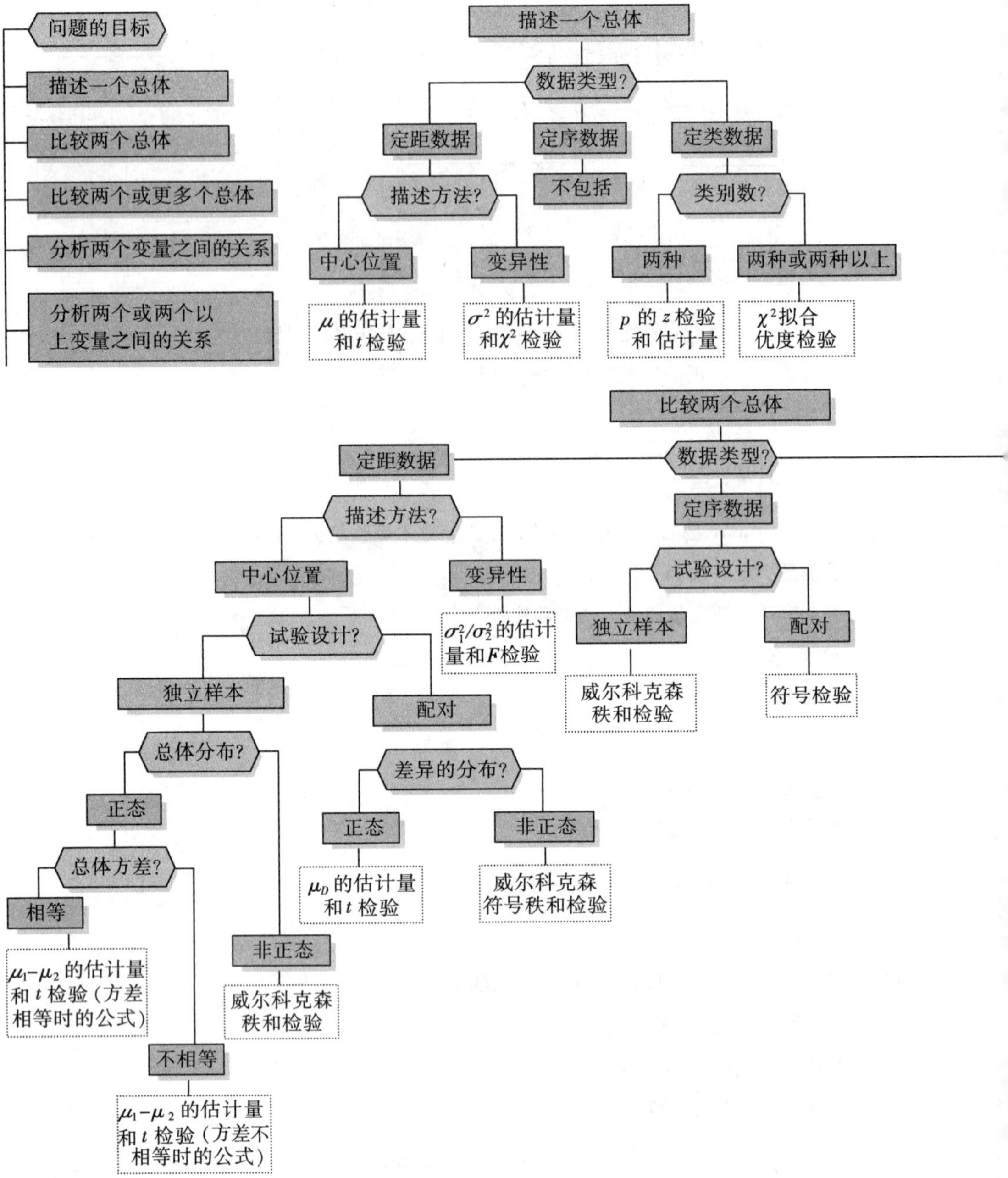

问题的目标
描述一个总体
比较两个总体
比较两个或更多个总体
分析两个变量之间的关系
分析两个或两个以上变量之间的关系
描述一个总体
数据类型?
定距数据
定序数据
定类数据
描述方法?
不包括
类别数?
中心位置
变异性
两种
两种或两种以上
$\mu$ 的估计量和 $t$ 检验
$\sigma^2$ 的估计量和 $\chi^2$ 检验
$p$ 的 $z$ 检验和估计量
$\chi^2$ 拟合优度检验
比较两个总体
定距数据
数据类型?
描述方法?
定序数据
中心位置
变异性
试验设计?
试验设计?
$\sigma_1^2/\sigma_2^2$ 的估计量和 $F$ 检验
独立样本
配对
独立样本
配对
威尔科克森秩和检验
符号检验
总体分布?
差异的分布?
正态
正态
非正态
总体方差?
$\mu_D$ 的估计量和 $t$ 检验
威尔科克森符号秩和检验
相等
$\mu_1-\mu_2$ 的估计量和 $t$ 检验（方差相等时的公式）
非正态
威尔科克森秩和检验
不相等
$\mu_1-\mu_2$ 的估计量和 $t$ 检验（方差不相等时的公式）


图A19—1 统计推

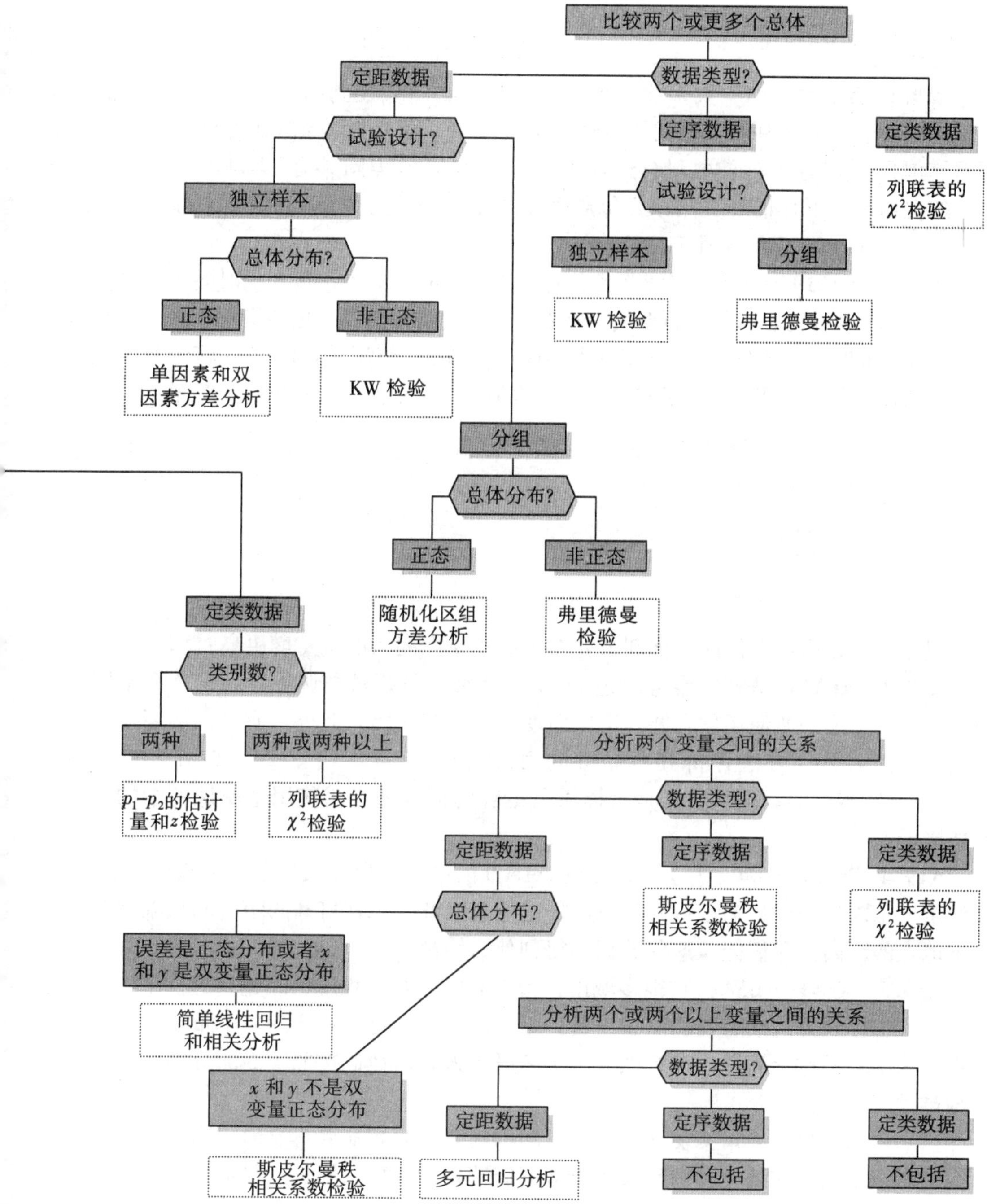
比较两个或更多个总体
数据类型?
定距数据
试验设计?
独立样本
总体分布?
正态
单因素和双
因素方差分析
非正态
KW 检验
分组
总体分布?
正态
随机化区组
方差分析
非正态
弗里德曼
检验
定序数据
试验设计?
独立样本
KW 检验
分组
弗里德曼检验
定类数据
列联表的
$\chi^2$检验
定类数据
类别数?
两种
$p_1-p_2$的估计
量和$z$检验
两种或两种以上
列联表的
$\chi^2$检验
分析两个变量之间的关系
数据类型?
定距数据
总体分布?
误差是正态分布或者 $x$
和 $y$ 是双变量正态分布
简单线性回归
和相关分析
$x$ 和 $y$ 不是双
变量正态分布
斯皮尔曼秩
相关系数检验
定序数据
斯皮尔曼秩
相关系数检验
定类数据
列联表的
$\chi^2$检验
分析两个或两个以上变量之间的关系
数据类型?
定距数据
多元回归分析
定序数据
不包括
定类数据
不包括

总结：全书

## 习　题

**A19.1　XrA19-01**　大多数超级市场都是用塑料袋装商品。但是，塑料袋需要很多年才能降解。为了判断问题的严重性，随机抽取一部分美国家庭作为样本，询问他们每周使用和丢弃的塑料袋数量。最新的人口普查显示美国共有 11 200 万个家庭。在95%的置信水平下，估计美国家庭每周丢弃的塑料袋的总数量。（资料来源：美国国家广播公司新闻，2007 年 5 月 7 日。）

**A19.2　XrA19-02**　很多消费者在购买商品之前，都要花费大量时间去选择，尤其是购买昂贵的商品时。这样是否会使消费者对他们所购买的商品更加满意？为了分析这个问题，随机抽取了一部分最近两年内刚刚购置了新车的消费者作为样本，询问每个人花费在研究品牌（阅读报纸、宣传册和上网）上的小时数和他们对于新车的满意度：

1. 极其不满意
2. 比较不满意
3. 无所谓
4. 比较满意
5. 极其满意

根据这些数据，我们能否推断事先做了更多研究的人的满意度更高？

**A19.3　XrA13-36***　参考习题 13.36。研究人员要求被调查者品尝装在不同瓶子中的酒。其中第一瓶使用软木塞，第二瓶使用金属螺丝帽。此外，研究人员还要求受访者按照下面的分类方法评价其所品尝的酒：很差（1），一般（2），较好（3），很好（4），堪称完美（5）。这些数据是否提供了足够的证据来表明使用金属螺丝帽的酒瓶不易被接受？

**A19.4　XrA19-04**　为了分析习题 A15.9 的结果，研究人员记录了球场的总长度。该变量表示高尔夫球员为了打一局球所需走的总距离，包括打球的距离和从果岭到下一个击球点的距离。我们能从这些数据中得到什么结论？

**A19.5　XrA19-05***　在很多城市，市中心的受欢迎程度已经越来越低了，因为很多消费者选择到郊区或者购物商场消费。闹市区商店不再受欢迎的一个重要原因是停车困难。为了分析这个问题，随机抽取 197 名成年人，请他们按照下面的分类方法为停车的困难程度评级：

困难（1），可以接受（2），好（3），较好（4），非常好（5）

同时记录他们在某个月内到某闹市区商店消费的次数。根据这些数据，我们能否推断停车难是造成闹市区商店不再受欢迎的一个原因？

**A19.6　XrA19-05***　参考习题 A19.5。为了了解更多关于在闹市区消费的消费者的信息，统计人员同时记录了受访者的家庭收入（单位：千美元）。是否有足够的证据能够推断经济富裕的人比贫穷的人在闹市区消费的次数更多？（作者感谢 Patricia Gafoor-Darlington 和 Michael Kirby-MacLean 编写此题。）

**A19.7　XrA19-07**　为什么有些学生在大学期间表现很好，而有些则不能？为了回答这个问题，从四所大学随机抽取一部分大一学生作为样本，对 GPA 高于 3 分（组 1）和 GPA 低于 2 分（组 2）的学生进行调查，记录每个学生测试以下能力的得分：

人际关系能力（较强的社交能力，能够有效地沟通）
压力管理能力（能够在高压下工作且控制冲动行为）

这些数据是否提供了足够的证据来表明 GPA 在 3 分以上的学生具有更好的人际关系能力和压力管理能力？（资料来源：《国家邮报》，2004 年 8 月 16 日。）

**A19.8　XrA19－08**　合法和非法移民都会产生很多政治和经济影响。该问题的一个重要方面是移民能否很快融入美国经济。佛罗里达大学的一项研究试图回答这个问题。研究人员随机调查了美国本土居民，以及 1980 年前和 1980 年后迁入佛罗里达州迈阿密的移民。每位受访者都有全职工作，且被要求报告他们的年收入。通过检验，判断对于每个地区，三类居民的收入之间是否存在差异。

**A19.9　XrA19－09**　汽油的高价很有可能导致出行的减少。一位能源经济学家想要了解驾驶习惯，尤其是驾驶汽车、公共汽车、货车和卡车的行驶距离。2003 年，美国共有 13 600 万辆汽车，776 000 辆公交车，8 700 万辆货车、皮卡和越野车。一位经济学家开展研究，调查每种交通工具行驶的里程数（单位：千英里）。在 95%的置信水平下，估计每种交通工具行驶的平均里程数和总里程数。（资料来源：美国联邦公路管理局，公路统计。《美国统计摘要》，2006 年，表 1084。）

**A19.10　XrA19－10**　参考习题 A19.9。经济学家还想知道不同类型的交通工具行驶的里程数之间是否存在差异。

**A19.11　XrA19－11**　衡量一个国家经济是否健康的重要指标是总债务。一项加拿大调查随机抽取一部分加拿大家庭作为样本，询问这些家庭债务的总金额（单位：千美元），包括抵押贷款、贷款和信用卡债务。假设加拿大共有 1 000 万个家庭，在 95%的置信水平下，估计加拿大的总债务。

**A19.12　XrA19－12**　在第 7 章，我们介绍了分散化投资可以降低投资组合的风险（大多数专家建议他们客户的投资组合中应该包括不同行业的 20～30 种股票）。投资者们是否理解这种观点呢？为了回答这个问题，随机抽取一部分投资组合作为样本，该项调查与五年前所做的调查完全相同。记录每个投资组合中包含的股票数量，根据这些数据，我们能否推断投资者的投资决策越来越分散化了？（资料来源：W. Goetzman and A. Kumar，"Equity Portfolio Diversification，" NBER Paper 8686.）

**A19.13　XrA19－13**　付出额外的一年时间获得 MBA 学位的成本是非常高昂的。为了判断这样做是否值得，一位工商管理学士调查了 200 名具有工商管理学位或者 MBA 学位的人，记录每个人工作五年后的年收入。该学生认为只有 MBA 学生的年收入比工商管理学士的收入高 5 000 美元，才能收回读 MBA 的额外成本。我们能否得出攻读 MBA 是值得的这一结论？

**A19.14　XrA19－14**　丙酸氟替卡松可用于治疗过敏性鼻炎，与其他药物一样，它也有副作用。在批准生产药物之前，葛兰素史克公司进行了一系列试验，以分析该药物的副作用。在一项试验中，随机抽取了 1 707 名志愿者，给其中 167 名志愿者每天服用 100 微克药物（组 1），给 782 名志愿者每天服用 200 微克（组 2），剩下的 758 名志愿者每天使用安慰剂喷雾。每名志愿者报告他是否感受到了副作用，以及最严重的症状。记录下面的数据：

1. 头痛
2. 咽炎（咽喉痛）
3. 鼻出血
4. 其他副作用
5. 没有副作用

根据这些数据，我们能否推断这三组志愿者的副作用之间存在差异？

**A19.15　XrA19-15**　思美高公司（Simco Inc.）是一家制造公司，买了一种可降低成本的设备，结果该设备投入使用几个月后效果很不令人满意。运营经理认为问题出在机器操作员身上，他们不能掌握所需的技术。他决定设立一个培训项目来最大可能地提高工人们的技能。为此，公司需要知道哪些技术对操作机器是最需要的。专家们发现了六种这样的技能，分别是灵活性、细节专注性、团体合作技能、数学能力、解决问题的技能以及技术知识。为了确定这个问题，随机抽取了一个样本。通过一系列笔试和主管评级测试了每个工人的这六项技能。此外，还对每个工人在机器上的实际操作质量进行了打分。这些数据记录在文件的第1～7列中（第2～7列是技能测试的分数，第1列是工作质量的分数，且所有数据都是定距的）。请指出其中影响工作质量的技能。（衷心感谢Scott Bergen编写了这道习题。）

**A19.16　XrA19-16**　据说北美儿童肥胖盛行。有些专家为此谴责电视，他们引用了一份统计数据，声称儿童每周平均看26小时电视。在这段时间内，儿童不进行任何运动，从而导致体重增加。然而，新陈代谢率的下降使问题变得更复杂。在研究这个问题的一次试验中［试验结果发表在名叫《儿科》（*Pediatrics*）的医学杂志的1993年2月刊上］，孟菲斯州立大学和田纳西州大学孟菲斯分校的科学家随机抽取了223位8～12岁的儿童进行调查，其中41位是身体肥胖的。对每位儿童在休息和看电视节目时的新陈代谢率（即每小时消耗的卡路里数）进行了测量。二者之间的差异被记录了下来并储存在文件中（第1列中的数字表示新陈代谢率的下降，第2列对儿童进行了编码，其中1=肥胖，2=不肥胖）。

a. 这些数据能让我们得出儿童看电视时新陈代谢会降低的结论吗？

b. 我们能不能得出看电视时肥胖儿童的新陈代谢降低的程度较大的结论？

**A19.17　XrA19-17**　拼字游戏是一种最古老、最流行的纸板游戏之一。它遍及全球，甚至有每年一度的世界冠军杯比赛。这个游戏的规则是组成词语并把它们放到纸板上，以获得最高分数。通常人们认为获胜的唯一技巧是具有庞大的词汇量。但是，游戏中还有一个战略因素，这表明数学技巧也是必需的。为了确定哪个要素更重要，一位统计学家随机招募了一些大学四年级的英语专业和数学专业的学生，让他们来玩这个游戏。一共进行了500次游戏，每一次的对手都是不同的英语专业和数学专业的学生。记录每次游戏的得分。（作者感谢Scott Bergen协助编写了这个习题。）

a. 我们能得出数学专业的学生获胜次数较多的结论吗？

b. 这些数据能使我们推断出英语专业的学生比数学专业的学生平均分数更高吗？

c. 为什么问题（a）与问题（b）得到的结论不同？

**A19.18　XrA19-18**　自从细菌被发现以来，父母就告诉他们的子女要经常洗手。

常识告诉我们，这样可以减少传染病的传播，保持身体健康。在《加州大学伯克利分校健康通讯》(*University of California at Berkeley Wellness Letter*) 1997 年 3 月 13 卷 6 期上刊登的一项研究可以证实父母给我们的忠告。密歇根州立大学的一项研究对儿童进行了随机抽样，他们中某些人在学习日内每天洗手四次以上。去年由于感冒和流感引起的生病天数和由于胃病引起的生病天数被记录并保存。第 1 列的代码代表儿童是否每天洗手四次以上，1 代表是，2 代表否；第 2 列记录了由于感冒和流感引起的生病天数；第 3 列记录了由于胃病引起的生病天数。

a. 这些数据能否让我们推断出，每天洗手四次以上的儿童因感冒和流感引起的生病天数比别的儿童少？

b. 这些数据能否让我们推断出，每天洗手四次以上的儿童因胃病引起的生病天数比别的儿童少？

**A19.19　XrA19-19**　根据加拿大的员工保险计划（EI），一些工人可以在工作很短的时间之后反复使用 EI。EI 审核员工资格的时间根据区域和职业的不同而不同。在一项研究中，研究人员询问员工使用 EI 的频率以及他们对工作环境的满意度。回答项为

1. 非常不满意
2. 有点不满意
3. 无所谓
4. 有点满意
5. 非常满意

根据这些数据，我们能否得出使用 EI 越频繁的员工对工作环境越满意的结论？（资料来源：*National Post Business*，July 2001.）

**A19.20　XrA19-20**　在北美，冬季是流感高发的季节。每年冬天都有数千老年人和体弱者死于流感及其并发症。因此，许多老年人在秋季就接受流感疫苗注射。一般认为，年轻健康的北美人不需要接受疫苗注射，因为尽管他们中的许多人会得流感，但不会因此而死亡。然而，这中间涉及经济问题。病假会使雇员和雇主付出成本。《新英格兰医学期刊》发表的一项研究报告了关于接受流感疫苗注射对年轻的健康人是否有效的试验结果。随机抽取了一个已工作的成年人样本。其中一半人在 11 月份注射流感疫苗；而另一半人仅注射了安慰剂。在第 1 列（流感疫苗注射）和第 2 列（安慰剂）中记录了之后六个月内志愿者的生病天数。第 3 列（流感疫苗注射）和第 4 列（安慰剂）中记录了志愿者的看病次数。

a. 我们能得出注射流感疫苗的人的生病天数较少的结论吗？

b. 我们能得出注射流感疫苗的人的看病次数较少的结论吗？

**A19.21　XrA19-21**　医疗护理的高成本使医院高效益和高效率地运作势在必行。作为一项大型研究的一部分，对出院的病人进行了调查，询问他们对所接受的治疗是否满意。他们的回答以及病情的严重程度（按照主治医生的判断）和他们在医院的住院时间都被记录了下来。这些数据以下面的形式保存：

第 1 列：满意程度（1＝很不满意；2＝有些不满意；3＝既不是满意也不是不满意；4＝基本满意；5＝很满意）

第 2 列：病情严重程度（1＝最不严重，10＝最严重）

第 3 列：住院天数

a. 满意程度会受到病情严重程度的影响吗?

b. 住院时间较短的病人的满意程度较高吗?

**A19.22　XrA19－22**　到达事故现场的护理人员应该首先选择什么呢？是利用他们有限的资源救助伤患，还是将患者送往最近的医院呢？1993 年进行的一项研究给出了该问题的答案。研究人员调查了来自蒙特利尔（1）、多伦多（2）和魁北克（3）的 1 846 名外伤患者。蒙特利尔由医生在事故现场为患者提供进一步的生命支持（ALS），多伦多使用药物提供 ALS，魁北克仅提供基本生命支持。记录救助结果（生存＝1，死亡＝2）和城市。判断这三个城市的死亡率之间是否存在差异。你有什么建议？（资料来源：*Annals of Surgery*，2002. 作者感谢 Jie Hunag 编写此题。）

**A19.23　XrA19－23**　美国共有多少名高尔夫球员？在对美国成年人（18 岁以上）的一项调查中，研究人员询问每个受访者是否夏季至少打过一次高尔夫球。回答项为 2＝是，1＝否。研究人员同时记录了受访者的家庭收入类别：

1. 15 000 美元以下
2. 15 000～24 999 美元
3. 25 000～34 999 美元
4. 35 000～49 999 美元
5. 50 000～75 000 美元
6. 75 000 美元以上

最近的人口普查显示，美国各个收入类别的家庭数（单位：百万）为

1. 75.7
2. 36.9
3. 28.3
4. 27.8
5. 21.9
6. 17.1

a. 在 95%的置信水平下，估计高尔夫球员的总数量。

b. 对于每一类收入，在 95%的置信水平下，估计年收入至少为 75 000 美元的高尔夫球员的数量。

c. 检验收入是否为打高尔夫球的决定因素。

（资料来源：《美国统计摘要》，2006 年，表 685 和表 1238。）

**A19.24　XrA19－24**　提倡降低学费的人们持有的一个重要论点是，中低收入家庭的孩子很可能不能负担学费。为了研究这个问题，随机抽取了孩子在 20 岁以上的一部分家庭作为样本，询问每个家庭的收入类别以及是否有至少一个孩子在上大学（2＝是，1＝否）。

1. 25 000 美元以下
2. 50 000～75 000 美元

3. 100 000 美元以上

根据这些数据，研究人员能否认为家庭收入会影响孩子上大学？（资料来源：《环球邮报》，2003 年 10 月 15 日。）

**A19.25 XrA19 - 25** 住院的成本很高，因此任何能够减少住院天数和降低医疗费用的方法都受到保险公司、医院和患者的青睐。一位正在研究降低成本方法的研究人员想要知道患者居住的房间类型所产生的影响。他收集了住院天数和止痛药的数量（用吗啡等价物来衡量），同时记录了患者所住的房间是阳面还是阴面。根据这些数据，研究人员能否得出住在阳面房间的患者的住院天数和止痛药的使用量少于住在阴面房间的患者的结论？（资料来源：《今日美国》，2004 年 3 月 3 日。）

**社会综合调查习题**

**A19.26 GSS2008*** 有充分的统计证据表明年轻人（AGE）认为富人交纳税费的份额（TAXSHARE：1＝非常大的份额，2＝较大的份额，3＝相同的份额，4＝较小的份额，5＝非常小的份额）应该更多吗？

**A19.27 GSS2006* GSS2008*** 有充分的证据表明 2008 年的人们比 2006 年的人们更不倾向于知道如下问题的答案吗？EARTHSUN：地球绕着太阳转，还是太阳绕着地球转？1＝地球绕着太阳转，2＝太阳绕着地球转。正确答案：地球绕着太阳转。

**A19.28 GSS2008*** 离开当前的工作，你会变得更好吗？更换公司，你的收入会增加得更快吗？检验从事当前工作的年限（CUREMPYR）与收入（INCOME）的线性关系。

**A19.29 GSS2008*** 有充分的证据表明受教育程度（EDUC）低的人更倾向于认为当他们的孩子到了他们现在的年龄时，孩子的生活条件（KIDSSOL：1＝更好，2＝比较好，3＝一样，4＝比较差，5＝更差）将会更好吗？

**A19.30 GSS2008*** 我们能够根据数据推断四个阶级（CLASS：1＝下层阶级，2＝工人阶级，3＝中产阶级，4＝上层阶级）的人在从事当前工作的年限（CUREMPYR）上存在差异吗？

**A19.31 GSS2006*** 如果你长期在一家公司工作，你将更倾向于加班吗？建立一个假设检验来判断是否有充分的证据表明从事当前工作的年限（YEARSJOB）与每月加班的天数（MOREDAYS）存在正的线性关系。

**A19.32 GSS2008*** 有充分的证据表明各种族（RACE）对如下问题的观点（KIDSSOL：当你的孩子到了你现在的年龄时，你认为他们的生活条件与你的生活条件相比将会：1＝更好，2＝比较好，3＝一样，4＝比较差，5＝更差）存在差异吗？

**A19.33 GSS2008*** 建立假设检验来判断自由派的三个群体（POLVIEWS：1＝极度自由，2＝自由，3＝稍微自由）在支持国家对杀人犯实行死刑（CAPPUN：1＝支持，2＝反对）的态度上是否存在差异。

**A19.34 GSS2008*** 数据能够支持老年人（AGE）更倾向于赞同政府有责任帮助支付医疗费用（HELPSICK：1＝政府应该帮助，2，3，4，5＝人们应该依靠自己）的假设吗？

**A19.35 GSS2008*** 根据假设检验的 $p$ 值来判断支持国家对杀人犯实行死刑（CAPPUN：1＝支持，2＝反对）的人是否不倾向于赞同枪械管制（GUNLAW：1＝支持，2=反对）。

**A19.36 GSS2008*** 如果一对夫妻中的一个人有职业声望，那么另一个人也有职业声望吗？建立一个假设检验来判断是否有充分的证据表明夫妻间的职业声望得分（PARESTG80，SPPRES80）存在正的线性关系。

**A19.37 GSS2006*** 我们能够认为员工在公司拥有股权（OWNSTOCK：1=有，2，3，4，5=没有）将会得到更高的收入（INCOME）吗？

**A19.38 GSS2006*** 有充分的证据表明具有听力问题（DISABLD1：当你戴助听器时，是否有听力问题干扰你正常交流？1=是，2=否）的人更倾向于赞同政府有责任帮助支付医疗费用（HELPSICK：1=政府应该帮助，2，3，4，5=人们应该依靠自己解决）吗？

**A19.39 GSS2004*** 建立假设检验，判断去年经济条件变差（FINAN5：1=是，2=否）的人在政治观点（POLVIEWS：1，2和3=自由派，4=温和派，5，6和7=保守派）上是否存在差异。

**A19.40 GSS2004*** 有充分的证据表明家中被盗的受害者（LAW3：去年你的家中被盗或被抢劫过吗？1=是，2=否）更不倾向于赞同枪械管制（GUNLAW：1=支持，2=反对）吗？

**A19.41 GSS2008*** 我们能够认为在未来的12个月，男性比女性更容易失业（JOBLOSE：在未来的12个月，你将会失业或退休的倾向如何？1=很有可能，2=比较有可能，3=比较不可能，4=不可能）吗？

**A19.42 GSS2008*** 建立假设检验来判断是否有充分的证据表明自由派、温和派和保守派（POLVIEWS：1，2和3=自由派，4=温和派，5，6和7=保守派）在对富人交纳税费的份额是否应该更多（TAXSHARE：1=非常大的份额，2=较大的份额，3=相同的份额，4=较小的份额，5=非常小的份额）的观点上存在差异。

**A19.43 GSS2008*** 有充分的证据表明男性和女性（SEX）对于以下问题的回答存在差异吗？你的生活条件（PARSOL：1=非常好，2=较好，3=一样，4=较差，5=非常差）比父母与你同龄时的生活条件更好吗？

**美国国家选举调查习题**

**A19.44 ANES2004*** 建立2004年收入（INCOME）与受教育程度（EDUC）的线性回归方程。

a. 平均来看，受教育年限每增加一年，收入增加多少？

b. 我们能够认为收入与受教育程度存在正的线性关系吗？

**A19.45 ANES2008*** 有充分的证据表明认为去年经济变差（ECON：1=更好，2=好一点，3=保持不变，4=差一点，5=更差）的人也认为去年通货膨胀情况变差（INFLATION：1=更好，2=好一点，3=保持不变，4=差一点，5=更差）吗？

**A19.46 ANES2008*** 自由派、温和派和保守派（LIBCON3）对去年失业情况（UNEMPLOY：1=更好，2=好一点，3=保持不变，4=差一点，5=更差）的观点存在差异吗？建立一个假设检验来回答这个问题。

**A19.47 ANES2008*** 我们能够根据数据推断人们对报纸上报道的国家政治新闻的关注度（ATTN7）与对广播报道的国家政治新闻的关注度（ATTN8：1=非常关注，2=比较关注，3=有些关注，4=很少关注，5=不关注）存在差异吗？

**A19.48 ANES2008*** 有充分的证据表明自由派、温和派和保守派（LIBCON3）对去年通货膨胀情况（INFLATION：1＝更好，2＝好一点，3＝保持不变，4＝差一点，5＝更差）的观点存在差异吗？

**A19.49 ANES2008*** 我们能够根据数据推断受教育程度（EDUC）高的人更关注关于总统选举的国家电视新闻（ATTN1：1＝非常关注，2＝比较关注，3＝有些关注，4＝很少关注，5＝不关注）吗？

**A19.50 ANES2008*** 我们能够根据数据推断民主党和共和党（PARTY：1＝民主党，2＝共和党）在对政府和政策信息的感兴趣程度（INTB：1＝极其感兴趣，2＝非常感兴趣，3＝一般感兴趣，4＝稍微感兴趣，5＝不感兴趣）上存在差异吗？

**A19.51 ANES2008*** 建立假设检验来判断男性和女性（GENDER）对关于总统选举的国家电视新闻的关注度（ATTN1：1＝非常关注，2＝比较关注，3＝有些关注，4＝很少关注，5＝不关注）是否存在差异。

# 第 20 章 时间序列分析和预测

**住宅开工数**

数据：Xm20 - 00

2005 年年底，美国东北部的一个大房地产开发商想对 2006 年的住宅开工数做一个预测，因为这一信息对确定住宅需求量、可用的劳动力和建筑材料的价格等大量其他变量的值非常有用。为了建立一个精确的预测模型，一个经济学家收集了 60 个月（2001—2005 年）的住宅开工数。请预测 2006 年 12 个月中每个月的住宅开工数。（资料来源：标准普尔行业调查。）答案见 20 - 5c 小节。[①]

## 引 言

按照时间顺序来衡量的变量被称为**时间序列**（time series）。第 3 章中我们曾经介绍过时间序列的概念，并描述了如何使用线图展示时间序列数据。本章的目标就是对时间序列数据进行分析以发现其中蕴涵的规律，从而预测出未来的时间序列变量值。时间序列分析在经济管理领域中的应用十分广泛，下面就举几个例子。

1. 政府需要了解未来的银行利率、失业率以及生活成本增长率。

① 作者选择不更新住宅开工数数据。2008 年，世界经济大部分陷入衰退，这是由美国的住房危机导致的。因此，统计预测工具变得极其不准确。读者可以通过完成习题 20.52 来了解这种不确定性。

2. 房地产经济学家必须预测未来的抵押贷款利率、住房需求量和建材成本。

3. 许多公司都力图对其产品的市场需求量和市场占有率进行预测。

4. 高等院校往往都要预测希望接受高等教育的中学生的数量。

**预测**（forecasting）是管理者与政府决策者的常见行为。本章着重介绍时间序列预测。时间序列预测就是利用历史时间序列数据对未来的产品销量、失业率等进行预测。由于预测在各职能领域的决策过程中扮演着重要角色，因此本章为经济学家和管理者在各自领域的预测行为提供了不少实用工具。

例如，生产经理若要制订总生产计划，首先要预测公司产品的市场需求量。这一预测要用到经济学家对宏观经济变量（如国内生产总值、可支配收入、住宅开工数等）的预测值，同时还要用到营销经理对客户未来需求的预测值。这种销量预测不仅对制订生产计划很重要，而且对精确地预测财务报表数据也很关键。财会经理制定财务预算报表是为了制订未来的财务需求计划，如借款数目等。同样，人力资源部会发现，对公司发展前景的预测对于他们制订未来人力需求计划也十分有价值。

目前有许多不同的预测方法。其中，有些预测方法需要建立模型来分析一个因变量与一个或多个自变量之间的关系，我们在介绍回归分析的时候（第 16 章、第 17 章和第 18 章）给出了其中一些方法。本章介绍的预测方法都是以时间序列为基础的，我们将在 20.1 节详细研究时间序列，将在 20.2 节和 20.3 节介绍几种发现和衡量时间序列构成因素的方法。在此基础上，我们就可以进一步开发预测工具了。在本章中，我们只是讨论了预测工具开发过程中的一些浅显问题。本章的目标是介绍预测的有关概念以及一些相对简单的预测方法，因而并不需要考虑那些比较复杂的方法。

## 20.1 时间序列构成因素



一个时间序列可能包括四个成分，如下所示：

**时间序列的构成因素**

1. 长期趋势
2. 周期性变动
3. 季节性变动
4. 随机波动

**趋势**（trend），也被称为**长期趋势**（secular trend），是指时间序列的长期、连续变动规律或方向，持续时间一般超过一年。例如，美国人口从 1952—2012 年间呈现出一种相对稳定的增长趋势，如图 20—1 所示，美国人口从 1952 年的 1.57 亿增加到 2012 年的 3.14 亿（数据储存在凯勒网站的 Ch20：\ Fig20 - 01 中）。

时间序列并不总是呈现出线性趋势。例如，图 20—2 描述了美国年度图书销售额（单位：百万美元）情况。你可以看出，销售额从 1992 年至 2008 年不断增长，2008 年后开始下降（数据储存在 Ch20：\ Fig20 - 02 中）。

**周期性变动**（cyclical variation）是指在几年时间里表现得比较明显的长期波动趋

势，通常会带来周期效应。根据定义，周期性变动的持续时间都超过一年。周期性变动的例子有：记录经济衰退和通货膨胀的商业周期，长期内产品需求周期，货币金融部门政策的周期。然而，持续、可预测的周期模式在现实中很罕见。因此，我们在实际应用中往往忽略这类变动。

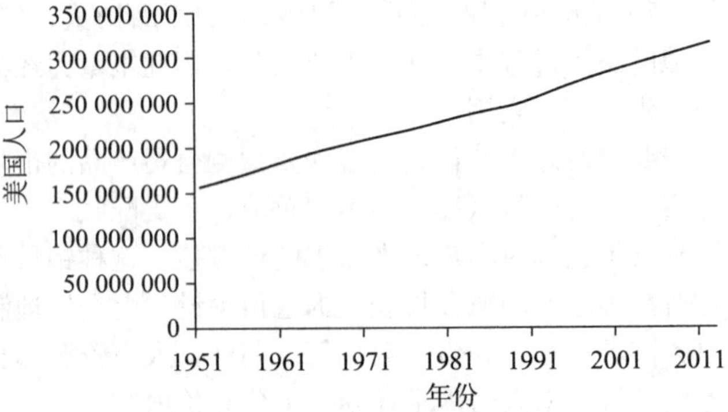


**图 20—1　1952—2012 年美国人口（百万）**

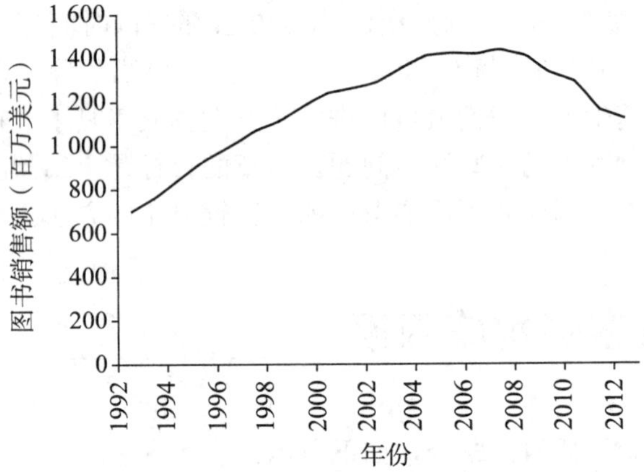


**图 20—2　美国年度图书销售额**

**季节性变动**（seasonal variation）是指短时期内发生的周期性变动。根据定义，季节性变动的持续时间一般小于一年。“季节性变动”这个术语可能是指传统的四季，也可能是指在一个月、一周甚至一天时间里呈现出的系统模式。例如，某家餐馆每日的顾客需求就呈现出“季节性”变动模式。

图 20—3 形象地描绘了美国每月交通量（单位：十亿英里，时期 1 为 1 月，数据存储在 Ch20：\ Fig20 - 03 中）的季节性波动。从图中我们可以很容易地看出，美国夏季的交通量大于冬季。

**随机波动**（random variation）是指时间序列中除长期趋势、季节性变动和周期性变动以外的变动，这种变动是由许多难以预测的不规则变化引起的。随机波动往往掩盖了其他相对比较容易预测的时间序列成分因子。由于几乎所有时间序列中都存在随机波动，因而本章的目标之一就是向统计人员介绍一些减少随机波动的方法，从而能够描绘并衡量其他时间序列成分因子，以期准确地进行时间序列预测。

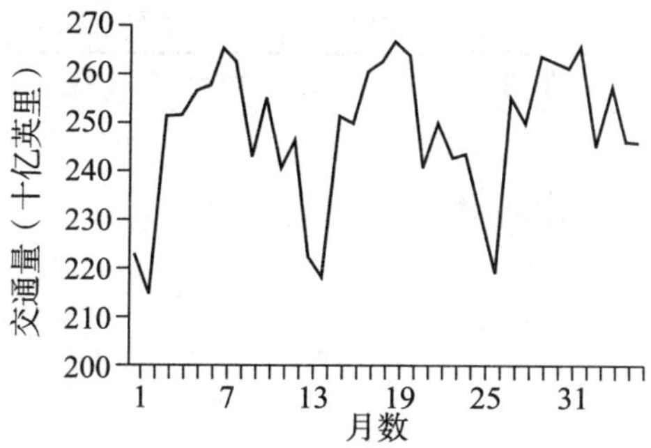


**图 20—3　美国交通量**

## 20.2　平滑方法

如果能明确时间序列的成分因子，我们就能够更好地进行预测。但遗憾的是，随机波动的存在加大了这一工作的难度。减少随机波动的最简单的方法之一就是时间序列平滑法。本节我们要介绍其中两种：移动平均法和指数平滑法。

### □ 20-2a　移动平均法

**移动平均法**（moving average）是某一时期及其相邻时期内的时间序列数据的算术平均值。例如，若要计算每个时期的三期移动平均值，除第一时期和最后一个时期之外，我们要计算其他每一时期及其相邻两个时期的时间序列数据的平均值；若要计算五期移动平均值，我们要计算指定时期及其前后相邻各两个时期的时间序列数据的平均值。我们可以根据自身需要，选择计算移动平均值的期数。

**例 20.1　汽油销量 I**

数据：Xm20-01

一位拥有五个独立加油站的运营商为了进行销量预测，记录了过去四年内汽油的季度销量（单位：千加仑），数据如下所示。分别计算三期移动平均值和五期移动平均值，并绘制出时间序列和移动平均序列的图形。

| 时期 | 年份 | 季度 | 汽油销量（千加仑） |
|---|---|---|---|
| 1 | 1 | 1 | 39 |
| 2 | | 2 | 37 |
| 3 | | 3 | 61 |
| 4 | | 4 | 58 |
| 5 | 2 | 1 | 18 |
| 6 | | 2 | 56 |
| 7 | | 3 | 82 |
| 8 | | 4 | 27 |
| 9 | 3 | 1 | 41 |

续前表

| 时期 | 年份 | 季度 | 汽油销量（千加仑） |
|---|---|---|---|
| 10 | | 2 | 69 |
| 11 | | 3 | 49 |
| 12 | | 4 | 66 |
| 13 | 4 | 1 | 54 |
| 14 | | 2 | 42 |
| 15 | | 3 | 90 |
| 16 | | 4 | 66 |

**解**

## 计　算

**手工计算**

为了计算第一个三期移动平均值，我们将第 1、2、3 期的汽油销量加在一起，除以 3，得到第一个移动平均值：

$$\frac{39+37+61}{3}=\frac{137}{3}=45.7$$

求第二个移动平均值时，以第 4 期的销量 58 替换上式中第 1 期的销量 39，计算得到新的移动平均值为

$$\frac{37+61+58}{3}=\frac{156}{3}=52.0$$

依此类推，结果如下表所示。下表还同时列示了按相同方法计算的五期移动平均值。

| 时期 | 汽油销量 | 三期移动平均值 | 五期移动平均值 |
|---|---|---|---|
| 1 | 39 | — | — |
| 2 | 37 | 45.7 | — |
| 3 | 61 | 52.0 | 42.6 |
| 4 | 58 | 45.7 | 46.0 |
| 5 | 18 | 44.0 | 55.0 |
| 6 | 56 | 52.0 | 48.2 |
| 7 | 82 | 55.0 | 44.8 |
| 8 | 27 | 50.0 | 55.0 |
| 9 | 41 | 45.7 | 53.6 |

续前表

| 时期 | 汽油销量 | 三期移动平均值 | 五期移动平均值 |
|---|---|---|---|
| 10 | 69 | 53.0 | 50.4 |
| 11 | 49 | 61.3 | 55.8 |
| 12 | 66 | 56.3 | 56.0 |
| 13 | 54 | 54.0 | 60.2 |
| 14 | 42 | 62.0 | 63.6 |
| 15 | 90 | 66.0 | — |
| 16 | 66 | — | — |

注意，我们需要把移动平均值放在被平均的一组值的中心，这就是我们在计算移动平均值时采用奇数个时期的原因。在本节的后面部分，我们还将讨论偶数个时期的情况。

图 20—4 为每个季度汽油销量的线图，图 20—5 则是三期和五期移动平均。

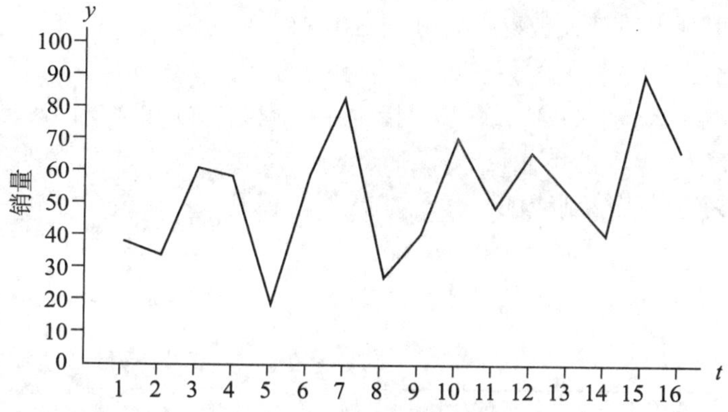


图 20—4　每季度的汽油销量

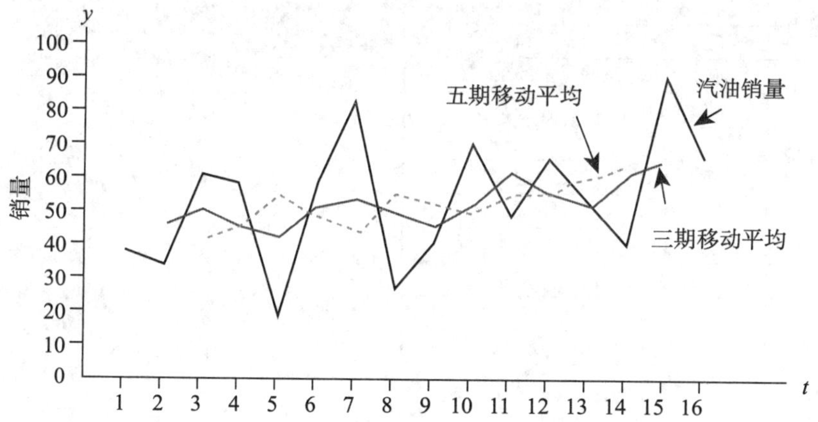


图 20—5　每季度的汽油销量及三期和五期移动平均

**Excel**

| | A | B |
|---|---|---|
| 1 | 汽油销量 | 移动平均值 |
| 2 | 39 | |
| 3 | 37 | 45.7 |
| 4 | 61 | 52.0 |
| 5 | 58 | 45.7 |
| 6 | 18 | 44.0 |
| 7 | 56 | 52.0 |
| 8 | 82 | 55.0 |
| 9 | 27 | 50.0 |
| 10 | 41 | 45.7 |
| 11 | 69 | 53.0 |
| 12 | 49 | 61.3 |
| 13 | 66 | 56.3 |
| 14 | 54 | 54.0 |
| 15 | 42 | 62.0 |
| 16 | 90 | 66.0 |
| 17 | 66 | |

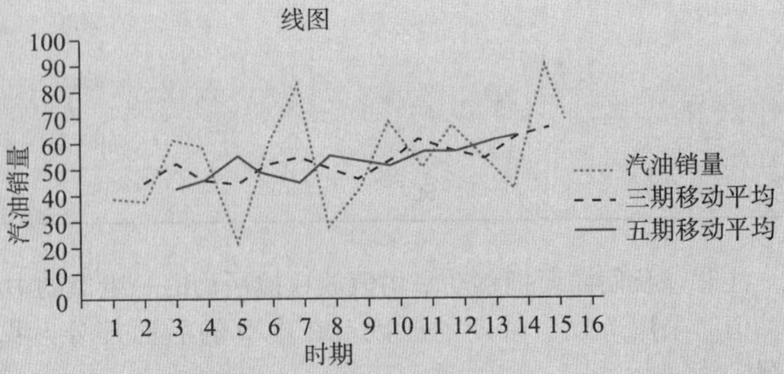


**计算机命令**

1. 在一列中输入或导入数据（打开 Xm20－01）。
2. 点击“数据”—“数据分析”—“移动平均”。
3. 指定“输入区域”（A1：A17）。指定“间隔”（3）和“输出区域”（B1）。
4. 删除内容为 N/A 的单元格。
5. 按照前文的说明绘制线图。

**Minitab**

| Gas Sales | AVER1 | AVER2 |
|---|---|---|
| 39 | * | * |
| 37 | 45.6667 | * |
| 61 | 52.0000 | 42.6 |
| 58 | 45.6667 | 46.0 |
| 18 | 44.0000 | 55.0 |
| 56 | 52.0000 | 48.2 |
| 82 | 55.0000 | 44.8 |
| 27 | 50.0000 | 55.0 |
| 41 | 45.6667 | 53.6 |
| 69 | 53.0000 | 50.4 |
| 49 | 61.3333 | 55.8 |
| 66 | 56.3333 | 56.0 |
| 54 | 54.0000 | 60.2 |
| 42 | 62.0000 | 63.6 |
| 90 | 66.0000 | |
| 66 | | |

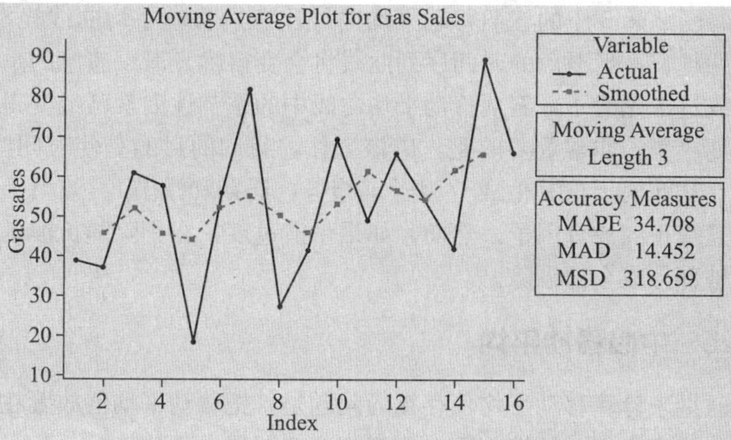


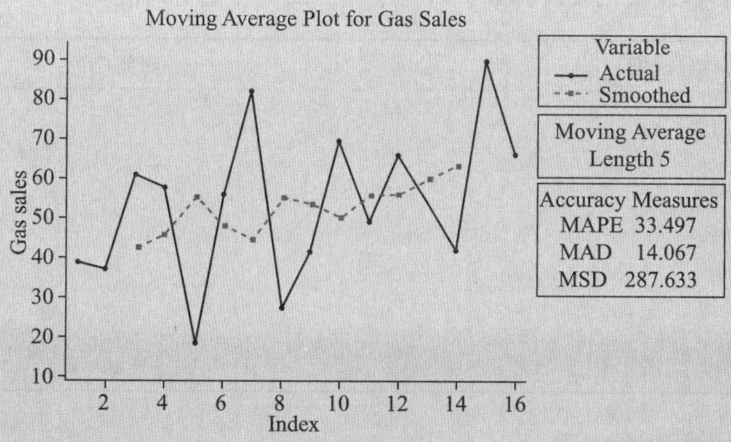


**计算机命令**

1. 在任一列中输入或导入数据（打开 Xm20－01）。

2. 点击“Stat”（统计）—“Time-series”（时间序列）和“Moving Average…”（移动平均…）。

3. 在“Variable”（变量）框中选择变量（Gas sales）。指定时期的数目，即“MA Length”（移动平均长度）(3)。点击“Center the moving averages”（移动平均居中）。点击“Storage…”（存储…）—“Moving averages”（移动平均），然后点击“OK”（确定）。

4. 单击“Graphs…”（图形…），“Plot smoothed vs. actual”（平滑图和实际图）。

## 解　　释

为了了解移动平均法是如何剔除某些随机波动的，我们来考察一下图 20—4 和图 20—5。图 20—4 给出了每个季度汽油的销售量，由于存在大量随机波动，因此很难辨别出任何时间序列的成分因子。现在考虑图 20—5 中的三期移动平均，你会发现季节性因素，每年的第三季度都是销售高峰期（第 3、7、11 和 15 个时期），而每年的第一季度都是销售低谷期（第 5、9 和 13 个时期）。此外，还有一个很小但很清晰的长期增长趋势。

还要注意，图 20—5 中的五期移动平均曲线比三期移动平均曲线光滑。总的来说，我们选择的时期越长，平滑后的时间序列曲线将会变得越光滑。遗憾的是，在这个例子中，我们使曲线过于光滑了，五期移动平均曲线中的季节性因素已经变得不明显了，我们仅能看出长期趋势。非常重要的是，应该记住，我们的目的是使时间序列充分平滑，剔除随机波动，从而揭示出其他成分因子（趋势、周期和季节）。如果平滑不充分，随机波动就会掩盖真正的成分因子。然而，如果平滑过度，在剔除随机波动的同时，其他影响因素也将被部分或全部剔除。

### □ 20-2b 中心移动平均

用偶数个时期来计算移动平均值存在的问题是，把移动平均值放置在图或表中的什么位置。例如，假设我们要计算如下时间序列的四期移动平均值。

| 时期 | 时间序列 |
|---|---|
| 1 | 15 |
| 2 | 27 |
| 3 | 20 |
| 4 | 14 |
| 5 | 25 |
| 6 | 11 |

第一个移动平均值是

$$\frac{15+27+20+14}{4}=19.0$$

然而，因为这个值代表的是第 1、2、3 和 4 个时期，我们应该把它放在第 2 和第 3 个时期之间。第二个移动平均值是

$$\frac{27+20+14+25}{4}=21.5$$

它必须被放在第 3 和第 4 个时期之间。在第 4 和第 5 个时期之间的移动平均值是

$$\frac{20+14+25+11}{4}=17.5$$

把移动平均值放在两个时期之间会产生几个问题，其中包括作图方面的困难。把移动平均值置于中心就可以解决这个问题，具体方法是，计算四期移动平均值的两期移动平均值。因此，第 3 个时期的中心移动平均值是

$$\frac{19.0+21.5}{2}=20.25$$

第 4 个时期的中心移动平均值是

$$\frac{21.5+17.5}{2}=19.50$$

下表总结了以上计算结果：

| 时期 | 时间序列 | 四期移动平均值 | 四期中心移动平均值 |
|---|---|---|---|
| 1 | 15 | — | — |
| 2 | 27 | 19.0 | — |
| 3 | 20 | 21.5 | 20.25 |
| 4 | 14 | 17.5 | 19.50 |
| 5 | 25 | — | — |
| 6 | 11 | | — |

Minitab 能够按要求把移动平均值中心化，而 Excel 不能计算中心化的移动平均值。

### □ 20-2c 指数平滑法

用移动平均法平滑时间序列存在两个缺陷：第一，我们无法计算第一个和最后一个时期的移动平均值。如果时间序列的观测数据较少，缺少这两个值可能意味着重要信息的损失。第二，移动平均法忽略了大部分时间序列前面时期的信息。举个例子，在例 20.1 的五期移动平均中，第 4 个时期的移动平均值反映了第 2、3、4、5 和 6 个时期的信息，但不受第 1 个时期的值的影响。类似地，第 5 个时期的移动平均值忽略了第 1 和第 2 个时期的信息。**指数平滑法**（exponential smoothing）则可以解决这些问题。

**时间序列的指数平滑法**

$$S_t=wy_t+(1-w)S_{t-1}, \quad t\geqslant 2$$

式中，

$S_t$＝第 $t$ 个时期指数平滑后的时间序列

$y_t$＝第 $t$ 个时期的时间序列

$S_{t-1}$＝第 $t-1$ 个时期指数平滑后的时间序列

$w$＝平滑系数，其中 $0\leqslant w\leqslant 1$

我们首先设

$$S_1=y_1$$

则

$$\begin{aligned}S_2&=wy_2+(1-w)S_1\\&=wy_2+(1-w)y_1\\S_3&=wy_3+(1-w)S_2\\&=wy_3+(1-w)[wy_2+(1-w)y_1]\\&=wy_3+w(1-w)y_2+(1-w)^2y_1\end{aligned}$$

依此类推。总的来说，我们可以得到

$$S_t = wy_t + w(1-w)y_{t-1} + w(1-w)^2 y_{t-2} + \cdots + (1-w)^{t-1} y_1$$

上式表明，平滑后的时间序列依赖于时间序列中前面各期的所有观测值。

平滑系数 $w$ 的选择应以所需的平滑度为依据。一个较小的 $w$ 将产生较大的平滑度，而一个较大的 $w$ 将产生较小的平滑度。图 20—6 给出了同一个时间序列按 $w=0.1$ 和 $w=0.5$ 进行处理的指数平滑序列。

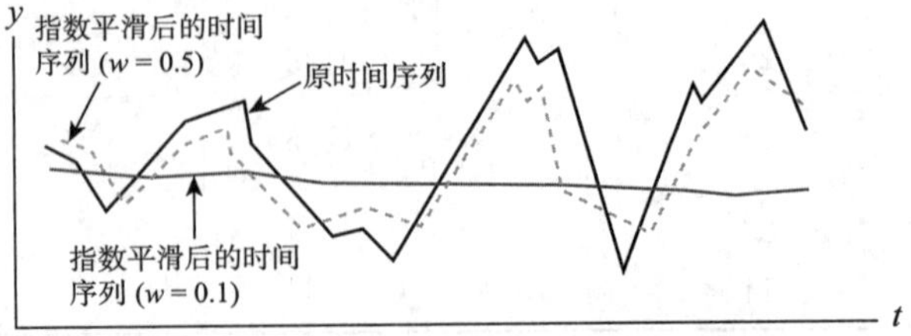


**图 20—6　原时间序列和经不同平滑系数平滑后的序列**

## 例 20.2　汽油销量Ⅱ

分别令 $w=0.2$ 和 $w=0.7$，应用指数平滑方法处理例 20.1 中的数据，并用图形表示其结果。

**解**

### 计　算

**手工计算**

用下面的公式计算指数平滑值：

$$S_t = wy_t + (1-w)S_{t-1}$$

$w=0.2$ 和 $w=0.7$ 时的结果如下表所示：

| 时期 | 汽油销量 | $w=0.2$ 时的指数平滑值 | $w=0.7$ 时的指数平滑值 |
|---|---|---|---|
| 1 | 39 | 39.0 | 39.0 |
| 2 | 37 | 38.6 | 37.6 |
| 3 | 61 | 43.1 | 54.0 |
| 4 | 58 | 46.1 | 56.8 |
| 5 | 18 | 40.5 | 29.6 |
| 6 | 56 | 43.6 | 48.1 |
| 7 | 82 | 51.2 | 71.8 |
| 8 | 27 | 46.4 | 40.4 |
| 9 | 41 | 45.3 | 40.8 |
| 10 | 69 | 50.1 | 60.6 |

续前表

| 时期 | 汽油销量 | **$w$=0.2 时的指数平滑值** | **$w$=0.7 时的指数平滑值** |
|---|---|---|---|
| 11 | 49 | 49.8 | 52.5 |
| 12 | 66 | 53.1 | 61.9 |
| 13 | 54 | 53.3 | 56.4 |
| 14 | 42 | 51.0 | 46.3 |
| 15 | 90 | 58.8 | 76.9 |
| 16 | 66 | 60.2 | 69.3 |

图 20.7 给出了指数平滑后的时间序列。

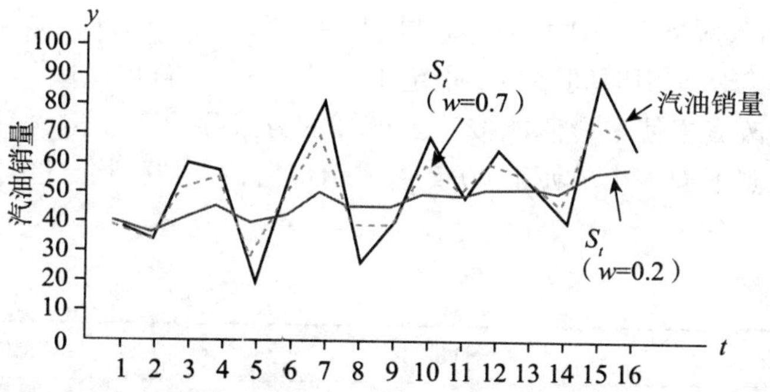


**图 20—7　每季度的汽油销量及 $w$=0.2 和 0.7 时的指数平滑销量**

**Excel**

| | A | B | C |
|---|---|---|---|
| 1 | 汽油销量 | 阻尼系数=0.8 | 阻尼系数=0.3 |
| 2 | 39 | 39.0 | 39.0 |
| 3 | 37 | 38.6 | 37.6 |
| 4 | 61 | 43.1 | 54.0 |
| 5 | 58 | 46.1 | 56.8 |
| 6 | 18 | 40.5 | 29.6 |
| 7 | 56 | 43.6 | 48.1 |
| 8 | 82 | 51.2 | 71.8 |
| 9 | 27 | 46.4 | 40.4 |
| 10 | 41 | 45.3 | 40.8 |
| 11 | 69 | 50.1 | 60.6 |
| 12 | 49 | 49.8 | 52.5 |
| 13 | 66 | 53.1 | 61.9 |
| 14 | 54 | 53.3 | 56.4 |
| 15 | 42 | 51.0 | 46.3 |
| 16 | 90 | 58.8 | 76.9 |
| 17 | 66 | 60.2 | 69.3 |

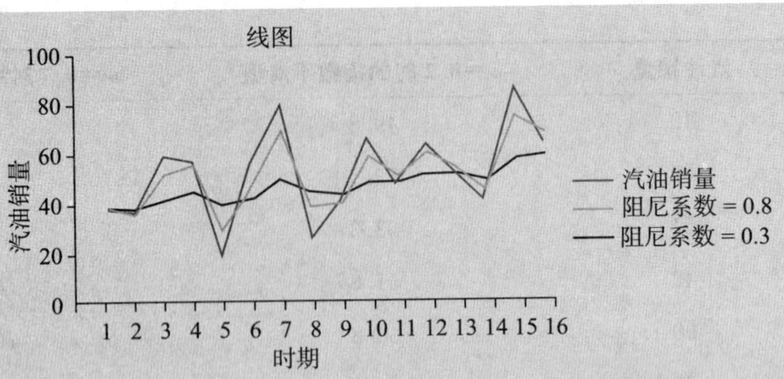


**计算机命令**

1. 在任一列中输入或导入数据（打开 Xm20－01）。

2. 点击“数据”—“数据分析”—“指数平滑”。

3. 指定“输入区域”（A1：A17），“阻尼系数”［即1－$w$(0.8)］和“输出区域”(B1)。若要计算二次平滑时间序列，指定 1－$w$(0.3)，“输出区域”为 C1。

可以通过修改表格使平滑值能按手工计算的方式显示。点击含有平滑值 58.8 的单元格，把它拖到下面一个单元格 60.2 以显示最后一个单元格（69.3）。

**Minitab**

| Gas Sales | SM001 | SM002 |
|---|---|---|
| 39 | 39.000 0 | 39.000 0 |
| 37 | 38.6000 | 37.600 0 |
| 61 | 43.080 0 | 53.980 0 |
| 58 | 46.064 0 | 56.794 0 |
| 18 | 40.451 2 | 29.638 2 |
| 56 | 43.561 0 | 48.091 5 |
| 82 | 51.248 8 | 71.827 4 |
| 27 | 46.399 0 | 40.448 2 |
| 41 | 45.319 2 | 40.834 5 |
| 69 | 50.055 4 | 60.550 3 |
| 49 | 49.844 3 | 52.465 1 |
| 66 | 53.075 4 | 61.939 5 |
| 54 | 53.260 3 | 56.381 9 |
| 42 | 51.008 3 | 46.314 6 |
| 90 | 58.806 6 | 76.894 4 |
| 66 | 60.245 3 | 69.268 3 |

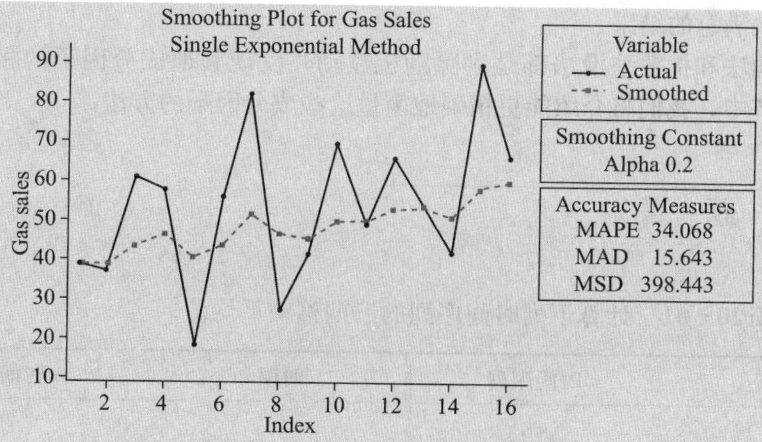


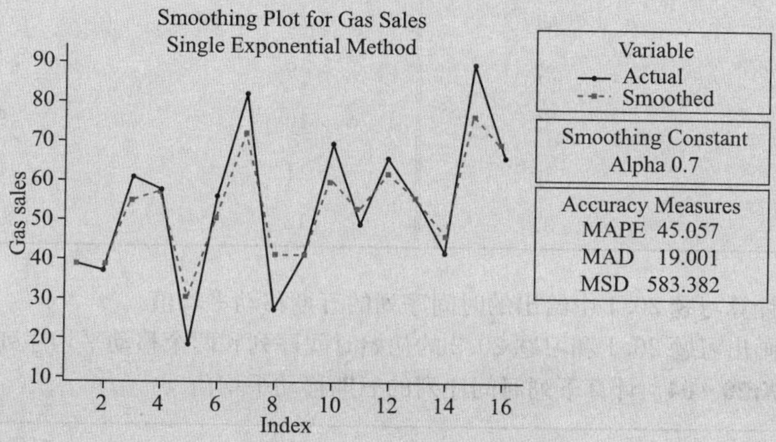


**计算机命令**

1. 在任一列中输入或导入数据（打开 Xm20—01）。

2. 点击“Stat”（统计）—“Time - series”（时间序列）— “Single Exp Smoothing…”（单指数平滑…）。

3. 在“Variable”（变量）框中选择变量（Gas Sales）。指定“Weight to use in Smoothing”（平滑中使用的权重），“Use”（使用）并输入 $w$ 的值（0.2）（0.7）。点击“Options…”（选项…）。

4. 在“Use average of first K observations K=”（使用前 K 个观测值的均值 K=）框中输入 1。

5. 点击“Storage…”（存储…）和“Smoothed data”（修匀数据）。

绘制图形时，点击“Graphs…”（图形…）和“Plot smoothed vs. actual”（平滑图与实际图）。

## 解　释

图 20—7 给出了原始时间序列和指数平滑后的序列。正如你所看到的那样，$w=0.7$ 时平滑度较小，而 $w=0.2$ 时的平滑度可能又过大了。从两个平滑后的序列中都很难观察到利用移动平均法所能观察到的季节特征。使用其他的 $w$ 值（如 $w=0.5$）也许

能得出更令人满意的结果。

移动平均法和指数平滑法都是剔除随机波动、发现其他成分因子的相对粗糙的方法。在下一节中，我们将介绍能更精确地衡量这些成分因子的方法。

## 习　题

**20.1　Xr20－01**　计算下列时间序列的三期移动平均值。

| 时期 | 时间序列 | 时期 | 时间序列 |
|---|---|---|---|
| 1 | 48 | 7 | 43 |
| 2 | 41 | 8 | 52 |
| 3 | 37 | 9 | 60 |
| 4 | 32 | 10 | 48 |
| 5 | 36 | 11 | 41 |
| 6 | 31 | 12 | 30 |

**20.2**　计算习题 20.1 中给出的时间序列的五期移动平均值。

**20.3**　画出习题 20.1 和习题 20.2 的初始时间序列和两个移动平均序列的图形。

**20.4　Xr20－04**　计算下列时间序列的三期移动平均值。

| 时期 | 时间序列 | 时期 | 时间序列 |
|---|---|---|---|
| 1 | 16 | 7 | 24 |
| 2 | 22 | 8 | 29 |
| 3 | 19 | 9 | 21 |
| 4 | 24 | 10 | 23 |
| 5 | 30 | 11 | 19 |
| 6 | 26 | 12 | 15 |

**20.5**　计算习题 20.4 中给出的时间序列的五期移动平均值。

**20.6**　画出习题 20.4 和习题 20.5 的初始时间序列和移动平均序列的图形。

**20.7　Xr20－07**　令 $w=0.1$，应用指数平滑法找出下列时间序列的成分因子。

| 时期 | 1 | 2 | 3 | 4 | 5 | 6 | 7 | 8 | 9 | 10 |
|---|---|---|---|---|---|---|---|---|---|---|
| 时间序列 | 12 | 18 | 16 | 24 | 17 | 16 | 25 | 21 | 23 | 14 |

**20.8**　令 $w=0.8$，重做习题 20.7。

**20.9**　画出习题 20.7 和习题 20.8 中的时间序列和两个指数平滑序列的图形。在上述时间序列中是否存在长期趋势？

**20.10 Xr20-10** 令 $w=0.1$，应用指数平滑法找出下列时间序列的成分因子。

| 时期 | 1 | 2 | 3 | 4 | 5 | 6 | 7 | 8 | 9 | 10 |
|---|---|---|---|---|---|---|---|---|---|---|
| 时间序列 | 38 | 43 | 42 | 45 | 46 | 48 | 50 | 49 | 46 | 45 |

**20.11** 令 $w=0.8$，重做习题 20.10。

**20.12** 画出习题 20.10 和习题 20.11 中的时间序列和两个指数平滑序列的图形。在上述时间序列中，是否存在长期趋势？

**20.13 Xr20-13** 下表是一家中等规模的商业公司的日销售额（单位：千美元）。

| 天 | 周 | | | |
|---|---|---|---|---|
| | 1 | 2 | 3 | 4 |
| 星期一 | 43 | 51 | 40 | 64 |
| 星期二 | 45 | 41 | 57 | 58 |
| 星期三 | 22 | 37 | 30 | 33 |
| 星期四 | 25 | 22 | 33 | 38 |
| 星期五 | 31 | 25 | 37 | 25 |

a. 计算三期移动平均值。

b. 在同一幅图中画出初始时间序列和移动平均序列。

c. 是否存在季节性（周）波动？

**20.14** 计算习题 20.13 中数据的五天移动平均值，并把其图形添加到习题 20.13 的图中。这对回答习题 20.13 中的问题（c）是否有帮助？

**20.15 Xr20-15** 下表给出了某百货连锁商店 2010—2013 年间每季度的销售额（单位：百万美元）。

| 季度 | 年份 | | | |
|---|---|---|---|---|
| | 2010 | 2011 | 2012 | 2013 |
| 1 | 18 | 33 | 25 | 41 |
| 2 | 22 | 20 | 36 | 33 |
| 3 | 27 | 38 | 44 | 52 |
| 4 | 31 | 26 | 29 | 45 |

a. 试计算四期中心移动平均值。

b. 画出初始时间序列和移动平均序列的图形。

c. 你能从平滑后的时间序列中得到什么结论？

**20.16** 令 $w=0.4$，应用指数平滑法重新计算习题 20.15。

**20.17** 令 $w=0.8$，应用指数平滑法重新计算习题 20.15。

## 20.3 长期趋势与季节效应

在上一节中，我们介绍了如何通过平滑时间序列来粗略衡量其成分因子。然而，为了进行预测，通常需要更精确地衡量时间序列的成分因子。

### □ 20-3a 趋势分析

长期趋势可以是线性的，也可以是非线性的。实际上，它可以用各种函数关系来表示。衡量长期趋势的最简单的方法是以时间作为自变量进行回归分析。如果我们认为长期趋势大致是线性的，那么可以采用第 16 章介绍的线性模型：

$$y=\beta_0+\beta_1 t+\varepsilon$$

如果我们认为长期趋势是非线性的，那么可以运用第 18 章介绍的多项式模型。例如，二次多项式模型为

$$y=\beta_0+\beta_1 t+\beta_2 t^2+\varepsilon$$

大部分实际应用都使用线性模型。在本节后面的部分，我们将阐述如何衡量和应用长期趋势。

### □ 20-3b 季节性分析

季节性变动通常发生在一年或更短的时间间隔内，如一个月、一个星期或一天。为了衡量季节效应，我们要计算季节指数，用它可以来衡量季节之间的差异程度。计算季节指数的一个必要条件是时间序列必须足够长，使我们可以观测到几个季节的变化。例如，如果以一个季度作为一个季节，那么观测的时间序列至少为 4 年。**季节指数**（seasonal indexes）可用以下方法计算。

### □ 20-3c 季节指数的计算方法

1. 通过回归分析剔除季节性变动和随机波动的影响，即计算样本回归直线：

$$\hat{y}_t=b_0+b_1 t$$

2. 对于每个时期，计算比值：

$$\frac{y_t}{\hat{y}_t}$$

这个比值可以剔除大部分长期趋势。

3. 对于不同的季节，计算第 2 步中比值的平均值。这个过程可以剔除大部分（但通常不可能是全部）随机波动，留下需衡量的季节性特性。

4. 如果有必要，调整第 3 步得到的平均值使各季节的平均值等于 1。

## 例 20.3 旅馆季度入住率

数据：Xm20-03

旅游业易受季节的影响。对于大部分旅游胜地来说，春季和夏季通常被认为是旅游旺季，而秋季和冬季（除圣诞节和元旦之外）则是旅游淡季。百慕大群岛的一家旅馆记录了最近五年每个季度的入住率，数据如下表所示。通过计算季节指数来衡量季节性变动。

| 年份 | 季度 | 入住率 |
|---|---|---|
| 2009 | 1 | 0.561 |
| | 2 | 0.702 |
| | 3 | 0.800 |
| | 4 | 0.568 |
| 2010 | 1 | 0.575 |
| | 2 | 0.738 |
| | 3 | 0.868 |
| | 4 | 0.605 |
| 2011 | 1 | 0.594 |
| | 2 | 0.738 |
| | 3 | 0.729 |
| | 4 | 0.600 |
| 2012 | 1 | 0.622 |
| | 2 | 0.708 |
| | 3 | 0.806 |
| | 4 | 0.632 |
| 2013 | 1 | 0.665 |
| | 2 | 0.835 |
| | 3 | 0.873 |
| | 4 | 0.670 |

**解**

**计　算**

### 手工计算

我们设 $y$ 表示入住率，$t$ 表示时期 1，2，3，…，20。进行回归分析，有

$$\hat{y}=0.639\ 368+0.005\ 246t$$

计算每个时期的比值：

$$\frac{y_t}{\hat{y}_t}$$

接下来，整理每个季度的比值，并计算其平均值。如果有必要，调整各平均比值使它们的和等于 4。这个例子不需要做任何调整。

| 年份 | 季度 | $t$ | $y_t$ | $\hat{y}=0.639\ 368+0.005\ 246t$ | $\frac{y_t}{\hat{y}_t}$ |
|---|---|---|---|---|---|
| 2009 | 1 | 1 | 0.561 | 0.645 | 0.870 |
| | 2 | 2 | 0.702 | 0.650 | 1.080 |
| | 3 | 3 | 0.800 | 0.655 | 1.221 |
| | 4 | 4 | 0.568 | 0.660 | 0.860 |
| 2010 | 1 | 5 | 0.575 | 0.666 | 0.864 |
| | 2 | 6 | 0.738 | 0.671 | 1.100 |
| | 3 | 7 | 0.868 | 0.676 | 1.284 |
| | 4 | 8 | 0.605 | 0.681 | 0.888 |
| 2011 | 1 | 9 | 0.594 | 0.687 | 0.865 |
| | 2 | 10 | 0.738 | 0.692 | 1.067 |
| | 3 | 11 | 0.729 | 0.697 | 1.046 |
| | 4 | 12 | 0.600 | 0.702 | 0.854 |
| 2012 | 1 | 13 | 0.622 | 0.708 | 0.879 |
| | 2 | 14 | 0.708 | 0.713 | 0.993 |
| | 3 | 15 | 0.806 | 0.718 | 1.122 |
| | 4 | 16 | 0.632 | 0.723 | 0.874 |
| 2013 | 1 | 17 | 0.665 | 0.729 | 0.913 |
| | 2 | 18 | 0.835 | 0.734 | 1.138 |
| | 3 | 19 | 0.873 | 0.739 | 1.181 |
| | 4 | 20 | 0.670 | 0.744 | 0.900 |

| 年份 | 季度 | | | |
|---|---|---|---|---|
| | 1 | 2 | 3 | 4 |
| 2009 | 0.870 | 1.080 | 1.221 | 0.860 |
| 2010 | 0.864 | 1.100 | 1.284 | 0.888 |
| 2011 | 0.865 | 1.067 | 1.046 | 0.854 |
| 2012 | 0.879 | 0.993 | 1.122 | 0.874 |
| 2013 | 0.913 | 1.138 | 1.181 | 0.900 |
| 平均值 | 0.878 | 1.076 | 1.171 | 0.875 |
| 指数 | 0.878 | 1.076 | 1.171 | 0.875 |

**Excel**

| | A | B |
|---|---|---|
| 1 | **Seasonal Indexes** | |
| 2 | | |
| 3 | Season | Index |
| 4 | 1 | 0.878 2 |
| 5 | 2 | 1.075 6 |
| 6 | 3 | 1.170 9 |
| 7 | 4 | 0.875 3 |

**计算机命令**

1. 在任一列中按年代顺序输入时间序列，代表季度的编号输入相邻列（打开 Xm20－03）。

2. 点击"Tools"（工具）—"Data Analysis Plus"（数据分析加载项）和"Seasonal Indexes"（季节指数）。

3. 指定"Input Range"（输入范围）（A1：B21）。

**Minitab**

**Time Series Decomposition for Rate**

Fitted Trend Equation

Yt=0.638 747+0.005 355 13t

Seasonal Indices

| Period | Index |
|---|---|
| 1 | 0.876 84 |
| 2 | 1.079 39 |
| 3 | 1.177 64 |
| 4 | 0.866 13 |

**计算机命令**

1. 在任一列中输入或导入数据（打开 Xm20－03）。

2. 点击"Stat"（统计）—"Time－series"（时间序列）—"Decomposition…"（分解…）。

3. 在"Variable"（变量）框中选择变量（Rate）。指定"Seasonal length"（季节长度）(4)。点击"Model Type"（模型类型）下的"Multiplicative"（乘法）和"Model Components"（模型分量）下的"Trend plus seasonal"（趋势加季节）。点击"Options…"（选项…）。

4. 在"First obs. is in period"（首个观测值位于季节周期）框中键入 1。

5. 点击"Storage…"（存储）—"Seasonals"（季节）。

## 解　释

注意 Minitab 的计算结果与 Excel 和手工计算结果不同。（对于定序数据，Minitab

并不适合用最小二乘方法来计算趋势线。）本例中，这两种计算方法之间的差别很小。然而，在有些情况下，这两种计算方法的差别非常显著。下面的讨论使用的是 Excel 的计算结果。

季节指数表明，在通常情况下，第一季度和第四季度的入住率低于每年的平均值，而第二季度和第三季度的入住率高于每年的平均值。根据 Excel 的计算值（手工计算的值与此相同，而用 Minitab 计算的值则略有不同），我们可以预测第一季度的入住率比年平均值低 12.2%（100%－87.8%），而第二季度和第三季度的入住率比年平均值分别高 7.6%和 17.1%，第四季度的入住率比年平均值低 12.5%。

图 20—8 给出了时间序列曲线和回归趋势线。

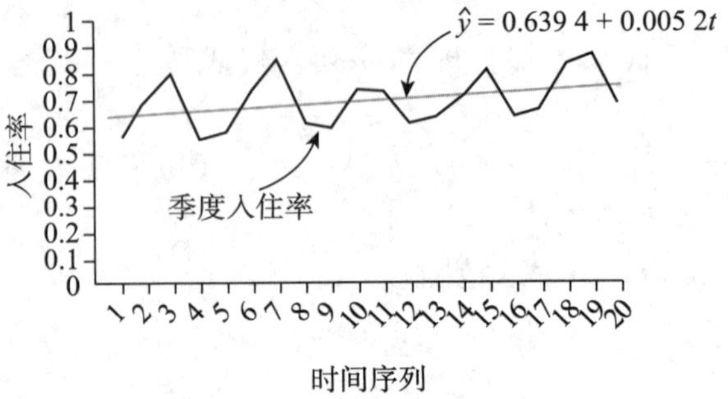


**图 20—8　例 20.3 的时间序列和趋势**

## □ 20-3d　剔除时间序列的季节效应

季节指数的一个应用是剔除时间序列中的季节性变动，这个过程就叫作**剔除季节效应**（deseasonalizing），其结果被称为**季节调整时间序列**（seasonally adjusted time series）。这通常使统计人员更容易比较不同季节的时间序列。例如，失业率会随着季节而改变。在冬季，失业率通常会升高，在春季和夏季失业率通常会降低。季节调整的失业率使经济学家可以确定在过去几个月里失业率是升高了还是降低了。这个过程非常简单：只要把时间序列除以季节指数就可以。为了说明这一点，我们用 Excel 生成的季节指数剔除了例 20.3 中入住率的季节效应。结果如下表所示。

| 年份 | 季度 | 入住率 | 季节指数 | 季节调整的入住率 |
|---|---|---|---|---|
| 2009 | 1 | 0.561 | 0.878 | 0.639 |
| | 2 | 0.702 | 1.076 | 0.652 |
| | 3 | 0.800 | 1.171 | 0.683 |
| | 4 | 0.568 | 0.875 | 0.649 |
| 2010 | 1 | 0.575 | 0.878 | 0.655 |
| | 2 | 0.738 | 1.076 | 0.686 |
| | 3 | 0.868 | 1.171 | 0.741 |
| | 4 | 0.605 | 0.875 | 0.691 |

续前表

| 年份 | 季度 | 入住率 | 季节指数 | 季节调整的入住率 |
|---|---|---|---|---|
| 2011 | 1 | 0.594 | 0.878 | 0.677 |
| | 2 | 0.738 | 1.076 | 0.686 |
| | 3 | 0.729 | 1.171 | 0.623 |
| | 4 | 0.600 | 0.875 | 0.686 |
| 2012 | 1 | 0.622 | 0.878 | 0.708 |
| | 2 | 0.708 | 1.076 | 0.658 |
| | 3 | 0.806 | 1.171 | 0.688 |
| | 4 | 0.632 | 0.875 | 0.722 |
| 2013 | 1 | 0.665 | 0.878 | 0.757 |
| | 2 | 0.835 | 1.076 | 0.776 |
| | 3 | 0.873 | 1.171 | 0.746 |
| | 4 | 0.670 | 0.875 | 0.766 |

通过剔除入住率的季节效应，我们可以判断入住率是否存在一个“真正的”增长或下降，从而可以分析导致入住率波动的因素。我们可以很容易地看出，在过去的五年中，入住率有所增长。

下一节将阐述如何预测季节指数。



## 习　题

**20.18　Xr20－18**　画出下面的时间序列的图形，它符合线性模型还是符合二次模型？

| 时期 | 1 | 2 | 3 | 4 | 5 | 6 | 7 | 8 |
|---|---|---|---|---|---|---|---|---|
| 时间序列 | 0.5 | 0.6 | 1.3 | 2.7 | 4.1 | 6.9 | 10.8 | 19.2 |

**20.19　Xr20－19**　画出下列时间序列的图形，并判断它更符合哪种趋势。

| 时期 | 1 | 2 | 3 | 4 | 5 | 6 | 7 | 8 | 9 | 10 |
|---|---|---|---|---|---|---|---|---|---|---|
| 时间序列 | 55 | 57 | 53 | 49 | 47 | 39 | 41 | 33 | 28 | 20 |

**20.20**　参考习题 20.18，用回归分析法计算线性和二次长期趋势，哪种曲线的拟合效果更好？

**20.21**　参考习题 20.19，用回归分析法计算线性和二次长期趋势，哪种曲线的拟合效果更好?

**20.22　Xr20－22**　计算以下时间序列的季节（天）指数。回归曲线是

$$\hat{y}=16.8+0.366t(t=1, 2, \cdots, 20)$$

| 天 | 周 | | | |
|---|---|---|---|---|
| | **1** | **2** | **3** | **4** |
| 星期一 | 12 | 11 | 14 | 17 |
| 星期二 | 18 | 17 | 16 | 21 |
| 星期三 | 16 | 19 | 16 | 20 |
| 星期四 | 25 | 24 | 28 | 24 |
| 星期五 | 31 | 27 | 25 | 32 |

**20.23　Xr20－23**　计算以下时间序列的季节指数。回归方程是

$$\hat{y}=47.7-1.06t(t=1, 2, \cdots, 20)$$

| 季度 | 年份 | | | | |
|---|---|---|---|---|---|
| | **1** | **2** | **3** | **4** | **5** |
| 1 | 55 | 41 | 43 | 36 | 50 |
| 2 | 44 | 38 | 39 | 32 | 25 |
| 3 | 46 | 37 | 39 | 30 | 24 |
| 4 | 39 | 30 | 35 | 25 | 22 |

**应用**

**20.24　Xr20－24**　一家大型软饮料生产商记录了其2010—2013年间每季度的收入（单位：百万美元），数据如下表所示。根据以下回归曲线方程，计算季节指数。

$$\hat{y}=61.75+1.18t(t=1, 2, \cdots, 16)$$

| 季度 | 年份 | | | |
|---|---|---|---|---|
| | **2010** | **2011** | **2012** | **2013** |
| 1 | 52 | 57 | 60 | 66 |
| 2 | 67 | 75 | 77 | 82 |
| 3 | 85 | 90 | 94 | 98 |
| 4 | 54 | 61 | 63 | 67 |

以下习题请用计算机和相应软件计算。

**20.25　Xr20-25**　20 世纪七八十年代，大学的入学人数急剧增长，但是从那以后，入学人数开始下降。为了预测将来的入学人数，经济学家记录了 1993—2009 年间所有美国大学的入学人数。这些数据（单位：千人）如下表所示。

| 年份 | 1993 | 1994 | 1995 | 1996 | 1997 | 1998 | 1999 | 2000 | 2001 |
|---|---|---|---|---|---|---|---|---|---|
| 入学人数 | 13 898 | 15 022 | 14 715 | 15 226 | 15 436 | 15 546 | 15 203 | 15 314 | 15 873 |
| 年份 | 2002 | 2003 | 2004 | 2005 | 2006 | 2007 | 2008 | 2009 | |
| 入学人数 | 16 497 | 16 638 | 17 272 | 17 487 | 17 672 | 18 248 | 19 103 | 20 428 | |

资料来源：《美国统计摘要》，2009 年，表 279。

a. 试画出时间序列的图形。

b. 通过回归分析来判断其长期趋势。

**20.26　Xr20-26**　对外贸易对美国非常重要。没有哪个国家的出口量和进口量能像美国一样多。但是，美国存在很严重的贸易失衡现象。为了衡量这个问题的严重程度，经济学家记录了 1980—2012 年间商品（不包括军用物品）进出口差额。

a. 试画出贸易均衡曲线。

b. 试通过回归分析来判断美国贸易状况的长期趋势。

（资料来源：圣路易斯联邦储备银行。）

**20.27　Xr20-27**　在过去的五年中有线电视用户的数量增加了。一家有线电视公司的营销经理记录了过去 24 个季度的有线电视用户。

a. 试画出有线电视用户数量图。

b. 试计算季节（季度）指数。

**20.28　Xr20-28**　比萨饼店的老板想预测每天卖出的比萨饼数量。她记录了过去四个星期内比萨饼的日销售量。试计算季节（日）指数。

**20.29　Xr20-29**　一个滑雪器材制造商正在估计它的应收账款额，它发现应收账款存在季节特征，冬季增加而夏季减少。每个季度的应收账款数被记录了下来，请计算其季节（季度）指数。

## 20.4　预测概述

统计人员有许多不同的预测模型可以使用。选择模型时要考虑的一个因素是构成时间序列的成分因子的类型。然而，即使这样，通常也有几种不同的方法可供选择。决定应用何种模型的原则之一是选择能使预测精度最高的模型。最常见的、衡量预测精度的指标是**平均绝对误差**（mean absolute deviation，MAD）和预测值的**误差平方和**（sum of squares for errors，SSE）。

**平均绝对误差**

$$MAD=\frac{\sum_{i=1}^{n}|y_t-F_t|}{n}$$

式中，

$y_t$=时间序列在第 $t$ 个时期的实际值

$F_t$=时间序列在第 $t$ 个时期的预测值

$n$=时期数

**误差平方和**

$$SSE=\sum_{i=1}^{n}(y_t-F_t)^2$$

平均绝对误差是把时间序列的实际值与预测值之差的绝对值进行平均；而误差平方和是二者差值的平方和。究竟用哪个指标来衡量预测的精度要具体问题具体分析。如果避免误差太大很重要，就应该使用误差平方和，因为它相比平均绝对误差对较大的误差更不利，反之就用平均绝对误差。

可能最好的方法是利用时间序列中的一部分观测值建立几个互相比较的预测模型，然后预测剩余的时间序列的值，再计算预测值的平均绝对误差或误差平方和。例如，如果我们知道五年间每个月的观测值，就可以先利用前四年的观测值来建立几个预测模型，然后用这些预测模型来预测第五年的值。由于我们已经知道了第五年的真实值，因而可以用平均绝对误差或误差平方和来选择能得到最精确的预测结果的方法。

**例 20.4　预测模型的比较**

用 1976—2009 年的数据来建立三个不同的预测模型，分别用每种模型来预测 2010 年、2011 年、2012 年和 2013 年时间序列的值，这些年的预测值和真实值如下表所示。试分别用平均绝对误差与误差平方和判断哪一种预测模型最佳。

| 年份 | 时间序列的实际值 | 1 | 2 | 3 |
|---|---|---|---|---|
| 2010 | 129 | 136 | 118 | 130 |
| 2011 | 142 | 148 | 141 | 146 |
| 2012 | 156 | 150 | 158 | 170 |
| 2013 | 183 | 175 | 163 | 180 |

**解**

对模型 1 有

$$\text{MAD}=\frac{|129-136|+|142-148|+|156-150|+|183-175|}{4}$$

$$=\frac{7+6+6+8}{4}=6.75$$

$$\text{SSE}=(129-136)^2+(142-148)^2+(156-150)^2+(183-175)^2$$

$$=49+36+36+64=185$$

对模型 2 有

$$\text{MAD}=\frac{|129-118|+|142-141|+|156-158|+|183-163|}{4}$$

$$=\frac{11+1+2+20}{4}=8.5$$

$$\text{SSE}=(129-118)^2+(142-141)^2+(156-158)^2+(183-163)^2$$

$$=121+1+4+400=526$$

对模型 3 有

$$\text{MAD}=\frac{|129-130|+|142-146|+|156-170|+|183-180|}{4}$$

$$=\frac{1+4+14+3}{4}=5.5$$

$$\text{SSE}=(129-130)^2+(142-146)^2+(156-170)^2+(183-180)^2$$

$$=1+16+196+9=222$$

无论用 MAD 还是用 SSE 来衡量精度，模型 2 均劣于模型 1 和模型 3。如果使用平均绝对误差来衡量，模型 3 最佳，但如果使用误差平方和来衡量，则模型 1 更精确。选择模型 1 还是模型 3 主要取决于我们是偏好一个一直能产生适度预测精度的模型（模型 1），还是偏好一个与大部分实际值都非常接近但是严重偏离一小部分实际值的模型（模型 3）。

## 习　题

**20.30**　根据下表中的实际值和预测值，计算平均绝对误差与误差平方和。

| 时期 | 1 | 2 | 3 | 4 | 5 |
|---|---|---|---|---|---|
| 预测值 | 173 | 186 | 192 | 211 | 223 |
| 实际值 | 166 | 179 | 195 | 214 | 220 |

**20.31**　利用两个模型来预测一个时间序列的值，预测值和实际值如下表所示。计算每一个模型的平均绝对误差与误差平方和，并判断哪个模型更精确。

| 时期 | 1 | 2 | 3 | 4 |
|---|---|---|---|---|
| 预测值（模型 1） | 7.5 | 6.3 | 5.4 | 8.2 |
| 预测值（模型 2） | 6.3 | 6.7 | 7.1 | 7.5 |
| 实际值 | 6.0 | 6.6 | 7.3 | 9.4 |

**20.32** 计算下表中的预测值和实际值，计算平均绝对误差与误差平方和。

| 时期 | 1 | 2 | 3 | 4 | 5 |
|---|---|---|---|---|---|
| 预测值 | 63 | 72 | 86 | 71 | 60 |
| 实际值 | 57 | 60 | 70 | 75 | 70 |

**20.33** 利用三个模型来预测一个时间序列的值，预测值和实际值如下表所示。计算每一个模型的平均绝对误差与误差平方和，并判断哪个模型更精确。

| 时期 | 1 | 2 | 3 | 4 | 5 |
|---|---|---|---|---|---|
| 预测值（模型 1） | 21 | 27 | 29 | 31 | 35 |
| 预测值（模型 2） | 22 | 24 | 26 | 28 | 30 |
| 预测值（模型 3） | 17 | 20 | 25 | 31 | 39 |
| 实际值 | 19 | 24 | 28 | 32 | 38 |

## 20.5 预测模型

有很多预测方法可供统计人员使用。然而，其中许多方法超出了本书的讨论范围。在本章的最后，我们为对预测方法感兴趣的读者提供了三种预测模型。与第 12 章至第 19 章中介绍的如何选择正确的统计推断方法类似，时间序列的统计模型的选择要以时间序列的成分因子为依据。

### □ 20-5a 指数平滑预测法

如果时间序列是逐渐变化的，或者没有长期趋势和明显的季节性变动，指数平滑法就是一种有效的预测方法。假设 $t$ 代表最近的一个时期，并且我们计算出了指数平滑值 $S_t$，那么这个值就是第 $t+1$ 时期的预测值，即

$$F_{t+1}=S_t$$

如果愿意，我们还可以用它来预测未来两期、三期或更多期以后的值：

$$F_{t+2}=S_t \text{ 或 } F_{t+3}=S_t$$

注意，用这种方法预测两个以及两个以上时期之后的值时，精度会迅速降低。然而，只要所处理的时间序列没有周期变动或季节性变动，我们就可以用指数平滑法对下一期的值进行精度合理的预测。

### □ 20－5b 季节指数预测法

如果时间序列包含季节性变动和长期趋势，我们可以用季节指数和回归方程预测其未来值。

**趋势和季节性预测**

第 $t$ 时期的预测值是

$$F_t=(b_0+b_1t)\times SI_t$$

式中，

$F_t$＝第 $t$ 时期的预测值

$b_0+b_1t$＝回归方程

$SI_t$＝第 $t$ 时期的季节指数

**例 20.5 预测旅馆入住率**

试预测例 20.3 中酒店下一年的入住率。

**解**

在计算季节指数的过程中，我们得出了趋势线方程，有

$$\hat{y}=0.639+0.005\ 25t$$

当 $t$＝21，22，23 和 24 时，预测的趋势值为

| 季度 | $t$ | $\hat{y}=0.639+0.005\ 25t$ |
|---|---|---|
| 1 | 21 | $0.639+0.005\ 25\times 21=0.749$ |
| 2 | 22 | $0.639+0.005\ 25\times 22=0.755$ |
| 3 | 23 | $0.639+0.005\ 25\times 23=0.760$ |
| 4 | 24 | $0.639+0.005\ 25\times 24=0.765$ |

我们现在把预测的趋势值和例 20.3 中计算出的季节指数相乘，得到如下季节化的预测值：

| 季度 | $t$ | 趋势值 $\hat{y}_t$ | 季节指数 | 预测值 $F_t=\hat{y}_t\times SI_t$ |
|---|---|---|---|---|
| 1 | 21 | 0.749 | 0.878 | $0.749\times 0.878=0.658$ |
| 2 | 22 | 0.755 | 1.076 | $0.755\times 1.076=0.812$ |
| 3 | 23 | 0.760 | 1.171 | $0.760\times 1.171=0.890$ |
| 4 | 24 | 0.765 | 0.875 | $0.765\times 0.875=0.670$ |

**解　释**

我们预测，下一年每个季度的入住率分别是 0.658，0.812，0.890 和 0.670。

### □ 20－5c　自回归模型

在第 17 章中，我们讨论了自相关。自相关数据的误差不是相互独立的。强自相关的存在意味着模型可能有误，也就意味着除非我们改进回归模型，否则不可能有合适的拟合度。然而，自相关的存在也使得我们可以发展另一种预测方法。如果时间序列没有明显的长期趋势和季节性变动，并且我们认为连续的残差之间存在相关性，那么**自回归模型**（autoregressive model）可能就是最有效的。

**自回归预测模型**

$$y_t=\beta_0+\beta_1 y_{t-1}+\varepsilon$$

该模型指出时间序列中连续的值是相关的。我们如往常一样估计系数，那么回归直线可以定义为

$$\hat{y}_t=\beta_0+\beta_1 y_{t-1}$$

**例 20.6　预测消费价格指数的变化**

数据：Xm20－06

消费价格指数（CPI）是衡量通货膨胀的一个常用指标。CPI 是一个重要指标，因为过高的通货膨胀率通常需要政府采取一些调整措施。下表是 1980—2009 年间每年 CPI 的增长百分比。请预测下一年 CPI 的变化情况。

| 年份 | CPI | 增长百分比（%） | 年份 | CPI | 增长百分比（%） |
|---|---|---|---|---|---|
| 1980 | 82.4 | | 1997 | 160.5 | 2.3% |
| 1981 | 90.9 | 10.4 | 1998 | 163.0 | 1.5 |
| 1982 | 96.5 | 6.2 | 1999 | 166.6 | 2.2 |
| 1983 | 99.6 | 3.2 | 2000 | 172.2 | 3.4 |
| 1984 | 103.9 | 4.4 | 2001 | 177.0 | 2.8 |
| 1985 | 107.6 | 3.5 | 2002 | 179.9 | 1.6 |
| 1986 | 109.7 | 1.9 | 2003 | 184.0 | 2.3 |
| 1987 | 113.6 | 3.6 | 2004 | 188.9 | 2.7 |
| 1988 | 118.3 | 4.1 | 2005 | 195.3 | 3.4 |

续前表

| 年份 | CPI | 增长百分比（%） | 年份 | CPI | 增长百分比（%） |
|---|---|---|---|---|---|
| 1989 | 123.9 | 4.8 | 2006 | 201.6 | 3.2 |
| 1990 | 130.7 | 5.4 | 2007 | 207.3 | 2.9 |
| 1991 | 136.2 | 4.2 | 2008 | 215.2 | 3.8 |
| 1992 | 140.3 | 3.0 | 2009 | 214.5 | −0.3 |
| 1993 | 144.5 | 3.0 | 2010 | 218.1 | 1.6 |
| 1994 | 148.2 | 2.6 | 2011 | 224.9 | 3.1 |
| 1995 | 152.4 | 2.8 | 2012 | 229.6 | 2.1 |
| 1996 | 156.9 | 2.9 | | | |

资料来源：美国劳工统计局。

**解**

因为我们想计算 1981 年的百分比变化，所以我们使用了 1980 年的 CPI。我们将 1981 年至 2008 年的百分比变化作为自变量，1982 年至 2009 年的百分比变化作为因变量。数据按照自回归模型需要的形式储存在文件 Xm20－06 中。

**Excel**

| | A | B | C | D | E |
|---|---|---|---|---|---|
| 16 | | Coefficients | Standard Error | t Stat | P-value |
| 17 | Intercept | 0.017 5 | 0.004 0 | 4.41 | 0.000 1 |
| 18 | % Change X | 0.391 0 | 0.105 6 | 3.70 | 0.000 9 |

**Minitab**

**Regression Analysis: % Change Y Versus % Change X**

The regression equation is

% Change Y=0.017 5+0.391 % Change X

**解　释**

回归曲线为

$$\hat{y}_t = 0.017\,5 + 0.391\,0 y_{t-1}$$

因为 2012 年 CPI 的变化率是 2.1%，因而，预测 2013 年 CPI 的变化率是

$$\hat{y}_{2010}=0.017\,5+0.391\,0y_{2012}$$
$$=0.017\,5+0.391\,0\times 2.1\%=0.84\%$$

即自回归模型预测 2013 年 CPI 的增长率为 0.84%。

**住宅开工数：问题的解**

对数据初步的分析表明，五年内住宅开工数有一个向上增长的趋势，而且，住宅开工数随月份而变化。这些成分因子的出现表明，我们应该确定线性趋势和季节指数。

**Excel**

以月份作为自变量，住宅开工数作为因变量，Excel 生成的回归曲线方程为

$$\hat{y}=11.46+0.080\,8t \qquad t=1,2,\cdots,60$$

季节指数计算如下：

| | A | B |
|---|---|---|
| 1 | **Seasonal Indexes** | |
| 2 | | |
| 3 | Season | Index |
| 4 | 1 | 0.597 4 |
| 5 | 2 | 0.654 8 |
| 6 | 3 | 0.980 0 |
| 7 | 4 | 1.069 7 |
| 8 | 5 | 1.111 0 |
| 9 | 6 | 1.191 7 |
| 10 | 7 | 1.205 0 |
| 11 | 8 | 1.227 6 |
| 12 | 9 | 1.096 0 |
| 13 | 10 | 1.022 6 |
| 14 | 11 | 0.996 0 |
| 15 | 12 | 0.848 3 |

再利用回归方程来预测具有线性趋势的住宅开工数：

$$\hat{y}=11.46+0.080\,8t \qquad t=61,62,\cdots,72$$

用住宅开工数乘以季节指数就可以得到下表中的预测值：

| 时期 | 月份 | $\hat{y}=11.46+0.0808t$ | 季节指数 | 预测值 |
|---|---|---|---|---|
| 61 | 1月 | 16.39 | 0.597 4 | 9.79 |
| 62 | 2月 | 16.47 | 0.654 8 | 10.79 |
| 63 | 3月 | 16.55 | 0.980 0 | 16.22 |
| 64 | 4月 | 16.63 | 1.069 7 | 17.79 |
| 65 | 5月 | 16.71 | 1.111 0 | 18.57 |
| 66 | 6月 | 16.79 | 1.191 7 | 20.01 |
| 67 | 7月 | 16.87 | 1.205 0 | 20.33 |
| 68 | 8月 | 16.95 | 1.227 6 | 20.81 |
| 69 | 9月 | 17.04 | 1.096 0 | 18.67 |
| 70 | 10月 | 17.12 | 1.022 6 | 17.50 |
| 71 | 11月 | 17.20 | 0.996 0 | 17.13 |
| 72 | 12月 | 17.28 | 0.848 3 | 14.66 |

下表记录了2006年住宅开工数的实际值和预测值。图20—9中描述了时间序列、趋势线和预测值。

| 时期 | 月份 | 预测值 | 实际值 |
|---|---|---|---|
| 61 | 1月 | 9.79 | 13.3 |
| 62 | 2月 | 10.79 | 10.1 |
| 63 | 3月 | 16.22 | 12.9 |
| 64 | 4月 | 17.79 | 16.0 |
| 65 | 5月 | 18.57 | 18.8 |
| 66 | 6月 | 20.01 | 16.1 |
| 67 | 7月 | 20.33 | 13.7 |
| 68 | 8月 | 20.81 | 15.6 |
| 69 | 9月 | 18.67 | 12.3 |
| 70 | 10月 | 17.50 | 13.3 |
| 71 | 11月 | 17.13 | 12.2 |
| 72 | 12月 | 14.66 | 12.9 |

误差的大小用MAD和SSE衡量。

MAD=42.55

SSE=199.13

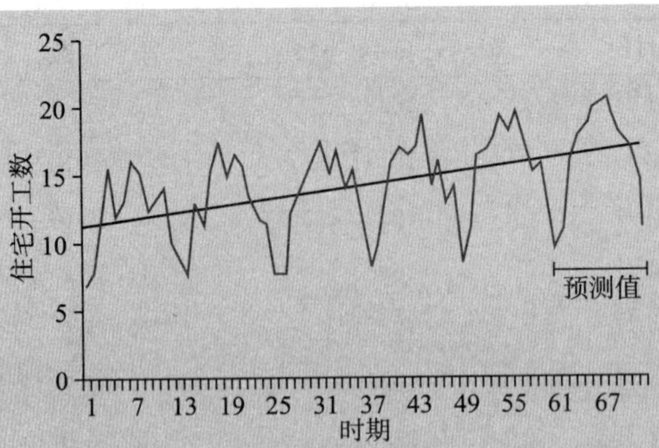


**图 20—9　住宅开工率的时间序列、趋势线和预测值**

## Minitab

**Time Series Decomposition for Starts**

Multiplicative Model

| | |
|---|---|
| Data | Starts |
| Length | 60 |
| NMissing | 0 |

Fitted Trend Equation

Yt=11. 921+0. 065 8* t

Seasonal Indices

| Period | Index |
|---|---|
| 1 | 0. 579 12 |
| 2 | 0. 633 92 |
| 3 | 0. 954 50 |
| 4 | 1. 033 38 |
| 5 | 1. 137 99 |
| 6 | 1. 193 69 |
| 7 | 1. 214 43 |
| 8 | 1. 231 42 |
| 9 | 1. 098 32 |
| 10 | 1. 041 38 |
| 11 | 0. 003 15 |
| 12 | 0. 878 69 |

Accuracy Measures

| | |
|---|---|
| MAPE | 6. 980 73 |
| MAD | 0. 953 37 |
| MSD | 1. 321 63 |

Forecasts

| Period | Forecast |
|---|---|
| 61 | 9. 229 3 |

| | |
|---|---|
| 62 | 10.144 5 |
| 63 | 15.337 5 |
| 64 | 16.673 0 |
| 65 | 18.435 7 |
| 66 | 19.416 6 |
| 67 | 19.834 1 |
| 68 | 20.192 6 |
| 69 | 18.082 3 |
| 70 | 17.213 5 |
| 71 | 16.647 7 |
| 72 | 14.640 0 |

**计算机命令**

按照前文例 20.3 中的计算机指令来操作。"Seasonal Length"（季节长度）选择 12，选择"Generate forecasts"（生成预测），"Number of forecast"（预测点数）为 12，"Starting from origin"（预测起始点）为 60。

## 习　题

**20.34**　下面给出了 10 年中每季度的观测值的趋势线方程和季节指数。请预测下一年的时间序列值。

$$\hat{y}=150+3t,\ t=1,\ 2,\ \cdots,\ 40$$

| 季度 | 季节指数 |
|---|---|
| 1 | 0.7 |
| 2 | 1.2 |
| 3 | 1.5 |
| 4 | 0.6 |

**20.35**　下面给出了四个星期中每天的观测值的趋势线方程和季节指数。请预测下一星期的时间序列值。

$$\hat{y}=120+2.3t,\ t=1,\ 2,\ \cdots,\ 28$$

| 星期几 | 季节指数 |
|---|---|
| 星期日 | 1.5 |
| 星期一 | 0.4 |

续前表

| 星期几 | 季节指数 |
|---|---|
| 星期二 | 0.5 |
| 星期三 | 0.6 |
| 星期四 | 0.7 |
| 星期五 | 1.4 |
| 星期六 | 1.9 |

**20.36** 试用下列自回归方程预测时间序列的下一个值，已知最后一个观测值是 65。

$$\hat{y}_t = 625 - 1.3y_{t-1}$$

**20.37** 试用下列自回归方程预测时间序列的下一个值，已知最后一个观测值是 11。

$$\hat{y}_t = 155 + 21y_{t-1}$$

**20.38** 参考习题 20.15，试用指数平滑法（$w=0.4$）预测下四个季度的值。

**20.39** 参考习题 20.22，试用季节指数和趋势线法预测未来五天的值。

**20.40** 参考习题 20.23，试用季节指数和趋势线法预测时间序列中下四个季度的值。

**应用**

**20.41** 参考习题 20.24，试用季节指数和趋势线法预测 2014 年和 2015 年各季度的收入。

**20.42** 参考习题 20.25，试用下列方法预测下一年的入学人数。

a. 自回归预测模型。

b. 指数平滑法（$w=0.5$）。

**20.43** 参考习题 20.26，试用下列方法预测下一年的商品贸易平衡情况。

a. 自回归预测模型。

b. 指数平滑法（$w=0.7$）。

**20.44** 参考习题 20.27，试用季节指数和趋势线法预测下四个季度的有线电视用户数。

**20.45** 参考习题 20.28，试用季节指数和趋势线法预测未来七天比萨饼的日销售量。

**20.46** 参考习题 20.29，试用季节指数和趋势线法预测下四个季度的应收账款额。

根据下面的文字，回答习题 20.47 至习题 20.51。

**Xr20-47** 下表给出了一家冰激凌连锁店最近五年每季度的营业收入（单位：百万美元）。

| 季度 | 年份 | | | | |
|---|---|---|---|---|---|
| | 2009 | 2010 | 2011 | 2012 | 2013 |
| 1 | 16 | 14 | 17 | 18 | 21 |
| 2 | 25 | 27 | 31 | 29 | 30 |
| 3 | 31 | 32 | 40 | 45 | 52 |
| 4 | 24 | 23 | 27 | 24 | 32 |

**20.47** 试画出时间序列。

**20.48** 试说明为什么我们不推荐用指数平滑法作为这个问题的预测工具。

**20.49** 试用回归分析确定趋势线方程。

**20.50** 试确定季节指数。

**20.51** 试用季节指数和趋势线方程预测下四个季度的营业收入。

**20.52** **Xr20-52** 数据记录了 2004 年至 2009 年北美的住宅开工数（单位：千）。

a. 使用 2004 年到 2008 年的数据计算季节指数。

b. 使用指数和回归分析方法预测 2009 年的住宅开工数。

c. 计算平均绝对误差与误差平方和，判断预测值表现的好坏。

## 小　结



在本章中，我们讨论了经典的时间序列，并把它分解为长期趋势、季节性变动和随机波动等成分因子。移动平均法和指数平滑法可以剔除一部分随机波动，使我们更加容易看到时间序列的长期趋势和季节特性。长期趋势可以用回归分析来衡量。季节性变动则可以通过季节指数来衡量。本章还介绍了三种预测方法：指数平滑法、季节指数预测法和自回归模型法。

**重要术语**

| | | |
|---|---|---|
| 时间序列 | 预测 | 趋势 |
| 长期趋势 | 周期性变动 | 季节性变动 |
| 随机波动 | 移动平均法 | 指数平滑法 |
| 季节指数 | 剔除季节效应 | 季节调整时间序列 |
| 平均绝对误差 | 误差平方和 | 自回归模型 |

## 符号

| 符号 | 意义 |
|---|---|
| $y_t$ | 时间序列 |
| $S_t$ | 指数平滑后的时间序列 |
| $w$ | 平滑系数 |
| $F_t$ | 预测的时间序列 |

## 公式

指数平滑

$$S_t = wy_t + (1-w)S_{t-1}$$

平均绝对误差

$$\text{MAD} = \frac{\sum_{i=1}^{n} |y_t - F_t|}{n}$$

误差平方和

$$\text{SSE} = \sum_{i=1}^{n} (y_t - F_t)^2$$

趋势和季节性预测

$$F_t = (b_0 + b_1 t) \times SI_t$$

自回归模型

$$y_t = \beta_0 + \beta_1 y_{t-1} + \varepsilon$$

# 第 21 章

# 统计过程控制

**检测缺陷磁盘的来源**

数据：Xm21－00

一家生产 3.5 英寸计算机磁盘的公司收到很多用户的投诉，大量磁盘不能正常存储数据。该公司管理层决定采用统计过程控制来解决这个问题。工作人员每小时随机抽取一个 200 张盘的样本，并检查每张盘是否存在缺陷。前 40 个小时的检验结果如下所示（按时间顺序排列）。用这些数据可以绘制一张 $p$ 图来监控生产过程。根据这样的样本结果判断生产过程是否失控。答案见 21－4b 小节。

| | | | | | | | | | |
|---|---|---|---|---|---|---|---|---|---|
| 19 | 5 | 16 | 20 | 6 | 12 | 18 | 6 | 13 | 15 |
| 10 | 6 | 7 | 10 | 18 | 20 | 13 | 6 | 8 | 3 |
| 8 | 7 | 4 | 19 | 3 | 19 | 9 | 10 | 10 | 18 |
| 15 | 16 | 5 | 14 | 3 | 10 | 19 | 13 | 19 | 9 |

## 引 言

在第 1 章对运营管理的介绍中，我们曾经指出，运营经理有责任开发和维护生产过程，从而确保提供合格的产品和服务。在 14.6 节中，我们阐述了方差分析的一个重要应用，它可以用于找出方差的来源和确定减少方差的途径，从而选择恰当的方法、材料、机器和人员（劳动力），以合理的成本组合成一个方差最小的生产过程。一旦这种生产过程投入运作，就需要持续地监督它，以确保其按照设计的要求发挥作用。我们要介绍的统计方法是最常用的，目前许多公司都采用了这些方法。本章介绍的是**统计过程控制**（statistical process control，SPC），以前被称为**质量控制**（quality control）。

质量管理有两种比较常用的方法，其中一种方法是生产产品，并在生产过程结束后检验产品是否符合规格；如果不满足要求，产品将被抛弃或修理。由于这种方法是以检测为导向的，因此存在一些缺陷。其中最大的缺陷是，不管不符合标准的产品是被抛弃还是被修理，生产不符合标准的产品的成本都非常高。最近几年，越来越少的公司采用这种方法。相反，许多公司都在采用**预防性方法**（prevention approach）。运用假设检验的概念，统计人员可以把注意力集中到生产过程上来。他们不是检验产品，而是监测生产过程以确定什么时候会生产出不合格的产品。这使他们可以在生产出大量有缺陷的产品之前完善产品的生产过程。

在 21.1 节中，我们将讨论过程波动的问题，以及它成为质量管理的关键的原因。在 21.2 节中，我们还要介绍控制图的概念及其逻辑原理，并说明它为什么会起作用。在本章接下来的部分，我们将给出三种具体的控制图。

## 21.1 过程波动

所有生产过程都会产生波动，也就是说，没有一个产品会和另一个产品完全相同。例如，通过称两盒谷类早餐食品的重量——它们都应该是 16 盎司——你就会发现这句话不假。它们不会刚好等于 16 盎司，而且它们的重量也不完全相等。所有产品都会显示出一定程度的波动。这种波动有两种来源：偶然波动和非系统波动。**偶然波动**（chance variation）或**一般波动**（common variation）是由大量随机发生的事件引起的，这些事件是生产过程的一部分；如果不改变生产过程，这些事件一般也不会减少。实际上，一旦生产过程被建立起来，偶然波动就被引入产品中了，这可能是由统计分析试图使偶然波动最小化，但未能将它完全消除引起的。在 14.6 节中，我们讨论了一些统计方法，利用这些方法，公司管理层可以通过试验发现偶然波动的来源，从而减少波动。

**非系统波动**（assignable variation）或**特殊波动**（special variation）是由特殊事件或因素引起的，它们通常是暂时的，并且是可以识别和消除的。为了说明这个问题，我们来考察一家生产和销售 1 加仑罐装油漆的公司。油罐是通过一个自动阀门来灌装的，它可以控制每罐油漆的体积。阀门的设计者承认，即使阀门能按设计要求工作，每罐的油漆量也存在一些波动。这就是偶然波动。有时阀门不能正常工作，使每罐的油漆量的波动增加，这个增加属于非系统波动。

可能弄清楚这一问题的最好方法就是假设每罐油漆的体积是一个随机变量。如果引起波动的唯一原因是偶然因素，那么每罐油漆的体积应该服从同一个分布。也就是说，所有分布有相同的形状、均值和标准差。此时，可以说生产过程处于**受控**（under control）状态。我们意识到，即使过程处于受控状态且操作正确，灌装量仍然会存在波动，所以大部分生产过程的设计都使其生产的产品落在一个既定的**规格限**（specification limits）内。例如，灌装油漆的过程的设计可能是使每罐油漆的量在 0.99～1.01 加仑之间。生产过程中的一些事件或因素组合不可避免地会使过程的分布发生改变。当发生这种情况时，可以说生产过程处于**失控**（out of control）状态。过程失控有几种可能的方式，下面列举了一些最可能的方式及其发生的非系统原因。

1. 水平偏移。它指过程分布的均值发生改变。非系统原因包括机器损坏、新的机器或新的操作人员或者环境的变化。在油漆罐的例子中，温度或湿度的变化都可能影响油漆的密度，导致每罐的油漆量发生变化。

2. 不稳定性。我们用这个概念形容标准差增加的生产过程。（正如后面所讨论的那样，标准差降低的情况是比较理想的。）这可能是由需要修理的机器、有缺陷的原料、磨损的工具或一个不称职的操作人员引起的。例如，假设控制油漆量的阀门中的一个零件磨损了，这就会导致超出正常范围的更大的方差。

3. 趋势。当生产过程分布的均值出现稳定的移动（向上或向下）时，其结果就是趋势。这通常是由缺少正常的维护、疲劳的操作人员、渣滓或灰尘的堆积或者缺少润滑引起的。如果油漆的控制阀正逐渐被堵塞，那么我们可以预见，它输送的油漆量会逐步减少。

4. 周期。它指较大和较小的观测值不断重复交替出现的现象。可能的非系统原因包括环境变化、零件破损或操作人员疲劳。在油漆罐这个例子中，如果设备的电压发生波动，我们可能就会看到一系列超量灌装和灌装不足的油漆罐。

质量管理的关键是，当过程处于失控状态时要及时察觉，这样我们就可以排除故障，恢复对生产过程的控制。控制图是我们用来发现问题的一种统计方法。

### 习　题

**21.1**　偶然波动意味着什么？

**21.2**　举两个生产过程的例子，并说出和它们相关的偶然波动。

**21.3**　特殊波动意味着什么？

**21.4**　统计人员的培训过程可以看作是在教师监督下的生产过程，我们要衡量的变量是每个学生的成绩。

a. 试讨论相关的偶然波动，即教师不能控制的、导致成绩波动的原因。

b. 试讨论相关的特殊波动。

## 21.2　控制图

**控制图**（control chart）是描述一段时间内的统计量的一种图表，例如，$\bar{x}$ **图**（$\bar{x}$ chart）是描述一段时间内一系列样本均值的一种图表。每幅控制图都包含**中线**（centerline）和**控制限**（control limits）。中线上方的控制限叫**控制上限**（upper control limit），中线下方的控制限叫**控制下限**（lower control limit）。如果当样本统计量在图上表示出来后，所有点都随机分布在两个控制限之间，我们就说这个过程处于受控状态。如果不是，即至少有一个点位于置信限之外，我们就说这个过程处于失控状态。

为了阐明控制图的逻辑关系，假设在上面描述的油漆罐的例子中，我们想判断不同时期的油漆量的分布的中心位置是否发生了改变。我们可以从图上得到我们想要的结论。假设我们知道过程处于受控状态时的均值$\mu$和标准差$\sigma$，画出图，如图21—1所示。在图21—1中，纵轴表示将要计算出的值，横轴是按先后顺序排列的样本。中线在$\bar{x}=\mu$的位置，控制限被设定为离中线3倍标准差的位置。回忆一下，$\bar{x}$的标准差等于$\sigma/\sqrt{n}$，因此我们定义控制限为

$$控制下限=\mu-3\frac{\sigma}{\sqrt{n}}$$

$$控制上限=\mu+3\frac{\sigma}{\sqrt{n}}$$

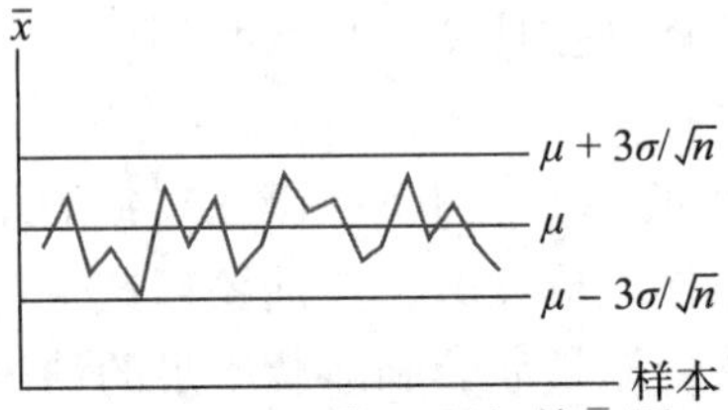


**图21—1 $\mu$和$\sigma$已知的$\bar{x}$图**

画出中线和控制限之后，我们就建立起了控制图。接下来我们把样本均值画在图上，以便于分析。控制图和假设检验的基本原理是相同的。

原假设和备择假设分别是

$H_0$：过程处于受控状态

$H_1$：过程处于失控状态

对于一幅$\bar{x}$图，检验统计量是样本均值$\bar{x}$。然而，因为处理的是一个动态过程而非一个固定的总体，我们需要检验一系列样本均值。也就是说，我们要计算一系列在时间上连续的样本的均值。对于每个样本，我们要判断是否有足够的证据证明该过程的均值发生了改变。如果一段时间内的样本均值落在控制限以外，我们就拒绝原假设。有人会问为什么采用3σ作为控制限，而不是像在第11章中对总体均值进行假设检验时那样，用2σ、1.96σ或1.645σ作为控制限。有这样的疑问是很合乎逻辑的。答案对于各种检验都是一样的。检验的结论是以样本数据为依据的，因此存在两类可能的错误。在统计过程控制中，当过程没有失控而我们判断它失控时，就会犯第一类错误。这种错误的代价可能是非常高昂的，因为我们必须把生产过程停下来，找到发生波动的原因并排除它。因此，我们总想让犯第一类错误的可能性尽量小。如果采用距离均值3σ作为控制限，犯第一类错误的概率是

$$\alpha=P(|z|>3)=0.002\,6$$

$\alpha$的值很小，这会导致犯第二类错误的概率相对较大。如果对任何样本，我们都没有拒绝错误的原假设，就犯了第二类错误。这就意味着，对于每一个样本，当过程失控时我们都不太可能发现。然而，因为我们要进行一系列检验（每个样本进行一次），所以我们最终会发现过程处于失控状态，并采取措施去解决这个问题。

假设为了检验灌装 1 加仑油漆罐的生产过程，我们选择每小时抽取 4 个样本。此外，假设我们已经知道当生产过程处于受控状态时油漆量分布的均值和标准差，例如 $\mu=1.001$，$\sigma=0.006$。(这意味着，当阀门按照设计要求正常工作时，每个油漆罐的油漆量是一个随机变量，它的均值是 1.001 加仑，标准差是 0.006 加仑。）因此，

$$中线=\mu=1.001$$

$$控制下限=\mu-3\frac{\sigma}{\sqrt{n}}=1.001-3\frac{0.006}{\sqrt{4}}=1.001-0.009=0.992$$

$$控制上限=\mu+3\frac{\sigma}{\sqrt{n}}=1.001+3\frac{0.006}{\sqrt{4}}=1.001+0.009=1.010$$

图 21—2 描述了在采集前 15 个样本时，生产过程处于受控状态的情况。然而，在采集了 15 个样本后，生产过程开始失控，导致样本均值超出控制限的范围。我们可以判断过程分布已经发生了改变，因为数据显示的波动超出了具有指定的均值和标准差的过程的预测范围。这就意味着这种波动是非系统性的，需要确定它发生的原因并进行校正。

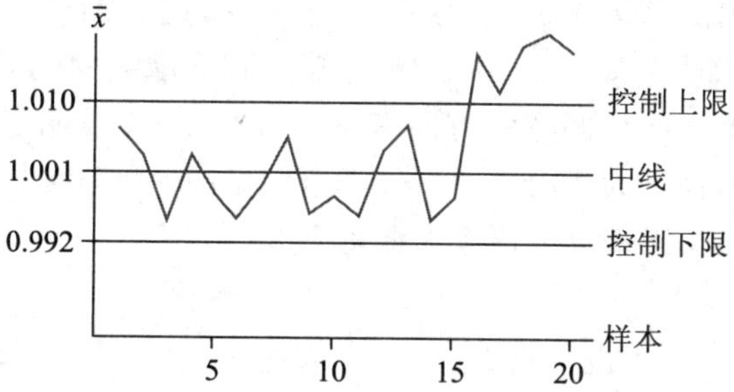


**图 21—2　$\bar{x}$ 图：处于失控状态的过程**

正如上面所阐述的那样，统计过程控制与假设检验稍有差别。它们的概念相同，但我们应该注意二者的差异。在第 11 章和第 12 章中检验均值和比例时，我们处理的是总体参数确定但未知的问题，这是两者最重要的区别。例如，在例 11.1 中，我们处理的总体是百货商店顾客的账户余额，总体的均值是一个我们不知道的常数。检验的目的是判断是否有足够的统计证据使我们可以推断账户余额的均值高于 170 美元。因此我们抽取一个样本，并依据样本均值做出判断。而当处理生产过程时，过程的分布本身是变化的，这一点非常重要。也就是说，在任何时刻如果阀门失灵，那么油漆的灌装量的分布就会发生改变。因此，我们不能仅仅抽取一个样本就做出判断。相反，我们应该在控制图上画出一段时间内抽取的所有样本的统计量。从第 11 章到第 18 章，我们都假设静态总体的分布具有固定但未知的参数，而在本章中，我们将假设一个动态过程的分布的参数是可能发生变化的。

### □ 21－2a　样本容量和抽样频率

在设计控制图时，统计人员必须选择样本容量和抽样频率。这些选择要依据几个因素，包括犯第一类错误和第二类错误的成本、生产过程的长短以及过程失控时过程分布发生的典型变化。操作特征曲线是帮助我们做出选择的一个有用工具。

**操作特征曲线**　在第 11 章中，我们给出了**操作特征曲线** [operating characteristic (OC) curve]，它可以反映犯第二类错误的概率和总体均值。在此，我们介绍如何在图上绘制操作特征曲线。

假设生产过程处于受控状态，过程的均值和标准差分别是 $\mu_0$ 和 $\sigma$。对于给定的 $\alpha$ 和 $n$，当过程的均值变为 $\mu_1=\mu_0+k\sigma$ 时，我们可以计算出犯第二类错误的概率。当过程处于失控状态而样本均值仍处于控制限内时，就会犯第二类错误。换句话说，犯第二类错误的概率就是 $\bar{x}$ 图不能察觉过程均值发生 $k\sigma$ 的偏移的概率。图 21—3 给出了 $n=2$，3，4 和 5 时的操作特征曲线。图 21—4 给出了 $n=10$，15，20 和 25 时的操作特征曲线。(我们之所以画出两组曲线，是因为一组曲线无法满足我们需要的精度。) 我们可以通过操作特征曲线确定应该选择的样本容量。

图 21—3 告诉我们，当发生 1 倍标准差以内的较小偏移时，容量为 2～5 的样本不能察觉这个偏移的概率在 0.8～0.95 之间。为了理解犯第二类错误的概率较大所产生的影响，我们可以考虑一下油漆罐的例子。假设过程处于失控状态，均值发生了 1 倍标准差左右的偏移。发生偏移后的第一个样本不能反映出偏移的概率大概是 0.85，前 $m$ 个样本不能反映出偏移的概率是 $0.85^m$。因此，当 $m=5$ 时，前 5 个样本不能反映出偏移的概率是 0.44。如果每小时灌装 1 000 个油漆罐，那么灌装完的 5 000 个油漆罐中很大一部分都会多灌或少灌（这与偏移的方向有关）。图 21—4 表明当过程均值发生 1 倍标准差的偏移时，令样本容量为 15 或 20 是可取的。当 $n=15$ 且发生 1 倍标准差的偏移时，第一个样本不能反映出偏移的概率大概是 0.2。

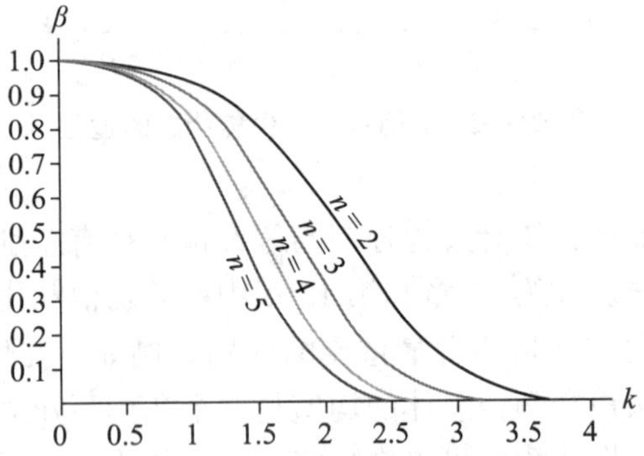


**图 21—3　$n=2$，3，4 和 5 时的操作特征曲线**

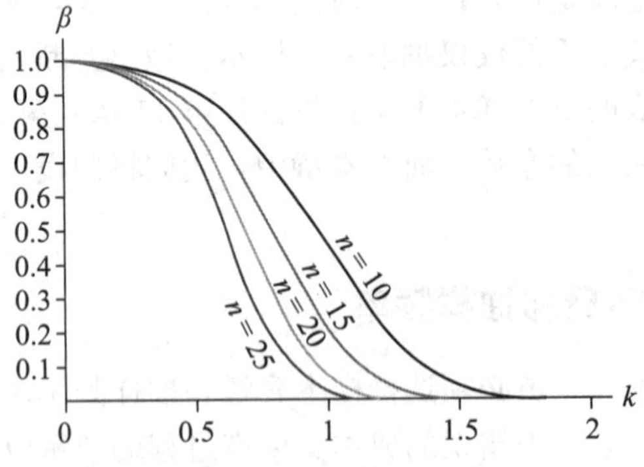


**图 21—4　$n=10$，15，20 和 25 时的操作特征曲线**

如果典型的偏移是 2 倍或更多倍标准差，那么样本容量为 4 或 5 就足够了。当 $n=5$ 时，犯第二类错误的概率大概是 0.07。

**使用计算机**

**Excel**

与第 11 章一样，我们可以使用计算机来计算犯第二类错误的概率。下表列示了 $k=1.5$，$n=4$ 时的输出结果。

| | A | B | C | D |
|---|---|---|---|---|
| 1 | **Type Ⅱ Error** | | | |
| 2 | | | | |
| 3 | H0：MU | 0 | Critical values | −1.51 |
| 4 | SIGMA | 1 | | 1.51 |
| 5 | Sample size | 4 | Prob(Type Ⅱ error) | 0.504 6 |
| 6 | ALPHA | 0.002 6 | Power of the test | 0.495 4 |
| 7 | H1：MU | 1.5 | | |

**Minitab**

与第 11 章一样，我们可以使用计算机计算犯第二类错误的概率。下表是当 $k=1.5$，$n=4$ 时的输出结果。

```
Power and Sample Size

1-Sample Z Test

Testing mean=null(versus not=null)
Calculating power for mean=null+difference
Alpha=0.002 6 Assumed standard deviation=1

                 Sample
Difference        Size       Power
       1.5           4     0.495 4
```

Minitab 会自动输出检验功效的值。记住，检验功效就是 $1-\beta$。

### □ 21-2b 平均连串长度

**平均连串长度**（average run length，ARL）是指在控制图发现过程失控之前必须采集的样本数。平均连串长度的定义如下：

$$ARL=\frac{1}{P}$$

式中，$P$ 是样本均值落在控制限之外的概率。假定控制限被定义为中线上下 3 倍标准差，那么当过程处于受控状态时，样本均值落在控制限外的概率为

$$P=P(|z|>3)=0.0026$$

则

$$\text{ARL}=\frac{1}{0.0026}=385$$

这就意味着当过程处于受控状态时，在平均每 385 个样本中，$\bar{x}$ 图可能会有一次错误地得出过程处于失控状态的结论。如果抽样计划中要求每小时抽取一个样本，那么平均每 385 小时就会有一次错误的警报。

我们可以利用操作特征曲线来确定 $\bar{x}$ 图察觉到过程失控所需要的平均连串长度。假设当过程处于失控状态时，其典型的表现是过程偏离均值 1.5 倍标准差（或左或右）。从图 21—3 可知，当 $n=4$，$k=1.5$ 时，犯第二类错误的概率大概是 0.5，也就是说，当过程偏离均值 1.5 倍标准差时，均值仍然处于控制限之间，即表明过程处于受控状态的概率是 0.5。样本均值落在控制限之外的概率是 $P=1-0.5=0.5$，那么平均连串长度是

$$\text{ARL}=\frac{1}{0.5}=2$$

这就意味着控制图平均需要 2 个样本，才能检测出过程已经发生了 1.5 倍标准差的偏移。假设这个偏移程度会导致不可接受的大量不符合标准的油漆罐。我们可以采取两种方法进行补救：增加抽样频率或增加样本容量。例如，如果我们平均每半小时抽取 4 个样本，那么只需要 1 个小时就能检测出偏移并进行校正。如果我们每小时抽取 10 个样本，由图 21—4 可知，当存在 1.5 倍标准差的偏移时，犯第二类错误的概率大概是 0.05，因此 $P=1-0.05=0.95$，并且

$$\text{ARL}=\frac{1}{0.95}=1.05$$

这表明当样本容量是 10 时，统计人员检测到发生 1.5 倍标准差的偏移的速度约是样本容量为 4 时的 2 倍。

### □ 21-2c　改变控制限

另一个减小犯第二类错误的概率的方法是增加犯第一类错误的概率。那么，我们可以将控制限设定为中线上下 2 倍标准差。为了判断这样做是否可取，我们首先需要画出这种情况下的操作特征曲线。

在阐述控制图的逻辑关系时，我们采用了传统的统计推断方法，并假设过程参数是未知的。当参数未知时，我们可以根据样本数据来估计这些参数的值。在接下来的两节中，我们将讨论在更现实的情况下如何构造和使用控制图。在 21.3 节中，我们将介绍数据非连续条件下的控制图，在统计过程控制中，我们把它称为**变量控制图**（control charts for variables）。21.4 节将给出用于记录产品是否合格的控制图，即**特征控制图**（control charts for attributes）。

## 习　题

**21.5**　如果在 $\overline{x}$ 图中，控制限被定义为偏离中线 2.5 倍标准差，那么当过程处于受控状态时，控制图上的样本能显示出过程失控的概率是多少？

**21.6**　参考习题 21.5，当过程处于受控状态时，控制图上的样本显示过程失控的平均连串长度是多少？

**21.7**　假设在 $\overline{x}$ 图中，控制限被定义为偏离中线 2 倍标准差，试计算当过程处于受控状态时，控制图上的样本显示过程失控的概率。

**21.8**　参考习题 21.7，确定当过程处于受控状态时，控制图上的样本显示过程失控的平均连串长度。

请根据以下信息回答习题 21.9 至习题 21.15。

一个设备每小时生产 100 个产品，用 $\overline{x}$ 图监视它的质量。控制限被定义为偏离均值 3 倍标准差。当过程处于失控状态时，它通常会偏离均值 1.5 倍标准差。每小时抽样一次，每次样本容量是 3。

**21.9**　当生产过程处于受控状态，而控制图显示过程失控时，设备平均生产了多少个产品？

**21.10**　参考习题 21.9。

a. 发生偏移后，$\overline{x}$ 图不能从第 1 个样本中检测到发生了 1.5 倍标准差的偏移的概率是多少？

b. 发生偏移后，$\overline{x}$ 图不能从前 8 个样本中检测到发生了 1.5 倍标准差的偏移的概率是多少？

**21.11**　参考习题 21.10，试确定检测到偏移的平均连串长度。

**21.12**　运营经理不满意目前的抽样计划，他把样本容量改为每半小时 2 个。当生产过程处于受控状态而控制图显示过程失控时，设备平均生产了多少个产品？

**21.13**　参考习题 21.12。

a. 发生偏移后，$\overline{x}$ 图不能从第 1 个样本中检测到发生了 1.5 倍标准差的偏移的概率是多少？

b. 发生偏移后，$\overline{x}$ 图不能从前 8 个样本中检测到发生了 1.5 倍标准差的偏移的概率是多少？

**21.14**　参考习题 21.13，试确定检测到偏移的平均连串长度。

**21.15**　写一个简要的报告比较习题 21.9 和习题 21.12 所描述的两种不同的抽样计划，并讨论两种抽样计划的相对成本和犯第一类错误与第二类错误的概率。

请根据以下情节回答习题 21.16 至习题 21.22。

一家生产笔记本电脑的公司运用统计过程控制来监控其生产过程。对于其中一个部件，工作人员每 30 分钟抽取 10 个样本。该公司每小时生产 4 000 个这样的部件。控制限被定义为偏离均值 3 倍标准差。当过程处于失控状态时，它通常会偏离均值 0.75 倍标准差。

**21.16**　当生产过程处于受控状态，而控制图显示过程失控时，设备平均生产了多少个产品？

**21.17** 参考习题 21.16。

a. 发生偏移后，$\bar{x}$ 图不能从第 1 个样本中检测到发生了 0.75 倍标准差的偏移的概率是多少？

b. 发生偏移后，$\bar{x}$ 图不能从前 4 个样本中检测到发生了 0.75 倍标准差的偏移的概率是多少？

**21.18** 参考习题 21.17，试确定检测到偏移的平均连串长度。

**21.19** 公司考虑改变抽样计划，每小时抽取 20 个样本。当生产过程处于受控状态，而控制图显示过程失控时，设备平均生产了多少个产品？

**21.20** 参考习题 21.19。

a. 发生偏移后，$\bar{x}$ 图不能从第 1 个样本中检测到发生了 0.75 倍标准差的偏移的概率是多少？

b. 发生偏移后，$\bar{x}$ 图不能从前 4 个样本中检测到发生了 0.75 倍标准差的偏移的概率是多少？

**21.21** 参考习题 21.20，试确定检测到偏移的平均连串长度。

**21.22** 写一个简要的报告比较习题 21.16 和习题 21.19 所描述的两种不同的抽样计划，并讨论两种抽样计划的相对成本以及犯第一类错误与第二类错误的概率。

## 21.3 变量控制图：$\bar{x}$ 图和 $S$ 图

对于定距数据，有几种方法可以判断过程的分布是否发生了改变。为了判断分布的均值是否发生了改变，可以使用 $\bar{x}$ 图；为了判断分布的标准差是否有所改变，我们可以使用 $S$（代表标准差）图或 $R$（代表极差）图。

本书中我们根据样本标准差的值来估计总体标准差的值。然而，由于各种原因，统计过程控制中经常用极差代替标准差。这主要是因为计算极差比计算标准差要简单。因为许多进行统计过程控制的统计人员是用手工进行计算的（借助于计算器），因此他们选择计算相对简单的极差作为估计过程标准差的方法。在本节中，我们将介绍反映样本标准差的控制图。在本书所附凯勒网站的附录——变量 $X$ 的控制图和 $R$ 图中，我们将采用样本极差来构建控制图。

### □ 21-3a $\bar{x}$ 图

在 21.2 节中，我们用过程分布的均值和标准差来定义 $\bar{x}$ 图的中线和控制限。然而，已知过程分布的均值和标准差是不太现实的。因此，为了构建 $\bar{x}$ 图，我们需要根据已知数据来估计相应参数的值。

我们首先在图中画出过程处于受控状态时的样本，样本容量一定要处于 2～25 之间。我们将会在下文讨论如何判断过程处于受控状态。对于每一个样本，我们计算其均值和标准差。过程分布均值的估计值就是所有样本均值的均值（用 $\bar{\bar{x}}$ 表示）：

$$\bar{\bar{x}} = \frac{\sum_{j=1}^{k} \bar{x}_j}{k}$$

式中 $\bar{x}_j$ 是第 $j$ 个样本的均值，共有 $k$ 个样本（注意，$\bar{\bar{x}}$ 是 $nk$ 个观测值的均值）。

为了估计过程分布的标准差，我们需要计算每个样本的样本方差 $s_j^2$，然后计算联合标准差①，用 $S$ 表示，其定义如下：

$$S = \sqrt{\frac{\sum_{j=1}^{k} s_j^2}{k}}$$

在前一节中，我们假设过程分布的均值和方差是已知的，其中线和控制限定义如下：

中线 $=\mu$

控制下限 $=\mu - 3\dfrac{\sigma}{\sqrt{n}}$

控制上限 $=\mu + 3\dfrac{\sigma}{\sqrt{n}}$

由于 $\mu$ 和 $\sigma$ 的值未知，我们必须用样本数据来估计它们，$\mu$ 的估计值是 $\bar{\bar{x}}$，$\sigma$ 的估计值是 $S$。因此，中线和控制限如下所示。

**$\bar{x}$ 图的中线和控制限**

中线 $=\bar{\bar{x}}$

控制下限 $=\bar{\bar{x}} - 3\dfrac{S}{\sqrt{n}}$

控制上限 $=\bar{\bar{x}} + 3\dfrac{S}{\sqrt{n}}$

### 例 21.1　李尔公司的统计过程控制 I

数据：Xm21－01

安大略省基奇纳市的李尔公司为克莱斯勒、福特和通用汽车等公司制造座椅。几年以前，李尔公司开始采用统计过程控制，这提高了产品质量，降低了生产成本。座椅靠垫的其中一个部件是钢丝弹簧，它由 4 毫米的钢丝制成，用机器来弯制 500 毫米长的弹簧。如果弹簧长于 500 毫米，则它们会变松并最终脱落。如果弹簧太短，则很不容易被安装到位。（事实上，过去有相当多的短弹簧，为了安装这些弹簧，工人们的手和胳膊经常受伤。）为了判断生产过程是否处于受控状态，每小时随机抽取 4 根弹簧。最后的 25 个样本的长度如下表所示。试根据这些数据构建 $\bar{x}$ 图。

① 该公式要求每个样本的样本容量是相同的，本章都要求满足这一条件。

| | | | | |
|---|---|---|---|---|
| 1 | 501.02 | 501.65 | 504.34 | 501.10 |
| 2 | 499.80 | 498.89 | 499.47 | 497.90 |
| 3 | 497.12 | 498.35 | 500.34 | 499.33 |
| 4 | 500.68 | 501.39 | 499.74 | 500.41 |
| 5 | 495.87 | 500.92 | 498.00 | 499.44 |
| 6 | 497.89 | 499.22 | 502.10 | 500.03 |
| 7 | 497.24 | 501.04 | 498.74 | 503.51 |
| 8 | 501.22 | 504.53 | 499.06 | 505.37 |
| 9 | 499.15 | 501.11 | 497.96 | 502.39 |
| 10 | 498.90 | 505.99 | 500.05 | 499.33 |
| 11 | 497.38 | 497.80 | 497.57 | 500.72 |
| 12 | 499.70 | 500.99 | 501.35 | 496.48 |
| 13 | 501.44 | 500.46 | 502.07 | 500.50 |
| 14 | 498.26 | 495.54 | 495.21 | 501.27 |
| 15 | 497.57 | 497.00 | 500.32 | 501.22 |
| 16 | 500.95 | 502.07 | 500.60 | 500.44 |
| 17 | 499.70 | 500.56 | 501.18 | 502.36 |
| 18 | 501.57 | 502.09 | 501.18 | 504.98 |
| 19 | 504.20 | 500.92 | 500.02 | 501.71 |
| 20 | 498.61 | 499.63 | 498.68 | 501.84 |
| 21 | 499.05 | 501.82 | 500.67 | 497.36 |
| 22 | 497.85 | 494.08 | 501.79 | 501.95 |
| 23 | 501.08 | 503.12 | 503.06 | 503.56 |
| 24 | 500.75 | 501.18 | 501.09 | 502.88 |
| 25 | 502.03 | 501.44 | 498.76 | 499.39 |

**解**

**计　算**

**手工计算**

每个样本的均值和标准差都已经被计算出来并列于表 21—1 中。此外，样本均值的均值和联合标准差分别为

$$\bar{\bar{x}} = 500.296$$
$$S = 1.971$$

则中线和控制限为

$$中线 = \bar{\bar{x}} = 500.296$$

$$控制下限=\bar{\bar{x}}-3\frac{S}{\sqrt{n}}=500.296-3\frac{1.971}{\sqrt{4}}=497.340$$

$$控制上限=\bar{\bar{x}}+3\frac{S}{\sqrt{n}}=500.296+3\frac{1.971}{\sqrt{4}}=503.253$$

中线和控制限都按照顺序画在图中。手工计算得到的图形与用 Excel 和 Minitab 得到的图形是相同的。

**表 21—1　　例 21.1 中样本的均值和标准差**

| 样本 | | | | | $\bar{x}_j$ | $s_j$ |
|---|---|---|---|---|---|---|
| 1 | 501.02 | 501.65 | 504.34 | 501.10 | 502.03 | 1.567 |
| 2 | 499.80 | 498.89 | 499.47 | 497.90 | 499.02 | 0.833 |
| 3 | 497.12 | 498.35 | 500.34 | 499.33 | 498.79 | 1.376 |
| 4 | 500.68 | 501.39 | 499.74 | 500.41 | 500.56 | 0.683 |
| 5 | 495.87 | 500.92 | 498.00 | 499.44 | 498.56 | 2.152 |
| 6 | 497.89 | 499.22 | 502.10 | 500.03 | 499.81 | 1.763 |
| 7 | 497.24 | 501.04 | 498.74 | 503.51 | 500.13 | 2.741 |
| 8 | 501.22 | 504.53 | 499.06 | 505.37 | 502.55 | 2.934 |
| 9 | 499.15 | 501.11 | 497.96 | 502.39 | 500.15 | 1.978 |
| 10 | 498.90 | 505.99 | 500.05 | 499.33 | 501.07 | 3.316 |
| 11 | 497.38 | 497.80 | 497.57 | 500.72 | 498.37 | 1.578 |
| 12 | 499.70 | 500.99 | 501.35 | 496.48 | 499.63 | 2.216 |
| 13 | 501.44 | 500.46 | 502.07 | 500.50 | 501.12 | 0.780 |
| 14 | 498.26 | 495.54 | 495.21 | 501.27 | 497.57 | 2.820 |
| 15 | 497.57 | 497.00 | 500.32 | 501.22 | 499.03 | 2.059 |
| 16 | 500.95 | 502.07 | 500.60 | 500.44 | 501.02 | 0.735 |
| 17 | 499.70 | 500.56 | 501.18 | 502.36 | 500.95 | 1.119 |
| 18 | 501.57 | 502.09 | 501.18 | 504.98 | 502.46 | 1.724 |
| 19 | 504.20 | 500.92 | 500.02 | 501.71 | 501.71 | 1.796 |
| 20 | 498.61 | 499.63 | 498.68 | 501.84 | 499.69 | 1.507 |
| 21 | 499.05 | 501.82 | 500.67 | 497.36 | 499.73 | 1.943 |
| 22 | 497.85 | 494.08 | 501.79 | 501.95 | 498.92 | 3.741 |
| 23 | 501.08 | 503.12 | 503.06 | 503.56 | 502.71 | 1.106 |
| 24 | 500.75 | 501.18 | 501.09 | 502.88 | 501.48 | 0.955 |
| 25 | 502.03 | 501.44 | 498.76 | 499.39 | 500.41 | 1.576 |

**Excel**

| | A | B | C |
|---|---|---|---|
| 1 | **Statistical Process Control** | | |
| 2 | | | |
| 3 | | | Springs |
| 4 | Upper control limit | | 503.253 |
| 5 | Centerline | | 500.296 4 |
| 6 | Lower control limit | | 497.339 8 |

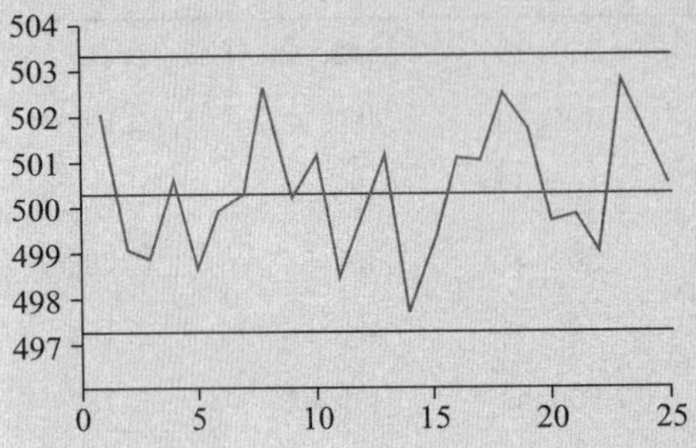


**计算机命令**

1. 在任一列中输入或导入数据（打开 Xm21-01）。

2. 点击“Add-Ins”（加载项）—“Data Analysis Plus”（数据分析加载项）—“Statistical Process Control”（统计过程控制）。

3. 指定“Input Range”（输入范围）（A1：A101)和“Sample Size”（样本容量）（4）。单击“Xbar”（使用 S）。

**Minitab**

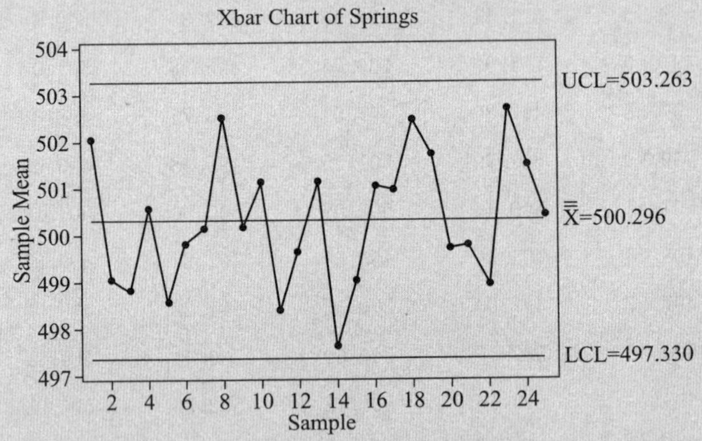


**计算机命令**

1. 在任一列中输入或导入数据（打开 Xm21-01）。

2. 点击“Stat”（统计）—“Control Charts”（控制图）—“Variable charts for subgroups”（子组的变量控制图）—“Xbar…”。

3. 指定“All observations for a chart are in one column”（图表的所有观测值均在一列中），然后选择变量（Springs）。输入“Subgroup size”（子组大小）（4）。点击“Xbar Options…”（Xbar 选项…）。

4. 点击“Estimate”（估计）。在“Method for estimating standard deviation”（估计标准差的方法）中选择“Pooled standard deviation”（合并标准差）。

## 解　释

正如我们所看到的，没有点落在控制限以外。因此，我们可以断定，弹簧长度的变化是由偶然原因引起的。也就是说，没有足够的证据证明生产过程是失控的，故不需要采取补救措施。

强调一下，统计过程控制只能使我们检测出非系统波动。在例 21.1 中，我们判断过程处于受控状态，这就意味着不存在可检测的非系统波动的来源。然而，这并不意味着这个过程是一个好的过程。生产过程仍然可能因为大量的偶然波动而产生很大比例的次品。在 14.6 节中，我们已经知道偶然波动会降低产品质量，增加成本。如果由于大量偶然波动导致生产次品的成本很高，我们只能通过改变生产过程本身来提高质量，降低成本。

### □ 21－3b　用于判断过程失控的图形检验

本书的其他章节在提到假设检验时，我们只用一个样本统计量的值进行判断。然而，统计过程控制要依据一系列样本统计量的值进行判断。在 $\bar{x}$ 图中，我们至少要描出 25 个样本均值后才能做出判断。因此，我们可以开发出基于绘制出的样本均值的图形的检验方法。为了说明这些方法，我们需要把图中两个控制限之间的区域分成六个子区，如图 21—5 所示。C 区代表偏离中线 1 倍标准差之内的区域。B 区代表偏离中线 1 倍标准差到 2 倍标准差的区域。偏离中线 2 倍标准差到 3 倍标准差的区域则定义成 A 区。

每个子区的宽度都是 $\bar{\bar{x}}$ 的 1 倍标准差（$S/\sqrt{n}$）。如果采用手工计算，那么 $S$ 的值可计算得出。然而，如果用计算机计算，那么输出的统计量只有中线和控制限。我们可以计算上下控制限之间的差，再除以 6，得到 $S/\sqrt{n}$。也就是，$S/\sqrt{n}=\frac{(\bar{\bar{x}}+3S/\sqrt{n})-(\bar{\bar{x}}-3S/\sqrt{n})}{6}=\frac{503.253-497.340}{6}=0.985\ 5$

图 21—6 画出了例 21.1 的中线、控制限和各个子区。

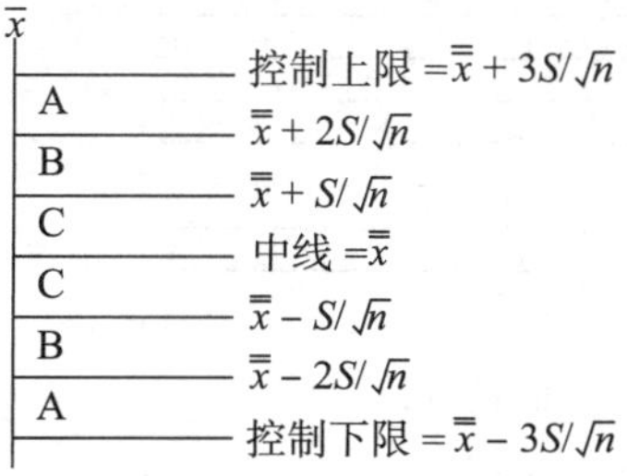


**图 21—5　$\bar{x}$ 图的子区**

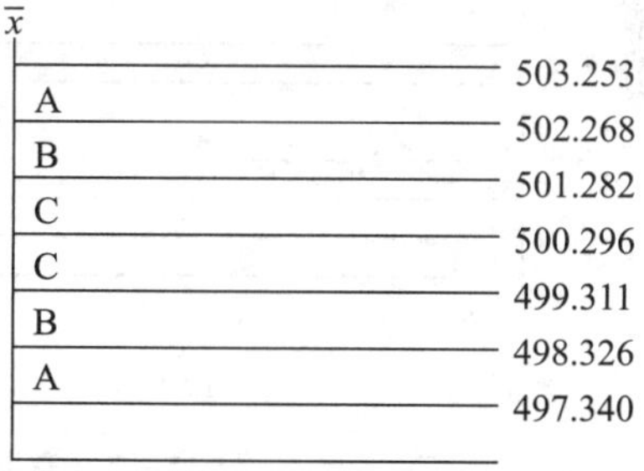


**图 21—6　例 21.1 的 $\bar{x}$ 图的子区**

有几种检验模式可以应用。我们列出了 Minitab 和“数据分析加载项”构造的八种检验。

检验 1：1 个点超出 A 区。这个方法已经在上面讨论过了，只要有一个点超出控制限，就可以断定过程处于失控状态。

检验 2：连续 9 个点在 C 区或超出 C 区（在中线的同一侧）。
检验 3：6 个点连续增加或连续减少。
检验 4：连续 14 个点交替上下排列。
检验 5：连续 3 个点中的 2 个在 A 区或超出 A 区（在中线的同一侧）。
检验 6：连续 5 个点中的 4 个在 B 区或超出 B 区（在中线的同一侧）。
检验 7：连续 15 个点在 C 区（在中线的两侧）。
检验 8：连续 8 个点超出 C 区（在中线的两侧）。
如图 21—7 所示，上述八种检验中每一种都显示过程处于失控状态。

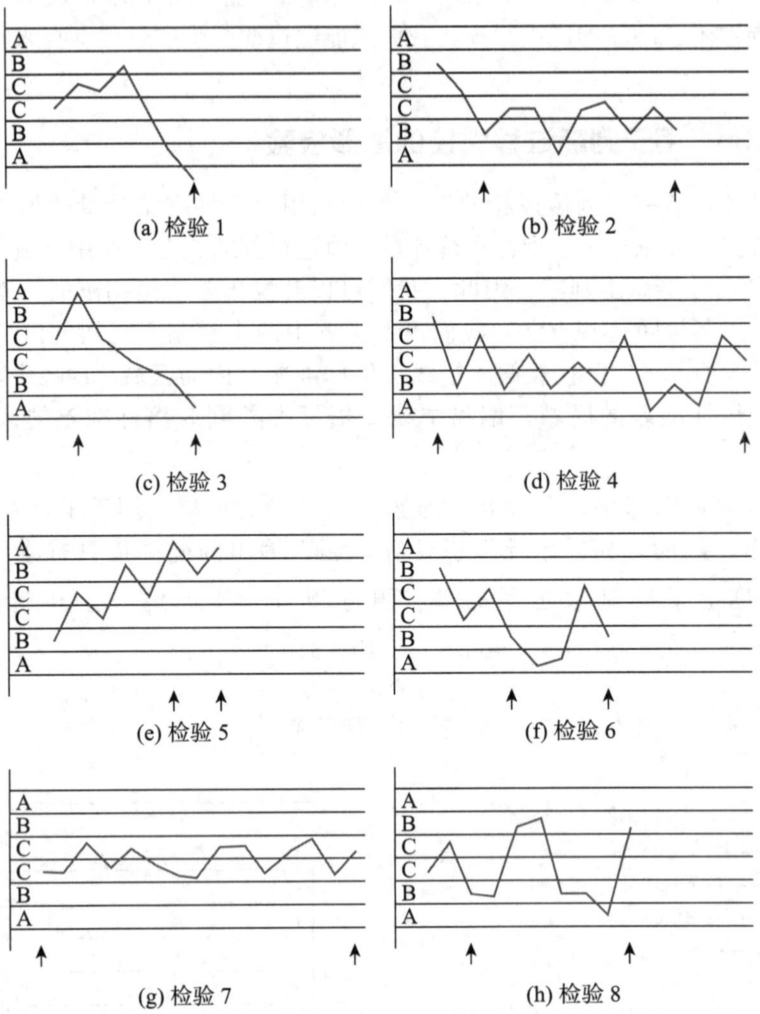


**图 21—7　表明过程处于失控状态的图示**

上述八个检验都是根据与本书中所有的假设检验同样的概念进行的。也就是说，每种图形都是罕见的事件，当过程处于受控状态时，它们是不太可能出现的。因此，当其中一种图形被确认存在时，统计人员就有理由相信过程处于失控状态。事实上，通常可以从控制图的形状发现问题的原因。

图 21—8 给出了例 21.1 的子区和均值。与上述八种检验比较之后，我们可以断定，

过程处于受控状态。

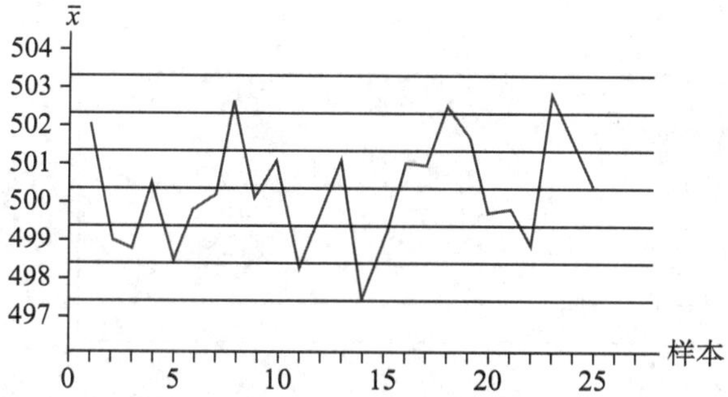


图 21—8 例 21.1 的 $\bar{x}$ 图

**Excel**

Excel 将自动进行八种检验。

**Minitab**

Minitab 可以完成所有或其中任何一种检验，并且会报告任何未通过检验的情况。

**计算机命令**

在单击“Xbar Options…”（Xbar 选项…）之后，选择“Tests”（检验）和“Perform all tests for special causes”（执行所有的特殊原因检验）。为了绘制控制图的各个子区，点击“S Limits”（S 限制），并在“Display control limits at”（显示控制限在）框中输入“1 2 3”。



### □ 21－3c 图形检验的应用问题

关于图形检验的应用，统计学家之间存在很多分歧。有些人和统计软件包采用上述八种检验，而另一些人可能会采取不同的检验数目。此外，有些统计学家把图形检验应用到 $\bar{x}$ 图中，但并不应用到其他控制图中。本书不参与这些争论，而是沿用 Minitab 的规则：$\bar{x}$ 图有八种图形检验，而 $S$ 图和 $R$ 图则不采用图形检验，21.4 节中介绍的控制图（$p$ 图）将引入四种图形检验。在“数据分析加载项”中，我们也应用了相同的规则。

### □ 21－3d *S* 图

***S* 图**（S chart）以图表的形式表示出样本标准差，进而判断过程分布的标准差是否发生了改变。其形式与 $\bar{x}$ 图相似：$S$ 图也用一条中线和两个控制限来表示。然而，它的中线和控制限的计算公式比 $\bar{x}$ 图复杂得多。因此，这里就不再给出公式了，我们利用计算机来完成所有的计算工作。

**例 21.2 李尔公司的统计过程控制Ⅱ**

利用例 21.1 的数据，判断是否有足够的证据显示，在抽样的时间内，过程分布的标准差发生了改变。

解

**Excel**

| | A | B | C |
|---|---|---|---|
| 1 | **Statistical Process Control** | | |
| 2 | | | |
| 3 | | | Springs |
| 4 | Upper control limit | | 4.128 8 |
| 5 | Centerline | | 1.822 |
| 6 | Lower control limit | | 0 |

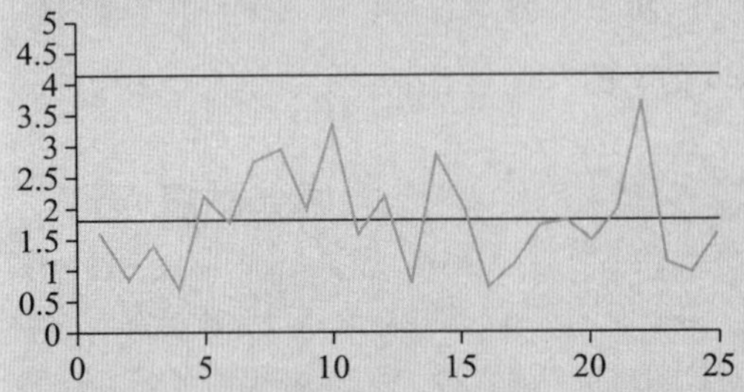


**计算机命令**

1. 在任一列中输入或导入数据（打开 Xm21 - 01）。

2. 点击“Add-Ins”（加载项）—“Data Analysis Plus”（数据分析加载项）—“Statistical Process Control”（统计过程控制）。

3. 指定“Input Range”（输入范围）（A1 : 101）和“Sample Size”（样本容量）（4）。选择“S”。

**Minitab**

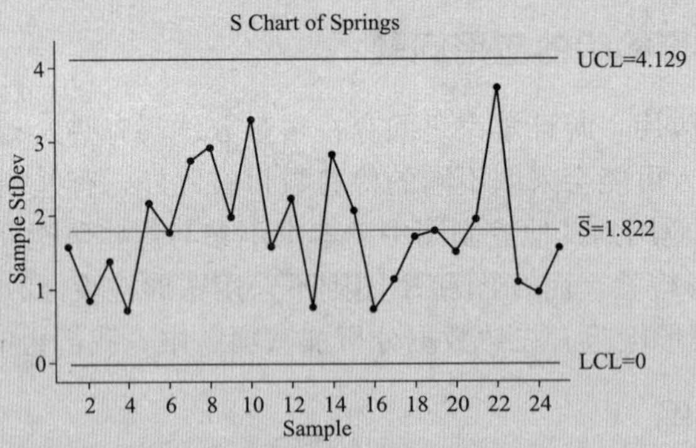


**计算机命令**

1. 在任一列中输入或导入数据（打开 Xm21 - 01）。

2. 点击“Stat”（统计）—“Control Charts”（控制图）—“Variable charts for subgroups”（子组的变量控制图）—“S…”。

3. 指定“All observations for a chart are in one column”（图表的所有观测值均在一列中），并选择变量（Springs）。输入“Subgroup sizes”（子组大小）（4），单击“S Options…”（S 选项…）。

4. 点击“Estimate”（估计）。在“Method for estimating standard deviation”（估计标准差的方法）下选择“Pooled standard deviation”（合并标准差）。

**解 释**

没有点落在控制限以外。因为没有应用任何图形检验，所以我们的结论是，没有足够的证据证明在这段时间内，过程分布的标准差发生了改变。

### □ 21-3e *S* 图的优势和劣势

分析 $S$ 图时，如果有点落在控制限外，我们就可以断定过程的标准差发生了改变。显然，位于控制上限之上的点表明过程的标准差增大了——这是我们不愿意看到的情况。位于控制下限之下的点也表明过程的标准差发生了改变。然而，标准差减小是受欢迎的，因为波动的减少通常意味着产品质量的提高。运营经理应该研究标准差或极差较小的情形，弄清它们的原因，从而确定是否可以对生产过程进行一个永久性的改进。当 $S$ 图显示标准差减小时，我们应该特别留意，因为这通常是由不恰当的抽样造成的。

### □ 21-3f $\bar{x}$ 图和 *S* 图的应用

在本节中，我们分别介绍了 $\bar{x}$ 图和 $S$ 图。然而，在实际应用中，这两种控制图通常要一起使用。这是因为在绘图时，我们需要利用 $S$ 的值来计算控制限和各子区的边界。因此，如果 $S$ 图表明过程是失控的，$S$ 值就不能作为过程分布的标准差的精确估计了。通常的做法是先画出 $S$ 图，如果它表明过程是受控的，再画出 $\bar{x}$ 图；如果 $\bar{x}$ 图也表明过程是受控的，我们就可以用这两幅图来控制生产过程。在创建控制图时，如果其中一幅图表明过程处于失控状态，我们就可以发现并解决生产过程所存在的问题，然后用新的数据重新绘制控制图。

### □ 21-3g 监测生产过程

在过程处于受控状态时，我们可以用控制图的控制限和中线来监测以后的生产过程。我们只需把以后的统计量的值绘制在控制图上就可以了。

**例 21.3 李尔公司的统计过程控制Ⅲ**

在断定过程处于受控状态之后，例 21.1 中的那家弹簧生产公司开始利用在创建 $\bar{x}$ 图和 $S$ 图的过程中生成的统计量来监控生产过程。抽样计划要求每小时抽取一个样本容量为 4 的样本。下表列出了前 6 小时抽取的弹簧的长度。

| | | | | |
|---|---|---|---|---|
| 1 | 502.653 | 498.354 | 502.209 | 500.080 |
| 2 | 501.212 | 494.454 | 500.918 | 501.855 |
| 3 | 500.086 | 500.826 | 496.426 | 503.591 |
| 4 | 502.994 | 500.481 | 502.996 | 503.113 |
| 5 | 500.549 | 498.780 | 502.480 | 499.836 |
| 6 | 500.441 | 502.666 | 502.569 | 503.248 |

**解**

抽取每个样本后，计算出样本均值和标准差。标准差利用之前当过程被认为受控时确定的控制限被绘制在 $S$ 图上，样本均值利用过程被认为受控时的子区限被绘制在 $\bar{x}$ 图上，并对其进行图形检验，前 6 个样本如图 21—9 所示。在绘制完第 6 个样本的均值和标准差之后，技术员停止了生产过程。因为第 4 个点和第 6 个点表明没有通过检验 5，即连续 3 个点中的 2 个在 A 区或 A 区之外。这说明过程的均值向上偏移。技术员需要找到问题的原因并进行排除。修理工作结束之后，生产过程重新开始，并重新绘制控制图及其中线和控制限。

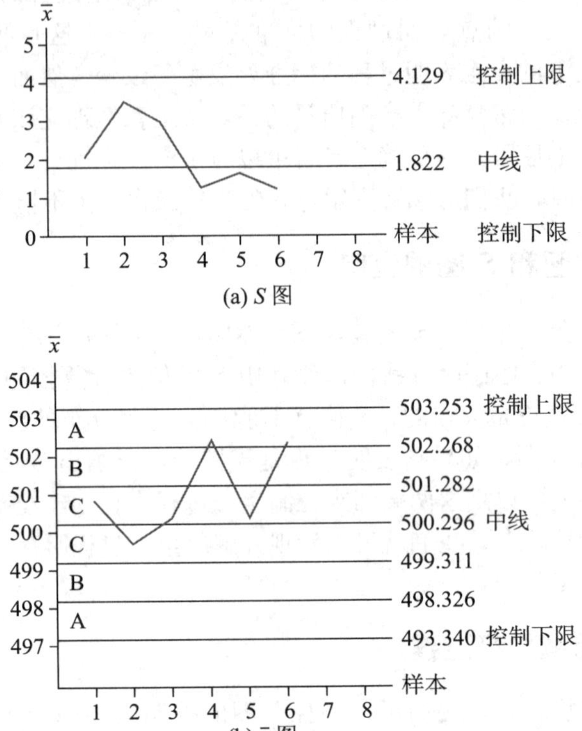


(a) $S$ 图

(b) $\bar{x}$ 图

**图 21—9　例 21.3 的 $S$ 图和 $\bar{x}$ 图**

### □ 21－3h　过程产能指数

**过程产能指数**（process capability index）衡量了过程生产符合规格的产品的能力。过程产能指数的定义如下：

$$C_p = \frac{\text{USL}-\text{LSL}}{6\sigma}$$

式中，USL 和 LSL 分别是规格上下限。为了计算指数，我们必须知道这两个界限和过程的标准差。标准差是总体参数，它通常是未知的。因而，$C_p$ 衡量的是理论的或潜在的过程产能。为了衡量过程的实际产能，我们必须使用在构建控制图时生成的统计量的值。假设例 22.1 中的运营经理认为，长度落在 LSL＝493 的规格下限和 USL＝507 的规格上限之间的弹簧是符合规格的。在例 21.1 中，我们已经知道 $\bar{\bar{x}}=500.296$ 和 $S=1.971$。

我们作如下定义：

$$\text{CPL}=\frac{\bar{\bar{x}}-\text{LSL}}{3S}=\frac{500.296-493}{3\times 1.971}=1.23$$

$$\text{CPU}=\frac{\text{USL}-\bar{\bar{x}}}{3S}=\frac{507-500.296}{3\times 1.971}=1.13$$

我们把过程产能指数定义为上述两个指数中的较小值，即

$$C_{pk}=\text{Min}(\text{CPL},\ \text{CPU})=1.13$$

在例 21.1 中，$C_{pk}$越大，生产过程就越能满足规格要求。通过确定这个值，运营经理可以衡量生产过程的改进情况。

### □ 21－3i 减少过程波动

在 14.6 节中，我们介绍了统计人员如何采用 4M 试验法发现波动的来源并最终减少波动。控制图也能起到同样的作用。通过检验控制图，我们可以发现一些波动的来源。

### □ 21－3j 理解统计概念

统计过程控制中运用的统计概念与假设检验中运用的基本原理是相同的。也就是说，与原假设不一致的统计量的值使我们可以拒绝原假设。然而，统计过程控制和假设检验有两个重要的差别：第一，在统计过程控制中，我们检验的是过程而非总体参数，换句话说，我们进行检验的目的是判断过程分布是否发生了改变；第二，在统计过程控制中，我们检验的是在一段时间内抽取的一系列统计量。从教学的角度来说，两者之间还存在一个根本的差别。许多学统计的学生在选择恰当的假设检验方法时会觉得很困难。然而，统计过程控制的应用则没有那么复杂。当必须对大量产品进行检验时，我们利用变量控制图（正如本节和下节介绍的）来判断过程是否处于受控状态。找到正确的方法并不困难，因此我们不强制学生掌握本书介绍的识别技巧。

## 习　题

**21.23**　从 30 个样本容量为 4 的样本中得到如下统计量的值，请计算 $\bar{x}$ 图的中线和控制限。

$\bar{\bar{x}}=453.6$　　$S=12.5$

**21.24**　从受控的生产过程中抽取了 40 个样本容量为 9 的样本，样本均值的均值和联合标准差如下所示，试计算图的中线、控制限和各子区的边界值。

$\bar{\bar{x}}=181.1$　　$S=11.0$

**21.25**　从生产过程中抽取了 25 个样本容量为 4 的样本。样本均值按先后顺序排列如下。所有样本均值的均值和联合标准差分别是 $\bar{\bar{x}}=13.3$ 和 $S=3.8$。

14.5　10.3　17.0　9.4　13.2　9.3　17.1

| | | | | | | |
|---|---|---|---|---|---|---|
| 5.5 | 5.3 | 16.3 | 10.5 | 11.5 | 8.8 | 12.6 |
| 10.5 | 16.3 | 8.7 | 9.4 | 11.4 | 17.6 | 20.5 |
| 21.1 | 16.3 | 18.5 | 20.9 | | | |

a. 试计算 $\bar{x}$ 图的中线和控制限。

b. 在 $\bar{x}$ 图中表示出样本均值。

c. 过程是否处于受控状态？为什么？

以下习题请使用计算机和统计软件完成。

**21.26　Xr21－26**　从一个过程中抽取了 30 个样本容量为 4 的样本。

a. 绘制 $S$ 图。

b. 绘制 $\bar{x}$ 图。

c. 根据控制图能否断定生产过程处于受控状态？

d. 如果过程处于失控状态，请问下面哪个原因最有可能：水平偏移、不稳定性、趋势或周期？

**21.27　Xr21－27**　栅栏锯可以自动把 2×4 的木板切割成 96 英寸长，用于建造活动房屋。为了保证木板能被适当地切割，每切割 100 块之后抽取 3 块进行检验。记录最近 40 个样本的测量数据（单位：英寸）。

a. 这些数据能否表明过程处于失控状态？

b. 如果问题（a）中的答案是肯定的，那么过程什么时候开始失控？最有可能的原因是什么：水平偏移、不稳定性、趋势或周期？

c. 如何解决这个问题？

**21.28　Xr21－28**　灭弧装置（AEU）通常被用于高压行业，以消除 25 000 伏开关在接触瞬间产生的电火花。AEU 中一个很小的但非常重要的部件是叫针轨（ST-90811）的绝缘滑动轴承。针轨的尺寸精度对于 AEU 的运转非常重要。如果它的任何一个维度不合规格，零件就会卡在 AEU 中，引起故障，使 AEU 和 25 000 伏开关完全损坏，并导致电力中断。针轨是一个正方形且中心带孔的部件，其规格尺寸如图所示。规格限是 LSL＝0.433 5 和 USL＝0.443 5。

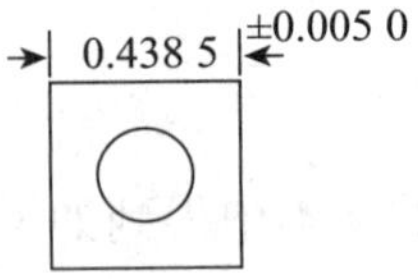


由于针轨尺寸的重要性，人们采用统计过程控制来检验生产过程是否处于受控状态。假设每小时抽取 5 个针轨，记录最近 25 个样本的结果。技术员可以依据这些数据判断生产过程失控吗？

**21.29**　参考习题 21.28，试计算过程产能指数 $C_{pk}$。

**21.30　Xr21－30**　KW 油漆公司生产各种油漆，并按 1 升或 4 升一罐的规格销售。油漆桶是由生产线上的自动阀进行调节灌装的。如果超量装填，就浪费了油漆和资金；如果油漆桶没有装满，那么顾客会投诉。该公司采用统计过程控制来确保每个油漆桶都能装入适量的油漆。每小时打开 5 桶油漆进行检验。记录 1 升的生产线上最近 30 小时的抽样结果。为了避免舍入误差，我们以立方厘米为单位，并减去了 1 000。文件中包含了超量装填和灌装不足的数量。绘制 $\bar{x}$ 图和 $S$ 图，并判断生产过程是否处于受控状态。

**21.31** 参考习题 21.30，如果上下规格限分别是 998 立方厘米和 1 002 立方厘米，$C_{pk}$ 是多少？

**21.32 Xr21-32** 李尔公司为凯迪拉克和通用汽车公司的汽车和卡车生产座椅。凯迪拉克的座椅有一个叫头靠的部件，它的框架是用钢管做的。用机器把钢管弯成如图所示的 U 形。这个部件的宽度是非常重要的，太宽或太窄都不能跟座架上的孔很好地接合。每 2 小时抽取一个样本容量为 3 的样本进行检验，记录最近的 20 个样本。

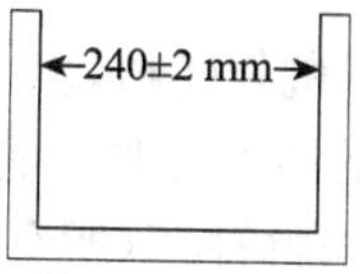


a. 从这些数据中，我们可以对生产过程做出什么判断？

b. 如果过程处于失控状态，那么是从哪个样本开始的？

c. 过程失控可能是什么非系统原因引起的？

**21.33 Xr21-33** 汽车的许多部位都要用到大量螺帽和螺钉，这些螺帽和螺钉的松紧程度通常是非常重要的。例如，在丰田汽车中，有一个螺帽是用于固定后信号灯的。如果拧得不够紧，螺帽会变松并脱落；如果拧得太紧，信号灯可能会被损坏。螺帽用转矩扳手拧紧。转矩的理想大小是 8kgf/cm（公斤力/厘米），规格下限 LSL＝7kgf/cm，规格上限 USL＝9kgf/cm。采用统计过程控制检验这个过程。每拧紧 200 个螺帽，从中随机抽取一个样本容量为 4 的样本。记录最近的 25 个样本。

（a）此加工过程是否失控？

（b）如果失控，说明何时失控及失控的可能原因。

**21.34 Xr21-34** F-150 系列福特卡车的座椅是由李尔公司加工的。座椅框架的宽必须是 1 496 毫米，规格下限 LSL＝1 486 毫米，规格上限 USL＝1 506 毫米。宽度小于 1 486 毫米或大于 1 506 毫米都会引起装配困难，因为这样的座椅框架和其他部分不能配合。每小时抽取样本容量为 5 的样本来检验这个过程。记录最近的 25 个样本。从这些数据中可以得出什么结论？

**21.35 Xr21-35** Long 制造公司生产换热器，这些换热器主要用于汽车行业。其中一个产品是变速箱油冷却器，用于冷却汽车的变速箱，它由一系列焊接在集管上的铜管组成。集管的直径必须是 4.984 英寸，规格下限 LSL＝4.978 英寸，规格上限 USL＝4.990 英寸。尺寸不当的集管会导致流体混合而令整个装置发生故障。每生产 100 个集管，运营经理会从中抽取一个样本容量为 4 的样本。保存最近 25 个集管样本。从这些数据中可以得出什么结论？

**21.36** 计算习题 21.35 的过程产能指数。

**21.37 Xr21-37** 参考习题 21.35，组装变速箱油冷却器要使用大量螺帽和螺钉。转矩扳手的扭矩为 7 英尺—磅，规格下限 LSL＝6 英尺—磅，规格上限 USL＝8 英尺—磅。为了检验生产过程，每 3 小时抽取 3 个螺帽进行检验。保存最近 75 小时的检验结果。请问根据这些数据能否判断这个过程处于受控状态？

**21.38 Xr21-38** 机油通常是用塑料瓶包装并出售的。在被运输到商店的过程中

(塑料瓶被装在箱子中，这些箱子可以叠放起来以节约卡车的空间）和在商店或消费者手中时，这些塑料瓶都会遭到相当粗暴的处理。因此，这些塑料瓶应该有足够的强度经受这些而不至于泄漏。在塑料瓶离开工厂之前，它们要经过统计过程控制程序的检验。从每 10 000 个瓶子中抽取 5 个作为一个样本。破裂强度（胀破瓶子所需的压力）用每平方英寸磅（psi）来衡量。过程设计要求生产的瓶子能承受 800 psi。保存最近 30 个样本的破裂强度。

a. 绘制适当的控制图。

b. 这些数据显示过程是否处于失控状态？如果是，何时发生失控？失控的原因和补救措施是什么？

**21.39 Xr21-39** 几乎所有计算机硬件和软件生产厂家都提供免费电话服务来解决与其产品相关的问题。迅速解决问题的能力是非常重要的。其中一个软件制造商的做法是所有电话将会在 120 秒内由软件顾问来解答。（所有电话开始都由计算机接听，打电话的人需要等软件顾问来处理。）为了维护服务的质量，公司每天检测 4 个电话，记录从电话被接听到软件顾问开始回答打电话者的问题之间的时间。保存最近 30 天的记录。

a. 绘制适当的控制图。

b. 这些数据显示过程是否处于失控状态？如果是，何时发生失控？失控的原因和补救措施是什么？

**21.40 Xr21-40** 几乎所有新居都需要使用塑料管来连接管道系统。管子如果太细或太粗，就不能和管道系统的其他部分很好地连接。一种直径为 3 英寸的管子的制造商利用统计过程控制来保证产品的质量。抽样计划是每小时抽取 3 根 10 英尺长的管子作样本并测量其直径。20 小时之前，为了检修，生产过程被停止。保存恢复生产后最初的 20 个样本的检验结果。这些数据显示过程是否处于受控状态？

**21.41 Xr21-41** 如果习题 21.40 中塑料管的 LSL=2.9 英寸，USL= 3.1 英寸，请确定过程产能指数 $C_{pk}$。

**21.42** 试计算习题 21.34 的过程产能指数。过程产能指数的值能否说明生产过程很糟糕？为什么？

## 21.4 属性控制图：*p* 图

在本节中，我们将介绍一种用于监测生产过程是否合格的控制图。我们构建 ***p* 图**（*p* chart）来跟踪一系列样本中不合格产品的比率。

### □ 21-4a *p* 图

我们用和构造 $\bar{x}$ 图相似的方法来构造 $p$ 图。我们从一个过程中抽取最少 25 期容量为 $n$ 的样本，对每个样本计算样本不合格率，记为 $\hat{p}_j$ 。我们计算样本不合格率的均值 $\bar{p}$，即

$$\bar{p}=\frac{\sum_{j=1}^{k}\hat{p}_j}{k}$$

中线和控制限如下：

**p 图的中线和控制限**

中线$=\bar{p}$

控制下限$=\bar{p}-3\sqrt{\dfrac{\bar{p}(1-\bar{p})}{n}}$

控制上限$=\bar{p}+3\sqrt{\dfrac{\bar{p}(1-\bar{p})}{n}}$

如果控制下限是负的，将它设成零。

### □ 21-4b 图形检验

与前一节一样，我们仍然采用 Minitab 的图形检验。Minitab 只能完成检验 1～检验 4，如下所示：

检验 1：1 个点超出 A 区。

检验 2：连续 9 个点在 C 区或超出 C 区（在中线的同一侧）。

检验 3：6 个点连续增加或连续减少。

检验 4：连续 14 个点交替上下排列。

我们用本章开始的例子来说明这种方法。

**检测缺陷磁盘的来源：问题的解**

对每个样本，我们计算不合格磁盘的比率和样本不合格率的均值，$\bar{p}=0.057\ 62$，则

$$中线=\bar{p}=0.057\ 62$$

$$\begin{aligned}控制下限&=\bar{p}-3\sqrt{\frac{\bar{p}(1-\bar{p})}{n}}\\&=0.057\ 62-3\sqrt{\frac{0.057\ 62\times(1-0.057\ 62)}{200}}\\&=0.008\ 188\end{aligned}$$

$$\begin{aligned}控制上限&=\bar{p}+3\sqrt{\frac{\bar{p}(1-\bar{p})}{n}}\\&=0.057\ 62+3\sqrt{\frac{0.057\ 62\times(1-0.057\ 62)}{200}}\\&=0.107\ 1\end{aligned}$$

因为

$$\sqrt{\frac{\bar{p}(1-\bar{p})}{n}}=\sqrt{\frac{0.057\ 62\times(1-0.057\ 62)}{200}}=0.016\ 48$$

所以各子区的边界为

C 区：0.057 62±0.0164 8=(0.041 14，0.074 1)

B 区：0.057 62±2×0.016 48=(0.024 67，0.090 57)

A 区：0.057 62±3×0.016 48=(0.008 188，0.107 1)

下面的输出结果展示了本例的 $p$ 图。

**Excel**

| | A | B | C |
|---|---|---|---|
| 1 | **Statistical Process Control** | | |
| 2 | | | |
| 3 | | | Disks |
| 4 | Upper control limit | | 0.107 1 |
| 5 | Centerline | | 0.057 6 |
| 6 | Lower control limit | | 0.008 2 |

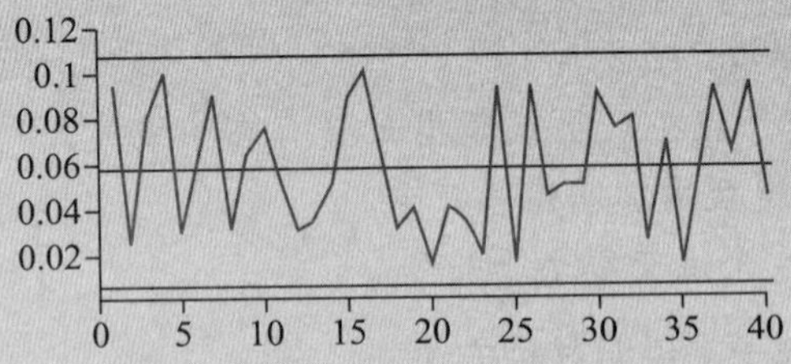


**计算机命令**

1. 在任一列中输入或导入数据（打开 Xm21－00）。

2. 点击“Add-Ins”（加载项）—“Data Analysis Plus”（数据分析加载项）—“Statistical Process Control”（统计过程控制）。

3. 指定“Input Range”（输入范围）（A1：41）和“Sample Size”（样本容量）（200），点击“P”。

**Minitab**

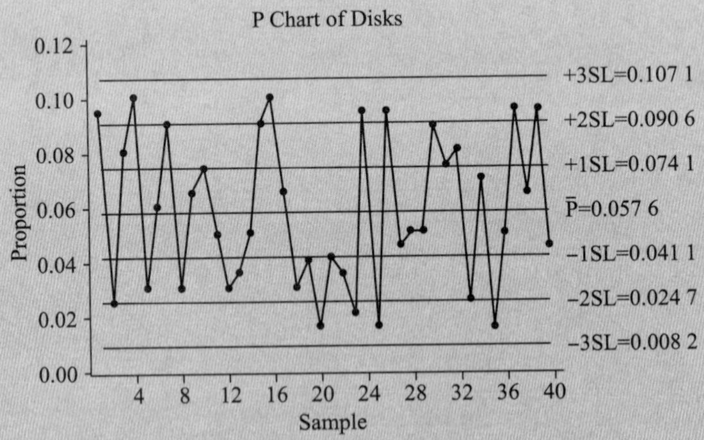

**计算机命令**

1. 在任一列中输入数据（打开 Xm21-00）。

2. 点击“Stat”（统计）—“Control Charts”（控制图）—“Attribute Charts”（属性控制图）和“P…”。

3. 选择变量（Disks）。输入“Subgroup sizes”（子组大小）（200），点击“P Chart Options…”（P 控制图选项…）。

4. 为了绘制控制图的各子区，点击“S Limits”（S 限制）并输入“1　2　3”。

5. 点击“Tests”（检验）和“Perform all four tests”（执行所有 4 个检验）。

**解　　释**

没有点落在控制限外（检验 1），其他检验结果也都是正常的，因此没有足够的证据证明过程处于失控状态。这并不是说 5.76%的不合格率可以接受，管理层应该继续改进生产过程以降低不合格率。

对 $S$ 图的解释也同样适用于 $p$ 图，即低于控制下限的样本比例表明，有可能应对过程进行永久性调整。我们需要调查发生这种改变的原因，就像分析不合格率较大的原因那样。

## 习　　题

**21.43**　为了确保加工过程处于受控状态，抽取 40 个容量为 1 000 的样本，并计算了每个样本中不合格品的数量，样本不合格比率的均值是 0.035。请计算 $p$ 图的中线和控制限。

**21.44　Xr21-44**　在最近的 25 个小时中，每小时从装配线上随机抽取 200 台复印机作为一个样本，每个样本中不合格的复印机数如下所示。有点落在控制限之外吗？根据这些数据，你能做出怎样的判断？

| | | | | | | | | | | | | |
|---|---|---|---|---|---|---|---|---|---|---|---|---|
| 3 | 5 | 3 | 2 | 2 | 11 | 12 | 6 | 7 | 5 | 0 | 7 | 8 |
| 2 | 10 | 6 | 4 | 2 | 10 | 5 | 4 | 11 | 10 | 13 | 14 | |

**21.45　Xr21-45**　加拿大雷神公司生产印刷电路板（PCBs），这涉及许多焊接操作。在生产过程的最后一个环节，工作人员要检验电路板，并判断它们能否正常工作。一些原因会引起电路板不能正常工作，如焊剂处理不当、加热不当和存在杂质等。小于 0.08%的不合格率是可以接受的。雷神公司用统计过程控制来持续检测产品质量。每小时检验 500 个电路板。最近 25 个小时的不合格数量如下所示。绘制 $p$ 图并用图形检验来判断生产过程是否处于受控状态。

| | | | | | | | | | | | | |
|---|---|---|---|---|---|---|---|---|---|---|---|---|
| 3 | 1 | 2 | 2 | 1 | 2 | 3 | 3 | 3 | 2 | 3 | 0 | 0 |
| 0 | 2 | 0 | 0 | 2 | 4 | 1 | 1 | 1 | 4 | 1 | 3 | |

**21.46　Xr21-46**　一家工厂每天生产 1 000 部无绳电话。每天随机抽取 100 部电话进行检验。30 天中发现的不合格电话数如下所示。试构造 $p$ 图来判断生产过程是否

处于失控状态。

| | | | | | | | | | | | | | | |
|---|---|---|---|---|---|---|---|---|---|---|---|---|---|---|
| 5 | 0 | 4 | 3 | 0 | 3 | 1 | 1 | 5 | 0 | 2 | 1 | 6 | 0 | 3 |
| 0 | 5 | 5 | 8 | 5 | 0 | 1 | 9 | 6 | 11 | 6 | 6 | 4 | 5 | 10 |

**21.47　Xr21－47**　伍兹沃斯出版公司每年出版数百万册图书，总计几亿页。为了保证印刷质量，伍兹沃斯出版公司采用了统计过程控制。从每一轮生产过程中随机抽取 1 000 页印刷品用于检验。检查者将检验印刷的清晰度，以及内容是否位于纸张的中央。在最近的 40 轮检验中，不合格页数如下所示。试绘制 $p$ 图并运用图形检验判断生产过程是否处于受控状态。

| | | | | | | | | | | | | | |
|---|---|---|---|---|---|---|---|---|---|---|---|---|---|
| 11 | 9 | 17 | 19 | 15 | 15 | 18 | 21 | 18 | 6 | 27 | 14 | 7 | 18 |
| 18 | 19 | 17 | 15 | 7 | 16 | 17 | 22 | 12 | 12 | 12 | 16 | 12 | |
| 9 | 21 | 17 | 20 | 17 | 17 | 18 | 23 | 29 | 24 | 27 | 23 | 21 | |

以下习题请使用计算机和统计软件进行计算。

**21.48　Xr21－48**　一家生产电池的公司运用统计过程控制来确保其产品质量。D 型电池的抽样计划要求抽取 500 个电池样本进行检验。在最近 30 个样本中，不合格的电池数保存于文件中。请判断生产过程是否处于受控状态。

**21.49　Xr21－49**　一家快递公司做广告称，它能保证递送的物品在第二天的中午交货。统计过程控制要求每天抽取 2 000 件货物来检验广告是否合理。最近 30 天内没有按时交货的次数保存于文件中。根据这些数据，能得到什么结论？

**21.50　Xr21－50**　所有超市都使用光学扫描仪来加快结账速度。当扫描仪未能成功读出产品上的条形码时，收银员需要手工输入条形码。显然，不能识别的条形码减慢了结账过程。超市用统计过程控制来检测扫描仪是否能正常工作。每天从每个柜台抽取 500 个扫描样本，扫描仪不能识别条形码的次数也被记录了下来。（抽样过程在每台收款机中自动进行。）最近 25 天内每个柜台的抽样结果都保存在文件中。

a. 试绘制合适的控制图。

b. 试判断结账过程是否失控。如果失控，指出何时发生失控并解释可能的原因。

## 小　结

在本章中，我们介绍了统计过程控制并讨论了它在维持产品质量中的作用。我们还论述了控制图如何检测过程分布中的变化，最后介绍了 $\bar{x}$ 图、$S$ 图和 $p$ 图。

**重要术语**

| | | | |
|---|---|---|---|
| 统计过程控制 | 质量控制 | 预防性方法 | 偶然波动 |
| 一般波动 | 非系统波动 | 特殊波动 | 受控 |
| 规格限 | 失控 | 控制图 | $\bar{x}$ 图 |
| 中线 | 控制限 | 控制上限 | 控制下限 |
| 操作特征曲线 | 平均连串长度 | 变量控制图 | 特征控制图 |

$S$ 图　　过程产能指数　　$p$ 图

## 符号

| 符号 | 意义 |
| --- | --- |
| $S$ | 联合标准差 |
| $s_j$ | 第 $j$ 个样本的标准差 |
| $\hat{p}_j$ | 第 $j$ 个样本的不合格率 |
| $\bar{p}$ | 不合格率的均值 |

## 公式

应用 $S$ 的 $\bar{x}$ 图的中线和控制限

$$\text{中线}=\bar{\bar{x}}$$

$$\text{控制下限}=\bar{\bar{x}}-3\frac{S}{\sqrt{n}}$$

$$\text{控制上限}=\bar{\bar{x}}+3\frac{S}{\sqrt{n}}$$

$p$ 图的中线和控制限

$$\text{中线}=\bar{p}$$

$$\text{控制下限}=\bar{p}-3\sqrt{\frac{\bar{p}(1-\bar{p})}{n}}$$

$$\text{控制上限}=\bar{p}+3\sqrt{\frac{\bar{p}(1-\bar{p})}{n}}$$

# 第 22 章 决策分析

**验收抽样**

一家工厂生产一种很小但很重要的计算机零件，这种零件以每 1 000 个为一批。由于技术不太成熟，产品的不合格率很高。事实上，运营经理发现，每批产品的不合格率是 15%或 35%。在过去的几年中，60%的批量的不合格率为 15%，40%的批量的不合格率为 35%。公司目前的做法是把产品卖给顾客，再召回所有不合格的产品，并支付全部额外费用。召回每个已经卖给顾客的不合格产品的总成本是 10 美元。由于成本太高，公司管理部门决定在发货之前检查所有产品，并替换不合格的产品。抽样成本是 2 美元/个，替换的费用是 0.5 美元/个，每个产品售价 5 美元。

a. 基于以往的经验，公司应该采纳 100%检验的方案吗?

b. 在决定是否进行 100%检验之前，是否有必要对每批产品进行样本容量为 2 的抽样检验?

答案见 22 - 2b 小节。

## 引 言

在前面的章节中，为了判断总体参数和总体特征，我们介绍了一些概括数据的方法。虽然本章依然阐述决策问题，但是我们处理问题的方式在以下几个方面有所不同。第一，在假设检验中，我们拒绝或无法拒绝的是关于总体的某个维度的假设；而在决策分析过程中，我们要做的是从一些可能的决策中选出一个。第二，在假设检验中，决策是依据可以获得的统计依据做出的；而在决策分析中，可能没有统计数据，或者虽然有数据，但是只能依据其中部分数据进行决策。第三，在假设检验的公式中，成本（和利润）只是间接考虑的因素（在选择显著性水平或解释 $p$ 值时考虑）；决策分析则直接涉及利润和损失。由于上述这些重要差别，在本书前面的内容中，唯一对理解决策分析起铺垫作用的就是概率（包括贝叶斯法则）和期望值。

## 22.1 决策问题

你可能会认为，到了这一部分，我们已经介绍了所有必要的概念和术语。遗憾的是，由于决策分析跟统计推断有根本差别，需要定义更多术语，它们将通过下面这个例子给出。

**例 22.1 投资决策**

有一个人想进行一项金额为 100 万美元、为期一年的投资。经过分析，在排除了几种可能性之后，他决定从以下三个备选方案中选择一个。这些选择被定义为**方案**（act），并用 $a_i$ 表示：

$a_1$：投资于收益率为 10%的固定收益凭证。
$a_2$：投资于票面利率为 2%的债券。
$a_3$：投资于一个多样化的股票组合。

他认为后两个方案的收益与很多因素有关，其中最重要的是利率。他推断有三种可能的**自然状态**（states of nature），用 $s_j$ 表示：

$s_1$：利率升高。
$s_2$：利率保持不变。
$s_3$：利率降低。

通过进一步的分析，他确定了方案和自然状态的不同组合方式下的收益。当然，无论出现哪种自然状态，固定收益凭证的回报都是 3 万美元。表 22—1 列示了每一项投资的收益情况，此表被叫作**收益表**，也称“支付表”（payoff table）。例如，我们可以看到，当选择方案 $a_2$ 而自然状态是 $s_1$ 时，投资者将会遭受 1.5 万美元的损失，用−1.5 万美元表示。

表示一种方案的结果的另外一种方式是衡量方案和自然状态的每种组合方式下的机会损失。**机会损失**（opportunity loss）是指决策者采取某个方案所获得的利润与最好的决策所能产生的利润之间的差额。例如，考虑表 22—1 第一行的三种情况，如果出现 $s_1$ 这种自然状态，并且投资者选择方案 $a_1$，那么他将得到 3 万美元的收益。然而，如果他选择了方案 $a_3$，那么他能得到 4 万美元的收益。他可能得到的（4 万美元）与他实际所得的（3 万美元）差额就是机会损失。所以，如果出现 $s_1$ 这种自然状态，方案 $a_1$ 的机会损失就是 1 万美元；方案 $a_2$ 的机会损失是 5.5 万美元，也就是 4 万美元与−1.5 万美元的差值；方案 $a_3$ 的机会损失是 0，因为选择最佳方案的时候就没有机会损失了。用相同的方法，我们可以计算出本例其他方案的机会损失（见表 22—2）。注意，机会损失不可能是负的。

**表 22—1　　例 22.1 的收益表**　　单位：美元

| 自然状态 | $a_1$（固定收益凭证） | $a_2$（债券） | $a_3$（股票） |
|---|---|---|---|
| $s_1$（利率升高） | 30 000 | −15 000 | 40 000 |
| $s_2$（利率保持不变） | 30 000 | 20 000 | 27 500 |
| $s_3$（利率降低） | 30 000 | 60 000 | 15 000 |

**表 22—2　　例 22.1 的机会损失表**　　单位：美元

| 自然状态 | $a_1$（固定收益凭证） | $a_2$（债券） | $a_3$（股票） |
|---|---|---|---|
| $s_1$（利率升高） | 10 000 | 55 000 | 0 |
| $s_2$（利率保持不变） | 0 | 10 000 | 2 500 |
| $s_3$（利率降低） | 30 000 | 0 | 45 000 |

## □ 决策树

大部分涉及备选方案简单选择的问题都可以利用收益表（或机会损失表）来解决。然而，在某些情况下，决策者必须从不同的方案序列中进行选择。在 22.2 节中，我们将介绍这种状况的一种类型。在这类问题中，只凭收益表将不足以判断最佳被选方案，这时我们需要用到**决策树**（decision tree）。

在第 6 章中，我们介绍了概率树，它是计算概率的一种非常有用的手段。在概率树中，所有分枝都代表事件的阶段。然而，决策树的分枝既代表事件（自然状态），也代表方案。我们可以用下面的方式来区分它们：用方形节点代表决策点，用圆形节点表示自然状态。图 22—1 给出了例 22.1 的决策树。

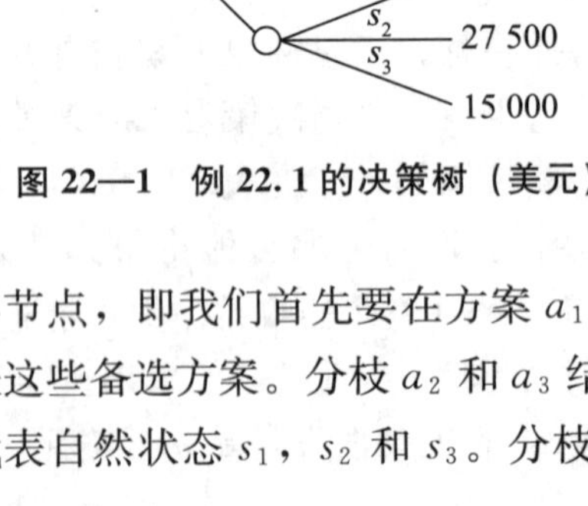


**图 22—1　例 22.1 的决策树（美元）**

决策树开始于一个方形节点，即我们首先要在方案 $a_1$，$a_2$ 和 $a_3$ 之间做一个选择。从方形节点发出的分枝代表这些备选方案。分枝 $a_2$ 和 $a_3$ 结尾处的圆形节点代表出现的自然状态，用三个分枝来代表自然状态 $s_1$，$s_2$ 和 $s_3$。分枝 $a_1$ 的结尾不存在自然状态，是因为不管利率如何变化，它的收益都是固定的 3 万美元。

各分枝的结尾处给出了它们的收益（我们也可以用机会损失来代替收益）。当然，这些值和表 22—1 中相应的值相同。

到这里，我们所做的仅仅是提出了问题，而没有做任何解决问题的尝试。我们应该意识到，在许多实际问题中，确定收益表或决策树本身就是一件很困难的工作。然而，很多管理者发现，这项工作本身对决策非常有帮助。

## □ 预期货币价值决策法

在很多决策问题中，我们能确定出现各种自然状态的概率。例如，在扑克游戏中，借助概率的简单法则就可以很容易地算出得到一个中张顺子的概率。如果我们想知道是否要更换一台过去经常发生故障的机器，就可以根据发生故障的频率来确定应该更换机器的概率。然而，在很多其他例子中，概率的正式法则和方法不再适用。比如在例 22.1 中，利率升高或降低的历史相对频数不足以提供有用的信息帮助投资者确定下一年利率发生各种变化的概率，在这种情况下，必须主观地确定各种概率，即根据决策者的经验、知识或猜测来确定这些概率。

在例 22.1 中，如果投资者对某些经济变量有一定了解，那么他可能可以对下一年的利率有一个合理的猜测。例如，假设投资者认为利率最有可能维持今年的水平不变，而且在剩下的两种自然状态中，利率下降的可能性比上升的可能性要大，他可能猜测各概率如下：

$$P(s_1)=0.2,\quad P(s_2)=0.5,\quad P(s_3)=0.3$$

由于概率是主观预测的，因此另一个决策者可能做出完全不同的概率估计。事实上，如果不是这样，就不会出现股票（或其他任何投资）的买卖双方，因为如果每个人都愿意做买者，就没有卖者了，如果每个人都愿意做卖者，就没有买者了。

在确定各种自然状态的概率之后，我们就可以进行预期货币价值决策。现在要对每种决策做一个计算。因为通常用货币来衡量每种决策的结果，所以我们要计算每一个方案的**预期货币价值**（expected monetary value，EMV）。在 7.1 节中，我们把随机变量的值乘以它们各自的概率，再求和，从而得到其期望值。因此，在这个例子中，方案 $a_1$ 的 EMV 是

$$\text{EMV}(a_1)=0.2\times30\,000+0.5\times30\,000+0.3\times30\,000=30\,000$$

用相同的方法计算其他两个决策的期望值：

$$\text{EMV}(a_2)=0.2\times(-15\,000)+0.5\times20\,000+0.3\times60\,000=25\,000$$
$$\text{EMV}(a_3)=0.2\times40\,000+0.5\times27\,500+0.3\times15\,000=26\,250$$

我们选择预期货币价值最大的方案，即 $a_1$，把它的预期货币价值记为 $\text{EMV}^*$，因此，$\text{EMV}^*=30\,000$ 美元。

通常，预期货币价值并不代表可能的收益。例如，方案 $a_2$ 的预期货币价值是 25 000 美元，而由收益表可知，方案 $a_2$ 可能的收益只有 −15 000 美元、20 000 美元和 60 000 美元三种情况。当然，方案 $a_1$ 的预期货币价值（30 000 美元）等于其可能收益，因为这个方案在各种情况下的收益是相同的。

那么，预期货币价值代表什么？如果我们进行多次投资，每次投资的收益和概率都完全相同，预期货币价值就代表每次收益的平均值。换句话说，如果对方案 $a_2$ 进行无穷次投资，那么其中 20%的投资会遭受 15 000 美元的损失，50%的投资有20 000 美元的收益，另外 30%的投资有 60 000 美元的收益。所有这些投资的收益的均值就是预期货币价值——25 000 美元。如果选择方案 $a_3$，长期的平均收益就是 26 250 美元。

一个重要的问题是，我们能进行多少次投资？答案是一次。即使投资者有意每年都进行相同的投资，但是毫无疑问，收益和自然状态的概率随时都会发生改变。因此，当要进行一次性投资时，我们面临的是以无穷次投资的收益额为依据的预期货币价值决策问题。我们可以从下面两个方面来解释这种显而易见的矛盾：第一，预期货币价值决策是唯一结合了决策过程的两个重要因素——收益及其概率——的方法。当两个因素都已知时，投资者不愿意忽略其中任何一个。（存在仅根据收益来做决策的情况，但是，这些情况假设投资者对概率一无所知，我们的这个例子不属于这种情况。）第二，一个典型的决策者在他的一生中要做大量决策。借助预期价值决策，决策者至少可以和其他决策者有相同的表现。因此，尽管存在不好解释的问题，我们仍然偏好预期货币价值决策法。

## □ 预期机会损失决策法

我们也可以计算每个方案的**预期机会损失**（expected opportunity loss，EOL）。根据机会损失表（表 22—2），我们可以得到以下结果：

$$\text{EOL}(a_1)=0.2\times 10\ 000+0.5\times 0+0.3\times 30\ 000=11\ 000$$
$$\text{EOL}(a_2)=0.2\times 55\ 000+0.5\times 10\ 000+0.3\times 0=16\ 000$$
$$\text{EOL}(a_3)=0.2\times 0+0.5\times 2\ 500+0.3\times 45\ 000=14\ 750$$

我们希望损失最小化，因此我们选择期望机会损失最小的方案，即方案 $a_1$，用 $\text{EOL}^*$ 表示。预期货币价值决策法和预期机会损失决策法的结果相同。这并不是巧合，而是因为机会损失表是直接从收益表中得出来的。

## □ 决策树的逆推法

图 22—2 给出了例 22.1 的决策树，各种自然状态的概率也被表示出来了。进行预期货币价值决策的过程叫**逆推法**（rollback technique），具体做法如下：从决策树的末端（右侧）开始，计算每个圆形节点处的预期货币价值。在图 22—1 中，我们已经标出了各个圆形节点的预期货币价值。

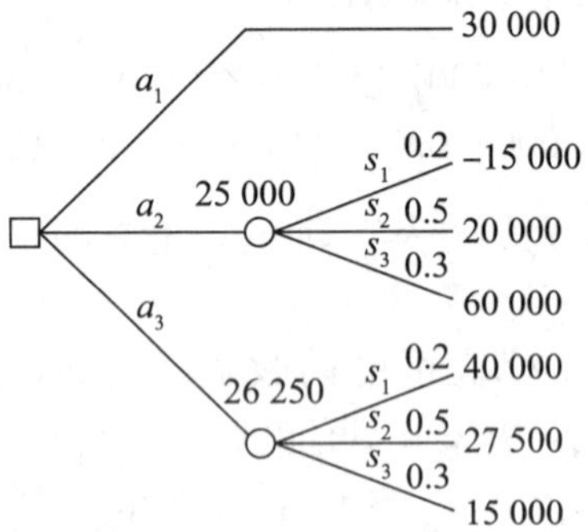


**图 22—2　例 22.1 的逆推法（美元）**

在各方形节点处，我们通过选择具有最大预期货币价值的方案分枝来进行决策。在本例中，只有一个方形节点，当然，最优的选择是方案 $a_1$。

**使用计算机**

Excel 有一个叫作 Treeplan 的插件，通过这个插件可以在 Excel 中绘制决策树，并得到最优解。相关指令保存在本书所附凯勒网站的附录——Treeplan 中。

## 习 题

**22.1** 由下面的收益表建立机会损失表。

| | $a_1$ | $a_2$ |
|---|---|---|
| $s_1$ | 55 | 26 |
| $s_2$ | 43 | 38 |
| $s_3$ | 29 | 43 |
| $s_4$ | 15 | 51 |

**22.2** 画出习题 22.1 的决策树。

**22.3** 如果习题 22.1 的自然状态的概率如下，请确定预期货币价值。

$P(s_1)=0.4 \quad P(s_2)=0.1 \quad P(s_3)=0.3 \quad P(s_4)=0.2$

**22.4** 请根据下面的收益表画出决策树。

| | $a_1$ | $a_2$ | $a_3$ |
|---|---|---|---|
| $s_1$ | 20 | 5 | −1 |
| $s_2$ | 8 | 5 | 4 |
| $s_3$ | −10 | 5 | 10 |

**22.5** 参考习题 22.4，试建立机会损失表。

**22.6** 如果习题 22.5 的各种自然状态的概率如下，请确定预期机会损失。

$P(s_1)=0.2 \quad P(s_2)=0.6 \quad P(s_3)=0.2$

**应用**

**22.7** 有一个面包师必须决定每天早晨应该烘烤多少个某种特殊面包。根据以往的经验，她知道这种面包的日需求量是 0～3 个，每个面包的成本是 3 美元，售价为 8 美元。如果面包到了晚上还没有卖掉，就只能扔掉。

a. 请建立收益表来帮助面包师决定每天应烘烤多少个该种特殊面包。

b. 试建立机会损失表。

c. 试绘制决策树。

**22.8** 参考习题 22.7，假设所有可能的需求量发生的概率都相同。

a. 确定 EMV 决策。

b. 确定 EOL 决策。

**22.9** 布法罗的一家大型购物中心的经理正在考虑选用哪种清雪服务来清理停车场。目前有两种服务可供选择：白色圣诞公司可以负责清除整个冬季的降雪，总收费为 40 000美元；韦普罗文公司清除每次降雪的收费是 18 000 美元。请建立收益表来帮助经理决策，假设每个冬季下雪的次数是 0～4 次。

**22.10** 参考习题 22.9，采用主观估计法，经理认为各种降雪次数的概率如下。请确定最优决策。

$P(0)=0.05 \quad P(1)=0.15 \quad P(2)=0.30$

$P(3)=0.40 \quad P(4)=0.10$

**22.11** 一家服装商店的店主必须决定每个季节订购多少男士衬衫。有一种衬衫，她必须以 100 件为单位订货。如果她订 100 件衬衫，则每件衬衫的成本是 10 美元；如果她订 200 件，则每件成本是 9 美元；如果订 300 件或更多，则每件成本为 8.5 美元。她出售的价格是每件衬衫 12 美元，但是如果到季节末还没有卖完，那么剩下的衬衫只能以半价出售。为了使问题简单化，她打算订 100，150，200 或 250 件衬衫，当然，她卖出的衬衫肯定比库存的少。她还假设，如果缺货，顾客没有买到想买的衬衫，她也不会有商誉损失。而且，她必须在今天预定整个季节的货物，她不能在看到这种衬衫的需求情况后再做决定。

a. 试建立收益表来帮助店主决定订货的数量。

b. 试建立机会损失表。

c. 试绘制决策树。

**22.12** 参考习题 22.11，店主指定如下概率：

$P(\text{需求}=100)=0.20 \quad P(\text{需求}=150)=0.25$

$P(\text{需求}=200)=0.40 \quad P(\text{需求}=250)=0.15$

请做出预期货币价值决策。

**22.13** 一个建筑承包商必须决定在某个滑雪度假区建造多少套山间小屋。他建造每套小屋的成本是 26 000 美元，每套售价为 33 000 美元。在 10 个月之后，所有不能卖掉的小屋将以 20 000 美元的价格卖给当地的投资商。承包商认为房屋的需求量服从均值为 0.5 的泊松分布。他还假设概率小于 0.01 的需求的概率为 0。请为这个决策问题建立收益表和机会损失表。

**22.14** 一家电力公司正计划建造一个发电厂。关于即将建造的发电厂的规模有很多不确定性。如果发电厂所服务的社区能吸引大量工业企业，那么用电量将很高；如果只有商业设施（写字楼或零售业），则用电量中等；如果所在的社区既没有工业也没有商业，那么用电量将很低。这家公司可以建造小型、中型或大型的发电厂，但如果发电厂太小，公司还要支付额外的成本。各种方案的总成本（单位：百万美元）如下表所示：

| 电力需求 | 发电厂的规模 | | |
|---|---|---|---|
| | 小型 | 中型 | 大型 |
| 低 | 220 | 300 | 350 |
| 中 | 330 | 320 | 350 |
| 高 | 440 | 390 | 350 |

各用电量的概率如下表所示：

| 用电量 | *P*(用电量) |
|---|---|
| 低 | 0.15 |
| 中 | 0.55 |
| 高 | 0.30 |

a. 试确定最大的预期货币价值（注意，表中的价值是成本）。

b. 试建立机会损失表。

c. 试计算每个决策的预期机会损失，并确定最优决策。

**22.15** 一个零售商以 2 美元/蒲式耳的价格购进蘑菇汤，并以 5 美元/蒲式耳的价格出售。蘑菇汤的品质自开始出售的第一天起逐渐下降，因此为了能以 5 美元/蒲式耳的价格出售，该零售商必须在第一天就把蘑菇汤全部卖掉。第一天没有销售完的蘑菇汤可以以下表的价格卖给收购隔日蘑菇汤的批发商：

| 购进量（蒲式耳） | 1 | 2 | 3 | 4 或更多 |
|---|---|---|---|---|
| 每蒲式耳的价格（美元） | 2.00 | 1.75 | 1.50 | 1.25 |

过去 90 天蘑菇汤的需求量如下：

| 日需求量（蒲式耳） | 10 | 11 | 12 | 13 |
|---|---|---|---|---|
| 天数 | 9 | 18 | 36 | 27 |

a. 试建立零售商的收益表，并通过收益表确定所购蘑菇汤的数量。

b. 试确定使零售商收益最大化的蘑菇汤的最佳购进数量。

**22.16** 一家电子产品国际制造商想引进一种新型 CD 播放器。经过市场分析，公司总裁推断在两年内，这种新产品的市场份额是 5%，10%或 15%，她估计这些事件发生的概率分别是 0.15，0.45 和 0.40。主管财务的副总裁告诉她，如果产品仅占据 5%的市场份额，那么公司将亏损 2 800 万美元，10%的市场份额会带来 200 万美元的利润，15%的市场份额则会带来 800 万美元的利润。如果不投资生产这种新型 CD 播放器，就不会有任何的利润或亏损。根据预期价值决策法，公司应该怎么做？

## 22.2 附加信息的获取、利用和评估

在本节中，我们将介绍把附加信息引进和合并到决策过程中的方法。通常这些信息

是有价值的，但是也伴随着成本。也就是说，我们可以通过咨询、调查或其他试验手段获取有用的信息，但我们通常要为这些信息支付费用。我们可以通过计算完全信息的价值来确定决策者愿意为这些信息支付的最高价格。我们首先计算**完全信息的期望收益**（expected payoff with perfect information，EPPI）。

如果事先能知道将出现哪种自然状态，我们就能做出相应的决策。例如，如果例22.1中的投资者在投资前知道利率将怎样变化，那么他一定会选择适合这种情况的最佳方案。参考表22—1，如果他知道 $s_1$ 将会发生，那么他会选择方案 $a_3$；如果 $s_2$ 一定将发生，那么他会选择方案 $a_1$；如果 $s_3$ 确定要发生，那么他会选择方案 $a_2$。因此，从长远的角度来看，完全信息的期望收益是

$$\text{EPPI}=0.2\times 40\,000+0.5\times 30\,000+0.3\times 60\,000=41\,000(\text{美元})$$

注意，每一个自然状态的概率乘以该状态相应的最大收益，再把结果相加就得到了完全信息的期望收益。

然而，这个数字并不是投资者愿意为完全信息支付的最高金额。因为在没有完全信息的条件下，投资者会有 $\text{EMV}^*=30\,000$ 美元的期望利润，因此，我们应当从EPPI中减去 $\text{EMV}^*$ 以确定**完全信息的期望价值**（expected value of perfect information，EVPI），即

$$\text{EVPI}=\text{EPPI}-\text{EMV}^*=41\,000-30\,000=11\,000(\text{美元})$$

这意味着如果能够获得完全信息，投资者应该愿意为此支付11 000美元。

我们可能会注意到完全信息的期望价值等于最小预期机会损失（$\text{EOL}^*$），这当然也不是巧合，二者永远都是相等的。在以后的问题中，如果已知机会损失表，那么只要计算 $\text{EOL}^*$ 就可以知道完全信息的期望价值了。

## □ 22-2a 利用附加信息决策

假设在我们多次使用的这个例子中，投资者想提高自己的决策能力。他知道投资管理顾问的收费是5 000美元，并能帮助分析经济条件并预测未来12个月内的利率走向。投资者相当精明（毕竟，他有100万美元需要投资），他希望了解这个投资管理顾问过去成功的情况。这个投资管理顾问多年来一直预测利率，因此他提供了各种条件概率［又称为**似然概率**（likelihood probability）］，如表22—3所示。表22—3中的符号含义如下：

$I_1$：投资管理顾问预测利率将会升高。

$I_2$：投资管理顾问预测利率将会维持不变。

$I_3$：投资管理顾问预测利率将会降低。

**表22—3　似然概率 $P(I_i \mid s_j)$**

| | $I_1$（预测 $s_1$） | $I_2$（预测 $s_2$） | $I_3$（预测 $s_3$） |
|---|---|---|---|
| $s_1$ | $P(I_1\mid s_1)=0.60$ | $P(I_2\mid s_1)=0.30$ | $P(I_3\mid s_1)=0.10$ |
| $s_2$ | $P(I_1\mid s_2)=0.10$ | $P(I_2\mid s_2)=0.80$ | $P(I_3\mid s_2)=0.10$ |
| $s_3$ | $P(I_1\mid s_3)=0.10$ | $P(I_2\mid s_3)=0.20$ | $P(I_3\mid s_3)=0.70$ |

$I_i$ 表示**试验结果**（experimental outcome），收集附加信息的过程叫作**试验**（experiment）。

查看表 22—3 的第一行，当实际发生 $s_1$ 时，投资管理顾问正确地预测 $s_1$ 将发生的概率为 60%，有 30%的概率预测将发生 $s_2$，仅有 10%的概率预测将发生 $s_3$。第二行给出了当实际发生 $s_2$ 时，$I_1$，$I_2$ 和 $I_3$ 发生的条件概率。第三行表示当实际发生 $s_3$ 时，$I_1$，$I_2$ 和 $I_3$ 发生的条件概率。

下面的问题是，投资者打算如何利用投资管理顾问的预测结果？一种简单方法是，假设投资管理顾问预测的结果将确实发生，并采取相应的方案。这种方法有几个不足之处。其中最关键的是投资者忽略了自己对事件的认识（以主观概率的形式）。利用预测的最佳方法是把投资管理顾问的预测结果和自己的主观概率结合起来。这可以借助贝叶斯法则来实现，对此我们已经在 6.4 节中介绍过了。我们会在例题中回顾贝叶斯法则。

假设投资者向投资管理顾问支付了 5 000 美元的费用，投资管理顾问预测 $s_1$ 将发生。我们要确定在试验结果为 $I_1$ 时，各种自然状态发生的概率，即 $P(s_1 \mid I_1)$，$P(s_2 \mid I_1)$ 和$P(s_3 \mid I_1)$ 分别是多少。在此之前，我们先回忆一下曾讲过的内容。

在 6.4 节中，原始概率 $P(s_1)$，$P(s_2)$ 和 $P(s_3)$ 叫作**先验概率**（prior probabilities），因为我们无须获取任何附加信息就可以确定它们。在这个例子中，它们是根据投资者的经验确定的。我们想计算的概率 $P(s_1 \mid I_1)$，$P(s_2 \mid I_1)$ 和 $P(s_3 \mid I_1)$ 叫作**后验概率**（posterior probabilities）或**修正概率**（revised probabilities）。

现在我们来计算后验概率。首先利用概率树，然后利用一些不太费时的方法。图 22—3 绘制了概率树。我们从先验概率分枝开始，接下去是似然概率。

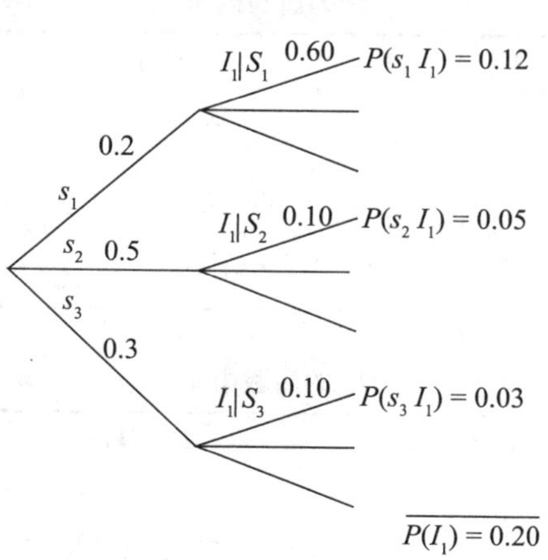


**图 22—3 计算后验概率的概率树**

注意，这里我们仅仅标出了 $P(I_1 \mid s_1)$，$P(I_1 \mid s_2)$ 和 $P(I_1 \mid s_3)$，因为我们已经假设试验结果是 $I_1$。我们先回忆一下条件概率的定义：

$$P(A \mid B)=\frac{P(AB)}{P(B)}$$

在每个分枝的尾端，标出了联合概率 $P(s_jI_1)$。把各联合概率 $P(s_jI_1)$（$j=1，2，3$）相加就可以得到 $P(I_1)$。最后，

$$P(s_j \mid I_1)=\frac{P(s_jI_1)}{P(I_1)}$$

表 22—4 给出了和概率树法相同的计算过程，只不过没有画出概率树。

**表 22—4** **$I_1$ 的后验概率**

| $s_j$ | $P(s_j)$ | $P(I_1 \mid s_j)$ | $P(s_jI_1)$ | $P(s_j \mid I_1)$ |
|---|---|---|---|---|
| $s_1$ | 0.2 | 0.6 | 0.2×0.60=0.12 | 0.12/0.20=0.60 |
| $s_2$ | 0.5 | 0.1 | 0.5×0.10=0.05 | 0.05/0.20=0.25 |
| $s_3$ | 0.3 | 0.1 | 0.3×0.10=0.03 | 0.03/0.20=0.15 |
| | | | $P(I_1)$=0.20 | |

在概率被修正之后，我们可以像使用先验概率一样使用它们。也就是说，我们可以用它们来计算每个方案的预期货币价值：

$$\text{EMV}(a_1)=0.60\times30\,000+0.25\times30\,000+0.15\times30\,000=30\,000(\text{美元})$$
$$\text{EMV}(a_2)=0.60\times(-15\,000)+0.25\times20\,000+0.15\times60\,000=5\,000(\text{美元})$$
$$\text{EMV}(a_3)=0.60\times40\,000+0.25\times27\,500+0.15\times15\,000=33\,125(\text{美元})$$

因此，如果投资管理顾问预测 $s_1$ 将出现，那么最优方案是 $a_3$，该决策的预期货币价值是 33 125 美元。

作为进一步的阐述，我们重复上述计算过程得到表 22—5 和表 22—6 中的 $I_2$ 和 $I_3$。

**表 22—5** **$I_2$ 的后验概率**

| $s_j$ | $P(s_j)$ | $P(I_2 \mid s_j)$ | $P(s_jI_2)$ | $P(s_j \mid I_2)$ |
|---|---|---|---|---|
| $s_1$ | 0.2 | 0.3 | 0.2×0.30=0.06 | 0.06/0.52=0.115 |
| $s_2$ | 0.5 | 0.8 | 0.5×0.80=0.40 | 0.40/0.52=0.770 |
| $s_3$ | 0.3 | 0.2 | 0.3×0.20=0.06 | 0.06/0.52=0.115 |
| | | | $P(I_2)$=0.52 | |

**表 22—6** **$I_3$ 的后验概率**

| $s_j$ | $P(s_j)$ | $P(I_3 \mid s_j)$ | $P(s_jI_3)$ | $P(s_j \mid I_3)$ |
|---|---|---|---|---|
| $s_1$ | 0.2 | 0.1 | 0.2×0.10=0.02 | 0.02/0.28=0.071 |
| $s_2$ | 0.5 | 0.1 | 0.5×0.10=0.05 | 0.05/0.28=0.179 |
| $s_3$ | 0.3 | 0.7 | 0.3×0.70=0.21 | 0.21/0.28=0.750 |
| | | | $P(I_3)$=0.28 | |

把表 22—5 中的后验概率应用到收益表中，我们就得到

$$\text{EMV}(a_1)=0.115\times30\,000+0.770\times30\,000+0.115\times30\,000=30\,000(\text{美元})$$
$$\text{EMV}(a_2)=0.115\times(-15\,000)+0.770\times20\,000+0.115\times60\,000=20\,575(\text{美元})$$
$$\text{EMV}(a_3)=0.115\times40\,000+0.770\times27\,500+0.115\times15\,000=27\,500(\text{美元})$$

我们看到，如果投资管理顾问预测 $s_2$ 将发生，那么最优方案是 $a_1$，预期货币价值

是 30 000 美元。

利用表 22—6 中的后验概率 $I_3$，我们可以计算出以下预期货币价值：

$$\text{EMV}(a_1)=0.071\times 30\,000+0.179\times 30\,000+0.750\times 30\,000=30\,000(\text{美元})$$
$$\text{EMV}(a_2)=0.071\times(-15\,000)+0.179\times 20\,000+0.750\times 60\,000=47\,515(\text{美元})$$
$$\text{EMV}(a_3)=0.071\times 40\,000+0.179\times 27\,500+0.750\times 15\,000=19\,013(\text{美元})$$

如果投资管理顾问预测 $s_3$ 将发生，那么最优方案是 $a_2$，预期货币价值是 47 515 美元。

至此，我们能得到如下结论：

若投资管理顾问预测 $s_1$，那么最优方案是 $a_3$；
若投资管理顾问预测 $s_2$，那么最优方案是 $a_1$；
若投资管理顾问预测 $s_3$，那么最优方案是 $a_2$。

因此，在投资管理顾问进行预测之前，投资者就可以知道当投资管理顾问预测出每种可能结果时他要采取的相应的最佳方案。当然，上述计算都可以在支付投资管理顾问 5 000 美元的费用之前完成，这是一个非常重要的计算过程。通过如上的计算过程，投资者可以知道是否应雇用投资管理顾问。也就是说，他能确定投资管理顾问的预测的价值是否超出其信息管理费用。这种判断过程叫作**先验分析**（preposterior analysis）。

## □ 22-2b 先验分析

先验分析的目的在于确定预测的价值是大于还是小于附加信息的成本。后验是指对概率的修正，“先”表示这个计算过程是在为附加信息付费之前进行的。

我们首先确定利用附加信息的预期货币价值，这个价值用 EMV′表示，在本例中，它依据以下分析确定：

若投资管理顾问预测 $s_1$，那么最优方案是 $a_3$，预期货币价值是 33 125 美元；
若投资管理顾问预测 $s_2$，那么最优方案是 $a_1$，预期货币价值是 30 000 美元；
若投资管理顾问预测 $s_3$，那么最优方案是 $a_2$，预期货币价值是 47 515 美元。

计算后验概率时一个有用的副产品是得到了 $I_1$，$I_2$ 和 $I_3$ 的概率：

$$P(I_1)=0.20 \qquad P(I_2)=0.52 \qquad P(I_3)=0.28$$

（注意，这些概率之和等于 1。）现在，假设投资者想无限次地征求投资管理顾问的建议。（这是进行预期价值决策的基础。）$I_1$，$I_2$ 和 $I_3$ 的概率表明以下结果：20%的时间投资管理顾问将预测 $s_1$ 发生，且预期货币价值是 33 125 美元；52%的时间投资管理顾问将预测 $s_2$ 发生，且预期货币价值是 30 000 美元；28%的时间投资管理顾问将预测 $s_3$ 发生，且预期货币价值是 47 515 美元。

利用附加信息的预期货币价值是预期货币价值的加权平均值，其中权数是 $P(I_1)$，$P(I_2)$ 和 $P(I_3)$，因此，

$$\text{EMV}'=0.20\times 33\,125+0.52\times 30\,000+0.28\times 47\,515=35\,529\ (\text{美元})$$

投资管理顾问的预测价值是有附加信息的预期货币价值（EMV′）和无附加信息的

预期货币价值（EMV*）之差。这个差叫作**样本信息的期望价值**（expected value of sample information），用 EVSI 表示。因此，

$$EVSI=EMV'-EMV^{*}=35\ 529-30\ 000=5\ 529$$

即从长期来看，利用投资管理顾问的预测，投资者能取得 5 529 美元的平均附加利润。因为预测的成本仅仅是 5 000 美元，因此投资者应该雇用一名投资管理顾问。

回顾一下这个问题，你会发现投资者要做两个决策：一（按时间的先后顺序）是是否雇用投资管理顾问，二是进行哪种类型的投资。用决策树来描述这个问题的方案和自然状态是非常有用的。图 22—4 给出了完整的决策树图。

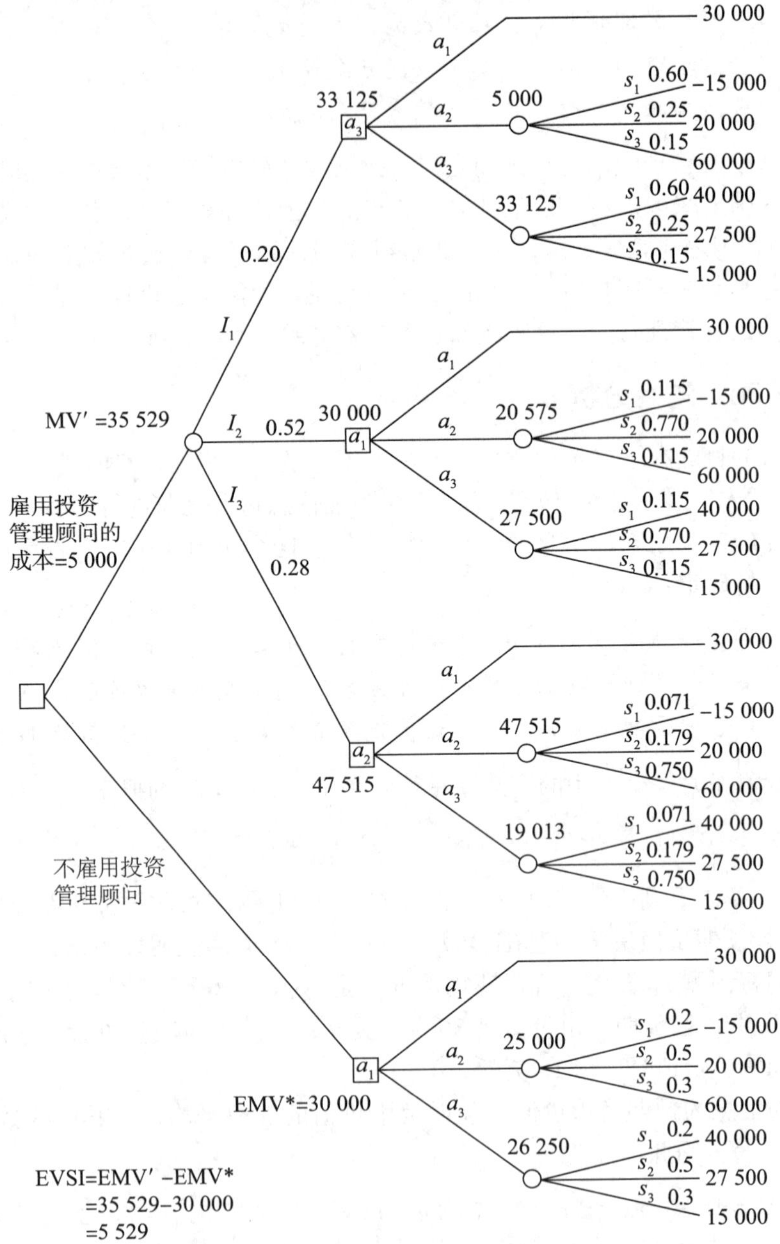


**图 22—4　例 22.1 的完整的决策树（美元）**

## 验收抽样：问题的解

a. 两个备选方案是

$a_1$：不检验（目前的做法）

$a_2$：100%检验

两个自然状态是

$s_1$：一批产品中包含15%的不合格品

$s_2$：一批产品中包含35%的不合格品

基于历史数据有

$$P(s_1)=0.60 \qquad P(s_2)=0.40$$

收益表如表22—7所示。

表22—7 例22.2的收益表（美元）

| | $a_1$ | | $a_2$ |
|---|---|---|---|
| $s_1$ | $5\times1\,000-0.15\times1\,000\times10=3\,500$ | $s_1$ | $5\times1\,000-[1\,000\times2+0.15\times1\,000\times0.50]=2\,925$ |
| $s_2$ | $5\times1\,000-0.35\times1\,000\times10=1\,500$ | $s_2$ | $5\times1\,000-[1\,000\times2+0.35\times1\,000\times0.50]=2\,825$ |

预期货币价值为

$$\text{EMV}(a_1)=0.60\times3\,500+0.40\times1\,500=2\,700(\text{美元})$$

$$\text{EMV}(a_2)=0.60\times2\,925+0.40\times2\,825=2\,885(\text{美元})$$

因此，最优方案是$a_2$，$\text{EMV}^*=2\,885$美元。

b. 假设抽样成本是4美元。（检查一个产品的成本是2美元。）为了确定是否应该进行抽样检验，我们需要计算抽样信息的期望价值。也就是说，我们需要进行一个先验分析。

进行先验分析的第一步是计算似然概率。有三种可能的抽样结果：

$I_0$：样本中没有不合格产品

$I_1$：样本中有一个不合格产品

$I_2$：样本中有两个不合格产品

因为抽样过程是一个二项试验，因此似然概率可以通过二项概率分布进行计算，计算结果如表22—8所示。

表22—8 似然概率表

| | $P(I_0\mid s_j)$ | $P(I_1\mid s_j)$ | $P(I_2\mid s_j)$ |
|---|---|---|---|
| $s_1(p=0.15)$ | $P(I_0\mid s_1)=0.85^2=0.722\,5$ | $P(I_1\mid s_1)=2\times0.15\times0.85=0.255\,0$ | $P(I_2\mid s_1)=0.15^2=0.022\,5$ |
| $s_2(p=0.35)$ | $P(I_0\mid s_2)=0.65^2=0.422\,5$ | $P(I_1\mid s_2)=2\times0.35\times0.65=0.455\,0$ | $P(I_2\mid s_2)=0.35^2=0.122\,5$ |

如果抽样结果是$I_0$，那么后验概率的计算结果如表22—9所示。

表 22—9 $I_0$ 的后验概率

| $s_j$ | $P(s_j)$ | $P(I_0 \mid s_j)$ | $P(s_j I_0)$ | $P(s_j \mid I_0)$ |
|---|---|---|---|---|
| $s_1$ | 0.60 | 0.722 5 | 0.60×0.722 5=0.433 5 | 0.433 5/0.602 5=0.720 |
| $s_2$ | 0.40 | 0.422 5 | 0.40×0.422 5=0.169 0 | 0.169 0/0.602 5=0.280 |
| | | $P(I_0)$=0.602 5 | | |

此时预期货币价值为

$$\text{EMV}(a_1)=0.720\times 3\,500+0.280\times 1\,500=2\,940(\text{美元})$$

$$\text{EMV}(a_2)=0.720\times 2\,925+0.280\times 2\,825=2\,897(\text{美元})$$

因此，如果抽样结果是 $I_0$，那么最优方案是 $a_1$。

如果抽样结果是 $I_1$，那么后验概率计算结果如表 22—10 所示。

表 22—10 $I_1$ 的后验概率

| $s_j$ | $P(s_j)$ | $P(I_1 \mid s_j)$ | $P(s_j I_1)$ | $P(s_j \mid I_1)$ |
|---|---|---|---|---|
| $s_1$ | 0.60 | 0.255 0 | 0.60×0.225 0=0.153 0 | 0.153 0/0.335 0=0.457 |
| $s_2$ | 0.40 | 0.455 0 | 0.40×0.455 0=0.182 0 | 0.182 0/0.335 0=0.543 |
| | | $P(I_1)$=0.335 0 | | |

此时，预期货币价值为

$$\text{EMV}(a_1)=0.457\times 3\,500+0.543\times 1\,500=2\,414(\text{美元})$$

$$\text{EMV}(a_2)=0.457\times 2\,925+0.543\times 2\,825=2\,871(\text{美元})$$

因此，如果抽样结果是 $I_1$，最优方案是 $a_2$。

如果抽样结果是 $I_2$，那么后验概率计算结果如表 22—11 所示。

表 22—11 $I_2$ 的后验概率

| $s_j$ | $P(s_j)$ | $P(I_2 \mid s_j)$ | $P(s_j I_2)$ | $P(s_j \mid I_2)$ |
|---|---|---|---|---|
| $s_1$ | 0.60 | 0.022 5 | (0.60)(0.022 5)=0.013 5 | 0.013 5/0.062 5=0.216 |
| $s_2$ | 0.40 | 0.122 5 | (0.40)(0.122 5)=0.049 0 | 0.049 0/0.062 5=0.784 |
| | | $P(I_2)$=0.062 5 | | |

此时，预期货币价值为

$$\text{EMV}(a_1)=0.216\times 3\,500+0.784\times 1\,500=1\,932(\text{美元})$$

$$\text{EMV}(a_2)=0.216\times 2\,925+0.784\times 2\,825=2\,847(\text{美元})$$

因此，如果抽样结果是 $I_2$，则最优方案是 $a_2$。

总结以上计算结果，我们得到表 22—12。

表 22—12　　最优方案小结

| 抽样结果 | 概率 | 最优方案 | 预期货币价值（美元） |
|---|---|---|---|
| $I_0$ | 0.602 5 | $a_1$ | 2 940 |
| $I_1$ | 0.335 0 | $a_2$ | 2 871 |
| $I_2$ | 0.062 5 | $a_2$ | 284 7 |

因此，附加信息的预期货币价值是

$$EMV'=0.602\,5\times 2\,940+0.335\,0\times 2\,871+0.062\,5\times 2\,847=2\,911\text{(美元)}$$

样本信息的期望价值是

$$EVSI=EMV'-EMV^*=2\,911-2\,885=26\text{(美元)}$$

因为样本信息的期望价值是 26 美元，而抽样成本是 4 美元，因此公司应该在决定是否进行 100%抽样之前进行样本容量为 2 的抽样检验。最优结果如下：

1. 随机抽取 2 个产品作样本。
2. 如果 2 个产品都是合格品，那么继续目前不对产品进行检验的做法。如果有 1 个或 2 个产品不合格，就对整批产品进行完全检验。

## □ 22-2c　贝叶斯统计学

在第 10 章至第 19 章中，我们介绍了关于未知参数的统计推断方法。在第 10 章中我们曾指出，在进行置信区间估计时，我们不能对参数进行概率的判定，因为参数不是变量。然而，贝叶斯统计学指出，参数是变量，而且我们可以假设它们的概率分布。验收抽样的例子支持这一说法。参数是 1 000 个产品中不合格产品的比例 $p$。这个例子不够贴近实际，因为我们假设参数只能是 15%和 35%这两个值中的一个。我们用频率的方法来假设先验概率，即依据历史记录有

$$P(p=15\%)=0.60 \text{ 和 } P(p=35\%)=0.40$$

为了使问题更加贴近实际，我们假设 $p$ 是一个连续随机变量。也就是说，$p$ 能取 0～100%之间的任何一个值。我们可以根据历史记录确定概率密度函数。我们把收益表示成 $p$ 的线性函数。然后，通过计算就可以确定最优决策。我们可以用 2 个产品的抽样结果来修正先验概率。虽然这种方法要求一些计算，但概念与本章介绍的相同。应该注意，本书介绍统计推断的部分的许多资料都或多或少地涉及了贝叶斯统计学。感兴趣的读者可以从相关的课程中进一步学习贝叶斯统计学。



## 习　题

**22.17**　根据以下收益表和概率值计算相应的 EPPI，EMV* 和 EVPI。

| | $a_1$ | $a_2$ | $a_3$ |
|---|---|---|---|
| $s_1$ | 60 | 110 | 75 |
| $s_2$ | 40 | 110 | 150 |
| $s_3$ | 220 | 120 | 85 |
| $s_4$ | 250 | 120 | 130 |

$P(s_1)=0.10$，$P(s_2)=0.25$，$P(s_3)=0.50$，$P(s_4)=0.15$

**22.18** 参考习题 22.17，确定机会损失表并计算 EOL*，证明 EOL* =EVPI。

**22.19** 根据以下收益表和概率值计算 EVPI。

| | $a_1$ | $a_2$ | $a_3$ | $a_4$ |
|---|---|---|---|---|
| $s_1$ | 65 | 20 | 45 | 30 |
| $s_2$ | 70 | 110 | 80 | 95 |

$P(s_1)=0.5$，$P(s_2)=0.5$

**22.20** 假设概率变成以下数值，重做习题 22.19。

a. $P(s_1)=0.75$，$P(s_2)=0.25$。

b. $P(s_1)=0.95$，$P(s_2)=0.05$。

**22.21** 参考习题 22.19 和习题 22.20，关于概率对 EVPI 的影响，你能得出什么结论？

**22.22** 根据以下似然概率和先验概率值，确定后验概率值。

先验概率：

$P(s_1)=0.25$，$P(s_2)=0.40$，$P(s_3)=0.35$

似然概率：

| | $I_1$ | $I_2$ | $I_3$ | $I_4$ |
|---|---|---|---|---|
| $s_1$ | 0.40 | 0.30 | 0.20 | 0.10 |
| $s_2$ | 0.25 | 0.25 | 0.25 | 0.25 |
| $s_3$ | 0 | 0.30 | 0.40 | 0.30 |

**22.23** 根据以下先验概率和似然概率值，计算后验概率值。

先验概率：

$P(s_1)=0.5$，$P(s_2)=0.5$

似然概率：

| | $I_1$ | $I_2$ |
|---|---|---|
| $s_1$ | 0.98 | 0.02 |
| $s_2$ | 0.05 | 0.95 |

**22.24** 根据以下收益表和习题 22.23 中的先验概率及后验概率的值，计算：

a. 每个试验结果的最佳方案。

b. 样本信息的期望价值。

**收益表**

| | $a_1$ | $a_2$ | $a_3$ |
|---|---|---|---|
| $s_1$ | 10 | 18 | 23 |
| $s_2$ | 22 | 19 | 15 |

**22.25** 试根据以下收益表、先验概率和似然概率的值，计算样本信息的期望价值。

**收益表**

| | $a_1$ | $a_2$ |
|---|---|---|
| $s_1$ | 60 | 90 |
| $s_2$ | 90 | 90 |
| $s_3$ | 150 | 90 |

先验概率：

$$P(s_1)=\frac{1}{3},\quad P(s_2)=\frac{1}{3},\quad P(s_3)=\frac{1}{3}$$

似然概率：

| | $I_1$ | $I_2$ |
|---|---|---|
| $s_1$ | 0.7 | 0.3 |
| $s_2$ | 0.5 | 0.5 |
| $s_3$ | 0.2 | 0.8 |

**22.26** 根据以下先验概率的值重新计算习题 22.25。

$$P(s_1)=0.5,\quad P(s_2)=0.4,\quad P(s_3)=0.1$$

**22.27** 根据以下先验概率的值重新计算习题 22.25。

$$P(s_1)=0.90,\ P(s_2)=0.05,\ P(s_3)=0.05$$

**22.28** 参考习题 22.25 至习题 22.27，关于 EVSI，你能得到什么结论？

**22.29** 一个运动器材商店的老板有机会以 100 000 美元购买 50 000 个足球。她认为她能通过杂志上的邮购广告卖掉一部分或全部足球。每个足球以 6 美元出售，广告的费用是 25 000 美元，每个足球的邮寄费用是 1 美元。她认为需求分布如下：

| 需求 | P(需求) |
|---|---|
| 10 000 | 0.2 |
| 30 000 | 0.5 |
| 50 000 | 0.3 |

该店主愿意为附加信息支付的最高价格是多少？

**22.30** 习题 22.16 中的电子产品制造商愿意为关于市场份额的完全信息支付的最高价格是多少？

**22.31** 为了提高决策能力，习题 22.16 中的电子产品制造商对 CD 播放器的潜在顾客进行了一个调查。她把产品介绍给 25 个人，其中 3 人表示他们会购买它。同时利用附加信息和先验概率，确定是否应该生产这种新产品。

**22.32** 一家直接面向中年听众的电台正打算转型一档摇滚音乐节目。经过分析广告收入和运营费用，电台拥有者推断，每个百分点的收听率每年将为电台带来 10 万美元的广告收入，而电台每年的固定运营费用是 70 万美元。电台拥有者认为，随着节目的改变，电台将拥有 5%，10%和 20%的收听率的概率分别是 0.4，0.4 和 0.2。目前电台每年的利润是 28.5 万美元。

a. 试建立收益表。

b. 试确定最佳方案。

c. 电台拥有者愿意为获取关于市场份额的附加信息支付的最高费用是多少？

**22.33** 北美曾发生过一次垃圾危机——太多垃圾没有地方安置。结果，回收利用的观点变得相当流行。一个大城市的废物管理公司愿意回收报纸、铝罐和塑料容器。然而，只有当足够多的家庭愿意参与时，这个项目才是有利可图的。在这个城市中，100 万个家庭是潜在的回收者。经过分析发现，每 1 000 个家庭参与这项计划，就会有 500 美元的利润。同时也发现，每年该项目的固定成本是 55 000 美元。据估计，有 5 万、10 万、20 万和 30 万个家庭参与这项计划的概率分别是 0.5、0.3、0.1 和 0.1。在 25 个家庭中开展一项关于是否愿意参与这项计划的初步调查，假设 25 个家庭中只有 3 个家庭做出了肯定的答复。把这个附加信息加入决策过程，说明废物管理公司是否应开展这个回收项目。

**22.34** 假设 100 个家庭中有 12 个家庭做出了肯定的答复，重新计算习题 22.33。

**22.35** 假设在习题 22.14 中，一个顾问对问题进行了分析，并预测了新社区的电力需求。为了让电力公司雇用她，该顾问提供了以下的似然概率值。试进行先验分析，确定顾问的样本信息的期望价值。

| | $I_1$（预测低需求量） | $I_2$（预测中等需求量） | $I_3$（预测高需求量） |
|---|---|---|---|
| $s_1$ | 0.5 | 0.3 | 0.2 |
| $s_2$ | 0.3 | 0.6 | 0.1 |
| $s_3$ | 0.2 | 0.2 | 0.6 |

**22.36** 在习题 22.32 中，假设可以对电台的听众进行调查，询问如果电台风格改变成摇滚音乐，他们是否还会收听这个电台。进行一个样本容量为 2 的调查有多大的价值？

**22.37** 在习题 22.32 中，假设随机抽取了 25 个电台听众作样本，发现只有 2 个是这个电台的固定听众。那么电台拥有者的最佳决策是什么？

**22.38** 一家车用蓄电池公司的总裁想确定应该生产三种蓄电池中的哪一种。每种蓄电池的固定成本和可变成本如下表所示。

| 蓄电池 | 固定成本（美元） | 可变成本（美元/个） |
| --- | --- | --- |
| 1 | 900 000 | 20 |
| 2 | 1 150 000 | 17 |
| 3 | 1 400 000 | 15 |

该公司经理认为蓄电池需求量是 50 000，100 000 或 150 000 个的概率分别是 0.3，0.3 和 0.4。每个蓄电池的销售价格是 40 美元。

a. 试建立收益表。

b. 试建立机会损失表。

c. 试确定每个方案的期望货币价值并选出最佳方案。

d. 为获取关于需求量的附加信息，该公司总裁愿意支付的最高费用是多少？

**22.39** 可信度通常是衡量广告的一个最有效的特征。假设对于某个广告，目前被调查的人中有 32%相信广告。一个营销经理认为这个百分比每升高 1 个百分点，每年销售额将增加 100 万美元；每降低 1 个百分点，每年销售额将减少 100 万美元。经理还认为更换广告会影响广告的可信度。潜在的百分比改变量的概率分布如下表所示。

| 百分比改变量 | 概率 |
| --- | --- |
| −2 | 0.1 |
| −1 | 0.1 |
| 0 | 0.2 |
| +1 | 0.3 |
| +2 | 0.3 |

如果每 1 美元的销售额的利润是 10 美分，并且更换广告的总费用是 58 000 美元，那么广告是否应该更换？

**22.40** 在习题 22.39 中，假设可以进行一项调查来确定相信广告的人的百分比，容量为 1 的样本的价值是多少？

**22.41** 在习题 22.39 中，假设一项样本容量为 5 的调查显示，仅有 1 人相信这个新广告。根据这个附加信息，经理该怎么做？

**22.42** 赌注登记者马克斯想确定应该在新的登记赌注业务中安装多少部电话。由于警察的频繁活动，一旦建立了这项业务，他就不能再增加或减少电话的数量。他把可能的选择范围缩小到 3 种，即安装 25，50 或 100 部电话。他一年（在警察终止他的业务之前，他通常所能维持业务的时间）的利润取决于他所能收到的平均电话数量。通过慎重考虑，他断定每分钟收到的平均电话数量是 0.5，1.0 或 1.5 个的概率分别是 0.50，0.25 和 0.25。马克斯建立了如下所示的收益表。

马克斯的助手莱夫特（他在一所商学院学习过两年）指出，马克斯可以通过观察竞争者的类似业务获得更多信息。然而，他只能观察 10 分钟，而且他必须为此支付 4 000 美元。马克斯确定，如果他接到少于 8 个电话，属于少的；多于 8 个而少于 17 个电话是中等的；多于 17 个电话是多的。马克斯还决定，进行试验时只记录电话数量是少的、中等的还是多的。通过先验分析帮助马克斯确定是否应该进行抽样，并确定最佳策略是什么。

**收益表**

单位：美元

| | 25 部电话 | 50 部电话 | 100 部电话 |
|---|---|---|---|
| $s_1$ ($\mu$=0.5) | 50 000 | 30 000 | 20 000 |
| $s_2$ ($\mu$=1.0) | 50 000 | 60 000 | 40 000 |
| $s_3$ ($\mu$=1.5) | 50 000 | 60 000 | 80 000 |

**22.43** 梅格巴克计算机公司想引进两种新产品：第一种，Model 101，是一种小型计算机，专门为 8～16 岁的儿童设计；第二种，Model 202，是一种中型计算机，适合管理者使用。由于生产能力的限制，梅格巴克计算机公司决定只生产其中一种产品。

每种类型计算机的赢利能力取决于确实会购买此种产品的潜在消费者的比例。据估计，Model 101 型计算机的市场规模是 1 000 万美元，而 Model 202 型计算机的市场规模则是 300 万美元。

经过仔细的分析之后，梅格巴克计算机公司的管理部门认为 Model 101 型计算机的购买者的比例可能是 5%，10%或 15%，相应的利润如下表所示。

| 购买 Model 101 型计算机的消费者比例（%） | 净利润（百万美元） |
|---|---|
| 5 | 20 |
| 10 | 100 |
| 15 | 210 |

当地大学的一个概率方面的专家认为，这些百分比的相应概率如下：

$P(5\%)=0.2$，$P(10\%)=0.4$，$P(15\%)=0.4$

对 Model 202 型计算机的类似分析结果如下表所示。

| 购买 Model 202 型计算机的消费者比例（%） | 净利润（百万美元） |
|---|---|
| 30 | 70 |
| 40 | 100 |
| 50 | 150 |

对于这种计算机，该专家估计的概率分别是

$P(30\%)=0.1$，$P(40\%)=0.4$，$P(50\%)=0.5$

a. 基于上述信息，以期望利润最大化为目标，梅格巴克计算机公司应该生产哪种计算机？

b. 为了能做出更好的决策，梅格巴克计算机公司调查了 10 个 Model 101 型计算机的潜在购买者和 20 个 Model 202 型计算机的潜在购买者，发现 10 个人中仅有 1 个人会购买 Model 101 型计算机，而 20 个人中有 9 个表示他们会购买 Model 202 型计算机。根据这些信息，修正先验概率，并确定应该生产何种型号的计算机。

**22.44** 一个大型电影制片厂刚刚完成最新的作品，是一部关于匈奴王阿提拉的生平的音乐喜剧。因为这部电影跟以往的有一定的差别（没有性或暴力），因此电影制片厂没有确定如何发行这部电影。电影制片厂的高层必须决定是把这部电影放映给北美的观众，还是卖给欧洲的发行人，赚取 1 200 万美元的利润。如果电影在北美放映，制片厂的利润主要取决于电影的成功程度——极好、好或者一般。收益和成功程度的先验主观概率如下表所示。

| 成功程度 | 收益（百万美元） | 概率 |
|---|---|---|
| 极好 | 33 | 0.5 |
| 好 | 12 | 0.3 |
| 一般 | −15 | 0.2 |

另一种可能做法是先随机抽取北美观众作为样本，向他们放映这部电影，并收集他们的评价来帮助电影制片厂决策。这些评论可以分为捧场、冷淡和糟糕三类。抽样的成本是 100 000 美元。制片厂曾进行过几次抽样调查，反映观众评价的似然概率和电影的成功程度如下表所示。试进行先验分析，确定电影制片厂的高层该怎么做。

| 评价 | 成功的程度 | | |
|---|---|---|---|
| | 捧场 | 冷淡 | 糟糕 |
| 极好 | 0.8 | 0.1 | 0.1 |
| 好 | 0.5 | 0.3 | 0.2 |
| 一般 | 0.4 | 0.3 | 0.3 |

## 小　结

决策分析的目的是从一系列备选方案中选出最佳方案。我们把最佳方案定义为具有最大预期货币价值或最小预期机会损失的方案。确定各种自然状态的先验概率之后就可以计算期望价值。方案、自然状态及其结果可以用收益表、机会损失表或决策树来表示。我们还讨论了一种将试验形式的附加信息整合到分析过程中的方法，即结合先验概率和似然概率来计算后验概率。先验分析使我们可以确定是否有必要支付费用来获取试验结果，这一决策是依据样本信息的期望价值和抽样成本做出的。

## 重要术语

| | | |
|---|---|---|
| 方案 | 自然状态 | 收益表 |
| 机会损失 | 决策树 | 预期货币价值 |
| 预期机会损失 | 逆推法 | 完全信息的期望收益 |
| 完全信息的期望价值 | 似然概率 | 试验结果 |
| 试验 | 先验概率 | 后验概率 |
| 修正概率 | 先验分析 | 样本信息的期望价值 |

## 符号

| 符号 | 意义 |
|---|---|
| $a_i$ | 方案 |
| $s_j$ | 自然状态 |
| $I_i$ | 试验结果 |
| $P(s_j)$ | 先验概率 |
| $P(I_i \mid s_j)$ | 似然概率 |
| $P(s_j I_i)$ | 联合概率 |
| $P(s_j \mid I_i)$ | 后验概率 |

# 第 23 章

# 结　论

我们已经到达了旅行的终点，这个旅行开始于“统计是从数据中获取信息的一种方法”这句话。你很快将参加统计学课程的考试。（我们假设这本书的读者将参加统计学课程考试而不是只为了消遣。）如果你认为考试意味着你可以和统计学说再见了，你就大错特错了。在你毕业之后将进入的社会中，统计方法潜在的应用是无限的。

然而，如果你不能或不愿运用统计学，你就是不称职的。你能想象一个没有充分理解营销的概念和方法的销售经理吗？一个对会计学原理知之甚少的会计能很好地开展他的工作吗？同样的道理，没有对统计学的概念和方法的深入理解，你就不可能成为一个称职的决策者。

在生活中，我们已经遇到过太多人，他们对概率和统计学知识表现出惊人的无知。在某些场合，这种无知表现为他们在赌博。（跟在拉斯维加斯或大西洋城赌场中的人聊一聊，你会发现那么多人不懂概率，看到那么多人输了钱。）我们遇到过一些经常做涉及几百万美元决策的经理，他们居然不懂得支配着决策方式的最基本的原理。最糟糕的是，那些经理们只要通过身边的一台电脑就可以得到大量触手可及的信息，但他们却不知道该如何获得这些信息，甚至不知道它们在那里。

这就引发了一个问题：“在期末考试之后的生活中，你需要什么样的统计学概念和方法？”我们没有期望学生记住计算置信区间估计或检验统计量的公式（或计算机命令）。（统计学参考书可以满足这些需要。）然而，你必须知道利用统计学方法你可以做什么和不能做什么；你必须记住这本书中介绍过的一些重要原理。为了帮助你，我们选择了 12 个最重要的概念列在下面。我们希望它们能对你们有所帮助。



## □ 23-1　统计学期末考试之后，你终生需要的 12 个统计学概念

1. 统计方法是把数据转变成信息的过程。描述性方法用于描述和总结；推断方法

用于估计和从样本推知关于总体的结论。

2. 因为存在不同的目标和数据类型，因此我们需要不同的方法。有三种不同的数据类型：定距数据（实数）、定类数据（分类）和定序数据（等级）。每一类数据和目标的组合都需要一种特定的方法。

3. 我们利用各种抽样方法来采集数据。然而，统计结果的有效性依赖于抽样的有效性。“废进废出”这句话在统计学中是非常适用的。

4. 抽样分布是统计推断的基础。置信区间估计和检验统计量都是直接从抽样分布中衍生出来的。所有推断实际上都是基于抽样分布的概率描述。

5. 所有假设检验的过程都是相似的。我们假定原假设是正确的，并计算检验统计量的值。如果观测（和计算）到的值和我们期望的值相差太大，我们就拒绝原假设。判断相差“太大”的标准是由犯第一类错误的概率决定的。

6. 在任何假设检验（和大部分决策过程）中，存在两种可能的错误：第一类错误和第二类错误。犯两类错误的概率之间的关系可以帮助我们确定如何设立标准。如果设立的标准太高以致犯第一类错误的概率很小，就增加了犯第二类错误的概率。一种用来降低犯第二类错误的概率的方法必定会增加犯第一类错误的概率。

7. 通过增加样本容量，可以提高置信区间估计的精度或降低犯第二类错误的概率。更多数据意味着更多信息，这导致置信区间更窄或犯错误的概率降低，会产生更好的决策。

8. 用于定距数据的抽样分布是学生 $t$ 分布和 $F$ 分布。这些分布是相关的，因此用于定距数据的各种方法也是相关的。我们可以用方差分析代替两均值的 $t$ 检验，我们也可以用带指示变量的回归分析代替方差分析。我们通常会建立一个模型来表示定距数据间的相互关系，包括指示变量。

9. 在分析定距数据时，我们努力解释尽可能多的差异。通过这样做，我们能充分了解各总体之间是否存在差异和自变量如何影响响应（因）变量。

10. 用于分析定类数据的方法需要我们计算每个种类发生的次数，并以此为基础来计算统计量的值。适用于定类数据的抽样分布有标准正态分布和 $\chi^2$ 分布。这些分布和分析方法都是相关的。

11. 定序数据的分析方法以排列程序为基础，我们称这些方法为非参数方法。因为非参数方法没有参数法的要求严格，所以在不能满足参数检验的必要条件时，就可以采用非参数方法。为了保证统计方法的合理性，我们必须检查各种方法的必要条件是否得到满足。

12. 我们可以通过试验或观测获得数据。用观测法得到的数据可能会得出一些相互冲突的解释，根据试验中采集的数据则更可能得出确定的解释。除了设计试验之外，统计人员还要选择具体的样本容量以保证他们需要的精度和置信度。

附录 A

# 样本统计值

## 第 10 章

10.30 $\bar{x}=252.38$。

10.31 $\bar{x}=1\ 810.16$。

10.32 $\bar{x}=12.10$。

10.33 $\bar{x}=10.21$。

10.34 $\bar{x}=0.510$。

10.35 $\bar{x}=26.81$。

10.36 $\bar{x}=19.28$。

10.37 $\bar{x}=15.00$。

10.38 $\bar{x}=585\ 063$。

10.39 $\bar{x}=14.98$。

10.40 $\bar{x}=27.19$。

## 第 11 章

11.35 $\bar{x}=5\ 065$。

11.36 $\bar{x}=29\ 120$。

11.37 $\bar{x}=569$。

11.38 $\bar{x}=19.13$。

11.39 $\bar{x}=-1.20$。

11.40 $\bar{x}=55.8$。
11.41 $\bar{x}=5.04$。
11.42 $\bar{x}=19.39$。
11.43 $\bar{x}=105.7$。
11.44 $\bar{x}=4.84$。
11.45 $\bar{x}=5.64$。
11.46 $\bar{x}=29.92$。
11.47 $\bar{x}=231.56$。

## 第12章

12.31 $\bar{x}=7.15$，$s=1.65$，$n=200$。
12.32 $\bar{x}=4.66$，$s=2.37$，$n=250$。
12.33 $\bar{x}=17.00$，$s=4.31$，$n=162$。
12.34 $\bar{x}=15\ 137$，$s=5\ 263$，$n=306$。
12.35 $\bar{x}=59.04$，$s=20.62$，$n=122$。
12.36 $\bar{x}=2.67$，$s=2.50$，$n=188$。
12.37 $\bar{x}=44.14$，$s=7.88$，$n=475$。
12.38 $\bar{x}=591.87$，$s=125.06$，$n=205$。
12.39 $\bar{x}=13.94$，$s=2.16$，$n=212$。
12.40 $\bar{x}=15.27$，$s=5.72$，$n=116$。
12.41 $\bar{x}=4.34$，$s=4.22$，$n=950$。
12.42 $\bar{x}=89.27$，$s=17.30$，$n=85$。
12.43 $\bar{x}=15.02$，$s=8.31$，$n=83$。
12.44 $\bar{x}=96\ 100$，$s=34\ 468$，$n=473$。
12.45 $\bar{x}=1.507$，$s=0.640$，$n=473$。
12.75 $s^2=270.58$，$n=25$。
12.76 $s^2=22.56$，$n=245$。
12.77 $s^2=4.72$，$n=90$。
12.78 $s^2=174.47$，$n=100$。
12.79 $s^2=19.68$，$n=25$。
12.103 $n(1)=51$，$n(2)=291$，$n(3)=70$，$n(4)=301$，$n(5)=261$。
12.104 $n(1)=28$，$n(2)=174$，$n(3)=135$，$n(4)=67$，$n(5)=51$，$n(6)=107$。
12.105 $n(1)=466$，$n(2)=55$。
12.107 $n(1)=140$，$n(2)=59$，$n(3)=39$，$n(4)=106$，$n(5)=47$。
12.108 $n(1)=153$，$n(2)=24$。
12.109 $n(1)=92$，$n(2)=28$。
12.110 $n(1)=603$，$n(2)=905$。
12.111 $n(1)=92$，$n(2)=334$。
12.112 $n(1)=57$，$n(2)=35$，$n(3)=4$，$n(4)=4$。

12.114 $n(1)=60$，$n(2)=275$，$n(3)=20$，$n(4)=180$，$n(5)=75$，$n(6)=4\ 390$。

12.115 $n(1)=786$，$n(2)=254$。

12.116 $n(1)=518$，$n(2)=132$。

12.136 $n(1)=81$，$n(2)=47$，$n(3)=167$，$n(4)=146$，$n(5)=34$。

12.137 $n(1)=63$，$n(2)=125$，$n(3)=45$，$n(4)=87$。

12.138 $n(1)=418$，$n(2)=536$，$n(3)=882$。

12.139 $n(1)=290$，$n(2)=35$。

12.140 $n(1)=72$，$n(2)=77$，$n(3)=37$，$n(4)=50$，$n(5)=176$。

12.141 $n(1)=289$，$n(2)=51$。

## 第 13 章

13.17 Tastee：$\bar{x}_1=36.93$，$s_1=4.23$，$n_1=15$。
竞争公司：$\bar{x}_2=31.36$，$s_2=3.35$，$n_2=25$。

13.18 麦片粥：$\bar{x}_1=10.01$，$s_1=4.43$，$n_1=120$。
其他：$\bar{x}_2=9.12$，$s_2=4.45$，$n_2=120$。

13.19 18～34 岁：$\bar{x}_1=58.99$，$s_1=30.77$，$n_1=250$。
35～50 岁：$\bar{x}_2=52.96$，$s_2=43.32$，$n_2=250$。

13.20 两年前：$\bar{x}_1=59.81$，$s_1=7.02$，$n_1=125$。
今年：$\bar{x}_2=57.40$，$s_2=6.99$，$n_2=159$。

13.21 男性：$\bar{x}_1=10.23$，$s_1=2.87$，$n_1=100$。
女性：$\bar{x}_2=9.66$，$s_2=2.90$，$n_2=100$。

13.22 A：$\bar{x}_1=115.50$，$s_1=21.69$，$n_1=30$。
B：$\bar{x}_2=110.20$，$s_2=21.93$，$n_2=30$。

13.23 男性：$\bar{x}_1=5.56$，$s_1=5.36$，$n_1=306$。
女性：$\bar{x}_2=5.49$，$s_2=5.58$，$n_2=290$。

13.24 A：$\bar{x}_1=70.42$，$s_1=20.54$，$n_1=24$。
B：$\bar{x}_2=56.44$，$s_2=9.03$，$n_2=16$。

13.25 成功的公司员工：$\bar{x}_1=5.02$，$s_1=1.39$，$n_1=200$。
不成功的公司员工：$\bar{x}_2=7.80$，$s_2=3.09$，$n_2=200$。

13.26 打电话：$\bar{x}_1=0.646$，$s_1=0.045$，$n_1=125$。
不打电话：$\bar{x}_2=0.601$，$s_2=0.053$，$n_2=145$。

13.27 闲聊：$\bar{x}_1=0.654$，$s_1=0.048$，$n_1=95$。
政治内容：$\bar{x}_2=0.662$，$s_2=0.045$，$n_2=90$。

13.28 理财规划师：$\bar{x}_1=6.18$，$s_1=1.59$，$n_1=64$。
股票经纪人：$\bar{x}_2=5.94$，$s_2=1.61$，$n_2=81$。

13.29 使用教科书：$\bar{x}_1=63.71$，$s_1=5.90$，$n_1=173$。

未使用教科书：$\bar{x}_2=66.80$，$s_2=6.85$，$n_2=202$。

13.30 温迪：$\bar{x}_1=149.85$，$s_1=21.82$，$n_1=213$。

麦当劳：$\bar{x}_2=154.43$，$s_2=23.64$，$n_2=202$。

13.31 男性：$\bar{x}_1=488$，$s_1=19.6$，$n_1=124$。

女性：$\bar{x}_2=498$，$s_2=21.9$，$n_2=187$。

13.32 随机抽取的信用卡申请者：$\bar{x}_1=130.93$，$s_1=31.99$，$n_1=100$。

通过电话销售商联系的信用卡持有者：$\bar{x}_2=126.14$，$s_2=26.00$，$n_2=100$。

13.33 新型号的轮胎：$\bar{x}_1=73.60$，$s_1=15.60$，$n_1=20$。

目前使用的轮胎：$\bar{x}_2=69.20$，$s_2=15.06$，$n_2=20$。

13.34 工资固定的销售人员：$\bar{x}_1=60\ 245$，$s_1=10\ 506$，$n_1=90$。

工资为佣金制的销售人员：$\bar{x}_2=63\ 563$，$s_2=10\ 755$，$\bar{x}_2=90$。

13.35 发生了事故的人：$\bar{x}_1=633.97$，$s_1=49.45$，$n_1=93$。

未发生事故的人：$\bar{x}_2=661.86$，$s_2=52.69$，$n_2=338$。

13.36 软木塞：$\bar{x}_1=14.20$，$s_1=2.84$，$n_1=130$。

金属螺丝帽：$\bar{x}_2=11.27$，$s_2=4.42$，$n_2=130$。

13.37 时间调整前：$\bar{x}_1=497$，$s_1=73.8$，$n_1=355$。

时间调整后：$\bar{x}_2=511$，$s_2=69.1$，$n_2=288$。

13.38 大桶：$\bar{x}_1=93.82$，$s_1=15.89$，$n_1=48$。

中桶：$\bar{x}_2=61.25$，$s_2=9.96$，$n_2=48$。

13.39 a. 加利福尼亚州酒：$\bar{x}_1=97.71$，$s_1=5.10$，$n_1=24$。

北达科他州酒：$\bar{x}_2=94.58$，$s_2=7.36$，$n_2=24$。

b. 加利福尼亚州酒：$\bar{x}_1=64.00$，$s_1=9.44$，$n_1=24$。

北达科他州酒：$\bar{x}_2=57.33$，$s_2=9.14$，$n_2=24$。

13.40 清理：$\bar{x}_1=10.04$，$s_1=2.32$，$n_1=28$。

不清理：$\bar{x}_2=8.64$，$s_2=1.85$，$n_2=28$。

13.41 一磅：$\bar{x}_1=136.80$，$s_1=24.16$，$n_1=20$。

半磅：$\bar{x}_2=72.80$，$s_2=9.87$，$n_2=20$。

13.101 $D=X$[今年]$-X$[五年前]：$\bar{x}_D=12.4$，$s_D=99.1$，$n_D=150$。

13.102 $D=X$[男服务生]$-X$[女服务生]：$\bar{x}_D=-1.16$，$s_D=2.22$，$n_D=50$。

13.103 $D=X$[今年]$-X$[去年]：$\bar{x}_D=19.75$，$s_D=30.63$，$n_D=40$。

13.104 $D=X$[隔热的房间]$-X$[不隔热的房间]：$\bar{x}_D=-57.40$，$s_D=13.14$，$n_D=15$。

13.105 $D=X$[男性]$-X$[女性]：$\bar{x}_D=-42.94$，$s_D=317.16$，$n_D=45$。

13.106 $D=X$[去年底]$-X$[今年末]：$\bar{x}_D=-183.35$，$s_D=1\ 568.94$，$n_D=170$。

13.107 $D=X$[今年]$-X$[去年]：$\bar{x}_D=0.042\ 2$，$s_D=0.163\ 4$，$n_D=38$。

13.108 $D=X$[公司1]$-X$[公司2]：$\bar{x}_D=520.85$，$s_D=1\,854.92$，$n_D=55$。

13.109 $D=X$[新型轮胎]$-X$[现用轮胎]：$\bar{x}_D=4.55$，$s_D=7.22$，$n_D=20$。

13.111 $D=X$[金融]$-X$[营销]：$\bar{x}_D=4\,587$，$s_D=22\,851$，$n_D=25$。

13.113 a. $D=X$[继任后]$-X$[继任前]：$\bar{x}_D=-0.10$，$s_D=1.95$，$n_D=42$。

b. $D=X$[继任后]$-X$[继任前]：$\bar{x}_D=1.24$，$s_D=2.83$，$n_D=98$。

13.125 第一周：$s_1^2=19.38$，$n_1=100$。

第二周：$s_2^2=12.70$，$n_2=100$。

13.126 A：$s_1^2=41\,309$，$n_1=100$。

B：$s_2^2=19\,850$，$n_2=100$。

13.127 组合 1：$s_1^2=0.026\,1$，$n_1=52$。

组合 2：$s_2^2=0.087\,5$，$n_2=52$。

13.128 出纳员 1：$s_1^2=3.35$，$n_1=100$。

出纳员 2：$s_2^2=10.95$，$n_2=100$。

13.151 凯迪拉克：$n(1)=33$，$n(2)=317$。

林肯：$n(1)=33$，$n(2)=261$。

13.152 吸烟者：$n_1(1)=28$，$n_1(2)=10$。

非吸烟者：$n_2(1)=150$，$n_2(2)=12$。

13.153 今年：$n_1(1)=306$，$n_1(2)=171$。

十年前：$n_2(1)=304$，$n_2(2)=158$。

13.154 加拿大：$n_1(1)=230$，$n_1(2)=215$。

美国：$n_2(1)=165$，$n_2(2)=275$。

13.155 A：$n_1(1)=189$，$n_1(2)=11$。

B：$n_2(1)=178$，$n_2(2)=22$。

13.156 高中：$n_1(1)=17$，$n_1(2)=63$。

高等教育：$n_2(1)=29$，$n_2(2)=167$。

13.157 2008 年：$n_1(1)=81$，$n_1(2)=44$。

2009 年：$n_2(1)=63$，$n_2(2)=41$。

13.158 2012 年：$n_1(1)=578$，$n_1(2)=371$，$n_1(3)=208$，$n_1(4)=281$。

2013 年：$n_2(1)=495$，$n_2(2)=480$，$n_2(3)=195$，$n_2(4)=300$。

13.159 男性：$n_1(1)=501$，$n_1(2)=155$。

女性：$n_2(1)=486$，$n_2(2)=183$。

13.160 有健康意识的人群：$n_1(1)=199$，$n_1(2)=32$。

无健康意识的人群：$n_2(1)=563$，$n_2(2)=56$。

13.161 细分市场 1：$n(1)=68$，$n(2)=95$。

细分市场 2：$n(1)=20$，$n(2)=34$。

细分市场 3：$n(1)=10$，$n(2)=13$。

细分市场 4：$n(1)=29$，$n(2)=79$。

13.162 渠道 1：$n_1(1)=344$，$n_2(2)=38$。

渠道 2：$n_2(1)=275$，$n_2(2)=41$。

# 第 14 章

14.9

| 样本 | $\bar{x}_i$ | $s_i^2$ | $n_i$ |
|---|---|---|---|
| 1 | 68.83 | 52.28 | 20 |
| 2 | 65.08 | 37.38 | 26 |
| 3 | 62.01 | 63.46 | 16 |
| 4 | 64.64 | 56.88 | 19 |

14.10

| 样本 | $\bar{x}_i$ | $s_i^2$ | $n_i$ |
|---|---|---|---|
| 1 | 90.17 | 991.5 | 30 |
| 2 | 95.77 | 900.9 | 30 |
| 3 | 106.8 | 928.7 | 30 |
| 4 | 111.2 | 1 023 | 30 |

14.11

| 样本 | $\bar{x}_i$ | $s_i^2$ | $n_i$ |
|---|---|---|---|
| 1 | 196.8 | 914.1 | 41 |
| 2 | 207.8 | 861.1 | 73 |
| 3 | 223.4 | 1 195 | 86 |
| 4 | 232.7 | 1 080 | 79 |

14.12

| 样本 | $\bar{x}_i$ | $s_i^2$ | $n_i$ |
|---|---|---|---|
| 1 | 164.6 | 1 164 | 25 |
| 2 | 185.6 | 1 719 | 25 |
| 3 | 154.8 | 1 113 | 25 |
| 4 | 182.6 | 1 657 | 25 |
| 5 | 178.9 | 841.8 | 25 |

14.13

| 样本 | $\bar{x}_i$ | $s_i^2$ | $n_i$ |
|---|---|---|---|
| 1 | 22.21 | 121.6 | 39 |
| 2 | 18.46 | 90.39 | 114 |
| 3 | 15.49 | 85.25 | 81 |
| 4 | 9.31 | 65.40 | 67 |

14.14

| 样本 | $\bar{x}_i$ | $s_i^2$ | $n_i$ |
|---|---|---|---|
| 1 | 551.5 | 2 742 | 20 |
| 2 | 576.8 | 2 641 | 20 |
| 3 | 559.5 | 3 129 | 20 |

14.15

| 样本 | $\bar{x}_i$ | $s_i^2$ | $n_i$ |
|---|---|---|---|
| 1 | 5.81 | 6.22 | 100 |
| 2 | 5.30 | 4.05 | 100 |
| 3 | 5.33 | 3.90 | 100 |

14.16

| 样本 | $\bar{x}_i$ | $s_i^2$ | $n_i$ |
|---|---|---|---|
| 1 | 74.10 | 250.0 | 30 |
| 2 | 75.67 | 184.2 | 30 |
| 3 | 78.50 | 233.4 | 30 |
| 4 | 81.30 | 242.9 | 30 |

14.17

| 样本 | 烟叶大小 | | |
|---|---|---|---|
| | $\bar{x}_i$ | $s_i^2$ | $n_i$ |
| 1 | 24.97 | 48.23 | 50 |
| 2 | 21.65 | 54.54 | 50 |
| 3 | 17.84 | 33.85 | 50 |

| 样本 | 尼古丁含量 | | |
|---|---|---|---|
| | $\bar{x}_i$ | $s_i^2$ | $n_i$ |
| 1 | 15.52 | 3.72 | 50 |
| 2 | 13.39 | 3.59 | 50 |
| 3 | 10.08 | 3.83 | 50 |

14.18a.

| 样本 | $\bar{x}_i$ | $s_i^2$ | $n_i$ |
|---|---|---|---|
| 1 | 31.30 | 28.34 | 63 |
| 2 | 34.42 | 23.20 | 81 |
| 3 | 37.38 | 31.16 | 40 |
| 4 | 39.93 | 72.03 | 111 |

b.

| 样本 | $\bar{x}_i$ | $s_i^2$ | $n_i$ |
|---|---|---|---|
| 1 | 37.22 | 39.82 | 63 |
| 2 | 38.91 | 40.85 | 81 |
| 3 | 41.48 | 61.38 | 40 |
| 4 | 41.75 | 46.59 | 111 |

c.

| 样本 | $\bar{x}_i$ | $s_i^2$ | $n_i$ |
|---|---|---|---|
| 1 | 11.75 | 3.93 | 63 |
| 2 | 12.41 | 3.39 | 81 |
| 3 | 11.73 | 4.26 | 40 |
| 4 | 11.89 | 4.30 | 111 |

14.19

| 样本 | $\bar{x}_i$ | $s_i^2$ | $n_i$ |
|---|---|---|---|
| 1 | 153.6 | 654.3 | 20 |
| 2 | 151.5 | 924.0 | 20 |
| 3 | 133.3 | 626.8 | 20 |

14.20

| 样本 | $\bar{x}_i$ | $s_i^2$ | $n_i$ |
|---|---|---|---|
| 1 | 18.54 | 178.0 | 61 |
| 2 | 19.34 | 171.4 | 83 |
| 3 | 20.29 | 297.5 | 91 |

14.21

| 样本 | $\bar{x}_i$ | $s_i^2$ | $n_i$ |
|---|---|---|---|
| 1 | 26.6 | 97.3 | 315 |
| 2 | 31.4 | 159.6 | 404 |
| 3 | 24.6 | 113.9 | 352 |

14.22

| 样本 | 阅读 | | |
|---|---|---|---|
| | $\bar{x}_i$ | $s_i^2$ | $n_i$ |
| 1 | 500.3 | 611.8 | 624 |
| 2 | 524.4 | 686.3 | 409 |
| 3 | 493.8 | 608.3 | 498 |

| 样本 | 数学 | | |
|---|---|---|---|
| | $\bar{x}_i$ | $s_i^2$ | $n_i$ |
| 1 | 486.6 | 619.5 | 624 |
| 2 | 527.5 | 654.0 | 409 |
| 3 | 492.0 | 648.3 | 498 |

| 样本 | 科学 | | |
|---|---|---|---|
| | $\bar{x}_i$ | $s_i^2$ | $n_i$ |
| 1 | 502.0 | 659.3 | 624 |
| 2 | 528.9 | 882.2 | 409 |
| 3 | 513.9 | 716.0 | 498 |

14.49

| 样本 | $\bar{x}_i$ | $s_i^2$ | $n_i$ |
|---|---|---|---|
| 1 | 61.60 | 80.49 | 10 |
| 2 | 57.30 | 70.46 | 10 |
| 3 | 61.80 | 22.18 | 10 |
| 4 | 51.80 | 75.29 | 10 |

14.51

| 样本 | $\bar{x}_i$ | $s_i^2$ | $n_i$ |
|---|---|---|---|
| 1 | 53.17 | 194.6 | 30 |
| 2 | 49.37 | 152.6 | 30 |
| 3 | 44.33 | 129.9 | 30 |

14.77 $k=3$，$b=12$，SST=204.2，SSB=1 150.2，SSE=495.1。

14.78 $k=3$，$b=20$，SST=7 131，SSB=177 465，SSE=1 098。

14.79 $k=3$，$b=20$，SST=10.26，SSB=3 020.30，SSE=226.71。

14.80 $k=4$，$b=30$，SST= 4 206，SSB=126 843，SSE=5 764。

14.81 $k=7$，$b=200$，SST= 28 674，SSB=209 835，SSE=479 125。

14.82 $k=5$，$b=36$，SST=1 406.4，SSB=7 309.7，SSE=4 593.9。

14.83 $k=4$，$b=21$，SST=563.82，SSB=1 327.33，SSE=748.70。

## 第 15 章

15.7 $n(1)=28$，$n(2)=17$，$n(3)=19$，$n(4)=17$，$n(5)=19$。

15.8 $n(1)=41$，$n(2)=107$，$n(3)=66$，$n(4)=19$。

15.9 $n(1)=114$，$n(2)=92$，$n(3)=84$，$n(4)=101$，$n(5)=107$，$n(6)=102$。

15.10 $n(1)=11$，$n(2)=32$，$n(3)=62$，$n(4)=29$，$n(5)=16$。

15.11 $n(1)=8$，$n(2)=4$，$n(3)=3$，$n(4)=8$，$n(5)=2$。

15.12 $n(1)=159$，$n(2)=28$，$n(3)=47$，$n(4)=16$。

15.13 $n(1)=36$，$n(2)=58$，$n(3)=74$，$n(4)=29$。

15.14 $n(1)=408$，$n(2)=571$，$n(3)=221$。

15.15 $n(1)=19$，$n(2)=23$，$n(3)=14$，$n(4)=194$。

15.16 $n(1)=63$，$n(2)=125$，$n(3)=45$，$n(4)=87$。

15.31

| | 报纸 | | | |
|---|---|---|---|---|
| 职业 | *G&M* | *Post* | *Star* | *Sun* |
| 蓝领工人 | 27 | 18 | 38 | 37 |
| 白领工人 | 29 | 43 | 21 | 15 |
| 专家 | 33 | 51 | 22 | 20 |

15.32

| | 实际变化 | |
|---|---|---|
| 预测趋势 | 正向 | 负向 |
| 正向 | 65 | 64 |
| 负向 | 39 | 48 |

15.33

| | 上次所购品牌 | | | |
|---|---|---|---|---|
| 倒数第二次所购品牌 | 1 | 2 | 3 | 4 |
| 1 | 39 | 36 | 51 | 23 |
| 2 | 36 | 32 | 46 | 20 |
| 3 | 54 | 46 | 65 | 29 |
| 4 | 24 | 20 | 28 | 10 |

15.34

| 受教育程度 | 继续吸烟 | 已戒烟 |
|---|---|---|
| 1 | 34 | 23 |
| 2 | 251 | 212 |
| 3 | 159 | 248 |
| 4 | 16 | 57 |

15.35

| | 患胃灼热的情况 | | | |
|---|---|---|---|---|
| 新闻来源 | 1 | 2 | 3 | 4 |
| ABC | 60 | 23 | 13 | 25 |
| CBS | 65 | 19 | 14 | 28 |
| NBC | 73 | 26 | 9 | 24 |
| 报纸 | 67 | 11 | 10 | 7 |
| 广播 | 57 | 16 | 9 | 14 |
| 以上都不是 | 47 | 21 | 10 | 10 |

15.36

| | 学位 | | | |
|---|---|---|---|---|
| 申请学校 | 文学学士 | 工学学士 | 工商管理学学士 | 其他 |
| 1 | 44 | 11 | 34 | 11 |
| 2 | 52 | 14 | 27 | 7 |
| 3 | 31 | 27 | 18 | 24 |
| 4 | 40 | 12 | 42 | 6 |

15.37

| 研究结果 | 是否有经济联系 | |
|---|---|---|
| | 是 | 否 |
| 赞许 | 29 | 1 |
| 中立 | 10 | 7 |
| 批评 | 9 | 14 |

15.38

| 教学方法 | 最高学位 | | | |
|---|---|---|---|---|
| | 1 | 2 | 3 | 4 |
| 1 | 51 | 8 | 5 | 11 |
| 2 | 24 | 14 | 12 | 8 |
| 3 | 26 | 9 | 19 | 8 |

15.39

| 作案工具 | 年份 | | |
|---|---|---|---|
| | 2000 | 2005 | 2010 |
| 1 | 161 | 175 | 131 |
| 2 | 36 | 37 | 24 |
| 3 | 53 | 39 | 27 |
| 4 | 159 | 166 | 126 |

15.40

| 情况 | 年份 | | | |
|---|---|---|---|---|
| | 2004 | 2006 | 2008 | 2010 |
| 1 | 78 | 74 | 71 | 69 |
| 2 | 80 | 80 | 80 | 77 |
| 3 | 436 | 443 | 450 | 458 |

15.41

| 住户类型 | 国家 | | |
|---|---|---|---|
| | 美国 | 加拿大 | 英国 |
| 1 | 65 | 94 | 63 |
| 2 | 85 | 78 | 105 |
| 3 | 27 | 31 | 21 |
| 4 | 83 | 80 | 90 |
| 5 | 40 | 17 | 21 |

15.42

| 住户类型 | 国家 | | | |
|---|---|---|---|---|
| | 丹麦 | 爱尔兰 | 荷兰 | 瑞典 |
| 1 | 180 | 318 | 234 | 158 |
| 2 | 222 | 170 | 246 | 220 |
| 3 | 50 | 99 | 55 | 37 |
| 4 | 393 | 190 | 304 | 409 |
| 5 | 5 | 73 | 11 | 26 |

15.43

| 肥胖? | 国家 | | | |
|---|---|---|---|---|
| | 加拿大 | 澳大利亚 | 新西兰 | 英国 |
| 1 | 152 | 151 | 147 | 151 |
| 2 | 48 | 49 | 53 | 49 |

15.44

| 吸烟? | 丹麦 | 芬兰 | 挪威 | 瑞典 |
|---|---|---|---|---|
| | 国家 | | | |
| 1 | 420 | 398 | 395 | 430 |
| 2 | 80 | 102 | 105 | 70 |

15.45

| 吸烟? | 加拿大 | 澳大利亚 | 新西兰 | 英国 |
|---|---|---|---|---|
| | 国家 | | | |
| 1 | 165 | 167 | 164 | 156 |
| 2 | 35 | 33 | 36 | 44 |

15.46

| 婚姻 | 民主党 | 共和党 | 无党派 |
|---|---|---|---|
| | 党派 | | |
| 1 | 48 | 21 | 43 |
| 2 | 24 | 53 | 37 |
| 3 | 23 | 25 | 21 |

## 第16章

16.6 广告长度：$\bar{x}=38.00$，$s_x^2=193.90$。

测试得分：$\bar{y}=13.80$，$s_y^2=47.96$；$n=60$，$s_{xy}=51.86$。

16.7 楼层：$\bar{x}=13.68$，$s_x^2=59.32$。

价格：$\bar{y}=210.42$，$s_y^2=496.41$；$n=50$，$s_{xy}=86.93$。

16.8 受教育年限：$\bar{x}=13.17$，$s_x^2=11.12$。

收入：$\bar{y}=78.13$，$s_y^2=-437.90$；$n=150$，$s_{xy}=46.02$。

16.9 年龄：$\bar{x}=37.28$，$s_x^2=55.11$。

工作周数：$\bar{y}=26.28$，$s_y^2=4.00$；$n=80$，$s_{xy}=-6.44$。

16.10 吸烟数量：$\bar{x}=37.64$，$s_x^2=108.3$。

缺勤天数：$\bar{y}=14.43$，$s_y^2=19.80$；$n=231$，$s_{xy}=20.55$。

16.11 距离：$\bar{x}=4.88$，$s_x^2=4.27$。

火灾损失百分比：$\bar{y}=49.22$，$s_y^2=243.94$；$n=85$，$s_{xy}=22.83$。

16.12 面积：$\bar{x}=53.93$，$s_x^2=688.18$。

价格：$\bar{y}=6\ 465$，$s_y^2=11\ 918\ 489$；$n=40$，$s_{xy}=30\ 945$。

16.13 已行驶小时数：$\bar{x}=1\ 199$，$s_x^2=59\ 153$。

价格：$\bar{y}=27.73$，$s_y^2=3.62$；$n=60$，$s_{xy}=-81.78$。

16.14 人口数：$\bar{x}=4.75$，$s_x^2=4.84$。

用电量：$\bar{y}=762.6$，$s_y^2=56\ 725$；$n=200$，$s_{xy}=310.0$。

16.15 收入：$\bar{x}=59.42$，$s_x^2=115.24$。

用于食品支出的金额：$\bar{y}=270.3$，$s_y^2=1\ 797.25$；$n=150$，$s_{xy}=225.66$。

16.16 空置率：$\bar{x}=11.33$，$s_x^2=35.47$。

月租金：$\bar{y}=17.20$，$s_y^2=11.24$；$n=30$，$s_{xy}=-10.78$。

16.17 身高：$\bar{x}=68.95$，$s_x^2=9.966$。

年收入：$\bar{y}=59.59$，$s_y^2=71.95$；$n=250$，$s_{xy}=6.020$。

16.18 测试得分：$\bar{x}=79.47$，$s_x^2=16.07$。

合格率：$\bar{y}=93.89$，$s_y^2=1.28$；$n=45$，$s_{xy}=0.83$。

16.119 广告数量：$\bar{x}=4.12$，$s_x^2=3.47$。

顾客人数：$\bar{y}=384.81$，$s_y^2=18\ 552$；$n=26$，$s_{xy}=74.02$。

16.120 使用年限：$\bar{x}=113.35$，$s_x^2=378.77$。

维修成本：$\bar{y}=395.21$，$s_y^2=4\ 094.79$；$n=20$，$s_{xy}=936.82$。

16.121 施肥量：$x=300$，$s_x^2=20\ 690$。

产量：$\bar{y}=318.60$，$s_y^2=5\ 230$；$n=30$，$s_{xy}=2\ 538$。

16.123 看电视小时数：$\bar{x}=30.43$，$s_x^2=99.11$。

总债务：$\bar{y}=126\ 604$，$s_y^2=2\ 152\ 602\ 614$；$n=430$，$s_{xy}=255\ 877$。

16.124 测试得分：$\bar{x}=71.92$，$s_x^2=90.97$。

合格率：$\bar{y}=94.44$，$s_y^2=11.84$；$n=50$，$s_{xy}=13.08$。

## 第 17 章

17.1 $R^2=0.242\ 5$，$R^2$(调整后)$=0.201\ 9$，$s_\varepsilon=40.24$，$F=5.97$，$p$ 值$=0.001\ 3$

| | 系数 | 标准误 | $t$ 统计量 | $p$ 值 |
|---|---|---|---|---|
| 截距 | 51.39 | 23.52 | 2.19 | 0.033 1 |
| 土地面积 | 0.700 | 0.559 | 1.25 | 0.215 6 |
| 其上树的数量 | 0.679 | 0.229 | 2.96 | 0.004 5 |
| 距湖泊的距离 | −0.378 | 0.195 | −1.94 | 0.057 7 |

17.2 $R^2=0.762\ 9$，$R^2$(调整后)$=0.745\ 3$，$s_\varepsilon=3.75$，$F=43.43$，$p$ 值$=0$

| | 系数 | 标准误 | $t$ 统计量 | $p$ 值 |
|---|---|---|---|---|
| 截距 | 13.01 | 3.53 | 3.69 | 0.001 0 |
| 课外作业 | 0.194 | 0.200 | 0.97 | 0.3 417 |
| 期中考试 | 1.11 | 0.122 | 9.12 | 0 |

17.3 $R^2=0.893\ 5$，$R^2$(调整后)$=0.871\ 1$，$s_\varepsilon=40.13$，$F=39.86$，$p$ 值$=0$

| | 系数 | 标准误 | $t$ 统计量 | $p$ 值 |
|---|---|---|---|---|
| 截距 | −111.83 | 134.34 | −0.83 | 0.415 5 |
| 经批准的建筑许可数量 | 4.76 | 0.395 | 12.06 | 0 |
| 五年抵押贷款利率 | 16.99 | 15.16 | 1.12 | 0.276 4 |
| 房屋空置率 | −10.53 | 6.39 | −1.65 | 0.116 1 |
| 办公场所空置率 | 1.31 | 2.79 | 0.47 | 0.644 6 |

17.4 $R^2=0.351\ 1$，$R^2$(调整后)$=0.335\ 2$，$s_\varepsilon=6.99$，$F=22.01$，$p$ 值$=0$

| | 系数 | 标准误 | $t$ 统计量 | $p$ 值 |
|---|---|---|---|---|
| 截距 | −1.97 | 9.55 | −0.21 | 0.836 9 |
| 预选赛最后一年本垒打次数 | 0.666 | 0.087 | 7.64 | 0 |
| 年龄 | 0.136 | 0.524 | 0.26 | 0.796 1 |
| 职业年限 | 1.18 | 0.671 | 1.75 | 0.081 9 |

## 第 18 章

18.3 $R^2=0.406\ 8$，$R^2$(调整后)$=0.352\ 8$，$s_\varepsilon=41.15$，$F=7.54$，$p$ 值$=0.003\ 2$

| | 系数 | 标准误 | $t$ 统计量 | $p$ 值 |
|---|---|---|---|---|
| 截距 | −108.99 | 97.24 | −1.12 | 0.274 4 |
| 空间 | 33.09 | 8.59 | 3.85 | 0.000 9 |
| 空间$^2$ | −0.666 | 0.177 | −3.75 | 0.001 1 |

18.4 一阶模型

$R^2=0.855\ 3$，$R^2$(调整后)$=0.847\ 3$，$s_\varepsilon=13.29$，$F=106.44$，$p$ 值$=0$

| | 系数 | 标准误 | $t$ 统计量 | $p$ 值 |
|---|---|---|---|---|
| 截距 | 453.6 | 15.18 | 29.87 | 0 |
| 价格 | −68.91 | 6.68 | −10.32 | 0 |

二阶模型

$R^2=0.972\ 6$，$R^2$(调整后)$=0.969\ 3$，$s_\varepsilon=5.96$，$F=301.15$，$p$ 值$=0$

| | 系数 | 标准误 | $t$ 统计量 | $p$ 值 |
|---|---|---|---|---|
| 截距 | 766.9 | 37.40 | 20.50 | 0 |
| 价格 | −359.1 | 34.19 | −10.50 | 0 |
| 价格$^2$ | 64.55 | 7.58 | 8.52 | 0 |

18.5 一阶模型

$R^2=0.850\ 4$，$R^2$(调整后)$=0.831\ 7$，$s_\varepsilon=1.79$，$F=45.48$，$p$ 值$=0.000\ 1$

| | 系数 | 标准误 | $t$ 统计量 | $p$ 值 |
|---|---|---|---|---|
| 截距 | 41.4 | 1.22 | 33.90 | 0 |
| 天数 | −1.33 | 0.197 | −6.74 | 0.000 1 |

二阶模型

$R^2=0.885\ 2$，$R^2$(调整后)$=0.852\ 4$，$s_\varepsilon=1.67$，$F=26.98$，$p$ 值$=0.000\ 5$

| | 系数 | 标准误 | $t$ 统计量 | $p$ 值 |
|---|---|---|---|---|
| 截距 | 43.73 | 1.97 | 22.21 | 0 |
| 天数 | −2.49 | 0.822 | −3.03 | 0.019 1 |
| 天数$^2$ | 0.106 | 0.073 | 1.46 | 0.188 9 |

18.16 $R^2=0.8051$，$R^2$(调整后)$=0.7947$，$s_\varepsilon=2.32$，$F=77.66$，$p$ 值$=0$

| | 系数 | 标准误 | $t$ 统计量 | $p$ 值 |
|---|---|---|---|---|
| 截距 | 23.57 | 5.98 | 3.94 | 0.000 2 |
| 母亲寿命 | 0.306 | 0.054 | 5.65 | 0 |
| 父亲寿命 | 0.303 | 0.048 | 6.37 | 0 |
| 祖母寿命 | 0.032 | 0.058 | 0.55 | 0.585 3 |
| 祖父寿命 | 0.078 | 0.057 | 1.36 | 0.177 7 |
| 是否吸烟 | −3.72 | 0.669 | −5.56 | 0 |

18.17 $R^2=0.7002$，$R^2$(调整后)$=0.6659$，$s_\varepsilon=810.8$，$F=20.43$，$p$ 值$=0$

| | 系数 | 标准误 | $t$ 统计量 | $p$ 值 |
|---|---|---|---|---|
| 截距 | 3 490 | 469.2 | 7.44 | 0 |
| 前一天游客数量 | 0.369 | 0.078 | 4.73 | 0 |
| 是否周末 | 1 623 | 492.6 | 3.30 | 0.002 3 |
| 是否晴天 | 733.5 | 394.4 | 1.86 | 0.071 3 |
| 是否有雨 | −766.5 | 484.7 | −1.58 | 0.123 2 |

## 第 19 章

19.8 $T_1=6\ 807$，$n_1=82$，$T_2=5\ 596$，$n_2=75$。

19.9 $T_1=797$，$n_1=30$，$T_2=1\ 033$，$n_2=30$。

19.10 $T_1=14\ 873.5$，$n_1=125$，$T_2=16\ 501.5$，$n_2=125$。

19.11 $T_1=10\ 691$，$n_1=100$，$T_2=9\ 409$，$n_2=100$。

19.12 $T_1=2\ 810$，$n_1=50$，$T_2=2\ 240$，$n_2=50$。

19.13 $T_1=383.5$，$n_1=15$，$T_2=436.5$，$n_2=25$。

19.14 $T_1=439.5$，$n_1=20$，$T_2=380.5$，$n_2=20$。

19.15 $T_1=13\ 078$，$n_1=125$，$T_2=18\ 297$，$n_2=125$。

19.16 $T_1=32\ 225.5$，$n_1=182$，$T_2=27\ 459.5$，$n_2=163$。

19.48 $T^+=378.5$，$T^-=2\ 249.5$，$n=72$。

19.49 $T^+=62$，$T^-=758$，$n=40$。

19.50 $n$(正)$=60$，$n$(负)$=38$。

19.51 $T^+=40.5$，$T^-=235.5$，$n=23$。

19.52 $T^+=111$，$T^-=240$，$n=26$。

19.53 $n$(正)$=30$，$n$(负)$=8$。

19.54 $n$(正)$=5$，$n$(负)$=15$。

19.55 $T^+=190$，$T^-=135$，$n=25$。

19.56 $n$(正)$=32$，$n$(负)$=21$。

19.57 $T^+=48$，$T^-=732$，$n=39$。

19.70 $T_1=767.5$，$n_1=25$，$T_2=917$，$n_2=25$，$T_3=1\ 165.5$，$n_3=25$。

19.71 $T_1=17\ 116.5$，$n_1=80$，$T_2=16\ 816.5$，$n_2=90$，$T_3=17\ 277$，$n_3=77$，$T_4=29\ 391$，$n_4=154$。

19.73 $T_1=46$，$T_2=72$，$T_3=62$。

19.74 $T_1=28.5$，$T_2=22.5$，$T_3=21$。

19.76 $T_1=2\ 195$，$n_1=33$，$T_2=1\ 650.5$，$n_2=34$，$T_3=2\ 830$，$n_3=34$，$T_4=2\ 102.5$，$n_4=31$。

19.77 $T_1=59.5$，$T_2=63.5$，$T_3=64$，$T_4=63$。

19.78 $T_1=33$，$T_2=39.5$，$T_3=47.5$。

19.79 $T_1=13\ 805.5$，$n_1=100$，$T_2=14\ 909.5$，$n_2=100$，$T_3=16\ 390$，$n_3=100$。

19.80 $T_1=4\ 180$，$n_1=50$，$T_2=5\ 262$，$n_2=50$，$T_3=5\ 653$，$n_3=50$，$T_4=5\ 005$，$n_4=50$。

19.81 $T_1=1\ 565$，$n_1=30$，$T_2=1\ 358.5$，$n_2=30$，$T_3=1\ 171.5$，$n_3=30$。

19.82 $T_1=21\ 246$，$n_1=100$，$T_2=19\ 784$，$n_2=100$，$T_3=20\ 976$，$n_3=100$，$T_4=18\ 194$，$n_4=100$。

19.83 $T_1=28\ 304$，$n_1=123$，$T_2=21\ 285$，$n_2=109$，$T_3=21\ 796$，$n_3=102$，$T_4=20\ 421$，$n_4=94$。

19.84 $T_1=638.5$，$n_1=18$，$T_2=1\ 233.5$，$n_2=14$，$T_3=1\ 814.5$，$n_3=26$，$T_4=3\ 159.5$，$n_4=42$，$T_5=2\ 065$，$n_5=33$。

# 附录B 统计表

**表1** 二项概率 $P(X \leqslant k)=\sum_{x=0}^{k} p(x_i)$

$n=5$

| $k$ | $p$ | | | | | | | | | | | | | | |
|---|---|---|---|---|---|---|---|---|---|---|---|---|---|---|---|
| | 0.01 | 0.05 | 0.10 | 0.20 | 0.25 | 0.30 | 0.40 | 0.50 | 0.60 | 0.70 | 0.75 | 0.80 | 0.90 | 0.95 | 0.99 |
| 0 | 0.951 0 | 0.773 8 | 0.590 5 | 0.327 7 | 0.2373 | 0.168 1 | 0.077 8 | 0.031 3 | 0.010 2 | 0.002 4 | 0.001 0 | 0.000 3 | 0.000 0 | 0.000 0 | 0.000 0 |
| 1 | 0.999 0 | 0.977 4 | 0.918 5 | 0.737 3 | 0.632 8 | 0.528 2 | 0.337 0 | 0.187 5 | 0.087 0 | 0.030 8 | 0.015 6 | 0.006 7 | 0.000 5 | 0.000 0 | 0.000 0 |
| 2 | 1.000 0 | 0.998 8 | 0.991 4 | 0.942 1 | 0.896 5 | 0.836 9 | 0.682 6 | 0.500 0 | 0.317 4 | 0.163 1 | 0.103 5 | 0.057 9 | 0.008 6 | 0.001 2 | 0.000 0 |
| 3 | 1.000 0 | 1.000 0 | 0.999 5 | 0.993 3 | 0.984 4 | 0.969 2 | 0.913 0 | 0.812 5 | 0.663 0 | 0.471 8 | 0.367 2 | 0.262 7 | 0.081 5 | 0.022 6 | 0.001 0 |
| 4 | 1.000 0 | 1.000 0 | 1.000 0 | 0.999 7 | 0.999 0 | 0.997 6 | 0.989 8 | 0.968 8 | 0.922 2 | 0.831 9 | 0.762 7 | 0.672 3 | 0.409 5 | 0.226 2 | 0.049 0 |

$n=6$

| $k$ | $p$ | | | | | | | | | | | | | | |
|---|---|---|---|---|---|---|---|---|---|---|---|---|---|---|---|
| | 0.01 | 0.05 | 0.10 | 0.20 | 0.25 | 0.30 | 0.40 | 0.50 | 0.60 | 0.70 | 0.75 | 0.80 | 0.90 | 0.95 | 0.99 |
| 0 | 0.941 5 | 0.735 1 | 0.531 4 | 0.262 1 | 0.178 0 | 0.117 6 | 0.046 7 | 0.015 6 | 0.004 1 | 0.000 7 | 0.000 2 | 0.000 1 | 0.000 0 | 0.000 0 | 0.000 0 |
| 1 | 0.998 5 | 0.967 2 | 0.885 7 | 0.655 4 | 0.533 9 | 0.420 2 | 0.233 3 | 0.109 4 | 0.041 0 | 0.010 9 | 0.004 6 | 0.001 6 | 0.000 1 | 0.000 0 | 0.000 0 |
| 2 | 1.000 0 | 0.997 8 | 0.984 2 | 0.901 1 | 0.830 6 | 0.744 3 | 0.544 3 | 0.343 8 | 0.179 2 | 0.070 5 | 0.037 6 | 0.017 0 | 0.001 3 | 0.000 1 | 0.000 0 |
| 3 | 1.000 0 | 0.999 9 | 0.998 7 | 0.983 0 | 0.962 4 | 0.929 5 | 0.820 8 | 0.656 3 | 0.455 7 | 0.255 7 | 0.169 4 | 0.098 9 | 0.015 9 | 0.002 2 | 0.000 0 |
| 4 | 1.000 0 | 1.000 0 | 0.999 9 | 0.998 4 | 0.995 4 | 0.989 1 | 0.959 0 | 0.890 6 | 0.766 7 | 0.579 8 | 0.466 1 | 0.344 6 | 0.114 3 | 0.032 8 | 0.001 5 |
| 5 | 1.000 0 | 1.000 0 | 1.000 0 | 0.999 9 | 0.999 8 | 0.999 3 | 0.995 9 | 0.984 4 | 0.953 3 | 0.882 4 | 0.822 0 | 0.737 9 | 0.468 6 | 0.264 9 | 0.058 5 |

$n=7$

| $k$ | $p$ | | | | | | | | | | | | | | |
|---|---|---|---|---|---|---|---|---|---|---|---|---|---|---|---|
| | 0.01 | 0.05 | 0.10 | 0.20 | 0.25 | 0.30 | 0.40 | 0.50 | 0.60 | 0.70 | 0.75 | 0.80 | 0.90 | 0.95 | 0.99 |
| 0 | 0.932 1 | 0.698 3 | 0.478 3 | 0.209 7 | 0.133 5 | 0.082 4 | 0.028 0 | 0.007 8 | 0.001 6 | 0.000 2 | 0.000 1 | 0.000 0 | 0.000 0 | 0.000 0 | 0.000 0 |
| 1 | 0.998 0 | 0.955 6 | 0.850 3 | 0.576 7 | 0.444 9 | 0.329 4 | 0.158 6 | 0.062 5 | 0.018 8 | 0.003 8 | 0.001 3 | 0.000 4 | 0.000 0 | 0.000 0 | 0.000 0 |
| 2 | 1.000 0 | 0.996 2 | 0.974 3 | 0.852 0 | 0.756 4 | 0.647 1 | 0.419 9 | 0.226 6 | 0.096 3 | 0.028 8 | 0.012 9 | 0.004 7 | 0.000 2 | 0.000 0 | 0.000 0 |
| 3 | 1.000 0 | 0.999 8 | 0.997 3 | 0.966 7 | 0.929 4 | 0.874 0 | 0.710 2 | 0.500 0 | 0.289 8 | 0.126 0 | 0.070 6 | 0.033 3 | 0.002 7 | 0.000 2 | 0.000 0 |

续前表

$n=7$

| k | p=0.01 | 0.05 | 0.10 | 0.20 | 0.25 | 0.30 | 0.40 | 0.50 | 0.60 | 0.70 | 0.75 | 0.80 | 0.90 | 0.95 | 0.99 |
|---|---|---|---|---|---|---|---|---|---|---|---|---|---|---|---|
| 4 | 1.000 0 | 1.000 0 | 0.999 8 | 0.995 3 | 0.987 1 | 0.971 2 | 0.903 7 | 0.773 4 | 0.580 1 | 0.352 9 | 0.243 6 | 0.148 0 | 0.025 7 | 0.003 8 | 0.000 0 |
| 5 | 1.000 0 | 1.000 0 | 1.000 0 | 0.999 6 | 0.998 7 | 0.996 2 | 0.981 2 | 0.937 5 | 0.841 4 | 0.670 6 | 0.555 1 | 0.423 3 | 0.149 7 | 0.044 4 | 0.002 0 |
| 6 | 1.000 0 | 1.000 0 | 1.000 0 | 1.000 0 | 0.999 9 | 0.999 8 | 0.998 4 | 0.992 2 | 0.972 0 | 0.917 6 | 0.866 5 | 0.790 3 | 0.521 7 | 0.301 7 | 0.067 9 |

$n=8$

| k | p=0.01 | 0.05 | 0.10 | 0.20 | 0.25 | 0.30 | 0.40 | 0.50 | 0.60 | 0.70 | 0.75 | 0.80 | 0.90 | 0.95 | 0.99 |
|---|---|---|---|---|---|---|---|---|---|---|---|---|---|---|---|
| 0 | 0.922 7 | 0.663 4 | 0.430 5 | 0.167 8 | 0.100 1 | 0.057 6 | 0.016 8 | 0.003 9 | 0.000 7 | 0.000 1 | 0.000 0 | 0.000 0 | 0.000 0 | 0.000 0 | 0.000 0 |
| 1 | 0.997 3 | 0.942 8 | 0.813 1 | 0.503 3 | 0.367 1 | 0.255 3 | 0.106 4 | 0.035 2 | 0.008 5 | 0.001 3 | 0.000 4 | 0.000 1 | 0.000 0 | 0.000 0 | 0.000 0 |
| 2 | 0.999 9 | 0.994 2 | 0.961 9 | 0.796 9 | 0.678 5 | 0.551 8 | 0.315 4 | 0.144 5 | 0.049 8 | 0.011 3 | 0.004 2 | 0.001 2 | 0.000 0 | 0.000 0 | 0.000 0 |
| 3 | 1.000 0 | 0.999 6 | 0.995 0 | 0.943 7 | 0.886 2 | 0.805 9 | 0.594 1 | 0.363 3 | 0.173 7 | 0.058 0 | 0.027 3 | 0.010 4 | 0.000 4 | 0.000 0 | 0.000 0 |
| 4 | 1.000 0 | 1.000 0 | 0.999 6 | 0.989 6 | 0.972 7 | 0.942 0 | 0.826 3 | 0.636 7 | 0.405 9 | 0.194 1 | 0.113 8 | 0.056 3 | 0.005 0 | 0.000 4 | 0.000 0 |
| 5 | 1.000 0 | 1.000 0 | 1.000 0 | 0.998 8 | 0.995 8 | 0.988 7 | 0.950 2 | 0.855 5 | 0.684 6 | 0.448 2 | 0.321 5 | 0.203 1 | 0.038 1 | 0.005 8 | 0.000 1 |
| 6 | 1.000 0 | 1.000 0 | 1.000 0 | 0.999 9 | 0.999 6 | 0.998 7 | 0.991 5 | 0.964 8 | 0.893 6 | 0.744 7 | 0.632 9 | 0.496 7 | 0.186 9 | 0.057 2 | 0.002 7 |
| 7 | 1.000 0 | 1.000 0 | 1.000 0 | 1.000 0 | 1.000 0 | 0.999 9 | 0.999 3 | 0.996 1 | 0.983 2 | 0.942 4 | 0.899 9 | 0.832 2 | 0.569 5 | 0.336 6 | 0.077 3 |

$n=9$

| k | p=0.01 | 0.05 | 0.10 | 0.20 | 0.25 | 0.30 | 0.40 | 0.50 | 0.60 | 0.70 | 0.75 | 0.80 | 0.90 | 0.95 | 0.99 |
|---|---|---|---|---|---|---|---|---|---|---|---|---|---|---|---|
| 0 | 0.913 5 | 0.630 2 | 0.387 4 | 0.134 2 | 0.075 1 | 0.040 4 | 0.010 1 | 0.002 0 | 0.000 3 | 0.000 0 | 0.000 0 | 0.000 0 | 0.000 0 | 0.000 0 | 0.000 0 |
| 1 | 0.996 6 | 0.928 8 | 0.774 8 | 0.436 2 | 0.300 3 | 0.196 0 | 0.070 5 | 0.019 5 | 0.003 8 | 0.000 4 | 0.000 1 | 0.000 0 | 0.000 0 | 0.000 0 | 0.000 0 |
| 2 | 0.999 9 | 0.991 6 | 0.947 0 | 0.738 2 | 0.600 7 | 0.462 8 | 0.231 8 | 0.089 8 | 0.025 0 | 0.004 3 | 0.001 3 | 0.000 3 | 0.000 0 | 0.000 0 | 0.000 0 |
| 3 | 1.000 0 | 0.999 4 | 0.991 7 | 0.914 4 | 0.834 3 | 0.729 7 | 0.482 6 | 0.253 9 | 0.099 4 | 0.025 3 | 0.010 0 | 0.003 1 | 0.000 1 | 0.000 0 | 0.000 0 |
| 4 | 1.000 0 | 1.000 0 | 0.999 1 | 0.980 4 | 0.951 1 | 0.901 2 | 0.733 4 | 0.500 0 | 0.266 6 | 0.098 8 | 0.048 9 | 0.019 6 | 0.000 9 | 0.000 0 | 0.000 0 |
| 5 | 1.000 0 | 1.000 0 | 0.999 9 | 0.996 9 | 0.990 0 | 0.974 7 | 0.900 6 | 0.746 1 | 0.517 4 | 0.270 3 | 0.165 7 | 0.085 6 | 0.008 3 | 0.000 6 | 0.000 0 |
| 6 | 1.000 0 | 1.000 0 | 1.000 0 | 0.999 7 | 0.998 7 | 0.995 7 | 0.975 0 | 0.910 2 | 0.768 2 | 0.537 2 | 0.399 3 | 0.261 8 | 0.053 0 | 0.008 4 | 0.000 1 |
| 7 | 1.000 0 | 1.000 0 | 1.000 0 | 1.000 0 | 0.999 9 | 0.999 6 | 0.996 2 | 0.980 5 | 0.929 5 | 0.804 0 | 0.699 7 | 0.563 8 | 0.225 2 | 0.071 2 | 0.003 4 |
| 8 | 1.000 0 | 1.000 0 | 1.000 0 | 1.000 0 | 1.000 0 | 1.000 0 | 0.999 7 | 0.998 0 | 0.989 9 | 0.959 6 | 0.924 9 | 0.865 8 | 0.612 6 | 0.369 8 | 0.086 5 |

$n=10$

| k | p=0.01 | 0.05 | 0.10 | 0.20 | 0.25 | 0.30 | 0.40 | 0.50 | 0.60 | 0.70 | 0.75 | 0.80 | 0.90 | 0.95 | 0.99 |
|---|---|---|---|---|---|---|---|---|---|---|---|---|---|---|---|
| 0 | 0.904 4 | 0.598 7 | 0.348 7 | 0.107 4 | 0.056 3 | 0.028 2 | 0.006 0 | 0.001 0 | 0.000 1 | 0.000 0 | 0.000 0 | 0.000 0 | 0.000 0 | 0.000 0 | 0.000 0 |
| 1 | 0.995 7 | 0.913 9 | 0.736 1 | 0.375 8 | 0.244 0 | 0.149 3 | 0.046 4 | 0.010 7 | 0.001 7 | 0.000 1 | 0.000 0 | 0.000 0 | 0.000 0 | 0.000 0 | 0.000 0 |
| 2 | 0.999 9 | 0.988 5 | 0.929 8 | 0.677 8 | 0.525 6 | 0.382 8 | 0.167 3 | 0.054 7 | 0.012 3 | 0.001 6 | 0.000 4 | 0.000 1 | 0.000 0 | 0.000 0 | 0.000 0 |
| 3 | 1.000 0 | 0.999 0 | 0.987 2 | 0.879 1 | 0.775 9 | 0.649 6 | 0.382 3 | 0.171 9 | 0.054 8 | 0.010 6 | 0.003 5 | 0.000 9 | 0.000 0 | 0.000 0 | 0.000 0 |
| 4 | 1.000 0 | 0.999 9 | 0.998 4 | 0.967 2 | 0.921 9 | 0.849 7 | 0.633 1 | 0.377 0 | 0.166 2 | 0.047 3 | 0.019 7 | 0.006 4 | 0.000 1 | 0.000 0 | 0.000 0 |
| 5 | 1.000 0 | 1.000 0 | 0.999 9 | 0.993 6 | 0.980 3 | 0.952 7 | 0.833 8 | 0.623 0 | 0.366 9 | 0.150 3 | 0.078 1 | 0.032 8 | 0.001 6 | 0.000 1 | 0.000 0 |
| 6 | 1.000 0 | 1.000 0 | 1.000 0 | 0.999 1 | 0.996 5 | 0.989 4 | 0.945 2 | 0.828 1 | 0.617 7 | 0.350 4 | 0.224 1 | 0.120 9 | 0.012 8 | 0.001 0 | 0.000 0 |
| 7 | 1.000 0 | 1.000 0 | 1.000 0 | 0.999 9 | 0.999 6 | 0.998 4 | 0.987 7 | 0.945 3 | 0.832 7 | 0.617 2 | 0.474 4 | 0.322 2 | 0.070 2 | 0.011 5 | 0.000 1 |
| 8 | 1.000 0 | 1.000 0 | 1.000 0 | 1.000 0 | 1.000 0 | 0.999 9 | 0.998 3 | 0.989 3 | 0.953 6 | 0.850 7 | 0.756 0 | 0.624 2 | 0.263 9 | 0.086 1 | 0.004 3 |
| 9 | 1.000 0 | 1.000 0 | 1.000 0 | 1.000 0 | 1.000 0 | 1.000 0 | 0.999 9 | 0.999 0 | 0.994 0 | 0.971 8 | 0.943 7 | 0.892 6 | 0.651 3 | 0.401 3 | 0.095 6 |

$n=15$

| k | p=0.01 | 0.05 | 0.10 | 0.20 | 0.25 | 0.30 | 0.40 | 0.50 | 0.60 | 0.70 | 0.75 | 0.80 | 0.90 | 0.95 | 0.99 |
|---|---|---|---|---|---|---|---|---|---|---|---|---|---|---|---|
| 0 | 0.860 1 | 0.463 3 | 0.205 9 | 0.035 2 | 0.013 4 | 0.004 7 | 0.000 5 | 0.000 0 | 0.000 0 | 0.000 0 | 0.000 0 | 0.000 0 | 0.000 0 | 0.000 0 | 0.000 0 |
| 1 | 0.990 4 | 0.829 0 | 0.549 0 | 0.167 1 | 0.080 2 | 0.035 3 | 0.005 2 | 0.000 5 | 0.000 0 | 0.000 0 | 0.000 0 | 0.000 0 | 0.000 0 | 0.000 0 | 0.000 0 |
| 2 | 0.999 6 | 0.963 8 | 0.815 9 | 0.398 0 | 0.236 1 | 0.126 8 | 0.027 1 | 0.003 7 | 0.000 3 | 0.000 0 | 0.000 0 | 0.000 0 | 0.000 0 | 0.000 0 | 0.000 0 |

续前表

n=15

| k | p | | | | | | | | | | | | | | |
|---|---|---|---|---|---|---|---|---|---|---|---|---|---|---|---|
| | 0.01 | 0.05 | 0.10 | 0.20 | 0.25 | 0.30 | 0.40 | 0.50 | 0.60 | 0.70 | 0.75 | 0.80 | 0.90 | 0.95 | 0.99 |
| 3 | 1.000 0 | 0.994 5 | 0.944 4 | 0.648 2 | 0.461 3 | 0.296 9 | 0.090 5 | 0.017 6 | 0.001 9 | 0.000 1 | 0.000 0 | 0.000 0 | 0.000 0 | 0.000 0 | 0.000 0 |
| 4 | 1.000 0 | 0.999 4 | 0.987 3 | 0.835 8 | 0.686 5 | 0.515 5 | 0.217 3 | 0.059 2 | 0.009 3 | 0.000 7 | 0.000 1 | 0.000 0 | 0.000 0 | 0.000 0 | 0.000 0 |
| 5 | 1.000 0 | 0.999 9 | 0.997 8 | 0.938 9 | 0.851 6 | 0.721 6 | 0.403 2 | 0.150 9 | 0.033 8 | 0.003 7 | 0.000 8 | 0.000 1 | 0.000 0 | 0.000 0 | 0.000 0 |
| 6 | 1.000 0 | 1.000 0 | 0.999 7 | 0.981 9 | 0.943 4 | 0.868 9 | 0.609 8 | 0.303 6 | 0.095 0 | 0.015 2 | 0.004 2 | 0.000 8 | 0.000 0 | 0.000 0 | 0.000 0 |
| 7 | 1.000 0 | 1.000 0 | 1.000 0 | 0.995 8 | 0.982 7 | 0.950 0 | 0.786 9 | 0.500 0 | 0.213 1 | 0.050 0 | 0.017 3 | 0.004 2 | 0.000 0 | 0.000 0 | 0.000 0 |
| 8 | 1.000 0 | 1.000 0 | 1.000 0 | 0.999 2 | 0.995 8 | 0.984 8 | 0.905 0 | 0.696 4 | 0.390 2 | 0.131 1 | 0.056 6 | 0.018 1 | 0.000 3 | 0.000 0 | 0.000 0 |
| 9 | 1.000 0 | 1.000 0 | 1.000 0 | 0.999 9 | 0.999 2 | 0.996 3 | 0.966 2 | 0.849 1 | 0.596 8 | 0.278 4 | 0.148 4 | 0.061 1 | 0.002 2 | 0.000 1 | 0.000 0 |
| 10 | 1.000 0 | 1.000 0 | 1.000 0 | 1.000 0 | 0.999 9 | 0.999 3 | 0.990 7 | 0.940 8 | 0.782 7 | 0.484 5 | 0.313 5 | 0.164 2 | 0.012 7 | 0.000 6 | 0.000 0 |
| 11 | 1.000 0 | 1.000 0 | 1.000 0 | 1.000 0 | 1.000 0 | 0.999 9 | 0.998 1 | 0.982 4 | 0.909 5 | 0.703 1 | 0.538 7 | 0.351 8 | 0.055 6 | 0.005 5 | 0.000 0 |
| 12 | 1.000 0 | 1.000 0 | 1.000 0 | 1.000 0 | 1.000 0 | 1.000 0 | 0.999 7 | 0.996 3 | 0.972 9 | 0.873 2 | 0.763 9 | 0.602 0 | 0.184 1 | 0.036 2 | 0.000 4 |
| 13 | 1.000 0 | 1.000 0 | 1.000 0 | 1.000 0 | 1.000 0 | 1.000 0 | 1.000 0 | 0.999 5 | 0.994 8 | 0.964 7 | 0.919 8 | 0.832 9 | 0.451 0 | 0.171 0 | 0.009 6 |
| 14 | 1.000 0 | 1.000 0 | 1.000 0 | 1.000 0 | 1.000 0 | 1.000 0 | 1.000 0 | 1.000 0 | 0.999 5 | 0.995 3 | 0.986 6 | 0.964 8 | 0.794 1 | 0.536 7 | 0.139 9 |

n=20

| k | p | | | | | | | | | | | | | | |
|---|---|---|---|---|---|---|---|---|---|---|---|---|---|---|---|
| | 0.01 | 0.05 | 0.10 | 0.20 | 0.25 | 0.30 | 0.40 | 0.50 | 0.60 | 0.70 | 0.75 | 0.80 | 0.90 | 0.95 | 0.99 |
| 0 | 0.817 9 | 0.358 5 | 0.121 6 | 0.011 5 | 0.003 2 | 0.000 8 | 0.000 0 | 0.000 0 | 0.000 0 | 0.000 0 | 0.000 0 | 0.000 0 | 0.000 0 | 0.000 0 | 0.000 0 |
| 1 | 0.983 1 | 0.735 8 | 0.391 7 | 0.069 2 | 0.024 3 | 0.007 6 | 0.000 5 | 0.000 0 | 0.000 0 | 0.000 0 | 0.000 0 | 0.000 0 | 0.000 0 | 0.000 0 | 0.000 0 |
| 2 | 0.999 0 | 0.924 5 | 0.676 9 | 0.206 1 | 0.091 3 | 0.035 5 | 0.003 6 | 0.000 2 | 0.000 0 | 0.000 0 | 0.000 0 | 0.000 0 | 0.000 0 | 0.000 0 | 0.000 0 |
| 3 | 1.000 0 | 0.984 1 | 0.867 0 | 0.411 4 | 0.225 2 | 0.107 1 | 0.016 0 | 0.001 3 | 0.000 0 | 0.000 0 | 0.000 0 | 0.000 0 | 0.000 0 | 0.000 0 | 0.000 0 |
| 4 | 1.000 0 | 0.997 4 | 0.956 8 | 0.629 6 | 0.414 8 | 0.237 5 | 0.051 0 | 0.005 9 | 0.000 3 | 0.000 0 | 0.000 0 | 0.000 0 | 0.000 0 | 0.000 0 | 0.000 0 |
| 5 | 1.000 0 | 0.999 7 | 0.988 7 | 0.804 2 | 0.617 2 | 0.416 4 | 0.125 6 | 0.020 7 | 0.001 6 | 0.000 0 | 0.000 0 | 0.000 0 | 0.000 0 | 0.000 0 | 0.000 0 |
| 6 | 1.000 0 | 1.000 0 | 0.997 6 | 0.913 3 | 0.785 8 | 0.608 0 | 0.250 0 | 0.057 7 | 0.006 5 | 0.000 3 | 0.000 0 | 0.000 0 | 0.000 0 | 0.000 0 | 0.000 0 |
| 7 | 1.000 0 | 1.000 0 | 0.999 6 | 0.967 9 | 0.898 2 | 0.772 3 | 0.415 9 | 0.131 6 | 0.021 0 | 0.001 3 | 0.000 2 | 0.000 0 | 0.000 0 | 0.000 0 | 0.000 0 |
| 8 | 1.000 0 | 1.000 0 | 0.999 9 | 0.990 0 | 0.959 1 | 0.886 7 | 0.595 6 | 0.251 7 | 0.056 5 | 0.005 1 | 0.000 9 | 0.000 1 | 0.000 0 | 0.000 0 | 0.000 0 |
| 9 | 1.000 0 | 1.000 0 | 1.000 0 | 0.997 4 | 0.986 1 | 0.952 0 | 0.755 3 | 0.411 9 | 0.127 5 | 0.017 1 | 0.003 9 | 0.000 6 | 0.000 0 | 0.000 0 | 0.000 0 |
| 10 | 1.000 0 | 1.000 0 | 1.000 0 | 0.999 4 | 0.996 1 | 0.982 9 | 0.872 5 | 0.588 1 | 0.244 7 | 0.048 0 | 0.013 9 | 0.002 6 | 0.000 0 | 0.000 0 | 0.000 0 |
| 11 | 1.000 0 | 1.000 0 | 1.000 0 | 0.999 9 | 0.999 1 | 0.994 9 | 0.943 5 | 0.748 3 | 0.404 4 | 0.113 3 | 0.040 9 | 0.010 0 | 0.000 1 | 0.000 0 | 0.000 0 |
| 12 | 1.000 0 | 1.000 0 | 1.000 0 | 1.000 0 | 0.999 8 | 0.998 7 | 0.979 0 | 0.868 4 | 0.584 1 | 0.227 7 | 0.101 8 | 0.032 1 | 0.000 4 | 0.000 0 | 0.000 0 |
| 13 | 1.000 0 | 1.000 0 | 1.000 0 | 1.000 0 | 1.000 0 | 0.999 7 | 0.993 5 | 0.942 3 | 0.750 0 | 0.392 0 | 0.214 2 | 0.086 7 | 0.002 4 | 0.000 0 | 0.000 0 |
| 14 | 1.000 0 | 1.000 0 | 1.000 0 | 1.000 0 | 1.000 0 | 1.000 0 | 0.998 4 | 0.979 3 | 0.874 4 | 0.583 6 | 0.382 8 | 0.195 8 | 0.011 3 | 0.000 3 | 0.000 0 |
| 15 | 1.000 0 | 1.000 0 | 1.000 0 | 1.000 0 | 1.000 0 | 1.000 0 | 0.999 7 | 0.994 1 | 0.949 0 | 0.762 5 | 0.585 2 | 0.370 4 | 0.043 2 | 0.002 6 | 0.000 0 |
| 16 | 1.000 0 | 1.000 0 | 1.000 0 | 1.000 0 | 1.000 0 | 1.000 0 | 1.000 0 | 0.998 7 | 0.984 0 | 0.892 9 | 0.774 8 | 0.588 6 | 0.133 0 | 0.015 9 | 0.000 0 |
| 17 | 1.000 0 | 1.000 0 | 1.000 0 | 1.000 0 | 1.000 0 | 1.000 0 | 1.000 0 | 0.999 8 | 0.996 4 | 0.964 5 | 0.908 7 | 0.793 9 | 0.323 1 | 0.075 5 | 0.0010 |
| 18 | 1.000 0 | 1.000 0 | 1.000 0 | 1.000 0 | 1.000 0 | 1.000 0 | 1.000 0 | 1.000 0 | 0.999 5 | 0.992 4 | 0.975 7 | 0.930 8 | 0.608 3 | 0.264 2 | 0.016 9 |
| 19 | 1.000 0 | 1.000 0 | 1.000 0 | 1.000 0 | 1.000 0 | 1.000 0 | 1.000 0 | 1.000 0 | 1.000 0 | 0.999 2 | 0.996 8 | 0.988 5 | 0.878 4 | 0.641 5 | 0.182 1 |

n=25

| k | p | | | | | | | | | | | | | | |
|---|---|---|---|---|---|---|---|---|---|---|---|---|---|---|---|
| | 0.01 | 0.05 | 0.10 | 0.20 | 0.25 | 0.30 | 0.40 | 0.50 | 0.60 | 0.70 | 0.75 | 0.80 | 0.90 | 0.95 | 0.99 |
| 0 | 0.777 8 | 0.277 4 | 0.071 8 | 0.003 8 | 0.000 8 | 0.000 1 | 0.000 0 | 0.000 0 | 0.000 0 | 0.000 0 | 0.000 0 | 0.000 0 | 0.000 0 | 0.000 0 | 0.000 0 |
| 1 | 0.974 2 | 0.642 4 | 0.271 2 | 0.027 4 | 0.007 0 | 0.001 6 | 0.000 1 | 0.000 0 | 0.000 0 | 0.000 0 | 0.000 0 | 0.000 0 | 0.000 0 | 0.000 0 | 0.000 0 |
| 2 | 0.998 0 | 0.872 9 | 0.537 1 | 0.098 2 | 0.032 1 | 0.009 0 | 0.000 4 | 0.000 0 | 0.000 0 | 0.000 0 | 0.000 0 | 0.000 0 | 0.000 0 | 0.000 0 | 0.000 0 |
| 3 | 0.999 9 | 0.965 9 | 0.763 6 | 0.234 0 | 0.096 2 | 0.033 2 | 0.002 4 | 0.000 1 | 0.000 0 | 0.000 0 | 0.000 0 | 0.000 0 | 0.000 0 | 0.000 0 | 0.000 0 |
| 4 | 1.000 0 | 0.992 8 | 0.902 0 | 0.420 7 | 0.213 7 | 0.090 5 | 0.009 5 | 0.000 5 | 0.000 0 | 0.000 0 | 0.000 0 | 0.000 0 | 0.000 0 | 0.000 0 | 0.000 0 |
| 5 | 1.000 0 | 0.998 8 | 0.966 6 | 0.616 7 | 0.378 3 | 0.193 5 | 0.029 4 | 0.002 0 | 0.000 1 | 0.000 0 | 0.000 0 | 0.000 0 | 0.000 0 | 0.000 0 | 0.000 0 |
| 6 | 1.000 0 | 0.999 8 | 0.990 5 | 0.780 0 | 0.561 1 | 0.340 7 | 0.073 6 | 0.007 3 | 0.000 3 | 0.000 0 | 0.000 0 | 0.000 0 | 0.000 0 | 0.000 0 | 0.000 0 |
| 7 | 1.000 0 | 1.000 0 | 0.997 7 | 0.890 9 | 0.726 5 | 0.511 8 | 0.153 6 | 0.021 6 | 0.001 2 | 0.000 0 | 0.000 0 | 0.000 0 | 0.000 0 | 0.000 0 | 0.000 0 |

续前表

$n=25$

| $k$ | $p$ | | | | | | | | | | | | | | |
|---|---|---|---|---|---|---|---|---|---|---|---|---|---|---|---|
| | 0.01 | 0.05 | 0.10 | 0.20 | 0.25 | 0.30 | 0.40 | 0.50 | 0.60 | 0.70 | 0.75 | 0.80 | 0.90 | 0.95 | 0.99 |
| 8 | 1.000 0 | 1.000 0 | 0.999 5 | 0.953 2 | 0.850 6 | 0.676 9 | 0.273 5 | 0.053 9 | 0.004 3 | 0.000 1 | 0.000 0 | 0.000 0 | 0.000 0 | 0.000 0 | 0.000 0 |
| 9 | 1.000 0 | 1.000 0 | 0.999 9 | 0.982 7 | 0.928 7 | 0.810 6 | 0.424 6 | 0.114 8 | 0.013 2 | 0.000 5 | 0.000 0 | 0.000 0 | 0.000 0 | 0.000 0 | 0.000 0 |
| 10 | 1.000 0 | 1.000 0 | 1.000 0 | 0.994 4 | 0.970 3 | 0.902 2 | 0.585 8 | 0.212 2 | 0.034 4 | 0.001 8 | 0.000 2 | 0.000 0 | 0.000 0 | 0.000 0 | 0.000 0 |
| 11 | 1.000 0 | 1.000 0 | 1.000 0 | 0.998 5 | 0.989 3 | 0.955 8 | 0.732 3 | 0.345 0 | 0.077 8 | 0.006 0 | 0.000 9 | 0.000 1 | 0.000 0 | 0.000 0 | 0.000 0 |
| 12 | 1.000 0 | 1.000 0 | 1.000 0 | 0.999 6 | 0.996 6 | 0.982 5 | 0.846 2 | 0.500 0 | 0.153 8 | 0.017 5 | 0.003 4 | 0.000 4 | 0.000 0 | 0.000 0 | 0.000 0 |
| 13 | 1.000 0 | 1.000 0 | 1.000 0 | 0.999 9 | 0.999 1 | 0.994 0 | 0.922 2 | 0.655 0 | 0.267 7 | 0.044 2 | 0.010 7 | 0.001 5 | 0.000 0 | 0.000 0 | 0.000 0 |
| 14 | 1.000 0 | 1.000 0 | 1.000 0 | 1.000 0 | 0.999 8 | 0.998 2 | 0.965 6 | 0.787 8 | 0.414 2 | 0.097 8 | 0.029 7 | 0.005 6 | 0.000 0 | 0.000 0 | 0.000 0 |
| 15 | 1.000 0 | 1.000 0 | 1.000 0 | 1.000 0 | 1.000 0 | 0.999 5 | 0.986 8 | 0.885 2 | 0.575 4 | 0.189 4 | 0.071 3 | 0.017 3 | 0.000 1 | 0.000 0 | 0.000 0 |
| 16 | 1.000 0 | 1.000 0 | 1.000 0 | 1.000 0 | 1.000 0 | 0.999 9 | 0.995 7 | 0.946 1 | 0.726 5 | 0.323 1 | 0.149 4 | 0.046 8 | 0.000 5 | 0.000 0 | 0.000 0 |
| 17 | 1.000 0 | 1.000 0 | 1.000 0 | 1.000 0 | 1.000 0 | 1.000 0 | 0.998 8 | 0.978 4 | 0.846 4 | 0.488 2 | 0.273 5 | 0.109 1 | 0.002 3 | 0.000 0 | 0.000 0 |
| 18 | 1.000 0 | 1.000 0 | 1.000 0 | 1.000 0 | 1.000 0 | 1.000 0 | 0.999 7 | 0.992 7 | 0.926 4 | 0.659 3 | 0.438 9 | 0.220 0 | 0.009 5 | 0.000 2 | 0.000 0 |
| 19 | 1.000 0 | 1.000 0 | 1.000 0 | 1.000 0 | 1.000 0 | 1.000 0 | 0.999 9 | 0.998 0 | 0.970 6 | 0.806 5 | 0.621 7 | 0.383 3 | 0.033 4 | 0.001 2 | 0.000 0 |
| 20 | 1.000 0 | 1.000 0 | 1.000 0 | 1.000 0 | 1.000 0 | 1.000 0 | 1.000 0 | 0.999 5 | 0.990 5 | 0.909 5 | 0.786 3 | 0.579 3 | 0.098 0 | 0.007 2 | 0.000 0 |
| 21 | 1.000 0 | 1.000 0 | 1.000 0 | 1.000 0 | 1.000 0 | 1.000 0 | 1.000 0 | 0.999 9 | 0.997 6 | 0.966 8 | 0.903 8 | 0.766 0 | 0.236 4 | 0.034 1 | 0.000 1 |
| 22 | 1.000 0 | 1.000 0 | 1.000 0 | 1.000 0 | 1.000 0 | 1.000 0 | 1.000 0 | 1.000 0 | 0.999 6 | 0.991 0 | 0.967 9 | 0.901 8 | 0.462 9 | 0.127 1 | 0.002 0 |
| 23 | 1.000 0 | 1.000 0 | 1.000 0 | 1.000 0 | 1.000 0 | 1.000 0 | 1.000 0 | 1.000 0 | 0.999 9 | 0.998 4 | 0.993 0 | 0.972 6 | 0.728 8 | 0.357 6 | 0.025 8 |
| 24 | 1.000 0 | 1.000 0 | 1.000 0 | 1.000 0 | 1.000 0 | 1.000 0 | 1.000 0 | 1.000 0 | 1.000 0 | 0.999 9 | 0.999 2 | 0.996 2 | 0.928 2 | 0.722 6 | 0.222 2 |

**表 2**　　**泊松概率** $P(X \leqslant k)=\sum_{x=0}^{k} p(x_i)$

| $k$ | $\mu$ | | | | | | | | | | | | | | | |
|---|---|---|---|---|---|---|---|---|---|---|---|---|---|---|---|---|
| | 0.10 | 0.20 | 0.30 | 0.40 | 0.50 | 1.0 | 1.5 | 2.0 | 2.5 | 3.0 | 3.5 | 4.0 | 4.5 | 5.0 | 5.5 | 6.0 |
| 0 | 0.904 8 | 0.818 7 | 0.740 8 | 0.670 3 | 0.606 5 | 0.367 9 | 0.223 1 | 0.135 3 | 0.082 1 | 0.049 8 | 0.030 2 | 0.018 3 | 0.011 1 | 0.006 7 | 0.004 1 | 0.002 5 |
| 1 | 0.995 3 | 0.982 5 | 0.963 1 | 0.938 4 | 0.909 8 | 0.735 8 | 0.557 8 | 0.406 0 | 0.287 3 | 0.199 1 | 0.135 9 | 0.091 6 | 0.061 1 | 0.040 4 | 0.026 6 | 0.017 4 |
| 2 | 0.999 8 | 0.998 9 | 0.996 4 | 0.992 1 | 0.985 6 | 0.919 7 | 0.808 8 | 0.676 7 | 0.543 8 | 0.423 2 | 0.320 8 | 0.238 1 | 0.173 6 | 0.124 7 | 0.088 4 | 0.062 0 |
| 3 | 1.000 0 | 0.999 9 | 0.999 7 | 0.999 2 | 0.998 2 | 0.981 0 | 0.934 4 | 0.857 1 | 0.757 6 | 0.647 2 | 0.536 6 | 0.433 5 | 0.342 3 | 0.265 0 | 0.201 7 | 0.151 2 |
| 4 | | 1.000 0 | 1.000 0 | 0.999 9 | 0.999 8 | 0.996 3 | 0.981 4 | 0.947 3 | 0.891 2 | 0.815 3 | 0.725 4 | 0.628 8 | 0.532 1 | 0.440 5 | 0.357 5 | 0.285 1 |
| 5 | | | | 1.000 0 | 1.000 0 | 0.999 4 | 0.995 5 | 0.983 4 | 0.958 0 | 0.916 1 | 0.857 6 | 0.785 1 | 0.702 9 | 0.616 0 | 0.528 9 | 0.445 7 |
| 6 | | | | | | 0.999 9 | 0.999 1 | 0.995 5 | 0.985 8 | 0.966 5 | 0.934 7 | 0.889 3 | 0.831 1 | 0.762 2 | 0.686 0 | 0.606 3 |
| 7 | | | | | | 1.000 0 | 0.999 8 | 0.998 9 | 0.995 8 | 0.988 1 | 0.973 3 | 0.948 9 | 0.913 4 | 0.866 6 | 0.809 5 | 0.744 0 |
| 8 | | | | | | | 1.000 0 | 0.999 8 | 0.998 9 | 0.996 2 | 0.990 1 | 0.978 6 | 0.959 7 | 0.931 9 | 0.894 4 | 0.847 2 |
| 9 | | | | | | | | 1.000 0 | 0.999 7 | 0.998 9 | 0.996 7 | 0.991 9 | 0.982 9 | 0.968 2 | 0.946 2 | 0.916 1 |
| 10 | | | | | | | | | 0.999 9 | 0.999 7 | 0.999 0 | 0.997 2 | 0.993 3 | 0.986 3 | 0.974 7 | 0.957 4 |
| 11 | | | | | | | | | 1.000 0 | 0.999 9 | 0.999 7 | 0.999 1 | 0.997 6 | 0.994 5 | 0.989 0 | 0.979 9 |
| 12 | | | | | | | | | | 1.000 0 | 0.999 9 | 0.999 7 | 0.999 2 | 0.998 0 | 0.995 5 | 0.991 2 |
| 13 | | | | | | | | | | | 1.000 0 | 0.999 9 | 0.999 7 | 0.999 3 | 0.998 3 | 0.996 4 |
| 14 | | | | | | | | | | | | 1.000 0 | 0.999 9 | 0.999 8 | 0.999 4 | 0.998 6 |
| 15 | | | | | | | | | | | | | 1.000 0 | 0.999 9 | 0.999 8 | 0.999 5 |
| 16 | | | | | | | | | | | | | | 1.000 0 | 0.999 9 | 0.999 8 |
| 17 | | | | | | | | | | | | | | | 1.000 0 | 0.999 9 |
| 18 | | | | | | | | | | | | | | | | 1.000 0 |
| 19 | | | | | | | | | | | | | | | | |
| 20 | | | | | | | | | | | | | | | | |

续前表

| k | μ | | | | | | | | | | | | |
|---|---|---|---|---|---|---|---|---|---|---|---|---|---|
| | 6.50 | 7.00 | 7.50 | 8.00 | 8.50 | 9.00 | 9.50 | 10 | 11 | 12 | 13 | 14 | 15 |
| 0 | 0.001 5 | 0.000 9 | 0.000 6 | 0.000 3 | 0.000 2 | 0.000 1 | 0.000 1 | 0.000 0 | 0.000 0 | 0.000 0 | 0.000 0 | 0.000 0 | 0.000 0 |
| 1 | 0.011 3 | 0.007 3 | 0.004 7 | 0.003 0 | 0.001 9 | 0.001 2 | 0.000 8 | 0.000 5 | 0.000 2 | 0.000 1 | 0.000 0 | 0.000 0 | 0.000 0 |
| 2 | 0.043 0 | 0.029 6 | 0.020 3 | 0.013 8 | 0.009 3 | 0.006 2 | 0.004 2 | 0.002 8 | 0.001 2 | 0.000 5 | 0.000 2 | 0.000 1 | 0.000 0 |
| 3 | 0.111 8 | 0.081 8 | 0.059 1 | 0.042 4 | 0.030 1 | 0.021 2 | 0.014 9 | 0.010 3 | 0.004 9 | 0.002 3 | 0.001 1 | 0.000 5 | 0.000 2 |
| 4 | 0.223 7 | 0.173 0 | 0.132 1 | 0.099 6 | 0.074 4 | 0.055 0 | 0.040 3 | 0.029 3 | 0.015 1 | 0.007 6 | 0.003 7 | 0.001 8 | 0.000 9 |
| 5 | 0.369 0 | 0.300 7 | 0.241 4 | 0.191 2 | 0.149 6 | 0.115 7 | 0.088 5 | 0.067 1 | 0.037 5 | 0.020 3 | 0.010 7 | 0.005 5 | 0.002 8 |
| 6 | 0.526 5 | 0.449 7 | 0.378 2 | 0.313 4 | 0.256 2 | 0.206 8 | 0.164 9 | 0.130 1 | 0.078 6 | 0.045 8 | 0.025 9 | 0.014 2 | 0.007 6 |
| 7 | 0.672 8 | 0.598 7 | 0.524 6 | 0.453 0 | 0.385 6 | 0.323 9 | 0.268 7 | 0.220 2 | 0.143 2 | 0.089 5 | 0.054 0 | 0.031 6 | 0.018 0 |
| 8 | 0.791 6 | 0.729 1 | 0.662 0 | 0.592 5 | 0.523 1 | 0.455 7 | 0.391 8 | 0.332 8 | 0.232 0 | 0.155 0 | 0.099 8 | 0.062 1 | 0.037 4 |
| 9 | 0.877 4 | 0.830 5 | 0.776 4 | 0.716 6 | 0.653 0 | 0.587 4 | 0.521 8 | 0.457 9 | 0.340 5 | 0.242 4 | 0.165 8 | 0.109 4 | 0.069 9 |
| 10 | 0.933 2 | 0.901 5 | 0.862 2 | 0.815 9 | 0.763 4 | 0.706 0 | 0.645 3 | 0.583 0 | 0.459 9 | 0.347 2 | 0.251 7 | 0.175 7 | 0.118 5 |
| 11 | 0.966 1 | 0.946 7 | 0.920 8 | 0.888 1 | 0.848 7 | 0.803 0 | 0.752 0 | 0.696 8 | 0.579 3 | 0.461 6 | 0.353 2 | 0.260 0 | 0.184 8 |
| 12 | 0.984 0 | 0.973 0 | 0.957 3 | 0.936 2 | 0.909 1 | 0.875 8 | 0.836 4 | 0.791 6 | 0.688 7 | 0.576 0 | 0.463 1 | 0.358 5 | 0.267 6 |
| 13 | 0.992 9 | 0.987 2 | 0.978 4 | 0.965 8 | 0.948 6 | 0.926 1 | 0.898 1 | 0.864 5 | 0.781 3 | 0.681 5 | 0.573 0 | 0.464 4 | 0.363 2 |
| 14 | 0.997 0 | 0.994 3 | 0.989 7 | 0.982 7 | 0.972 6 | 0.958 5 | 0.940 0 | 0.916 5 | 0.854 0 | 0.772 0 | 0.675 1 | 0.570 4 | 0.465 7 |
| 15 | 0.998 8 | 0.997 6 | 0.995 4 | 0.991 8 | 0.986 2 | 0.978 0 | 0.966 5 | 0.951 3 | 0.907 4 | 0.844 4 | 0.763 6 | 0.669 4 | 0.568 1 |
| 16 | 0.999 6 | 0.999 0 | 0.998 0 | 0.996 3 | 0.993 4 | 0.988 9 | 0.982 3 | 0.973 0 | 0.944 1 | 0.898 7 | 0.835 5 | 0.755 9 | 0.664 1 |
| 17 | 0.999 8 | 0.999 6 | 0.999 2 | 0.998 4 | 0.997 0 | 0.994 7 | 0.991 1 | 0.985 7 | 0.967 8 | 0.937 0 | 0.890 5 | 0.827 2 | 0.748 9 |
| 18 | 0.999 9 | 0.999 9 | 0.999 7 | 0.999 3 | 0.998 7 | 0.997 6 | 0.995 7 | 0.992 8 | 0.982 3 | 0.962 6 | 0.930 2 | 0.882 6 | 0.819 5 |
| 19 | 1.000 0 | 1.000 0 | 0.999 9 | 0.999 7 | 0.999 5 | 0.998 9 | 0.998 0 | 0.996 5 | 0.990 7 | 0.978 7 | 0.957 3 | 0.923 5 | 0.875 2 |
| 20 | | | 1.000 0 | 0.999 9 | 0.999 8 | 0.999 6 | 0.999 1 | 0.998 4 | 0.995 3 | 0.988 4 | 0.975 0 | 0.952 1 | 0.917 0 |
| 21 | | | | 1.000 0 | 0.999 9 | 0.999 8 | 0.999 6 | 0.999 3 | 0.997 7 | 0.993 9 | 0.985 9 | 0.971 2 | 0.946 9 |
| 22 | | | | | 1.000 0 | 0.999 9 | 0.999 9 | 0.999 7 | 0.999 0 | 0.997 0 | 0.992 4 | 0.983 3 | 0.967 3 |
| 23 | | | | | | 1.000 0 | 0.999 9 | 0.999 9 | 0.999 5 | 0.998 5 | 0.996 0 | 0.990 7 | 0.980 5 |
| 24 | | | | | | | 1.000 0 | 1.000 0 | 0.999 8 | 0.999 3 | 0.998 0 | 0.995 0 | 0.988 8 |
| 25 | | | | | | | | | 0.999 9 | 0.999 7 | 0.999 0 | 0.997 4 | 0.993 8 |
| 26 | | | | | | | | | 1.000 0 | 0.999 9 | 0.999 5 | 0.998 7 | 0.996 7 |
| 27 | | | | | | | | | | 0.999 9 | 0.999 8 | 0.999 4 | 0.998 3 |
| 28 | | | | | | | | | | 1.000 0 | 0.999 9 | 0.999 7 | 0.999 1 |
| 29 | | | | | | | | | | | 1.000 0 | 0.999 9 | 0.999 6 |
| 30 | | | | | | | | | | | | 0.999 9 | 0.999 8 |
| 31 | | | | | | | | | | | | 1.000 0 | 0.999 9 |
| 32 | | | | | | | | | | | | | 1.000 0 |

**表 3**

## 累积标准正态概率

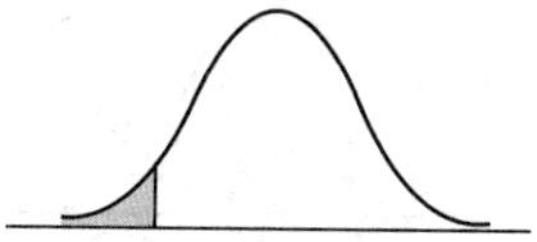


$P(-\infty < Z < z)$

| $Z$ | 0.00 | 0.01 | 0.02 | 0.03 | 0.04 | 0.05 | 0.06 | 0.07 | 0.08 | 0.09 |
|---|---|---|---|---|---|---|---|---|---|---|
| −3.0 | 0.001 3 | 0.001 3 | 0.001 3 | 0.001 2 | 0.001 2 | 0.001 1 | 0.001 1 | 0.001 1 | 0.001 0 | 0.001 0 |
| −2.9 | 0.001 9 | 0.001 8 | 0.001 8 | 0.001 7 | 0.001 6 | 0.001 6 | 0.001 5 | 0.001 5 | 0.001 4 | 0.001 4 |
| −2.8 | 0.002 6 | 0.002 5 | 0.002 4 | 0.002 3 | 0.002 3 | 0.002 2 | 0.002 1 | 0.002 1 | 0.002 0 | 0.001 9 |
| −2.7 | 0.003 5 | 0.003 4 | 0.003 3 | 0.003 2 | 0.003 1 | 0.003 0 | 0.002 9 | 0.002 8 | 0.002 7 | 0.002 6 |
| −2.6 | 0.004 7 | 0.004 5 | 0.004 4 | 0.004 3 | 0.004 1 | 0.004 0 | 0.003 9 | 0.003 8 | 0.003 7 | 0.003 6 |
| −2.5 | 0.006 2 | 0.006 0 | 0.005 9 | 0.005 7 | 0.005 5 | 0.005 4 | 0.005 2 | 0.005 1 | 0.004 9 | 0.004 8 |
| −2.4 | 0.008 2 | 0.008 0 | 0.007 8 | 0.007 5 | 0.007 3 | 0.007 1 | 0.006 9 | 0.006 8 | 0.006 6 | 0.006 4 |
| −2.3 | 0.010 7 | 0.010 4 | 0.010 2 | 0.009 9 | 0.009 6 | 0.009 4 | 0.009 1 | 0.008 9 | 0.008 7 | 0.008 4 |
| −2.2 | 0.013 9 | 0.013 6 | 0.013 2 | 0.012 9 | 0.012 5 | 0.012 2 | 0.011 9 | 0.011 6 | 0.011 3 | 0.011 0 |
| −2.1 | 0.017 9 | 0.017 4 | 0.017 0 | 0.016 6 | 0.016 2 | 0.015 8 | 0.015 4 | 0.015 0 | 0.014 6 | 0.014 3 |
| −2.0 | 0.022 8 | 0.022 2 | 0.021 7 | 0.021 2 | 0.020 7 | 0.020 2 | 0.019 7 | 0.019 2 | 0.018 8 | 0.018 3 |
| −1.9 | 0.028 7 | 0.028 1 | 0.027 4 | 0.026 8 | 0.026 2 | 0.025 6 | 0.025 0 | 0.024 4 | 0.023 9 | 0.023 3 |
| −1.8 | 0.035 9 | 0.035 1 | 0.034 4 | 0.033 6 | 0.032 9 | 0.032 2 | 0.031 4 | 0.030 7 | 0.030 1 | 0.029 4 |
| −1.7 | 0.044 6 | 0.043 6 | 0.042 7 | 0.041 8 | 0.040 9 | 0.040 1 | 0.039 2 | 0.038 4 | 0.037 5 | 0.036 7 |
| −1.6 | 0.054 8 | 0.053 7 | 0.052 6 | 0.051 6 | 0.050 5 | 0.049 5 | 0.048 5 | 0.047 5 | 0.046 5 | 0.045 5 |
| −1.5 | 0.066 8 | 0.065 5 | 0.064 3 | 0.063 0 | 0.061 8 | 0.060 6 | 0.059 4 | 0.058 2 | 0.057 1 | 0.055 9 |
| −1.4 | 0.080 8 | 0.079 3 | 0.077 8 | 0.076 4 | 0.074 9 | 0.073 5 | 0.072 1 | 0.070 8 | 0.069 4 | 0.068 1 |
| −1.3 | 0.096 8 | 0.095 1 | 0.093 4 | 0.091 8 | 0.090 1 | 0.088 5 | 0.086 9 | 0.085 3 | 0.083 8 | 0.082 3 |
| −1.2 | 0.115 1 | 0.113 1 | 0.111 2 | 0.109 3 | 0.107 5 | 0.105 6 | 0.103 8 | 0.102 0 | 0.100 3 | 0.098 5 |
| −1.1 | 0.135 7 | 0.133 5 | 0.131 4 | 0.129 2 | 0.127 1 | 0.125 1 | 0.123 0 | 0.121 0 | 0.119 0 | 0.117 0 |
| −1.0 | 0.158 7 | 0.156 2 | 0.153 9 | 0.151 5 | 0.149 2 | 0.146 9 | 0.144 6 | 0.142 3 | 0.140 1 | 0.137 9 |
| −0.9 | 0.184 1 | 0.181 4 | 0.178 8 | 0.176 2 | 0.173 6 | 0.171 1 | 0.168 5 | 0.166 0 | 0.163 5 | 0.161 1 |
| −0.8 | 0.211 9 | 0.209 0 | 0.206 1 | 0.203 3 | 0.200 5 | 0.197 7 | 0.194 9 | 0.192 2 | 0.189 4 | 0.186 7 |
| −0.7 | 0.242 0 | 0.238 9 | 0.235 8 | 0.232 7 | 0.229 6 | 0.226 6 | 0.223 6 | 0.220 6 | 0.217 7 | 0.214 8 |
| −0.6 | 0.274 3 | 0.270 9 | 0.267 6 | 0.264 3 | 0.261 1 | 0.257 8 | 0.254 6 | 0.251 4 | 0.248 3 | 0.245 1 |
| −0.5 | 0.308 5 | 0.305 0 | 0.301 5 | 0.298 1 | 0.294 6 | 0.291 2 | 0.287 7 | 0.284 3 | 0.281 0 | 0.277 6 |
| −0.4 | 0.344 6 | 0.340 9 | 0.337 2 | 0.333 6 | 0.330 0 | 0.326 4 | 0.322 8 | 0.319 2 | 0.315 6 | 0.312 1 |
| −0.3 | 0.382 1 | 0.378 3 | 0.374 5 | 0.370 7 | 0.366 9 | 0.363 2 | 0.359 4 | 0.355 7 | 0.352 0 | 0.348 3 |
| −0.2 | 0.420 7 | 0.416 8 | 0.412 9 | 0.409 0 | 0.405 2 | 0.401 3 | 0.397 4 | 0.393 6 | 0.389 7 | 0.385 9 |
| −0.1 | 0.460 2 | 0.456 2 | 0.452 2 | 0.448 3 | 0.444 3 | 0.440 4 | 0.436 4 | 0.432 5 | 0.428 6 | 0.424 7 |
| −0.0 | 0.500 0 | 0.496 0 | 0.492 0 | 0.488 0 | 0.484 0 | 0.480 1 | 0.476 1 | 0.472 1 | 0.468 1 | 0.464 1 |

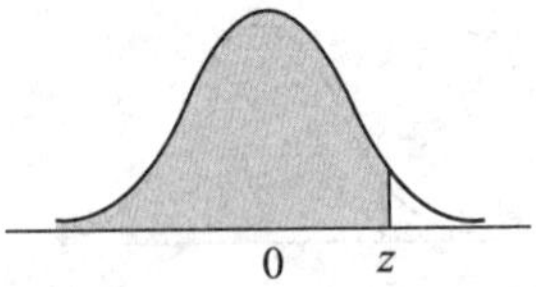


$P(-\infty < Z < z)$

| Z | 0.00 | 0.01 | 0.02 | 0.03 | 0.04 | 0.05 | 0.06 | 0.07 | 0.08 | 0.09 |
|---|---|---|---|---|---|---|---|---|---|---|
| 0.0 | 0.500 0 | 0.504 0 | 0.508 0 | 0.512 0 | 0.516 0 | 0.519 9 | 0.523 9 | 0.527 9 | 0.531 9 | 0.535 9 |
| 0.1 | 0.539 8 | 0.543 8 | 0.547 8 | 0.551 7 | 0.555 7 | 0.559 6 | 0.563 6 | 0.567 5 | 0.571 4 | 0.575 3 |
| 0.2 | 0.579 3 | 0.583 2 | 0.587 1 | 0.591 0 | 0.594 8 | 0.598 7 | 0.602 6 | 0.606 4 | 0.610 3 | 0.614 1 |
| 0.3 | 0.617 9 | 0.621 7 | 0.625 5 | 0.629 3 | 0.633 1 | 0.636 8 | 0.640 6 | 0.644 3 | 0.648 0 | 0.651 7 |
| 0.4 | 0.655 4 | 0.659 1 | 0.662 8 | 0.666 4 | 0.670 0 | 0.673 6 | 0.677 2 | 0.680 8 | 0.684 4 | 0.687 9 |
| 0.5 | 0.691 5 | 0.695 0 | 0.698 5 | 0.701 9 | 0.705 4 | 0.708 8 | 0.712 3 | 0.715 7 | 0.719 0 | 0.722 4 |
| 0.6 | 0.725 7 | 0.729 1 | 0.732 4 | 0.735 7 | 0.738 9 | 0.742 2 | 0.745 4 | 0.748 6 | 0.751 7 | 0.754 9 |
| 0.7 | 0.758 0 | 0.761 1 | 0.764 2 | 0.767 3 | 0.770 4 | 0.773 4 | 0.776 4 | 0.779 4 | 0.782 3 | 0.785 2 |
| 0.8 | 0.788 1 | 0.791 0 | 0.793 9 | 0.796 7 | 0.799 5 | 0.802 3 | 0.805 1 | 0.807 8 | 0.810 6 | 0.813 3 |
| 0.9 | 0.815 9 | 0.818 6 | 0.821 2 | 0.823 8 | 0.826 4 | 0.828 9 | 0.831 5 | 0.834 0 | 0.836 5 | 0.838 9 |
| 1.0 | 0.841 3 | 0.843 8 | 0.846 1 | 0.848 5 | 0.850 8 | 0.853 1 | 0.855 4 | 0.857 7 | 0.859 9 | 0.862 1 |
| 1.1 | 0.864 3 | 0.866 5 | 0.868 6 | 0.870 8 | 0.872 9 | 0.874 9 | 0.877 0 | 0.879 0 | 0.881 0 | 0.883 0 |
| 1.2 | 0.884 9 | 0.886 9 | 0.888 8 | 0.890 7 | 0.892 5 | 0.894 4 | 0.896 2 | 0.898 0 | 0.899 7 | 0.901 5 |
| 1.3 | 0.903 2 | 0.904 9 | 0.906 6 | 0.908 2 | 0.909 9 | 0.911 5 | 0.913 1 | 0.914 7 | 0.916 2 | 0.917 7 |
| 1.4 | 0.919 2 | 0.920 7 | 0.922 2 | 0.923 6 | 0.925 1 | 0.926 5 | 0.927 9 | 0.929 2 | 0.930 6 | 0.931 9 |
| 1.5 | 0.933 2 | 0.934 5 | 0.935 7 | 0.937 0 | 0.938 2 | 0.939 4 | 0.940 6 | 0.941 8 | 0.942 9 | 0.944 1 |
| 1.6 | 0.945 2 | 0.946 3 | 0.947 4 | 0.948 4 | 0.949 5 | 0.950 5 | 0.951 5 | 0.952 5 | 0.953 5 | 0.954 5 |
| 1.7 | 0.955 4 | 0.956 4 | 0.957 3 | 0.958 2 | 0.959 1 | 0.959 9 | 0.960 8 | 0.961 6 | 0.962 5 | 0.963 3 |
| 1.8 | 0.964 1 | 0.964 9 | 0.965 6 | 0.966 4 | 0.967 1 | 0.967 8 | 0.968 6 | 0.969 3 | 0.969 9 | 0.970 6 |
| 1.9 | 0.971 3 | 0.971 9 | 0.972 6 | 0.973 2 | 0.973 8 | 0.974 4 | 0.975 0 | 0.975 6 | 0.976 1 | 0.976 7 |
| 2.0 | 0.977 2 | 0.977 8 | 0.978 3 | 0.978 8 | 0.979 3 | 0.979 8 | 0.980 3 | 0.980 8 | 0.981 2 | 0.981 7 |
| 2.1 | 0.982 1 | 0.982 6 | 0.983 0 | 0.983 4 | 0.983 8 | 0.984 2 | 0.984 6 | 0.985 0 | 0.985 4 | 0.985 7 |
| 2.2 | 0.986 1 | 0.986 4 | 0.986 8 | 0.987 1 | 0.987 5 | 0.987 8 | 0.988 1 | 0.988 4 | 0.988 7 | 0.989 0 |
| 2.3 | 0.989 3 | 0.989 6 | 0.989 8 | 0.990 1 | 0.990 4 | 0.990 6 | 0.990 9 | 0.991 1 | 0.991 3 | 0.991 6 |
| 2.4 | 0.991 8 | 0.992 0 | 0.992 2 | 0.992 5 | 0.992 7 | 0.992 9 | 0.993 1 | 0.993 2 | 0.993 4 | 0.993 6 |
| 2.5 | 0.993 8 | 0.994 0 | 0.994 1 | 0.994 3 | 0.994 5 | 0.994 6 | 0.994 8 | 0.994 9 | 0.995 1 | 0.995 2 |
| 2.6 | 0.995 3 | 0.995 5 | 0.995 6 | 0.995 7 | 0.995 9 | 0.996 0 | 0.996 1 | 0.996 2 | 0.996 3 | 0.996 4 |
| 2.7 | 0.996 5 | 0.996 6 | 0.996 7 | 0.996 8 | 0.996 9 | 0.997 0 | 0.997 1 | 0.997 2 | 0.997 3 | 0.997 4 |
| 2.8 | 0.997 4 | 0.997 5 | 0.997 6 | 0.997 7 | 0.997 7 | 0.997 8 | 0.997 9 | 0.997 9 | 0.998 0 | 0.998 1 |
| 2.9 | 0.998 1 | 0.998 2 | 0.998 2 | 0.998 3 | 0.998 4 | 0.998 4 | 0.998 5 | 0.998 5 | 0.998 6 | 0.998 6 |
| 3.0 | 0.998 7 | 0.998 7 | 0.998 7 | 0.998 8 | 0.998 8 | 0.998 9 | 0.998 9 | 0.998 9 | 0.999 0 | 0.999 0 |

**表 4**

## $t$ 分布临界值

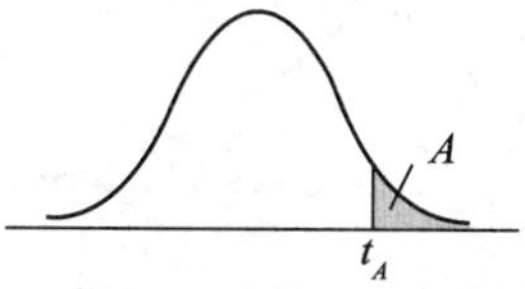

| 自由度 | $t_{0.100}$ | $t_{0.050}$ | $t_{0.025}$ | $t_{0.010}$ | $t_{0.005}$ | 自由度 | $t_{0.100}$ | $t_{0.050}$ | $t_{0.025}$ | $t_{0.010}$ | $t_{0.005}$ |
|---|---|---|---|---|---|---|---|---|---|---|---|
| 1 | 3.078 | 6.314 | 12.706 | 31.821 | 63.657 | 29 | 1.311 | 1.699 | 2.045 | 2.462 | 2.756 |
| 2 | 1.886 | 2.920 | 4.303 | 4.965 | 9.925 | 30 | 1.310 | 1.697 | 2.042 | 2.457 | 2.750 |
| 3 | 1.638 | 2.353 | 3.182 | 4.541 | 5.841 | 35 | 1.306 | 1.690 | 2.030 | 2.438 | 2.724 |
| 4 | 1.533 | 2.132 | 2.776 | 3.747 | 4.604 | 40 | 1.303 | 1.684 | 2.021 | 2.423 | 2.705 |
| 5 | 1.476 | 2.015 | 2.571 | 3.365 | 4.032 | 45 | 1.301 | 1.679 | 2.014 | 2.412 | 2.690 |
| 6 | 1.440 | 1.943 | 2.447 | 3.143 | 3.707 | 50 | 1.299 | 1.676 | 2.009 | 2.403 | 2.678 |
| 7 | 1.415 | 1.895 | 2.365 | 2.998 | 3.499 | 55 | 1.297 | 1.673 | 2.004 | 2.396 | 2.668 |
| 8 | 1.397 | 1.860 | 2.306 | 2.896 | 3.355 | 60 | 1.296 | 1.671 | 2.000 | 2.390 | 2.660 |
| 9 | 1.383 | 1.833 | 2.262 | 2.821 | 3.250 | 65 | 1.295 | 1.669 | 1.997 | 2.385 | 2.654 |
| 10 | 1.372 | 1.812 | 2.228 | 2.764 | 3.169 | 70 | 1.294 | 1.667 | 1.994 | 2.381 | 2.648 |
| 11 | 1.363 | 1.796 | 2.201 | 2.718 | 3.106 | 75 | 1.293 | 1.665 | 1.992 | 2.377 | 2.643 |
| 12 | 1.356 | 1.782 | 2.179 | 2.681 | 3.055 | 80 | 1.292 | 1.664 | 1.990 | 2.374 | 2.639 |
| 13 | 1.350 | 1.771 | 2.160 | 2.650 | 3.012 | 85 | 1.292 | 1.663 | 1.988 | 2.371 | 2.635 |
| 14 | 1.345 | 1.761 | 2.145 | 2.624 | 2.977 | 90 | 1.291 | 1.662 | 1.987 | 2.369 | 2.632 |
| 15 | 1.341 | 1.753 | 2.131 | 2.602 | 2.947 | 95 | 1.291 | 1.661 | 1.985 | 2.366 | 2.629 |
| 16 | 1.337 | 1.746 | 2.120 | 2.583 | 2.921 | 100 | 1.290 | 1.660 | 1.984 | 2.364 | 2.626 |
| 17 | 1.333 | 1.740 | 2.110 | 2.567 | 2.898 | 110 | 1.289 | 1.659 | 1.982 | 2.361 | 2.621 |
| 18 | 1.330 | 1.734 | 2.101 | 2.552 | 2.878 | 120 | 1.289 | 1.658 | 1.980 | 2.358 | 2.617 |
| 19 | 1.328 | 1.729 | 2.093 | 2.539 | 2.861 | 130 | 1.288 | 1.657 | 1.978 | 2.355 | 2.614 |
| 20 | 1.325 | 1.725 | 2.086 | 2.528 | 2.845 | 140 | 1.288 | 1.656 | 1.977 | 2.353 | 2.611 |
| 21 | 1.323 | 1.721 | 2.080 | 2.518 | 2.831 | 150 | 1.287 | 1.655 | 1.976 | 2.351 | 2.609 |
| 22 | 1.321 | 1.717 | 2.074 | 2.508 | 2.819 | 160 | 1.287 | 1.654 | 1.975 | 2.350 | 2.607 |
| 23 | 1.319 | 1.714 | 2.069 | 2.500 | 2.807 | 170 | 1.287 | 1.654 | 1.974 | 2.348 | 2.605 |
| 24 | 1.318 | 1.711 | 2.064 | 2.492 | 2.797 | 180 | 1.286 | 1.653 | 1.973 | 2.347 | 2.603 |
| 25 | 1.316 | 1.708 | 2.060 | 2.485 | 2.787 | 190 | 1.286 | 1.653 | 1.973 | 2.346 | 2.602 |
| 26 | 1.315 | 1.706 | 2.056 | 2.479 | 2.779 | 200 | 1.286 | 1.653 | 1.972 | 2.345 | 2.601 |
| 27 | 1.314 | 1.703 | 2.052 | 2.473 | 2.771 | ∞ | 1.282 | 1.645 | 1.960 | 2.326 | 2.576 |
| 28 | 1.313 | 1.701 | 2.048 | 2.467 | 2.763 | | | | | | |

**表 5**

## $\chi^2$ 分布临界值

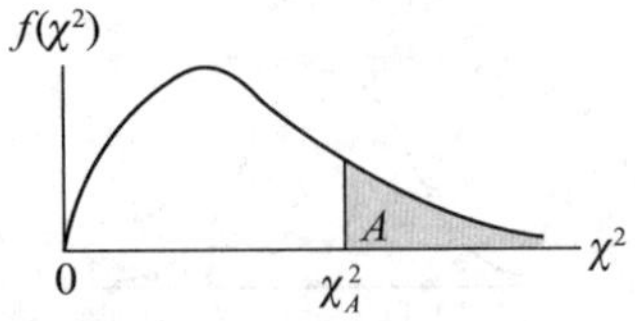


| 自由度 | $\chi^2_{0.995}$ | $\chi^2_{0.990}$ | $\chi^2_{0.975}$ | $\chi^2_{0.950}$ | $\chi^2_{0.900}$ | $\chi^2_{0.100}$ | $\chi^2_{0.050}$ | $\chi^2_{0.025}$ | $\chi^2_{0.010}$ | $\chi^2_{0.005}$ |
|---|---|---|---|---|---|---|---|---|---|---|
| 1 | 0.000 039 | 0.000 157 | 0.000 982 | 0.003 93 | 0.015 8 | 2.71 | 3.84 | 5.02 | 6.63 | 7.88 |
| 2 | 0.010 0 | 0.020 1 | 0.050 6 | 0.103 | 0.211 | 4.61 | 5.99 | 7.38 | 9.21 | 10.6 |
| 3 | 0.072 | 0.115 | 0.216 | 0.352 | 0.584 | 6.25 | 7.81 | 9.35 | 11.3 | 12.8 |
| 4 | 0.207 | 0.297 | 0.484 | 0.711 | 1.06 | 7.78 | 9.49 | 11.1 | 13.3 | 14.9 |
| 5 | 0.412 | 0.554 | 0.831 | 1.15 | 1.61 | 9.24 | 11.1 | 12.8 | 15.1 | 16.7 |
| 6 | 0.676 | 0.872 | 1.24 | 1.64 | 2.20 | 10.6 | 12.6 | 14.4 | 16.8 | 18.5 |
| 7 | 0.989 | 1.24 | 1.69 | 2.17 | 2.83 | 12.0 | 14.1 | 16.0 | 18.5 | 20.3 |
| 8 | 1.34 | 1.65 | 2.18 | 2.73 | 3.49 | 13.4 | 15.5 | 17.5 | 20.1 | 22.0 |
| 9 | 1.73 | 2.09 | 2.70 | 3.33 | 4.17 | 14.7 | 16.9 | 19.0 | 21.7 | 23.6 |
| 10 | 2.16 | 2.56 | 3.25 | 3.94 | 4.87 | 16.0 | 18.3 | 20.5 | 23.2 | 25.2 |
| 11 | 2.60 | 3.05 | 3.82 | 4.57 | 5.58 | 17.3 | 19.7 | 21.9 | 24.7 | 26.8 |
| 12 | 3.07 | 3.57 | 4.40 | 5.23 | 6.30 | 18.5 | 21.0 | 23.3 | 26.2 | 28.3 |
| 13 | 3.57 | 4.11 | 5.01 | 5.89 | 7.04 | 19.8 | 22.4 | 24.7 | 27.7 | 29.8 |
| 14 | 4.07 | 4.66 | 5.63 | 6.57 | 7.79 | 21.1 | 23.7 | 26.1 | 29.1 | 31.3 |
| 15 | 4.60 | 5.23 | 6.26 | 7.26 | 8.55 | 22.3 | 25.0 | 27.5 | 30.6 | 32.8 |
| 16 | 5.14 | 5.81 | 6.91 | 7.96 | 9.31 | 23.5 | 26.3 | 28.8 | 32.0 | 34.3 |
| 17 | 5.70 | 6.41 | 7.56 | 8.67 | 10.1 | 24.8 | 27.6 | 30.2 | 33.4 | 35.7 |
| 18 | 6.26 | 7.01 | 8.23 | 9.39 | 10.9 | 26.0 | 28.9 | 31.5 | 34.8 | 37.2 |
| 19 | 6.84 | 7.63 | 8.91 | 10.1 | 11.7 | 27.2 | 30.1 | 32.9 | 36.2 | 38.6 |
| 20 | 7.43 | 8.26 | 9.59 | 10.9 | 12.4 | 28.4 | 31.4 | 34.2 | 37.6 | 40.0 |
| 21 | 8.03 | 8.90 | 10.3 | 11.6 | 13.2 | 29.6 | 32.7 | 35.5 | 38.9 | 41.4 |
| 22 | 8.64 | 9.54 | 11.0 | 12.3 | 14.0 | 30.8 | 33.9 | 36.8 | 40.3 | 42.8 |
| 23 | 9.26 | 10.2 | 11.7 | 13.1 | 14.8 | 32.0 | 35.2 | 38.1 | 41.6 | 44.2 |
| 24 | 9.89 | 10.9 | 12.4 | 13.8 | 15.7 | 33.2 | 36.4 | 39.4 | 43.0 | 45.6 |
| 25 | 10.5 | 11.5 | 13.1 | 14.6 | 16.5 | 34.4 | 37.7 | 40.6 | 44.3 | 46.9 |
| 26 | 11.2 | 12.2 | 13.8 | 15.4 | 17.3 | 35.6 | 38.9 | 41.9 | 45.6 | 48.3 |
| 27 | 11.8 | 12.9 | 14.6 | 16.2 | 18.1 | 36.7 | 40.1 | 43.2 | 47.0 | 49.6 |
| 28 | 12.5 | 13.6 | 15.3 | 16.9 | 18.9 | 37.9 | 41.3 | 44.5 | 48.3 | 51.0 |
| 29 | 13.1 | 14.3 | 16.0 | 17.7 | 19.8 | 39.1 | 42.6 | 45.7 | 49.6 | 52.3 |
| 30 | 13.8 | 15.0 | 16.8 | 18.5 | 20.6 | 40.3 | 43.8 | 47.0 | 50.9 | 53.7 |
| 40 | 20.7 | 22.2 | 24.4 | 26.5 | 29.1 | 51.8 | 55.8 | 59.3 | 63.7 | 66.8 |
| 50 | 28.0 | 29.7 | 32.4 | 34.8 | 37.7 | 63.2 | 67.5 | 71.4 | 76.2 | 79.5 |
| 60 | 35.5 | 37.5 | 40.5 | 43.2 | 46.5 | 74.4 | 79.1 | 83.3 | 88.4 | 92.0 |
| 70 | 43.3 | 45.4 | 48.8 | 51.7 | 55.3 | 85.5 | 90.5 | 95.0 | 100 | 104 |
| 80 | 51.2 | 53.5 | 57.2 | 60.4 | 64.3 | 96.6 | 102 | 107 | 112 | 116 |
| 90 | 59.2 | 61.8 | 65.6 | 69.1 | 73.3 | 108 | 113 | 118 | 124 | 128 |
| 100 | 67.3 | 70.1 | 74.2 | 77.9 | 82.4 | 118 | 124 | 130 | 136 | 140 |

表 6(a)

# $F$ 分布临界值，$A=0.05$

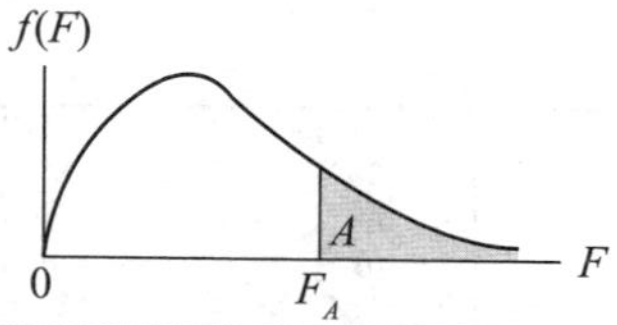


| $v_2$ \ $v_1$ 分子自由度 | 1 | 2 | 3 | 4 | 5 | 6 | 7 | 8 | 9 | 10 | 11 | 12 | 13 | 14 | 15 | 16 | 17 | 18 | 19 | 20 |
|---|---|---|---|---|---|---|---|---|---|---|---|---|---|---|---|---|---|---|---|---|
| 1 | 161 | 199 | 216 | 225 | 230 | 234 | 237 | 239 | 241 | 242 | 243 | 244 | 245 | 245 | 246 | 246 | 247 | 247 | 248 | 248 |
| 2 | 18.5 | 19.0 | 19.2 | 19.2 | 19.3 | 19.3 | 19.4 | 19.4 | 19.4 | 19.4 | 19.4 | 19.4 | 19.4 | 19.4 | 19.4 | 19.4 | 19.4 | 19.4 | 19.4 | 19.4 |
| 3 | 10.1 | 9.55 | 9.28 | 9.12 | 9.01 | 8.94 | 8.89 | 8.85 | 8.81 | 8.79 | 8.76 | 8.74 | 8.73 | 8.71 | 8.70 | 8.69 | 8.68 | 8.67 | 8.67 | 8.66 |
| 4 | 7.71 | 6.94 | 6.59 | 6.39 | 6.26 | 6.16 | 6.09 | 6.04 | 6.00 | 5.96 | 5.94 | 5.91 | 5.89 | 5.87 | 5.86 | 5.84 | 5.83 | 5.82 | 5.81 | 5.80 |
| 5 | 6.61 | 5.79 | 5.41 | 5.19 | 5.05 | 4.95 | 4.88 | 4.82 | 4.77 | 4.74 | 4.70 | 4.68 | 4.66 | 4.64 | 4.62 | 4.60 | 4.59 | 4.58 | 4.57 | 4.56 |
| 6 | 5.99 | 5.14 | 4.76 | 4.53 | 4.39 | 4.28 | 4.21 | 4.15 | 4.10 | 4.06 | 4.03 | 4.00 | 3.98 | 3.96 | 3.94 | 3.92 | 3.91 | 3.90 | 3.88 | 3.87 |
| 7 | 5.59 | 4.74 | 4.35 | 4.12 | 3.97 | 3.87 | 3.79 | 3.73 | 3.68 | 3.64 | 3.60 | 3.57 | 3.55 | 3.53 | 3.51 | 3.49 | 3.48 | 3.47 | 3.46 | 3.44 |
| 8 | 5.32 | 4.46 | 4.07 | 3.84 | 3.69 | 3.58 | 3.50 | 3.44 | 3.39 | 3.35 | 3.31 | 3.28 | 3.26 | 3.24 | 3.22 | 3.20 | 3.19 | 3.17 | 3.16 | 3.15 |
| 9 | 5.12 | 4.26 | 3.86 | 3.63 | 3.48 | 3.37 | 3.29 | 3.23 | 3.18 | 3.14 | 3.10 | 3.07 | 3.05 | 3.03 | 3.01 | 2.99 | 2.97 | 2.96 | 2.95 | 2.94 |
| 10 | 4.96 | 4.10 | 3.71 | 3.48 | 3.33 | 3.22 | 3.14 | 3.07 | 3.02 | 2.98 | 2.94 | 2.91 | 2.89 | 2.86 | 2.85 | 2.83 | 2.81 | 2.80 | 2.79 | 2.77 |
| 11 | 4.84 | 3.98 | 3.59 | 3.36 | 3.20 | 3.09 | 3.01 | 2.95 | 2.90 | 2.85 | 2.82 | 2.79 | 2.76 | 2.74 | 2.72 | 2.70 | 2.69 | 2.67 | 2.66 | 2.65 |
| 12 | 4.75 | 3.89 | 3.49 | 3.26 | 3.11 | 3.00 | 2.91 | 2.85 | 2.80 | 2.75 | 2.72 | 2.69 | 2.66 | 2.64 | 2.62 | 2.60 | 2.58 | 2.57 | 2.56 | 2.54 |
| 13 | 4.67 | 3.81 | 3.41 | 3.18 | 3.03 | 2.92 | 2.83 | 2.77 | 2.71 | 2.67 | 2.63 | 2.60 | 2.58 | 2.55 | 2.53 | 2.51 | 2.50 | 2.48 | 2.47 | 2.46 |
| 14 | 4.60 | 3.74 | 3.34 | 3.11 | 2.96 | 2.85 | 2.76 | 2.70 | 2.65 | 2.60 | 2.57 | 2.53 | 2.51 | 2.48 | 2.46 | 2.44 | 2.43 | 2.41 | 2.40 | 2.39 |
| 15 | 4.54 | 3.68 | 3.29 | 3.06 | 2.90 | 2.79 | 2.71 | 2.64 | 2.59 | 2.54 | 2.51 | 2.48 | 2.45 | 2.42 | 2.40 | 2.38 | 2.37 | 2.35 | 2.34 | 2.33 |
| 16 | 4.49 | 3.63 | 3.24 | 3.01 | 2.85 | 2.74 | 2.66 | 2.59 | 2.54 | 2.49 | 2.46 | 2.42 | 2.40 | 2.37 | 2.35 | 2.33 | 2.32 | 2.30 | 2.29 | 2.28 |
| 17 | 4.45 | 3.59 | 3.20 | 2.96 | 2.81 | 2.70 | 2.61 | 2.55 | 2.49 | 2.45 | 2.41 | 2.38 | 2.35 | 2.33 | 2.31 | 2.29 | 2.27 | 2.26 | 2.24 | 2.23 |
| 分母自由度 18 | 4.41 | 3.55 | 3.16 | 2.93 | 2.77 | 2.66 | 2.58 | 2.51 | 2.46 | 2.41 | 2.37 | 2.34 | 2.31 | 2.29 | 2.27 | 2.25 | 2.23 | 2.22 | 2.20 | 2.19 |
| 19 | 4.38 | 3.52 | 3.13 | 2.90 | 2.74 | 2.63 | 2.54 | 2.48 | 2.42 | 2.38 | 2.34 | 2.31 | 2.28 | 2.26 | 2.23 | 2.21 | 2.20 | 2.18 | 2.17 | 2.16 |
| 20 | 4.35 | 3.49 | 3.10 | 2.87 | 2.71 | 2.60 | 2.51 | 2.45 | 2.39 | 2.35 | 2.31 | 2.28 | 2.25 | 2.22 | 2.20 | 2.18 | 2.17 | 2.15 | 2.14 | 2.12 |
| 22 | 4.30 | 3.44 | 3.05 | 2.82 | 2.66 | 2.55 | 2.46 | 2.40 | 2.34 | 2.30 | 2.26 | 2.23 | 2.20 | 2.17 | 2.15 | 2.13 | 2.11 | 2.10 | 2.08 | 2.07 |
| 24 | 4.26 | 3.40 | 3.01 | 2.78 | 2.62 | 2.51 | 2.42 | 2.36 | 2.30 | 2.25 | 2.22 | 2.18 | 2.15 | 2.13 | 2.11 | 2.09 | 2.07 | 2.05 | 2.04 | 2.03 |
| 26 | 4.23 | 3.37 | 2.98 | 2.74 | 2.59 | 2.47 | 2.39 | 2.32 | 2.27 | 2.22 | 2.18 | 2.15 | 2.12 | 2.09 | 2.07 | 2.05 | 2.03 | 2.02 | 2.00 | 1.99 |
| 28 | 4.20 | 3.34 | 2.95 | 2.71 | 2.56 | 2.45 | 2.36 | 2.29 | 2.24 | 2.19 | 2.15 | 2.12 | 2.09 | 2.06 | 2.04 | 2.02 | 2.00 | 1.99 | 1.97 | 1.96 |
| 30 | 4.17 | 3.32 | 2.92 | 2.69 | 2.53 | 2.42 | 2.33 | 2.27 | 2.21 | 2.16 | 2.13 | 2.09 | 2.06 | 2.04 | 2.01 | 1.99 | 1.98 | 1.96 | 1.95 | 1.93 |
| 35 | 4.12 | 3.27 | 2.87 | 2.64 | 2.49 | 2.37 | 2.29 | 2.22 | 2.16 | 2.11 | 2.07 | 2.04 | 2.01 | 1.99 | 1.96 | 1.94 | 1.92 | 1.91 | 1.89 | 1.88 |
| 40 | 4.08 | 3.23 | 2.84 | 2.61 | 2.45 | 2.34 | 2.25 | 2.18 | 2.12 | 2.08 | 2.04 | 2.00 | 1.97 | 1.95 | 1.92 | 1.90 | 1.89 | 1.87 | 1.85 | 1.84 |
| 45 | 4.06 | 3.20 | 2.81 | 2.58 | 2.42 | 2.31 | 2.22 | 2.15 | 2.10 | 2.05 | 2.01 | 1.97 | 1.94 | 1.92 | 1.89 | 1.87 | 1.86 | 1.84 | 1.82 | 1.81 |
| 50 | 4.03 | 3.18 | 2.79 | 2.56 | 2.40 | 2.29 | 2.20 | 2.13 | 2.07 | 2.03 | 1.99 | 1.95 | 1.92 | 1.89 | 1.87 | 1.85 | 1.83 | 1.81 | 1.80 | 1.78 |
| 60 | 4.00 | 3.15 | 2.76 | 2.53 | 2.37 | 2.25 | 2.17 | 2.10 | 2.04 | 1.99 | 1.95 | 1.92 | 1.89 | 1.86 | 1.84 | 1.82 | 1.80 | 1.78 | 1.76 | 1.75 |
| 70 | 3.98 | 3.13 | 2.74 | 2.50 | 2.35 | 2.23 | 2.14 | 2.07 | 2.02 | 1.97 | 1.93 | 1.89 | 1.86 | 1.84 | 1.81 | 1.79 | 1.77 | 1.75 | 1.74 | 1.72 |
| 80 | 3.96 | 3.11 | 2.72 | 2.49 | 2.33 | 2.21 | 2.13 | 2.06 | 2.00 | 1.95 | 1.91 | 1.88 | 1.84 | 1.82 | 1.79 | 1.77 | 1.75 | 1.73 | 1.72 | 1.70 |
| 90 | 3.95 | 3.10 | 2.71 | 2.47 | 2.32 | 2.20 | 2.11 | 2.04 | 1.99 | 1.94 | 1.90 | 1.86 | 1.83 | 1.80 | 1.78 | 1.76 | 1.74 | 1.72 | 1.70 | 1.69 |
| 100 | 3.94 | 3.09 | 2.70 | 2.46 | 2.31 | 2.19 | 2.10 | 2.03 | 1.97 | 1.93 | 1.89 | 1.85 | 1.82 | 1.79 | 1.77 | 1.75 | 1.73 | 1.71 | 1.69 | 1.68 |
| 120 | 3.92 | 3.07 | 2.68 | 2.45 | 2.29 | 2.18 | 2.09 | 2.02 | 1.96 | 1.91 | 1.87 | 1.83 | 1.80 | 1.78 | 1.75 | 1.73 | 1.71 | 1.69 | 1.67 | 1.66 |
| 140 | 3.91 | 3.06 | 2.67 | 2.44 | 2.28 | 2.16 | 2.08 | 2.01 | 1.95 | 1.90 | 1.86 | 1.82 | 1.79 | 1.76 | 1.74 | 1.72 | 1.70 | 1.68 | 1.66 | 1.65 |
| 160 | 3.90 | 3.05 | 2.66 | 2.43 | 2.27 | 2.16 | 2.07 | 2.00 | 1.94 | 1.89 | 1.85 | 1.81 | 1.78 | 1.75 | 1.73 | 1.71 | 1.69 | 1.67 | 1.65 | 1.64 |
| 180 | 3.89 | 3.05 | 2.65 | 2.42 | 2.26 | 2.15 | 2.06 | 1.99 | 1.93 | 1.88 | 1.84 | 1.81 | 1.77 | 1.75 | 1.72 | 1.70 | 1.68 | 1.66 | 1.64 | 1.63 |
| 200 | 3.89 | 3.04 | 2.65 | 2.42 | 2.26 | 2.14 | 2.06 | 1.98 | 1.93 | 1.88 | 1.84 | 1.80 | 1.77 | 1.74 | 1.72 | 1.69 | 1.67 | 1.66 | 1.64 | 1.62 |
| ∞ | 3.84 | 3.00 | 2.61 | 2.37 | 2.21 | 2.10 | 2.01 | 1.94 | 1.88 | 1.83 | 1.79 | 1.75 | 1.72 | 1.69 | 1.67 | 1.64 | 1.62 | 1.60 | 1.59 | 1.57 |

续前表

| $v_2$ \ $v_1$ | 分子自由度 | | | | | | | | | | | | | | | | | | | |
|---|---|---|---|---|---|---|---|---|---|---|---|---|---|---|---|---|---|---|---|---|
| 分母自由度 | 22 | 24 | 26 | 28 | 30 | 35 | 40 | 45 | 50 | 60 | 70 | 80 | 90 | 100 | 120 | 140 | 160 | 180 | 200 | ∞ |
| 1 | 249 | 249 | 249 | 250 | 250 | 251 | 251 | 251 | 252 | 252 | 252 | 253 | 253 | 253 | 253 | 253 | 254 | 254 | 254 | 254 |
| 2 | 19.5 | 19.5 | 19.5 | 19.5 | 19.5 | 19.5 | 19.5 | 19.5 | 19.5 | 19.5 | 19.5 | 19.5 | 19.5 | 19.5 | 19.5 | 19.5 | 19.5 | 19.5 | 19.5 | 19.5 |
| 3 | 8.65 | 8.64 | 8.63 | 8.62 | 8.62 | 8.60 | 8.59 | 8.59 | 8.58 | 8.57 | 8.57 | 8.56 | 8.56 | 8.55 | 8.55 | 8.55 | 8.54 | 8.54 | 8.54 | 8.53 |
| 4 | 5.79 | 5.77 | 5.76 | 5.75 | 5.75 | 5.73 | 5.72 | 5.71 | 5.70 | 5.69 | 5.68 | 5.67 | 5.67 | 5.66 | 5.66 | 5.65 | 5.65 | 5.65 | 5.65 | 5.63 |
| 5 | 4.54 | 4.53 | 4.52 | 4.50 | 4.50 | 4.48 | 4.46 | 4.45 | 4.44 | 4.43 | 4.42 | 4.41 | 4.41 | 4.41 | 4.40 | 4.39 | 4.39 | 4.39 | 4.39 | 4.37 |
| 6 | 3.86 | 3.84 | 3.83 | 3.82 | 3.81 | 3.79 | 3.77 | 3.76 | 3.75 | 3.74 | 3.73 | 3.72 | 3.72 | 3.71 | 3.70 | 3.70 | 3.70 | 3.69 | 3.69 | 3.67 |
| 7 | 3.43 | 3.41 | 3.40 | 3.39 | 3.38 | 3.36 | 3.34 | 3.33 | 3.32 | 3.30 | 3.29 | 3.29 | 3.28 | 3.27 | 3.27 | 3.26 | 3.26 | 3.25 | 3.25 | 3.23 |
| 8 | 3.13 | 3.12 | 3.10 | 3.09 | 3.08 | 3.06 | 3.04 | 3.03 | 3.02 | 3.01 | 2.99 | 2.99 | 2.98 | 2.97 | 2.97 | 2.96 | 2.96 | 2.95 | 2.95 | 2.93 |
| 9 | 2.92 | 2.90 | 2.89 | 2.87 | 2.86 | 2.84 | 2.83 | 2.81 | 2.80 | 2.79 | 2.78 | 2.77 | 2.76 | 2.76 | 2.75 | 2.74 | 2.74 | 2.73 | 2.73 | 2.71 |
| 10 | 2.75 | 2.74 | 2.72 | 2.71 | 2.70 | 2.68 | 2.66 | 2.65 | 2.64 | 2.62 | 2.61 | 2.60 | 2.59 | 2.59 | 2.58 | 2.57 | 2.57 | 2.57 | 2.56 | 2.54 |
| 11 | 2.63 | 2.61 | 2.59 | 2.58 | 2.57 | 2.55 | 2.53 | 2.52 | 2.51 | 2.49 | 2.48 | 2.47 | 2.46 | 2.46 | 2.45 | 2.44 | 2.44 | 2.43 | 2.43 | 2.41 |
| 12 | 2.52 | 2.51 | 2.49 | 2.48 | 2.47 | 2.44 | 2.43 | 2.41 | 2.40 | 2.38 | 2.37 | 2.36 | 2.36 | 2.35 | 2.34 | 2.33 | 2.33 | 2.33 | 2.32 | 2.30 |
| 13 | 2.44 | 2.42 | 2.41 | 2.39 | 2.38 | 2.36 | 2.34 | 2.33 | 2.31 | 2.30 | 2.28 | 2.27 | 2.27 | 2.26 | 2.25 | 2.25 | 2.24 | 2.24 | 2.23 | 2.21 |
| 14 | 2.37 | 2.35 | 2.33 | 2.32 | 2.31 | 2.28 | 2.27 | 2.25 | 2.24 | 2.22 | 2.21 | 2.20 | 2.19 | 2.19 | 2.18 | 2.17 | 2.17 | 2.16 | 2.16 | 2.13 |
| 15 | 2.31 | 2.29 | 2.27 | 2.26 | 2.25 | 2.22 | 2.20 | 2.19 | 2.18 | 2.16 | 2.15 | 2.14 | 2.13 | 2.12 | 2.11 | 2.11 | 2.10 | 2.10 | 2.10 | 2.07 |
| 16 | 2.25 | 2.24 | 2.22 | 2.21 | 2.19 | 2.17 | 2.15 | 2.14 | 2.12 | 2.11 | 2.09 | 2.08 | 2.07 | 2.07 | 2.06 | 2.05 | 2.05 | 2.04 | 2.04 | 2.01 |
| 17 | 2.21 | 2.19 | 2.17 | 2.16 | 2.15 | 2.12 | 2.10 | 2.09 | 2.08 | 2.06 | 2.05 | 2.03 | 2.03 | 2.02 | 2.01 | 2.00 | 2.00 | 1.99 | 1.99 | 1.96 |
| 18 | 2.17 | 2.15 | 2.13 | 2.12 | 2.11 | 2.08 | 2.06 | 2.05 | 2.04 | 2.02 | 2.00 | 1.99 | 1.98 | 1.98 | 1.97 | 1.96 | 1.96 | 1.95 | 1.95 | 1.92 |
| 19 | 2.13 | 2.11 | 2.10 | 2.08 | 2.07 | 2.05 | 2.03 | 2.01 | 2.00 | 1.98 | 1.97 | 1.96 | 1.95 | 1.94 | 1.93 | 1.92 | 1.92 | 1.91 | 1.91 | 1.88 |
| 20 | 2.10 | 2.08 | 2.07 | 2.05 | 2.04 | 2.01 | 1.99 | 1.98 | 1.97 | 1.95 | 1.93 | 1.92 | 1.91 | 1.91 | 1.90 | 1.89 | 1.88 | 1.88 | 1.88 | 1.84 |
| 22 | 2.05 | 2.03 | 2.01 | 2.00 | 1.98 | 1.96 | 1.94 | 1.92 | 1.91 | 1.89 | 1.88 | 1.86 | 1.86 | 1.85 | 1.84 | 1.83 | 1.82 | 1.82 | 1.82 | 1.78 |
| 24 | 2.00 | 1.98 | 1.97 | 1.95 | 1.94 | 1.91 | 1.89 | 1.88 | 1.86 | 1.84 | 1.83 | 1.82 | 1.81 | 1.80 | 1.79 | 1.78 | 1.78 | 1.77 | 1.77 | 1.73 |
| 26 | 1.97 | 1.95 | 1.93 | 1.91 | 1.90 | 1.87 | 1.85 | 1.84 | 1.82 | 1.80 | 1.79 | 1.78 | 1.77 | 1.76 | 1.75 | 1.74 | 1.73 | 1.73 | 1.73 | 1.69 |
| 28 | 1.93 | 1.91 | 1.90 | 1.88 | 1.87 | 1.84 | 1.82 | 1.80 | 1.79 | 1.77 | 1.75 | 1.74 | 1.73 | 1.73 | 1.71 | 1.71 | 1.70 | 1.69 | 1.69 | 1.65 |
| 30 | 1.91 | 1.89 | 1.87 | 1.85 | 1.84 | 1.81 | 1.79 | 1.77 | 1.76 | 1.74 | 1.72 | 1.71 | 1.70 | 1.70 | 1.68 | 1.68 | 1.67 | 1.66 | 1.66 | 1.62 |
| 35 | 1.85 | 1.83 | 1.82 | 1.80 | 1.79 | 1.76 | 1.74 | 1.72 | 1.70 | 1.68 | 1.66 | 1.65 | 1.64 | 1.63 | 1.62 | 1.61 | 1.61 | 1.60 | 1.60 | 1.56 |
| 40 | 1.81 | 1.79 | 1.77 | 1.76 | 1.74 | 1.72 | 1.69 | 1.67 | 1.66 | 1.64 | 1.62 | 1.61 | 1.60 | 1.59 | 1.58 | 1.57 | 1.56 | 1.55 | 1.55 | 1.51 |
| 45 | 1.78 | 1.76 | 1.74 | 1.73 | 1.71 | 1.68 | 1.66 | 1.64 | 1.63 | 1.60 | 1.59 | 1.57 | 1.56 | 1.55 | 1.54 | 1.53 | 1.52 | 1.52 | 1.51 | 1.47 |
| 50 | 1.76 | 1.74 | 1.72 | 1.70 | 1.69 | 1.66 | 1.63 | 1.61 | 1.60 | 1.58 | 1.56 | 1.54 | 1.53 | 1.52 | 1.51 | 1.50 | 1.49 | 1.49 | 1.48 | 1.44 |
| 60 | 1.72 | 1.70 | 1.68 | 1.66 | 1.65 | 1.62 | 1.59 | 1.57 | 1.56 | 1.53 | 1.52 | 1.50 | 1.49 | 1.48 | 1.47 | 1.46 | 1.45 | 1.44 | 1.44 | 1.39 |
| 70 | 1.70 | 1.67 | 1.65 | 1.64 | 1.62 | 1.59 | 1.57 | 1.55 | 1.53 | 1.50 | 1.49 | 1.47 | 1.46 | 1.45 | 1.44 | 1.42 | 1.42 | 1.41 | 1.40 | 1.35 |
| 80 | 1.68 | 1.65 | 1.63 | 1.62 | 1.60 | 1.57 | 1.54 | 1.52 | 1.51 | 1.48 | 1.46 | 1.45 | 1.44 | 1.43 | 1.41 | 1.40 | 1.39 | 1.38 | 1.38 | 1.33 |
| 90 | 1.66 | 1.64 | 1.62 | 1.60 | 1.59 | 1.55 | 1.53 | 1.51 | 1.49 | 1.46 | 1.44 | 1.43 | 1.42 | 1.41 | 1.39 | 1.38 | 1.37 | 1.36 | 1.36 | 1.30 |
| 100 | 1.65 | 1.63 | 1.61 | 1.59 | 1.57 | 1.54 | 1.52 | 1.49 | 1.48 | 1.45 | 1.43 | 1.41 | 1.40 | 1.39 | 1.38 | 1.36 | 1.35 | 1.35 | 1.34 | 1.28 |
| 120 | 1.63 | 1.61 | 1.59 | 1.57 | 1.55 | 1.52 | 1.50 | 1.47 | 1.46 | 1.43 | 1.41 | 1.39 | 1.38 | 1.37 | 1.35 | 1.34 | 1.33 | 1.32 | 1.32 | 1.26 |
| 140 | 1.62 | 1.60 | 1.57 | 1.56 | 1.54 | 1.51 | 1.48 | 1.46 | 1.44 | 1.41 | 1.39 | 1.38 | 1.36 | 1.35 | 1.33 | 1.32 | 1.31 | 1.30 | 1.30 | 1.23 |
| 160 | 1.61 | 1.59 | 1.57 | 1.55 | 1.53 | 1.50 | 1.47 | 1.45 | 1.43 | 1.40 | 1.38 | 1.36 | 1.35 | 1.34 | 1.32 | 1.31 | 1.30 | 1.29 | 1.28 | 1.22 |
| 180 | 1.60 | 1.58 | 1.56 | 1.54 | 1.52 | 1.49 | 1.46 | 1.44 | 1.42 | 1.39 | 1.37 | 1.35 | 1.34 | 1.33 | 1.31 | 1.30 | 1.29 | 1.28 | 1.27 | 1.20 |
| 200 | 1.60 | 1.57 | 1.55 | 1.53 | 1.52 | 1.48 | 1.46 | 1.43 | 1.41 | 1.39 | 1.36 | 1.35 | 1.33 | 1.32 | 1.30 | 1.29 | 1.28 | 1.27 | 1.26 | 1.19 |
| ∞ | 1.54 | 1.52 | 1.50 | 1.48 | 1.46 | 1.42 | 1.40 | 1.37 | 1.35 | 1.32 | 1.29 | 1.28 | 1.26 | 1.25 | 1.22 | 1.21 | 1.19 | 1.18 | 1.17 | 1.00 |

表 6(b)

## $F$ 分布临界值，$A=0.025$

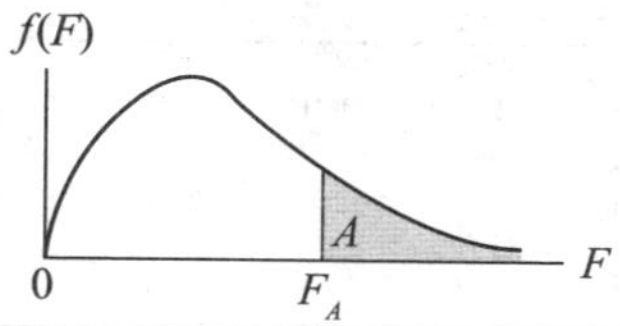


| $v_2$ \ $v_1$ 分子自由度 | 1 | 2 | 3 | 4 | 5 | 6 | 7 | 8 | 9 | 10 | 11 | 12 | 13 | 14 | 15 | 16 | 17 | 18 | 19 | 20 |
|---|---|---|---|---|---|---|---|---|---|---|---|---|---|---|---|---|---|---|---|---|
| 1 | 648 | 799 | 864 | 900 | 922 | 937 | 948 | 957 | 963 | 969 | 973 | 977 | 980 | 983 | 985 | 987 | 989 | 990 | 992 | 993 |
| 2 | 38.5 | 39.0 | 39.2 | 39.2 | 39.3 | 39.3 | 39.4 | 39.4 | 39.4 | 39.4 | 39.4 | 39.4 | 39.4 | 39.4 | 39.4 | 39.4 | 39.4 | 39.4 | 39.4 | 39.4 |
| 3 | 17.4 | 16.0 | 15.4 | 15.1 | 14.9 | 14.7 | 14.6 | 14.5 | 14.5 | 14.4 | 14.4 | 14.3 | 14.3 | 14.3 | 14.3 | 14.2 | 14.2 | 14.2 | 14.2 | 14.2 |
| 4 | 12.2 | 10.6 | 10.0 | 9.60 | 9.36 | 9.20 | 9.07 | 8.98 | 8.90 | 8.84 | 8.79 | 8.75 | 8.71 | 8.68 | 8.66 | 8.63 | 8.61 | 8.59 | 8.58 | 8.56 |
| 5 | 10.0 | 8.43 | 7.76 | 7.39 | 7.15 | 6.98 | 6.85 | 6.76 | 6.68 | 6.62 | 6.57 | 6.52 | 6.49 | 6.46 | 6.43 | 6.40 | 6.38 | 6.36 | 6.34 | 6.33 |
| 6 | 8.81 | 7.26 | 6.60 | 6.23 | 5.99 | 5.82 | 5.70 | 5.60 | 5.52 | 5.46 | 5.41 | 5.37 | 5.33 | 5.30 | 5.27 | 5.24 | 5.22 | 5.20 | 5.18 | 5.17 |
| 7 | 8.07 | 6.54 | 5.89 | 5.52 | 5.29 | 5.12 | 4.99 | 4.90 | 4.82 | 4.76 | 4.71 | 4.67 | 4.63 | 4.60 | 4.57 | 4.54 | 4.52 | 4.50 | 4.48 | 4.47 |
| 8 | 7.57 | 6.06 | 5.42 | 5.05 | 4.82 | 4.65 | 4.53 | 4.43 | 4.36 | 4.30 | 4.24 | 4.20 | 4.16 | 4.13 | 4.10 | 4.08 | 4.05 | 4.03 | 4.02 | 4.00 |
| 9 | 7.21 | 5.71 | 5.08 | 4.72 | 4.48 | 4.32 | 4.20 | 4.10 | 4.03 | 3.96 | 3.91 | 3.87 | 3.83 | 3.80 | 3.77 | 3.74 | 3.72 | 3.70 | 3.68 | 3.67 |
| 10 | 6.94 | 5.46 | 4.83 | 4.47 | 4.24 | 4.07 | 3.95 | 3.85 | 3.78 | 3.72 | 3.66 | 3.62 | 3.58 | 3.55 | 3.52 | 3.50 | 3.47 | 3.45 | 3.44 | 3.42 |
| 11 | 6.72 | 5.26 | 4.63 | 4.28 | 4.04 | 3.88 | 3.76 | 3.66 | 3.59 | 3.53 | 3.47 | 3.43 | 3.39 | 3.36 | 3.33 | 3.30 | 3.28 | 3.26 | 3.24 | 3.23 |
| 12 | 6.55 | 5.10 | 4.47 | 4.12 | 3.89 | 3.73 | 3.61 | 3.51 | 3.44 | 3.37 | 3.32 | 3.28 | 3.24 | 3.21 | 3.18 | 3.15 | 3.13 | 3.11 | 3.09 | 3.07 |
| 13 | 6.41 | 4.97 | 4.35 | 4.00 | 3.77 | 3.60 | 3.48 | 3.39 | 3.31 | 3.25 | 3.20 | 3.15 | 3.12 | 3.08 | 3.05 | 3.03 | 3.00 | 2.98 | 2.96 | 2.95 |
| 14 | 6.30 | 4.86 | 4.24 | 3.89 | 3.66 | 3.50 | 3.38 | 3.29 | 3.21 | 3.15 | 3.09 | 3.05 | 3.01 | 2.98 | 2.95 | 2.92 | 2.90 | 2.88 | 2.86 | 2.84 |
| 15 | 6.20 | 4.77 | 4.15 | 3.80 | 3.58 | 3.41 | 3.29 | 3.20 | 3.12 | 3.06 | 3.01 | 2.96 | 2.92 | 2.89 | 2.86 | 2.84 | 2.81 | 2.79 | 2.77 | 2.76 |
| 16 | 6.12 | 4.69 | 4.08 | 3.73 | 3.50 | 3.34 | 3.22 | 3.12 | 3.05 | 2.99 | 2.93 | 2.89 | 2.85 | 2.82 | 2.79 | 2.76 | 2.74 | 2.72 | 2.70 | 2.68 |
| 17 | 6.04 | 4.62 | 4.01 | 3.66 | 3.44 | 3.28 | 3.16 | 3.06 | 2.98 | 2.92 | 2.87 | 2.82 | 2.79 | 2.75 | 2.72 | 2.70 | 2.67 | 2.65 | 2.63 | 2.62 |
| 分 18 | 5.98 | 4.56 | 3.95 | 3.61 | 3.38 | 3.22 | 3.10 | 3.01 | 2.93 | 2.87 | 2.81 | 2.77 | 2.73 | 2.70 | 2.67 | 2.64 | 2.62 | 2.60 | 2.58 | 2.56 |
| 母 19 | 5.92 | 4.51 | 3.90 | 3.56 | 3.33 | 3.17 | 3.05 | 2.96 | 2.88 | 2.82 | 2.76 | 2.72 | 2.68 | 2.65 | 2.62 | 2.59 | 2.57 | 2.55 | 2.53 | 2.51 |
| 自 20 | 5.87 | 4.46 | 3.86 | 3.51 | 3.29 | 3.13 | 3.01 | 2.91 | 2.84 | 2.77 | 2.72 | 2.68 | 2.64 | 2.60 | 2.57 | 2.55 | 2.52 | 2.50 | 2.48 | 2.46 |
| 由 22 | 5.79 | 4.38 | 3.78 | 3.44 | 3.22 | 3.05 | 2.93 | 2.84 | 2.76 | 2.70 | 2.65 | 2.60 | 2.56 | 2.53 | 2.50 | 2.47 | 2.45 | 2.43 | 2.41 | 2.39 |
| 度 24 | 5.72 | 4.32 | 3.72 | 3.38 | 3.15 | 2.99 | 2.87 | 2.78 | 2.70 | 2.64 | 2.59 | 2.54 | 2.50 | 2.47 | 2.44 | 2.41 | 2.39 | 2.36 | 2.35 | 2.33 |
| 26 | 5.66 | 4.27 | 3.67 | 3.33 | 3.10 | 2.94 | 2.82 | 2.73 | 2.65 | 2.59 | 2.54 | 2.49 | 2.45 | 2.42 | 2.39 | 2.36 | 2.34 | 2.31 | 2.29 | 2.28 |
| 28 | 5.61 | 4.22 | 3.63 | 3.29 | 3.06 | 2.90 | 2.78 | 2.69 | 2.61 | 2.55 | 2.49 | 2.45 | 2.41 | 2.37 | 2.34 | 2.32 | 2.29 | 2.27 | 2.25 | 2.23 |
| 30 | 5.57 | 4.18 | 3.59 | 3.25 | 3.03 | 2.87 | 2.75 | 2.65 | 2.57 | 2.51 | 2.46 | 2.41 | 2.37 | 2.34 | 2.31 | 2.28 | 2.26 | 2.23 | 2.21 | 2.20 |
| 35 | 5.48 | 4.11 | 3.52 | 3.18 | 2.96 | 2.80 | 2.68 | 2.58 | 2.50 | 2.44 | 2.39 | 2.34 | 2.30 | 2.27 | 2.23 | 2.21 | 2.18 | 2.16 | 2.14 | 2.12 |
| 40 | 5.42 | 4.05 | 3.46 | 3.13 | 2.90 | 2.74 | 2.62 | 2.53 | 2.45 | 2.39 | 2.33 | 2.29 | 2.25 | 2.21 | 2.18 | 2.15 | 2.13 | 2.11 | 2.09 | 2.07 |
| 45 | 5.38 | 4.01 | 3.42 | 3.09 | 2.86 | 2.70 | 2.58 | 2.49 | 2.41 | 2.35 | 2.29 | 2.25 | 2.21 | 2.17 | 2.14 | 2.11 | 2.09 | 2.07 | 2.04 | 2.03 |
| 50 | 5.34 | 3.97 | 3.39 | 3.05 | 2.83 | 2.67 | 2.55 | 2.46 | 2.38 | 2.32 | 2.26 | 2.22 | 2.18 | 2.14 | 2.11 | 2.08 | 2.06 | 2.03 | 2.01 | 1.99 |
| 60 | 5.29 | 3.93 | 3.34 | 3.01 | 2.79 | 2.63 | 2.51 | 2.41 | 2.33 | 2.27 | 2.22 | 2.17 | 2.13 | 2.09 | 2.06 | 2.03 | 2.01 | 1.98 | 1.96 | 1.94 |
| 70 | 5.25 | 3.89 | 3.31 | 2.97 | 2.75 | 2.59 | 2.47 | 2.38 | 2.30 | 2.24 | 2.18 | 2.14 | 2.10 | 2.06 | 2.03 | 2.00 | 1.97 | 1.95 | 1.93 | 1.91 |
| 80 | 5.22 | 3.86 | 3.28 | 2.95 | 2.73 | 2.57 | 2.45 | 2.35 | 2.28 | 2.21 | 2.16 | 2.11 | 2.07 | 2.03 | 2.00 | 1.97 | 1.95 | 1.92 | 1.90 | 1.88 |
| 90 | 5.20 | 3.84 | 3.26 | 2.93 | 2.71 | 2.55 | 2.43 | 2.34 | 2.26 | 2.19 | 2.14 | 2.09 | 2.05 | 2.02 | 1.98 | 1.95 | 1.93 | 1.91 | 1.88 | 1.86 |
| 100 | 5.18 | 3.83 | 3.25 | 2.92 | 2.70 | 2.54 | 2.42 | 2.32 | 2.24 | 2.18 | 2.12 | 2.08 | 2.04 | 2.00 | 1.97 | 1.94 | 1.91 | 1.89 | 1.87 | 1.85 |
| 120 | 5.15 | 3.80 | 3.23 | 2.89 | 2.67 | 2.52 | 2.39 | 2.30 | 2.22 | 2.16 | 2.10 | 2.05 | 2.01 | 1.98 | 1.94 | 1.92 | 1.89 | 1.87 | 1.84 | 1.82 |
| 140 | 5.13 | 3.79 | 3.21 | 2.88 | 2.66 | 2.50 | 2.38 | 2.28 | 2.21 | 2.14 | 2.09 | 2.04 | 2.00 | 1.96 | 1.93 | 1.90 | 1.87 | 1.85 | 1.83 | 1.81 |
| 160 | 5.12 | 3.78 | 3.20 | 2.87 | 2.65 | 2.49 | 2.37 | 2.27 | 2.19 | 2.13 | 2.07 | 2.03 | 1.99 | 1.95 | 1.92 | 1.89 | 1.86 | 1.84 | 1.82 | 1.80 |
| 180 | 5.11 | 3.77 | 3.19 | 2.86 | 2.64 | 2.48 | 2.36 | 2.26 | 2.19 | 2.12 | 2.07 | 2.02 | 1.98 | 1.94 | 1.91 | 1.88 | 1.85 | 1.83 | 1.81 | 1.79 |
| 200 | 5.10 | 3.76 | 3.18 | 2.85 | 2.63 | 2.47 | 2.35 | 2.26 | 2.18 | 2.11 | 2.06 | 2.01 | 1.97 | 1.93 | 1.90 | 1.87 | 1.84 | 1.82 | 1.80 | 1.78 |
| ∞ | 5.03 | 3.69 | 3.12 | 2.79 | 2.57 | 2.41 | 2.29 | 2.19 | 2.11 | 2.05 | 1.99 | 1.95 | 1.90 | 1.87 | 1.83 | 1.80 | 1.78 | 1.75 | 1.73 | 1.71 |

续前表

| $v_2$ \ $v_1$ 分子自由度 | 22 | 24 | 26 | 28 | 30 | 35 | 40 | 45 | 50 | 60 | 70 | 80 | 90 | 100 | 120 | 140 | 160 | 180 | 200 | ∞ |
|---|---|---|---|---|---|---|---|---|---|---|---|---|---|---|---|---|---|---|---|---|
| 1 | 995 | 997 | 999 | 1 000 | 1 001 | 1 004 | 1 006 | 1 007 | 1 008 | 1 010 | 1 011 | 1 012 | 1 013 | 1 013 | 1 014 | 1 015 | 1 015 | 1 015 | 1 016 | 1 018 |
| 2 | 39.5 | 39.5 | 39.5 | 39.5 | 39.5 | 39.5 | 39.5 | 39.5 | 39.5 | 39.5 | 39.5 | 39.5 | 39.5 | 39.5 | 39.5 | 39.5 | 39.5 | 39.5 | 39.5 | 39.5 |
| 3 | 14.1 | 14.1 | 14.1 | 14.1 | 14.1 | 14.1 | 14.0 | 14.0 | 14.0 | 14.0 | 14.0 | 14.0 | 14.0 | 14.0 | 13.9 | 13.9 | 13.9 | 13.9 | 13.9 | 13.9 |
| 4 | 8.53 | 8.51 | 8.49 | 8.48 | 8.46 | 8.43 | 8.41 | 8.39 | 8.38 | 8.36 | 8.35 | 8.33 | 8.33 | 8.32 | 8.31 | 8.30 | 8.30 | 8.29 | 8.29 | 8.26 |
| 5 | 6.30 | 6.28 | 6.26 | 6.24 | 6.23 | 6.20 | 6.18 | 6.16 | 6.14 | 6.12 | 6.11 | 6.10 | 6.09 | 6.08 | 6.07 | 6.06 | 6.06 | 6.05 | 6.05 | 6.02 |
| 6 | 5.14 | 5.12 | 5.10 | 5.08 | 5.07 | 5.04 | 5.01 | 4.99 | 4.98 | 4.96 | 4.94 | 4.93 | 4.92 | 4.92 | 4.90 | 4.9C | 4.89 | 4.89 | 4.88 | 4.85 |
| 7 | 4.44 | 4.41 | 4.39 | 4.38 | 4.36 | 4.33 | 4.31 | 4.29 | 4.28 | 4.25 | 4.24 | 4.23 | 4.22 | 4.21 | 4.20 | 4.1S | 4.18 | 4.18 | 4.18 | 4.14 |
| 8 | 3.97 | 3.95 | 3.93 | 3.91 | 3.89 | 3.86 | 3.84 | 3.82 | 3.81 | 3.78 | 3.77 | 3.76 | 3.75 | 3.74 | 3.73 | 3.72 | 3.71 | 3.71 | 3.70 | 3.67 |
| 9 | 3.64 | 3.61 | 3.59 | 3.58 | 3.56 | 3.53 | 3.51 | 3.49 | 3.47 | 3.45 | 3.43 | 3.42 | 3.41 | 3.40 | 3.39 | 3.38 | 3.38 | 3.37 | 3.37 | 3.33 |
| 10 | 3.39 | 3.37 | 3.34 | 3.33 | 3.31 | 3.28 | 3.26 | 3.24 | 3.22 | 3.20 | 3.18 | 3.17 | 3.16 | 3.15 | 3.14 | 3.13 | 3.13 | 3.12 | 3.12 | 3.08 |
| 11 | 3.20 | 3.17 | 3.15 | 3.13 | 3.12 | 3.09 | 3.06 | 3.04 | 3.03 | 3.00 | 2.99 | 2.97 | 2.96 | 2.96 | 2.94 | 2.94 | 2.93 | 2.92 | 2.92 | 2.88 |
| 12 | 3.04 | 3.02 | 3.00 | 2.98 | 2.96 | 2.93 | 2.91 | 2.89 | 2.87 | 2.85 | 2.83 | 2.82 | 2.81 | 2.80 | 2.79 | 2.78 | 2.77 | 2.77 | 2.76 | 2.73 |
| 13 | 2.92 | 2.89 | 2.87 | 2.85 | 2.84 | 2.80 | 2.78 | 2.76 | 2.74 | 2.72 | 2.70 | 2.69 | 2.68 | 2.67 | 2.66 | 2.65 | 2.64 | 2.64 | 2.63 | 2.60 |
| 14 | 2.81 | 2.79 | 2.77 | 2.75 | 2.73 | 2.70 | 2.67 | 2.65 | 2.64 | 2.61 | 2.60 | 2.58 | 2.57 | 2.56 | 2.55 | 2.54 | 2.54 | 2.53 | 2.53 | 2.49 |
| 15 | 2.73 | 2.70 | 2.68 | 2.66 | 2.64 | 2.61 | 2.59 | 2.56 | 2.55 | 2.52 | 2.51 | 2.49 | 2.48 | 2.47 | 2.46 | 2.45 | 2.44 | 2.44 | 2.44 | 2.40 |
| 16 | 2.65 | 2.63 | 2.60 | 2.58 | 2.57 | 2.53 | 2.51 | 2.49 | 2.47 | 2.45 | 2.43 | 2.42 | 2.40 | 2.40 | 2.38 | 2.37 | 2.37 | 2.36 | 2.36 | 2.32 |
| 17 | 2.59 | 2.56 | 2.54 | 2.52 | 2.50 | 2.47 | 2.44 | 2.42 | 2.41 | 2.38 | 2.36 | 2.35 | 2.34 | 2.33 | 2.32 | 2.31 | 2.30 | 2.29 | 2.29 | 2.25 |
| 18 | 2.53 | 2.50 | 2.48 | 2.46 | 2.44 | 2.41 | 2.38 | 2.36 | 2.35 | 2.32 | 2.30 | 2.29 | 2.28 | 2.27 | 2.26 | 2.25 | 2.24 | 2.23 | 2.23 | 2.19 |
| 分母自由度 19 | 2.48 | 2.45 | 2.43 | 2.41 | 2.39 | 2.36 | 2.33 | 2.31 | 2.30 | 2.27 | 2.25 | 2.24 | 2.23 | 2.22 | 2.20 | 2.1.1 | 2.19 | 2.18 | 2.18 | 2.13 |
| 20 | 2.43 | 2.41 | 2.39 | 2.37 | 2.35 | 2.31 | 2.29 | 2.27 | 2.25 | 2.22 | 2.20 | 2.19 | 2.18 | 2.17 | 2.16 | 2.15 | 2.14 | 2.13 | 2.13 | 2.09 |
| 22 | 2.36 | 2.33 | 2.31 | 2.29 | 2.27 | 2.24 | 2.21 | 2.19 | 2.17 | 2.14 | 2.13 | 2.11 | 2.10 | 2.09 | 2.08 | 2.07 | 2.06 | 2.05 | 2.05 | 2.00 |
| 24 | 2.30 | 2.27 | 2.25 | 2.23 | 2.21 | 2.17 | 2.15 | 2.12 | 2.11 | 2.08 | 2.06 | 2.05 | 2.03 | 2.02 | 2.01 | 2.00 | 1.99 | 1.99 | 1.98 | 1.94 |
| 26 | 2.24 | 2.22 | 2.19 | 2.17 | 2.16 | 2.12 | 2.09 | 2.07 | 2.05 | 2.03 | 2.01 | 1.99 | 1.98 | 1.97 | 1.95 | 1.94 | 1.94 | 1.93 | 1.92 | 1.88 |
| 28 | 2.20 | 2.17 | 2.15 | 2.13 | 2.11 | 2.08 | 2.05 | 2.03 | 2.01 | 1.98 | 1.96 | 1.94 | 1.93 | 1.92 | 1.91 | 1.90 | 1.89 | 1.88 | 1.88 | 1.83 |
| 30 | 2.16 | 2.14 | 2.11 | 2.09 | 2.07 | 2.04 | 2.01 | 1.99 | 1.97 | 1.94 | 1.92 | 1.90 | 1.89 | 1.88 | 1.87 | 1.86 | 1.85 | 1.84 | 1.84 | 1.79 |
| 35 | 2.09 | 2.06 | 2.04 | 2.02 | 2.00 | 1.96 | 1.93 | 1.91 | 1.89 | 1.86 | 1.84 | 1.82 | 1.81 | 1.80 | 1.79 | 1.77 | 1.77 | 1.76 | 1.75 | 1.70 |
| 40 | 2.03 | 2.01 | 1.98 | 1.96 | 1.94 | 1.90 | 1.88 | 1.85 | 1.83 | 1.80 | 1.78 | 1.76 | 1.75 | 1.74 | 1.72 | 1.71 | 1.70 | 1.70 | 1.69 | 1.64 |
| 45 | 1.99 | 1.96 | 1.94 | 1.92 | 1.90 | 1.86 | 1.83 | 1.81 | 1.79 | 1.76 | 1.74 | 1.72 | 1.70 | 1.69 | 1.68 | 1.65 | 1.66 | 1.65 | 1.64 | 1.59 |
| 50 | 1.96 | 1.93 | 1.91 | 1.89 | 1.87 | 1.83 | 1.80 | 1.77 | 1.75 | 1.72 | 1.70 | 1.68 | 1.67 | 1.66 | 1.64 | 1.63 | 1.62 | 1.61 | 1.60 | 1.55 |
| 60 | 1.91 | 1.88 | 1.86 | 1.83 | 1.82 | 1.78 | 1.74 | 1.72 | 1.70 | 1.67 | 1.64 | 1.63 | 1.61 | 1.60 | 1.58 | 1.57 | 1.56 | 1.55 | 1.54 | 1.48 |
| 70 | 1.88 | 1.85 | 1.82 | 1.80 | 1.78 | 1.74 | 1.71 | 1.68 | 1.66 | 1.63 | 1.60 | 1.59 | 1.57 | 1.56 | 1.54 | 1.53 | 1.52 | 1.51 | 1.50 | 1.44 |
| 80 | 1.85 | 1.82 | 1.79 | 1.77 | 1.75 | 1.71 | 1.68 | 1.65 | 1.63 | 1.60 | 1.57 | 1.55 | 1.54 | 1.53 | 1.51 | 1.49 | 1.48 | 1.47 | 1.47 | 1.40 |
| 90 | 1.83 | 1.80 | 1.77 | 1.75 | 1.73 | 1.69 | 1.66 | 1.63 | 1.61 | 1.58 | 1.55 | 1.53 | 1.52 | 1.50 | 1.48 | 1.47 | 1.46 | 1.45 | 1.44 | 1.37 |
| 100 | 1.81 | 1.78 | 1.76 | 1.74 | 1.71 | 1.67 | 1.64 | 1.61 | 1.59 | 1.56 | 1.53 | 1.51 | 1.50 | 1.48 | 1.46 | 1.45 | 1.44 | 1.43 | 1.42 | 1.35 |
| 120 | 1.79 | 1.76 | 1.73 | 1.71 | 1.69 | 1.65 | 1.61 | 1.59 | 1.56 | 1.53 | 1.50 | 1.48 | 1.47 | 1.45 | 1.43 | 1.42 | 1.41 | 1.40 | 1.39 | 1.31 |
| 140 | 1.77 | 1.74 | 1.72 | 1.69 | 1.67 | 1.63 | 1.60 | 1.57 | 1.55 | 1.51 | 1.48 | 1.46 | 1.45 | 1.43 | 1.41 | 1.39 | 1.38 | 1.37 | 1.36 | 1.28 |
| 160 | 1.76 | 1.73 | 1.70 | 1.68 | 1.66 | 1.62 | 1.58 | 1.55 | 1.53 | 1.50 | 1.47 | 1.45 | 1.43 | 1.42 | 1.39 | 1.38 | 1.36 | 1.35 | 1.35 | 1.26 |
| 180 | 1.75 | 1.72 | 1.69 | 1.67 | 1.65 | 1.61 | 1.57 | 1.54 | 1.52 | 1.48 | 1.46 | 1.43 | 1.42 | 1.40 | 1.38 | 1.36 | 1.35 | 1.34 | 1.33 | 1.25 |
| 200 | 1.74 | 1.71 | 1.68 | 1.66 | 1.64 | 1.60 | 1.56 | 1.53 | 1.51 | 1.47 | 1.45 | 1.42 | 1.41 | 1.39 | 1.37 | 1.35 | 1.34 | 1.33 | 1.32 | 1.23 |
| ∞ | 1.67 | 1.64 | 1.61 | 1.59 | 1.57 | 1.52 | 1.49 | 1.46 | 1.43 | 1.39 | 1.36 | 1.33 | 1.31 | 1.30 | 1.27 | 1.25 | 1.23 | 1.22 | 1.21 | 1.00 |

表 6(c)

**F 分布临界值，A=0.01**

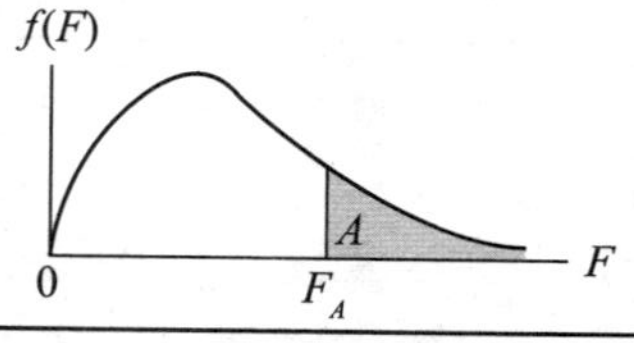


| $v_2$ \ $v_1$ 分子自由度 | 1 | 2 | 3 | 4 | 5 | 6 | 7 | 8 | 9 | 10 | 11 | 12 | 13 | 14 | 15 | 16 | 17 | 18 | 19 | 20 |
|---|---|---|---|---|---|---|---|---|---|---|---|---|---|---|---|---|---|---|---|---|
| 1 | 4 052 | 4 999 | 5 403 | 5 625 | 5 764 | 5 859 | 5 928 | 5 981 | 6 022 | 6 056 | 6 083 | 6 106 | 6 126 | 6 143 | 6 157 | 6 170 | 6 181 | 6 192 | 6 201 | 6 209 |
| 2 | 98.5 | 99.0 | 99.2 | 99.2 | 99.3 | 99.3 | 99.4 | 99.4 | 99.4 | 99.4 | 99.4 | 99.4 | 99.4 | 99.4 | 99.4 | 99.4 | 99.4 | 99.4 | 99.4 | 99.4 |
| 3 | 34.1 | 30.8 | 29.5 | 28.7 | 28.2 | 27.9 | 27.7 | 27.5 | 27.3 | 27.2 | 27.1 | 27.1 | 27.0 | 26.9 | 26.9 | 26.8 | 26.8 | 26.8 | 26.7 | 26.7 |
| 4 | 21.2 | 18.0 | 16.7 | 16.0 | 15.5 | 15.2 | 15.0 | 14.8 | 14.7 | 14.5 | 14.5 | 14.4 | 14.3 | 14.2 | 14.2 | 14.2 | 14.1 | 14.1 | 14.0 | 14.0 |
| 5 | 16.3 | 13.3 | 12.1 | 11.4 | 11.0 | 10.7 | 10.5 | 10.3 | 10.2 | 10.1 | 9.96 | 9.89 | 9.82 | 9.77 | 9.72 | 9.68 | 9.64 | 9.61 | 9.58 | 9.55 |
| 6 | 13.7 | 10.9 | 9.78 | 9.15 | 8.75 | 8.47 | 8.26 | 8.10 | 7.98 | 7.87 | 7.79 | 7.72 | 7.66 | 7.60 | 7.56 | 7.52 | 7.48 | 7.45 | 7.42 | 7.40 |
| 7 | 12.2 | 9.55 | 8.45 | 7.85 | 7.46 | 7.19 | 6.99 | 6.84 | 6.72 | 6.62 | 6.54 | 6.47 | 6.41 | 6.36 | 6.31 | 6.28 | 6.24 | 6.21 | 6.18 | 6.16 |
| 8 | 11.3 | 8.6B | 7.59 | 7.01 | 6.63 | 6.37 | 6.18 | 6.03 | 5.91 | 5.81 | 5.73 | 5.67 | 5.61 | 5.56 | 5.52 | 5.48 | 5.44 | 5.41 | 5.38 | 5.36 |
| 9 | 10.6 | 8.02 | 6.99 | 6.42 | 6.06 | 5.80 | 5.61 | 5.47 | 5.35 | 5.26 | 5.18 | 5.11 | 5.05 | 5.01 | 4.96 | 4.92 | 4.89 | 4.86 | 4.83 | 4.81 |
| 10 | 10.0 | 7.56 | 6.55 | 5.99 | 5.64 | 5.39 | 5.20 | 5.06 | 4.94 | 4.85 | 4.77 | 4.71 | 4.65 | 4.60 | 4.56 | 4.52 | 4.49 | 4.46 | 4.43 | 4.41 |
| 11 | 9.65 | 7.21 | 6.22 | 5.67 | 5.32 | 5.07 | 4.89 | 4.74 | 4.63 | 4.54 | 4.46 | 4.40 | 4.34 | 4.29 | 4.25 | 4.21 | 4.18 | 4.15 | 4.12 | 4.10 |
| 12 | 9.33 | 6.93 | 5.95 | 5.41 | 5.06 | 4.82 | 4.64 | 4.50 | 4.39 | 4.30 | 4.22 | 4.16 | 4.10 | 4.05 | 4.01 | 3.97 | 3.94 | 3.91 | 3.88 | 3.86 |
| 13 | 9.07 | 6.70 | 5.74 | 5.21 | 4.86 | 4.62 | 4.44 | 4.30 | 4.19 | 4.10 | 4.02 | 3.96 | 3.91 | 3.86 | 3.82 | 3.78 | 3.75 | 3.72 | 3.69 | 3.66 |
| 14 | 8.86 | 6.51 | 5.56 | 5.04 | 4.69 | 4.46 | 4.28 | 4.14 | 4.03 | 3.94 | 3.86 | 3.80 | 3.75 | 3.70 | 3.66 | 3.62 | 3.59 | 3.56 | 3.53 | 3.51 |
| 15 | 8.68 | 6.36 | 5.42 | 4.89 | 4.56 | 4.32 | 4.14 | 4.00 | 3.89 | 3.80 | 3.73 | 3.67 | 3.61 | 3.56 | 3.52 | 3.49 | 3.45 | 3.42 | 3.40 | 3.37 |
| 16 | 8.53 | 6.23 | 5.29 | 4.77 | 4.44 | 4.20 | 4.03 | 3.89 | 3.78 | 3.69 | 3.62 | 3.55 | 3.50 | 3.45 | 3.41 | 3.37 | 3.34 | 3.31 | 3.28 | 3.26 |
| 17 | 8.40 | 6.11 | 5.18 | 4.67 | 4.34 | 4.10 | 3.93 | 3.79 | 3.68 | 3.59 | 3.52 | 3.46 | 3.40 | 3.35 | 3.31 | 3.27 | 3.24 | 3.21 | 3.19 | 3.16 |
| 分母自由度 18 | 8.29 | 6.01 | 5.09 | 4.58 | 4.25 | 4.01 | 3.84 | 3.71 | 3.60 | 3.51 | 3.43 | 3.37 | 3.32 | 3.27 | 3.23 | 3.19 | 3.16 | 3.13 | 3.10 | 3.08 |
| 19 | 8.18 | 5.93 | 5.01 | 4.50 | 4.17 | 3.94 | 3.77 | 3.63 | 3.52 | 3.43 | 3.36 | 3.30 | 3.24 | 3.19 | 3.15 | 3.12 | 3.08 | 3.05 | 3.03 | 3.00 |
| 20 | 8.10 | 5.85 | 4.94 | 4.43 | 4.10 | 3.87 | 3.70 | 3.56 | 3.46 | 3.37 | 3.29 | 3.23 | 3.18 | 3.13 | 3.09 | 3.05 | 3.02 | 2.99 | 2.96 | 2.94 |
| 22 | 7.95 | 5.72 | 4.82 | 4.31 | 3.99 | 3.76 | 3.59 | 3.45 | 3.35 | 3.26 | 3.18 | 3.12 | 3.07 | 3.02 | 2.98 | 2.94 | 2.91 | 2.88 | 2.85 | 2.83 |
| 24 | 7.82 | 5.61 | 4.72 | 4.22 | 3.90 | 3.67 | 3.50 | 3.36 | 3.26 | 3.17 | 3.09 | 3.03 | 2.98 | 2.93 | 2.89 | 2.85 | 2.82 | 2.79 | 2.76 | 2.74 |
| 26 | 7.72 | 5.53 | 4.64 | 4.14 | 3.82 | 3.59 | 3.42 | 3.29 | 3.18 | 3.09 | 3.02 | 2.96 | 2.90 | 2.86 | 2.81 | 2.78 | 2.75 | 2.72 | 2.69 | 2.66 |
| 28 | 7.64 | 5.45 | 4.57 | 4.07 | 3.75 | 3.53 | 3.36 | 3.23 | 3.12 | 3.03 | 2.96 | 2.90 | 2.84 | 2.79 | 2.75 | 2.72 | 2.68 | 2.65 | 2.63 | 2.60 |
| 30 | 7.56 | 5.39 | 4.51 | 4.02 | 3.70 | 3.47 | 3.30 | 3.17 | 3.07 | 2.98 | 2.91 | 2.84 | 2.79 | 2.74 | 2.70 | 2.66 | 2.63 | 2.60 | 2.57 | 2.fi5 |
| 35 | 7.42 | 5.27 | 4.40 | 3.91 | 3.59 | 3.37 | 3.20 | 3.07 | 2.96 | 2.88 | 2.80 | 2.74 | 2.69 | 2.64 | 2.60 | 2.56 | 2.53 | 2.50 | 2.47 | 2.44 |
| 40 | 7.31 | 5.18 | 4.31 | 3.83 | 3.51 | 3.29 | 3.12 | 2.99 | 2.89 | 2.80 | 2.73 | 2.66 | 2.61 | 2.56 | 2.52 | 2.48 | 2.45 | 2.42 | 2.39 | 2.37 |
| 45 | 7.23 | 5.11 | 4.25 | 3.77 | 3.45 | 3.23 | 3.07 | 2.94 | 2.83 | 2.74 | 2.67 | 2.61 | 2.55 | 2.51 | 2.46 | 2.43 | 2.39 | 2.36 | 2.34 | 2.31 |
| 50 | 7.17 | 5.06 | 4.20 | 3.72 | 3.41 | 3.19 | 3.02 | 2.89 | 2.78 | 2.70 | 2.63 | 2.56 | 2.51 | 2.46 | 2.42 | 2.38 | 2.35 | 2.32 | 2.29 | 2.27 |
| 60 | 7.08 | 4.98 | 4.13 | 3.65 | 3.34 | 3.12 | 2.95 | 2.82 | 2.72 | 2.63 | 2.56 | 2.50 | 2.44 | 2.39 | 2.35 | 2.31 | 2.28 | 2.25 | 2.22 | 2.20 |
| 70 | 7.01 | 4.92 | 4.07 | 3.60 | 3.29 | 3.07 | 2.91 | 2.78 | 2.67 | 2.59 | 2.51 | 2.45 | 2.40 | 2.35 | 2.31 | 2.27 | 2.23 | 2.20 | 2.18 | 2.15 |
| 80 | 6.96 | 4.88 | 4.04 | 3.56 | 3.26 | 3.04 | 2.87 | 2.74 | 2.64 | 2.55 | 2.48 | 2.42 | 2.36 | 2.31 | 2.27 | 2.23 | 2.20 | 2.17 | 2.14 | 2.12 |
| 90 | 6.93 | 4.85 | 4.01 | 3.53 | 3.23 | 3.01 | 2.84 | 2.72 | 2.61 | 2.52 | 2.45 | 2.39 | 2.33 | 2.29 | 2.24 | 2.21 | 2.17 | 2.14 | 2.11 | 2.09 |
| 100 | 6.90 | 4.82 | 3.98 | 3.51 | 3.21 | 2.99 | 2.82 | 2.69 | 2.59 | 2.50 | 2.43 | 2.37 | 2.31 | 2.27 | 2.22 | 2.19 | 2.15 | 2.12 | 2.09 | 2.07 |
| 120 | 6.85 | 4.79 | 3.95 | 3.48 | 3.17 | 2.96 | 2.79 | 2.66 | 2.56 | 2.47 | 2.40 | 2.34 | 2.28 | 2.23 | 2.19 | 2.15 | 2.12 | 2.09 | 2.06 | 2.03 |
| 140 | 6.82 | 4.76 | 3.92 | 3.46 | 3.15 | 2.93 | 2.77 | 2.64 | 2.54 | 2.45 | 2.38 | 2.31 | 2.26 | 2.21 | 2.17 | 2.13 | 2.10 | 2.07 | 2.04 | 2.01 |
| 160 | 6.80 | 4.74 | 3.91 | 3.44 | 3.13 | 2.92 | 2.75 | 2.62 | 2.52 | 2.43 | 2.36 | 2.30 | 2.24 | 2.20 | 2.15 | 2.11 | 2.08 | 2.05 | 2.02 | 1.99 |
| 180 | 6.78 | 4.73 | 3.89 | 3.43 | 3.12 | 2.90 | 2.74 | 2.61 | 2.51 | 2.42 | 2.35 | 2.28 | 2.23 | 2.18 | 2.14 | 2.10 | 2.07 | 2.04 | 2.01 | 1.98 |
| 200 | 6.76 | 4.71 | 3.88 | 3.41 | 3.11 | 2.89 | 2.73 | 2.60 | 2.50 | 2.41 | 2.34 | 2.27 | 2.22 | 2.17 | 2.13 | 2.09 | 2.06 | 2.03 | 2.00 | 1.97 |
| ∞ | 6.64 | 4.61 | 3.78 | 3.32 | 3.02 | 2.80 | 2.64 | 2.51 | 2.41 | 2.32 | 2.25 | 2.19 | 2.13 | 2.08 | 2.04 | 2.00 | 1.97 | 1.94 | 1.91 | 1.88 |

续前表

| 分母自由度 $v_2$ \ 分子自由度 $v_1$ | 22 | 24 | 26 | 28 | 30 | 35 | 40 | 45 | 50 | 60 | 70 | 80 | 90 | 100 | 120 | 140 | 160 | 180 | 200 | ∞ |
|---|---|---|---|---|---|---|---|---|---|---|---|---|---|---|---|---|---|---|---|---|
| 1 | 622 3 | 623 5 | 624 5 | 625 3 | 626 1 | 627 6 | 628 7 | 629 6 | 630 3 | 631 3 | 632 1 | 632 6 | 633 1 | 633 4 | 633 9 | 634 3 | 634 6 | 634 8 | 635 0 | 636 6 |
| 2 | 99.5 | 99.5 | 99.5 | 99.5 | 99.5 | 99.5 | 99.5 | 99.5 | 99.5 | 99.5 | 99.5 | 99.5 | 99.5 | 99.5 | 99.5 | 99.5 | 99.5 | 99.5 | 99.5 | 99.5 |
| 3 | 26.6 | 26.6 | 26.6 | 26.5 | 26.5 | 26.5 | 26.4 | 26.4 | 26.4 | 26.3 | 26.3 | 26.3 | 26.3 | 26.2 | 26.2 | 26.2 | 26.2 | 26.2 | 26.2 | 26.1 |
| 4 | 14.0 | 13.9 | 13.9 | 13.9 | 13.8 | 13.8 | 13.7 | 13.7 | t3.7 | 13.7 | 13.6 | 13.6 | 13.6 | 13.6 | 13.6 | 13.5 | 13.5 | 13.5 | 13.5 | 13.5 |
| 5 | 9.51 | 9.47 | 9.43 | 9.40 | 9.38 | 9.33 | 9.29 | 9.26 | 9.24 | 9.20 | 9.18 | 9.16 | 9.14 | 9.13 | 9.11 | 9.10 | 9.09 | 9.08 | 9.08 | 9.02 |
| 6 | 7.35 | 7.31 | 7.28 | 7.25 | 7.23 | 7.18 | 7.14 | 7.11 | 7.09 | 7.06 | 7.03 | 7.01 | 7.00 | 6.99 | 6.97 | 6.96 | 6.95 | 6.94 | 6.93 | 6.88 |
| 7 | 6.11 | 6.07 | 6.04 | 6.02 | 5.99 | 5.94 | 5.91 | 5.88 | 5.86 | 5.82 | 5.80 | 5.78 | 5.77 | 5.75 | 5.74 | 5.72 | 5.72 | 5.71 | 5.70 | 5.65 |
| 8 | 5.32 | 5.28 | 5.25 | 5.22 | 5.20 | 5.15 | 5.12 | 5.09 | 5.07 | 5.03 | 5.01 | 4.99 | 4.97 | 4.96 | 4.95 | 4.93 | 4.92 | 4.92 | 4.91 | 4.86 |
| 9 | 4.77 | 4.73 | 4.70 | 4.67 | 4.65 | 4.60 | 4.57 | 4.54 | 4.52 | 4.48 | 4.46 | 4.44 | 4.43 | 4.41 | 4.40 | 4.39 | 4.38 | 4.37 | 4.36 | 4.31 |
| 10 | 4.36 | 4.33 | 4.30 | 4.27 | 4.25 | 4.20 | 4.17 | 4.14 | 4.12 | 4.08 | 4.06 | 4.04 | 4.03 | 4.01 | 4.00 | 3.98 | 3.97 | 3.97 | 3.96 | 3.91 |
| 11 | 4.06 | 4.02 | 3.99 | 3.96 | 3.94 | 3.89 | 3.86 | 3.83 | 3.81 | 3.78 | 3.75 | 3.73 | 3.72 | 3.71 | 3.69 | 3.68 | 3.67 | 3.66 | 3.66 | 3.60 |
| 12 | 3.82 | 3.78 | 3.75 | 3.72 | 3.70 | 3.65 | 3.62 | 3.59 | 3.57 | 3.54 | 3.51 | 3.49 | 3.48 | 3.47 | 3.45 | 3.44 | 3.43 | 3.42 | 3.41 | 3.36 |
| 13 | 3.62 | 3.59 | 3.56 | 3.53 | 3.51 | 3.46 | 3.43 | 3.40 | 3.38 | 3.34 | 3.32 | 3.30 | 3.28 | 3.27 | 3.25 | 3.24 | 3.23 | 3.23 | 3.22 | 3.17 |
| 14 | 3.46 | 3.43 | 3.40 | 3.37 | 3.35 | 3.30 | 3.27 | 3.24 | 3.22 | 3.18 | 3.16 | 3.14 | 3.12 | 3.11 | 3.09 | 3.08 | 3.07 | 3.06 | 3.06 | 3.01 |
| 15 | 3.33 | 3.29 | 3.26 | 3.24 | 3.21 | 3.17 | 3.13 | 3.10 | 3.08 | 3.05 | 3.02 | 3.00 | 2.99 | 2.98 | 2.96 | 2.95 | 2.94 | 2.93 | 2.92 | 2.87 |
| 16 | 3.22 | 3.18 | 3.15 | 3.12 | 3.10 | 3.05 | 3.02 | 2.99 | 2.97 | 2.93 | 2.91 | 2.89 | 2.87 | 2.86 | 2.84 | 2.83 | 2.82 | 2.81 | 2.81 | 2.75 |
| 17 | 3.12 | 3.08 | 3.05 | 3.03 | 3.00 | 2.96 | 2.92 | 2.89 | 2.87 | 2.83 | 2.81 | 2.79 | 2.78 | 2.76 | 2.75 | 2.73 | 2.72 | 2.72 | 2.71 | 2.65 |
| 18 | 3.03 | 3.00 | 2.97 | 2.94 | 2.92 | 2.87 | 2.84 | 2.81 | 2.78 | 2.75 | 2.72 | 2.70 | 2.69 | 2.68 | 2.66 | 2.65 | 2.64 | 2.63 | 2.62 | 2.57 |
| 19 | 2.96 | 2.92 | 2.89 | 2.87 | 2.84 | 2.80 | 2.76 | 2.73 | 2.71 | 2.67 | 2.65 | 2.63 | 2.61 | 2.60 | 2.58 | 2.57 | 2.56 | 2.55 | 2.55 | 2.49 |
| 20 | 2.90 | 2.86 | 2.83 | 2.80 | 2.78 | 2.73 | 2.69 | 2.67 | 2.64 | 2.61 | 2.58 | 2.56 | 2.55 | 2.54 | 2.52 | 2.50 | 2.49 | 2.49 | 2.48 | 2.42 |
| 22 | 2.78 | 2.75 | 2.72 | 2.69 | 2.67 | 2.62 | 2.58 | 2.55 | 2.53 | 2.50 | 2.47 | 2.45 | 2.43 | 2.42 | 2.40 | 2.39 | 2.38 | 2.37 | 2.36 | 2.31 |
| 24 | 2.70 | 2.66 | 2.63 | 2.60 | 2.58 | 2.53 | 2.49 | 2.46 | 2.44 | 2.40 | 2.38 | 2.36 | 2.34 | 2.33 | 2.31 | 2.30 | 2.29 | 2.28 | 2.27 | 2.21 |
| 26 | 2.62 | 2.58 | 2.55 | 2.53 | 2.50 | 2.45 | 2.42 | 2.39 | 2.36 | 2.33 | 2.30 | 2.28 | 2.26 | 2.25 | 2.23 | 2.22 | 2.21 | 2.20 | 2.19 | 2.13 |
| 28 | 2.56 | 2.52 | 2.49 | 2.46 | 2.44 | 2.39 | 2.35 | 2.32 | 2.30 | 2.26 | 2.24 | 2.22 | 2.20 | 2.19 | 2.17 | 2.15 | 2.14 | 2.13 | 2.13 | 2.07 |
| 30 | 2.51 | 2.47 | 2.44 | 2.41 | 2.39 | 2.34 | 2.30 | 2.27 | 2.25 | 2.21 | 2.18 | 2.16 | 2.14 | 2.13 | 2.11 | 2.10 | 2.09 | 2.08 | 2.07 | 2.01 |
| 35 | 2.40 | 2.36 | 2.33 | 2.30 | 2.28 | 2.23 | 2.19 | 2.16 | 2.14 | 2.10 | 2.07 | 2.05 | 2.03 | 2.02 | 2.00 | 1.98 | 1.97 | 1.96 | 1.96 | 1.89 |
| 40 | 2.33 | 2.29 | 2.26 | 2.23 | 2.20 | 2.15 | 2.11 | 2.08 | 2.06 | 2.02 | 1.99 | 1.97 | 1.95 | 1.94 | 1.92 | 1.90 | 1.89 | 1.88 | 1.87 | 1.81 |
| 45 | 2.27 | 2.23 | 2.20 | 2.17 | 2.14 | 2.09 | 2.05 | 2.02 | 2.00 | 1.96 | 1.93 | 1.91 | 1.89 | 1.88 | 1.85 | 1.84 | 1.83 | 1.82 | 1.81 | 1.74 |
| 50 | 2.22 | 2.18 | 2.15 | 2.12 | 2.10 | 2.05 | 2.01 | 1.97 | 1.95 | 1.91 | 1.88 | 1.86 | 1.84 | 1.82 | 1.80 | 1.79 | 1.77 | 1.76 | 1.76 | 1.68 |
| 60 | 2.15 | 2.12 | 2.08 | 2.05 | 2.03 | 1.98 | 1.94 | 1.90 | 1.88 | 1.84 | 1.81 | 1.78 | 1.76 | 1.75 | 1.73 | 1.71 | 1.70 | 1.69 | 1.68 | 1.60 |
| 70 | 2.11 | 2.07 | 2.03 | 2.01 | 1.98 | 1.93 | 1.89 | 1.85 | 1.83 | 1.78 | 1.75 | 1.73 | 1.71 | 1.70 | 1.67 | 1.65 | 1.64 | 1.63 | 1.62 | 1.54 |
| 80 | 2.07 | 2.03 | 2.00 | 1.97 | 1.94 | 1.89 | 1.85 | 1.82 | 1.79 | 1.75 | 1.71 | 1.69 | 1.67 | 1.65 | 1.63 | 1.61 | 1.60 | 1.59 | 1.58 | 1.50 |
| 90 | 2.04 | 2.00 | 1.97 | 1.94 | 1.92 | 1.86 | 1.82 | 1.79 | 1.76 | 1.72 | 1.68 | 1.66 | 1.64 | 1.62 | 1.60 | 1.58 | 1.57 | 1.55 | 1.55 | 1.46 |
| 100 | 2.02 | 1.98 | 1.95 | 1.92 | 1.89 | 1.84 | 1.80 | 1.76 | 1.74 | 1.69 | 1.66 | 1.63 | 1.61 | 1.60 | 1.57 | 1.55 | 1.54 | 1.53 | 1.52 | 1.43 |
| 120 | 1.99 | 1.95 | 1.92 | 1.89 | 1.86 | 1.81 | 1.76 | 1.73 | 1.70 | 1.66 | 1.62 | 1.60 | 1.58 | 1.56 | 1.53 | 1.51 | 1.50 | 1.49 | 1.48 | 1.38 |
| 140 | 1.97 | 1.93 | 1.89 | 1.86 | 1.84 | 1.78 | 1.74 | 1.70 | 1.67 | 1.63 | 1.60 | 1.57 | 1.55 | 1.53 | 1.50 | 1.48 | 1.47 | 1.46 | 1.45 | 1.35 |
| 160 | 1.95 | 1.91 | 1.88 | 1.85 | 1.82 | 1.76 | 1.72 | 1.68 | 1.66 | 1.61 | 1.58 | 1.55 | 1.53 | 1.51 | 1.48 | 1.46 | 1.45 | 1.43 | 1.42 | 1.32 |
| 180 | 1.94 | 1.90 | 1.86 | 1.83 | 1.81 | 1.75 | 1.71 | 1.67 | 1.64 | 1.60 | 1.56 | 1.53 | 1.51 | 1.49 | 1.47 | 1.45 | 1.43 | 1.42 | 1.41 | 1.30 |
| 200 | 1.93 | 1.89 | 1.85 | 1.82 | 1.79 | 1.74 | 1.69 | 1.66 | 1.63 | 1.58 | 1.55 | 1.52 | 1.50 | 1.48 | 1.45 | 1.43 | 1.42 | 1.40 | 1.39 | 1.28 |
| ∞ | 1.83 | 1.79 | 1.76 | 1.73 | 1.70 | 1.64 | 1.59 | 1.56 | 1.53 | 1.48 | 1.44 | 1.41 | 1.38 | 1.36 | 1.33 | 1.30 | 1.28 | 1.26 | 1.25 | 1.00 |

表 6(d)

# F 分布临界值，A=0.005

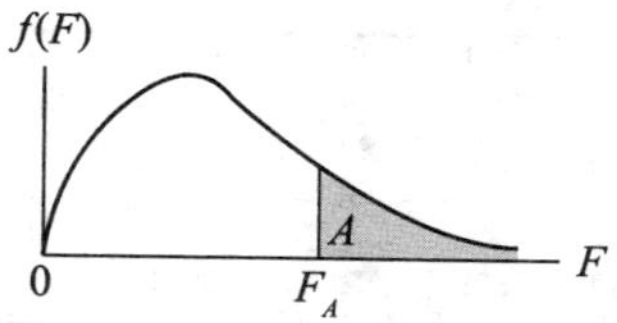


| $v_2$ \ $v_1$ 分子自由度 | 1 | 2 | 3 | 4 | 5 | 6 | 7 | 8 | 9 | 10 | 11 | 12 | 13 | 14 | 15 | 16 | 17 | 18 | 19 | 20 |
|---|---|---|---|---|---|---|---|---|---|---|---|---|---|---|---|---|---|---|---|---|
| 1 | 16 211 | 19 999 | 21 615 | 22 500 | 23 056 | 23 437 | 23 715 | 23 925 | 24 091 | 24 224 | 24 334 | 24 426 | 24 505 | 24 572 | 24 630 | 24 681 | 24 727 | 24 767 | 24 803 | 24 836 |
| 2 | 199 | 199 | 199 | 199 | 199 | 199 | 199 | 199 | 199 | 199 | 199 | 199 | 199 | 199 | 199 | 199 | 199 | 199 | 199 | 199 |
| 3 | 55.6 | 49.8 | 47.5 | 46.2 | 45.4 | 44.8 | 44.4 | 44.1 | 43.9 | 43.7 | 43.5 | 43.4 | 43.3 | 43.2 | 43.1 | 43.0 | 42.9 | 42.9 | 42.8 | 42.8 |
| 4 | 31.3 | 26.3 | 24.3 | 23.2 | 22.5 | 22.0 | 21.6 | 21.4 | 21.1 | 21.0 | 20.8 | 20.7 | 20.6 | 20.5 | 20.4 | 20.4 | 20.3 | 20.3 | 20.2 | 20.2 |
| 5 | 22.8 | 18.3 | 16.5 | 15.6 | 14.9 | 14.5 | 14.2 | 14.0 | 13.8 | 13.6 | 13.5 | 13.4 | 13.3 | 13.2 | 13.1 | 13.1 | 13.0 | 13.0 | 12.9 | 12.9 |
| 6 | 18.6 | 14.5 | 12.9 | 12.0 | 11.5 | 11.1 | 10.8 | 10.6 | 10.4 | 10.3 | 10.1 | 10.0 | 9.95 | 9.88 | 9.81 | 9.76 | 9.71 | 9.66 | 9.62 | 9.59 |
| 7 | 16.2 | 12.4 | 10.9 | 10.1 | 9.52 | 9.16 | 8.89 | 8.68 | 8.51 | 8.38 | 8.27 | 8.18 | 8.10 | 8.03 | 7.97 | 7.91 | 7.87 | 7.83 | 7.79 | 7.75 |
| 8 | 14.7 | 11.0 | 9.60 | 8.81 | 8.30 | 7.95 | 7.69 | 7.50 | 7.34 | 7.21 | 7.10 | 7.01 | 6.94 | 6.87 | 6.81 | 6.76 | 6.72 | 6.68 | 6.64 | 6.61 |
| 9 | 13.6 | 10.1 | 8.72 | 7.96 | 7.47 | 7.13 | 6.88 | 6.69 | 6.54 | 6.42 | 6.31 | 6.23 | 6.15 | 6.09 | 6.03 | 5.98 | 5.94 | 5.90 | 5.86 | 5.83 |
| 10 | 12.8 | 9.43 | 8.08 | 7.34 | 6.87 | 6.54 | 6.30 | 6.12 | 5.97 | 5.85 | 5.75 | 5.66 | 5.59 | 5.53 | 5.47 | 5.42 | 5.38 | 5.34 | 5.31 | 5.27 |
| 11 | 12.2 | 8.91 | 7.60 | 6.88 | 6.42 | 6.10 | 5.86 | 5.68 | 5.54 | 5.42 | 5.32 | 5.24 | 5.16 | 5.10 | 5.05 | 5.00 | 4.96 | 4.92 | 4.89 | 4.86 |
| 12 | 11.8 | 8.51 | 7.23 | 6.52 | 6.07 | 5.76 | 5.52 | 5.35 | 5.20 | 5.09 | 4.99 | 4.91 | 4.84 | 4.77 | 4.72 | 4.67 | 4.63 | 4.59 | 4.56 | 4.53 |
| 13 | 11.4 | 8.19 | 6.93 | 6.23 | 5.79 | 5.48 | 5.25 | 5.08 | 4.94 | 4.82 | 4.72 | 4.64 | 4.57 | 4.51 | 4.46 | 4.41 | 4.37 | 4.33 | 4.30 | 4.27 |
| 14 | 11.1 | 7.92 | 6.68 | 6.00 | 5.56 | 5.26 | 5.03 | 4.86 | 4.72 | 4.60 | 4.51 | 4.43 | 4.36 | 4.30 | 4.25 | 4.20 | 4.16 | 4.12 | 4.09 | 4.06 |
| 15 | 10.8 | 7.70 | 6.48 | 5.80 | 5.37 | 5.07 | 4.85 | 4.67 | 4.54 | 4.42 | 4.33 | 4.25 | 4.18 | 4.12 | 4.07 | 4.02 | 3.98 | 3.95 | 3.91 | 3.88 |
| 16 | 10.6 | 7.51 | 6.30 | 5.64 | 5.21 | 4.91 | 4.69 | 4.52 | 4.38 | 4.27 | 4.18 | 4.10 | 4.03 | 3.97 | 3.92 | 3.87 | 3.83 | 3.80 | 3.75 | 3.73 |
| 17 | 10.4 | 7.35 | 6.16 | 5.50 | 5.07 | 4.78 | 4.56 | 4.39 | 4.25 | 4.14 | 4.05 | 3.97 | 3.90 | 3.84 | 3.79 | 3.75 | 3.71 | 3.67 | 3.64 | 3.61 |
| 分母自由度 18 | 10.2 | 7.21 | 6.03 | 5.37 | 4.96 | 4.66 | 4.44 | 4.28 | 4.14 | 4.03 | 3.94 | 3.86 | 3.79 | 3.73 | 3.68 | 3.64 | 3.60 | 3.56 | 3.53 | 3.50 |
| 19 | 10.1 | 7.09 | 5.92 | 5.27 | 4.85 | 4.56 | 4.34 | 4.18 | 4.04 | 3.93 | 3.84 | 3.76 | 3.70 | 3.64 | 3.59 | 3.54 | 3.50 | 3.46 | 3.43 | 3.40 |
| 20 | 9.94 | 6.99 | 5.82 | 5.17 | 4.76 | 4.47 | 4.26 | 4.09 | 3.96 | 3.85 | 3.76 | 3.68 | 3.61 | 3.55 | 3.50 | 3.46 | 3.42 | 3.38 | 3.35 | 3.32 |
| 22 | 9.73 | 6.81 | 5.65 | 5.02 | 4.61 | 4.32 | 4.11 | 3.94 | 3.81 | 3.70 | 3.61 | 3.54 | 3.47 | 3.41 | 3.36 | 3.31 | 3.27 | 3.24 | 3.21 | 3.18 |
| 24 | 9.55 | 6.66 | 5.52 | 4.89 | 4.49 | 4.20 | 3.99 | 3.83 | 3.69 | 3.59 | 3.50 | 3.42 | 3.35 | 3.30 | 3.25 | 3.20 | 3.16 | 3.12 | 3.09 | 3.06 |
| 26 | 9.41 | 6.54 | 5.41 | 4.79 | 4.38 | 4.10 | 3.89 | 3.73 | 3.60 | 3.49 | 3.40 | 3.33 | 3.26 | 3.20 | 3.15 | 3.11 | 3.07 | 3.03 | 3.00 | 2.97 |
| 28 | 9.28 | 6.44 | 5.32 | 4.70 | 4.30 | 4.02 | 3.81 | 3.65 | 3.52 | 3.41 | 3.32 | 3.25 | 3.18 | 3.12 | 3.07 | 3.03 | 2.99 | 2.95 | 2.92 | 2.89 |
| 30 | 9.18 | 6.35 | 5.24 | 4.62 | 4.23 | 3.95 | 3.74 | 3.58 | 3.45 | 3.34 | 3.25 | 3.18 | 3.11 | 3.06 | 3.01 | 2.96 | 2.92 | 2.89 | 2.85 | 2.82 |
| 35 | 8.98 | 6.19 | 5.09 | 4.48 | 4.09 | 3.81 | 3.61 | 3.45 | 3.32 | 3.21 | 3.12 | 3.05 | 2.98 | 2.93 | 2.88 | 2.83 | 2.79 | 2.76 | 2.72 | 2.69 |
| 40 | 8.83 | 6.07 | 4.98 | 4.37 | 3.99 | 3.71 | 3.51 | 3.35 | 3.22 | 3.12 | 3.03 | 2.95 | 2.89 | 2.83 | 2.78 | 2.74 | 2.70 | 2.66 | 2.63 | 2.60 |
| 45 | 8.71 | 5.97 | 4.89 | 4.29 | 3.91 | 3.64 | 3.43 | 3.28 | 3.15 | 3.04 | 2.96 | 2.88 | 2.82 | 2.76 | 2.71 | 2.66 | 2.62 | 2.59 | 2.56 | 2.53 |
| 50 | 8.63 | 5.90 | 4.83 | 4.23 | 3.85 | 3.58 | 3.38 | 3.22 | 3.09 | 2.99 | 2.90 | 2.82 | 2.76 | 2.70 | 2.65 | 2.61 | 2.57 | 2.53 | 2.50 | 2.47 |
| 60 | 8.49 | 5.79 | 4.73 | 4.14 | 3.76 | 3.49 | 3.29 | 3.13 | 3.01 | 2.90 | 2.82 | 2.74 | 2.68 | 2.62 | 2.57 | 2.53 | 2.49 | 2.45 | 2.42 | 2.39 |
| 70 | 8.40 | 5.72 | 4.66 | 4.08 | 3.70 | 3.43 | 3.23 | 3.08 | 2.95 | 2.85 | 2.76 | 2.68 | 2.62 | 2.56 | 2.51 | 2.47 | 2.43 | 2.39 | 2.36 | 2.33 |
| 80 | 8.33 | 5.67 | 4.61 | 4.03 | 3.65 | 3.39 | 3.19 | 3.03 | 2.91 | 2.80 | 2.72 | 2.64 | 2.58 | 2.52 | 2.47 | 2.43 | 2.39 | 2.35 | 2.32 | 2.29 |
| 90 | 8.28 | 5.62 | 4.57 | 3.99 | 3.62 | 3.35 | 3.15 | 3.00 | 2.87 | 2.77 | 2.68 | 2.61 | 2.54 | 2.49 | 2.44 | 2.39 | 2.35 | 2.32 | 2.28 | 2.25 |
| 100 | 8.24 | 5.59 | 4.54 | 3.96 | 3.59 | 3.33 | 3.13 | 2.97 | 2.85 | 2.74 | 2.66 | 2.58 | 2.52 | 2.46 | 2.41 | 2.37 | 2.33 | 2.29 | 2.26 | 2.23 |
| 120 | 8.18 | 5.54 | 4.50 | 3.92 | 3.55 | 3.28 | 3.09 | 2.93 | 2.81 | 2.71 | 2.62 | 2.54 | 2.48 | 2.42 | 2.37 | 2.33 | 2.29 | 2.25 | 2.22 | 2.19 |
| 140 | 8.14 | 5.50 | 4.47 | 3.89 | 3.52 | 3.26 | 3.06 | 2.91 | 2.78 | 2.68 | 2.59 | 2.52 | 2.45 | 2.40 | 2.35 | 2.30 | 2.26 | 2.22 | 2.19 | 2.16 |
| 160 | 8.10 | 5.48 | 4.44 | 3.87 | 3.50 | 3.24 | 3.04 | 2.88 | 2.76 | 2.66 | 2.57 | 2.50 | 2.43 | 2.38 | 2.33 | 2.28 | 2.24 | 2.20 | 2.17 | 2.14 |
| 180 | 8.08 | 5.46 | 4.42 | 3.85 | 3.48 | 3.22 | 3.02 | 2.87 | 2.74 | 2.64 | 2.56 | 2.48 | 2.42 | 2.36 | 2.31 | 2.26 | 2.22 | 2.19 | 2.15 | 2.12 |
| 200 | 8.06 | 5.44 | 4.41 | 3.84 | 3.47 | 3.21 | 3.01 | 2.86 | 2.73 | 2.63 | 2.54 | 2.47 | 2.40 | 2.35 | 2.30 | 2.25 | 2.21 | 2.18 | 2.14 | 2.11 |
| ∞ | 7.88 | 5.30 | 4.28 | 3.72 | 3.35 | 3.09 | 2.90 | 2.75 | 2.62 | 2.52 | 2.43 | 2.36 | 2.30 | 2.24 | 2.19 | 2.14 | 2.10 | 2.07 | 2.03 | 2.00 |

续前表

| $v_2$ \ $v_1$ | 分子自由度 | | | | | | | | | | | | | | | | | | | |
|---|---|---|---|---|---|---|---|---|---|---|---|---|---|---|---|---|---|---|---|---|
| 分母自由度 | 22 | 24 | 26 | 28 | 30 | 35 | 40 | 45 | 50 | 60 | 70 | 80 | 90 | 100 | 120 | 140 | 160 | 180 | 200 | ∞ |
| 1 | 24 892 | 24 940 | 24 980 | 25 014 | 25 044 | 25 103 | 25 148 | 25 183 | 25 211 | 25 253 | 25 283 | 25 306 | 25 323 | 25 337 | 25 359 | 25 374 | 25 385 | 25 394 | 25 401 | 25 464 |
| 2 | 199 | 199 | 199 | 199 | 199 | 199 | 199 | 199 | 199 | 199 | 199 | 199 | 199 | 199 | 199 | 199 | 199 | 199 | 199 | 199 |
| 3 | 42.7 | 42.6 | 42.6 | 42.5 | 42.5 | 42.4 | 42.3 | 42.3 | 42.2 | 42.1 | 42.1 | 42.1 | 42.0 | 42.0 | 42.0 | 42.0 | 41.9 | 41.9 | 41.9 | 41.8 |
| 4 | 20.1 | 20.0 | 20.0 | 19.9 | 19.9 | 19.8 | 19.8 | 19.7 | 19.7 | 19.6 | 19.6 | 19.5 | 19.5 | 19.5 | 19.5 | 19.4 | 19.4 | 19.4 | 19.4 | 19.3 |
| 5 | 12.8 | 12.8 | 12.7 | 12.7 | 12.7 | 12.6 | 12.5 | 12.5 | 12.5 | 12.4 | 12.4 | 12.3 | 12.3 | 12.3 | 12.3 | 12.3 | 12.2 | 12.2 | 12.2 | 12.1 |
| 6 | 9.53 | 9.47 | 9.43 | 9.39 | 9.36 | 9.29 | 9.24 | 9.20 | 9.17 | 9.12 | 9.09 | 9.06 | 9.04 | 9.03 | 9.00 | 8.98 | 8.97 | 8.96 | 8.95 | 8.88 |
| 7 | 7.69 | 7.64 | 7.60 | 7.57 | 7.53 | 7.47 | 7.42 | 7.38 | 7.35 | 7.31 | 7.28 | 7.25 | 7.23 | 7.22 | 7.19 | 7.18 | 7.16 | 7.15 | 7.15 | 7.08 |
| B | 6.55 | 6.50 | 6.46 | 6.43 | 6.40 | 6.33 | 6.29 | 6.25 | 6.22 | 6.18 | 6.15 | 6.12 | 6.10 | 6.09 | 6.06 | 6.05 | 6.04 | 6.03 | 6.02 | 5.95 |
| 9 | 5.78 | 5.73 | 5.69 | 5.65 | 5.62 | 5.56 | 5.52 | 5.48 | 5.45 | 5.41 | 5.38 | 5.36 | 5.34 | 5.32 | 5.30 | 5.28 | 5.27 | 5.26 | 5.26 | 5.19 |
| 10 | 5.22 | 5.17 | 5.13 | 5.10 | 5.07 | 5.01 | 4.97 | 4.93 | 4.90 | 4.86 | 4.83 | 4.80 | 4.79 | 4.77 | 4.75 | 4.73 | 4.72 | 4.71 | 4.71 | 4.64 |
| 11 | 4.80 | 4.76 | 4.72 | 4.68 | 4.65 | 4.60 | 4.55 | 4.52 | 4.49 | 4.45 | 4.41 | 4.39 | 4.37 | 4.36 | 4.34 | 4.32 | 4.31 | 4.30 | 4.29 | 4.23 |
| 12 | 4.48 | 4.43 | 4.39 | 4.36 | 4.33 | 4.27 | 4.23 | 4.19 | 4.17 | 4.12 | 4.09 | 4.07 | 4.05 | 4.04 | 4.01 | 4.00 | 3.99 | 3.98 | 3.97 | 3.91 |
| 13 | 4.22 | 4.17 | 4.13 | 4.10 | 4.07 | 4.01 | 3.97 | 3.94 | 3.91 | 3.87 | 3.84 | 3.81 | 3.79 | 3.78 | 3.76 | 3.74 | 3.73 | 3.72 | 3.71 | 3.65 |
| 14 | 4.01 | 3.96 | 3.92 | 3.89 | 3.86 | 3.80 | 3.76 | 3.73 | 3.70 | 3.66 | 3.62 | 3.60 | 3.58 | 3.57 | 3.55 | 3.53 | 3.52 | 3.51 | 3.50 | 3.44 |
| 15 | 3.83 | 3.79 | 3.75 | 3.72 | 3.69 | 3.63 | 3.58 | 3.55 | 3.52 | 3.48 | 3.45 | 3.43 | 3.41 | 3.39 | 3.37 | 3.36 | 3.34 | 3.34 | 3.33 | 3.26 |
| 16 | 3.68 | 3.64 | 3.60 | 3.57 | 3.54 | 3.48 | 3.44 | 3.40 | 3.37 | 3.33 | 3.30 | 3.28 | 3.26 | 3.25 | 3.22 | 3.21 | 3.20 | 3.19 | 3.18 | 3.11 |
| 17 | 3.56 | 3.51 | 3.47 | 3.44 | 3.41 | 3.35 | 3.31 | 3.28 | 3.25 | 3.21 | 3.18 | 3.15 | 3.13 | 3.12 | 3.10 | 3.08 | 3.07 | 3.06 | 3.05 | 2.99 |
| lB | 3.45 | 3.40 | 3.36 | 3.33 | 3.30 | 3.25 | 3.20 | 3.17 | 3.14 | 3.10 | 3.07 | 3.04 | 3.02 | 3.01 | 2.99 | 2.97 | 2.96 | 2.95 | 2.94 | 2.87 |
| 19 | 3.35 | 3.31 | 3.27 | 3.24 | 3.21 | 3.15 | 3.11 | 3.07 | 3.04 | 3.00 | 2.97 | 2.95 | 2.93 | 2.91 | 2.89 | 2.87 | 2.86 | 2.85 | 2.85 | 2.78 |
| 20 | 3.27 | 3.22 | 3.18 | 3.15 | 3.12 | 3.07 | 3.02 | 2.99 | 2.96 | 2.92 | 2.88 | 2.86 | 2.84 | 2.83 | 2.81 | 2.79 | 2.78 | 2.77 | 2.76 | 2.69 |
| 22 | 3.12 | 3.08 | 3.04 | 3.01 | 2.98 | 2.92 | 2.88 | 2.84 | 2.82 | 2.77 | 2.74 | 2.72 | 2.70 | 2.69 | 2.66 | 2.65 | 2.63 | 2.62 | 2.62 | 2.55 |
| 24 | 3.01 | 2.97 | 2.93 | 2.90 | 2.87 | 2.81 | 2.77 | 2.73 | 2.70 | 2.66 | 2.63 | 2.60 | 2.58 | 2.57 | 2.55 | 2.53 | 2.52 | 2.51 | 2.50 | 2.43 |
| 26 | 2.92 | 2.87 | 2.84 | 2.80 | 2.77 | 2.72 | 2.67 | 2.64 | 2.61 | 2.56 | 2.53 | 2.51 | 2.49 | 2.47 | 2.45 | 2.43 | 2.42 | 2.41 | 2.40 | 2.33 |
| 28 | 2.84 | 2.79 | 2.76 | 2.72 | 2.69 | 2.64 | 2.59 | 2.56 | 2.53 | 2.48 | 2.45 | 2.43 | 2.41 | 2.39 | 2.37 | 2.35 | 2.34 | 2.33 | 2.32 | 2.25 |
| 30 | 2.77 | 2.73 | 2.69 | 2.66 | 2.63 | 2.57 | 2.52 | 2.49 | 2.46 | 2.42 | 2.38 | 2.36 | 2.34 | 2.32 | 2.30 | 2.28 | 2.27 | 2.26 | 2.25 | 2.18 |
| 35 | 2.64 | 2.60 | 2.56 | 2.53 | 2.50 | 2.44 | 2.39 | 2.36 | 2.33 | 2.28 | 2.25 | 2.22 | 2.20 | 2.19 | 2.16 | 2.15 | 2.13 | 2.12 | 2.11 | 2.04 |
| 40 | 2.55 | 2.50 | 2.46 | 2.43 | 2.40 | 2.34 | 2.30 | 2.26 | 2.23 | 2.18 | 2.15 | 2.12 | 2.10 | 2.09 | 2.06 | 2.05 | 2.03 | 2.02 | 2.01 | 1.93 |
| 45 | 2.47 | 2.43 | 2.39 | 2.36 | 2.33 | 2.27 | 2.22 | 2.19 | 2.16 | 2.11 | 2.08 | 2.05 | 2.03 | 2.01 | 1.99 | 1.97 | 1.95 | 1.94 | 1.93 | 1.85 |
| 50 | 2.42 | 2.37 | 2.33 | 2.30 | 2.27 | 2.21 | 2.16 | 2.13 | 2.10 | 2.05 | 2.02 | 1.99 | 1.97 | 1.95 | 1.93 | 1.91 | 1.89 | 1.88 | 1.87 | 1.79 |
| 60 | 2.33 | 2.29 | 2.25 | 2.22 | 2.19 | 2.13 | 2.08 | 2.04 | 2.01 | 1.96 | 1.93 | 1.90 | 1.88 | 1.86 | 1.83 | 1.81 | 1.80 | 1.79 | 1.78 | 1.69 |
| 70 | 2.28 | 2.23 | 2.19 | 2.16 | 2.13 | 2.07 | 2.02 | 1.98 | 1.95 | 1.90 | 1.86 | 1.84 | 1.81 | 1.80 | 1.77 | 1.75 | 1.73 | 1.72 | 1.71 | 1.62 |
| 80 | 2.23 | 2.19 | 2.15 | 2.11 | 2.08 | 2.02 | 1.97 | 1.94 | 1.90 | 1.85 | 1.82 | 1.79 | 1.77 | 1.75 | 1.72 | 1.70 | 1.68 | 1.67 | 1.66 | 1.57 |
| 90 | 2.20 | 2.15 | 2.12 | 2.08 | 2.05 | 1.99 | 1.94 | 1.90 | 1.87 | 1.82 | 1.78 | 1.75 | 1.73 | 1.71 | 1.68 | 1.66 | 1.64 | 1.63 | 1.62 | 1.52 |
| 100 | 2.17 | 2.13 | 2.09 | 2.05 | 2.02 | 1.96 | 1.91 | 1.87 | 1.84 | 1.79 | 1.75 | 1.72 | 1.70 | 1.68 | 1.65 | 1.63 | 1.61 | 1.60 | 1.59 | 1.49 |
| 120 | 2.13 | 2.09 | 2.05 | 2.01 | 1.98 | 1.92 | 1.87 | 1.83 | 1.80 | 1.75 | 1.71 | 1.68 | 1.66 | 1.64 | 1.61 | 1.58 | 1.57 | 1.55 | 1.54 | 1.43 |
| 140 | 2.11 | 2.06 | 2.02 | 1.99 | 1.96 | 1.89 | 1.84 | 1.80 | 1.77 | 1.72 | 1.68 | 1.65 | 1.62 | 1.60 | 1.57 | 1.55 | 1.53 | 1.52 | 1.51 | 1.39 |
| 160 | 2.09 | 2.04 | 2.00 | 1.97 | 1.93 | 1.87 | 1.82 | 1.78 | 1.75 | 1.69 | 1.65 | 1.62 | 1.60 | 1.58 | 1.55 | 1.52 | 1.51 | 1.49 | 1.48 | 1.36 |
| 180 | 2.07 | 2.02 | 1.98 | 1.95 | 1.92 | 1.85 | 1.80 | 1.76 | 1.73 | 1.68 | 1.64 | 1.61 | 1.58 | 1.56 | 1.53 | 1.50 | 1.49 | 1.47 | 1.46 | 1.34 |
| 200 | 2.06 | 2.01 | 1.97 | 1.94 | 1.91 | 1.84 | 1.79 | 1.75 | 1.71 | 1.66 | 1.62 | 1.59 | 1.56 | 1.54 | 1.51 | 1.49 | 1.47 | 1.45 | 1.44 | 1.32 |
| ∞ | 1.95 | 1.90 | 1.86 | 1.82 | 1.79 | 1.72 | 1.67 | 1.63 | 1.59 | 1.54 | 1.49 | 1.46 | 1.43 | 1.40 | 1.37 | 1.34 | 1.31 | 1.30 | 1.28 | 1.00 |

**表 7 (a)**　　**学生化后的临界值，$\alpha=0.05$**

| $v$ | $k$ | | | | | | | | | | | | | | | | | | |
|---|---|---|---|---|---|---|---|---|---|---|---|---|---|---|---|---|---|---|---|
| | 2 | 3 | 4 | 5 | 6 | 7 | 8 | 9 | 10 | 11 | 12 | 13 | 14 | 15 | 16 | 17 | 18 | 19 | 20 |
| 1 | 18.0 | 27.0 | 32.8 | 37.1 | 40.4 | 43.1 | 45.4 | 47.4 | 49.1 | 50.6 | 52.0 | 53.2 | 54.3 | 55.4 | 56.3 | 57.2 | 58.0 | 58.8 | 59.6 |
| 2 | 6.08 | 8.33 | 9.80 | 10.9 | 11.7 | 12.4 | 13.0 | 13.5 | 14.0 | 14.4 | 14.7 | 15.1 | 15.4 | 15.7 | 15.9 | 16.1 | 16.4 | 16.6 | 16.8 |
| 3 | 4.50 | 5.91 | 6.82 | 7.50 | 8.04 | 8.48 | 8.85 | 9.18 | 9.46 | 9.72 | 9.95 | 10.2 | 10.3 | 10.5 | 10.7 | 10.8 | 11.0 | 11.1 | 11.2 |
| 4 | 3.93 | 5.04 | 5.76 | 6.29 | 6.71 | 7.05 | 7.35 | 7.60 | 7.83 | 8.03 | 8.21 | 8.37 | 8.52 | 8.66 | 8.79 | 8.91 | 9.03 | 9.13 | 9.23 |
| 5 | 3.64 | 4.60 | 5.22 | 5.67 | 6.03 | 6.33 | 6.58 | 6.80 | 6.99 | 7.17 | 7.32 | 7.47 | 7.60 | 7.72 | 7.83 | 7.93 | 8.03 | 8.12 | 8.21 |
| 6 | 3.46 | 4.34 | 4.90 | 5.30 | 5.63 | 5.90 | 6.12 | 6.32 | 6.49 | 6.65 | 6.79 | 6.92 | 7.03 | 7.14 | 7.24 | 7.34 | 7.43 | 7.51 | 7.59 |
| 7 | 3.34 | 4.16 | 4.68 | 5.06 | 5.36 | 5.61 | 5.82 | 6.00 | 6.16 | 6.30 | 6.43 | 6.55 | 6.66 | 6.76 | 6.85 | 6.94 | 7.02 | 7.10 | 7.17 |
| 8 | 3.26 | 4.04 | 4.53 | 4.89 | 5.17 | 5.40 | 5.60 | 5.77 | 5.92 | 6.05 | 6.18 | 6.29 | 6.39 | 6.48 | 6.57 | 6.65 | 6.73 | 6.80 | 6.87 |
| 9 | 3.20 | 3.95 | 4.41 | 4.76 | 5.02 | 5.24 | 5.43 | 5.59 | 5.74 | 5.87 | 5.98 | 6.09 | 6.19 | 6.28 | 6.36 | 6.44 | 6.51 | 6.58 | 6.64 |
| 10 | 3.15 | 3.88 | 4.33 | 4.65 | 4.91 | 5.12 | 5.30 | 5.46 | 5.60 | 5.72 | 5.83 | 5.93 | 6.03 | 6.11 | 6.19 | 6.27 | 6.34 | 6.40 | 6.47 |
| 11 | 3.11 | 3.82 | 4.26 | 4.57 | 4.82 | 5.03 | 5.20 | 5.35 | 5.49 | 5.61 | 5.71 | 5.81 | 5.90 | 5.98 | 6.06 | 6.13 | 6.20 | 6.27 | 6.33 |
| 12 | 3.08 | 3.77 | 4.20 | 4.51 | 4.75 | 4.95 | 5.12 | 5.27 | 5.39 | 5.51 | 5.61 | 5.71 | 5.80 | 5.88 | 5.95 | 6.02 | 6.09 | 6.15 | 6.21 |
| 13 | 3.06 | 3.73 | 4.15 | 4.45 | 4.69 | 4.88 | 5.05 | 5.19 | 5.32 | 5.43 | 5.53 | 5.63 | 5.71 | 5.79 | 5.86 | 5.93 | 5.99 | 6.05 | 6.11 |
| 14 | 3.03 | 3.70 | 4.11 | 4.41 | 4.64 | 4.83 | 4.99 | 5.13 | 5.25 | 5.36 | 5.46 | 5.55 | 5.64 | 5.71 | 5.79 | 5.85 | 5.91 | 5.97 | 6.03 |
| 15 | 3.01 | 3.67 | 4.08 | 4.37 | 4.59 | 4.78 | 4.94 | 5.08 | 5.20 | 5.31 | 5.40 | 5.49 | 5.57 | 5.65 | 5.72 | 5.78 | 5.85 | 5.90 | 5.96 |
| 16 | 3.00 | 3.65 | 4.05 | 4.33 | 4.56 | 4.74 | 4.90 | 5.03 | 5.15 | 5.26 | 5.35 | 5.44 | 5.52 | 5.59 | 5.66 | 5.73 | 5.79 | 5.84 | 5.90 |
| 17 | 2.98 | 3.63 | 4.02 | 4.30 | 4.52 | 4.70 | 4.86 | 4.99 | 5.11 | 5.21 | 5.31 | 5.39 | 5.47 | 5.54 | 5.61 | 5.67 | 5.73 | 5.79 | 5.84 |
| 18 | 2.97 | 3.61 | 4.00 | 4.28 | 4.49 | 4.67 | 4.82 | 4.96 | 5.07 | 5.17 | 5.27 | 5.35 | 5.43 | 5.50 | 5.57 | 5.63 | 5.69 | 5.74 | 5.79 |
| 19 | 2.96 | 3.59 | 3.98 | 4.25 | 4.47 | 4.65 | 4.79 | 4.92 | 5.04 | 5.14 | 5.23 | 5.31 | 5.39 | 5.46 | 5.53 | 5.59 | 5.65 | 5.70 | 5.75 |
| 20 | 2.95 | 3.58 | 3.96 | 4.23 | 4.45 | 4.62 | 4.77 | 4.90 | 5.01 | 5.11 | 5.20 | 5.28 | 5.36 | 5.43 | 5.49 | 5.55 | 5.61 | 5.66 | 5.71 |
| 24 | 2.92 | 3.53 | 3.90 | 4.17 | 4.37 | 4.54 | 4.68 | 4.81 | 4.92 | 5.01 | 5.10 | 5.18 | 5.25 | 5.32 | 5.38 | 5.44 | 5.49 | 5.55 | 5.59 |
| 30 | 2.89 | 3.49 | 3.85 | 4.10 | 4.30 | 4.46 | 4.60 | 4.72 | 4.82 | 4.92 | 5.00 | 5.08 | 5.15 | 5.21 | 5.27 | 5.33 | 5.38 | 5.43 | 5.47 |
| 40 | 2.86 | 3.44 | 3.79 | 4.04 | 4.23 | 4.39 | 4.52 | 4.63 | 4.73 | 4.82 | 4.90 | 4.98 | 5.04 | 5.11 | 5.16 | 5.22 | 5.27 | 5.31 | 5.36 |
| 60 | 2.83 | 3.40 | 3.74 | 3.98 | 4.16 | 4.31 | 4.44 | 4.55 | 4.65 | 4.73 | 4.81 | 4.88 | 4.94 | 5.00 | 5.06 | 5.11 | 5.15 | 5.20 | 5.24 |
| 120 | 2.80 | 3.36 | 3.68 | 3.92 | 4.10 | 4.24 | 4.36 | 4.47 | 4.56 | 4.64 | 4.71 | 4.78 | 4.84 | 4.90 | 4.95 | 5.00 | 5.04 | 5.09 | 5.13 |
| ∞ | 2.77 | 3.31 | 3.63 | 3.86 | 4.03 | 4.17 | 4.29 | 4.39 | 4.47 | 4.55 | 4.62 | 4.68 | 4.74 | 4.80 | 4.85 | 4.89 | 4.93 | 4.97 | 5.01 |

**表 7 (b)** **学生化后的临界值，$\alpha=0.01$**

| $v$ | $k$ = 2 | 3 | 4 | 5 | 6 | 7 | 8 | 9 | 10 | 11 | 12 | 13 | 14 | 15 | 16 | 17 | 18 | 19 | 20 |
|---|---|---|---|---|---|---|---|---|---|---|---|---|---|---|---|---|---|---|---|
| 1 | 90.0 | 135 | 164 | 186 | 202 | 216 | 227 | 237 | 246 | 253 | 260 | 266 | 272 | 277 | 282 | 286 | 290 | 294 | 298 |
| 2 | 14.0 | 19.0 | 22.3 | 24.7 | 26.6 | 28.2 | 29.5 | 30.7 | 31.7 | 32.6 | 33.4 | 34.1 | 34.8 | 35.4 | 36.0 | 36.5 | 37.0 | 37.5 | 37.9 |
| 3 | 8.26 | 10.6 | 12.2 | 13.3 | 14.2 | 15.0 | 15.6 | 16.2 | 16.7 | 17.1 | 17.5 | 17.9 | 18.2 | 18.5 | 18.8 | 19.1 | 19.3 | 19.5 | 19.8 |
| 4 | 6.51 | 8.12 | 9.17 | 9.96 | 10.6 | 11.1 | 11.5 | 11.9 | 12.3 | 12.6 | 12.8 | 13.1 | 13.3 | 13.5 | 13.7 | 13.9 | 14.1 | 14.2 | 14.4 |
| 5 | 5.70 | 6.97 | 7.80 | 8.42 | 8.91 | 9.32 | 9.67 | 9.97 | 10.2 | 10.5 | 10.7 | 10.9 | 11.1 | 11.2 | 11.4 | 11.6 | 11.7 | 11.8 | 11.9 |
| 6 | 5.24 | 6.33 | 7.03 | 7.56 | 7.97 | 8.32 | 8.61 | 8.87 | 9.10 | 9.30 | 9.49 | 9.65 | 9.81 | 9.95 | 10.1 | 10.2 | 10.3 | 10.4 | 10.5 |
| 7 | 4.95 | 5.92 | 6.54 | 7.01 | 7.37 | 7.68 | 7.94 | 8.17 | 8.37 | 8.55 | 8.71 | 8.86 | 9.00 | 9.12 | 9.24 | 9.35 | 9.46 | 9.55 | 9.65 |
| 8 | 4.74 | 5.63 | 6.20 | 6.63 | 6.96 | 7.24 | 7.47 | 7.68 | 7.87 | 8.03 | 8.18 | 8.31 | 8.44 | 8.55 | 8.66 | 8.76 | 8.85 | 8.94 | 9.03 |
| 9 | 4.60 | 5.43 | 5.96 | 6.35 | 6.66 | 6.91 | 7.13 | 7.32 | 7.49 | 7.65 | 7.78 | 7.91 | 8.03 | 8.13 | 8.23 | 8.32 | 8.41 | 8.49 | 8.57 |
| 10 | 4.48 | 5.27 | 5.77 | 6.14 | 6.43 | 6.67 | 6.87 | 7.05 | 7.21 | 7.36 | 7.48 | 7.60 | 7.71 | 7.81 | 7.91 | 7.99 | 8.07 | 8.15 | 8.22 |
| 11 | 4.39 | 5.14 | 5.62 | 5.97 | 6.25 | 6.48 | 6.67 | 6.84 | 6.99 | 7.13 | 7.25 | 7.36 | 7.46 | 7.56 | 7.65 | 7.73 | 7.81 | 7.88 | 7.95 |
| 12 | 4.32 | 5.04 | 5.50 | 5.84 | 6.10 | 6.32 | 6.51 | 6.67 | 6.81 | 6.94 | 7.06 | 7.17 | 7.26 | 7.36 | 7.44 | 7.52 | 7.59 | 7.66 | 7.73 |
| 13 | 4.26 | 4.96 | 5.40 | 5.73 | 5.98 | 6.19 | 6.37 | 6.53 | 6.67 | 6.79 | 6.90 | 7.01 | 7.10 | 7.19 | 7.27 | 7.34 | 7.42 | 7.48 | 7.55 |
| 14 | 4.21 | 4.89 | 5.32 | 5.63 | 5.88 | 6.08 | 6.26 | 6.41 | 6.54 | 6.66 | 6.77 | 6.87 | 6.96 | 7.05 | 7.12 | 7.20 | 7.27 | 7.33 | 7.39 |
| 15 | 4.17 | 4.83 | 5.25 | 5.56 | 5.80 | 5.99 | 6.16 | 6.31 | 6.44 | 6.55 | 6.66 | 6.76 | 6.84 | 6.93 | 7.00 | 7.07 | 7.14 | 7.20 | 7.26 |
| I6 | 4.13 | 4.78 | 5.19 | 5.49 | 5.72 | 5.92 | 6.08 | 6.22 | 6.35 | 6.46 | 6.56 | 6.66 | 6.74 | 6.82 | 6.90 | 6.97 | 7.03 | 7.09 | 7.15 |
| 17 | 4.10 | 4.74 | 5.14 | 5.43 | 5.66 | 5.85 | 6.01 | 6.15 | 6.27 | 6.38 | 6.48 | 6.57 | 6.66 | 6.73 | 6.80 | 6.87 | 6.94 | 7.00 | 7.05 |
| 18 | 4.07 | 4.70 | 5.09 | 5.38 | 5.60 | 5.79 | 5.94 | 6.08 | 6.20 | 6.31 | 6.41 | 6.50 | 6.58 | 6.65 | 6.72 | 6.79 | 6.85 | 6.91 | 6.96 |
| 19 | 4.05 | 4.67 | 5.05 | 5.33 | 5.55 | 5.73 | 5.89 | 6.02 | 6.14 | 6.25 | 6.34 | 6.43 | 6.51 | 6.58 | 6.65 | 6.72 | 6.78 | 6.84 | 6.89 |
| 20 | 4.02 | 4.64 | 5.02 | 5.29 | 5.51 | 5.69 | 5.84 | 5.97 | 6.09 | 6.19 | 6.29 | 6.37 | 6.45 | 6.52 | 6.59 | 6.65 | 6.71 | 6.76 | 6.82 |
| 24 | 3.96 | 4.54 | 4.91 | 5.17 | 5.37 | 5.54 | 5.69 | 5.81 | 5.92 | 6.02 | 6.11 | 6.19 | 6.26 | 6.33 | 6.39 | 6.45 | 6.51 | 6.56 | 6.61 |
| 30 | 3.89 | 4.45 | 4.80 | 5.05 | 5.24 | 5.40 | 5.54 | 5.65 | 5.76 | 5.85 | 5.93 | 6.01 | 6.08 | 6.14 | 6.20 | 6.26 | 6.31 | 6.36 | 6.41 |
| 40 | 3.82 | 4.37 | 4.70 | 4.93 | 5.11 | 5.27 | 5.39 | 5.50 | 5.60 | 5.69 | 5.77 | 5.84 | 5.90 | 5.96 | 6.02 | 6.07 | 6.12 | 6.17 | 6.21 |
| 60 | 3.76 | 4.28 | 4.60 | 4.82 | 4.99 | 5.13 | 5.25 | 5.36 | 5.45 | 5.53 | 5.60 | 5.67 | 5.73 | 5.79 | 5.84 | 5.89 | 5.93 | 5.98 | 6.02 |
| 120 | 3.70 | 4.20 | 4.50 | 4.71 | 4.87 | 5.01 | 5.12 | 5.21 | 5.30 | 5.38 | 5.44 | 5.51 | 5.56 | 5.61 | 5.66 | 5.71 | 5.75 | 5.79 | 5.83 |
| $\infty$ | 3.64 | 4.12 | 4.40 | 4.60 | 4.76 | 4.88 | 4.99 | 5.08 | 5.16 | 5.23 | 5.29 | 5.35 | 5.40 | 5.45 | 5.49 | 5.54 | 5.57 | 5.61 | 5.65 |

资料来源：E. S. Pearson and H. O. Hartley，*Biometrika Tables for Statisticians*，1：176－177. 该复制经过 *Biometrika* 的受托者的许可。

**表 8（a）** **DW 统计量的临界值，$\alpha=0.05$**

| $n$ | $k=1$ | | $k=2$ | | $k=3$ | | $k=4$ | | $k=5$ | |
|---|---|---|---|---|---|---|---|---|---|---|
| | $d_L$ | $d_U$ | $d_L$ | $d_U$ | $d_L$ | $d_U$ | $d_L$ | $d_U$ | $d_L$ | $d_U$ |
| 15 | 1.08 | 1.36 | 0.95 | 1.54 | 0.82 | 1.75 | 0.69 | 1.97 | 0.56 | 2.21 |
| 16 | 1.10 | 1.37 | 0.98 | 1.54 | 0.86 | 1.73 | 0.74 | 1.93 | 0.62 | 2.15 |
| 17 | 1.13 | 1.38 | 1.02 | 1.54 | 0.90 | 1.71 | 0.78 | 1.90 | 0.67 | 2.10 |
| 18 | 1.16 | 1.39 | 1.05 | 1.53 | 0.93 | 1.69 | 0.82 | 1.87 | 0.71 | 2.06 |
| 19 | 1.18 | 1.40 | 1.08 | 1.53 | 0.97 | 1.68 | 0.86 | 1.85 | 0.75 | 2.02 |
| 20 | 1.20 | 1.41 | 1.10 | 1.54 | 1.00 | 1.68 | 0.90 | 1.83 | 0.79 | 1.99 |
| 21 | 1.22 | 1.42 | 1.13 | 1.54 | 1.03 | 1.67 | 0.93 | 1.81 | 0.83 | 1.96 |
| 22 | 1.24 | 1.43 | 1.15 | 1.54 | 1.05 | 1.66 | 0.96 | 1.80 | 0.86 | 1.94 |
| 23 | 1.26 | 1.44 | 1.17 | 1.54 | 1.08 | 1.66 | 0.99 | 1.79 | 0.90 | 1.92 |
| 24 | 1.27 | 1.45 | 1.19 | 1.55 | 1.10 | 1.66 | 1.01 | 1.78 | 0.93 | 1.90 |
| 25 | 1.29 | 1.45 | 1.21 | 1.55 | 1.12 | 1.66 | 1.04 | 1.77 | 0.95 | 1.89 |
| 26 | 1.30 | 1.46 | 1.22 | 1.55 | 1.14 | 1.65 | 1.06 | 1.76 | 0.98 | 1.88 |
| 27 | 1.32 | 1.47 | 1.24 | 1.56 | 1.16 | 1.65 | 1.08 | 1.76 | 1.01 | 1.86 |
| 28 | 1.33 | 1.48 | 1.26 | 1.56 | 1.18 | 1.65 | 1.10 | 1.75 | 1.03 | 1.85 |
| 29 | 1.34 | 1.48 | 1.27 | 1.56 | 1.20 | 1.65 | 1.12 | 1.74 | 1.05 | 1.84 |
| 30 | 1.35 | 1.49 | 1.28 | 1.57 | 1.21 | 1.65 | 1.14 | 1.74 | 1.07 | 1.83 |
| 31 | 1.36 | 1.50 | 1.30 | 1.57 | 1.23 | 1.65 | 1.16 | 1.74 | 1.09 | 1.83 |
| 32 | 1.37 | 1.50 | 1.31 | 1.57 | 1.24 | 1.65 | 1.18 | 1.73 | 1.11 | 1.82 |
| 33 | 1.38 | 1.51 | 1.32 | 1.58 | 1.26 | 1.65 | 1.19 | 1.73 | 1.13 | 1.81 |
| 34 | 1.39 | 1.51 | 1.33 | 1.58 | 1.27 | 1.65 | 1.21 | 1.73 | 1.15 | 1.81 |
| 35 | 1.40 | 1.52 | 1.34 | 1.58 | 1.28 | 1.65 | 1.22 | 1.73 | 1.16 | 1.80 |
| 36 | 1.41 | 1.52 | 1.35 | 1.59 | 1.29 | 1.65 | 1.24 | 1.73 | 1.18 | 1.80 |
| 37 | 1.42 | 1.53 | 1.36 | 1.59 | 1.31 | 1.66 | 1.25 | 1.72 | 1.19 | 1.80 |
| 38 | 1.43 | 1.54 | 1.37 | 1.59 | 1.32 | 1.66 | 1.26 | 1.72 | 1.21 | 1.79 |
| 39 | 1.43 | 1.54 | 1.38 | 1.60 | 1.33 | 1.66 | 1.27 | 1.72 | 1.22 | 1.79 |
| 40 | 1.44 | 1.54 | 1.39 | 1.60 | 1.34 | 1.66 | 1.29 | 1.72 | 1.23 | 1.79 |
| 45 | 1.48 | 1.57 | 1.43 | 1.62 | 1.38 | 1.67 | 1.34 | 1.72 | 1.29 | 1.78 |
| 50 | 1.50 | 1.59 | 1.46 | 1.63 | 1.42 | 1.67 | 1.38 | 1.72 | 1.34 | 1.77 |
| 55 | 1.53 | 1.60 | 1.49 | 1.64 | 1.45 | 1.68 | 1.41 | 1.72 | 1.38 | 1.77 |
| 60 | 1.55 | 1.62 | 1.51 | 1.65 | 1.48 | 1.69 | 1.44 | 1.73 | 1.41 | 1.77 |
| 65 | 1.57 | 1.63 | 1.54 | 1.66 | 1.50 | 1.70 | 1.47 | 1.73 | 1.44 | 1.77 |
| 70 | 1.58 | 1.64 | 1.55 | 1.67 | 1.52 | 1.70 | 1.49 | 1.74 | 1.46 | 1.77 |
| 75 | 1.60 | 1.65 | 1.57 | 1.68 | 1.54 | 1.71 | 1.51 | 1.74 | 1.49 | 1.77 |
| 80 | 1.61 | 1.66 | 1.59 | 1.69 | 1.56 | 1.72 | 1.53 | 1.74 | 1.51 | 1.77 |
| 85 | 1.62 | 1.67 | 1.60 | 1.70 | 1.57 | 1.72 | 1.55 | 1.75 | 1.52 | 1.77 |
| 90 | 1.63 | 1.68 | 1.61 | 1.70 | 1.59 | 1.73 | 1.57 | 1.75 | 1.54 | 1.78 |
| 95 | 1.64 | 1.69 | 1.62 | 1.71 | 1.60 | 1.73 | 1.58 | 1.75 | 1.56 | 1.78 |
| 100 | 1.65 | 1.69 | 1.63 | 1.72 | 1.61 | 1.74 | 1.59 | 1.76 | 1.57 | 1.78 |

资料来源：J. Durbin and G. S. Watson，“Testing for Serial Correlation in Least Squares Regression，II，” *Biometrika* 30（1951）：159－178. 该复制经过 *Biometrika* 的受托人的许可。

**表 8（b）** **DW 统计量的临界值，$\alpha=0.01$**

| $n$ | $k=1$ | | $k=2$ | | $k=3$ | | $k=4$ | | $k=5$ | |
|---|---|---|---|---|---|---|---|---|---|---|
| | $d_L$ | $d_U$ | $d_L$ | $d_U$ | $d_L$ | $d_U$ | $d_L$ | $d_U$ | $d_L$ | $d_U$ |
| 15 | 0.81 | 1.07 | 0.70 | 1.25 | 0.59 | 1.46 | 0.49 | 1.70 | 0.39 | 1.96 |
| 16 | 0.84 | 1.09 | 0.74 | 1.25 | 0.63 | 1.44 | 0.53 | 1.66 | 0.44 | 1.90 |
| 17 | 0.87 | 1.10 | 0.77 | 1.25 | 0.67 | 1.43 | 0.57 | 1.63 | 0.48 | 1.85 |
| 18 | 0.90 | 1.12 | 0.80 | 1.26 | 0.71 | 1.42 | 0.61 | 1.60 | 0.52 | 1.80 |
| 19 | 0.93 | 1.13 | 0.83 | 1.26 | 0.74 | 1.41 | 0.65 | 1.58 | 0.56 | 1.77 |
| 20 | 0.95 | 1.15 | 0.86 | 1.27 | 0.77 | 1.41 | 0.68 | 1.57 | 0.60 | 1.74 |
| 21 | 0.97 | 1.16 | 0.89 | 1.27 | 0.80 | 1.41 | 0.72 | 1.55 | 0.63 | 1.71 |
| 22 | 1.00 | 1.17 | 0.91 | 1.28 | 0.83 | 1.40 | 0.75 | 1.54 | 0.66 | 1.69 |
| 23 | 1.02 | 1.19 | 0.94 | 1.29 | 0.86 | 1.40 | 0.77 | 1.53 | 0.70 | 1.67 |
| 24 | 1.04 | 1.20 | 0.96 | 1.30 | 0.88 | 1.41 | 0.80 | 1.53 | 0.72 | 1.66 |
| 25 | 1.05 | 1.21 | 0.98 | 1.30 | 0.90 | 1.41 | 0.83 | 1.52 | 0.75 | 1.65 |
| 26 | 1.07 | 1.22 | 1.00 | 1.31 | 0.93 | 1.41 | 0.85 | 1.52 | 0.78 | 1.64 |
| 27 | 1.09 | 1.23 | 1.02 | 1.32 | 0.95 | 1.41 | 0.88 | 1.51 | 0.81 | 1.63 |
| 28 | 1.10 | 1.24 | 1.04 | 1.32 | 0.97 | 1.41 | 0.90 | 1.51 | 0.83 | 1.62 |
| 29 | 1.12 | 1.25 | 1.05 | 1.33 | 0.99 | 1.42 | 0.92 | 1.51 | 0.85 | 1.61 |
| 30 | 1.13 | 1.26 | 1.07 | 1.34 | 1.01 | 1.42 | 0.94 | 1.51 | 0.88 | 1.61 |
| 31 | 1.15 | 1.27 | 1.08 | 1.34 | 1.02 | 1.42 | 0.96 | 1.51 | 0.90 | 1.60 |
| 32 | 1.16 | 1.28 | 1.10 | 1.35 | 1.04 | 1.43 | 0.98 | 1.51 | 0.92 | 1.60 |
| 33 | 1.17 | 1.29 | 1.11 | 1.36 | 1.05 | 1.43 | 1.00 | 1.51 | 0.94 | 1.59 |
| 34 | 1.18 | 1.30 | 1.13 | 1.36 | 1.07 | 1.43 | 1.01 | 1.51 | 0.95 | 1.59 |
| 35 | 1.19 | 1.31 | 1.14 | 1.37 | 1.08 | 1.44 | 1.03 | 1.51 | 0.97 | 1.59 |
| 36 | 1.21 | 1.32 | 1.15 | 1.38 | 1.10 | 1.44 | 1.04 | 1.51 | 0.99 | 1.59 |
| 37 | 1.22 | 1.32 | 1.16 | 1.38 | 1.11 | 1.45 | 1.06 | 1.51 | 1.00 | 1.59 |
| 38 | 1.23 | 1.33 | 1.18 | 1.39 | 1.12 | 1.45 | 1.07 | 1.52 | 1.02 | 1.58 |
| 39 | 1.24 | 1.34 | 1.19 | 1.39 | 1.14 | 1.45 | 1.09 | 1.52 | 1.03 | 1.58 |
| 40 | 1.25 | 1.34 | 1.20 | 1.40 | 1.15 | 1.46 | 1.10 | 1.52 | 1.05 | 1.58 |
| 45 | 1.29 | 1.38 | 1.24 | 1.42 | 1.20 | 1.48 | 1.16 | 1.53 | 1.11 | 1.58 |
| 50 | 1.32 | 1.40 | 1.28 | 1.45 | 1.24 | 1.49 | 1.20 | 1.54 | 1.16 | 1.59 |
| 55 | 1.36 | 1.43 | 1.32 | 1.47 | 1.28 | 1.51 | 1.25 | 1.55 | 1.21 | 1.59 |
| 60 | 1.38 | 1.45 | 1.35 | 1.48 | 1.32 | 1.52 | 1.28 | 1.56 | 1.25 | 1.60 |
| 65 | 1.41 | 1.47 | 1.38 | 1.50 | 1.35 | 1.53 | 1.31 | 1.57 | 1.28 | 1.61 |
| 70 | 1.43 | 1.49 | 1.40 | 1.52 | 1.37 | 1.55 | 1.34 | 1.58 | 1.31 | 1.61 |
| 75 | 11.45 | 1.50 | 1.42 | 1.53 | 1.39 | 1.56 | 1.37 | 1.59 | 1.34 | 1.62 |
| 80 | 1.47 | 1.52 | 1.44 | 1.54 | 1.42 | 1.57 | 1.39 | 1.60 | 1.36 | 1.62 |
| 85 | 1.48 | 1.53 | 1.46 | 1.55 | 1.43 | 1.58 | 1.41 | 1.60 | 1.39 | 1.63 |
| 90 | 1.50 | 1.54 | 1.47 | 1.56 | 1.45 | 1.59 | 1.43 | 1.61 | 1.41 | 1.64 |
| 95 | 1.51 | 1.55 | 1.49 | 1.57 | 1.47 | 1.60 | 1.45 | 1.62 | 1.42 | 1.64 |
| 100 | 1.52 | 1.56 | 1.50 | 1.58 | 1.48 | 1.60 | 1.46 | 1.63 | 1.44 | 1.65 |

资料来源：J. Durbin and G. S. Watson，"Testing for Serial Correlation in Least Squares Regression，II，" *Biometrika* 30 (1951)：159－178. 该复制经过 *Biometrika* 的受托人的许可。

**表 9** 威尔科克森秩和检验的临界值

(a) $\alpha=0.025$ 单尾；$\alpha=0.05$ 双尾

| $n_2$ \ $n_1$ | 3 | | 4 | | 5 | | 6 | | 7 | | 8 | | 9 | | 10 | |
|---|---|---|---|---|---|---|---|---|---|---|---|---|---|---|---|---|
| | $T_L$ | $T_U$ | $T_L$ | $T_U$ | $T_L$ | $T_U$ | $T_L$ | $T_U$ | $T_L$ | $T_U$ | $T_L$ | $T_U$ | $T_L$ | $T_U$ | $T_L$ | $T_U$ |
| 4 | 6 | 18 | 11 | 25 | 17 | 33 | 23 | 43 | 31 | 53 | 40 | 64 | 50 | 76 | 61 | 89 |
| 5 | 6 | 21 | 12 | 28 | 18 | 37 | 25 | 47 | 33 | 58 | 42 | 70 | 52 | 83 | 64 | 96 |
| 6 | 7 | 23 | 12 | 32 | 19 | 41 | 26 | 52 | 35 | 63 | 44 | 76 | 55 | 89 | 66 | 104 |
| 7 | 7 | 26 | 13 | 35 | 20 | 45 | 28 | 56 | 37 | 68 | 47 | 81 | 58 | 95 | 70 | 110 |
| 8 | 8 | 28 | 14 | 38 | 21 | 49 | 29 | 61 | 39 | 73 | 49 | 87 | 60 | 102 | 73 | 117 |
| 9 | 8 | 31 | 15 | 41 | 22 | 53 | 31 | 65 | 41 | 78 | 51 | 93 | 63 | 108 | 76 | 124 |
| 10 | 9 | 33 | 16 | 44 | 24 | 56 | 32 | 70 | 43 | 83 | 54 | 98 | 66 | 114 | 79 | 131 |

(b) $\alpha=0.05$ 单尾；$\alpha=0.10$ 双尾

| $n_2$ \ $n_1$ | 3 | | 4 | | 5 | | 6 | | 7 | | 8 | | 9 | | 10 | |
|---|---|---|---|---|---|---|---|---|---|---|---|---|---|---|---|---|
| | $T_L$ | $T_U$ | $T_L$ | $T_U$ | $T_L$ | $T_U$ | $T_L$ | $T_U$ | $T_L$ | $T_U$ | $T_L$ | $T_U$ | $T_L$ | $T_U$ | $T_L$ | $T_U$ |
| 3 | 6 | 15 | 11 | 21 | 16 | 29 | 23 | 37 | 31 | 46 | 39 | 57 | 49 | 68 | 60 | 80 |
| 4 | 7 | 17 | 12 | 24 | 18 | 32 | 25 | 41 | 33 | 51 | 42 | 62 | 52 | 74 | 63 | 87 |
| 5 | 7 | 20 | 13 | 27 | 19 | 36 | 26 | 46 | 35 | 56 | 45 | 67 | 55 | 80 | 66 | 94 |
| 6 | 8 | 22 | 14 | 30 | 20 | 40 | 28 | 50 | 37 | 61 | 47 | 73 | 57 | 87 | 69 | 101 |
| 7 | 9 | 24 | 15 | 33 | 22 | 43 | 30 | 54 | 39 | 66 | 49 | 79 | 60 | 93 | 73 | 107 |
| 8 | 9 | 27 | 16 | 36 | 24 | 46 | 32 | 58 | 41 | 71 | 52 | 84 | 63 | 99 | 76 | 114 |
| 9 | 10 | 29 | 17 | 39 | 25 | 50 | 33 | 63 | 43 | 76 | 54 | 90 | 66 | 105 | 79 | 121 |
| 10 | 11 | 31 | 18 | 42 | 26 | 54 | 35 | 67 | 46 | 80 | 57 | 95 | 69 | 111 | 83 | 127 |

资料来源：F. Wilcoxon and R. A. Wilcox，"Some Rapid Approximate Statistical Procedures"（1964），p. 28. 该复制经过美国氰胺公司的许可。

**表 10** **威尔科克森符号秩和检验临界值**

| | (a) $\alpha=0.025$ 单尾；$\alpha=0.05$ 双尾 | | (b) $\alpha=0.05$ 单尾；$\alpha=0.10$ 双尾 | |
|---|---|---|---|---|
| $n$ | $T_L$ | $T_U$ | $T_L$ | $T_U$ |
| 6 | 1 | 20 | 2 | 19 |
| 7 | 2 | 26 | 4 | 24 |
| 8 | 4 | 32 | 6 | 30 |
| 9 | 6 | 39 | 8 | 37 |
| 10 | 8 | 47 | 11 | 44 |
| 11 | 11 | 55 | 14 | 52 |
| 12 | 14 | 64 | 17 | 61 |
| 13 | 17 | 74 | 21 | 70 |
| 14 | 21 | 84 | 26 | 79 |
| 15 | 25 | 95 | 30 | 90 |
| 16 | 30 | 106 | 36 | 100 |
| 17 | 35 | 118 | 41 | 112 |
| 18 | 40 | 131 | 47 | 124 |
| 19 | 46 | 144 | 54 | 136 |
| 20 | 52 | 158 | 60 | 150 |
| 21 | 59 | 172 | 68 | 163 |
| 22 | 66 | 187 | 75 | 178 |
| 23 | 73 | 203 | 83 | 193 |
| 24 | 81 | 219 | 92 | 208 |
| 25 | 90 | 235 | 101 | 224 |
| 26 | 98 | 253 | 110 | 241 |
| 27 | 107 | 271 | 120 | 258 |
| 28 | 117 | 289 | 130 | 276 |
| 29 | 127 | 308 | 141 | 294 |
| 30 | 137 | 328 | 152 | 313 |

资料来源：F. Wilcoxon and R. A. Wilcox，"Some Rapid Approximate Statistical Procedures"（1964），p. 28. 该复制经过美国氰胺公司的许可。

**表 11** 斯皮尔曼秩相关系数检验临界值

$\alpha$ 的值对应 $H_0: \rho_s=0$ 的单尾检验，双尾检验时请将 $\alpha$ 值加倍。

| $n$ | $\alpha=0.05$ | $\alpha=0.025$ | $\alpha=0.01$ |
|---|---|---|---|
| 5 | 0.900 | — | — |
| 6 | 0.829 | 0.886 | 0.943 |
| 7 | 0.714 | 0.786 | 0.893 |
| 8 | 0.643 | 0.738 | 0.833 |
| 9 | 0.600 | 0.683 | 0.783 |
| 10 | 0.564 | 0.648 | 0.745 |
| 11 | 0.523 | 0.623 | 0.736 |
| 12 | 0.497 | 0.591 | 0.703 |
| 13 | 0.475 | 0.566 | 0.673 |
| 14 | 0.457 | 0.545 | 0.646 |
| 15 | 0.441 | 0.525 | 0.623 |
| 16 | 0.425 | 0.507 | 0.601 |
| 17 | 0.412 | 0.490 | 0.582 |
| 18 | 0.399 | 0.476 | 0.564 |
| 19 | 0.388 | 0.462 | 0.549 |
| 20 | 0.377 | 0.450 | 0.534 |
| 21 | 0.368 | 0.438 | 0.521 |
| 22 | 0.359 | 0.428 | 0.508 |
| 23 | 0.351 | 0.418 | 0.496 |
| 24 | 0.343 | 0.409 | 0.485 |
| 25 | 0.336 | 0.400 | 0.475 |
| 26 | 0.329 | 0.392 | 0.465 |
| 27 | 0.323 | 0.385 | 0.456 |
| 28 | 0.317 | 0.377 | 0.448 |
| 29 | 0.311 | 0.370 | 0.440 |
| 30 | 0.305 | 0.364 | 0.432 |

资料来源：E. G. Olds, "Distribution of Sums of Squares of Rank Differences for Small Samples," *Annals of Mathematical Statistics* 9 (1938). 该复制经过数理统计协会的许可。

**表 12** **控制图系数**

| 样本容量 $n$ | $A_2$ | $d_2$ | $d_3$ | $D_3$ | $D_4$ |
|---|---|---|---|---|---|
| 2 | 1.880 | 1.128 | 0.853 | 0.000 | 3.267 |
| 3 | 1.023 | 1.693 | 0.888 | 0.000 | 2.575 |
| 4 | 0.729 | 2.059 | 0.880 | 0.000 | 2.282 |
| 5 | 0.577 | 2.326 | 0.864 | 0.000 | 2.115 |
| 6 | 0.483 | 2.534 | 0.848 | 0.000 | 2.004 |
| 7 | 0.419 | 2.704 | 0.833 | 0.076 | 1.924 |
| 8 | 0.373 | 2.847 | 0.820 | 0.136 | 1.864 |
| 9 | 0.337 | 2.970 | 0.808 | 0.184 | 1.816 |
| 10 | 0.308 | 3.078 | 0.797 | 0.223 | 1.777 |
| 11 | 0.285 | 3.173 | 0.787 | 0.256 | 1.744 |
| 12 | 0.266 | 3.258 | 0.778 | 0.284 | 1.716 |
| 13 | 0.249 | 3.336 | 0.770 | 0.308 | 1.692 |
| 14 | 0.235 | 3.407 | 0.762 | 0.329 | 1.671 |
| 15 | 0.223 | 3.472 | 0.755 | 0.348 | 1.652 |
| 16 | 0.212 | 3.532 | 0.749 | 0.364 | 1.636 |
| 17 | 0.203 | 3.588 | 0.743 | 0.379 | 1.621 |
| 18 | 0.194 | 3.640 | 0.738 | 0.392 | 1.608 |
| 19 | 0.187 | 3.689 | 0.733 | 0.404 | 1.596 |
| 20 | 0.180 | 3.735 | 0.729 | 0.414 | 1.586 |
| 21 | 0.173 | 3.778 | 0.724 | 0.425 | 1.575 |
| 22 | 0.167 | 3.819 | 0.720 | 0.434 | 1.566 |
| 23 | 0.162 | 3.858 | 0.716 | 0.443 | 1.557 |
| 24 | 0.157 | 3.895 | 0.712 | 0.452 | 1.548 |
| 25 | 0.153 | 3.931 | 0.709 | 0.459 | 1.541 |

资料来源：E. S. Pearson，"The Percentage Limits for the Distribution of Range in Samples from a Normal Population，" *Biometrika* 24 (1932)：416. 该复制经过 *Biometrika* 的受托人的许可。

# 附录 C

# 部分偶数习题答案

所有答案都经过两遍核对以确保正确。但是，我们不能绝对肯定没有错误。学生不能自动认为所有与参考答案不符的结果都是不对的。如果我们发现错误，就会在我们的网页上给出改正后的答案（本书第 1 章给出了网址）。如果你发现了错误，请给我们发邮件（网页上有邮件地址），对此我们将深表感谢。



## 第 1 章

1.2 描述统计学对数据做汇总整理，而推断统计学利用样本信息对总体特征做出推断。

1.4 a. 全部产品。

b. 1 000 个芯片。

c. 产品的不合格率。

d. 样本芯片的不合格率（7.5%）。

e. 参数。

f. 统计量。

g. 因为样本的不合格率低于 10%，据此，我们可以认为制造商的说法是正确的。

1.6 a. 投掷硬币 100 次，数正反面出现的次数。

b. 投掷的结果。

c. 投掷 100 次的结果。

d. 正面出现的比例。

e. 100 次投掷中正面出现的比例。

1.8 a. 总体为车队中所有出租车的燃料英里数。

b. 所有者想知道燃料的平均英里数。

c. 样本包括 50 个观测值。

d. 所有者使用的统计量是 50 个观测值的均值。

e. 统计量用于估计车队所有者计算总成本时所需的参数。我们计算的样本均值为 19.8 英里/加仑。

## 第 2 章

2.2 a. 定距变量。b. 定距变量。c. 定类变量。d. 定序变量。

2.4 a. 定类变量。b. 定距变量。c. 定类变量。d. 定距变量。e. 定序变量。

2.6 a. 定距变量。b. 定距变量。c. 定类变量。d. 定序变量。e. 定距变量。

2.8 a. 定距变量。b. 定序变量。c. 定类变量。d. 定序变量。

2.10 a. 定序变量。b. 定序变量。c. 定序变量。

2.38 美国人中有四分之三是白人。

2.40 类别“高中以下”保持不变，而本科生的数量增加。

2.42 澳大利亚的主要能源是煤，新西兰的主要能源是石油。

2.44 学校 1 和学校 2 相似，学校 3 和学校 4 不相同，学校 1 和学校 2 与学校 3 和学校 4 不相同。两个定类变量相关。

2.46 这两个变量之间线性相关。

2.48 除独立的药店外，其他地点的处方药数量增加。

2.50 超过 40%的顾客评级食品为不好。

2.52 两个国家间存在很大的差异。

2.54 带孩子的顾客对酒店的评级比没有带孩子的顾客高。

2.56 美国欠债权人很多钱。

## 第 3 章

3.2 10 或者 11。

3.4 a. 7 到 9。b. 上限 5.25，5.40，5.55，5.70，5.85，6.00，6.15。

3.6 c. 试卷的页数是双峰的，且有一些正偏。

3.8 直方图是双峰的。

3.10 c. 商店的数量是双峰的，且正偏。

3.12 d. 直方图（近似）对称且双峰。

3.14 d. 直方图有一些正偏，单峰且不是钟形。

3.16 a. 直方图应该包含 9 组或 10 组。

c. 直方图正偏。

d. 直方图不是钟形。

3.18 直方图是单峰、钟形、近似对称的。大多数身高在 18 英寸到 23 英寸之间。

3.20 直方图是单峰、对称、钟形的。大多数番茄的重量在 2 盎司到 7 盎司之间，一小部分小于 2 盎司或大于 7 盎司。

3.22 每日卖书数量的直方图负偏。存在公司能够承担的最大值。

3.24 直方图高度正偏，说明大多数人每天看电视的时间为 4 小时或小于 4 小时，然而一些人看电视的时间很长。

3.26 很多人每周工作超过 40 小时。

3.28 众数是 0。对于有孩子的美国人，众数是 2。

3.30 在快速增长后，参军数量保持不变。

3.32 男性数量和女性数量都在增长，女性的数量增长得更快。

3.34 人均财产犯罪的数量比财产犯罪的绝对值数量降低得更快。

3.36 直到 5 年以前，消耗量仍在持续增长，产量在下降。然而，这两种趋势都发生了改变。

3.38 在过去的 28 年，预算收入和支出都在快速增加。有 5 年的时间里收入比支出多。2004 年后，赤字快速增长。

3.40 调整后的赤字情况同样不好。

3.42 加拿大的出口远远超过进口。

3.44 70 年代早期加元比美元值钱，70 年代后期加元失去地位，但其价值最近在上升。

3.46 在前 400 个月以前指数缓慢增长，再快速增长到第 600 个月，然后快速降低，最近开始增加。

3.48 两个变量间不存在线性关系。

3.50 b. 微积分与统计学成绩之间存在正线性关系。

3.52 b. 存在中等强度的正线性关系。一般来说，受教育程度越高，使用网络越频繁。

3.54 b. 存在中等强度的正线性关系。

3.56 存在较弱的正线性关系。

3.58 存在中等强度的正线性关系。

3.60 存在中等强度的正线性关系。

3.62 两个变量间不存在线性关系。

3.64 不存在线性关系。

3.66 两个变量间不存在线性关系。

3.68 夫妻的受教育程度存在中等强度的正线性关系。

3.70 母亲和子女的受教育程度存在较弱的正线性关系。

3.76 c. 伴随年龄增长，事故数普遍下降。致命事故数不断下降，到 64 岁后开始增加。

3.80 通货膨胀与稀有金属分类指数不存在线性关系。

3.82 存在很强的正线性关系。

3.84 电脑破损次数的直方图正偏。

3.86 道琼斯工业平均指数和失业率不存在线性关系。

3.88 存在很强的正线性关系。差劲的球员花费更长的时间完成比赛。

3.90 存在中等强度的负线性关系。

3.96 数理统计课程的成绩与微积分课程的成绩的线性相关程度强于商务统计课程的成绩与微积分课程的成绩的线性相关程度。

3.98 a. 直方图近似钟形和对称。

b. 工资与找工作的时间不存在线性关系。

## 第4章

4.2 $\bar{x}=6$，中位数=5，众数=5。

4.4 a. $\bar{x}=39.33$，中位数=38，众数=所有值。

4.6 $R_g=0.19$。

4.8 a. $\bar{x}=0.106$，中位数=0.10。 b. $R_g=0.102$。 c. 几何平均数。

4.10 a. 0.20，0，0.25，0.33。 b. $\bar{x}=0.195$，中位数=0.225。 c. $R_g=0.188$。
d. 几何平均数。

4.12 a. $\bar{x}=75\ 750$，中位数=76 410。

4.14 b. 平均花费是110.06美元，样本中有一半的花费少于117.00美元。

4.16 b. 平均比例是0.81，样本中有一半的比例少于0.84。

4.18 b. 平均花费是656.39美元，样本中有一半的花费少于648.50美元。

4.20 $s^2=1.14$。

4.22 $s^2=15.12$，$s=3.89$。

4.24 a. $s^2=51.5$ b. $s^2=6.5$ c. $s^2=174.5$。

4.26 6，6，6，6，6。

4.28 a. 16% b. 97.5% c. 16%。

4.30 a. 没有
b. 至少有75%在60～180之间
c. 至少有88.9%在30～210之间。

4.32 $s^2=40.73$ ($mph^2$)，$s=6.38mph$；
至少有75%的车速落在与均值相差12.76mph的范围内；
至少有88.9%的车速落在与均值相差19.14mph的范围内。

4.34 $s^2=0.858cm^2$，$s=0.292\ 9cm$；
至少有75%的长度落在与均值相差0.585 8cm的范围内；
至少有88.9%的长度落在与均值相差0.878 7cm的范围内。

4.36 a. $s=15.01$。

4.38 a. $\bar{x}=77.86$，$s=85.35$。
c. 直方图正偏。至少有75%的美国成年人看电视的时间在0～249分钟。

4.40 3，5，7。

4.42 44.6，55.2。

4.44 6.6，17.6。

4.46 4。

4.50 a. 2，4，8。 b. 大多数经理花费很少时间阅读简历，简历要精简。

4.52 50，125，260，旅游花费正偏。

4.54 b. 145.11 164.17 175.18。 c. 没有异常值。
d. 数据正偏，四分之一的时间低于145.11，四分之一的时间高于175.18。

4.56 a. 26，28.5，32。 b. 用餐时间正偏。

4.58 与浏览网上新闻相比，美国人花费更多时间看电视新闻。

4.60 两组数据十分相似。

4.62 1，2，4；观看电视的小时数高度正偏。

4.64 a. −0.781 3；存在中等强度的负线性关系。

b. $y$ 的变化中有 61.04%可由 $x$ 的变化解释。

4.66 a. 216.32 b. 0.881 1 c. 0.776 3 d. $\hat{y}=5.917+1.705x$

e. 成绩和学习时间存在很强的正线性关系。学习时间每增加 1 小时，分数平均增加 1.705。

4.68 失业率变化中的 40.09%可由就业率的变化解释。

4.70 银行基准利率的变化仅能解释单户住宅销量的 0.78%。

4.72 $R^2=0.0069$；两个变量存在较弱的正线性关系。

4.74 $\hat{y}=263.4+71.65x$；估计的固定电费＝263.40 美元，估计的可变电费＝71.65 美元。

4.76 b. 获胜次数每增加一次，主队上座率增加 41 340。主队上座率变化中的 46.41%可由获胜次数的变化解释。

4.78 a. 客队上座率变化中的 9.15%可由获胜次数的变化解释。

b. 获胜次数每增加一次，客队上座率增加 4 746。

4.80 a. 工资每增加 100 万美元，获胜次数平均增加 0.042 8 场。多获胜一场的支出是 2 336.4 万美元。

b. 获胜次数变化中的 8.66%可由工资的变化解释。

4.82 a. 获胜次数每增加一次，主队上座率增加 7 579。主队上座率变化中的 11.08%可由获胜次数的变化解释。

b. 获胜次数每增加一次，客队上座率增加 1 734。客队上座率变化中的 3.22%可由获胜次数的变化解释。

c. 主队上座率与获胜次数的线性关系很弱。客队上座率与获胜次数不存在线性关系。

4.84 a. 斜率系数是 0.260 0；多获胜一场的支出是 384.6 万美元。

b. 胜次数变化中的 4.11%可由工资的变化解释。

4.86 a. 获胜次数每增加一次，主队上座率增加 3 460。主队上座率变化中的 24.68%可由获胜次数的变化解释。

b. 获胜次数每增加一次客队上座率增加 1 277。客队上座率变化中的 44.07%可由获胜次数的变化解释。

c. 与其他三类运动相比，球迷的支持率不受球队表现的影响。

4.88 a. 斜率系数是 0.152 6；多获胜一场的支出是 655.3 万美元。

b. 获胜次数变化中的 8.76%可由工资的变化解释。

4.90 a. 获胜次数每增加一次，主队上座率增加 1 509。主队上座率变化中的 2.31%可由获胜次数的变化解释。

b. 获胜次数每增加一次，客队上座率增加 217。客队上座率变化中的 0.21%可由获胜次数的变化解释。

c. 线性关系很弱，这意味着球迷的支持率不受球队表现的影响。

4.92 两个变量存在很弱的正线性关系。

4.94 AXP：1.845 8，0.447 0。

4.96 HD：0.874 1，0.434 3。

4.98 MMM：0.869 6；BAC：0.796 6；DIS：1.179 5；均值=0.948 6。

4.100 HPQ：1.063 8；INTC：1.017 8；MCD：0.362 3；均值=0.814 6。

4.102 ABX：1.000 5，0.160 4。

4.104 CTC. A：0.437 8，0.126 8。

4.106 ECA：1.407 2；ENB：0.741 4；SU：1.737 5；均值=1.295 4。

4.108 AMZN：0.948 8，0.313 9。

4.110 NFLX：0.611 6，0.039 2。

4.112 COST：0.576 6；DLTR：0.285 8；SPLS：0.916 2；均值=0.592 9。

4.114 统计学成绩变化中的46.03%可由微积分成绩的变化解释。判定系数提供了更准确地识别线性关系的指标。

4.116 a. $\hat{y}=17.933+0.604\,1x$。

b. 身高变化仅能解释收入变化的5.05%。

4.118 b. 每增加1平方英尺，价格平均增加70美元。

c. 根据最小二乘直线，我们能更准确地测量两变量间的线性关系。

4.122 a. $\bar{x}=29\,913$，中位数=30 660。

b. $s^2=148\,213\,791$；$s=12\,174$。

d. 卖掉的咖啡的杯数变化很大。

4.124 a. & b. $R^2=0.548\,9$，回归方程是 $\hat{y}=49\,337-553.7x$。

4.126 a. $\bar{x}=26.32$，中位数=26。

b. $s^2=88.57$，$s=9.41$。

d. 时间正偏。有一半样本的时间超过26小时。

4.128 a. &b. $R^2=0.412$，回归方程是 $\hat{y}=-8.289\,7+3.146x$。

c. 互联网使用时间变化中的41.2%可由受教育程度的变化解释。受教育程度每增加1年，互联网使用时间平均增加3.146小时。

d. 我们能够准确地测量线性关系的强度，斜率系数给出了受教育程度和互联网使用时间如何相关的信息。

4.130 a. & b. $R^2=0.369$，回归方程是$\hat{y}=89.543+0.128$ 降雨量。

c. 产量变化中的36.92%可由降雨量的变化解释。降雨量每增加1英寸，产量平均增加0.128蒲式耳。

d. 我们能够准确地测量线性关系的强度，斜率系数给出了玉米产量和降雨量如何相关的信息。

4.132 b. 贷款债务的均值是12 067美元。有一半样本的债务少于12 047美元，一半多于12 047美元。众数是11 621美元。

## 第6章

6.2 a. 主观方法。

b. 如果世界职业棒球大赛的参赛队拥有相同的队员，那么纽约扬基队将赢得25%的场次。

6.4 a. 主观方法。

b. 如果经济条件保持不变，那么道琼斯工业平均指数会在接下来的 60%的天数里上涨。

6.6 {亚当斯当选，布朗当选，柯林斯当选，道尔顿当选}。

6.8 a. {0，1，2，3，4，5}。b. {4，5}。c. 10。d. 0.65。e. 0。

6.10 2/6，3/6，1/6。

6.12 a. 0.40。b. 0.90。

6.14 a. $P$(单身)=0.15，$P$(已婚)=0.50，$P$(离婚)=0.25，$P$(丧偶独居)=0.10。

b. 相对频数法。

6.16 $P(A_1)=0.3$，$P(A_2)=0.4$，$P(A_3)=0.3$，$P(B_1)=0.6$，$P(B_2)=0.4$。

6.18 a. 0.57。b. 0.43。c. 不是巧合。

6.20 事件不相互独立。

6.22 事件相互独立。

6.24 $P(A_1)=0.40$，$P(A_2)=0.45$，$P(A_3)=0.15$，$P(B_1)=0.45$，$P(B_2)=0.55$。

6.26 a. 0.85。b. 0.75。c. 0.50。

6.28 a. 0.36。b. 0.49。c. 0.83。

6.30 a. 0.31。b. 0.85。c. 0.387。d. 0.043。

6.32 a. 0.390。b. 0.66。c. 否。

6.34 a. 0.11。b. 0.044。c. 0.091。d. 0.360。

6.36 a. 0.33。b. 0.30。c. 是的，事件不相互独立。

6.38 a. 0.778。b. 0.128。c. 0.385。

6.40 a. 0.636。b. 0.205。

6.42 a. 0.848。b. 0.277。c. 0.077。

6.44 否。

6.46 a. 0.216。b. 0.198。c. 0.368。d. 0.632。

6.52 a. 0.81。b. 0.01。c. 0.18。d. 0.99。

6.54 b. 0.809 1。c. 0.009 1。d. 0.181 8。e. 0.990 9。

6.56 a. 0.28。b. 0.30。c. 0.42。

6.58 0.038。

6.60 0.335。

6.62 0.698。

6.64 0.252 0。

6.66 0.033。

6.68 0.000 000 01。

6.70 0.612 5。

6.72 a. 0.696。b. 0.304。c. 0.889。d. 0.111。

6.74 0.526。

6.76　0.327。

6.78　0.661。

6.80　0.593。

6.82　0.843。

6.84　0.920，0.973，0.146 0，0.999 6。

6.86　a. 0.290。b. 0.290。c. 是。

6.88　a. 0.19。b. 0.517。c. 否。

6.90　0.295。

6.92　0.825。

6.94　a. 0.328 5。b. 0.240 3。

6.96　0.971 0。

6.98　2/3。

6.100　0.221 4。

6.102　0.333 3。

## 第 7 章

7.2　a. 任何值都在 0 到几百英里之间。b. 否。c. 否。d. 连续。

7.4　a. 0，1，2，…，100。b. 是。c. 是，101 个值。d. 变量是离散的。

7.6　$P(x)=1/6$，其中 $x=1$，2，…，6。

7.8　a. 0.950　0.020　0.680。b. 3.066。c. 1.085。

7.10　a. 0.8。b. 0.8。c. 0.8。d. 0.3。

7.12　0.015 6。

7.14　a. 0.25。b. 0.25。c. 0.25。d. 0.25。

7.18　a. 1.40，17.04。c. 7.00，426.00。d. 7.00，426.00。

7.20　a. 0.6。b. 1.7，0.81。

7.22　a. 0.40。b. 0.95。

7.24　1.025，0.168。

7.26　a. 0.06。b. 0。c. 0.35。d. 0.65。

7.28　a. 0.21。b. 0.31。c. 0.26。

7.30　2.76，1.517。

7.32　3.86，2.60。

7.34　$E$(金币价值)=460 美元；选择 500 美元。

7.36　18 美元。

7.38　4.00，2.40。

7.40　1.85。

7.42　3 409。

7.44　0.14，0.58。

7.46　b. 2.8，0.76。

7.48　0，0。

7.50　b. 2.9，0.45。c. 是。

7.54 c. 1.07，0.505。d. 0.93，0.605。e. −0.045，−0.081。

7.56 a. 0.412。b. 0.286。c. 0.148。

7.58 145，31。

7.60 168，574。

7.62 a. 0.211，0.108 1。b. 0.211，0.106 4。c. 0.211，0.105 2。

7.64 0.106 0，0.145 6。

7.66 a. 均值=0.019 1，标准差=0.117 9。
b. 均值=0.029 5，标准差=0.158 2。
c. 均值=0.021 2，标准差=0.122 5。
d. 投资组合 2 的期望值最大（0.029 5）。
e. 投资组合 1 的标准差最小（0.117 9）。

7.68 a. 均值=0.005 8，标准差=0.064 5。
b. 均值=0.007 4，标准差=0.056 9。
c. 均值=0.004 1，标准差=0.070 9。
d. 投资组合 2 的期望值最大（0.007 4），标准差最小（0.056 9）。

7.70 a. 均值=0.006 3，标准差=0.050 9。
b. 均值=0.006 4，标准差=0.054 8。
c. 均值=0.006 1，标准差=0.049 4。
d. 投资组合 2 的期望值最大（0.006 4）。
e. 投资组合 3 的标准差最小（0.049 4）。

7.72 a. 均值=0.006 0，标准差=0.053 9。
b. 均值=0.006 2，标准差=0.049 2。
c. 均值=0.005 3，标准差=0.045 8。
d. 投资组合 2 的期望值最大（0.006 2）。
e. 投资组合 3 的标准差最小（0.045 8）。

7.74 a. 均值=0.005 2，标准差=0.043 0。
b. 均值=0.006 3，标准差=0.042 5。
c. 均值=0.006 2，标准差=0.038 7。
d. 投资组合 2 的期望值最大（0.006 3）。
e. 投资组合 3 的标准差最小（0.038 7）。

7.76 a. 均值=0.009 5，标准差=0.055 3。
b. 均值=0.011 1，标准差=0.049 0。
c. 均值=0.009 7，标准差=0.053 9。
d. 投资组合 2 的期望值最大（0.011 1），标准差最小（0.049 0）。

7.78 均值=0.010 0，标准差=0.046 4。

7.80 a. 均值=0.028 9，标准差=0.128 2。
b. 均值=0.026 1，标准差=0.140 6。
c. 均值=0.029 2，标准差=0.153 4。
d. 投资组合 3 的期望值最大（0.029 2）。
e. 投资组合 1 的标准差最小（0.128 2）。

7.84 a. 0.266 8。b. 1 029。c. 0.001 4。

7.86 a. 0.266 83。b. 0.102 92。c. 0.001 45。

7.88 a. 0.245 7。b. 0.081 9。c. 0.001 5。

7.90 a. 0.171 1。b. 0.091 6。c. 0.909 5。d. 0.810 6。

7.92 a. 0.421 9。b. 0.311 4。c. 0.258 10。

7.94 a. 0.064 6。b. 0.966 6。c. 0.928 2。d. 22.5。

7.96 0.008 1。

7.98 0.124 4。

7.100 0.003 17。

7.102 a. 0.336 9。b. 0.757 63。

7.104 a. 0.299 0。b. 0.919 67。

7.106 a. 0.691 85。b. 0.125 19。c. 0.440 69。

7.108 a. 0.056 92。b. 0.470 15。

7.110 a. 0.135 3。b. 0.180 4。c. 0.036 1。

7.112 a. 0.030 2。b. 0.274 6。c. 0.303 3。

7.114 a. 0.135 3。b. 0.066 3。

7.116 a. 0.202 69。b. 0.267 61。

7.118 0.670 3。

7.120 a. 0.442 2。b. 0.151 2。

7.122 a. 0.223 1。b. 0.702 9。c. 0.576 8。

7.124 a. 0.8。b. 0.445 7。

7.126 a. 0.099 3。b. 0.808 8。c. 0.888 1。

7.128 0.047 3。

7.130 0.006 4。

7.132 a. 0.007 93。b. 56。c. 4.10。

7.134 a. 0.161 2。b. 0.009 5。c. 0.013 2。

7.136 a. 1.46，1.49。b. 2.22，1.45。

7.138 0.087 55。

7.140 0.950 99，0.048 03，0.000 97，0.000 01，0，0。

## 第8章

8.2 a. 0.120 0。b. 0.480 0。c. 0.666 7。d. 0.186 7。

8.4 b. 0。c. 0.25。d. 0.005。

8.6 a. 0.166 7。b. 0.333 3。c. 0。

8.8 57分钟。

8.10 123吨。

8.12 b. 0.5。c. 0.25。

8.14 b. 0.25。c. 0.33。

8.16 0.934 5。

8.18 0.055 9。

8.20 0.010 7。

8.22 0.925 1。

8.24 0.047 5。

8.26 0.119 6。

8.28 0.001 0。

8.30 0。

8.32 1.70。

8.34 0.012 2。

8.36 0.443 5。

8.38 a. 0.675 9。b. 0.374 5。c. 0.146 9。

8.40 0.691 5。

8.42 a. 0.202 3。b. 0.337 2。

8.44 a. 0.105 6。b. 0.105 6。c. 0.888 2。

8.46 最高 5%：34.467 5，最低 5%：29.532 5。

8.48 0.115 1。

8.50 a. 0.117 0。b. 0.355 9。c. 0.016 2。d. 4.05 小时。

8.52 9 636 页。

8.54 a. 0.333 6。b. 0.031 4。c. 0.043 6。d. 32.88 美元。

8.56 a. 0.009 9。b. 12.88 美元。

8.58 132.80（四舍五入为 133）。

8.60 0.594 8。

8.62 0.046 5。

8.64 171。

8.66 873。

8.68 0.815 9。

8.70 a. 0.232 7。b. 0.257 8。

8.74 a. 0.548 8。b. 0.698 8。c. 0.192 0。d. 0。

8.76 0.135 3。

8.78 0.864 7。

8.80 0.485 7。

8.82 0.188 9。

8.84 a. 2.750。b. 1.282。c. 2.132。d. 2.528。

8.86 a. 1.655 6。b. 2.681 0。c. 1.960 0。d. 1.660 2。

8.88 a. 0.174 4。b. 0.023 1。c. 0.025 1。d. 0.026 7。

8.90 a. 17.3。b. 50.9。c. 2.71。d. 53.5。

8.92 a. 33.570 5。b. 866.911。c. 24.397 6。d. 261.058。

8.94 a. 0.488 1。b. 0.915 8。c. 0.998 8。d. 0.907 7。

8.96 a. 2.84。b. 1.93。c. 3.60。d. 3.37。

8.98 a. 1.520 4。b. 1.594 3。c. 2.839 7。d. 1.167 0。

8.100 a. 0.105 0。b. 0.157 6。c. 0.000 1。d. 0.004 4。

## 第9章

9.2 a. 1/36。b. 1/36。
9.4 $\bar{x}$ 的方差小于 $x$ 的方差。
9.6 没有变化，因为样本均值近似服从正态分布。
9.8 a. 0.105 6。b. 0.158 7。c. 0.006 2。
9.10 a. 0.443 5。b. 0.733 3。c. 0.818 5。
9.12 a. 0.119 1。b. 0.234 7。c. 0.290 2。
9.14 a. 15.00。b. 21.80。c. 49.75。
9.18 a. 0.091 8。b. 0.010 4。c. 0.000 77。
9.20 a. 0.308 5。b. 0。
9.22 a. 0.003 8。b. 看上去是错的。
9.26 0.117 0。
9.28 0.931 9。
9.30 a. 0。b. 0.040 9。c. 0.5。
9.32 0.105 6。
9.34 0.003 5。
9.36 a. 0.115 1。b. 0.028 7。
9.38 0.009 6；制造商的说法看上去是错的。
9.40 a. 0.007 1。b. 教授的说法看上去是错的。
9.42 0.006 6。
9.44 教授的说法看上去是错的。
9.46 0.003 3。
9.48 0.841 3。
9.50 0.841 3。
9.52 0.305 0。
9.54 1。

## 第10章

10.10 a. 200±19.60。b. 200±9.80。c. 200±3.92。d. 区间变窄了。
10.12 a. 500±3.95。b. 500±3.33。c. 500±2.79。d. 区间变窄了。
10.14 a. 10±0.82。b. 10±1.64。c. 10±2.60。d. 区间变宽了。
10.16 a. 400±1.29。b. 200±1.29。c. 100±1.29。d. 区间长度不变。
10.18 是的，因为样本容量增大，方差降低。
10.20 a. 500±3.50。
10.22 LCL=36.82，UCL=50.68。
10.24 LCL=6.91，UCL=12.79。
10.26 LCL=12.83，UCL=20.97。
10.28 LCL=10.41，UCL=15.89。
10.30 LCL=249.44，UCL=255.32。

10.32　LCL=11.86，UCL=12.34。
10.34　LCL=0.494，UCL=0.526。
10.36　LCL=18.66，UCL=19.90。
10.38　LCL=579 545，UCL=590 581。
10.40　LCL=25.62，UCL=28.76。
10.48　a. 1 537。b. 500±10。
10.52　2 149。
10.54　1 083。
10.56　217。

## 第 11 章

11.2　$H_0$：我会成功完成博士阶段的学习。
$H_1$：我不能成功完成博士阶段的学习。
11.4　$H_0$：风险投资更成功。
$H_1$：风险投资不那么成功。
11.6　O. J. Simpson.

所有的 $p$ 值和犯第二类错误的概率都是用附录 B 中的表 3 计算得到的。

11.8　检验统计量：$z=0.60$；拒绝域：$z>1.88$；$p$ 值=0.274 3；没有足够证据推断 $\mu>50$。
11.10　检验统计量：$z=0$；拒绝域：$z<-1.96$ 或 $z>1.96$；$p$ 值=1.0；没有足够证据推断 $\mu\neq100$。
11.12　检验统计量：$z=-1.33$；拒绝域：$z<-1.645$；$p$ 值=0.091 8；没有足够证据推断 $\mu<50$。
11.14　a. 0.274 3。b. 0.158 7。c. 0.001 3。
d. 检验统计量下降，$p$ 值下降。
11.16　a. 0.211 2。b. 0.376 8。c. 0.576 4。
d. 检验统计量增大，$p$ 值增大。
11.18　a. 0.001 3。b. 0.002 8。c. 0.158 7。
d. 检验统计量下降，$p$ 值增大。
11.20　a. $z=4.57$，$p$ 值=0。b. $z=1.60$，$p$ 值=0.054 8。
11.22　a. $z=-0.62$，$p$ 值=0.267 6。b. $z=-1.38$，$p$ 值=0.083 8。
11.24　$p$ 值：0.5，0.312 1，0.161 1，0.069 4，0.023 9，0.006 2，0.001 5，0，0。
11.26　a. $z=2.30$，$p$ 值=0.021 4。b. $z=0.46$，$p$ 值=0.645 6。
11.28　$z=2.11$，$p$ 值=0.017 4；是。
11.30　$z=-1.29$，$p$ 值=0.098 5；是。
11.32　$z=0.95$，$p$ 值=0.171 1；否。
11.34　$z=1.85$，$p$ 值=0.032 2；否。
11.36　$z=-2.06$，$p$ 值=0.019 7；是。
11.38　$z=1.65$，$p$ 值=0.049 5；是。
11.40　$z=2.26$，$p$ 值=0.011 9；否。

11.42　$z=-1.22$，$p$ 值=0.111 2；否。
11.44　$z=3.33$，$p$ 值=0；是。
11.46　$z=-2.73$，$p$ 值=0.003 2；是。
11.48　0.149 2。
11.50　0.648 0。
11.52　a. 0.610 3。b. 0.855 4。c. $\beta$ 增大。
11.56　a. 0.440 4。b. 0.673 6。c. $\beta$ 增大。
11.60　$p$ 值=0.993 1；没有足够的证据认为新系统不是成本有效的。
11.62　0.117 0。
11.64　0.163 5（其中 $\alpha=0.05$）

第 12 章至第 19 章的习题答案是通过如下方式得到的：如果习题中的统计量可以在附录 A 中找到，则手工计算结果；要求使用计算机作答的习题是使用 Excel 得到的；如果检验统计量是手工计算的并且服从正态分布（$z$ 统计量），则根据正态分布表（附录 B 中的表 3）计算 $p$ 值；其他检验统计量的 $p$ 值是使用 Excel 计算出来的。

## 第 12 章

12.4　a. 1 500±59.52。b. 1 500±39.68。c. 1 500±19.84。d. 区间变窄了。
12.6　a. 10±0.20。b. 10±0.79。c. 10±1.98。d. 区间变宽了。
12.8　a. 63±1.77。b. 63±2.00。c. 63±2.71。d. 区间变宽了。
12.10　a. $t=-3.21$，$p$ 值=0.001 5。b. $t=-1.57$，$p$ 值=0.117 7。
c. $t=-1.18$，$p$ 值=0.240 0。d. $t$ 减小，$p$ 值增大。
12.12　a. $t=0.67$，$p$ 值=0.511 3。b. $t=0.52$，$p$ 值=0.613 6。
c. $t=0.30$，$p$ 值=0.780 4。d. $t$ 减小，$p$ 值增大。
12.14　a. $t=1.71$，$p$ 值=0.044 8。b. $t=2.40$，$p$ 值=0.009 1。
c. $t=4.00$，$p$ 值=0.000 1。d. $t$ 增大，$p$ 值减小。
12.16　a. 175±28.60。b. 175±22.07。c. 因为正态分布比 $t$ 分布窄。
12.18　a. 350±11.52。b. 350±11.52。c. 当 $n$ 很大时，正态分布与 $t$ 分布等同。
12.20　a. $t=-1.30$，$p$ 值=0.112 6；否。b. $z=-1.30$，$p$ 值=0.096 4；是。
c. 因为正态分布比 $t$ 分布窄。
12.22　a. $t=1.58$，$p$ 值=0.056 9。b. $z=1.58$，$p$ 值=0.057 1。
c. 当 $n$ 很大时，正态分布与 $t$ 分布等同。
12.24　LCL=14 422，UCL=33 680。
12.26　$t=-4.49$，$p$ 值=0.000 2，是。
12.28　LCL=18.11，UCL=35.23。
12.30　$t=-2.45$，$p$ 值=0.018 6；是。
12.32　LCL=427 百万；UCL=505 百万。
12.34　LCL=727 350 百万美元，UCL=786 350 百万美元。
12.36　LCL=2.31，UCL=3.03。
12.38　LCL=98 265 百万美元，UCL=104 154 百万美元。

12.40 $t=0.51$，$p$ 值$=0.306\ 1$；否。

12.42 $t=2.28$，$p$ 值$=0.012\ 7$；是。

12.44 LCL=650 958 百万；UCL=694 442 百万。

12.46 LCL=38 138 美元，UCL=42 467 美元。

12.48 LCL=1.32，UCL=1.41。

12.50 $t=1.11$，$p$ 值$=0.132\ 7$；否。

12.52 LCL=55 426 美元，UCL=61 391 美元。

12.54 $t=-2.98$，$p$ 值$=0.001\ 5$；是。

12.56 $t=20.95$，$p$ 值$=0$；是。

12.58 $t=3.20$，$p$ 值$=0.000\ 7$；是。

12.60 LCL=53 790 美元，UCL=58 094 美元。

12.62 $t=-7.87$，$p$ 值$=0$；是。

12.64 LCL=4.80，UCL=5.12。

12.68 a. $\chi^2=72.60$，$p$ 值$=0.042\ 7$；是。

b. $\chi^2=35.93$，$p$ 值$=0.164\ 3$；否。

c. 减少样本容量，统计量变小且 $p$ 值增加。

12.70 a. LCL=7.09，UCL=25.57。

b. LCL=8.17，UCL=19.66。

c. 增加样本容量，区间变窄。

12.72 $\chi^2=7.57$，$p$ 值$=0.421\ 8$；否。

12.74 LCL=7.31，UCL=51.43。

12.76 $\chi^2=305.81$，$p$ 值$=0.004\ 4$；是。

12.78 $\chi^2=86.36$，$p$ 值$=0.186\ 3$；否。

12.82 a. $0.48\pm0.069\ 2$。b. $0.48\pm0.043\ 8$。c. $0.48\pm0.031\ 0$。d. 区间变窄了。

12.84 a. $z=0.61$，$p$ 值$=0.270\ 9$。b. $z=0.87$，$p$ 值$=0.192\ 2$。

c. $z=1.22$，$p$ 值$=0.111\ 2$。d. $p$ 值变小。

12.86 752。

12.88 a. $75\pm0.026\ 0$。b. 区间变窄了。c. 会，因为区间估计比指定的好。

12.90 a. $0.75\pm0.03$。b. 是，因为是利用所选样本容量计算的区间。

12.92 a. $0.5\pm0.034\ 6$。b. 区间变宽了。c. 不会，因为区间估计比指定的差（宽）。

12.94 $z=-1.47$，$p$ 值$=0.070\ 8$；是。

12.96 $z=0.33$，$p$ 值$=0.370\ 7$；否。

12.98 LCL=0.133 2，UCL=0.206 8。

12.100 LCL=0（由−0.001 8 增加），UCL=0.031 2。

12.102 LCL=0（由−0.003 7 增加），UCL=0.019 1。

12.104 LCL=0.092 4，UCL=0.146 0。

12.106 LCL=5 940，UCL=9 900。

12.108 $z=-1.58$，$p$ 值$=0.057\ 1$；否。

12.110 LCL=3.452 百万；UCL=3.749 百万。

12.112 $z=1.40$，$p$ 值$=0.080\ 8$；否。

12.114　LCL=3.89 百万；UCL=5.21 百万。
12.116　a. LCL=0.861 百万；UCL=1.17 百万。
12.118　a. LCL=104 094 270，UCL=112 755 571。
b. LCL=10 051 434，UCL=14 677 058。
12.120　LCL=43 282 406，UCL=50 442 144。
12.122　$z=-7.61$，$p$ 值=0；是。
12.124　$z=2.79$，$p$ 值=0.002 7；是。
12.126　LCL=83 670 760，UCL=93 708 606。
12.128　LCL=109 788 778，UCL=119 955 414。
12.130　LCL=24 171 797，UCL=29 613 579。
12.132　$z=-3.83$，$p$ 值=0.000 1；是。
12.134　$z=5.05$，$p$ 值=0；是。
12.136　LCL=21 870 611，UCL=24 397 798。
12.138　a. LCL=0.271 1，UCL=0.312 7。
b. LCL=32 729 361，UCL=37 751 646。
12.140　LCL=29 359 008，UCL=41 918 139。
12.142　LCL=8 354 美元，UCL=15 573 美元。
12.144　a. $t=3.04$，$p$ 值=0.001 5；是。b. LCL=30.68，UCL=33.23。
c. 花费需要服从正态分布 。
12.146　$\chi^2=30.71$，$p$ 值=0.043 5；是。
12.148　LCL=0.371 8，UCL=0.442 8。
12.150　LCL=9.92，UCL=10.66。
12.152　a. LCL=69.03，UCL=74.73。b. $t=2.74$，$p$ 值=0.004 3；是。
12.154　$z=0.64$，$p$ 值=0.261 1；否。
12.156　LCL=26.44，UCL=27.55。
12.158　LCL=0.581 8，UCL=0.682 2。
12.160　LCL=69 833 339，UCL=86 316 357。
12.162　$z=-1.33$，$p$ 值=0.091 2；是。
12.164　a. $t=-2.97$，$p$ 值=0.001 8；是。b. $\chi^2=101.58$，$p$ 值=0.001 1；是。
12.166　LCL=49 800，UCL=72 880。
12.168　a. LCL=−5.54，UCL=29.61。b. $t=-0.473$，$p$ 值=0.321 0；否。
12.170　$t=0.908$，$p$ 值=0.182 3；否。
12.172　$t=0.959$，$p$ 值=0.169 3；否。
12.174　$t=2.44$，$p$ 值=0.008 3；是。
12.176　a. LCL=0.613 5，UCL=0.710 7。b. LCL=26 823，UCL=37 144。
c. LCL=4.67，UCL=5.79。d. LCL=1.41，UCL=1.84。

对于第 13 章和其他章节的附录中的习题，我们使用显著性水平为 5%的 $F$ 检验来判断是选择等方差 $t$ 检验还是异方差 $t$ 检验。此外，对于比较两个总体的习题，我们认为储存在第 1 列（通常是列 A）中的数据来自总体 1，储存在第 2 列中的数据来自总体

2。两组之间的差异为第 1 列中的数据减去第 2 列中的数据。

## 第 13 章

13.6 a. $t$=0.43，$p$ 值=0.670 3；否。
b. $t$=0.04，$p$ 值=0.971 6；否。
c. $t$ 统计量减小，$p$ 值增大。
d. $t$=1.53，$p$ 值=0.128 2；否。
e. $t$ 统计量增大，$p$ 值减小。
f. $t$=0.72，$p$ 值=0.479 6；否。
g. $t$ 统计量增大，$p$ 值减小。

13.8 a. $t$=0.62，$p$ 值=0.268 9；否。
b. $t$=2.46，$p$ 值=0.007 4；是。
c. $t$ 统计量增大，$p$ 值减小。
d. $t$=0.23，$p$ 值=0.411 8。
e. $t$ 统计量减小，$p$ 值增大。
f. $t$=0.35，$p$ 值=0.362 4。
g. $t$ 统计量减小，$p$ 值增大。

13.12 $t$=−2.04，$p$ 值=0.028 3；是。

13.14 $t$=−1.59，$p$ 值=0.136 8；否。

13.16 $t$=1.12，$p$ 值=0.276 1；否。

13.18 $t$=1.55，$p$ 值=0.120 4；否。

13.20 a. $t$=2.88，$p$ 值=0.002 1；是。b. LCL=0.25，UCL=4.57。

13.22 $t$=0.94，$p$ 值=0.175 3；选择供应商 B。

13.24 a. $t$=2.94，$p$ 值=0.006 0；是。
b. LCL=4.31，UCL=23.65。
c. 要求时间服从正态分布。

13.26 $t$=7.54，$p$ 值=0；是。

13.28 $t$=0.90，$p$ 值=0.185 8；否。

13.30 $t$=−2.05，$p$ 值=0.041 2；是。

13.32 $t$=1.16，$p$ 值=0.246 7；否。

13.34 $t$=−2.09，$p$ 值=0.018 9；是。

13.36 $t$=6.28，$p$ 值=0；是。

13.38 $t$=12.37，$p$ 值=0；是。

13.40 $t$=2.49，$p$ 值=0.008 0；是。

13.42 LCL=11 896，UCL=20 430。

13.44 LCL=−0.245，UCL=0.392。

13.46 LCL=0.630，UCL=1.765。

13.48 $t$=0.502，$p$ 值=0.307 8；否。

13.50 $t$=−3.08，$p$ 值=0.001 1；是。

13.52 LCL=0.291，UCL=1.038。

13.54 LCL=−12 386，UCL=−991；平均来看，保守派的收入在 991 美元至 12 386 美元之间，高于自由派。

13.56 $t=-1.81$，$p$ 值=0.035 3；是。

13.58 $t=3.11$，$p$ 值=0.001 0；是。

13.60 $t=8.93$，$p$ 值=0；是。

13.62 $t=0.276$，$p$ 值=0.391 6；否。

13.64 $t=-2.12$，$p$ 值=0.010 1；是。

13.66 $t=-4.27$，$p$ 值=0；是。

13.68 $t=-3.06$，$p$ 值=0.001 2；是。

13.70 $t=2.04$，$p$ 值=0.041 8；是。

13.72 $t=-0.20$，$p$ 值=0.422 2；否。

13.74 $t=7.09$，$p$ 值=0；是。

13.76 $t=-0.145$，$p$ 值=0.884 5；否。

13.78 $t=0.314$，$p$ 值=0.376 8；否。

13.80 $t=-1.69$，$p$ 值=0.433 0；否。

13.82 LCL=1.128，UCL=1.825。

13.84 $t=0.604$，$p$ 值=0.273 5；否。

13.86 $t=-4.65$，$p$ 值=0；是。

13.88 $t=9.20$，$p$ 值=0；是。

13.90 试验数据。

13.96 $t=-3.22$，$p$ 值=0.007 3；是。

13.98 $t=1.98$，$p$ 值=0.047 3；是。

13.100 a. $t=1.82$，$p$ 值=0.048 4；是。b. LCL=−0.66，UCL=6.82。

13.102 $t=-3.70$，$p$ 值=0.000 5；是。

13.104 a. $t=-16.92$，$p$ 值=0；是。

b. LCL=−64.48，UCL=−50.12；平均节约的费用在 50.12 美元至 64.48 美元之间。

c. 要求费用差服从正态分布。

13.106 $t=-1.52$，$p$ 值=0.064 7；否。

13.108 $t=2.08$，$p$ 值=0.021 0；是。

13.110 配对试验减少了由不同司机带来的变异。

13.112 薪水与大学生 GPA 的关联性没有薪水与 MBA GPA 的关联性那样强。

13.114 $t=22.10$，$p$ 值=0；是。

13.116 LCL=6.80，UCL=23.87。

13.120 a. $F=0.50$，$p$ 值=0.066 9；是。

b. $F=0.50$，$p$ 值=0.207 1；否。

c. 检验统计量的值没有改变，但结论改变了。

13.122 $F=0.50$，$p$ 值=0.317 9；否。

13.124 $F=3.23$，$p$ 值=0.078 4；否。

13.126 $F=2.08$，$p$ 值$=0.000\ 3$；是。

13.128 $F=0.31$，$p$ 值$=0$；是。

13.132 a. $z=1.07$，$p$ 值$=0.284\ 6$。

b. $z=2.01$，$p$ 值$=0.044\ 4$。

c. $p$ 值减小了。

13.134 $z=1.70$，$p$ 值$=0.044\ 6$；是。

13.136 $z=3.62$，$p$ 值$=0$；是。

13.138 $z=-2.85$，$p$ 值$=0.002\ 2$；是。

13.140 $z=-4.04$，$p$ 值$=0$；是。

13.142 $z=2.00$，$p$ 值$=0.022\ 8$；是。

13.144 $z=-1.19$，$p$ 值$=0.117\ 0$；否。

13.146 $z=1.97$，$p$ 值$=0.024\ 4$；是。

13.148 $z=1.79$，$p$ 值$=0.0367$；是。

13.150 $z=-2.15$，$p$ 值$=0.015\ 8$；是。

13.152 a. $z=3.35$，$p$ 值$=0$；是。b. LCL$=0.066\ 8$，UCL$=0.311\ 4$。

13.154 $z=4.24$，$p$ 值$=0$；是。

13.156 $z=1.50$，$p$ 值$=0.066\ 4$；否。

13.158 $z=3.64$，$p$ 值$=0.000\ 1$；是。

13.160 $z=2.04$，$p$ 值$=0.020\ 7$；是。

13.162 $z=-1.25$，$p$ 值$=0.211\ 2$；否。

13.164 $z=2.98$，$p$ 值$=0.002\ 8$；是。

13.166 $z=7.76$，$p$ 值$=0$；是。

13.168 $z=2.00$，$p$ 值$=0.022\ 5$；是。

13.170 $z=1.57$，$p$ 值$=0.116\ 6$；否。

13.172 $z=-3.72$，$p$ 值$=0.000\ 2$；是。

13.174 $z=2.89$，$p$ 值$=0.001\ 9$；是。

13.176 $z=-2.96$，$p$ 值$=0.001\ 5$；是。

13.178 $z=-1.51$，$p$ 值$=0.131\ 4$；否。

13.180 $z=4.65$，$p$ 值$=0$；是。

13.182 $z=-3.69$，$p$ 值$=0$；是。

13.184 a. $z=2.49$，$p$ 值$=0.006\ 5$；是。

b. $z=0.89$，$p$ 值$=0.185\ 9$；否。

c. $z=2.61$，$p$ 值$=0.004\ 5$；是。

13.186 $t=15.82$，$p$ 值$=0$；是。

13.188 $t=-6.09$，$p$ 值$=0$；是。

13.190 $z=-2.30$，$p$ 值$=0.010\ 6$；是。

13.192 a. $t=-1.06$，$p$ 值$=0.298\ 0$；否。

b. $t=-2.87$，$p$ 值$=0.004\ 0$；是。

13.194 $z=2.26$，$p$ 值$=0.011\ 9$；是。

13.196 $z=-4.28$，$p$ 值$=0$；是。

13.198 $z=-4.53$，$p$ 值=0；是。

13.200 a. $t=4.14$，$p$ 值=0.000 1；是。

b. LCL=1.84，UCL=5.36。

13.202 $t=-2.40$，$p$ 值=0.010 0；是。

13.204 $z=1.20$，$p$ 值=0.114 1；否。

13.206 $t=14.07$，$p$ 值=0；是。

13.208 $t=-2.40$，$p$ 值=0.009 2；是。

13.210 $t=0.71$，$p$ 值=0.476 3；否。

13.212 $z=1.57$，$p$ 值=0.057 8；否。

13.214 $z=12.67$，$p$ 值=0；是。

13.216 $z=16.47$，$p$ 值=0；是。

13.218 $t=2.85$，$p$ 值=0.002 5；是。

13.220 $z=-3.54$，$p$ 值=0.000 2；是。

13.222 $t=-2.13$，$p$ 值=0.017 1；是。

13.224 $z=-0.45$，$p$ 值=0.651 2；否。

13.226 LCL=−1 967，UCL=3 948。

13.228 LCL=−0.038 2，UCL=0.001 8。

13.230 $z=-0.290$，$p$ 值=0.772 2；否。

## 第 14 章

14.4 $F=4.82$，$p$ 值=0.037 7；是。

14.6 $F=3.91$，$p$ 值=0.049 3；是。

14.8 $F=0.81$，$p$ 值=0.522 4；否。

14.10 a. $F=2.94$，$p$ 值=0.036 3；存在差异。

b. 每种表格格式的时间必须服从正态分布，且方差相等。

c. 直方图近似钟形，样本方差相近。

14.12 $F=3.32$，$p$ 值=0.012 9；是。

14.14 $F=1.17$，$p$ 值=0.316 2；否。

14.16 $F=1.33$，$p$ 值=0.267 5；否。

14.18 a. 年龄：$F=25.60$，$p$ 值=0；存在差异。

b. 收入：$F=7.37$，$p$ 值=0.000 1；存在差异。

c. 教育：$F=1.82$，$p$ 值=0.142 8；没有足够的证据表明存在差异。

14.20 $F=0.26$，$p$ 值=0.773 0；否。

14.22 阅读：$F=182.43$，$p$ 值=0；存在差异。

数学：$F=353.45$，$p$ 值=0；存在差异。

科学：$F=121.0$，$p$ 值=0；存在差异。

14.24 $F=6.66$，$p$ 值=0.001 3；是。

14.26 $F=4.01$，$p$ 值=0.018 4；是。

14.28 $F=3.10$，$p$ 值=0.045 3；是。

14.30 $F=10.11$，$p$ 值=0；是。

14.32 $F=87.39$，$p$ 值＝0；是。

14.34 $F=3.09$，$p$ 值＝0.026 0；是。

14.36 $F=0.968$，$p$ 值＝0.406 7；否。

14.38 $F=11.59$，$p$ 值＝0；是。

14.40 $F=17.10$，$p$ 值＝0；是。

14.42 $F=37.47$，$p$ 值＝0；是。

14.44 a. $\mu_1$ 和 $\mu_2$，$\mu_1$ 和 $\mu_4$，$\mu_1$ 和 $\mu_5$，$\mu_2$ 和 $\mu_4$，$\mu_3$ 和 $\mu_4$，$\mu_3$ 和 $\mu_5$ 以及 $\mu_4$ 和 $\mu_5$ 不同。

b. $\mu_1$ 和 $\mu_5$，$\mu_2$ 和 $\mu_4$，$\mu_3$ 和 $\mu_4$ 以及 $\mu_4$ 和 $\mu_5$ 不同。

c. $\mu_1$ 和 $\mu_2$，$\mu_1$ 和 $\mu_5$，$\mu_2$ 和 $\mu_4$，$\mu_3$ 和 $\mu_4$ 以及 $\mu_4$ 和 $\mu_5$ 不同。

14.46 a. 文学学士和工商管理学学士不同。b. 文学学士和工商管理学学士不同。

14.48 a. 表 1 和表 4 不同。b. 所有表都相同。

14.50 a. 油漆 2 和油漆 3 不同。b. 油漆 2 和油漆 3 不同。

14.52 没有化肥不同。

14.54 无党派与共和党存在差异。

14.56 民主党与共和党存在差异。

14.58 庞费洛尼调整法，$\alpha=0.05/C$，$C=1$；温和派与保守派存在差异。

14.60 自由派与温和派存在差异，自由派与保守派存在差异。

14.62 除低于高中和高中、高中和大专外，其他两两学位间存在差异。

14.64 没有任何两年存在差异。

14.66 民主党与共和党存在差异，共和党与无党派存在差异。

14.68 三个政党间存在差异。

14.70 a. $F=16.50$，$p$ 值＝0；待处理变量均值之间存在差异。

b. $F=4.00$，$p$ 值＝0.000 5；组均值之间存在差异。

14.72 a. $F=7.00$，$p$ 值＝0.007 8；待处理变量均值之间存在差异。

b. $F=10.50$，$p$ 值＝0.001 6；待处理变量均值之间存在差异。

c. $F=21.00$，$p$ 值＝0.000 1；待处理变量均值之间存在差异。

d. $F$ 统计量增加，$p$ 值减小。

14.74 a. SS（总）＝14.9，SST＝8.9，SSB＝4.2，SSE＝1.8。

b. SS（总）＝14.9，SST＝8.9，SSE＝6.0。

14.76 $F=1.65$，$p$ 值＝0.229 6；否。

14.78 a. $F=123.36$，$p$ 值＝0；是。b. $F=323.16$，$p$ 值＝0；是。

14.80 a. $F=21.16$，$p$ 值＝0；是。b. $F=66.02$，$p$ 值＝0；随机化区组试验最好。

14.82 a. $F=10.72$，$p$ 值＝0；是。b. $F=6.36$，$p$ 值＝0；是。

14.84 $F=354.97$，$p$ 值＝0；是。

14.86 $F=44.74$，$p$ 值＝0；是。

14.88 $F=9.53$，有足够的证据证明因素 $A$ 和因素 $B$ 之间存在交互作用。

14.90 a. $F=0.31$，$p$ 值＝0.594 3；没有足够的证据证明因素 $A$ 和因素 $B$ 之间存在交互作用。

b. $F=1.23$，$p$ 值＝0.299 5；没有足够的证据证明因素 $A$ 的各水平之间存在差异。

c. $F$=13.00，$p$ 值=0.006 9；有证据证明因素 $B$ 的各水平之间存在差异。

14.92 $F$=0.21，$p$ 值=0.891 5；没有证据证明教育水平和性别之间存在交互作用。

$F$=4.49，$p$ 值=0.006 0；教育的各水平之间存在差异。

$F$=15.00，$p$ 值=0.000 2；男性和女性之间存在差异。

14.94 a. 有 12 个类。

b. 两因素：纳税表格和收入分组。

c. $a$=4 种纳税表格和 $b$=3 种收入分组。

d. $F$=1.04，$p$ 值=0.403 0；否。

e. $F$=2.56，$p$ 值=0.058 6；否。

f. $F$=4.11，$p$ 值=0.019 0；是。

14.96 a. 因素 $A$ 是药物组合，因素 $B$ 是疗程。

b. 因变量是改善状况。

c. $a$=4 种药物组合，$b$=2 个疗程。

d. 交互作用检验：$F$=7.27，$p$ 值=0.000 7；有证据表明疗程和药物组合有交互作用。

14.98 机器和合金都是差异的来源。

14.100 技能水平是唯一的差异来源。

14.102 $F$=7.63，$p$ 值=0；是。

14.104 $F$=13.79，$p$ 值=0；采用阅读速度最快的字体。

14.106 $F$=7.72，$p$ 值=0.007 0；是。

14.108 a. $F$=136.58，$p$ 值=0；是。b. 三种方法的均值互不相同。纯基础语音教学最好。

14.110 $F$=14.47，$p$ 值=0；是。

14.112 $F$=13.84，$p$ 值=0；是。

14.114 $F$=1.62，$p$ 值=0.202 2；否。

14.116 $F$=2.70，$p$ 值=0.068 4；否。

14.118 $F$=39.93，$p$ 值=0；是。

14.120 $F$=45.49，$p$ 值=0；是。

14.122 $F$=211.61，$p$ 值=0；是。

## 第 15 章

15.2 $\chi^2$=2.26，$p$ 值=0.686 8；没有足够证据表明至少有一个 $p_i$ 不等于预定值。

15.6 $\chi^2$=9.96，$p$ 值=0.018 9；有足够证据表明至少有一个 $p_i$ 不等于预定值。

15.8 $\chi^2$=6.85，$p$ 值=0.076 9；没有足够证据表明至少有一个 $p_i$ 不等于预定值。

15.10 $\chi^2$=14.07，$p$ 值=0.007 1；是。

15.12 $\chi^2$=33.85，$p$ 值=0；是。

15.14 $\chi^2$=6.35，$p$ 值=0.041 9；是。

15.16 $\chi^2$=5.70，$p$ 值=0.127 2；否。

15.18 $\chi^2$=21.22，$p$ 值=0；是。

15.20 $\chi^2$=97.05，$p$ 值=0；是。

15.22 $\chi^2$=19.10，$p$ 值=0；是。

15.24 $\chi^2$=4.77，$p$ 值=0.028 9；是。

15.26 $\chi^2$=4.41，$p$ 值=0.111 0；否。

15.28 $\chi^2$=2.36，$p$ 值=0.308 7；否。

15.30 $\chi^2$=19.71，$p$ 值=0.000 1；是。

15.32 $\chi^2$=0.64，$p$ 值=0.422 5；否。

15.34 $\chi^2$=41.77，$p$ 值=0；是。

15.36 $\chi^2$=43.36，$p$ 值=0；是。

15.38 $\chi^2$=20.89，$p$ 值=0.001 9；是。

15.40 $\chi^2$=1.22，$p$ 值=0.976 1；否。

15.42 $\chi^2$=311.4，$p$ 值=0；是。

15.44 $\chi^2$=11.82，$p$ 值=0.008 0；是。

15.46 $\chi^2$=22.49，$p$ 值=0.000 2；是。

15.48 $\chi^2$=25.90，$p$ 值=0；是。

15.50 $\chi^2$=5.87，$p$ 值=0.053 1；否。

15.52 $\chi^2$=24.52，$p$ 值=0；是。

15.54 $\chi^2$=116.46，$p$ 值=0；是。

15.56 $\chi^2$=5.89，$p$ 值=0.052 5；否。

15.58 $\chi^2$=35.21，$p$ 值=0；是。

15.60 $\chi^2$=9.87，$p$ 值=0.001 7；是。

15.62 $\chi^2$=506.76，$p$ 值=0；是。

15.64 打电话：$\chi^2$=0.235，$p$ 值=0.889 1；否。
没打电话：$\chi^2$=3.18，$p$ 值=0.204 4；否。

15.66 $\chi^2$=3.20，$p$ 值=0.201 9；否。

15.68 $\chi^2$=5.41，$p$ 值=0.246 5；否。

15.70 $\chi^2$=20.38，$p$ 值=0.000 4；是。

15.72 $\chi^2$=86.62，$p$ 值=0；是。

15.74 $\chi^2$=4.13，$p$ 值=0.531 0；否。

15.76 $\chi^2$=9.73，$p$ 值=0.045 2；是。

15.78 $\chi^2$=4.57，$p$ 值=0.101 6；否。

15.80 a. $\chi^2$=0.648，$p$ 值=0.420 7；否。
b. $\chi^2$=7.72，$p$ 值=0.052 1；否。
c. $\chi^2$=23.11，$p$ 值=0；是。

15.82 $\chi^2$=4.51，$p$ 值=0.341 1；否。

## 第 16 章

16.2 $\hat{y}$=9.107+0.058 2$x$。

16.4 $\hat{y}$=−24.72+0.967 5$x$。

16.6 b. $\hat{y}=3.635+0.2675x$。

16.8 $\hat{y}=7.460+0.0899x$。

16.10 $\hat{y}=7.286+0.1898x$。

16.12 $\hat{y}=4040+44.97x$。

16.14 $\hat{y}=458.4+64.05x$。

16.16 $\hat{y}=20.64-0.3039x$。

16.18 $\hat{y}=89.81+0.0514x$。

16.22 $t=10.09$，$p$ 值=0；有线性关系。

16.24 a. 1.347。b. $t=3.93$，$p$ 值=0.002 8；是。
c. LCL=0.025 2，UCL=0.091 2。d. 0.606 7。

16.26 $t=6.55$，$p$ 值=0；是。

16.28 a. 5.888。b. 0.289 2。
c. $t=4.86$，$p$ 值=0；是。
d. LCL=0.175 6，UCL=0.359 4。

16.30 $t=2.17$，$p$ 值=0.030 5；是。

16.32 $t=7.50$，$p$ 值=0；是。

16.34 a. 3 287。
b. $t=2.24$，$p$ 值=0.030 9；是。
c. 0.116 7。

16.36 $s_\varepsilon=191.1$；$R^2=0.3500$；$t=10.39$，$p$ 值=0。

16.38 $t=-3.39$，$p$ 值=0.002 1；是。

16.40 a. 0.033 1。b. $t=1.21$，$p$ 值=0.231 9；否。

16.42 $t=4.86$，$p$ 值=0；是。

16.44 $t=7.49$，$p$ 值=0；是。

16.46 $t=15.37$，$p$ 值=0；是。

16.48 $t=6.58$，$p$ 值=0；是。

16.50 $t=5.34$，$p$ 值=0；是。

16.52 $t=-7.22$，$p$ 值=0；是。

16.54 $t=0.845$，$p$ 值=0.398 2；否。

16.56 $t=16.90$，$p$ 值=0；是。
家庭中每增加一个挣钱人，家庭总收入的平均增长在 16 281 美元至 20 553 美元之间。

16.58 $t=24.19$，$p$ 值=0；是。

16.60 $t=-0.0769$，$p$ 值=0.469 4；否。

16.62 $t=-12.90$，$p$ 值=0；是。

16.64 $t=20.84$，$p$ 值=0；是。

16.68 11.10，16.42。

16.70 a. 2.086，16.200。b. 7.166，11.120。

16.72 a. −0.3（变为 0），23.52。b. 9.85，13.37。

16.74 10.26，11.86。

16.76 7.03，22.73。

16.78 5 659，7 817。

16.80 691.0，738.2。

16.82 12.20，24.22。

16.84 93.58，94.26。

16.86 预测下限=0（由−45 097 增加而来），
预测上限=83 220，
LCL=16 466，UCL=21 657。

16.88 在所有情况下，线性关系过弱，不能准确预测。

16.90 预测下限=0（由−2.14 增加而来），
预测上限=8.90，
LCL=3.21，UCL=3.55。

16.92 预测下限=10.27，
预测上限=71.30，
LCL=39.35，UCL=42.22。

16.94 预测下限=18 474，
预测上限=195 337，
LCL=100 921，UCL=112 930。

16.96 预测下限=0（由−0.89 增加而来），
预测上限=5.42，
LCL=2.18，UCL=2.36。

16.98 预测下限=11.28，
预测上限=22.20，
LCL=16.43，UCL=17.05。

16.100 在所有情况下，线性关系过弱，不能准确预测。

16.120 a. $\hat{y}=115.24+2.47x$。c. 0.565 9。d. $t=4.84$，$p$ 值=0.000 1；是。
e. 预测下限=318.1，预测上限=505.2。

16.122 a. $t=21.78$，$p$ 值=0；是。b. $t=11.76$，$p$ 值=0；是。

16.124 $t=3.01$，$p$ 值=0.004 2；是。

16.126 $t=1.67$，$p$ 值=0.052 2；否。

16.128 $t=-9.88$，$p$ 值=0；是。

## 第 17 章

17.2 a. $\hat{y}=13.01+0.194x_1+1.11x_2$。b. 3.75。c. 0.762 9。
d. $F=43.43$，$p$ 值=0；推断模型有效。f. $t=0.97$，$p$ 值=0.341 7；否。
g. $t=9.12$，$p$ 值=0；是。h. 23，39。i. 49，65。

17.4 c. $s_\varepsilon=6.99$，$R^2=0.351\ 1$；模型的效果不是很好。
d. $F=22.01$，$p$ 值=0；推断模型有效。
e. 预选赛最后一年的本垒打次数：$t=7.64$，$p$ 值=0；年龄：$t=0.26$，$p$ 值=

0.796 1；职业年限：$t=1.75$，$p$ 值=0.081 9。只有预选赛最后一年的本垒打次数与球员的本垒打次数相关。

f. 9.86（四舍五入为 10），38.76（四舍五入为 39）。

g. 14.66，24.47。

17.6 b. 0.288 2。c. $F=12.96$，$p$ 值=0；推断模型有效。

d. 高中 GPA：$t=6.06$，$p$ 值=0；SAT：$t=0.94$，$p$ 值=0.348 5；活动：$t=0.72$，$p$ 值=0.472 0。

e. 4.45，12.00（实际值=12.65；12 为最大值）。f. 6.90，8.22。

17.8 b. $F=29.80$，$p$ 值=0；推断模型有效。

d. 房屋大小：$t=3.21$，$p$ 值=0.001 4；
孩子个数：$t=7.84$，$p$ 值=0；
待在家里的成年人个数：$t=4.48$，$p$ 值=0。

17.10 b. $F=67.97$，$p$ 值=0；推断模型有效。

d. 65.54，77.31。e. 68.75，74.66。

17.12 a. $\hat{y}=-28.43+0.604x_1+0.374x_2$。

b. $s_\varepsilon=7.07$，$R^2=0.807\ 2$；模型拟合效果较好。

d. 35.16，66.24。e. 44.43，56.96。

17.14 b. $F=24.48$，$p$ 值=0；是。

c.

| 变量 | $t$ 统计量 | $p$ 值 |
|---|---|---|
| 本科平均学分绩 | 0.524 | 0.601 7 |
| GMAT 成绩 | 8.16 | 0 |
| 工作年数 | 3.00 | 0.003 6 |

17.16 b. $F=206.79$，$p$ 值=0；有充足的证据表明模型有效。

c. PAEDUC：$t=8.73$，$p$ 值=0；
MAEDUC：$t=6.82$，$p$ 值=0。

17.18 b. $F=11.06$，$p$ 值=0；有充足的证据表明模型有效。

c. AGE：$t=2.98$，$p$ 值=0.003 0；
EDUC：$t=-4.62$，$p$ 值=0；
CHILDS：$t=-1.41$，$p$ 值=0.158 3；
HRS1：$t=-3.77$，$p$ 值=0.000 2。

d. 模型解释了变量 TVHOURS 变异中的 5.43%。

17.20 a. $F=35.06$，$p$ 值=0；有充足的证据表明模型有效。

b.

| 变量 | $t$ 统计量 | $p$ 值 |
|---|---|---|
| AGE | 0.404 | 0.686 4 |
| EDUC | 7.89 | 0 |
| HRS | 7.10 | 0 |

续前表

| 变量 | $t$ 统计量 | $p$ 值 |
|---|---|---|
| CHILDS | 1.61 | 0.108 4 |
| AGEKDBRN | 4.90 | 0 |
| YEARSJOB | 5.85 | 0 |
| MOREDAYS | 1.36 | 0.175 4 |
| NUMORG | 1.37 | 0.171 3 |

17.22 b. $F=11.72$，$p$ 值$=0$；有充足的证据表明模型有效。

c.

| 变量 | $t$ 统计量 | $p$ 值 |
|---|---|---|
| DAYS 1 | 3.33 | 0.000 9 |
| DAYS 2 | 0.81 | 0.418 3 |
| DAYS 3 | 1.41 | 0.158 2 |
| DAYS 4 | 3.00 | 0.002 7 |
| DAYS 5 | 3.05 | 0.002 4 |
| DAYS 6 | 3.71 | 0.000 2 |

17.44 $d_L=1.16$，$d_U=1.59$；$4-d_L=2.84$，$4-d_U=2.41$；存在一阶负自相关。

17.46 $d_L=1.46$，$d_U=1.63$；存在一阶正自相关。

17.48 $4-d_U=2.27$，$4-d_L=2.81$. 没有证据证明存在一阶负自相关。

17.50 c. $d=0.785\ 9$，存在一阶自相关。

17.52 $d=2.200\ 3$；$d_L=1.30$，$d_U=1.46$，$4-d_U=2.70$，$4-d_L=2.54$，没有证据证明存在一阶自相关。

17.54 b. $t=1.72$，$p$ 值$=0.097\ 4$；否。

c. $t=4.64$，$p$ 值$=0.000\ 1$；是。

d. $s_\varepsilon=63.08$ 和 $R^2=0.475\ 2$；模型拟合效果较好。

f. 69.2，349.3。

17.56 b. $R^2=0.612\ 3$；模型拟合效果较好。

c. $F=21.32$，$p$ 值$=0$；推断模型有效。

d. 空置率：$t=-4.58$，$p$ 值$=0.000\ 1$；是。

失业率：$t=-4.73$，$p$ 值 $=0.000\ 1$；是。

e. 误差近似服从常方差的正态分布。

f. $d=1.28$；没有证据证明存在一阶自相关。

g. 14.18 美元，23.27 美元。

## 第 18 章

18.4 a. 一阶模型：需求$=\beta_0+\beta_1$价格$+\varepsilon$；二阶模型：需求$=\beta_0+\beta_1$价格$+\beta_2$ 价格$^2+\varepsilon$。

c. 二阶模型拟合得更好。d. 269.3。

18.6 a. MBA 期间的 GPA=$\beta_0+\beta_1$本科期间的 GPA+$\beta_2$GMAT+$\beta_3$工作年数+$\beta_4$本科期间的 GPA×GMAT+ε。

b. $F$=18.43，$p$ 值=0；$s_\varepsilon$=0.790 和 $R^2$=0.467 4。模型是有效的，但拟合效果不好。

18.8 c. 模型拟合效果都很好，估计的标准误和判定系数结果类似。

18.10 a. 产量=$\beta_0+\beta_1$×压力+$\beta_2$×温度+$\beta_3$×压力$^2$+$\beta_4$×温度$^2$+$\beta_5$×压力×温度+ε。

c. $s_\varepsilon$=512，$R^2$=0.687 2. 模型拟合效果较好。

18.14 $I_1$：$t$=−1.54，$p$ 值=0.126 9；

$I_2$：$t$=2.93，$p$ 值=0.004 3；

$I_3$：$t$=0.166，$p$ 值=0.868 4。

只有 $l_2$统计显著。然而，这也可以让我们比较确定地回答这个问题。

18.16 c. $t$=−5.56，$p$ 值=0；是。

18.18 b. $t$=−1.43，$p$ 值=0.158 9；否。

d. $I_1$：$t$=1.61，$p$ 值=0.113 0；

$I_2$：$t$=3.01，$p$ 值=0.003 9。

18.20 c. $s_\varepsilon$=4.20，$R^2$=0.532 7。f. 1.39，18.49。

18.22 a. $R^2$从 0.327 0 增加到 0.638 5，估计的标准误从 8.02 降低至 5.90。模型得到改进。

b. 150.5，174.1。c. 162.6，186.3。d. 模型仍然没有用。

18.24 b. $b_4$=1 505.6；排除年龄、教育和每周工作小时数后，平均来说个体经营者的收入比其他人少 1 505.60 美元。

c. $t$=0.468，$p$ 值=0.640 2/2=0.320 1；否。

18.26 a. $t$=−6.15，$p$ 值=0；是。b. $t$=6.17，$p$ 值=0；是。

18.28 a. $t$=−5.06，$p$ 值=0；是。b. $t$=4.23，$p$ 值=0；是。

18.30 比较白人和其他人：$t$=1.42，$p$ 值=0.154 5。比较黑人和其他人：$t$=5.90，$p$ 值=0.000 0。有证据表明在排除年龄和受教育程度的影响后，黑人和其他人存在差异。

18.32 $t$=2.45，$p$ 值=0.014 4；是。

18.34 a. $F$=344.0，$p$ 值=0。

b. $t$=1.72，$p$ 值=0.044 0；是。

18.36 26 美分。

18.44 c. $F$=54.14，$p$ 值=0；是。

18.46 b. $F$=14.91，$p$ 值=0；是。

18.48 c. $s_\varepsilon$=87.98，$R^2$=0.189 3；模型拟合效果欠佳。

## 第 19 章

19.2 a. $z$=1.66，$p$ 值=0.048 5；是。

b. $z$=0，$p$ 值=0.5；否。

19.4 $T=118$；否。

19.6 a. $z=3.61$，$p$ 值$=0.000\ 4$；是。

b. $z=3.61$，$p$ 值$=0.000\ 4$；是。

19.8 $z=1.16$，$p$ 值$=0.123\ 0$；否。

19.10 $z=-1.42$，$p$ 值$=0.077\ 8$；否。

19.12 $z=1.964$，$p$ 值$=0.050\ 0$；是。

19.14 $z=0.80$，$p$ 值$=0.211\ 9$；否。

19.16 $z=0.80$，$p$ 值$=0.423\ 8$；否。

19.18 $z=0.080$；否。

19.20 $z=2.20$，$p$ 值$=0.027\ 8$；是。

19.22 $z=-1.39$，$p$ 值$=0.081\ 6$；否。

19.24 $z=1.15$，$p$ 值$=0.250\ 4$；否。

19.26 $z=1.42$，$p$ 值$=0.077\ 2$；否。

19.28 $z=0.684$，$p$ 值$=0.247\ 0$；否。

19.30 $z=-0.742$，$p$ 值$=0.229\ 1$；否。

19.32 $z=-3.71$，$p$ 值$=0.000\ 2$；是。

19.34 $z=5.95$，$p$ 值$=0$；是。

19.36 $z=-1.57$，$p$ 值$=0.058\ 2$；是。

19.38 $z=2.31$，$p$ 值$=0.010\ 4$；是。

19.40 $z=1.58$，$p$ 值$=0.057\ 1$；否。

19.42 $T=34.5$；否。

19.44 a. $z=1.00$，$p$ 值$=0.158\ 7$；否。

b. $z=1.00$，$p$ 值$=0.158\ 7$；否。

c. 结果相同。

19.46 a. $z=-2.06$，$p$ 值$=0.039\ 6$；是。

b. $z=-0.52$，$p$ 值$=0.603\ 2$；否。

c. 符号检验忽视了差异的大小。

19.48 $z=-5.25$，$p$ 值$=0$；是。

19.50 $z=2.22$，$p$ 值$=0.013\ 2$；是。

19.52 $T=111$；否。

19.54 $z=-2.24$，$p$ 值$=0.012\ 5$；否。

19.56 $z=1.51$，$p$ 值$=0.065\ 5$；否。

19.58 $z=-7.40$，$p$ 值$=0$；是。

19.60 $H=1.56$；否。

19.62 $H=6.30$；是。

19.64 $H=4.46$，$p$ 值$=0.107\ 5$；否。

19.66 $F_r=7.74$，$p$ 值$=0.051\ 7$；是。

19.68 a. $F_r=8.00$，$p$ 值$=0.046\ 0$；是。

b. $F_r=8.00$，$p$ 值$=0.046\ 0$；是。

c. 顺序相同的编码结果相同。

19.70 $H=6.81$，$p$ 值=0.033 3；是。
19.72 $F_r=9.42$，$p$ 值=0.024 2；是。
19.74 $F_r=2.63$，$p$ 值=0.269 1；否。
19.76 $H=14.04$，$p$ 值=0.002 9；是。
19.78 $F_r=5.28$，$p$ 值=0.071 5；否。
19.80 $H=6.96$，$p$ 值=0.073 3；否。
19.82 $H=4.34$，$p$ 值=0.226 9；否。
19.84 $H=18.73$，$p$ 值=0.000 9；是。
19.86 $H=29.97$，$p$ 值=0；是。
19.88 $H=7.54$，$p$ 值=0.109 8；否。
19.90 $H=3.03$，$p$ 值=0.220 0；否。
19.92 $H=33.69$，$p$ 值=0；是。
19.94 $z=1.61$，$p$ 值=0.107 4；不能拒绝原假设。
19.96 $r_S=0.693\ 1$；否。
19.98 $r_S=0.225\ 0$；否。
19.100 $z=-0.20$，$p$ 值=0.841 2；否。
19.102 $z=0.54$，$p$ 值=0.293 1；否。
19.104 $z=3.87$，$p$ 值=0.000 1；是。
19.106 $z=5.52$，$p$ 值=0；是。
19.108 $z=-0.195$，$p$ 值=0；是。
19.110 $z=-4.62$，$p$ 值=0；是。
19.112 $z=-0.122$，$p$ 值=0.451 4；否。
19.114 $z=3.30$，$p$ 值=0.000 5；是。
19.116 $z=-5.25$，$p$ 值=0；是。
19.118 $z=9.64$，$p$ 值=0；是。
19.120 $z=-1.04$，$p$ 值=0.149 9；否。
19.122 $z=-3.58$，$p$ 值=0.000 2；是。
19.124 $H=3.55$，$p$ 值=0.169 9；否。
19.126 $H=14.87$，$p$ 值=0.021 3；是。
19.128 $z=1.12$，$p$ 值=0.130 9；否。
19.130 $z=1.05$，$p$ 值=0.296 0；否。
19.132 $z=2.86$，$p$ 值=0.002 1；是。
19.134 $z=-2.43$，$p$ 值=0.007 5；是。
19.136 $H=42.59$，$p$ 值=0；是。
19.138 $z=-10.06$，$p$ 值=0；是。

## 第 20 章

20.2 38.8，35.4，35.8，38.8，44.4，46.8，48.8，46.2。
20.4 19.00，21.67，24.33，26.67，26.67，26.33，24.67，24.33，21.00，19.00。
20.8 12.00，16.80，16.16，22.43，18.09，16.42，23.28，21.46，22.69，15.74。

20.10 38.00，38.50，38.85，39.47，40.12，40.91，41.82，42.53，42.88，43.09；有一个向上的趋势。

20.14 33.20，34.80，34.00，37.00，36.40，35.20，33.00，36.20，34.80，37.00，39.40，44.20，44.40，45.00，46.00，43.60。

20.16 18.00，19.60，22.56，25.94，28.76，25.26，30.35，28.61，27.17，30.70，36.02，33.21，36.33，35.00，41.80，43.08。

20.18 二次模型是最好的模型。

20.20 线性模型：$\hat{y}=-4.96+2.38t$ （$R^2=0.81$），
二次模型：$\hat{y}=3.14-2.48t+0.54t^2$ （$R^2=0.98$），
二次模型的趋势线拟合得更好。

20.22 0.675，0.892，0.864，1.212，1.357。

20.24 0.839，1.058，1.270，0.833。

20.26 b. $\hat{y}=49\,661-25.04\text{Year}$。

20.28 1.404，0.517，0.515，0.621，0.675，1.145，2.123。

20.30 MAD=4.60，SSE=125。

20.32 MAD=9.6，SSE=552。

20.34 191.1，331.2，418.5，169.2。

20.36 540.5。

20.38 43.08。

20.40 30.71，23.38，22.67，19.21。

20.42 a. 17 775。b. 17 146。

20.44 349.20，323.16，318.28，367.60。

20.46 136.47，121.44，88.60，164.81。

20.50 0.646，1.045，1.405，0.904。

## 第 21 章

21.6 81。

21.8 22。

21.10 a. 0.660 3。b. 0.036 1。

21.12 19 250。

21.14 5.36。

21.16 770 000。

21.18 3.83。

21.20 a. 0.365 9。b. 0.017 9。

21.24 子区边界：170.10，173.77，177.44，181.10，184.77，188.43，192.10。

21.26 c. 过程在样本 29 和样本 30 处失控。d. 发生水平漂移。

21.28 过程处于受控状态。

21.30 过程处于受控状态。

21.32 a. 过程处于失控状态。b. 过程在样本 19 处失控。c. 宽度太小。

21.34 过程在样本 23 处失控（$S$ 图）。

21.36　0.92。

21.38　过程在样本 29 处失控。

21.40　过程处于失控状态。

21.42　指数=0.53，指数低的原因是用来计算控制极限的统计量是在过程处于失控状态时取得的。

21.44　中线=0.032 4，控制限：0，0.07，过程在样本 25 处失控。

21.46　中线=0.038 3，控制限：0，0.095 9，过程在样本 25 和样本 30 处失控。

21.48　中线=0.025 7；控制限：0.004 5，0.047，过程在样本 28 处失控。

21.50　中线=0.012 6；控制限：0，0.027 5，过程在样本 24 处失控。

## 第 22 章

22.6　$\alpha_1$。

22.8　a. 烘烤 2 个面包。b. 烘烤 2 个面包。

22.10　按次付费。

22.12　订购 200 件衬衫。

22.14　a. 建造中型发电厂。b. 建造中型发电厂。

22.16　不生产。

22.18　32.5。

22.20　a. 10。b. 2。

22.22　$l_1$：0.50，0.50，0。
$l_2$：0.268，0.357，0.375。
$l_3$：0.172，0.345，0.483。
$l_4$：0.109，0.435，0.456。

22.24　a. $I_1$：$\alpha_3$；$I_2$：$\alpha_1$。b. 3.191。

22.26　0.30。

22.28　先验概率变得更不利时，EVSI 减少。

22.30　410 万。

22.32　b. 转向摇滚。c. 194 000。

22.34　不开展回收项目。

22.36　38 104。

22.38　c. 生产电池 2。d. 50 000。

22.40　315。

22.42　不抽样；安装 25 部电话。

22.44　捧场：北美放映。冷淡：卖到欧洲。糟糕：卖到欧洲。

# 翻译说明

《统计学：在经济和管理中的应用》（第 10 版）有许多新的东西，比如，本书提供了 19 个 Java 控件。有了这些控件，学生不需要烦琐的数学证明就能了解统计方法的推导过程。此外，本书还创建了大量 Excel 工作簿供学生进行假设分析。本书将指导学生创建 Excel 工作簿供其进行假设分析，借此向他们介绍这些概念。学生可以很直观地看出改变统计方法的一部分所带来的影响，如增加样本量的影响。

翻译图书是一个艰苦的过程，将一本几十万甚至上百万字的英文书译成中文需要一两年或者更长的时间，这种大部头教材的翻译也是对一个人意志的磨练。本书的译者还有刘兴坤、顾晓波、马晓东、冯丽君、马牧野、李军等。三河市正晖文化传媒有限公司提供了校对服务，在此表示感谢。

| 经济科学译丛 | | | | | | |
|---|---|---|---|---|---|---|
| 序号 | 书名 | 作者 | Author | 单价 | 出版年份 | ISBN |
| 1 | 统计学:在经济和管理中的应用(第10版) | 杰拉德·凯勒 | Gerald Keller | 158.00 | 2019 | 978-7-300-26771-5 |
| 2 | 经济学精要(第五版) | R.格伦·哈伯德等 | R. Glenn Hubbard | 99.00 | 2019 | 978-7-300-26561-2 |
| 3 | 环境经济学(第七版) | 埃班·古德斯坦等 | Eban Goodstein | 78.00 | 2019 | 978-7-300-23867-8 |
| 4 | 美国经济史(第12版) | 加里·M.沃尔顿等 | Gary M. Walton | 98.00 | 2018 | 978-7-300-26473-8 |
| 5 | 管理者微观经济学 | 戴维·M.克雷普斯 | David M. Kreps | 88.00 | 2019 | 978-7-300-22914-0 |
| 6 | 组织经济学:经济学分析方法在组织管理上的应用(第五版) | 塞特斯·杜玛等 | Sytse Douma | 62.00 | 2018 | 978-7-300-25545-3 |
| 7 | 经济理论的回顾(第五版) | 马克·布劳格 | Mark Blaug | 88.00 | 2018 | 978-7-300-26252-9 |
| 8 | 实地实验:设计、分析与解释 | 艾伦·伯格等 | Alan S. Gerber | 69.80 | 2018 | 978-7-300-26319-9 |
| 9 | 金融学(第二版) | 兹维·博迪等 | Zvi Bodie | 75.00 | 2018 | 978-7-300-26134-8 |
| 10 | 空间数据分析:模型、方法与技术 | 曼弗雷德·M.费希尔等 | Manfred M. Fischer | 36.00 | 2018 | 978-7-300-25304-6 |
| 11 | 《宏观经济学》(第十二版)学习指导书 | 鲁迪格·多恩布什等 | Rudiger Dornbusch | 38.00 | 2018 | 978-7-300-26063-1 |
| 12 | 宏观经济学(第四版) | 保罗·克鲁格曼等 | Paul Krugman | 68.00 | 2018 | 978-7-300-26068-6 |
| 13 | 计量经济学导论:现代观点(第六版) | 杰弗里·M.伍德里奇 | Jeffrey M. Wooldridge | 109.00 | 2018 | 978-7-300-25914-7 |
| 14 | 经济思想史:伦敦经济学院讲演录 | 莱昂内尔·罗宾斯 | Lionel Robbins | 59.80 | 2018 | 978-7-300-25258-2 |
| 15 | 空间计量经济学入门——在R中的应用 | 朱塞佩·阿尔比亚 | Giuseppe Arbia | 45.00 | 2018 | 978-7-300-25458-6 |
| 16 | 克鲁格曼经济学原理(第四版) | 保罗·克鲁格曼等 | Paul Krugman | 88.00 | 2018 | 978-7-300-25639-9 |
| 17 | 发展经济学(第七版) | 德怀特·H.波金斯等 | Dwight H. Perkins | 98.00 | 2018 | 978-7-300-25506-4 |
| 18 | 线性与非线性规划(第四版) | 戴维·G.卢恩伯格等 | David G. Luenberger | 79.80 | 2018 | 978-7-300-25391-6 |
| 19 | 产业组织理论 | 让·梯若尔 | Jean Tirole | 110.00 | 2018 | 978-7-300-25170-7 |
| 20 | 经济学精要(第六版) | 巴德、帕金 | Bade, Parkin | 89.00 | 2018 | 978-7-300-24749-6 |
| 21 | 空间计量经济学——空间数据的分位数回归 | 丹尼尔·P.麦克米伦 | Daniel P. McMillen | 30.00 | 2018 | 978-7-300-23949-1 |
| 22 | 高级宏观经济学基础(第二版) | 本·J.海德拉 | Ben J. Heijdra | 88.00 | 2018 | 978-7-300-25147-9 |
| 23 | 税收经济学(第二版) | 伯纳德·萨拉尼耶 | Bernard Salanié | 42.00 | 2018 | 978-7-300-23866-1 |
| 24 | 国际宏观经济学(第三版) | 罗伯特·C.芬斯特拉 | Robert C. Feenstra | 79.00 | 2017 | 978-7-300-25326-8 |
| 25 | 公司治理(第五版) | 罗伯特·A.G.蒙克斯 | Robert A. G. Monks | 69.80 | 2017 | 978-7-300-24972-8 |
| 26 | 国际经济学(第15版) | 罗伯特·J.凯伯 | Robert J. Carbaugh | 78.00 | 2017 | 978-7-300-24844-8 |
| 27 | 经济理论和方法史(第五版) | 小罗伯特·B.埃克伦德等 | Robert B. Ekelund. Jr. | 88.00 | 2017 | 978-7-300-22497-8 |
| 28 | 经济地理学 | 威廉·P.安德森 | William P. Anderson | 59.80 | 2017 | 978-7-300-24544-7 |
| 29 | 博弈与信息:博弈论概论(第四版) | 艾里克·拉斯穆森 | Eric Rasmusen | 79.80 | 2017 | 978-7-300-24546-1 |
| 30 | MBA宏观经济学 | 莫里斯·A.戴维斯 | Morris A. Davis | 38.00 | 2017 | 978-7-300-24268-2 |
| 31 | 经济学基础(第十六版) | 弗兰克·V.马斯切纳 | Frank V. Mastrianna | 42.00 | 2017 | 978-7-300-22607-1 |
| 32 | 高级微观经济学:选择与竞争性市场 | 戴维·M.克雷普斯 | David M. Kreps | 79.80 | 2017 | 978-7-300-23674-2 |
| 33 | 博弈论与机制设计 | Y.内拉哈里 | Y. Narahari | 69.80 | 2017 | 978-7-300-24209-5 |
| 34 | 宏观经济学精要:理解新闻中的经济学(第三版) | 彼得·肯尼迪 | Peter Kennedy | 45.00 | 2017 | 978-7-300-21617-1 |
| 35 | 宏观经济学(第十二版) | 鲁迪格·多恩布什等 | Rudiger Dornbusch | 69.00 | 2017 | 978-7-300-23772-5 |
| 36 | 国际金融与开放宏观经济学:理论、历史与政策 | 亨德里克·范登伯格 | Hendrik Van den Berg | 68.00 | 2016 | 978-7-300-23380-2 |
| 37 | 经济学(微观部分) | 达龙·阿西莫格鲁等 | Daron Acemoglu | 59.00 | 2016 | 978-7-300-21786-4 |
| 38 | 经济学(宏观部分) | 达龙·阿西莫格鲁等 | Daron Acemoglu | 45.00 | 2016 | 978-7-300-21886-1 |
| 39 | 发展经济学 | 热若尔·罗兰 | Gérard Roland | 79.00 | 2016 | 978-7-300-23379-6 |
| 40 | 中级微观经济学——直觉思维与数理方法(上下册) | 托马斯·J·内契巴 | Thomas J. Nechyba | 128.00 | 2016 | 978-7-300-22363-6 |
| 41 | 环境与自然资源经济学(第十版) | 汤姆·蒂坦伯格等 | Tom Tietenberg | 72.00 | 2016 | 978-7-300-22900-3 |
| 42 | 劳动经济学基础(第二版) | 托马斯·海克拉克等 | Thomas Hyclak | 65.00 | 2016 | 978-7-300-23146-4 |
| 43 | 货币金融学(第十一版) | 弗雷德里克·S·米什金 | Frederic S. Mishkin | 85.00 | 2016 | 978-7-300-23001-6 |
| 44 | 动态优化——经济学和管理学中的变分法和最优控制(第二版) | 莫顿·I·凯曼等 | Morton I. Kamien | 48.00 | 2016 | 978-7-300-23167-9 |
| 45 | 用Excel学习中级微观经济学 | 温贝托·巴雷托 | Humberto Barreto | 65.00 | 2016 | 978-7-300-21628-7 |
| 46 | 宏观经济学(第九版) | N·格里高利·曼昆 | N. Gregory Mankiw | 79.00 | 2016 | 978-7-300-23038-2 |
| 47 | 国际经济学:理论与政策(第十版) | 保罗·R·克鲁格曼等 | Paul R. Krugman | 89.00 | 2016 | 978-7-300-22710-8 |
| 48 | 国际金融(第十版) | 保罗·R·克鲁格曼等 | Paul R. Krugman | 55.00 | 2016 | 978-7-300-22089-5 |
| 49 | 国际贸易(第十版) | 保罗·R·克鲁格曼等 | Paul R. Krugman | 42.00 | 2016 | 978-7-300-22088-8 |
| 50 | 经济学精要(第3版) | 斯坦利·L·布鲁伊等 | Stanley L. Brue | 58.00 | 2016 | 978-7-300-22301-8 |
| 51 | 经济分析史(第七版) | 英格里德·H·里马 | Ingrid H. Rima | 72.00 | 2016 | 978-7-300-22294-3 |
| 52 | 投资学精要(第九版) | 兹维·博迪等 | Zvi Bodie | 108.00 | 2016 | 978-7-300-22236-3 |
| 53 | 环境经济学(第二版) | 查尔斯·D·科尔斯塔德 | Charles D. Kolstad | 68.00 | 2016 | 978-7-300-22255-4 |
| 54 | MWG《微观经济理论》习题解答 | 原千晶等 | Chiaki Hara | 75.00 | 2016 | 978-7-300-22306-3 |
| 55 | 现代战略分析(第七版) | 罗伯特·M·格兰特 | Robert M. Grant | 68.00 | 2016 | 978-7-300-17123-4 |

**经济科学译丛**

| 序号 | 书名 | 作者 | Author | 单价 | 出版年份 | ISBN |
|---|---|---|---|---|---|---|
| 56 | 横截面与面板数据的计量经济分析(第二版) | 杰弗里·M·伍德里奇 | Jeffrey M. Wooldridge | 128.00 | 2016 | 978-7-300-21938-7 |
| 57 | 宏观经济学(第十二版) | 罗伯特·J·戈登 | Robert J. Gordon | 75.00 | 2016 | 978-7-300-21978-3 |
| 58 | 动态最优化基础 | 蒋中一 | Alpha C. Chiang | 42.00 | 2015 | 978-7-300-22068-0 |
| 59 | 城市经济学 | 布伦丹·奥弗莱厄蒂 | Brendan O'Flaherty | 69.80 | 2015 | 978-7-300-22067-3 |
| 60 | 管理经济学:理论、应用与案例(第八版) | 布鲁斯·艾伦等 | Bruce Allen | 79.80 | 2015 | 978-7-300-21991-2 |
| 61 | 经济政策:理论与实践 | 阿格尼丝·贝纳西-奎里等 | Agnès Bénassy-Quéré | 79.80 | 2015 | 978-7-300-21921-9 |
| 62 | 微观经济分析(第三版) | 哈尔·R·范里安 | Hal R. Varian | 68.00 | 2015 | 978-7-300-21536-5 |
| 63 | 财政学(第十版) | 哈维·S·罗森等 | Harvey S. Rosen | 68.00 | 2015 | 978-7-300-21754-3 |
| 64 | 经济数学(第三版) | 迈克尔·霍伊等 | Michael Hoy | 88.00 | 2015 | 978-7-300-21674-4 |
| 65 | 发展经济学(第九版) | A.P.瑟尔沃 | A. P. Thirlwall | 69.80 | 2015 | 978-7-300-21193-0 |
| 66 | 宏观经济学(第五版) | 斯蒂芬·D·威廉森 | Stephen D. Williamson | 69.00 | 2015 | 978-7-300-21169-5 |
| 67 | 资源经济学(第三版) | 约翰·C·伯格斯特罗姆等 | John C. Bergstrom | 58.00 | 2015 | 978-7-300-20742-1 |
| 68 | 应用中级宏观经济学 | 凯文·D·胡佛 | Kevin D. Hoover | 78.00 | 2015 | 978-7-300-21000-1 |
| 69 | 计量经济学导论:现代观点(第五版) | 杰弗里·M·伍德里奇 | Jeffrey M. Wooldridge | 99.00 | 2015 | 978-7-300-20815-2 |
| 70 | 现代时间序列分析导论(第二版) | 约根·沃特斯等 | Jürgen Wolters | 39.80 | 2015 | 978-7-300-20625-7 |
| 71 | 空间计量经济学——从横截面数据到空间面板 | J·保罗·埃尔霍斯特 | J. Paul Elhorst | 32.00 | 2015 | 978-7-300-21024-7 |
| 72 | 国际经济学原理 | 肯尼思·A·赖纳特 | Kenneth A. Reinert | 58.00 | 2015 | 978-7-300-20830-5 |
| 73 | 经济写作(第二版) | 迪尔德丽·N·麦克洛斯基 | Deirdre N. McCloskey | 39.80 | 2015 | 978-7-300-20914-2 |
| 74 | 计量经济学方法与应用(第五版) | 巴蒂·H·巴尔塔基 | Badi H. Baltagi | 58.00 | 2015 | 978-7-300-20584-7 |
| 75 | 战略经济学(第五版) | 戴维·贝赞可等 | David Besanko | 78.00 | 2015 | 978-7-300-20679-0 |
| 76 | 博弈论导论 | 史蒂文·泰迪里斯 | Steven Tadelis | 58.00 | 2015 | 978-7-300-19993-1 |
| 77 | 社会问题经济学(第二十版) | 安塞尔·M·夏普等 | Ansel M.Sharp | 49.00 | 2015 | 978-7-300-20279-2 |
| 78 | 博弈论:矛盾冲突分析 | 罗杰·B·迈尔森 | Roger B. Myerson | 58.00 | 2015 | 978-7-300-20212-9 |
| 79 | 时间序列分析 | 詹姆斯·D·汉密尔顿 | James D. Hamilton | 118.00 | 2015 | 978-7-300-20213-6 |
| 80 | 经济问题与政策(第五版) | 杰奎琳·默里·布鲁克斯 | Jacqueline Murray Brux | 58.00 | 2014 | 978-7-300-17799-1 |
| 81 | 微观经济理论 | 安德鲁·马斯-克莱尔等 | Andreu Mas-Collel | 148.00 | 2014 | 978-7-300-19986-3 |
| 82 | 产业组织:理论与实践(第四版) | 唐·E·瓦尔德曼等 | Don E. Waldman | 75.00 | 2014 | 978-7-300-19722-7 |
| 83 | 公司金融理论 | 让·梯若尔 | Jean Tirole | 128.00 | 2014 | 978-7-300-20178-8 |
| 84 | 公共部门经济学 | 理查德·W·特里西 | Richard W. Tresch | 49.00 | 2014 | 978-7-300-18442-5 |
| 85 | 计量经济学原理(第六版) | 彼得·肯尼迪 | Peter Kennedy | 69.80 | 2014 | 978-7-300-19342-7 |
| 86 | 统计学:在经济中的应用 | 玛格丽特·刘易斯 | Margaret Lewis | 45.00 | 2014 | 978-7-300-19082-2 |
| 87 | 产业组织:现代理论与实践(第四版) | 林恩·佩波尔等 | Lynne Pepall | 88.00 | 2014 | 978-7-300-19166-9 |
| 88 | 计量经济学导论(第三版) | 詹姆斯·H·斯托克等 | James H. Stock | 69.00 | 2014 | 978-7-300-18467-8 |
| 89 | 发展经济学导论(第四版) | 秋山裕 | 秋山裕 | 39.80 | 2014 | 978-7-300-19127-0 |
| 90 | 中级微观经济学(第六版) | 杰弗里·M·佩罗夫 | Jeffrey M. Perloff | 89.00 | 2014 | 978-7-300-18441-8 |
| 91 | 平狄克《微观经济学》(第八版)学习指导 | 乔纳森·汉密尔顿等 | Jonathan Hamilton | 32.00 | 2014 | 978-7-300-18970-3 |
| 92 | 微观经济学(第八版) | 罗伯特·S·平狄克等 | Robert S.Pindyck | 79.00 | 2013 | 978-7-300-17133-3 |
| 93 | 微观银行经济学(第二版) | 哈维尔·弗雷克斯等 | Xavier Freixas | 48.00 | 2014 | 978-7-300-18940-6 |
| 94 | 施米托夫论出口贸易——国际贸易法律与实务(第11版) | 克利夫·M·施米托夫等 | Clive M. Schmitthoff | 168.00 | 2014 | 978-7-300-18425-8 |
| 95 | 微观经济学思维 | 玛莎·L·奥尔尼 | Martha L. Olney | 29.80 | 2013 | 978-7-300-17280-4 |
| 96 | 宏观经济学思维 | 玛莎·L·奥尔尼 | Martha L. Olney | 39.80 | 2013 | 978-7-300-17279-8 |
| 97 | 计量经济学原理与实践 | 达摩达尔·N·古扎拉蒂 | Damodar N.Gujarati | 49.80 | 2013 | 978-7-300-18169-1 |
| 98 | 现代战略分析案例集 | 罗伯特·M·格兰特 | Robert M. Grant | 48.00 | 2013 | 978-7-300-16038-2 |
| 99 | 高级国际贸易:理论与实证 | 罗伯特·C·芬斯特拉 | Robert C. Feenstra | 59.00 | 2013 | 978-7-300-17157-9 |
| 100 | 经济学简史——处理沉闷科学的巧妙方法(第二版) | E·雷·坎特伯里 | E. Ray Canterbery | 58.00 | 2013 | 978-7-300-17571-3 |
| 101 | 管理经济学(第四版) | 方博亮等 | Ivan Png | 80.00 | 2013 | 978-7-300-17000-8 |
| 102 | 微观经济学原理(第五版) | 巴德、帕金 | Bade, Parkin | 65.00 | 2013 | 978-7-300-16930-9 |
| 103 | 宏观经济学原理(第五版) | 巴德、帕金 | Bade, Parkin | 63.00 | 2013 | 978-7-300-16929-3 |
| 104 | 环境经济学 | 彼得·伯克等 | Peter Berck | 55.00 | 2013 | 978-7-300-16538-7 |
| 105 | 高级微观经济理论 | 杰弗里·杰里 | Geoffrey A. Jehle | 69.00 | 2012 | 978-7-300-16613-1 |
| 106 | 高级宏观经济学导论:增长与经济周期(第二版) | 彼得·伯奇·索伦森等 | Peter Birch Sørensen | 95.00 | 2012 | 978-7-300-15871-6 |
| 107 | 宏观经济学:政策与实践 | 弗雷德里克·S·米什金 | Frederic S. Mishkin | 69.00 | 2012 | 978-7-300-16443-4 |
| 108 | 宏观经济学(第二版) | 保罗·克鲁格曼 | Paul Krugman | 45.00 | 2012 | 978-7-300-15029-1 |

经济科学译丛

| 序号 | 书名 | 作者 | Author | 单价 | 出版年份 | ISBN |
|---|---|---|---|---|---|---|
| 109 | 微观经济学(第二版) | 保罗·克鲁格曼 | Paul Krugman | 69.80 | 2012 | 978-7-300-14835-9 |
| 110 | 克鲁格曼《微观经济学(第二版)》学习手册 | 伊丽莎白·索耶·凯利 | Elizabeth Sawyer Kelly | 58.00 | 2013 | 978-7-300-17002-2 |
| 111 | 克鲁格曼《宏观经济学(第二版)》学习手册 | 伊丽莎白·索耶·凯利 | Elizabeth Sawyer Kelly | 36.00 | 2013 | 978-7-300-17024-4 |
| 112 | 微观经济学(第十一版) | 埃德温·曼斯费尔德 | Edwin Mansfield | 88.00 | 2012 | 978-7-300-15050-5 |
| 113 | 卫生经济学(第六版) | 舍曼·富兰德等 | Sherman Folland | 79.00 | 2011 | 978-7-300-14645-4 |
| 114 | 宏观经济学(第七版) | 安德鲁·B·亚伯等 | Andrew B. Abel | 78.00 | 2011 | 978-7-300-14223-4 |
| 115 | 现代劳动经济学:理论与公共政策(第十版) | 罗纳德·G·伊兰伯格等 | Ronald G. Ehrenberg | 69.00 | 2011 | 978-7-300-14482-5 |
| 116 | 宏观经济学:理论与政策(第九版) | 理查德·T·弗罗恩 | Richard T. Froyen | 55.00 | 2011 | 978-7-300-14108-4 |
| 117 | 经济学原理(第四版) | 威廉·博伊斯等 | William Boyes | 59.00 | 2011 | 978-7-300-13518-2 |
| 118 | 计量经济学基础(第五版)(上下册) | 达摩达尔·N·古扎拉蒂 | Damodar N.Gujarati | 99.00 | 2011 | 978-7-300-13693-6 |
| 119 | 《计量经济学基础》(第五版)学生习题解答手册 | 达摩达尔·N·古扎拉蒂等 | Damodar N. Gujarati | 23.00 | 2012 | 978-7-300-15080-8 |
| 120 | 计量经济分析(第六版)(上下册) | 威廉·H·格林 | William H.Greene | 128.00 | 2011 | 978-7-300-12779-8 |
| 121 | 国际贸易 | 罗伯特·C· 芬斯特拉等 | Robert C.Feenstra | 49.00 | 2011 | 978-7-300-13704-9 |
| 122 | 经济增长(第二版) | 戴维·N·韦尔 | David N.Weil | 63.00 | 2011 | 978-7-300-12778-1 |
| 123 | 投资科学 | 戴维·G·卢恩伯格 | David G. Luenberger | 58.00 | 2011 | 978-7-300-14747-5 |
| 124 | 博弈论 | 朱·弗登博格等 | Drew Fudenberg | 68.00 | 2010 | 978-7-300-11785-0 |

金融学译丛

| 序号 | 书名 | 作者 | Author | 单价 | 出版年份 | ISBN |
|---|---|---|---|---|---|---|
| 1 | 银行风险管理(第四版) | 若埃尔·贝西 | Joël Bessis | 56.00 | 2019 | 978-7-300-26496-7 |
| 2 | 金融学原理(第八版) | 阿瑟·J. 基翁等 | Arthur J. Keown | 79.00 | 2018 | 978-7-300-25638-2 |
| 3 | 财务管理基础(第七版) | 劳伦斯·J. 吉特曼等 | Lawrence J. Gitman | 89.00 | 2018 | 978-7-300-25339-8 |
| 4 | 利率互换及其他衍生品 | 霍华德·科伯 | Howard Corb | 69.00 | 2018 | 978-7-300-25294-0 |
| 5 | 固定收益证券手册(第八版) | 弗兰克·J. 法博齐 | Frank J. Fabozzi | 228.00 | 2017 | 978-7-300-24227-9 |
| 6 | 金融市场与金融机构(第8版) | 弗雷德里克·S. 米什金等 | Frederic S. Mishkin | 86.00 | 2017 | 978-7-300-24731-1 |
| 7 | 兼并、收购和公司重组(第六版) | 帕特里克·A. 高根 | Patrick A. Gaughan | 89.00 | 2017 | 978-7-300-24231-6 |
| 8 | 债券市场:分析与策略(第九版) | 弗兰克·J·法博齐 | Frank J. Fabozzi | 98.00 | 2016 | 978-7-300-23495-3 |
| 9 | 财务报表分析(第四版) | 马丁·弗里德森 | Martin Fridson | 46.00 | 2016 | 978-7-300-23037-5 |
| 10 | 国际金融学 | 约瑟夫·P·丹尼尔斯等 | Joseph P. Daniels | 65.00 | 2016 | 978-7-300-23037-1 |
| 11 | 国际金融 | 阿德里安·巴克利 | Adrian Buckley | 88.00 | 2016 | 978-7-300-22668-2 |
| 12 | 个人理财(第六版) | 阿瑟·J·基翁 | Arthur J. Keown | 85.00 | 2016 | 978-7-300-22711-5 |
| 13 | 投资学基础(第三版) | 戈登·J·亚历山大等 | Gordon J. Alexander | 79.00 | 2015 | 978-7-300-20274-7 |
| 14 | 金融风险管理(第二版) | 彼德·F·克里斯托弗森 | Peter F. Christoffersen | 46.00 | 2015 | 978-7-300-21210-4 |
| 15 | 风险管理与保险管理(第十二版) | 乔治·E·瑞达等 | George E. Rejda | 95.00 | 2015 | 978-7-300-21486-3 |
| 16 | 个人理财(第五版) | 杰夫·马杜拉 | Jeff Madura | 69.00 | 2015 | 978-7-300-20583-0 |
| 17 | 企业价值评估 | 罗伯特·A·G·蒙克斯等 | Robert A. G. Monks | 58.00 | 2015 | 978-7-300-20582-3 |
| 18 | 基于Excel的金融学原理(第二版) | 西蒙·本尼卡 | Simon Benninga | 79.00 | 2014 | 978-7-300-18899-7 |
| 19 | 金融工程学原理(第二版) | 萨利赫·N·内夫特奇 | Salih N. Neftci | 88.00 | 2014 | 978-7-300-19348-9 |
| 20 | 投资学导论(第十版) | 赫伯特·B·梅奥 | Herbert B. Mayo | 69.00 | 2014 | 978-7-300-18971-0 |
| 21 | 国际金融市场导论(第六版) | 斯蒂芬·瓦尔德斯等 | Stephen Valdez | 59.80 | 2014 | 978-7-300-18896-6 |
| 22 | 金融数学:金融工程引论(第二版) | 马雷克·凯宾斯基等 | Marek Capinski | 42.00 | 2014 | 978-7-300-17650-5 |
| 23 | 财务管理(第二版) | 雷蒙德·布鲁克斯 | Raymond Brooks | 69.00 | 2014 | 978-7-300-19085-3 |
| 24 | 期货与期权市场导论(第七版) | 约翰·C·赫尔 | John C. Hull | 69.00 | 2014 | 978-7-300-18994-2 |
| 25 | 国际金融:理论与实务 | 皮特·塞尔居 | Piet Sercu | 88.00 | 2014 | 978-7-300-18413-5 |
| 26 | 货币、银行和金融体系 | R·格伦·哈伯德等 | R.Glenn Hubbard | 75.00 | 2013 | 978-7-300-17856-1 |
| 27 | 并购创造价值(第二版) | 萨德·苏达斯纳 | Sudi Sudarsanam | 89.00 | 2013 | 978-7-300-17473-0 |
| 28 | 个人理财——理财技能培养方法(第三版) | 杰克·R·卡普尔等 | Jack R. Kapoor | 66.00 | 2013 | 978-7-300-16687-2 |
| 29 | 国际财务管理 | 吉尔特·贝克特 | Geert Bekaert | 95.00 | 2012 | 978-7-300-16031-3 |
| 30 | 应用公司财务(第三版) | 阿斯沃思·达摩达兰 | Aswath Damodaran | 88.00 | 2012 | 978-7-300-16034-4 |
| 31 | 资本市场:机构与工具(第四版) | 弗兰克·J·法博齐 | Frank J.Fabozzi | 85.00 | 2011 | 978-7-300-13828-2 |
| 32 | 衍生品市场(第二版) | 罗伯特·L·麦克唐纳 | Robert L. McDonald | 98.00 | 2011 | 978-7-300-13130-6 |
| 33 | 跨国金融原理(第三版) | 迈克尔·H·莫菲特等 | Michael H. Moffett | 78.00 | 2011 | 978-7-300-12781-1 |
| 34 | 统计与金融 | 戴维·鲁珀特 | David Ruppert | 48.00 | 2010 | 978-7-300-11547-4 |
| 35 | 国际投资(第六版) | 布鲁诺·索尔尼克等 | Bruno Solnik | 62.00 | 2010 | 978-7-300-11289-3 |

Statistics for Management and Economics，10e
Gerald Keller
Copyright © 2014，2009 Cengage Learning

Original edition published by Cengage Learning. All Rights reserved. 本书原版由圣智学习出版公司出版。版权所有，盗印必究。

China Renmin University Press is authorized by Cengage Learning to publish and distribute exclusively this simplified Chinese edition. This edition is authorized for sale in the People's Republic of China only（excluding Hong Kong SAR，Macao SAR and Taiwan）. Unauthorized export of this edition is a violation of the Copyright Act. No part of this publication may be reproduced or distributed by any means，or stored in a database or retrieval system，without the prior written permission of the publisher.
本书中文简体字翻译版由圣智学习出版公司授权中国人民大学出版社独家出版发行。此版本仅限在中华人民共和国境内（不包括中国香港、澳门特别行政区及中国台湾）销售。未经授权的本书出口将被视为违反版权法的行为。未经出版者预先书面许可，不得以任何方式复制或发行本书的任何部分。

Cengage Learning Asia Pte. Ltd. 151 Lorong Chuan，#02-08 New Tech Park，Singapore 556741

**本书封面贴有 Cengage Learning 防伪标签，无标签者不得销售。**

北京市版权局著作权合同登记号　图字：01-2015-1292

图书在版编目（CIP）数据

统计学：在经济和管理中的应用：第 10 版/（ ）杰拉德·凯勒著；夏利宇等译．—北京：中国人民大学出版社，2019．4
（经济科学译丛）
ISBN 978-7-300-26771-5

Ⅰ．①统… Ⅱ．①杰… ②夏… Ⅲ．①统计学 Ⅳ．①C8

中国版本图书馆 CIP 数据核字（2019）第 032483 号

“十三五”国家重点出版物出版规划项目
经济科学译丛
**统计学：在经济和管理中的应用（第 10 版）**
杰拉德·凯勒 著
夏利宇 韩松涛 李 君 张 伟 等译
Tongjixue：Zai Jingji he Guanli zhong de Yingyong

| | | | |
|---|---|---|---|
| **出版发行** | 中国人民大学出版社 | | |
| **社　　址** | 北京中关村大街 31 号 | **邮政编码** | 100080 |
| **电　　话** | 010－62511242（总编室） | | 010－62511770（质管部） |
| | 010－82501766（邮购部） | | 010－62514148（门市部） |
| | 010－62515195（发行公司） | | 010－62515275（盗版举报） |
| **网　　址** | http：//www. crup. com. cn | | |
| | http：//www. ttrnet. com（人大教研网） | | |
| **经　　销** | 新华书店 | | |
| **印　　刷** | 涿州市星河印刷有限公司 | | |
| **规　　格** | 185 mm×260 mm　16 开本 | **版　　次** | 2019 年 4 月第 1 版 |
| **印　　张** | 67　插页 4 | **印　　次** | 2019 年 4 月第 1 次印刷 |
| **字　　数** | 1 614 000 | **定　　价** | 158．00 元（上下册） |


**版权所有　侵权必究　　印装差错　负责调换**

CENGAGE Learning

# Supplements Request Form（教辅材料申请表）

| Lecturer's Details（教师信息） | | | |
|---|---|---|---|
| Name：（姓名） | | Title：（职务） | |
| Department：（系科） | | School/University：（学院/大学） | |
| Official E-mail：（学校邮箱） | | Lecturer's Address/Post Code：（教师通讯地址/邮编） | |
| Tel：（电话） | | | |
| Mobile：（手机） | | | |

| Adoption Details（教材信息）　原版□　翻译版□　影印版□ | | | |
|---|---|---|---|
| Title：（英文书名）<br>Edition：（版次）<br>Author：（作者） | | | |
| Local Publisher：（中国出版社） | | | |
| Enrolment：（学生人数） | | Semester：（学期起止日期时间） | |

Contact Person & Phone/E-Mail/Subject：
（系科/学院教学负责人电话/邮件/研究方向）
（我公司要求在此处标明系科/学院教学负责人电话/传真及电话和传真号码并在此加盖公章.）

教材购买由　我□　我作为委员会的一部分□　其他人□［姓名：　　　　］决定。

Please fax or post the complete form to（请将此表格传真至）：

CENGAGE LEARNING BEIJING
ATTN：Higher Education Division
TEL：(86) 10－82862096/95/97
FAX：(86) 10－82862089
EMAIL：asia.infochina@cengage.com
www.cengageasia.com
ADD：北京市海淀区科学院南路2号
融科资讯中心C座南楼12层1201室　100190

**Note：Thomson Learning has changed its name to CENGAGE Learning**

VERIFICATION FORM/CENGAGE LEARNING